2018年
労働事件ハンドブック

巻頭言

第二東京弁護士会は、最近の個別労働紛争事件の急増や2006年に施行された労働審判事件への対応などのために、2011年４月に労働問題検討委員会を設置しました。

労働問題検討委員会は、その活動のひとつとして、2012年２月に『新・労働事件法律相談ガイドブック』を発行し、2013年には、2012年に改正された労働契約法・高年法・派遣法の追補版を、2016年には派遣法改正の追補版を発行いたしました。

2015年に上記ガイドブックを改訂し、「労働事件ハンドブック」として発刊しましたが、これも皆様から好評を受け、完売となりました。そのため、前回から３年という短い期間ではありますが、再度改訂版を出版することとなりました。

しかし、この短い期間の中でも、多くの重要な法改正や、裁判例の蓄積や出版物の発行もありましたので、現在の実務に対応する有用な本にするべく推敲を重ねました。

本書は、当委員会の特徴ともいえる労使双方の弁護士が常時議論をしていることを活かし、訴訟の場面を意識して労使の考え方を意識して執筆されております。

本書の特色の詳細については「はしがき」に譲りますが、本書は新人弁護士だけでなく、労働法律相談や労働訴訟を担当する弁護士にとって、より有用な本になったものと思います。

是非、ご活用いただきたいと思います。

2018年２月　第二東京弁護士会

会長　伊　東　　卓

はしがき

現在の裁判所で、労働事件は、行政事件、知的財産権事件と並んで、特に専門性が高くニーズのある分野と扱われている。たとえば、裁判所のサイト（courts.go.jp）の裁判例情報（判例データベース）を見ると、事件分野別の検索サービス（裁判例集）があるのは、行政事件、労働事件、知的財産の３つだけである。東京地方裁判所は現在51ある民事部のうち３つの部24人の裁判官を労働事件専門部に充てている。東京地裁で複数の部を専門部としている領域はやはり行政（４か部）、労働（３か部）、知的財産権（４か部）の３つだけである。

本書は、その労働事件について、裁判になった場合にその事案についてどのような判断（判決）が予想されるかの見通しを立て、希望する結果に向けて裁判官を説得するために何を主張すべきかを検討するための材料を提供することを主たる目的としている。

そのために、労働事件で、特に労働事件を専門とする裁判官が、どのような思考をするかを示すことに多くの紙幅と労力を割いている。法令や行政通達、最高裁判例、下級審裁判例とともに、東京地裁労働部の裁判官が書いた書籍（『類型別労働関係訴訟の実務』、『労働事件事実認定重要判決50選』、『労働関係訴訟の実務』、『労働事件審理ノート』など）の内容を多数紹介している。

他方で、本書は、現在の実務の主流の考え方（判決）にチャレンジするための材料提供にも相当な情熱を注いでいる。主流となっている判決とは異なる（逆の）判断を示す下級審裁判例を執拗に紹介するとともに、その判断がどういう事案でなされたのかにかなり目配りした。この点は、類書にない本書の特徴と自負している。

各種の労働事件が裁判になったときの見通しを持つことは、現実に裁判に至らなくても、交渉において有益であり（弁護士は通常、裁判になった場合にはどうなるかを想定して、それを重要な基準として交渉している）、また自らの行動の基準や安心材料ともなる。

本書は、もともと「新・労働事件法律相談ガイドブック」（2012年）、「労働事件ハンドブック」（2015年）として弁護士会が会員向けに自費出版してきたものの全面改訂３版に当たるものであるが、弁護士会館内の書店に平積みしておくだけで完売し好評を得たこともあり、一般向けに出版することになった。本書が、労働事件を取り扱う弁護士はもとより、労働事件の現状と実務に関心を持つ多くの方々のお役に立てれば幸いである。

2018年２月

編集代表　伊　東　良　徳

目　次

第１部　労働事件の法律相談と事件処理の留意点

第２部　テーマ別・実務対応の諸問題

凡 例

1．判例等の引用例

最二小判平28. 2.19民集70巻2号123頁 労判1136号6頁：最高裁平成28年２月19日第二小法廷判決、最高裁判所民事判例集70巻2号123頁、労働判例1136号６ページ

東京高決平28. 9. 7労判1154号48頁 判タ1432号85頁：東京高裁平成28年９月７日決定、労働判例1154号48頁、判例タイムズ1432号85頁

2．法令の略称

労契法：労働契約法
労基法：労働基準法
労基則：労働基準法施行規則
労組法：労働組合法
労安衛法：労働安全衛生法
賃確法：賃金の支払の確保等に関する法律
高年法、高齢者雇用安定法：高年齢者等の雇用の安定等に関する法律
パートタイム労働法：短時間労働者の雇用管理の改善等に関する法律
派遣法：労働者派遣事業の適正な運営の確保及び派遣労働者の保護等に関する法律
均等法：雇用の分野における男女の均等な機会及び待遇の確保等に関する法律
育児介護休業法：育児休業、介護休業等育児又は家族介護を行う労働者の福祉に関する法律
労災保険法：労働者災害補償保険法
労災保険則：労働者災害補償保険法施行規則
労働保険徴収法：労働保険の保険料の徴収等に関する法律
労働保険審査会法：労働保険審査官及び労働保険審査会法
職安法：職業安定法
職安則：職業安定法施行規則
入管法：出入国管理及び難民認定法
国公法：国家公務員法
地公法：地方公務員法
地公災補償法：地方公務員災害補償法
民訴法：民事訴訟法

３．判例集、雑誌の略称

民集：最高裁判所民事判例集

労民：労働関係民事裁判例集

労判：労働判例（産労総合研究所）

判時：判例時報（判例時報社）

判タ：判例タイムズ（判例タイムズ社）

労経速：労働経済判例速報（経団連事業サービス）

労旬：労働法律旬報（旬報社）

４．文献の略称

類型別労働関係訴訟の実務：佐々木宗啓ほか編著「類型別労働関係訴訟の実務」青林書院、2017年

労働事件事実認定重要判決50選：須藤典明、清水響編「労働事件事実認定重要判決50選」立花書房、2017年

労働関係訴訟の実務：白石哲編著「労働関係訴訟の実務」商事法務、2012年

労働事件審理ノート：山口幸雄他「労働事件審理ノート（第３版）」判例タイムズ社、2011年

渡辺「労働関係訴訟」：渡辺弘「労働関係訴訟」青林書院、2010年

平成22年版「労働基準法」：厚生労働省労働基準局編「平成22年版労働基準法上・下」労務行政、2011年

東大労研「注釈労働基準法」：東京大学労働法研究会編「注釈労働基準法上・下」有斐閣、2003年

菅野「労働法」：菅野和夫「労働法（第11版補正版）」弘文堂、2017年

荒木「労働法」：荒木尚志「労働法（第３版）」有斐閣、2016年

西谷「労働法」：西谷敏「労働法（第２版）」日本評論社、2013年

土田「労働法概説」：土田道夫「労働法概説（第３版）」弘文堂、2014年

土田「労働契約法」：土田道夫「労働契約法（第２版）」有斐閣、2016年

荒木・菅野・山川「詳説労働契約法」：荒木尚志他「詳説労働契約法（第２版）」弘文堂、2014年

下井「労働基準法」：下井隆史「労働基準法（第４版）」有斐閣、2007年

第1部

労働事件の法律相談と事件処理の留意点

第1　労働事件の特徴と傾向

1　労働事件数の増加

労働事件は、近年増加し、その後も高い水準で推移している（2009年以降の労働審判事件の新受件数は年間約3400件～3700件、労働関係民事通常訴訟事件は年間約3200件～3400件で推移。裁判の迅速化にかかる検証に関する報告書（第7回）：2017年7月21日公表）。

それは、2006年4月に開始した労働審判制度が労使双方に概ね好意的に受けとめられ、事件を掘り起す結果となったことが大きいが、それだけでなく、労働者の法律知識・権利意識や「ブラック企業」といった用語に象徴される法違反企業への批判意識の高まりといった社会情勢も影響しているものと思われる。事件数の増加に加え、企業側では予防法務とコンプライアンスの重要性への理解の深まりから、使用者側の法律家の需要も増大している。

労働事件数は今後も増加ないし高止まりを続けるものと予想され、正しいリーガルマインドを身につけた弁護士が労使双方で積極的に関与し、適切な解決に導いていくことは極めて重要である。

2　労働事件に臨む際の心得

(1)　法律・判例・制度の正しい理解の重要性

本書第2部以下で詳述するとおり、労働契約関係に適用される法律は、労基法、労契法、労組法が基本であるが（「労働法」という名称の法律は存在しない）、この他にも職業安定法や均等法等の多数の関係諸法令がある。その上、近年は各法の重要改正も相次いでいる（例えば、2012年労契法改正、2014年パートタイム労働法改正、2015年派遣法改正、2017年育児介護休業法改正、2017年均等法改正など）。

また、労働法分野においては、判例法理の形成も進んでおり、最高裁判例のみならず、下級審裁判例であっても実務に与える影響は小さくないため、下級審裁判例も含めた判例の内容や傾向の理解は、労働事件に臨む際には必須となる。

さらに、労働紛争については、司法と行政がそれぞれ複数の解決手続を用意していることから、特に労働者側から相談を受けた場合には、各手続の性質を十分に踏まえ、適切な手続選択をアドバイスできるようにしなければならない。

このように、労働事件に臨むにあたっては、労働関係法規、判例及び紛争解決手続の正確かつ十分な理解と、知識の不断のアップデートが欠かせない。

(2) 労働事件の性質への理解

労働者にとって、職場は、まさに生活の糧を得る場であり、一日の多くの時間を過ごす場であって、そこで生じる紛争は、生活と人生に直接的かつ重大な影響を与えるものとなる。

他方、使用者にとっても、労働紛争の発生は、円滑な事業活動を阻害し、職場秩序の保持に支障を来し得るものであって、やはり大きな影響を受けるものである。

加えて、労働事件は、職場における人間関係の長期にわたる軋轢の結果として生じることも多く、感情的な対立を背景とし、かつそれが深刻である場合も少なくない。

弁護士として労働事件に臨む際には、労使いずれの側であっても、当事者間の感情的対立に必要以上に影響を受けることなく、常に冷静な第三者的視点を保持し、当事者それぞれが置かれた立場を理解して紛争の根源を正しく見据え、早期かつ円満な解決を目指すべきである。紛争の長期化は、労働者にとっても使用者にとってもダメージが大きい。また、労働者側で関与する場合であっても、使用者側への一定の配慮がなければ早期円満解決は遠のくばかりであるし、使用者側で関与する場合であればなお一層、労働者の置かれた状況を理解し、労働者を適切に保護しようとする労働関係諸法令の理念を常に忘れてはならない。

3 労働事件の概要と近時の傾向

労使間の紛争には、個別的労使紛争と集団的労使紛争がある。個別的労使紛争とは、使用者と個々の労働者との間の紛争を、集団的労使紛争とは、使用者と労働組合との間の紛争をいう。弁護士が日常業務の中で接する労働事件・労働相談は、個別的労使紛争であることが圧倒的に多いであろう（以下の記述は、個別的労使紛争に焦点を当てることとする。集団的労使紛争については第2部第19章（768頁～）を参照されたい。）。

紛争内容の傾向としては、解雇や雇止め等の雇用の終了に関するものや、時間外割増賃金等の未払賃金に関するもの、いじめやハラスメント（セクハラ、パワハラ、マタハラなど）など職場における人間関係に関するものが多い。

民事労働訴訟事件の平均審理期間は、1992年は18.5月で、2009年には11.4月となったものの、その後長期化傾向が続き、2016年には14.3月に達している。

人証調べを実施して対席判決で終局した民事労働関係訴訟（労働審判手続から移行した訴訟事件を除く）の平均審理期間は、1992年は18.5月で、2009年には11.4月となったものの、その後長期化傾向が続き、2016年には14.3月に達している。人証調べを実施して対席判決で終局した民事労働関係訴訟（労働審判手続から移行した訴訟事件を除く）の平均審理期間は、2016年では21.6月に及んでおり、そのうち14.3月が第１回口頭弁論期日から人証調べまで（主張整理）の期間である（前掲「裁判の迅速化にかかる検証に関する報告書（第７回）」。なお、2009年は、人証調べを実施して対席判決に至った事件の平均審理期間は17.9月、第1回口頭弁論期日から人証調べまでの期間は10.7月であった（同報告書（第６回）））。

民事労働訴訟事件は、民事第一審訴訟事件と比べ、和解で終局する事件の割合が高く（民事第一審訴訟の和解率は35.8％、民事労働訴訟の和解率は61.5％）、また、民事第一審訴訟事件と比べ、上訴率が高いのが特徴的である（民事第一審訴訟の上訴率は21.5％、民事労働訴訟の上訴率は61.7％。いずれも前掲「裁判の迅速化にかかる検証に関する報告書（第７回）」による2016年中に終了した事件の実績）。

第２　労働相談を受けるにあたっての留意点

1　労働者側から相談を受ける場合

まずは、労働契約内容を正確に把握することが重要である。雇用契約書や労働条件通知書が作成されていない場合も少なくなく、労働契約内容の把握自体が困難であることもある。そのような場合、給与明細書や給与口座への振込の名義人と金額、求人広告の記載や使用者側との間の電子メールやLINE等、様々な角度から事実関係を確かめ、労働契約内容を把握することが出発点となる。

紛争の内容と経緯などの事実関係を把握するに当たっても注意が必要である。相談者の中には、解雇と雇止めの区別、普通解雇と懲戒解雇の区別等ができていない場合も往々にしてあるから、相談者の評価や抽象的な説明を鵜呑みにすることなく、相談者が所持している文書や具体的な事実関係の聴取により弁護士の方で事実関係を正しく把握した上で紛争の内容を法的に正しく整理する必要がある。

紛争の解決とそれに向けた助言のため、相談者が何を求めているかを確認することが必要である。その際にも、相談者は法的あるいは現実的に可能な選択肢や紛争解決のためのコストや期間がわからないことが多く、解雇やハラスメントで混乱して自身の考えを整理できていないこともあることを念頭に置くべきである。

労働契約内容と紛争の内容と経緯、相談者の意向が読み取れたら、次に解決方法、すなわち、まずは裁判外での交渉を試みるか、それとも直ちに裁判等の紛争解決手続を選択するかを検討する。解雇等によって相談者がすでに社外に放逐されている場合には、直ちに裁判等の法的手続を選択しても問題がなく、むしろ、その方が早期解決のために望ましいことが多いが、在職中の場合は、具体的なアクションを起こすことによって社内における相談者の立場をより悪化させてしまうこともあり得るので、相談者と十分に協議した上で方針を決定することが重要になる。

また、各手続の流れや所要見込期間、費用、解決内容の見通等も適宜のタイミングで十分に説明しておく必要がある。労働者側では、解雇により直ちに生活に困る相談者も少なくないので、生活費の確保（雇用保険、賃金仮払い仮処分等）と裁判・弁護士費用の低減（司法支援センターの利用、訴訟救助等）のための知識が重要となる。

2 使用者側から相談を受ける場合

使用者から相談を受ける場合も、まずは、問題になっている労働者との間の労働契約内容を正確に把握することが出発点となる。とりわけ就業規則（その付属規程も含む）の有無・規定内容は、直ちに確認すべきである（相談者が就業規則の適用を確認しないまま説明したり、その適用を誤っている場合も少なくないので、弁護士が自ら適用関係を確認する）。

問題社員への対応など、これから紛争となり得る場面への対応や、解雇・雇止め・懲戒解雇等の処分前に相談を受けた場合には、使用者側が希望したり予定している対応を実際に取った場合に、当該対応が法律違反を構成しないか、また、これらが紛争化した場合に裁判所において有効と判断され得るかの分析結果を素直に伝えることが求められる。例えば、使用者側が解雇の実施を予定している場合であっても、関連する事情を分析した結果、解雇が無効と判断される可能性が高い場合には、他の方法（問題社員への対応であれば解雇以外の懲戒処分を実施する、人員が過剰な場合には退職勧奨の実施を検討するなど）をまずは促すべきである。その際、相談者が労働法の十分な知識を有していない場合も多いので、当該事案に関連する法律関係や裁判実務はどのようになっているのかを丁寧かつ説得的に説明する必要がある。

他方、解雇等の処分後に相談を受けた場合など、すでに紛争化している場合には、事情をよく聴取した上で、粛々と対応をしていくことになる。

第3　東京地裁における労働事件の運用

1　専門部の設置

東京地裁は労働専門部を設置しており、民事第11部、第19部、第36部がそれにあたる（いずれも東京高地簡裁合同庁舎の13階にある。以下3か部をまとめて「労働部」という）。以下では、東京地裁における2017年現在の労働事件の取扱いを紹介する（他の地方裁判所では取扱いが異なる部分も少なくないので、ご留意いただきたい）。

通常訴訟については、民事訟廷事件係で受け付けられるが、労働審判事件及び労働訴訟事件を本案とする仮差押え・仮処分については、労働部が受付業務を担当している。通常事件では、解雇・雇止め等に関する地位確認請求や未払賃金請求等の労働契約関係の存否・労働契約関係に関する請求は労働部に係属する。労働者が公務員である場合には、同人に対する免職等の処分の取消しを求める行政訴訟の形式になるが、それについても、東京地裁では行政部ではなく労働部に係属することになっている。労災保険の不支給決定に対する取消訴訟、労働委員会の不当労働行為救済命令・棄却命令の取消請求も同様である。他方、労災を理由とする使用者に対する損害賠償請求事件やパワハラを理由とする不法行為に基づく損害賠償請求事件、解雇・雇止め等でも地位確認や未払賃金の支払を求めず不法行為として損害賠償のみを請求する事件は、必ずしも労働部に配点されず通常部に係属することが多い点に留意する必要がある。

なお、東京地裁労働部所属の裁判官が執筆した書籍として、『類型別労働関係訴訟の実務』『労働関係訴訟の実務』や『労働事件審理ノート』などがあるので、本書とともに参照されたい。

2　裁判所における紛争解決手続

通常訴訟のほか、労働審判、民事保全、少額訴訟、民事調停がある。

いずれを選択するかは、紛争の性質や依頼者の意向をふまえて判断することになる。早期の話し合いによる解決を目指すのであれば、労働審判（もしくは民事調停）を選択するのが適切であるが、労災問題など事案が複雑で、また、当事者の対立が激しく、早期の譲歩が難しい場合には、通常訴訟を選択することが相応しい。

3 通常訴訟手続

(1) 管轄

労働関係訴訟（労働者が公務員である場合を除く。）の管轄は、他の民事事件と同様、①被告の普通裁判籍（民訴法４条）、②義務履行地（同法５条１項１号）、③事務所又は営業所の所在地（同項５号）である。

賃金支払債務の義務履行地は、通常は会社営業所の所在地である。直接には退職金についての判示であるが、東京高決昭60. 3. 20東高民報36巻3号40頁は「抗告人主張のように退職金が賃料の後払的性格を有するとしても、それは賃料債権のように雇用関係の存在を前提とするものではないから、その支払場所が、賃料債権のように、双方に都合の良い使用者の営業所であると解すべき合理的理由はなく、またそのような事実たる慣習があるものとも認め難く、その他これについて持参債務の原則を規定する民法484条、商法516条の適用を排除すべき理由を見出すことはできない」とし、やはり直接には解雇予告手当についての判示であるが、東京高判昭26. 5. 18高民集4巻5号148頁は「解雇予告手当は賃金に準ずべきものとして、その支払場所は、使用者の事業場と認めるのが相当である」とする。これらは、賃金については、使用者の事業所を支払場所と解すべきことを前提としている。また、パン・アメリカン航空事件・千葉地佐倉支決昭54. 5. 30労判325号41頁は、労働契約上の地位保全を求める仮処分命令申立事件において、労務の提供及びそれに対する給料の支払がなされている営業所は義務履行地にあたる旨判示している。広島高決平27. 3. 17労経速2249号9頁は、賃金の支払いが銀行振込みにより行われていた事例について、銀行振込みについての合意は特段の事情がない限り賃金の支払い方法についての合意にすぎず、その支払い場所（義務履行地）に関する合意を含むものではない、賃金の支払いが銀行振込みの場合であったとしても賃金の支払場所は労働者の労務提供場所とするのが使用者及び労働者の合理的意思に合致するとして、労働者が勤務していた相手方本社が賃金の義務履行地であるとした。労働者が使用者の事業所で就労しない場合はどうか。給与の支払いが銀行振込により行われていた船員について振込送金の合意がある場合、発送地で送金債務の履行行為は終了し、発送地は決まっていない（拘束されない）ので義務履行地は存在しないとする裁判例として国華産業賃金請求事件・松山地宇和島支決昭60. 8. 8労民36巻4・5号554頁がある。他方、パールシステムズ事件・大阪高決H10. 4. 30判タ998号259頁は、労働者が使用者の事業所で就業せず、また、就業規則等に給料の支払方法の定めがなく、毎月、労働者の指定した同人の住所地に近いＡ銀行Ｂ支店の同人名義の普通預金口座に振込送金する方法で支払っていたという事案で、銀行振込の場合も労働者の指定口座に入金されて初めて使用者の義務が終了するというべきで「本件においては、相手方の本店所在地等に抗告人が出向いて取立ての方法で給料を支払うことは予定されておらず、民法の原則のとおりに抗告人の住所地で持参の方法で支払うことを予定しており、右口座振込の方法による支払は、右持参の方法による支払のためにとられているものと解される」とした。この裁判例は、労働者が使用者の事業所で就業しないというケースにつき義務履行地が労働者の住所になると判示したものと考えられる。

退職金については、すでに退職しているため持参債務の原則に戻り労働者の住所地となると考えられている（前掲東京高決昭60. 3. 20、「東京地裁書記官に訊く－労働部編－」LIBRA　2012年11月号）。

労働者が公務員である場合は行政事件訴訟法12条による。

⑵　訴額

訴額は、以下の基準による（前掲「東京地裁書記官に訊く－労働部編－」）。なお、付加金（労基法114条）については、附帯請求であるため、訴額算定の基礎に含めない（最三小決平27. 5. 19民集69巻4号635頁 判時2270号128頁）。

ア　雇用関係不存在確認、地位確認

160万円。ただし、賃金請求が併合された場合は、多額の一方による。

イ　懲戒処分の無効確認

㋐　処分内容が減給のとき　　減給額

㋑　減給以外の処分のとき　　160万円

ウ　業務命令の無効確認　　160万円

エ　賃金請求

訴え提起時までの既発生額＋賃金月額×12か月（第一審の平均審理期間）

ただし、労働契約の終期が訴え提起後12か月以内に到来するときは、終期までの賃金総額

オ　業務災害に関する保険給付不支給処分の取消し

㋐　処分取消しによって支給されるべき給付額

㋑　反復的給付の場合には、訴え提起後12か月経過までに支給されるべき給付額

㋒　支給されるべき給付額が不明な場合は160万円

⑶ 訴訟要件

ア　確認請求について

労働事件では、確認請求という形式をとることが多いが、その場合には、他の事件と同様、確認の利益が必要である。

㈠　地位確認：解雇・雇止め無効の主張

例えば、過去の法律行為の効力の確認は、それが抜本的な紛争解決のための最も適切かつ必要と認められる場合を除いて、原則として確認の利益が否定されるため（現在の権利関係の確認をすれば足りるからである）、解雇の無効を主張する場合に請求の趣旨を「解雇が無効であることを確認する。」とすることは避けなければならない（『労働事件審理ノート』９頁。「労働契約上の権利を有する地位にあることを確認する。」というように、現在の権利関係の確認請求とする）。なお、現在の権利関係を対象としない確認請求をした場合、裁判所から補正が促される（補正依頼書。労働審判も同様）。

もっとも、例外的に、「現在雇用関係は終了しているが、被告がハローワークや年金事務所に対して原告らとの過去の雇用関係の存在を否定し、既払いの保険料の還付手続を申し立てるなど被告との関係で紛争が生じているのみならず、関係各機関との間でも社会保険の給付関係等で将来的に不利益を受けるおそれが生じている」ことを理由に過去の権利関係について確認の利益を認めた（主文：原告と被告との間に○○年○月○日から△△年△月△日まで雇用関係が存在したことを確認する）裁判例もある（医療法人社団創恵会事件・東京地判平28. 8. 30労判1157号83頁）。

㈡　配転の無効の主張と就労請求権

同様に、配転命令の無効を主張する場合は、「配転命令が無効であること」の確認ではなく、「○○支店（配転先である部署等）に勤務する労働契約上の義務のないこと」の確認を求めることになる。また、「○○支店（配転命令前の旧部署）に勤務する労働契約上の権利を有する地位にあること」の確認請求については、実務の大勢は特別な場合でない限り労働者の就労請求権を認めない（「労働者の就労請求権について労働契約等に特別の定めがある場合又は業務の性質上労働者が労務の提供について特別の合理的な利益を有する場合を除いて、一般的には労働者は就労請求権を有するものではないと解するを相当とする」とした読売新聞社事件・東京高決昭33. 8. 2労民9巻5号831頁 判タ83号74頁）ので、確認の利益が否定される（『労働事件審理ノート』78頁、86頁）。

もっとも、最近でも、大学教授の配転の事案で、配転前の勤務先で勤務する権利を認めた裁判例がある（学校法人追手門学院（追手門学院大学）事件・大阪地判平27.11.28労判1134号33頁。「原告が、被告に対し、被告の設置する追手門学院大学A1学部教授として勤務する労働契約上の権利を有する地位にあることを確認する。」：理由中では特に確認の利益を論じてはいない）。

大学教授については、「教員が、科目を担当して講義を行うことは、雇用契約上の義務であるということができる。しかし、同時に、大学の教員にとって、学生に教授することは、その学問研究の成果の発現の機会であるとともに、このような機会において学生と対話等を行うことは、さらに学問研究を深め、発展させるための重要かつ不可欠な要素であるということができるから、大学の教員が、学生に対して講義を担当するということは、単なる義務というにとどまらず、権利としての側面をも有するものと解するのが相当である。」とする裁判例（学校法人梅檀学園事件・仙台地判平11.12.22判時1727号158頁：ただし講義のカリキュラムが編成されなければ講義を担当する具体的権利は認められないとして講義を担当する地位の確認は却下）、「大学教員の職務の特質に、前記認定の担当科目決定の経緯（編集者注：教員の希望と同意を得て決定したこと）を合わせ考慮すれば、債権者が本件演習を担当することは、債権者と債務者との間の雇用契約の重要な要素となっており、それは債権者の義務に止まらず、権利ともなっているものと解するのが相当である。」として「抗告人が、相手方に対し、○○大学経済学部の基礎演習、演習Ⅰ、演習Ⅱについて、その指導を担当する地位にあることを仮に定める。」とした仮処分例（大阪高決平13.4.26判タ1092号170頁）、「学生に対して講義を行うことは、雇用契約上の義務であるばかりでなく、教職員の権利でもあるというべきである。」として「債権者が、債務者に対し、平成21年度における、債務者経営学部の原価管理論A・B、管理会計総論Ⅰ・Ⅱ、演習Ⅰ・Ⅱ・Ⅲのうち少なくともいずれか（略）について、その指導を担当する地位にあることを仮に定める。」とした仮処分例（A大学（経営学部教授・仮処分）事件・東京地決平20.10.15判タ1297号184頁）があり（損害賠償請求事件中で同様の判示をするものとして仙台高秋田支判平10.9.30判タ1014号220頁、東京地判平17.6.27労判910号72頁 判時1897号129頁）、就労請求権が認められる傾向にある。

㈦　降格の無効の主張

降格処分の有効性を争う場合も、降格処分自体の無効確認請求については確認の利益が否定され、「○○部○○課長の地位にあり、月額基本給A円及び職務手当B円の支払を受ける地位にあること」や「職能資格○級として、職能給月額A円の支払を受ける地位にあること」の確認を求めることになる（『類型別労働関係訴訟の実務』51頁）。また、降格前の地位にあることの確認請求についても、降格処分に伴って賃金額が引き下げられたことのみが問題となっている場合には、引下げ前後の賃金請求という給付請求によって紛争解決が図られるので、原則として確認の利益が否定される（住友スリーエム（職能格付）事件・東京地判平18. 2. 27労判914号32頁）。もっとも、賃金体系上（退職金制度を含む）、労働契約上の地位と賃金とが様々な部分で関連し合っており、一定の地位にあることが確認されることによって初めて紛争全体が解決されるような場合には、確認の利益が認められる（降格前の地位確認請求の確認の利益を認めた事例として、マッキャンエリクソン事件・東京地判平18. 10. 25労判928号5頁 判タ1250号158頁（東京高判平19. 2. 22労判937号175頁で原審の判断を是認）、学校法人聖望学園ほか事件・東京地判平21. 4. 27労判986号28頁、大阪府板金工業組合事件・大阪地判平22. 5. 21労判1015号48頁）。降格処分の有効性を争う際の確認の利益については第2部第3章第6・4⑵（161頁）参照。

特殊な例であるが、職種限定契約が認定され、使用者がその職種（契約係社員）を平成19年7月1日をもって廃止することと、継続雇用を希望する者は職種を変更して継続雇用することを通知した事案で、当該職種の地位の確認の利益を認めた（「原告らが、平成19年7月1日以降、被告において契約係社員の地位にあることを確認する」）裁判例がある（東京海上日動火災保険（契約係社員）事件・東京地判平19. 3. 26労判941号33頁 判時1965号3頁）。

㈣　懲戒処分の無効の主張

このほか、懲戒処分の無効を主張する場合も、その処分が労働者の法的地位にいかなる影響を与え、その無効を確認することがどのような観点から紛争の抜本的解決に資するのかということや、給付請求との関係性（給付請求に加えて確認請求をする必要性の有無）についても、確認の利益との関係で検討する必要がある。

裁判例では、懲戒処分を受けた者が昇給、昇格、永年勤続表彰等で不利益な取扱いを受けることがある旨が就業規則などで定められている事案で、「本件譴責処分は、上司の単なる注意、訓戒とは異なり、控訴会社と被控訴人間の労働契約の内容の一部をなす就業規則を適用してなされたいわゆる懲戒処分であるが、同処分は人事考課の面で被処分者に不利益を与える危険があるばかりでなく、その処分を要件にして、労働協約あるいは就業規則の規定を適用することにより、派生的に被処分者の労働契約上の地位ないし待遇に不利益な影響を及ぼすことが可能である。したがって、右処分の違法を信ずる被処分者は、右のような不利益を避けるため、右処分が適法なものとして取扱われるのを防止すべく、同処分の無効確認を求める法律上の利益を有するものと解すべきである」とした関西電力事件・大阪高判昭53. 6. 29労判302号258頁 判時898号107頁に見られるように、譴責、戒告、出勤停止等の懲戒処分についてその後の不利益があるか将来あり得ることを理由に無効確認の利益を認めるものが多数である。また、譴責処分の無効確認について、現在始末書提出義務がないことの確認と善解して認めるものもある（川崎重工事件・大阪高判昭48. 10. 24判時739号120頁）。他方、訓告や厳重注意（懲戒処分に準ずる処分）について処分を受けたことが将来の人事考課に影響を与えるかどうかを確定できないなどの理由で確認の利益がないとした東日本旅客鉄道事件・東京高判平4. 2. 10労判644号73頁 判タ792号143頁（最一小判平8. 3. 28労判696号14頁 判時1565号139頁で該当判示維持）、降格転職処分に伴う始末書提出命令部分の無効確認請求について確認の利益がないとした神谷商事事件・東京地判平2. 4. 24労判562号30頁等がある。

㈴　業務命令の無効の主張

最高裁は、大学教授に対し教授会への出席その他の教育諸活動をやめるよう命ずる業務命令について、「その無効確認を求める訴えは適用と解される。」としている（享栄学園（鈴鹿国際大学）事件・最二小判平19. 7. 13判時1982号152頁）。

また、違法無効な業務命令に従う義務がないことを確認することが、使用者に対して労働者が現在有する地位の内容を明確にし、両者間の労働契約をめぐる紛争の解決に資するとして、業務命令に従う義務がないことの確認請求（主文：被告法人が平成23年３月24日付でした大学入学試験の日本史Ｂの問題に関する教材研究のみをせよとの業務命令に原告が従う義務のないことを確認する）を認めた裁判例がある（学校法人須磨学園ほか事件・神戸地判平28. 5. 26労判1142号22頁）。

㈵　公務員の場合

公務員に対する不利益処分の処分性・確認の利益については第13章第４・

3（568頁）参照

イ　将来請求について

将来にわたって金銭の支払いを求める請求は、あらかじめその請求をする必要がある場合に限り可能である（民訴法135条）。判決確定日の翌日以降の賃金等の支払いを求める請求をした場合、裁判所から、支払い請求の終期を判決確定時とするよう請求の趣旨を変更することを求められる（補正依頼書。労働審判も同様）。

ウ　不服申立前置主義

労災保険給付に関する決定の効力を争う場合は、まずは、行政上の不服申立手続（審査請求）を経なければならない（労災保険法38条１項、40条。2016年改正により、不服申立前置主義が部分緩和され、審査官の決定を争う場合は、再審査請求するか、取消しの訴えを提起するか選択できるようになった）。雇用保険、傷病手当金の場合も同様である（前者につき雇用保険法69条１項、71条、後者につき健康保険法189条１項、192条）。

また、労働者が公務員であって、降給・懲戒・免職処分等の不利益処分の効力を争う場合にも、まずは、行政上の不服申立手続（審査請求又は異議申立て、国家公務員につき人事院の公平審査制度、地方公務員につき人事委員会又は公平委員会制度）を経なければならない（国家公務員につき国家公務員法92条の２、地方公務員につき地方公務員法51条の２。第２部第13章第４（566頁〜）参照）。

このように不服申立前置主義が採られている場合には、提訴時に、審査請求等に対する裁決等の決定の写しを書証として訴状とともに提出する必要がある。

4　労働審判手続

(1)　概要

労働審判は、労働審判官（裁判官）１名と労使の団体から推薦された労働審判員２名の計３名で構成される労働審判委員会が、事件を審理し、調停の成立による解決の見込みがある場合にはこれを試み、その解決に至らない場合には労働審判を行うという手続である（労働審判法１条）。

労働審判員の立場（労働者側であるか使用者側であるか）や経歴については一切明らかにされない。また、判断の際に労働審判員が述べる意見は、単なる参考に留まらず、労働審判官の意見と同じ重みを持っている（同法12条１項）。

労働審判は、原則として３回以内の期日で審理を終結することとされている

（同法15条２項）。続行期日の間隔は通常訴訟の場合のように１か月を目安とするものではなく、審理の進行度合に合わせて柔軟に期日指定がされ、申立件数のうち約68.6％が申立てから３か月以内に終了している（平均審理日数は79.1日。以上は2013年から2017年８月までの全国の地方裁判所における労働審判事件の既済件数における統計。なお、東京地裁における2016年中に既済となった労働審判事件の平均審理期間は77.4日）。

手続は非公開である（同法16条）。

⑵　労働審判の対象となる事件

労働審判の対象となるのは個別労使関係民事紛争、すなわち、「労働契約の存否その他の労働関係に関する事項について個々の労働者と事業者との間に生じた民事に関する紛争」である（同法１条）。

労働組合と使用者との間の集団的労使紛争や、労働者が公務員である場合や労災等に関する行政処分の効力を争う場合などの行政事件訴訟法の対象となる紛争は対象外である。

なお、個別労使関係民事紛争であっても、「事案の性質に照らし、労働審判手続を行うことが紛争の迅速かつ適正な解決のために適当でないと認めるとき」は、労働審判委員会は事件を終了させることができる（同法24条１項。「24条終了」という）。ただ、東京地裁の運用では、申立て段階で一方的に24条終了することはなく、労働審判期日を開いた上で調停による解決の見込みがない場合に24条終了を選択している。労働審判が24条終了した場合には、訴え提起が擬制され、当然に通常訴訟に移行する（同条２項）。

⑶　当事者

東京地裁では「１労働者１申立て」を遵守し、複数人一括申立ては避けるよう利用者に求めている。申立人数が増えると、審理が複雑になり、早期柔軟解決という制度趣旨を貫徹できないおそれが高まるためと説明している。実際には、事案の中身、解決の見込み、当事者の協力の度合いなどを考慮しながら、当事者双方に意見を聴いたりして、複数の事件であっても、まとめて審理するのが相当と解されるものについては、例外的に併合して審理したり、一つの係で並行して（同時に）審理することも行っている（東京地裁労働部と東京三弁護士会による2009年10月27日開催「労働審判制度に関する協議会　第７回」判タ1315号5頁以下での白石哲裁判官の発言（同15頁）。『労働関係訴訟の実務』513～514頁）。代理人として、どうしても複数人一括申立てや共通審理が望ましいと考える場合には、申立書は個々の依頼者ごとに作成した上で、上申書により裁判所にその必要性を説明する等の工夫を要する。

また、労働審判は、上記のとおり「事業者との間に生じた」紛争を扱うものであるから、上司（パワー・ハラスメント事案等）や同僚（職場のいじめ事案等）等使用者以外の個人を相手方とすることはできない。ただし、労働審判委員会が相当と認める利害関係人を手続に参加させることができるので（労働審判法29条２項・民事調停法11条２項）、例えば、パワー・ハラスメントやセクシュアル・ハラスメント事案で加害者をも含めた調停成立を希望する場合には、申立人側が申立てと同時に、利害関係人を手続に参加させてほしい旨の上申書を提出して、参加を求めるという方法が考えられる。また、相手方（多くの場合に使用者側）においても、同様に利害関係人の手続参加を求めることができる。利害関係人の側が参加の求めに応じる場合には、裁判所に対し、参加申出書を提出する（500円の収入印紙を貼付。民事訴訟費用等に関する法律３条１項、別紙第一17項ニ）。

(4) 管轄

東京地裁管内では、東京地裁本庁と立川支部で労働審判事件を取り扱っている（支部で労働審判事件を取り扱っているのは、立川支部、福岡地裁小倉支部、静岡地裁浜松支部、長野地裁松本支部及び広島地裁福山支部。他の地裁は全て本庁のみ）。東京23区内及び島嶼部に土地管轄がある場合は本庁で、それ以外は立川支部で審理されることになっている。23区外・島嶼部外に土地管轄がある労働審判を本庁に申し立てた場合には、担当裁判官の判断次第では、立川支部に回付されることがあるので、もし本庁での審理を希望する積極的理由がある場合には、申立時にその理由についても説明することが望ましい。

土地管轄は、①相手方の住所や事務所等の所在地、②労働者が現に就業しもしくは最後に就業した事業所の所在地または③合意管轄地である（労働審判法２条１項）。なお、②について、運用上、申立時にもその事業所が現存することが必要であるとされている（前掲「東京地裁書記官に訊く－労働部編－」LIBRA。この旨を規定した明文規定はないが、同様の指摘をする文献として、菅野和夫ほか『労働審判制度第２版－基本趣旨と法令解説』65頁、弘文堂、2009年）。これは、申立時点で事業所が現存しないにもかかわらず、そこに土地管轄を見出すとすれば、相手方に過度の応訴の負担を課すことになりかねない上、労働審判では、通常訴訟と異なり応訴管轄という概念がないことから（同法２条１項に応訴管轄の定めなし）、このような相手方にとって手続上の不利益を与える申立ては、相手方の対応を待つことなく申立段階で予め排除しておくべき、という考え方に基づいている。

なお、相手方が日本国内にいない場合の管轄については、同法２条２項ないし4項に規定されている。国際管轄については、全体として第14章第3・2（575頁～）、労働審判については同⑽（582頁）参照）。

⑸　労働審判を求める事項の価額と手数料（印紙代）

労働審判手続の申立てをもって主張する利益によって算出するものとされている（利益の算出方法は原則として通常訴訟と同じ。例えば、解雇無効は160万円）。労働審判確定までの賃金を請求する場合は、申立時までにすでに発生している請求額と、申立後、労働審判の平均審理期間（3か月）経過時点までに発生する請求額との合計額となる。

手数料（印紙代）は、労働審判を求める事項の価額に応じて、民事調停事件と同じ基準によって算出される（民事訴訟費用等に関する法律3条1項、別表第1第14項）。

⑹　申立時の提出書類と申立て手続

ア　申立書の必要的記載事項は、申立ての趣旨、予想される争点及び当該争点に関連する重要な事実、予想される争点ごとの証拠、当事者間においてされた交渉その他の申立てに至る経緯の概要である（同規則9条）。これらの各要素を漏れなく申立書に記載しなければならない。また、労働審判は、短期間で争点整理と証拠調べと一定の事実認定を行うものであるから、申立ての時点で、詳細な事実関係、争点及び証拠を裁判所にわかりやすく示す必要がある。そして、東京地裁の場合、労働審判員に書証を送付しない取扱いとなっているため、適宜、申立書内で重要な証拠の記載内容を引用するなどの工夫も必要となる（なお、書証の提出部数については、東京高裁管内であっても裁判所ごとに異なるので、予め確認することが望ましい）。

労働審判の場合、審理開始後に書面をもって主張を詳細に補充することは原則として予定されていないため、重要な事実については申立書に書き切り、証拠についても申立時に出し切るという姿勢が重要である。

わかりやすく整理された申立書は、早期審理の実現のために最も重要なものといえ、弁護士が受任し作成することの意義は大きい。逆に、「労働審判は簡易迅速な手続であるから弁護士をつけなくとも十分に対応できる」といったアドバイスは適切ではない。

イ　申立時の附属書類は、通常訴訟と同じく、委任状、資格証明書、証拠説明書及び書証である。

ウ　予納郵券額は、相手方に送付すべき副本（申立書・証拠説明書・書証）の重さを量り、それに50グラムを加算した重さに対応する普通郵便料金である（通常訴訟とは異なり、申立書類の相手方への送達は普通郵便によってなされる。前掲「東京地裁書記官に訊く－労働部編－」）。

エ　申立書類一式は、労働部書記官室（13階）の入口正面カウンターに提出する。受付時間は、午前は12時まで、午後は５時までであるが、東京地裁は、午前は11時まで、午後は４時までの提出を促している。

(7) 第１回期日までの流れ

ア　期日指定

裁判所と申立人側との間で調整の上、第１回期日が決定される。申立人本人の出頭は必須であるから、申立人本人の都合も考慮して調整する。第１回期日は、原則として申立てから40日以内の日に指定される（同規則13条）。

第１回期日の所要時間は、２時間30分程度として指定されるが、実際には、長引くことが少なくない。

イ　相手方の対応

第１回期日が決定すると、期日呼出状や申立書類一式が相手方に郵送される。申立書を受領した相手方から事件を受任する場合、指定された第１回期日に都合がつかないときは、可及的速やかに裁判所に連絡する必要がある。労働審判の場合、第１回期日に相手方が欠席するということは許されず、かつ、期日の変更も原則として認めていない。よって、受任の時期を問わず、極力、指定された第１回期日に都合をつけるか、どうしても難しい場合には、とにかく早く裁判所に連絡し、期日変更の上申をすべきである。

また、第１回期日を相手方代理人だけで対応することは早期審理を阻害するため許されず、事情をよく知っている当事者や上司を必ず同行するようにしなければならない。

答弁書の提出期限は、第１回期日の１週間ないし10日前の日に設定される。答弁書の記載事項は、申立ての趣旨に対する答弁、申立書の記載事実に対する認否、答弁を理由づける具体的な事実、予想される争点及び当該争点に関連する重要な事実、予想される争点ごとの証拠、当事者間においてされた交渉その他申立てに至る経緯の概要である（同規則16条１項）。予想される争点について書証があるときは、その写しを答弁書に添付しなければならない。

争点に関連する重要な事実と証拠は、答弁書の段階ですべて書き切る・出し切るべきであることは、申立書と同様である。

また、当然のことではあるが、裁判所側の事前検討時間を十分に確保するため、答弁書の提出期限は、絶対に遵守すべきである。東京地裁側からは、指定された期日までに書面の提出がなされないと、労働審判員から、なぜ定められた期限が守れないのか、一般社会において納期を守るのは当然との強い指摘がなされることも多いと報告されている（『労働関係訴訟の実務』520頁）。

なお、答弁書に対する申立人側の反論及びそれに対する再反論は、期日に口頭で行うのが原則であるが（労働審判規則17条）、口頭での主張を補充する書面の提出も認められている（同条。書面の標題は「補充書面」であって、「準備書面」ではない）。このように、労働審判では、申立書・答弁書以外の主張書面は、あくまで補充的なものと位置づけられていることに十分留意すべきである。

(8)　審理の流れ

審理の進め方は、審判官ごとにさまざまであるが、通常は、両当事者同席の下、申立書や答弁書の記載内容をふまえ、審判官や審判員が疑問に感じた点や重要な事実関係について次々と当事者に質問がされ、その過程で心証が形成されていく（冒頭の1時間程度は、審判委員会からの質問とそれへの回答が続くことが多い。労働審判手続は職権探知主義である）。質問は、代理人ではなく、出席している当事者に対して直接されることが多い。回答した内容は、すべて判断の基礎となるが、労働審判は直接口頭主義を基本とするものであるから、質問に対して「追って書面で回答する」ことは許されない。また、当事者が直接、相手方当事者に質問をすることも認められる。このため第1回期日を迎える前に、依頼者との間で、想定される質問の内容や、それに対する回答方法を十分に打ち合わせしておくことが特に重要である。

質問と回答が一通り終了すると、いったん当事者は退席し、労働審判委員会の評議が行われる。そして、評議の後、争点に関する心証や調停案の方向性が示され、多くの場合、当事者を交互に呼び入れて、調停に向けた意向聴取が行われる。

このように、事実の確認と心証形成は、概ね第1回期日にて終了し、第2回期日以降は、もっぱら調停成立に向けた調整がなされることが多い。

(9)　手続の終了

調停が成立すれば、それによって審理は終了する。労働審判における調停は、裁判上の和解と同一の効力がある（労働審判法29条2項、民事調停法16条）。

調停不成立の場合は、「審理の結果認められる当事者間の権利関係及び労働審判手続の経過を踏まえて」審判が行われる（労働審判法20条１項）。判決の場合のような処分権主義は妥当せず、審理過程（そこには当事者の意向も含まれる）全体をふまえて労働審判委員会が適切と考える解決方法が示され、その内容は、おおむね労働審判委員会が提示した調停案とパラレルである（例えば、解雇無効を前提にした地位確認を求める事案において、解雇無効の心証だが労働者側が退職を前提に一定の解決金の支払いを受けることを希望しているときに、労働契約の終了と解決金の支払いを内容とする主文で労働審判をするなど）。審判書には、主文と理由の要旨が記載される（同法20条３項）が、理由については「審理過程を踏まえると本件紛争を解決するためには、主文のとおり審判するのが相当」という程度の簡潔な内容であることが多い。

なお、これまでの運用実績では、７割程度が調停成立によって終了している。

⑽　異議申立てによる通常訴訟への移行

審判は、送達又は告知の時から２週間以内に異議申立てがあると確定的に効力を失い（同法21条３項）、労働審判申立時に訴えの提起があったものとして、通常訴訟に移行する（同法22条１項。異議の申立てをした場合、その後、異議の申立てを取り下げることはできず、失効した労働審判を復活させる方法はない。したがって、調停案とパラレルな主文が示された労働審判に対し異議を述べるかどうかは慎重に検討すべきである）。

東京地裁では、審判書を作成せず、期日において、口頭で審判の主文及び理由の要旨を告知する方法で審判がなされるのが通例である（同法20条６項）。この場合においても、審判の主文及び理由の要旨等を記載した調書が作成される（同法20条７項）。この調書は「審判書」ではなく送達の規定がないが、東京地裁では申請により送達する扱いとしている（前掲「東京地裁書記官に訊く－労働部編－」）。その結果、審判が口頭告知され審判書が作成されない場合においても、当事者には後日「調書」（労働審判規則30条の見出しが「審判書に代わる調書」とされており、審判書と紛らわしい）が送達されることになるが、異議申立てとの関係においては、あくまでも調書の送達を受けた日ではなく審判の口頭告知の時（つまり審判があった期日）が起算点であり、告知の時から２週間以内に異議申立てをしなければいけないことに留意する必要がある（なお、担当裁判所書記官が、当事者からの問い合わせに対し、労働審判が告知された期日の期日調書を受け取った日が異議申立ての起算点になる旨回答し、それに従った結果、異議申立期間を経過したという事案において、当該異議申立てを適法とした裁判例あり。岐阜地判平25.2.14裁判所HP）。

異議申立ては、担当部に書面でしなければならない（ファックスによる提出は不可)。異議の申立てに理由を付す必要はなく、事件番号が表示され、異議の対象となる労働審判が特定されたうえで、異議を述べる旨の記載があればよい。

通常訴訟に移行した場合、申立人側は、まず、手数料（通常訴訟の場合の手数料の額から、労働審判申立時に納めた手数料額を控除した額）や郵券の追納が必要となる。また、訴状に代わる準備書面（労働審判手続における審理過程を踏まえた上で主張を再構成したものであって、労働審判申立書の申立人・相手方を原告・被告に書換えただけのものであってはならない）の提出も求められる。なお、労働審判事件の記録は、訴訟に引き継がれないため、書証等は新たに提出しなければならない。

通常訴訟に移行した場合（同法22条参照）において、当該労働審判が「前審の裁判」に当たるということはできない（小野リース事件・最三小判平22.5.25労判1018号5頁 判時2085号160頁）から、労働審判を担当した裁判官が本訴移行後の1審を担当しても違法ではない。東京地裁労働部では、本訴移行後の事件は、労働審判を担当した裁判官以外に配点している。

通常訴訟移行した後の最初の期日は、両当事者間で調整の上、決定される。移行後の第１回期日より弁論準備手続に付され、争点整理が直ちに進められることが多い。

⑾　参考資料

東京地裁での労働審判の運用実務については、判例タイムズ等所収の労働審判制度に関する協議会の記事が参考になる（判タ1266号46頁～62頁－2008年２月28日開催、同1315号5頁～27頁－2009年10月27日開催、同1403号27頁～56頁－2013年11月13日開催、労判1128号5頁～31頁－2015年11月５日開催、2017年11月27日開催分についても労判2018年４月発行の号に掲載予定)。

5　民事保全手続（仮処分の申立て）

解雇された場合など、その効力を本訴で争うものの、本訴判決が確定するまでの間に労働者の生活が困窮するおそれがある場合には、地位保全・賃金仮払い等を命じる仮処分を申し立てることになる（民事保全法23条２項)。申立書類の提出先は、東京地裁では民事第９部（保全部）ではなく、労働部である。

申立て手数料は１件2000円、予納郵券は債務者に送付する副本１セット（申立書、証拠説明書、証拠）の重さに20グラムを加算した重さに対応する普通郵便料金である（前掲「東京地裁書記官に訊く－労働部編－」)。

手続は、一般的な仮処分と基本的に同様であり、保全の必要性については、困窮の理由や急迫性を給与振込口座の通帳や陳述書等をもって十分に疎明しなければならない。ただ、担保は通常不要である（同法14条1項後段）。

また、必要的審尋（同法24条4項）であり、本訴未係属の場合は、審尋手続の中で和解が試みられることもある。

賃金仮払いを求める仮処分については、第8章第8・6(4)（365頁～）も参照されたい。

賃金等の労働債権を被保全権利とする仮差押えも、申立書の提出先は労働部であるが、賃金仮払い仮処分とは異なり、担保が必要である。

6 司法支援センター（法テラス）の利用

依頼者が十分な収入や資産を有しない場合には、司法支援センター（法テラス）による援助制度の利用を検討すべきである。法テラスでの法律相談を経ていない案件でも、受任時に法テラスに持ち込めば（持ち込み事件）、資力基準等の援助要件を満たす限り以下の援助を受けることができる。依頼者は、援助決定から2～3か月以降の毎月15日、25日（ゆうちょ銀行）又は27日（ゆうちょ銀行以外の銀行）限り、5000円から1万円の範囲内で、銀行口座からの自動引落により分割返済をしていくことになる。

(1) 受任時の着手金・実費等（法テラスによる立替金額）

ア 労働審判

・着手金 8万6400円～12万9600円（事案により決定）

・実費等 2万円

イ 仮処分（労働事件断行仮処分）

・着手金 12万9600円～19万4400円

・実費等 2万円

ウ 通常訴訟

・着手金 訴額に応じて6万4800円～23万7600円

・実費等 訴額が50万円未満の場合は2万5000円

訴額が50万円以上の場合は3万5000円

(2) 事件終了時の報酬金

ア 金銭解決をし、かつ、金銭を現実に受領した場合

現実に受領した額の10.8%（10%＋消費税）

（受領金額から報酬金相当額と法テラスの立替残額を差し引いた上で依頼者に送金）

イ 金銭の受領がない場合（取立不能を含む）

6万4800円〜12万9600円（基準額は8万6400円）
（法テラスで追加立替の上、依頼者が分割返済を継続）

(3)　手数料（貼用印紙代）

訴訟上の救助（民訴法82条1項、民事保全法7条）・手続上の救助（労働審判法29条1項・非訟事件訴訟法29条1項）を申し立てるのを原則とするが、却下された場合であっても、法テラスに追加費用支出申立をし、援助決定があれば立替払いを受けられる。

(4)　仮差押え等で担保を要するときの担保金

法テラスからボンド（支払保証委託）による立担保の援助を受けることができる。

第4　行政機関を利用した紛争解決

1　手続の概要

賃金の未払いなど、紛争が使用者による労基法・労安衛法等の違反に起因する場合には、労働基準監督署へ違法状態を申告し（労基法104条1項）、労基署による使用者への指導によって解決（事態の改善）を図る、という方法が考えられる。

また、個別労働関係紛争の解決の促進に関する法律（以下「個別労働紛争解決促進法」という）に基づき、国は、①総合労働相談コーナーにおける情報提供・相談、②都道府県労働局長による助言・指導、③紛争調整委員会によるあっせんの3つの解決援助サービスを設けており、これらの利用も可能である。

労基署と労働局は、申告・相談窓口を労働局や労基署に設置された「総合労働相談コーナー」（東京の場合は、中央・上野・三田・品川・大田・渋谷・新宿・池袋・王子・足立・向島・亀戸・江戸川・八王子・立川・青梅・三鷹・町田（八王子労基署町田支署）の各労基署、東京労働局、有楽町東京交通会館に設置されている）に一本化しているため、労基署や労働局の申告を含め、どのような手続を選択するのが適切であるかは、「総合労働相談コーナー」にて相談員からの助言を得ながら決定することができる。

この他、同法20条は、地方公共団体は「個別労働関係紛争の自主的な解決を促進するため」「相談、あっせんその他必要な施策を推進するように努めるものとする。」と定めている。これに基づき、一部の地方公共団体（東京都、神奈川県、大阪府、福岡県等）では、個別労働紛争のあっせん手続を行っている

（東京都のあっせん手続については、後記４で紹介する）。また、東京都、兵庫県及び福岡県を除く道府県労働委員会は、地方自治法180条の２に基づき、都道府県知事より委任を受けて、個別労働紛争解決促進法20条の施策として、あっせん手続を行っている。

近時、これらの行政サービスについては、相談者が相談時点で熟知していたり、すでに相談や手続を経てから弁護士の下に相談に来たりする場合もあるので、弁護士としても、十分に理解し、イメージを持っておく必要がある。

なお、いずれも利用料は無料である。また、弁護士が代理人となることができる。

2 労基署への申告

総合労働相談コーナーにて、相談員に対して、使用者による違反事実を具体的に述べた上で、労基署が用意している申告・相談票を作成して受け付けてもらう。

違反申告が受け付けられると、労基署は、使用者からの事情聴取や現場確認（臨検、労基法101条、同法104条の２）などによって法違反の有無を確認し、違法状態が確認されれば使用者に対して是正勧告等を行う。また、違法ではないが不適切な労務管理がなされている場合には、使用者に指導票を渡し、改善を促すことがある。

ただし、労働基準監督官が監督権限を有しているのは、労基法、労安衛法、最低賃金法、賃確法、じん肺法、作業環境測定法および家内労働法に限られるので、労基署への申告は、あくまでこれらへの違反がある場合にのみ有用である。解雇の有効性やハラスメント等の民事上の争いについては、労基署では対応できない（そういう事案は、総合労働相談センターで、あっせん手続の利用を勧められる）。

3 紛争調整委員会（都道府県労働局）によるあっせん手続

(1) 対象事件

あっせんの対象は、労働関係に関する事項についての個々の労働者と事業主との間の紛争であるが、労働者の募集及び採用に関する事項についての紛争は対象外である（個別労働紛争解決促進法５条。助言・指導の対象にはなる）（個別労働紛争解決促進法５条。助言・指導の対象にはなる。「募集・採用」は労働契約締結までの過程を意味するので労働契約締結と同視できる「内定」があった後、その取消が争われる場合はあっせん手続の対象となる。東京労働局の実務上、就労日が決まっている場合は概ね内定があるものと取り扱っている)。公務員の労働問題も対象外である（同法22条)。公務員の労働問題も対象外である（同法22条)。

さらに、均等法16条に規定する紛争（性別を理由とする差別等、婚姻･妊娠･出産等を理由とする不利益取扱い等、職場における性的な言動に起因する問題に関する雇用管理上の措置、妊娠中及び出産後の健康管理に関する措置等)、パートタイム労働法23条に規定する紛争（労働条件に関する文書の交付等、通常の労働者と同視すべき短時間労働者に対する差別的取扱い、教育訓練、福利厚生施設、通常の労働者への転換、事業者が講ずる措置内容等)、育児介護休業法52条の３に規定する紛争（育児休業、介護休業、子の監護休暇、介護休暇、所定外労働の制限、時間外労働の制限、深夜業の制限、所定労働時間の短縮措置等、労働者の配置に関する配慮)、及び障害者雇用促進法74条の５に規定する紛争（障害者に対する差別、障害者でない者との均等な機会の確保等を図るための措置）については、各法に基づく労働局長の助言・指導や紛争調整委員会による調停といった方法で紛争解決の援助が行われるため、あっせんの対象とならない。また、例えば、賃金や残業代の未払いなど、労基法、労安衛法、最低賃金法等の強行法規の違反が主題となる事案については、前記のとおり、労基署が自ら監督権限を行使して対応すべきものであることから､原則として、あっせんの対象とならない。但し、上記のような紛争や事案であっても、申請内容に他の請求ないし主張が含まれている場合には、混在事案として、あっせんの開始が決定されることもある。

⑵　手続の概要（東京労働局の場合）

あっせん申請書は、東京労働局雇用環境・均等部（九段第３合同庁舎14階）又は総合労働相談コーナーで受け付けられる。

申請書が提出されると、雇用環境・均等部長の決裁を経て、労働局長名で紛争調整委員会にあっせんが委任され、当該事件を担当するあっせん委員３名が選任される。なお、あっせんを開始しない決定がされた場合、行政見解では、当該決定は行政処分に該当せず、不作為に係る不服申立ての対象にはならないとされている。

あっせん委員は、弁護士や大学教授、社会保険労務士等の専門家である。実際には、個別労働紛争解決促進法施行規則７条１項に基づき、原則として１事案１名のあっせん委員により、事件処理が行われる。手続は非公開で、担当あっせん委員1 名のほか、同条２項に基づき事実調査を行う雇用環境・均等部の職員が立ち会って行われる。

担当あっせん委員が選任されると、各当事者に対し開始通知書送付されるが、相手方に対しては、申請書の写しと、申請人提出の添付書類のうち申請人が希望するものの写しも同送され、あっせん手続に参加するかどうかの意思確認がなされる。相手方が参加しない旨の回答をした場合には、それをもってあっせん手続は打切りとなる。

相手方が参加の意向を示すと、あっせん委員は、相手方に対し、申請書等に対する意見書や解決案、就業規則や雇用契約書その他関係資料の提出を求める。相手方が提出した書類は、相手方から要望がない限り、申請人に対して開示されない。但し、あっせん委員の判断により、又は相手方の了承を得て、期日においてその内容が申請人に説明されることもある。

あっせん期日は、両当事者の日程を調整した上で指定される。原則として期日は1回限りで（期日において事実上和解が成立したが、使用者側で社内の最終決裁が必要であるといった事情により、例外的に第2回期日が設けられた例がある。）、所要時間は通常2時間程度である。東京の場合、九段第3合同庁舎14階で開催される。各当事者は、あっせん委員の許可を得て、補佐人を同行し、あるいは、期日において意見の陳述等をする代理人を出席させることができる（同法施行規則8条2項3項）。弁護士、特定社会保険労務士、認定司法書士のほか、当事者である労働者の親族も補佐人や代理人として認められることがあり、また、当事者である労働者の同僚・元同僚も補佐人として出席を認められることがある。実態として、使用者側の当事者は、半数近いケースで、弁護士や特定社会保険労務士等を同伴又は代理出席させている。労働者側の当事者が弁護士等を代理人や補佐人として起用するケースは少ないが、まれというほどではない。

あっせん期日では、あっせん委員が労使双方から交互に事情を聴取し、和解による解決を試みる。和解が成立した場合には合意書を作成する。これは民法上の和解である。和解ができない場合には、打ち切り終了となる。あっせんが打ち切られた場合、当該あっせんの申請人が30日以内にあっせんの目的となった請求について訴えを提起したときは、時効の中断に関しては、あっせんの申請の時に訴えの提起があったものとみなされる（同法16条）。あっせんにおける和解の内容は、実態として、金銭解決を主眼とするものがほとんどである。解決金の水準は、一般的に労働審判や民事訴訟におけるそれと比較して低い傾向にあるが、千万円単位の解決金の支払いが合意された例もある。

東京における2016年度のあっせん申請件数は1150件、そのうち相手方が参加したものは704件、あっせんを実施した結果、当事者間に合意が成立したものは481件であった（合意成立／あっせん実施＝68.3％）。

4　東京都によるあっせん手続

東京都を含む一部の地方公共団体では、１で説明したとおり紛争解決のためのあっせん制度を設けている（同法20条）。

東京都では、労働相談情報センター（旧労政事務所）で相談を受け付けたもののうち、あっせん手続に付すのが相当であると判断した案件については、東京都産業労働局（雇用就業部労働環境課：都庁第１本庁舎北31階）に所属する相談員が労使の間に入って紛争解決に向けた調整を行っている。

相談は、基本的には電話で受け付けられる（東京都ろうどう110番：0570－00－6110、受付は月～金曜日の午前９時～午後８時、土曜日の午前９時～午後５時、祝日及び12月29日～１月３日を除く）。来所相談も可能ではあるが予約制であるので、まずは、上記電話番号に架電し相談するのがよい。

相談員は東京都の職員であり、相談員があっせんによる解決の見込みがあると判断すると、あっせん手続に移行する。その場合、申請書の作成は不要であり、また、あっせん期日も開かれず、随時、相談員が適宜の方法で相手方に連絡して事情を聞くなどして（来所を求めたり、相談員が自ら事業所等に赴いたりする）、調整が行われる。その結果、当事者間に合意が成立すれば、原則として確認書を作成して終了し、合意が成立しなければ打ち切りとなる。

2016年度におけるあっせん件数は446件、そのうち解決件数は308件であり、解決率は69.1％であった。また、54.5％の案件が１か月以内に解決している。

第2部

テーマ別・
実務対応の諸問題

第1章

採用と労働契約の成立

第1　採用の自由とその限界

1　採用の自由

使用者は、誰をどのような基準で採用するか、原則として自由に決定することができる（採用の自由）。

このような採用の自由は、労働契約が、使用者と労働者の合意により成立する契約の一種であることに加え（契約締結の自由）、使用者には財産権の行使（憲法29条）や営業の自由（憲法22条）といった経済活動の自由を保障されていることに由来する。

最高裁も、（使用者は）「かような経済活動の一環としてする契約締結の自由を有し、自己の営業のために労働者を雇傭するにあたり、いかなる者を雇い入れるか、いかなる条件でこれを雇うかについて、法律その他による特別の制限がない限り、原則として自由にこれを決定することができる」と述べている（三菱樹脂事件・最大判昭48. 12. 12民集27巻11号1536頁 労判189号16頁）。

2　採用の自由の限界

このように、使用者は採用の自由を有するが、前掲三菱樹脂事件・最大判昭48. 12. 12の上記判示にあるとおり、それは「法律その他による特別の制限がない限り」において認められるものである。この「法律その他による特別の制限」は徐々に拡大しているが、①選考基準を違法とするものの労働契約の成立を強制する効果まではもたないものと、②労働契約の成立を強制する効果を持つものとがある。

⑴　選考基準を違法とするものの、強制的に労働契約を成立させる効果まではもたないもの

ア　募集・採用における性別を理由とする差別の禁止（均等法５条）

事業主は、労働者の募集及び採用について、その性別にかかわりなく均等な機会を与えなければならない（均等法５条）。

同条により禁止される措置は、「労働者に対する性別を理由とする差別の禁止等に関する規定に定める事項に関し、事業主が適切に対処するための指針」（平成18年厚生労働省告示第614号）で具体的に例示されている。例えば、男女のいずれか一方を採用の対象から排除することは禁止される（女性のみを採用の対象とした場合でも均等法５条違反となる）。また、女性に対し、男性には聞かない質問をする（「子どもが生まれたらどうするのか」との質問等）ことも、能力及び資質の有無等の判断において男女で異なる取扱いをしていることになるため禁止される。詳しくは、第10章第３（474頁～）参照。

違反がある場合には、行政取締りの対象となり、厚生労働大臣による報告の徴収、助言、指導及び勧告並びに勧告に従わなかった場合の公表が定められている（均等法29条、30条）。また、均等法５条違反の行為は、不法行為として損害賠償請求の対象となり得る。ただし、同条に違反したとしても強制的に労働契約を締結させる効果はない。

イ　募集・採用における年齢にかかわりない均等な機会の確保（雇用対策法10条）

事業主は、労働者の募集及び採用について、その年齢にかかわりなく均等な機会を与えなければならない（雇用対策法10条）。

同条により、募集・採用にあたって、募集対象者の年齢を一定範囲に絞ること（求人情報として「30歳以下の人を募集」と掲載すること等）は禁止される。事業主は、年齢要件を課すのではなく、職務を遂行するために必要とされる労働者の適性、能力、経験、技能の程度などを具体的に示すことが求められる。厚労省パンフレット「その募集・採用　年齢にこだわっていませんか？」に具体例が示されているので参照されたい。

一方、定年年齢を上限とする場合や、労基法等により年齢制限が設けられている場合等には、例外的に年齢の条件を付すことが認められる場合もある（雇用対策法施行規則１条の３第１項）。詳しい具体例等は、厚労省のホームページに掲載されている「労働者の募集及び採用における年齢制限禁止の義務化に係るＱ＆Ａ」や上記厚労省パンフレットを参照されたい。

違反がある場合には、行政取締りの対象となり、厚生労働大臣による助言、指導及び勧告が定められている（雇用対策法32条）。均等法と異なり、勧告に従わなかった場合の公表は規定されていないが、情報公開法に基づく情報公開請求があった場合に、企業名が公開されることもあり得る点には注意が必要である（上記Q＆A　Q1－7）。

雇用対策法10条違反の行為は、不法行為として損害賠償請求の対象となり得る。ただし、同条に違反したとしても強制的に労働契約を締結させる効果はない。

ウ　障害者に対する差別の禁止・法定雇用率制度

(ア)　障害者に対する差別の禁止

事業主は、労働者の募集及び採用について、障害者に対して、障害者でない者と均等な機会を与えなければならない（障害者雇用促進法34条）。

2016（平成28）年4月1日施行の改正障害者雇用促進法において、上記の障害者差別の禁止の規定が設けられた（採用後については同法35条）。同法34条及び35条により禁止される措置は、「障害者に対する差別の禁止に関する規定に定める事項に関し、事業主が適切に対処するための指針」（平成27年厚生労働省告示第116号）で具体的に例示されている。さらに詳しい具体例等は、厚労省のホームページに掲載されている「障害者雇用促進法に基づく障害者差別禁止・合理的配慮に関するQ＆A【第2版】」も参照されたい。

企業では、一般求人枠とは別に、障害者のみを対象とする求人を行うことは実務上よく行われており、このような障害者専用求人は、障害者に対する有利な取扱いであるため、禁止される差別には当たらない（同Q＆A　Q3－1－4）。ただし、一般求人枠に障害者が応募してきた場合に障害者であることを理由として拒絶することは差別に当たり得る（同Q＆A　Q3－1－6）。詳しくは、第12章第3・1（536頁～）及び第2・2（532頁）参照。

違反がある場合には、行政取締りの対象となり、厚生労働大臣による助言、指導及び勧告が定められている（障害者雇用促進法36条の6）。また、障害者雇用促進法34条違反の行為は、不法行為として損害賠償請求の対象となり得る。しかし、同条に違反したとしても強制的に労働契約を成立させる効果はない。

(イ)　法定雇用率制度

民間の事業主は、常用労働者に占める身体障害者及び知的障害者の割合（実雇用率）を法定雇用率以上としなければならない（障害者雇用促進法43条）。法定雇用率は、2018（平成30）年３月31日までは2.0％とされている（50人×2.0％＝１人であるため、「50人以上を雇用する事業主に障害者雇用義務がある」と表現されることもある）。精神障害者を雇用した場合、実雇用率を算定する際の分子に加えることができる。

2018（平成30）年４月１日施行の改正障害者雇用促進法により、法定雇用率の算定基礎に精神障害者数が加えられる結果、民間事業主の法定雇用率は2.2％に引き上げられる（45.5人以上を雇用する事業主に障害者雇用義務が生じる）。また、2021（平成33）年４月までには、民間事業主の法定雇用率は更に2.3％に引き上げられる予定である（43.5人以上を雇用する事業主に障害者雇用義務が生じる）。

法定雇用率に達しない場合、障害者雇用納付金（１人不足するごとに１か月あたり５万円）の納付が義務付けられ（53条）、企業名公表の制度があり（46条、47条）、実施されているが（第12章第２・４（534頁）参照）、強制的に障害者との労働契約を成立させる効果はない。

エ　黄犬（こうけん）契約の禁止（労組法７条１号本文後段）

労働者が労働組合に加入せず、又は労働組合から脱退することを雇用条件とするいわゆる黄犬契約は、不当労働行為として禁止される。

採用拒否が不当労働行為に当たる場合に、労働委員会は採用を命じることができると解されているが、それによって、私法上、強制的に労働契約が締結されたことになるわけではない。

⑵　強制的に労働契約を締結させる効果を持つもの

これに対し、近時の法改正では、一定の条件を満たす場合に、強制的に労働契約を締結させる効果を持つものが現れてきており、採用の自由に対するより直接的な制限がなされている。

たとえば、有期労働契約の無期転換制度（労契法18条）では、2013（平成25）年４月１日以降に締結・更新される有期労働契約の通算期間が５年を超えることとなる場合に、有期契約労働者の無期転換申込みに対する使用者の承諾を擬制することとされた。これにより、当該有期契約労働者との間で無期労働契約が成立する。詳細は、第９章第２・２（404頁）参照。

また、派遣法上の労働契約申込みみなし制度（派遣法40条の６）では、一定の違法派遣が行われた場合に、その時点において、派遣先が派遣労働者に対して、労働契約の申込みをしたものとみなすこととされ、派遣労働者が承諾すれば、派遣先との間で直接雇用契約が成立する。詳細は、第9章第4・7(1)（452頁〜）参照。

(3) その他

その他、既に雇用関係にある労働者との間で、法的には契約の終了及び新規契約の締結の場面であるのに、新規契約の締結の自由が制限される場合がある。有期契約労働者の雇止め法理（労契法18条、第9章第2・1（384頁〜）参照）や、定年退職者の再雇用（高齢者雇用安定法9条、第7章第11（317頁〜）参照）がその例である。

3 採用選考時の調査の限界と入手した情報の適正管理

(1) 調査の自由とその限界

使用者は、採用の自由の一環として、応募者に対し採否の決定に必要な事項を調査し、情報を入手する自由を有する。

三菱樹脂事件・最大判昭48.12.12（民集27巻11号1536頁 労判189号16頁）は、思想・信条を理由とする採用拒否も適法であることを前提に、労働者の思想・信条を調査し、関連する事項について労働者に申告を求めることも違法ではないとする。このように、最高裁は、採用時の調査・質問について、使用者に広範な自由を認めている。

しかし、使用者の調査の自由は、応募者の人格権・プライバシー権（憲法13条）や職業選択の自由（憲法22条1項）その他の基本的人権と衝突し得るものであり、厚労省は、パンフレット「公正な採用選考をめざして」を公表して、応募者の基本的人権を尊重し、かつ、応募者の適性・能力のみを基準として採用選考を行うことを求めている。同パンフレットでは、採用過程で申告を求めること等が就職差別につながり得るものを詳細に示しているため、参照されたい。

採用選考時の健康診断の実施又は健康診断書の提出についても、応募者の適性・能力の判断に合理的かつ必要な範囲でのみ認められるものであり、その場合でも、応募者に検査項目や必要性について十分な説明を行うべきものである（上記パンフレット参照）。裁判例においても、金融機関が採用選考の過程で応募者の同意を得ずにB型肝炎ウイルス検査を実施した事案につき、金融機関の業務に照らすと、能力・適性の判断のためにB型肝炎ウイルス検査を実施する必要性は乏しく、仮に必要性があったとしても、検査の目的や必要性を何ら説明せずに、事前の同意を得ないで行われたものであるから、応募者のプライバシー権を侵害する不法行為に当たるとし、金融機関に対し150万円の慰謝料の支払を命じた裁判例がある（Ｂ金融公庫（Ｂ型肝炎ウイルス感染検査）事件・東京地判平15.6.20労判854号5頁）。また、警察学校が新たに入校した警察官に実施する血液検査において無断でHIV抗体検査を行い、その検査結果が陽性であったために入校辞退を勧告し、警察官を辞職させた事案で、「採用時におけるHIV抗体検査は、その目的ないし必要性という観点から、これを実施することに客観的かつ合理的な必要性が認められ、かつ検査を受ける者本人の承諾がある場合に限り、正当な行為として違法性が阻却される」との基準を示して、本件における無断検査及び辞職強要を違法と判断した裁判例がある（東京都（警察学校・警察病院HIV検査）事件・東京地判平15.5.28労判852号11頁 判タ1136号114頁、確定）。

⑵　労働者の告知義務の有無

採用過程において、労働者は自己に不利益となり得る事実（前科前歴、病歴等）を告知する義務があるか。この問題には、①質問された場合に真実を回答する義務があるかという問題と、②質問がない事項について自発的に告知する義務があるかという問題が含まれる。

前者（①）については、炭研精工事件・東京高判平3.2.20労判592号77頁は、「使用者が、雇用契約の締結に先立ち、労働者の経歴等、その労働力の評価と関係のある事項ばかりではなく、当該企業への適応性、貢献意欲、企業の信用の保持等企業秩序維持に関係する事項について必要かつ合理的な範囲内で申告を求めた場合には、労働者は、真実を告知すべき義務を負っているというべきである。」として、面接で学歴を問われたことに対して大学中退の事実を秘匿したことを理由とする懲戒解雇を有効とした（最高裁もこの判断を是認、最一小判平3.9.19労判615号16頁）。労働者は、「企業秩序維持に関係する事項について必要かつ合理的な範囲内で申告を求めた場合」には、誠実に回答しなければならず、虚偽回答をし、それが信頼関係を破壊するものである場合には、それを理由とした解雇は有効となりうる。

ただし、在日朝鮮人であることを秘匿し、そのために氏名（本名ではなく通称名を記載）、住所、本籍を偽り、職歴を記載せず、面接官が氏名、本籍等が真実であるか問うたのに対して真実であると回答した事案で、使用者の内定取消及び経歴詐称を理由とする懲戒解雇をいずれも無効（さらに解雇は不法行為として慰謝料50万円）とした日立製作所事件・横浜地判昭49.6.19労判206号46頁 判時744号29頁（確定）がある。

他方、後者（②）について、学校法人尚美学園事件・東京地判平24.1.27労判1047号5頁は、前職場でセクハラ・パワハラを問題にされたことを告知しなかった事案において、「告知すれば採用されないことが予測される事項について、告知を求められたり、質問されたりしなくとも、雇用契約締結過程における信義則上の義務として、自発的に告知する法的義務があるとまでみることはできない」と述べている（普通解雇無効）。また、岐阜地判平25.2.14LEX/DB25445513は、労働者が数ヶ月間風俗店に勤務した職歴を申告しなかった事案において、「採用を望む者が、採用面接に当たり、自己に不利益な事実の回答を避けたいと考えることは当然予測されることであり、採用する側もこれを踏まえて採用を検討するべきであるところ、本件職歴に関しても原告が自発的に申告するべき義務があったともいえない。」と判示している（懲戒解雇無効）。能力・適性の判断や企業秩序の維持に必要な事項であれば、使用者の方から積極的に質問することも可能であること等からすると、自発的に申告すべき義務は消極的に解される場合が多いであろう。その場合、不利益事実を積極的に労働者が告知しなかったことをもって解雇（内定取消しや本採用拒否を含む）することはできないことになる。

経歴詐称を理由とする懲戒処分につき第５章第２・３(1)（213頁）参照。

(3)　応募者の個人情報の取扱い

応募者の個人情報の取扱いについては、使用者も、「労働者の募集を行う者」として、職安法５条の４が適用される。

職安法５条の４は、応募者の個人情報につき、原則として、業務の目的の達成に必要な範囲内で収集し、当該収集の目的の範囲内で保管・使用しなければならず（同条第１項本文）、また、個人情報を適正に管理するために必要な措置を講じなければならないと定めている（同条第２項）。同条等を受けた「職業紹介事業者、労働者の募集を行う者、募集委託者、労働者供給事業者等が均等待遇、労働条件等の明示、求職者等の個人情報の取扱い、職業紹介事業者の責務、募集内容の的確な表示等に関して適切に対処するための指針」（平11労働省告示141号）は、募集・採用時の情報取得・管理等のルールを細かく定めている。例えば、①人種、民族、社会的身分、門地、本籍、出生地その他社会的差別の原因となるおそれのある事項、②思想及び信条、③労働組合への加入状況に関する個人情報は、特別な職業上の必要性等に基づいて本人から取得する場合を除き、取得してはならないとしている。

また、同指針は、個人情報保護法２条３項に定める「個人情報取扱事業者」（個人情報を容易に検索できるよう体系的に構成した「個人情報データベース等」を事業の用に供している者）に該当する場合には、同法も遵守すべきことを明記している。旧法下では、個人情報の取扱件数が5,000件未満の場合に適用除外とされていたが、2017（平成29）年５月30日に施行された改正個人情報保護法では、当該数量要件が撤廃され、小規模事業者（弁護士事務所も含まれる）も対象とされることとなった点に注意が必要である。

応募者に関する個人情報も、当然に個人情報保護法による保護の対象となるから、その取得に関しては、あらかじめ利用目的を通知・公表しておく必要がある（同法18条）。各企業のホームページにおいて、応募者の個人情報に関するプライバシーポリシーが公表されていることが多い。その際、利用目的は、「単に抽象的、一般的に特定するのではなく、個人情報が個人情報取扱事業者において、最終的にどのような事業の用に供され、どのような目的で個人情報を利用されるのかが、本人にとって一般的かつ合理的に想定できる程度に具体的に特定することが望ましい」とされている（個人情報保護委員会「個人情報の保護に関する法律についてのガイドライン（通則編）」参照）。

⑷　精神疾患罹患歴の調査・申告に関する問題

採用選考時に、使用者において、精神疾患の罹患歴を調査してよいか。

2017（平成29）年５月30日に施行された改正個人情報保護法では、「本人の人種、信条、社会的身分、病歴、犯罪の経歴、犯罪により害を被った事実その他本人に対する不当な差別、偏見その他の不利益が生じないようにその取扱いに特に配慮を要するものとして政令で定める記述等が含まれる個人情報」を「要配慮個人情報」として新たに定義し（同法２条３項）、原則として、本人の同意なく取得できないこととした（同法17条２項）。要配慮個人情報には、精神保健福祉法にいう精神障害が含まれ（個人情報保護法施行規則５条３号）、精神保健福祉法では、「精神障害者」を「統合失調症、精神作用物質による急性中毒又はその依存症、知的障害、精神病質その他の精神疾患を有する者」と定義している（同法５条）。このことからすれば、精神疾患の罹患歴に関する情報を、本人の同意なしに取得することはできないと考えられる。

では、採用面接時に精神疾患の罹患歴を質問することが許されるか。

このような質問の適法性が直接に問題となった事案ではないが、東芝（うつ病・解雇）事件・最二小判平26.3.24労判1094号22頁 判時2297号107頁は、過重な業務によって増悪したうつ病についての安全配慮義務違反に基づく損害賠償請求訴訟において、過失相殺を判断するに当たり、メンタルヘルスに関する情報は、労働者のプライバシーに属する情報であり労働者本人からの積極的な申告が期待し難いことを前提とした上で、安全配慮措置を講ずる必要があるとし、不申告を理由とする過失相殺を否定した。このように、精神疾患の罹患歴に関する情報は、本人からの積極的な申告が期待し難いとされるような応募者のプライバシーに属する情報であるから、質問して本人に申告させることは慎重な対応が必要であるとも言える。しかし、三菱樹脂事件・最大判昭48. 12. 12民集27巻11号1536頁 労判189号16頁は、いかなる者を雇い入れるかは、法律その他による特別の制限がない限り、使用者の自由であることを前提に、思想・信条に関連する事項については、申告を求めることも違法ではないと判断している。精神疾患の罹患歴に関する情報は、採用選考において能力・適格性の判断に影響する事項であることにも鑑みると、精神疾患の罹患歴を質問することは違法ではないと解すべきである。

面接時に精神疾患罹患歴を秘匿した者を病歴詐称で懲戒解雇できるか。

この点、重機運転手として採用した労働者が、幼少時の負傷により視力が右眼1.2、左眼0.03（矯正不能）であるところ、採用時に、履歴書の健康状態欄に「良好」と記載して提出し、視力障害であることを申告しなかった事案においては、「履歴書の健康状態の欄には、総合的な健康状態の善し悪しや労働能力に影響し得る持病がある場合にはこれを記載するのが通常」として、当該労働者の視力障害が総合的な健康状態の善し悪しには直接関係せず、また持病とも言い難いものである上、視力障害が具体的に重機運転手としての不適格性をもたらすとも言えないとして、懲戒解雇又は普通解雇事由としての経歴詐称には当たらないとされた（サン石油（視力障害者解雇）事件・札幌高判平18. 5. 11労判938号68頁、上告棄却・不受理）。また、高校在学中に腰椎椎間板ヘルニアと診断され、その後当該既往症を告げることなく卒業と同時に電気工事設備工事会社に入社し、その約８か月後に作業中の事故で腰痛を発症するまで特段治療を受けることなく業務に従事していた事案では、「被告会社における業務には、重量物を運んだりする業務も予定されており、被告会社にとっては、採用予定者の健康や身体機能に関する重要な情報であることが認められる」としつつ、被告会社が、原告に対して既往症の有無について尋ねた旨の主張、立証がないことや、上記のとおり入社後約８か月間、特段の治療を受けることなく業務従事してきたことから、既往症の不申告が解雇事由としての虚偽申告に当たるとするのは困難であるとされた（英光電設ほか事件・大阪地判平19. 7. 26労判953号57頁）。

これらの裁判例からすると、不申告とされた病歴が職務遂行に影響を与えない場合には、不申告をもって病歴詐称ということはできないと解され、精神疾患についても同様であると解される。

使用者による質問に対して申告しなかった場合については、前掲英光電設ほか事件・大阪地判平19. 7. 26は、使用者が当該病歴について質問をしたか否かも考慮要素としているが、精神疾患の罹患歴に関する情報がプライバシーに属する情報であることにも鑑みると、使用者による労働力評価を誤らせ、これを知っていたならば採用しなかったと言えるような重大な精神疾患でなければ、経歴詐称を理由とする懲戒解雇はできないと解すべきである。

経歴詐称を理由とする懲戒処分につき第５章第２・３(1)（213頁）参照。

第２　労働契約の成立と内定・内々定の法的性質

1　労働契約の成立

労働契約は、労働者が使用者に使用されて労働し、使用者がこれに対して賃金を支払うことについて、労働者及び使用者が合意することによって成立する（労契法６条）。

2　採用の流れ

正規従業員の採用においては、募集・応募、採用試験の実施を経て、採用を内定し、その後に入社日（就労の始期）を迎えるという流れを辿ることが多い。

とりわけ、新規学卒者の場合には、一般社団法人日本経済団体連合会が定める「採用選考に関する指針」（2017（平成29）年４月10日改定）の中で「正式な内定日は、卒業・修了学年の10月１日以降とする。」とされていることから、９月30日までは「採用内々定」と扱い、10月１日以降の内定式の開催及び入社承諾書等の取り交わしをもって、「採用内定」と扱っていることも多い。

このような過程の中で、労働契約はどの時点で成立するか。

3　新規学卒者の場合

(1)　内定・内々定の法的性質と労働契約の成立時期

新規学卒者につき、使用者が７月に採用内定通知を出し、同月に応募者が入社誓約書を提出した後、翌年２月になって突如採用内定を取り消した事案について、大日本印刷事件・最二小判昭54.7.20民集33巻5号582頁 労判323号19頁は、「採用内定の法的性質を判断するにあたつては、当該企業の当該年度における採用内定の事実関係に即して検討する必要がある」とした上で、「本件採用内定通知のほかには労働契約締結のための特段の意思表示をすることが予定されていなかった」ことから、企業による求人募集が「申込みの誘引」、それに対する応募が「申込み」、そして採用内定通知が「申込みに対する承諾」に当たるとして、応募者の誓約書提出と相まって、これにより、就労の始期を大学卒業直後とし、それまでの間、誓約書記載の採用内定取消事由（大学を卒業できなかったこと等）に基づく解約権を留保した労働契約が成立するとした原審の判断は正当とした。

採用内定（労働契約）の成立の有無を判断するに当たっては、入社についての拘束度合いにつき、個々の事実関係に即した検討が必要である。10月１日以降に内定式を開催し入社承諾書を取り交わしている企業では、当該時点で採用内定（労働契約）が成立したと判断されることが多いと思われる。

これに対し、９月30日までの段階では、使用者が採用を望む学生に「採用内々定」を通知するのみであり、その後、学生が１社を選択して「採用内定」関係に入るのが通常である。この場合、後の「採用内定」が労働契約の成立に向けた最終の意思表示となるため、「採用内々定」は「正式な内定までの間、企業が新卒者をできるだけ囲い込んで、他の企業に流れることを防ごうとする事実上の活動の域を出るものではない」（コーセーアールイー（第２）事件・福岡高判平23.3.10労判1020号82頁）と解されている。同事件では、①会社は、10月に正式内定を行うことを前提に人事担当者名で内々定通知を行ったものであるところ、内々定後に具体的労働条件の提示、確認や入社に向けた手続等が行われていないこと、②会社が入社承諾書の提出を求めているものの、その内容は、入社を誓約したり、会社の解約権留保を認めたりするものではないこと、③会社の人事担当者が労働契約を締結する権限を有していたことを裏付ける事情はないこと、④当時、原告を含めて内々定を受けながら就職活動を継続していた者も少なくなかったこと等の事情を指摘して、「採用内々定」の時点では労働契約は成立していないとされた。

ただし、労働契約が成立する「採用内定」とそれ以前の「採用内々定」の区別は、個々の事実関係に即して判断されるべき問題である。企業が内定を出す代わりに他社の就職活動を終了させることを強要する事例（いわゆる「オワハラ」）が社会問題となっており、このような場合、事実関係によっては、早期の段階で採用内定（労働契約）の成立を認めるべき場合もあろう。また、近時、文書で採用内々定を通知したり、採用希望者に対して採用内定前に承諾書や誓約書の提出を求めたりする動きが広がっていると指摘されており、このような事情の下では、これまで以上に、正式な内定手続との異同（内々定通知者の権限、通知時期及び方法、労働条件等の説明の有無等）や、内々定に対する当事者（特に採用希望者側）の認識（期待）を基礎付ける事情（内々定通知の文言、内々定通知に付随して行われた採用担当者等の言動、承諾書・誓約書の徴求の有無及びその内容、当時の就職活動における慣行等）など、当事者の交渉過程やそれに付随する客観的な事情を詳細に検討した上で、労働契約の成否について検討することが肝要であると指摘されている（『労働事件事実認定重要判決50選』29～30頁）。

採用内定を労働契約の成立と見ることができる場合、入社日は、事案によって、「就労の始期」と解釈される場合と（前掲大日本印刷事件・最二小判昭54. 7. 20)、「効力発生の始期」と解釈される場合がある（電電公社近畿電通局事件・最二小判昭55. 5. 30民集34巻3号464頁 労判342号16頁）。両者の違いは、入社日前の研修命令等の可否の判断等に影響し得る（(4)参照）。

(2)　内定の取消し

採用内定時に労働契約が成立する場合には、その取消しは解雇となる。新規学卒者の場合は、採用内定から就労開始まで間があるため、通常、内定通知書や入社誓約書等において一定の取消事由（例えば、内定者が大学を卒業できなかった等）が予め定められ、使用者側が解約権を留保することが多い。その留保解約権の行使も、法的には解雇となり、解雇規制（労契法16条）に服することになる。そして、前掲大日本印刷事件・最二小判昭54. 7. 20は、「採用内定の取消事由は、採用内定当時知ることができず、また知ることが期待できないような事実であって、これを理由として採用内定を取消すことが解約権留保の趣旨、目的に照らして客観的に合理的と認められ社会通念上相当として是認することができるものに限られる」としている。

なお、内定取消しは、内定通知書等に記載された事由に限定されるものではない。前掲電電公社近畿電通局事件・最二小判昭55. 5. 30は内定通知書等に記載されていない事由による取消しを認めている。

また、現に就労中の労働者と異なり、内定者については、いまだ就労を開始しておらず、その資質、能力その他社員としての適格性の有無に関連する事項が十分に収集されていないため、継続的に就労してその対価である賃金を受け取り、使用者との間で既に一定の人的信頼関係を構築している一般の労働者とは同列に論じられないとの見解がある（『労働関係訴訟の実務』373頁）。これによれば、「採用内定を取消すことが解約権留保の趣旨、目的に照らして客観的に合理的と認められ社会通念上相当として是認することができる」か否かの判断は、通常の解雇と比べて緩やかに判断されるものと考えられる。

違法な内定取消しに対しては、内定者において労働契約上の地位確認請求をなし得るほか、不法行為又は債務不履行に基づく損害賠償請求もなし得る。宣伝会議事件・東京地判平17. 1. 28労判890号5頁は、内定期間中に実施された研修に欠席したことを理由に内定を取り消した事案であるが、「違法な内定取消しを行わないように注意すべき義務」の違反と構成し、使用者に損害賠償（新たな就職先が見つかるまでの１か月分の賃金、慰謝料50万円、弁護士費用10万円）を命じた。

(3) 内々定の取消し

これに対し、内々定の取消しは、未だ労働契約が成立していないため、不当に取り消された場合であっても、労働契約上の地位確認を求めることはできない。

ただし、取消時期や使用者側等の言動等により、労働契約が確実に締結されるであろうとの内々定者の期待が法的保護に値する程度に高まっていた場合には、その期待利益の侵害を根拠に、不法行為に基づく損害賠償を請求することができる。前掲コーセーアールイー（第２）事件・福岡高判平23.3.10では、内定通知書の交付予定日のわずか数日前になって突然内々定が取り消されたことに対する慰謝料請求が認容されている（認容額は50万円。賃金相当の逸失利益の賠償請求は否定）。

(4) 内定中の法律関係

内定中の学生等に対し、研修等への参加やレポート提出等を求める場合があるが、これらへの不参加・不提出等を理由に内定を取り消すことができるか否かについて、前掲宣伝会議事件・東京地判平17.1.28は、効力始期付の内定では、入社日前の研修等を使用者が一方的に命じる根拠はなく、あくまで内定者の任意の同意の下に実施されるべきものとした上、内定者の生活の本拠が学生生活にあることから、学業への支障等の合理的な理由によって内定者が研修への不参加を申し出た場合にはこれを免除すべき信義則上の義務を負うとして、内定取消しを違法と判断した。なお、同判決は、就労始期付内定であったとしても、入社日前に就労の義務はないことから、同様の結論となるとした。

内定中であるにもかかわらず、入社後と同等の業務を内定者に命じて事実上「勤務」させているようなケースもあり得るが、入社日前は労働契約の効力が発生していない、又は、就労の始期が到来していない以上、内定者には、そのような「勤務」を行う義務はないというべきであり、「勤務」の実態が、使用者の指揮命令下での労働と評価できる場合には、使用者は内定中であっても、かかる「勤務」への賃金の支払義務を負うものと解される。

4 中途採用の場合

(1) 内定と労働契約の成立時期

中途採用者に対する内定についても、具体的な事実経過に照らして、始期付解約留保権付労働契約の成立を認められ得る（インフォミックス事件・東京地決平9.10.31労判726号37頁 判時1629号145頁）。中途採用の場合には、採用・交渉過程の個別性が強く、新規学卒者と違って内定式等も行われないため、どの時点で労働契約の成立が認められるかが、より問題となる。

この点、ユタカ精工事件・大阪地判平17.9.9労判906号60頁は、原告が自身の勤務先（銀行）と取引のあった会社の社長と個人的に親しくなり、当該社長から会社再建への協力要請を受けたため、同社への転職を決意し、12月１日、勤務先に対し翌年３月末日をもって退職する旨を伝えたが、その後、転職後の具体的待遇について協議が行われないまま推移し、同月24日になって初めて、双方が希望賃金額を明らかにしたところ、倍以上の開きがあったため４月１日に採用に至らなかったという事案において、裁判所は、「企業が新卒者を採用する場合と異なり（新卒者の場合は、就業規則等で給与などの条件が一律に定められていることが通常である）、被告が、原告を採用する場合において、給与の額をいくらにするかは、雇用契約におけるもっとも重要な要素ということができ、本件において、給与についての合意がなされずにいた時点では、原告の雇用契約について合意が成立したとはいえない」として労働契約の成立を否定し、地位確認請求を棄却した。

これに対し、インターネット総合研究所事件・東京地判平20.6.27労判971号46頁（確定）は、転職予定先の代表取締役と転職後の労働条件について具体的な交渉を進め、同人との間では概ね合意に至ったため、勤務先（証券会社）に辞意を伝えたが、結果的に、年俸額が高すぎるとして転職予定先の役員会の了承が得られなかったという事案において、裁判所は、原告が希望する年俸額（1500万円プラスアルファ）を代表取締役という地位にある者が概ね了承し、勤務開始日も具体的に定まっていたことから、労働契約（始期付解約権留保付雇用契約）の成立を認め、交渉経緯に照らして解約権行使を違法とし、被告に慰謝料（300万円）の支払を命じた（なお、原告は辞意を翻して従前の勤務先に復職しており、同勤務先における今後のキャリアに取返しの付かない損害を被ったとして慰謝料1000万円のみを請求していた）。

このように、中途採用者の採用内定の成立の判断においては、賃金額の合意の確定状況が考慮される。新規学卒者の場合は、賃金規程等で一律に定められていることが通常である一方、中途採用者の場合は、能力・経験等に応じて個別的な交渉が行われるため、雇用契約の成立要素である賃金額が定まらなければ、雇用契約が成立したものと見ることができないためである。

(2)　内定の取消し

内定の成立後に正当な理由なく内定を取り消した場合、内定者が労働契約上の地位確認請求や、債務不履行又は不法行為に基づく損害賠償請求をなし得ることは、新規学卒者と同様である。

オプトエレクトロニクス事件・東京地判平16.6.23労判877号13頁 判時1868号139頁は、中途採用者に対し、7月1日を就労始期とする内定通知を6月16日に出した後、同月27日になって、前職における勤務態度等について悪い噂があるとして内定を留保し、調査・再面接後の7月3日に再度採用内定を通知したものの、7月11日、内定を取り消したという事案において、取消しの理由自体が事実であると認められない上、上記の経過に照らせば、試用期間（3か月）中に原告に対する噂が真実か否かを見極めるべきであるとして、内定取消しは違法とし、原告の請求した、新たな就労先を確保するまでの7月1日から2.5か月分の給与相当額と100万円の慰謝料の支払いを命じた。

このほか、World LSK事件・東京地判平24.7.30労経速2154号24頁（確定）では、内定後、原告が当時の勤務先に退職の意思を伝え、また、転職後の単身赴任の準備も進めていたのに、就労開始予定日当日になって突然「新規の採用は致しません。ご縁がありませんでした」などと言われ、その経緯について説明も受けられなかったという事案において、内定の取消しには理由がなく違法として、損害賠償請求を一部認容（逸失利益70万円強、慰謝料50万円、弁護士費用12万円）した。

なお、使用者側の経営状態の悪化を理由に内定を取り消す場合には、整理解雇法理が適用されるとした裁判例として、前掲インフォミックス事件・東京地決平9.10.31がある（内定取消無効）。

(3)　契約締結上の過失

「採用内々定」という用語は新規学卒者の採用過程に用いられるのが通常であるが、取消時期や使用者側等の言動等から、中途採用者の採用拒否についても、契約締結上の過失による損害賠償請求が認められる場合がある。前掲ユタカ精工事件・大阪地判平17.9.9では、被告（使用者）において、原告（応募者）の想定しているであろう給与に比べると著しく低額でしか雇用契約を締結できないと判断したにもかかわらず、原告に告げずに放置したことについて契約締結上の過失責任を認め、慰謝料額を120万円とした上で、2割の過失相殺を行った。また、甲学園事件・東京地判平29. 4. 21労経速2316号17頁は、甲学園の看護学部設置準備特任教授に就任して、看護学部設置に向けて勤務していたのに教員として採用されなかった事案において、看護学部新設が認可された後に教授としての労働契約が確実に締結されるであろうとの期待が法的保護に値する程度に高まっていたとして、期待権侵害の不法行為を認めた（慰謝料50万円、弁護士費用５万円）。

5　内定辞退への対応

以上とは逆に、内定者が一方的に内定を辞退するという場合がある。このような場合、使用者は辞退者に対して何らかの法的責任を追及できるか。

Ｘ社事件・東京地判平24. 12. 28労経速2175号3頁は、内定者（新規学卒者）による大学への就職留年手続の申請及び使用者への内定辞退の申入れに対し、使用者が採用に要した費用や弁護士費用等の損害を被ったとしてその賠償を求める反訴請求を行った事案において、裁判所は、卒業という入社条件の成就が不可能ないし著しく困難となる事情が発生した場合には信義則上速やかに報告し、然るべき措置を講ずる義務を内定者は負うものとしつつも、「労働者たる原告には原則として『いつでも』本件労働契約を解約し得る地位が保障されているのであるから（民法627条１項）、本件内定辞退の申入れが債務不履行又は不法行為を構成するには上記信義則違反の程度が一定のレベルに達していることが必要」であり、債務不履行又は不法行為責任を追及できるのは「内定辞退の申入れが、著しく上記信義則上の義務に違反する態様で行われた場合に限」るとして、結論として使用者側の請求をすべて棄却した。

第３　労働契約内容の明示と具体化

1　労働条件の明示義務

(1)　募集時の明示

求人企業が労働者の募集を行う場合、募集に当たって、従事すべき業務の内容及び賃金、労働時間その他の労働条件を明示しなければならない（職安法５条の３第１項、職安則４条の２第１項）。

この点について、2018（平成30）年１月１日施行の改正職安則及び「職業紹介事業者、労働者の募集を行う者、募集受託者、労働者供給事業者等が均等待遇、労働条件等の明示、求職者等の個人情報の取扱い、職業紹介事業者の責務、募集内容の的確な表示等に関して適切に対処するための指針」（平成11年労働省告示第141号）において、以下の事項も明示事項に追加された。

①試用期間に関する事項（試用期間の有無、試用期間があるときはその期間）（職安則４条の２第１項２号の２、上記指針）
②労働時間に関する事項（職安則４条の２第１項４号）につき、裁量労働制をとる場合のみなし労働時間（上記指針）
③賃金に関する事項（職安則４条の２第１項５号）につき、固定残業代制をとる場合にはその詳細。具体的には、固定残業代の算定の基礎として設定する労働時間（固定残業時間）及び金額を明らかにした固定残業代の計算方法、固定残業代を除外した基本給の額、固定残業時間を超える時間外労働、休日労働及び深夜労働分についての割増賃金を追加で支払う旨等（上記指針）
④労働者を雇用しようとする者の氏名又は名称に関する事項（職安則４条の２第１項７号）
⑤労働者を派遣労働者として雇用しようとする旨（職安則４条の２第１項８号）

また、2018（平成30）年１月１日施行の改正職安法及び職安則により、当初に明示された労働条件と、実際に労働契約を締結する際の労働条件に差異が生じることがあるため、求職者と労働契約を締結しようとする場合であって、当初明示された労働条件を変更、特定、削除又は追加する場合は、変更等した労働条件を明示しなければならないとされた（職安法５条の３第３項、職安則４条の２第１項、第２項）。

虚偽の広告をなし、又は虚偽の条件を提示して、労働者の募集を行った者には罰則の適用がある（職安法65条８号、６月以下の懲役又は30万円以下の罰金）。

以上については、厚生労働省職業安定局「募集・求人業務取扱要領」に詳しくまとめられているので参照されたい。

⑵　労働契約締結の際の明示

使用者は、労働契約の締結の際、労働者に対して賃金、労働時間その他の労働条件（労基則５条１項に具体的に列挙）を明示しなければならない（労基法15条１項）。ここでいう「労働者」には、正社員、契約社員等の種別を問わず全ての労働者が含まれ、また、「労働契約の締結」には、有期労働契約の更新や定年後の再雇用も含まれる。

労働条件のうち、労働契約期間、更新の基準、就業場所、業務の内容、労働時間、賃金、退職に関する事項（解雇事由等）については、書面による明示が義務付けられている（労基則５条１項１～４号。同項４号の２以下の労働条件については、任意の方法により明示すればよい）。書面による明示は、これらが記載された就業規則を交付することでも構わない。明示義務違反には、罰則の適用がある（労基法120条１号、30万円以下の罰金)。

パートタイム労働者を採用する使用者に対しては、パートタイム労働法６条において、パートタイム労働者保護の見地から、労働条件の明示義務がさらに強化されている。詳しくは、第９章第３・３(1)（430頁）を参照されたい。

2　就業規則の作成

(1)　就業規則の作成・届出義務

常時10人以上の労働者を使用する使用者は、労基法89条各号が掲げる事項について就業規則を作成しなければならず、作成又は変更した場合には、労働基準監督署（長）へ届け出なければならない（労基法89条)。

労基法89条各号のうち、１～３号の列挙事項（始業・終業時刻、休憩時間、休日、休暇、賃金の決定・計算・支払の方法、賃金の締切り・支払の時期、退職に関する事項（解雇事由等)）は絶対的必要記載事項であり、就業規則の作成義務を負う場合には、必ず就業規則に盛り込まなければならない（絶対的必要記載事項を欠くことは、作成義務違反となる)。これに対し、３号の２以下の列挙事項は、相対的必要記載事項であるから、各事項の定めを必要とする場合にのみ、規定すればよい。

常時10人以上か否かは、労基法が事業場を適用対象としていることから（労基法９条参照)、事業場単位で判断する。労働者数が10人以上である場合（労基法89条は、単に「使用する労働者」と定めているため、正社員、契約社員、パート等の雇用形態を問わず、直接雇用する全ての労働者が含まれる）には、事業場ごとに就業規則を作成すべき義務を負う。

(2)　意見聴取義務

使用者が就業規則を作成・変更する場合には、その内容について、当該事業場に労働者の過半数で組織する労働組合がある場合はその労働組合、それがない場合には労働者の過半数を代表する者（過半数代表者）の意見を聴き、その意見を記した書面を、労働基準監督署（長）への届出の際に添付しなければならない（労基法90条)。

過半数代表者は、民主的に選出されたものでなければならないから（36協定締結の際の過半数代表者の選任について述べたものであるが、トーコロ事件・東京高判平9.11.17労判729号44頁参照)、使用者が一方的に指名することは許されず､労働者による投票､挙手等の方法により選出されなければならない（労基則６条の２第１項１号)。また、管理監督者（労基法41条２号）は、選出手続には加わることができるが、過半数代表者にはなれない（労基則６条の２第１項１号）。

なお、労基法が要求しているのは、あくまで過半数組合又は過半数代表者の意見を聴くという手続を行うことであり、意見を聴いた結果、就業規則の内容やその変更に反対の意見を述べた場合や、何ら意見を述べなかった場合であっても、就業規則は受理される。

(3)　周知義務

使用者は、就業規則を、常時各作業場の見やすい場所へ掲示し、又は備え付けること、書面を交付することその他の厚生労働省令で定める方法（労基則52条の２）によって、労働者に周知させなければならない（労基法106条）。

(4)　就業規則の作成・届出義務違反の罰則

就業規則の作成・届出義務違反があった場合、30万円以下の罰金刑が定められている（労基法120条１号）。

3　就業規則による労働契約内容の規律・具体化

使用者が就業規則で定めた内容が労働契約の内容となるかどうかは、民法の特別法である労契法の定めによる。上記２で述べた労基法上の義務の履行状況と、労働契約に対する効力如何は、必ずしも連動せず、労基署に届けられていない就業規則や、絶対的必要記載事項を欠く就業規則であっても、以下に述べるとおり、その内容が合理的で、かつそれが周知されていれば、労働契約の内容となる。

すなわち、合理的な労働条件が定められている就業規則が労働契約締結時点ですでに存在し、使用者がそれを労働者に周知させていた場合には、労働契約の内容は、その就業規則で定める労働条件による（労契法７条本文）。

ここでいう合理性は、労契法10条の合理性（詳しくは第３章第２・３（133頁～）参照）よりも広く認められ得る。労契法10条の適用場面とは異なり、従前の労働条件と比較した不利益が観念されないからである（荒木・菅野・山川『詳説　労働契約法』112頁）。

また、「周知」は、必ずしも労基法106条に定められた周知方法によらなくとも、実質的周知、すなわち労働者が知ろうと思えば知りうる状態にしておくことで足りる（同書113頁。詳しくは、第３章第２・４（139頁）を参照）。

このように、労使間において「労働条件は就業規則の定めるところによる」旨を採用時に合意しなくとも、労契法７条本文により、既存の就業規則が労働契約の内容となるが、他方、労使間において、ある労働条件につき、就業規則には拠らずに別途具体的な合意をすることや（労契法7条ただし書）、合意した内容について将来的な就業規則の変更によっても変更されない旨の合意をすることも（労契法10条ただし書）、それらの合意内容が就業規則の定める労働条件を上回る（労働者にとって有利という意味である）限りにおいて（就業規則の最低基準効、労契法12条）、もちろん可能である。

第4　労働条件の内容をめぐる紛争

1　労働契約書不作成時の労働条件の解釈決定

前述の通り、使用者には労働契約締結に当たり、労働条件を明示する義務がある（労基法15条等）が、現在でも、特に零細企業等においては契約書が作成されず、書面での労働条件明示がなされていないことが少なくない。その結果、労働契約上の賃金額がはっきりせず、解雇を争う労働者の代理人として解雇日以降の賃金（いわゆるバック・ペイ）をいくら請求してよいのか迷ったり、さらにはそもそも使用者が誰であるかもはっきりせず被告を誰にすべきか迷うケースもある。

(1)　賃金額が不明確な場合

賃金額が判然としないケースとしては、シフト制の勤務形態で時給制とのみいわれて雇用され、労働者が口約束で聞いていたり、想定していたよりシフトに入れてもらえなかった結果、賃金が低くて生活を維持できないという相談事例などがある。

労働契約は、労働者と使用者との間で、労働者が労務を提供し、これに対して使用者が報酬を支払うことを約することをもって成立するとされ（労契法6条）、詳細な労働条件や賃金額については必ずしも当初から決定している必要はないと解されているが、その場合、具体的な労働条件をどのように確定するかが問題となる。

この場合の労働契約の内容は、結局は当事者の補充的意思解釈によるしかないが、それに当たっては採用の経緯（求人票・求人広告の内容や採用面接での会話など）、就業規則の定めや労使慣行の状況、入社後の勤務実績・賃金の支払い実績の状況（給与明細、預金通帳など）、労働者の対応（ただちに異議を述べたか）、労働者の属性（たとえば生計維持者であれば、フルタイムの契約を希望することが通常であろう）等が考慮されることとなろう（なお、求人票の記載が労働契約の内容となるかについては下記2参照）。

たとえば上記の事例で、入社して当初の3か月間は週5日シフトに入っていたのに、4か月目から突然、週3日に減らされた、という場合には、当初3か月の平均勤務実績（労働時間、賃金）を前提とした労働契約が成立したとして、差額を請求する（あるいは少なくとも、休業手当相当額を請求する）という対応が考えられよう。

ただし、裁判例においては、「原告らはパート社員であり、雇用契約上、所定の勤務日はあらかじめ勤務日程表で定めた日であるとされ、また勤務日の最低保障日数も定められていない（募集広告には出勤日として『週2～3日以上』又は『週3日以上』という記載があるが、原告らの前記認定の就労実態に照らしてもこれは被告の求める応募者の勤務可能日（労務提供の可能な日）の条件を示したにすぎず、賃金の支払対象となる勤務日の最低保障日数を提示したのではないというのが相当である。）」との事実認定の下で、受注減に応じたシフトの減少や労働者の勤務態度及び身だしなみへの苦情と労働者がそれを改善しないことを理由としたシフト削減について、労働者の差額賃金請求を退けた事例（東京シーエスピー事件・東京地判平22.2.2労判1005号60頁）もあるため、シフト削減をめぐる請求では注意と工夫を要する。

なお、削減された労働時間・賃金のままさらに数か月働いていたということになると、変更された労働条件により新たな合意が成立した、とみなされる場合もあるので注意する必要がある。

反対に、週3日シフトに入っていたのに、途中から週5日のシフトを指定された場合には、求人票の記載等を根拠に、週3日シフトの労働契約が成立しているものとして、それ以上の就労義務はないとの対応が考えられる。

⑵ 使用者が不明確な場合

労契法は、使用者につき、「その使用する労働者に対して賃金を支払う者」（2条2項）と定義しているが、零細企業では、雇用契約書も作成されていない場合もあり、そもそも使用者が個人なのか法人なのかもわからず、相談者自身、使用者が誰かわからないというケースもままある。そのような場合、雇われるに至った経緯を含め、相談者のヒアリングで得られた情報を基礎に、手がかりを集めていくことになる。①給与明細書や給与振込の名義人を確認する、②求人票が残っているか確認する、③相談者の話から使用者である可能性があると推測される者に直接問い合わせる、④事業場の不動産の登記簿を確認する、⑤事業場の住所をもとに、税務署・社会保険事務所・ハローワークといった行政への事業等の届出の名義人を弁護士会照会により確認する、⑥事業場が飲食店等の立入可能な場所であれば、直接訪問して、営業許可証等の名義を確認するなどの方法が考えられよう。

雇用契約書が作成されなかったケースで、労働者（原告）がＹ協会（被告）との間の労働契約の成立を主張し、被告が、原告の使用者は、Ｙ協会とは別個の権利能力なき財団たるＹ協会東京第一事業本部であると主張した事案では、同事業本部の役員の任免には被告の理事長が関与し、同事業本部の役員は被告の理事会の決定及び被告の理事長の指揮命令に従って業務遂行することとされているから、権利能力なき財団の要件を充足しているとはいえないとして、被告が使用者であると判断された（ソーシャルサービス協会事件・東京地判平25.12.18労経速2203号20頁）。

なお、労働契約を締結した使用者が形式に過ぎず、実質的な使用者が別にいると解される場合については本章第７（70頁～）参照。

2　募集要項の記載と実際の労働条件に相違があるとき

本章第３・１(1)（43頁～）で詳述したとおり、労働者を募集する者は、賃金、労働時間その他の労働条件を明示しなければならないため（職安法５条の３）、募集の際には、ある程度具体的な労働条件が明らかにされることが多いが、募集時の労働条件と採用後の実際の労働条件とが相違する場合がある。

募集要項や「求人広告は、それをもって個別的な雇用契約の申込みの意思表示と見ることはできない」から（日新火災海上保険事件・東京高判平12.4.19労判787号35頁。八洲測量事件・東京高判昭58.12.19労判421号33頁 判時1102号24頁も同旨）、募集要項等の内容が直ちに労働契約の内容となるわけではない。もっとも、上記日新火災海上保険事件判決とは逆に、「求人票の真実性、重要性、公共性等からして、求職者は当然求人票記載の労働条件が雇用契約の内容になるものと考えるし、通常求人者も求人票に記載した労働条件が雇用契約の内容になることを前提としていることに鑑みるならば、求人票記載の労働条件は、当事者間においてこれと異なる別段の合意をするなど特段の事情がない限り、雇用契約の内容となるものと解すべきである」とする裁判例（千代田工業事件・大阪高判平2.3.8労判575号59頁 判タ737号141頁）があり、同様の判示をして、求人票に「退職金有り」「退職金共済」との記載があり、使用者が採用に際して、実際の労働条件が求人票と異なることを全く説明しなかった事案において、求人票の記載に基づき退職金請求を認めた裁判例も見られる（株式会社丸一商店事件・大阪地判平10.10.30労判750号29頁、確定）。労働契約締結時に、募集要項等で明示された労働条件の内容を積極的に排除していなかった場合には、募集要項等の内容にて労働契約が成立したものと解釈する余地があり、その理由について、前掲千代田工業事件・大阪高判平2.3.8は、「求人票の真実性、重要性、公共性等からして、求職者は当然求人票記載の労働条件が雇用契約の内容になるものと考えるし、通常求人者も求人票に記載した労働条件が雇用契約の内容になることを前提としていること」を挙げている。

さらに、福祉事業者Ａ苑事件・京都地判平29.3.30労判1164号44頁では、求人票には契約期間の定め及び定年の定めがなかったところ、その後に労働者が署名・押印した労働条件通知書には１年の期間の定め及び65歳定年の定めが記載されていた事案であり、求人票と労働条件通知書のいずれの内容が労働契約の内容になったかが争われた。裁判所は、まず、前掲千代田工業事件・大阪高判平2.3.8と同様の判断枠組みを示して、求人票の内容に従った労働契約が成立すると判断した上、労働条件通知書への署名・押印の効力については、労働条件変更の有効性の問題と捉えた。そして、山梨県民信用組合事件・最二判平28.2.19民集70巻2号123頁 労判1136号6頁を参照して、「自由な意思に基づいてされたものと認めるに足りる合理的な理由が客観的に存在するか否か」の観点で、労働条件通知書への署名・押印の有効性を判断し、「拒否すると仕事が完全になくなり収入が絶たれると考えて署名押印した」等と認定して、その有効性を否定した。これによれば、求人票の内容と異なる労働条件に書面上同意していても、「自由な意思に基づいてされたものと認めるに足りる合理的な理由が客観的に存在する」といえなければ、なお求人票どおりの契約内容とされることになる。

募集広告の内容が労働契約の内容の認定に影響を与えた事案として、ZKR［旧全管連］事件・大阪地判平26.1.16労判1096号88頁では、営業社員を募集する広告に基本給のほかに歩合給を支給する旨を記載していたこと、労働者は入社時会社から基本給のほかに歩合給が支給されると聞いたが、その際歩合給の支給に何らの付されていなかったこと等の事実によれば、労働者と会社の間には会社が労働者が上げた売上等に応じて歩合を計算し明細書に記載してこれを労働者に交付し、当該明細書に記載した金額を歩合給として支給することを内容とする黙示の合意が存在し、これが本件雇用契約の内容となっていると推認されるとされた。

使用者が応募者に対し、実際の労働条件とは異なる待遇を受けることができるものと信じさせかねない説明をした場合、そのような不誠実な説明は労基法15条１項に違反し、かつ、雇用契約締結過程における信義則にも反することから、説明を信じて入社した労働者に対し不法行為に基づく損害賠償責任を負う（前掲日新火災海上保険事件・東京高判平12.4.19）。

なお、2018（平成30）年１月１日施行の改正職安法及び職安則により、求職者と労働契約を締結しようとする場合であって、当初明示された労働条件を変更、特定、削除又は追加する場合は、変更等した労働条件を明示しなければならないとされた（職安法５条の３第３項、職安則４条の２第１項、第２項）。

このほか、労働者は、使用者によって明示された労働条件が事実と相違するときには、即時に、すなわち、無期契約の場合には２週間の経過（民法627条１項）を待たずして、有期契約の場合にはやむを得ない事由（民法628条）がなくとも、労働契約を解除することができる（労基法15条２項）。

3　就業場所や業務内容の記載と勤務地・職種限定の有無

労働契約締結時に使用者が交付した労働条件通知書等の中で、就業場所や従事すべき業務の内容が具体的に記載されている場合があるが、そのような記載があれば直ちに、当該労働契約において勤務地や職種がそこに記載された内容に限定されるのか。このような限定の有無は、配転可能性の範囲（配転命令の限界、詳しくは第４章第１・３(2)（166頁～）参照）、整理解雇の場合の解雇回避努力義務の範囲（詳しくは第８章第５・２(2)（353頁）参照）、休職期間満了時に復職可能性等を見極める範囲（詳しくは第６章第４・２(2)（249頁～）参照）などに影響を与える。

限定の有無は、当該労働契約における当事者の意思解釈の問題であり、記載された内容が、他の勤務地や業務内容を積極的に排除するものであるのか、それとも最初の勤務地や担当業務を明らかにする趣旨での記載であり、将来の転勤・配転の可能性を排除するものではないのかを労働契約締結前後の事実経緯をふまえて評価・認定する必要がある（採用当初の勤務地・担当業務を記載したにすぎないと判断した裁判例として、ＮＴＴ東日本（北海道・配転）事件・札幌地判平18.9.29労判928号37頁 判タ1222号106頁）。その際、使用者の配転命令権の存在を明らかにした就業規則の規定の適用が明示的に排除されているか否かが一つの指標となるであろう。

職種・勤務地限定の有無の判断につき、第４章第１・３(2)（166頁～）参照。

第５　試用期間

1　試用期間の法的性質

長期的な雇用関係を前提とする正規従業員を採用した際には、入社後の一定期間を試用期間とし、その間に実際に労働させる中で適性を評価して本採用するかどうかを決定することが多い。

試用期間の存在は、通常、労働契約書や就業規則の中で明らかにされ、その場合、試用期間中又は満了時に労働者として不適格と認めた場合には解雇する旨等が合わせて規定されている。

試用期間の法的性質は、事案ごとに判断される。三菱樹脂事件・最大判昭48. 12. 12民集27巻11号1536頁 労判189号16頁では「試用契約」とされた期間（3か月間）についての法的性質が争われたが、「試用契約の性質をどう判断するかについては、就業規則の規定の文言のみならず、当該企業内において試用契約の下に雇傭された者に対する処遇の実情、とくに本採用との関係における取扱についての事実上の慣行のいかんをも重視すべきものである」と判示した上で、「大学卒業の新規採用者を試用期間終了後に本採用しなかつた事例はかつてなく、雇入れについて別段契約書の作成をすることもなく、ただ、本採用にあたり当人の氏名、職名、配属部署を記載した辞令を交付するにとどめていたこと等の過去における慣行的実態」に基づいて、「試用契約」は解約権留保付雇用契約とした原判決を是認した。神戸弘陵学園事件・最三小判平2. 6. 5民集44巻4号686頁 労判564号7頁では、試用期間中に他の従業員と同様の業務に従事し、また、試用期間満了時に（再度契約を締結するなどの）労働契約の締結に関する手続が特段予定されていないような場合には、解約権留保付雇用契約であると解されるとされた（後者については下記6で詳述する）。

2 本採用拒否

解約権留保付労働契約である場合、試用期間中も労働契約はすでに成立しているため、試用期間を経た後の本採用拒否（留保した解約権の行使）は、解雇としての意味を持つ。したがって、客観的に合理的な理由が存在し、社会通念上相当である場合に限って有効となる（労契法16条）。

いかなる場合に有効となるかについて、前掲三菱樹脂事件・最大判昭48. 12. 12は、採否決定の当初においては、「適格性の有無に関連する事項について必要な調査を行ない、適切な判定資料を十分に蒐集することができないため、後日における調査や観察に基づく最終的決定を留保する趣旨」で解約権が留保されたものであるため、通常の解雇よりも広い範囲における解雇の自由が認められるとしている。もっとも、このような解約権留保の趣旨に照らすと、「（採用）当初知ることができず、また知ることが期待できないような事実を知るに至った場合において、そのような事実に照らしその者を引き続き当該企業に雇傭しておくのが適当でないと判断することが、上記解約権留保の趣旨、目的に徴して、客観的に相当であると認められる場合」に有効となるとしている。

この点、ライトスタッフ事件・東京地判平24. 8. 23労判1061号28頁は、「留保解約権の行使は、実験・観察期間としての試用期間の趣旨・目的に照らして通常の解雇に比べ広く認められる余地があるにしても、その範囲はそれほど広いものではなく、解雇権濫用法理の基本的な枠組を大きく逸脱するような解約権の行使は許されない」としている。同判決は、留保解約権の行使についても就業規則に定める通常の解雇事由に該当する事実を要求したこと、及び、社会通念上の相当性の判断において、①解約理由が重大なレベルに達しているか、②他に解約を回避する手段があるか、③労働者の側の宥恕すべき事情の有無・程度を総合考慮して決すべきとしたことの２点において、通常解雇に準じた厳格な審査を行ったものである。

会社（被告）のナンバー３（事業開発部長）として、年俸1300万円で中途採用された労働者（原告）の本採用拒否について、原告が事業開発部長として被告主張のような職責を果たすことが期待されていたとしても、原告が解雇されるまでの２か月弱の間にそのような職責を果たすことは困難であったというべきであり、また、その後に雇用を継続しても、原告がそのような職責を果たさなかったであろうと認めることもできないとして、本採用拒否を無効とした裁判例がある（オープンタイドジャパン事件・東京地判平14. 8. 9労判836号94頁）。

試用期間満了時の解雇が無効とされた近時の例として、獣医師の能力不足等が争われたファニメディック事件・東京地判平25. 7. 23労判1080号5頁がある。

これらの裁判例では、試用期間満了時の解雇（本採用拒否）においても通常の解雇に比べて有効性が緩やかに認められているとはいいがたい。

他方、会社（被告）が販売する商品の発送業務や、商品発表会の案内を全国の顧客にファックス送信する業務を期待されて採用された労働者（原告）につき、①緊急の業務指示に対し、これに速やかに応じない態度を取るなどし、また、②採用面接時にはパソコンの使用に精通している旨述べるなどしていたにもかかわらず、パソコンの使用経験のある者にとって困難な作業ではないファックス送信について満足に行うことができず、③代表取締役の業務上の指示についても、これに応じないことがある等の理由から試用期間中の解雇を行った事案において、「試用期間の定めは、当該労働者を実際に職務に就かせてみて、採用面接等では知ることのできなかった業務適格性等をより正確に判断し、不適格者を容易に排除できるようにすることにその趣旨、目的がある」として、結論として解雇の有効性を認めたブレーンベース事件・東京地判平13. 12. 25労経速1789号22頁や、管理部の責任者であるシニアマネージャーの後任者として採用された労働者について単純作業であるインプット作業が遅い上にミスが多いことや勤務態度が問題とされた事案で「原告は当時試用期間中であり、インプット作業の問題について繰り返し指導を受けるなど、改善の必要性について十分認識し得たのであるから、改めて解雇の可能性を告げて警告することが必要であったとはいえない」としたキングスオート事件・東京地判平27.10.9労経速2270号17頁など、一定程度、試用期間であることに着目した判断も行われている。

本採用の拒否（解雇）が試用開始から14日以上経過してなされる場合には、解雇予告も必要である（労基法21条ただし書・４号)。解雇予告については第８章第２（331頁～）参照。

3　試用期間満了前の解雇

労働者の適性の有無は、原則として試用期間中の全期間を見た上で判断されるべきであるから、試用期間満了前の解雇は、通常は客観的合理性・社会通念上の相当性を肯定し難い（中途採用の事案であるが医療法人財団健和会事件・東京地判平21.10.15労判999号54頁等)。

しかしながら、使用者が再三にわたり指導・教育をし、解雇回避の努力をした上でもなお、労働者の勤務態度が改善せず、今後の改善も見込めないことが明らかである場合には、試用期間満了前の解雇も有効となりうる。日本基礎技術事件・大阪高判平24.2.10労判1045号5頁は、試用期間を６か月と定めた新卒採用者に対する入社後５か月経過時点での解雇を有効とした。また、リーディング証券事件・東京地判平25.1.31労経速2180号3頁は、中途採用（賃金月額は基本給15万円・職能給30万円強）の事案で、試用期間３か月のうち２か月半経過時点での解雇を有効とした（事案の詳細は後記５（56頁))。

試用期間中にどの程度の指導・教育や、解雇回避努力が求められるかは、事案により異なるものと思われる。

まぐまぐ事件・東京地判平28.9.21労経速2305号13頁は、中途採用（月額賃金38万円）の事案で、原告には、上司の指導・指示に従わず、また上司の了解を得ることなく独断で行動にでるなど協調性に欠ける点や、配慮を欠いた言動で取引先・同僚を困惑させるなどの問題点が認められ、被告による指導・指示にも素直に従わないことから、試用期間６か月に対して採用後２か月で行った解雇を有効とした。同事件では、試用期間中の解雇は、通常の解雇の場合ほどの解雇回避努力義務の程度は要求されず、原告の問題点は配転によって改善されるものでもないとして、配転を検討しなかったとしても解雇が不相当となることはないとした点が注目される。

空調服事件・東京高判平28. 8. 3労判1145号21頁は、１か月の試用期間満了の１日前の解雇の事案であるが、社会保険労務士の資格を有する労働者を労務管理及び経理業務のために中途採用したところ、全社員が参加する会議で必要性もないのに突然、会社の決算書に誤りがあるとの発言を行ったことから会社が行った解雇につき、「組織的配慮を欠いた自己アピール以外の何物でもない」「従業員としての資質を欠くと判断されてもやむを得ない」「仮に事前に承知していたら、採用することはない労働者の資質に関わる情報というべきである」などと判示し、解雇を有効とした。特に会社による指導等が行われたわけではないが、「従業員としての資質を欠く」として解雇が有効とされた点に特徴がある。

4　試用期間の設定と延長の可否

試用期間の長さについて、法律上の制限はないが、通常、３か月から６か月程度であることが多い。必要以上に長期にわたる試用期間は、労働者を不当に不確実な（留保された解約権をいつ行使されるかわからない）地位に置くことになるため、公序良俗（民法90条）に反し無効となる（労働者の能力や勤務態度等についての価値判断を行うのに必要な合理的範囲を超えた長期の試用期間の定めは公序良俗違反としたブラザー工業事件・名古屋地判昭59. 3. 23労判439号64頁 判時1121号125頁。また、経済アナリスト（韓国籍）を中途採用するにあたり、１年間の有期契約において６か月間の試用期間を設けた事案において、試用期間の定めは「当該労働者の従業員としての適格性を判断するのに必要かつ合理的な期間を定める限度で有効」として、３か月間の限度で有効と判断した前掲リーディング証券事件・東京地判平25. 1. 31がある）。

当初定めた試用期間の延長は、就業規則などで延長の可能性及びその事由、期間などが明定されていない限り、試用労働者の利益のために原則として認めるべきでない（菅野『労働法』289頁）。就業規則等に試用期間の延長規定がある場合でも、延長はこれを首肯できるだけの合理的な事由のある場合でなければならない（大阪読売新聞社事件・大阪高判昭45. 7. 10労判112号35頁 判時609号86頁。延長規定がある場合でも、「試用契約を締結した際に予見し得なかったような事情により適格性等の判断が適正になし得ないという場合のごとく延長を必要とする合理的事由がなければ許されない」とする裁判例として上原製作所事件・長野地諏訪支判昭48. 5. 31労判181号53頁 判タ298号320頁。『労働関係訴訟の実務』391頁はこの見解を支持している）。

5 有期雇用における試用期間

有期雇用でありながら、試用期間を設けているケースが見受けられるが、有期雇用の場合、試用期間満了時の本採用拒否は契約期間中の解雇と位置づけられ、「やむを得ない事由」がない限り認められない（労契法17条1項)。前掲リーディング証券事件・東京地判平25. 1. 31は、「有期労働契約においても試用期間の定め（＝解約権の留保特約）をおくことに一定の合理性が認められる」としつつ、「有期労働契約における留保解約権の行使は、使用者が、採用決定後の調査により、または試用中の勤務状態等により、当初知ることができず、また知ることが期待できないような事実を知るに至った場合において、そのような事実に照らし、①その者を引き続き当該企業に雇用しておくことが適当でないと判断することが、解約権留保の趣旨、目的に徴して、客観的に相当であること（労契法16条。以下「要件①」という。）に加え、②雇用期間の満了を待つことなく直ちに雇用を終了させざるを得ないような特別の重大な事由が存在するものと認められる場合（労契法17条1項。以下「要件②」という。）に限り適法（有効）となるものと解するのが相当である」との規範を定立した（結論としては、課題提出した日本語によるレポートの出来映えが決め手となって採用された労働者について入社後作成したレポートから日本語能力に重大な問題があることが明らかになり、かつ、採用時のレポートは夫に日本語を見てもらったことを採用時に秘匿していたことを理由に留保解約権の行使を有効と判断した)。有期雇用における本採用拒否は、無期雇用における本採用拒否よりも、そして、期間満了による雇止めよりも、ハードルが高くなることから、有期雇用の場合に試用期間を設ける意義は乏しいであろう。

6 適性判断のための有期雇用

労働契約に期間の定めがある場合、その期間が、文字通り契約の存続期間を定めたものであるのか、それとも無期契約を前提とした試用期間であるのかが争いになる場合がある。有期雇用とした趣旨・目的が労働者の適性を評価・判断するためのものである場合である。

この問題につき、前掲神戸弘陵学園事件・最三小判平2. 6. 5は、「使用者が労働者を新規に採用するに当たり、その雇用契約に期間を設けた場合において、その設けた趣旨・目的が労働者の適性を評価・判断するためのものであるときは、右期間の満了により右雇用契約が当然に終了する旨の明確な合意が当事者間に成立しているなどの特段の事情が認められる場合を除き、右期間は契約の存続期間ではなく、試用期間であると解するのが相当である」との判断を示した。その上で同判決は、「試用期間付雇用契約の法的性質については、試用期間中の労働者に対する処遇の実情や試用期間満了時の本採用手続の実態等に照らしてこれを判断するほかないところ、試用期間中の労働者が試用期間の付いていない労働者と同じ職場で同じ職務に従事し、使用者の取扱いにも格段変わったところはなく、また、試用期間満了時に再雇用（すなわち本採用）に関する契約書作成の手続が採られていないような場合には、他に特段の事情が認められない限り、これを解約権留保付雇用契約であると解するのが相当である」と判示し、①他の労働者と同じ業務を行い使用者の取扱いも変わらないこと、及び、②期間満了時に新たな契約書作成の手続が採られないことの２点を満たす時は、特段の事情が認められない限り試用期間付の無期労働契約と解すべきことを判示した。

同判決後、契約期間の定めを無期労働契約の試用期間であると評価し、留保解約権行使の適法性を判断したものは多数存在する。たとえば、学校法人聖パウロ学園事件・大津地判平7.11.20労判688号37頁 判タ901号188頁は、中学・高等学校の専任講師について、前掲神戸弘陵学園事件・最三小判平2.6.5を引用し、学校（被告）側が主張した１年間の雇用期間を試用期間であると位置づけ、結論として本採用拒否の効力を否定した。また、龍澤学館事件・盛岡地判平13.2.2労判803号26頁も、高等学校における事案であるが、１年間の期間を明示的に定めて常勤講師として採用された教員につき、前掲神戸弘陵学園事件判決・最三小判平2.6.5を直接引用していないものの、１年間の期間を試用期間と評価し、結論として本採用拒否の効力を否定した。

他方、期間の満了により雇用契約が当然に終了する旨の明確な合意が当事者間に成立しているなど「特段の事情」の有無を論じた裁判例は、愛徳姉妹会（本採用拒否）事件・大阪地判平15.4.25労判850号27頁が見られる程度である。同事件では、児童養護施設等を運営している社会福祉法人に、産業雇用安定センターの紹介で事務職として採用された原告につき、①今まで同センターの紹介で被告に採用された３名はいずれも１年以下の短期間で退職していることを認識していたこと、②それらの者のうち２名の契約書に雇用期間が１年と記載されていたことを認識していたこと、③雇用契約書上、表題が「期間雇用契約書」となっており、雇用期間は１年間である旨が明記され、かつ「この期間満了後、採用されない時は、雇用契約は自動的に解除されたものとする。」と記載されていたところ、かかる契約書に異議を述べずに署名押印したこと、１年の期間は試用期間としては長く、就業規則上も試用期間は３か月とされていること等の事実が「特段の事情」の存在を推認させるとしたものの、他方、①上記の契約書の文言は、期間満了後も継続して雇用される可能性があることを前提としており、存続期間としか解釈できないわけではないこと、②１年を試用期間とすれば就業規則の３か月と整合しなくなる点も、１年を存続期間と解釈すると期間を定めて雇用する職員を「嘱託職員」とする他の規程と整合しないので、存続期間と解釈する有力な根拠になるとは必ずしも言い難いこと、③被告において、原告を他の従業員の補充人員として採用したという事実は認めがたく、被告において期限付の職員を採用する必要があったとは認められないこと、④面接時に被告の理事長から、「働きぶりを見たいけども、普通は３か月やけど３か月では短くて分からないから、１年間様子を見させてほしい」との発言があったこと、⑤原告には３人の扶養家族がおり、長期雇用を念頭に求職活動をしていたと推認されること、⑥期間の定めがないかのような記載のある求人票を見て被告に応募したこと、⑦被告の提示した条件よりもよい条件で他社の期間の定めのない従業員としての就職が内定していたこと等の事情を指摘し、「特段の事情」は認められないと判断した（すなわち、試用期間であると位置づけた。結論として本採用拒否の効力を否定）。

なお、正社員に雇用形態を切り替えることが念頭に置かれた有期雇用契約者の雇止めの事案であっても、１年の期間を定めた契約を１回以上更新した後の雇止めの場合には、前掲神戸弘陵学園事件・最三小判平2. 6. 5のような考え方に拠らずに、雇止めに関する労契法19条の枠組みに則って判断している。このような裁判例として、日本航空（雇止め）事件・東京地判平23. 10. 31労判1041号20頁 判時2145号121頁（東京高判平24. 11. 29労判1074号88頁で控訴棄却、最三小決平25. 10. 22労経速2194号11頁で上告棄却・不受理）、明石書店（製作部契約社員・仮処分）事件・東京地決平22. 7. 30労判1014号83頁、報徳学園（雇止め）事件・大阪高判平22. 2. 12労判1062号71頁（最一小決平22. 9. 9判時2096号66頁で上告不受理）などがある。

学説上では、前掲神戸弘陵学園事件・最三小判平2. 6. 5のような考え方に対し、それを貫くと、契約期間の趣旨・目的が適性判断であるという場合には（ほとんど）常に試用期間付きの無期労働契約と解すべし、というに等しいこととなる、と批判する見解がある（菅野『労働法』289頁）。

このような状況の中、福原学園事件・最一小判平28. 12. 1労判1156号5頁 判時2330号84頁において、最高裁は、大学教員につき、契約職員規程に基づき期間１年の有期労働契約として締結され、同規程においては契約期間の更新限度が３年であり、その満了時に、契約職員の勤務成績を考慮して、使用者が必要と認めた場合に無期契約とすることができると定められていた事案において、①同規程の趣旨は明確であり、原告もそれを認識していたこと、②大学教員の雇用には一般に流動性があること、③被告の契約職員で３年経過後無期雇用に移行しなかった者も複数いたことから、当該有期労働契約については「更新限度期間の満了時に当然に無期労働契約となることを内容とするものであったと解することはできない」とした。ここでの有期労働契約も、適性を見極めるためのものであったといえるが、労働者側は、当初から試用期間（無期労働契約）であるとの主張はしていなかった。３年の更新上限を定めて１年ごとの更新を行うなど、有期労働契約として取り扱われていることが明らかな事案であるため、当初から試用期間であったと評価することは難しかったものと考えられる。

第６　労基法・労契法・労災保険法上の「労働者」性

1　労働関係法規の保護の対象

企業と個人とが「委任契約」、「業務委託契約」、「請負契約」といった名称の契約を締結し、当該個人が同契約の下に継続的に労務を提供する場合がある。この場合でも、契約の実態が労働契約であると評価できるならば、契約の形式・名目如何に関わらず、労働関係法規による保護の対象とする必要がある。とりわけ、企業と個人との間には、交渉力に格差があるため、企業側に有利な契約形式が選択されがちであり、契約の形式・名目のみで労働関係法規の適用の有無を決すると、容易に労働関係法規の潜脱が可能となるおそれがある。

そのため、労働関係法規の保護の対象は、実質的に判断されるべきであり、労基法・労契法・労災保険法等の文言との関係では、「労働者」に該当するか否かが問題となる。たとえば、労基法上の「労働者」に該当すれば、労基法における労働時間・休日規制（労基法32条以下）等の対象となるし、労契法上の「労働者」に該当すれば、契約解除は「解雇」となり、解雇権濫用法理（労契法16条）の制約に服する。また、労災保険法上の「労働者」に該当すれば、同法上の労災補償と対象となる。

なお、労組法上の労働者性については、労基法・労契法・労災保険法上の労働者性とは異なる判断枠組みが用いられている（第19章第２・２（769頁～）参照）。この点につき、ソクハイ（契約更新拒絶）事件・東京高判平26.5.21労判1123号83頁（最三小決平27.7.21で上告不受理）は、労組法３条、７条所定の労働者に該当するか否かは「同法の目的（同法１条１項）に照らし、団体交渉によって問題を解決することが適切な関係にあるか否かといった観点から検討されるべきものであり、労働力の提供を強制される立場にある労基法上の労働者に対する種々の保護に関して規定するところの労基法ないしは労契法所定の労働者の該当性の判断のあり方との間で自ずと差異が生ずることを否定できず、原告らメッセンジャーが労組法３条、７条所定の労働者に該当するか否かと労基法所定の労働者に該当するか否かは、労組法と労基法のそれぞれの規定に則して判断されるべきものである。」と判示している。

2　労基法・労契法・労災保険法上の「労働者」性

⑴　労基法・労契法・労災保険法上の「労働者」

労契法２条１項は、「労働者」とは、「使用者に使用されて労働し、賃金を支払われる者をいう」と定義する。また、労基法９条は、「労働者」とは、「職業の種類を問わず、事業または事業所に使用される者で、賃金を支払われる者をいう」と定義する。

若干の語句の相違はあるものの、両法における「労働者」は基本的に同一の概念であると解されている（前掲ソクハイ（契約更新拒絶）事件・東京高判平25.5.21）。すなわち、①使用者の指揮監督下において労務の提供をする者であること、②労務に対する対償を支払われる者であることの２要件を充足する場合に労働者性が肯定される（①②を併せて「使用従属性の要件」と呼ばれる。『労働関係訴訟の実務』３頁参照）。

また、労災保険法上の「労働者」は、労災保険制度が労基法の労災補償制度を基礎として構築されているため、労基法上の「労働者」と同義であると解されている（横浜南労基署長（旭紙業）事件・最一小判平8.11.28労判714号14頁判時1589号136頁が原審（東京高判平6.11.24労判714号16頁）の「労災保険法にいう労働者は、労基法にいう労働者と同一であると解するのが相当」との判断を是認）。

⑵　「労働者」性の判断基準

上記のとおり、労基法・労契法・労災保険法上の「労働者」性は、「使用従属性」の要件を満たすか否かで判断されるが、「指揮監督」の有無･程度や、「対償」の性格は、事案によって様々であり、判断が困難な場合が少なくない。

そこで、具体的な判断基準として実務上参照されるのは、1985（昭和60）年12月19日付労働省労働基準法研究会報告書「労働基準法の『労働者』の判断基準について」である。その概要は、下表のとおりである。

「指揮監督下において労務を提供する者」（指揮監督関係）の基本的判断要素	①	具体的仕事の依頼・業務従事の指示に対する諾否の自由の有無
	②	業務遂行上の指揮監督の有無
	③	勤務場所・勤務時間の拘束性の有無
（指揮監督関係の補強要素）	④	労務提供の代替性の有無
「労務に対する対償を支払われる者」	⑤	報償の労務対償性
その他の補強要素 （「使用従属性」の判断が困難な場合に勘案される補強要素）	⑥	事業者性の有無
	⑦	専属性の程度
	⑧	選考過程における一般従業員との異同の有無、源泉徴収の有無、社会保険料の負担の有無､服務規律の適用の有無、退職金制度・福利厚生の適用の有無等

①～⑧の具体的な内容は、上記報告書に詳細に記載されているため、原典を参照されたい。裁判例においても、同報告書に言及するかは別として、上記の各判断基準に沿った判断が行われている（NHK堺営業センター（地域スタッフ）事件・大阪高判平28．7．29労判1154号67頁 判タ1435号114頁）。ただし、同報告書は、労務の提供が「他者」に行われることを前提としたものであり、学習塾の取締役兼株主の「労働者」性の判断に際して当てはめるのはおかしいと述べる裁判例もあるため（類設計室（取締役塾職員・残業代）事件・京都地判平27．7．31労判1128号52頁）、上記報告書を参照する際には注意が必要である。

「労働者」性は、実態に照らした判断になるため、契約の形式を、雇用契約から別の契約に切り替えたからといって、そのことだけで、「労働者」性が否定されることにはならないことは当然である。知財高判平29．9．13LEX/DB25448952は、「本件では、被控訴人が控訴人に現に雇用されていた状況の下で、控訴人代表者からの提案により、当該雇用関係が解消され、本件基本契約の締結に至ったという経過があるところ、一般に、労働者の立場にある者が使用者から上記のような提案を受けた場合、これを容易に拒絶し難いであろうことは、推察し得るところである。また、この時点において、被控訴人が、労働関係法令によって保護される労働者としての地位をあえて放棄し、リスクの高い個人事業者の地位を選択し、控訴人との契約を請負契約に切り替えようとする積極的な理由は認め難いのであり、これらの事情を勘案すれば、被控訴人が真にその自由意思によって控訴人との雇用契約関係を解消し、請負を内容とする本件基本契約を締結したと断ずることには疑問がある。」などと述べ、就労の実態等も踏まえて、結論として、契約切替後も雇用契約であったと判断した。

(3) 「労働者」性に関する通達

職種によっては、通達によって「労働者」性の判断基準が示されていることがある。裁判所の判断を拘束するものではなく、下記(4)の各裁判例も併せて検討する必要があるものの、相談を受けた場合には必ず参照するべきである（各通達の内容は、厚生労働省労働基準局編『労働基準法解釈総覧』を参照）。

職種	通達
宗教団体の業務従事者	昭27. 2. 5基発49号
新聞配達人	昭23. 11. 27基発400号 昭23. 2. 24基発356号（児童について）
大工	昭23. 12. 25基収4281号、昭63. 3. 14基発150号、平11. 3. 31基発168号
バイシクルメッセンジャー バイクライダー	平19. 9. 27基発0927004号
生命保険の外務員	昭23. 1. 9基発13号
消防団員	昭24. 1. 10基収3306号、昭33. 2. 13基発90号
共同経営の出資者	昭23. 3. 24基発498号
競輪選手	昭25. 4. 24基収4080号
芸能タレント	昭63. 7. 30基収355号
あんま師、はり灸師	昭36. 4. 19基収800号
放送協会専属の管弦楽団・合唱団等	昭24. 7. 7基収2145号
地労委委員	昭25. 8. 28基収2414号
調教師、厩務員	昭32. 10. 18基収6819号
市町村の固定資産評価員	昭28. 7. 6基収2683号
鳥獣保護員	昭40. 10. 13基収5923号
学校用務員	昭44. 4. 7基収343号
商船大学等の実習生	昭57. 2. 19基発121号
看護婦見習	昭24. 4. 13基収886号
看護婦養成所の生徒	昭24. 6. 24基発648号、昭25. 11. 1婦発291号、平9. 9. 25基発648号
インターンシップにおける学生	平9. 9. 18基発636号
組合専従職員	昭24. 6. 13基収1073号、昭33. 2. 13基発90号、昭63. 3. 14基発150号、平11. 3. 31基発168号（対会社） 昭23. 1. 19基発14号（対労働組合）

取締役等	昭23. 1. 9基発14号、昭63. 3. 14基発150号、平11. 3. 31基発168号（労基法） 昭23. 3. 17基発461号（労基法） 昭34. 1. 26基発48号（労災保険法）

※上記のほか、施設等に収容される者（刑務作業を行う受刑者等）の「労働者」性についても通達がある。

⑷ 「労働者」性に関する裁判例

「労働者」性が争われた裁判例は、いずれも、当該具体的事案を前提とした判断であり、同じ職種であるからといって、当然に他の事案で同じ判断となるとは限らない。「労働者」性を具体的に判断した最高裁判例には以下のものがあり、いずれも、一般的な判断基準を示さない事例判断である。

＊証券業者の外務員（山崎証券事件・最一小判昭36. 5. 25民集15巻5号1322頁：否定）

＊塗料製法の指導研究従事者（大平製紙事件・最二小判昭37. 5. 18民集16巻5号1108頁：肯定）

＊傭車運転手（横浜南労基署長（旭紙業）事件・最一小判平8. 11. 28労判714号14頁 判時1589号136頁：否定）

＊研修医（関西医科大研修医事件・最二小判平17. 6. 3民集59巻5号938頁 労判893号14頁：肯定）

＊一人親方の大工（藤沢労基署長（大工）事件・最一小判平19. 6. 28労判940号11頁 判時1979号158頁：否定）

以下では、近時の裁判例で問題となっている類型を取り上げる。職種別の「労働者」性に関する裁判例については、三浦隆志「『労働者性』をめぐる裁判例と実務」判タ1377号4頁（2012年）が詳しいので参照されたい。

ア　クラブのママ・ホステス

Ｍコーポレーション事件・東京地判平27. 11. 5判時2300号121頁は、「クラブママ」の契約解除の事案につき、①顧客にクラブへの来店を勧誘し、来店した顧客を接待することについて、被告（店の経営会社）の指揮命令を受けていたとは評価できない、②顧客に勧誘する来店日時を調整することで、出勤日及び出勤時刻をほぼ自由に決めることができた、③原告の報酬は、業務の対価というより、顧客を勧誘して来店させることで被告の売上に貢献したことの対価という性格が強い等の事情を指摘して、労基法及び労契法上の「労働者」性を否定した。ただし、準委任契約の解除に当たり、民法651条2項ただし書の「やむを得ない事由」が無いとして、残存期間分の平均所得金額から契約解除後の他店での勤務による収入を控除した金額の賠償を認めた。

これに対し、クラブのホステスの罰金等の控除が労基法24条に違反するかの判断の前提として労基法上の「労働者」性が争われた第三相互事件・東京地判平22.3.9労判1010号65頁は、「ホステス一般について労働者といえるかどうかはともかく」としつつも、当該事案では、出退勤時間を厳格に規制され、罰金という制裁を背景とする強い拘束力をもった指示を受けてその監督の下で勤務していた等と指摘し、「労働者」性を肯定し、罰金等の控除を労基法24条違反と判断した。

ホストクラブのホストについても、東京地判平27.7.14LEX/DB 25540891は、①原告がクラブ側から指示された接客を断ったことがない、②接客の中には自己の指名客だけでなく、他のホストが対応している席での接客業務が含まれていた、③クラブにはタイムカード機が設置されており、原告は出勤時間と退勤時間を打刻し、原告は遅刻による罰金を科されていたこと、④原告の給与から所得税が控除されていること等を指摘し、「労働者」性を肯定した。他方、最低賃金等の請求を行った東京地判平28.3.25労経速2289号24頁 判タ1431号202頁（確定）は、①ホストの収入は売上に応じて決定され、勤務時間との関連性は薄い、②出勤時間はあるが、客の都合が優先され、時間的拘束が強いとはいえない、③接客に必要な衣装等を自腹で準備している、④ホストと従業員とは異なる扱いがされている、⑤月1回のミーティングは報告が主たるものである等として、「労働者」性を否定した。

イ　芸能タレント、アイドル、AV女優

専属芸術家契約を締結してモデル等の役務を提供した芸能タレント志願者が芸能プロダクション会社に最低賃金等を請求したJ社ほか1社事件・東京地判平25.3.8労判1075号77頁（確定）において、裁判所は、①原告が一定の種類の業務を受けたくない等の希望を述べることができ、数回程度、業務を断ったことがあるものの、それ以外は断らずに担当していた、②出演料が会社に支払われ、原告には一切支払われていなかった、③報酬の決定権限は会社にあり、著作物等の権利や芸名に関する権利がすべて会社に帰属し、原告が会社を介さずに芸能活動を行うことには厳しい制約を受けるとの契約内容等に照らし、会社への経済的従属性が極めて強い等の事情を指摘し、労基法上の「労働者」性を肯定した。

タレント・アイドル等の労働者性（契約が労働契約か）は、タレント・アイドル側の退職・出演拒否をめぐって争われる例が多い。

芸能プロダクションである原告が、歌手である被告に対し、「マネジメント専属契約」が存続していることの確認請求を行った東京地判平28.3.31判タ1438号164頁では、同契約において「被告が提供すべき役務は、表現、創作活動を伴う特殊な労務の提供であり、一面において指示命令になじまない部分が存在する」としつつも、同契約の定め及び具体的な就労状況から、「被告は原告を通じてのみ芸能活動をすることができ、その活動は原告の指示命令の下に行うものであって、芸能活動に基づく権利や対価は全て原告に帰属する旨の本件契約の内容や、実際に被告が原告の指示命令の下において、時間的にも一定の拘束を受けながら、歌唱、演奏の労務を提供していた」として、労働契約に該当するとした。そして、労基法附則137条により、契約期間の初日から１年を経過した日以後、いつでも退職できるとして、被告による退職の成立を認めた。

アイドルやAV女優が、芸能プロダクションから債務不履行責任等を追及され、これに対して芸能プロダクションとの契約が雇用契約に当たるとして退職（解除）を主張することがある。委任契約の場合には、不利な時期の解除につき、損害賠償責任が発生する一方（民法651条２項）、雇用契約に当たれば、「やむを得ない事由」がある場合には解除できるためである（民法628条）。かかる事案として、アイドルについては東京地判平28.1.18判時2316号63頁（確定）、AV女優については東京地判平27.9.9LEX/DB 25542388（確定）が、アイドル・女優側が主体的にマネジメントを委託するような契約ではなく、会社の指示の下で業務に従事する「雇用契約類似の契約」であるとして民法628条の適用を認めている。これらの裁判例では、必ずしも上記労働基準法研究会報告書が示す判断要素の詳細な当てはめは行われていない。

ウ　バイシクルメッセンジャー

「運送請負契約」等と題する契約を締結して配送業務に従事するバイシクルメッセンジャーについては、通達（平19.9.27基発0927004号）上は、具体的事実関係によって、「労働者」性が認められ得る。

自転車便運転手が出勤（使用者事務所に業務に必要な無線機を借り受けに行く）途上に起こした事故の使用者責任の有無の判断にあたり、契約形態のいかんを問わず実質的な指揮命令関係にあり民法715条の使用関係があった、及び、同事故は事業の執行中に発生したと判示した裁判例がある（有限会社Y事務所事件・東京地判平25. 8. 6判時2220号59頁）。

他方、①稼働日、稼働時間帯を自ら決定することができることから時間的場所的拘束性が強いとはいえないこと、②個別の配送依頼に対しても諾否の自由があったこと、③会社が配送品ごとの配送先や指定時間、集金先、配送距離、配送料金等をメールで送信していたことは配送業務の性質によるものであって使用従属性を肯認する事情として積極的に評価すべきものとはいえないこと、④報酬は出来高払方式であったこと、⑤業務に使用する自転車、衣服、携帯電話は、すべてメッセンジャーが自ら用意・負担していること、雇用保険及び労災保険に加入していないことから相当程度の事業者性が認められること等の事情を考慮し、労基法上及び労災保険法上の「労働者」性を否定した裁判例がある（ソクハイ（契約更新拒絶）事件・東京高判平26. 5. 21労判1123号83頁（最三小決平27. 7. 21で上告不受理。同社についての東京地判平22. 4. 28労判1010号25頁 判時2091号94頁も同旨）。

なお、国・中労委（ソクハイ）事件（東京地判平24. 11. 15労判1079号128頁 判時2176号101頁）は、同じ会社と契約するメッセンジャーの労組法上の「労働者」性を肯定している（第19章第２・２(2)オ（772頁））。

エ　NHKの放送受信契約取次受託者・受信料集金人

NHKとの間で放送受信契約の取次や受信料集金を業務内容とする有期の委託契約を締結した者については、労契法上の「労働者」性を否定する高裁レベルの判断が定着している（東京高判平15. 8. 27労判868号75頁 判時1859号154頁、仙台高判平16. 9. 29労判881号15頁、東京高判平18. 6. 27労判926号64頁、大阪高判平27. 9. 11労判1130号22頁 判時2297号113頁、大阪高判平28. 7. 29労判1154号67頁 判タ1435号114頁（最三小決平29. 1. 17で上告棄却・不受理）。

なお、委託契約の中途解約の有効性が争われたNHK堺営業センター（地域スタッフ）事件の一審判決（大阪地判平27. 11. 30労判1137号61頁 判タ1435号127頁）は、放送受信契約の取次の受託者の労契法上の「労働者」性を否定しつつ、「労働契約法上の労働者に準じる程度に従属して労務を提供していたと評価することができる」として、労契法17条１項の類推適用を肯定した点が注目された。しかし、控訴審である前掲大阪高判平28. 7. 29は、この判断を覆し、労契法17条１項の適用・類推適用のいずれも否定した。

なお、NHK山形放送局事件・仙台高判昭48. 10. 8判タ301号299頁、NHK

前橋放送局（受信料集金人）事件・前橋地判平25.4.24労旬1803号50頁、前掲NHK堺営業センター（地域スタッフ）事件・大阪地判平27.11.30等は、受信料集金人、地域スタッフの労組法上の労働者性を肯定している。

オ　神社の神職

宗教団体の業務従事者については、通達（昭27.2.5基発49号）において、

> イ　宗教上の儀式、布教等に従事する者、教師、僧職者等で修行中の者、信者であっても何等の給与を受けずに奉仕する者等は労働基準法上の労働者でないこと。
> ロ　一般の企業の労働者と同様に、労働契約に基き、労務を提供し、賃金を受ける者は、労働基準法上の労働者であること。
> ハ　宗教上の奉仕乃至修行であるという信念に基いて一般の労働者と同様の勤務に服し賃金を受けている者については、具体的な労働条件、就中、給与の額、支給方法等を一般企業のそれと比較し、個々の事例について実情に即して判断すること。

とされている。住吉神社ほか事件・福岡地判平27.11.11労判1152号69頁判時2312号114頁において、裁判所は、神社の宮司である原告が、上記ハの「宗教上の奉仕乃至修行であるという信念に基いて一般の労働者と同様の勤務に服し賃金を受けている者」に当たるとし、実態に照らして「労働者」性が認められるとした。なお、原告の勤務内容は、上位の神職による指揮の下、祭典、催物等の儀式に対する補助的作業、書類作成等の事務作業であり、労基法及び労契法の適用を認めても、信教の自由を害し、又は宗教尊重の精神に反しないとされた。

カ　取締役・共同設立者

取締役については、会社法上は委任に関する規定に従うとされている（会社法330条）。もっとも、取締役であるとしても、実質的には上司の指揮命令を受けて業務に従事している場合や、従業員の身分と取締役の身分が併存している場合（使用人兼取締役）があり、この場合、取締役の「労働者」性が問題となる。

これについては、下田敦史「『労働者性』の判断基準—取締役の『労働者』性について」判タ1212号34頁（2006年）以下が、それまでの裁判例を詳細に分析しており参考になる。具体的には、①法令・定款上の業務執行権限の有無、②取締役としての業務執行の状況、③代表取締役からの指揮監督の有無、④拘束性の有無、⑤提供した労務の内容、⑥取締役に就任した経緯、⑦報酬の性質や額、⑧社会保険上の取扱い、⑨当事者の認識等の各観点から分析している。

近時、試用期間を経た正社員全員を株主及び取締役とすることにより、労働関係法規を適用していなかった事案において、「取締役就任の経緯、その法令上の業務執行権限の有無、取締役としての業務執行の有無、拘束性の有無･内容、提供する業務の内容、業務に対する対価の性質および額、その他の事情を総合考慮しつつ、当該業務従事者が会社の実質的な指揮監督関係ないし従属関係に服していたか否かという観点から判断すべき」とし、結論として「労働者」性を肯定した裁判例がある（類設計室（取締役塾職員・残業代）事件・京都地判平27.7.31労判1128号52頁）。このような、労働関係法規の潜脱と思われるような事案では、「労働者」性が肯定されるのは当然であろう。ただし、本件と同じく多数の取締役が形式的には存在していたピュアルネッサンス事件・東京地判平24.5.16労判1057号96頁では、労基法上の「労働者」性は肯定されたものの、管理監督者に該当するとして、割増賃金請求につき、深夜割増賃金の支払のみが認められている。

事業の共同設立者について、一方が他方の労働者であると主張するケースもある。美容院の共同設立者である美容師の「労働者」性が問題となった美容院Ａ事件・東京地判平28.10.6労判1154号37頁においては、①勤務時間・場所等を自由に決定できる状況になく、概ね週５、６日程度出勤して美容師として稼働していた、②会計上、給与名目で報酬を支給され雇用保険に加入していた、③取締役又は代表取締役としての就任登記がなされていない等の事情から、従業員としての地位を否定することは困難であり、せいぜい使用人兼務役員の地位にあったといえるに過ぎないとされた。

⑸　「労働者」性に疑義がある場合の救済

上記の裁判例の紹介の中で言及したとおり、「労働者」性を直接に肯定しないまでも、「雇用契約類似の契約」であるとして、民法628条の適用を認める裁判例がある（アイドルについて東京地判平28.1.18判時2316号63頁、AV女優について東京地判平27.9.9LEX/DB 25542388）。

また、労契法上の「労働者」性を否定しつつ、「労働契約法上の労働者に準じる程度に従属して労務を提供していたと評価することができる」として、労契法17条１項の類推適用を肯定した裁判例も現れている（前掲NHK堺営業センター（地域スタッフ）事件一審判決・大阪地判平27.11.30。ただし、控訴審の前掲大阪高判平28.7.29は労契法17条１項の類推適用を否定）。

相撲の力士の「解雇処分」の救済については、日本相撲協会と力士の間の契約の性質にも関連して、裁判例によって判断方法が異なっている。まず、月給制である幕内・十両力士については、①労働契約法の適用を肯定したもの（東京地決平20. 10. 30判例集未登載、その抗告審である東京高決平20. 12. 9判例集未登載。いずれも判タ1399号94頁の解説参照。）、②契約の性質を明らかにせずに解雇の有効性を判断したもの（東京地判平22. 4. 19判時2090号144頁・解雇有効。東京地判平24. 5. 24判タ1393号138頁、その控訴審である東京高判平24. 10. 24判例秘書登載・解雇有効、上告棄却・不受理）③雇用契約にも準委任契約にも当たらない「有償双務契約としての性質を有する私法上の無名契約」とし、当該契約解消が懲戒処分として行われたことから、懲罰規定の解釈適用に当たって、あらかじめその事由及び手続が規定上明確に定められていることや、一事不再理の禁止、また、その処分の内容が相当なものであること等の一般的な法理が考慮されるべきとされるとしたもの（東京地判平25. 3. 25判タ1399号94頁・解雇無効、確定）がある。

本場所毎に本場所手当を支給される幕下の力士養成員については、労契法の適用を否定し、「準委任類似の契約関係」が成立しているとしつつも、「徒弟制度を思わせる継続的な技能教育関係の存在」から、「準委任類似の契約関係の終了事由を検討するに当たっては、やはり雇用契約、その他の継続的な契約関係の場合と同様に、「継続性」とその基礎にある「信頼関係」というものの価値（重み）を重視せざるを得ない」として、「民法651条１項に基づく任意解約権の行使は、当事者間に当該契約関係の基礎にある信頼関係を根本から破壊するなど、もはやこれを継続することは困難であると認められるような「特段の事情」がある場合に限って許される」としたものがある（日本相撲協会（力士登録抹消）事件・東京地決平23. 2. 25労判1029号86頁）。準委任（類似）の契約の解除に、労働法的考慮を加えたものと言い得る。

委託契約の解除の損害賠償についても、労働法的な考慮を加えた裁判例がある（東京地判平26. 9. 19判時2251号92頁）。この事案では、グループホームの世話人につき、業務委託契約と認定しつつ、民法651条２項を類推適用し、労基法26条の趣旨に沿って損害額を認定して、月収の６割に26か月（口頭弁論終結時までの無職期間と思われる）を乗じた金額を認容した。

「業務委託契約」と称する契約を締結したものの、実質は労働契約であるとして、解雇無効（地位確認）、未払賃金請求、残業代請求、付加金請求等を行う場合に、労働審判手続を利用できるかが問題となる。「労働関係に関する事項について個々の労働者と事業主との間に生じた民事に関する紛争（個別労働関係民事紛争）」（労働審判法１条）に当たるか否かの問題であるが、大阪高決平26. 7. 8判時2252号107頁は、同条の「労働関係」とは、「純然たる労働契約に基づく関係に限られず、事実上の使用従属関係から生じる労働者と事業主との関係を含むというべきである。そして、労働審判手続が三回の審理で紛争の柔軟かつ相当な解決を行おうとする趣旨に鑑みると、事実上の使用従属関係にあることについては、そのような手続により解決を図ることが適当と考えられる状況が存在することについて一応の根拠を明らかにすることを要するというべきであり、かつそれで足りるというべきである」（結論として、労働審判申立てを不適法却下した原決定を取り消し、労働審判委員会に差戻し）。

なお、優越的地位の濫用など独禁法の適用を検討すべき場合もある。近時、芸能タレントやスポーツ選手に対する過度な移籍制限や、フリーランスに対する他企業との取引制限が独禁法違反に当たり得るとの議論もなされており（公正取引委員会「人材と競争政策に関する検討会」）、注目される。

第7 労働契約の使用者

1 労働契約における使用者性

労契法は、使用者につき、「その使用する労働者に対して賃金を支払う者」（2条2項）と定義しており、労働契約の一方当事者を使用者と見るのが原則である。しかし、労働契約書が締結され、契約書に使用者が表示されていても、①法人格否認の法理により、名義上の使用者とは別の企業を使用者と認めるべき場合や、②名義上の使用者とは別の企業の事業所で労務を提供するケースで、むしろ受入企業を使用者と認めるべき場合がある。

なお、労組法（集団的労使関係）においても同様の議論があるが、それについては第19章第2・3（773頁～）参照。

2 法人格否認の法理が適用される場合

まず、親会社が子会社の運営を支配し、子会社の労働者の労働条件・雇用等を実質的に支配している場合等に、いわゆる「法人格否認の法理」（最一小判昭44.2.27民集23巻2号511頁）を使って親会社に賃金支払い等の責任を問う、ということが考えられる。法人格否認の法理は、「法人格の形骸化」の場合と、「法人格の濫用」の場合がある。

まず、「法人格の形骸化」の事例としては、否定例が多いが（近時の事例としては、日本航空・JALエンジニアリング事件・東京地判平26.9.22労経速2228号3頁等）、親会社が子会社に対して株式保有や役員派遣等により事業運営の意思決定を支配しているのみならず、株主総会や取締役会の不開催、事業活動・財産管理・会計処理の混同等、子会社が独立した法人としての実態を有さず、実質的に親会社の一事業部門と認められるという場合に、法人格否認の法理を用いて支配会社に退職金の支払いを認めた黒川建設事件・東京地判平13. 7. 25労判813号15頁がある。このほか、原告が取締役を務める訴外会社と被告会社との業務の境界の不鮮明さ、被告会社の原告に対する指揮命令の存在、訴外会社における社員総会・株主総会の不開催、被告会社による訴外会社に対する強い影響力、訴外会社が独自に自己の財産を管理しているという面が希薄であること等の事情から、原告と被告との労働契約関係の存否を検討する上で、訴外会社の法人格の形骸化を認めた北九州空調事件・大阪地判平21. 6. 19労経速2057号27頁も存在する。

また、「法人格の濫用」の事例として、親会社が子会社の組合の排除目的で子会社の解散を行い、解散子会社の事業を別の子会社に譲渡した事案で、法人格否認の法理により、解散子会社の労働者につき、親会社の雇用責任を認めた例（佐野第一交通事件・大阪高判平19. 10. 26労判975号50頁。最一小決平20. 5. 1で上告棄却・不受理）もある。

なお、労働者がY2会社と雇用契約を締結して労務を提供していたところ、提供した労務の大部分はいずれもY1法人の業務に関するものであり、Y1法人とY2会社の経理が厳密に区別されてこなかった結果、賃金支払がいずれからも行われてきた事案において、法人格否認の法理を適用するまでもなく、Y1法人においても労働者が雇用されていたと認定すれば足りるとして、Y1法人とY2会社の債務の関係を、商法511条１項により連帯債務と解した裁判例がある（農事組合法人乙山農場ほか事件・千葉地八日市場支判平27. 2. 27労判1118号43頁）。

3　社外労働者との関係で受入企業を使用者と認めるべき場合

次に、社外労働者と受入企業との間で、黙示の労働契約の成立が認められる場合がある。

たとえば、請負会社従業員が発注先に赴いて労務提供している事例で、発注会社が請負会社社員の指揮命令を行い、賃金決定も実質的に発注会社が行い、発注会社が請負会社を通して賃金を支払っていたと認められるとして、請負会社従業員と発注会社との間に黙示の労働契約の成立を認めた裁判例がある（センエイ事件・佐賀地武雄支判平9. 3. 28労判719号38頁 労経速1665号12頁、ナブテスコ（ナブコ西神工場）事件・神戸地明石支判平17. 7. 22労判901号21頁）。

なお、パナソニックプラズマディスプレイ事件では、高裁判決が請負会社従業員と受入企業との間に黙示の労働契約の成立を肯定したものの（大阪高判平20. 4. 25労判960号5頁 判時2010号141頁）、最高裁はこれを覆し、黙示の労働契約の成立を否定した（最二小判平21. 12. 18民集63巻10号2754頁 労判993号5頁）。請負契約・偽装請負については第9章第4・1(2)（434頁〜）及び同章第4・7(2)（460頁〜）も参照。

パナソニックプラズマディスプレイ事件・最高裁判決後は、違法派遣（偽装請負）事案においても派遣労働者と派遣元との間の雇用契約が無効となることはないとして派遣労働者（偽装請負業者の労働者）と派遣先（偽装発注者）の黙示の労働契約の成立を認めない判決が続いているが、同最高裁判決が派遣労働者と派遣元との間の労働契約が無効になる「特段の事情」を認定して派遣先と派遣労働者の間の黙示の労働契約の成立を認めた裁判例もある（マツダ防府工場事件・山口地判平25. 3. 13労判1070号6頁）。同判決については、第9章第4・7(2)イ（453頁）参照。

第2章

賃金・労働時間等に関する問題

第1　労基法等による賃金の保護

賃金は労働者の生活の糧となる重要なものであるから、賃金を保護するための種々の労基法の規定や判例がある。

1　賃金の意義

(1)　賃金の定義

賃金とは、労働の対償として使用者が労働者に支払うすべてのものであり、賃金、給料、手当、賞与その他名称の如何を問わない（労基法11条）。

(2)　賃金の範囲

「労働の対償」であるか否かの判断基準としては、行政解釈（厚労省労働基準局編『平成22年版労働基準法』）に従い、「任意的、恩恵的なものであるか否か」「福利厚生施設であるか否か」「企業設備の一環であるか否か」により論じるのが通例である（同書上巻162～166頁）。

ア　任意的・恩恵的給付

使用者が任意的に支給する慶弔見舞金、結婚祝金等は、賃金とはされないが、労働協約、就業規則、労働契約等により、あらかじめ支給条件が明確にされ、それに従って使用者に支払義務があるものは、労働の対償として認められ、賃金として取り扱われる（昭22.9.13発基17号）。

退職金や賞与（一時金）についても、支給するか否か、金額ないし算定方法、支給基準が、もっぱら使用者の裁量に委ねられている限りは、任意的恩恵的給付であり賃金ではない。しかし、労働協約、就業規則、労働契約等で、それを支給すること及び金額ないし算定方法、支給基準が定められ、それに従って決定、支給されるものは、労働の対償として賃金とされる。退職金については第7章第5（284頁〜）参照。

イ　福利厚生給付

使用者が、労働の対償としてではなく、労働者の福利厚生のために支給するものは賃金ではない。例えば、希望者のみを対象とする生活資金・住宅資金・教育資金等各種資金の貸付、奨学金、財形貯蓄奨励金、住宅ローンの利子補給等は賃金ではない。一方、賃金規程等に定めがあり、その基準に基づき賃金の一部として支給されている家族手当や住宅手当などは賃金にあたる。

ウ　企業設備・業務費

出張旅費、作業服代、作業用品代、交際費等、使用者の業務上の実費弁済の類のものも賃金ではない。但し、出張時に交通費等の実費の他に、あるいは実費とあわせて出張手当が支給されている場合には、これは労働の対償として賃金にあたる。

なお、通勤手当は、本来的には労働者が負担すべきものであって、業務費ではなく、支給基準が定められている場合は賃金である。

エ　死亡退職金

従業員が死亡した場合の死亡退職金は、遺族が請求権を有するものであり、労働者に支払われるものではなく賃金ではない。

2　賃金支払の諸原則

(1)　通貨払の原則

ア　通貨払の原則

賃金は、日本国において強制通用力のある通貨で支払わなければならず（労基法24条1項）、現物給与はもちろん、現物給与以外でも通貨払に比較して労働者にとって不便あるいは不利益な方法による支払も原則として許されない。

イ　通貨払原則の例外

労基法は、本原則の例外として「法令もしくは労働協約に別段の定めがある場合」及び「厚生労働省令で定める賃金について確実な支払の方法で厚生労働省令で定めるものによる場合」には、通貨以外のもので支払うことができると定める（労基法24条1項）。

現行法上、かかる定めのある「法令」は存在しない。

「厚生労働省令で定めるもの」としては、労働者の同意を得ることを前提に、①賃金につき、労働者の指定する労働者本人名義の銀行口座・証券総合口座等への振込による支払（労基則７条の２第１項)、②退職手当につき、銀行その他の金融機関による自己宛小切手等による支払（労基則７条の２第２項）がある。

⑵　直接払の原則

賃金は労働者に直接支払わなければならない（労基法24条１項)。従って、労働者の代理人への支払は違法・無効である。未成年者の親権者や後見人の代理受領は、明確に禁止されている（労基法59条)。また、労働者の委任を受けた任意代理人への支払や賃金債権の譲受人への支払も本原則に違反する（賃金債権の譲受人は使用者に直接支払を求めることはできないとした例として小倉電報電話局事件・最三小判昭43. 3. 12民集22巻3号562頁 判時511号23頁)。

ただし、妻が夫に対し賃金債権を譲渡し、使用者がこれに応じて夫に賃金を支払っても、夫婦が生計を一にしないとの特別の事情でも顕れない限り夫に支払われた妻の賃金は結局妻の自由な使用にも委ねられたことに帰するから、かかる場合は同条の禁止に触れない（バー白菊事件・東京地判昭43. 4. 4判時517号82頁)。

仮処分により支払を命じられた賃金は、労働者本人に直接支払うかその裁判上の代理人にのみ交付すべきである（近畿日本鉄道事件・大阪地判昭29. 11. 25判時55号23頁)。

なお、中間搾取の余地がなく、単に受領のための「使者」に対する賃金の支払は、適法とされている（昭63. 3. 14基発150号)。

また、賃金債権に差押えがされた場合（国税徴収法に基づく差押えを含む)、差押限度額（民事執行法152条、国税徴収法76条）の範囲内で、差押債権者へ支払うことは本原則違反とはならない。

⑶　全額払の原則

ア　全額払の原則と例外

賃金は、原則としてその全額を支払わなければならない（労基法24条１項)。

本原則の例外として、労基法は、賃金の一部控除が許されるのは、「法令に別段の定めがある場合」または、過半数労働組合（それがない場合には過半数代表者）との書面による協定がある場合を定める（労基法24条１項)。

「法令に別段の定めがある場合」としては、給与所得税の源泉徴収（所得税法183条１項)、社会保険料控除（厚生年金保険法84条１項、健康保険法167条1項、労働保険徴収法32条1項等）、財形貯蓄金の控除（勤労者財産形成促進法6条）等がある。

「書面による協定がある場合」の例としては、チェック・オフ（労働組合と使用者間の協定に基づき使用者が組合員である労働者の賃金から組合費を控除し、これを一括して労働組合に引き渡すこと）がある。

この原則と同趣旨の規定が、労基法16条（賠償予定の禁止）、17条（前借金相殺の禁止）、18条（強制貯蓄の禁止）である。

イ　使用者による相殺について

書面による協定が存在しない場合に、使用者が、労働者の債務不履行や不法行為に基づく損害賠償請求権を自働債権、労働者の賃金債権を受働債権として一方的に相殺できるかが問題となるが、最高裁判例は、かかる相殺は許されないとしている（債務不履行に基づく損害賠償請求権との相殺の禁止につき、関西精機事件・最二小判昭31. 11. 2民集10巻11号1413頁 判時95号12頁、労働者の不法行為に基づく損害賠償請求権との相殺の禁止につき、日本勧業経済会事件・最大判昭36. 5. 31民集15巻5号1482頁 判時261号17頁）。

他方、ある賃金計算期間に生じた過払賃金の精算のため、その後の賃金から控除する調整的相殺（法的には、使用者の不当利得返還請求権を自働債権とする相殺）について、最高裁は、時期（相殺が過払のあった時期からみて賃金の清算調整の実を失わない程度に合理的に接着した時期か）、方法（あらかじめ労働者に予告されている等）、金額（多額にわたらない等）等からみて労働者の経済生活の安定を脅かすおそれのない場合であれば、書面協定がない場合でも許されるとしている（福島県教組事件・最一小判昭44. 12. 18民集23巻12号2495頁 労判103号17頁。上記の基準に基づき相殺時期が遅いことを理由に違法とした例として群馬県教組事件・最二小判昭45. 10. 30民集24巻11号1693頁 判時613号89頁及び福岡県教組事件・最一小判昭50. 3. 6判時778号100頁：前者は3～5か月後、後者は3か月後の賃金との相殺）。

また、使用者の一方的な相殺ではなく、労働者の同意を得てする相殺は、「同意が労働者の自由な意思に基づいてされたものであると認めるに足りる合理的な理由が客観的に存在するときは」許されるが、「同意が労働者の自由意思に基づくものであるとの認定判断は、厳格かつ慎重に行われなければならない」（日新製鋼事件・最二小判平2. 11. 26民集44巻8号1085頁 労判584号6頁）。

労働者が賃金債権を放棄した場合は、全額払の原則がその意思表示の効力を否定する趣旨のものであるとまで解することはできないが、放棄の意思表示の効力を肯定するには、それが労働者の自由な意思に基づくものであることが明確でなければならない、放棄の意思表示が労働者の自由な意思に基づくものであると認めるに足りる合理的理由が客観的に存在しているときは放棄の意思表示の効力を肯定して差支えないとされる（シンガー・ソーイング・メシーン・カムパニー事件・最二小判昭48. 1. 19民集27巻1号27頁 判タ289号203頁、上記の基準に基づき遡及的に減額された既発生部分については、単に異議を言わずに受領していたというだけでは賃金債権放棄の意思表示として明確ではなく、自由意思に基づく放棄でないとされた例として北海道国際航空事件・最一小判平15. 12. 18労判866号14頁）。

⑷　定期払の原則

賃金は、毎月１回以上、一定の期日を定めて支払わなければならない（労基法24条２項本文）。但し、臨時に支払われる賃金、賞与その他これに準ずるもので厚生労働省令で定める賃金については、この原則は適用されない（同条２項但書）。厚生労働省令で定める賃金とは、具体的には、１か月を超える期間の事情に基づく精勤手当、勤続手当、奨励加給または能率手当である（労基則８条）。

3　出来高払の保障給

出来高払制その他の請負制で使用する労働者については、使用者は、労働時間に応じ一定額の賃金の保障をしなければならない（労基法27条）。この保障給は、通常の実収賃金とあまりへだたらない程度の収入が保障されるようにその額を定めなければならない（昭22. 9. 13発基第17号、昭63. 3. 14基発150号）。なお、労働者が労働しない場合には、保障給の支払義務はない（昭23. 11. 11基発1639号）。

4　休業手当

⑴　休業

「休業」とは、労働契約上労働義務がある時間について、労働者が労働をなしえなくなることである（菅野『労働法』439頁）。

⑵　休業と賃金請求権

休業の場合、労働者に賃金請求権があるかについては、休業の帰責事由（故意・過失または信義則上これと同視すべき事由）が使用者、労働者いずれにあるかによって異なってくる。

① 休業の帰責事由が、使用者、労働者どちらにもない場合には、労働者は賃金請求権を有しない（民法536条１項）。但し、就業規則、労働協約、労働契約で別段の定めをする場合は、それに従うことになる。

② 休業の帰責事由が、労働者にある場合は、労働者の債務不履行であるから賃金請求権はない。

③ 休業の帰責事由が、使用者にある場合は、労働者は原則として賃金全額の請求権を有する（民法536条２項）。なお、労基法26条は、使用者の責めに帰すべき事由による休業の場合、休業期間中労働者に平均賃金の６割以上の手当（休業手当）を支払わなければならないとしている。これは、休業中の賃金のうち平均賃金の６割に当たる部分を付加金や罰則の制度を設けて強制し、労働者の生活を保障しようとする規定であり、使用者の賃金支払義務を減額する趣旨ではない（ノースウエスト航空事件・最二小判昭62. 7. 17民集41巻5号1283頁 労判499号6頁、昭22. 12. 15基発502号）。従って、就業規則、労働協約、労働契約で別段の定めのない限り（但し、労基法26条の最低保障に反することはできない）、使用者は賃金全額の支払義務を負っている（なお、就業規則により民法536条２項の適用を排除した場合に使用者の責めに帰すべき休業時に賃金全額（平均賃金の６割を超える部分）の支払を免れられるかについて判断した裁判例は見当たらない）。

民法536条２項と休業手当の保障との関係について、最高裁判例は「（労基法26条の）『使用者の責に帰すべき事由』とは、取引における一般原則たる過失責任主義とは異なる観点をも踏まえた概念というべきであって、民法536条２項の『債権者の責に帰すべき事由』よりも広く、使用者側に起因する経営、管理上の障害を含むものと解するのが相当である。」と判示している（前掲ノースウエスト航空事件・最二小判昭62. 7. 17）。よって、使用者に民法上の帰責事由が認められなくても、労基法上の帰責事由が認められる場合には、使用者は労働者に対し、休業中の賃金のうち平均賃金の６割に当たる部分の支払をしなければならない。

なお、帰休制が民法536条２項にいう「債権者の責めに帰すべき事由」に当たるか否かについては、帰休制実施によって労働者が被る不利益の程度、使用者側の帰休制実施の必要性の内容・程度、労働組合等との交渉の経緯、他の労働組合又は他の従業員の対応等を総合考慮して判断されるとする裁判例がある（池貝事件・横浜地判平12. 12. 14労判802号27頁）。

5 最低賃金制度

最低賃金制度とは、最低賃金法に基づき国が賃金の最低限度を定め、使用者は、その最低賃金額以上の賃金を支払わなければならないとする制度である。最低賃金額は、時間によって定められ（最低賃金法３条）、最低賃金額より低い賃金を労働者、使用者双方の合意の上で定めても、最低賃金法によって無効とされ、最低賃金額と同額の定めをしたものとされる（同法４条２項）。賃金が日給、週給、月給その他時間以外の期間によって定められている場合には、定められた賃金額を期間当たりの（平均）所定労働時間で除した時間当たりの金額に換算して、最低賃金額以上かどうかを判断する（最低賃金法施行規則２条１項）。また、最低賃金には、臨時に支払われる賃金及び１ヵ月を超える期間ごとに支払われる賃金（賞与など）、所定外労働時間や所定休日の労働に対して支払われる賃金、深夜労働（午後10時から午前５時の労働）に対して支払われる賃金のうち通常の労働時間の賃金の計算額を超える部分は含まれない（最低賃金法４条３項、最低賃金法施行規則１条）。よって、例えば、月給制で適法に固定残業代が支払われている労働者については、固定残業代部分は最低賃金の基礎とはならない。

最低賃金は、各地域毎に決定される地域別最低賃金（最低賃金法９条以下）と特定の産業について設定されている特定最低賃金（最低賃金法15条以下）がある。特定最低賃金は特定地域内の特定の産業の基幹的労働者とその使用者に適用され、地域別最低賃金額よりも高い場合に特定最低賃金額が適用される（最低賃金法６条１項）。なお、地域別最低賃金及び特定最低賃金の額は厚労省のHPで確認することができ、東京都における2017（平成29）年10月１日発効の地域別最低賃金時間額は958円である。

第２　労働時間・休憩・休日

1 労働時間

(1)　法定労働時間と所定労働時間の区別

労基法は、１日または１週の最長労働時間として、１日８時間、１週40時間労働の原則を定める（労基法32条。但し、労基則25条の２は、常時10人未満の労働者を雇用する商業、映画製作事業を除く映画演劇業、保健衛生業及び接客業について、１週44時間の特例を認める）。この最低労働条件としての労働時間を法定労働時間と呼ぶ。

他方、労働契約上、労働者が労働義務を負う時間（例えば、就業規則で定められた始業時刻から終業時刻までの時間のうち休憩時間を除く時間）を所定労働時間という。

法定労働時間には、原則として、①これに反する労働契約条項を無効とし、当該部分に労基法の基準を適用する強行的・直律的効力（労基法13条）、②法定労働時間外労働に対する割増賃金の支払義務（労基法37条１項）及び③刑事罰（労基法119条）の規定の適用がある。

⑵　実労働時間

ア　実労働時間の意義

労基法が規制する「労働時間」は、実労働時間である。実労働時間とは、労働者が使用者の指揮命令下に置かれている時間であり、実労働時間に該当するか否かの判断は客観的に定まり、労働契約、就業規則、労働協約等の定めにより左右されない（三菱重工業長崎造船所事件・最一小判平12. 3. 9民集54巻3号801頁 労判778号11頁）。

実務上、実労働時間は、残業代請求等の賃金請求の場面のほかに、労災（負傷）の業務遂行性の判断（これについては第16章第３・１（660頁）参照）、長時間労働による労災（脳・心臓疾患、精神疾患・過労自殺等）の業務起因性判断の際の時間外労働時間（これについては第16章第10（701頁～）、第11（712頁～）参照）で問題となる。それぞれで労働時間性についての裁判例の判断枠組みが異なるので、裁判例を評価するに際してはいずれの事件での裁判例かに注意する必要がある。

イ　手待ち時間

労働時間には、実際に作業に従事していた時間だけでなく、作業と作業との間にある手待ち時間も含まれる。タクシー運転手の客待ち時間について、客が来ればいつでもタクシーを運行させるのであるから客待ち時間を含む長時間の駐停車を一律に休憩時間と評価することはできないとし、タクシー運転手の休憩時間は一定程度運転手の判断に委ねざるを得ず使用者が把握することが困難であるから使用者の指導を超えた駐停車時間を休憩時間とすることも一定の合理性があるが、そのためには指導の内容が合理的でありかつ一般的注意に止まらず指導を超えた駐停車時間が休憩時間と評価されることが実質的に周知されていなければならないとした裁判例として五十川タクシー（客待ち）事件・福岡地判平25. 9. 19判時2215号132頁。トラック運転手の出荷場や配送先における待機時間について、荷積みを待つトラックの列に並んでトラックを離れることができず、荷積みや伝票が出る時間も必ずしも特定されておらず、出荷場でも常に荷出し担当者に注目して担当の荷物が出てきた時は遅滞なく自分のトラックに運び、配送先でも、荷下ろしのための駐車スペースがないときに一旦配送先近くの国道側道にトラックを駐車させ待機するが、その際もいつ配送先からの連絡があるか分からずトラックと荷物を継続的に管理保管するため、トラックから離れることもできず携帯電話を手放すこともできないといった実態に照らして、出荷場や配送先における待機時間を指揮命令下に置かれていたと評価できるとして実労働時間該当性を認めた裁判例として、田口運送事件・横浜地相模原支判平26. 4. 24判時2233号141頁。

ウ　準備時間

作業着・保護具着用のための準備時間も、「業務の準備行為等を事業所内において行うことを使用者から義務付けられ、または、これを余儀なくされたときは」、原則として労働時間に含まれる（前掲三菱重工業長崎造船所事件・最一小判平12. 3. 9)。

始業時刻前の点呼は「就業を命じられた業務の準備行為であり、これを事業所内で行うことを使用者から義務付けられた行為であるから、特段の事情のない限り、同点呼及び出勤点呼後点呼場所から勤務開始場所までの移動は、使用者の指揮命令下に置かれたものと評価すべき」とされ、労働時間と解される（東京急行電鉄事件・東京地判平14. 2. 28労判824号5頁)。

エ　不活動仮眠時間

不活動仮眠時間であっても、労働からの解放が保障されていない場合、労働時間に当たる（大星ビル管理事件・最一小判平14. 2. 28民集56巻2号361頁 労判822号5頁)。３名体制の夜間警備について、緊急時には仮眠者を起こして対応する旨の書面と運用があり、休憩時間に防災センターを離れる際も所在を明確化しPHSを所持させていたことなどから、仮眠時間・休憩時間は不活動時間も含めて使用者の指揮命令下に置かれており労働時間に当たるとした裁判例として、イオンディライトセキュリティ事件・千葉地判平29. 5. 17労判1161号5頁。一方で、最低４名以上の警備体制において、警備員は仮眠時間に守衛室と区画された仮眠室で制服を脱いでパジャマ等に着替えて就寝し、２年８ヵ月の係争期間中に警備員が仮眠時間中に実作業に従事した件数は１人あたり平均１年１件に満たない事案で、少なくとも仮眠・休憩時間中に実作業に従事しなければならない必要性が皆無に等しいなど、実質的に仮眠・休憩時間中の役務提供の義務づけがされていないと認めることができる事情があったとして実労働時間性を否定した裁判例として、ビソー工業事件・仙台高判平25. 2. 13労判1113号57頁がある。

マンションの住み込み管理人について、使用者が午前７時から午後10時まで管理人室の照明を点灯しておくように指示し、マニュアルに所定労働時間外においても住民や外来者からの要望に随時対応すべき旨が記載されていたことなどから所定労働時間外も、住民の要望に対応するため、事実上待機せざるを得ない状態にあり、使用者の指揮命令下に置かれていたとして、平日午前７時～午後10時までの管理人の居室における不活動時間（正午から午後１時までの休憩時間及び犬の散歩等の私的な時間を除く）等を労働時間とした判例もある（大林ファシリティーズ事件・最二小判平19. 10. 19民集61巻7号2555頁 労判946号31頁）。

仮眠時間等の労働時間性が争われた下級審裁判例の傾向について、『労働事件事実認定重要判決50選』は、大星ビル管理事件判決が判示した判断基準を踏まえて、管理委託者と受託者との業務委託契約等により定められた管理業務の特質、受託者と管理業務に従事する労働者との労働契約上の労働条件（滞在場所や勤務態勢）、業務マニュアル等における指示内容、不活動時間帯を含めた管理業務従事中の労働者の稼働状態などの具体的な事実を実質的に考慮した上で、労働からの解放の有無やその具体的内容ともいうべき労働契約上の役務提供の義務付けの有無を検討するという姿勢を採っていることが読み取れると評価している（同書144～145頁）。

オ　企業行事への参加

所定労働時間外の研修や勉強会、企業行事への労働者の参加は、参加が義務的で会社業務としての性格が強ければ労働時間となる。参加が自由で出欠を採ったり欠席を理由に不利益を課したりすることもなく現に参加していない従業員もいた趣味の会の労働時間性を否定し、全従業員が配属され参加していた経営協議会や業務として行われた研修会の労働時間性を肯定した裁判例として、八尾自動車興産事件・大阪地判昭58. 2. 14労判405号64頁がある。

カ　黙示の指揮命令

また、使用者の指揮命令は明示のものである必要はなく、黙示のもので足りる（昭25. 9. 14基収2983号。所定労働時間外の住民等からの要望への対応につき前掲大林ファシリティーズ事件・最二小判平19. 10. 19、就業規則上の始業時刻が午前８時35分とされていた事案で、銀行業務として行う金庫の開扉が午前８時15分頃にはなされていたことや始業時刻前の会議への出席が事実上義務付けられていたこと、その他終業時刻後の勤務の実態から始業時刻前及び終業時刻後の一定時間につき使用者の黙示の指示による労働時間と認定したものとして京都銀行事件・大阪高判平13.6.28労判811号5頁、午前８時が所定始業時刻とされたが、これは現場での作業開始時刻であり、午前６時50分頃には事務所に来て打ち合わせをしたり資材を車両に積み込んだり、入る現場や作業につき親方の指示を待つ状態にあること、その後の事務所から現場までの車両による移動時間も親方と組になって指示に基づき現場に移動していること等から午前６時50分以降は使用者の指揮監督下にあるか使用者の明示又は黙示の指示により業務に従事しているとして所定始業時刻前の時間を労働時間と認め、現場作業終了後は車両で事務所へ戻り道具の洗浄・資材の整理、日報作成を黙示的に指示されていたとして現場から事務所へ戻った後の時間も労働時間として認めた裁判例として、総設事件・東京地判平20.2.22労判966号51頁がある。）

⑶　労使協定に基づく時間外・休日労働

使用者は、当該事業場の過半数労働組合（それがない場合過半数代表者）との間で、時間外･休日労働について書面による労使協定（三六協定）を締結し、これを行政官庁に届け出ることで、法定労働時間外・休日労働をさせることができる（労基法36条）。

三六協定は、法定労働時間外・休日労働を適法とする効果を持つに過ぎず、労働者に時間外労働・休日労働義務を発生させるためには、労働契約上の根拠が必要となる。三六協定の範囲内で一定の業務上の事由があれば時間外労働を命じうる旨が記載された就業規則を根拠に時間外労働義務の発生を認めた判例として日立製作所事件・最一小判平3.11.28民集45巻8号1270頁 労判594号7頁がある。

2　休憩

労働時間が６時間を超える場合は少なくとも45分、８時間を超える場合は少なくとも１時間の休憩時間を労働時間の途中に与えなければならない（労基法34条１項、但し、運送・郵便事業の長距離乗務員及び屋内勤務者30人未満の郵便局において郵便の業務に従事する者については「休憩時間を与えないことができる」（労基則32条））。休憩時間を分割して付与することについては特に規制はない。しかし、休憩時間は就業規則の絶対的記載事項であり（労基法89条１号）、労働条件明示義務の対象である（労基法15条１項、労基則５条１項２号）から、休憩時間の分割付与の内容を予め定めて周知・明示する必要がある。また「休憩時間とは単に作業に従事しない手待時間を含まず労働者が権利として労働から離れることを保障されている時間の意」（昭22.9.13発基17号）であるから、あまりに短い細切れの付与は、休憩時間と評価されない可能性がある。実質的に休憩時間を付与しないことについて、アルミニウム電解炉の作業に従事し、不規則に起こる原料切れへの対処のため持ち場から遠くに離れられず、食事時間も15分程度という事案で、労働協約・就業規則に従い１時間の休憩時間を与えるべき債務につき本旨に従った履行をしなかったとして、慰謝料30万円を認めた裁判例がある（住友化学工業事件・名古屋高判昭53.3.30判時923号118頁、最三小判昭54.11.13判タ402号64頁で原判決維持）。

休憩時間は一斉に与えなければならず（労基法34条２項、但し、一斉付与の原則については、運送業、商業、金融・広告、映画・演劇、郵便・電気通信、病院・保健衛生、旅館・飲食店、官公署の事業には適用されず（労基則31条、労基法別表第一４号、８号、９号、10号、11号、13号、14号）、適用対象事業についても労使協定の締結による例外がある（労基法34条２項但書））、また、休憩時間を自由に利用させなければならない（同条３項、但し、自由利用原則については、警察官、消防吏員、児童自立支援施設で児童と起居をともにする職員などについて適用除外とされている（労基則33条））。なお、休憩時間の自由利用については、裁判例上は、休憩時間中の組合活動に関して争われることが多い。

3 休日

(1) 法定休日と法定外休日の区別

労働者の労働義務が設定されていない日を休日と呼ぶ。労基法は、１週１日（就業規則等で変形休日制を採用している事業場では４週４日、この場合には４週間の起算日を明らかにする必要がある（労基則12条の２第２項））の休日の付与を要求している（労基法35条）。この最低労働条件としての休日を法定休日と呼ぶ。

週休２日制など１週１日の法定休日を上回る休日が認められている場合、法定休日ではない労働契約上の休日のことを法定外休日という。法定外休日は労基法の休日規制の対象とならず、時間外規制の対象となる（労基法の労働時間規制＝時間外規制、休日規制、深夜規制は別立てと考えられている）。すなわち、労働者が法定外休日に労働した場合、１日の労働時間が８時間以内かつ１週の労働時間の合計が40時間以内であれば法内残業として、使用者は通常の時間の賃金の支払義務を負い、１日の労働時間で８時間または１週の労働時間で40時間を超える場合には法外残業となり割増賃金の支払義務の対象となる。

⑵　休日の事前振替と代休の付与

休日の事前振替とは、休日とされた日を事前に労働日に変える代わりに他の労働日を休日とすることをいう。休日の振替は、就業規則等の労働契約上の根拠または個別的同意に基づいてすることを要し、法定休日を振り替える場合にあっては、振替休日を１週１日（変形週休制の場合４週４日）の原則を満たす形で配置しなければならない。休日振替により労働日となった日は休日労働とはならないが、休日規制ではなく時間外規制の対象となるので、振替により当該週の労働時間が１週40時間を超えるときは時間外労働として割増賃金の支払い対象となる（昭63. 3. 14基発150号）。

他方、休日の事前振替をすることなく休日に労働させ、その後、代わりの休日を与えることを代休の付与という。代休の付与についても、休日の事前振替と同様、労働契約上の根拠を要する。代休を付与したとしても、休日労働を行わせたものであるから、これが法定休日であれば割増賃金の支払は免れない（昭23. 4. 19基収1397号、昭63. 3. 14基発150号）。なお、代休が同一賃金計算期間内（つまり賃金の締め日まで）に取得された場合には、代休日の賃金を差し引き、割増分の35％のみの支払いで差支えない（株式会社ほるぷ事件・東京地判平9. 8. 1労判722号62頁 判タ957号196頁）。

4　弾力的な労働時間制度

⑴　変形労働時間制

ア　制度の概要

単位期間内において所定労働時間を平均して週法定労働時間（１週40時間）を超えなければ、単位期間内の一部の日または週において所定労働時間が法定労働時間を超えても、所定労働時間の限度で、法定労働時間を超えたとの取扱いをしないという制度であり、単位期間内の週、日の所定労働時間について法定労働時間が予定する形を変形して配分することを認めるものである（菅野『労働法』501頁）。

労基法が認める単位期間には、１年（労基法32条の４）、１か月（同法32条の２）及び１週間（同法32条の５。ただし、小売業等接客を伴う30人未満の限定された事業でのみ導入可）がある。

変形労働時間制は、特に繁忙期と閑散期のある事業において、繁閑の時季が概ね特定されている場合に利用価値がある。厚労省による2016（平成28）年就労条件総合調査によれば、１年単位の変形労働時間制の採用企業数は34.7%、適用労働者は21.5%、1か月単位の変形労働時間制の採用企業数は23.9%、適用労働者は23.0%である（調査結果は厚労省HP掲載）。

イ　導入手続

1か月単位の場合は就業規則または労使協定で、1年単位及び1週間単位の場合は必ず労使協定で導入する。労使協定については、届出を要する（労基法32条の2第2項、32条の4第4項、32条の5第3項）。なお、労基法32条の2第1項の法文は「就業規則その他これに準ずるもの」としているが、「その他これに準ずるもの」は就業規則作成義務のない使用者についてのみ当てはまる（昭22.9.13発基17号。フレックスタイム制に関する同法32条の3も同じ）。

いずれの場合も、単位期間及びその起算日、各日・各週の所定労働時間を具体的に定めなければならない（起算日につき労基則12条の2第1項、各日・各週の所定労働時間につき労基法32条の2第1項、32条の4第1項4号、昭63.1.1基発1号等）。業務実態から月ごとに勤務割を作成する必要がある場合、就業規則で各直勤務の始業終業時刻、各直勤務の組合せの考え方、勤務割表の作成手続・周知方法などを定め、これに従って各人の各日ごとの勤務割を変形期間の開始前までに具体的に特定することが必要である（昭63.3.14基発150号）。

これらの特定を欠いている場合、適法な変形労働時間制度とは認められず、原則に戻って1日8時間1週40時間の法定労働時間が適用される。

特定の週、日の労働時間の特定に関して、前掲大星ビル管理事件・最一小判平14.2.28民集56巻2号361頁 労判822号5頁は、「この規定（注：1か月単位の変形労働時間制を定めた労基法32条の2のこと）が適用されるためには、単位期間内の各週、各日の所定労働時間を就業規則等において特定する必要があるものと解される」との前提に立った上で、労働協約又は就業規則において、「業務の都合により4週間ないし1箇月を通じ、1週平均38時間以内の範囲内で就業させることがある。」旨の定めでは直ちに変形労働時間制を適用する要件が具備されているものとは解されないとし、他の事情（「月別カレンダー」と呼ばれる具体的勤務割である勤務シフトが作成されていたこと等）をもって「就業規則等による各週、各日の就労時間の特定がされていると評価し得るか否か」を判断するよう、原判決を破棄して差し戻した。

シフト表の作成によって要件を満たすことができるかという点に関し、学校法人関西学園（寮監・仮眠時間）事件・岡山地判平23.2.14労判1033

号89頁（控訴審で和解）は、就業規則に「単位期間及びその起算日の定めすらなく、また作成される個人別勤務表の内容、作成時期や作成手続等に関する定めすらないのであるから、本件就業規則による各週、各日の所定労働時間の特定がされていると評価することはおよそできないのであって、個人別勤務表の作成によって変形労働時間を適用する要件が具備されていたとみることもできず」としている。

変形労働時間制の要件（各週、各日の労働時間の特定等）を満たさないとして変形労働時間制の適用を否定した裁判例として、半月ごとにシフトを決定していた事案において、使用者の就業規則では１か月単位とされているのに、半月ごとのシフト表しか作成せず、変形期間全てにおける労働日及び労働時間等を事前に定めず、変形期間における期間の起算日を就業規則等の定めによって明らかにしていなかったこと等を理由とする東京地判平22.4.7判時2118号142頁（控訴審で和解）、予め１か月分のシフト表を掲示して告知していたが「シフト表には休憩時間についてはその確保されるべき総時間はもちろん、休憩時間の開始・終了時刻の記載もされていなかった」「日々の休憩時間の特定がなければ、単位期間内の各週、各日の所定労働時間も特定しないことは明らか」としたセントラル・パーク事件・岡山地判平19.3.27労判941号23頁（確定）、就業規則上変形期間の起算日を毎月９日と定めながら毎月１日を起算日とするローテーション表によるのは規定違反であり翌々月１日から８日までの労働時間が特定されていないから変形期間すべてにおける労働時間が特定されていない等を理由とする東京地判平27.12.11判時2310号139頁（確定）がある。

契約書上変形労働時間制の定めがあり労使協定の届出もしているが、協定書に変形期間となる１か月以内の一定期間の特定がなく、シフト表を作成して予め示すこともしておらず前日または当日に配車指示をしていたことから、１か月単位の変形労働時間制が実施されていたとは認められないとした裁判例（富士運輸（割増賃金）事件・東京高判平27.12.24労判1137号42頁（確定））がある。

また、使用者が業務の都合により任意に労働時間を変更しうるような制度も、所定労働時間の特定性を欠くことから許されない（京都製作所事件・大阪高判昭55.2.19労判342号69頁 判時974号127頁、岩手第一事件・仙台高判平13.8.29労判810号11頁、昭63.1.1基発１号）。そのため、具体的に定めた各日・各週の所定労働時間を使用者が一方的に変更することは原則としてできないが、ただ、変更が労働者の生活に不利益を及ぼさず、かつ労働者にとって予測可能な程度に変更事由が具体的に就業規則に定められている場合には、その規定に基づいて使用者が労働者の同意なくして変更を行うことは可能と解されている（JR東日本事件・東京地判平12.4.27労判782号6頁 判時1723号23頁。ただし、当該事件では「業務上の必要がある場合」という定めでは従業員がどのような場合に変更が行われるかを予測することは到底不可能であり変更不可とした）。

また、変形労働時間制度における各日、各週の労働時間は１週平均40時間以内に納まるように配分されなければならないから、これを越える労働時間の配分をした場合にも変形労働時間制の要件を欠き、その適用は認められない（東京地判平28.1.13判例秘書搭載）。

ウ　導入の効果１日・１週の労働時間規制の解除

変形労働時間制を適法に導入した場合には、使用者は、単位期間内の労働時間が平均して週の法定労働時間を超えなければ、１日および１週の法定労働時間を超えて労働させることができる（労基法32条の２第１項、32条の４第１項柱書、32条の５第１項・１週単位の変形労働時間制は１日10時間まで）。ただし、深夜割増賃金及び休憩・休日に関する規定の適用は変わらない。

変形労働時間制の下で時間外労働となるのは、

①　法定労働時間を超えた所定労働時間が定められている週や日 → その所定労働時間を超える実労働時間

②　法定労働時間の範囲内で所定労働時間が定められている週や日 → 法定労働時間を超える実労働時間

③　単位期間全体について法定労働時間の総枠を超える場合 → 超えた実労働時間

である（東大労研「注釈労働基準法下巻」529頁・555頁）。前掲大星ビル管理事件判決・最一小判平14.2.28も、適法に１か月単位の変形労働時間制が導入されている場合には、「単位期間内の実際の労働時間が平均して法定労働時間内に納まっていれば、法定時間外労働にならないというものではない。すなわち、特定の週又は日につき法定労働時間を超える所定労働時間を定めた場合には、法定労働時間を超えた所定労働時間内の労働は時間外労働とならないが、所定労働時間を超えた労働はやはり時間外労働となるのである」と判示している。

変形労働時間制が有効である場合の時間外労働時間の具体的なカウント方法について論じたものとして『労働法実務解説２　賃金』（小川英郎、

旬報社、2016年）123～126頁がある。

⑵　フレックスタイム制

ア　制度の概要

労働者が単位期間のなかで一定時間数労働することを条件として、１日の始業・終業時刻を労働者の自由な決定に委ねる制度である（労基法32条の３）。所定労働時間を一定の単位期間内で捉える点は変形労働時間制と共通するが、変形労働時間制では、各労働日の始業・終業時刻は使用者が決定するのに対し、フレックスタイム制では、始業・終業時刻の決定権限は労働者にある点が異なる。厚労省による2016（平成28）年就労条件総合調査によれば、全体では採用企業は4.6％、適用労働者は7.8％であるが、1000人以上の企業では採用企業は22.1％、適用労働者は13.9％である。

イ　導入の手続

就業規則及び労使協定の締結によって導入する（労基法32条の３柱書）。労使協定では、法定記載事項を漏れなく定めなければならない（労基法32条の３第１号ないし第４号、労基則12条の３）。なお、労使協定の労基署への届出は不要である。

ウ　コアタイムとフレキシブルタイムの設定

フレックスタイム制を導入する場合であっても、就業規則及び労使協定において、必ず勤務しなければならない時間帯（コアタイム）と、いつ出社・退社してもよい時間帯（フレキシブルタイム）を設けることができる。

これらを設ける場合の時間の長短は、法律上具体的な制約はなく、始業・終業時刻を労働者の自主的決定に委ねる制度趣旨を損なわない限りにおいて、自由に設定することができる（昭63.1.1基発１号、平11.3.31基発168号）。分割して設定することも構わない（厚労省労働基準局編「平成22年版　労働基準法　上」422頁、労務行政、2011年）。

フレックスタイム制の場合、「早退」「遅刻」はコアタイムについてのみ生じ、使用者が具体的業務への従事（会議出席・出張等）を一方的に指示できるのも、コアタイムに限られる。

エ　時間外労働の考え方

清算期間（１か月以内で労使協定で定めた期間）における労働時間の合計が、清算期間における法定労働時間の枠を超えた部分が時間外労働となる。よって、この枠を超えなければ、１週または１日の法定労働時間を超えた労働が行われても、時間外労働にはならない（昭63.1.1基発１号、平11.3.31基発168号）。

なお、清算期間中に、労使協定で定めた総労働時間を越え、かつ、法定労働時間を越えない範囲の労働が行われた場合、法内残業として通常の時間賃金を支払う義務を負う。

オ　運用上の注意点

①　フレックスタイム制を導入した場合でも、使用者の労働時間把握義務は免除されない（昭63.3.14基発150号）。

②　フレックスタイム制を導入した場合でも、使用者の休憩時間付与義務（労基法34条）は免除されない（昭63.3.14基発150号）。よって、コアタイム中に休憩時間を設定するか、休憩時間の長さのみ定め、休憩をとる時間帯は労働者に委ねる旨を就業規則に定めておく（後者の場合、一斉休憩の適用を除外する労基法34条２項の労使協定の締結も必要な場合がある）。

③　法定労働時間を超えて労働させる場合には、36協定の締結・届出が必要である（西谷敏ほか編「新基本法コンメンタール　労働基準法・労働契約法」117頁、日本評論社、2012年）。また、深夜割増賃金及び休憩・休日に関する規定の適用は、フレックスタイム制を導入しても変わらないから、深夜労働があった場合には深夜割増賃金の支払が必要であるし、法定休日に労働させた場合は、休日割増賃金の支払が必要となる（同書118頁）。

(3)　みなし労働時間制

ア　事業場外みなし労働時間制

(ア)制度の概要

労働者が労働時間の全部または一部について事業場施設外で業務に従事する場合、使用者の具体的指揮監督が及ばず、実労働時間を算定するのが物理的に困難である場合には、所定労働時間又は通常必要時間労働したものとみなす制度である（労基法38条の２）。

これは、就業規則や労使協定によらなくとも、労基法38条の２が定める要件を満たせば、個々の労働日ごとに適用され、また適用事業の限定もない。

厚労省による2016（平成28）年就労条件総合調査によれば、事業場外みなし制度の採用企業は10.0％、適用労働者は6.4％である。しかし、裁判の場で主たる論点として主張されることは少なく、制度の適用の可否が判断された裁判例も多くはない。

(イ)要件

①労働者が労働時間の全部または一部について事業場外で業務に従事したこと、②その労働時間を算定し難いこと、である。実務上争点になりやすいのは、②の充足性である。

②について、行政解釈（昭63. 1. 1基発１号）は、使用者の労働者に対する具体的指揮監督が及んでいる場合には、労働時間を算定し難いとはいえないとし、以下の具体例を挙げている。

ⅰ　何人かのグループで事業場外労働に従事し、その中に労働時間を管理する者がいる場合。

ⅱ　無線やポケットベルなどによって随時使用者の指示を受けながら労働をしている場合。

ⅲ　事業場で訪問先や帰社時刻等当日の業務の具体的指示を受けた後に、事業場外で指示どおりに業務に従事し、その後事業場に戻る場合。

裁判例においても、この行政解釈の示す考え方に沿って判断するものが多い（行政解釈を直接引用する裁判例として、ヒロセ電機事件・東京地判平25. 5. 22労判1095号63頁）。

②の充足性は、容易には認められない傾向にある。充足性を否定した裁判例には、レイズ事件・東京地判平22. 10. 27労判1021号39頁（営業担当者の営業活動時間）、ハイクリップス事件・大阪地判平20. 3. 7労判971号72頁（自宅での作業時間）、株式会社ほるぷ事件・東京地判平9. 8. 1労判722号62頁（営業担当者の展覧会会場における労働時間）等がある。これに対し、充足性を肯定した裁判例には、前掲ヒロセ電機事件のほか、ロア・アドバタイジング事件・東京地判平24. 7. 27労判1059号26頁（出張中の労働時間）がある。

最高裁は、阪急トラベルサポート（海外派遣添乗員・第２）事件・最二小判平26. 1. 24労判1088号5頁 判時2220号126頁において、業務の性質、内容、遂行の態様、業務に関する指示や報告の方法・内容・実施の態様・状況等をふまえて②の充足性に関する事例判断を示した（結論は充足性否定）。その判断においては、労働者による携帯電話等の所持のみならず、業務内容が予め具体的に確定されており変更の幅が限られ、問題が生じたり変更の必要があるときは使用者に報告して指示を受けるものとされていたなどの事情を重視して使用者が労働者の勤務の状況を具体的に把握することが困難であったかが判断されている。

『労働事件事実認定重要判決50選』は、従来は「使用者の具体的な指揮監督が及んでいるか否か」という判断基準が用いられることが多かったが、今後は①業務の性質・内容等と②使用者と労働者との間の業務に関する指示及び報告の方法・内容という二つの要素に照らし、使用者が労働者の業務の状況を具体的に把握することが困難であるかどうかという判断基準が大いに参照されることになるであろうとしている（同書167頁）。

(ウ)効果

(イ)の要件①②の両方が満たされる場合、原則として、事業場外で業務に従事した労働者は当該従事した日において所定労働時間労働したものとみなされる（所定労働時間みなし）（労基法38条の２第１項本文）。ただし、事業場外における業務を遂行するためには、通常、所定労働時間を超えて労働することが必要となる場合には、当該事業場外での業務に関し、当該事業場外での業務の遂行に通常必要とされる時間（「通常必要時間」）、労働したものとみなされる（通常必要時間みなし）（同項ただし書）（昭63. 1. 1基発１号）。

通常必要時間は、通常の状態でその業務を遂行するために客観的に必要とされる時間をいう（昭63. 1. 1基発１号）。言い換えれば、事業場外における業務について、平均的に見ればどの程度の時間が必要かを踏まえて決定される。例えば、阪急トラベルサポート（派遣添乗員・第３）事件・東京地判平22. 9. 29労判1015号5頁は「当該業務から通常想定される労働時間が、現実の労働時間に近似するという前提に立った上で便宜上の算定方法を許容したものであるから、みなし労働時間の判定に当たっては、現実の労働時間と大きく乖離しないように留意する必要がある」としている。

通常必要時間については労使協定を締結することができ、労使協定を締結した場合は、当該労使協定で定めた時間が通常必要時間となる（労基法38条の２第２項）。労使協定で定める時間が法定労働時間を超える場合は、当該労使協定を所轄労基署に届け出なければならない（同第３項、労基則24条の２第３項）。

(エ)一部を事業場内で労働したときのみなし時間

例えば、午前中は会社内でデスクワークをし、午後に外回り営業を行ってそのまま直帰する場合のように、労働時間を算定し難い事業場外労働が一日の労働時間の一部に留まる場合については、行政の見解（昭63. 1. 1基発１号、昭63. 3. 14基発150号）に従えば、以下のとおりとなる

（厚労省労働基準局編「平成22年版　労働基準法　上」534頁以下、東京労働局・労働基準監督署「事業場外労働に関するみなし労働時間制の適正な運用のために」（2014年３月版）参照）。

①「所定労働時間≧事業場外労働のために通常必要となる時間+事業場内の労働時間」の場合

事業場内の労働時間と事業場外労働とを一括して、所定労働時間労働したとみなされる（労基法38条の２第１項本文）。

②「所定労働時間＜事業場外労働のために通常必要となる時間+事業場内の労働時間」の場合

事業場外労働については通常必要となる時間労働したものとみなされる（労基法38条の２第１項ただし書き）。そのうえで、事業場外労働のために通常必要となる時間と事業場内の労働時間を合算した時間が、その日の労働時間となる。

上記の前提として、いずれの場合も、事業場内の労働時間は事業場外の労働時間とは別途把握しなければならないことには留意が必要である（昭63.3.14基発150号）。

始業時間９時、終業時間17時30分、休憩は12時から13時、所定労働時間７時間30分という会社で働いている営業担当者が、始業時間より１時間前の８時から12時まで会社内にてデスクワークをし、12時から13時までは休憩を取り、13時から外回り営業を行ってそのまま直帰したという事例の場合、上記の行政の立場に従えば、外勤のために通常必要となる時間が３時間の場合は、外勤のために通常必要となる時間３時間+内勤時間４時間＜所定労働時間７時間30分であるので、その日は外勤と内勤を一括して、所定労働時間７時間30分労働したものとみなされる。これに対し、外勤のために通常必要となる時間が５時間の場合は、外勤のために通常必要となる時間５時間+内勤時間４時間＞所定労働時間７時間30分であるので、外勤については５時間労働したものとみなされる。その日の労働時間は、内勤期間４時間と合算して、合計９時間となる。

午前中は、顧客のところに直行して外回り営業を行い、午後は、会社内にてデスクワークをするという場合や、外勤→内勤→外勤というように外勤と内勤が混在する場合も、同様に考えることになる。

イ　裁量労働制

業務の性質上、使用者による厳格な労働時間管理に馴染まないため、労働時間の具体的配分を労働者に委ね、実労働時間については、労使協定又は労使委員会の決議で定めた時間労働したものとみなす制度である。

裁量労働制には、専門業務型（労基法38条の３）と企画業務型（同法38条の４）の２種類がある。

厚労省による2016（平成28）年就労条件総合調査によれば、専門業務型の採用企業は2.1%、適用労働者は1.4%、企画業務型の採用企業は0.9%、適用労働者は0.3%である。

専門業務型については、導入可能な対象業務が労基則24条の２の２第２項で限定列挙されている。

企画業務型の対象業務は、「事業運営に関する企画、立案、調査、分析の業務」であり（労基法38条の４第１項１号、平15.10.22厚労省告示353号）、導入にあたっては、労使委員会の決議や労働者の個別同意など、かなり厳格な手続が求められる。

各対象業務に該当し、かつ、労基法の定める手続に則って導入されていない限り裁量労働制の適用はなく、労基法の基本原則どおりに労働時間が算定されることになる（プログラミングにつき対象業務である情報処理システムの分析・設計にあたらないとしたものとして、エーディーディー事件・京都地判平23.10.31労判1041号49頁、税理士補助業務スタッフは、専門型裁量労働制の対象となる「税理士の業務」に従事するものとは認められないとして、裁量労働制の適用が否定されたものとして、レガシィほか１社事件・東京高判平26.2.27労判1086号5頁（確定）、原審は東京地判平25.9.26労判1086号12頁、東京本社には労使協定があるが、事業場を異にする大阪開発部には労使協定の締結・届出がなく、大阪勤務の原告には専門業務型裁量労働制が適用されないものとしたドワンゴ事件・京都地判平18.5.29労判920号57頁）。実務上、就業規則に単に「裁量労働制による」旨が記載されているだけで、導入手続を欠いている場合も少なくないので、まずは就業規則や労使協定等の有無を十分に確認することが重要である。

適法に裁量労働制を導入した場合には労働時間の配分を労働者の裁量に委ねることが制度の本質であるから、以後、使用者が一方的に出社時間等を指示することはできない。

裁量労働のみなし制でも、休憩（労基法34条）、休日（労基法35条）、時間外・休日・深夜労働（労基法36条37条）の法規制は及ぶ。よって、みなし労働時間数が法定労働時間を越える場合や休日労働をさせる場合には36協定の締結・届出と割増賃金の支払いが必要であるし（法定休日労働割増賃金はみなし時間ではなく実時間に基づいて支払う）、深夜時間帯に労働した場合には実時間に基づいた深夜割増賃金の支払いが必要である。

ウ　事業場外みなし労働時間制と裁量労働制の比較

<table>
<tr><th colspan="2"></th><th>みなす理由</th><th>労使協定の要否</th><th>みなされる時間</th></tr>
<tr><td colspan="2">事業場外</td><td>実労働時間の算定が物理的に困難</td><td>必須ではない。（通常必要時間については労使協定で定めることが可能。労使協定で定めた通常必要時間が法定労働時間を超える場合は届出も必要。）</td><td>原則として、一日の労働時間に関し所定労働時間
事業場外労働に関する通常必要時間（一部事業場内労働がある場合は、事業場内労働＋通常必要時間）が所定労働時間を超える場合には、当該事業場外労働に関し通常必要時間</td></tr>
<tr><td rowspan="2">裁量労働制</td><td>専門業務型</td><td rowspan="2">実労働時間の算定が業務の性質に照らして不適当</td><td>必要（届出も必要）</td><td>労使協定で定めた時間</td></tr>
<tr><td>企画業務型</td><td>不要（労使委員会の決議と届出による）</td><td>労使委員会の決議で定めた時間</td></tr>
</table>

第３　時間外労働等の割増賃金：残業代請求の実務

使用者が、法定労働時間外、法定休日または深夜（午後10時から午前５時まで）に労働させた場合においては、その時間またはその日の労働については、通常の労働時間または労働日の賃金の計算額に一定の割増率を乗じた割増賃金を支払わなければならない（労基法37条）。時間外・休日労働に対して一定の補償をさせ、その経済的負担を使用者に課すことにより時間外・休日労働を抑制することが趣旨である。

労基法36条に違反して時間外労働をさせた場合でも、使用者は割増賃金を支払う義務を負う（昭63. 3. 14基発150号、平11. 3. 31基発168号）。

なお、所定労働時間を超えているが、法定労働時間の範囲内の残業（法内残業）の場合には、労基法37条に基づく割増賃金支払義務は発生しないが、通常の時間の賃金を支払わなければならない。法内残業であっても、就業規則等に割増賃金を支払う旨の約定がある場合には、その規定に従った賃金を支払わなければならない。

1 時間外・休日・深夜労働時間の計算

(1) 時間外・休日・深夜労働時間計算の基本

時間外・休日・深夜労働時間の計算にあたっては、

① 1日8時間の法定労働時間を超えた時間数、

② 週の労働時間を合計して1週40時間の法定労働時間を超えた時間数（1日8時間を超えた部分を除く）、

③ 法定休日労働に当たる時間数、

④ 深夜労働時間に当たる時間数

をそれぞれ算出する。

労基法の時間外規制と休日規制、深夜規制は別立てと考えられているので、①②（時間外）と、③休日、④深夜は各別に計算する必要がある。法定休日については他とは別計算し、8時間を超えて労働しても時間外規制は及ばないので時間外割増の対象にならないことに注意すべきである。

深夜割増は、時間外労働についても、休日労働についても、さらには所定時間労働であっても一律に加算されるので、深夜時間は（25％追加という形で計算する限り）時間外労働時間や休日労働時間とダブって構わない（時間外深夜について×1.50で計算するのであれば、ただの時間外と時間外深夜を別計算する必要がある）。

(2) 法定休日と週40時間起算点の特定

法定休日は、労働契約、就業規則で具体的に定められていればそれによるが、現実には定められていないことが多い。就業規則等により法定休日が特定されていない場合、当該週に複数の所定休日があるときは、残業代計算上法定休日を特定する必要が生じる。このような場合、複数の所定休日のうち現実に休んだ日があればそれを法定休日と扱い、1日も休まなかった場合、行政解釈は所定休日のうち暦週（日曜開始）の最後の日、つまり土・日が所定休日であれば土曜日を法定休日と扱うとしている（厚労省：改正労働基準法に係る質疑応答（平21.10.5）A10参照）が、「週休2日制の成り立ちにかんがみ、旧来からの休日である日曜日が法定休日であると解するのが一般的な社会通念に合致すると考えられることからすれば、他に特段の事情の認められない本件においては、日曜日をもって法定休日とする黙示的な定めがあったものと解するのが相当」とした裁判例がある（HSBCサービシーズ・ジャパン・リミテッド事件・東京地判平23.12.27労判1044号5頁）。

法定休日以外の労働時間についても、週40時間規制の起算点を定める必要がある。通達では、「１週間とは、就業規則その他に別段の定めがない限り、日曜日から土曜日までのいわゆる暦週をいう」（昭63.1.1基発１号）とされているが、HSBCサービシーズ・ジャパン・リミテッド事件・東京地裁判決の考え方により月曜日から起算する余地もある。

(3)　時間外労働時間の特定、法内残業と法外残業の区別

法定休日以外の日については、１日８時間を超える時間を法外残業時間と扱う。週40時間規制は、法定休日以外の各日の法外残業でない労働時間（法定内労働時間：８時間以上労働していれば８時間、実労働時間が８時間未満の日はその実労働時間）を順次加算し、それが40時間に達した時点以降を（１日８時間の枠内であっても）法外残業時間と扱う。

なお、所定労働時間が法定労働時間よりも短いときは、法内残業が発生し、法内残業については就業規則等に（任意に）割増率が定められていない限り割増賃金は請求できないが、賃金は未払（所定賃金は所定労働時間に対するもの）であるから、別途１時間あたり賃金を請求することになる。

(4)　休憩時間（昼休み）の扱い

昼休み等の休憩について、現実には休憩など取れなかったという主張が相談者からなされることは多いが、裁判所はこの主張を容易には認めない傾向にある。就業規則等で休憩時間とされている時間を実労働時間と主張する際には、昼食休憩中の来客当番として労働に従事した場合は他の労働時間と通算して法定労働時間を超える場合は割増賃金支払義務があるとする行政解釈（昭23.4.7基収1196号）、１人勤務のガソリンスタンドにおいて食事中でも客が来れば対応せねばならず、消防法等により常時監視が必要であることから施設を離れることができないなどの事情を指摘して使用者が休憩時間と主張する時間を「手待ち時間」と評価して実労働時間に算入したクアトロ（ガソリンスタンド）事件・東京地判平17.11.11労判908号37頁などを参考にすべきである。一人勤務の店舗従業員は、顧客対応の関係において、一時的休店の措置などにより休憩時間の自由利用が保障されていたと認めるべき特段の事情がない限り、同様の結論となろう（『類型別労働関係訴訟の実務』104頁）。

(5)　労働時間計算の端数等

賃金全額払いの原則（労基法24条）から、割増賃金計算においては労働時間の切り捨てをすることなく、１分単位まで（理論的には、立証できるのであれば、秒単位でも可能である）全部を計算して請求するのが通例である。

通達上、１か月における時間外労働、休日労働及び深夜業の各々の時間数の合計に１時間未満の端数がある場合に、30分未満の端数を切り捨て、それ以上

を1時間に切り上げる処理は労基法24条及び37条違反としては取り扱わないとされている（昭63.3.14基発150号）が、これは刑罰・行政指導の適用上のものであり、全額請求の支障とならない。なお、この通達は、1か月単位で、切り上げと切り捨てをセットにした場合のみを許容しており、日ごとの端数切り捨てや、切り捨てのみの処理を容認していないことに注意を要する。

就業規則等で所定終業時刻後30分とか1時間は時間外労働と扱わない旨規定している場合が散見されるが、これにより当該30分とか1時間の残業代請求が妨げられることはない。

⑹ 具体的な算定のイメージ

所定労働時間9時から17時、休憩12時から13時（所定労働時間7時間）、法定休日が週1日としか特定されていない会社の例で、月曜日から起算することにして検討する。

月		9－12 法内労働	休憩	13－17 法内労働	

月曜日は所定労働時間だけ働いた。ここでは残業は（法内残業も）なく、この日の法内労働時間は7時間である。

火		9－12 法内労働	休憩	13－17 法内労働	法内残業	18－21法外残業	

火曜日は21時まで残業した。所定労働時間（7時間）労働後の17時から18時までは法内残業、18時以降は法外残業となる。

水		9－12 法内労働	休憩	13－17 法内労働	法内残業	18－22 法外残業	22－26 法外深夜

水曜日は仕事が終わらず、翌午前2時まで働いた。9時から12時と13時から17時の7時間が所定労働、17時から18時の1時間が法内残業で、18時以降はすべて法外残業となる。暦が替わっても（午前0時を過ぎても）継続した労働は1勤務と扱われるので法内残業には戻らない。ただし、日をまたいだ労働が翌日の始業時刻（この場合9時）を超えて継続するときは、始業時刻以降は法内労働（所定労働）と扱われる（昭26.2.26基収3406号、昭63.3.14基発150号、平11.3.31基発168号）。22時から翌日2時までの4時間は深夜労働でもある。

なお、ある日のシフトと翌日シフトの間が深夜帯の4時間しかない事例で、その間は労働から解放された時間で仮眠設備を利用して宿泊する義務もなく、深夜で事実上自宅への公共交通機関がないということだけでは会社の拘束時間にあったとは言えないとして、翌日のシフトの勤務が一日目の勤務と連続した

１暦日の勤務であるとは言えないと判断された事例として無洲事件・東京地判平28. 5. 30労判1149号72頁がある。

木		11－12 法内労働	休憩	13－17 法内労働	法内労働／法内残業	20－22 法外残業	

木曜日は２時間遅刻してしまい、11時に出勤し、22時まで残業した。11時から12時までの１時間と13時から20時までの７時間が１日８時間の法内労働になり、20時から22時の２時間が法外残業となる。

遅刻したときに、法定労働時間が出勤時から起算され、20時で８時間となること及び19時（出勤から７時間）から20時の１時間が法内残業となることは問題ないが、17時（所定終業時刻）から19時の２時間は所定時間外の法内残業となるか。使用者が遅刻した２時間分を賃金カットしている場合は、17時から19時の賃金は未払いであり、法内残業として当然請求できる。しかし月給制の場合遅刻しても賃金カットされないことも多い。その場合でも所定終業時刻以後は理屈の上では法内残業と言い得るが、実務上は現実の業務開始時刻を所定労働時間の起算点として計算して請求する例が多い。６（105頁）で紹介するきょうとソフトもその前提で作成されている。遅刻した日についても所定終業時刻以後について法内残業として請求した場合、使用者側からノーワーク・ノーペイの原則に基づく賃金カットの主張が出されることが予想される。賃金規定上遅刻・早退が賃金控除の対象とされている事案につき「被告は、賃金控除の対象となる遅刻・早退の時間があると主張するが、被告は、遅刻・早退があった際にもこれを賃金から控除せずに支払っており（証拠略）、これは遅刻・早退について賃金から控除しない趣旨で支払ったものといえ、時間外手当の計算の際にこれを控除することは認められない。」とした裁判例がある（エム・シー・アンド・ピー事件・京都地判平26. 2. 27労判1092号6頁）。

金		9－12 法内労働	休憩	13－17 法内労働	法内残業	18－22 法外残業	22－29 法外深夜
土	0－5 法外深夜	5－9 法外残業	9－10 法内労働	10－12 法外残業			

金曜は定時出社で仕事が山積して終わらず徹夜作業の上翌日の正午まで働いて帰宅した。この場合、９時から12時と13時から17時の７時間が法内労働（所定労働）、17時から18時の１時間が法内残業となり、18時以降はすべて法外残業となる。22時から翌日５時までは深夜労働でもある。月曜日から金曜日までの法定時間内労働は月曜日が７時間、火曜日から金曜日がそれぞれ８時間で合計39時間となっている。

土曜日は、金曜日からの継続労働なので、0時から5時までは法外残業・深夜労働、5時から始業時刻の9時までは法外残業である。所定始業時刻の9時からは法内労働に戻るが、10時の時点で週の法定内労働時間が合計40時間に達するので、その後はすべて法外残業となる（もっとも、午前10時から12時の法外残業部分は所定労働時間でもあるので、1.00部分は所定賃金に含まれ、請求できるのは0.25の割増部分だけである）。

日		13－22 休日労働	22－24 休日深夜	24－27 法外深夜

日曜日は午後から出社して翌日3時まで働いた。この週は結局休んでいないので週の最終日である日曜日が法定休日と扱われる（日曜から起算する場合は土曜日が法定休日）。休日については時間外規制の対象とされないので、何時間労働しても休日労働として35％の割増賃金が適用される（昭22.11.21基発366号、昭33.2.13基発90号、平6.3.31基発181号、平11.3.31基発168号）。なお、休日は所定労働時間は存在せず、最初から割増対象である。休日についても22時から5時までは深夜割増の対象となる。休日は暦日すなわち0時から24時までとされる（昭23.4.5基発535号）ので、24時以降は休日労働とはならず、（当該継続労働が開始から8時間を超えている場合は）時間外労働となる（昭23.11.9基収2968号、平6.3.31基発181号、なお、休日を原則として暦日を意味すると解し、前日の労働が休日である翌日に及んだ場合には、休日である翌日に及んだ部分の時間について休日の割増率で割増賃金を計算するとしたX社事件・東京高判平28.1.27労経速2296号3頁がある。）。この例では24時から27時（月曜0時から3時）は法外（時間外）深夜労働となる。

2　割増率

割増率は、以下の分類により異なる。

① 1か月の合計が60時間までの時間外労働及び午後10時～午前5時までの深夜労働については2割5分以上の率（労基法37条1項本文・2項・4項、割増賃金令）

② 1か月の合計が60時間を超えた時間外労働が行われた場合の60時間を超える部分の時間外労働については5割以上の率（同37条1項但書）

③ 休日労働については3割5分以上の率（同37条1項本文・2項、割増賃金令）

なお、②に関しては事業場の労使協定で定める場合には割増賃金の支払に代えて通常の賃金を支払う休暇（代替休暇）を与えることができる（労基法37条

３項)。

また月60時間を超えた時間外労働の特別割増率の規定(労基法37条１項但書)は、当分の間、中小事業主の事業について適用しない（労基法138条)。

労基法138条の「中小事業主」の範囲

	資本金額または出資総額	常時使用する労働者数
小売業が主たる事業	5,000万円以下	50人以下
サービス業が主たる事業	5,000万円以下	100人以下
卸売業が主たる事業	１億円以下	100人以下
その他の事業	３億円以下	300人以下

資本金額または出資総額、常時使用する労働者数いずれかを満たす事業主

3　時間外・休日・深夜労働が重複した場合

時間外労働と深夜労働が重複した場合には、重なる部分については割増率が「５割以上」（１か月60時間以内の時間外労働と深夜労働が重なる場合）ないし「７割５分以上」（１か月60時間を超える時間外労働と深夜労働が重なる場合）と定められ（労基則20条１項)、休日労働と深夜労働が重複した場合には、重なる部分について割増率は「６割以上」（労基則20条２項）の割増賃金を支払わなければならない。

法定休日における８時間を超えた労働の場合については時間外労働に関する規制は及ばないので、それが深夜労働に該当しない限り、８時間を超える部分についても「３割５分以上」の割増率でよい（昭22. 11. 21基発366号、昭33. 2. 13基発90号、平6. 3. 31基発181号、平11. 3. 31基発168号)。

月60時間規制との関係においても、法定外休日の時間外労働時間は月60時間にカウントされる（平21. 5. 29基発0529001号）が、法定休日の労働時間はカウントされないというのが行政の考えである。

4　時間賃金（時間単価）の計算方法

(1)　計算の基礎

割増賃金計算の基礎となる賃金には、家族手当、通勤手当及び労基則21条で定める賃金（別居手当、子女教育手当、住宅手当、臨時に支払われた賃金、１か月を超える期間ごとに支払われる賃金）は含まれない（労基法37条５項)。但し、住宅手当であっても、住宅に要する費用に関わらず一律に定額で支給されるものは該当せず、算入しなければならない（平11. 3. 31基発170号)。家族

手当や通勤手当も名称にかかわらず実質によって判断する必要があり、家族数や通勤距離等とは無関係に一律に支払われるものは基礎賃金から除外できない（昭22.9.13発基17号、昭22.11.5基発231号、昭23.2.20基発297号）。年俸制で支給額が予め確定している賞与は年２回の支給でも「臨時に支払われた賃金」にも「一か月を超える期間ごとに支払われる賃金」にも該当せず、割増賃金の算定基礎から除外できない（平12.3.8基収78号）。この場合の基礎賃金は年俸額の12分の１となる。

⑵ 計算方法

割増賃金計算の基礎になる１時間当たりの賃金額の算定方法（時間賃金もしくは時間単価）について、労基則19条は以下のように定める。

① 時間給の場合は、その金額

② 日給の場合は、１日の所定労働時間（不定の場合は１週間での１日平均）で割った金額

③ 週給の場合は、１週間の所定労働時間（不定の場合は４週間での１週間平均）で割った金額

④ 月給の場合は、１か月の所定労働時間（不定の場合は１年での１か月平均）で割った金額

⑤ 請負給の場合は、賃金算定期間の賃金総額をその間の総労働時間で割った金額

請負給とは、労働時間ではなく、労働者が現に行った一定の労働給付の結果又は一定の出来高という仕事の成果内容に応じて定められた賃金を意味する。典型は、契約件数・契約高に応じて定められる営業社員の歩合給、売上額の一定割合と定められたタクシーやトラックの運転手の出来高給である。逆に、貨物自動車運転手兼配送作業員として雇用された者について、乗車日数に応じて単に乗車した車両の種類（小型車、中型車、大型車など）ごとに設定された一定の金額の乗車手当又は荷物の積卸し作業を行うこと自体について一定の金額の積卸し手当を支払う場合には、仕事の成果内容に応じた手当とはいえないと解すべきであり、「出来高制その他請負制によって定められた賃金」に当たらないと考えられる（『類型別労働関係訴訟の実務』91、92頁）。

オール歩合給の場合、請負給の場合に従って計算した額を割増賃金として請求できるとするのが判例である（高知県観光事件・最二小判平6.6.13労判653号12頁 判時1502号149頁、徳島南海タクシー事件・高松高判平11.7.19労判775号14頁：最三小決平11.12.14労判775号14頁で上告棄却・不受理）。つ

まり、歩合額をその間の総労働時間数で除した金額（時間単価）に時間外・休日・深夜労働時間数及び割増率を乗じて計算する。この時、歩合給の場合、歩合額は総労働時間の対価となるので時間外・休日労働部分も含めて1.00部分は歩合額に含まれているため、乗じる割増率は、時間外については0.25、法定休日については0.35となる。

⑥　組み合わされている賃金（例えば日給制に職務手当や勤勉手当等のように月単位の賃金がある場合）の場合、各計算方法で算出した金額の合計

なお、休日手当その他上記のいずれにも含まれない賃金は、月によって定められた賃金とみなして計算する（労基則19条２項）。

法定労働時間を超える違法な所定労働時間が定められている場合、労基法13条により違法な部分（所定労働時間）のみが無効とされ、時間給であることが明らかな場合を除き賃金の約定には影響を与えないから、所定賃金額を法定労働時間で割った額が１時間あたり賃金額となる（橘屋事件・大阪地判昭40.5.22判タ178号174頁：１日の所定労働時間を夏場は10時間、冬場は12時間と認定し、所定月給を１日８時間換算の労働時間で割って計算、合同タクシー割増賃金事件・福岡地小倉支判昭42.3.24労民18巻2号210頁：１日24時間隔日１か月15日勤務で月給8000円のところ8000円を１日８時間15日勤務で割って計算、牡丹湯事件・神戸地姫路支判昭45.1.29労民21巻1号93頁：所定労働時間12時間30分と認定し、所定月給を１日９時間換算（当時の８時間規制の例外業種）の労働時間で割って計算。『類型別労働関係訴訟の実務』89頁も同旨。なお、１時間賃金の計算までは明示していないが、同趣旨を判示するものとして松本製作所事件・大阪地判平1.11.21労判552号64頁、医療法人衣明会事件・東京地判平25.9.11労判1085号60頁がある）。他方、１日の所定労働時間を18時間、日給１万8000円または１万8200円と認定し法定労働時間を超える所定労働時間の定めを無効としながら、１時間あたり賃金を日給を18時間で割って計算した裁判例（日本総業事件・東京地判平28.9.16判例秘書搭載）もある。

5　割増賃金の金額算出のイメージ

以上を前提に、時間外労働の割増賃金のイメージは以下のとおりとなる。

基本給 （下記「除外賃金」は算入しない） ・家族手当・通勤手当 ・別居手当 ・子女教育手当 ・住宅手当 ・臨時に支払われた賃金 ・１か月を超える期間ごとに支払われる賃金（労基則21条） ⇒これに労基則19条に従って時給に直す＝（時間賃金（時間単価））。	×	割増率 1.25 1.50 1.35等 （労基法37条）	×	労働時間を延長し、もしくは休日に労働させた場合、または午後10時から午前５時までの間の深夜に労働させた場合における、それらの超過労働時間数

具体的計算方法

具体例：月給制で基本給23万1360円、住宅手当３万円

（なお、所定労働時間９時から休憩を挟んで18時まで１日８時間、所定休日を土日祝日・年末年始５日（当該年の年間所定労働日数241日）、祝日や閏年の関係で年によって変わるので、年ごとに計算することになる。）

上記の労働条件で、１ヵ月合計で時間外労働を80時間、休日労働を10時間、深夜労働を10時間行った場合

①　時間賃金の計算

月給制における時間賃金の計算は、算定基礎賃金÷月間所定労働時間（月ごとに所定労働時間数が変わる場合は月間平均所定労働時間）なので、まず１年間における１月の平均所定労働時間を計算する。

月間平均所定労働時間数：年間総労働時間数（241日×８時間）÷12＝160.666時間。

よって、時間単価は、23万1360円÷160.666時間＝1440円となる。

この場合、住宅手当が実質を伴う場合には算入しない（前述４(1)）。

②　割増賃金の計算（=時間単価×割増率×時間外・休日・深夜労働時間数）

時間外労働60時間まで　：1440円×1.25×60時間=10万8000円

時間外労働60時間超過分：1440円×1.5×20時間=４万3200円

休日労働10時間分：1440円×1.35×10時間＝１万9440円

深夜労働10時間分：1440円×0.25×10時間＝3600円

※本件では深夜労働は時間外労働でもあり1.00部分は時間外労働で計算して

いるので、割増率は0.25を乗じる。

なお、深夜労働が所定労働である場合は、1.00の時間賃金部分は所定賃金として支払われているので、25%の割増部分のみ請求できる。深夜割増部分も含めて所定賃金が定められていることが明らかな場合には、深夜割増部分も請求できない（昭23.10.14基発1506号）。そのような定めと言えるのか認定評価について後述11(3)オ（120頁）参照。

③　未払割増賃金の合計額

10万8000円＋4万3200円＋1万9440円＋3600円＝17万4240円

6　きょうとソフト

割増賃金計算ソフトとして、京都地裁の労働集中部と京都弁護士会が共同で作成した「きょうとソフト」がある。始業時刻、終業時刻、休憩時間、時間単価等を入力することにより、割増賃金額、付加金、遅延損害金が自動的に計算できるソフトである。日弁連の会員向けHPからダウンロードできる。利活用の方法等について解説したものとして、判タ1436号17頁「割増賃金計算ソフト『きょうとソフト』を活用した事件処理の提唱について」参照。

法内残業について労働契約（就業規則・賃金規程）上割増率が定められている場合や変形労働時間制、フレックスタイム制には対応しておらず、1日2回以上の勤務の場合には第1勤務の始業時刻と最終勤務の終業時刻を入力して第1勤務と第2勤務の間等は「休憩時間」として処理しなければならず、その結果、第1勤務の終業時刻、第2勤務の始業時刻等は特定・表示されない、日を跨いだ労働が翌日の所定始業時刻以降に及ぶときに翌日の所定始業時刻で所定内労働に戻るという通達（昭26.2.26基収3406号、昭63.3.14基発150号、平11.3.31基発168号）には対応しておらず連続勤務していても翌日の所定始業時刻で区切って入力表示することになるなど始業・終業時刻の表示上実際と異なる部分が出るなどの点に注意を要する。

7　実労働時間の立証方法と認定

(1)　実労働時間の立証方法

実労働時間の立証方法としては、タイムカード、ICカード等のほか、業務日報の類、入退室記録、警備会社による事業場の錠の開閉記録、パソコンの履歴（ログ）、メールの送受信記録、労働者の作成したメモ等が挙げられる。主要事実としての実労働時間（○時間○分間）は、日ごと（○年○月○日）に始点（○時○分から）と終点（○時○分まで）を特定して主張することを要するため、これを特定し、かつ、客観的に裏付けるに足りるものである必要がある（『労働関係訴訟の実務』54頁）。

(2) タイムカード、入退館記録と実労働時間の認定

ア　原則

タイムカード等の客観的な記録によって時間管理がなされている場合には、特段の事情のない限り、タイムカード打刻時間をもって実労働時間と推定するのが多くの裁判例（三晃印刷事件・東京地判平9.3.13労判714号21頁、ボス事件・東京地判平21.10.21労判1000号65頁等）である。ウで後述するヒロセ電機事件・東京地判平25.5.22労判1095号63頁も「一般論としては、労働者が事業場にいる時間は、特段の事情がない限り、労働に従事していたと推認すべきと考えられる」としている。

イ　始業時刻前の出社の扱い

始業時刻前の出社（早出出勤）については、終業時刻後のいわゆる居残残業と異なり、「通勤時の交通事情等から遅刻しないように早めに出社する場合や、生活パターン等から早く起床し、自宅ではやることがないために早く出社する場合などの労働者側の事情により、特に業務上の必要性がないにもかかわらず早出出勤することも一般的にまま見られるところであることから、早出出勤については、業務上の必要性があったのかについて具体的に検討されるべきである」とする裁判例（八重椿本舗事件・東京地判平25.12.25労判1088号11頁）や、「通常は原告は使用者の指揮命令下に置かれていたものと評価することはできず、したがって、特別の事情が認められない限り、上記始業時刻をもって業務開始時刻と認めるのが相当である」とする裁判例（イーライフ事件・東京地判平25.2.28労判1074号47頁）がある。

他方、始業前の準備作業等について使用者の黙示の指示による労働時間と認定した裁判例として前掲京都銀行事件・大阪高判平13.6.28労判811号5頁、総設事件・東京地判平20.2.22労判966号51頁などがある（本章第2・1(2)カ（82頁）参照）。

ウ　入退館記録による推定を排除した裁判例

時間外労働を認定する資料として、入退館記録表によるべきか、時間外勤務命令書によるべきかについて、「就業規則上、時間外勤務は所属長からの指示によるものとされ、所属長の命じていない時間外勤務は認めないとされていること、実際の運用としても、時間外勤務については、本人からの希望を踏まえて、毎日個別具体的に時間外勤務命令書によって命じら

れていたこと、実際に行われた時間外勤務については、時間外勤務が終わった後に本人が『実時間』として記載し、翌日それを所属長が確認することによって、把握されていた」事案において、「時間外労働は、時間外勤務命令書によって管理されていたというべきであって、時間外労働の認定は時間外勤務命令書によるべきである」とする裁判例（ヒロセ電機事件・東京地判平25.5.22労判1095号63頁）、新卒社員の実習期間で実習内容を記載する日報作成のための時間も所定労働時間中に設けられ日報提出の期限も定められておらず営業ノルマを課されたこともなかったとの事実認定の下で、会社が従業員に終業時刻後に会社設備を使用して資格取得の勉強など自己啓発活動を認め、所定労働時間外勤務又は休日勤務については、課長以上の管理職が受命者に残業を指示し、指示内容や指示時刻等を記載した指示書に署名する方法により管理運用することとされていた会社において、ICカードは施設管理のためのもので、その履歴は会社構内の滞留時間を示すものに過ぎず、履歴上の滞留時間をもって直ちに時間外労働をしたと認めることはできないとして、滞留時間中の時間外労働の有無を個別に検討した裁判例（オリエンタルモーター（割増賃金）事件・東京高判平25.11.21労判1086号52頁、最一小決平26.4.17労判1089号96頁により上告棄却・不受理）がある。

オリエンタルモーター（割増賃金）事件・東京高判平25.11.21について、『労働事件事実認定重要判決50選』は、労働時間管理目的のタイムカードに関する事案ではない上、指示書による労働時間管理（ヒロセ電機事件・東京地判平25.5.22で重視した事情）など、第一審判決とかなり異なる事実関係の認定を前提としており（１審判決は指示書による時間管理が形骸化して実質的には機能していなかったと認定）、特に実習中で、ノルマも課されていない新入社員という特別な要素もあるから、タイムカードやICカードが労働時間認定の有力な証拠であることを否定するものではなく、タイムカードから労働時間を事実上推定する裁判例が妥当する範囲はなお大きいと評価している（同書135頁）。

⑶　資料の入手方法

タイムカード等の時間管理記録が手元になく使用者の下にある場合には、交渉などにおいて使用者に直接自己の労働時間の管理記録の開示を要求する。若しくは訴訟手続の中では文書送付嘱託（民訴法226条）や文書提出命令の申立て（民訴法221条）を行う。使用者には、労働関係に関する重要な書類について３年間の保存義務がある（労基法109条）。使用者は、労働契約上の付随義務として、労働者にタイムカードを適正に打刻させ、労働者からタイムカードの開示を求められた場合には特段の事情がない限り保存しているタイムカードを開示すべき義務を負うとした裁判例として、医療法人大生会事件・大阪地判平22.7.15労判1014号35頁。

使用者が交渉で開示要求に応じない場合や時間管理記録を破棄・隠匿するおそれがある場合には、証拠保全（民訴法234条以下）の利用を検討することも考える。証拠保全は申立書に必要事項（民訴規則153条２項）を記載して疎明資料、代理人申立てであれば訴訟委任状、相手方が法人であれば資格証明書を添えて管轄裁判所（民訴法235条）に申し立てを行う。申立て後、通常は裁判官面接を行い、証拠保全の必要性があると判断されれば、証拠保全の実施期日などについて打ち合わせが行われる。証拠保全の対象物がタイムカードであれば写真撮影するためにカメラマンを、対象物がパソコンのログインログオフ記録などコンピュータに関わるものであればシステムエンジニアなど、必要に応じて同行者の手配を事前に行う。証拠保全の現場には裁判官、書記官、申立人代理人、カメラマンなどの同行者が一緒に赴き、相手方から対象物を開示してもらい写真撮影等を行い証拠を保全する。

(4)　客観的な資料がないとき

退勤時刻についてタイムカード等の客観的な記録が無い事案において、「何ら客観的な証拠が残されていないという事実をもって、時間外労働時間の立証が全くされていないものとして取り扱うのは相当ではなく、本件に顕れた全証拠から総合判断して、ある程度概括的に、…時間外労働時間数を推認することも、それが控え目に行われる限り許容されるものというべきである」とする裁判例（イーライフ事件・東京地判平25.2.28労判1074号47頁）がある。また、使用者に労働時間把握・管理義務があることから、合理的理由なく使用者が容易に提出可能な労働時間に関する資料を提出しない場合には、公平の観点から、推計計算の方法によって労働時間の算定を認めた裁判例もある（スタジオツインク事件・東京地判平23.10.25労判1041号62頁）。なお、使用者の労働時間の把握については、労働時間の適正な把握のために使用者が講ずべき措置に関するガイドラインがある（平成29年１月20日基発0120第３号）。

8　催告

賃金請求権の消滅時効期間は２年であり（後記11(4)（121頁）参照）、請求対象期間が２年以上あるときは、月給制であれば毎月給料日毎に１か月分が時効消滅して行くことになるので、事案に応じて、内容証明郵便により催告をした

うえで６か月以内に裁判上の請求等をするなど、時効中断の措置をとる必要がある。

なお、催告において明示すべき事項に関して、割増賃金の算定に必要となる賃金台帳、タイムカード、現実の勤務を記載した警備勤務表を使用者が所持している事案について、労働者が容易に割増賃金を算定することができないことは明らかであるとして、「消滅時効中断の催告としては、具体的な金額及びその内訳について明示することまで要求するのは酷に過ぎ、請求者を明示し、債権の種類と支払期を特定して請求すれば、時効中断のための催告としては十分である」とした裁判例がある（日本セキュリティシステム事件・長野地佐久支判平11.7.14労判770号98頁）。

9　遅延損害金の利率

使用者が営利企業など「商人」の場合、年６％（商事法定利率）である。

使用者が退職した労働者に対して割増賃金の全部または一部を退職日（退職日の後に支給日がくる場合は当該支給日）までに支払わなかった場合には、退職日（若しくは当該支給日）の翌日から年14.6％の遅延損害金を請求することができる（賃確法６条１項、賃確法施行令１条）。但し、支払を遅滞している賃金の全部または一部の存否に係る事項に関し、合理的な理由により、裁判所または労働委員会で争っている場合にはこの率は適用されない（賃確法６条２項、賃確則６条４号）。

10　付加金

割増賃金の未払について、裁判所に提訴する場合、その未払額と同額の付加金の請求をすることができる（労基法114条）。付加金の請求は、違反のあったときから２年以内にしなければならない（除斥期間：同条但書）。また、付加金の遅延損害金は判決確定の日の翌日から発生し年５％である（江東ダイハツ自動車事件・最一小判昭50.7.17労判234号17頁 判時783号128頁）。

使用者が、事実審の口頭弁論終結時までに、未払割増賃金の支払を完了しその義務違反の状況が消滅したときには、裁判所は付加金の支払を命ずることができない（甲野堂薬局事件・最一小判平26.3.6労判1119号5頁 判時2219号136頁、細谷服装事件・最二小判昭35.3.11民集14巻3号403頁 判時218号6頁）。

割増賃金と付加金を請求する場合、付加金請求は附帯請求として訴額に算入されず付加金請求部分の印紙代は不要である（最三小決平27.5.19民集69巻4号635頁 判時2270号128頁 ）。

なお、付加金の支払は裁判所が命じるものであり、労働審判（主体は労働審判委員会）において付加金の支払を命じることはできないと解されているが、労働審判が訴訟に移行する場合を考慮し、東京地裁では、除斥期間の観点から、労働審判手続で付加金の請求を記載することを認める取扱をしている（労働事件審理ノート106〜107頁）。

また、付加金は、解雇予告手当、休業手当、有給休暇取得日の賃金の未払の際にも請求できる。

11 割増賃金請求に対する抗弁：使用者側の主張

(1) 勝手に残業していた、遊んでいた等の主張

使用者においては、残業を命じていないのに勝手に残業していたのだから払わなくてよいという考えを持つ者が少なくない。

しかし、明確に残業を禁止していたのであればともかく、単に残業を命じなかっただけでは黙認していたと認定される可能性が高い。使用者の具体的に指示した仕事が、客観的にみて正規の労働時間内ではなされ得ないと認められる場合の如く法定労働時間を超えて勤務した場合には時間外労働となる（昭25. 9. 14基収2983号。同様の状態で使用者が時間外労働を認識しながら業務を中止するよう指示しなかったのであるから黙示の残業指示があったとする株式会社ほるぷ事件・東京地判平9. 8. 1労判722号62頁 判タ957号196頁など）。

残業を命じていないことを抗弁とする場合には、ヒロセ電機事件（前述7(2)ウ（107頁））の事案等との比較で論じる等の工夫が必要であろう。

業務時間中、時間外労働を主張する時間中に遊んでいた（業務を行っていなかった）との主張も、労働者側での労働時間特定が日ごとに始業と終業を特定することを求められるのに対応し、個別具体的に特定した主張をしない限り裁判所が認める可能性は低い。「原告が勤務時間後も会社に詰めていたときでも、パソコンゲームに熱中したり、あるいは事務所を離れて仕事に就いていなかった時間が相当あることが窺われる」としつつ、労基法が使用者に労働時間管理義務を課しており使用者が「その管理をタイムカードで行っていたのであるから、そのタイムカードに打刻された時間の範囲内は、仕事に充てられていたものと事実上推定されるというべきである。仮にその時間内でも仕事に就いていなかった時間が存在するというのであれば、被告において別途時間管理者を選任し、その者に時計を片手に各従業員の毎日の残業状況をチェックさせ、記録化する等しなければ、上記タイムカードによる勤務時間の外形的事実を覆すことは困難というべきである」とする裁判例もある（京電工事件・仙台地判平

21. 4. 23労判988号53頁）。

また、所定労働時間内外で１日合計１～２時間私的チャットを行っていた事案で、チャットが自席のパソコンで行われ、直属の上司とも私的チャットを行ったが注意指導もなく、業務と無関係なチャット、業務に無関係とまでは言えないチャット、私語として社会通念上許容されるチャット、業務遂行と並行してされているチャットが渾然一体となっており、明らかに業務と無関係なチャットを長時間行っていた時間を特定することが困難であること等から、いずれも使用者の指揮命令下から離脱しているということはできず、労基法上の労働時間に当たるとする裁判例がある（ドリームエクスチェンジ事件・東京地判平28. 12. 28労判1161号66頁）。

しかも、コピーライターについて、「作業の合間に生ずる空き時間は、広告代理店の指示があれば直ちに作業に従事しなければならない時間であると認められ、広告代理店の指示に従うことは被告の業務命令でもあると解されるから、その間は被告の指揮監督下にあると認めるのが相当であり、労働時間に含まれると認められる」とした上で、空き時間に「パソコンで遊んだりしていたとしても、これを休憩と認めるのは相当ではない」とした裁判例がある（山本デザイン事務所事件・東京地判平19. 6. 15労判944号42頁）ので注意を要する。

⑵　労働時間、休憩及び休日に関する規定の適用除外

労基法における労働時間、休憩及び休日に関する規定は、農業、畜産・水産業の事業に従事する者、監督もしくは管理の地位にある者または機密の事務を取り扱う者、監視または断続的労働に従事する者で使用者が行政官庁の許可を受けた者、には適用されない（労基法41条）。但し、これらの適用除外者であっても、深夜労働の規定の適用は受けるのであり、使用者は労働時間の把握義務を免れず、深夜労働に対しては深夜割増賃金の支払義務がある（ことぶき事件・最二小判平21. 12. 18労判1000号5頁 判時2068号159頁、昭63. 3. 14基発150号、平11. 3. 31基発168号）。

ア　管理監督者

監督もしくは管理の地位にある者（管理監督者）とは、労働条件の決定その他労務管理について経営者と一体的立場にある者をいい、名称にとらわれず、実態に即して判断すべきものである（昭22. 9. 13発基17号、昭63. 3. 14基発150号）。

裁判例の多くは、①職務内容、権限及び責任の重要性、すなわち労務管理を含め、企業の経営に関わる重要事項につき、どのような関与をし、権限を有しているか、②労働時間について自由裁量があるか否か（職務内容、権限及び責任に照らし、勤務態様が労働時間等に対する規制になじまないものであるか否か、また、実際の勤務において労働時間の管理をどのように受けているか)、③給与（基本給、役職手当等）または賃金体系において、職務内容、権限及び責任に見合った待遇がされているか、の３点に留意し、個別の事案ごとに具体的事実を総合的に考慮して判断しているとみられる（労働関係訴訟の実務132～133頁）。

管理監督者性の否定例としては、出退勤の自由がなく、部下の人事や銀行の機密事項に関与することもない銀行支店長代理（静岡銀行事件・静岡地判昭53. 3. 28労判297号39頁　判時901号112頁）、従業員を統括し、採用に一部関与していたものの、出退勤の自由はなく、職務内容がコック、ウエイター、レジ、掃除等全般に及んでいたレストラン店長（レストランビュフェ事件・大阪地判昭61. 7. 30労判481号51頁）、支店営業方針の決定権限、支店販売課長に対する指揮命令権限を持っていたと認められず、タイムカードによる厳格な管理を受けていた出版社販売主任（前掲株式会社ほるぷ事件・東京地判平9. 8. 1労判722号62頁　判タ957号196頁）、人事管理を含む管理業務全般を担当していたが、裁量的な権限がなく、タイムカードによって他の従業員同様に管理され、給与も一般従業員と比べそれほど高いといえなかった学習塾営業課長（育英舎事件・札幌地判平14. 4. 18労判839号58頁　判タ1123号145頁）、部下の査定の最終決定権や正社員の採用権限、勤務時間の裁量がなく、アルバイト従業員同様の接客・清掃業務も行い、基本給・諸手当も十分といえなかった飲食店のマネージャー（アクト事件・東京地判平18. 8. 7労判924号50頁）、その職務の内容、権限及び責任の観点からしても、その待遇の観点からしても、管理監督者に当たるとは認められないとされたファーストフード店長（日本マクドナルド事件・東京地判平20. 1. 28労判953号10頁　判時1998号149頁）、部門全体の統括者の地位にあると一応いうことができるが、労務管理上の裁量権が早番遅番の割振りだけと小さく、人事考課等の待遇決定権限等もない上、また時間外手当見合いということもできないお客様評価給を除いてその待遇が格別厚遇だということもなく、勤務管理シートの入力を求められる等出退勤についても十分な裁量が認められていなかった留学代理店支社長（ゲートウェイ21事件・東京地判平20. 9. 30労判977号74頁）などがある。

他方、管理監督者性の肯定例としては、看護師募集の責任者で、労働時間の裁量、役職手当を与えられていた医療法人の人事課長（徳州会事件・大阪地判昭62. 3. 31労判497号65頁）、営業部の従業員の管理業務を担当し、代表者と工場長に次ぐ高い金額を受け取っており、自らもタイムカード打刻を義務付けられていたものの遅刻・早退等を理由に基本給が減額されることはないという営業部長（センチュリーオート事件・東京地判平19.3.22労判938号85頁）などがある。

管理監督者性の判断について、『労働事件事実認定重要判決50選』は、肯定例の内容をつぶさにみると、いずれもさほど特異な例とは思われないと指摘し、使用者側において過度に萎縮する必要はないし労働者側も容易に認められない抗弁であるからと安住しないよう戒めている（同書158頁）。

イ　機密の事務を取り扱う者

「機密の事務を取り扱う者」とは、「秘書その他職種が経営者または監督もしくは管理の地位にある者の活動と一体不可分であって、厳格な労働時間管理になじまない者」をいう（昭22.9.13発基17号）。

この場合も、秘書という名称により形式的に判断するのではなく、職務内容が機密の事務を取り扱うものか、職務内容及び勤務実態において経営者または管理監督者と一体不可分の関係にあるか、給与等の処遇が職務内容及び勤務実態に見合ったものか否かを総合的に考慮して判断すべきである（労働関係訴訟の実務139～140頁）。

ウ　監視労働

監視に従事する者は、一定部署にあって監視するのを本来の業務とし、常態として身体または精神的緊張の少ない者をいい、交通関係の監視、車両誘導を行う駐車場等の監視等精神的緊張の高い業務やプラント等における計器類を常態として監視する業務、危険または有害な場所における業務は該当しない（昭22.9.13発基17号、昭63.3.14基発150号）。

エ　断続的労働

断続的労働に従事する者とは、休憩時間は少ないが手待ち時間が多い者をいう（昭22.9.13発基17号、昭23.4.5基発535号、昭63.3.14基発150号）。

宿直または日直の勤務で断続的な業務（労基則23条）について許可を受けた場合が典型であり、「常態としてほとんど労働をする必要のない勤務のみを認めるものであり、定時的巡視、緊急の文書または電話の収受、非常事態に備えての待機等を目的とするものに限って許可する」「原則として通常の労働の継続は許可しないこと」「宿直勤務については週１回、日直勤務については月１回を限度とすること」等の許可基準が設けられている（昭22.9.13発基17号、昭63.3.14基発150号。なお、医師・看護師については昭24.3.22基発352号、平11.3.31基発168号、警備業者については平

5. 2. 24基発110号でより詳細な許可基準が定められている）。

労基法41条3号の趣旨は、実際に区別することが難しい「監視または断続的労働」と一般の労働について使用者が断続的労働であることに藉口し、不当な労働状態を採ることを防止するため、労働基準監督署長に判断を委ねて、労働者の保護を図ることにあると解すべきであるから、その労働状態にかかわらず、労働基準監督署長の許可を受けていない以上、労基法の労働時間及び休日に関する諸規定の適用を免れないというべきである（共立メンテナンス事件・大阪地判平8. 10. 2労判706号45頁 判タ937号153頁）。また、行政官庁の許可を受けている場合でも、勤務の実態に照らし、監視または断続的労働、宿日直勤務としての要件を満たしていない場合は、使用者は割増賃金支払義務を負うと考えられる（宿直勤務の実態が断続的労働とは言えないとして宿直勤務時の時間外手当請求を認容した奈良県（医師・割増賃金）事件・大阪高判平22. 11. 16労判1026号144頁、最三小決平25. 2. 12労判1069号96頁で不受理。『労働関係訴訟の実務』140～143頁）。看護師の勤務実態とかけ離れた許可申請を看護師から事情を聞いたり看護日誌を検討する等をせずに許可したことについて労基署の過失を認め、違法な許可により宿日直勤務を余儀なくされた看護師への慰謝料50万円、弁護士費用10万円の支払を命じた裁判例がある（中央労基署長（大島町診療所）事件・東京地判平15. 2. 21労判847号45頁）。

(3) 固定残業代

ア　固定残業代の種類と問題点

割増賃金の支払に代えて一定額の手当を支給する場合（手当型）や、基本給の中に割増賃金を組み込んで支給する場合（組込型）がある。

このような固定残業代の支払という主張が認められた場合には、当該支払金額は、割増賃金の基礎賃金から除外されるとともに、弁済済みとなる。他方、上記主張が認められない場合には、当該支払金額も、弁済済みとはならないとともに、割増賃金の基礎賃金に算入される。

なお、近時高額の固定残業代を基本給に組み込み、労働者の募集にあたり賃金額を高く見せかけ（労働者は基本給と別に残業代が支払われると期待するが、実際には長時間残業しても基本給しか支払われない）トラブルとなる例が増えている。また、長時間の時間外労働を基本給に組み込んでいたことを材料の1つとして過労死に対する取締役の責任を認めた裁判例（大庄ほか事件・京都地判平22. 5. 25労判1011号35頁 判時2081号144頁）もあるので注意を要する（第16章第8・1(6)（688頁）参照）。

固定残業代について、『労働事件事実認定重要判決50選』は、下級審裁判例の傾向について、手当型については一応基本給と区別して支給されていることから明確区分性を欠くとして固定残業代の主張が排斥されることは比較的少ない、当該手当の金額はもとより、当該手当の趣旨（他の趣旨が混在していないかという点。就業規則上の規定ぶり（時間外手当見合いのものであることが明記されているか否かという点を含む））、特定の職種のみに対して支給される手当の場合当該職種に固定残業代の形で支給すべき必然性（その性質上、残業が必然的に多くなる職種であることや営業職、運行乗務員等、事業所外での作業が多い職種であること）などの事情が検討されていることを指摘しつつ、従前は組込型で明確区分性が認められず容易に排斥されるケースが多かったように思うが、最近は、手当型で就業規則等の規定面でもかなり整備された事案が多くなっており、使用者側において固定残業代制度についての認識が深まってきているのを感じると述べている（同書174～178頁）。

イ　固定残業代に関する最高裁の判断

小里機材事件（最一小判昭63. 7. 14は東京地判昭62. 1. 30の判断を是認した。いずれも労判523号6頁所収）の１審判決は、基本給に月15時間分の時間外労働の割増賃金が含まれているかが争点となった事案において、「月15時間の時間外労働に対する割増賃金を基本給に含める旨の合意がされたとしても、その基本給のうち割増賃金に当たる部分が明確に区分されて合意がされ、かつ労基法所定の計算方法による額がその額を上回るときはその差額を当該賃金の支払期に支払うことが合意されている場合にのみ、その予定割増賃金分を当該月の割増賃金の一部又は全部とすることができる」とした。

テックジャパン事件・最一小判平24. 3. 8労判1060号5頁 判時2160号135頁は、基本給月額41万円、月間総労働時間が180時間を超えた時間につき１時間当たり一定額を別途支払い、月間総労働時間が140時間に満たない時間につき１時間当たり一定額を減額する旨の内容の雇用契約の事案において、「月額41万円の基本給について、通常の労働時間の賃金に当たる部分と同項（注：労基法37条１項）の規定する時間外の割増賃金に当たる部分とを判別することはできない」として、「月間180時間を超える労働時間中の時間外労働のみならず、月間180時間以内の労働時間中の時間外労働についても、月額41万円の基本給とは別に、同項の規定する割増賃金を支払う義務を負う」とした。

更に、上記事件の櫻井龍子裁判官の補足意見は、給与の中に一定時間（例えば10時間分）の残業手当を算入して給与を支払うためには、その旨が雇用契約上も明確にされ、同時に支給時に支給対象の時間外労働の時間数と残業手当の額が労働者に明示されている必要があるとし、更に、10時間を超える残業があった場合には所定の支給日に別途上乗せして残業手当を支給する旨も予め明らかにされている必要があると述べている。

また、年俸1700万円の医師で時間外労働割増賃金が年俸に含まれる合意をしていた事案で、原審（医療法人社団Y会事件・東京高判平27.10.7判時2287号118頁）は、医師としての業務の特質に照らして合意の合理性があり、労働者が労務提供について自らの裁量で律することができ給与額が相当高額であったこと等から労働者の保護に欠けるおそれがないとして、合意の有効性を認めた。これに対して最高裁（最二小判平29.7.7労経速2326号3頁）は、割増賃金をあらかじめ基本給等に含める方法で支払う場合においては、労働契約における基本給等の定めにつき、通常の労働時間の賃金部分と割増賃金部分とを判別できることが必要であり、割増賃金部分が労基法37条等で定められた方法により算定した割増賃金額を下回るときは、使用者がその差額を労働者に支払う義務を負うとし、割増賃金を年俸1700万円に含める旨の合意は、時間外労働等に対する割増賃金部分が明らかにされておらず通常の労働時間の賃金部分との判別ができないので、割増賃金が支払われたとすることはできないと原審を破棄した。

ウ　固額残業代に関する近時の下級審の状況

(ア)　明確区分性が要求される範囲

基本給組込型の固定残業代について、通常の労働時間の賃金部分と割増賃金部分とが明確に区分されていると言えるために、どこまで要求されるのかについて、前掲小里機材事件の１審判決（最高裁も是認）は、基本給に月15時間の時間外労働に対する割増賃金を含める合意がされたとしても、明確区分がないとして、時間外労働時間数の特定がされているだけでは明確区分として不足しているとする。同様に、ニュース証券事件（東京地判平21.1.30労判980号18頁）も、月30時間を越えない時間外労働に対する賃金は基準内賃金に含まれる旨の給与規程がある事案で明確区分を否定している。

『労働関係訴訟の実務』は、「基本給30万円には、１か月20時間分の時間外労働分に対する固定残業代が含まれている」旨の就業規則の規定について、固定残業代を計算することはできるが、その具体的な数式（時間単価、固定残業代の額等）を周知して超過した割増賃金をその都度精算していたのであればともかく、そうでない場合は明確区分性の要件は具備されていないと解すべきであるとしている（同書119～120頁）。

他方で、支給時に支給対象の時間外労働時間数と残業手当の額の明示を要求する前掲テックジャパン事件の櫻井龍子裁判官の補足意見については、これらを要求する必要はなく、これを固定残業代の合意の有効要件とされているとみることは困難であろうとされている（『類型別労働関係訴訟の実務』129頁）。

近時の裁判例では、手当型の事例であるが、法37条の趣旨は法が定める割増賃金を確保することであって、そのためには労働者自身が現実に支給される割増賃金相当額と、法が要求する割増賃金を比較して現実の支給額が法の要求と等しいか上回ることを確認できればそれで足り、割増賃金制度自体が法の定める計算方法と一致する必要はないし、何時間分の割増賃金に相当する金額かを明確にする必要もないとする裁判例もある（富士運輸（割増賃金等）事件・千葉地判平26.12.25労判1137号56頁、東京高判平27.12.24労判1137号42頁）。

(イ)　手当の実質に着目した裁判例

通常の労働時間の賃金部分と割増賃金部分との明確区分性を論じる前提として、その割増賃金部分として支払われている手当は、実質的に時間外労働の対価としての性格を備えていなければならない。かかる手当の実質的な性格を要求した近時の裁判例としてアクティリンク事件・東京地判平24.8.28労判1058号5頁（賃金規程で営業手当が月30時間分に相当する時間外労働割増賃金である旨規定されていた事案で、営業手当は、営業活動に伴う経費の補充または売買事業部の従業員に対する一種のインセンティブとして支給され、実質的な時間外労働の対価としての性格を有していないことを理由の一つとして固定残業代性を否定）やイーライフ事件・東京地判平25.2.28労判1074号47頁（給与規程で超過勤務手当に代えて精勤手当を支給し、超過勤務手当が精勤手当を超える場合には、その差額を支給するとされていた事案で、精勤手当は労働者の年齢、勤続年数、会社業績等により数回変動し、時間外労働の対価以外の性質が含まれていることを理由の一つとして固定残業代性を否定）、シンワ運輸東京事件・東京地判平28.2.19労判1136号58頁（運行時間外手当には通常の労働時間の業務に対する手当も含まれ、通常の労働時間の手当部分とそれ以外の時間の手当部分とを判別できないとして定額残業代性を否定)、トレーダー愛事件・京都地判平24.10.16労判1060号83頁(給与規程で成果給及び宿日直手当などが時間外手当に相当などとされていた事案で、成果給及び宿日直手当には基本給に相当する部分が含まれ、基本給と時間外手当の区別ができないとして、固定残業代性を否定)などがある。

(ウ) 清算合意及び取扱の実態に着目した裁判例

固定残業代の有効性について、手当が労基法所定の額を下回るときは、その差額を当該賃金の支払時期に精算するという合意が存在するか、取扱が確立していることを要求する裁判例もある(前掲アクティリンク事件は、差額精算を行った形跡を認めることはできないとして、定額残業代とみなすことはできないと判示。前掲イーライフ事件は、定額残業代の支払に関する個別合意が有効となるための要件の一つとして、差額精算の合意か、少なくとも、そうした取扱の確立を要求している)。

もっとも、『労働関係訴訟の実務』は、小里機材事件判決について、「時間外労働等に対する割増賃金部分がそれ以外の部分と明確に区分されている場合には、それが対象とする部分を超えて時間外労働をした場合(たとえば、15 時間分の時間外労働に対する割増賃金額が具体的に定められており、それを超えてさらに10時間の時間外労働をした場合)に、その超過分について割増賃金が支払われるべきことは当然のこと」であり、差額支払合意を独立の要件と考える必要はないとしている(同書117頁)。

(エ) 時間外労働時間の時間数に着目した裁判例

また、固定残業代で賄われる時間外労働時間数に着目する判決もある。基本給22万4800円、職務手当(割増賃金)15万4400円とする労働条件確認書に署名押印した事案で、職務手当が95時間分の時間外賃金とするのは労基法36条を無意味なものとし、安全配慮義務に違反し公序良俗に反するおそれもあるとして、強行法規に反しない限度で当事者の合理的意思解釈を行い、労基法36条の上限として周知されている月45時間分の対価として合意がされているものと認めた裁判例として、ザ・ウィンザー・ホテルズインターナショナル事件・札幌高判平24.10.19労判1064号37頁。基本給24、25万円に対し営業手当約18万円が全額時間外手当と主張されていた事案において、営業手当は概ね

100時間の時間外労働に対する割増賃金額に相当し、36協定の限度基準告示（平成10年労働省154号告示）で36協定の時間外労働の上限が月45時間と定められているところ、100時間という長時間の時間外労働を恒常的に行わせることは法令の趣旨に反するもので、これを是認する趣旨で営業手当の支払いが合意されたと認めるのは困難として、営業手当が割増賃金とは認められないとしたものとして、マーケティングインフォメーションコミュニティ事件・東京高判平26. 11. 26労判1110号55頁。労働条件通知書にみなし残業手当10万円、83時間相当と記載されていた事案で、83時間の残業は36協定で定めることができる労働時間上限月45時間の２倍近い長時間で、公序良俗に反するといわざるを得ないとして、時間外労働に対する手当として扱うべきではないとしたものとして、穂波事件・岐阜地判平27. 10. 22労判1127号29頁。対して、業務手当が70時間の時間外労働、100時間の深夜労働の対価として支給され、これは限度基準告示の月45時間を越えて法令の趣旨に反するなどとした主張に対し、限度基準告示の基準は時間外労働の絶対的上限とは解されず、労使協定に対して強行的基準を設定する趣旨とは解されないし、会社が36協定において月45時間を越える特別条項を定めているから、違法とは認められないとしたＸ社事件・東京高判平28. 1. 27労経速2296号3頁がある。

㈹　36協定の欠缺、固定残業代の合意時期や計算に着目した裁判例

他にも、36協定が無い以上固定残業代の定めは効力が認められないはずであるし、固定残業代が法定の割増賃金を上回るかどうかを確認するためには、その内訳（単価、時間等）が明示されていなければならないとして、定額残業代性を否定した裁判例として無洲事件・東京地判平28. 5. 30労判1149号72頁、雇用契約書に「月給250,000円－残業含む。」と記載され、給与明細書上は基本給18万8000円、残業手当６万2000円が支給されていた事案で、雇用契約書には総額が記載されているのみで内訳が明らかではなく、その後の給与明細書上で手当額が明らかになったとしても、労働契約時において給与総額のうち何時間分の割増賃金代替手当が含まれているか明確にされておらず割増手当相当額について労働契約の内容になっていたとは言えないとして、固定残業代性を否定した裁判例として鳥伸事件・大阪高判平29. 3. 3労判1155号5頁、京都地判平28. 9. 30労判1155号12頁がある。

また、営業手当が月50時間の時間外勤務に対する手当である旨定めら

れていた事案で、その営業手当の額が労基法の計算方法による時間外手当の額を下回っており、月50時間の時間外勤務に対する手当と定めた部分は、労基法に定めた基準を下回る労働条件であるから無効である（労基法13条）とした裁判例として、ワークスアプリケーションズ事件・東京地判平26. 8. 20労判1111号84頁がある。

エ　歩合給からの割増賃金相当額の控除

時間外労働に対して割増賃金が支払われる一方、歩合給の計算に当たり割増賃金相当額を控除する仕組みを採っている結果、時間外労働を行っても賃金総額が増えず割増賃金が支払われていない状態と同じになる賃金規則の有効性について、国際自動車事件の原審（東京高判平27. 7. 16労判1132号82頁）は、労基法37条は強行法規で違反に対する罰則もあることから、同条の趣旨に反する歩合給の制度設計は許されず、歩合給の計算にあたり割増金に見合う部分を控除する部分は、法37条の規制を潜脱するもので同条の趣旨に反して公序良俗無効とした。これに対して、最高裁（最三小判平29. 2. 28労判1152号5頁）は、労基法37条は労働契約における通常の労働時間の賃金の定め方について特に規定しておらず、労働契約において売上高等の一定割合に相当する金額から割増賃金相当額を控除したものを通常の労働時間の賃金とする旨が定められていても、当該定めに基づく割増賃金の支払が法37条の割増賃金の支払といえるか否かは問題となり得るが、当該定めが当然に法37条の趣旨に反して公序良俗無効となるとは言えないとした。そして、使用者が労働者に法37条の割増賃金を支払ったと言えるかは、労働契約における賃金の定めにつき、それが通常の労働時間の賃金部分と割増賃金部分とを判別できるか、判別できる場合に割増賃金として支払われた金額が、通常の労働時間の賃金額を基礎として法37条等に定められた方法により算定した割増賃金額を下回らないか否かを検討すべきとし、原審に破棄・差戻した。

オ　夜勤の所定賃金に深夜割増を含むという主張

深夜帯を含む労働について日給が定められている場合に、所定賃金には深夜割増が含まれていると使用者側で主張することがあるところ、これが認められるかどうかについては、慎重な検討が必要である。

22時から６時までの８時間のうち１時間休憩の夜勤について、休憩を５時から６時の間にとることはなかったという事実認定の下で所定賃金に深夜割増が含まれているとした裁判例（千代田ビル管財事件・東京地判平18. 7. 26労判923号25頁 判時1951号164頁）、22時から24時までと翌朝５時から12時までの合計９時間のうち１時間休憩という夜勤の日当が9500円という事案で、休憩時間が22時から24時までかそれ以外かが日によって異なりそれによって通常の１時間あたり賃金が異なってしまうことになること、使用者主張の計算でも通常の１時間あたり賃金が1000円を超えるのに使用者が１時間あたり1000円しか時間外手当を払っておらず労基法に定める割増賃金を払っているという認識とは認め難いことから所定賃金に深夜割増が含まれているとは認められないとした裁判例（ライジングサンセキュリティサービス事件・東京地判平21.9.15労判996号42頁　判タ1322号126頁）がある。

⑷　消滅時効

退職手当を除く賃金の請求権の消滅時効は２年である（労基法115条：債権法改正により消滅時効が原則として権利を行使することができることを知った時から５年となることに伴い、労基法115条がどうなるかは、現在検討中でありその動向に注意を要する。）。→改正

時効の起算点は各賃金の支払期日である。例えば、締日支払日が毎月末日締め翌月５日払いの月給制社員の場合、2018（平成30）年１月１日から同月31日までの賃金の支払日は同年２月５日となり、同年１月分の賃金の時効の起算点は支払日である2018（平成30）年２月５日となる。同様に、同年２月分の賃金の時効の起算点は同年３月５日となり、各月の賃金毎に時効が進行する。

なお、債務者が債権者の請求に対し検討のための時間的猶予を求め、債権者がこれに応じてその回答を待つことが権利行使の懈怠と評価できない場合、債権者の催告の効力は債務者からの回答があるまで存続する、即ち、民法153条の６ヵ月の期間は債務者から何らかの回答があるまで進行しないと判断した裁判例として三晃印刷事件・東京地判平9.3.13労判714号21頁。

また、本来研修生であった原告を労働者と同様に扱い、それによる利益を享受した上、残業の事実が発覚しないよう隠蔽したほか、違法行為をしておきながら、未払賃金を請求されるや消滅時効を援用することは信義則に反するなどとして消滅時効の援用が権利濫用になると判断された事例として、北日本電子ほか（外国人研修生）事件・金沢地小松支判平26.3.7労判1094号32頁。

なお、賃金としては時効消滅済みの、請求の３年前から１年分の未払時間外手当相当分について、出勤簿に出退勤時刻をまったく記載させず、全員参加以外の時間外勤務には時間外手当を支払わず、管理職が黙示的に時間外勤務を命じていた事案で不法行為に基づく損害賠償請求を認めた杉本商事事件・広島高判平19.9.4労判952号33頁　判時2004号151頁、同様に、使用者は労働基準法上、

従業員の労働時間管理を適切に行う責務を負っており、従業員に残業が発生していることを認識し、又は認識し得た場合には、当然適正な残業手当を支払う義務を負うところ、これを支払わず漫然と放置した場合において違法性が認められる場合には不法行為を構成するとしたベストマンほか事件・名古屋地一宮支判平26. 4. 11労判1101号85頁参照。

(5)　国公立学校教師についての特例

公立の小学校、中学校、義務教育学校、高等学校、中等教育学校、特別支援学校または幼稚園の教育職員については、「公立の義務教育諸学校等の教育職員の給与等に関する特別措置法」（以下「給特法」）により、給料月額の４％を基準とする「教職調整額」を受け（給特法３条１項）、超過勤務を命じることができる場合を「校外実習その他生徒の実習に関する業務」「修学旅行その他学校の行事に関する業務」「職員会議に関する業務」「非常災害の場合、児童又は生徒の指導に関し緊急の措置を必要とする場合その他やむを得ない場合に必要な業務」であって臨時または緊急のやむを得ない必要があるときに限る（給特法６条、公立の義務教育諸学校等の教育職員を正規の勤務時間を超えて勤務させる場合等の基準を定める政令）一方で、時間外勤務手当及び休日勤務手当は支給しないものと定められている（給特法３条２項）。教職員が給特法及びこれに基づく条例上超勤を命じることができる場合でないのに超勤を命じられた場合について「そのような時間外勤務等が命ぜられるに至った経緯、従事した職務の内容、勤務の実情等に照らして、それが当該教職員の自由意思を極めて強く拘束するような形態でなされ、しかもそのような勤務が常態化しているなど、かかる時間外勤務等の実情を放置することが同条例７条が時間外勤務等を命じうる場合を限定列挙して制限を加えた趣旨にもとるような事情の認められる場合」には時間外手当を請求できるとした裁判例（名古屋地判昭63. 1. 29判時1286号45頁：確定）があるが、この事情が認められたケースは見当たらない。

第４　年次有給休暇

1　年次有給休暇

(1)　年次有給休暇の付与日数

ア　年休の成立要件と付与日数

使用者は、その雇入れの日から起算して６か月間継続勤務し全労働日の

８割以上出勤した労働者に対して、下表のとおり、10労働日の有給休暇（１年６か月以上継続勤務した労働者に対しては、６か月を超えて継続勤務する日から起算して１年ごとに１日ずつ増加し、２年６か月を超えた後は毎年２日ずつ増加し、最高20日に至るまで）を与えなければならない（労基法39条１項、同条２項）。

勤続期間	６か月	１年 ６か月	２年 ６か月	３年 ６か月	４年 ６か月	５年 ６か月	６年 ６か月
年次有給休暇 付与日数	10日	11日	12日	14日	16日	18日	20日

全労働日の８割の計算に当たっては、業務上の傷病により休業した期間、育児休業、介護休業、産前産後休業の期間は、出勤したものとみなし（労基法39条８項）、「無効な解雇の場合のように労働者が使用者から正当な理由なく就労を拒まれたために就労することができなかった日」は出勤日数に算入される（八千代交通事件・最一小判平25.6.6民集67巻5号1187頁 労判1075号21頁）。

年度内に取得されなかった年次有給休暇は次年度に繰り越され（時効は２年：労基法115条）、就業規則で翌年度に繰り越せない旨定めても年度経過後における年次有給休暇の権利は消滅しない（昭22.12.15基発501号、昭23.5.5基発686号）。

イ　パートタイム労働者の年休日数

週所定労働時間30時間未満であり、かつ、週所定労働日数が４日以下（週以外の期間によって所定労働日数を定める労働者については年間所定労働日数が216日以下）の労働者に対しては、下の表のとおり所定労働日数及び勤続期間に応じた日数の年次有給休暇を与えなければならない（労基法39条３項、労基則24条の３）。

週所定 労働日数	１年間の 所定労働日数	勤続期間						
		６か月	１年 ６か月	２年 ６か月	３年 ６か月	４年 ６か月	５年 ６か月	６年 ６か月 以上
４日	169日～216日	７日	８日	９日	10日	12日	13日	15日
３日	121日～168日	５日	６日	６日	８日	９日	10日	11日
２日	73日～120日	３日	４日	４日	５日	６日	６日	７日
１日	48日～ 72日	１日	２日	２日	２日	３日	３日	３日

ウ　時間単位の年休

労使協定を締結した場合、1年に5日の範囲内で年次有給休暇の時間単位の取得が認められる（労基法39条4項）。

エ　半休

労基法上の年次有給休暇は労働日単位（1暦日単位）で付与されるものであり、上記ウの時間単位の取得によらない限り分割して付与することはできない。但し、実務上半日を単位とする年次有給休暇の付与（いわゆる「半休」）が行われていることも少なくない。半休については「使用者は労働者に半日単位で付与する義務はない」（昭63.3.14基発150号）とされていることに照らし、半日単位の付与も使用者が認めれば可能と解されている（高宮学園事件・東京地判平7.6.19労判678号18頁 判時1540号130頁は、労基法は使用者が進んで半日年休を付与する取扱いをすることを何ら妨げるものではないとしている）。

⑵　年休の時季指定権と時季変更権

発生した年休について、労働者が休暇の始期と終期を特定して時季を指定することにより年次有給休暇が成立する。年休は労働者の権利であるから年休を取るにあたり使用者の許可は不要であるし、年休は労働者が自由に利用することができるのであるから何の目的で年休を取るのかを使用者に届け出る必要もない。使用者は、客観的に「事業の正常な運営を妨げる場合」（労基法39条5項但書）に該当し、かつ、これを理由として使用者が時季変更権を行使しない限り、労働者の年休の利用を妨げてはならない。

年休の時季指定を休暇日の一定日数ないし一定時間前までに行うべきことを規定する就業規則の定めは合理的なものである限り有効であるとするのが判例である（電電公社此花電報電話局事件・最一小判昭57.3.18民集36巻3号366頁 労判381号20頁：前々日の勤務終了時までに請求することを求める就業規則につき原則的な制限を定めたものとして合理性を有するとした）。

弘前電報電話局事件・最二小判昭62.7.10民集41巻5号1229頁 労判499号19頁は、「労働者の年次休暇の時季指定に対応する使用者の義務の内容は、労働者がその権利としての休暇を享受することを妨げてはならないという不作為を基本とするものにほかならないのではあるが、年次休暇権は労基法が労働者に特に認めた権利であり、その実効を確保するために附加金及び刑事罰の制度が設けられていること（同法114条、119条1号）、及び休暇の時季の選択権が第一次的に労働者に与えられていることにかんがみると、同法の趣旨は、使用者に対し、できるだけ労働者が指定した時季に休暇を取れるよう状況に応じた配慮をすることを要請しているものとみることができる。」「『事業の正常な運営を妨げる場合』か否かの判断に当たって、代替勤務者配置の難易は、判断の一要素となるというべきであるが、特に、勤務割による勤務体制がとられている事業場の場合には、重要な判断要素であることは明らかである。したがって、そのような事業場において、使用者としての通常の配慮をすれば、勤務割を変更して代替勤務者を配置することが客観的に可能な状況にあると認められるにもかかわらず、使用者がそのための配慮をしないことにより代替勤務者が配置されないときは、必要配置人員を欠くものとして事業の正常な運営を妨げる場合に当たるということはできないと解するのが相当である。」としている。

恒常的な要員不足により常時代替要員の確保が困難であるというような場合は、「事業の正常な運営を妨げる場合」に当たらない（西日本ジェイアールバス事件・金沢地判平8.4.18労判696号42頁、名古屋高裁金沢支部判平10.3.16労判738号32頁も原審を維持）。

労働者が退職する際に退職日までの全日数について一括時季指定して年次有給休暇を取った場合、使用者が時季変更権を行使できるかについては、明確に判断した裁判例は見当たらない。解雇を予定する使用者は、当該労働者の解雇予定日を超えての時季変更は行えないとされ（昭49.1.11基収5554号）、「時季変更権の行使には『他の時季にこれ（年休）を与える』可能性の存在が前提となる。そこで、労働者が退職時に未消化年休を一括時季指定する場合には、その可能性がないので時季変更権を行使し得ないことになる」（菅野『労働法』538頁）と解するのが一般的である。従って、退職労働者に業務の引継ぎと称して時季変更権を行使して年休取得を認めないことは後記の年休の取得妨害となり得る。

なお、未消化年休の買取は法律上の制度としては認められておらず、労使の合意により可能である。

(3)　年休取得と不利益取り扱い

最高裁は、年休取得を賃金計算にあたり不利益に取り扱う制度について、これまでに３つの判決で、賃金引き上げ対象者の選別、賞与において年休取得を欠勤と扱う制度を無効と判断し、皆勤手当において年休取得を欠勤と扱う制度は無効とは言えないと判示している。

日本シェーリング事件・最一小判平元.12.14民集43巻12号1895頁 労判553号16頁は、賃金引き上げ対象者から前年の稼働率が80％未満の者を除くという条項（稼働率算定にあたり年休や産前産後休暇、育児休業等も不稼働と扱う）に関して「当該制度が、労基法又は労組法上の権利に基づく不就労を含めて稼働率を算定するものである場合においては、基準となっている稼働率の数値との関連において、当該制度が、労基法又は労組法上の権利を行使したことにより経済的利益を得られないこととすることによって権利の行使を抑制し、ひいては右各法が労働者に各権利を保障した趣旨を実質的に失わせるものと認められるときに、当該制度を定めた労働協約条項は、公序に反するものとして無効となると解するのが相当である。」との判断基準を示し、不利益が大きいことから当該条項を労基法または労組法上の権利に基づく不就労を稼働率算定の基礎としている点につき無効とした。

エス・ウント・エー事件・最三小判平4. 2. 18労判609号12頁は、権利行使の抑制するか否かに言及せずに「使用者に対し年次有給休暇の期間について一定の賃金の支払を義務付けている労働基準法39条４項の規定の趣旨からすれば、使用者は、年次休暇の取得日の属する期間に対応する賞与の計算上この日を欠勤として扱うことはできないものと解するのが相当である。」とし、沼津交通事件・最二小判平5. 6. 25民集47巻6号4585頁 労判636号11頁は、「被上告会社における年次有給休暇の取得を理由に皆勤手当を控除する措置は、同法39条及び134条の趣旨からして望ましいものではないとしても、労働者の同法上の年次有給休暇取得の権利の行使を抑制し、ひいては同法が労働者に右権利を保障した趣旨を実質的に失わせるものとまでは認められないから、公序に反する無効なものとまではいえないというべきである。」とした。

⑷ 年休の取得妨害と損害賠償

前掲西日本ジェイアールバス事件では、年休の時季指定に対し要件を満たさない違法な時季変更権が行使され年休の取得を妨げられたのは労働契約上の債務不履行にあたるとして、年休が取得できなかった精神的苦痛に対する慰謝料として25万円が認められている。また、日能研関西ほか事件・大阪高判平24. 4. 6労判1055号28では、有休申請に対して、有休取得が望ましくないとしてこれを取り下げさせた上司の行為について違法性を認め、他の行為と合わせて慰謝料60万円を認めている。

また、出水商事（年休等）事件・東京地判平27. 2. 18労判1130号83頁では、労働者に年休権が発生した場合には、使用者は労働者のその権利行使を妨害してはならない義務を労働契約上負っているとして、給与明細書の有休残日数を勝手に０日に変更したり、年休を年６日に限り、原則として冠婚葬祭を理由とする場合のみ認めるとした社内通達を出したりしたことが労働契約上の債務不履行に当たるとした。その上で損害については、労働者が年休の取得申請行為を行っていない以上、年休予定日の就労義務は消滅しておらず、就労義務がないのに就労したとして賃金相当額の損害が発生していると評価することはできないが、取得申請を妨害した行為自体で慰謝料が認められるとして、本件の諸般の事情を考慮して50万円の慰謝料を認めた。

2 年次有給休暇に対する賃金

年次有給休暇は、労働者が賃金の減少を伴うことなく休暇を取ることができる制度であるから、その休暇に対し、使用者は賃金の保障をしなければならない。年次有給休暇に対して支払うべき賃金について、労基法39条７項は、「就業規則その他これに準ずるもの」で定めるところにより、平均賃金または所定労働時間労働した場合に支払われる通常の賃金、労使協定がある場合は標準報酬日額（健康保険法99条１項）のいずれかの支払を義務づけている。

平均賃金については第８章第２・１⑴イ（331頁）、付加金請求については本章第３・10（109頁）参照。

第3章 労働条件の変更

第1 合意原則と労働条件の変更方法の概観

1 合意原則

労働契約は「契約」であるから、契約当事者である労使双方の合意がなければ、その内容である労働条件は変更されない。労契法1条は、「この法律は、労働者及び使用者の自主的な交渉の下で、労働契約が合意により成立し、又は変更されるという合意の原則」を定めるものとして、また、労契法8条は、「労働者及び使用者は、その合意により、労働契約の内容である労働条件を変更することができる」として、合意原則を明らかにしている（このほか、労契法3条1項、6条も参照）。

2 合意原則の例外とその必要性

労働契約は、長期間にわたって継続していくことが通常予定されている。その長期間にわたる契約の存続期間中には様々な事態が起こりうるが、それを契約締結時にすべて予想し、その対処に関して詳細な合意を取り交わしておくことは実際上困難であり、状況に応じた事後的な変更が必要となり得る。

労使関係においては、一人の使用者との間で多数の労働者が労働契約を締結しており、労働条件を設定・変更する際には、協働する労働者間の公平性・均衡性への配慮が不可欠であるところ、多数存在する労働者全員の合意が得られなければ画一的・統一的な変更ができないというのでは硬直的にすぎるし、公平・均衡を損なうことになりかねない。

このように、継続的・集団的な契約であるという労働契約の性質に照らし、一定の場合には、労働者の個別合意によらなくとも労働条件を変更できるという合意原則の例外が認められる必要があり、法もこの必要性に応えている。

3　労働条件の変更方法

(1)　労働条件の変更方法

労働条件を変更するには、

・労使双方の個別合意（合意原則）

・労働協約の締結（合意原則に類似するが一部例外）

・就業規則の制定・変更（合意原則の例外）

の３つの方法がある。

労働条件を労働者に不利に変更した場合、その不利益変更を労働者に適用するための基準は、

労働協約による変更の場合は、原則として組合員に適用され（手続上の瑕疵や、特定の者または一部の組合員をことさらに不利益に取り扱う目的でなされたような場合は適用されない）、組合員以外に拡張適用される場合（労組法17条）は「著しく不合理」であるときに適用されない。

就業規則による変更の場合は、その内容が合理的であれば（手続面では周知されることが必要）適用されるが、変更される労働条件が賃金、退職金など労働者にとって重要な権利、労働条件である場合は、「高度の必要性に基づいた合理的な内容のもの」である場合に適用される。

個別同意の場合、賃金や退職金に関する労働条件の変更については、同意が自由な意思に基づいてされたものと認めるに足りる合理的な理由が客観的に存在するときに適用される。

(2)　労働協約の締結による労働条件の変更

労働協約とは、労働組合と使用者またはその団体との間の労働条件その他に関する協定であって、書面に作成され、両当事者が署名または記名押印したものをいう（労組法14条、菅野『労働法』866頁）。なお、労働協約については第19章第５・２（807頁）参照。

労働者の利益代表である労働組合と使用者とが労働条件について自主的に交渉した結果、合意に至り、その内容を明らかにした書面が取り交わされた場合、その合意内容は労使自治の観点から尊重されるべきであるから、以後、当該労働組合に所属する労働者の労働条件は、個別労働契約と比較した場合の有利不利を問わず、労働協約で定められた内容によって規律されることになる（労働協約の規範的効力、労組法16条。労働協約の適用範囲とその限界について後記

第３（141頁～）参照)。

このような労働協約の締結による労働条件の変更は、労働者の個別合意を不要とする点では合意原則の例外であるが、労働者の利益代表である労働組合と使用者との間で合意が成立して初めて労働条件が変更されるという点では、合意原則と同じ発想である。

⑶　就業規則の設定・変更による労働条件の変更

就業規則とは、使用者が定める、事業場の労働者集団に対して適用される労働条件や職場規律に関する規則類をさす（東大労研『注釈労働基準法』下巻1002頁。法律上の定義はない)。「就業規則」としての性質を有するか否かは、その名称にとらわれず、実質によって判断する。

就業規則は、労働条件の集団的・統一的決定にとって非常に重要な役割を果たすものであるが、使用者が一方的に定めるという点に最大の特徴があり、当事者双方の合意を前提とする契約の拘束力自体への重大な例外である。

このことをふまえて、労契法９条本文は、「使用者は、労働者と合意することなく、就業規則を変更することにより、労働者の不利益に労働契約の内容である労働条件を変更することはできない」との原則を明らかにしている。しかしながら、そのただし書で、「ただし、次条の場合は、この限りでない」としており、変更に合理性があり、かつ、変更後の就業規則が労働者に周知されている場合には、就業規則を変更することによって、労働者との合意なくして労働条件を不利益に変更することを例外的に認めている（労契法10条)。

これは、使用者による一方的な労働条件の切下げから労働者を保護する必要性と、労働契約関係の集団性・継続性ゆえに統一的・画一的に労働条件を変更する使用者側の必要性とを、「合理性」および「周知」という要件によってバランスを図ったものと理解することができる。

⑷　労使双方の個別合意による労働条件の変更

労使双方の個別合意によって労働条件を変更することは、合意原則に基づき当然に可能である。

ただ、労使間の交渉力には格差が存在するのが現実であるから（労使間の交渉力格差への配慮は、労組法・労基法・労契法その他労働関係諸法を貫く統一的な視点である)、労働者が使用者からの不当な圧力によって合意を強制されることがあってはならず、当然に意思表示の瑕疵に関する民法の規定（95条、96条）が適用される。

退職金に関する労働条件の不利益変更に対する労働者の同意の認定について、後掲の山梨県民信用組合事件・最二小判平28. 2. 19民集70巻2号123頁　労判

1136号6頁は、「就業規則に定められた賃金や退職金に関する労働条件の変更に対する労働者の同意の有無については、当該変更を受け入れる旨の労働者の行為の有無だけでなく、…当該行為が労働者の自由な意思に基づいてされたものと認めるに足りる合理的な理由が客観的に存在するか否かという観点からも、判断されるべきものと解するのが相当である」としている。

また、上記のように、労働協約や就業規則は、個別労働契約に優先する効力を有していることから、労働者が真に合意したとしても、その内容と抵触する労働協約や個別合意を上回る労働条件を定める就業規則が存在する場合には、合意の効力が否定される。

4　法令・労働協約・就業規則・個別労働契約の優劣関係

労働基準法等の法令（強行法規）
∨（労契法13条、労基法92条、13条）
労　働　協　約
∨（労契法13条、労基法92条、労組法16条）
就　業　規　則
∨（労基法93条、労契法７条、12条）
労　働　契　約

(1)　法令と労働協約・就業規則・労働契約の効力関係

労基法等の強行法規が定める基準に達しない労働条件を定める就業規則・労働契約はその部分について無効となり（強行的効力、労契法13条、労基法92条）、無効となった部分は、労基法等の強行法規に定める基準による（直律的効力、労基法13条）。労働協約も強行法規に反してはいけないことは当然である（荒木『労働法』578頁、土田『労働法概説』386頁）。

労働条件を定めた法律には、労基法のほか、均等法、最低賃金法、船員法、国家公務員法28条・106条、地方公務員法24条～26条などがある。

(2)　労働協約と就業規則・労働契約の効力関係

労働協約は、労使による自主的な集団的交渉の成果であるから、労使関係において最大限尊重されるべきであり、当該労働協約が適用される労働者の労働条件に関しては、使用者が一方的に定めた就業規則や、個々の労働者との間の個別的合意に優先する効力（規範的効力）を有する。よって、就業規則における定めのうち、労働協約（の規範的部分）に抵触する部分については、労働協約が優先適用される（労契法13条、労基法92条、労組法16条）。

なお、法令や就業規則の強行的効力とは異なり、労組法16条に「達しない」との文言が含まれていないことなどから（労基法13条や労契法12条と比較）、労働協約は、それが最低基準を定めるものと解釈されない限り、労働協約を下回る労働契約（およびその内容になっている就業規則）のみならず、上回るものについても規律する効力を有すると解するのが通説である（有利性原則の否定、土田『労働法概説』387頁、菅野『労働法』877頁）。

(3) 就業規則と労働契約の効力関係

労契法12条は、「就業規則で定める基準に達しない労働条件を定める労働契約は、その部分については、無効とする。この場合において、無効となった部分は、就業規則で定める基準による」と定めている。

このように、労契法が就業規則に最低基準効を付与していることから、就業規則を下回る労働条件の合意はその効力を否定され、当該労働条件は就業規則の定める基準によることになる。これはあくまで就業規則を「下回る」場合に限られ、就業規則よりも有利な内容を個別の労働契約で定めることはもちろん可能であり、有効である（労契法７条ただし書参照）。

第2 就業規則の作成・変更による労働条件の変更

1 就業規則変更の不利益性と労契法10条の適用範囲

(1) 就業規則によって労働条件を変更する場合が多い理由

使用者が労働条件を画一的に変更しようとする場合、就業規則を変更することでそれを実施することが多い。

それは、労働者側の個別同意が不要であるという手続的な側面もあるが、労働協約による場合には適用対象が限定される場合が多いので、全従業員に統一的に新たな労働条件を適用するには就業規則の変更によるほかないという場合が多いからである。

(2) 「不利益」変更であるか否かの判断方法

使用者が一方的に変更した就業規則が個別労働契約を規律するのかどうか（変更後の就業規則の効力の有無）が問題になるのは、就業規則の変更が労働者にとって不利益になされた場合である。労契法９条本文は、「使用者は、労働者と合意することなく、就業規則を変更することにより、労働者の不利益に労働契約の内容である労働条件を変更することはできない」と定めており（下線は筆者)、この例外である労契法10条も、労働者の不利益に就業規則を変更する場合について規定しているものと解される。

不利益性の有無の判断方法について、労契法は特に規定していないが、裁判所は、新旧就業規則を外形的に比較し、不利益性の有無を形式的に判断する傾向にある。大曲市農協事件・最三小判昭63. 2. 16民集42巻2号60頁 労判512号7頁 判時1278号147頁の調査官解説では、「不利益が生じたかどうかを関連の労働条件の改善状況等までをも考慮に入れて総合的に判断するというのは、かなり煩雑であり、その判断も不明瞭なものとなりがちであると考えられるので、実務的には、不利益の有無についてはある程度形式的に判断し、関連の労働条件の改善状況等は、不利益の程度、（中略）その他の補完的事由との関連において考慮するのが簡明ではないかと思われる」と述べられている（岩渕正紀『最高裁判所判例解説・民事篇（昭和63年度)』53頁)。

また、就業規則の変更によって成果主義型賃金制度を導入した事案であるノイズ研究所事件・東京高判平18. 6. 22労判920号5頁では、使用者側が変更の不利益性自体を争ったのに対し、裁判所は、新賃金制度の導入後、人事考課査定の結果、賃金が旧賃金制度の下で支給されていた額よりも減少する可能性があることを捉えて、このような「可能性が存在する点において、就業規則の不利益変更にあたる」と判断した。

このように、就業規則の変更によって、労働条件のある部分について労働者に不利益が生じる場合、もしくはその可能性がある場合には、裁判所は広く変更の不利益性を肯定し、労契法10条の合理性審査に服させるという立場をとっている。

2　変更後の就業規則が労働契約を規律するための要件

就業規則の変更によって労働条件を引き下げるには、①就業規則の変更に合理性があり、かつ、②変更後の就業規則が労働者に周知されていることが必要である（労契法10条本文)。

3　変更の合理性

(1)　合理性の判断要素

労契法10条本文は、就業規則変更の合理性判断について、最高裁が秋北バス事件・最大判昭43. 12. 25民集22巻13号3459頁 労判71号10頁 判時542号14頁以来、積み上げてきた判例法理（前掲大曲市農協事件・最三小判昭63. 2. 16、第四銀行事件・最二小判平9. 2. 28民集51巻2号705頁 労判710号12頁 判時1597号7頁、みちのく銀行事件・最一小判平12. 9. 7民集54巻7号2075頁 労判787号6頁 判時1733号17頁等）をそのまま立法化したものである（労契法10条が従前の判例法理に変更を加えるものではないことについて、平20. 1. 23基発0123004号参照）。

合理性の判断要素を明確化した前掲第四銀行事件・最二小判平9. 2. 28と、労契法10条の掲げる判断要素とを比較すると、下表のとおりとなる（平24. 8. 10基発0810第2号の整理による）。

労働契約法10条	第四銀行事件最高裁判決
労働者の受ける不利益の程度	就業規則の変更によって労働者が被る不利益の程度
労働条件の変更の必要性	使用者側の変更の必要性の内容・程度
変更後の就業規則の内容の相当性	変更後の就業規則の内容自体の相当性、代償措置その他関連する他の労働条件の改善状況、同種事項に関するわが国社会における一般的状況
労働組合等との交渉の状況	労働組合等との交渉の経緯、他の労働組合又は他の従業員の対応
その他の就業規則の変更に係る事情	（第四銀行判決の掲げる要素と個別的に結びつくものではないが、上記各要素を含め、就業規則の変更に係る諸事情が総合的に考慮されることを示す要素である）

変更の合理性とは、労働者に対して既得権の喪失という不利益を甘受させることの合理性であり、上表の諸要素を総合考慮した結果、使用者の変更の必要性が労働者の被る不利益を上回る場合に、合理性が肯定されることになる。

『労働事件事実認定重要判決50選』は、変更の合理性の判断に際して、「最高裁判決の掲げる考慮要素のうち①不利益の程度と②変更の必要性を主軸とし、両者の大小の相関関係を中心に据えて合理性を判断する見解が有力であり、まずは、事実関係に即して可能な限り上記①②の大小を客観的に把握する作業が不可欠となる。そして、その余の考慮要素については、上記①②との対比において実質的な影響を持ち得るような事情に当たるかを検討し、それが肯定された場合には、当該要素を加味した上で、上記①②と併せた全体としての合理性評価を行うのが相当であろう。」としている（同書84頁）。

(2)　合理性判断の視点①ー変更する労働条件の性質

労契法10条によって求められる合理性の程度は、どのような労働条件を変更するのかによって異なる。

前掲大曲市農協事件・最三小判昭63.2.16は、「特に、賃金、退職金など労働者にとって重要な権利、労働条件に関し実質的な不利益を及ぼす就業規則の作成または変更については、当該条項が、そのような不利益を労働者に法的に受忍させることを許容できるだけの高度の必要性に基づいた合理的な内容のものである場合において、その効力を生ずるものというべきである」との判断を示し、賃金、退職金等の労働者にとって特に重要な労働条件を変更する場合には、他の労働条件を変更する場合よりもより高度の必要性（合理性）が求められることを明らかにした。

この考え方は、その後の判例・裁判例において踏襲されており、合理性の有無を検討する際には必ず、賃金・退職金を変更するものであるか、直接的には賃金・退職金の変更でないとしても、その労働条件は賃金・退職金と連動するものであるか、または、実質的に賃金等を減額するものであるか（例えば、賃金を変更せずに所定労働時間を延長する場合、変更の直接の対象は労働時間であるが、実質的には賃金の減額である）、という観点から分析することが重要である（下記「(4)近時の裁判例の紹介」も参照）。

(3)　合理性判断の視点②ー労働組合の同意と合理性の推定

前掲第四銀行事件・最二小判平9.2.28は、定年延長に伴う給与規定および退職金規定の改正について、行員3545名中3205名（約90.4％）が加入していた労働組合の同意が得られていた事案であり、最高裁はこの点に着目して、「本件就業規則の変更は、行員の約90パーセントで組織されている組合との交渉、合意を経て労働協約を締結した上で行われたものであるから、変更後の就業規則の内容は労使間の利益調整がされた結果として合理的な内容のものであると一応推測することができ」るとした。このように、合理性判断の諸要素のうち、「労働組合等との交渉の状況」の検討は特に重要である。

ただし、この「合理性の一応の推測」を得るには、単に多数労働組合の同意が得られるだけでは足りない。その労働組合に、変更によって不利益を被る労働者が含まれ、その労働者をも含む総意として労働組合が使用者との間で交渉をした場合に初めて、労使間の利益調整の結果が尊重されることになる。多数組合の合意が得られていたとしても、そこに不利益を被る労働者が含まれていない場合には、合理性の存在が推測されることにはならない（前掲みちのく銀行事件・最一小判平12.9.7は、このような観点から合理性を否定した）。

(4) 近時の裁判例の紹介

就業規則変更の合理性は、労契法10条の掲げる判断要素を様々な観点から総合的に検討するものであり、第一審と控訴審とで結論が異なるケースも少なからずあることから、事件の見通しを立てることは容易ではないが、以下、参考となる比較的近時の裁判例をいくつか紹介する。

ア　賃金に関する変更

(ア)　合理性肯定例

前掲ノイズ研究所事件・東京高判平18.6.22労判920号5頁は、成果主義型賃金制度を導入した事案であるが、裁判所は、労働生産性を高め競争力を強化し業績を好転させるなどの目的によるもので高度の経営上の必要性があり、従業員に対して支給する賃金原資総額を減少させるものではなく、賃金原資の配分の仕方をより合理的なものに改めようとするものであって、変更前後の差額を補填する経過措置が２年間に限られている点は柔軟性に欠けるもののそれなりの緩和措置としての意義を有し、労働組合との交渉においても不誠実な点はないとして、合理性を肯定した（原審は否定）。

シオン学園事件・東京高判平26.2.26労判1098号46頁は、給与規定中の基本給部分を平均して約8.1パーセント減額した事案であるが、裁判所は、労働者の受ける不利益の程度は小さいものとはいえないとしながらも、他の同一業種の賃金水準と比較すると必ずしも低額なものとはいえず、これを受忍させることが法的に許容できないほど重大なものとまではいえないとし、他方で、会社の経営状態は２億円を超える債務超過になっており、また、売上高に対する人件費の割合が常に７割を超える状況であったことからして人件費を削減する必要があったと認められるとして、合理性を肯定した（原審を維持）。

大阪京阪タクシー事件・大阪地判平22.2.3労判1014号47頁は、タクシー乗務員の完全歩合制の賃金について新賃金規程の制定（支給基準の切り下げ）により１人平均月額１万7350円の減少となった事案であるが、裁判所は、新賃金規程の制定には一定の合理性があるとしながらも、労基法上、減給の制裁額が賃金総額の10分の１の範囲に制限されていること（同法91条）を踏まえると、従前の賃金体系による算定に比して20%以上減額する限度で合理性が認められず無効であるとして、一定限度で合理性を認めた。

(イ)　合理性否定例

社会福祉法人賛育会事件・東京高判平22.10.19労判1014号5頁は、病院の職員の給与制度を成果主義型に変更した事案であるが、裁判所は、新賃金制度によれば、昇格しない限り年数を経るごとに旧賃金制度との給与格差が増えていくという大きな不利益が生じること、それにもかかわらず、減額を補填するに足るような代償措置がないこと、新賃金制度の内容についての使用者の説明は概括的なものにとどまっていること等を指摘して合理性を否定した（原審も否定）。

中野運送店事件・京都地判平26.11.27労判1124号85頁は、運行手当の改定（引下げ）により原告らの賃金が年間で100万円前後減額された事案であるが、裁判所は、会社の経営状態からして本件改定に一応の必要性があったことは認められるとしながらも、現時点で本件改定を行わなければならない高度の必要性は見当たらないこと、本件改定の必要性等の理由に関する説明が変遷していること、会社側が本件改定に先立ち組合に対して十分な説明を行っていたものとはいえないこと、代償措置もとられていないことなどを理由に、合理性を否定した。

イ　賃金以外の労働条件の変更

(ア)　定年の引下げ

大阪経済法律学園事件・大阪地判平25.2.15労判1072号38頁は、教授の定年を70歳から67歳に引き下げた事案であるが、裁判所は、「定年の引下げは、既得権を消滅、変更するものではないが、在職継続による賃金支払への事実上の期待への違背、退職金の計算基礎の変更を伴うものであり、実質的な不利益は、賃金という労働者にとって重要な労働条件に関するものである」として高度の必要性に基づく合理性を要求し、67歳という設定自体は妥当であるものの、経過措置・代償措置が何ら採られていないこと等を理由に、合理性を否定した。

(イ)　契約更新の最終年齢の引下げ

市進事件・東京高判平27.12.3労判1134号5頁は、有期雇用の専任講師について契約更新の最終年度を満60歳から満50歳に引き下げる制度を導入した事案であるが、裁判所は、就業規則の変更を行う高度の必要性を肯定することはできず、また、代替措置も極めて不十分なものであることを指摘した上で、「本件改定がされた平成15年３月１日から10年が経過した後においても、特嘱就業規則５条２項に定めるように満60歳に達した日の属する年度末までは、代償措置としての特嘱ないしそれと同等の職務内容の職種での契約の更新を、年齢のみを理由として拒絶しない扱いをする限りおいては、本件改定の効力を肯定することができる」として、変更後の就業規則の効力を極めて限定された範囲で認めた。

(ウ) 降格規定の新設

ファイザー事件・東京地判平28.5.31労経速2288号3頁は、専門管理職から一般社員への降格に関する規定が新設された事案であるが、裁判所は、本件降格規定それ自体は降格の可能性とその決定、実施は新評価基準による評価を踏まえたルールに基づく旨を定めているにとどまり、一律又は一定割合の専門管理職の降格を予定しているものではないこと、本件降格規定の新設は「各従業員に職務遂行に向けたモチベーションを与え、会社を活性化する合理的な制度ということができる」ことなどを理由に、合理性を認めた。

(エ) 所定休日の減少

フェデラルエクスプレスコーポレーション事件・東京地判平24.3.21労判1051号71頁は、所定休日４日間（５月１日、12月25日、12月30日、誕生日）を休日から除外した就業規則の変更が問題になった事案であるが、裁判所は、所定休日が廃止されれば年間所定労働時間が増加し、約２％の賃金カットと同様の効果が生じることになるとして高度の必要性に基づく合理性を要求し、代償措置がないこと、労働組合等との交渉が不十分であること等を理由に、合理性を否定した。

(オ) 私傷病休職における連続欠勤の通算規定の厳格化

野村総合研究所事件・東京地判平20.12.19労経速2032号3頁は、私傷病休職の発令となる連続欠勤日数の通算に関し、従前は「ただし、欠勤後一旦出勤して３ヶ月以内に再び欠勤するときは、前後通算する」と定めていたのを、「ただし、欠勤後一旦出勤して６ヶ月以内または、同一ないし類似の事由により再び欠勤するとき（中略）は、欠勤期間は中断せずに、その期間を前後通算する」に変更したことにつき、不利益変更であるとしつつも、近時精神疾患等により欠勤する者が急増し、これらは通常の怪我や疾病と異なり、一旦症状が回復しても再発することが多く、現実に、傷病欠勤を繰り返す者が出ていることから、変更の必要性があること、また、過半数組合から異議なしとの意見を得ていること等を考慮し、合理性を認めた。

(カ) 私傷病休職からの復職条件の厳格化

アメックス（休職期間満了）事件・東京地判平26.11.26労判1112号47頁は、療養休職した私傷病者の復職の条件として「健康時と同様」の業務遂行が可能であることを追加したことが問題とされた事案で、裁判所は、「本件変更は、業務外傷病者の復職を著しく困難にするものであって，その不利益の程度は大きいものである一方で、本件変更の必要性及びその内容の相当性を認めるに足りる事情は見当たらない」として、合理性を否定した。

私傷病休職については第６章（242頁～）参照。

㈖　公民権行使に要する時間を有給とする規定の廃止

全日本手をつなぐ育成会事件・東京地判平23. 7. 15労判1035号105頁は、公民権行使のため遅刻・早退した場合には届出があれば遅刻・早退として取り扱わないとの規定を廃止した事案であるが、この廃止によって労働者に与える経済的不利益は些少であるとしても、有給扱いという待遇の下、公民権の行使等の公的活動に容易に参画し得る地位ないし権利に対してかなり大きな制約になるとして、これを法的に受忍させることを許容することができるだけの高度な経営上の必要性はないとして、合理性を否定した。

4　周知

労契法10条は、フジ興産事件・最二小判平15. 10. 10労判861号5頁 判時1840号144頁が「就業規則が法的規範としての性質を有するものとして、拘束力を生ずるためには、その内容を適用を受ける事業場の労働者に周知させる手続が採られていることを要する」と判示したことを受けて、手続的要件として周知が必要であることを法律上明らかにしたものである。

ここでいう「周知」とは、実質的周知をいい、事業場の労働者集団に対し変更内容を知りうる状態におくことを意味し（菅野『労働法』192、209頁）、必ずしも労基法106条・労基則52条の２が定める３つの方法によらなくともよい。

周知は、労働者が見ようと思えば見られる状態にしておくことで足りるので、これが実務上、重大な争点となることは少ないが、あくまで「周知」は、就業規則の定める労働条件が労働契約の内容となる前提要件であるので、周知の客体たる情報の適切性・的確性をも要請される点には注意が必要である（荒木・菅野・山川『詳説　労働契約法』114頁）。中部カラー事件・東京高判平19. 10. 30労判964号72頁 判時1992号137頁では、退職金の支給方法を変更し、新就業規則において、単に「退職金は、中小企業退職金共済と第一生命保険相互会社の養老保険への加入を行い、その支払い金額とする」と規定したところ、ここから労働者が自身の退職金額を算出することは不可能であるため、新就業規則が事業場内に掲示されていたとしても、退職金の基準について実質的周知がされたものとはいえないとして、旧就業規則に基づく退職金請求が認容されている。

懲戒処分との関係での就業規則の周知に関しては第５章第２・１(2)ア（193頁）参照。

5 合理性・周知の立証責任

就業規則の変更に不服のある労働者が、変更前の就業規則の定める労働条件に基づく請求をし、それに対して使用者が、変更後の就業規則の存在と有効性を抗弁として主張することになるので、変更後の就業規則の周知及び合理性に関する評価根拠事実について使用者側が主張・立証責任を負い、変更後の就業規則の合理性に関する評価障害事実について労働者側が主張・立証責任を負うと考えられる（『労働関係訴訟の実務』146頁）。

6 就業規則による労働条件変更の限界

就業規則の変更が合理的でありかつ周知されていたとしても、「労働契約において、労働者及び使用者が就業規則の変更によっては変更されない労働条件として合意していた部分」については、変更後の就業規則によって規律されることはない（労契法10条ただし書）。

この点が直接的に問題となった裁判例は今のところ存在しないが、例えば、使用者が就業規則を変更して全国への配転を可能とする広域配転条項を新設し、その条項が一般的に合理的なものと評価されるとしても、就業規則によっては変更しえない労働条件として勤務地限定の特約を結んでいた労働者に対しては、当該就業規則の変更によって労働条件が変更される（特約の効力が失われ広域配転条項に服する義務が生じる）ことにはならない（荒木・菅野・山川『詳説労働契約法』143頁）。労契法10条ただし書に該当するためには「就業規則の変更によっては変更されない労働条件として」の合意が成立していると解釈・評価されることで足り、「就業規則の変更によっては変更されない」ことを予め明文化したり明示したりしていることが必要なわけではない（同書同頁）。

第３　労働協約の締結による労働条件の変更

1　就業規則による労働条件の変更との違い

本章第１で述べたように、労働協約は、就業規則や個別労働契約に優先する効力を有しているので（規範的効力、労契法13条、労組法16条）、労働協約を締結することによっても、労働条件を統一的･画一的に変更することができる。

使用者が一方的に制定する就業規則とは異なり、労働協約は労働組合と使用者との合意を前提とするため、労働協約による労働条件の不利益変更（既存の労働協約を不利な内容に変更する労働協約を締結すること、または、新たに労働協約を締結して就業規則等で定められた労働条件を不利益に変更すること）は、原則として有効であり、例外的に効力が否定される。

労働協約については第19章第５・２（807頁）でも説明している。

2　労働協約の締結による労働条件の変更の効力が及ぶ範囲

(1)　原則当該労働組合の組合員である労働者に及ぶ。

(2)　例外①ー組合員であっても効力が及ばない場合

ア　手続的瑕疵があるとき

労働協約を締結するにあたり、労働組合による組合員の意見集約が不公正・不十分である場合には、労働協約は無効となる。

中根製作所事件・東京高判平12.7.26労判789号6頁（最三小決平12.11.28労判797号12頁で上告棄却）は、53歳以上の月例給を23％減額するという不利益性の高い労働協約につき、組合大会の決議が存在しないことを理由に労働組合の協約締結権限を否定し、無効とした。

鞆鉄道事件・広島地福山支判平14.2.15労判825号66頁は、希望退職に応じなかった者につき、56歳に達した者は現行の基本給の30％減とし、57歳以降の者は57歳到達時点の基本給の30％減とする旨の新たな労働協約の効力について、本件労働協約の締結過程は主として組合の執行部が交渉に当たり執行部の権限で妥結に至ったことなどを指摘した上で、本件協約はその内容自体が不合理でこれを正当化する理由に乏しく、かつこのような重大な内容であるのに、これに見合った手続的正当性も不十分であることを理由に、その効力を否定した。

また、同事件の控訴審判決である広島高判平16.4.15労判879号82頁（最二小判平17.10.28労判904号98頁）は、本件労働協約の手続について、労働協約の締結は組合大会の決議事項とされているにもかかわらず、本件協約締結に当たって組合大会で決議されたことはなく、また、不利益を受ける立場にある者の意見を十分に汲み上げる真摯な努力をしているとも認められないから、本件協約は労働組合の協約締結権限に瑕疵があるとした上で、内容面についても、勤続年数や基本給の多寡を全く考慮せず、56歳以上の従業員の基本給を一律30％減額することについて合理性にないとして、その効力を否定した。

このように、特に大きな不利益をもたらす労働協約については、そこに正しく組合員の意見が反映されているか否かが手続的観点から厳しく検証されることになる。

イ　労働組合の目的を逸脱するとき

単に労働協約が労働条件を不利益に変更するものであるというだけでは規範的効力は否定されないが、それが「特定の又は一部の組合員を殊更不利益に取り扱うことを目的として締結されたなど労働組合の目的を逸脱して締結された」場合には、その特定の又は一部の組合員の労働条件に対する規範的効力は否定される（朝日火災海上保険（石堂）事件・最一小判平9.3.27労判713号27頁 判時1607号131頁。当該事件では肯定）。

(3)　例外②ー組合員以外にも効力が及ぶ場合

ア　労働協約の一般的拘束力

一の事業場に常時使用される同種の労働者の４分の３以上の数の労働者が一の労働協約の適用を受けるようになった場合、すなわち、ある事業場の４分の３以上の同種の労働者が一つの労働組合に加入している場合には、当該組合に加入していない他の同種の労働者に対しても、有利不利を問わず、当該労働協約の効力が及ぶ（一般的拘束力、労組法17条。一般的拘束力には、この事業場単位のもののほか、地域的な一般的拘束力（労組法18条）がある）。

労組法17条の趣旨について、朝日火災海上保険（高田）事件・最三小判平8.3.26民集50巻4号1008頁 労判691号16頁は、「主として一の事業場の４分の３以上の同種労働者に適用される労働協約上の労働条件によって当該事業場の労働条件を統一し、労働組合の団結権の維持強化と当該事業場における公正妥当な労働条件の実現を図ることにある」としている。

イ　一般的拘束力の限界①－少数組合員

一般的拘束力が及ぶのは、あくまで未組織の同種労働者（どの労働組合にも加入していない労働者）に限られ（前掲朝日火災海上保険事件・最三小判平8. 3. 26）、非組合員が他の労働組合に加入している場合には及ばない（ネスレ日本事件・東京地判平12. 12. 20労判810号67頁 判時1753号149頁等）。

我が国は、複数組合交渉代表制（労働組合は自己の組合員についてのみ団体交渉権をもつとともに、組合員がごく少数しかいなくても団体交渉権を認められるという制度。菅野『労働法』834頁）を採用しているため、他の少数組合員に対して労働協約の効力を及ぼすと、少数組合の団体交渉権を奪うことになりかねないからである。

ウ　一般的拘束力の限界②－著しく不合理である場合

非組合員が他の労働組合に加入していない場合であっても、「労働協約によって特定の未組織労働者にもたらされる不利益の程度・内容、労働協約が締結されるに至った経緯、当該労働者が労働組合の組合員資格を認められているかどうか等に照らし、当該労働協約を特定の未組織労働者に適用することが著しく不合理であると認められる特段の事情があるとき」は、一般的拘束力は否定される（前掲朝日火災海上保険（高田）事件・最三小判平8. 3. 26。この事件は、労働協約が適用されれば退職金額が大幅に減少する事案において、労働協約上、組合員資格がないものとされていたこと、代償金が明らかに不十分であること等より、特段の事情ありとして、一般的拘束力が否定された）。

第４　個別合意による労働条件の変更

1　合意原則とその限界

労使双方の個別合意によって労働条件を変更することは、合意原則に基づき当然に可能である。労働条件の変更について使用者から申込みがあった場合、労働者が承諾の義務を負うことはなく、もし、使用者の不当な圧力によって承諾の意思表示を強制された場合などには、錯誤無効（民法95条）、詐欺・強迫取消（民法96条）、公序良俗（民法90条）等の各規定に基づいてその効力を否定することができる。

ただ、労働条件の不利益変更について労働者の同意が得られたとしても、その合意内容が当該労働者に適用される労働協約と相反していれば合意は無効となり、労働協約に定める労働条件が適用される（規範的効力、労組法16条）。

同様に、合意内容が就業規則の定める労働条件を下回っている場合にも、就業規則の最低基準効によって合意は無効となる（労契法12条）。

2 合意の認定

労働条件の不利益変更に対する労働者の同意は、慎重かつ厳格に認定されるべきである。

就業規則の不利益変更は、労働者との合意がない場合に限って労契法10条による合理性審査に服するところ（労契法10条が前提とする同法９条は、「労働者と合意することなく」と定めており、これを反対解釈すれば、就業規則の不利益変更に労働者が同意した場合には、以後、当該労働者は当然に不利益変更後の就業規則に拘束されることになる）、安易に労働者の同意を認定すれば、労契法10条による合理性審査の不当な潜脱を認めることになりかねない。特に、賃金等の重要な労働条件の不利益変更についての合意は、より慎重かつ厳格に認定すべきである。

近時、退職金に関する労働条件の不利益変更に対する労働者の同意について、前掲山梨県民信用組合事件・最二小判平28. 2. 19民集70巻2号123頁 労判1136号6頁は、「使用者が提示した労働条件の変更が賃金や退職金に関するものである場合には、当該変更を受け入れる旨の労働者の行為があるとしても、労働者が使用者に使用されてその指揮命令に服すべき立場に置かれており、自らの意思決定の基礎となる情報を収集する能力にも限界があることに照らせば、当該行為をもって直ちに労働者の同意があったものとみるのは相当でなく、当該変更に対する労働者の同意の有無についての判断は慎重にされるべきである。そうすると、就業規則に定められた賃金や退職金に関する労働条件の変更に対する労働者の同意の有無については、当該変更を受け入れる旨の労働者の行為の有無だけでなく、当該変更により労働者にもたらされる不利益の内容及び程度、労働者により当該行為がされるに至った経緯及びその態様、当該行為に先立つ労働者への情報提供又は説明の内容等に照らして、当該行為が労働者の自由な意思に基づいてされたものと認めるに足りる合理的な理由が客観的に存在するか否かという観点からも、判断されるべきものと解するのが相当である（最高裁昭和44年(オ)第1073号同48年１月19日第二小法廷判決・民集27巻1号27頁〈シンガー・ソーイング・メシーン事件　編注〉、最高裁昭和63年(オ)第４号平成２年11月26日第二小法廷判決・民集44巻8号1085頁〈日新製鋼事件　編注〉等参照)。」との判断枠組みを示した上で、審理不尽により原審に差戻した。そして、差戻審である東京高裁平28. 11. 24労判1153号号5頁は、上記の判断枠組みに従い、「以上の点を考慮すると、管理職控訴人らは、本件同意書に署名押印をするに当たり、本件基準変更により管理職控訴人らに対する退職金の支給につき生ずる具体的な不利益の内容や程度についての情報提供や説明を受けていなかったというべきである。そうすると、管理職控訴人らは、本件基準変更に同意をするか否かについて自ら検討し判断するために必要十分な情報を与えられておらず、管理職控訴人らによる本件同意書への署名押印はその自由な意思に基づいてされたものとはいえないから、本件基準変更に対して管理職控訴人らが同意をしたとは認められない。」と判断した。

下級審裁判例も、賃金減額への労働者の同意の有無について、同様の観点から検討している。

例えば、ザ・ウィンザー・ホテルズインターナショナル事件・札幌高判平24.10.19労判1064号37頁は、当初約52万円であった基本賃金月額を、採用後約２年のうちに使用者が段階的に約22万円にまで引き下げ、その間、労働者は使用者からの賃金減額に関する説明に対し「ああ分かりました」と応答したり、抗議をすることなく賃金を受領していたりしたという事案において、「賃金減額の説明ないし提案を受けた労働者が、これを無下に拒否して経営者の不評を買ったりしないよう、その場では当たり障りのない応答をすることは往々にしてあり得る」として「ああ分かりました」とは「会社からの説明は分かった」という程度の趣旨に理解すべきでありこれをもって減額へ同意したとはいえないとし、さらに、抗議をすることなく賃金を受領していたことについても、「(不服がある場合には）職場での軋轢も覚悟した上で、…最終的には裁判手続をとることが必要になってくるが、そこまでするくらいなら賃金減額に文句を言わないで済ませるという対応も往々にしてあり得ることであり、そうであるとすれば、抗議もしないで減額後の賃金を11か月間受け取っていたのは事前に賃金減額に同意していたからであると推認することも困難である。」と判断した。

同様に、就業規則がない会社において給与を20％減額する個別合意の成否が争点となったNEXX事件・東京地判平24.2.27労判1048号72頁も、「労使間で黙示の合意が成立したということができるためには、使用者が提示した賃金額引下げの申入れに対して、ただ労働者が異議を述べなかったというだけでは十分ではなく、このような不利益変更を真意に基づき受け入れたと認めるに足りる合理的な理由が客観的に存在することが必要である」として、労働者が３年間にわたり減額後の給与を受領し続けていたとしてもそれによって減額への合意が成立したとはいえないと判断した。

また、シー・エー・ピー事件・東京地判平26.1.31労判1100号92頁は、賃金減額の合意の有無について、使用者側の主張する賃金減額の合意は書面化されておらず、かつ、書面化されていないことについて合理的な説明もないこと等を理由に、賃金減額の合意があったとは認められないと判断した。

このように、重要な労働条件の変更についての合意は、諸般の事情を総合考慮した上で慎重に認定され、黙示的な合意が認められるケースは非常に限られることに留意すべきである。

なお、労働者の同意の効力の有無を、それが自由意思によるものであることの合理的理由が客観的に存在するか否かによって決するという手法は、（既発生の）賃金・退職金の放棄や相殺合意に関するシンガー・ソーイング・メシーン・カムパニー事件・最二小判昭48. 1. 19民集27巻1号27頁 労判289号203頁 判時695号107頁、日新製鋼事件・最二小判平2. 11. 26民集44巻8号1085頁 労判584号6頁 判時1392号149頁に始まり、（将来の）残業代請求権の放棄に関するテックジャパン事件・最一小判平24. 3. 8労判1060号5頁 判時2160号135頁、妊娠・出産・育児休業の取得を契機とした降格処分への同意に関する広島中央保健生協（C生協病院）事件・最一小判平26. 10. 23民集68巻8号1270頁 労判1100号5頁、そして（将来の）退職金・賃金の減額に関する前掲山梨県民信用組合事件・最二小平28. 2. 19へと、適用場面が拡大されてきた。この法理の射程については議論があり『労働事件事実認定重要判決50選』は「本判決の判示に照らせば、その射程が労働関係以外の分野に直ちに及ぶとは解しがたいが、他方、その射程が労働関係のうち賃金以外の分野や労働条件の変更以外の分野に及ぶのかどうかは必ずしも明らかではない。本判決の射程については今後の議論が期待される。」としている（同書62頁）。さまざまな分野での活用を試み、また適用の可能性を予期しておくべきであろう。

また、この法理の適用対象となる同意の範囲とともに、適用される場合に、労働者への説明・情報提供の程度を重視して判断すべきか（前掲山梨県民信用組合事件・最二小判平28. 2. 19における具体的適用を重視するとそのように解する余地がある）、当該労働者の置かれた状態や不利益の程度をも重視して判断すべきか（上記最判が「自らの意思決定の基礎となる情報を収集する能力にも限界があること」のみならず「労働者が使用者に使用されてその指揮命令に服すべき立場に置かれており」をその理由として挙げ、考慮事項においても「当該行為に先立つ労働者への情報提供又は説明の内容等に照らして」の前に「当該変更により労働者にもたらされる不利益の内容及び程度、労働者により当該行為がされるに至った経緯及びその態様」を挙げていることからすればそう読む方が自然である）についても争いがあり、裁判例の蓄積を注視する必要があろう。

3 変更解約告知

変更解約告知とは、労働条件の変更ないし新たな労働条件での新契約締結の申込みを伴った従来の労働契約の解約告知（労働者が新労働条件を受け入れない場合には解雇するもの）のことである（荒木『労働法』397頁）。

これも合意に基づく労働条件変更の一手段であるが、その有効性については第８章第７（360頁）で検討する。

第５ 降格、配転等、人事考課による賃金の引下げ

1 賃金の引下げ事案の視点

近年、成果主義型賃金制度ないし成果主義的発想の広まりを受けて、労働者の能力・成果と賃金とを結びつけ、能力・成果が芳しくない場合には賃金や役職の引下げが行われるケースが増えている。

使用者による賃金引下げ措置を争う場合には、それが何を原因とするものなのかを正しく見定めることが最も重要である。原因ごとに、その措置の有効性の判断方法が異なるからである。

使用者による賃金の引下げ措置の主な原因としては、降格・配転または職務内容の変更に伴う場合、人事考課（個別査定）による場合が考えられる。

2 降格・配転による賃金の引下げ

⑴ 降格処分の種類・類型

ア　降格処分の種類

「降格」には、人事権の行使としてなされる場合と、懲戒処分としてなされる場合とがある。

イ　降格処分の類型

「降格」の具体的内容（類型）として、①職位・役職を引き下げる場合、②職能資格等級を引き下げる場合、③職務等級を引き下げる場合がある。

もっとも、当該事案における「降格」がどの類型に該当するのか不明確である場合も少なくない。そのため、降格の理由、使用者側が降格処分の根拠とする規定の有無・内容、降格処分に至る手続の流れ、降格処分後の処遇などから、いずれの類型であるかを特定する必要がある（上州屋事件・

東京地判平11.10.29労判774号12頁等)。

なお、複数の類型にまたがる場合もあり(賃金制度が職能資格と職務等級の両方の性質を備えている場合など)、その場合には、各類型における有効性の判断方法を融合させる。

(2) 降格・配転に伴う賃金の引下げ

ア 降格・配転に伴うに賃金の引下げの可否

(ア) 基本的な視点

降格に伴うに賃金の引下げは、上記①〜③のいずれの類型に該当するものであっても、基本的には、就業規則(賃金規程、等)において定められた賃金の体系と基準に従って行われることが必要である(菅野『労働法』682頁参照)。また、配転と降格が同時に行われ、降格によって賃金が引き下げられる場合には、配転のみならず降格の要件をも満たす必要があり、その要件を満たさない場合には、両者が一体となって無効となるとの見解が有力である(菅野『労働法』689頁)。

降格・配転が「基本給」等の減額を伴う場合には、処分の有効性は厳格に判断される。裁判例を見ると、後述のとおり、降格・配転自体が無効とされるケースと、降格・配転は有効であるがそれに伴う賃金減額は無効と判断される場合がある。

これに対し、就業規則上、職位・役職と「役職手当」が連動する旨が定められている場合には、降格自体が適法である限り、これに伴う役職手当の不支給措置も許されることになる(光輪モータース(賃金減額)事件・東京地判18.8.30労判929号51頁参照)。

(イ) 基本給等の減額を伴う降格・配転が有効とされたケース

アメリカンスクール事件・東京地平13.8.31労判820号62頁は、「施設管理部長」であった原告に対する、出入り業者からの金品授受を理由とする基本給の減額(月額59万8008円が55万4189円への4万3819円の減額)を伴う2階級下の「アシスタントマネージャー」への降格処分について、処分の理由及び相当性があり、人事権行使の濫用・逸脱はなく有効であるとした。

星電社事件・神戸地平3.3.14労判584号61頁 判タ771号139頁は、「部長職」であった原告に対する、飲酒運転による免許停止処分等を理由とする2割近くの月額給与減額を伴う「一般職」への降格処分について、人事権行使の濫用はなく有効であるとした。

エクイタブル生命保険事件・東京地判平2.4.27は、「営業所長」であった原告らに対する、営業所の業績不振、能力不足を理由とする基本給の減額を伴う「所長代理」への降格処分について、役職者の任免は使用者の人事権に属する事項であって使用者の自由裁量に委ねられており、本件では裁量権の逸脱はなく有効であるとした。

Ｌ産業（職務等級降級）事件・東京地裁平27. 10. 30労判1132号20頁は、「マネジメント職」であるチームリーダーが別のチームのチームリーダーに異動になった後に当該チームが解散したこと等を理由に一般職の「医療職」へ配転され、それに伴うグレード格下げ（職務等級の引下げ）により基本給及び賞与の減額（年収ベースで4.5％から5.9％程度の減収）がなされた事案で、「本件人事発令には業務上の必要性が認められ，他の不当な動機・目的を持ってされたものであると認められない一方，これに伴うグレードの変更と基本給及び賞与の減額等を勘案しても，原告に生じた不利益が通常甘受すべき程度を超えるものとはいい難い」として、人事権の濫用はなく有効であるとした。

(ウ)　役職手当の不支給を伴う降格が有効とされたケース

東京都自動車整備振興会事件・東京高判平21. 11. 4労判996号13頁は、「副課長」であった原告に対する、不適切な窓口対応等を理由とする役職手当（3862円）の不支給を伴う「係長」への降格処分について、「本件降格処分は，副課長から１ランク下の係長に降格するだけのもので，役職手当上の不利益もわずか本給額の１パーセント（3862円）の違いにすぎないこと等を総合すると，控訴人が本件降格処分をしたことにつき，裁量権の逸脱又は濫用があるとは認め難い」として有効であるとした。

(エ)　降格・配転自体が無効とされたケース

医療法人財団東京厚生会事件・東京地判平9. 11. 18労判728号36頁は、「婦長」であった原告に対する、勤務予定表の紛失を理由とする役職手当（５万円）の不支給を伴う「平看護師」への降格処分について、勤務予定表の紛失によって具体的な損害は発生していないことなどを指摘して、業務上の必要があるとはいえず、人事権の裁量を逸脱しており無効であるとした。

近鉄百貨店事件・大阪地判平11. 9. 20労判778号73頁は、「部長待遇職」であった原告に対する、４万8000円の賃金減額を伴う「課長待遇職」への降格処分について、管理職から非管理職への降格について使用者の裁量は（管理職内での降格と比較すれば）狭く解するべきである旨を指摘して、人事権の裁量を逸脱・濫用した違法なものであるとした。

ハネウェル・ターボチャージング・ジャパン事件・東京地判平16.6.30労判879号37頁は、「営業担当取締役」であった原告に対する、「営業担当取締役」就任から6か月後になされた「営業部長」への第1次降格処分、その後の「営業部署主管」（課長職）、「翻訳業務」、「試作管理課」（現業職）への第2次～第4次降格処分及びこれらに伴う4回の減給処分（4回通算で約5割の減額）について、上記6か月の期間に原告の営業成績は特段問題となる点は見当たらないことなどと指摘して、いずれも人事権を濫用したものであり無効であるとした。

イセキ開発工機事件・東京地判平15.12.12労判869号35頁は、新たな人事評価制度の導入に伴い、「主事」から「一般職2級」への降格、約31%の減給とされた原告への処分について、原告は新人事評価制度の導入に先立ち「現有資格のレベルは概ね満足できる」との評価（B評価）を8年連続で受けていたことなどを指摘して、旧制度における能力考査の方法を著しく逸脱しており、権利濫用であり無効であるとした。

日本ガイタント事件・仙台地判平14.11.14労判842号56頁は、退職勧奨の後になされた給与等級の2段階引き下げ（約50%の賃金減額）を伴う「営業職」から「事務職」への配転命令について、労働者が退職に応じないために本件配転命令を発することとなった経緯が明らかであると指摘した上で、本件配転命令には客観的合理性がなく、給与等級の引下げも含めて、本件配転命令全体が無効であるとした。

㈭　降格・配転は有効であるが賃金減額は無効とされたケース

CFJ合同会社事件・大阪地判平25.2.1労判1080号87頁は、ジョブグレード制の下で「主任」から「一般職」への降格がなされた事案で、降格自体は有効としつつも、「被告のジョブグレード制度に基づき，基本給の減額が認められるためには，給与規程によって「基本給（部長職以上は，月例給）は，Job　Grade別に月額で定める。」と定めるだけでは足りず，具体的な金額やその幅，適用基準を明らかにすべきである。しかし，上記のとおり，被告においては原告ら従業員にその内容を明らかにしていない。……原告も本件降格により約10万円もの減額を受けていることにも鑑みれば」基本給の減額は，人事権の濫用として許されないとした。

スリムビューテイハウス事件・東京地裁平20.2.29労判968号124頁は、「部長1級」から直近の下位職である「次長1級」への降格は有効としつつも、会社の賃金体系の全体を明らかにする資料が証拠提出されておらず減額の客観性及び合理性が主張・立証されていないこと、年俸にして約450万円（従前の年俸額の４割超）の減額は減額幅としては過大にすぎること等を指摘して、賃金減額は無効であるとした。

デイエフアイ西友事件・東京地決9. 1. 24労判719号87頁 判時1592号137頁は、もともと社長付スペシャル・アシスタントとして採用され、その後「商品部のバイヤー」として勤務していた従業員に対する「バイヤーのアシスタント」への配転と年収ベースで約360万円（４割超）の賃金減額がなされた事案で、配転と賃金は別個の問題であり、使用者は、より低額な賃金が相当であるような職権への配転を命じた場合であっても、特段の事情のない限り、賃金については従前のままとすべき契約上の義務を負っているとして、賃金減額は無効であるとした（但し、保全の必要性が否定され、賃金仮払いの申し立ては全部棄却。）。

東京アメリカンクラブ事件・東京地平11. 11. 26労判778号40頁は、等級号俸制の賃金体系の下で「電話交換手」から「洗い場」への職種変更（配転）に伴う賃金減額（月額で約５万円（14％超）の減額）がなされた事案で、職種変更（配転）に関する合意は有効であることを前提としつつ、「被告としては、等級号俸を関連づけて基本給を決定しようとしてきたことが窺えるものの、……厳密には全職名と等級号俸とは関連づけられておらず、また、従業員の受ける不利益を考慮したり、従業員との合意に基づいたりして、等級号俸制を弾力的に運用してきたものというべきであり、職務の変更に伴い当然に変更された等級号俸を適用しているということはできず、職種の変更と基本給の変更は個別に当該従業員との間で合意され、決定されてきたものといわざるをえない。」として、賃金減額は無効であるとした。

後掲のコナミデジタルエンタテインメント事件・東京高判平23. 12. 27労判1042号15頁も、職務変更（配転）は有効であることを前提としつつ、それに伴う職務等級（役割グレード）の引下げ及び賃金減額（年収で120万円（18％超）の減額）は無効であるとした。

イ　職位・役職を引き下げる場合（上記①の類型）

例えば、営業所長を営業所の成績不振を理由に営業社員に降格する場合や、勤務成績不良を理由として部長を一般職へ降格する場合である（菅野『労働法』682頁）。

職位・役位の引き下げる降格自体の可否については、使用者は、労働契約上当然に、組織内における労働者の具体的配置を決定・変更する広範な人事権を有していることから、就業規則等の具体的な根拠規定がなくとも、人事権の行使として職位・役職を変更（低下）することができ、それが違法となるのは、権利濫用（労契法３条５項）となる場合に限られる（後掲上州屋事件・東京地判平11.10.29労判774号12頁）。人事権の濫用となるのは、①労働者の人格権を侵害する等の違法・不当な目的・態様をもってなされた場合、又は、②使用者側における人事権行使の業務上・組織上の必要性の有無・程度、労働者がその職務・地位にふさわしい能力・適性を有するかどうか、労働者の受ける不利益の性質・程度等の諸点から、使用者に委ねられた裁量権に逸脱がある場合である（バンク・オブ・アメリカ・イリノイ事件・東京地判平7.12.4労判685号17頁）。ただし、労働契約上、職位・役職が特定されている場合には、労働者の同意なくして降格させることはできない（解雇を検討することになる）。『類型別労働関係訴訟の実務』は、ハネウェルジャパン事件・東京高判平17.1.19労判889号12頁を引用して「人事権の行使が、考慮すべき事実を考慮せず、考慮すべきでない事実を考慮してなされた等使用者の裁量の範囲の逸脱又は濫用が認められる場合には、降格が人事権の濫用として無効となる場合があると考えられる。」としている（同書60頁）。

もっとも、上述のとおり、職位・役職を引き下げる降格が有効とされる場合であっても、それに伴うに賃金の引下げは、就業規則（賃金規程、等）において定められた賃金の体系と基準に従って行われることが必要である。

ウ　職能資格等級を引下げる場合（上記②の類型）

(ア)　職能資格制度とは

職能資格制度とは、企業における職務遂行能力を職掌として大くくりに分類したうえ、各職掌における職務遂行能力を資格とその中でのランク（級）に序列化したものである（菅野『労働法』413頁）。ここでいう職務遂行能力とは、財務や営業などの個々の職務ではなく、多様な職務に広く通用する、管理・指導業務、定型・補助業務などといった一般的・抽象的な職務の遂行能力を意味する（山川隆一『雇用関係法（４版）』93頁、新世社、2008年）。この能力は、勤続によって蓄積されていく性質のもの（保有能力）であることが暗黙の前提とされているため、いったん蓄積された能力が下がるということは想定されていない（菅野『労働法』415頁）。

多くの場合、個々の資格等級と基本給の額とを連動させる形で賃金制度として導入されている。

この職務資格制度の下での昇級・昇格は、従前、職場の集団主義のなかで年齢・勤続年数を主要な基準として年功的に運用されてきたとされている（菅野『労働法』414頁）。

当該企業における賃金制度が職能資格制度であるか否かが争点となる場合があるが、その賃金制度が、企業内部で積み重ねられた経験、技能によって一定水準に到達したことに基づいて毎年昇格するという構造になっている場合や、賃金等級が担当職務の内容ではなく、労働者個人の能力・経験といった属人的な要素に着目して設定されている場合には、職能資格制度であるとの認定に傾く（学校法人聖望学園ほか事件・東京地判平21.4.27労判986号28頁参照）。

(イ)　職能資格制度における資格等級の引下げ

職能資格制度における資格等級の引下げは、すなわち職務遂行能力の低下を意味するが、上述のとおり、そもそも職務遂行能力は蓄積されていくものであって、それが低下するということは制度上、予定されていないこと、また、資格等級の引下げは基本給の低下をもたらすことから、労働者の合意があるか、もしくは就業規則上、使用者に引下げ権限が明確に与えられている場合（例えば、就業規則に「職務遂行能力を評価して、当該資格要件を満たさなくなった場合は、降格を行うことがある」との規定がある場合。土田『労働契約法』407頁）に限り可能である。

裁判例を見ると、資格等級の引下げ又はそれに伴う減給措置が無効とされたものとして、アーク証券事件・東京地決平8.12.11労判711号57頁判タ949号132頁は、職能資格や等級を見直し、これらを一方的に引き下げる措置を実施するには、就業規則等における職能資格制度の定めにおいて、資格等級の見直しによる降格・降給の可能性が予定され、使用者にその権限が根拠づけられていることが必要であるとした上で、就業規則変更でそれまではなかった昇減給規定を設けた事案で、就業規則変更前は減給の根拠がなく、就業規則変更の高度の必要性及び合理性の疎明がないから本件減給措置は無効である、としている。また、マルマン事件・大阪地平12.5.8労判787号18頁は、「職能」資格とは労働者が一定期間勤続し、経験・技能を積み重ねたことにより得たものであり、本来引き下げられることが予定されたものではなく、これを引き下げるには、就業規則等にその変更の要件が定められることが必要であるとした上で、本件では就業規則には懲戒処分としての降格の規定が存在するが、降格通知書を見てもその根拠規定が明らかでないため無効である、としている。

一方、資格等級の引下げ又はそれに伴う減給措置が有効とされたものとして、上州屋事件・東京地判平11.10.29労判774号12頁は、釣り具チェーン店の「店長」であった原告に対して流通センター流通部への異動（配転）と職務等級を五等級から四等級への降格及び職能給1万0300円、役職手当7万8000円の各減額がなされた事案で、原告の接客態度に問題があったことや原告が日常的にルーズな金銭処理を行っていたことなどを指摘した上で、会社側が原告を店長として不適格と判断し、金銭を取り扱わず、接客業務もない流通センターへ異動させたことには合理的な理由があり、また、本件降格異動に伴い原告の給与は職能給と役職手当を併せて約9万円の減給となるが、職務等級にして一段階の降格であることや原告の店長としての勤務態度に照らせばやむをえないものであり、本件降格異動は権利の濫用には当たらず有効である、としている。

マナック事件・広島高平13.5.23労判811号21頁は、同僚の前で経営陣を批判する発言等を大声でする事件を起こした業務課主任が勤務成績不良を理由に監督職の4級から一般職の3級に降格された事案で、本件会社では職能資格等級が採用されているものの、職務等級規程上、降格の要件が定められていること、年功序列的な昇進とはなっていないこと等を指摘した上で、会社側は従業員が各級に該当する能力を有するか否かを判断するにつき大幅な裁量権を有しているとした上で、上記事件前の評定においても監督職としての能力に疑問を示す評価がなされていることや上記事件が監督職にある従業員の能力評価において問題とされてもやむを得ないことなどを指摘して、本件降格は有効である、としている。

ブーランジェリーエリックカイザージャポン事件・東京地判平26.1.14労判1096号91頁は、「ゼネラルマネージャー」であった原告についてセクハラ等の不適切な行為があったことを理由に「業務部マネージャー」への降格と、それに伴う職務手当（役職手当）及び職能給の切下げによる約22万円の賃金減額がなされた事案で、会社側が指摘するすべてのセクハラ行為が認定できるわけではないが、複数の女性従業員の羞恥心を害するセクハラ行為を行ったことが認められること等を考慮すれば、原告に会社業務全般を統括する地位にある者としての適格性が欠けるとした会社側の判断に裁量の逸脱は認められず、本件降格及び賃金減額は有効である、としている。

エ　職務等級を引き下げる場合（上記③の類型）

(ア)　職務等級制度とは

前述のとおり上記の「職能資格制度」は実際には年功的に運用されてきたものであるが、近時では、これに替わり、成果主義型に近い賃金制度として、「職務等級制度」（「役割グレード制度」、「ジョブ･グレード制」等と呼ばれることもある）が外資系企業等を中心に広まりつつある。職務等級制度とは、労働者の能力（勤務年数によって蓄積された能力）ではなく職務内容に着目する制度であり、企業内の職務を職責の内容・重さに応じて等級（グレード）に分類・序列化し、等級ごとに賃金額の最高値、中間値、最低値による給与範囲（レンジ）を設定するものである（菅野『労働法』417頁）。

職務等級制度では、賃金（基本給、職務給）は職務等級に連動して決定されるため、職務等級の引下げ（降格）が賃金の減額に直結することになる（土田『労働契約法』408頁）。

(イ)　職務等級制度における職務等級の引下げ

職務等級制度では、職能資格制度とは異なり、もともと制度上、職務等級の変更が予定されていることから、職務等級の引下げも、当該制度の枠組み（規程）のなかでの人事評価の手続と決定権に基づき行われるかぎり、原則として使用者の裁量的判断に委ねられ（菅野『労働法』683頁）、それが違法となるのは、権利濫用（労契法３条５項）となる場合に限られる。

職務等級制度における職務等級の引き下げの有効性が争われたケースはまだ少なく、権利濫用該当性に係る判断手法は必ずしも確立されていないが、基本的には、(i)労働契約上の使用者の降格・配転及びこれに伴う賃金減額に係る権限の有無（就業規則上の定めの有無、職種限定の合意の有無など）、(ii)権限がある場合の降格・配転事由該当性及び権利濫用該当性（労契法３条５項）という枠組みで判断される（土田『労働契約法』409頁参照）。

実際の権利濫用該当性の判断においては、職務等級の引下げは賃金の減額に直結することから、より厳格に判断する必要があるとの見解が有力である（土田『労働契約法』409頁、430頁参照）。

(ウ)　権利濫用該当性の判断

まず、労働契約上の使用者の降格・配転及びこれに伴う賃金減額に係る権限の有無（上記(i)）については、就業規則等により制度上、明示的な根拠規定をもって定められている必要がある。労働契約上、職務が特定されている場合には当然に否定される。

コナミデジタルエンタテインメント事件・東京高判平23. 12. 27労判1042号15頁は、役割グレード制の人事制度をとり、賃金体系は年俸制である会社で、産休・育休から復職した女性社員に対する、職務変更（配転）に伴う職務等級（役割グレード）の引下げ（Ｂ－１からＡ－９）及び賃金減額（役割報酬を50万円減額、成果報酬をゼロと査定し、全体で120万円（18％超）の減額）について、「役割報酬の引き下げは、……就業規則や年俸規定に明示的な根拠もなく、労働者の個別の同意もないまま、使用者の一方的な行為によって行うことは許されないというべきであり、そして、役割グレードの変更についても、そのような役割報酬の減額と連動するものとして行われるものである以上、労働者の個別の同意をとることなく、使用者の一方的な行為によって行うことは同じく許されないというべきであり、それが担当職務の変更を伴うものであっても、人事権の濫用として許されない」として、権利濫用該当性を認めている（もっとも、同判決は、「少なくともＡクラスとＢクラスの間には質的な違いがあり、いわば職能資格制度の下で考えられている一種の階層的な要素も含まれているものと理解する余地がある」と判示しており、上記判示はその後になされているので、純然たる「職務等級の引き下げ」の裁判例として扱えるかは注意を要する）。

また、就業規則上、配転に伴う職務の変更を理由とする賃金減額の根拠となる規定が存在する場合であっても、かかる規定が有効となるためには、配転による仕事内容の変化と給与減額の程度が合理的な関連性を有し、また給与減額の程度が適切な考査に基づいた合理的な範囲内にあると評価できることが必要であるとされている（日本ドナルドソン青梅工場事件・東京地裁八王子支部平15. 10. 30労判866号20頁、東京高裁平16. 4. 15労判884号93頁）。

『類型別労働関係訴訟の実務』は、マッキャンエリクソン事件・東京地判平18. 10. 25労判928号5頁 判タ1250号158頁を引用して「当該降級について、それを正当化できるほどの勤務成績の不良が認められず、退職誘導などの他の動機が認められるような場合には、人事評価権を濫用したものとして、降級は無効となりうる。」としている（同書61頁）。

次に、権利濫用該当性（上記（ⅱ））については、降格・配転を行うべき業務上の必要性の他、賃金減額の幅や程度など労働者の不利益の程度を踏まえて、人事評価制度自体の合理性・相当性・公平性やそれに基づく評価の相当性などから判断される。

裁判例を見ると、権利濫用を肯定したものとして、プロクター・アンド・ギャンブル・ファー・イースト・インク事件・神戸地裁平16. 8. 31労判880号52頁 判タ1179号221頁は、職務に応じて５段階のバンドとそれに対応する給与レンジ（上限及び下限）が定められている制度（ジョブ・バンド制度）で、バンド３の労働者に対して担当していた業務がなくなったとして退職勧奨を行い労働者がこれを拒否するとバンド１に下げて社内で職務を探すことを命じ、労働者がさらにこれを拒否すると別の部署への配転を命じるとともにバンド２として、配転及びこれに伴うバンド格下げ（職務等級の引下げ）の効力が争われた事案で、本件配転命令は労働者にバンドの低下という不利益を与えるものであることを考慮すると、「業務上の必要性については厳格に考えるべきである」とした上で、結論として権利濫用該当性を認め、配転命令は無効であると判断した。

一方、権利濫用を否定したものとして、前掲Ｌ産業（職務等級降級）事件・東京地裁平27. 10. 30労判1132号20頁は、「マネジメント職」であるチームリーダーが別のチームのチームリーダーに異動になった後に当該チームが解散したこと等を理由に一般職の「医療職」へ配転され、それに伴うグレード格下げ（職務等級の引下げ）により基本給及び賞与の減額（年収ベースで4.5％から5.9％程度の減収）がなされた事案で、前掲のコナミデジタルエンタテインメント事件・東京高判平23. 12. 27労判1042号15頁等とは異なり、配転とそれに伴うグレード格下げの効力を一体的に判断し、配転の権利濫用該当性に関する東亜ペイント事件判決（最小二判昭61. 7. 14労判477号6頁）を引用した上で、「本件人事発令にあっては，……担当業務の変更が命じられたものであり，これに伴う給与規則所定のグレードの変更についても，担当職務の変更と一体のものとして，業務上の必要性の有無，不当な動機・目的の有無，通常甘受すべき程度を著しく超える不利益の有無等について検討し，人事権の濫用となるかどうかという観点からその効力を検討するのが相当である」として、年俸で4.5～5.9％の減俸となるが管理職を離れてその職務内容・職責に変動が生じていることも勘案すれば原告に生じた上記減収程度の不利益をもって通常甘受すべき程度を超えているとみることはできないとして権利濫用該当性を否定し、配転命令の有効性を認めている。

住友スリーエム（職務格付け）事件・東京地平18. 2. 27労判914号32頁は、

従前、職能資格制度及び年功序列的な賃金制度を採用していた会社で、職務に基づく処遇制度を導入することによりグローバル化を図ること等を目的として新人事処遇制度（職務を格付けするジョブグレード制度）へ移行する際、ジョブグレード８に格付けされた従業員がジョブグレード９の格付け（主任格）にあることの地位確認を求めた事案で、会社が原告をジョブグレード８と格付けたことについて、各評価基準に照らして相当であり、人事権の濫用はない、としている。

(3)　懲戒処分としての降格

懲戒処分としてなされた降格は、他の懲戒処分と同じく、就業規則上、その根拠規定があるか、懲戒権の濫用（労契法15条）にあたらないか、という観点からその有効性が判断される（詳しくは、第５章第２（197頁～）参照）。

3　人事考課による賃金の引下げ

成果主義的発想の広まりにより、人事考課と賃金（基本給）とを連動させる賃金制度を導入する企業が増えている。

裁判例では、人事考課による賃金の引下げが許容されるのは、

①　就業規則等による労働契約に、降給が規定されていること。

②　降給の仕組み自体に合理性と公正さがあること。

－1　降給が決定される過程に合理性があること。

－2　その過程が従業員に告知されてその言い分を聞く等の公正な手続が存すること。

③　降給の仕組みに沿って降給措置が採られていること。

④　個々の従業員の評価の過程に、特に不合理ないし不公正な事情が認められないこと。

を満たす場合であるとされている（エーシーニールセン・コーポレーション事件・東京地判平16. 3. 31労判873号33頁）。

『類型別労働関係訴訟の実務』は、使用者に査定の裁量があることを指摘した上で「このような裁量も使用者や査定権者にまったくの自由を認めるものではなく、公正かつ客観的な人事考課制度に基づいて公正な査定を行うことが求められるのであって、はなはだ抽象的な定めがおかれるなど、査定の基準や手続が不明確にすぎるときは、当該人事考課制度自体が公正性、客観性に乏しいものとされ、これに基づく査定も裁量権の濫用として違法とされる結果になることがあり得よう。当該労働者に関する事情を理由として差別的な査定が行われた場合にも、査定は違法とされ得る。」としている（同書63頁）。

このように、人事考課制度の合理性・公正さ（決定手続の相当性）が重視されるという点が重要である。合理性・公正さは、使用者の恣意的判断を排除できるような制度設計になっているか、また、人事考課の過程で従業員の意見が反映される仕組みになっているか、という観点から判断される。

損保ジャパンほか（人事考課）事件・東京地判平18.9.13労判931号75頁は、人事考課制度の下での低位査定が争われた事案で、原告が不当であると主張した期間の人事考課について、いずれも具体的根拠に基づいて行われたものであり、かつ、第1次考課者だけでなく第2次考課者や地区本部も同意見であったのであり、考課は業績だけでなく,職務上の交渉相手や関連組織との人的関係や職場内での協調性など、数字で表せない要素も総合して行われるものであるところ、本件で原告に対する各考課が考課者に付与された裁量を逸脱濫用するものとまでは認められない、とされた。

4　年俸制の場合の賃金額の決定と変更

使用者による業績評価をめぐる紛争は、年俸制（賃金の全部または相当部分を労働者の業績等に関する目標の達成度を評価して年単位に設定する制度。菅野『労働法』419頁）を導入している場合の、次年度の年俸額を決定する場面でも生じやすい。

無期労働契約において次年度の年俸額の合意が成立しない場合に、使用者が一方的に年俸額を決定できるのは、年俸額決定のための成果・業績評価基準、年俸額決定手続、減額の限界の有無、不服申立手続等が制度化されて就業規則等に明示され、かつ、その内容が公正なものである場合に限られるとする裁判例がある（日本システム開発研究所事件・東京高判平20.4.9労判959号6頁）。この事件では、就業規則上の根拠規定の不存在を理由に使用者の一方的な年俸決定権を否定し、前年度の年俸額をもって次年度の年俸額と結論づけられた。使用者の評価決定権は、目標の設定とその評価に関する公正な手続及び苦情処理の手続とともに就業規則で制度化されていることが必要である（菅野『労働法』419頁）。年俸制は成果主義を徹底させた制度であるから、人事考課の公正さが必須の要件となり恣意的な年俸額決定は人事権の濫用となるとの指摘もある（土田『労働契約法』303頁）。

年俸制において、使用者が年度の途中で、当該年度の年俸額を一方的に引き下げることは当然にできない（１年間の期間の定めのある雇用契約において年俸額を合意によって確定した場合、その後に使用者が賃金規程を変更したとしても、その合理性の有無にかかわらず、一方的な減額は許されないとした裁判例として、シーエーアイ事件・東京地判平12.2.8労判787号58頁。菅野『労働法』419頁)。

第6 労働条件切下げに関する相談への対応

1 切下げの根拠の確認

以上のとおり、労働条件切下げには、使用者が一方的に行う場合と、労働者の同意を得て行う場合がある。そして、使用者による一方的切下げは、就業規則の変更による場合、労働協約の締結による場合、降格等の個々の労働者に対する処分による場合、人事考課による場合など様々である。

そのため、労働者側から相談を受け場合、まずは、相談者から詳細に事情を聴取し、切下げに根拠があるか、また、根拠がある場合には、何を根拠としてなされているのかをよく確認し、見極める必要がある。

他方、使用者側から相談を受けた場合には、後述のとおり、降格処分又は減給処分等の有効性が争われ訴訟となった場合、実務上、使用者側には人事考課の結果のみならずその裏付けとなる具体的事実についても主張立証が求められることを踏まえて、人事考課の妥当性を裏付ける事実について詳細に事情を聴取しておく必要がある。

2 手続の選択

降格等の個々の労働者に対する個別的処分の効力を争う場合は、労働審判手続に馴染みやすい。

これに対し、就業規則の変更の合理性など、判断要素が多岐にわたる場合や裁判の結果が他の従業員にも広く影響する可能性が高い場合、また、人事考課を争うなど判断の前提として広範囲な事実経緯を検討する必要がある場合などは、基本的には労働審判よりも通常訴訟の方が適しているといえる。

また、基本給の引下げなど、労働者の生活そのものが脅かされかねない場合には、賃金仮払いの仮処分の申立ても検討すべきである。

3 労働者が労働条件の引下げに同意している場合

労働者側から相談を受け場合、ある労働条件の引下げに相談者がすでに同意している場合であっても、その同意の意思表示に瑕疵がある場合には、無効を主張する余地がある(民法95条、96条)。また、引下げに同意した労働条件が賃金である場合には、相談者の同意が「自由な意思に基づいてなされたと認められる客観的状況」の下でなされたかどうかを検証し、かかる状況の下でなされたとはいえない場合には、同意の存在を争う余地がある。

また、同意後の労働条件が就業規則や労働協約の定める労働条件を下回っている場合には、同意は無効となるから（労契法12条、労組法16条）、就業規則や労働協約の定める労働条件に基づく請求が可能となる。

他方、使用者側から相談を受けた場合には、たとえ労働者の同意を得ているとしても、前掲山梨県民信用組合事件・最二小判平28. 2. 19民集70巻2号123頁労判1136号6頁の判示内容なども踏まえて、賃金等の引き下げについて客観的かつ合理的な理由が存在するといえるかを予め検証しておく必要がある。

4　請求の方法

(1)　就業規則の不利益変更の合理性を争う場合

変更前の就業規則が定める基準に基づいて算出した賃金と、変更後の就業規則が定める基準に基づいて実際に支給された賃金との差額を請求することが多い。

(2)　降格処分の有効性を争う場合

降格処分の無効確認請求は、過去の法律行為の効力を確認するものであるため、確認の利益が否定される。また、降格処分前の職位（○○部長など）たる地位の確認請求についても、実務の大勢は特別な場合でない限り労働者の就労請求権を認めていないため、このような特定の職位で就労する権利の確認請求も原則として否定される（住友スリーエム（職務格付け）事件・東京地判平18. 2. 27労判914号32頁参照、『労働事件審理ノート』86頁参照、確認の利益については、第１部第３・３(3)ア（８頁）も参照）。

もっとも、賃金体系上（退職金制度を含む）、労働契約上の地位と賃金とが様々な部分で関連し合っており、一定の地位にあることが確認されることによって初めて紛争全体が解決されるような場合には、「○○部長たる労働契約上の地位の確認」や「職能資格○級の労働契約上の地位の確認」を求める請求についても、確認の利益が認められる（降格前の地位確認請求の確認の利益を認めた事例として、マッキャンエリクソン事件・東京地判平18. 10. 25労判928号5頁判タ1250号158頁（「給与等級７級の労働契約上の地位を有すること」の確認）、スリムビューテイハウス事件・東京地判平20. 2. 29労判968号124頁（「次長１級としての労働契約上の地位を有すること」の確認）、学校法人聖望学園ほか事件・東京地判平21. 4. 27労判986号28頁（「給与規程別表１「教員新給与表」の４級

12号給の本給及び当該本給額を前提とする業務手当及び教職調整額の支払を受ける地位にあること」の確認)、大阪府板金工業組合事件・大阪地判平22.5.21労判1015号48頁（「被告の事務局長代理の地位にあること」の確認)、コアズ事件・東京地判平24.7.17労判1057号38頁（「被告の営業開発部長として、雇用契約上の権利を有する地位にあること」の確認)、ノースアジア大学（本訴）事件・秋田地判平24.10.12労判1066号48頁（「被告ａ学部ｂ学科の准教授たる雇用契約上の権利を有すること」の確認）参照)。

前掲のマッキャンエリクソン事件・東京地判平18.10.25は、管理職（給与等級７級）から非管理職（給与等級６級）への降級処分の有効性が争われた事案で、「原告の求めている給与等級７級の地位にあることの確認請求は、単に差額賃金だけを決める指標にとどまらず、より広い被告における待遇上の階級をも表す地位の確認を求めていると解することができる。そうだとすると、…差額賃金の請求に加え、給与等級７級の地位にあることの確認を求めることには正当な理由があり、あえて、当該地位確認請求を求める法的な利益がないということは困難である。」として、原告が「給与等級７級の労働契約上の地位を有すること」について確認の利益を認めた。

また、全国社会保険協会連合会事件・東京地裁平21.4.30ウエストロー・ジャパンは、「職位は、当該職位に基づいて付与される賃金体系、手当、旅費等の待遇上の階級の表す地位として捉えることが可能なことがあり、降任又は降格を争う労働者は、かかる待遇上の格差を問題として、降任・降格前の職位に基づく賃金体系、手当、旅費等の待遇を求めていることがあるから、かかる場合には、当該職位にあることの確認を求める訴えについては、確認の利益があると認めるのが相当である」として、原告が「被告の運営する社会保険相模野病院の放射線部技師長であり、医療技術４級の地位にあること」について確認の利益を認めた（ただし、結論として降任・降格処分は有効とされている)。

『労働事件審理ノート』は、このような場合に一定の賃金額の支払を受ける雇用契約上の地位も訴訟物に加えたときの請求の趣旨例として「原告が、被告に対し、○○部門○○部○○課長（または被告の定める資格○級）であり、かつ月額基本給＊＊円（及び職務手当＊＊円）の支払を受ける地位にあることを確認する」を挙げている（同書86頁)。

このほか、降格処分前後の賃金差額を未払賃金として請求する方法や、降格処分を不法行為と捉えて差額賃金相当額の損害賠償請求をする方法が考えられる。

⑶　人事考課の相当性を争う場合

降格処分と同じく、人事考課前後の賃金差額を未払賃金として請求する方法や、人事考課を不法行為と捉えて損害賠償請求をする方法が考えられる。不当査定は、人事考課規程等に基づき正当に査定される労働者の利益の侵害と捉えうる（マナック事件・広島高判平13.5.23労判811号21頁参照）。

5　訴訟上の留意点

賃金切下げ、特に降格に伴う賃金切下げを争う訴訟においては、昇格・降格に関わる人事制度・賃金制度が企業毎に異なり煩雑であることや関連する裁判例の読解もそれに応じて容易ではないこともあり、主張立証が錯綜・混乱しがちである。本章第５・１及び第６・１でも述べたように、問題としている降格が何に基づくものか（職位の引き下げか、職能資格等級の引き下げか、職務等級の引き下げか）、降格と賃金切り下げは切り離せるのか不可分なのか、降格が違法なのか賃金切り下げが違法なのか、違法の理由は何か（就業規則等の根拠がないのか、降格・降給事由に該当しないのか、人事権の濫用なのか）などを意識して、主張を組み立てるべきである。

『労働関係訴訟の実務』は、実務上散見される主張立証上の問題点として、労働者側では、五月雨的な人事権濫用の考慮要素の主張立証、不当な動機を基礎づける具体的な事実の主張立証の欠如、降格に伴う賃金の減額について降格の違法無効事由を主張するだけで賃金減額の違法無効事由を明確にしない主張など、使用者側では、労働者の適正配置等の事実に関する的確な主張立証の欠如、降格に伴う賃金の減額について契約上の根拠（賃金制度の内容等）を明確にしない主張などを指摘している（同書186頁、188頁）。

降格処分等の前提となる人事考課（目標管理シート、能力評価表等による勤務評価）の妥当性については、裁判実務上、使用者側には能力評価表等による評価結果のみならず個々の能力評価の裏付けとなる具体的な事実についても主張立証することが求められている（マッキャンエリクソン事件・東京高判平19.2.22労判937号175頁 判タ1250号158頁、TBCグループ（減給等）事件・東京地判平26.10.15労判1111号79頁参照）。

前掲マッキャンエリクソン事件・東京高判平19.2.22は、「本件降格処分が有効であるというためには、控訴人は、根拠となる具体的事実を挙げて、本人の顕在能力と業績が、本人が属する資格（＝給与等級）に期待されるものと比べて著しく劣っていることを主張立証することを要する」としている。

また、前掲TBCグループ（減給等）事件・東京地判平26.10.15は、「原告の論理性とコミュニケーション能力が、それぞれ10点満点中、４点又は６点の評価がされていることが認められるとしても、その評価の裏付けとなる具体的な事実についての主張立証がない」ことを指摘した上で、「本件降格を行うべき、原告の成績不良や職務適性の欠如などの業務上の必要性があったということはできない。」としている。

加えて、減給を伴う降格処分の有効性が争われる場合、使用者側には、降格処分に伴う賃金減額について、それが賃金規定等の客観的基準に従ったものであることを主張立証することが求められる。使用者側がかかる主張立証を怠った場合には、降格処分自体は有効であるとしても、それに伴う減給処分は合理性を欠き無効と判断される可能性がある。前掲スリムビューテイハウス事件・東京地判平20. 2. 29は、「一般的には、使用者の人事権の発動により降格処分が発令されれば、企業の賃金体系が職位の格付けと関連づけられている場合が一般的であり、これに伴い降格後の格付けに対応した賃金支給額に減額されることになっても…一定の合理性のあるものとして肯定できるものである。」としながらも、「本件降格処分に伴う本件賃金減額については、被告から会社の賃金体系の全体が明らかにされておらず、賃金規定も被告の「社規社則集」（〈証拠略〉）によれば存在すると思われるところ証拠として提出・開示されておらず、減額の客観性及び合理性が主張・立証されていない」ことを指摘して、「その減額基準の客観性及び合理性は明らかではなく、…減額幅としては過大にすぎるものというべきである。」として、降格処分の有効性を認めながらも、これに伴う減給処分は無効であると、している。

第4章

配転・出向・転籍に関する問題

第1 配転

1 配転の意義

「配転」とは、同一企業内における労働者の職種、職務内容、勤務場所のいずれかを長期間にわたって変更する企業内人事異動の一つである。

配転の可否・難易と配転可能範囲は、配転命令の有効・無効（権利濫用の成否）の他に、解雇の際（特に整理解雇）の考慮事項としての解雇回避努力（義務）の内容・程度、休職からの復職の判断の基準となる業務にも影響することに注意を要する。解雇の有効性と解雇回避措置について第８章第４・１（339頁）、整理解雇について第８章第５（351頁～）、解雇回避努力について第８章第５・２(2)（353頁）、休職からの復職について第６章第４・２(2)（249頁～）参照。

2 配転命令の有効要件

配転命令が有効であるためには、①労働契約上配転命令権に根拠があり、当該配転命令がその範囲内であること、②法令違反でないこと、③権利濫用でないことの要件を満たす必要がある。

3 配転命令権の根拠・範囲

(1) 配転命令権の根拠

使用者と労働者との間に配転についての個別の合意がある場合にはそれが根拠となる。個別合意がない場合には、就業規則や労働協約の規定が労働契約の内容になっていることから、これらが根拠となる。

就業規則上「業務上の都合により出張、配置転換、転勤を命ずることがある」などの規定が置かれていることが多く、一般にその有効性が承認されている。判例も、労働協約及び就業規則に転勤を命ずることができる旨の定めがあり、現に全国数十か所に営業所等を置いて、頻繁に営業担当者の転勤が行われている会社に営業担当者として入社した労働者について、当該会社との間で勤務地限定の合意が存在しないという前提に立った上、「上告会社は個別的同意なしに被上告人の勤務場所を決定し、これに転勤を命じて労務提供を求める権限を有するというべきである」旨判示している（東亜ペイント事件・最二小判昭61. 7. 14労判477号6頁 判時1198号149頁）。

もっとも、近年でも、就業規則に配転命令権の根拠となる規定が全くないとして配転が無効とされた事件もある（学校法人追手門学院（追手門学院大学）事件・大阪地判平27. 11. 18労判1134号33頁）ので、配転が争われる事件では就業規則の検討が不可避である。

(2)　労働契約上の限界

職種、職務内容及び勤務地は、いずれも労働条件を構成するものであるから、労働契約においてこれを限定する合意が特になされていた場合には、配転命令権は、その範囲内に制約される。もっとも、近時は職種や勤務場所を限定する合意があったことを認める裁判例は少ない。

ア　職種限定の合意

古くは、アナウンサー（日本テレビ放送網事件・東京地判昭51. 7. 23労判257号23頁 判時820号54頁）、医師（町田市民病院事件・東京地判昭53. 7. 18労判302号45頁 判時916号88頁）、技師（大成会福岡記念病院事件・福岡地判昭58. 2. 24労判404号25頁）などにつき、近時では、調理師（大京事件・大阪地判平16. 1. 23労経速1864号21頁）、キャディ（東武スポーツ（宮の森カントリー倶楽部・配転）事件・宇都宮地決平18. 12. 28労判932号14頁）、損害保険の契約募集等に従事する外勤の正規従業員である契約係社員（リスクアドバイザー）（東京海上日動火災保険（契約係社員）事件・東京地判平19. 3. 26労判941号33頁 判時1965号3頁）、生命保険会社において営業専門職の採用育成、組織運営等に従事する管理職（ジブラルタ生命（旧エジソン生命）事件判決・名古屋高判平29. 3. 9労判1159号16頁）について職種限定の合意を認めた裁判例が存在する。

他方、上記のような専門業務に従事しない一般労働者については、就業規則に包括的な配転命令権が規定してあることが多いことから、職種限定の合意は認められにくい傾向にある（十数年から二十数年にわたり機械工として稼働してきた熟練工につき、日産自動車村山工場事件・東京高判昭62.12.24労判512号66頁、最一小判平元.12.7労判554号6頁は、職種限定合意を否定した。もっとも、ヤマトセキュリティ事件・大阪地決平9.6.10労判720号55頁は、外国語に堪能で、警備会社の社長室に配属された大学卒女子につき、採用条件、採用後の勤務形態の違い、求人広告の内容と採用面接時における会社の言動、警備業務に携わっている他の女子職員に関する採用状況を総合勘案して、社長秘書業務を含む事務系業務の社員として採用する旨の合意がなされたものと認定している。)。

また、専門性があっても、アナウンサーについて、採用にあたってアナウンサーとしての特殊技能が要求されていなかったこと、配置転換を否定していない就業規則が存在する等の理由で職種限定の合意を否定した判例（九州朝日放送事件・最一小判平10.9.10労判757号20頁)、就業規則に配転予定条項があり、労働者が雇用契約締結当時児童指導員の資格も職歴も有しておらず、同資格が特別な国家資格ではなく専門性がそれほど高くないとして児童福祉施設の児童指導員の職種限定の合意を否定した裁判例（東京サレジオ学園事件・東京高判平15.9.24労判864号34頁)、就業規則及び労働協約に配転命令権が規定された事案において、場所的な特殊性はあるものの、それ以上に、特殊な知識または技能が要求されるとまでは認め難いとして客室乗務員について職種限定の合意を否定した裁判例（ノース・ウェスト航空（FA配転）事件・千葉地判平18.4.27労判921号57頁、東京高判平20.3.27労判959号18頁 判時2000号133頁、最三小決平21.9.8上告棄却）などがある。

職種限定の合意を肯定する方向の事情としては、特殊の技能や資格を要すること、採用時に他職種とは別の選考試験があること、職種別の賃金体系があること、入社後特別の訓練養成を経て一定の技能に熟練したこと、他職種への配転実績が乏しいこと等が、否定する方向の事情として就業規則や労働協約中の配転条項が当該職種を排除していないこと、長期雇用が予定されていること、他職種への配転実績があること等が指摘されている(『労働関係訴訟の実務』195頁)。

イ　職種限定の合意が存在する場合の配転命令

職業限定の合意があり、かつ、職種変更に関する労働者の個別の合意を得ることができない場合、使用者はいかなる場合であっても、労働者に対し、職種変更を伴う配転を命ずることができないか問題となる。

これについて、職種限定の合意を認めた前掲東京海上日動火災保険（契約係社員）事件・東京地判平19. 3. 26は、「労働契約において職種を限定する合意が認められる場合には、使用者は原則として、労働者の同意がない限り、他職種への配転を命じることはできない」としつつ、「社会情勢の変動に伴う経営事情により当該職種を廃止せざるを得なくなるなど、当該職種に就いている労働者をやむなく他職種に配転する必要が生じるような事態が起こることも否定し難い」として、そのような場合には「職種限定の合意を伴う労働契約関係にある場合でも、採用経緯と当該職種の内容、使用者における職種変更の必要性の有無及びその程度、変更後の業務内容の相当性、他職種への配転による労働者の不利益の有無及び程度、それを補うだけの代替措置または労働条件の改善の有無等を考慮し、他職種への配転を命ずるについて正当な理由があるとの特段の事情が認められる場合には、当該他職種への配転を有効と認めるのが相当である」とした（結論として特段の事情を否定し、RA制度を廃止して原告らの職種を変更することに正当性が認められないとした）。

なお、職種限定・勤務地限定の合意を認めた前掲ジブラルタ生命（旧エジソン生命）事件判決・名古屋高判平29. 3. 9は、職種限定の合意が存在する場合の配転の可能性を否定していないものの、事業部門の廃止に伴う配転命令であっても、使用者には、労働者の意向を十分に聴取し、また、労働者と十分協議しつつ、可能な限り従前の業務と同等かそれに近い職種や職場に移行することができるよう丁寧で誠実な対応をすることが信義則上求められると判示している。

ウ　職種限定の合意が認められなくても職種変更が制約される場合

職種限定の合意が認められない場合であっても、職種変更を伴う配転命令につき制約が課されるケースがある。

学校法人Ｙ学園事件・東京地判平19. 2. 23判タ1272号177頁は、私立高校の数学科教諭に対してされた事務職員への配転命令について、職種限定合意の成立を否定しつつも、「教員という職業は高度の専門性を有するものであり，教員として労働契約を締結した原告に対して事務職員への配置転換を命ずることは，解雇にも匹敵するほどの重大な処分であるから，これを行うためには，解雇にも匹敵するほどの高度の必要性がある場合であって，かつ適正な手続を経た場合でなければならないというべきである。」と判示した（結論において、必要性、適正手続のいずれについても認められないとして、配転命令の相当性を否定。）。

また、愛生会厚生荘病院事件・東京地八王子支判昭57. 7. 7労判391号65

頁は、病院事務（事務員）から洗濯係（労務員）への配転を命じたケースについて、個別の職種限定契約の成立を否定しつつも、「「事務員」が主として事務的作業を職務内容とするのに対し、「労務員」は専ら労務的作業を職務内容とする点で両職種の間には担当業務の内容において著しい相違があるばかりでなく、給与体系上も「事務員」と「労務員」とでは学歴区分、初任給、定期昇給額等の点で格差があることに併せ、被告病院では、これまで同一職種間の内部における業務内容の変更についても当該従業員の同意を得てこれを実施してきたというその運用の実態にかんがみると、被告においては、少なくとも「事務員」として採用した者を「労務員」としての職種に属する洗濯場要員へ配転させるについて、院長が当該従業員の同意、もしくは、これと同視し得るような十分な話合いもなしに、一方的にこれを命じることはしないとの暗黙の合意が従業員との間に成立していたか、あるいはそのような内容の慣行が成立していたものと解するのが相当」であると判示した上、上記配転命令について、十分な話合いもなしに、一方的に職種変更するものとして無効とした。

エ　勤務地限定の合意

第１章第４・３（51頁以下）で述べたとおり、勤務地限定の合意も有効に当事者を拘束するが、労働契約締結時に使用者が交付した労働条件通知書等において掲げられた勤務地に関する労働条件が必ずしも勤務地限定の合意を形成するとは限らない。

勤務地限定の合意を認めた近時の裁判例として、事業所の縮小時に労働組合との間で当時同事業所に勤務する労働者が定年退職まで同事業所を存続させるとの協定をしたことで勤務地を同事業所と特定したと認定した芝実工業事件・大阪地決平7.6.23労判686号80頁、採用面接において採用担当者に対し、家庭の事情で仙台以外には転勤できない旨明確に述べ、採用担当者もその際勤務地を仙台に限定することを否定せず、採用担当者が本社に採用の稟議を上げる際、労働者が転勤を拒否していることを伝えたのに対し、本社からは何らの留保を付することなく採用許可の通知が来たことから勤務地を仙台に限定する旨の合意が存在したと認めた新日本通信事件・大阪地判平9.3.24労判715号42頁、募集広告に関西地区レストラン調理担当者募集の記載があり、面接で長女に特定疾患があり大阪勤務の希望を述べて使用者側もこれを了解していたこと、広域異動は稀であったこと等から採用時に黙示的に勤務地を関西地区に限定する合意が成立していたと認定した日本レストランシステム事件・大阪高判平17.1.25労判890号27

頁、被告の就業規則に配転命令権に関する定めがないこと、求人広告にも配転に結びつき得る記載がないこと、採用面接時に転居を伴う移動の可能性について全く説明がされていないこと、転居を伴う配転実績も20年間で2件程度であること、管理職という立場で採用されたことから直ちに転居を伴う配転を契約上想定すべきとまではいえないことから、労働契約において転居を伴う配転が客観的に予定されていたとはいえず、使用者に係る配転命令をする権限があったとは認められないとした仲田コーティング事件・京都地判平23.9.5労判1044号89頁がある。

勤務地限定の合意を肯定する方向の事情としては、労働者に固定された生活の本拠があることが前提とされていること（主婦のパートタイマー等）、求人票に勤務場所を特定する記載があること、同様の配転実績が乏しいこと等が、否定する方向の事情として、就業規則や労働協約中の配転条項の適用があること、当該使用者において長期的にキャリアを発展させることが予定されていること（大学卒の正社員等）、同様の配転実績があること等が指摘されている（『労働関係訴訟の実務』195頁）。

4 配転命令権を制約する法令

配転命令権が存在する場合でも、強行法規に違反する配転命令は無効である。

そのような法令として、配転が組合活動の妨害を目的とする不当労働行為にあたる場合（労組法７条１項）、思想信条による差別にあたる場合（労基法３条）、性別による差別にあたる場合（均等法６条）、婚姻、妊娠、出産、労基法65条の産前産後の休業を請求・取得したこと等を理由とするもの（均等法９条３項）、育児・介護休業の申出をしたこと、育児・介護休業をしたことを理由とするもの（育児介護休業法10条、16条）、公益通報を行ったことを理由とするもの（公益通報者保護法５条）等がある。

5 配転命令権の濫用

使用者が配転命令権を有する場合でも、権利濫用に当たる場合には配転命令は無効である（労契法３条５項）。

配転命令の有効性についてのリーディングケースとされる前掲東亜ペイント事件・最二小判昭61.7.14は、勤務地変更（転勤）のケースについて「使用者は業務上の必要に応じ、その裁量により労働者の勤務場所を決定することができるものというべきであるが、転勤、特に転居を伴う転勤は、一般に、労働者の生活関係に少なからぬ影響を与えずにはおかないから、使用者の転勤命令権は無制約に行使することができるものではなく、これを濫用することの許されないことはいうまでもないところ、当該転勤命令につき業務上の必要性が存しない場合又は業務上の必要性が存する場合であつても、当該転勤命令が他の不当な動機・目的をもつてなされたものであるとき若しくは労働者に対し通常甘受すべき程度を著しく超える不利益を負わせるものであるとき等、特段の事情の存する場合でない限りは、当該転勤命令は権利の濫用になるものではないというべきである」と判示している。

最高裁は、続いて、職種変更の事案において「労働者にとつて、職種の如何は就労場所等とともに重要な労働条件をなすものであり、殊に本件のように長年従事してきた職種を変更するときは労働者の利益に重大な影響を与えることになるから、職種変更の命令権は安易に行使すべきものではなく、これを濫用することが許されないことはいうまでもないところであるが、雇用契約において職種変更命令権が留保された趣旨に照らせば、職種変更を行うことが企業の合理的運営に寄与するなど当該職種変更命令を発するについて業務上の必要性が存在し、かつ、その命令が他の不当な動機、目的をもってなされたとか、又は労働者に対して通常受忍すべき程度を著しく超える不利益を負わせることになるなどの特段の事情がない限りは、当該職種変更命令は権利の濫用になるものではないというべきである。」と判示した（日産自動車村山工場事件・最一小判平元. 12. 7労判554号6頁）。

これを受けて現在の裁判実務では、①業務上の必要性があるか、②配転命令が不当な目的・動機をもってなされたか、③労働者に通常甘受すべき程度を著しく超える職業上ないし生活上の不利益を負わせるものであるか、という要素を主に考慮して配転命令が権利濫用に当たるか否かを判断している。前掲東亜ペイント事件･最高裁判決等の判示ではこれらの要素は独立のものと読めるが、これらを総合的に考慮したり手続的な配慮の有無を重視するものも見られる。

(1)　業務上の必要性

業務上の必要性について前掲東亜ペイント事件・最高裁判決は「当該転勤先への異動が余人をもつては容易に替え難いといつた高度の必要性に限定することは相当でなく、労働力の適正配置、業務の能率増進、労働者の能力開発、勤務意欲の高揚、業務運営の円滑化など企業の合理的運営に寄与する点が認められる限りは、業務上の必要性の存在を肯定すべき」としている。

業務上の必要性を否定した裁判例として、滋賀県内の大津店で集配業務に従事していたトラック運転手につき、異なる営業所において車両の走行距離等に係る集計業務を命じる配転命令がなされた事案について、配転先において新規に運転手を補充する必要があったかは疑問であるとし、また、当該労働者が最適任者であったかどうかも疑わしいとして、業務上の必要性を否定したフットワークエクスプレス（大津）事件・大津地判平10.11.17労判756号44頁、葬儀請負を業とする会社において営業部次長の地位にあった労働者につき、新たに営業管理部を設けて、同部次長に就ける旨の配転命令がなされた事案について、使用者は、当該労働者が組織改正に対し反発する言動を行っており、業務の支障となること等を主張するものの、業務にどのような支障が生じたかが明らかでない上、業務上の支障が生じたことを認めるに足る証拠もないとして、業務上の必要性を否定した公営社事件・東京地判平11.11.5労判779号52頁、地域電気通信業務を業とする会社の従業員らにつき、転居を伴う配転命令がなされた事案について労働力の適正な配置がされたと見ることができず、また、配転による業務の能率増進等使用者の合理的運営に寄与する点も認められない等として業務上の必要性を否定したNTT東日本（北海道・配転）事件・札幌地判平18.9.29労判928号37頁 判タ1222号106頁、世界各国に支社・営業所を置き国際的な運送業務を行う会社の日本法人であるＣ社に入社し、大阪営業所の営業担当として勤務していた労働者が整理解雇を受けた後に仮処分で勝訴した段階で使用者が解雇を撤回して復職するにあたって名古屋営業所の輸出入カスタマーサービススタッフとしての勤務を命じられ、この配転命令の有効性を争った事案において、名古屋営業所で当該労働者が担当する輸出案件は多くないと上司が回答していること、本件配転命令後に当該労働者が、名古屋営業所で実際に従事した業務内容は輸出案件に特化したものではなく、本件配転命令の時点で同営業所において輸出業務に特化したカスタマーサービススタッフが必要であったとまでは認められないこと等から、原告を輸出案件もできるカスタマーサービススタッフとして名古屋営業所に配転する必要性及び合理性があったとは認めがたいとしたＣ株式会社事件・大阪地判平23.12.16労判1043号15頁、観光バス等の旅客自動車運送事業等を業とする会社において車両点検業務等に従事していた整備工につき、異なる営業所への配転命令がなされた事案について、使用者が主張する配転命令の必要性はいずれも理由がないとして、業務上の必要性を否定した北港観光バス（出勤停止処分等）事件・大阪地判平25.1.18労判1079号165頁、自然公園等の運営業務を行っていた公益財団法人において飼育業務に従事していた飼育員につき、イベント・講習講座などの企画運営を担当する部署への配転命令がなされた事案について、配転先の部署が動物関連施設との連絡・調整に関与するものとは認められず、当該労働者が職場の人間関係を悪化させているとの誤った認識に基づいて決定されたものである上、事務職と動物飼育職とは別個の処遇がされてきたものをあえて変更する具体的必要性も見当たらないとして、業務上の必要性を否定したえどがわ環境財団事件・東京地判平26. 11. 26労判1115号68頁 労経速2238号23頁がある。

また、前掲東亜ペイント事件・最高裁判決が「業務上の必要性についても、当該転勤先への異動が余人をもっては容易に替え難いといった高度の必要性に限定することは相当でなく」と判示した（最高裁がそのように判示したのは、それまでの下級審判決で余人をもって替え難いほどの必要性がないとして転勤命令を無効とするものが少なからずあったためである）ことを受けて、業務上の必要性と合わせて人選の合理性を考慮する裁判例もある。所属していた部署で敬遠されているというだけの理由で適性のない部署への配転を命じた事案について人選の合理性を欠くと判断した決定例（ただし保全の必要性について疎明がないとして仮処分申立は却下。讀宣事件・大阪地判平3. 3. 29労判588号25頁）があるが、他方、製造業務担当の女性従業員の退職に伴い、その後任が早急に必要となったとして製造現場経験者で40歳未満という基準に従って庶務担当の女性従業員を選定した事案において人選の合理性は否定されていない（ケンウッド事件・最三小判平12. 1. 28労判774号7頁 判時1705号162頁）。

⑵　不当な動機・目的

不当な動機・目的をもってなされた配転命令の例としては、不当労働行為を目的として行われた場合、労働者の正当な行為に対する報復として行われた場合、その他退職に追い込む目的によって行われた場合等が挙げられる。

ア　不当労働行為を目的として行われた場合

裁判例としては、特定組合の組合員に対する配転命令が当該特定組合に対する支配介入目的によるものとして無効と判断したもの（JR東海関西支社（配転）事件・大阪地判平17. 5. 11労判900号75頁）、労働者らが、労働組合を結成し執行役員に就任したところ、使用者が当該事実を認識した直後に配転命令を行った事案について、当該配転命令は、職務内容に大きな変化を生じさせるものである上、勤務地は未定、給与も配転先の業務内容によって上下する可能性のある不安定なものであって、労組まで結成し使用者に対抗しようとしている当該労働者がとても受け入れられるような筋合いのものではないことから、専ら労働者を配転命令拒否へと導く、不当な意図のものに発せられたものと推認できると認めたもの（セネック事件・東京地決平23. 2. 21労判1030号72頁）、大学における教職員組合の執行委員長の地位にあった教授に対し教職員研修室勤務が命じられた事案において、業務上の目的・必要性があったというには疑問があるとした上、当該配転命令の目的は、組合活動を封じ込め、あるいは、ことさら知識・技能の不足をあげつらい、また、あえて無意味・手間の係る単純作業に従事させる等して、当該労働者の自尊心を傷つけ、心理的圧迫、精神的苦痛を与え、退職に追い込むことにあると認定したもの（学校法人越原学園（名古屋女子大学）事件・名古屋高判平26.7.4労判1101号65頁)、労働組合結成と役員就任を通知した直後に、当該組合の役員全員の職場を異にさせる配転命令を行い、その結果、当該組合の活動に著しい障害が生じた事案について、当該配転命令は、労働者が結成した労働組合の組織力を損ない、その活動を妨げることを動機・目的としたものと認められるとして、不当な動機・目的をもってなされたものであり、権利濫用無効に当たるとしたもの（えどがわ環境財団事件・東京高判平27.3.25労判1130号78頁）等がある。

イ　労働者の正当な行為に対する報復として行われた場合

労働組合幹部を引退後も、他の従業員が会社に対して起こした訴訟等を支援していた千葉市に自宅を持つ労働者に対し、米子営業所への転勤を命じた事案で、使用者が労働者を嫌悪しこれに対し不利益な取扱をなしたものと推認できるとして配転先に勤務する義務がないことを仮に定めたもの(朝日火災海上保険（木更津営業所）事件・東京地決平4.6.23労判613号31頁)、労働者が社長の経営に批判的なグループを代表する立場にあったなどの理由から労働者を快く思わず、労働者を東京本社から排除し、あるいは、配転命令に応じられない労働者が退職することを期待するなどの不当な動機・目的を有していたとして配転命令を無効としたもの（マリンクロットメディカル事件・東京地決平7.3.31労判680号75頁)、労働者が、職場内のセクシュアル・ハラスメント行為に関する苦情及び就業環境改善要求の申入れをし、これに対する使用者の対応に納得できないまま、労働局雇用均等室に相談するなどしたことについて、使用者が、話を大きくした責任がある等として配転命令を行った事業について、当該配転命令は、その責任を取らせるために不利益処分を課すことを動機・目的として行われたものとして無効と判断したもの（名古屋セクハラ（K設計）事件・名古屋地決平15.1.14労判852号58頁)、派遣法に違反するとして直接雇用を申し入れ、大阪労働局に対して偽装請負の事実を申告するなどした労働者を、大阪労働局による調査及び是正指導を受けたことの報復として必要性の高くない業務に従事させたことを認定し、不当な動機・目的による配転命令であることを認定したもの（松下プラズマディスプレイ事件・大阪高判平

20. 4. 25労判960号5頁 判時2010号141頁、最二小判平21. 12. 18民集63巻10号2754頁労判993号5頁)、使用者が労働者の内部通報等の行為に反感を抱いて本来の業務上の必要性とは無関係にした配転命令を無効としたもの（オリンパス事件・東京高判平23. 8. 31労判1035号42頁)、社長ミーティングで社長の意に沿わない発言等を行った労働者らに対し、大阪から長野への転勤を伴う配転命令が行われた事案について、使用者が、配転命令から１ヶ月も経たない時期に同人らに退職を迫るための社員集会の開催を指示し、同人らの宿泊先・作業場所等について嫌がらせを指示し、従業員に対しても、同人らを無視すること、監視して言動を報告すること、あら探しをすることを命じていたことから、当該配転命令が不当な目的により権利を濫用して行われたことは明らかであると認めたもの（アールエフ事件・長野地判平24. 12. 21労判1071号26頁）等がある。

ウ　その他退職に追い込む目的によって行われた場合

裁判例としては、労働者が、退職勧奨を拒絶した直後に、従前の業務とは全く異なった業務に従事するよう命じられた事案について、労働者が担当した業務がその経験や経歴とは関連のない単純労働であったこと等に照らして、配転命令は、退職勧奨拒否に対する嫌がらせとして発令されたものとして、権利濫用無効を認めたもの（フジシール事件・大阪地判平12. 8. 28労判793号13頁)、労働者がなすべき職務がなかったとはいえず、それにも関わらず、使用者が従前の仕事を止めさせ、もっぱら社内公募制度を利用して他の職務を探すことだけに従事するよう命じた配転命令は、実質的に仕事を取り上げるに等しく、いたずらに労働者に不安感、屈辱感を与え、著しい精神的圧力をかけて任意退職に追い込もうとする動機・目的によるものと推認できるとして、人事権濫用に当たると判断したもの（プロクター・アンド・ギャンブル・ファー・イースト・インク事件・神戸地判平16. 8. 31労判880号52頁)、使用者から退職か降格・配転の選択を迫られた事案について、提案された降格及び配転が、給与につき４割以上減額されるものであることや業務内容につき従前のキャリアや知識を生かすものではないことから暗に退職を示唆したものであること、その後、労働者に対する仕事の与え方が警備業務や清掃活動協力業務を指示するなど、退職しないことによる不利益を殊更に課していることを理由に、退職に追い込むという不当な動機・目的に基づき配転命令を行ったものであると認定し、当該配転命令の権利濫用無効を認めたもの（日本アムウェイ事件・東京地判平18. 1. 13判時1921号50頁)、製造部門から営業部門への配転命令は、使用者の経営改善の方策の変更に伴って、労働者の雇用を継続することが不要となり、かえって新たな方針の下では会社組織の障害になりかねないことから、当該労働者を退職に追い込む意図をもってなされたものであると認定したもの（精電舎電子工業事件・東京地判平18.7.14労判922号34頁）、労働者が、使用者が定める過酷なノルマを達成できなかったところ、使用者が、自主的な降格又は退職のみを勧め、当該労働者がいずれにも応じずにいたところ、突如として福井支店から長野支店への配転命令を発令した上、さらに自主退職を促した事案において、当該配転命令の根拠となった賞罰規定の目的は、専ら固定給の高い役職の従業員を減らすという点のみにあったと認定したもの（ナカヤマ事件・福井地判平28.1.15労判1132号5頁 判時2306号127頁）等がある。

(3) 労働者が通常甘受すべき程度を著しく超える不利益の存在

ア　著しい職業上の不利益

著しい職業上の不利益の具体例として、北海道厚生農協連合会（帯広病院）事件・釧路地帯広支判平9.3.24労判731号75頁は、病院において13年以上に渡って健康管理業務担当副総婦長の地位あった労働者につき、医療機器などの供給管理、消毒、滅菌などを主たる業務とする中央材料室（配転命令当時、看護助手のみが配置され、看護婦は配置されていなかった。）において勤務するよう命じた配転命令につき、「原告の経歴、能力、従前の地位等に照らすと、その権限を大幅に縮小され、また原告は病院内の情報に接することも困難な状況下に置かれるとともに、中央材料室における単純な職務に従事することを余儀なくされ、これにより看護婦としてこれまで培ってきた能力を発揮することもできず、その能力開発の可能性の大部分をも奪われたばかりでなく、何らの具体的理由を説明されず、また弁明の機会も与えられないまま一方的に不利益な処遇を強いられた上、その社会的評価を著しく低下させられ、その名誉を著しく毀損されるという重大な不利益を被ったものというべきである」と判示し、配転命令の無効を認めた。

また、エルメスジャポン事件・東京地判平22.2.8労判1003号84頁 労経速2067号21頁は、大手IT企業に勤務後、本社情報システム部チーフとして採用され、同部門の業務に従事してきた労働者が、在庫商品管理部門（銀座ストック）へ配転された事案について、労働者が、約８年間、ITプロジェクトにシステム・エンジニア又はプロジェクト・リーダーとして携わってきたという経歴を有する者であること、人材紹介会社にITの技術者として人材登録し、求職活動をしていたところ、同社からＩＴ技術者を求める被告を紹介され、情報技術に関する経歴と能力が見込まれて情報システム専門職に就くべき者として中途採用された者であること、採用面接においても情報システム部において会社のITのシステムのリプレース作業を担当してもらいたい、将来的には同部部長になってもらいたいとの話があり、会社において情報システム専門職としてキャリアを積んでいくことが予定されていたのであり、実際に本件配転命令までの約５年半の間、同部に所属して情報システム関連の業務に従事していたこと等を挙げた上、「原告が被告において情報システム専門職としてのキャリアを形成していくことができるとする期待は，合理的なものであり，法的保護に値するものといわなければならない。したがって，被告において，配転を含め，原告が就業すべき業務を決定するに当たっては，原告のこのような期待に対して相応の配慮が求められるものといわなければならず，具体的な事実関係の如何によっては，このような配慮を欠いた配転命令が配転命令権を濫用するものと解すべき特段の事情があると判断せざるを得ない場合があり得るというべきである」と判示している（結論として、特段の事情の存在を認め、配転命令につき無効とした。）。

その他の具体例としては、医薬品の製造・販売を業とする会社に雇用されていた労働者に対し、仙台営業所の営業職係長から営業事務職への配転命令につき、当該配転命令によって当該労働者の賃金が従前の約半分となること、配転後の業務が出勤時に宅急便貨物の受渡しがある他、1日1度あるかないかの電話対応とわずかなゴミ捨て程度であること等を理由として配転命令の無効を認めた日本ガイダント仙台営業所事件・仙台地決平14. 11. 14労判842号56頁、社会福祉法人が運営する保育園において保母業務に従事していた労働者に対し、清掃美化整備業務への配転命令がなされた事案について、命じられた清掃美化整備業務についても途中で中止するよう指示し、仕事もなく物置部屋で過ごさせることは、当該労働者にとって耐え難い苦痛を伴うものであって正当化することができないと判示した上、当該労働者の不利益ないし損害に見合う業務上の必要性が認められないとして配転命令の無効を命じたいずみ福祉会事件・福岡高判平15. 3. 26労判933号20頁がある。

『類型別労働関係訴訟の実務』は、エルメスジャポン事件・東京地判平22. 2. 8を紹介した上で「このように、職務限定の合意が成立しているとまで認定できないが、ある程度職種を特定して採用したなど、労働者のキャリアに相応の配慮をしなければならないような特段の事情がある場合であれば、キャリア形成上の不利益も『労働者に対し通常甘受すべき程度を著しく超える不利益』を基礎づける事実になり得るであろう。」としている（同書217頁）。

イ　著しい生活上の不利益

著しい生活上の不利益の例としては、本人や家族の病気、介護、育児、共働き等の家庭の事情が挙げられる。

古くは、酒田支店内で職場結婚した夫婦の夫に対する大館支店への転勤命令を新婚まもなくしての夫婦別居という生活関係での重大な影響等を理由に無効とした秋田相互銀行事件・秋田地判昭43.7.30労判61号8頁 判時530号22頁、家庭内に重病人３人を抱えた東京の労働者に対する広島営業所への転勤命令を会社の転勤命令の必要性及び労働者が受ける影響並びに会社がその事情を考慮すべきであることを比較衡量して著しく均衡を失しているとして無効とした日本電気事件・東京地判昭43.8.31労判62号14頁 判時539号15頁という事例があった。

前掲東亜ペイント事件・最高裁判決は、71歳の母親と妻、２歳の娘との別居を強いられる神戸から名古屋への転勤命令について「転勤に伴い通常甘受すべき程度のもの」とし、帝国臓器製薬事件・最二小判平11.9.17労判768号16頁は、育児の必要がある共働きの夫に対する東京から名古屋の営業所への単身赴任を「社会通念上甘受すべき程度を著しく超えるものということはできない」とした原判決を正当とし、前掲ケンウッド事件・最三小判平12.1.28は、育児の必要がある共働きの妻に対する東京都目黒区から東京都八王子市の事業所への配転命令による労働者の不利益を「必ずしも小さくはないが、なお通常甘受すべき程度を著しく超えるとまではいえない」としている。

労働者が通常甘受すべき程度を著しく超える不利益の存在を肯定した近年の裁判例として、転居を伴う配転命令につき、長女が躁うつ病、二女が脳炎の後遺症による精神運動発達遅延の状況にあり、かつ両親の体調が不良であるため、家業の農業について事実上面倒を見ているという労働者の家庭状況等から、通常甘受すべき程度を著しく超える不利益を追わせるものであると認めた北海道コカ・コーラボトリング事件・札幌地判平9.7.23労判723号62頁、同居する高齢の実母が、骨粗鬆症、両変形性膝関節症に罹患している上、配転命令の１年前には大腸がんの手術を受けており、一人暮らしや病院施設を利用することも困難である等の家庭の事情から、遠隔地への配転命令について通常甘受すべき程度を著しく超えた配転命令であると認めた日本ヘキスト・マリオン・ルセル事件・大阪地決平9.10.14労判741号90頁 判タ962号152頁、要介護者たる母親の介護の必要がある労働者及び非定型精神病に罹患した妻の病状改善のため付き添いを要する労働者の遠隔地への配転命令について通常甘受すべき程度を著しく超えた配転命令であると認めたネスレ日本事件・大阪高判平18.4.14労判915号60頁（最二小決平20.4.18で上告不受理）、３歳以下の２人の子のうち長女が重症のアトピー性皮膚炎である共働きの夫婦の夫に対する東京から大阪への転勤命令につき、使用者の対応は育児介護休業法26条の趣旨に反しており、労働者に生じている不利益は通常甘受すべき不利益を著しく超えるものであるというのが相当であるとして権利濫用により無効とした明治図書出版事件・東京地決平14.12.27労判861号69頁がある（育児介護休業法26条については第10章第６・５（482頁）参照）（なお、NTT西日本事件・大阪高判平21.1.15労判977号5頁は、業務上の必要性が認められないとして配転命令権の濫用を認めた上で、当該配転命令によって被った損害に係る慰謝料を算定するにあたって、当該配転命令を受けた複数の労働者に共通の損害として、長距離通勤や単身赴任によって肉体的・精神的ストレスを受けたことを指摘しつつ、労働者毎に個別に考慮すべき事情として、実父の介護及び実母の世話、糖尿病の食事療法及び運動療法への制約、肺がん手術後の妻の援助、妻の両親の介護への差支え等を挙げている。)。

また、労働者が病気休職から復職した際に転勤を命じたケースについて、メニエール病のため長時間の通勤に耐えられるかどうか疑問がある労働者について、京都支社から、通勤に１時間40分を要する大阪支社への転勤命令を権利濫用としたミロク情報サービス事件・京都地決平12.4.18労判790号39頁、うつ状態から復職した旭川支社の労働者に対する東京地区への配転命令について、東京に転勤すれば信頼関係を構築してきた主治医による治療の機会を完全に喪失してしまうこと、家族の者との交流が疎遠になることは通常の健康状態にある労働者が単身赴任する場合に比べてより大きな不都合が生ずることなどを理由に配転命令権の濫用とした損害保険リサーチ事件・旭川地決平6.5.10労判675号72頁 判タ874号187頁がある。

一般に、勤務地の変更を伴う配転（転勤）は、単身赴任をせざるを得ない場合であっても、その一事をもって直ちには通常甘受すべき程度を著しく超える不利益の存在を肯定することにはならないが、改正育児介護休業法が2002（平成14）年に施行されて以降、「著しい生活上の不利益」の判断にあたり、育児介護休業法26条の配慮義務が考慮要素として取り上げられる傾向にある。裁判例については、第10章第７・３⑷（488頁）も参照。

⑷　いわゆる「追い出し部屋」

近時、労働者を退職させる目的で不本意な部署などに配転・出向させる事案がいわゆる「追い出し部屋」として注目されている。

新和産業事件・大阪高判平25.4.25労判1076号19頁では、商社の営業部で新規開拓営業を行っていた労働者（課長職）が２か月間にわたり退職勧奨を受け、これに応じなかったところ、倉庫勤務へ配転され、荷物の運搬業務へ従事を命じられた事案において、使用者側は、業務上の必要性（営業成績の不振等を理由とする総合職としての適性の欠如）を主張したものの、裁判所は、「一審原告は、一審被告に入社後、結果的に十分な営業成績を残すことができなかったが、これは、一審原告に割り当てられた業務の性質によるものであり、一審原告の適性や能力によるものとは認められない上、一審被告は、長期間に渡り一審原告の営業成績を問題視していなかったのであるから、本件配転命令当時、一審原告は総合職としての適性及び能力を欠いていなかったものと認められる」と否定した。

そして、使用者が、従前、当該労働者の営業成績を問題視していなかったこと、２ヶ月間に渡り退職勧奨を繰り返したが、これを拒否されたために当該配転命令を行ったこと、職種が総合職から運搬職に変更され、これに伴い、賃金水準も２分の１以下へと大幅に低下したこと等から、当該配転命令について、「一審被告は、一審原告が退職勧奨を拒否したことに対する報復として退職に追い込むため又は合理性に乏しい大幅な賃金減額を正当化するために出されたことが推認される」と認定し、業務上の必要性が乏しいにも関わらず、不当な動機及び目的の下で行われたものであり、かつ、社会通念上、通常甘受すべき程度を著しく超える不利益を負わせるものであることから、権利濫用として無効であると判示した。

また、ベネッセコーポレーション事件・東京地立川支判平24.8.29第一法規D1-LAWは、労働者が名刺も持たされず社内就職活動の他は単純労働をさせられ、配属されるだけで低評価を受ける「人財部」に配転された事案において、人財部は実質的な退職勧奨の場となっていた疑いが強く違法な制度であったといわざるを得ないと認定し、配転命令は人事権の裁量の範囲を逸脱したものとして無効であると判断した。

なお、パワハラに関する裁判例（第11章第２・２⑶ウ（520頁～））もあわせて参照されたい。

⑸　手続の相当性

配転命令権の行使が濫用に当たるか否かの判断にあたり、配転命令発令の手続が問題とされることがある。特に配転について組合との事前協議または同意を定めた条項が労働協約にある場合に問題になりやすい。

客室乗務員（FA）の地上職への配転の事案で、労使確認書にFAの職位確保の努力義務が定められているのに具体的努力が証拠上認められず交渉態度も誠実性が欠けることを判示して配転を無効とし、FAの地位にあることを確認した前掲ノース・ウェスト航空（FA配転）事件・東京高判平20.3.27労判959号18頁 判時2000号133頁、病院事務職からナースヘルパー（労務職）への配転の事案で異動の前日まで打診もなく理由の説明を求めても明確な説明をしなかったことを判示して配転命令拒否を理由とする解雇を無効とした直源会相模原南病院事件・東京高判平10.12.10労判761号118頁（最二小決平11.6.11労判773号20頁で上告棄却）、労働者が他の従業員に対して暴力的行為等を働いたことを契機として東京から新潟への配転命令がなされた事案について、当該配転命令が問題となった行為のわずか５日後になされたこと、当該労働者に弁明の機会が与えられておらず、使用者において配転の必要性についても説明がなされていないこと等を指摘した上、これまで生活歴のない場所への異動という生活上の不利益を伴うものであることからすると、使用者において異動の趣旨及び必要性について労働者に十分に説明すべきであるし、配置転換しなければならないかどうかという回避のための努力がなされてしかるべきであるにも関わらず、これらの措置が講じられていないことから当該配転命令を違法無効とした高野酒造事件・東京地判平17.9.2労経速1921号54頁などの例がある。

なお、配転命令は有効だが、配転命令違反を理由とする懲戒解雇は無効とされた例について第５章第２・３⑶ア（219頁）参照

第２　出向

１　出向の意義

⑴　出向とは

出向とは労働者が雇用先の企業（出向元）における従業員たる地位を保持したままで他の企業（出向先）において相当期間にわたって当該他企業の業務に従事することをいう。本章第３で説明する転籍と区別するために「在籍出向」と呼ばれることもある。出向中の労働者は出向元企業と出向先企業双方それぞ

れと労働契約関係にある。

配転が同一企業内での人事異動であるのに対し、出向は法人格を異にする企業間の人事異動である。また、出向は自己の雇用先の企業との労働契約関係を保持したまま他の企業において労務に従事する点で転籍と異なる。

(2)　グループ会社間の出向

企業の合理化・多角経営化などのために、事業部門を分割して別会社を設立する等の方法によって、親子会社・グループ会社等の企業グループが形成されている。この企業グループ内において、経営指導・技術指導、従業員のキャリア形成、高齢者従業員の処遇、親会社の余剰人員削減等様々な理由で、人事異動・人事交流がなされることが多い。企業グループ内における出向の根拠については、緩やかに解される傾向にある。

例えば、興和事件・名古屋地判昭55. 3. 26労判342号61頁　判時967号125頁は、グループ企業３社の共通入社試験を受け本社採用資格社員としてその１社に雇用されてきた者に対するグループ他社への出向について、同意をした当時と出向命令時との間に関連会社（出向先）の範囲に変動があったり、出向先の労働条件に変化があったりして、労働者に不利益な事情変更があったような場合には、包括的同意を根拠として出向を命令することは問題であろうが、そのような場合ではない限り、使用者は事後的に、包括的同意の効力の範囲内において具体的出向命令を発し得るとしている。また、日本ステンレス事件・新潟地高田支判昭61. 10. 31労判485号43頁　判時1226号128頁は、実質的に同一の会社であると認められる会社間の出向について、実質的に出向労働者の給付すべき義務の内容の変更は配転の場合と特段の差異を生じないと認められ、このような場合には労働者の同意はもとより必要ないとした。

(3)　役員としての出向

従業員を子会社・関連会社等の取締役として出向させる場合がある。この場合、当該従業員は、出向先との間で委任関係にあることになり（会社法330条）、忠実義務、競業避止義務、利益相反取引の制限など会社法上の責任が課されることになる（同法355条～360条）。このため、取締役としての出向の場合には、従前の会社との契約関係とは性質が異なる会社法上の責任が課されることを本人に説明した上で同意を得るのが適切である。

2　出向命令の有効要件

出向命令が有効であるためには①労働契約上出向命令権の根拠があること、②法令違反でないこと、③権利濫用でないことの要件を満たす必要がある。

3　出向命令権の根拠

(1)　出向命令権の根拠

出向においては、労務提供の相手方が変更されるので、「労働者の承諾」が必要である（民法625条１項）。したがって、労働者の個別的同意があれば、使用者は出向を命じることができる。

これに対し、労働者の個別的同意がない場合、使用者は、出向を命じることができないのか問題となるが、判例は「労働者の承諾」として、出向命令に対する個別的な同意までは必要としていない（新日本製鐵（日鐵運輸第二）事件・最二小判平15. 4. 18労判847号14頁　判時1826号158頁）。他方で、以下のとおり、就業規則・労働協約の出向命令権の包括的規定や採用時の包括的同意があれば十分であるとされているわけでもない。

(2)　個別的同意に代わる労働契約上の根拠

個別的同意に代わる根拠として、上記判例は就業規則上の出向条項に加えて、出向期間、出向中の社員の地位、賃金、退職金、各種の出向手当、昇格・昇給等の査定その他処遇等に関して出向労働者の利益に配慮した労働協約に言及した上で出向命令の有効性を肯定しており、このような労働者への配慮が出向命令の有効性判断の前提となっている。

日本レストランシステム事件・大阪高判平17. 1. 25労判890号27頁は、出向命令を有効になし得るためには、当該出向の対象労働者との間で個別の合意が成立しているか、就業規則またはその附則において、出向先の労働条件・処遇、出向期間、復帰条件（復帰後の処遇や労働条件の通算等）に関する規定が整備され、その内容も労働者に著しい不利益を被らせるものでないことを要するとしている。

また、日東タイヤ事件・東京高判昭47. 4. 26労判189号58頁、最二小判昭48. 10. 19労判189号53頁）も、労働者の同意のない限り、使用者は労働者に対して出向を当然に命令することはできない、仮に就業規則に契約の効力の変更を認める見解によるとしても、就業規則に明確に出向義務を規定する必要があるといわなければならないとして、出向会社における出向期間、給与体系その他の労働条件について確たる定めがあると認められないことを理由に、到底確立した慣行が存し、労働者も黙示的にこれに同意していたものとは認められないとして、出向命令の効力を否定した（出向命令拒否を理由とする懲戒解雇の事案）。

学校法人藍野学院事件・大阪地決平11. 1. 25労判759号41頁も、「出向を命ずるには、労働者の承諾その他これを法律上正当づける特段の根拠が必要であるところ、就業規則に出向義務を明確に定めた条項がある場合は右特段の根拠にあたり使用者は出向命令権を有すると解すべきであるが、就業規則に労働者の出向義務が明確に定められていると解しうるのは、就業規則上、「出向」、「社外勤務」など、労働者の出向義務の発生自体を明らかにする規定がある場合であるというべき」であると判示した上で、問題となった就業規則においては、「出向」規定がなく、休職事由として出向が規定されているのみであることから、出向義務の発生を否定している（出向命令拒否を理由とする懲戒解雇の事案）。

4 出向命令権を制約する法令

出向命令権が存在する場合でも、強行法規に違反する出向命令は無効である（具体的な法規は本章第１・４（170頁）参照）。

5 出向命令権の濫用

(1) 権利濫用の考慮要素

労働契約上出向命令権が認められるとしても、出向命令が権利の濫用にあたる場合には無効である。労契法14条は「使用者が労働者に出向を命ずることができる場合において、当該出向の命令が、その必要性、対象労働者の選定に係る事情その他の事情に照らして、その権利を濫用したものと認められる場合には、当該命令は、無効とする」と定めている。

前掲新日本製鐵（日鐵運輸第二）事件・最二小判平15. 4. 18は、当該事案の出向命令が権利の濫用に当たるかどうかの判断に際し、①業務上の必要性、②人選の合理性、③労働者の生活関係、労働条件等における不利益の程度、④手続の相当性を順次判示して判断している。

出向は、労務提供の相手方である指揮命令権者の変更を意味するので、一般に配転よりも大きな不利益を労働者に及ぼす。したがって、出向命令が権利の濫用に該当しないかどうかについては、配転の場合より厳格に判断される傾向にある。

(2) 出向につき権利濫用が争点となった裁判例

３回配紙ミスをした労働者に対して遠隔地の系列会社に出向命令を出した事案について、遠隔地で再教育をしなければならない合理的理由がなく、また、労働者の家庭生活上重大な支障を来たし、極めて過酷なものであるにもかかわらず会社は何ら配慮した形跡が無く、さらに他の従業員らの作業ミスに対する会社の従前の対応の仕方、他の出向事例に見られる目的と人選の内容等を総合考慮すると、本件出向命令は権利濫用に当たるとした裁判例（新日本ハイパック事件・長野地松本支決平元.2.3労判538号69頁）、出向先との業務の円滑化を一層促進し協力関係を強化することを目的にし、出向させるべき人物はコンテナー荷役業務の研修を行うとともに出向先との仲介役を務めることのできる有能な人物を想定していたにもかかわらず、協調性がなく勤務態度も不良で、管理者としての適性を欠くような労働者を出向させた事案では、労働者を出向という手段を利用して職場から放逐しようとしたものと推認せざるをえないとし、出向命令には業務上の必要性がなく権利濫用に当たるとした裁判例（ゴールド・マリタイム事件・大阪高判平2.7.26労判572号114頁）、列車の車両検査・修繕業務や運転士等として勤務してきた労働者に対して関連会社での車両清掃業務・食堂車で使用する物の積み込み作業等への出向命令が出された事案において、業務上の必要性は認めながら人選の合理性に重大な疑問があるとして権利濫用に当たるとした裁判例（JR東海出向事件・大阪地決昭62.11.30労判507号22頁）がある。

また、労働者に著しい生活上の不利益を与えるとの考慮要素から、寝たきりの両親と同居して一人で両親の面倒を見ていた労働者の遠隔地への出向について、労働者の家庭の事情を考慮すると酷に失すると言わざるを得ず、人選基準の１つ（家庭の事情を考慮するとの方針）にも矛盾することから権利濫用に当たるとした裁判例（日本ステンレス事件・新潟地高田支判昭61.10.31労判485号43頁 判時1226号128頁）、車掌業務から、ゴミ回収・モップ掛け・トイレ掃除等の業務への出向を命じた事案において、出向先の業務は腰痛等の持病を持つ労働者にとって退職をも考えざるを得ないものであり、事実上出向者を退職に追い込む余地のあるものであることから権利濫用に当たるとした裁判例（東海旅客鉄道（出向命令）事件・大阪地決平6.8.10労判658号56頁）がある。

(3) 追い出し部屋の事案

出向による事案として、長年技術者として働いていた労働者が退職勧奨に応じなかったところ子会社の物流倉庫での現場作業へ配転された事案において、業務上の必要性は認めながら、「本件出向命令は退職勧奨を断った原告らが翻意し、自主退職に踏み切ることを期待して行われたもの」と認定して人選の合理性（対象人数、人選基準、人選目的等）を否定し、出向命令は人事権の濫用として無効であると判断した裁判例がある（リコー子会社出向事件・東京地判平25.11.12労判1085号19頁 判時2210号113頁。なお慰謝料請求は否定されている）。

6 出向中の労働関係

出向労働者は、出向元企業及び出向先企業双方とそれぞれ労働契約関係にあるとされるが、同一内容の労働契約関係が併存するものではなく、契約当事者の権利義務は原則として重複せず、出向元企業との間、出向先企業との間に分属するものと考えられている（朽木合同輸送事件・名古屋高判昭62.4.27労判498号36頁 判時1234号147頁参照）。出向元、出向先の権利義務関係の所在が問題となりやすい具体的場面については、以下のとおりである。

(1) 労働基準法の「使用者」

出向労働者に対し、出向元、出向先いずれの企業が労基法上の義務を負う「使用者」（同法10条）にあたるかについては、「出向元、出向先および出向労働者三者間の取決めによって定められた権限と責任に応じて出向元の使用者または出向先の使用者が出向労働者について労働基準法等における使用者としての責任を負うものである」（昭61.6.6基発第333号）とされ、適用が問題となる労基法の条項ごとに、当該条項について実質的権限を出向元、出向先のいずれが有するかによって決せられる。

出向は、出向労働者が出向先において、その指揮命令の下で労務を提供することにその特質があるので、労務の提供を前提とする権利義務については出向先が、それ以外の部分については出向元が、それぞれ労基法上の使用者としての義務を負うというのが基本的な考え方である。

(2) 就業規則の適用

就業規則は労働条件を定めるものとして労働契約の内容となるものである（労契法７条)。出向元と出向先の就業規則の規定が同一であることは稀であり、出向労働者の労働条件にいずれの就業規則が適用されるべきかが問題となる。

通常は、あらかじめ出向元、出向先の間で協議し、両者間で締結される出向協定において適用関係を定めることになる。出向労働者は出向先において労務提供をすることから、労務提供に関する部分は出向先の就業規則が適用されるのが原則であり、他方、労務提供の場面と直接関係のない労働契約上の地位の得喪に関する規定などについては、出向元の就業規則が適用されるのが原則である。

ア　労働時間、休日等

労務提供先である出向先の就業規則の労働時間、休日に関する規定が、出向元の就業規則の規定に比して出向労働者にとって不利益であっても、労務管理の観点から当該労働者にのみ出向元の就業規則を適用することは難しい。この点について法令上の決まりはなく、一般的には、出向手当の支給、出向元での賃金保障などの方法により、金銭的な是正措置が採られることが多い。

出向により生ずる労働条件格差の是正措置の内容が十分ではない場合、出向命令そのものの正当性を否定する方向に働く可能性があることに留意すべきである。

イ　年次有給休暇

労働者にはその「継続勤務」年数に応じて年次有給休暇（以下「年休」という。）が付与されなければならないが（労基法39条）、出向労働者は出向元に在籍したまま出向先において労務を提供しているので、出向期間中も「継続勤務」しているものと取り扱われる（昭63. 3. 14基発150号）。法定有給休暇を上回る所定有給休暇日数については出向元と出向先とで一致しないこともあるが、出向元と出向先の間の出向契約により、いずれの規則に基づき有給休暇日数を定めるかについての取決めがなされている例も多い。年休取得のための手続や時季変更権については、出向先の規定が適用されることが実務上多い。

ウ　賃金、賞与等

出向に際しての賃金、賞与、昇給基準、支払義務者などの重要な点については、あらかじめ出向元の出向規程や、出向元と出向先の間の出向契約において定められるのが通常である。

実務上は、賃金、賞与、昇給基準については出向元の規則や基準によることとすることが多いため、出向によって労働者の賃金等が変動することは少ないが、出向先の基準によることとした場合において出向により賃金等の水準が下がるケースについては、労働条件の不利益な変更となることから、労働者の同意を得たり、出向元から差額を補填する等、出向による不利益を解消することが必要となる。

出向の場合の賃金等の支払について、実務においては、出向先が賃金等の支払を行い、出向元が差額補償を行う方法と、出向元が支払を行い出向先が（出向）分担金を支払う方法がよくみられる。前者の場合であっても、出向元は当該労働者を雇い入れた雇用主として、かかる出向先の賃金等の支払義務を保障する立場にあると解するべきである（土田『労働契約法』390頁、397頁）。この点、海外の現地法人に出向した労働者に対し、同現地法人が賃金支払不能となった場合に、出向元親会社の賃金支払義務を認めた裁判例（日本製麻事件・大阪高判昭55. 3. 28判時967号121頁）、出向元と出向労働者間において、海外子会社に出向中の賃金を同子会社が支払う旨の合意が成立していないとして出向元に賃金支払義務を認めた裁判例（ニシデン事件・東京地判平11. 3. 16労判766号53頁）がある。

エ　懲戒

出向労働者は出向先と部分的労働契約関係にあると考えられ、就業規則の適用については、労務提供を前提とする部分は出向先の、労務提供を前提としない部分については出向元のものが適用される。したがって、出向労働者が出向先において規律違反を犯すなどした場合、出向先の定めに従って懲戒処分をすることができる。但し、出向先には、出向労働者の出向元との間の労働契約を解消させる権限はないので、懲戒処分として解雇を選択することはできない。

そのような場合、出向元は出向労働者の出向先での行為に対して、実質的に出向元での違反と同視し、自らの懲戒規程を適用し懲戒解雇を行うことは可能であると解される（岳南鉄道事件・静岡地沼津支判昭59. 2. 29労判436号70頁、日本ロール製造事件・東京地判平6. 8. 30労判668号30頁、ダイエー（朝日セキュリティーシステムズ）事件・大阪地判平10. 1. 28労判733号72頁）。

ところで、出向元従業員が出向先の取締役などの役員として派遣されることも少なくないが、役員には原則として就業規則の適用がないので、出向先における規律違反などの行為に対する懲戒処分の可否が問題となる。この点、出向役員は出向元との間の労働契約の本旨にしたがって出向先に対し誠実に取締役業務を行う義務を負っていたものであるから、出向元の就業規則の適用を受け、その懲戒処分を受けるとした裁判例がある（日本交通事業社事件・東京地判平11. 12. 17労判778号28頁）。また、出向先において従業員兼役員の地位にある出向労働者に対し、職場秩序を乱す行為があったことを理由に出向先において行われた懲戒処分を有効とし、併せて出向元の就業規則に基づく懲戒処分も是認した裁判例がある（勧業不動産事件・東京地判平4. 12. 25労判650号87頁 判タ832号112頁）。もっとも後者のように同一の行為について出向先と出向元がそれぞれ懲戒処分を行うことは二重処分（第５章第２・１⑶ウ（208頁）参照）となり違法である疑いがある（西谷『労働法』231頁、土田『労働法概説』183～184頁、下井『労働基準法』134頁）。

オ　安全配慮義務

出向元、出向先それぞれが出向労働者に対して安全配慮義務を負うが、各注意義務の内容は、出向の性質や実態に即して判断される。

出向元の安全配慮義務について判断した裁判例としては、「出向元は出向先及び出向労働者との間の合意により定められた権限と責任、労務提供、指揮監督関係等の具体的実態に応じた内容の安全配慮義務を負う」とした上で出向先が人事評価や健康管理を実施していたことから、出向労働者に対する安全配慮義務は、一次的には出向先が負い、出向元は、人事考課表等の資料や出向労働者からの申告等により出向労働者の長時間労働等の具体的な問題を認識し、または認識し得た場合にこれに適切な措置を講ずるべき安全配慮義務を負うとしたJFEスチール事件・東京地判平20.12.8労判981号76頁 判タ1319号120頁（過労自殺の事案で出向先の安全配慮義務違反を認め出向元の義務違反を否定）、出向元は、「出向先・労働者との出向に関する合意で定められた出向元の権限・責任、及び、労働提供・指揮監督関係の具体的実態等に照らし、出向元における予見可能性及び回避可能性が肯定できる範囲で、出向労働者が業務遂行に伴う疲労や心理的付加等が過度に蓄積して心身の健康を損なうことがないように注意する安全配慮義務を負う」とした上で、出向先には独自の人事・総務部門がなかったため、出向先の労働時間の集計を出向元の人事部が行っていたことや出向先の事業場と出向元の事業場が同じフロアにあったこと等から、出向元は、出向先に対し出向労働者が長時間の時間外労働をしていることを知り得るようにし、長時間労働者がいるときはその業務負担の軽減の措置を取ることができる体制を整える義務を負うとしたネットワークインフォメーションセンターほか事件・東京地判平28.3.16労判1141号37頁 判時2314号129頁（過労自殺の事案で出向先、出向元の双方につき安全配慮義務違反を肯定）がある。

7　再出向

出向先に帰属する労働契約上の権利義務は、通常、出向労働者から労務の提供を受けることに関する部分に限定され、再出向を命じるなどの人事権にまで及ばない。但し、出向契約により出向先に再出向を命ずる権限が付与され、これに出向労働者が同意していた場合には出向先が再出向を命ずることも認められると解する余地がある。

なお、出向元が出向労働者の出向先から別の出向先への再出向を命じることは、通常の権限の範囲内で可能であると考えられるが、労働契約関係の複雑化などを避けるため、最初の出向先から出向元への復帰を経て改めて別の出向先への出向を命じる処理が望ましい。

8 出向者の復帰

判例は出向労働者に対する復帰命令について、「特段の事由のない限り、当該労働者の同意を得る必要はない」（古河電気工業・原子燃料工業事件・最二小判昭60.4.5労判450号48頁 判時1158号240頁）としており、出向元は通常、人事権の行使として復帰を命じることができるが、出向労働者が出向先にとどまる具体的利益がある場合には「特段の事由」が認められることもあると考えられている。

第3 転籍

1 転籍の意義

転籍とは企業と労働者との間の現在の労働契約関係を終了させて、新たに他企業との労働契約関係を成立させ、労働者が当該他企業の業務に従事する人事異動をいう。

転籍の法的性質は、企業間の労働契約上の地位の譲渡、または新労働契約の締結を停止条件とする労働契約の合意解約に相当すると考えられる。

2 転籍の要件

現労働契約の合意解約および新労働契約の締結のいずれについても、労働者の同意を要する。同意は、就業規則や労働協約上の包括的規定では足りず、個別的同意が必要である（民法625条1項）。

転籍命令に係る労働者の同意が争われた裁判例としては、三和機材事件・東京地決平4.1.31判時1416号130頁がある。当該裁判例は、労働者が会社に入社した際の就業規則には、「会社は（中略）出向を命ずることがある。」とするだけでその具体的な内容を規定する出向規定も作られておらず、会社の関連企業といえるものも具体的には存在していなかったこと等を理由として、転籍出向につき労働者の包括的同意を否定した上、「転籍出向は出向前の使用者との間の従前の労働契約関係を解消し、出向先の使用者との間に新たな労働契約関係を生ぜしめるものであるから、それが民法六二五条一項にいう使用者による権利の第三者に対する譲渡に該当するかどうかはともかくとしても、労働者にとっては重大な利害が生ずる問題であることは否定し難く、したがって、一方的に使用者の意思のみによって転籍出向を命じ得るとすることは相当でない。」

と判示した。

但し、当該企業への転属が会社の人事体制に組み込まれて永年継続されてきた制度であって、従業員の募集において転属先を勤務場所の一つに定め、採用面接の際当該会社に転属する可能性があることに対し異議がない旨述べた事情のもとで、転属先の労働条件等から転属が著しく不利益であったり、同意の後の不利益な事情変更により当初の同意を根拠に転属を命ずることが不当と認められるなど特段の事情のない限り、入社の際の包括的同意を根拠に転属を命じうるとした裁判例がある（日立精機事件・千葉地判昭56. 5. 25労判372号49頁判時1015号131頁）。

3 雇用調整の転籍拒否と解雇

転籍には個別的同意が必要であるから、転籍を拒否した労働者の解雇は無効となるはずであるが、雇用調整のための転籍を拒否した場合の解雇は、実質的には整理解雇と評価できる。雇用調整のための転籍を拒否した労働者の解雇の当否について、整理解雇の要件に従って判断した裁判例がある（千代田化工建設（本訴）事件・東京高判平5. 3. 31労判629号19頁。子会社への転籍を１人最後まで拒否して解雇された労働者につき、他の労働者が全員転籍または退職したことから会社は経営規模の縮小の目的をほぼ達成しており、整理解雇の要件を満たさず解雇は無効とした）。

4 転籍後の労働関係

転籍後は、転籍先の企業のみが使用者としての義務を負うのが原則であるが、復帰が予定され、退職金も転籍元企業における在籍期間が通算されるというような場合には、転籍元企業も限定的に使用者と解される余地がある。転籍期間満了後の復帰を約する確認書が作成されていた場合において、当該確認書作成の経緯や同様の事例における復帰状況から、復帰が予定されていたことを認めた裁判例がある（京都信用金庫事件・大阪高判平14. 10. 30労判847号69頁）。但し、転籍先企業を退職する際の退職金支払義務は、転籍先企業のみが負う（幸福銀行（退職出向者退職金）事件・大阪地判平15. 7. 4労判856号36頁）。

第4 配転・出向を争う場合

1 労働者側から相談を受けた場合の確認事項

まずは、配転・出向命令権の存在について確認するべきである。具体的には、配転・出向命令権の根拠・範囲、配転であれば職種や勤務地限定契約ではないか、出向であれば出向期間・出向先での労働条件、労働協約等に協議条項、同意条項がないか、法令違反に当たらないかを確認する。

次に、配転・出向命令権が存在するとしても、命令権の濫用に該当するかどうかを確認する。具体的には、①業務上の必要性（人選の合理性を含む）があるのか、②配転・出向命令が不当な目的・動機をもってなされたか、③労働者に通常甘受すべき程度を著しく超える職業上ないし生活上の不利益を負わせるものであるかという考慮要素を基礎づける評価根拠事実の確認を行う。

2 使用者側から相談を受けた場合の確認事項

労働者側と表裏一体の関係に立つことになるが、まず、配転・出向命令権の存在について確認するべきである。労働契約関係における使用者の配転命令権等が認められるか否かが争われ、労働者側の具体的な主張がある場合には、単に包括的根拠規定等の存在のみならず、こうした具体的事情の有無についても確認する必要がある。

配転・出向命令権等の根拠に争いがない場合であっても、その行使が権利濫用に該当するかどうかが争われている場合には、配転命令権の評価障害事実を確認する。とりわけ、業務上の必要性や人選の合理性については、当該事情を裏付ける証拠を使用者側が保有していることが通常であり、その分量も膨大となることが多いため、早期に整理しておくことが望ましい（『労働関係訴訟の実務』201、202頁）。

3 法的手続

不当な配転・出向命令が出された場合、労働者は仮処分や本案訴訟を検討することになる。

配転・出向先の勤務地が自宅から遠距離で転居を必要とする場合や配転・出向命令により生活上著しい不利益を受ける場合等配転・出向先での勤務が不可能なときは、仮処分を検討する。配転命令を争う場合の申立の趣旨として、「債権者が債務者に対し、債務者の○○営業所（※配転先）において勤務する労働契約上の義務を負わないことを仮に定める」が一例として挙げられる。

労働者が配転命令を争う仮処分を申し立てて認容された事例として、笠戸船渠事件・山口地徳山支判昭61.12.10労判489号31頁（修繕部から造船部への配転：不当労働行為）、国鉄福知山局人材活用センター事件・京都地福知山支決昭62.2.26労判493号37頁（国鉄職員の人材活用センターへの配転：職種変更を正当化する業務上の必要性なし）、西村書店事件・新潟地決昭63.1.11労判519号103頁 判時1276号137頁（新潟から東京への転勤：勤務地限定合意）、国光カーボン工業事件・津地判昭63.3.2労判522号64頁（不当労働行為）、大塚鉄工事件・宇都宮地栃木支判昭63.10.13労判528号28頁（出向の事案：政治信条差別・労基法３条違反）、朝日火災海上保険（木更津営業所）事件・東京地決平4.6.23労判613号31頁 判時1439号151頁（木更津から米子への転勤：組合活動に対する嫌悪）、愛媛県森林組合連合会事件・松山地決平6.3.31労判660号64頁（松山市内から片道３～４時間の北宇和への転勤：組合活動嫌悪）、東海旅客鉄道新幹線運行本部事件・大阪地決平6.12.26労判672号30頁（新幹線運転士の職種変更：業務上の必要性希薄）、芝実工業事件・大阪地決平7.6.23労判686号80頁（大阪事業所から奈良県大和高田市の本社への転勤：勤務地限定合意）、日本ヘキスト・マリオン・ルセル事件・大阪地決平9.10.14労判741号90頁 判タ962号152頁（大阪府枚方市から福島県白河市への転勤：要介護の老母あり）、ミック事件・大阪地決平11.1.12労経速1712号3頁（クレーン運転手から一般作業職への配転：労働者の不利益を正当化するほどの必要性がない）、日本ガイダント仙台営業所事件・仙台地決平14.11.14労判842号56頁（営業職から営業事務職への配転・降格：賃金を約半分にする客観的合理的理由なし）、明治図書出版事件・東京地決平14.12.27労判861号69頁（アトピー性皮膚炎の子がいる共働き夫の東京から大阪への転勤：通常甘受すべき程度を著しく超える不利益）、ケントク（仮処分）事件・大阪地決平21.5.15労判989号70頁（筋無力症罹患を理由に正社員をパートに変更：通常業務に従事可能）、東京測器研究所（仮処分）事件・東京地決平26.2.28労判1094号62頁（東京から明石への転勤：組合活動妨害）がある。

労働者は、仮処分の審理が係属している間も、使用者に対して労務提供の意思を示す必要がある。そのためには、配転・出向命令を受けた時点の元職場へ出勤を通知する、実際に元職場に出社する等の方法がある。

保全の必要性が認められる可能性が低い場合には、仮処分を経ないで本案訴訟を提起することになる。配転命令を争う場合の請求の趣旨として、「原告が被告○○営業所（※配転先）に勤務する雇用契約上の義務のないことを確認する」が一例として挙げられる（『労働事件審理ノート』78頁）。なお、確認の利益については第１部第３・３(3)ア(イ)（８頁）参照。

配転・出向命令の違法性が高い場合には慰謝料の請求も併せて行うことも検討する。

新興サービス事件・東京地判昭62.5.26労判498号13頁 判時1232号147頁は、少数組合の組合員に対して勤務地の異なる他の職場への配転命令がなされたところ、当該組合がこれを不当労働行為であるとして配転を命じられた労働者を対象とした指名ストライキ権を行使した事案について（会社は、その後、配転命令拒否を理由に懲戒解雇した）、「本件ストライキ権の行使は、組合が本件配転命令を不当労働行為であると考えてその撤回を要求する組合の指令に基づいて実施されたものであるから、その目的において正当であるばかりか、その手段においても本件配転命令自体を拒否して配転先の勤務に従事しないという労務の不提供にとどまるものであるから、正当というべきである。」と判示している。

係る裁判例に照らせば、労働組合においては、配転・出向を争うための手段の一つとして指名ストライキ権の活用することも考えられよう。

4　配転・出向を争う場合のリスク

(1)　解雇

配転・出向命令に従わない場合、業務命令違反による解雇が行われる虞がある。配転・出向先での勤務が不可能ではない場合は、解雇を回避するために、異議を留めて配転・出向命令に従い、配転・出向先で業務に従事しつつ、配転・出向命令を争う方が安全である。配転・出向命令に従わず解雇された場合、配転・出向命令が有効であると判断されれば解雇も有効とされるのが通例であり（但し第５章第２・３(3)ア（219頁）参照）、雇用契約上の地位を失う結果となるためである（帯広から札幌への転勤を命じられ病気の子2人と体調不良の両親を抱えながら、懲戒解雇を恐れて札幌に赴任しつつ帯広工場を勤務場所とする仮処分を申請し認められた例として北海道コカ・コーラボトリング事件・札幌地決平9.7.23労判723号62頁がある）。

(2)　賃金請求権

配転命令を拒絶して不就労となった期間の賃金請求権については、配転命令が無効とされた場合は、使用者の責に帰すべき就労不能として労働者は賃金請求権を失わないとされるのが通例である。例えば、ナカヤマ事件・福井地判平

28. 1. 15労判1132号5頁 判時2306号127頁においては、福井支店から長野支店への転勤を命じられた後、福井支店に出勤すると指紋認証ができなくなっており机の上に他の従業員のパソコン及び荷物が置かれており上司から福井支店には席がないので長野支店に行くか退職するかだと通告されてその後出勤していない労働者について、配転命令を無効とした上で「原告が本件配転命令を受けた後、被告に出勤することができないのは、被告の責めに帰すべき事由による」として使用者は賃金支払義務を負うとした（なおこの事件では、権利濫用による違法な配転命令がなされた後、使用者が配転命令を撤回したものの、その違法性を一切認めていなかったとの事実関係の下において、労働契約上の信頼関係は使用者が配転命令を撤回し、出勤命令等を発令しただけでは回復したものとは到底認めることができないとして、配転命令撤回後も労働者が出勤していないのは、使用者の責に帰すべき事由によるものであると認め、配転命令撤回後の不就労についても、民法536条２項に基づき使用者の賃金支払義務を認めている。)。

他方、配転命令が有効とされた場合には、労働者の賃金請求権を否定する裁判例が多い。

裁判例としては、配転先で勤務すべき義務がないことを仮に定める仮処分命令がなされたとしても、本案訴訟において当該配転命令が有効と認められ、仮処分が取消された場合、配転前の就業先に労務の提供を行ったことは債務の本旨に従った履行の提供とはいえず、使用者が欠勤扱いしたことは違法ではないと判示したものとしてテーエス運輸ほか（配転）事件・大阪高判平27. 11. 19労判1144号49頁がある。

なお、配転命令は有効だが配転命令を拒否したことを理由とする懲戒解雇が手続の適正を欠く等の理由で無効とされた場合（そのような場合について第５章第２・３⑶ア（219頁）参照）の賃金請求権について、三和事件・東京地判平12. 2. 18労判783号102頁は、地位確認を認めつつ、債務の本旨に従った労務の提供は配転先における労務の提供であり労働者が配転先で労務を提供する意思を有していなかったことは明らかとして賃金請求権を否定したが、メレスグリオ事件・東京高判平12. 11. 29労判799号17頁、山宗事件・静岡地沼津支判平13. 12. 26労判836号132頁は、同様の事案で、懲戒解雇が無効である以上、使用者は月例賃金及び賞与の支払義務があるとしている。

第5章

服務規律と懲戒

第1 服務規律と懲戒（概説）

1 服務規律

多くの企業では、従業員の行為規範が就業規則等により服務規律として定められている。服務規律は、①労働者の就業（労務提供）の仕方及び職場のあり方に関する規律である狭義の服務規律、②企業財産の管理・保全のための規律、③従業員としての地位・身分による規律に分類することができる（菅野『労働法』649～650頁）。

このような服務規律は、就業環境の変化を反映しており、近時は、ハラスメント（セクシュアル・ハラスメント、パワー・ハラスメント、マタニティ・ハラスメント等）の禁止規定が服務規律の中でも重要な位置を占めている。また、インターネットを中心とする職場のIT化を受けて、企業のパソコンからのウェブサイトへのアクセス制限、電子メールの使用方法やこれに対するモニタリングの方法を規律する規程、従業員がツイッターやフェイスブック等のSNSを利用する際のルールや発信内容に関する禁止事項を定める規程等を設ける例も多く見られる。

労務管理の実務上は、上記の「服務規律」とは別に企業秩序という概念も用いられる。企業秩序は、一般には、経営目的を遂行する組織体としての企業が必要とし実施する、構成員に対する統制の全般を意味する。使用者は企業の存立・運営に不可欠な企業秩序を定立し維持する当然の権限を有し、労働者は労働契約の締結によって当然にこの企業秩序の遵守義務を負う（菅野『労働法』650～651頁、富士重工業事件・最三小判昭52. 12. 13民集31巻7号1037頁 労判

287号7頁は「企業秩序は、企業の存立と事業の円滑な運営の維持のために必要不可欠なものであり、企業は、この企業秩序を維持確保するため、これに必要な諸事項を規則をもって一般的に定め、あるいは具体的に労働者に指示、命令することができ」「労働者は、労働契約を締結して企業に雇用されることによって、企業に対し、労務提供義務を負うとともに、これに付随して、企業秩序遵守義務その他の義務を負う」と判示。ただし同判決は、労働者は「企業の一般的な支配に服するものということはできない」とも判示している。後述第２・１⑵ウ㈭（204頁）参照。）。

2　懲戒

上記の服務規律や企業秩序を維持するため、これらに違反した労働者に対する制裁として懲戒処分がある。懲戒は、通常、従業員の企業秩序違反行為に対する制裁罰であることが明確な労働関係上の不利益措置を意味し（菅野『労働法』658頁）、一般に、重い順に、懲戒解雇、諭旨解雇・諭旨退職、降格、出勤停止、減給、譴責（戒告）などとして制度化されている。

第２　懲戒処分

1　懲戒処分が有効となるための要件

⑴　懲戒に関する法律上の規定

懲戒については、従来の判例法理（ダイハツ工業事件・最二小判昭58.９.16労判451号16頁判時1093号135頁）を成文化した労契法15条にその有効性（懲戒権行使の権利濫用該当性判断基準）についての規定がある。これによれば、懲戒処分が有効とされるためには、①懲戒処分の根拠規定の存在、②懲戒事由への該当性、③相当性が必要であるとされている（菅野『労働法』673～675頁、学校法人Ｂ（教員解雇）事件・東京地判平22.９.10労判1018号64頁等参照）。

⑵　懲戒の有効要件

ア　就業規則等における根拠規定の存在及び周知

使用者が労働者を懲戒するためには、周知された就業規則に懲戒の対象となる事由（懲戒事由）と懲戒処分の種類が定められ、その就業規則が周知されていなければならない（フジ興産事件・最二小判平15.10.10労判861号5頁 判時1840号144頁）。従業員数が常時10人未満であるため就業規則の作成義務（労基法89条）を負わない小規模事業場においても、懲戒処分を行うには、就業規則や労働協約等に根拠規定が必要となる（洋書センター事件・東京高判昭61. 5. 29労判489号89頁）。

懲戒事由を定めた就業規則の周知手続を欠き、また、雇用契約書上の「飲酒運転、社用車の私用を行わないこと、雇用条件を遵守しない場合には即時解雇されても異議はない」との記載だけでは懲戒の種別及び事由を定めたものとはいえず使用者の懲戒権は基礎づけられないとして懲戒解雇を無効とした裁判例に丸林運輸事件・東京地決平18. 5. 17判時1937号157頁 労判916号12頁がある（周知に関しては、懲戒処分に先立つ聴聞の場で労働者から就業規則の開示を求められて就業規則の一部をコピーして渡しただけで全部を開示しようとしなかったとした上で全証拠によっても解雇以前に周知させる手続を取っていたと認めるに足りる証拠はないとした)。また、懲戒事由を定めた就業規則は事業場内に備え付けられていたものの実質的周知を欠いていたとして懲戒解雇を無効とした近時の裁判例に河口湖チーズケーキガーデン事件・甲府地判平29. 3. 14労働判例ジャーナル65号47頁（TKCLexdb＝25545729）がある（非違行為時点では独自の就業規則がなく関連会社の就業規則を適用していた事案で、労働条件通知書の「具体的に適用される就業規則名」欄が空欄であり、また、綴じられていたファイルに「就業規則」との文言や被告会社名を記載したシールが貼られていたとも認められないため、従業員控え室の棚にファイルが備え置かれていたとしても、それをもって関連会社の就業規則が被告の就業規則として用いられていること及びその内容を従業員が認識できたとはいえないとされた)。就業規則の周知については第３章第２・４（139頁〜）も参照されたい。

イ　懲戒事由該当性

次に、懲戒処分の対象とされた従業員の非違行為が就業規則所定の懲戒事由に該当し、懲戒処分に「客観的に合理的な理由」（合理性）があると認められることが必要である。

処分の重大性が増すほど懲戒権行使における使用者の裁量も狭まり、とりわけ懲戒解雇・諭旨解雇では懲戒事由への該当性が厳密に判断される（会社に無断で業務関連情報を私物のハードディスクに記録して社外に持ち出したことに対する懲戒解雇の有効性が争われた乙山商会事件・大阪地判平25. 6. 21労判1081号19頁は、「懲戒解雇は、懲戒処分の中でも従業員の身分を奪う最も重い処分であるから、懲戒解雇事由の解釈については厳格な運用がなされるべきであり、拡大解釈や類推解釈は許され」ないと判示した上で、情報が外部に流出する危険性を生じさせただけで、実際に外部に漏洩した事実は認められない状況下では、「会社の業務上の機密及び会社の不利益となる事項を外に漏らさない」との服務規律には反しないとして懲戒解雇を無効と判断。私生活上の犯罪行為を理由とする懲戒解雇を無効とした後掲日本鋼管事件・最三小判昭49. 3. 15も参照)。

また、就業規則の規定上、広範・不明確な懲戒事由については合理的な限定解釈が行われることがあることにも留意する必要がある。すなわち、形式的に就業規則の懲戒事由に該当する行為があったとしても、実質的に秩序を乱すおそれのないような行為であれば、そもそも懲戒事由に該当しないと解釈される（目黒電報電話局事件・最三小判昭52. 12. 13民集31巻7号974頁　労判287号26頁が示した考え方。「ベトナム戦争反対」などと記載したプレートを着用して職務を行ったこと等が職場内での「選挙活動その他の政治活動」を禁じる服務規律に反するとしてなされた戒告処分につき、政治活動の禁止やビラ配布の事前許可制を定める就業規則の「規定は、前記のように局所内の秩序風紀の維持を目的としたものであることにかんがみ、形式的に右規定に違反するように見える場合であっても、実質的に局所内の風紀を乱すおそれのない特別の事情が認められるときには、右規程の違反になるとはいえないと解するのが相当である」とし、本件プレート着用・ビラ配布は実質的に見ても職場内の秩序を乱すもの、乱すおそれのあったものとして有効。業務命令拒否の懲戒解雇事由に該当するというためには、形式的に就業規則の規定に該当することだけでは足りず、「当該行為が、その性質及び態様、その他の事情に照らし、重大な業務命令違反であって、（略）会社の企業秩序を現実に侵害する事態が発生しているか、あるいは、その現実的な危険性を有していることが必要である」とするものとして日本通信（懲戒解雇）事件・東京地判平24. 11. 30労判1069号36頁)。

懲戒当時に使用者が認識していなかった非違行為は、特段の事情のない限り、当該懲戒の理由とされたものでないことが明らかであるから、その存在をもって当該懲戒の有効性を根拠付けることはできない（山口観光事件・最一小判平8. 9. 26労判708号31頁　判時1582号131頁)。つまり、使用者側が懲戒当時認識していなかった非違行為を懲戒解雇の懲戒事由として主張しても主張自体失当となる（『類型別労働関係訴訟の実務』253頁。なお、『労働関係訴訟の実務』343頁は、「一連の横領行為の一部のみの調査が先行しこれのみで労働者を懲戒解雇したが、その後の調査でその前後にも横領行為が存し、訴訟においては、これらも併せて懲戒解雇事由と主張する場合」のように、「処分時に処分の理由とされた非違行為と一連一体をなす同一類型の行為については、例外的に追加が認められる」とする)。

これに対し、懲戒当時に使用者が認識しつつ懲戒事由として明示しなかった非違行為については、それが明示した非違行為と実質的に同一性を有し、あるいは同種若しくは同じ類型に属すると認められるもの又は密接な関連性を有するものであり、かつ、使用者が懲戒事由を明示したものに限定する趣旨ではなかったと認められる場合には、明示しなかった非違行為をも懲戒の根拠とすることができる(富士見交通事件・東京高判平13.9.12労判816号11頁)。他方、明示した非違行為と明示しなかった非違行為との間に、このような密接な関連性が存在しない場合には、明示しなかった非違行為については、使用者があえて懲戒理由から外したものと解すべきであるため、後に訴訟の場で懲戒事由として主張することは許されない(ヒューマントラスト(懲戒解雇)事件・東京地判平24.3.13労判1050号49頁)。

ウ　懲戒処分の相当性

(ア)　相当性が求められる根拠・判断基準

懲戒処分の選択は、懲戒権者である使用者の裁量に属するが(土田『労働契約法』504頁、国家公務員の事案であるが「懲戒事由がある場合に、懲戒処分を行うかどうか、懲戒処分を行うときにいかなる処分を選ぶかは、懲戒権者の裁量に任されている」と判示した判例として神戸税関事件・最三小判昭52.12.20民集31巻7号1101頁 労判288号24頁)、「当該懲戒に係る労働者の行為の性質及び態様その他の事情に照らして、客観的に合理的な理由を欠き、社会通念上相当であると認められない場合」(相当性を欠く場合)は懲戒権の濫用として無効となる(労契法15条)。「行為の性質」とは、懲戒事由となった労働者の行為そのものの内容を指し、「態様」とは、その行為がなされた状況や悪質さの程度などを指す。「その他の事情」には、行為の結果(企業秩序に対していかなる悪影響があったか)や労働者側の情状(これまでの処分や非違行為歴、反省の有無・態様など)及び使用者の対応が含まれる(荒木・菅野・山川『詳説労働契約法』159頁)。

使用者側として、当該事案に対し懲戒処分のうちどれを選択するのが適切であるかは、実務上、悩ましいことが少なからずある。本来、個別事案ごとに判断すべきものであるため、非違行為の類型と処分との対応関係を一般化するのは困難であるが、人事院が公表している「懲戒処分の指針について」http://www.jinji.go.jp/kisya/1609/1202000_

H12shokushoku68. htm（平12. 3. 31職職－68、最終改正平28. 9. 30職審－231）は、処分の軽重選択にあたり、民間企業においても一つの参考になるであろう（ただし、公務員は「全体の奉仕者」であることが前提であり、そうではない民間企業の従業員との関係では、公務員について重い処分が認められる場合でも、民間企業では許容されないことがある点に留意を要する（その最たる例が、飲酒運転に対する懲戒処分である。本章第２・３(6)ア(ウ)（230頁）参照）。）。また、株式会社労務行政発行の雑誌「労政時報」3829号（2012. 9. 14）10～44頁掲載の「懲戒制度の最新実態」も他社の運用状況を知るには参考になる（同社では約５年に１度の頻度で過去３回にわたり企業に対し懲戒制度の運用状況を調査。最新調査結果は上記の号掲載。最新調査では上場企業3454社を含む3765社を対象とし170社から得られた回答を紹介）。

使用者側として相談を受けた際は、上記の相当性判断要素（行為の性質、態様、行為の結果、労働者側の情状、使用者のこれまでの対応）に関連する事実について聴き取りを行うことになるが、まずは、社内の過去の懲戒処分事例を確認し（同種事案はもとより、異種事案についても聴き取りを行い、その会社における全体的な処分傾向を掴む）、処分予定者の過去の処分歴、非違行為が社内・社外に与えた具体的な影響度合いといった流れで聴き取っていくことが多いであろう。

(イ)　処分量定基準が定められている場合

相当性の判断においては、当該非違行為の性質、態様や被処分者の処分歴等が総合的に勘案されるが、懲戒権者が処分量定基準を定めているときには、それを前提として相当性が判断される。そのような定めがあった事例として、東京高判平28. 3. 24裁判所Webサイト（原審は東京地判平27. 10. 26判タ1422号153頁）は、都立高校の男性教員が担任する女子生徒に対し、わいせつな内容を含む800通以上のメールを送信したこと等を理由としてなされた懲戒免職処分の効力が争われた事案であり、裁判所は、東京都教育委員会が策定していた処分量定基準は、「処分権者の恣意を排除し、処分の公平性、妥当性を担保し、適正な処分を実現することを目的とするもの」であり、当該基準によれば上記メール送信行為は「停職」に留まる上、諸般の事情を考慮して処分の量定を加重すべき特段の事情もないとして無効と判断した（原審の結論維持）。これは、地方公務員の事例であり、また、民間企業においては、詳細な処分量定基準を設けている会社はさほど多くないと思われるが、民間企業においても、ひとたび処分量定基準を定めた場合は、その基準が合理的なものであるかぎり、使用者の裁量はその基準に原則として羈束され、それよりも重い処分とする場合には、客観的・合理的根拠が求められることになるであろう。

(ウ)　公平性の要請

相当性判断において考慮すべき一つの事情として、同じ規定に同じ程度に違反した場合には、これに対する懲戒は同じ程度たるべきであるという公平性の要請がある（菅野『労働法』675頁）。この観点から、当該使用者における同種の非違行為に対する懲戒処分についての先例も判断要素の一つとなる。この点について「過去の事例と比較して当該労働者に対する懲戒処分が厳格に過ぎるという趣旨の主張が、相当性の判断にとって重要な意味を持たない事例がほとんどであり、このような主張に力を入れても、いたずらに争点を拡散する結果にしかならない場合が多い」（渡辺『労働関係訴訟』86頁）という指摘がある。また、『労働関係訴訟の実務』352頁においても、「本来、懲戒事案は個別性が高いのであって、本件事案が従前の事案と完全に同一なものでないことは明らか」「従前の事案に対する処分が適切であったかすら判然としないのが通例であり、結局、主張立証を積み重ねてみても、本件事案の解決には全く影響のないことがほとんど」と述べられている。

もっとも、２名の従業員がそれぞれに保険手数料を横領し、それらに対して同時期になされた懲戒処分が、一方は懲戒解雇、他方は出勤停止５日間であったという事案で、裁判所は、使用者には処分の選択に広い裁量権があるとしつつも、「裁量権の行使の結果、従業員間の処罰に合理的な理由もなく著しい不均衡が生じることは法の許すところではなく」「従業員間の処罰の均衡は、類似の事案により同一機会に処罰を受ける従業員間にあっては特に強く要請される」として懲戒解雇を無効とした茨城急行自動車事件・東京地判昭58. 7. 19労経速1164号7頁 判時1095号152頁がある（このほか、他の職員らとともに開業医から依頼された検査料金を病院に納入することなく職員間の共益費（レクリエーション費用等）として費消したことを理由とする懲戒解雇が、他の職員は減給に留まっていることとの均衡を欠くとして無効とされた裁判例として日赤病院事件・松江地判昭50. 1. 13判時788号108頁がある）。

なお、従前の処分との公平性が、必ずしも相当性判断に決定的影響を与えるものでないとしても、従来黙認してきた種類の行為に対し懲戒を行うには、使用者は、事前に十分な警告を行うべきである（菅野『労働法』675頁参照）。

(エ)　事前の注意・指導の機会の有無

事前に使用者が注意・指導・警告を行い、改善の機会を与えていたかどうかが、相当性判断の中で考慮されることがある。クレディ・スイス証券（懲戒解雇）事件・東京地判平28.7.19労判1150号16頁は、同僚に対するセクハラ発言、不適切な社外事業の実行に関し複数の他の従業員と協議したこと等を理由とする懲戒解雇処分について、懲戒事由該当性は認められ、また、各行為の内容は相応の懲戒処分を受けて然るべきであるが、降職までの懲戒処分にとどめ、然るべき注意、指導をするという選択肢があり得ないとは解されないとして、相当性を否定した。また、宴席等で女性従業員の手を握ったり、肩を抱いたりするというセクハラ言動を繰り返していた支店長兼取締役を懲戒解雇したＹ社（セクハラ・懲戒解雇）事件・東京地判平21.4.24労判987号48頁では、裁判所は、処分に至るまでに指導や注意がなされなかったことを労働者側に有利な事情の一つとして斟酌し、懲戒解雇を無効とした。

これに対し、度重なるセクハラ発言をしていた２名の管理職者に対する出勤停止処分（30日、10日）の有効性が争われたＬ館（海遊館）事件・最一小判平27.2.26労判1109号5頁では、原審（大阪高判平26.3.28労判1099号33頁）は、事前に警告や注意等を受けていなかったことを労働者側に有利な事情の一つとして斟酌し処分無効と結論づけたが、最高裁は、使用者が職場におけるセクハラの防止を重要課題と位置づけ、セクハラ禁止文書を作成して周知したり、セクハラに関する研修に全従業員を毎年参加させたりするなど、セクハラの防止のために種々の取組みを行っており、被処分者としてもそのような使用者の方針や取組みを当然に認識すべきであったこと、セクハラ発言の多くが第三者のいない状況で行われており、使用者は被害申告を受けるまで被害の事実を具体的に認識して警告や注意等を行い得る機会がなかったこと等を指摘し、原審の判断を明確に否定した（処分有効）。

事前の注意・指導の機会の有無は、非違の程度、処分に至るまでの使用者の対応に関する事情として相当性判断に影響する。もっとも、それらを欠いたことが労働者側に有利に評価されるかどうかは、処分の軽重（例えば、譴責等の軽い処分は、それ自体がより重い処分の前段階としての注意・指導として機能することがある。懲戒解雇の前に降職を検討すべきとした前掲クレディ・スイス証券（懲戒解雇）事件・東京地判平28.7.19参照）に加え、非違行為の性質・態様（職場において許されない行為であることが明白なものであるか。業務時間中の私的チャットが内容・頻度ともに度を超していた事例で上司から特段の注意や指導を受けていなかったとしても懲戒解雇を有効とした後掲ドリームエクスチェンジ事件・東京地判平28.12.28労判1161号66頁参照）や被処分者の立場（職場において許されないことを当然に理解すべき立場にあるか）や、個別的な注意・指導をしていなかったとしても、職場全体に対して許されない行為であることを明確に示していたか（前掲Ｌ館（海遊館）事件・最一小判平27.2.26参照）等の状況をふまえて判断される。

㈹　使用者による調査への協力状況

まず、従業員が使用者による調査に協力義務を負うか否かについて、前掲富士重工業事件・最三小判昭52.12.13民集31巻7号1037頁 労判287号7頁は、「当該労働者が他の労働者に対する指導、監督ないし企業秩序の維持などを職責とする者であつて、右調査に協力することがその職務の内容となつている場合には、右調査に協力することは労働契約上の基本的義務である労務提供義務の履行そのものであるから、右調査に協力すべき義務を負うものといわなければならないが、右以外の場合には、調査対象である違反行為の性質、内容、当該労働者の右違反行為見聞の機会と職務遂行との関連性、より適切な調査方法の有無等諸般の事情から総合的に判断して、右調査に協力することが労務提供義務を履行する上で必要かつ合理的であると認められない限り、右調査協力義務を負うことはないものと解するのが、相当である。」と判示した。言い換えれば、上記の限度では労働者が調査協力義務を負うことを明らかにした。また、近時の裁判例であるドコモCS事件・東京地判平28.7.8労経速2307号3頁は、「労働者は自身の労働契約上の義務に違反する行為に関し、使用者が調査を行おうとするときは、その非違行為の軽重、内容、調査の必要性、その方法、態様等に照らして、その調査が社会通念上相当な範囲にとどまり、供述の強要その他の労働者の人格・自由に対する過度の支配・拘束にわたるものではない限り、労働契約上の義務として、その調査に応じ、協力する義務があると解される。」としている。

これらの判示内容をふまえて、処分対象者が調査協力義務を負う場合には、正当な理由なく調査を拒んだり、調査の過程で虚偽の報告をするなど調査を妨害したりした場合には、それ自体として、業務命令違反等の懲戒事由に該当するとともに、そのような態度は「労働者の情状」として相当性判断に影響するであろう。前掲ドコモCS事件・東京地判平28. 7. 8は、上記引用部分に続いて「調査の過程において、芳しくない態度、ことに虚偽の供述など、積極的に調査を妨げる行為があった場合は、信頼関係をますます破壊し、反省、改善更生といった情状面の評価において、不利益に重視されることもやむを得ないというべき」としている。また、前掲クレディ・スイス証券（懲戒解雇）事件・東京地判平28. 7. 19は、処分対象者が改ざんした電子メール記録を提出した行為について「業務上または勤務上の指示命令に従わず、または、風紀秩序を乱したとき」「故意または過失により業務を阻害し、または会社に損害を加えたとき」「法令遵守その他の社内調査または会社の業務を規制する諸機関による公式調査に十分かつ誠実に協力しないとき」「本就業規則その他会社の諸規則または諸規定に違反したとき」等の懲戒事由に該当するとしている（ただし、最終的には被処分者が削除した部分の存在を認め、記録全体を提出した点を考慮し、非違性を過大評価すべきではないとの付言あり）。

(カ)　長期間経過後の処分

懲戒権の行使には、時効のような一般的・通則的な時限は存在せず、行使の時期も含めて使用者は裁量権を有する。しかし、長期間の経過により企業秩序が回復し、その維持のために懲戒処分を行う必要性が失われた場合や、合理的理由もなく著しく長期間を経過して懲戒権を行使したことにより、懲戒処分は行われないであろうとの労働者の期待を侵害し、その法的地位を著しく不安定にするような場合には、懲戒権の行使時期の選択を誤ったものとして相当性が否定される（以上、前掲学校法人Ｂ（教員解雇）事件・東京地判平22. 9. 10労判1018号64頁。怪文書の送信・配付行為から約５年後の懲戒解雇処分につき相当性否定）。

職場内において管理職に対する暴行事件（平成５年～平成６年）を起こした従業員に対し、検察庁が不起訴処分とした（平成11年）後、平成13年に行った諭旨退職処分について、処分の時点では企業秩序維持の観点から諭旨退職処分のような重い懲戒処分を行うことを必要とする状況にはなかったとして無効と判断したネスレ日本事件・最二小判平18. 10. 6労判925号11頁 判時1954号151頁がある。また、セクハラの疑いについて事情聴取をし弁明書の提出を受けた後、再度の事情聴取等をすることなく約２年間何ら懲戒処分をせず、むしろ表立って懲戒処分をすることを回避していたようにすら窺われることから、仮にセクハラの事実が認められるとしても明らかに時機を逸しているとして懲戒解雇を無効とした裁判例に霞アカウンティング事件・東京地判平24.3.27労判1053号64頁がある。学校法人常葉学園（短大准教授・保全抗告）事件・東京高決平28.9.7労判1154号48頁 判タ1432号85頁は、懲戒解雇処分（平成27年２月）の対象とした上司らの告訴（強要罪）行為（平成24年８月）について、告訴事実が不起訴処分（同年12月）となった後に使用者が速やかに懲戒処分の手続に着手しなかったことを、相当性を否定する方向で考慮している（なお、本件の本案訴訟は静岡地判平29.1.20労判1155号77頁であり、結論として懲戒解雇無効）。これに対し、一般仲介事業グループ担当役員補佐が部下である数多くの管理職や従業員に対して長期間にわたり継続的に行ったパワハラ（認定された事実は降格の２年前〜５か月前）に対する降格処分の有効性が争われた事案において、２年前の言動が懲戒処分の対象行為に含まれていたが、多数のパワハラが継続して行われているため全体として懲戒処分の対象として処分し企業秩序の維持を図ることは当然必要であるとして２年前の言動も含めて有効としたM社（三菱地所リアルエステートサービス）事件・東京地判平27.8.7労経速2263号3頁がある。

(キ)　手続面

このほか、手続的な相当性も判断要素の一つとなり、以下(3)のとおり、一定の場合には、定められた手続を経ていることそのものが懲戒処分の有効性の要件となることに留意する必要がある。

(3)　懲戒処分における適正手続

ア　適正手続

(ア)　手続規定が定められている場合

懲戒処分を行うに際し、就業規則や労働協約等により、懲戒委員会、賞罰委員会等の開催、弁明の機会の付与、労働組合との事前協議といった手続規定が定められている場合には、かかる手続規定を遵守することが必要であり、かかる手続に違反して行われた懲戒処分は原則として無効である（千代田学園事件・東京高判平16.6.16労判886号93頁）。

近時の裁判例として、賞罰規程において賞罰委員会の設置、委員会の構成、任期、審議の方法、委員の任務停止等を具体的に規定していたのに、代表者が、賞罰委員の任期中であった部長について、任務停止要件を満たすかどうかを検討することなく「部署が同じであり情に流されるし人事評定を高くしている」などといった自身の判断で外したことや、代表者が将来賞罰委員会を構成する者に対して誤った先入観を与える発言をしたことは公正を著しく害する行為であり、また、就業規則では賞罰委員による審査手続において事実を調査し公明正大な審議をすると定めているのに、関係者に対して事情を確認するなど弁明の当否を検討した形跡がなく事実の調査等も不十分であったことなどから、前代表者の交際費に関する不正経理を理由とする降格処分は、手続の面においても就業規則や賞罰規程に違反するから無効としたものがある（フクダ電子長野販売事件・東京高判平29.10.18労働判例ジャーナル70号2頁（TKCLexdb＝25548083、労判平成30年２月号掲載予定）。ただし、前代表者の指示の下での経理処理であり結果的に修正申告をして追徴課税に至ったとしても業務上の怠慢があったとはいえない等として懲戒事由該当性も否定）。

(イ)　手続規定が定められていない場合

就業規則等に手続規定が定められていない場合においても、弁明の機会を付与することが必要であるかについては、裁判例は分かれており、弁明の機会を付与しなかったことのみをもって無効となることはないとして、諭旨解雇処分を有効とした裁判例（日本電信電話（大阪淡路支店）事件・大阪地判平8.7.31労判708号81頁）や、社内規定上、懲戒処分の手続として、弁明の機会の付与については定めがなく、労使の代表者によって構成される賞罰委員会の開催のみを定めていたという事案において、弁明の機会を付与しないことをもって直ちに懲戒手続が違法ということはできず、賞罰委員会に諮ってなされた懲戒解雇処分を有効とした裁判例（ホンダエンジニアリング事件・宇都宮地判平27.6.24労経速2256号3頁）がある一方で、弁明の機会等の付与がなされなかったことをもって手続的な相当性に欠けているとして社会通念上相当な懲戒解雇とはいえないとした裁判例（ビーアンドブィ事件・東京地決平22.7.23労判1013号25頁）、「懲戒処分（とりわけ懲戒解雇）は、刑罰に類似する制裁罰としての性格を有するものである以上、使用者は、実質的な弁明が行われるよう、その機会を付与すべきものと解され、その手続に看過し難い瑕疵が認められる場合には、当該懲戒処分は手続的に相当性に欠け、それだけでも無効原因を構成し得るものと解される」とした裁判例（日本通信（懲戒解雇）事件・東京地判平24.11.30労判1069号36頁）もある。学説上は、処分の軽重にかかわらず、弁明の機会の付与は、付与する旨の根拠規定の有無を問わず必須であり付与がなければ原則無効とする見解が有力のようであるが（菅野『労働法』675頁、土田『労働契約法』507頁等）、『労働関係訴訟の実務』は、懲戒解雇に関し、弁明の機会の付与を使用者に義務付ける法令上の明確な根拠規定はないことをふまえ、弁明の機会の付与が懲戒解雇の要件であるとまでは解することができず、また、弁明の機会の付与いかんによって、結論が大きく左右される事例はほとんどみられないとする（345～346頁、352頁）。最も重大な処分である懲戒解雇において要件とならず、また、結論が左右されることもほぼないのであれば、他のより軽い処分においても同様であろう。労働者側として弁明の機会の付与がなかったことに言及する場合には、単にそれのみを指摘するのではなく、付与がなされなかったことが、いかなる観点から当該処分の客観的合理性・社会通念上の相当性に影響を及ぼすのかという点を意識して主張する必要がある（『労働関係訴訟の実務』352頁は、「弁明の機会が付与されることによって、懲戒処分の内容が変わり得たというのであれば、現時点において、懲戒解雇の理由がないと主張すれば足りるはず」とする）。

イ　遡及適用の禁止

懲戒の根拠規定はそれが設けられる以前の行為に対して遡及して適用することはできない。

ウ　一事不再理の原則（二重処分の禁止）

一つの非違行為に対して、２回懲戒処分を行うことは許されない（平和自動車交通事件・東京地決平10.2.6労判735号47頁）。これは、過去に懲戒処分の対象とした行為に対して再度の懲戒処分を行うことは許されないという意味である。よって、過去に懲戒処分を受けたが、その後に非違行為が再度繰り返されたという場合に、以前に懲戒処分を受けたことを量定判断上考慮し、より重い懲戒処分に付すことは一事不再理の原則に反しない（過去に２度の譴責処分、減給処分及び出勤停止処分を受けていることを懲戒解雇の相当性を裏付ける事情として考慮したものとして日経ビーピー事件・東京地判平14.4.22労判830号52頁がある）。

また、懲戒処分を受けたことを人事考課として考慮したり、懲戒処分を受けたことを理由に人事上の措置を行ったりすることも、一事不再理の原則には反しない（以下の各判例のように、通常は、管理職者としての不適格性という観点から人事考課上考慮することが多いと思われる）。前掲L館（海遊館）事件・最一小判平27.2.26は、懲戒処分を受けたときは降格とする場合がある旨の資格等級制度規程上の規定に基づき、度重なるセクハラ発言を行った２名の管理職者に対して出勤停止処分（30日、10日）とともに１等級降格した上で職位を引き下げた（マネージャー→係長、課長代理→係長）という事案において、当該規定の趣旨は、社員が企業秩序や職場規律を害する非違行為につき懲戒処分を受けたことに伴い秩序や規律の保持それ自体のための降格を認めることにあり、現に非違行為の事実が存在し懲戒処分が有効である限り、その定めは合理性を有するとした上で、懲戒処分が有効であることを前提に、人事権の濫用にも当たらないとした。このほか、停職３か月の懲戒処分と人事権の行使としての医長から医員への降格は両立することを前提としてそれぞれに有効性を判断した社団法人東京都医師会（Ａ病院）事件・東京地判平26. 7. 17労判1103号5頁もある（停職３か月は重すぎて無効だが、降格は人事権の濫用にはあたらず有効）。

⑷　懲戒処分に先立つ自宅待機命令

実務上、懲戒処分の前段階として、事実調査等を行う際に、処分予定者が職場内に存在することにより調査に支障が生じること等を回避するため、処分確定までの一定期間、自宅待機を命ずることがある。労働者には就労請求権がないため、使用者は労働者の労務提供を放棄できることから、就業規則上の根拠規定の有無を問わず、業務命令として自宅待機を命じることができる（菅野『労働法』663頁）。これは、あくまで業務命令であり、懲戒処分としての性質を有しない。また、懲戒処分としての出勤停止とは別になされるものである。

実務上「自宅待機命令」と呼ばれるものは、概ね２つの類型に分けられる（以下の整理は土田『労働契約法』481～482頁を参照）。１つは、文字通り自宅で待機するという業務（そして、待機期間中に使用者が出社を命じた場合には直ちにそれに応じること）を命ずるものである（このように解したものとして三葉興業事件・東京地判昭63. 5. 16労判517号6頁、控訴審東京高判平元. 5. 30労民40号2頁～3号388頁で原審維持、中央公論社事件・東京地判昭54. 3. 30労判317号26頁、後掲ネッスル（静岡営業所）事件・静岡地判平2. 3. 23）。もう１つは、出社しないことを命ずるもの（就労拒否、使用者による労務提供の受領拒絶）である。自宅待機を命じる際にいずれであるかを使用者が意識していない場合も見受けられるが、実務上は前者であることが多いであろう。前者であれば、自宅で待機すること自体が労働者のなすべき労務提供であるから、自宅待機期間中の賃金は全額支給しなければならない。これに対し、後者の場合、賃金を支払うべきであるかは、危険負担法理（民法536条２項）に服し、受領拒絶につき使用者の帰責事由がなければ支払を要しない。通常は、使用者側の都合で就労を拒絶するものであるため帰責事由が存在するから、賃金の支払を要する。使用者の帰責事由なしとされるのは、「当該労働者を就労させないことにつき、不正行為の再発、証拠湮滅のおそれなどの緊急かつ合理的な理由が存する」場合（日通名古屋製鉄事件・名古屋地判平3.7.22労判608号59頁、京阪神急行電鉄事件・大阪地判昭37.4.20労民13巻2号487頁も同旨）に限定される。実務上、自宅待機中の賃金は全額支給するのが一般的である。

自宅待機を命じることができる期間の長さについて、一般的な制限は存在しないが、業務上の必要性のない場合や不当に長期間にわたる場合は、裁量権の逸脱として違法無効となる。ノースウエスト航空（橋本）事件・千葉地判平5.9.24労判638号32頁（航空整備士が勤務中に旅客機内の客の面前で少量のシャンパンを飲んだ事案）は、約7か月間に及ぶ自宅待機命令につき、当初は事実関係の調査のため必要性があったが、事実が解明した後も自宅待機を継続させたのは任意の退職を求めることに真の目的があり正当な理由を欠くとして慰謝料の支払を使用者に命じた（任意退職を求め自宅待機命令を継続し最終的に普通解雇したことの全てを合わせて100万円。自宅待機中の賃金等は全額支給）。これに対し、ネッスル（静岡営業所）事件・静岡地判平2.3.23労判567号47頁は、セールス担当者が派遣女子社員と不倫関係に陥り、そのことが多数の取引先に広く知れ渡って会社の信用を大きく損ない、また、会社にその対応を余儀なくさせたにもかかわらず、全く反省をせず、組合を通じて抗議行動を取り続けたため、結果として自宅待機が2年間に及んだ事案（その間の賃金は賞与も含め全額支給）で、業務上の必要性が肯定され慰謝料請求が棄却された（東京高判平2.11.28労民41巻6号980頁で原審維持）。

2 懲戒の種類

(1) 譴責・戒告

一般に譴責とは始末書を提出させて将来を戒める処分をいい、戒告とは将来を戒めるのみで始末書の提出を求めない処分をいう。戒告の方が軽い（土田『労働契約法』477頁）。当該懲戒処分それ自体では通常は経済的な不利益が生じないため、無効確認の利益が問題となることがあるが（「被告におけるけん責は、始末書を取り将来を戒めるに留まる処分であって、それ以上に、何らかの不利益を課すものであるとは認められない。そして、原告も、本件処分によって、具体的に不利益を受けることについて特に主張立証していない以上、本件処分の無効確認を求める訴えは、訴えの利益を欠くものであって、却下を免れない」と判示した裁判例として東京地判平27.3.18WestLaw掲載）、何らかの経済的不利益とつながる場合や考課・査定上の不利益が生ずる場合は確認の利益が認められる（就業規則上、懲戒処分があった場合には定期昇給額を減じる旨の条文が存在することを指摘して確認の利益を認めたものとして日本電信電話（年休）事件・東京地八王子支判平6.8.31労判658号43頁、当該判断部分は控訴審：東京高判平8. 1. 31労判781号22頁、上告審：最二小判平12. 3. 31民集54巻3号1255頁 労判781号18頁で維持）。譴責処分にもかかわらず始末書を提出しない労働者に対して、これを理由とした懲戒を行うことができるかどうかについて、裁判例は見解が分かれているが、懲戒することはできないという見解が通説的である。「元来使用者のなす始末書提出命令は懲戒処分を実施するために発せられる命令であって、労働者が雇用契約に基づき使用者の指揮監督に従い労務を提供する場において発せられる命令ではない。これに加えて近代的雇用契約のもとでは労働者の義務は労務提供義務に尽き、労働者は何ら使用者から身分的人格的支配を受けるものではなく、個人の意思の自由は最大限に尊重されるべきであることを勘案すると、始末書の提出命令を拒否したことを理由に、これを業務上の指示命令違反としてさらに新たな懲戒処分をなすことは許されないと解するのが相当である」とした豊橋木工事件・名古屋地判昭48. 3. 14労経速829号20頁 判時722号98頁がある（同様に無効とするものとして、福知山信用金庫事件・大阪高判昭53. 10. 27労判314号65頁、逆に懲戒を有効とするものとして、エスエス製薬事件・東京地判昭42. 11. 15労判54号27頁がある）。

⑵　減給

本来ならば労働者が現実になした労務提供に対応して受けるべき賃金額から一定額を差し引くことをいう。減給の制裁は労基法上の制限があり、１つの事案における減給額は平均賃金の１日分の半額以下、減給の総額は一賃金支払期の賃金総額の10分の１以下でなければならない（労基法91条）。この制限により、減給額はさほど大きな額とはなり得ないため、次の出勤停止よりも軽い処分と位置づけられている。

⑶　出勤停止

労働契約を存続させながら、労働者の就労を一定期間禁止することをいい、労働義務の履行を停止させる処分をいう（「停職」とも呼ばれる）。出勤停止期間中は賃金が支給されず（ノーワーク・ノーペイの原則）、勤続年数にも算入されないのが通常である。出勤停止期間について法律上上限の定めはないが、賃金の不支給を伴うことから労働者の不利益の程度は大きく、出勤停止期間が長すぎる場合には懲戒権の濫用として全部または一部が無効とされることがある（３か月の停職処分を全部無効とした前掲社団法人東京都医師会（Ａ病院）

事件・東京地判平26.7.17労判1103号5頁、6か月の出勤停止について3か月の限度で有効とした岩手県交通事件・盛岡地一関支判平8.4.17労判703号71頁)。なお、菅野『労働法』663頁は「出勤停止の期間は、実際上は1週間以内や10〜15日が多い」とするが、懲戒処分歴のない従業員に対する30日の出勤停止処分を有効としたものとして前掲L館(海遊館)事件・最一小判平27.2.26労判1109号5頁がある。

(4) 降格

役職・職位・職能資格などを引き下げる処分をいう。降格は人事権の行使としてもなされるが、懲戒権の行使として懲戒処分の一つとして行われることがある。

賃金制度上、職位や職能資格の引下げに連動して賃金も減額となる場合や、役職を免じ又は引き下げることにより役職手当等が不支給ないし減額となる場合があるが、これらは賃金制度・賃金規程の適用の結果であるため、降格と減給の二重の処罰をしたことにはならない。

(5) 懲戒解雇・諭旨解雇(諭旨退職)

懲戒処分として解雇することをいう。懲戒解雇の場合、除外認定(労基法20条1項ただし書、3項、19条2項)を受けて解雇予告又は予告手当の支払いをせずに即時解雇がされることがある(一般的な文献では、「通常は解雇予告も予告手当の支払いもせずに即時になされ」と記載されている(菅野『労働法』663〜664頁等)が、除外認定を受けることは必ずしも容易ではない上、要件と資料が調っていても2週間前後を要することが多いので、弁護士に事前に相談がある場合はむしろ懲戒解雇の場合でも解雇予告をするか予告手当を支払う方が多数と思われる。なお、除外認定については第8章第2・1(2)イ(322頁〜)参照)。

そして、懲戒解雇の場合、退職金の全部又は一部の支給がなされないことが多い(退職金不支給の有効性については第7章第5・5(286頁〜)参照)。

懲戒解雇を軽減した処分として、懲戒解雇相当の事由がある場合でも、本人の反省等を考慮して解雇事由について説諭して解雇する「説諭解雇」や、一定期間に辞表を提出することを勧告しこれに応じない場合には懲戒処分に処するという「諭旨退職」または「諭旨解雇」という懲戒の種類が設けられていることがある。懲戒解雇と比較して退職金の支払いにおいて有利に取り扱われることとしている場合が多いが、これらは労働者を失職させる点で不利益が大きいことに変わりはないので、懲戒解雇に準じた厳しい適法性判断に服する(土田『労働契約法』486頁、前掲クレディ・スイス証券(懲戒解雇)事件・東京地判平28. 7. 19労判1150号16頁は「懲戒処分における極刑といわれる懲戒解雇と、その前提である諭旨退職という極めて重い処分が社会通念上相当であると認めるには足りない」として懲戒解雇と諭旨退職の有効性判断の厳格さに差異を設けていない）。なお、「諭旨退職」処分を受けた労働者が提出する辞表は、懲戒処分の効果としてなされるものであるので、提出した辞表が使用者に受理された後も、労働者は諭旨解雇処分の無効を争うことができるし、諭旨解雇処分が無効であれば、提出済みの辞表により退職の効力が生じることもない（りそな銀行事件・東京地判平18. 1. 31労判912号5頁）。

3　各類型（各懲戒事由）の検討

(1)　経歴等の詐称

履歴書や採用面接に際して学歴、職歴、犯罪歴等の経歴を偽り、又は真実の経歴を秘匿する経歴詐称は、重大な信義則違反であり、また、使用者をして労働力の評価を誤らせ、ひいては企業の賃金体系を乱し適正な労務配置を阻害するおそれがあるから懲戒事由となる（後掲日本農薬事件・佐賀地判昭51. 9. 17参照）。経歴詐称に対する懲戒は、経歴詐称がなければ本来当該労働者と雇用契約を締結しなかったであろうということに対してなされるものとして、労働契約を終了させる懲戒処分である懲戒解雇又は諭旨解雇によることが通常である。ただし、懲戒の有効性を判断するに当たり、詐称された経歴は企業秩序を侵害するほどの重要なものに限ると限定解釈されている。大学中退の学歴を秘匿したことは「経歴をいつわり」との懲戒事由に該当するが、「賞罰」欄の「罰」とは一般的には確定した有罪判決をさし、公判係属中であることを申告しなかったことはこれに該当しないとした炭研精工事件・最一小判平3. 9. 19労判615号16頁、原審：東京高判平3. 2. 20労判592号77頁がある。また、高卒以下の学歴の者を採用する方針を採っていた会社に大卒であることを秘匿して採用された者につき、募集広告では学歴に関する採用条件を明示せず、面接時にも学歴を確認しておらず、また、勤務状況にも問題がなかったことなどから、学歴詐称により会社の経営秩序をそれだけで排除を相当するほど乱したとはいえないとして懲戒解雇を無効とした西日本アルミニウム工業事件・福岡高判昭55. 1. 17労判334号12頁 判時965号111頁がある。また、学歴（大学中退であるのに履歴書に高卒と記載）及び犯罪歴（暴行罪で起訴され公判係属中であったにもかかわらず履歴書の賞罰欄にその事実を記載せず採用面接の際にも秘匿、後に罰金２万円の有罪判決）の詐称は企業秩序を現実に侵害する程のものではなかったとして懲戒解雇を無効とした日本農薬事件・佐賀地判昭51. 9. 17労判260号2

頁 判時838号93頁がある。

経歴が重要なものといえるか否かは、詐称の内容や当該労働者の職種などに即して具体的に判断される。「アメリカで経営コンサルタントをしていた」と虚偽の経歴を告知したこと及び直前まで服役していたのに履歴書に「賞罰なし」と記載したことから懲戒解雇が有効とされた裁判例としてメッセ事件・東京地判平22.11.10労判1019号13頁［確定］がある。

また、年齢詐称に関し、体力を要するマッサージ業務に採用されるにあたり、真実は57歳3月であったのに履歴書に45歳3月と記載したことが「重要な経歴をいつわり、その他不正な手段により入社したとき」との懲戒解雇事由に当たるとされた裁判例として山口観光事件・大阪地判平7.6.28労判686号71頁がある（当該懲戒解雇事由に当たることを理由とする予備的懲戒解雇を有効）。

なお、真実の経歴の秘匿については労働者の告知義務を限定する学校法人尚美学園事件・東京地判平24.1.27労判1047号5頁（第1章第1・3⑵（33頁～））があるので注意を要する。また採用過程での労働者の告知義務の有無については、第1章第1・3⑵（33頁～）及び同⑷（35頁～）参照。

⑵ 職務懈怠

ア 勤怠不良

無断欠勤、出勤不良、勤務成績不良、職場離脱などがあった場合、職場秩序を乱す行為として懲戒事由となり得る。職務懈怠に対する懲戒処分の有効性は、対象となる行為と懲戒処分との関係により個別具体的に判断されることになるが、一般的には、注意を行った上で、改善がない場合に軽い懲戒処分を行い、更に改善がない場合に雇用関係を解消する懲戒処分を行うという段階を経ることが求められるといえる（業務指示の拒否、会議への欠席等について譴責、減給及び出勤停止処分を経て懲戒解雇したことについて、上記の各懲戒処分を受けていることを考慮のうえ、懲戒解雇を有効と認めた裁判例として前掲日経ビーピー事件・東京地判平14.4.22労判830号52頁）。なお、懲戒を行う場合にメンタルヘルス不調がその背景にあるケースには注意を要する。嫌がらせを受けていると信じて無断欠勤を約40日間続けた労働者に諭旨退職の懲戒処分をした事案において、使用者は精神科医による健康診断を実施するなどの対応を採るべきであり、かかる対応をせずに諭旨退職の懲戒処分の措置をしたことが適切でないとして懲戒事由該当性がないと判示した例がある（日本ヒューレット・パッカード事件・最二小判平24.4.27労判1055号5頁 判時2159号142頁）。

イ 業務時間中のネットサーフィン・私的メールの送受信等

業務時間中にネットサーフィンや私的メール、チャット等の送受信を行うことは、職務専念義務違反となり、また、それが他の従業員との間で行われる場合は他の従業員についても職務専念義務違反をも引き起こすものであることから（日経クイック情報（電子メール）事件・東京地判平14. 2. 26労判825号50頁)、通常は職場秩序を乱すものとして懲戒事由となり得る。さらに、使用者が業務上貸与したパソコンや携帯電話等の私的利用は、業務時間の内外を問わず使用者の施設管理権の侵害にもなる（本項後記(7)(233頁～) も参照)。このほか、私的利用により信用失墜がもたらされた場合（どこの会社の従業員であるか、どこの会社のことなのかが外部から推知しうるような態様で不適切ないし不用意な発信を行った場合等)には、信用失墜行為の禁止違反にも該当する（モルガンスタンレー・ジャパン・リミテッド事件・東京地決平16. 8. 26労判881号56頁は、業務上付与されたメールアカウントを使って私的メールを第三者に送信した行為は、業務以外の情報通信システムの利用を禁じた行為規範に反し懲戒権は及ぶものの、本件では、使用者とは無関係であることを表明していたことなどから、信用は毀損しておらず、懲戒解雇は重きに失するとした)。

この場合の懲戒処分は、私的利用の頻度、他の従業員における私的利用の実態、使用者側の予防措置（規程の整備や指導等）が考慮されたうえで、懲戒の可否が判断されることになるが、業務時間中に私的行為が入り込むことはしばしば見受けられるため（従業員間の私語、業務時間中の化粧室利用、喫煙等)、社会通念上許容される限度を超えたものと評価される場合にのみ懲戒処分が許容されるとともに、通常は、企業秩序を大きく乱すような事態に陥ることは少ないため、譴責、減給といった相対的に軽い懲戒処分が検討される。『労働事件事実認定重要判決50選』295頁は、企業秩序遵守義務違反としての側面では、私的利用により、実際にウイルス感染が生じたり情報流出が生じたりすれば、懲戒処分としても重い処分が正当化されるが、標準型メールを送られて開封してしまった場合のように労働者に全く悪意のない事案もあると考えられるため、結果の重大性にばかり目を向けるべきではないとしている。業務時間中の私的メールに関するグレイワールドワイド事件・東京地判平15. 9. 22労判870号83頁で裁判所は「労働者は、労働契約上の義務として就業時間中は職務に専念すべき義務を負っているが、労働者といえども個人として社会生活を送っている以上、就業時間中に外部と連絡をとることが一切許されないわけではなく、就業規則等に特段の定めがない限り、職務遂行の支障とならず、使用者に過度の経済的負担をかけないなど社会通念上相当と認められる限度で使用者のパソコン等を利用して私用メールを送受信しても上記職務専念義務に違反するものではない」として、１日あたり２通程度の私的メールの送受信は職務専念義務違反には当たらないとした（懲戒事由への該当性を否定。同様に、約13か月間に32通の私用メールの送信を行ったことは、頻度や内容に照らして職務専念義務違反に当たらないとした裁判例に北沢産業事件・東京地判平19.9.18労判947号23頁（ただし普通解雇の事案であり解雇無効）がある。）。また、労働者が７か月間に28回私用メールを利用し、チャットソフトをダウンロードしたこと等を理由に減給処分をした事案で、１回の所要時間が短時間であること、業務用パソコンの取扱についての定めがないこと、管理職による私的利用の実態があったことなどを理由として減給の懲戒処分を無効とした裁判例がある（全国建設工事業国民健康保険組合北海道東支部事件・札幌地判平17.5.26労判929号66頁 判タ1221号271頁［確定］）。

これに対し、５年間にわたり業務用パソコンを利用して出会い系サイトに登録したり、業務時間内に出会い系サイトで知り合った女性らとの間で多数回（５年間のうち、出会い系サイト関連と判断される送信・受信記録は各800件余、そのうち約半数程度が勤務時間内に送受信）の私用メールを送受信していたこと等を理由とする懲戒解雇を有効とした裁判例がある（K工業技術専門学校事件・福岡高判平17.9.14労判903号68頁 判タ1223号188頁、私用が長期間かつ多数回に及んでおり、内容自体、業務とおよそ関係がない上に不謹慎であり、しかも教育機関であることへの信用失墜を招きかねない点を重く考慮）。また、社内のコミュニケーションツールとしてチャットが用意されていた会社において、それを使用して他の従業員との間で１日あたり300回以上、時間にして２時間程度、業務と関係のないチャット（使用者の信用を毀損したり誹謗中傷したりする内容を含む）を行っていた課長職に対する懲戒解雇の有効性が争われたドリームエクスチェンジ事件・東京地判平28.12.28労判1161号66頁は、職務専念義務違反（業務懈怠）自体は債務不履行に留まるが、単なるチャットの私的利用に留まらず、その内容が顧客情報の流出、使用者の信用毀損、誹謗中傷等に及んでいることを踏まえ、「社会通念上、社内で許される私語の範囲を逸脱したものを言わざるを得」ないとし、当該事案では、就業に関する規律に反し職場秩序を乱したと認められるとして有効と結論づけた。

なお、懲戒処分に至る過程において、従業員による社内ネットワークの私的利用状況の調査及び証拠収集のため、使用者がメールの送受信状況等を調査することは無制限に許されるかという問題がある。使用者自身が設置・管理するサーバーやパソコン等には使用者の施設管理権が及ぶものの、他方で、従業員のプライバシー権への配慮も必要となる。これについて、「従業員が社内ネットワークシステムを用いて電子メールを私的に使用する場合に期待し得るプライバシーの保護の範囲は、通常の電話装置における場合よりも相当程度低減されることを甘受すべきであり、職務上従業員の電子メールの私的使用を監視するような責任ある立場にない者が監視した場合、あるいは、責任ある立場にある者でも、これを監視する職務上の合理的必要性が全くないのに専ら個人的な好奇心等から監視した場合あるいは社内の管理部署その他の社内の第三者に対して監視の事実を秘匿したまま個人の恣意に基づく手段方法により監視した場合など、監視の目的、手段及びその態様等を総合考慮し、監視される側に生じた不利益とを比較衡量の上、社会通念上相当な範囲を逸脱した監視がなされた場合に限り、プライバシー権の侵害となる」とした裁判例がある（Ｆ社Ｚ事業部事件・東京地判平13.12.3労判826号76頁［確定］）。また、会社が貸与したパソコン・メールアドレスによる私用メール・誹謗中傷メールの送受信に関する使用者の調査の適法性（不法行為該当性）が問題となった前掲日経クイック情報（電子メール）事件・東京地判平14.2.26では、裁判所は、ファイルサーバーは、業務に必要な情報を保存する目的で会社が使用管理するもので、かつ、このような場所は私物保管のための個人ロッカー等のスペースとは異なるため、原告への事情聴取の結果、被疑が拭えずむしろ多量の業務外メールの存在が明らかになった以上、調査の必要が存在するのであるから、従業員の精神的自由を侵害する違法な調査とはいえないとした。

(3)　業務命令違反

時間外労働・休日労働命令、出張命令、配転命令、出向命令への違反等、就業についての上司、使用者の指示命令違反は懲戒事由となる。

ただ、その前提として、使用者の業務命令権の行使としてなされたこれらの命令が有効でなければならない。

一般的に、労働契約上の使用者の権利行使については、第1に、そのような権利・権限が労働契約上認められるのかに関する審査（権限審査）と、その権利・権限行使が濫用に当たらないかの審査（濫用審査）の２段階で裁判所が審査を行う。他の法律関係では例外的にしか認められない権利濫用が、労働関係では、その特質から、頻繁に問題となる（荒木『労働法』270頁）。業務命令権の根拠について電電公社帯広局事件・最一小判昭61.3.13労判470号6頁は「一般に業務命令とは、使用者が業務遂行のために労働者に対して行う指示又は命令であり、使用者がその雇用する労働者に対して業務命令をもつて指示、命令することができる根拠は、労働者がその労働力の処分を使用者に委ねることを約する労働契約にあると解すべきである」と判示し、「使用者が業務命令をもつて指示、命令することのできる事項であるかどうかは、労働者が当該労働契約によつてその処分を許諾した範囲内の事項であるかどうかによつて定まる」「就業規則が労働者に対し、一定の事項につき使用者の業務命令に服従すべき旨を定めているときは、そのような就業規則の規定内容が合理的なものであるかぎりにおいて当該具体的労働契約の内容をなしている」とした。その行使が権利濫用にわたる場合には業務命令は無効となる（労契法3条5項）。業務命令が権利濫用にわたるかの判断基準について最高裁は、配置転換命令以外については明確に判示していないが、事例判断として「業務上の必要性を欠き、社会通念上著しく合理性を欠く」として大学教授に対する教授会への出席及び教育諸活動を停止する旨の業務命令を濫用に当たり無効とし（享栄学園（鈴鹿国際大学）事件・最二小判平19.7.13判時1982号152頁）、当該作業の必要があり過酷な業務とは言えず業務の範囲内であることとともに「殊更に被上告人に対して不利益を課するという違法、不当な目的でされたものであるとは認められない」ことを、国労バッジを着用して勤務した労働者に降灰除去作業を命じたことが業務命令権の濫用であり違法（不法行為成立）とした原判決を破棄するに際し判示している（国鉄鹿児島自動車営業所事件・最二小判平5.6.11労判632号10頁判時1466号151頁）。下級審では、業務命令の有効性が直接争われた事件で「業務命令が業務上の必要性を欠いていたり、不当な動機・目的をもって行われたり、目的との関係で合理性ないし相当性を欠いていたりするなど、社会通念上著しく合理性を欠く場合には、権利の濫用として違法無効になると解される。」とした裁判例として、学校法人須磨学園ほか事件・神戸地判平28.5.26労判1142号22頁、「業務上の必要性が存しない場合、不当な動機・目的をもってされた場合等客観的に合理的と認められる理由を欠くときは」無効とする裁判例として原田学園事件・岡山地判平29.3.28労判1163号5頁、不法行為に関する判示で業務命令「の内容が不合理なものであったり、社員の人格権を不当に侵害する態様のものである場合には、その業務命令は（略）被告の裁量の範囲を逸脱又は濫用し、社員の人格権を侵害するものとして不法行為に該当するものというべきであるが、右裁量の逸脱、濫用の有無は、当該業務命令に至った経緯、目的、その態様等諸般の事情を考慮して判断すべきものとするのが相当である。」とした裁判例としてNTT東日本（東京情報案内）事件・東京地判平12.11.14労判802号52頁（JR東日本（本荘保線区）事件・仙台高秋田支判平4.12.25労判690号13頁（最二小判平8.2.23労判690号12頁で上告棄却）の判示と同趣旨）がある。業務命令が無効であれば、それへの違反を理由とする懲戒処分も、懲戒事由の不存在により当然に無効となる。

また、使用者による命令が有効であるとしても、労働者に当該命令に服しないことについてやむを得ない事由が存したかどうかが懲戒処分の有効性の判断に当たって検討される。

懲戒処分の有効性が争われた事案のうち、命令自体が無効であるとしたものの一例として、神谷商事事件・東京地判平2.4.24労判562号30頁がある（早番から遅番へのシフト変更命令違反等を理由とする降格処分を無効）。また、命令の発令自体は有効であったとしても、それを拒否する労働者への十分な対応を怠るなど、その後の経緯によっては、重い処分の有効性が否定されることがある（本部での打ち合わせ・研修や豊川店への45日間の出張命令は有効であるが、それを拒否する趣旨で提出された欠勤届に使用者は異を唱えず、その後も放置し、就労指示を求める労働者側の求めにも応じなかったこと等、発令後の経緯に鑑み懲戒解雇を無効とした裁判例に熊坂ノ庄スッポン堂商事事件・東京地判平20.2.29労判960号35頁がある）。

ア　配転命令拒否

労働者が配転命令を拒否した場合に、正当な理由なく欠勤することになるため、その義務違反の程度は大きく、通常は懲戒解雇処分が検討されることになる。配転命令拒否を懲戒事由とする懲戒については、当該配転命令が業務上の必要性のない場合、不当な動機・目的による場合、労働者に著しい不利益を与える場合には権利濫用として無効となる。配転命令の有効性については、幼児・高齢の親族がいる場合であってもそれだけでは労働者に著しい不利益があるとは解されていないが（東亜ペイント事件・最二小判昭61.7.14労判477号6頁 判時1198号149頁、ケンウッド事件・最三小判平12.1.28労判774号7頁（都内品川区に居住する共働きの女性従業員が、３歳の長男の保育園送迎ができなくなるなどとして都内目黒区の本社から都内八王子市の事業所への転勤命令を拒否し、会社が持ちかけた話合いにも応じようとせず36日間出勤しなかったことに対する懲戒解雇が有効とされた））、共働き夫婦で、病気の子どもを抱えており看護、育児の都合上転居、別居が困難等の事情がある場合には著しい不利益があるとして配転命令が権利濫用とされた例がある（明治図書出版事件・東京地決平14.

12. 27労判861号69頁）（配転命令の有効性・権利濫用については第４章第１・５（170頁～）参照）。配転命令自体が有効である場合には、通常、懲戒解雇を含む懲戒処分は有効となるが、十分な説明説得がない場合には、配転命令の有効性にかかわらず、これに従わなかったことを理由とする懲戒解雇は無効とされることがある（メレスグリオ事件・東京高判平12. 11. 29労判799号17頁）。山宗事件・静岡地沼津支判平13. 12. 26労判836号132頁は、一般営業職から配送センターへの配転命令を拒否したことを理由とする諭旨解雇につき、配転命令は有効であるが、配転後の処遇（賃金の減額幅等）につき会社が不正確かつ不安を煽るような説明をする（「大幅ダウンになる」等）など配転命令の合理性を真摯に説明しなかったことから、配転命令の拒否には無理からぬ理由があったとして無効とした。

イ　時間外労働命令拒否

時間外労働命令が有効である場合には、当該命令への違反に対する懲戒処分を行うことができる。通常は、譴責等の軽い処分が適当であると解されるが（戒告、訓告処分を有効としたJR東海（大阪第三車両所）事件・大阪地判平10. 3. 25労判742号61頁）、事案によっては懲戒解雇が有効とされる場合がある（自らの手抜き作業の結果を追完・補正するための残業命令を拒否した労働者の懲戒解雇を有効とした事案として日立製作所武蔵工場事件・最一小判平3. 11. 28民集45巻8号1270頁 労判594号7頁）。

ウ　その他の業務命令違反

性同一性障害の労働者が、従前は男性として男性の容姿をして就労していたが、その後女性の容姿での就労を会社に申し入れるも拒絶されたため、突然、女性の容姿をして出社したため職場内に強い違和感が生じたことから、女性の容姿での就労を禁止する命令をしたものの、女性の容姿をして出社し続けたという事案において、「会社の指示・命令に背き改悛せず」や「その他就業規則に定めたことに故意に違反し」との懲戒解雇事由には当たり得るが、懲戒解雇に相当するまで重大かつ悪質な企業秩序違反であると認めることはできないとしたＳ社（性同一性障害者解雇）事件・東京地決平14. 6. 20労判830号13頁がある。

エ　所持品検査の拒否

労働者が所持品検査を拒否した場合の懲戒処分については所持品検査の適法性が問題となるが、判例は、適法性が認められるためには、①所持品検査を必要とする合理的理由があること、②一般的に妥当な方法と程度で行われること、③制度として職場従業員に対して画一的に実施されるものであること、④就業規則その他明示の根拠に基づき行われること、が必要であるとする。これを前提として、労働者は特段の事情がない限り適法に行われた所持品検査を受ける義務があるとし、これを拒否したことを理由とする懲戒解雇を有効とした事例がある（西日本鉄道事件・最二小判昭43. 8. 2民集22巻8号1603頁 労判74号51頁）。

⑷　職場規律違反

ア　不正行為・暴行等

横領・背任、取引先へのリベートや金品の要求等の金銭的な不正行為、同僚や上司等に対するものなど職場での暴行は、職場規律違反として懲戒事由となる。金銭的な不法行為の事例では、額の多寡を問わず懲戒解雇のような重大な処分であっても有効性は肯定されやすい（『労働関係訴訟の実務』348頁、信用金庫の職員が顧客から集金した定期積金の掛金１万円を着服したことに対する懲戒解雇を有効とした前橋信用組合事件・東京高判平元. 3. 16労判538号58頁、顧客訪問等の営業活動にかかる日帰出張旅費等約76万円を過大請求して私的流用したことに対する懲戒解雇を有効としたNTT東日本（出張旅費不正請求）事件・東京地判平23. 3. 25労判1032号91頁等。なお、渡辺『労働関係訴訟』85頁は、懲戒解雇事由が、会社の金員を横領したというような明白に相当性を根拠づけるような事実であれば、使用者は、ことさらに相当性を根拠づける事実を主張立証する必要はないとする）。ただし、金銭ではなく物品の横領の事案で、タクシー運転手が営業車のタイヤ２本およびキャブレター１個を取りはずし実兄の車のそれととりかえたことは業務上横領に当たるが、他の従業員から注意を受けて自己の非を悟りすぐに返品したため使用者に損害を与えなかったことなどから懲戒解雇を無効とした高輪タクシー事件・大阪地決昭37. 1. 18労民13巻1号22頁がある。

横領・背任の動機として、労働者側からは、自身が立て替えた費用の穴埋めとして（立替費用の返還を会社に求める代わりに）横領等を行ったのだという趣旨の主張がなされる場合がある（参考事例として、前掲NTT東日本（出張旅費不正請求）事件・東京地判平23. 3. 25では、営業活動に伴う旅費として不正に（過大に）受領した約91万円のうち、約15万円は、被処分者が現に立て替えて支払った顧客との交際費等の返還を受ける目的であったとの認定の下に、差額の約76万円が過大請求をして私的流用した額であると認定されている。もっとも、当該事案では、使用者側が自ら金額の差引きをした上で懲戒処分を行っている）。かかる動機が証拠上認定できる場合、それが懲戒処分の有効性にいかに影響するかは、事案によって異なると言わざるを得ないが、他方、そのような動機であれば直ちに行為の非違性が失われるというわけでもないであろう。本来は、費用請求も立替払いの返還請求もそれぞれ正規の処理方法に則ってなされなければならないのであるから、そのような正規の方法を採らなかったことについて、立場や社内のルール、過去の処分歴等に照らして非違性がなお認められるのであれば、少なくとも業務命令違反自体は存在し、さらに横領と認定できるか否かは、その動機・背景との関係性において不法領得の意思の存在を認定できるか否かによると考えられる（不法領得の意思の存在が否定されるのは、あくまで立替金の穴埋めが真の動機になっていると認められる場合であって、単に、横領もしたが（別途）立替払いもしているというにすぎない場合は不法領得の意思が否定されることにはならないと考える）。

職場における暴行は、個別の事情によるが、『労働関係訴訟の実務』（348頁）は、「事情いかんによるが、懲戒解雇が有効とされる例は少なくない」とする。南労会（松浦診療所）事件・大阪地判平12.5.1労判795号71頁では組合闘争に関連した従業員への殴打行為を理由とする懲戒解雇が有効とされ、新三菱タクシー事件・大阪地決昭63.6.29労判522号48頁では、給料明細の記載を誤った管理職に対する過剰な謝罪要求と暴行（当該管理職が「給料明細の間違ったことについてはいつでも証明しますし、訂正もします。」と述べているにもかかわらず、「謝ってすむと思うてんのか。女房に電話したら泣いとるやないか。俺の信用どないしてくれるねん。」などと大声で怒鳴りながら机上の書類を持ち上げて投げ降ろす等して威嚇、さらに、「後始末に一筆書け。姫路まで一緒に行って謝れ。５人ほど雁首そろえて待っているから。」等と威迫し続け、制止命令にも応じず、ネクタイを引っ張って首を締める、ネクタイを外した管理職の襟首を両手で掴んで引っ張りあげる、算盤で同人の顔に殴りかかる等（結果として、算盤が腹部に当たり腹部挫創の傷害）を理由とする懲戒解雇が有効とされ、豊中市不動産事業協同組合事件・大阪地判平19.8.30労判957号65頁では、事務局長である女性従業員が、部下の事務職員から体調不良による早退の申出を受けた際、当該部下の肩を手で１回突いた上で「お前なんか二度と来るな。顔なんか見たくもない。帰れ帰れ、目の前をウロウロしやがって」などと怒鳴り、さらに、当該部下に向かって走り込みその身体に蹴りかかる等（使用者側の主張によれば、顔面に跳び蹴りをしようとしたものの、部下が避けたため、加療７日間の傷害に留まったようである。当該被処分者は、日頃から、他の事務職員に対して怒鳴りつけたり罵倒したりして和を乱していたが、過去の処分歴なし）を理由とする諭旨解雇が有効とされた。これに対し、大阪京阪タクシー事件・大阪地判平元.9.26労判554号84頁では、タクシー運転手が同僚と客を乗車させる順番をめぐってトラブルを起こし、憤激のあまり無抵抗の当該同僚の顔面を殴打したり足下を蹴り上げて右膝に傷害を与えたこと等に対する懲戒解雇が、動機において同情すべき点があること（同僚のルール違反が引き金）、暴行等が突発的なものであったこと、暴行等の部位が身体の枢要部ではなく、程度も軽微であったこと、態様も社会的相当性を著しく逸脱したものではないこと、被処分者と被害者とは相互に陳謝し第三者の立会いで仲直りしたのにそれを看過して懲戒解雇としたこと、被処分者に過去の処分歴がないこと等の事情に照らし、懲戒解雇処分は重すぎるとして無効とされた。同様に、暴行等の態様が執拗悪質ではないこと、結果が比較的軽微であること（加療７日間を要する顔面打撲）、動機に斟酌すべき点があること、日頃の勤務態度は真面目で過去の処分歴もないこと等から同僚に対する暴行・暴言（喧嘩）を理由とする懲戒解雇を無効としたものとして日光陸運事件・名古屋地判平6.9.2労判668号26頁がある。

部下による不正行為について、管理職としての指導・監督義務違反、職務懈怠があったことにより、不正行為が発生しあるいは継続拡大した場合には、その程度に応じて懲戒処分がなされることがある。部下の横領について故意に近い重過失があったとして管理職の懲戒解雇が有効とされた裁判例（関西フエルトファブリック事件・大阪地判平10.3.23労判736号39頁[確定]）、部下の不正行為の発覚を防ぐことに協力したことについて管理職の懲戒解雇を有効とした裁判例がある（尾崎町農協事件・大阪地判平7.4.26労判680号59頁）。

イ　手当の不正受給

手当の不正受給は、使用者に財産的損害を与える行為であり、企業秩序を乱すものとして懲戒事由となる。ただ、前記のとおり、横領・背任の事例では、不正行為自体が立証できれば、処分の有効性は肯定されやすいが、通勤手当や住居手当等の手当（賃金）の不正受給ではやや傾向が異なる。

まず、懲戒処分が有効とされた例として、通勤手当に関し、実際には東京都目黒区内に居住しているのに、実家のある神奈川県平塚市を住所として届け出て（後者の方が会社から遠い）、２年10か月分の定期代として102万8840円を詐取したものと認められる事案で、「このような行為は、刑法に該当する犯罪行為であって、即時解雇されてもやむを得ないと認められるほど重大、悪質な背信行為である」と評価したアール企画事件・東京地判平15. 3. 28労判850号48頁［確定］がある（ただし、解雇予告手当及び付加金が請求された事案であり、これらの請求を棄却した上で、上記詐取額全額の損害賠償を労働者側に命じた）。また、実際には東京都品川区東大井に居住しているのに、栃木県宇都宮市に転入した旨の住民票を提出して（勤務場所は東京都品川区西五反田）、４年６か月分の通勤手当231万3630円（本来の額との差額）を不正に受領した事案で、長期間にわたり、かつ累積額も多額だとして、不誠実な勤務態度に対する懲戒事由と併せて懲戒解雇を有効としたかどや製油事件・東京地判平11. 11. 30労判777号36頁がある。また、住宅補助費に関し、従業員夫婦が共謀して居住実態を偽って（借家に居住する者を対象とする住宅補助費について、自己名義の住宅に居住しているにもかかわらず自己所有物件の一部を親の区分所有とし、親との間で賃貸借契約書を作成するなどして不正申請等）、７年以上にわたり500万円強を不正受給した事案で、態様、期間、被害金額、発覚後の態度等に照らして悪質であり被害回復もされていないことから懲戒解雇を有効とした前掲ドコモCS事件・東京地判平28. 7. 8、明石市交通部運輸課に所属するバス運転手が借家から持家に転居したにもかかわらず住居変更等の手続を行わず約11年10か月にわたり住宅手当及び通勤手当約305万円を不正受給したことに対する停職６か月の懲戒処分について、重い処分ではあるが停職に留まる限り有効とした明石市・市公営企業管理者事件・大阪高判平26. 12. 5労判1113号5頁がある。

これに対し、懲戒処分が無効とされた例としては、通勤経路が途中で変わったにもかかわらず（１か月の定期代は、従前の通勤経路では４万3270円、変更後の通勤経路では３万6460円）、それを申告することなく従前の通勤経路に基づく通勤手当を約４年半にわたり受給し続けた（過大受給額計34万7780円）という事案で、当初から不正に通勤手当を過大請求するためにあえて遠回りとなる不合理な通勤経路を申告したような詐欺的な場合と比べて悪質性が低いこと、会社が被った現実的な経済的損害額が大きいとはいえないこと、組合を通じて直ちに返金する準備をしていること、懲戒処分歴がないこと等を考慮し懲戒解雇を無効とした光輪モータース事件・東京地判平18. 2. 7労経速1929号35頁がある。また、通勤のための本拠地を自宅（東京都練馬区）から勤務場所に近い借家（神奈川県相模原市）に変更したにもかかわらず（完全に転居したわけではない）それを秘匿して約３年10か月間にわたって自宅から通勤することを前提とした電車定期券の現物支給及びバス定期代の支給（３か月ごとに１万5390円）を受け、さらに、（自宅を基準とすると）遠方からの通勤であることを理由に始業時間を30分遅らせる特例を受けつつ30分の残業手当を受給していた事案で、老父の世話をするための転居であったこと、自宅に戻るときには支給を受けた電車定期券を使用していたこと、バスの定期代を上回る家賃を支払っていたこと、24年の勤務期間中に全く処分歴がないこと等を考慮し懲戒解雇を無効（ただし、普通解雇は有効）とした三菱重工業（相模原製作所）事件・東京地判平2.7.27労判568号61頁がある。このほか、定期券代金の請求にあたり不正申告をして通勤費を過大に受領したが、過失（バス料金の改定を知らなかった）に端を発するものであること、職務に直接関連しないこと、不正受領の金員が比較的少額であること（月々210円の差額を７か月分）、勤務態度に問題もなく非を感じていること等から懲戒解雇とするのは厳し過ぎるとした名古屋証券取引所事件・名古屋地決昭34.9.29労民10巻5号821頁がある。また、使用者側の対応を勘案したものとして、通勤手当の支給に関し使用者側が厳格に管理・運用していなかったこと等を考慮して諭旨解雇を無効とした全国建設厚生年金基金事件・東京地判平25.1.25労判1070号72頁、接待費及び交通費手当の清算に関する管理体制が相当に形式化され弛緩していたことを理由に当該清算における虚偽報告等を理由とする懲戒解雇を無効としたシンガポール航空事件・東京地判昭55.2.29労判337号43頁がある。

このように、手当の不正受給のケースでは、様々な事情が総合的に判断され、懲戒解雇を無効とした事例も少なからず存在する。これは、不正受給事案では、変更手続を失念したのか意図的に申し出なかったのかの区別が外形からは容易ではなく、また、当初は過失で手続を怠ったものの途中から故意（自覚のある不作為）となったというものもあると思われ（しかし、どの時点から過失が故意になったのかを客観的に判別することが困難）、行為態様の点で、通常故意犯しかあり得ない横領・背任に比して行為の悪質性や企業秩序への侵犯の度合いが低いと考えられるからではないかと思われる。上記で紹介した不正受給について懲戒処分が有効とされた事案は、いずれも手口が使用者を意図的に騙したものと評価でき、かつ、発覚後の被処分者の態度も悪い（反省が見受けられず、返納にも応じない等）ケースである。

ウ　セクハラ・パワハラ・アカハラ・マタハラ等のハラスメント

セクハラが行われた場合の懲戒処分としては、当該行為態様の軽重が懲戒処分の有効性判断における重要な要素となっており、譴責処分を有効としたものに東芝ファイナンス事件・東京地判平23. 1. 18労判1023号91頁（妊娠中の社員に対するセクハラ発言（「腹ぼて」「胸が大きくなった」等））がある。より重い処分である出勤停止を有効としたものに前掲Ｌ館（海遊館）事件・最一小判平27. 2. 26労判1109号5頁がある。最も重い懲戒解雇に関しては、無効としたものに前掲Ｙ社（セクハラ・懲戒解雇）事件・東京地判平21. 4. 24労判987号48頁（宴席等で手を握る、肩を抱くといったものであり、強制わいせつ的なものではない）がある一方で、女性の部下に対して無理やりキスしたり、胸に触ったりした行為を理由とする懲戒解雇処分を有効とした日本ヒューレット・パッカード事件・東京地判平17. 1. 31判時1891号156頁がある。コンピューター・メンテナンス・サービス事件・東京地判平10. 12. 7労判751号18頁も、客先に派遣されてコンピュータの管理及び保守等を行っていた従業員が客先の女性従業員に対し執拗に身体接触をしたり抱きついたりして恐怖心を抱かせたことを理由とする懲戒解雇処分を有効としている。

事業主は、セクハラについて均等法に基づく措置義務（均等法11条）を負っているが、厚生労働省の指針（平成18年厚生労働省告示第615号、平成28年同省告示第314号により一部改正）では、セクハラの行為者に対して必要な懲戒その他の措置を講ずることが、措置を適正に行っていると認められる例として挙げられている。

パワハラに対する懲戒処分の例としては、労働者が派遣社員に対して暴言を吐いたり、椅子を蹴るなどの行為を行ったことに対する譴責処分を有効とした裁判例（エヌ・ティ・ティ・ネオメイト事件・大阪地判平24. 5. 25労判1057号78頁）、複数の部下に対し繰り返し理不尽な要求・指示を行ったり、能力を否定して執拗に退職を迫ったりしたことに対する降格処分（理事（８等級）・担当役員補佐兼丸の内流通営業部長→副理事（７等級）・担当部長）を有効とした裁判例（前掲Ｍ社（三菱地所リアルエステートサービス）事件・東京地判平27. 8. 7労経速2263号3頁）、複数の部下に対し「そんな生き方、考え方だから営業ができない」「お前は嫌いだ」等の理不尽な言動を繰り返し部下を適応障害に罹患させた部長代行職に対する懲戒解雇処分を有効とした裁判例（Ｙ社（デイコープ）事件・東京地判平28. 11. 16労経速2299号12頁）がある。

また、教師の学生・生徒に対するアカデミックハラスメント（アカハラ）

に対する懲戒処分の有効性が争われた裁判例も少なからず存在する。一例として、法律科目を担当する准教授に対する出勤停止３か月を有効とした国立大学法人Ｂ大学（アカハラ）事件・東京高判平25.11.13労判1101号122頁（最二小決平26.4.11（労判不掲載）により上告棄却・不受理となり確定）、英語教育専攻に属する准教授３名に対する懲戒解雇処分はいずれも重すぎるとして無効としたＹ大学（アカデミックハラスメント）事件・札幌地判平22.11.12労判1023号43頁、札幌高判平24.3.16（判例集掲載なし）で控訴棄却、最一小決平26.2.20（同）で上告不受理決定）等がある。

マタハラに対する懲戒処分事例として公刊された裁判例には未だ接していないが、均等法及び育児介護休業法が改正され、平成29年１月１日より、事業主にマタハラ防止措置義務が課されるに至った（均等法11条の２、育介法25条）。厚生労働省の指針（均等法について平成28年厚生労働省告示第312号、育介法について平成21年厚生労働省告示第509号の一部改正である平成28年同省告示第313号）では、マタハラに係る言動を行った者は懲戒規定の適用対象となる旨を就業規則等で明確化し周知徹底することや、行為者に対して必要な懲戒その他の措置を講ずることが措置の内容として挙げられており、今後マタハラに関する懲戒事例も増えるものと予想される。

(5)　従業員による内部告発

労働者による内部告発については、企業の名誉・信用が毀損され、また企業秩序を乱す可能性があるが、裁判所は、①告発の内容の真実性ないしは真実と信じるに足りる相当な理由の有無、②目的が公益性を有するか、③告発行為の態様が相当であること等を総合考慮したうえで、内部告発に対する懲戒処分の有効性を判断している（これらの要件を勘案し、内部告発が正当なものであるとして懲戒解雇を無効と判断したものとして大阪いずみ市民生協（内部告発）事件・大阪地堺支判平15.6.18労判855号22頁 判タ1136号265頁。この要件を満たさないとして懲戒解雇を有効と判断したものとして、アワーズ事件・大阪地判平17.4.27労判897号26頁、ボッシュ事件・東京地判平25.3.26労経速2179号14頁）。なお、公益通報者保護法により、同法の要件を満たす労働者は同法による不利益取扱い禁止の保護を受けることにも留意する必要がある。

(6)　企業外の行動に関する規律違反

ア　職場外・業務外における規律違反・非行

私生活上の行為と懲戒処分の関係について、最高裁は、関西電力事件・最一小判昭58.9.8労判415号29頁 判時1094号121頁において「労働者は、労働契約を締結して雇用されることによつて、使用者に対して労務提供義務を負うとともに、企業秩序を遵守すべき義務を負い、使用者は、広く企業秩序を維持し、もつて企業の円滑な運営を図るために、その雇用する労働者の企業秩序違反行為を理由として、当該労働者に対し、一種の制裁罰である懲戒を課することができるものであるところ、右企業秩序は、通常、労働者の職場内又は職務遂行に関係のある行為を規制することにより維持しうるのであるが、職場外でされた職務遂行に関係のない労働者の行為であつても、企業の円滑な運営に支障を来すおそれがあるなど企業秩序に関係を有するものもあるのであるから、使用者は、企業秩序の維持確保のために、そのような行為をも規制の対象とし、これを理由として労働者に懲戒を課することも許される」とした（これについては国鉄中国支社事件・最一小判昭49.2.28民集28巻1号66頁 労判196号24頁を引用）上で「右のような場合を除き、労働者は、その職場外における職務遂行に関係のない行為について、使用者による規制を受けるべきいわれはないものと解するのが相当である」と判示している。すなわち、労働者の職場外における職務と無関係の行為に対しても、その行為が企業の円滑な運営に支障をきたすおそれがあるなど企業秩序に関係がある場合に、企業秩序の維持確保のために労働者を懲戒することができるが（「従業員の私生活上の非行であっても、会社の企業秩序に直接の関連を有するもの及び企業の社会的評価の毀損をもたらすと客観的に認められるものについては、企業秩序維持のための懲戒の対象となり得る」との一般論を示すものとして東京メトロ（諭旨解雇・本訴）事件・東京地判平27.12.25労判1133号5頁）、そうでない場合は、使用者は職務に無関係な職場外における労働者の行為を規制することは許されない。

(ア) 犯罪行為

最高裁は、犯罪行為・私生活上の非行が報道されて「会社の体面を著しく汚した」として懲戒解雇がなされた事案において、「従業員の不名誉な行為が会社の体面を著しく汚したというためには、必ずしも具体的な業務阻害の結果や取引上の不利益の発生を必要とするものではないが、当該行為の性質、情状のほか、会社の事業の種類・態様・規模、会社の経済界に占める地位、経営方針及びその従業員の会社における地位・職種等諸般の事情から綜合的に判断して、右行為により会社の社会的評価に及ぼす悪影響が相当重大であると客観的に評価される場合でなければならない」（日本鋼管事件・最三小判昭49.3.15民集28巻2号265頁 労判198号23頁）との判断基準を示している。いわゆる破廉恥犯についても、深夜風呂の戸を外して個人宅に侵入して住居侵入罪で罰金刑に処せられ、その犯行及び逮捕の事実が数日を出ないうちに噂となって広まったという事案で、労働者が指導的な地位にないこと等概ね前掲日本鋼管事件・最三小判昭49.3.15と同様の考慮事項を示して、懲戒事由である「不正不義の行為を犯し、会社の体面を著しく汚したもの」には該当せず、懲戒解雇は無効とした事例がある（横浜ゴム事件・最三小判昭45.7.28民集24巻7号1220頁　判時603号95頁）。他方で、下着泥棒目的で侵入したと見られる事案で住居侵入罪で罰金刑に処せられた労働者について、行為の悪質性及びJR東日本の発足後５か月足らずの時期であったこと並びに年休で処理しきれなかった６日間の欠勤が企業秩序に反する結果となっていることを理由に懲戒解雇を有効とした裁判例もある（JR東日本事件・東京地決昭63.12.9労経速1345号23頁　判時1298号148頁）。また、鉄道会社の従業員が電車内での痴漢行為をもって懲戒解雇された事案について、その半年前に同種の痴漢行為により昇給停止及び降職の処分を受けるなどしていたこと、このような被害を防止すべき電鉄会社の従業員であることなどを考慮し、報道等で公になるか否かを問わず、懲戒解雇は有効であるとされた裁判例がある（小田急電鉄事件・東京高判平15.12.11労判867号5頁　判時1853号145頁。なお、懲戒解雇時の退職金減額の可否について第７章第５・５（286頁～）参照）。もっとも、前掲東京メトロ（諭旨解雇・本訴）事件・東京地判平27.12.25は、鉄道会社の従業員（駅係員）が自社路線において痴漢行為を行い東京都条例違反により略式命令を受けたことに対する諭旨解雇処分について、刑事罰は罰金20万円に留まっていること、それまでの勤務態度に問題はなかったこと、報道はなされなかったこと等から企業秩序に対して与えた具体的な悪影響の程度は大きなものではなかったとして相当性を否定し無効とした。

㈠　社内での不倫

社内での不倫は私生活上の行為であるため、原則として懲戒事由とはならないが、企業秩序に直接関連してこれを乱す場合には懲戒されうる。裁判例では、妻子あるバス運転手が未成年のバスガイドと情交関係を持ち、妊娠させ、同ガイドが中絶手術後退職したという事案で懲戒解雇を有効としたものがあるが（長野電鉄事件・東京高判昭41.7.30判時457号60頁）、水道工事会社の女子従業員が妻子ある男子従業員と不倫関係になったという事例では、地位、職務内容、交際の態様、会社の規模、業態等に照らしても、会社の風紀・秩序を乱し、その企業運営に具体的な影響を与えたと認めることはできないとして、懲戒解雇を無効としている（繁機工設事件・旭川地決平元.12.27労判554号17頁 判時1350号154頁)。前者については、当該ガイドの退職、女子従業員の不安動揺、求人についての悪影響を招来したこと等の実害が指摘された上でバス事業経営のための重要事項である風紀の維持を乱したことが重視された一方、後者では、企業運営に具体的に影響を与える程度に風紀秩序を乱したとは認められないと判断された。

(ウ) 飲酒運転

飲酒運転については、特に交通・運送関係の業種の場合、職場外・職務時間外であっても懲戒解雇事由となり得る（酒気帯び運転を理由とする懲戒解雇について、報道はされていないものの使用者が大手貨物自動車運送業者であり労働者が運転手であることを判断要素の一つとして勘案し、懲戒解雇を有効としたヤマト運輸事件・東京地判平19.8.27労判945号92頁［確定]、酒気帯び運転（呼気１リットル中0.47mg）で物損事故（対向車線にはみ出して対向車のフェンダーを破損）を起こして逃走して逮捕された内勤だが自動車運転に関する業務にも関わっていた従業員につき、新聞報道され会社の信用を毀損したことを指摘のうえ懲戒解雇を有効と判断した日本郵便事件・東京地判平25.3.26判時2196号132頁、控訴審：東京高判平25.7.18判時2196号129頁（控訴棄却)。いずれも、退職金については全額不支給は違法として退職金の一部の支払を命じている。第７章第５・５(2)ア(ウ)（288頁）参照)。

飲酒運転については、飲酒運転の厳罰化傾向の中で、公務員が懲戒処分を受けるケースが増え、これが争われる例が少なくない。詳しくは、第13章第３・４(6)（553頁〜）を参照。

民間企業では、使用者が車両の運転を主な事業とする場合（運送業者、タクシー会社、バス会社等）以外には、飲酒運転による懲戒解雇が争われた裁判例は公刊された判例集上見あたらないが、公務員の事例に鑑みると、車両の運転を主な事業とする企業以外の一般の企業が従業員による業務外の飲酒運転の事実のみをもって懲戒解雇することは通常は難しいものと思われる。

(エ) SNSによる不適切な投稿

SNSの普及に伴い、近時、FacebookやTwitter等への従業員の不適切な投稿への対処という新たな問題が生じている。SNSへの投稿は、手元のスマートフォンから手軽かつ即時に発信できるため安易な気持ちで（深く考えずに）なされることが多いが、ひとたび投稿がなされると、直ちに広範囲に情報が拡散し、その後も恒久的・永続的にインターネット上に情報が残存し続けるという点において、事案の構造上、「動機の軽さ」と「結果の重さ」に顕著なアンバランスさがある。また、動機の軽さゆえか、企業への帰属意識の薄い学生アルバイト等の、企業の労務管理が行き届きにくい従業員層によってなされやすいという特徴もある（それゆえ「バイトテロ」などと呼ばれることもある。しかし、正社員による投稿であろうと、学生アルバイトによる投稿であろうと、結果の重大性は変わらない）。

SNSによる不適切な投稿は、企業情報（顧客情報等）の流出や、市場における企業の信用低下を招き、企業秩序を侵害するものとなる。よって、使用者は、懲戒処分や、状況によっては不適切投稿をした従業員に対する損害賠償請求という対応をとることとなり（損害賠償請求については本章後記第３（236頁～）も参照）、これは、通常の懲戒事例における対処と同様である。ただ、前記のとおり、SNSへの不適切投稿は、私生活上の行為としてなされるものである上、通常は突発的・一時的に安易になされるという行為態様に照らすと、非違の程度が悪質・重大であるとは必ずしも評価できず、それによって市場における企業の評価が大幅に低下し企業活動に顕著な支障が生じたような場合を除いて、懲戒解雇等の重い懲戒処分は相当性を否定されることが多いであろう。不適切投稿に厳正に対処するには、まずは、使用者が事前に、前記のSNSの構造上の特徴をふまえつつ、全従業員（基幹従業員だけでなく短期のアルバイト等も含む全従業員）に対して適正な使用を促すガイドラインを作成配付するなどしてSNSリテラシー教育を行い（総務省人事・恩給局による平成25年６月「国家公務員のソーシャルメディアの私的利用に当たっての留意点」（Web上で公表）が参考になる）、不適切投稿を許さない姿勢を明確に打ち出すことが重要であり、そのような事前対応を行っていたかどうか（使用者による管理体制の整備状況）も、懲戒処分の相当性に影響を与えるものといえる。なお、SNSの不適切投稿に対する懲戒処分の有効性が争われた裁判例は、公刊された判例集上、現時点では見あたらない。

イ　無許可兼職

兼職を許可制としている場合に、無許可で兼職することは懲戒事由となるが、形式的に無許可兼業に該当しているとしても、企業秩序に影響がなく、労務提供に支障がない場合には、懲戒処分を課すことはできない（橋元運輸事件・名古屋地判昭47.4.28判タ280号294頁)。深夜に及ぶ兼業等で労務提供に具体的に支障が生じるといえる場合や、同業他社への二重就職など使用者への背信性が認められるといえる場合にのみ、懲戒事由に該当することとされる。また、使用者が兼業を知りながら何ら注意・処分をしてこなかった場合には、使用者による黙示の承認があると判断され、兼業禁止違反を理由とする懲戒処分は認められない(長崎県公立大学法人事件・長崎地判平23.11.30労判1044号39頁。ただし、控訴審の福岡高判平24.4.24判タ1383号228頁は黙示の承認を否定した：手続に重大な瑕疵があったこと、業務に支障がなかったことなどから結論として懲戒処分は無効)。

まず、主に労務提供への支障に着目したものとして、運送荷役作業に従事する労働者が月に4、5回タクシー運転手として勤務したことについて、当該勤務が深夜に及ぶため本来の労務提供に影響があることに着目して懲戒解雇を有効とした裁判例（日通名古屋製鉄作業事件・名古屋地判平3.7.22労判608号59頁 判タ773号165頁）や、建設会社の女性事務員が勤務終了後ほぼ毎日、午前0時過ぎまで6時間にわたりキャバレーのリスト係（ホステス､客の出入りチェック）や会計係として勤務していたことについて、本来の業務の誠実な提供に何らかの支障をきたす蓋然性が高いとして兼業禁止規定違反を認めた裁判例（小川建設事件・東京地決昭57.11.19労判397号30頁、ただし普通解雇事案、普通解雇有効）がある。他方、無許可で政府機関の主催する国際会議の通訳業務に従事し講義を休講にした大学教授に対する諭旨解雇について、就業規則の規定を限定解釈して懲戒事由に該当しないとして処分は無効とした裁判例（学校法人上智学院事件・東京地判平20.12.5判タ1303号158頁 労判981号179頁（ダイジェスト））や、タクシー運転手が父親の経営する新聞販売店を手伝うべく勤務時間に差し掛かる形で朝の新聞配達を行っていたこと等に対する懲戒解雇について、勤務時間内の配達は兼職禁止規定に違反するものの、その兼業が使用者の営業、業務管理等に具体的な悪影響を与えた旨の疎明がないとして無効とした裁判例（国際タクシー事件・福岡地判昭59.1.20労判429号64頁（仮処分異議））がある。

次に、兼業が競業にわたる事案としては、競業会社の取締役に就任した労働者の懲戒解雇を有効とした裁判例として前掲橋元運輸事件・名古屋地判昭47. 4. 28判タ280号294頁や、同業他社を経営していた労働者の懲戒解雇を有効とした裁判例としてナショナルシューズ事件・東京地判平2. 3. 23労判559号15頁がある。競業事案では、本来の労務提供への支障よりも、背信性や企業情報の漏洩のおそれといった観点から企業秩序侵犯が判断される。

ウ　その他使用者の利益を害する行為

労働者が業務とは無関係に行う行為も、使用者を攻撃する行為、機密を漏洩する行為、従業員の引抜行為等それが労働契約上の誠実義務に違反する場合には懲戒処分の対象となることがある。使用者を攻撃する行為に関する裁判例では、業務時間外に社宅に使用者を攻撃するビラを配布した従業員の譴責処分について、内容の大部分が事実ではなく、従業員の不信感を醸成する虞がある点で企業秩序に反したとして譴責処分を有効とした前掲関西電力事件・最一小判昭58. 9. 8、労働条件の改善を目的に会社批判の図書を出版した従業員の戒告処分について、当該出版物の記載が真実である場合、または真実と信ずるにつき相当の理由がある場合であって、使用者に対する正当な批判行為と評価される場合には懲戒処分は懲戒権の濫用に当たるとして処分の相当性を欠き、戒告を無効とした三和銀行事件・大阪地判平12. 4. 17労判790号44頁がある。また、個人のホームページに取材先の実名や夕刊の締切時刻等の秘密を公表し、会社を批判する内容の記載をした新聞社の従業員が14日間の出勤停止処分を受けた事案で当該懲戒処分を有効とした日本経済新聞社事件・東京地判平14. 3. 25労判827号91頁がある。従業員の引抜については、競合する会社を設立するために他の労働者の大量引抜を図った幹部従業員の懲戒解雇が有効と認められた日本教育事業団事件・名古屋地判昭63. 3. 4労判527号45頁 判時1282号156頁がある。

⑺　施設等の私的利用

就業規則で使用者の施設や設備・物品の私的利用が禁じられている場合、これに反することは、使用者の施設管理権を侵害するものとして懲戒処分の対象となる。使用者の施設の利用をめぐる懲戒処分については、裁判上は、休憩時間等の事業所内での組合活動に対する懲戒処分の有効性が争われることが多い。この点については第19章第２・６⑶（789頁～）参照。

また、使用者の設備の私的利用は、使用者が業務上貸与したパソコンや携帯電話等の情報端末を業務外使用（社内ネットワークシステムの目的外利用）した場合にも問題となる。この点については、通常、業務時間中の私的利用について懲戒処分がなされ、職務専念義務違反と私的利用とが一体となって論じられることが多いため、職務専念義務違反（本章第２・3(2)イ（214頁～））に関する記述を参照。

4 無効な懲戒処分と不法行為

懲戒処分は、労働者に経済的不利益を与え、その名誉・信用を害して精神的苦痛を与える措置であるため、懲戒権の濫用と評価される場合には、処分の無効に加えて、使用者の不法行為を成立させることがある。ただし、使用者の故意・過失や労働者の不利益（違法性）を吟味すべきであり、懲戒権濫用が不法行為に直結するわけではない（菅野『労働法』675頁、「権利濫用の法理は、その行為の権利行使としての正当性を失わせる法理であり、そのことから直ちに不法行為の要件としての過失や違法性を導き出す根拠となるものではない」と述べるものとして静岡第一テレビ（損害賠償）事件・静岡地判平17.1.18労判893号135頁がある）。また、無効な懲戒解雇による経済的損失は、バックペイの支払によって補填され、かつ、精神的苦痛も、通常は、地位が確認されバックペイが支払われることによって慰謝されるため、それらによってもなお填補されない損害が認められる場合に初めて損害の発生が肯定される（懲戒解雇が無効と認められ、同解雇後の賃金請求権が認められているのであるから、これによりその経済的損失は填補されており、また、被処分者にも責められるべき点があったことから賃金相当額以上に損害賠償を命ずべき特段の事情は存しないとして不法行為の成立を否定したものとしてブランドダイアログ事件・東京地判平24.8.28労判1060号63頁、他方、懲戒解雇が内部告発に対する報復としてなされ非常に大きな精神的苦痛を与えたこと等を理由に損害の発生を認めたものとして前掲大阪いずみ市民生協（内部告発）事件・大阪地堺支判平15.6.18労判855号22頁 判タ1136号265頁がある。懲戒解雇ではなく停職処分（３か月）の事案で、処分は無効であるが停職期間中の賃金の支払請求を認めることで救済は足りるとして不法行為を否定したものとして前掲社団法人東京都医師会（A病院）事件・東京地判平26.7.17労判1103号5頁がある）。

無効な懲戒解雇の不法行為の成否の判断基準について、前掲静岡第一テレビ（損害賠償）事件・静岡地判平17.1.18は、①懲戒解雇すべき非違行為が存在しないことを知りながら、あえて懲戒解雇をしたような場合、②通常期待される方法で調査すれば懲戒解雇すべき事由のないことが容易に判明したのに、杜撰な調査、弁明の不聴取等によって非違事実（懲戒解雇事由が複数あるときは主要な非違事実）を誤認し、その誤認に基づいて懲戒解雇をしたような場合、③使用者の裁量を考慮してもなお、懲戒処分の相当性の判断において明白かつ重大な誤りがあると言えるような場合、を挙げており参考になる（結論として不法行為の成立を否定）。

5　懲戒処分の公表

懲戒処分を行った場合に、企業秩序の回復、再発防止、取引先・顧客等への説明・信頼回復等のために、使用者が懲戒処分を公表する例があるが、これが被処分者に対する不法行為（名誉毀損等）に当たるのではないかが問題となることがある。

懲戒処分がそもそも無効であれば、公表行為も不法行為に該当する（学内の教職員向けネットワーク上の掲示板に１年以上も被処分者名と懲戒処分により解雇（諭旨解雇）された旨を掲載していた事案で、そもそも諭旨解雇処分は無効であり当該掲載は名誉侵害の不法行為にあたるとして慰謝料50万円の支払を命じた前掲上智学院事件・東京地判平20.12.5判タ1303号158頁 労判981号179頁、得意先等に対して横領を理由に懲戒解雇した事実を書面で通知したことは、懲戒解雇が無効であり名誉毀損の不法行為に該当するとしたアサヒコーポレーション事件・大阪地判平11.3.31労判767号60頁［控訴後取下げ］等）。

これに対し、懲戒処分は有効であったとしても、公表の態様に照らして不法行為が成立する場合がある。この判断基準について、「一般に、解雇、特に懲戒解雇の事実およびその理由が濫りに公表されることは、その公表の範囲が本件のごとく会社という私的集団社会内に限られるとしても、被解雇者の名誉、信用を著しく低下させる虞れがあるものであるから、その公表の許される範囲は自から限度があり、当該公表行為が正当業務行為もしくは期待可能性の欠如を理由としてその違法性が阻却されるためには、当該公表行為が、その具体的状況のもと、社会的にみて相当と認められる場合、すなわち、公表する側にとつて必要やむを得ない事情があり、必要最小限の表現を用い、かつ被解雇者の名誉、信用を可能な限り尊重した公表方法を用いて事実をありのままに公表した場合に限られると解すべきである。そして、この理は、不法行為たる名誉毀損の成否との関係では、当該被解雇者に対する解雇が有効か無効か、解雇理由とされる事実の存否には係わらない」と述べた泉屋東京店事件・東京地判昭52.12.19労判304号71頁がある（不法行為否定例として日本非破壊検査事件・東京地判昭55.4.28労判341号61頁、X社（テレビ局）事件・東京地判平19.4.27労経速1979号3頁）。

このように、使用者が懲戒処分の事実を社内又は社外に公表しようとする場合には、その目的・必要性を十分勘案の上、懲戒解雇のような重大な処分の場合であっても被処分者の名誉への配慮が必要となろう（特に、被処分者の「氏名」までをも公表する必要があるか否かについては十分留意すべきである）。また、公表の有無が恣意的となり被処分者間の公平性を損なうことを防ぐため、公表のルールを就業規則その他社内規定で定めておくことも有用であり、その際には、人事院の「懲戒処分の公表指針について」（平15. 11. 10総参－786）が参考になる（当該指針においても、個人が識別されないような形で公表するものと定められている）。

第3　使用者から労働者に対する損害賠償

1　使用者から労働者に対する損害賠償の可否

労働者が労働義務または付随的義務に違反して使用者に損害を与えた場合、使用者に対して債務不履行に基づく損害賠償責任を負い（民法415条）、労働者の行為が不法行為に該当すれば不法行為に基づく損害賠償責任を負う（民法709条）。また、労働者の加害行為により、使用者以外の第三者に損害が生じる場合、使用者責任（民法715条１項）を前提として使用者による求償権（民法715条３項参照）の行使がなされることがある。損害賠償請求等は懲戒処分ではなく、懲戒処分に加えて請求等を行っても一事不再理の原則には反しない。

2　責任の限定

近時、使用者が労働者に損害賠償を請求する事案が増加していると言われているが、使用者から労働者に対する損害賠償請求は、資力に乏しい労働者にとって酷な結果になることから、使用者と労働者の経済力の差や、労働者の活動から利益を得る使用者はそこから生じるリスクも負担すべき（報償責任）との考え方を考慮し、損害の公平な分担を図るため、裁判例の多くは、信義則等に基づき一定の範囲で労働者が負う責任を限定している。

まず、責任の有無の判断において、労働者に業務遂行上の注意義務違反はあるものの、重過失は認められない場合には、その他の事情を考慮してそもそも使用者による請求が認められないとする裁判例がある（大隈鐵工所事件・名古屋地判昭62. 7. 27労判505号66頁 判時1250号8頁：当該事案では重過失を認定）。

チームの責任者であったシステムエンジニアが本人やチームメンバーのミスが続いたことにより取引先の発注が減少したことについて退職後使用者から損害賠償請求を受けた事案で、労働者に「故意又は重過失があったとは証拠上認められないこと、原告が損害であると主張する売上減少、ノルマ未達などは、ある程度予想できるところであり、報償責任・危険責任の観点から本来的に使用者が負担すべきリスクであると考えられること、原告の主張する損害額は2000万円を超えるものであり、被告乙山の受領してきた賃金額に比しあまりにも高額であり、労働者が負担すべきものとは考えがたいことなどからすると、原告が主張するような損害は、結局は取引関係にある企業同士で通常に有り得るトラブルなのであって、それを労働者個人に負担させることは相当でなく、原告の損害賠償請求は認められないというべきである。」とした裁判例がある（エーディーディー事件・京都地判平23.10.31労判1041号49頁 判タ1373号173頁：控訴審大阪高判平24.7.27労判1062号63頁で維持、確定）。

労働者に責任が認められる場合であっても、労働者側の宥恕すべき事情や使用者側の責任を考慮して労働者が負担すべき額は軽減され、使用者は「損害の公平な分担という見地から信義則上相当と認められる限度において」のみ労働者に対して損害の賠償又は求償の請求をすることができると解されている（茨石事件・最一小判昭51.7.8民集30巻7号689頁 判時827号52頁）。上記最高裁判決においては、具体的判断にあたり、「事業の性格、規模、施設の状況、被用者の業務の内容、労働条件、勤務態度、加害行為の態様、加害行為の予防若しくは損失の分散についての使用者の配慮の程度その他諸般の事情に照ら」して、賠償額を４分の１に減額しており、損害賠償の減額の判断は、労働者側・使用者側双方の事情を広く考慮して行われている。しかしながら、上記判例においては労働者の責任が制限される根拠も制限の基準も抽象的であって、明確な判断基準が示されたわけではない。故意による横領など違反行為が悪質な場合には、労働者の責任を制限する法理は適用されない。なお、使用者から労働者への損害賠償請求訴訟が不当訴訟であると判断され、使用者に不法行為に基づく損害賠償を命じた事例がある（近畿機械工業事件・広島高判平25.12.24労判1089号17頁 判時2214号52頁：経理担当者の預金引出し横領が主張されたが横領と認められず、経理担当者は引き出した現金を会社代表者や取締役に交付していたと認定された事案）。

3　損害賠償額の賃金からの控除

労基法上の賃金全額払いの原則（労基法24条１項）により、使用者が労働者に対して有する損害賠償請求権を一方的に賃金と相殺することはできない。ただし、労働者が自由な意思に基づいて、使用者に対して負担する債務と賃金債権とを相殺することに同意した場合には、同意が労働者の自由な意思に基づいてされたものであると認めるに足りる合理的な理由が客観的に存在するときには、相殺は有効となる（損害賠償債務ではなく、住宅ローン債務等についての事案であるが、退職金からの相殺を有効とした日新製鋼事件・最二小判平2.11.26民集44巻8号1085頁 労判584号6頁）。賃金全額払いの原則については、第2章第1・2(3)（75頁～）参照。

4 類型ごとの検討

(1) 業務上のミス

業務上のミスにおいては、裁判例では、労働者に責任がある場合でも労働者の損害額が相当程度減額されている例が多く見られる。消費者金融における内規違反の貸付によって生じた損害につき、厳しい営業目標管理の存在や使用者の規模等を考慮して賠償額を10分の１（172万円）とした株式会社Ｔ（債務引受請求等）事件・東京地判平17.7.12労判899号47頁、就業規則上使用者の損害賠償責任が従業員に重過失がある場合に限定されていた事案で証券会社の職員（外務員）が顧客にワラント取引にあたり助言義務違反の重過失を認定しつつ、顧客側が取引を任せきりにしていたことを考慮して従業員の証券会社への賠償責任を証券会社が顧客に賠償した金額（損害）の２割（259万5185円）に限定したつばさ証券事件・東京地判平13.7.10判タ1101号180頁（控訴審の東京高判平14.5.23判タ1101号174頁は重過失はなかったとして賠償責任を否定）、売上代金の請求書作成を怠ったことにより生じた損害につき、過重労働の存在、上司の監督責任、再発防止措置の不十分さ等を考慮して賠償額を約４分の１（200万円）としたＮ興業事件・東京地判平15.10.29労判867号46頁 判タ1146号247頁などがある。他方で、証券会社の外務員が業務命令に反して客からの株式の注文を受けたが客からの入金がなく会社に損害を与えた事例で、会社側に３割の過失があったとして、外務員に損害額の７割の賠償額（１億336万円）を認めたワールド証券事件・東京地判平4.3.23労判618号42頁 判時1446号74頁、宝石店の従業員が不注意から宝石の入った鞄を盗まれ会社に損害を与えた事例で従業員の重過失を認定しつつ、会社が盗難保険に加入していなかったことなどを勘案して損害額の５割の賠償額（1379万円）を認めた丸山宝飾事件・東京地判平6.9.7判時1541号104頁、中古車販売会社の店長が取引先の詐欺にあって生じさせた損害につき、会社が売上至上主義ともいうべき指導をしていた事情などを考慮し損害額の２分の１の賠償額（2578万円）を認めたガリバーインターナショナル事件・東京地判平15.12.12労判870号42頁など、相当程度高額の賠償が認められている例もある。

⑵　運転中の事故

裁判例では、運転中の事故について従業員の責任を認める場合であっても、信義則等により賠償額の制限をしている。前掲茨石事件・最一小判昭51．7．8では損害額を４分の１に限定しており、その他の裁判例においても、相当程度の減額を認めている例が多い（損害額の２割とした名古屋地判昭59．2．24判時1118号195頁、損害額を修理費用のみに限定した上で（休車損害は否定）労働者の賠償責任をその５％としたＫ興行事件・大阪高判平13．4．11判時1770号101頁 労判825号79頁（確定）及びその原審京都地判平12．11．21判時1770号102頁労判825号81頁、損害額の４分の１を弁済していたことを考慮してそれ以上の求償を認めなかったＭ運輸事件・那覇地判平13．3．21労判825号75頁、控訴審福岡高那覇支判平13．12．6労判825号72頁、業務中に起こした交通事故で労働者が相手方車両所有者に支払った賠償金を使用者に求償した事案で請求額の７割を認めた（労働者の負担分を３割とした）Ｙ社事件・佐賀地判平27．9．11判時2293号112頁（控訴事件）：平28．2．18上告棄却など。いずれも労働者に重過失はないと認定）。

⑶　秘密情報、個人情報の漏洩

従業員による秘密情報、個人情報の漏洩が故意により行われた場合には、行為の悪質性に鑑みて労働者の損害賠償責任は限定されない場合が多いと思われる。他方、過失により漏洩させた場合には、漏洩を防止するための使用者の予防策、指導等の状況によって使用者が労働者に対して請求可能な額について変動するものと思われる。ただ、いずれの場合も損害賠償責任を追及する側にとっては、損害額の立証は容易ではない。

⑷　インターネット・SNSへの不適切な投稿等

従業員がインターネット上のサイトやSNSに、会社の業務に関連して不適切な投稿（有名人の来店や、職場での悪ふざけの様子の写真）をする例があり、これにより使用者に損害が生ずる場合がある。このような事案に関する公刊された裁判例は見当たらないが、使用者側の教育指導の状況等によっては使用者が請求することができる金額が制限されることも考えられる。

⑸　競業避止義務違反、従業員引き抜き

意図的な競業避止義務違反や社会通念上相当ではない従業員の引抜行為等は、行為の悪質性に鑑みて労働者の損害賠償責任は限定されない場合が多いと思われる。労働者が自己又は競業会社の利益を図る目的で、職務上知りえた販売価格を競業会社に伝え、競業会社を顧客に紹介した等の行為について労働者の責任制限がなされなかったエープライ事件・東京地判平15．4．25労判853号22

頁 労経速1855号3頁［確定］、社会通念上相当の範囲を超える引き抜きとして、労働者の責任制限が考慮されなかった日本コンベンションサービス事件・大阪高判平10.5.29労判745号42頁 判時1686号117頁：最二小決平12.6.16労判784号16頁で上告棄却がある。ただし、損害賠償責任を追及する側にとっては、労働者の当該行為による損害額の立証は容易ではない。

(6) 背任等の不正行為

加害行為の態様等の具体的事情によっては、損害賠償額の減額調整は行われないことがあり、会社からの金銭の不正取得等の事案では、加害行為と相当因果関係を認められた損害全額の賠償が認められている（金銭の不正出金につき日本国際酪農連盟事件・東京地判平10.4.22労判746号59頁 労経速1672号8頁）。また、手当の不正受給に関しても、不正受給（過大受給）と認定できる全額の損害賠償又は不当利得返還が認められている（損害賠償構成のものとして前掲アール企画事件・東京地判平15.3.28労判850号48頁［確定］、不当利得返還構成のものとして前掲かどや製油事件・東京地判平11.11.30労判777号36頁、前掲ドコモCS事件・東京地判平28.7.8労経速2307号3頁）。

第6章

休職に関する問題

第1　休職制度の意義と種類

1　休職制度とは

休職とは、ある従業員に労務に従事させることが不能または不適当な事由が生じた場合に、使用者がその従業員に対し労働契約関係そのものは維持させながら、労務への従事を免除することまたは禁止することである（菅野『労働法』697頁参照）。公務員については国家公務員法（61条、79条、80条，臨時職員等の除外規定は81条）や地方公務員法（28条2項）で休職制度が設けられている一方で、民間企業については法律上の規定はない。もっとも、後記３で紹介するように現実には私傷病休職制度を設けている企業が多い。民間企業における休職制度は、就業規則や労働協約等に規定がある場合に認められる任意の制度であることに注意する必要がある。

本来、労働者が労務を提供できない場合、労働者の債務不履行を理由に解雇ともなりうるのであるが、それを一定期間猶予し労働者を解雇・退職から保護する側面がある。使用者側からすると、辞めさせるべきか否か判断に迷っている労働者について、後に辞めさせるにあたり、その相当性判断の一助となりうるという側面がある。なお、休職制度には、休職事由が長期間の欠勤である場合と「業務支障」が生じている場合などがあるが、休職事由が就業規則所定の長期欠勤期間ではなく「業務支障」等である場合、休職が解雇猶予の性質を有する以上、それは解雇事由に相当する内容でなければならないことに留意する必要がある（『労働関係訴訟の実務』214頁）。

2 休職制度の種類と内容

休職制度の種類としては、私傷病休職、起訴休職、懲戒休職、留学休職、出向休職などがみられる。

私傷病休職とは、業務上の原因によらない怪我や病気を理由とする休職をいう。例えば、業務時間外のプライベートの時間中に負った怪我や業務との関連性のない病気などを理由とする休職などである。最近では、うつなどのメンタルヘルス不調を理由として休職する場合も多くなっている。起訴休職とは、刑事上の事件を起こしたとして起訴された労働者について、「判決確定まで」など一定の期間の休職を認めるものをいう。懲戒休職とは、懲戒処分としての休職である（懲戒の種類としては出勤停止、停職などとされることが多い。第5章第2・2（210頁））。留学休職とは海外への留学の期間中になされる休職である（自己都合の場合と業務命令による場合とがある）。出向休職とは、労働者が他社への出向期間中になされる休職である。

休職制度を設ける場合、就業規則や労働協約にその休職の種別に応じた休職規定を定める必要がある（休職期間満了時に解雇ないし自然退職扱いが予定される場合、労基法89条3号の必要的記載事項となる）。また、休職事由や休職制度の内容は多種多様なので、休職に関する相談を受けたときは、就業規則等で休職規定の有無、内容を確認することが必須である。

以下においては、とくに断りのない限り、休職制度の中でも特に問題となることの多い私傷病休職について、論じることとする。

3 私傷病休職制度の実情

私傷病休職制度については公式の統計はない。独立行政法人労働政策研究・研修機構が実施した「メンタルヘルス、私傷病などの治療と職業生活の両立支援に関する調査」（調査時期は2012（平成24）年11月、公表は2013（平成25）年11月29日：調査対象は常用労働者50人以上を雇用している民間企業）によれば、私傷病休職制度の実情は以下のとおりである。

通常の年次有給休暇以外で、連続して1か月以上、従業員が私傷病時に利用できる休暇・休職・休業する制度（慣行を含む）があるのは、91.9％である。そのうち、就業規則等に「規定されている」が77.7％で、「規定されていない」は9.7％、無回答12.7％である。非正社員への適用は、非正社員はいないという回答及び無回答を除き、非正社員を適用対象としないが55.2％、適用対象としている（一部に適用を含む）が44.8％となっている。

休職期間の定めについて「勤続年数により区分されている」が49.1％、「勤続年数による区分はない」が36.6％、「休職期間の定めがない」が8.6％、無回答5.8％である。

休職期間の上限は、３か月まで9.6％、３か月超６か月まで13.3％、６か月超１年まで22.3％、１年超１年６か月まで17.2％、１年６か月超２年まで12.6％、２年超２年６か月まで4.1％、２年６か月超３年まで8.0％、３年超1.4％、上限なし4.5％、無回答7.0％である。

4　私傷病休職制度の内容

休職制度は、使用者が任意に設けるものであり、その内容については特段の法規制はない。ただし、30日未満の短い休職期間を定めた上で休職期間満了時に復職しない場合を退職と定めた場合は、解雇予告制度の潜脱と評価され無効となる可能性がある（荒木『労働法』427～428頁、菅野『労働法』701頁は「事故欠勤休職」につき同旨）。

就業規則等の規定を検討する際には、どのような場合に休職が適用されるか（休職事由）、使用者が休職を命じることができるか、休職期間とその計算方法、休職期間中の賃金等の扱い、休職期間満了時の効果（自然退職か、解雇か等）、休職・復職時の手続等に着目する必要がある。

具体的にどのような場合に休職が適用されるか（休職事由）は、就業規則等の定め方による。休職事由の規定例としては、①「私傷病により１か月以上継続して欠勤しても、その傷病が治癒しないとき」、②「私傷病により欠勤し、３か月間で欠勤（遅刻・早退を含む）の合計回数が30回に達しても、その傷病が治癒しないとき」、③「私傷病により当該社員が会社に提供すべき通常の労務ができず、業務に支障をきたすとき」などがある。厚生労働省のモデル就業規則（平28.3.30）では「業務外の傷病による欠勤が○か月を超え、なお療養を継続する必要があるため勤務できないとき」という規定例が示されている。

ここでは、一定期間の欠勤が要件とされているか（上例の①、②）、その場合に連続した欠勤か（上例の①）、一定期間内の欠勤日数（断続的な欠勤が含まれる）か（上例の②）などの点で様々な規定例があり注意を要する。精神疾患の場合、連続欠勤ではなく、断続欠勤ないし不十分出勤の例も多く、連続欠勤の場合のみを休職事由にしてしまうと休職を適用できない場合があることに備えて、②のような規定例を定めるケースも多くなっているようである。

休職期間については様々であり、また私傷病休職については在職年数に応じて休職期間を定める例も多く見られる。休職期間の計算方法としては、特に私傷病休職について復職後短期間で再度休職した場合に通算されるかについて、通算規定があるか否かにも注意を要する。精神疾患の場合、復職しても短期間で再発して休職する例も少なくないため、これに備えて通算規定（例えば「復職後６か月以内に同一または類似の傷病により再び欠勤するに至った場合、従前の休職期間と通算する」など）を設ける例が多くなっているようである（このような規定への就業規則変更が問題となった例について第３章第２・３⑷イ㈺㈹（138頁）参照）。

賃金等の取扱いについては、ノーワーク・ノーペイの考えから無給とし、退職金等の算定基礎となる勤続年数に算入しないという扱いが多いようである。

休職期間満了時に休職事由が消滅していない場合の効果については、自然退職とするもの、解雇とするもの、休職期間満了を解雇事由の１つとするものなどがある。上記厚生労働省のモデル就業規則では「休職期間が満了してもなお傷病が治癒せず就業が困難な場合は、休職期間の満了をもって退職とする」との規定例が示されている。

休職・復職時の手続については、使用者が診断書等の資料の提出を求められるか、使用者が労働者の主治医と面談を求められるか、使用者が労働者に産業医等の使用者の指定する医師に受診することを求められるか等が重要である。

5　休職事由の変更

休職制度の内容をどのように定めるかについては、基本的には使用者の合理的な裁量に委ねられている。もっとも、いったん就業規則などにその制度の内容が定められた場合、それを労働者に不利益に変更することは、その変更の必要性及びその内容の相当性、変更の事情が合理的であることが必要である（労働契約法10条）。

この点、療養休職した業務外傷病者の復職の条件についての就業規則の変更について、業務外傷病のうち特に精神疾患は、一般に再発の危険性が高く、完治も容易でないことからすれば、「健康時と同様」の業務遂行が可能と復職の条件とする就業規則の変更は、業務外傷病者の復職を著しく困難にするものであって、その不利益の程度は大きい一方、その変更の必要性及びその内容の相当性を認めるに足りる事情はない、と労契法10条の要件を満たさないとした裁判例がある（アメックス（休職期間満了）事件・東京地判平26.11.26労判1112号47頁）。

6　業務に原因(業務起因性)がある「休業」・「休職」との違い

労働者が、業務上の原因が認められる怪我または病気をし、療養のために、休業または休職する場合がある。この場合の「休業」には法律上の規制がかかり、「私傷病休職」とは異なる取扱いがされることに注意が必要である。

業務外の傷病（私傷病）による休職の場合、休職期間満了時までに復職できなければ解雇されるか自然退職となり、休職期間中の賃金は無給であることが多く、その間健康保険組合から傷病手当金を受けることになることが多いのに対して、業務上の傷病による休業の場合はその休業中及び復帰後30日間の解雇が原則として制限され（労基法19条１項。この点については第８章第３・２(1)(335頁）参照)、労災保険の療養補償・休業補償等の対象となる（同法第８章、労災保険法)（詳しくは、第16章第２・４（655頁～）参照)。

なお、当初「私傷病休職」の手続をとり、私傷病として扱われたとしても、後になって業務上の傷病であったと認定されれば休職の当初から業務上の傷病と扱われることとなる。実務上も、当初私傷病休職の手続をとってはいたものの、後に説明する休職期間満了退職や解雇の間際となって、労働者が労働相談に訪れ、翻って当初から業務上の傷病だったと争うケースは多い。

精神疾患について、業務上の傷病と肯定された裁判例として、東芝（うつ病・解雇）事件・東京地判平20. 4. 22労判965号5頁（東京高判平23. 2. 23労判1022号5頁 判時2129号121頁で控訴棄却、最二小判平26. 3. 24労判1094号22頁で上告棄却)、医療法人健進会事件・大阪地判平24. 4. 13労判1053号24頁、ライフ事件・大阪地判平23. 5. 25労判1045号53頁、エム・シー・アンド・ピー事件・京都地判平26. 2. 27労判1092号6頁、社会福祉法人県民厚生会ほか事件・静岡地判平26. 7. 9労判1105号57頁などがある。否定された裁判例として、医療法人社団こうかん会（日本鋼管病院）事件・東京地判平25. 2. 19労判1073号26頁 判時2203号118頁、伊藤忠商事事件・東京地判平25. 1. 31労判1083号83頁 労経速2185号3頁、トッパンメディアプリンテック東京事件・東京地裁立川支判平28. 11. 15労経速2301号3頁などがある。（第16章第11（712頁～）参照）

第2 休職に入る段階での問題

1 休職事由の有無と休職命令の可否

(1) 使用者の判断による休職命令

使用者が労働者に休職を命じるためには、例えば私傷病休職の場合、「会社は、社員が医師の診断書を添付して休職の申請をしたとき、休職を命じることができる」「会社は、社員が次の各号の1つに該当するときは、社員の申請がなくとも、休職を命じることができる」などと、休職事由自体に関する規定と会社が休職を命じることができるとの規定が必要である。

休職命令は休職中の労働者に退職金の額、退職年金の受給資格、受給期間、定期昇給等につき具体的な不利益を与えるものであることを併せ考えると、休職事由があるか否かは厳格に解釈すべきである（富国生命保険（第三回休職命令）事件・東京地八王子支判平7.7.26労判684号42頁）。

なお、最高裁は、精神的な不調を理由として約40日間欠勤し続けていた労働者が無断欠勤を理由に諭旨退職の懲戒処分をされた事案において、当該処分を無効とした理由の中で「使用者は、精神科医の健康診断を実施するなどした上で、その診断結果に応じて休職等の処分を検討」するべきだったと述べている（日本ヒューレット・パッカード事件・最二小判平24.4.27労判1055号5頁 判時2159号142頁）。

また、使用者が「業務外の傷病により引き続き1か月を超えて欠勤したとき」に休職を命じられるとの規程を見落として事故後直ちに休職となるかのような休職制度について誤った説明をした場合には、その説明は就業規則上の要件を満たさない休職命令で無効であり、休職に応じた労働者の同意も就業規則よりも不利益な合意で無効、その後の指示を休職命令と捉え直すことも無効行為の転換にあたり許されないとして、休職期間の満了による自然退職を否定した裁判例もある（石長事件・京都地判平28.2.12労判1151号77頁）。

なお、休職制度があるからといって、直ちに、休職を命じるまでの欠勤期間中解雇されない利益を従業員に保障したものとはいえず、使用者には休職までの欠勤期間中解雇するか否か、休職に付するか否かについてそれぞれ裁量があり、この裁量を逸脱したと認められる場合にのみ解雇権濫用として解雇が無効とされるとした裁判例がある（岡田運送事件・東京地判平14.4.24労判828号22頁。この事案では健康保険組合に対する最新の傷病手当金請求書上の医師の意見で脳梗塞発症後１年６か月後時点まで就労不能とされていることから、休職制度を適用しても期間満了までに復職できなかったことを理由に解雇権濫用が否定されている)。もっとも、『類型別労働関係訴訟の実務』では、特に休職の理由がメンタル不調である場合に、休職制度を適用しても治癒の見込みがないことが明らかであることは稀であろうと指摘している（同書307頁）。

また、就業規則では同一理由による再度の休職も予定されていること、休職期間が最大２年であり前回の休職期間が７か月程度にすぎず、治療の効果が期待できるなら、治療により回復する可能性がなかったとは言えない旨判示して、解雇を無効とした裁判例もある（K社事件・東京地判平17.2.18労判892号80頁）。

⑵　労働者からの休職請求

労働者が休職を申請した場合、使用者が当該労働者を休職させなければならないかは、就業規則等の規定による。

2　休職事由該当性の判断

休職事由としての「治癒しない」「通常の労務を提供できない」「業務に支障を来す」等の要件の基準となる労務・業務については、休職事由の消滅（復職）の場合と共通の問題がある。現実の紛争では復職との関係で問題となることが多いので、本章第４・２⑵（249頁）で判例等を紹介する。

休職事由が「業務支障」等である場合、休職が解雇猶予の性質を有する以上、それは解雇事由に相当する内容でなければならない（『労働関係訴訟の実務』214頁。第１・１で前述）。

使用者が休職事由の存否を判断する場合、私傷病休職であれば、医師の診断書が最も基本的な資料であるが、それだけではなく、労働者本人、同僚、家族などの意見も参考にすべきである。

裁判例では、高次脳機能障害で精神年齢が４才ないし５才程度に固定された労働者の退職の意思表示の有効性と業務遂行能力の有無及びその判断基準が争われた事案で、退職時意思無能力の状態であったとして退職の意思表示を無効としつつも、使用者が、産業医の判断を受けず、当該労働者の主治医の判断に基づいて休職事由の有無を判断したことを相当としたものがある（農林漁業金融公庫事件・東京地判平18.2.6労判911号5頁）。

3　休職事由の立証責任

休職事由の存在及び休職命令の発令が適正になされたことについては、使用者側に立証責任があるとされている（『労働事件審理ノート』62、63頁、『労働関係訴訟の実務』211～212頁))。

第3 休職中の問題（賃金請求権の有無など）

1 賃金請求権、退職金算定への加算

第1・4で説明したとおり、休職中に賃金が支払われるか、休職期間が退職金算定の勤続年数に加算されるかは、就業規則でどのように定められているかによる。

私傷病休職の場合、労働者側の事由に基づく休職であるからノーワーク・ノーペイの原則に従い無給となるのが通例である(起訴休職や懲戒休職などでは、有給としている場合もよくある)。いずれにせよ就業規則や労働協約上の規定次第である。

休職中の社会保険料等の負担及び傷病手当金の申請、受給に関しては、第15章雇用保険・医療保険（健康保険）第2・8（645頁）以下を参照。

第4 休職期間が終了する段階での問題

1 休職期間の上限

法律上の規制はない。就業規則などで、勤続年数や休職事由に応じて、3か月から1年6か月くらいまでの上限が規定されていることが多い。しかし、休職期間の延長を認める例外規定があることも多いので、規定類をよく確認する必要がある。

2 休職期間満了時の取扱い

(1) 退職か、解雇か。

就業規則などで定められた休職期間が満了しても休職事由が消滅していなかった場合、「(当然) 退職」ないし「解雇」になると規定されていることが多い。

この期間満了時に休職事由が消滅していない場合、当然退職となるのか、解雇となるのかは就業規則などの定め方による。

解雇と規定されている場合は、解雇予告・解雇制限規定が適用される。

（当然）退職と規定されている場合は、解雇予告・解雇制限規定は適用されないが、実務上、解雇に関する規定が類推され、裁判所なども慎重に判断する

傾向にはある。退職扱いの場合でも、労働者が休職事由の消滅と復職申出などを理由に地位確認を求めて争うことは可能である（後記第５・４（257頁）参照）。

就業規則などに「（当然）退職とする」と記載がない場合は、当該労働者を退職させるためには合意解約するか、解雇という手段を採らざるを得ない。

⑵　復職要件

休職期間満了時までに休職事由が消滅していれば、労働者は、復職することができる。「従業員が復職を命じられないで休職期間が満了したときは、退職とする」という就業規則の規定について、「休職期間の満了までに従業員の傷病が回復し従前の職務に復職することが可能となった場合には、当該従業員を休職期間の満了をもって退職させることは無効である、と解するのが相当である。そして、復職が可能か否かは、休職期間の満了時の当該従業員の客観的な傷病の回復状況をもって判断すべきである（客観的には復職可能な程度に傷病が回復していたにもかかわらず、会社が資料不十分のために復職が不可能と判断して当該従業員を退職扱いにした場合には、当該従業員の退職の要件を欠いており、退職が無効になる、と解すべきである）」とした裁判例がある（北産機工事件・札幌地判平11. 9. 21労判769号20頁）。

私傷病休職の場合は、私傷病が「治癒」したことを要する。従前の裁判例では「治癒」とは休職前の職務を遂行できる状態になることとするものが多かった（アロマカラー事件・東京地決昭54. 3. 27労経速1010号25頁、ニュートランスポート事件・静岡地富士支決昭62. 12. 9労判511号65頁）。

しかし、次に述べる片山組事件・最高裁判決以降は、職種限定のない労働者と職種限定のある労働者に分けて、復職要件を論じるのが一般的となっている。

職種限定の合意の成否については第４章第１・３⑵ア（166頁）参照。

ア　職種限定がない労働者の場合

片山組事件・最一小判平10. 4. 9労判736号15頁 判時1639号130頁は、現場監督業務を命じられた労働者が医師の診断書等を提出して現場作業や残業ができないと申し出たのに対して、使用者が就労を拒否し自宅治療を命じて賃金を支払わなかった事案で、「労働者が、職種や業務内容を特定せずに労働契約を締結した場合においては、現に就業を命じられた特定の業務について労務提供が十全にはできないとしても、その能力、経験、地位、当該企業の規模・業種、当該企業における労働者の配置・異動の実情及び難易等に照らして当該労働者が配置される現実的可能性があると認められる他の業務について労務の提供をすることができ、かつ、その提供を申し出ているならば、なお債務の本旨に従った履行の提供があると解するのが相当である」としている。

前掲片山組事件・最高裁判決は、休職の事案ではなかったが、職種を限定しない場合の債務の本旨に従った労務提供について判断しているため、これが休職からの復職の際の判断基準についてもリーディングケースとなると、一般に解されている。

東海旅客鉄道（退職）事件・大阪地判平11.10.4労判771号25頁では、休職からの復職のケースで、「労働者が職種や業務内容を限定せずに雇用契約を締結している場合においては、休職前の業務について労務の提供が十全にはできないとしても、その能力、経験、地位、使用者の規模や業種、その社員の配置や異動の実情、難易等を考慮して、配置替え等により現実に配置可能な業務の有無を検討し、これがある場合には、当該労働者に右配置可能な業務を指示すべきである。そして、当該労働者が復職後の職務を限定せずに復職の意思を示している場合には、使用者から指示される右配置可能な業務について労務の提供を申し出ているものというべきである」として、「歩行については、多少のふらつきがあり、時間がかかるものの、杖なしに独立の歩行が可能」な状態の労働者について退職を無効と判断されている。

独立行政法人Ｎ事件・東京地判平16.3.26労判876号56頁では、「治癒があったといえるためには、原則として、従前の職務を通常の程度に行える健康状態に回復したことを要するというべきであるが、そうでないとしても、当該従業員の職種に限定がなく、他の軽易な職務であれば従事することが現実的に可能であったり、当初は軽易な作業に就かせれば、程なく従前の職務を通常に行うことができると予測できるといった場合には、復職を認めるのが相当である」と判断されている（医師の意見で従前の半分程度の業務量で期間のめどは半年程度という事案で解雇は有効とされた）。

キヤノンソフト情報システム事件・大阪地判平20.1.25労判960号49頁では、片山組事件・最高裁判決を引用した上で、「復職当初は開発部門で従前のように就労することが困難であれば、しばらくは負担軽減措置をとるなどの配慮をすることも被告の事業規模からして不可能ではないと解される上、被告の主張によればサポート部門は開発部門より残業時間が少なく作業計画を立てやすいとのことであり、サポート部門に原告を配置することも可能であったはずである」として退職扱いを無効として地位確認を認めた上で慰謝料50万円が認められている。

さらに、日本電気事件・東京地判平27.7.29労判1124号5頁は、休職中にアスペルガー症候群であることが判明した労働者についての休職期間満了時の退職扱いの有効性が争われた事案である。同判決は、「休職の事由が消滅」したといえるには、被告会社の債務の本旨に従った労務の提供があると言えることが必要で、従前の職務が通常の程度に行える健康状態になっていること、又は当初軽易作業に就かせれば程なく上記業務を通常の程度に行える健康状態になっていること、これが十全にはできないときには同種の総合職の者が配置される現実的可能性があると認められる他の業務の労務の提供ができ、原告がその提供を申し出ていることが必要と判示している。そして、障害者に関する法制度の趣旨などに鑑み、使用者に障害の特性に配慮した措置が求められるとしても、過重な負担までを負わせるものではないとして、従前の部署につき対人交渉の比較的少ない部署だとしても上司とのコミュニケーションが成立しない精神状態で、かつ、不穏な行動で周囲に不安を与えている状態では就労可能な状態とは言い難いなどとして、休職事由の消滅を否定している（なお、改正障害者雇用促進法の施行前の事案である）。

イ　職種が限定された労働者の場合

逆に、職種を特定して採用された労働者は、前掲片山組事件・最高裁判決が「職種や業務内容を特定せずに労働契約を締結した場合においては」と限定していることから、その特定された業務を支障なく遂行できる状態になっているか、が「治癒」したか否かの基準になると考えられる（半身不随となり治療中の保健体育教師についての北海道龍谷学園事件・札幌高判平11.7.9労判764号17頁など）。

もっとも、カントラ事件・大阪高判平14.6.19労判839号47頁は、トラック運転手の慢性腎不全の事案で上記の原則を述べつつ、カッコ書きの傍論で、「他に現実に配置可能な部署ないし担当できる業務が存在し、会社の経営上もその業務を担当させることにそれほど問題がないときは、債務の本旨に従った履行の提供ができない状況にあるものとはいえないものと考えられる」としている。

また、エール・フランス事件・東京地判昭59.1.27労判423号23頁判時1106号147頁は、勤務地及び職種を空港の営業関係職員と特定された労働者につき、使用者が復職を拒否して自然退職とするためには「従前の職務を従前どおりに行えないことを主張立証すれば足りるのではなく、治癒の程度が不完全なために労務の提供が不完全であり、かつ、その程度が、今後の完治の見込や、復職が予定される職場の諸般の事情等を考慮して、解雇が正当視しうるほどのものであることまでをも主張立証することを要する」とし、他の課員の協力を得て当初は文書作成業務のみを行わせながら徐々に通常業務に服させていくことも十分考慮すべきであったとしている。

さらに、システムエンジニアなどのように、数年でテクノロジーが格段に進歩する場合、休職前の職務を遂行できるまで回復しても、休職期間経過後に期待される職務を遂行できない場合があり得る。この場合、休職期間経過後に期待される職務を遂行できないからといって復職を認めないのは相当ではなく、使用者は復職を認めたうえで、一定期間の研修受講の機会を与えるべきである（休職からの復職の際、基本的な労働能力に低下がなく復帰不能な事情が休職中の機械設備の変化等に対応できない等の休職に伴う一時的なもので短期間に従前の業務に復帰可能な状態になりうる場合には、使用者は、短期間の復帰準備期間を提供したり、教育的措置をとったりする信義則上の義務を負うものとした全日本空輸（退職強要）事件・大阪地判平11. 10. 18労判772号9頁、控訴審大阪高判平13. 3. 14労判809号61頁参照）。

(3) 休職事由消滅の立証責任

休職事由が消滅したこと、つまり復職可能になったことについて裁判上争われる場合の立証責任については、以前は使用者が負うとの見解が優勢であった。前掲エール・フランス事件（東京地判昭59. 1. 27）のほか、従業員が前職場に復帰できると使用者において判断しない限り、復職させる義務を使用者が負担するものではなく、休業期間の満了により自動的に退職の効果が発生すると解することは、復職を申し出る従業員に対し、客観的に前職場に復帰できるまでに傷病が治癒したことの立証責任を負担させる結果になり、休職中の従業員の復職を実際上困難にする恐れが多分にあって相当でなく、使用者において当該従業員が復職することを認めることができない事由を具体的に主張立証する必要があるものと解するのが相当であるとして、使用者側に復職事由がないことの立証責任を課した東洋シート事件（広島地判平2. 2. 19判タ757号177頁）がある。

しかしながら、近年、休職事由が消滅したこと、復職可能になったことは、労働者が証明して使用者に示さなければならないと判示した国（在日米軍従業員・解雇）事件・東京地判平23. 2. 9労判1052号89頁 判タ1366号177頁）が出た後は、労働者側に立証責任があるとする裁判例が続いている（伊藤忠商事事件・

東京地判平25. 1. 31労判1083号83頁、日本ヒューレット・パッカード（休職期間満了）事件・東京高判平28. 2. 25労判1162号52頁、『労働事件審理ノート』62～63頁参照）。

なお、休職事由消滅の立証責任は労働者側にあるとしつつ、労働者側で労働者の現実に配置されうる業務の存在とその業務への労務の提供の申し出をし、当該業務での労務の提供が可能なことを立証すれば休職事由の消滅の事実上の推定が働き、使用者が当該労働者を配置できる現実の業務が存在しないことを反証しない限り、休職事由の消滅が推認されるとした裁判例もある（第一興商事件・東京地判平24. 12. 25労判1068号5頁）。

⑷　復職の手続

使用者が私傷病休職からの復職を判断する場合、医師の診断書の他、労働者本人、同僚、家族などの意見も参考にすべきである。

また、使用者が労働者の同意を得たうえ、労働者の主治医から意見を直接聞くことも有効である。

使用者は、無用な争いを生じさせないよう、予め復職手続をきちんと整備しておくべきである。

使用者の指定する医師ないし産業医の診断を受けることを要件として就業規則に定めることが多いが、産業医の診断を受けることが要件として就業規則等に定められていなくとも、使用者は指定医の診断を受けるよう労働者に命じることができる（電電公社帯広電報電話局事件・最一小判昭61. 3. 13労判470号6頁。その他に安全配慮義務違反による損害賠償の過失相殺の判断であるが、労働者の医師選択の自由があることを認めつつ、労働者の選択した医療機関の診断結果について疑問がある場合で使用者が疑問を抱いたことなどに合理的な理由が認められる場合には指定医の受診を命じられるとした空港グランドサービス・日航事件・東京地判平3. 3. 22労判586号19頁 判時1382号29頁。また、使用者が労働者に対し診断書の提出を求め、労働者の健康状態を確認することは必要であるから、使用者が労働者に医師の診断あるいは医師の意見聴取を指示することができるし、労働者にはこれに応じる義務があるとした大建工業事件・大阪地決平15. 4. 16労判849号35頁がある）。

メンタルヘルス不調の労働者の復職に関し、主治医が「寛解」した旨の診断書を提出する場合、①対象となる疾病の具体的症状が鎮静化したとの判断（治療継続により鎮静を維持できる場合を含む）に基づき、②職場復帰の可能性の判断を付記することが多い。但し、この②の部分は、具体的な職場や職務を想定した判断とは限らないので、使用者側で、産業医が具体的な職場で必要とされる業務遂行能力を前提にこれを精査した場合には、異なる判断に至ることもありうる（伊藤忠商事事件・東京地判平25. 1. 31労判1083号83頁 労経速2185号3頁は、２人目の主治医による復職可という意見を採用せず、トライアル出社開始前後の１人目の主治医の判断及びトライアル出社開始後の産業医の意見を重視して、休職期間満了による退職を有効とした）。

なお、うつ病による休職期間満了後の解雇事案について、職場の安全衛生担当者が本人とともに主治医と三者面談を実施し信頼関係を形成したうえで復職可能性、復職後の職務の内容・程度等を慎重に判断していくことが推奨されているとした上で、使用者がそのような手続を踏まず、被告の人事担当者が主治医に対し一度も問い合わせ等をしなかったというのは、現代のメンタルヘルス対策の在り方として不備なものといわざるを得ないと評価し、本件解雇は、やや性急なものであったといわざるを得ず、客観的に合理的な理由を欠き社会通念上相当であると認められないとした裁判例がある（学校法人Ｊ学園事件・東京地判平22. 3. 24労判1008号35頁 判タ1333号153頁）。

また、精神的不調から数日間休んだ後の復職したところ自殺してしまった労働者（休み中にも自殺未遂をしており会社も把握していた）について、会社の安全配慮義務違反が認められた事案がある（市川エフエム放送事件・千葉地裁平27. 7. 8労判1127号84頁、東京高裁でも維持・東京高判平28. 4. 27労判1158号147頁）。この事案では、会社の代表者が、本人の精神状態や自殺リスクについて非常に軽く考えており、そのため精神科の医師や臨床心理士からの助言や申し入れに対しても真剣に対応しなかったこと、そのため代表者が自分だけの判断で労働者の職場復帰及び業務内容を決めたことについて、安全配慮義務違反が認め、逸失利益と慰謝料の請求が認められている。もっとも、労働者本人も主治医からの指導を受け入れなかったりしたことなどについて、3割の過失相殺がされた。

3 リハビリ勤務、トライアル出社

休職から復職を果たすにあたっては、復職した当初から本来の所定労働時間の労働時間を行うフルタイム勤務を課すのではなく、段階的な勤務いわゆるリハビリ勤務（トライアル出社）を設けるケースが多くなっている。例えば、朝の定時の出社を繰り返す通勤訓練、１日の所定労働時間が通常７～８時間であるところ、１日２、３時間ほど、あるいは１日５、６時間ほどの勤務をする短時間勤務、などフルタイムの勤務を目指して徐々に労働者に負荷をかけていくものである。

このリハビリ勤務については、従前は休職から復職を果たした後に実施されるケースが多かったが、近時、休職期間中に実施するケースが増えてきている。休職期間中にリハビリ勤務を実施する場合には、あくまで「労働（労務の提供）」ではなく、「労働の訓練（就労のための準備期間）」であることには注意を要する。「労務の提供」があるか否かについては、就労中の指揮命令があるのか、賃金が発生するのか、怪我した場合に労災の適用が認められるか、人事評価の対象となるかなどが考慮要素となろう。これらの要素に照らし、使用者が「労務の提供」を受けていたと言えるのであれば、休職期間中であってもその時点で使用者が「復職」を認めていたとも言いうるだろう。

なお、休職期間中に実施された試し勤務（リハビリ勤務）について、原告が復職可能か否かを見極めるための期間という趣旨で行われたもので、試し出勤の開始をもって復職したとは認められない、と判示しているものがある（綜企画設計事件・東京地判平28. 9. 28労経速2304号3頁）

また、就業規則上無給とされたテスト出局（リハビリ勤務）中の賃金について争われたNHK（名古屋放送局）事件・名古屋地判平29. 3. 28労判1161号46頁では、このテスト出局（リハビリ勤務）について、職場復帰のためのリハビリを行うもので復職の可否の判断材料を得るためのもの、健康配慮義務に基づく職場復帰援助措置義務を背景としたものであることなどを理由に、労務の内容として「労働契約上の労務の提供と同水準又はそれに近い水準の労務の提供を求めることは制度上予定されていない」、リハビリ勤務の期間に関して「テスト出局（リハビリ勤務）はあくまで円滑な職場復帰及び産業医等の復職の可否の判断に必要な合理的な期間内で実施されるのが相当であり」休職事由が消滅した職員について、その合理的期間を超えて実施し復職を命じないときは、賃金支払義務を免れないと判断されている。

第5　メンタルヘルス不調と休職の相談（労働者側）

1　問題の背景と相談時に注意すべき点

近年、精神的な疲労やうつ病、抑うつ状態、適応障害といった様々な精神疾患などの心の健康状態（メンタルヘルス）を病んで、休職になっている労働者が急増している。これらの場合、そのメンタルヘルス不調という症状の程度・状態が外見上わかりにくい、復職を求める際の体調の回復の程度・状態も一見して分かりにくい、回復後でも再発可能性が小さくないなどの特有の問題がある。

また、メンタルヘルス不調が原因で私傷病休職となった場合、休職期間の当初は、その精神的不調ゆえに他の誰にも相談できず、休職期間満了による退職が目前となった段階で、あわてて相談に来るケースも多い。

そのため、相談を受けるにあたっては、まず、①本人の傷病の回復の状態・程度（復帰を求められるか、休み続けることを求めるか）、②休職期間満了時はいつか（就業規則上、休職期間及びその満了時に自動退職または解雇になるか）、そもそも③長時間労働やハラスメントなどが原因で休職に入らざるを得なかった事案ではないか（業務起因性がないか）、などについて早い段階で確認することが肝要である。

2　業務起因性の有無

メンタルヘルス不調を原因とする私傷病休職の場合、長時間労働や職場でのハラスメントなど業務起因性が疑われるケースも多い。労働者の当該休業について業務起因性が認められる場合、労基法19条１項の解雇制限が適用（解雇の場合）ないし類推（自然退職の場合）され、休業中・休職中の退職取扱い・解雇が原則禁止される。

メンタルヘルス不調の業務起因性の有無の判断は、本人の証言以外の客観的証拠が乏しいことも多く立証は難しい面もあるが、「心理的負荷による精神障害の労災認定基準」（厚労省平23基発1226第１号、巻末資料）を参考にしつつ、十分に検討をするべきである（詳しくは第16章第11（712頁～）参照）。

3　休職命令について

労働者側で相談を受ける場合に、専ら復職段階のことに注意が行きがちであるが、そもそも休職になる際、休職事由に該当していたのかどうか、休職命令が適正に発せられていたのか、などについても確認する必要がある（休職命令を発した事実自体が見当たらないし、仮にあったとしても期間満了時に医師の就労可能の判断がでているとして、退職扱いは無効とされた北港観光バス（休職期間満了）事件・大阪地判平25.1.18労判1077号84頁がある）。また、使用者が休職制度について誤解して説明していたとして休職命令自体を無効とした石長事件（京都地判平28.2.12労判1151号77頁）がある。

4　復職を求める際の注意事項

(1)　基本的な考え方と姿勢

第４・２(3)で説明したように、休職事由が消滅したこと、つまり復職可能になったことについては、近年、労働者が証明して使用者に示さなければならないとされるのが一般的である。

立証の準備として、私傷病休職の場合は、第４・２(2)（249頁）で述べたとおり、原則として従前の職務に復帰可能なことが、復職の要件たる「休職事由の消滅」にあたるので、主治医に、どの職場で、いつから復職可能であることおよびその理由を診断書に明記してもらった方がよい。使用者との面接でも、働く意思も意欲もあることをきちんと伝えることが肝要である。

それでも使用者が復職不可と判断した場合は、当然退職または解雇になるであろうから、当然退職の包括合意の場合は、当然退職の事由にあたらないとして争うことになろうし、個別合意の場合は、そのような合意はしていないと合意不存在を争い、また当然退職の要件に該当しないとして争っていくことになろう。解雇の場合は、解雇相当性がないとして争うことになる。いずれの場合でも、労働者自身が、診断書等の客観的証拠をあらかじめ準備しておき、争う際には、復職が相当であったことを立証できるようにしておくことが重要である。

なお、当初の労働契約において、職種が限定されていなかった場合は、従前の職務ができなくとも、復職が認められる場合があることは第４・２(2)ア（249頁）で紹介した裁判例のとおりであるが、仮に職種が限定されている場合であっても、他の職務への配置可能性に言及した裁判例もあり（前掲カントラ事件・大阪高判平14. 6. 19労判839号47頁）、また仮に従前の職務が遂行できる程度に回復していなかったとしても、当初は軽作業に就かせて徐々に通常業務に服させることも考慮すべきとした裁判例もある（前掲エール・フランス事件・東京地判昭59. 1. 27労判423号23頁 判時1106号147頁）。

また、休職原因である「復職不能」事由の消滅は、基本的には従前の職務を通常程度行うことができる状態にある場合をいうが、仮にそれに至らない場合であっても、相当の期間内に作業遂行能力が通常の業務を遂行できる程度に回復すると見込める場合も含むとする裁判例もある（綜企画設計事件・東京地判平28. 9. 28労経速2304号3頁）。

したがって、復職を希望する労働者から相談・依頼を受けた場合、客観的に従前の職務が遂行可能な程度に回復していなかったとしても、または、使用者から、従前の職務が遂行不可能であると判断された場合でも、諦めることなく軽減された職務での復職が可能であることを主張していくべきである。

(2)　復職の検討と交渉の手続（手順）

ア　精神疾患等のメンタルヘルス不調を原因とする休職の場合の復職手続については、厚生労働省がHPで公表している「心の健康問題により休業した労働者の職場復帰支援の手引き」が、一種のガイドラインとして参考になる（2008（平成16）年10月、2009（平成21）年３月、2012（平成24）年７月改訂）。概要としては次のとおりである。

＜第１ステップ＞　病気休業開始及び休業中のケア

＜第２ステップ＞　主治医による職復帰可能の判断

＜第３ステップ＞　職場復帰の可否の判断及び職場復帰支援プランの作成

＜第４ステップ＞　最終的な職場復帰の決定

職　場　復　帰

＜第５ステップ＞　職場復帰後のフォローアップ

使用者がこの手引きに則ったあるいは準じた手続（手順）を採らない場合は、「手引き」の存在を示して、これに準じた手続を採るように求めることも有用である。

イ　それぞれのステップ毎に、実際の場面で具体的に留意すべきことについて検討する。

＜第１ステップ＞　病気休業開始及び休業中のケア

この段階で労働者による相談がされるときには、労働者本人に病識がない場合も多い。本人の症状が重いようであれば、まず治療に専念するようアドバイスすることもある。

本人に病識があり、休職の必要性を感じている、あるいは、会社から休職を進められている場合、休職については、就業規則上その定め方は様々であるので、その内容を確認するべきである。例えば、休職事由の定め方（休職の前に病気欠勤など設けられていないか）、その判断者（会社、医師のいずれが判断者となっているか）、休職の手順、休職期間、休職事由消滅の判断の仕方などについて、確認すべきである。

休職中においては、１ヶ月か２ヶ月おきに診断書の提出を求めることが多い。もっとも、使用者によるパワハラなどが原因の１つとなっている場合など、診断書の会社持参を義務づけると、回復がかえって遅くなりうる場合もあるので、郵送提出を求めるべきこともある。

＜第２ステップ＞　主治医による職場復帰可能の判断

休職事由が消滅したかについては、本人の病状に詳しい主治医の判断が尊重される。そこで、相談を受けた場合には、早い段階で相談を受けた弁護士自ら主治医と面談することを検討すべきである。相談者本人が必ずしも、自分の病状など的確に自覚していない場合もあるからである。

医師との面談の際には、個人情報の聴取となるので、相談者本人と一緒に主治医のところに伺うケースが多いが、相談者本人との時間の調整ができなければあらかじめ医療情報の聴取についての同意書を本人からとっておく必要がある。

主治医との面談の際には、本人の既往歴、発症時（ないし初診時）から現在までの病状、現在の病状ないし回復状況などのほか、今後の回復可能性などの説明を受けることとなる。

＜第３ステップ＞　職場復帰の可否の判断及び職場復帰支援プランの作成

主治医は、本人の日常生活レベルにおける回復状況などに照らして、職場復帰可能との判断（診断書作成）をすることが多い。その判断を前提として、職場復帰の可否について、具体的に検討することになる。

具体的な職場における作業の可否については、会社の産業医や指定医にその判断を委ねることになる。ここで、産業医や指定医がいない、もしくは、いても専門分野が異なる場合など、使用者から主治医に具体的な職場における作業の負荷やその可否などの判断を求めるケースもある。使用者側で主治医との面談を求める場合、できるだけ本人と労働者側弁護士も立ち会うことが望ましい。

近時、職場復帰プランの策定及び実施を休職期間中に実施することを求めるケースが多いので、休職期間満了前に早めに対応することが必要である。

＜第４ステップ＞　最終的な職場復帰の決定

職場復帰にあたっては、本人の負荷が重くならないよう、休職前と同じ職場に復帰するのが原則とされる。もっとも、休職前にパワハラや上司とのトラブルなどがあった場合には、かえって本人への負担が重くなってしまうので、ガイドラインでも別の職場（部署）へ復帰させるよう提言している。

職　場　復　帰

＜第５ステップ＞　職場復帰後のフォローアップ

精神的疾患については、寛解して復職したとしても、再発して再び休職せざるを得なくなるケースが非常に多い。そのため、復職後においても体調や就労環境などへのフォローアップなどは不可欠である。

(3) 休職事由の消滅と「治癒」「寛解」

「治癒」とは、医学的見地から、その傷病が完全に回復した状態、完治した状態をいう。

それに対し、メンタルヘルス不調について、「寛解」という言葉が用いられることが多い。メンタルヘルス不調では、一般に、そもそも原因や本態が不明で、治療も対症療法が主であるので、医学的な見地からは、完全な治癒状態（＝完治）に達しない例も少なくない。しかし、完治し難い場合であっても、薬物療法や生活療法の発達により、治療を継続している限り、具体的な症状の発現を抑制しつつ、一応の社会生活を営むことが往々にして可能である。そこで、このような状態を「社会的寛解状態」と呼び（大森輝雄「現代臨床精神医学改訂11版」金原出版（2008）458頁）、あるいは、端的に、治療により精神障害の症状が現れなくなった状態や安定した状態を「寛解」と呼んでいる（精神障害の労災認定の基準に関する専門検討会報告書（厚労省・精神障害の労災認定の基準に関する専門検討会（2011年11月８日）14頁））。職場復帰の前提である休職事由の消滅とは、すなわち、休職の原因が消滅し、労務の提供が可能となることである。通常、一般の私傷病の場合であれば、「治癒」に至れば、休職の原因が消滅し、労務の提供が可能となっていると認められることが多い。これに対し、メンタルヘルス不調の私傷病の場合、「寛解」したときには、上記のとおり具体的な症状の発言が抑えられ一応の社会生活を営むことができる、あるいは病勢が静止あるいは一時的に回復した状態といえるのであるが、なお再発可能性も有するので、労務の提供が可能となったといえるか、休職事由が消滅したか慎重に判断することが望ましい。

なお、伊藤忠商事事件（東京地判平25.1.31労判1083号83頁 労経速2185号3頁）では、双極性障害について、「その原因はいまだ解明されておらず、一定期間症状が治まったとしても、再び症状が悪化する危険性が極めて高い疾患であるため、症状がいまだ治癒・寛解に至らない段階で薬物療法や環境調整を継続しながら社会復帰を試みる場合には、再発の危険性に十分注意する必要があ」り、「このような病気の特質及びそれによる治療の困難さからは、治療を継続しての復職はもちろんのこと、社会復帰でさえも大きな困難を伴う」と認定されている。

(4) 現実的に配置可能な他の職務特定と申し出の必要性

労働者が復職しようとする際、何らかの理由で従前の職場に復帰するのに差支えがある場合（例えば、元職場でのパワハラが原因だった、軽減業務しかできない等)、労働者側では、現実的に配置可能な他の職務の特定とその申し出をする必要があるのか、その必要があるとした場合どこまでの特定が必要かという問題がある。

復職先として従前業務とするのが困難な特段の事情がある場合であっても、労働者としてあくまで従前業務またはそれに類する職務での復職を希望する場合もあるから、他にも現実的に配置可能な職務があるときにそのような職務での復職を希望するかどうか労働者の申し出を必要とすることは合理性がある。他方において、小規模な企業であればともかく、大規模でさまざまな業務がある企業においては、他の部署にどのような職務・業務があるのかを労働者が把握できない場合もある。

労働者側では、現実的に配置可能な職務をどこまで特定して主張する必要があるのか。

前掲の片山組事件・最高裁判決では、諸般の事情に照らして、「現実的可能性があると認められる他の業務について労務の提供をすることができ、かつ、その提供を申し出ているときは」と判示しているが、労働者が「当時、事務作業に係る労務の提供は可能であり、かつ、その提供を申し出ていたというべきである。そうすると」「上告人の能力、経験、地位、被上告人の規模、業種、被上告人における労働者の配置・異動の実情及び難易等に照らして上告人が配置される現実的可能性が他にあったかどうかを検討すべきである。」としており、必ずしも具体的な職務の特定を求めておらずまた配置の可否を検討する職務は労働者が特定したものに限定されていないように見える。

東海旅客鉄道（退職）事件・大阪地判平11.10.4労判771号25頁は、「労働者が職種や業務内容を限定せずに雇用契約を締結している場合においては、休職前の業務について労務の提供が十全にはできないとしても、その能力、経験、地位、使用者の規模や業種、その社員の配置や異動の実情、難易等を考慮して、配置替え等により現実に配置可能な業務の有無を検討し、これがある場合には、当該労働者に右配置可能な業務を指示すべきである。そして、当該労働者が復職後の職務を限定せずに復職の意思を示している場合には、使用者から指示される右配置可能な業務について労務の提供を申し出ているものというべきである」として労働者側が復職後の職務を限定しない場合、使用者側で現実的に配置可能な業務を検討して労働者に指示すべきとしている。

また、前掲の第一興商事件・東京地判平24.12.25労判1068号5頁では、中途で視覚障害となった労働者が、職業リハビリテーションセンターに通うなどして補助具を使用しての業務の遂行が十分可能であることを示し、現実に配置されうる業務の存在を主張立証し、かつ、その業務への労務の提供の申し出をしたところ、使用者側からの現実に配置できる職務がないことの反証がないとして、休職事由の消滅が認められている。

他方で、日本電気事件・東京地判平27.7.29労判1124号５頁は「原告が、被告において総合職３級の者が配置される現実的可能性があると認められる他の業務について労務を提供することができ、かつ、原告がその提供を申し出ていたか」という項目を立てて「ソフトウエア開発業務以外に原告が被告において総合職の３級の者が配置される現実的可能性があると認める他の業務についての労務の提供を申し出ていた事実は認められない」と判示しており、原則として労働者側で配置される現実的可能性がある他の業務を特定して主張立証すべきことを求めている（但し、同判決も、傍論的な判示としてではあるが、労働者が具体的に主張しなかったプログラミング業務への配置転換の可能性を検討している）。

5　再発可能性

メンタルヘルス不調に陥る労働者の場合、えてして真面目な故に心の健康を損なってしまう者が多い。そのため、まだ、完全に回復したと言えない状態にもかかわらず復職し、頑張りすぎてしまって心の健康を再度損なってしまう例もある。復職の可否の判断にあたっては、本人の希望のみならず、主治医や産業医、指定医の意見も十分聞きながら慎重に判断を行う必要がある。相談を受けた弁護士は、早い段階で、労働者本人とともにあるいは労働者の同意を得て主治医と面談し、直接本人の状態などについて話を聞いておくことが望ましい。

もっとも、主治医や産業医が復職可能（軽減業務も含めて）と判断している場合に、使用者の判断で復職不可というケースもよくある。しかし、このような場合には、医師の復職可能との判断にもかかわらず復職を認めないことについて、相応の合理的な理由が必要となるというべきである。

第6　メンタルヘルス不調者への対処（使用者側）

1　メンタルヘルス不調の労働者に関連する使用者側のリスク

第５・１で述べたとおり、近年メンタルヘルスを患い労務提供ができない、あるいは不完全となる労働者の数は急増している。労働者は使用者の事業活動において不可欠な財産であり、その財産を毀損し継続的かつ安定的な労働力の供給に支障を生じさせるメンタルヘルスの問題は、使用者にとっても真剣に取組む必要がある課題であるといえる。

また、メンタルヘルス不調の労働者と使用者とは、メンタルヘルス不調を原因とする欠勤、休職、退職あるいは解雇といった場面において往々にして利害が対立するため、その間に紛争が生じやすい。かつ、メンタルヘルス不調に関する紛争は、その判断や主張・立証に際して医学的・専門的な知見が必要となることから得てして長期化しやすい傾向にもある。このため、一旦メンタルヘルス不調に関する紛争が生ずると、使用者が紛争対応等に割かなければならない労力は相当大きなものとなり得る。

加えて、メンタルヘルス不調の労働者が所属する職場においては、当該労働者への対応において気を使わなければならなかったり、欠勤や不完全な労務提供のために他の労働者に皺寄せが来たりすることから、モラール・ダウンを招きやすい。特に「新型うつ」と呼ばれるような、職場では体調が悪くなるが私生活上は活発な活動が可能であるようなケースでは、メンタルヘルス不調労働者に対する反感も生ずることがあり、労務管理が困難となる。

2　メンタルヘルス不調労働者を出さないための施策（予防）

使用者としては、まず、メンタルヘルス不調労働者を出さないための施策を取ることが肝要である。2014（平成26）年に改正された労安衛法において、ストレスチェック制度の創設が義務付けられた（労働者50人未満の事業主については、当分の間努力義務）が、いわゆる「気づき」が可能となるような社内体制作りがなされることが望ましい。加えて、メンタルヘルス不調の大きな原因となり得る過重労働の抑制が強く求められる。近時メンタル不調の原因として増加しているセクシュアル・ハラスメント、パワー・ハラスメントといった社内ハラスメントの防止のための諸施策（ハラスメント防止の啓蒙活動、研修の実施、通報窓口の整備など）も同様に重要である。

また、メンタルヘルス不調労働者が生じた場合の対応フローについても定めておくことが望ましい。傷病休職制度、使用者による受診命令権、リハビリ出社の方法等について内部規定を整備することや、メンタルヘルス不調に気づいた上司や同僚が相談や報告できる窓口を定める、人事が情報を得た場合に相談できる産業医や専門医を決めておくといったことも、問題が生じた場合に適切かつ迅速な対応をする上で大事である。

3 メンタルヘルス不調者に関する相談への対応

(1) メンタルヘルス問題発生時の対応

メンタルヘルス不調労働者が職場にいる場合の対応については、まず当該労働者の体調をできるだけ正確に把握することから始まる。この点、労働者が診断書を提出し、労務の軽減や担当業務の変更、あるいは休職を求めてきた場合には、当該診断書に記載された内容に基づき就業規則等の規定に従って対応していくことになる。但し、診断書の記載が正しいかについて疑義がある場合もあるため、このようなケースにおいては、当該診断書を出した主治医と面談して話を聞く、労働者と産業医を面談させて産業医の意見を聞くといったことが必要となる。労働者に病識がない場合には、受診を命ずるべきか否かが問題となるが、使用者は医師など専門的知識を有していないことが通常であろうから、この場合には産業医などの専門家の意見を聴いた上で、受診を薦めるといった対応が穏当である。とはいえ、「精神科を受診せよ」とは言いづらいため、例えば「最近疲れているように見える。一度産業医に相談してみてはどうか」といった形で専門医の受診に誘導することも考えられる。

(2) 休職命令の発令を巡る対応

労働者についてメンタルヘルス不調が専門家により診断された場合には、就業規則等の内部規則があればそれに従い欠勤や休職を命ずることになる。休職命令については、漫然と口頭で行われることもあるが、後の紛争予防の観点からは、①休職の理由と就業規則上の根拠規定、②休職の始期と終期、③休職期間中の処遇（有給／無給、傷病手当金の申請の可否、社会保険料等の支払い方法等)、④休職期間中において必要となる書類（例えば、定期的に診断書を提出すること等)、⑤当該休職満了前（時）において取る必要がある手続（休職期間を延長したい場合に必要な書類や、復職できる場合に必要な書類等）について明記した文書を交付しておくべきである。

(3) 復職の可否の判断を巡る対応

第４・２で述べたとおり、休職期間満了時に復職可能かどうかをめぐり紛争となるケースは多い。

このようなケースへの対応として、休職期間中においても労働者の体調について定期的に把握しておくことが肝要である。

また、復職可能か否かの判断においては、主治医の「復職可」とする診断書が提出されていることが前提となるが、当該診断書があるからといって必ず復職させなければならないわけではない。主治医の診断書は、労働者の職場環境を十分に理解しないまま書かれていたり、労働者本人やその家族の希望が反映されていたりすることが少なくないからである。といっても、使用者が一方的に復職不可の判断をすることもできない。このため、使用者としては、主治医の診断書の内容について、主治医と面談しあるいは情報提供を求めて復職可能性についてより詳しい意見を出してもらう、産業医と労働者を面談させ産業医の意見を聴く、人事部等も労働者と面談し復職後の勤務可能性について十分話をするといった手順を踏んだ上で、慎重に判断することが必要となる。

この点、主治医も産業医も復職可能と判断するが、使用者としては復職可能と判断できないというケースもあり得る。復職可否の判断権者は使用者であるから、このようなケースであっても復職不可と判断できないわけではない。しかし、専門家の意見と異なる判断をすることに伴う紛争リスクは当然認識しなければならないし、専門家と異なる意見となった理由について将来の紛争に備えて書面等に残しておく必要があろう。

また、復職可とする診断書に「但し、一定期間は軽易業務とすること」や、「但し、残業は不可」との限定が付記されていることもある。このような場合の復職可否判断については、第４・２(2)で記載した通り、職務限定のない労働者と職務限定のある労働者に分けて論じられているところであるが、使用者としては、前出の片山組事件の枠組みに沿って、診断書に付記された限定に対応することが企業規模、業種、労働者の配置、異動の実情及び難易等に照らして現実的に可能か否かについて、真摯に検討することが必要である。こうした検討をせずに、「軽易業務などやってもらう予定はない」、「残業は必須」という一言で片づけることはできないことに留意する必要がある。また、軽易業務などに一時的に担当職務を変更する場合の労働条件について、従前と変更がある場合には、就業規則上そのような定めがあれば格別、そのような規定がない場合には労働者に十分説明の上合意を得ることが最低限必要と思われる（但し、合意を取った場合でも就業規則の最低基準効(労契法12条)との抵触の問題は残る)。

リハビリ勤務やトライアル勤務を経て復職可否の判断をすることが予定されている場合には、当該リハビリ勤務等の条件や期間、リハビリ勤務等の終了時に取られる手続などについて労働者によく説明し、その同意を得た上で実施するべきである。

(4)　退職をめぐる紛争

休職期間満了により（当然）退職が予定されている就業規則の場合、休職期間満了時に復職できなければ退職となる旨の通知を事前に行っておくべきである。当該通知は直前にするのではなく、ある程度余裕をもってなすべきである

（直前に通知を出したところ、復職可能である旨の診断書が提出されても、復職可否の判断をする時間的余裕がないことも考えられる）。

休職期間満了時に復職できなければ解雇となる旨規定されている就業規則の場合には、復職不可の場合に解雇通知を出す必要がある。

復職の可否を巡り紛争となった場合には、使用者側のこれまでの対応が、どのような情報に基づいて行われてきたのかが問題とされることが多い。特にメンタルヘルス不調への対応については、医学的・専門的知見に基づく判断と、職場の実態に即した判断とが不可欠となる。このため、人事部が主担当となるとしても、日ごろから産業医、保健師やその他の専門家と、メンタルヘルス不調の労働者が所属しあるいは復職後の受入れ先となる職場の関係者とが協働して対応していくよう、体制作りをしておくことが大事になる。

第7章

退職に関する問題

第1　労働契約の終了に関する相談

1　労働契約の終了の形態

一言で「退職」といっても、労働契約が終了する場面には、以下のようにいくつかの形態があり、退職に関する相談にあたる際には、どの形態に該当するのか見極めることが重要である。

(1)　当事者の消滅

使用者である個人が死亡した場合や労働者自身の死亡の場合は、労働契約上の地位は一身専属的なもので相続の対象とならないので、学説上、契約は終了せざるを得ないとされている（菅野『労働法』713頁）。労働者が死亡した場合につき、判例も同様である（エッソ石油事件・最二小判平元.9.22判時1356号145頁：地位確認請求提訴後に労働者が死亡した事案で相続人の訴訟承継適格を否定した1審及び控訴審判決を維持）。これに対し、使用者である個人が死亡した場合につき、東京地判平8.9.26税務訴訟資料220号954頁は、「使用者の死亡が雇用契約の終了原因となるかどうかについては、明文の規定はないが、相続人は、被相続人の一身に専属したものを除き、被相続人の財産に属した一切の権利義務を承継するのであるから（民法896条）、使用者個人を看護又は教育するための雇用など労務の内容自体が使用者の一身に専属するものである場合や、使用者の変更によって労務の内容に重大な差異が生ずるような場合を除いては、雇用契約上の使用者の地位は相続の対象となり、使用者の死亡によって当然に雇傭契約が終了することにはならないと解するのが相当である。」としている（最二小判平9.10.31税務訴訟資料229号483頁が是認して確定。板橋税務署長事件・東京地判平8. 2. 28判時1568号44頁、小料理屋「尾婆伴」事件・大阪地決平元. 10. 25労判551号22頁も同旨。他方、使用者が個人の場合は労働契約上の地位は原則として相続の対象とはならず労働契約は終了するとし、労働者が従前の業務を継続し賃金が支払われ相続人が幼稚園の設置者変更認可手続を進めその過程で労働者に教諭承認承諾書を求めたことなどから相続人との間で黙示の労働契約の成立を認めた裁判例として府中おともだち幼稚園事件・東京地判平21. 11. 24労判1001号30頁がある）。

使用者である法人が解散する場合は、清算手続が完了すれば法人格は消滅する（例えば、株式会社について会社法476条）。しかし、清算を結了させるためには、現務の結了、債権の取立ておよび債務の弁済、残余財産の分配が必要であり（会社法481条）、実務的には、清算手続開始の前後で、解雇ないし合意退職という形で雇用契約を終了させるのが通常である（なお、解雇については、労基法上の解雇規制や労契法上の解雇権濫用規制の適用がある）。従業員の解雇の効力や賃金支払い等の効力が争われている場合は清算が結了しないこととなり、使用者である法人の法人格は消滅しない（和歌山地判昭48. 2. 9判タ292号303頁)。使用者が倒産した場合などの労働者側の対応については、第18章（753頁～）を参照。

⑵　当然退職

一定の事由が発生することを労働契約の終了事由とする退職をいう。実務上、定年や期間の定めのある労働契約における期間の満了、一定期間の行方不明、休職期間満了などを、就業規則上、当然退職事由としていることが多い。なお、休職期間満了については、就業規則で（当然退職事由ではなく）解雇事由とされている場合もあることから確認を要する。定年については本章第10(315頁)、期間の定めある労働契約における期間の満了については第９章第２・１（384頁～)、休職については第６章（241頁～）を参照。

⑶　合意解約

労働者と使用者とが合意（申込と承諾）によって労働契約を将来に向けて解約することをいう。詳細については、本章第２（271頁～）を参照。使用者からの申込みは「退職勧奨」といわれる。退職勧奨については、本章第３（275頁～）を参照。

⑷　一方的な解約

使用者による「一方的な解約」、すなわち「解雇」については、第８章（328頁～）を参照。労働者による「一方的な解約」（辞職）については、本章第４（278頁～）を参照。

2 退職に関する紛争の形態

労働者側の退職に関する主な相談としては、①任意に退職届を出したが退職したくない、②追い込まれてやむなく退職届を出したが退職したくない、③退職したいが辞めさせてもらえない、④退職後の取り扱いに対する不満（退職金、競業避止義務等）といったパターンが考えられる。①については退職届の撤回が問題となるが（本章第2・1（271頁～）参照）、これができるかの判断に当たっては当該退職届が合意解約か一方的な解約かの区別が重要となる（次項参照）。②は同様に退職届の撤回ないしは退職の意思表示の効力の問題である（本章第2・2（272頁～）および第3（275頁～）参照）。③は辞職の効力の問題となる（本章第4（278頁～）参照）。④については本章第5（284頁～）、第7（306頁～）、第9（308頁～）等を参照。

3 合意解約と一方的な解約

(1) 合意解約と一方的な解約の法的な異同

労働契約の終了の形態のうち、特に区別が問題となるのが、当事者から示された解約の意思表示が「合意解約」と「一方的な解約」のいずれに当たるかである。

「合意解約」とは、文字通り、労働者と使用者とが合意（申込と承諾）によって労働契約を将来に向けて解約することであり、期間の定めのあるなしにかかわらず、合意の成立により、合意内容にしたがって労働関係が終了する。使用者による「一方的な解約」とは、すなわち解雇である。労働者による「一方的な解約」は「辞職」ともいわれる（本章第4（278頁～）で後述）。

後述の通り、合意解約であれ一方的な解約であれ、その効力については、意思表示の瑕疵等の民法上の規定により無効や取消を争うことが可能である（本章第2（271頁～）参照）。ただし、合意解約の場合には、相手方が同意するまでは意思表示を撤回することができるのに対し（本章第2参照）、一方的な解約については意思表示の到達とともに効力が発生し、撤回はできない（大通事件・大阪地判平10.7.17労判750号79頁等）。また、一方的な解約については、使用者側は解雇に関する規制（第8章（328頁～）参照）、労働者側は民法627条以下の辞職時期に関する規制（本章第4（278頁～）参照）を受けるが、合意解約については、このような規制はない。

(2) 合意解約と一方的な解約の区別

このように、合意解約と一方的な解約は、法的に異なるものであるが、実務上、当事者が必ずしもこの区別を意識して意思表示をしていない場合も多く、いずれに当たるのかは一見不明確である場合も少なくない。

ア　使用者側の申出の場合

使用者側の申出による合意解約と解雇の区別については第８章第１・２（328頁～）参照。

イ　労働者側の申出の場合

労働者からの申出について、労働者から提出された書面が「退職届」であれば辞職の通知であり、「退職願」であれば合意退職の申込または承諾である、といった文書の形式のみで決まるものではない。退職の意思表示に至る経緯や動機、その後の手続（相手方の承諾が想定されているか）、退職までの期間設定等を元に当事者の補充的意思解釈をすることになる。

一般論としては、労働者は円満な合意による退職を求めるし、使用者も同様であると推測されることから、労働者が使用者の同意を得なくても辞めるとの強い意思を有している場合を除き、合意解約の申込であると解されるであろう。もっとも、その場合でも、まずは合意解約の申込をし、同意が得られないときには、解約告知をする意思とみられることもある。

全自交広島タクシー支部事件・広島地判昭60. 4. 25労判487号84頁は、労働者から辞めるとの意思表示がなされた場合、労使関係は信頼の重視されるべき継続的契約関係であり、一般的には労働者は円満な合意による退職を求めるし、使用者も同様であると推測されること等を考慮すると、労働者が使用者の同意を得なくても辞めるとの強い意思を有している場合を除き、合意解約の申込みであると解するのが相当としたうえで、「今月いっぱいで辞めさせていただきます」との発言を労働契約解約の申込とした。また、前掲大通事件・大阪地判平10. 7. 17は、「辞職の意思表示は、生活の基盤たる従業員の地位を、直ちに失わせる旨の意思表示であるから、その認定は慎重に行うべきであって、労働者による退職又は辞職の表明は、使用者の態度如何にかかわらず確定的に雇用契約を終了させる旨の意思が客観的に明らかな場合に限り、辞職の意思表示と解すべきであって、そうでない場合には、雇用契約の合意解約の申込みと解すべきである」とした上で、「会社を辞めたる」旨の発言は辞職の意思表示ではなく、雇用契約の合意解約の申込みと解すべきとした。

第２ 合意解約

前述のとおり、「合意解約」とは、労働者と使用者とが合意（申込と承諾）によって労働契約を将来に向けて解約することである。「合意解約」には、民法上の意思表示に関する規定（心裡留保、錯誤、詐欺、強迫）や一般条項（民法90条）の適用があり得ることから、「合意解約」成立の外形が存在する場合であっても、意思表示の瑕疵・欠缺や公序良俗違反があった場合には、無効・取消の対象となる。

1 退職届の撤回

(1) 「退職届」の法的性質

「退職届」には、労働者による「一方的な解約」（辞職）の通知、合意解約の申込、または使用者側からの解約申し入れに対する合意退職の承諾の三つの可能性があり（一方的な解約と合意退職の申込の区別については本章第１参照）、退職届が出されるに至った経緯等を相談者から聞き取り、慎重に判断する必要がある。

(2) 撤回の可否

ア 「一方的な解約」（辞職）の通知である場合

本章第４（278頁～）を参照。

イ 合意退職の申込である場合

使用者の承諾の意思表示が労働者に到達する前であれば、使用者に不測の損害を与える等、信義に反すると認められるような特段の事情がない限り、労働者は自由にこれを撤回することができる（昭和自動車事件・福岡高判昭53.8.9労判318号61頁 判時919号101頁）。なお、申込の取消に関する民法521条以下の適用はないとされている（大隈鐵工所事件・名古屋高判昭56.11.30判時1045号130頁）。どのような場合に上記「特段の事情」が認められるかは、一概に決することはできないが、退職届提出に至る経緯や動機、会社内部の手続の進捗状況、撤回までの期間等が考慮されることとなるであろう。

使用者の「承諾」があったか否かの判断についても問題となるが、合意解約の意思表示の受理の態様や、受理した者にどれだけの権限があるか等によって個別具体的に判断されることになる。この点に関し、人事部長による退職届の受領をもって労働者からの雇用契約の解約申込に対する即時承諾の意思表示がなされ、雇用契約の合意解約が成立したとされた判例や（大隈鐵工所事件・最三小判昭62. 9. 18労判504号6頁 判時1296号15頁）、工場長には，当該工場勤務の労働者からの退職願を受理・承認して労働契約合意解約の申込みに対する承諾の意思表示をする権限があるとして、工場長からの退職通知書の交付によって承諾の意思表示がなされたとした裁判例（ネスレ日本（合意退職・本訴）事件・水戸地龍ヶ崎支判平13. 3. 16労判817号51頁、控訴審東京高判平13. 9. 12労判817号46頁）がある。他方、業務分掌規程や通常の退職願の決裁・承認状況等から常務取締役観光部長には承諾権限がなかったとして、同部長による退職届受領後の撤回を認めた裁判例（岡山電気軌道事件・岡山地判平3. 11. 19労判613号70頁）、教員の自主退職の意思表示につき、就業規則が退職の承諾は理事長がなすものと規定していることから理事に過ぎない校長が承認したとしても有効な承諾とはなり得ないとして、校長の承認後の撤回を認めた裁判例（学校法人大谷学園（中学校教諭・懲戒解雇）事件・横浜地判平23. 7. 26労判1035号88頁）もある。

また、就業規則等で書類の作成・交付など一定の手続が定められている場合においては、これが履践される前の撤回が認められる場合がある（ピー・アンド・ジー明石工場事件・大阪高決平16. 3. 30労判872号24頁：退職者募集の文書において「合意書を作成して受付完了」等と記載されていた事案で合意書作成前に撤回、東邦大学事件・東京地決昭44. 11. 11判時590号90頁 労判91号35頁：就業規則の退職条項に「従業員が左の各号の一に該当するに至ったときは、その日を退職の日とし、従業員としての身分を失う。一、退職を願い出で大学が承認したとき。」等と規定されていた事案で、大学側の承認の意思表示前に撤回）。

ウ　合意退職の承諾である場合

退職届の提出時点で合意解約が成立し、使用者の同意がないかぎり、撤回はできない。但し、次に述べる取消、無効等が問題となり得る。

2　退職の意思表示の取消、無効

「合意解約」のみならず労働者による「一方的な解約」（辞職）の場合においても民法上の意思表示に関する規定（心裡留保、錯誤、詐欺、強迫）や一般条項（民法90条）の適用があり、取消や無効が問題となり得る。

(1)　心裡留保

労働者が退職の真意を持たず、反省の意を強調するために提出した退職願について、使用者は労働者に退職の意思がなく、退職願による退職の意思表示が労働者の真意に基づくものではないことを知っていたものと推認することができるとして、心裡留保により無効とした裁判例がある（昭和女子大事件・東京地決平4.2.6労判610号72頁）。

⑵　錯誤

使用者が客観的に解雇事由または懲戒解雇事由が存在しないことを知りつつ、それがあるかのように労働者に誤信させて退職の意思表示をさせた事例について、錯誤無効を認めた裁判例がある（学校法人徳心学園事件・横浜地決平7.11.8労判701号70頁 判タ910号126頁、昭和電線電纜事件・横浜地川崎支判平16.5.28労判878号40頁、富士ゼロックス事件・東京地判平23.3.30労判1028号5頁）。また、業務上の疾病による体調不良であったにもかかわらず私傷病と誤信してなした退職の意思表示を、要素の錯誤として無効とした事例もある（慶應義塾（シックハウス）事件・東京高判平24.10.18労判1065号24頁 判時2172号30頁）。

他方、労働者が自分なりの判断で退職の意思を固めたと認められ、自己の法的地位についての誤信はなく、仮に内心において誤信があったとしても、意思表示の動機の錯誤にすぎず、かかる動機が使用者に表示されたことを認めるに足りる証拠はないとして、錯誤無効の主張が退けられた例（前掲ネスレ日本（合意退職・本訴）事件・水戸地龍ヶ崎支判平13.3.16労判817号51頁）や、労働者が自宅で退職メモを作成し、使用者に退職を申し出、さらに改めて所定の退職願の用紙に退職日や氏名を自ら作成した等の退職願作成に至る経緯から、錯誤無効の主張を退けた裁判例がある（積水化学工業滋賀水口工場事件・大阪地判平16.3.12労判873号91頁）。

⑶　詐欺

使用者が労働者に対して、解雇事由や懲戒解雇事由が存在しないことを知りつつ、退職届の提出を促し、労働者を錯誤に陥らせて実際に退職届を提出させた場合等は、詐欺取消も問題となり得る。

⑷　強迫

使用者が労働者を畏怖させて退職届を提出させたような場合には強迫による取消が可能となる。

懲戒解雇処分を有効になし得ないにも関わらず、懲戒解雇や告訴等の不利益があり得ると告げて労働者に退職届を提出させることが強迫にあたるとした裁判例がある（大阪高判昭37.1.31判時293号9頁、石見交通事件・広島高松江支判昭48.10.26判時728号54頁 判タ632号240頁、ニシムラ事件・大阪地決昭61.

10.17労判486号83頁 判タ632号240頁。澤井商店事件・大阪地決平元.3.27労判536号16頁。なお否定例として前掲積水化学工業滋賀水口工場事件)。また長時間にわたる執拗な退職強要が強迫とされた例もある（旭光学退職事件・東京地判昭42.12.20判時509号22頁)。

(5)　公序良俗違反

指名解雇の基準として使用者が設定した「有夫の女子」「30歳以上の女子」という違憲・違法な基準と密接不可分な関係に立って成立した合意解約について、公序良俗に反し、私法上無効であるとした判例がある（小野田セメント大船渡工場退職事件・盛岡地一関支判昭43.4.10判時523号79頁)。

他方、同事件の控訴審は、合意退職が成立した場合、その背後に違法な解雇の圧力が加わっていたとしても、合意解約の意思表示それ自体に強迫その他の瑕疵がない以上、特段の事情（使用者において合意解約という形式をとって違法な解雇意思を実現しようとするような事情）のない限り、合意解約の効力に影響しないとする（仙台高判昭46.11.22労判140号9頁 判タ274号110頁)。

(6)　追認の有無

意思表示に瑕疵がある場合であっても、その後、取消の原因となっていた状況が消滅した後に追認や法定追認（民法125条）がなされている場合には、以後、取り消すことができない（同法122条、124条)。

実務上は、退職を前提とする退職金の請求が法定追認（同法125条2号の「履行の請求」）に該当するか否かが問題となることが多い。

(7)　退職の意思表示の真意性

最高裁は、従前、（既発生の）賃金・退職金の放棄（シンガー・ソーイング・メシーン・カムパニー事件・最二小判昭48.1.19民集27巻1号27頁 判時695号107頁）や相殺合意（日新製鋼事件・最二小判平2.11.26労判584号6頁 判時1392号149頁）に関して示してきた労働者の同意の存在ないし有効性の判断にあたり「労働者の自由な意思に基づいてされたものと認めるに足りる合理的な理由が客観的に存在するか」を考慮する手法を、（将来の）残業代請求権の放棄に関するテックジャパン事件・最一小判平24.3.8労判1060号5頁 判時2160号135頁、妊娠中の軽易業務への転換を契機とした降格処分への同意に関する広島中央保健生協（C生協病院）事件・最一小判平26.10.23労判1100号5頁 判時2252号101頁、そして（将来の）退職金・賃金の減額に関する山梨県民信用組合事件・最二小平28.2.19民集70巻2号123頁 労判1136号6頁と、次第にその適用場面を拡大しきた。

これらの最高裁判例を受け、TRUST事件・東京地立川支判平29.1.31労判

1156号11頁は、労働者の妊娠判明後になされた退職合意の効力が争われた事案において、「退職は、一般的に、労働者に不利な影響をもたらすところ、雇用機会均等法１条、２条、９条３項の趣旨に照らすと、女性労働者につき、妊娠中の退職の合意があったか否かについては、特に当該労働者につき自由な意思に基づいてこれを合意したものと認めるに足りる合理的な理由が客観的に存在するか慎重に判断する必要がある。」とし、当該事案では労働者の自由な意思に基づく退職合意は認められないとした。

このように、今後は、退職合意の有効性を判断する場面においても、「労働者の自由な意思に基づいてされたものと認めるに足りる合理的な理由が客観的に存在すること」（合意の真意性）の主張・立証が要求される可能性があり、かかる観点からの検討が必要となると思われる。

第３　退職勧奨・退職強要

1　使用者側からの退職の誘導

合意解約の際、そのきっかけとして、使用者側から希望退職者を募集したり、個別に労働者に退職を勧める（退職勧奨）場合がある。

希望退職者募集は、一般的に、労働者の自由意思により退職の申込が行われるため、その意思表示の効力が問題となることは少ないが、通常、使用者は退職者へのインセンティブを用意することになり、また使用者が退職してほしくない人材が応募することもあるため、使用者にとってデメリットもある（早期退職優遇措置については本章第７（299頁～）参照）。

退職勧奨は、使用者が労働者に対して退職を促すための事実行為または労働契約の解約の申込もしくは申込の誘因とされ、使用者は原則として自由に行うことができる一方、労働者もこれに応じる義務はない（鳥取県教員事件・鳥取地判昭61.12.4労判486号53頁 判時1216号32頁）。従って、退職勧奨に応じる前の段階で労働者から相談があった場合には、端的に退職の意思がない旨を使用者側に伝えるよう助言することとなる。それでも退職勧奨や後述の退職強要が止まらない場合には、弁護士による内容証明郵便での通告や仮処分による差止を検討することとなろう。

2　退職強要

(1)　退職強要とは

上記の通り、使用者は退職勧奨を原則として自由に行うことができるが、その勧奨行為には限界があり、人選が著しく不公平であったり、執拗、半強制的に行うなど社会的相当性を逸脱した手段・方法による退職勧奨は違法とされる可能性がある（前掲鳥取県教員事件参照）。

社会相当性を逸脱した態様の退職勧奨を一般に退職強要というが、退職強要は、不法行為や債務不履行責任（安全配慮義務違反）などと評価され使用者の損害賠償責任が生じたり、退職強要に基づいてなされた労働者の合意退職の申込・承諾ないし辞職の通知が無効・取消の対象となったりする場合がある（本章第２参照）。また、退職勧奨に応じなかったことを機に配転・降格・出向、減給などの不利益処分を行った場合、これらの処分が自主的に退職させるよう仕向けるために行われた不当な目的を有する等として、不利益処分が無効になる場合がある。

(2)　裁判例

裁判例で問題となった主な退職強要の形態として、以下のようなものがある。なお、ハラスメントについての第11章（492頁～）も参照。

ア　退職勧奨が不法行為とされた事例

退職勧奨に応じないことを表明しているにもかかわらず、退職するまで勧奨を続ける旨繰り返し述べて短期間内に多数回、長時間にわたり執拗に退職を勧奨するなどして使用者に不法行為責任が認められた裁判例として、下関商業高校事件・広島高判昭52. 1. 24労判345号22頁がある（最一小判昭55. 7. 10労判345号20頁 判タ434号172頁で上告棄却。但し３対２で反対意見あり）。類似事案として、全日本空輸（退職強要）事件・大阪地判平11. 10. 18労判772号9頁（50万円の慰謝料を認容）、その控訴審である大阪高判平13. 3. 14労判809号61頁（80万円の慰謝料を認容）がある。

イ　退職勧奨とうつ病悪化の相当因果関係が認められた事例

労働者が退職に応じない旨示しているにもかかわらず執拗に退職を勧奨し、退職しなければ解雇する旨を示唆しながら５回（１回１～２時間）にわたる退職勧奨面談を繰り返した結果、労働者のうつ病が悪化して休職・期間満了退職となった事例につき、労働者の退職に関する自己決定権を侵害する違法な退職勧奨であるとして損害賠償を認めるとともに、うつ病悪化の業務起因性を認めて休職期間中の賃金請求が認められた裁判例がある

（エム・シー・アンド・ピー事件・京都地判平26.2.27労判1092号6頁）。

ウ　退職強要のための暴力行為等

退職を強要するための職場における暴力行為、いやがらせの行為等が不法行為を構成し、会社に使用者責任が認められた裁判例として、エール・フランス事件・東京高判平8.3.27労判706号69頁、同名事件・千葉地判平6.1.26労判647号11頁 判タ839号260頁や、国際信販事件・東京地判平14.7.9労判836号104頁がある。

エ　退職勧奨の方法の相当性

退職勧奨をするために出頭を命令したり、近親者の労働者に対する影響力を期待して、労働者が退職勧奨に応じるよう説得することを依頼することは、退職勧奨方法として社会的相当性を逸脱する行為であり、違法であると評価された裁判例として、公務員の事例であるが、鳥屋町職員事件・金沢地判平13.1.15労判805号82頁がある。

オ　退職勧奨拒否に対する配転等

退職勧奨に応じなかったことを機に行われた配転、降格、出向、減給などの不利益処分につき、退職勧奨を目的とする不当な動機に基づくものであり（ないしは退職勧奨目的の嫌がらせであり）人事権濫用であるとして無効とされた裁判例として、フジシール事件・大阪地判平12.8.28労判793号13頁、兵庫県商工会連合会事件・神戸地姫路支判平24.10.29労判1066号28頁、新和産業事件・大阪高判平25.4.25労判1076号19頁がある。同種事案で、「出向命令は退職勧奨を断った原告らが翻意し自主退職に踏み切ることを期待して行われたもの」であって、固定費の削減を目的とするものでなく人選の合理性もないから人事権の濫用である、とした事例としてリコー（子会社出向）事件・東京地判平25.11.12労判1085号19頁 判時2210号113頁がある。

カ　退職勧奨の限界

退職勧奨の限界につき、日本アイ・ビー・エム事件・東京地判平23.12.28労経速2133号3頁は、退職勧奨対象社員がこれに消極的な意思を表明した場合であっても、使用者は直ちに、退職勧奨のための説明ないし説得活動を終了しなければならないものではなく、当該社員に対して、在籍し続けた場合におけるデメリット、退職した場合におけるメリットについて、更に具体的かつ丁寧に説明又は説得活動をし、また、真摯に検討してもらえたのかどうかのやり取りや意向聴取をし、退職勧奨に応ずるか否かにつき再検討を求めたり、翻意を促したりすることは、社会通念上相当と認められる範囲を逸脱した態様でなされたものでない限り、当然に許容されるものと解するのが相当であり、当該社員が更なる説明ないし説得活動を受けたとしても退職勧奨に応じない意思は堅固であり、この方針に変更の余地がなく退職勧奨のための面談には応じられないことをはっきりと明確に表明し、かつ、使用者（当該社員の上司）に対してその旨確実に認識させた段階で、初めて、使用者によるそれ以降の退職勧奨のための説明ないし説得活動について、任意の退職意思を形成させるための手段として、社会通念上相当な範囲を逸脱した違法なものと評価されることがあり得る、というにとどまると解するのが相当であるとした。なお控訴審は、度重なる面談は業務改善指導であった等として違法性を認めなかった（同事件・東京高判平24.10.31、労経速2172号3頁）。

第4　労働者側からの一方的な解約（辞職）

1　辞職の自由

使用者側の一方的な解約である解雇は、労基法等により厳格な規制を受けるが、労働者からの一方的な解約の意思表示である辞職は、後述の通り告知期間等につき民法上の規制を受けるものの、原則として自由である。近年、労働者の退職届を使用者が受け取らず退職できない、後任が決まるまで辞めさせてもらえない等といった紛争が少なくないが、労働者は職業選択の自由（憲法22条）、奴隷的拘束の禁止（憲法18条）の保障を受けることから、労働者の辞職について、原則として使用者は制限できない。労働契約締結時に明示された労働条件と実態と相違する場合は、労働者は即時に労働契約を解除することができる（労基法15条２項）。労働者が未成年者の場合（学生のバイト等）は、親権者の不同意を理由として労働契約を取り消す（民法５条１項、２項）方法も検討すべきである。退職届を提出しても使用者が受け取らない場合には、労働者が辞職の意思を明確にした書面を内容証明郵便等で使用者に送達すれば効力を発する。

辞職の意思表示は使用者に到達した時点で効力を生じ、撤回できない。ただし、意思表示の瑕疵による無効・取消の主張はなし得る（本章第２（271頁）を参照）。

なお、辞職に際し（合意退職の場合も同様）、労働者が退職までの全日数について有給休暇を申請することがあるが、それについては第２章第４・１(2)(124

頁）参照。

2　民法上の規制

(1)　期間の定めの無い場合

労働者はいつでも解約の申入れをすることができるが、告知期間については民法上の規制がある。

まず、期間によって報酬を定めていない場合は、２週間以上の告知期間を置かなければならない。退職日を指定せずに解約がなされた場合、申入れの日から２週間経過後に雇用契約が終了する（民法627条１項、但し労基法15条２項）。

ただし期間によって報酬を定めた場合には、解約の申入れは、次期以後についてすることができるが、その申入れは当期の前半にしなければならない（民法627条２項。なお、債権法改正により、同条項は、「期間によって報酬を定めた場合には、使用者からの解約の申入れは、次期以後についてすることができる。ただし、その解約の申入れは、当期の前半にしなければならない。」と改正され、解約申入れの制限は使用者側からの解約にのみ適用されることとなった。）。従って、例えば月末締めの月給制の場合、月の前半に辞職の意思表示をすれば当月末に辞職することができるが、月の後半であれば翌月末以降の辞職となることになる。６か月以上の期間によって報酬を定めた場合には、解約の申入れは３か月前にしなければならない（民法627条３項。なお、債権法改正により、当該解約申入れの制限は使用者側からの解約にのみ適用されることとなった。）。但し、年俸制の場合であっても毎月支給されている場合（労基法24条２項）には民法627条３項は適用されない。

なお、上記の告知期間は、労働者側から延長することは可能であり、上記の告知期間より長い期間をおいて退職日を通告した場合はその日をもって解約の効力を生じる。

(2)　期間の定めのある場合

「やむを得ない事由」があるときのみ、労働者は直ちに契約の解除をすることができる（民法628条）。やむを得ない事由とは、例えば、労働者が病気、事故などによって長期間就労が出来ない場合、使用者の賃金未払や労基法違反で就労が困難な場合などである。その事由が当事者の一方の過失によるときは相手方に対して損害賠償責任を負う（同上）。会社側の契約違反を理由に労働者が解約告知した事例で、会社の故意過失によるやむを得ない事由によるとして労働者に対し残期間の賃金相当額の損害賠償を認めた裁判例がある（マガジンプランニング事件・京都地判平23.7.4労旬1752号83頁）。

但し、１年を超える期間を契約期間と定めた労働契約（一定の事業の完了に必要な期間を定めるものを除く）の場合、民法628条の規定にかかわらず、１年を経過すれば、労働者はいつでも退職できる（労基法附則137条）。また自動更新をした場合も、労働者はいつでも退職できる（民法629条）。

3　使用者による規制

⑴　就業規則の効力

就業規則には退職の際の手続が定められていることが多く、原則として、その定めに従うことになる。しかし、前述の通り労働者の辞職は原則自由であるから、これを不当に制限する就業規則の定め等は無効とされることになる。

実務上、就業規則に、辞職に当たっては30日前までに申し出ること、等の定めがあることも少なくないが、このように民法627条より長い解約予告期間が定められている場合に、当該規定の効力をどう考えるのか問題となる。

この点について、就業規則に「退職を希望する場合は、遅くとも１か月前、役付者は６か月以前に退職届を提出しなければならない」と定められている場合に、役付者（係長）が３か月前に退職を通告した事例で、民法627条は労働者が労働契約から脱することを欲する場合にこれを制限する手段となりうるものを極力排斥して労働者の解約の自由を保障しようとしているものであって、同条が定める２週間の予告期間は使用者のためには延長できないとして、右定めを同条に抵触しない範囲でのみ有効とした裁判例がある（高野メリヤス退職金請求事件・東京地判昭51.10.29労判264号35頁 判時841号102頁）。なお、同判決は、退職には会社の許可を要する旨の就業規則の規定についても、特に法令上許容されていると見られる場合を除いて無効としている。この裁判例によると、民法627条は片面的強行規定と解され、使用者が上記より長い辞職予告期間を定めても無効になることになる。もっとも、同条は辞職に関しては任意規定であり、就業規則などにより不当に長期の予告期間を置いた場合には公序良俗違反により無効となるという説もある（東京大学労働法研究会編『注釈労働基準法・上巻』314頁）。

⑵　使用者側の損害賠償請求

期間の定めがない労働契約の場合にも、使用者の不都合な時期に労働者が辞職し、使用者が損害を被ったとして損害賠償請求をする（あるいは損害賠償請求すると通告する）ことがあるが、労働者には辞職の自由がある上、損害の算定も一般的には困難であり、否定されることが多い。プロシード元従業員事件横浜地判平29.3.30労判1159号5頁は、使用者は、労働者が躁うつ病という虚偽の事実をねつ造して退職し、就業規則に定める業務の引継ぎも行わなかったと主張したが、ねつ造の事実を認めなかった。もっとも、仮に、労働者が不安抑うつ状態でもないのに躁うつ病である旨を述べたために、使用者において，民法627条２項所定の期間の経過前の退職を認めるとともに、就業規則に定める業務の引継ぎをさせる機会を逸することになったとしても、それによって使用者が主張するような損害は生じ得ないというべきである、と判示した。

菅野『労働法』704頁で「２週間の期間を置かない突然の退職につき労働者の損害賠償を認めた裁判例」として紹介されているケイズインターナショナル事件・東京地判平4.9.30労判616号10頁 判タ823号208頁では、労働者が使用者に200万円の損害賠償を支払う旨の約束をしたがその約束は強迫に基づくものであると訴訟上主張したが認められず、信義則上、70万円の限度で損害賠償が認められたという特殊な事案で､「労働者に損害賠償義務を課すことは今日の経済事情に適するか疑問がないではなく」とも判示されており、損害賠償の合意がない場合に使用者から労働者に対する損害賠償請求を認めたわけではない。

4　辞職の自由への事実上の障害

(1)　損害賠償の予定の禁止

労働者に対する損害賠償請求は、使用者が現実に被った損害に基づくものでなければならず、予め損害賠償の額を定めておくことは、労基法16条により禁止されている。

美容師が、就職２か月後に「万一、私が会社からのいろいろな指導を自分の都合でお願いしているにもかかわらず勝手わがままな言動で迷惑をおかけした場合」「指導訓練に必要な、諸経費として入社月にさかのぼり１か月につき金４万円也の謝修手数料」を支払う旨の誓約書を書かされ、退職後使用者がその請求をしたという事案で、当該契約は労基法16条に反し無効とした裁判例がある（サロン・ド・リリー事件・浦和地判昭61.5.30労判489号85頁 判時1238号150頁確定)。

(2)　多額の契約金等の返還請求

入社時に１年以内に「自発的に」退社した場合は全額返還するとの約定で200万円の「サイニングボーナス」の交付を受け、７か月後に退職した労働者が使用者から200万円の返還請求を受けた事案で「暴行、脅迫、監禁といった物理的手段のほか、労働者に労務提供に先行して経済的給付を与え、一定期間労働しない場合は当該給付を返還する等の約定を締結し、一定期間の労働関係の下に拘束するという、いわゆる経済的足止め策も、その経済的給付の性質、態様、当該給付の返還を定める約定の内容に照らし、それが当該労働者の意思に反して労働を強制することになるような不当な拘束手段であるといえるときは、労働基準法５条、16条に反し、当該給付の返還を定める約定は同法13条、民法90条により無効であるというのが相当である」との判示をした上で、当該サイニングボーナスが経済的足止め策にほかならず、（期間中の退職という）労働者の債務不履行による違約金または損害賠償の予定に相当する性質を有しており、金額は労働者の年俸半年分の４分の１未満であるが月額支給分の約２倍に相当し、退職時に一度に全額返すことは労働者にとって必ずしも容易でないことが推認でき「その返還をためらうがゆえに、被告の意思に反し、本件雇用契約に基づく労働関係の拘束に甘んじざるを得ない効果を被告に与えるものであると認めるのが相当である」として使用者の返還請求を棄却した裁判例がある（日本ポラロイド（サイニングボーナス等）事件・東京地判平15. 3. 31労判849号75頁確定)。

他社からの移籍時に合計1129万7917円を交付し労働に伴う「パートナーシップ配当金」から返済するが雇用期間中に退職した場合は残金全額を一括返済するという合意について、金銭消費貸借契約であるとした上で、雇用期間満了前に退職する場合には一定の範囲で返還義務を課すことによって労働者を一定期間使用者との労働関係の下に拘束することを意図する経済的足止め策というべきものであり、期間前の退職という債務不履行による違約金または損害賠償額の予定に相当する性質を有しており、その総額は労働者の年収の約４分の３を超える額であり、その返還を免れるために労働者の意思に反して本件雇用契約に基づく労働関係の拘束に服さざるを得ない効果を労働者に与えるものであるとして、労基法５条、16条に反し、同法13条、民法90条により無効とした上、民法708条により使用者は労働者に返還請求できないとした裁判例がある（東京地判平26. 8. 14判時2252号66頁)。

⑶　手当名目で交付した金員の返還請求

給与額の約半分に相当する金額を１年間の勤続を条件とした「勤続奨励手当」としてその月割り額を前貸する形で支給し、勤続１年未満で退職しあるいは解雇された場合は全額返還するという合意について、労基法５条ないし16条に違反し無効とした裁判例がある（東箱根開発事件・東京高判昭52. 3. 31労判274号43頁)

⑷　研修費等の返還請求

看護専門学校入学者に対してグループ企業の病院が学費等を貸付け卒業後２年以上当該病院に勤務した時はその一部を３年以上勤務した時は全部の返還義

務を免除する旨の合意について、「将来労働契約を締結することを前提として、原告と関連する看護学校の生徒の卒業後の原告への勤務を確保することを目的とし、看護婦獲得のためのその費用で就学させて資格を取らせ、かつその在学中から原告の経営する病院以外での就労を制限し、卒業後は一定期間内に免許を取得させて一定期間の就労を約束させるのが実質である」として労基法14条及び16条の法意に反するものであり違法無効とした裁判例がある（和幸会（看護学校修学資金貸与）事件・大阪地判平14.11.1労判840号32頁）。

研修医が他の病院での２年５か月の研修を行い、その間引越代や賃金の一部に相当する「補給金」総額411万9382円について、研修終了後使用者の病院に勤務しない時は補給を受けた一切の金品を３か月以内に一括返済するとの合意について、損害賠償の予定であり労基法16条により無効とした裁判例がある（徳島健康生活協同組合事件・高松高判平15.3.14労判849号90頁）。

⑸　留学費用等の返還

会社の費用で留学させていた従業員が一定期間経過前に退職した場合には、渡航費、授業料などを返還させることが労基法16条に反しないかが問題となることがある。

労基法16条に違反するかどうかは、契約条項の定め方だけではなく、同条の趣旨を踏まえて当該留学の実態等を考慮し、海外留学が業務性を有しその費用を会社が負担すべきものか、当該合意が労働者の自由意思を不当に拘束し労働関係の継続を強要するものかどうかが判断されることになる（野村證券事件・東京地判平14.4.16労判827号40頁［控訴後和解］）。留学の費用を使用者が労働者に貸与する形式により、一定期間勤続した場合にその返還を免除するという契約を締結したときは、労働契約とは別に免除特約付金銭消費貸借契約に基づく留学費用返還債務を負っているのであり、労基法16条には違反しないとした裁判例として、長谷工コーポレーション事件・東京地判平9.5.26労判717号14頁 判時1611号147頁がある。他方、新日本証券事件・東京地判平10.9.25労判746号7頁 判時1664号145頁［確定］では、業務性を有する留学について留学終了後５年以内に自己都合により退職したときは原則として留学に要した費用を全額返還させるという規程に基づき使用者が退職労働者に対して返還請求をした事案について、当該規程は海外留学後の原告への勤務を確保することを目的とし、留学終了後５年以内に自己都合により退職する者に対する制裁の実質を有するから、労基法16条に違反し、無効とされた。

なお、国家公務員に関する留学費用の償還については、第13章・第３・７⑶（559頁）を参照。

第5　退職金

1　退職金の法的性格

退職金（退職手当）は、通常、退職時の基礎賃金に在籍年数に応じた支給率をかけて算出され、賃金の後払い的性格を有する。他方、自己都合退職と会社都合退職で支給率が異なったり、懲戒解雇時に減額・不支給とされることもあることから功労報償的性格も有する。このような退職金の性格から、いかなる場合に、使用者が退職金を支払う義務を負うのかが問題となる。

2　退職金の支給根拠

退職金が、法令、労働協約、就業規則、労働契約等に基づいて、その支給条件等が明確に規定されている場合には、労働基準法11条の「賃金」に該当し、使用者は退職金を支払う義務を負う（昭22. 9. 13発基17号、シンガー・ソーイング・メシーン・カムパニー事件・最二小判昭48. 1. 19判時695号107頁　判タ289号203頁）。他方で、上記規定が全くなく、あくまで恩恵的に使用者の裁量によって退職金が決定される場合には「賃金」には該当せず、使用者は退職金を支払う義務はない。

裁判例では、労使慣行に基づいて退職金支払義務の存在を認めたものもある（日本段ボール研究所事件・東京地判昭51. 12. 22判時846号109頁確定、吉野事件・東京地判平7. 6. 12労判676号15頁、学校法人石川学園事件・横浜地判平9. 11. 14労判728号44頁、キョーイクソフト（退職金）事件・東京高判平18. 7. 19労判922号87頁確定）。ただ、労使慣行があったと認定されるには、①労使慣行が長期間にわたって反復継続し、②当該労使慣行に対し労使双方が明示的に異議をとどめず、③当該労使慣行が労使双方に、特に使用者側で当該労働条件について決定権又は裁量権を有する者に規範として認識されていることを要すると解されている（槇町ビルヂング事件東京地判平27. 6. 23労経速2258号3頁：労使慣行の成立を否定）から、過去に何人か退職金を支給された人がいるという程度では労使慣行を認めるのは困難と思われ、勤続年数に対応する退職金が継続して支払われているといった事実が必要であろう。

3　退職金の支給手続

使用者は、退職金を支給する場合には、適用される労働者の範囲、退職金の決定・計算及び支払の方法、退職金の支払時期について、労働契約締結時に労働者に明示するとともに、就業規則に記載しなければならない（労基法15条１項、同法89条３号の２、労基則５条１項４号の２）。

労働者が退職する場合、使用者は、労働者の請求があった日から７日以内に賃金を支払わなければならないとされている（労基法23条１項）。また、賃金に関して争いがある場合には、異議のない部分については７日以内に支払わなければならない（同条２項）。退職金も賃金であるからこの規制に服するが、退職金の支払い時期について就業規則に別途の定めがある場合、それに従って支払えば本条違反ではない（昭26.12.27基収5483号、昭63.3.14基発150号）。

なお、退職金の遅延損害金の利率は、使用者が「商人」の場合は商事法定利率の年６％（商法514条）、「商人」でない場合は年５％（民法419条１項、同法404条）である（なお、債権法改正により、遅延損害金の利率は５％から３％へ改正された。）。賃確法の退職労働者の未払い賃金の利率（14.6％）は、退職手当には適用されない（賃確法６条）。

4　退職事由と退職金

自己都合退職の場合と会社都合退職の場合で、退職金の支給額に差を設ける企業が多いが、この両者を区分する基準は、就業規則上、明らかでないことも多い。退職届に「一身上の都合」と記載してあっても、実際には、会社の経営上の都合で大幅賃金カットや遠隔地配転等の不利益取扱いを受けたことから辞めざるを得なくなった等の事情がある場合も少なくなく、後述の裁判例でも、退職届の記載に拘泥せず退職を決意した動機や退職届を出した経緯等を検討して実質的に判断されている。なお退職金支給額の基準となる「自己都合」「会社都合」の区分は、雇用保険の失業給付受給者の「特定受給資格者」「特定理由離職者」に当たるか否かとは必ずしも一致するものではない。

労働者の業務態度不良を理由に懲戒解雇等の処分に代えてまたはそれに先立って退職を促した結果、労働者が退職届を出したという事案につき、会社にとって利益になる退職であって会社都合であると認め、退職金差額と失業保険差額相当の賠償を認めた裁判例（ゴムノイナキ（損害賠償）事件・大阪地判平19.6.15労判957号78頁）がある。他方で、会社の業績悪化による大幅減給通告に対し異議を唱えず数か月働いた後に退職した事件で、最終的には本人の意思による自己都合退職であると判断された裁判例がある（技術翻訳事件・東京地判平23.5.17労判1033号42頁）。

5　退職金の不支給・減額

退職金については、就業規則などで、懲戒解雇された場合あるいは同業他社へ転職した場合には、退職金を不支給または減額すると規定されていることが多い。

(1)　労基法16条、同法24条との関係

まず、不支給・減額規定が違約罰の禁止を定めた労基法16条および全額払いの原則を定めた同法24条に違反しないが問題となる。この点について、退職金返還請求事件〔三晃社事件〕・最小二判昭52. 8. 9労経速958号25頁は、同業他社に就職した退職社員に対する退職金額を一般の自己都合による退職の場合の半額と定める退職金規程の定めは、功労報償的性格を併せ持つことに鑑みれば合理性のない措置とは言えないとしたうえで、同業他社への転職制限違反の就職をしたことにより勤務中の功労に対する評価が減殺されて、退職金の権利そのものが一般の自己都合による退職の場合の半額の限度においてしか発生しないこととする趣旨であると解すべきであるから、労基法16条、同法24条の規定にはなんら違反しないとした。

(2)　退職金不支給・減額条項の有効性ないし限定解釈

退職金不支給・減額条項が、労基法16条や同法24条に違反せず、功労報償的性格を併せ持つことに鑑みれば合理性のない措置とは言えないとしても、賃金の後払い的性格に鑑みればこのような規定を全面的に有効とすることはできず、就業規則あるいは退職金規程に退職金不支給・減額条項があることに加えて、労働者のこれまでの功労を抹消・減殺するほどの背信行為があることが必要とされる。

懲戒解雇の場合には、非違行為の内容・大きさ、会社の損害の程度、過去の処分との比較などから総合的に判断することになろう。同業他社への就職など、退職後の事情をもって不支給・減額とする場合には、労使間の労働契約関係が解消されて本来自由であるべき退職従業員の行為の制限となることや、退職金金額が一度算定された後に適用されるような場合には退職従業員の法的安定性を害する要因となることから、より厳格な条件の下で適用されると解される（ベニス事件・東京地判平7. 9. 29労判687号69頁）。

退職金の制度上、功労報償的性格が薄いものについては、その観点からより厳格に不支給規定の効力を検討する余地がある。販売実績点数に応じて機械的に金額が決まる退職慰労金について、功労報償的性格を否定して不支給規定の効力を否定した中部ロワイヤル事件・名古屋地判平6. 6. 3労判680号92頁 判タ

879号198頁がある。なお、学説には、ポイント式退職金（資格等級や勤続年数などの要素をポイント化して累積算定する方式）や退職金分を月例賃金や賞与に上乗せして前払いする制度との選択的制度として設けられている退職金等、功労報償的性格が希薄で賃金後払い的性格が濃厚な退職金制度が採用されている場合には、それに応じて、減額・不支給条項については厳格な（容易に合理性を認めない）判断がなされるべきとするものがある（荒木『労働法』133頁）。

ア　懲戒解雇またはそれに準ずる理由の場合

(ア)　在職中の競業他社取締役就任

橋元運輸事件・名古屋地判昭47. 4. 28判時680号88頁 判タ280号294頁は、競合会社の取締役に就任したことを理由に懲戒解雇され、懲戒解雇の場合、退職金を支給しない旨の規定に基づいて退職金が支給されなかった事例において、懲戒解雇に基づいて退職金を支給しないためには、永年の勤労の功を抹消してしまうほどの不信があったことが必要であるとして、退職金の６割を超えて不支給とすることは許されないとした。

NTT東日本（退職金請求）事件・東京高判平24. 9. 28労判1063号20頁は、職場外での強制わいせつ致傷事件で逮捕され退職後に懲役３年執行猶予５年（保護観察付き）の判決を受けた労働者に対して、使用者が有罪判決確定後に退職金不支給を決定し通知した事案で、私生活上の非行であり被害者と示談して民事上道義上の責任は解決済みで刑事上の制裁も受けており、会社が被害者から使用者責任を問われなかったこと、労働者が管理職でなく一度も懲戒処分を受けておらずむしろ部内で表彰も受けたことを指摘し、減殺の程度は７割として30％の退職金の支払を命じた（１審東京地判平24. 3. 30労判1063号27頁は45％の支払を命じていた）。

(イ)　業務外の犯罪

小田急電鉄事件・東京高判平15. 12. 11労判867号5頁 判時1853号145頁は、電鉄会社の職員が電車内の３度にわたる痴漢行為の後昇給停止及び降職の懲戒処分を受け、その６か月後さらに痴漢行為で逮捕されて（懲戒解雇後に懲役４月執行猶予３年）懲戒解雇となり、退職金も不支給となったケースにおいて、退職金の不支給は労働者の永年の勤続の功を抹消してしまうほどの重大な不信行為であることが必要であり、ことに職務外の非違行為の場合には、会社の名誉を著しく毀損し、会社に現実的損害を与えるなど強度の背信性が必要であるとして、30％の退職金を支払うべきであるとした。

なお、刑事事件で有罪となったケースで退職金全額不支給を認めた例もある（三菱電機テクノ事件・東京地判平18.5.31判時1938号169頁 判タ1224号248頁）。もっとも、同事件は、労働者の居住していた社宅のベランダから、収納箱に詰められた死後3か月以上経過した労働者の父親の遺体が発見され、労働者が死体遺棄罪の容疑で逮捕され、逮捕当日からテレビ各社のニュースで、また、翌日からは新聞各紙で報道されたという特殊な事案である点に留意すべきである。

(ウ)　飲酒運転

ヤマト運輸事件・東京地判平19.8.27労判945号92頁は、業務終了後に酒気帯び運転行為をしたことで懲戒解雇処分をされた事案で、大手運送会社の運転手の飲酒運転であることから懲戒解雇はやむを得ないとしても、他に懲戒処分歴がなく、飲酒運転時に事故は起こしておらず、反省の様子も看て取れないわけでもないことから、長年の勤続の功労を全く失わせる程度の著しい背信的な事由とまでいえず退職金の約3分の1について請求を認めた。

日本郵便事件・東京高判平25.7.18判時2196号129頁は、飲酒後約3時間睡眠したが酒が残っており、対向車線にはみ出して対向車のフェンダーに衝突する事故を起こし呼気1ℓ中0.47mgが検出され、新聞報道された事案で、懲戒解雇は有効だが、非違行為は業務外のものであって罰金刑が科されたに過ぎず、交通事故は物損事故であり民事的には解決していること、報道等による影響は一時的なものに過ぎないと考えられる上、これらにより使用者に現実的な信用上及び営業上の損害が発生したと認めるに足りる証拠はないとして退職金の約3割を認めた。

(エ)　職務懈怠

洛陽総合学院事件・京都地判平17.7.27労判900号13頁 判タ1233号239頁は、退職金不支給・減額の要件に、懲戒解雇・解雇の他に「迷惑退職・直前退職」を加えた就業規則の変更の効力を認めつつ、当該「迷惑退職」とは、単に当該従業員が不注意などにより使用者に迷惑をかけた上で退職した場合を指すものではなく、長年の勤続の功労を減殺ないし抹消してしまうほどの背信行為や不信行為が存在し、これにより使用者が相当程度の被害を受けた場合を指すものと解すべきであるとし、数々の職務懈怠行為（クラス費の誤徴収、教頭に対する不適切な発言、退職直前の不都合行為とされる成績入力の遅滞等）は長年の勤労を減殺するものではなく「迷惑退職」には当たらないとした。

(オ)　長期無断欠勤

東芝事件・東京地判平14.11.5労判844号58頁は、本人の責めに帰すべき事由により解雇した場合には退職金を50％減額、懲戒解雇またはそれに準ずる理由がある場合は退職金不支給とする旨の規定がある場合において、うつ病により約１か月間失踪し、発見後に退職した労働者（部次長）の退職金を50％減額した事例で、突然の無断欠勤は懲戒解雇事由に該当し、また同人の地位・職責、実際に生じた業務上の支障等に照らせばその功労を減殺するに足りる信義に反する行為であるとして、50％の減額を認めた。

(カ)　診療情報の改ざん

医療法人貴医会事件・大阪地判平28.12.9労判1162号84頁は、労働者が18個に及ぶ医療情報の改ざん行為を行った事案につき、当該医療情報の改ざん行為は、不正な保険請求の危険を生じさせ、その結果、被告の医療機関としての信用を失墜させる危険のある悪質な行為であり、少なくとも本件就業規則所定の懲戒事由に該当する悪質な行為であり、労働者が19年余にわたり本件病院に勤務して積み上げてきた功労を減殺するものといえるものの、使用者（病院）の信用失墜には至らなかったことを考慮すると、労働者の功労を全部抹消するほどに重大な事由であるとまではいえないとして、本来の退職金の支給額の２分の１の支給を認めた。

(キ)　懲戒解雇事由はあるが懲戒解雇によらず普通解雇した場合

東京貨物社（解雇・退職金）事件・東京地判平15.5.6労判857号64頁は、退職金規程に「本人在職中の行為で懲戒解雇に相当するものが発見されたときは、退職金を支給しない」と定められていた事案で、懲戒解雇か普通解雇かを選択する動機が退職金の支給の有無だけであるとは必ずしもいえないこと、退職金が在職中の賃金の後払い的性格ばかりでなく在職中の功労報酬的性格も有すること等の理由から、懲戒解雇相当事由があって普通解雇を選択した場合に退職金を全額支払わないことがあっても常に不合理とまではいえないとし、普通解雇を選択した場合でも退職金の減額（４割５分を減じた額）を認めた。

(ク)　懲戒解雇事由はあるが懲戒解雇によらず退職した場合

広麺商事事件・広島地判平2.7.27労判559号80頁 判タ767号127頁は、懲戒解雇の場合には退職金は支給しない旨規定があったとしても、懲戒解雇手続によらずに退職した場合には、退職金請求権が発生するとした。ただし、ピアス事件・大阪地判平21.3.30労判987号60頁は、在職中に同業他社を設立して役員となり、会社の機密情報を流用した（自主退職後に懲戒解雇を告知された）ケースで、背信性が強いとして退職金請求が権利濫用とされた。

イ 同業他社への転職等、退職後の事情による不支給・減額の場合

(ア) 減額を有効とした例

前掲三晃社事件・最二小判昭52.8.9は、同業他社への転職の場合に通常の自己都合退職の退職金の1/2を支給すると規定する退職金規定について、制限違反の就職をしたことにより勤務中の功労に対する評価が減殺されて、退職金の権利そのものが一般の自己都合退職の場合の半額の程度においてしか発生しないこととする趣旨であり、退職金が功労報償的な性格をあわせ有することに鑑みれば有効であるとした。

(イ) 不支給を無効とした例

中部日本広告社事件・名古屋高判平2.8.31労判569号37頁 判時1368号130頁は、退職後6月以内に同業他社に転職した場合には退職金を支給しない旨の退職金規定がある場合に、退職後広告代理業を自営した事案について、かかる規定は顕著な背信性がある場合に限り有効であるとして退職金を支給すべきとした。

(2) 退職金不支給・減額条項がない場合の不支給・減額

退職金の不支給・減額は、原則として就業規則等にその旨の根拠規定がない限り許されない。

ただし例外として、就業規則等に退職金不支給条項が定められていなくとも、不支給とする事実たる慣習が成立していれば可能とした例（吉野事件・東京地判平7.6.12労判676号15頁：退職金の支給慣行および懲戒解雇時の不支給慣行がともに成立と認定、東北ツアーズ協同組合事件・東京地判平11.2.23労判763号46頁 労経速1710号3頁：当該事案では事実たる慣習が成立していたと認めるに足りないとされた）、労働契約の解釈により不支給を認めた例（朝日新聞社事件・大阪地判平12.1.28労判786号41頁：現行退職年金制度上は支給停止条項がないが旧制度では資格停止条項があり、新制度でも同様の取扱をした例があり、退職金については支給停止条項があることから労働者が新年金について懲戒解雇事由があるときでも支給停止されないという期待を持つ合理性がないとした）がある。

また、個別に退職金の支払合意をしたが在職中の背信的な行状（顧客データの流出等）が退職後に発覚した事例で、退職金請求が権利濫用とされた例がある（アイビ・プロテック事件・東京地判平12.12.18労判803号74頁）。

6 消滅時効

退職金規程上の支給日から５年間である（労基法115条）。

7 退職金の返還請求

退職金が支払われた後に競業行為等が明らかになった場合、使用者側から退職金相当額の返還を求められることがある。

「競争関係にある同業他社へ就職するため退職したとき、または同業他社の引き抜きに応じ退職したとき」には退職一時金を支給しない旨の就業規則規定に基づき、大量引き抜きにかかっている同業他社へ再就職した元従業員らに対する退職金相当額の不当利得返還請求について、全額の返還を認めた例がある（福井新聞社事件・福井地判昭62. 6. 19労判503号83頁）。

また、早期退職制度の適用除外事由として「就業規則の懲戒基準に該当したとき」との要件が定められていた事案において、労働者が在職中又は退職後の競業避止義務に反した競業行為を行ったことが懲戒事由に該当し、早期退職制度の適用除外事由（就業規則の懲戒基準に該当したとき）に該当することを前提に、当該適用除外事由は、それが存在する場合には退職給付を支給しない旨を定めるものであると解されるとし、労働者に対して支給した割増退職金相当額の不当利得返還請求を認めた例がある（第一紙業元従業員事件・東京地判平28. 1. 15労経速2276号12頁）。なお、当該事案では、普通退職金については、退職金規程で「懲戒解雇による退職金の場合」に普通退職金を支給しないと定められているところ、その文言上、使用者が退職者に対し懲戒解雇を行った場合に普通退職金を支給しない旨を定めた規定であると解され、懲戒解雇を行っていないが、懲戒事由がある場合に普通退職金を支給しない旨を定める趣旨に拡張解釈することはできないとして、返還を認めなかった。

8 中小企業退職金共済（中退共）制度

(1) 中退共とは

1959年に中小企業退職金共済法（「中退共法」）に基づき設けられた中小企業のための退職金共済制度であり、現在は、独立行政法人勤労者退職金共済機構（「機構」）により運営されている。

(2) 年金等の支給根拠等の基本構造について

中退共に加入することを希望する事業主は機構と退職金共済契約を締結し、掛金を納付する。退職金共済契約の約款は中退共事業本部のHPから入手可能である。

要件を満たした退職者は直接機構に対する年金受給権を取得し、機構から直接支払いを受ける（中退共法10条）。このように、中退共における退職金受給権は、従業員が直接機構に対して取得するものであるため、機構から支払われた金額が退職金規程で定める金額を上回る場合でも、使用者はその差額の返還を労働者に対し求めることができない（湘南精機事件・東京高判平17.5.26労判898号31頁）。

(3) 年金等の支給手続き

従業員が退職するときは、事業主は被共済者退職届を中退共事業本部に提出する。さらに、退職共済手帳に必要事項を記入し、退職者に交付する。退職者は、退職共済手帳受領後、同手帳内の「退職金（解約手当金）請求書」に必要事項を記入し、添付書類とともに中退共事業本部に提出する。中退共事業本部において確認が終わった後（通常４週間程度）、中退共事業本部から退職者の口座に直接退職金が支払われる。

退職金の支払方法には、退職時に一括して受け取る一時払いのほか、一定の要件を満たしていれば、５年間または10年間にわたって分割して受け取る分割払い、一時金払いと分割払いを組み合わせて受け取る一部分割払い（併用払い）の３つの方法があり、退職者のニーズに合わせて、いずれかを選択することができる（機構HP参照）。

(4) 懲戒解雇等を理由とする年金等の不支給・減額

中退共における退職金受給権は、従業員が直接機構に対して取得するものであるので、会社の退職金規程に懲戒解雇の場合に退職金を支給しない旨の定めがあったとしても、当然に退職金受給権を失うことにはならない（『類型別労働関係訴訟の実務』395頁）。別途、機構に対する申出と、厚生労働大臣の認定が必要である（中退共法10条５項）。

厚生労働大臣が退職金の減額を相当と認めるかどうかは、①窃取、横領、傷害その他刑罰法規に触れる行為により、事業主に重大な損害を加え、その名誉若しくは信用を著しくき損し、又は職場規律を著しく乱したかどうか、②秘密の漏えいその他の行為により職務上の義務に著しく違反したかどうか、③正当な理由がない欠勤その他の行為により職場規律を乱したかどうか、又は雇用契約に関し著しく信義に反する行為があったかどうかにより判断される（中退共法施行規則18条）。退職金の減額は、事業主の申出額によることが原則であるが、減額が退職者にとって過酷であると認めるときは減額する額を変更することができる（同19条）。

事業主が退職金の減額を希望する場合は、「退職金共済手帳」に綴られている「被共済者退職届」に懲戒解雇のため退職金を減額したい旨を記入し、機構の窓口にすみやかに送付する必要がある。また、減額について厚生労働大臣の認定を受けるために退職日の翌日から起算して20日以内に、「退職金減額認定申請書」を厚生労働省雇用環境・均等局勤労者生活課宛に送付する必要がある。退職金の減額が認められ厚生労働省から「認定書」が送られてきた場合には、送付を受けた日の翌日から起算して10日以内に、「退職金減額申出書」に「認定書」（写）を添えて機構の窓口に送付する必要がある（機構HP参照）。

第６　企業年金

1　企業年金とは

企業年金は、従業員の引退後の所得保障を目的の一つとして企業が任意に実施する年金制度である。退職金制度も同様の目的を有するが、同制度では退職金は一時金として支払われるのに対し、企業年金制度では年金又は一時金として支払われる。内部留保型の自社年金（「内部留保型自社年金」）、確定給付企業年金、厚生年金基金、確定拠出年金等、様々な種類がある。

2　内部留保型自社年金

⑴　内部留保型自社年金とは

内部留保型自社年金とは、年金又は一時金を支給するために必要な資産を積立金として企業の外部に取り分けない制度をいう。退職金制度同様、事前積立ての義務がないため、計画的な資金準備・保全が行われず、企業の倒産時などにおいて十分に退職金や年金が支払われないことがある。

⑵　年金等の支給根拠

就業規則等で支給条件が定められている場合（名古屋学院事件・名古屋高判平7. 7. 19労判700号95頁、幸福銀行[年金打ち切り]事件・大阪地判平12. 12. 20労判801号21頁 判タ1081号189頁等）や、個別の合意ないし労使慣行に基づいて支給されている場合（幸福銀行[年金減額]事件・大阪地判平10. 4. 13労判744号54頁 判タ987号207頁）がある。

⑶　年金等の支給手続き

退職金制度の場合と同様、労基法上の「退職手当」として、就業規則に、適用される労働者の範囲、手当の決定、計算および支払いの方法ならびに支払いの時期について記載しなければならない（労基法89条３号の２）。よって、年金等の支給手続きについては退職年金規程の規定を確認することになろう。

(4)　年金等の支払い義務者

退職年金規程等の解釈によるが、通常は、退職金の場合と同様、年金や一時金の支払い義務を負うのは、使用者である（前掲各裁判例）。なお、早稲田大学事件・東京地判平19.1.26労判939号36頁において、被告大学は、年金基金が年金制度の主体であり、被告大学には被告適格がないと主張したが、裁判所は、上記年金基金は権利能力なき財団としての要件を備えておらず、上記年金基金が被告大学とは独立した組合的組織であるとも認められないとして、被告大学の主張を認めなかった。

(5)　懲戒解雇等を理由とする年金等の不支給・減額

退職金制度の場合と同様である。受給資格をはく奪するためには支給停止条項が労働契約の内容になっている必要があるとした裁判例として、朝日新聞社（会社年金）事件・大阪地判平12.1.28労判786号41頁がある。

(6)　制度の改廃

ア　現役の従業員との関係

現役の従業員との関係では、制度の改廃についていわゆる労働条件の不利益変更法理が適用される（前掲名古屋学院事件・名古屋高判平7.7.19）。なお、個別の合意ないし労使慣行に基づいて支給されているものに関し、功労報償的性格が強いことを踏まえ、緩やかな基準で減額を認めたものとして前掲幸福銀行[年金減額]事件・大阪地判平10.4.13がある。

イ　年金受給権者との関係

他方、年金受給権者との関係では、制度の改廃は労働契約の終了後に行われる変更であり、かつ、年金受給権者は企業年金規程によって確定的な年金受給権を有しているため、企業年金規程において制度の改廃についての明確な根拠規定が必要である（前掲幸福銀行[年金打ち切り]事件・大阪地判平12.12.20、松下電器産業グループ事[控訴審]・大阪高判平18.11.28労判930号26頁 判時1973号62頁、早稲田大学事件・東京高判平21.10.29労判995号5頁 判時2071号129頁）。

根拠規定がある場合でも、減額の必要性、変更内容の相当性、周知性、退職者の理解を得るための手続き等を考慮して、年金減額権の濫用の有無が判断される。濫用との結論になる場合は減額・廃止は無効となる。その法的構成については、就業規則変更法理を斟酌する労働法的アプローチする裁判例（松下電器産業グループ事件[一審]・大阪地判平17.9.26労判904

号60頁 判時1916号64頁）と、約款論的なアプローチをする裁判例（松下電器産業グループ事件[控訴審]・大阪高判平18.11.28労判930号26頁 判時1973号62頁）がある（土田『労働契約法』286～289頁）。

3 確定給付企業年金

(1) 確定給付企業年金とは

確定給付企業年金法（「DB法」）に基づく確定給付型の企業年金制度であり、「規約型」と「基金型」がある（DB法３条１項）。規約型は、実施事業所の事業主（「事業主」）が規約を定めるとともに、資産管理運用機関と契約を結んで年金資産である積立金の管理と運用を委託する形式で実施される。基金型は、事業主とは独立した法人である企業年金基金（「基金」）が主体となって実施される。基金型の場合も積立金の管理・運用については資産管理運用機関に委託するのが原則であるが、基金による自家運用が認められることもある。

確定給付企業年金制度に基づき支給される給付は、老齢給付金と脱退一時金が原則である。規約で定めることにより、障害給付金と遺族給付金を給付に加えることができる（DB法29条）。脱退一時金以外は年金または一時金として支給される（DB法38条、44条、49条）。

(2) 年金等の支給根拠

確定給付企業年金を実施しようとする事業主は、DB法所定の事項を定めた規約を作成し、規約型の場合は厚生労働大臣の承認、基金型の場合は基金の設立についての認可を得なければならない（DB法３条１項）。上記の規約には、加入者の範囲、給付の種類、受給の要件及び額の算定方法並びに給付の方法や掛金の拠出に関する事項など確定給付企業年金について重要な事項が定められている（DB法４条、11条）。規約型における事業主と加入者・受給者との関係、基金型における基金、実施事業主と加入者・受給者との関係はこの規約により規律される。よって、確定給付企業年金の当事者間の権利義務関係を分析するためには、DB法の条文だけでなく、規約を入手して、確認する必要がある。なお、規約例は厚生労働省のHPから入手可能である。

(3) 年金等の支給手続き

退職者等が給付の支給を受けようとする場合には、規約型の場合は事業主、基金型の場合は基金に対し所定の書類（実務上、給付金請求書兼裁定決議書と呼ばれている）を提出しなければならない（DB法30条、DB法施行規則33条）。事業主または基金は上記の請求に基づき裁定をし、請求者に対しその結果を速やかに書類で通知しなければならない（DB法30条、DB法施行規則36条）。上

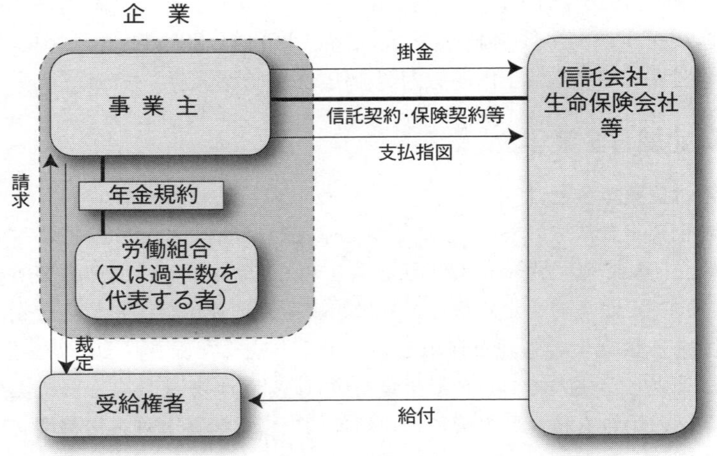

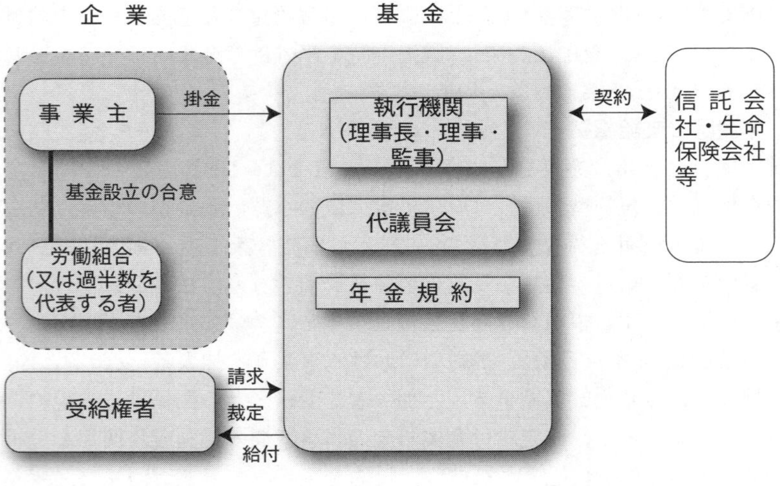

出典：厚生労働省・確定給付企業年金法の概要

記裁定の結果に基づき、規約型の場合は資産管理運用機関が、基金型の場合は基金自身が給付の支給を行う（DB法30条３項）。

なお、基金型の確定給付企業年金を実施する事業主に対し、年金の受給方式の選択（一時金として受給するか、年金として受給するか）について十分な説明およびアドバイス等を行わなかったとして債務不履行に基づく損害賠償を求めた事案として、株式会社明治事件・東京地判平26. 1. 15労判1092号130頁がある（ただし、結論として、十分な説明が行われていたとして請求棄却。同事件・東京高判平26. 10. 23労判1111号73頁も一審の結論を支持)。

(4)　年金等の支払い義務者

ア　規約型の場合の支払い義務者

規約型の場合、事業主は信託銀行、生命保険会社等の資産管理運用機関と積立金の管理と運用に関する契約（「資産管理運用契約」）を結び、資産管理運用機関に積立金の管理と運用を委託しなければならない（DB法65条)。資産管理運用契約が信託契約のときの受益者、生命保険契約の保険金受取人は受給権者である（DB法施行規則38条１項１号イ、同２項１号)。よって、規約型の場合、受給権者は資産管理運用機関に対し資産管理運用契約に基づき給付の支払い請求権を有する。ただし、確定給付企業年金では、退職者等からの請求に基づき、事業主等が裁定をし、その結果に基づき、規約型の場合は資産管理運用機関が給付の支給を行うこととなっていることとの関係で（DB法30条)、資産管理運用機関に対する請求権を取得ないし行使するためには、事業主の裁定を経る必要があるかという論点がある（厚生年金基金の場合の裁定の法的な意味とあわせ、本章第６・4(2)ア（301頁～）を参照)。

受給権者が事業主に対し規約に基づき給付の支払い請求権を有するかどうかは、DB法および規約の解釈となるが、必ずしもはっきりせず、今後の裁判例の集積を待つ必要がある。

イ　基金型の場合

基金型の場合、退職者等の請求に基づき基金が裁定をし、基金が受給権者への給付の支給を行う（DB法30条)。よって、受給権者は、基金に対し給付の支払い請求権を有する。裁定を経る必要があるかどうかという論点があることは、規約型の場合と同様である。

基金の場合、資産管理運用契約の受益権者や保険金受取人は基金自身であり（DB法施行令40条、41条)、受給権者は資産管理運用機関に対して契約上の請求権を有しない。

また、事業主は、DB法上も規約上も掛金の支払い義務を負うだけであり、給付の支給義務を負わない。たとえば、厚生年金基金の例であるが、年金受給権は裁定に基づき厚生年金基金との間で生じたものであり、使用者との間の労働契約に基づくものではないとした裁判例としてりそな企業年金基金・りそな銀行（退職年金）事件・東京地判平20. 3. 26労判965号51頁がある（同事件・東京高判平21. 3. 25労判985号58頁も同旨）。

ウ　内枠方式と外枠方式

退職金規程と確定給付企業年金の基金型（あるいは後述の厚生年金基金）が併存する場合、退職金規程において「基金から給付の支給を受けた場合、退職金規程に基づく退職一時金の額から当該基金からの支給額を控除した残額を支払う」という調整条項が置かれることがある。また、退職金規程において「本退職金規程に基づく退職一時金に加え、基金の規約に基づき基金から給付の支給を受けることができる。」と書かれることもある。講学上、前者を内枠方式と呼び、後者あるいは退職金規程に何も言及がない場合を外枠方式と呼んでいる（森戸英幸『企業年金の政策と法』（有斐閣、2003年）39～41頁。内枠方式の例として、例えば、山梨県民信用組合事件・最二小判平28. 2. 19民集70巻2号123頁 労判1136号6頁が、外枠方式の例として、例えば、TWRホールディングス管財人事件・大阪地判平16. 6. 16労判880号172頁がある。）。

外枠方式の場合、使用者が退職金規程に基づき支払わなければならない金額は、基金からいくら払われるかどうかに影響されない。例えば、退職金規程に基づく退職一時金の額は400万円、基金の規約に基づく一時金は500万円という場合、使用者は退職者に対し退職金規程に基づく400万円の退職一時金を支払えばよく、基金の規約に基づく一時金については基金から１円も支払われなかったとしてもこれを基金に代わって支給する義務を負わない（前掲WRホールディングス管財人事件・大阪地判平16. 6. 16、Ｄ社・Ｓ社（取立債権請求）事件・東京地判平14. 2. 28労判826号34頁も同旨）。他方、内枠方式の場合、例えば、退職金規程に基づく退職一時金の額は900万円となるという事例において、基金から500万円が支払われるため、通常は、使用者は残額の400万円を支払えば済むことになる（佐川急便事件・東京地判平14. 2. 28労判826号24頁も同旨）。しかし、基金の破綻等の理由により基金から１円も支払われなかった場合、使用者は900万円全額を支払わなければならないことになる（森戸前掲書40頁参照）。

(5)　懲戒解雇等を理由とする年金等の不支給・減額

確定給付企業年金制度においても、一定の場合給付制限がなされることがある（DB法52～54条）。例えば、加入者または加入者であった者が、故意に、障害またはその直接の原因となった事故を生じさせたときは、当該障害を支給事由とする障害給付金は支給されない（DB法52条）。また、故意の犯罪行為により給付対象者を死亡させた者には、遺族給付金は支給されない（DB法53条）。

さらに、①加入者が下記のいずれかの事由により実施事業所に使用されなくなった場合（DB法施行令34条２号、DB法施行規則31条）、②加入者であった者が実施事業所に使用されなくなった後に下記のいずれかに該当していたことが明らかになった場合、③その他これに準ずる場合（DB法施行規則32条）には、規約に定めるところにより、給付の全部又は一部を行わないことができるとされている（DB法54条）。

ア　窃取、横領、傷害その他刑罰法規に触れる行為により、事業主に重大な損害を加え、その名誉もしくは信用を著しく失墜させ、または実施事業所の規律を著しく乱したこと。

イ　秘密の漏えいその他の行為により職務上の義務に著しく違反したこと。

ウ　正当な理由がない欠勤その他の行為により実施事業所の規律を乱したことまたは事業主との雇用契約に関し著しく信義に反する行為があったこと。

なお、DB法法令解釈通達によれば、上記①でいう「実施事業所に使用されなくなった場合」とは、就業規則等の規定による懲戒免職に限るとされている。また、上記③でいう「その他これに準ずる場合」とは、当該加入者又は加入者であった者がDB法施行規則31条各号の事由に該当し、かつ、当該者がいわゆる諭旨解雇により実施事業所に使用されなくなった場合に限るとされている。

(6)　給付の減額

ア　行政法上の要件

制度改廃により年金等の給付の減額を行う場合、まず、DB法上の手続きに従い規約を変更し、厚生労働大臣の（規約型の場合）承認、（基金型の場合）認可を得る必要がある（DB法６条１項、同16条１項）。なお、基金型の場合、規約の変更に対する厚生労働大臣の認可がなければ、その効力が生じないと規定されているが（DB法16条２項）、規約型の場合の規約の変更についてはそのような規定がない。

厚生労働大臣の承認・認可を得るためにはDB法施行規則５条または同12条に定める給付減額の事由が存在し、DB法施行規則６条または同13条に定める給付額減額の手続きが取られている必要がある。その手続きの一環として、加入者の３分の２以上の同意や受給権者等の３分の２以上の同意が求められている。

なお、受給権者等の年金給付の減額を内容とする規約の変更を厚生労働大臣が承認しなかったことが適法だと判断した事例としてNTTグループ企業（年金規約変更不承認処分）事件・東京高判平20.7.9労判964号5頁がある。また、裁判で争われたわけではないが、給付減額の認可がされた事例としてJAL企業年金基金の例（現役従業員約５割強減額、退職者約３割強減額）（JAL企業年金の改定について考える会「JAL企業年金減額改定に対するとりくみについて」）や近畿日本ツーリストの件等がある。

イ　実体法上の要件

上記の行政法上の手続き的な要件とは別に、実体法上の有効要件が満たされる必要があるかについては議論がある（日本労働法学会編『講座労働法の再生第３巻　労働条件論の課題』（2017年、日本評論社）80～81頁）。厚生年金基金の給付減額の事案であるが、前掲りそな企業年金基金・りそな銀行（退職年金）事件・東京高判平21.3.25労判985号58頁は、行政法上の手続き的な要件とは独立して、規約変更による年金支給額の変更の実体法上の有効性について検討をし、給付減額の要件については、給付水準の変更による不利益の内容、程度、代償措置の有無、内容変更の必要性、他の受給者または受給者となるべき者（加入員）との均衡、これらの事情に対する受給者への説明、不利益を受けることとなる受給者集団の同意の有無、程度を総合して、当該変更が加入員であった者（受給者）の上記不利益を考慮してもなお合理的なものであれば、年金給付を減額することも許されると判示した（結論として、合理性を肯定し、給付減額の効力を認めた）。他方、同事件の一審判決である前掲りそな企業年金基金・りそな銀行（退職年金）事件・東京地判平20.3.26労判965号51頁は、規約変更の相当性・合理性の判断は、厚生労働大臣の認可に無効となるような瑕疵があるか否かという問題であるとした（結論として、そのような瑕疵は存在しないとして、給付減額の効力を認めた）。

(7)　制度の終了

規約型の場合、たとえば、事業主と加入者等が制度の終了について一定の手続きを経て合意し、厚生労働大臣の承認を得たとき、基金型の場合は、たとえば、代議員会で解散を決議し、厚生労働大臣の認可を得たときに確定給付企業年金が終了することとなっている（DB法83条～86条）。

事業主は一定の積み立て不足がある場合に掛金の一括拠出義務を負う（DB法87条）。また、終了した日までに支給すべきであった給付でまだ支給していないものの支給又は脱退一時金相当額でまだ移換していないものの移換に関する義務を負う（DB法88条）。しかし、これらを除き、事業主は確定給付企業年金が終了したときに、当該確定給付企業年金の加入者であった者に係る給付の支給に関する義務を免れるとされており、基金についても同様の免除がされる

（同上）。

確定給付企業年金が終了すると、清算手続きが開始され、残余財産が加入者等に分配される（DB法88条の2～91条）。

制度の終了をめぐる争いについては、厚生年金基金の解散をめぐる裁判例が参考になる。本章第6・4(3)（303頁～）を参照されたい。

4　厚生年金基金

(1)　厚生年金基金とは

厚生年金保険法（「厚年保法」）に基づく確定給付型の企業年金制度であり、事業主とは独立した法人である厚生年金基金が主体となって実施される。国の厚生年金の一部（代行部分）と厚生年金基金独自の企業年金部分を一つにまとめて積立て、運用、管理を行うところに特徴があった。

2012年に積み立て不足が深刻である厚生年金基金が多数あることが発覚し、公的年金制度の健全性及び信頼性の確保のための厚生年金保険法等の一部を改正する法律（平成25年法律第63号）により、2014年（平成26）年4月1日以降、厚生年金基金の新規設立は認められていない。

(2)　年金等の支給根拠等の基本構造について

確定給付企業年金の基金型は厚生年金基金をモデルに設計されたため、厚生年金の代行部分の有無等の点を除けば、厚生年金基金と確定給付企業年金の基金型基本構造はおおむね同じである。しかし、大きな違いもある。

ア　裁定＝行政処分

まず、国の厚生年金の一部（代行部分）について積立て、運用、管理を行うことが予定されていたこととの関係で、厚生年金基金は準行政機関であり、厚生年金基金の裁定は行政処分と考えられている点が挙げられる（前掲りそな企業年金基金・りそな銀行（退職年金）事件・東京地判平20.3.26労判965号51頁、同事件・東京高判平21.3.25労判985号58頁も同旨）。

同じ裁定という手続きを有する公的年金制度である国民年金や厚生年金保険等では、法定の要件が満たされることによって年金給付を受ける抽象的な権利（すなわち、基本権）が発生するが、裁定を経なければ年金の支払いを請求する具体的な権利（すなわち、支分権）を行使することができないと解されている。また、裁定は年金受給権が存在することを公的に確定する処分であり、年金受給権を発生させる処分ではないと考えられている（最三小判平7.11.7民集49巻9号2829頁 判時1551号49頁、東京高判平16.9.7判時1905号68頁、西村健一郎『社会保障法』（有斐閣、2003年）52

頁以下、堀勝洋『年金保険法　基本理論と解釈・判例』（法律文化社、2017年）240頁以下）。これと同じことが、厚生年金基金の裁定にも当てはまることになる。

これに対し、確定給付企業年金の場合、事業主も基金も行政庁ではないので、確定給付企業年金法上の裁定は行政処分ではない。確定給付企業年金における裁定の法的性質･効果については今後の検討を待つ必要がある。厚生年金基金に関する解釈が参考になると思われる。なお、確定給付企業年金の事案ではないが、港湾年金に関し、受給権者の具体的な年金請求権は、裁定請求という受益の意思表示によって生じると解するのが相当とした裁判例もある（港湾年金港湾労働安定協会（未払年金）事件・神戸地判平23. 8. 4労判1037号37頁）。

イ　行政上の不服申立および取消訴訟

退職者が厚生年金基金が行った老齢年金給付の不支給裁定に不服があるという場合、まず、不支給裁定の取消しを求めて、当該退職者は社会保険審査官及び社会保険審査会法（「社会保険審査官等法」）に基づき社会保険審査官に対し審査請求しなければならない（厚年保法平成25年６月26日改正附則84条１号により準用される、厚年保法90条、同91条の３）。社会保険審査会が審査請求を棄却した場合、当該退職者は再審査請求をすることができる（厚年保法90条）。社会保険審査会が審査請求を棄却した場合や再審査請求も認められなかった場合には、行政事件訴訟法に基づき、不支給裁定の取消しを求める訴訟を提起することができる。これらの不服申立ての手続きや取消訴訟をせずに、いきなり、厚生年金基金を相手方として老齢年金給付の支払いを請求する訴訟を裁判所に対し提起しても、不支給裁定が無効だという場合を除いて、その効力を争うことができない。

なお、前掲りそな企業年金基金・りそな銀行（退職年金）事件・東京地判平20. 3. 26労判965号51頁は、厚生年金基金時代のりそな企業年金基金による変更後の年金額の通知を行政処分とし、当該通知が無効であることを前提として、老齢年金給付の支給額の確認、差額の支給等を求める公法上の当事者訴訟であると位置づけられた。

これに対し、確定給付企業年金の場合、厚生労働大臣の承認や認可を争う場合を除き、社会保険審査官等法に基づく審査請求や行政事件訴訟法の対象にはならない。

ウ　基金の破たんに関する基金の理事等の責任

日本紡績厚生年金基金事件・大阪地堺支平10. 6. 17労判751号55頁は、厚

生年金基金の設立事業所の事業主であった原告らが、同基金の解散に際し、最低責任準備金の不足額の負担分として多額の金額の支払いを余儀なくされたのは、理事長または常務理事であった被告らが、適切な時期に同基金の解散に向けた積極的な活動を行う義務があるのに当該義務を怠たって、解散時期が遅れたためであるとして、債務不履行または不法行為に基づく損害賠償を求めた事案である。裁判所は、同基金の個々の構成員である設立事業所と同基金の業務執行機関である理事長および常務理事との間に、直接委任または委任類似の関係が存在することを認めるべき根拠はないなどとして、債務不履行に基づく請求を退けた。さらに、厚生年金基金の管理運営、ひいては解散を促す行為は、公権力の行使ということができ、同基金の業務執行機関である理事長および常務理事がその職務として解散に向けて積極的に行動することは国家賠償法１条１項にいう「公共団体の公権力の行使に当たる公務員がその職務を行う」行為ということができるとした。そのうえで、最小三判昭30.4.19民集9巻5号534頁、最小二判昭53.10.20民集32巻7号1367頁を引用して、被告らが同基金の理事長および常務理事としての職務を行うにつきされた行為（しなかった行為）については、仮に、同基金の解散を促さなかったことが、被告らの故意または過失による違法な行為であるとしても、公務員である被告ら個人は、原告らに対してその責任を負わないと解すべきであるとして、不法行為に基づく請求も退けた。同様の結論を下したものとして、テザック厚生年金基金事件・大阪地判平16.7.28労判880号89頁 判時1877号105頁、同事件・大阪高判平17.5.20労判896号12頁がある。

これに対し、確定給付企業年金の場合、基金は行政庁ではなく、基金の管理運営、解散を促す行為が公権力の行使に該当することもないため、基金の理事等との関係で国家賠償法１条は適用されない。

(3)　厚生年金基金に関する裁判例

ア　給付の減額の効力が争われた裁判例

前掲りそな企業年金基金・りそな銀行（退職年金）事件・東京地判平20.3.26労判965号51頁、同事件・東京高判平21.3.25労判985号58頁がある（結論として、一審、控訴審はいずれも、給付の減額の効力を認めた）（本章第６・3(6)イ（300頁～）も参照）。

イ　厚生年金基金の解散に関する裁判例

前掲・テザック厚生年金基金事件・大阪地判平16.7.28は、株式会社テザック（その後、株式会社TWRホールディングスに商号変更）が設立事業所として設立したT基金における加算年金（老齢年金給付を構成する年金給付の一つ）についてT基金がその解散後も加入員であった原告らに対しこれを支給する義務を負うかどうかが争われた。一審の裁判所は、当時の厚生年金保険法146条が、基金が解散した場合、基金はその加入員であった者に係る年金たる給付及び一時金たる給付の支給に関する義務を免れる（解散した日までに支給すべきであった給付でまだ支給していないものを除く。）旨を規定していることを根拠に、T基金は解散により上記加算年金について支給義務を免れるとした（同事件の控訴審である前掲同事件・大阪高判平17. 5. 20もこの結論を支持）。

更生会社TWRホールディングス管財人事件・大阪地判平16. 6. 16労判880号172頁は、前掲テザック厚生年金基金事件の関連事件であり、T基金の加入員であった原告らが更生会社に対し、更生会社の就業規則に基づく退職金債権としてT基金規約上の加算年金の選択一時金相当額の金銭債権を有するかどうかが争われた。裁判所は、従業員で満20年以上勤務した者が退職したときは、前項の退職金のほかに「T基金規約」の定めるところにより退職年金を支給するという旨の更生会社の賃金規則の規定は、更生会社が従業員に対して、T基金規約に基づく給付と同内容の給付をする義務を負うことを規定したものではなく、従業員がT基金に対しT基金規約に基づく給付を受ける権利を有することを明らかにしたにすぎない（いわゆる外枠方式）として、原告らが更生会社に対し上記の退職金債権を有すると解することはできないとした。

なお、厚生年金基金の解散に関し理事らの責任が争われた裁判例として、前掲日本紡績厚生年金基金事件・大阪地堺支平10. 6. 17（設立事業所であった事業主の理事等に対する訴え）と前掲テザック厚生年金基金事件・大阪地判平16. 7. 28、同事件・大阪高判平17. 5. 20（基金の加入員であった退職者らの理事等に対する訴え）がある（いずれも、理事らの責任を否定）（本章第6・4(2)ウ（302頁～）も参照）。

5 その他

(1) 確定拠出年金

確定拠出年金は確定拠出年金法（「DC法」）に基づく年金制度で、拠出された掛金が個人ごとに明確に区分され、掛金とその運用収益との合計額をもとに年金給付額が決定される。企業型年金と個人型年金がある。

なお、懲戒解雇の場合であっても、勤続年数が3年以上の場合には個人別管理資産を没収することはできないと解されている（DC法４条１項７号参照）。

(2) 適格退職年金

適格退職年金は確定給付型の企業年金の一つであったが、2012年３月31日をもって廃止された。ただし、加入者が存在せず、受給者のみで構成されるいわゆる閉鎖型の適格退職年金契約のうち、事業主が存在しないもの及び厚生年金保険未適用事業所の事業主が締結しているものについては、適格退職年金契約に係る税制上の措置を継続適用する措置が講じられている。

適格退職年金に関する裁判例としては、バイエル薬品・ランクセス（退職年金）事件・東京地判平20.5.20労判966号37頁（退職年金制度の廃止には合理性はなく、被告らは、受給者である原告に年金をなお支給すべき義務を負う）、同事件・東京高判平21.10.28労判999号43頁（退職年金制度の廃止は有効として、一審判決を取消し、原告の請求を棄却）、第一生命（天野化工紙）事件・名古屋地判昭62.7.31労判521号51頁 判時1261号109頁（雇用者である会社が倒産し代表者が所在不明になる等の事実のもとでは明示の特約がなくとも企業年金保険契約の解釈上従業員らは解約返戻金を取得するために当該契約を解約することができる）、ボーセイキャプティブ事件・東京地判平15.9.9労判865号88頁（企業年金保険契約の解約に伴い保険会社から労働者の口座に振り込まれた解約返戻金を労働者が取得し会社に返還しなかったことを理由とする懲戒解雇に関し、企業年金保険契約によれば解約時の返戻金は被保険者である従業員が受け取るものとされていることに照らして、懲戒解雇は無効。解約返戻金の会社への返還請求も棄却）がある。

(3) 港湾年金

港湾労働安定協会事件・大阪高判18.7.13労判923号40頁は、労使団体によって港湾労働者の雇用及び生活の安定等を図ることを目的として年金制度の実施その他の事業を行うための事業主体として設立された財団によって、年金制度が実施されている場合において、財団のみが年金の支給義務を負うとした。

港湾年金の給付減額に関する裁判例として、前掲港湾労働安定協会事件・大阪高判18.7.13や港湾労働安定協会（未払年金）事件・神戸地判平23.8.4労判1037号37頁がある（いずれも、減額を認めなかった）。

第7 早期退職優遇措置

1 早期退職優遇措置とは

早期退職優遇措置とは、定年前の一定時期に退職した労働者に対して、退職金支給率の割増や退職金額の上積み等の優遇を行う措置である。選択定年制もこの制度のひとつといえよう。早期退職優遇措置には、社内制度として導入され、労働者がいつでも申込できる場合（一般に「早期退職優遇制度」といわれる）と、一時的に使用者が希望退職を募集する際に、労働者を退職に誘導するため優遇措置を提示する場合があるが、いずれにしても基本的な問題構造は同じである。

早期退職優遇措置は、一般的には使用者による合意解約の「申込の誘引」に対して労働者が「申込」を行い、それに対して使用者が「承諾」することによって制度の適用が認められるとされる。

2 早期退職優遇措置をめぐる問題

早期退職優遇措置を巡っては、その適用を受けられなかった労働者が、使用者に対して、その適用を受けた場合の退職金との差額を請求するなどの紛争が生じうる。

判例は、早期退職優遇措置に基づく退職者募集は、申込そのものではなく合意解約の「申込の誘因」に過ぎないことから、同制度の適用には使用者の承諾を要し、使用者は信義則に反しない限り承諾を拒否することができるとし、労働者からの上記差額の請求を退けているものが多い（大和銀行事件・大阪地判平12. 5. 12労判785号31頁、ソニー事件・東京地判平14. 4. 9労判829号56頁、NTT西日本事件・大阪地判平15. 9. 12労判864号63頁、富士通事件・東京地判平17. 10. 3労判907号16頁、神奈川県信用農協事件・最一小判平19. 1. 18労判931号5頁 判時1980号155頁）。

また、制度につき内規を定めたからといって、当然に雇用契約の内容になるものではなく、労働者から制度適用を求めただけでは割増退職金を得ることにはならないとした例（日商岩井事件・東京地判平7. 3. 31労経速1564号23頁）、内規は就業規則と異なるものであり就業規則の一部ではないとして、労働者からの退職功労金請求を退けた例（ANA大阪空港事件・大阪高裁平27. 9. 29労判1126号18頁）、既存の制度によって退職した者が新設された制度の適用を排除されたことは公序良俗に反する等として、使用者に既存制度と新制度における退職金の差額等を請求した事案において、労働者側の請求を退けた例がある（日本板硝子事件・東京地判平21.8.24労判991号18頁）。

さらに、判例上、優遇制度の採用・実施について、労働者に対する使用者の告知義務はないとされており（イーストマン・コダック事件・東京地判平8.12.20労判709号12頁、前掲日本板硝子事件）、早期退職優遇制度の対象範囲や条件、退職時期等についても、必ずしも平等な取扱いは求められていない（住友金属工業事件・大阪地判平12.4.19労判785号38頁、前掲NTT西日本事件、前掲富士通事件等）。

これに対して、49、50歳の従業員について一律1000万円を増額支給する旨明記されている一方、49、50歳以外の従業員からの応募については早期退職者優遇規程を「準用する場合がある」とされ、具体的な金額の記載がなかった場合において、当時54歳で1000万円の増額支給がなされると考えて早期退職制度に応募した者に対して、同金額の支給を認めた裁判例がある（朝日広告社事件・大阪高判平11.4.27労判774号83頁）。

第８　退職時等の証明書の交付

労働者は退職時に、使用期間、業務の種類、その事業における地位、賃金又は退職の事由（退職の事由が解雇の場合にあっては、その理由を含む）について証明書を請求でき、使用者は労働者から請求があった場合には遅滞なく交付しなければならない（労基法22条１項）。ここでいう「退職」には、労働者の自己退職の場合に限らず、使用者により解雇された場合や契約期間の満了により自動的に契約が終了する場合も含まれ、退職原因の如何を問わない。

また、この証明書には、労働者の請求しない事項を記入してはならない（労基法22条３項）。

書面による解雇理由の記載は、単に「業務命令違反」、「規律違反」というだけでは不十分であり、「就業規則の当該条項の内容及び当該条項に該当するに至った事実関係」を具体的に記載しなければならず（平11.1.29基発45号）、業務命令違反や規律違反等の内容たる具体的事実を記載しなければならない。

この退職証明書の交付を拒む使用者は30万円以下の罰金の刑罰を科せられる（労基法120条１号）。

第9 退職時の特約

1 退職後の競業避止義務・退職後の秘密保持義務

労働者が退職後、同業他社に転職することは珍しいことではない。労働者が、前職で培ってきた知識と経験、ノウハウを活かして、新しい企業で業績を伸ばしていくことは、本人のキャリアアップのためには有用である一方、当該企業にとっては、ノウハウをとられたあげく、同業他社でそれが利用されることにより業績が下がるなど、経営上不利益になることも少なくない。

そのため、実務上、就業規則に退職後の競業避止義務や秘密保持義務が定められていたり、労働者の退職時にこれらの義務を定めた誓約書の提出を求められることも珍しくない。

2 退職後の競業避止義務の効力

(1) 特約の必要性

労働者は、在職中には、労働契約に付随する義務の一環として、競業避止義務（使用者と競合する企業に就職したり、自ら事業を営まない義務）を負う。また、実務上、就業規則等により競業避止義務が定められており、その違反に対しては、懲戒解雇や出勤停止等の懲戒処分あるいは普通解雇の対象とされることが多い。

一方、退職後については、職業選択の自由（憲法22条１項）が保障されているから、退職後の競業避止義務を定めた就業規則や特約等がなければ、労働者において退職後の競業避止義務は負わない、とされている（菅野『労働法』153頁以下）。

もっとも、退職後の競業避止義務に関する特約がない場合であっても、退職後の競業行為が社会通念上自由競争の範囲を逸脱したものと認められる場合には、違法と評価され、労働契約上の債務不履行または不法行為が成立するとされることもある。労働契約上の債務不履行を認めた事例として、チェスコム秘書センター事件・東京地判平5. 1. 28労判651号161頁 判時1469号93頁（在職中に得た取引先に関する情報を利用して顧客を奪おうとした事案）が、不法行為責任を認めた事例として、ラクソン事件・東京地判平3. 2. 25労判588号74頁 判時1399号69頁（在職中に内密に計画・準備して同僚従業員を大量に引き抜いた事案）がある。サクセスほか（三佳テック）事件・最一小判平22. 3. 25民集64

巻2号562頁 労判1005号5頁も、営業担当者が退職直後に競業会社の取締役に就任し取引先への退職のあいさつ時に受注を希望すると伝えるなどして取引先から継続的に受注するようになり、それが競業会社の売上の８～９割程度を占めるようになったという事案において、上記の一般論を認めている。ただし、同事件で、最高裁は、「退職のあいさつの際などに本件取引先の一部に対して独立後の受注希望を伝える程度のことはしているものの、本件取引先の営業担当であったことに基づく人的関係等を利用することを超えて、被上告人の営業秘密に係る情報を用いたり、被上告人の信用をおとしめたりするなどの不当な方法で営業活動を行ったことは認められない」などとして、「以上の諸事情を総合すれば、本件競業行為は、社会通念上自由競争の範囲を逸脱した違法なものということはできず、被上告人に対する不法行為に当たらないというべきである。なお、前記事実関係の下では上告人らに信義則上の競業避止義務違反があるともいえない」とした点には、注意を要する。

⑵　退職後の競業避止特約の有効性

日本の社会は自由競争原理を原則としており、しかも当該労働者には職業選択の自由もあることから、仮に退職後の競業避止特約を締結したとしても、必要かつ合理的な範囲でしか特約の有効性は認められない。

フォセコ・ジャパン・リミテッド事件・奈良地判昭45.10.23判時624号78頁は、退職後の競業避止特約は、経済的弱者である労働者から生計の道を奪い、その生存をおびやかす虞れがあると同時に労働者の職業選択の自由を制限し、競争の制限による不当な独占の発生する虞れ等を伴うから、その特約締結につき合理的な事情の存在することの立証がないときは、一応営業の自由に対する干渉とみなされ、特にその特約が単に競争者の排除、抑制を目的とする場合は、公序良俗に反し無効であることは明らかであるとした。

また、アサヒプリテック事件・福岡地判平19.10.5労判956号91頁 判タ1269号197頁は、従業員が雇用期間中、種々の経験により多くの知識・技能を取得することがあるが、取得した知識や技能が、従業員が自ら又は他の使用者のもとで取得できるような一般的なものにとどまる場合には、退職後それを活用して営業等することは許されるとした。同裁判例はさらに、従業員が会社内で取得した知識が秘密性が高く、従業員の技能の取得のために会社が開発した特別なノウハウ等を用いた教育等がなされた場合などは、当該知識等は一般的なものとはいえないのであって、このような秘密性を有する知識等を会社が保持する利益は保護されるべきであり、これを実質的に担保するために、従業員に対し、退職後一定期間、競業避止を認めることは、合理性を有しているとした。

しかし、他方で、会社との間で取引関係のあった顧客を従業員に奪われることを防止するということのみでは、競業避止条項に合理性を付与する理由に乏しく、顧客を奪われることを主として問題とする場合でも、会社が保有していた顧客に関する情報の秘密性の程度、会社側において顧客との取引の開始又は維持のために出捐（金銭的負担等）した内容等の要素を慎重に検討して、当該従業員に競業避止条項を設ける利益があるのか確定する必要があるとした。

(3)　競業禁止特約の有効性の判断要素

競業の制限の合理的範囲の確定には、制限の期間、場所的範囲、制限の対象となる職種の範囲、代償の有無等について、使用者の利益（企業秘密の保護）、労働者の不利益（転職、再就職の不自由）、社会的利害（独占集中のおそれ、それに伴う一般消費者の利害）の三つの視点に立って慎重に検討することを要するとされる（前掲フォセコ・ジャパン・リミテッド事件・奈良地判昭45. 10. 23）。この他に、特約の目的・必要性なども考慮要素とされる。

ア　競業禁止の期間と地域

期間については、重要な考慮要素ではあるが、裁判例では他の事情と合わせて総合考慮となることが多く、一概に何年であれば有効とされる可能性が高いとは言えない。対象地域は、広いほど無効とされる可能性が高いことは当然であるが、これも他の要素との兼ね合いによって異なる。

裁判例では、営業部長が退職後に顧客情報をほとんど利用できないようにして得意先を奪い、元使用者の３名の従業員のうち２名を競業会社に入社させ、元使用者が右競業を承諾しているかのような虚偽の案内をするなどして元使用者の競争力を減殺するような態様の競業行為を行ったことから、このような競業行為を３年間に限定して禁止することは不合理ではないとした事例（新大阪貿易事件・大阪地判平3. 10. 15労判596号21頁）、元使用者の営業が特殊な分野で、２年という比較的短期間であることから、地域的に無制限でよいとする裁判例（前掲フォセコ・ジャパン・リミテッド事件・奈良地判昭45. 10. 23）などがある。

他方、代償措置もないことや、競業避止特約や競業禁止規定の成立経緯等も加味して、期間３年、地域･職種制限なしの特約を無効とした事例（東京貨物社事件・浦和地決平9. 1. 27判時1618号115頁）、競業禁止規定の要件が抽象的で幅広い企業への転職が禁止されることになり禁止期間３年も労働者の勤務期間１年と比較して非常に長いなどを指摘して競業禁止規定を無効とした裁判例（TSP元従業員事件・東京地判平27. 10. 30労経速2268号20頁 判時2307号99頁）もある。また顧客情報などの秘密性に乏しく禁止する利益が小さい一方で禁止対象取引が広範で、代替措置もないこと等から期間２年の特約を無効とした裁判例もある(前掲アサヒプリテック事件・福岡地判平19.10.5)。

イ　禁止される業務の範囲

競業禁止の対象となる業務が広範または曖昧であることは、競業避止特約が無効であるという判断につながりやすい。前掲アサヒプリテック事件・福岡地判平19.10.5は「在職中の会社の全取引先」とする規定について「競業避止の対象となる取引の範囲（種類、地域）は広範で」と指摘して、競業避止条項を公序良俗違反として無効とする一事情としている。

前掲TSP元従業員事件・東京地判平27.10.30は、競業避止規定の対象が「競業関係に立つ業種」「出向中知り得た事業者」「在職中知り得た客先及び第三者」「競業業者を含むその他の会社」という抽象的な内容であり幅広い企業への転職が禁止されることになることを指摘し、競業避止条項を公序良俗違反として無効とする一事情としている。

ウ　禁止対象者の地位、役職

社内での地位が高い者や機密性の高い情報に接する者との間で特約が締結された場合は有効となりやすい。

例えば、使用者の技術的秘密を取扱うことができる労働者の場合は有効と判断された（前掲フォセコ・ジャパン・リミテッド事件・奈良地判昭45.10.23)。全国展開している家電量販店の地区部長、店長の場合もその全社的な営業方針・経営戦略等を知ることができた地位にあったとして地域無限定・１年間の競業避止義務が有効とされた（ヤマダ電機事件・東京地判平19.4.24労判942号39頁 労経速1977号3頁)。

他方で、一般従業員との特約の場合は無効とされることが多い。たとえば、原田商店事件・広島高判昭32.8.28判時132号16頁 判タ75号52頁は、販売員との特約について、営業の主流にはない全くの手伝人であり、その地位も低く、仮に他に就職しても所謂営業妨害になるような地位にないことも明白であるとして、特約は無効と判断した。キヨウシステム事件・大阪地判平12.6.19労判791号8頁は、工員との特約について、業務は、単純作業であり、会社独自のノウハウがあるものではなかったこと、何らの代償措置も講じていなかったこと等を総合考慮し、期間６か月であっても無効とした。

エ　代償措置

代償措置の有無は、特約の有効性判断における要素の一つである。

保険会社の執行役員につき、明示的な代償措置としての報酬項目が設けられているわけではないが、執行役員の地位に対する高額年収・ストックオプション・高額退職金など相当な厚遇を受けており、代償措置が図られているとして競業避止特約を（特約上は競業禁止期間が２年のところ）１年と解する限りにおいて有効とした事例がある（アフラック事件・東京地決平22. 9. 30労判1024号86頁）。

特約の効力を否定した例として、本来より少額の退職金では競業行為禁止に見合う補償ではないとしたもの（前掲東京貨物社事件・浦和地決平9. 1. 27判時1618号115頁）、在職中に支払われた月額4000円の秘密保持手当だけで退職金などの措置がとられていないことから不十分としたもの（新日本科学事件・大阪地判平15. 1. 22労判846号39頁）がある。

⑷ 競業避止特約の禁止範囲の限定解釈

特約で定められた競業禁止の内容から特約の有効・無効を判断する手法とは別に、競業避止義務の内容を限定して解釈するアプローチをとる裁判例も見られる。

アートネイチャー事件・東京地判平17. 2. 23労判902号106頁は、「従業員と使用者との間で締結される、退職後の競業避止に関する合意は、その性質上、十分な協議がされずに締結される場合が少なくなく、また、従業員の有する職業選択の自由等を、著しく制約する危険性を常にはらんでいる点に鑑みるならば、競業避止義務の範囲については、従業員の競業行為を制約する合理性を基礎づける必要最小限の内容に限定して効力を認めるのが相当である。そして、合理性を基礎づける必要最小限の内容の確定に当たっては、従業員が就業中に実施していた業務の内容、使用者が保有している技術上及び営業上の情報の性質、使用者の従業員に対する処遇や代償等の程度等、諸般の事情を総合して判断すべきである。上記の観点に照らすならば、従業員が、使用者の保有している特有の技術上又は営業上の情報等を用いることによって実施される業務が競業避止義務の対象とされると解すべきであり、従業員が就業中に得た、ごく一般的な業務に関する知識・経験・技能を用いることによって実施される業務は競業避止義務の対象とはならないというべきである。」とした。

ダンス・ミュージック・レコード事件・東京地判平20. 11. 26判時2040号126頁（確定）も同趣旨から、本件では「原告就業中の日常業務から得た一般的な知識、経験、技能やその業務を通じて有するようになった仕入れ先担当者との面識などを利用し得たにすぎないものと考えられ」として競業避止義務違反を否定した。

三田エンジニアリング事件・東京高判平22.4.27労判1005号21頁（確定）は、使用者が労働者の退職に際して徴求した誓約書に営業秘密の開示、漏洩、第三者のための使用を禁じる旨が記載されていることを指摘して、「本件競業禁止規定により禁止されるのは、従業員が退職後に行う競業する事業の実施あるいは競業他社への就職のうち、それにより控訴人の営業秘密を開示、漏洩し、あるいはこれを第三者のために使用するに至るような態様のものに限定されるものと解すべき」とし、システムの保守点検等の作業は主に機械メーカーの操作説明書にしたがって行うものであり「仮にそこに何らかのノウハウ的なものが存在するとしても」その性質上控訴人の営業機密に当たるとは認め難いとして、競業他社に転職しても禁止規定違反はないとした。

3　退職後の秘密保持義務特約の効力

労働者は、在職中には、労働契約に付随する義務の一環として、使用者の営業上の秘密を保持すべき義務を負っている（我妻栄『民法各論（中）』568頁）。また、実務上、就業規則の規定等により秘密保持義務が定められており、その違反に対しては、懲戒解雇や出勤停止等の懲戒処分あるいは普通解雇の対象とされることが多い。さらに、不正競争防止法が営業秘密を保護していることとの関係で（同法２条６項）、同法上の秘密保持義務を負う。

他方、労働契約の付随義務としての守秘義務が退職とともに終了するかどうかについては争いがある（小畑史子「営業秘密の保護と雇用関係」日本労働研究雑誌384号39頁）。疑義を避けるため、使用者は、就業規則で退職後の守秘義務を規定するなどの対応を取るべきである。退職後の秘密保持義務の特約については、「秘密の性質・範囲、価値、当事者（労働者）の退職前の地位に照らし、合理性が認められるときは、公序良俗に反せず無効とはいえない」として、その有効性を認めた裁判例がある（ダイオーズサービシーズ事件・東京地判平14.8.30労判838号32頁）。不正競争防止法上の「営業秘密」に当たらない場合であっても当事者間で秘密保持契約を締結しているときはその内容に応じて秘密保持義務を負うが、従業員の退職後においては「契約上の秘密保持義務の範囲については、その義務を課すのが合理的であるといえる内容に限定して解釈するのが相当である」として、機密事項の定義も例示もない誓約書で「秘密保持義務を負わせることは、予測可能性を著しく害し、退職後の行動を不当に制限する効果をもたらすものであって不合理であるといわざるを得ない。」とした裁判例がある（前掲ダンス・ミュージック・レコード事件・東京地判平20.11.26）。

4　競業避止義務違反・秘密保持義務違反（特約違反）の効果

(1)　損害賠償責任

特約違反により会社が損害を被ったとして退職労働者に損害賠償を請求する場合がある。もっとも、特約違反と損害の相当因果関係を立証することは困難であることが多い。

進学塾講師が同僚を勧誘して退職して至近距離で競業会社を設立、かつ多数の顧客を引き抜いた事例で376万6800円（東京学習協力会事件（アーク進学塾事件）・東京地判平2. 4. 17判時1369号112頁 労判581号70頁、退塾届を出した生徒の授業料の3割にあたる367万6800円）、在職中に得た顧客台帳を利用し会社が取引中の者に働きかけた事例で500万円（チェスコム秘書センター事件・東京地判平5. 1. 28判時1469号93頁 労判651号161頁）、競業会社へ協力行為をした事例で316万円（特約はなかったが、雇用契約上の忠実義務に違反し、営業上の利益を侵害する違法な行為（不法行為）であると認め、売買により得られたであろう逸失利益の一部が損害として認められた。エープライ（損害賠償）事件・東京地判平15. 4. 25労判853号22頁）、それぞれ損害賠償が認められている。

(2)　差し止め

使用者から当該競業行為の差し止め請求がなされる場合がある。

フォセコ・ジャパン・リミテッド事件・奈良地判昭45. 10. 23判時624号78頁は、当該労働者が製品の品質管理に従事していたこと、製法に特別の知識を有していたこと、退職後ただちに同様の製品の製造販売活動を行っていたことなどから、当該労働者は、会社の技術的秘密を知り、営業秘密を漏洩すべき立場にある者であるとして、特約違反に基づき、製造販売活動の差止が認められると判断した。

他方で東京リーガルマインド事件・東京地決平7. 10. 16労判690号75頁 判時1556号83頁は、差し止めは当該競業行為により使用者が営業上の利益を現に侵害され、または侵害される具体的なおそれがあることが必要であるとし、差し止めを認めなかった。

(3)　退職金の不支給、減額、返還要求

特約で、競業避止義務違反、秘密保持義務違反をした場合に、退職金を不支給ないし減額とする、または既に支払われた退職金を返還することをペナルティとして課している場合がある。本章第5・5（286頁）を参照。

第10　定年

1　定年とは

　定年制とは、一定の年齢に関わる日付に達した時点で労働契約が終了する旨の制度である。一定の日付（必ずしも誕生日とは限らない）の到来により当然雇用契約が終了するもの（定年退職）と、当該日付の到来により使用者が労働者に対して解雇する意思表示ができるもの（定年解雇）とがある。定年は、通常、退職に関する事項として就業規則により定められている（労基法89条３号）。

　我が国では、高年法８条１項において、原則的に60歳未満の定年制を定めることを禁止している。同条は強行規定であるので、例えば55歳定年が就業規則で定められていても60歳定年を定めたものとみなされる。但しこの規定は、60歳以上の定年制や定年を定めない場合に60歳定年を擬制するものではない。

　定年における性別による差別は均等法６条４号により禁止される。

2　定年の定めがない場合

　比較的大きな企業では稀であると思われるが、熟練者・経験者を継続して雇用したいというニーズ等から、定年を定めない企業も存在する（厚労省の2016（平成28）年就労条件総合調査（調査対象は常用労働者30人以上の民間企業）によれば定年制を定めていない企業の割合は4.6％、企業規模別では30～99人が5.8％、100～299人が2.3％、300－999人が0.6％、1000人以上が0.3％である）。もっとも、定年制がないということから直ちに終身雇用（文字通り終生の雇用）を保証する趣旨でもなければ、将来にわたり定年制を採用しない趣旨とも解釈されず、将来定年制が就業規則で定められる場合も、定年制の採用が当然に不利益変更に該当する訳ではなく、仮に該当しても就業規則変更に合理性がある限り許される（上智学院事件・東京高判昭46.11.30判タ277号183頁）。

　しかし、就業規則等で定年を定めていない以上、使用者は、有期契約で期間満了による雇止めが可能である等の事情がなければ、一方的に労働契約を終了させるには解雇によるほかないことになる（例えば、健康、能力低下等により労働提供ができないという具体的な事情があれば、当該事情を解雇理由とすることが考えられる）。この場合、労働者の年齢が解雇権濫用法理の適用にどの程度作用するか問題となるが、今のところ適切な先例が見あたらない。

　なお、労働者が70歳に達することを理由として解雇を通告したと認められた事案で、定年制が施行されておらず、70歳に達したことをもって退職する旨の慣行もないから、本件解雇は合理的理由のないものと言わざるをえないとして地位保全及び賃金仮払の仮処分を認めた裁判例がある（東京ヘレン・ケラー協会事件・東京地決昭56. 7. 8判時1020号132頁）。

3 定年前の労働条件変更

定年とは、雇用契約が存続し得る時期の終期を画するものであるから、定年までは雇用継続するはずではあるが、特に大企業を中心として、実際には定年前の一定年齢に達すると従来の勤務形態とは異なる状況となったり、あるいは会社を退職する結果となる諸制度が存在している。背景としては、近年、長期雇用慣行と年功序列賃金を経営上維持することが困難になったことから、ポストの確保、高齢者給与の抑制などの使用者側の都合がある。

(1) 役職定年制

役職定年制とは、一般には、部長、課長といった管理職の役職について一定の年齢で定年を迎えることをいい、大企業ではよくみられる制度である。この場合、労働者たる地位は継続するものの、ほとんどの場合、役職を失うことによって、地位や賃金の低下をもたらすことになる。

役職定年制による地位の変更を争う場合には、役職定年制を導入した就業規則の効力を争う形となることが多い。一定の職位の男子が55才で全員専任職に移行し、これに伴って賃金が40～50%程度減額となる就業規則変更につき、就業規則の高度の必要性はあるものの、高齢労働者のみ一方的な不利益を生じさせるものであり代替措置も不十分であるとして、変更後の就業規則の適用はないとされた例が参考となる（みちのく銀行事件・最一小判平12. 9. 7民集54巻7号2075頁 労判787号6頁）。なお最近の例で、前掲みちのく銀行事件最高裁の基準をもとに就業規則変更の適用が認められないとした例として熊本信用金庫事件（熊本地判平26. 1. 24労判1092号62頁確定）がある。

役職定年制が個別に人事権の濫用になるかどうかも問題となるが、一律の年齢により定年が到来するため、一般的には個別の濫用の問題とするのは困難と思われる。

(2) 役職任期制

役職任期とは、部長、課長といった役職自体に任期を設けておき、任期満了後に再任されるか否かが改めてチェックされる制度である。問題となるのは、役職の任期満了に伴って再任されなかったケースである。これに関する判例は見受けられないが、役職に就任する際に任期があることは労働者に了解されているので、再任されなかったことをもって直ちに「降格」とみなして、人事権の濫用等の法理を適用することは困難と思われる。制度運用上高齢労働者の切り捨てにつながっているような場合、対象労働者の処遇を合わせ考えて、個別に人事権の濫用の法理を適用すべきであろう。

⑶　出向

一般論は出向･配転の記述（第４章第２（181頁～））に譲るが、大企業では、高齢労働者に対して、グループ企業に対する出向か、取引先も含めた他の会社への転籍かを実際上要求することが少なくない。後者は退職を伴うのが通常であり、前者もいずれは転籍により、退職となるのが通常である。判例では、55歳の役職定年（営業部長）の後に子会社へ在籍出向した事案で、当該在籍出向は配転と大差がないから必ずしも個別の同意は必要なく、不利益に対する補完措置もなされている等として､人事権の濫用には当たらないとした例がある（相模ハム事件・大阪地決平9.6.5労判720号67頁)。

⑷　選択定年制

選択定年制とは、一定の高齢労働者を対象に、定年前に退職すれば、割増退職金が支給される制度である。この制度の問題点は、主として高齢労働者に適用される以外は早期退職優遇措置と同様であり、本章第７（306頁）を参照。

第11　定年後の雇用の確保

1　高齢者雇用安定法による雇用の確保

⑴　65歳までの雇用確保措置の義務化

2004（平成16）年に改正された高齢者雇用安定法（以下、「改正前高年法」という）９条では、少なくとも60歳定年を義務化するとともに、65歳未満の定年制を導入している企業に対して、①定年の引上げ、②継続雇用制度、③定年の定めの廃止のいずれかを採用することを義務づけた。これは厚生老齢年金等の支給開始年齢が65歳まで段階的に引き上げられたことに伴い、その間の収入が途絶えることを念頭に置いた補完措置である。多くの企業は、このうち②の継続雇用制度の導入を選択し、導入しているのが実情である。

厚労省の2016（平成28）年就労条件総合調査によれば、一律定年制を定めている企業（98.2%）のうち再雇用制度または勤務延長制度がある企業が94.1%（勤務延長のみ10.7%、再雇用のみ70.5%、併用12.9%）、制度がない企業が5.9%であった。企業規模別では一律定年制を定めている企業のうち制度がない企業の割合は30～99人で7.1％、100～299人で3.0％、300～999人で2.8％、1000人以上で2.6%であった。

なお、雇用確保措置後の労働条件については、高齢者雇用安定法においてはなんら定めておらず、定年前とは異なる労働条件（地位 身分、賃金減額等）を就業規則等において定めることは可能である。

60歳以上65歳未満の雇用保険被保険者で被保険者期間が５年以上ある労働者に対して支払われた賃金の額が60歳到達時賃金の75％未満であるときは、雇用保険から高年齢雇用継続基本給付金の支払いを受けることができる（雇用保険法61条）。

⑵ 2012（平成24）年の法改正（以下、「改正後高年法」という）

ア 定年後継続雇用制度の対象者の限定の廃止

改正前高年法においては、継続雇用制度を選択した場合、労使協定や就業規則により継続雇用制度の対象となる高年齢者に係る基準を定め、当該基準に基づく制度を導入したときは、同制度の措置を講じたものとみなすと規定し（９条２項）、定年後の継続雇用者を事業場の労使協定の定める基準によって選別できることとしていた。例えば、「過去○年間の人事考課が○以上である者」という基準により、この基準に該当しない者を継続雇用しないことが許容されていた。シンワ運輸東京事件（東京地判平28.2.19労判1136号58頁）では、会社と労働組合との間で締結された協定において、再雇用の基準の判断は再雇用基準審査表に基づき実施するものとし、各基準項目について３段階で評価し、各項目が素点２点以上で、かつ、総合評価（素点合計）が12点以上を再雇用対象者とする、と規定されていた事案で、当該規定が労働者に適用され、再雇用契約の更新拒絶の有効性が争われた（更新拒絶の有効性については後述）。また、職種別で異なる基準や管理職と非管理職で異なる基準を設けることも、労使間の十分な協議の上で労使協定に定められたものであれば許容されていた。

これに対し、2012（平成24）年改正（2013（平成25）年４月１日施行）では、対象者限定制度（９条２項）を廃止し、定年到達者の継続雇用は原則として希望者全員を対象とすることとされた（平成24年厚生労働省告示第560号、以下「指針」という）。ただし、2013（平成25）年３月31日までに改正前高年法９条２項に基づく継続雇用制度の限定基準を定めている事業主については、厚生年金報酬比例部分の支給開始年齢の段階的引き上げと連動して、最長2025（平成37）年までの経過措置（2016（平成28）年３月31日までは61歳以上、2019（平成31年）３月31までは62歳以上、2022（平成34）年３月31日までは63歳以上、2025（平成37）年３月31日までは64歳以上について、対象者限定制度の維持が可能）が設けられている（改正後高年法附則３項）。

また、「指針」によれば、心身の故障のため業務に耐えられないと認められること、勤務状況が著しく不良で引き続き従業員としての職責を果たし得ないこと等就業規則に定める解雇事由・退職事由と同一の事由をもって継続雇用しない旨の労働協約や就業規則を定めることは可能とされている（「指針」では、「解雇事由又は退職事由とは異なる運営基準を設けることは」改正法の「趣旨を没却するおそれがあることに留意する。」とした上で、「雇用継続しないことについては、客観的に合理的な理由があり、社会通念上相当であることが求められると考えられることに留意する。」と定められている。)）。

イ　継続雇用先の範囲の明確化

改正前高年法においても、当該企業への継続雇用のみならず、そのグループ企業での継続雇用も可能と解釈されていたが（NTT西日本（大阪）事件・大阪高判平21. 11. 27労判1004号112頁、大阪地判平21. 3. 25労判1004号118頁等)、改正後高年法においては、当該事業主の経営を実質的に支配することが可能となる関係にある事業主その他の当該事業主と特殊の関係のある事業主を「特殊関係事業主」（①当該事業主の子法人等、②当該事業主の親法人等、③当該事業主の親法人等の子法人等、④当該事業主の関連法人等、⑤当該事業主の親法人等の関連法人等）として、その基準を明確化した（９条２項、改正後施行規則４条の３）。

ウ　雇用確保措置を講じない事業者の公表

改正前高年法は、高年齢者雇用確保措置義務に関する指導・助言、勧告が定められていたのみであったが（10条２項)、改正後高年法ではこれに加えて雇用確保措置を講じない事業者の公表措置（10条３項）の新設がなされた。

なお改正後高年法については厚生労働省がホームページで公表している「高年齢者雇用安定法Ｑ＆Ａ（高年齢者雇用確保措置関係)」も参照。

2　高年齢者雇用確保措置をめぐる問題

(1)　雇用確保措置が導入されていない場合

高年齢者雇用確保措置が導入されていない企業において、労働者が地位確認や継続雇用を前提とした賃金請求、損害賠償請求ができるかについては、多くの裁判例において、高齢者雇用安定法９条には私法上の効力はなく、継続雇用されなかった労働者が同条を根拠に地位確認を求めることはできないとされている（NTT西日本事件・大阪高判平21.11.27労判1004号112頁、NTT東日本事件・東京高判平22.12.22判時2126号133頁）。また損害賠償についても、同条が私法上の義務でない以上、同条違反のみによってただちに不法行為や債務不履行を構成することはなく、不法行為成立にあたっては同条違反に加えて使用者の故意・過失、損害の発生、因果関係など不法行為の要件を満たす必要がある（『労働関係訴訟の実務』415頁、『類型別労働関係訴訟の実務』328頁）。

なお、過半数組合との間で締結した再雇用に関する労働協約が少数組合に属する労働者に適用されないことを理由に再雇用拒否したという事案において、当該再雇用制度は当然に全従業員に適用されるから再雇用拒否は無効であるが、実際に再雇用契約を会社が拒否しており賃金が定まっていない以上、再雇用契約は成立しないとして地位確認は認めなかったものの、不法行為に基づく損害賠償請求を認めた事案がある（日本ニューホランド（再雇用拒否）事件・札幌地判平22.3.30労判1007号26頁、札幌高判平22.9.30労判1013号160頁）。

⑵　導入された雇用確保措置の有効性が問題となる場合

会社に継続雇用制度を定める就業規則があるものの、当該制度（継続雇用の対象者の基準等）が高年法に反する等として争われる場合がある。なお、改正後高年法では継続雇用の対象者は原則希望者全員としなければならないとされたものの、上記のとおり例外を定めることができるとされており、また当面の経過措置もあることから、この類型の紛争は今後も継続すると思われる。

この点、継続雇用の例外対象者が高年法の基準ないしその趣旨に反して広範にすぎる場合等には、その継続雇用制度全体が無効になると解されるが、無効となった結果地位確認請求が認められるか否かについては、争いがある。

なお、継続雇用制度を定める就業規則が改正前高年法９条２項ないし同附則５条１項の手続要件を満たしていないとして、同就業規則は無効とした上で地位確認を認めた例がある（京濱交通事件・横浜地川崎支判平22.2.25労判1002号5頁 労経速2085号11頁）。

⑶　導入された継続雇用制度につき当該労働者への適用が拒否された場合

客観的には継続雇用制度の基準を満たすにもかかわらず、継続雇用契約締結を拒否された場合、どのような法律関係になるのか問題となる。

最高裁は、継続雇用基準を満たしている者は「雇用が継続されるものと期待することには合理的な理由がある」とし、かかる者に対し継続雇用を拒否した場合は「客観的合理的な理由を欠き、社会通念上相当であると認められない」

と判示し（津田電機計器事件・最一小判平24. 11. 29労判1064号13頁）、雇止め法理（解雇権濫用法理）類推の法律構成をとることを明らかにした。

また、具体的に継続雇用契約が締結されていないため、どのような労働条件になるのかも問題となるが、前掲津田電機計器事件・最高裁判決は、「嘱託雇用契約の終了後も本件規程に基づき再雇用されたのと同様の雇用関係が存続しているものとみるのが相当であり、その期限や賃金、労働時間等の労働条件については本件規程の定めに従うことになるものと解される」として、会社の定めた継続雇用規程に基づいた労働契約の成立を認めた。もっとも、同判決は会社の継続雇用規程において、労働時間や賃金、査定方法等の労働条件が相当に明確に定められている場合の事例であり、再雇用後の労働条件が明確になっていない（継続雇用者の労働条件は個別契約で定める、等）場合において同最高裁判決と同様に解することができるかについては、不確定である。

この点、同最高裁判決前の事例であるが、前掲日本ニューホランド事件・札幌地判平22. 3. 30、札幌高判平22. 9. 30は、再雇用拒否は無効としつつ、実際に再雇用契約を会社が拒否しており賃金が定まっていない以上、再雇用契約は成立しないとしている。

また、前掲津田電機計器事件・最高裁判決以降の裁判例で、就業規則において、継続雇用の際には職務内容、労働時間、賃金等について１年ごとに個別に雇用契約を締結するとされている場合、提供する労務の内容及び賃金の額が定まっていない労働契約関係の成立および存続は考えられず、本件においては労働者と使用者との間に再雇用後の職種や賃金額に個別合意がないので、継続雇用拒否が無効であったとしても労働契約関係は存続しないと判断した事例がある（小田運輸事件・大阪地判平25. 9. 6。なお同事件控訴審（大阪高判平26. 4. 30）は、そもそも当該労働者が継続雇用基準を満たしていないとして控訴を棄却した）。

(4)　継続雇用基準に適合することの主張立証責任

定年到達者の継続雇用基準の定め方が規範的な判断を含むものとなっている場合は、原告（労働者）が継続雇用基準に適合することを基礎づける具体的事実を評価根拠事実として主張立証し、被告（使用者）が継続雇用基準に適合しないことを基礎付ける具体的事実を評価障害事実として主張立証する責任を負う（『類型別労働関係訴訟の実務』332頁）。

もっとも、前掲津田電気計器事件・大阪高判平23. 3. 25は、「選定基準を定めたのは控訴人であること、選定基準に係る査定帳票がいずれも控訴人の作成保管するものであること、選定基準の内容は人事評価に係ることであり、もっぱら控訴人側が把握している事実であることにかんがみると、控訴人において被控訴人が選定基準を満たさないことを主張、立証する必要があるものと解すべきである。」と判示し、使用者側に主張立証責任を負わせている。

(5)　継続雇用制度の更新

前記のとおり、継続雇用制度により雇用された後の労働条件は労使または就業規則により自由に定められるものとされ、再雇用を１年毎の更新とすることも許される。しかし、年金支給年齢まで雇用を確保するという高年法の趣旨から、再雇用更新の際の基準を、継続雇用基準より厳格に設けることは許されない。エフプロダクト事件・京都地判平22.11.26労判1022号35頁は、継続雇用の際の再雇用契約書の「退職に関する事項」に「人員の削減の都合上やむを得ない時」等、継続雇用基準とは異なる定めがあり、これをもとに再雇用期間１年で雇止めをした事案につき、契約書同条項は無効であり、再雇用者は上限年齢（当該事例では64歳）まで雇用される合理的期待を有する、として解雇濫用法理の類推適用を認めた。

トヨタ自動車事件・名古屋高判平28.9.28判時2342号100頁 労判1146号22頁は、定年を60歳と定める会社が、定年を迎える労働者に対し、60歳から61歳までの職務として、それまで従事してきた事務職の業務ではなく清掃業務等を提示したことについて、改正高年法９条１項に違反する等と主張し、地位確認、損害賠償等を請求した事案において、改正高年法の趣旨（60歳の定年後、再雇用されない男性の一部に無年金・無収入の期間が生じるおそれがあることから、この空白期間を埋めて無年金・無収入の期間の発生を防ぐ）に触れた上で、定年後の継続雇用としてどのような労働条件を提示するかについては一定の裁量があるとしても、提示した労働条件が、無年金・無収入の期間の発生を防ぐという趣旨に照らして到底容認できないような低額の給与水準であったり、社会通念に照らし当該労働者にとって到底受け入れ難いような職務内容を提示するなど実質的に継続雇用の機会を与えたとは認められない場合においては、当該事業者の対応は改正高年法の趣旨に明らかに反するものであるといわざるを得ないとし、会社の措置を違法と判示した。そのうえで、不法行為の成立を認め、127万5000円の損害賠償の支払いを命じた。

定年後再雇用者の無期転換の特例については第９章第２・２(3)（408頁）参照。

(6)　定年退職後の再雇用契約の更新拒絶

ア　シンワ運輸東京事件・東京地判平28.2.19労判1136号58頁は、定年退職後に再雇用されていた者に対する勤務態度等を理由とする更新拒絶の有効性等が争われ、労働者との雇用契約の更新を拒絶することが相当といえるほどの規律遵守及び勤務態度上の問題があるといえるかが争点となった事案において、本件再雇用規程において、定年後の再雇用契約は、更新基準を満たす必要はあるものの、その更新は65歳に達する月の末日まであり得るものであり、原告が定年まで勤めあげた上で再雇用契約が締結されるに至ったことなどに照らせば、本件更新拒絶のされた当時、客観的にみて、原被告間の雇用契約が再度更新されることの合理的期待（労働契約法19条２号参照）があったものと認められるとし、その上で、勤務態度の評価の適否を検討するに当たっては、その評価の基礎とした事由をもって更新拒絶の客観的合理的理由にあたるか否か、更新拒絶することが社会通念上相当か否か（労働契約法19条）といった観点から検討すべきであるとした（なお、更新拒絶は不適法で無効と判断）。

イ　尚美学園事件・東京地判平28. 11. 30判時2328号129頁 労判1152号13頁は、労働者において定年時、定年後も再雇用契約を新たに締結することで雇用が継続されるものと期待することについて合理的な理由があると認められる場合、使用者において再雇用基準を満たしていないものとして再雇用をすることなく定年により労働者の雇用が終了したものとすることは、他にこれをやむを得ないものとみるべき特段の事情がない限り、客観的に合理的な理由を欠き、社会通念上相当であると認められず、この場合、使用者と労働者との間に、定年後も就業規則等に定めのある再雇用規程に基づき再雇用されたのと同様の雇用関係が存続しているものとみるのが相当である、とし、70歳まで雇用が継続すると期待することが合理的であるとした（労契法19条２号類推適用。再雇用契約の更新を肯定）。

関連事例として、2011（平成23）年の学年度中に65歳の定年を迎え、その後も１年単位の労働契約により特別専任教員として勤務していた労働者について、定年後も特別専任教員として再雇用する慣例があり、そうした運用方針の変更の趣旨目的等が事前に開示され協議が行われたこともなく、大学から70歳まで勤務継続できることを期待させる内容の説明があったこと等から、特別専任教員としての労働契約の更新に対する合理的な期待を認めた事例（学校法人尚美学園（大学特別専任教員・雇止め）事件・東京地判平28. 11. 30労判1154号81頁）、70歳まで雇用が継続されるという一定の方向性を持った慣例が存在し、希望した者の雇用は継続されるという点で例外がなく、雇用継続に際し実質的な協議や審査が行われていなかった事案で、65歳の定年後の雇用継続に対する合理的な期待を認めた事例（学校法人尚美学園（大学専任教員Ａ・再雇用拒否）事件・東京地判平28.

5.10労判1152号51頁）がある。

ウ　日本郵便事件・東京地判平26.6.2労経速2218号24頁は、60歳の定年退職後に高齢再雇用社員として採用され、その後64歳に達したことにより同社員としての雇用契約期間満了として退職扱いされ、かつ、期間雇用社員として不採用となった労働者が、希望すれば引き続き期間雇用社員として65歳まで雇用が継続されるものとの合理的な期待を有していたとして不採用を違法無効と主張し賃金支払いを求めた事案において、高齢再雇用社員と期間雇用社員とでは就業規則が別に定められ、その就業規則の内容についても大きく異なっていること、原告において反復更新された雇用契約は高齢再雇用社員としての雇用契約であって期間雇用社員としての雇用契約ではないこと等から、高齢再雇用社員としての雇用契約が反復更新されたことから雇用契約の継続について期待したとしても、雇用形態等が多くの点で異なる期間雇用社員として採用されることの期待については合理性があるとは認め難いなどとして、雇止め法理の適用を検討し、期間雇用社員として１年間雇用契約が継続されることを労働者が期待したとしても、その期待に合理性があるとは認められないとした。

エ　国際自動車（再雇用更新拒絶・仮処分第１）事件・東京地決平28.8.9労判1149号5頁は、2008（平成20）年３月15日に60歳の定年退職となった後も、労働組合と使用者の間の労働者供給契約に基づく労働者供給に基づき有期契約を更新し続けたタクシードライバーの事案で、有期契約の継続年数が約８年間、更新回数が少なくとも７回であること、定年前の正社員とほぼ同内容のタクシー乗務を行っていたこと、当該供給契約において上限年齢の制限はないこと、雇用契約書上契約更新の有無は列挙された判断基準に基づき判断する旨明記されていたこと等から、契約更新の合理的期待を認めた。

オ　学校法人同志社（大学院教授・定年延長拒否）事件・大阪高判平26.9.11労判1107号23頁、京都地判平26.3.24判時2244号102頁 労判1107号35頁は、大学院教授について、65歳の定年が１回（１年）延長された後に定年退職扱いとなったことに対し、結論として解雇権濫用法理の類推適用を否定した。

カ　国際自動車事件・東京地判平27.1.29労経速2241号9頁は、2013（平成25）年１月17日に定年（64歳）に達した後に再雇用されなかったタクシー運転手の事案で、定年退職後の再雇用は別個の新たな契約の締結にほかならず、申込みに対する承諾なくして新たな雇用契約が締結されたというべき法的根拠はないとして、労契法16条の類推適用を否定した。

キ　ブーランジェリーエリックカイザージャポン事件・東京地判平26. 1. 14労判1096号91頁は、就業規則上の定年退職日とされている満60歳に達した日以後の最初の賃金締切日が経過したが、その時点で特段の手続がとられることなくそれ以降も同一の地位で職務に従事していたとこと、定年退職日の１年後に定年日以降の労働契約は１年ごとの嘱託契約であったとして雇止めされた事案において、雇用契約時に定年規定を適用しないという特約を交わしたということはないので、労働者は定年退職日をもって定年となり、翌月からは嘱託契約が締結されたとみるほかないとしたうえで、使用者における嘱託契約は１年のものとそうでないものがあるところ、１年の有期雇用契約を締結されたと認めることはできないし、仮に１年の有期雇用契約であったとしても，定年後の継続雇用制度の趣旨からすれば労働者には更新の合理的期待があり、降格後のマネージャーとしての労働者の職務に問題があったと認められないことからすれば、雇止めは相当性を欠く、とした。

(7)　定年延長と労働条件切り下げ

使用者が、雇用確保措置として定年の引き上げを選択した上で、定年延長後の労働条件について従前の労働条件から切り下げた場合、通常の労働条件の不利益変更に関する諸法理（第３章第２（132頁～）参照）が適用されるのか否かが問題となるが、以下の通り裁判例は分かれている。なお、高年法の義務付けによるものではないが、55歳から60歳へ定年変更すると同時に賃金を引き下げた事例につき、就業規則不利益変更の法理により判断した第四銀行事件・最二小判平9. 2. 28民集51巻2号705頁 労判710号12頁も参照。

ア　労働者の同意なく不利益変更できないとした例

一橋出版事件・東京地判平15. 4. 21労判850号38頁は、2004年高年法改正により58歳から60歳まで定年を引き上げた場合に58歳から60歳までの賃金について旧定年前の基本給の85％とした事例につき、旧定年時から60歳までの間の労働者の雇用条件は、特段の事情がない限り旧定年時の直前の雇用条件が継続し、労働者は使用者に対し、旧定年に達する直前の月の賃金と同額の賃金請求権を有すると認めるのが相当であり、労働者の同意を得ることなく、一方的に58歳時以降の賃金を減額することはできないとした。

イ　就業規則の不利益変更に準ずるとした例

日本貨物鉄道事件・名古屋地判平11. 12. 27労判780号45頁は、55歳定年を廃止して60歳定年を導入するにあたって55歳以上の労働者の賃金を従前の65〜55％とし、かつ昇給・昇進をなくすという就業規則の変更について、形式的には既存の労働条件不利益変更には当たらないが、就業規則不利益変更の場合に準ずるものとして、これを受忍させることを許容することができるだけの高度の必要性に基づいた合理的な内容のものである場合に効力を生ずるとした（合理性を肯定し就業規則の効力を認めた）。

ウ　高年法の趣旨に基づき独自の基準を示した例

協和出版販売事件・東京高判平19．10．30労判963号54頁は、2004年高年法改正により55歳から60歳へ定年を引き上げるとともに、55歳以上の従業員を嘱託職員としてこれまでの従業員とは異なる給与体系とした場合において、従業員にとって60歳までの安定した雇用が確保されるという利益が認められ、かつ賃金の面でも従前の嘱託職員と対比して多少なりとも従業員にとって有利な内容となっており就業規則を不利益に変更したものということはできないとした上で、当該就業規則変更については就業規則の不利益変更にかかる判例法理に基づいて判断すべきではなく、高年齢者雇用安定法等の私法秩序（延長された定年までの間の賃金等の労働条件が、具体的状況に照らして極めて苛酷なもので、労働者に同法の定める定年まで勤務する意思を削がせ、現実には多数の者が退職する等高年齢者の雇用の確保と促進という同法の目的に反するものであってはならない）からして必要最小限の合理性のある労働条件か否かによって判断すべきであるとした（合理性を肯定）。

エ　定年退職後の再雇用契約における賃金減額

長澤運輸事件（東京高判平28．11．2判時2331号108頁 労判1144号16頁）は、正社員として稼働し、定年退職後に有期契約労働者（嘱託社員）として再雇用された者が、定年の前後で仕事の内容等が変わらないのに賃金が減額（年収ベースで２割前後）されたのは、労働契約法20条に違反すると主張して、正社員の就業規則が適用される地位にあることの確認等を求めた事案において、まず、労働契約法20条の「期間の定めがあることにより」という文言は、有期契約労働者と無期契約労働者の間の労働条件の相違が、期間の定めの有無に関連して生じたものであることを要するという趣旨であると解するのが相当とした。また、本件における嘱託社員と正社員の間の賃金の差が不合理であるといえるか否かについて、労働契約法20条は、有期契約労働者と無期契約労働者の間の労働条件の相違が不合理と認められるか否かの考慮要素として、①職務の内容、②当該職務の内容及び配置の変更の範囲のほか、③その他の事情を掲げており、その他の事情として考慮すべきことについて、上記①及び②を例示するほかに特段の制限を設けていないから、労働条件の相違が不合理であるか否かについては、上記①及び②に関連する諸事情を幅広く総合的に考慮して判断すべき、との判断基準を示したうえで、上記③につき、年功的処遇の維持と賃金コストを一定限度に抑制するための不可欠の制度として定年制が必要とされる一方で、平均寿命の延伸と年金制度改革に伴い、高年齢者雇用確保法が改正され高年齢者の雇用確保が企業に義務付けられ、企業は、賃金の無制限な増大を抑制し若年層を含めた労働者全体の雇用確保を図る必要があること、定年になった者に対しては賃金の減額を緩和する制度があること、法的には一旦それまでの雇用関係を解消して新たに雇用契約を締結するものである等から、定年後の再雇用において賃金が定年前より減額されること自体には合理性があるとした。その上で、同業種ないし同規模の企業において、定年の前後で勤務日数や時間を含めた職務内容等が変わらないにもかかわらず、賃金額が一定程度減額となる企業が大多数を占めるとの社会的事実があり、また、賃金の減額幅が同規模の企業の減額幅と比較して下回ること、本業（運輸業）は赤字であることなどを総合考慮して、賃金に係る労働条件が正社員のそれより劣ることが不合理であるとは認められないとし、本件相違は、労働者の職務の内容、当該職務の内容及び配置の変更の範囲その他の事情に照らして不合理なものであるということはできず、労働契約法20条に違反するとは認められないとした。なお、本件は上告中である。第１審（東京地判平28. 5. 13労判1135号11頁 判時2315号119頁）は、労働契約法20条に違反するとして控訴審とは真逆の判断をしており、最高裁の判断が待たれるところである。

第8章

解雇に関する問題

第1　解雇の意義

1　解雇とは

解雇とは、使用者による一方的な労働契約の解約である。解雇には、懲戒処分としての懲戒解雇（本章第6：359頁～）と、労働契約の中途解約としての普通解雇がある。普通解雇のうち、経営上の理由で労働者を解雇する措置を整理解雇（本章第5：351頁～）という。

2　解雇と退職（合意退職・辞職）の違い

使用者から、解雇はしておらず退職勧奨したにすぎない、または先に労働者から退職の意思表示がありそれに応じた（合意退職）、労働者が一方的に辞めた（辞職）等、解雇の意思表示の存否について争われることがある。これには①使用者側の「解雇した」という言動ないし労働者の「退職する」という言動の有無についての事実認定が問題となる場合と、②使用者側の言動がそもそも解雇の意思表示に当たるのか、あるいは労働者の意思表示が退職の申し込みに当たるのか等という、当該言動の評価にかかわる場合がある。

退職勧奨は労働者の自発的な退職意思の形成を促そうとする事実行為であり、雇用関係の解消にあたっては労働者の自発的な意思決定が要求される（退職勧奨については第7章第3（275頁～）参照）。これに対し、解雇は使用者による一方的な解約であるから、労働者の意思が介入する余地はない。

解雇に関する相談を受けた際は、本当に解雇なのか、それとも合意解約（あるいは辞職）なのかを判断することが必要になる（辞職及び合意解約については第７章第１・３（269頁～）及び第７章第２（271頁～）参照)。いずれにあたるのか、相談者が区別していないケースも見られるので注意を要する。

①の例として、ベストFAM事件・東京地判平26. 1. 17労判1092号98頁は、労働者が「解雇ということですか」と尋ねたところ社長が「そうです」と答えたと主張し、使用者側がその事実を争った事案で、労働者がハローワーク、労基署、東京労働局のあっせん手続にて、退職の直後から一貫して即日解雇されたこと及び解雇の理由が成績不良である旨を述べていたこと、原告はできるだけ長く被告で雇用されることを望んでおり、入社後１か月半余りで自ら退職する合理的な理由は見出し難い等として、自主退職ではなく解雇されたものと認定した。

②の退職合意（合意解約）の成否の評価に関して、乙山法律事務所経営者事件・東京地判平27. 3. 11判時2274号73頁は「労働者にとって雇用契約は、生活の糧を稼ぐために締結する契約であり、かつ、社会生活の中でかなりの時間を費やすことになる契約関係であることからすれば、かかる雇用契約を解消するというのは、労働者にとって極めて重要な意思表示となる。したがって、かかる雇用契約の重要性に照らせば、単に口頭で合意解約の意思表示がなされたとしても、それだけで直ちに合意解約の意思表示がなされたと評価することには慎重にならざるを得ない。特に労働者が書面による合意解約の意思表示を明示していない場合には、外形的にみて労働者が合意解約を前提とするかのような行動を取っていたとしても、労働者にかかる行動を取らざるを得ない特段の事情があれば、合意解約の意思表示と評価することはできないものと解するのが相当である。」と判示している。またゴールドルチル（抗告）事件・名古屋高決平29. 1. 11労判1156号18頁は、労働者が使用者に対し、「やはり首ですよね？はっきりしないと仕事を探すにも探せません」「首ですね？」「会社を辞めないと行けませんけど」と述べ、使用者が「仕事探してみてはいかがですか」「雇用保険受付してもいいですよ」と応じ、労働者が雇用保険受付について「お願いします」とメールで返信し、使用者は労働者の求めに応じ雇用保険被保険者離職票を作成し交付した、との事実関係において、上記やり取りは雇用関係が既に終了しているかのような使用者側の対応を前提とするものであり、また、当面の生活費に困っている中で金銭給付を受けるためになされたものであるとし、労働者が合意退職の意思表示をしたものとはいえない、とした。

解雇の意思表示の評価については、医療法人光優会事件・奈良地判平25. 10. 17労判1084号24頁、大阪高判平26. 7. 11労判1102号41頁は、経営者が「本日限りで看護部は解散だ」と発言したことにつき、労働者の離職の経緯等から、解雇の意思表示と評価した。また北日本電子ほか（外国人研修生）事件・金沢地小松支判平26. 3. 7労判1094号32頁は、組合規約に反したとして強制帰国させようとしたことを「原告の労務の受領を拒否する意思の表れ」として解雇と認定した。一方で、東京高判平25. 8. 28判タ1420号93頁は、会社が７月13日に８月20日付の解雇予告通知を出し解雇理由証明書及び離職票上解雇した旨の記載があり、労働者が７月中旬に労基署に解雇されたと相談し離職票にも「解雇を無効とする裁判を予定しています。失業給付の仮払いを請求します」と記載しているものの、６月半ばに（無期雇用の）労働者が２、３年くらいの有期労働契約を締結しなければ辞めると話し同月25日会社はそれを拒否したこと、７月22日か23日に社長が労働者と面談した際に労働者の方から辞めると言ったではないかと発言したこと、労働者が会社内での待遇（一方的に賃金を減額されていた）に不満を持ち再独立を志向していたこと、労働者が６月29日に８月20日までの有給休暇申請をし、以後８月20日ころに私物整理のため出社したほかは出社しなかったこと、その後、他の大手損保会社に就職し、現在、代理店資格取得のための研修生という立場で勤務していること、労働者が本訴において当初、解雇無効を主張することなく、使用者によって不本意な退社をさせられたことを問題としていたこと等から、解雇ではなく、不本意ではあるが自主退職したものと認定した（原判決は解雇と評価）。

このように裁判例では、使用者側の言動に加え、労働者の離職の経緯、労働者が自己の意思で退職する動機の有無、離職後の労働者の態度、使用者が労働者の労務提供の受領を拒否する意思の表れとみられる事情の有無等により、解雇か自主退職かについて認定している。

3　解雇（予告）の意思表示

解雇の意思表示は確定的に行われる必要がある。全国資格研修センター事件・大阪地判平7. 1. 27労判680号86頁は、「がんばってもらわないとこのままでは30日後に解雇する」旨の通告は、業績を上げなければ１か月後に解雇することがあるかもしれないという解雇の可能性を示すものに過ぎないとして、確定的な解雇予告の意思表示と認定しなかった。

したがって、相談者から聞き取った事情をもとに、使用者による確定的な意思表示であるといえるかについても判断する必要がある。

また、解雇の意思表示は使用者が従業員に対し一方的に行う労働契約解除の意思表示であって、これを撤回することはできない（民法540条２項、東京高決平21. 11. 16判タ1323号267頁）。

第２　解雇の手続

1　労基法上の解雇予告義務とその例外

民法627条１項によれば、使用者は、労働者と同じく、期間の定めのない労働契約についてはいつでも解約を申し入れることができ、申入後２週間が経過すれば労働契約は終了する。しかし、労基法は、労働者保護の観点から、解雇予告の手続を設けている。

(1)　原則

ア　解雇予告義務・解雇予告手当支払義務

使用者は労働者を解雇しようとする場合においては、少なくとも30日前にその予告をしなければならない。30日前に予告をしない使用者は30日分以上の平均賃金を解雇予告手当として支払わなければならない（労基法20条１項）。予告の日数は、１日について平均賃金を支払った場合は、その日数を短縮することができる（同条２項）。

なお解雇予告手当は、税法上、退職所得となるため、税金の扱いは退職金と同様である（所得税基本通達30号5頁）。また労働の対償たる賃金に当たらないため（昭和23. 8. 18基収2520号）、社会保険料、雇用保険料はかからない。よってこれらを控除して支払う扱いは誤りである。

イ　平均賃金

平均賃金とは、算定しなければならない事由の発生した日以前３か月間にその労働者に対し支払われた賃金の総額（但し、臨時に支払われた賃金及び３か月を超える期間ごとに支払われる賃金（夏・冬の２回に分けて支給される賞与等は算入しない）を、その期間の総日数で除した金額をいう（労基法12条１項本文、４項）。３か月は、賃金の締め日があるときは直前の締め日から起算する（労基法12条２項）。

賃金が日給や時給、出来高払その他請負制によって定められた場合において、賃金総額をその期間中の実労働日数で除した金額の６割に当たる額の方が上記計算による金額より高い場合はその額を適用する（労基法12条１項但書、１号。一部が時給または日給、一部が週給または月給の場合の計算方法は同２号参照）。算定期間内の実労働日数が６割を切るときはこちらの方が高くなるので注意を要する。

なお、平均賃金は、解雇予告手当のほか、休業手当（労基法26条）、年次有給休暇の賃金（労基法39条７項：選択肢の１つ）、労災時の休業補償（労基法76条１項、労災保険法８条、労働者災害補償保険特別支給金支給規則３条１項）、減給の制裁の制限（労基法91条）の基準となっている。

⑵　例外

解雇予告制度には例外があり、次の２つの場合については、労働者を即時解雇できる（労基法20条１項但書）。

ア　「天災事変その他やむを得ない事由のために事業の継続が不可能となった場合」

不可抗力によって突発的に発生した事由をいい、使用者の故意・過失に基づく事故や、経営上の都合に基づく事業廃止を含まない（昭63.3.14基発150号）。

イ　「労働者の責に帰すべき事由に基づいて解雇する場合」

「労働者の責に帰すべき事由」とは、即時の解雇を正当化するに足りる事由に限定され、労働者の帰責事由に基づく解雇が全て解雇予告制度の除外事由に該当するわけではない。労働者の非違行為が、予告制度による保護を否定されてもやむを得ないと認められるほど重大・悪質な場合に限られる。社長を長時間軟禁し暴力を加えたケースでは、裁判所は解雇が労基法20条１項但書の「労働者の責に帰すべき事由」に基づくものと認めた上で、即時解雇するにあたり、解雇予告手当を支給せず、また、除外認定を受けなかった点については、罰則の適用が問題となるのは格別、本件即時解雇の効力に消長を来たすものではないと判断した（洋書センター事件・東京高判昭61.5.29労判489号89頁）。

この解雇予告手当の支給をしない即時解雇については行政官庁（労働基準監督署長）の認定を受けなければならない（除外認定。労基法20条３項、19条２項）。「労働者の責に帰すべき事由」について通達では、①事業場内における盗取、横領、傷害等刑法犯に該当する行為（原則として極めて軽微なものを除く）があった場合、②他の事業へ転職した場合、③原則として２週間以上正当な理由なく無断欠勤し、出勤の督促に応じない場合、④出勤不良又は出欠常ならず、数回に亘って注意をうけても改めない場合などが挙げられている（昭23.11.11基発第1637号、昭31.3.1基発第111号）。除外認定は厳しく運用されており、認定を受けることは容易ではない。裁判で解雇が有効と判断される事案でも除外認定を受けられないケースもある。

除外認定を受けるに当たっては、使用者は、労基署が認定・不認定の決定を行うことができるだけの客観的かつ具体的な資料を提出する必要がある。一般的には、企業全体の事業内容の概要や組織体制、被申請者（労働者）の所属する事業場の事業内容や組織体制、被申請者の生年月日、住所、電話番号（住民票を提出することもある）、被申請者と連絡がつかない場合の家族・実家等の連絡先、被申請者の職務内容・職務権限、被申請者の帰責事由に関する顛末書、始末書、聴取書、組合・懲罰委員会の意見（あれば）、労働者名簿、賃金台帳、就業規則等を提出し、労基署に説明を行うことになる。労基署から被申請者本人への聴取も行われる。

2　解雇予告の効果と予告手当の支払時期

使用者による解雇予告の意思表示も解雇の意思表示の一つであり、予告した期間の満了によって解雇の効力を発生させる（予告期間中は労働契約関係が存在している）。予告期間満了後に改めて解雇の意思表示をする必要はない。

但し、使用者が解雇予告義務を守ったとしても、それによって当然に解雇の効力が生じるわけではなく、さらに後述する労契法16条や個別法令による解雇制限を受ける。

予告手当は解雇の効力が発生する日に支払う必要がある（即時解雇の場合には、使用者が労働者に対して解雇の意思表示を行った日）。予告手当を次の賃金支払日に支払うという取扱は違法である。

裁判で予告手当を請求する場合は、付加金の請求もできる（労基法114条）。提訴時点で予告手当の未払があった場合でも、事実審口頭弁論終結時までに支払がなされたときは裁判所は付加金の支払を命じることができなくなる（細谷服装事件・最二小判昭35. 3. 11民集14巻3号403頁 判時218号6頁。時間外割増賃金を１審敗訴した使用者が控訴審係属中に支払った事案につき甲野堂薬局事件・最一小判平26. 3. 6労判1119号5頁 判時2219号136頁）。付加金については第２章第３・10（109頁）も参照。

3　解雇予告義務の適用除外

解雇予告制度は、期間の定めのない労働契約のみならず、期間の定めのある労働契約を期間途中で解約する場合にも適用される。但し、以下の臨時雇用労働者については、解雇予告制度を適用する必要性が乏しいことから、解雇予告義務は適用されない（労基法21条）。

①　日日雇い入れられる者（１か月を超えて引き続き使用されている場合を除く）

②　２か月以内の期間を定めて使用される者（所定期間を超えて引き続き使用されている場合を除く）

③　季節的業務に４か月以内の期間を定めて使用される者（所定期間を超えて引き続き使用されている場合を除く）

④　試用期間中の者（14日を超えて引き続き使用されている場合を除く）

4　解雇予告義務に違反した解雇の効力

解雇予告をせず、予告手当も支払わないで解雇した場合（除外認定事由なし）について、最高裁は、労基法20条に違反する解雇の通知は、即時解雇としては効力が生じないが、使用者が即時解雇を固執する趣旨でないかぎり、通知後30日の期間を経過するか、または予告手当の支払をしたときは、そのいずれかのときから解雇の効力が生ずるとした（前掲細谷服装事件・最二小判昭35.3.11）。

5　解雇理由証明書の交付

解雇が解雇権濫用等により無効になるかどうかを判断するためには、解雇理由を知る必要がある。

労働者の求めがあった場合、使用者は退職の事由を記載した証明書を交付すべきものとされ、解雇の場合には解雇理由をも記載しなければならない（労基法22条１項）。また、解雇予告をされた日から退職日までの間（予告期間中）に労働者が請求した場合も同様である（同条２項）。

この解雇理由には、「就業規則の一定の条項に該当することを理由として解雇した場合には、就業規則の当該条項の内容及び当該条項に該当するに至った事実関係」を証明書に記載しなければならない（平11.1.29基発45号）。「労働者と使用者の間で退職の事由について見解の相違がある場合、使用者が自らの見解を証明書に記載し労働者の請求に対し遅滞なく交付すれば、基本的には法第22条第１項違反とはならないものであるが、それが虚偽であった場合（使用者がいったん労働者に示した事由と異なる場合等）には、前記と同様法第22条第１項の義務を果たしたことにはならない」（平11.3.31基発169号）。

第３　解雇に対する法規制

1　労契法16条（解雇権濫用）による制限

労契法16条は「解雇は、客観的に合理的な理由を欠き、社会通念上相当であると認められない場合は、その権利を濫用したものとして、無効とする」と規定している。

労働契約法施行通達（平24．8．10基発0810第２号）は、同条について「解雇権濫用の評価の前提となる事実のうち、圧倒的に多くのものについて使用者側に主張立証責任を負わせている現在の裁判実務を何ら変更することなく最高裁判所判決で確立した解雇権濫用法理を法律上明定したもの」としている。

『類型別労働関係訴訟の実務』は、「解雇権濫用法理の実質は、解雇を容易に認めないという法理である。」とした上で解雇権濫用の主張立証に関して「裁判実務では、労働者から何ら落ち度なく勤務していた等の概括的主張があれば、権利濫用の評価根拠事実としての具体的事実が主張されたものとし、使用者において、再々抗弁としての権利濫用の評価障害事実（解雇理由となる具体的事実）の主張立証の責任が生ずるとするのが一般的である。」としている（同書256頁）。

2　個別法令による制限

個別法令による解雇制限には、以下のようなものがある。

(1)　**解雇禁止期間（労基法19条）**

①　業務上の傷病による休業期間及びその後の30日間は解雇できない。但し、例外として、労基法81条に基づいて打切補償が支払われた場合、天災事変その他やむを得ない事由のために事業の継続が不可能となった場合はこの限りではない。後者の場合は労基署の除外認定が必要である。労災認定されていても、通勤災害は「業務上の傷病」には該当しないので注意する必要がある。

打切補償とは、労基法75条の規定によって補償を受ける労働者が療養開始後３年を経過しても負傷又は疾病が治らない場合において、使用者が平均賃金の1200日分の打切補償を行い、その後は同法に規定による補償を行わなくてもよい（労基法81条）というものである。「労基法75条の規定によって補償を受ける労働者」には、労災保険法により療養補償給付及び休業補償給付を受けている労働者も含まれる（学校法人専修大学事件・最判平27.6.8民集69巻4号1047頁 労判1118号18頁。労災保険法に基づく保険給付の実質は、使用者の労基法上の災害補償義務を政府が代わって行うものであり、19条但書の適用の有無に当たって、使用者自らの負担で災害補償が行われている場合と労災保険法による保険給付が行われる場合とで取り扱いを異にすべきとは言い難い、とした）。

労災認定を受けることなく使用者が自ら療養補償を行っているケースで、「打切補償の要件を満たした場合には、雇用者側が労働者を打切補償により解雇することを意図し、業務上の疾病の回復のための配慮を全く欠いていたというような、打切補償制度の濫用ともいうべき特段の事情が認められない限りは、解雇は合理的理由があり社会通念上も相当と認められることになるというべきである」とした裁判例がある（アールインベストメントアンドデザイン事件・東京高判平22.9.16判タ1347号153頁）。

労働者が労災保険の傷病補償年金を受給した場合（傷病等級１級～３級の場合）は、療養開始後３年を経過した日において傷病補償年金を受給している場合は療養開始後３年を経過した日、３年を経過した日には受給していなかったがその後に傷病補償年金を受けることとなった場合は傷病補償年金を受けることとなった日に、打切補償（労基法81条）が支払われたとみなされ、解雇制限がなくなる（労災保険法19条）（第16章第２・４(2)カ（658頁）参照）。

② 産前産後の女性が労基法65条によって休業する期間（産前産後休業）及びその後30日間は、解雇できない。

天災事変その他やむを得ない事由のために事業継続が不可能となった場合に例外が認められるのは①と同様である。

(2) 差別的な解雇の禁止

① 国籍、信条、社会的身分を理由とするもの（労基法３条）

② 労働組合の組合員であること、労働組合に加入、もしくは結成しようとしたこと、労働組合の正当な行為をしたことを理由とするもの（労組法７条１号）

③ 労働者の性別を理由とするもの（均等法６条４号）

④ 障害者であることを理由とするもの（障害者雇用促進法35条、障害者差別禁止指針・平27厚労省告示第116号・第３－13）

(3) 法律上の権利行使を理由とする解雇の禁止

① 労働者が労基法違反や労安衛法違反の事実を労基署や労働基準監督官に

申告したことを理由とするもの（労基法104条２項、労安衛法97条２項）

② 労働者が都道府県労働局長に紛争解決の援助を求めたこと、またはあっせんを申請したことを理由とするもの（個別労働関係紛争の解決の促進に関する法律４条３項、５条２項）

③ 労働者・短時間労働者が都道府県労働局長に紛争解決の援助を求めたこと、または調停を申請したことを理由とするもの（均等法17条２項、18条２項、パート労働法24条２項、25条２項）

④ 労働者が公益通報者保護法に基づいて公益通報したことを理由とするもの（公益通報者保護法３条）

⑤ 女性労働者が婚姻、妊娠、出産、労基法65条の産前産後の休業を請求・取得したこと等を理由とするもの（均等法９条２項、３項、同法施行規則２条の２。なお妊娠中の女性労働者及び出産後１年を経過しない女性労働者に対してなされた解雇については、事業主が妊娠等を理由とする解雇ではないことを証明しない限り無効となる。同法９条４項）

⑥ 育児・介護休業の申出をしたこと、育児・介護休業をしたことを理由とするもの（育児介護休業法10条、16条）

⑦ 雇用保険の被保険者となったことまたは被保険者でなくなったことの厚生労働大臣への確認の請求をしたことを理由とするもの（雇用保険法73条）

⑧ 労使協定の過半数代表、企画業務型裁量労働制の労使委員会の労働者委員、労働者派遣の一般派遣業務の派遣可能期間決定の際の意見聴取等の過半数代表になること、なろうとしたこと、過半数代表等として正当な行為をしたことを理由とするもの（労基則６条の２第３項、24条の２の４第６項、派遣法施行規則33条の５）。

⑨ 企画業務型裁量労働制の適用に同意しないことを理由とするもの（労基法38条の４第１項６号）。

⑩ 不当労働行為について労働委員会に申立を行ったことや調査・審問での証拠提出や証言等を理由とするもの（労組法７条４号）

3　就業規則・労働協約による制限

解雇事由は就業規則・労働協約において定められるのが一般である。解雇の理由を含む「退職に関する事項」は就業規則の絶対的記載事項とされる（労基法89条３号）。相談を受けるにあたっては当該相談者に適用される就業規則・労働協約の有無・内容について確認する必要がある。

⑴ 就業規則や労働協約の手続条項

一般的に、就業規則や労働協約において解雇する場合の手続条項が定められている場合には、当該手続を踏まないで行われた解雇は無効であると考えられている。

整理解雇の場合には、このような条項がなかったとしても、労働者・労働組合に十分な説明や協議を行ったか否かが有効性を判断する際の考慮要素とされている。後述の第５・２⑷（355頁）参照。

⑵ 就業規則に解雇事由が定められている場合

使用者が解雇の意思表示をする場合、労働者の非違行為等が就業規則のどの条項に該当するのかを明らかにして行われるのが普通である。

⑶ 就業規則に解雇事由が定められていない場合

ア　就業規則が存在しない場合

就業規則が存在しない場合でも、労働契約の解約としての普通解雇はできる。懲戒権の行使として行われる懲戒解雇は就業規則に懲戒の対象となる事由と懲戒処分の種類が定められていなければならない（フジ興産事件・最二小判平15. 10. 10労判861号5頁 判時1840号144頁）。

したがって、就業規則が存在しない場合には「懲戒解雇」を行うことはできない。

イ　就業規則に非違行為に該当する事由がない場合

就業規則は存在するが具体的に問題となる非違行為に該当する事由が掲げられていない場合には、そもそも解雇できるのかという問題が生じる。この問題は、就業規則に解雇事由が定められている場合に、この事由以外の解雇は許されないとすべきか否か、すなわち、就業規則の解雇条項が限定列挙か例示列挙かという点を巡って争われてきた。裁判例においても判断が分かれている。限定列挙説によれば、列挙事由に該当しなければ特段の事情がない限り解雇できないことになり（サン石油事件・札幌高判平18. 5. 11労判938号68頁）、例示列挙説によれば、列挙事由に該当しなくても、客観的に合理的な理由があれば解雇できることになる（ナショナル・ウエストミンスター銀行［３次仮処分］事件・東京地決平12. 1. 21労判782号23頁）。

もっとも、多くの就業規則には、具体的事由を列挙した後に「その他前各号に掲げる事由に準じる」のような包括条項が設けられているため、制限列挙か例示列挙かは実際には大きな意味をもたない。

なお、『類型別労働関係訴訟の実務』は、例示列挙説が相当としている（同書257頁）。

第４　普通解雇：能力・勤務態度等を理由とする解雇

1　普通解雇権行使の規制

普通解雇権の行使の有効性を判断するにあたっては、普通解雇は、①雇用契約の履行に重大な支障を及ぼす債務不履行状態が将来に渡って継続することが予想され、②使用者が解雇回避措置をつくしてもなお雇用を継続できない場合の当該契約解消の最終手段として行使されるものであることを念頭に置く必要がある。なお、①の解雇事由の重大性の程度により、②の使用者の解雇回避措置義務が軽減されるという関係にあるとされる（『労働関係訴訟の実務』271～275頁）。

なお、本項では以下、労働者に帰責性のある解雇（労働能力、勤務態度不良、非違行為等）について触れるが、解雇事由が「能力不足」にあたるのか「勤務態度不良」に当たるのか等の事例の区分けは、使用者の主張や就業規則の定め方等にもよるため簡単ではなく、以下の裁判例については便宜上区分けしたものであることを了承されたい。

2　病気・負傷を理由とする解雇

(1)　考慮要素

病気・負傷により労働能力を喪失したことを理由に解雇することが、「客観的に合理的な理由」があり、かつ「社会通念上相当」といえるかどうか（労契法16条）を判断する当たっては、①病気・負傷の存在が労働能力に与える影響の大きさ、②病気・負傷の回復の可能性、③他の業務等への配転の可能性等を考慮要素とする。

病気・負傷そのものを理由として解雇することは認められない。これにより労働者がある程度の期間、業務に従事できないことが必要である。多くの企業では、業務上ではない病気・負傷のために業務に従事することができない労働者について、一定期間休職させ、所定の休職期間が経過しても原職に復帰することができない場合には、自動的に退職扱いにするか、解雇を行うとする内容の休職制度が就業規則に定められている（ただし、休職制度を設けるか否かは使用者の自由である。休職制度については第６章（241頁～）参照）。なお、傷病が業務上のものである場合は、その休業期間及びその後の30日間は解雇できない（労基法19条）ため、このような私傷病等の休職制度を適用して自動的に退職扱いにしたり解雇することはできない。実務上は、当該傷病が業務上の傷病か否かで争われることが少なくない。

⑵　病気・負傷の存在が労働能力に与える影響の大きさ

病気・負傷により労働能力に重要な影響を及ぼさない場合には、解雇は無効である（前掲サン石油事件・札幌高判平18.5.11）。

休職からの復職の際、基本的な労働能力は低下しておらず、復帰不能な事情が休職に伴う一時的なもので短期間に従前の業務に復帰可能な状態になりうる場合には、使用者は、短期間の復帰準備期間を提供したり、教育的措置をとったりする信義則上の義務を負うものとされる（全日本空輸（退職強要）事件・大阪地判平11.10.18労判772号9頁、控訴審大阪高判平13.3.14労判809号61頁、最三小決平13.9.25で上告棄却）。

⑶　病気・負傷の回復の可能性

病気・負傷による労働能力の喪失が認められる場合であっても、一時的なものであり、治療などにより回復することが見込まれる場合には、解雇は無効である。病気・負傷による労働能力の喪失がある程度の期間、継続することが予想され、労働者を引き続き雇用することがもはや使用者に期待することができないほど重大な場合に解雇が有効になると考えてよいであろう（似たような考え方を示した事案として、横浜市学校保健会（歯科衛生士解雇）事件・東京高判平17.1.19労判890号58頁、独立行政法人N事件・東京地判平16.3.26労判876号56頁。K社事件・東京地判平17.2.18労判892号80頁。但し、K社事件以外では解雇は有効とされている）。

⑷　他の業務等への配転の可能性

職種・職務が特定されていない労働者が、病気・負傷により、従前どおりの業務を行うことができなくなったとしても、会社の業務内容や業務規模に照らし、他の軽易な作業に従事させることができる現実的可能性がある場合には、解雇は無効であると考えられる。労働者が命じられた特定の業務を十分に行うことができなくても、他の業務については就労が可能であり、労働者自身がその履行の提供を申し出ている場合には債務の本旨に従った履行の提供があるものとして、使用者は労働者の配置の現実的可能性がある業務が他にあったかどうかを検討すべきであり、使用者は労務の提供の申出を拒否して賃金を支払わないことは許されないとした判例がある（片山組事件・最一小判平10.4.9労判736号15頁 判時1639号130頁　但し、解雇事案ではない）。

この点については、休業からの復職に関する第6章第4・2⑵（249頁～）もあわせて参照されたい。

3　能力不足を理由とする解雇

能力不足や業務成績、適格性の欠如を理由とする解雇に「客観的に合理的な理由」（労契法16条）があるか否かについては、単に能力等が欠如しているだけでは足りず、①能力等が著しく劣ること、②向上･改善の見込みがないこと、を判断の基準としている裁判例が多い。例えば、労働契約上、当該労働者に求められている職務能力の内容、当該職務能力の低下が当該労働契約の継続を期待することができないほどに重大なものであるか否か、使用者が当該労働者に指導改善の機会を与えたのに改善されなかった否か、今後の指導による改善可能性の見込みの有無等の事情を総合的に考慮する（ブルームバーグ・エル・ピー事件・東京地判平24. 10. 5労判1067号76頁 判時2172号132頁。東京高判平25. 4. 24労判1074号75頁で控訴棄却）とされている。

(1)　新卒採用のゼネラリストの場合

長期雇用システムの下、労働契約上、使用者に広範な人事裁量権が認められる従業員（とりわけ若手・中堅従業員）については、その反面として、使用者の雇用を維持する義務は軽々に後退せず、使用者は然るべき解雇回避措置を実施する必要がある。したがって、その職務能力の不足等による解雇が正当化されるためには、当該労働者に要求されている職務遂行能力のレベルからみて、再々の指導、教育、研修会の付与によっても容易に是正し難い程度に達し、職務遂行上の支障（またはその蓋然性）を発生させていることを必要とし、また、仮に、そのような支障を発生させている場合であっても、配転・降格等によって当該労働者の能力を向上させ活用する余地があれば、それらの回避措置によって雇用を継続する努力が求められる（『労働関係訴訟の実務』278頁）。『類型別労働関係訴訟の実務』も、長期雇用システム下の正規従業員については、一般的に、労働契約上、職務経験や知識の乏しい労働者を若年のうちに雇用し、多様な部署で教育しながら職務を果たさせることが前提とされるから、教育・指導による改善・向上が期待できる限りは、解雇を回避すべきであるということになり、勤務成績・態度不良の該当性や解雇の相当性は、比較的厳格に判断されることになる、としている（同書259頁）。

長期雇用システム下で定年まで勤務を続けていくことを前提として長期にわたり勤続してきた正規従業員を勤務成績・勤務態度の不良を理由として解雇する場合は、労働者に不利益が大きいこと、それまで長期間勤務を継続してきたという実績に照らして、それが単なる成績不良ではなく、企業経営や運営に現に支障・損害を生じ又は重大な損害を生じる恐れがあり、企業から排除しなければならない程度に至っていることを要し、かつ、その他、是正のため注意し反省を促したにもかかわらず、改善されないなど今後の改善の見込みもないこと、使用者の不当な人事により労働者の反発を招いたなどの労働者に宥恕すべき事情がないこと、配転や降格ができない企業事情があることなども考慮して濫用の有無を判断すべきである（エース損害保険事件・東京地決平13.8.10労判820号74頁 判時1808号129頁）。

(2)　地位を特定した中途採用・専門業務に従事する専門家としての採用の場合

労働契約上、「人事部長」「営業部長」などの地位を特定して中途で採用された労働者や専門性を要する業務に適用することができる高度の専門的知識・能力を有する労働者については、その職責上、一般従業員よりも厳しい業績評価がなされ、期待された業績と実績との落差がより重要な要素として考慮され、その程度が著しい場合には使用者が雇用を維持する義務は後退し、合理的な期間内に期待された勤務成績を達成することができなかった場合には、解雇が認められることもある。ヒロセ電機事件・東京地判平14.10.22労判838号15頁は海外勤務歴に着目し語学力や品質管理能力を買われて即戦力として雇われた例で雇用時に予定された能力をまったく有せず、これを改善しようともしないとして解雇有効とした。トライコー事件・東京地判平26.1.30労判1097号75頁は記帳・経理業務専門コンサルタントとして雇用されたが、期限を守らず、会計処理を誤る、顧客からの問い合わせに適切に回答しないなど職務を懈怠し、注意・指導をされながら改善がみられなかったことから、職務遂行能力を十分に有していなかったとして解雇有効とした。一方、前掲ブルームバーグ・エル・ピー事件・東京地判平24.10.5は中途採用の記者について職務能力の低下が労働契約を継続することができないほどに重大なものであることを認めるに足りる証拠はないとして解雇無効とした。

(3)　成果主義賃金が採用されている場合

近時､労働者の業績を賃金に反映させる成果主義賃金が急速に普及している。成果主義の下、成果の発揮が求められる管理職には労働契約が予定する職務の性質上、使用者の人事裁量権が大幅に制約されていることの反面として雇用維持義務が大きく後退するという考えがある（『労働関係訴訟の実務』276頁、277頁）。他方、このような賃金制度の下では、業績の低さが使用者に与える不利益の程度は軽減されることになるため､成績や労働能力を理由とする解雇は､その他の賃金制度の場合より厳しくなっても、緩やかになされるべきではないとする見解もある（西谷『労働法』412頁）。なお、年俸制で年俸額の合意形成やIPC（業績奨励賞与）の支給額の決定において前年度の労働者の業績や貢献などが考慮される場合に「収益貢献度の多寡は、基本的には翌年の年俸額やIPCに反映されるにとどまるものと解するのが相当であり、年度の途中においてそれが解雇理由となるのは、収益貢献度が極端に低い場合に限られる」等として解雇無効とした事例がある（クレディ・スイス証券（休職命令）事件・東京地判平24. 1. 23労判1047号74頁）。

⑷　成績（業績）評価と解雇

人事評価が低評価であったことが解雇理由の根拠として挙げられることがあるが、人事評価はあくまで使用者の主観的な評価であるため、裁判例は単に人事評価のみによって解雇理由を判断することはなく、その評価の前提事実の有無、労働契約締結の経過・経緯等について認定し、総合的に解雇事由となり得るか評価している。よって最低評価がついたからといって必ずしも解雇が認められるわけではない。

目標の達成度を５段階で評価する人事評価制度の下で、当該労働者が従来の業務に加えて新たな業務も担うところになったところ、業務のスピードが遅い、成果物の質が低い等により最低評価（N）を付けられて解雇された事案で、前年までは５段階の３番目の評価を受けていたこと等から、新たな担当業務の評価を含めてN評価を受けたことを重視しすぎることは適正、公平を欠く等して解雇無効となった（JPモルガン銀行事件・東京地判平28. 4. 11労働判例ジャーナル53号53頁）。

なお、相対評価で平均的な程度に達していないことを理由とする解雇は無効である。相対評価が低い者は常に存在するからである（セガ・エンタープライゼズ事件・東京地決平11. 10. 15労判770号34頁 判タ1050号129頁）。日本IBM（解雇・第１）事件・東京地判平28. 11. 15労判1142号40頁も、相対評価の人事評価制度において「低評価が続いたからといって解雇の理由に足りる業績不良が認められるわけではない」としている。

⑸　PIP（パフォーマンス・インプルーブメント・プラン＝業績改善計画）で目標を達成できなかった場合

PIPとは、成績不良とみなされた労働者に課題を与えて能力を向上させる機会を与える制度のことをいう。業務命令としてPIPを受けさせること自体は違法ではないが、達成不能な課題や抽象的な目標の設定、恣意的な評価を行い、目標未達成であるとして能力不足を理由に解雇する不当なケースも見られる。

能力不足を理由に解雇する前にPIPが行われていたとしても、直ちに使用者が改善の機会を与え、雇用継続の努力を行ったとして解雇が正当化されるわけではない。PIPの内容が一般の社員と比較して達成可能か、目標が達成できなかったとして解雇を正当化し得るか、能力その他の事情を総合的に考慮して、当該解雇に客観的に合理的な理由が存在し、社会通念上相当であるかが判断される。PIPを経た解雇が無効とされた裁判例として、前掲ブルームバーグ・エル・ピー事件・東京地判平24. 10. 5労判1067号76頁、前掲日本IBM（解雇・第１）事件・東京地判平28. 11. 15がある。

4　協調性・コミュニケーション能力欠如等を理由とする解雇

最近の人事管理では、労働者の性格の問題・協調性の欠如につき「コミュニケーション能力」という「能力」の問題として、人事考課の対象に含めることが増えてきている。通常は労働者の性格そのものを解雇事由とすることは許されず、かかる性格から現れる具体的な勤務態度や言動等により、業務の円滑な遂行に支障が生じ、他の従業員の士気にも悪影響を及ぼし、労働契約の継続を期待し難いほど重大な支障が生じる事態になって初めて解雇が有効となると考えられる。

解雇を有効と認めた判例として、セコム損害保険事件・東京地判平19. 9. 14労判947号35頁（入社当初からの職制や会社批判等の問題行動の繰り返し、職場の人間関係の軋轢を招く勤務態度等が問題とされた）、日本ヒューレット・パッカード事件・東京地判平24. 7. 18労判1073号11頁、東京高判平25. 3. 21労判1079号148頁（自らの思い込みに基づいて上司や同僚、会社の他の部署に対して攻撃的で非常識な表現や内容を含むメールを多数送信する等の行為を繰り返したこと等が取引先との信頼関係棄損、円滑な業務執行に支障を生じさせたとされた）等がある。なお、同僚らに対して日常的に高圧的、攻撃的な態度を取っていた等が問題となった事案で、使用者の解雇回避義務について「原告の性向等は容易に変わりえないものと推測でき、職種や配置を転換することによって問題が解決ないし軽減されるという事態は想定しがたい」として、職種や配置の転換の可能性を検討しなかったとしても解雇回避義務を尽くしていないとはいえないとして、解雇を有効とした事例がある（メルセデス・ベンツ・ファイナンス事件・東京地判平26. 12. 9労経速2236号20頁）。

一方で、アスペルガー症候群に起因する言動により大学教員としての適格性を欠くとして解雇された事案につき、アスペルガー症候群であることを前提とした解雇回避努力がなされていないとして解雇無効とした事例がある（Ｏ公立大学法人（Ｏ大学・准教授）事件・京都地判平28. 3. 29労判1146号65頁。第12章第３・３（538頁）も参照）。

5 勤務態度・業務上のミス等を理由とする解雇

勤務態度の不良や業務上のミスは、通常一度だけでは有効な解雇理由とはならない。使用者が注意・指導したにもかかわらず、接客態度や業務上のミスが改まらないなど勤務態度の不良が繰り返された場合にはじめて解雇が有効となる。

使用者側がどの程度の注意・指導等の改善努力をすべきかについては、労働者が新卒採用・長期雇用を前提としたゼネラリストなのか、高待遇・専門性を期待される中途採用者なのか、使用者の事業規模等によっても異なってくる。

長期雇用のゼネラリストについて、大量の伝票処理ミスがあったとされた事案で、伝票処理は原告が慣れない業務であったこと、原告がミスなく業務を行うことができる職種もあること等から、未だ原告に従業員としての適格性がなく、解雇に値するほど技能発達の見込みがないとまではいえない、として解雇無効とした事案がある（森下仁丹事件・大阪地判平14. 3. 22労判832号76頁）。一方で、新卒者を２年半にわたり繰り返し注意・指導する等教育を試みたが、従業員規模100人の会社では他の従業員の支障にならない部署はないと判断し、転職活動をしやすいように倉庫勤務に配転する等の措置を取った事例で、解雇が有効とされた事案がある（H社事件・東京地判平22. 4. 9労経速2079号14頁）。

高位・高待遇・専門性を有する労働者に対する注意指導等の改善努力については、使用者の負担が軽減される傾向にある。小野リース事件（最三小判平22. 5. 25労判1018号5頁 判時2085号1頁）は、統括部長兼取締役の勤務態度・飲酒癖を理由とする解雇について、原審は、はっきりとした注意指導がなく改善を図る機会を与えていないとして解雇無効としたが、最高裁は、「上告人の正常な職場機能、秩序を乱す程度のものであり、被上告人が自ら勤務態度を改める見込みも乏しかった」として解雇有効とした。また、欠勤・遅刻・早退などの報告懈怠、報告書の提出懈怠、業務上のミスが続いた労働者につき「ごく少数の企業において、社内で最も高給取りであったにもかかわらず」他の従業員の士気にも影響を及ぼしかねないような勤務態度が見られたとして解雇有効とされた事案がある（NEXX事件・東京地判平24. 2. 27労判1048号72頁）。一方で、基本年収2200万円の高待遇労働者に対する業務成績不良解雇を否定する事案もある（前掲クレディ・スイス証券（休職命令）事件・東京地判平24. 1. 23）。

また、小規模事業所の場合には、現実的な配転の可能性や業務量の調整などに限界があることが考慮される場合がある。例えば海空運輸健康保険組合事件（東京高判平27. 4. 16労判1122号40頁）は、事務処理のミス等により使用者全体の事務に相当の支障を及ぼす結果となっており、使用者が必要な指導や配置換えを行っていた事案で「15名ほどの職員しか有しない小規模事業所であり、その中で公法人として期待された役割を果たす必要があることに照らすと」使用者が引き続き労働者を雇用することが困難な状況に至っていたと言わざるを得ない、として解雇有効とした（もっとも、1審判決：東京地判平26.4.11労判1122号47頁は解雇無効としており、『労働事件事実認定重要判決50選』は、1審が認定していた改善傾向や19年以上にわたる長期雇用に対する評価の観点が控訴審ではほとんど考慮されていないとして、本来は検討すべき点が残されていたようにも思えると評している：同書337頁）。

6 労働者の非違行為を理由とする解雇

(1) 非違行為に対する普通解雇と懲戒解雇の選択

職務懈怠（遅刻・無断欠勤・私用メール等）、業務指示・命令違反、暴行・脅迫・誹謗中傷・セクハラ・業務妨害行為などの職場規律違反、不正行為等の非違行為は、企業秩序を乱すものとして懲戒解雇がなされることが多いが、当該行為が懲戒事由に該当する場合でも、企業の側が労働者の名誉や解雇後の労働者の生活に配慮したり（一般的に、普通解雇であれば解雇予告手当、退職金は支払われる）、懲戒解雇の有効要件の厳格さ等を考慮し、普通解雇を選択することも多い。このような扱いも可能であるし、その場合には懲戒解雇の要件具備は不要であり、普通解雇（労契法16条）の要件を満たせば足りるとされている（高知放送事件・最二小判昭52.1.31集民120号33頁 労判268号17頁、トーコロ事件・東京地判平6.10.25労判662号43頁）。なお、懲戒解雇の意思表示の普通解雇へ転換の可否については本章第6・2（359頁～）参照。

非違行為による普通解雇の有効性判断に当たっては、当該行為が解雇に値する重大性があるか否かの判断が重要であるが、同時に、かかる行為につき将来の改善・是正の可能性があるか否かも検討される。なお、懲戒解雇についての第5章第2（197頁～）も参照。

(2) 職務懈怠（遅刻・欠勤等の勤怠不良、職務専念義務違反）

欠勤や遅刻等の勤怠不良や、就労時間中の私用メールやネットサーフィン等の職務専念義務違反については、勤怠不良や義務違反の程度、期間、態様、その理由、勤務に及ぼした影響、使用者からの注意指導と労働者の改善の見込みの有無などを判断要素として、企業から排除することが正当化されうるかどうかが考慮される。また、他の従業員の同様の行為に対する使用者の対応との均衡が考慮されることも多い。

勤怠不良の事例としては、通勤途上の負傷や私傷病等を理由に、４回の長期欠勤（４か月間、５か月間、１年間、６か月間）をはじめ、約５年５か月のうち、約２年４か月を欠勤し、最後の長期欠勤前の２年間の出社日数のうち約４割が遅刻であった従業員につき、解雇が認められている（東京海上火災保険（普通解雇）事件・東京地判平12. 7. 28労判797号65頁）。一方、始業から15分以内の遅刻を頻繁に繰り返し、タイムカードの改ざんをしたこと等は解雇事由に当たるとしつつも、原告以外に同様の回数遅刻を重ねている職員が解雇されていないことやその他の事情を考慮し、解雇無効とした事例がある（社団法人神田法人会事件・東京地判平8. 8. 20労判708号75頁）。

私用メールの事例としては、「被告就業規則が私用メールのやり取りを禁止しているのも、主に従業員が就業時間中に私用メールのやり取りをすることにより職務を懈怠することを防ぐことに重点をおいてのものと解されることからすれば、原告の前記私用メールのやり取りも、これが、社会通念上許容される範囲を超え、職務に支障が生じさせる程度のものであったかどうかが問題とされるべきであって、これが肯定される場合に、初めて就業規則違反を問える」として、その頻度が１か月に２通から３通程度で業務に具体的支障を生じさせたと解されるメールも存在しないとして、私用メールが社会通念上許容される範囲を超えるとは認められず、就業規則違反ではないとした例（北沢産業事件・東京地判平19. 9. 18労判947号23頁）、被告において私用メールが明確に禁止されていなかった上、１日２通程度の就業時間中の私用メールの送受信につき職務専念義務に違反しないとした例（グレイワールドワイド事件・東京地判平15. 9. 22労判870号83頁）等がある。懲戒解雇につき第５章第２・３(2)（214頁）参照。

(3)　業務指示・命令違反

業務指示・命令違反を理由とする解雇については、まず当該業務指示・命令が有効・妥当かどうかが検討された上で、業務指示・命令が有効・妥当であってもその拒否が解雇に値するほど重大かどうか、是正・改善の見込みがあるか否か等が考慮要素となる。

無効事例としては、女性労働者と会社との間で深夜勤務に従事させないとの勤務時間限定の合意があったとして、深夜勤務を常態とする部署への配転命令は無効であり、当該配転命令拒否を理由とした懲戒解雇及び普通解雇は無効であるとした例（マンナ運輸事件・神戸地判平16. 2. 27労判874号40頁）、京都支社から大阪支社への配転命令を拒否した例につき、勤務地限定合意は否定されたものの、原告がメニエール病に罹患していたため長時間の通勤に耐えられるか疑問であることから配転命令は無効であり、その命令拒否を理由とする普通解雇は無効であるとした例（ミロク情報サービス事件・京都地判平12.4.18労判790号39頁）等がある。

有効事例としては、電気工事の調査業務でペアを組む同僚の作業に協力して残業するよう指示を受けたにも関わらずこれに従わなかったとして解雇有効となった事例（英光電設ほか事件・大阪地判平19.7.26労判953号57頁）、長距離輸送運転手からフリードライバー対応の現場作業員に配転された労働者の５回にわたる乗務命令拒否につき、正当理由が認められず解雇が有効とされた事例（西井運送事件・大阪地判平8.7.1労判701号37頁）、名古屋の製作所で技能職として勤務していた原告が私傷病による欠勤後、復職には同居の家族の支援が不可欠であるとして埼玉県内の現住所から勤務可能な場所での復職を求めたのに対し、被告が原職場での復職を命じたため原告が出社を拒否し、解雇された事例で、被告においては各製作所において所管する製品などが異なり、担当製品が異なると必要なスキルも異なるため、当該製作所の技能職が別の事業所の技能職として配転された前例もないことに照らせば、原告は同製作所の工場で技能職として労務を提供することが予定され、他の事業所などに配転することは想定されておらず、原告が現住所から通勤可能な勤務地での復職を申し出ても債務の本旨に従って労務の提供を申し出ているとは言えない等として、復職命令を拒否した原告に重大な業務命令違反があるとし、解雇を有効とした事例（三菱重工事件・東京地判平28.1.26労経速2279号3頁）等がある。懲戒解雇につき第５章第２・3(3)（217頁）参照。

(4) 職場秩序・規律を乱す行為（暴行・脅迫・誹謗中傷・セクハラ、業務妨害、秘密漏えい等）

上司・同僚や取引先に対する暴行・脅迫・誹謗中傷・セクハラ、使用者の業務を積極的に妨害する、秘密を漏洩する等、服務規律違反・義務違反行為は、その動機や態様、被害の程度、本人の反省の程度、使用者側の注意指導の有無及び経緯等が考慮要素となる。

暴行や誹謗中傷については、無効事例として、取引先や競合会社の従業員などへ送信した私用メールの中に、会社が行った人事についての不満や「アホバカCEO」「気違いに刃物（権力）」等と上司に対する批判が含まれていること、他の従業員の競合他社への転職をあっせんした行為は、会社に対する誠実義務違反や背信行為に当たるとして就業規則違反となるが、後者については背信性が低く、原告が22年間にわたり勤務し、その間特段の非違行為もなく被告に貢献してきたことから、解雇に客観的合理性及び社会的相当性があるとは言えないとした例（前掲グレイワールドワイド事件・東京地判平15.9.22労判870号83頁）、同僚の胸ぐらをつかんだり、引継ぎに際し「ここで土下座して謝れ」等と怒鳴った事例で、被告は原告に対し、各トラブルを理由として懲戒処分をし、始末書の提出を求めたり、注意を与えたこともなく、各トラブルに起因してさらに特段の支障が発生したと認められないこと等から被告の業務に著しい支障を来したと認めることはできない、等として解雇を無効とした例（黒川乳業（本訴）事件・大阪地判平10.5.13労判740号25頁）などがある。有効事例としては、重要な取引先の従業員に対し、「殺したろか」等の暴言を吐いて脅迫し、同社の設備を蹴って破損し、同社の管理職らに対しても「上司が上司なら部下も部下や」など誹謗する発言をし、被告が休職処分を言い渡したのに対し「会社辞めたる」と言って飛び出し、休職処分に従う意思のない行動に出たことは、被告の企業秩序及び被告との信頼関係に重大な影響を与える行為であり、被告が原告との雇用関係を維持することができないと考えたことはやむを得ないこととして、解雇を有効とした例（株式会社大通事件・大阪地判平10.7.17労判750号79頁）がある。暴行についての懲戒解雇につき、第５章第２・３⑷ア（221頁）参照。

セクハラ行為については、部下の女性らをたびたびデートや食事などに誘う、出張に同伴しようとする、性的な言動を行うなどした部下30名を持つ地位の管理職への解雇につき、原告の言動は部下の就業環境を著しく害するものであり、被害を受けた者の多さ、原告の地位、セクハラに対する被告の従前からの取り組みとその中で原告が置かれていた立場、被告の調査に対し真摯な反省の態度を示さず、かえって告発者捜し的な行動をとったこと等を考慮すると、解雇権を濫用したとまでは言えない、として、普通解雇を有効とした例（Ａ製薬（セクハラ解雇）事件・東京地判平12.8.29労判794号77頁 判時1744号137頁）がある。セクハラについての懲戒につき第５章第２・３⑷ウ（225頁）参照。

⑸　不正行為（金品の横領、不正受給等）

会社の金品の横領や手当の不正請求等の不正行為は、懲戒解雇がなされることが多いが、額が些少な場合等は普通解雇が選択されることがある。一般的に金銭の不正については裁判所の態度は厳格であり、事実が認められると解雇が有効になることが多い。なお懲戒解雇が無効であっても普通解雇として有効となることもある（後掲三菱重工（相模原製作所）事件）。

無効事例としては、住居地変更の不申告と通勤手当の騙取につき、不申告に至った一因は園長にもあること、手当の不正受給以外に幼稚園の運営に実害が生じていないこと、不正受給期間が約９ヶ月と比較的短期間であることから、服務規律違反の程度は重大ではないとして解雇を無効とした例（今川学園木の実幼稚園事件・大阪地堺支判平14. 3. 13労判828号59頁）がある。

有効事例としては、同僚とともに会社名義のクレジットカードの利用明細書に添付されている応募シールを集めて応募台紙に会社代表者の氏名を無断で記載してカード会社に送付し、カラーテレビやギフトカード等、６年にわたり総額14万円分を取得していた経理課職員に対する普通解雇につき、一連の行為は軽微とは言えず、行為の態様、程度や反省態度の欠如などの情状を考慮すれば普通解雇が不相当とは言えないとして解雇を有効とした事例（上田株式会社事件・東京地決平9. 9. 11労判739号145頁 判タ966号217頁）、原告が配属されていた事業所の移転後、事業所近くにアパートを借りて通勤していたにもかかわらず現住所変更の届け出をせず、約３年10か月にわたり従来通りの通勤交通費相当額を騙取していたこと、通勤所要時間を過大に申告して特例扱いを受けて出勤時間を遅らせ、残業手当を受給していたこと等につき、懲戒解雇は重きに失するとして無効にしたものの、普通解雇は有効とした事例（三菱重工（相模原製作所）事件・東京地判平2. 7. 27労判568号61頁）等がある。手当の不正受給による懲戒解雇につき第５章第２・３⑷イ（223頁）参照。

⑹　私生活上の行為

私生活上の犯罪行為（飲酒運転等）や不適切な男女関係などが普通解雇事由として挙げられることがある。

無効事例として、深夜、酒気を帯びて同僚運転の最終バスを止めて制服姿のまま乗車し、発車を遅らせたことで乗客から苦情を申し込まれたという事案で、その行為の動機、態様、結果、従前の勤務成績、他の懲戒処分選択の可能性、過去の処分歴との均衡、解雇が労働者に与える影響等を総合考慮すると退職金が支払われる普通解雇としても社会通念上の相当性を欠き合理的理由がないとして解雇を無効とした例（西武バス事件・東京高判平6. 6. 17労判654号25頁 判タ855号210頁）がある。

有効事例として、職場外の飲酒運転で逮捕されたバス運転手に対する普通解雇につき、過去にも再三にわたり職場外の飲酒運転を犯し、しかも警察からの身元照会などにより今回の飲酒運転及び過去の飲酒運転を初めて知ったことなどに照らせば、会社の社会的評価が重大な悪影響を受け、企業秩序が乱されたとして普通解雇を有効とした例がある（滋賀交通事件・大津地決平元. 1. 10労判550号130頁）。業務外の飲酒運転による懲戒解雇につき第５章第２・３⑹ア㈦（230頁）参照。

第５　整理解雇

1　整理解雇とは

使用者側の経営事情等により生じた従業員数削減の必要性に基づき労働者を解雇することを整理解雇という。

2　整理解雇の４要件（４要素）

整理解雇についても労働契約法16条（解雇権濫用）が適用される。裁判例の積み重ねにより、整理解雇が解雇権濫用に当たるか否かについては、①人員削減の必要性があること、②解雇回避努力が尽くされたこと、③人選基準とその適用が合理的であること、④労働組合もしくは被解雇者と十分協議したこと、という４つの基準により判断するという枠組みが確立されている（東洋酸素事件・東京高判昭54.10.29労判330号71頁 判時948号111頁がリーディングケースとされるが、判決の読み方には議論がある。一度は原文に当たることを勧める）。

近時の裁判例は、以上の４つの基準を「要件」（ひとつでも欠ければ解雇無効と判断する）とするのではなく、整理解雇が権利濫用となるかどうかに関する総合的判断に際しての判断「要素」と解し、上記基準を中心に諸事情を総合的に考慮して判断するものが多い（要素説、山田紡績事件・名古屋地判平17.2.23労判892号42頁 判タ1236号209頁、同事件・名古屋高判平18.1.17労判909号5頁、印南製作所事件・東京地判平17.9.30労判907号25頁、学校法人専修大学（専大北海道短大）事件・札幌地判平25.12.2労判1100号70頁）。全体的な傾向として、①の要件は緩和傾向にあるものの、整理解雇そのものについて規制緩和がされたわけではなく、いくつかの要素に問題があればそれを理由として整理解雇は無効と判断されており、特に②③の要素は厳格に審査されている（『類型別労働関係訴訟の実務』261頁）。

なお、使用者から、解雇理由として、労働者の勤務成績不良等と経営上の理由が複合して主張される場合がある。この場合には、労働者の勤務成績不良等の帰責事由と経営上の理由を区別したうえ、前者について解雇を是とするほど勤務成績不良なのかを検討し、後者については整理解雇の要件を充足しているかを検討し、どちらか一つを肯定できる場合でなければ、解雇は有効とならない（『類型別労働関係訴訟の実務』261頁）。

(1) 人員整理の必要性

人員削減措置が企業経営上の十分な必要性に基づいていること、またはやむを得ない措置と認められることをいう。

その必要性の程度について、裁判例は、①解雇を行わなければ企業の維持存続が危殆に瀕する程度にさし迫った必要性を要するとするもの(大村野上事件・長崎地大村支判昭50.12.24労判242号14頁 判時813号98頁)、②客観的に高度の経営危機下にあり、解雇による人員削減が必要やむを得ないことを要求するもの(住友重機玉島製造所事件・岡山地決昭54.7.31労判326号44頁)、③企業の合理的運営上やむを得ない必要があれば足りるとするもの(前掲東洋酸素事件・東京高判昭54.10.29)、④事業の再構築により余剰人員が生じれば人員整理の必要性があるとするもの(ナショナル・ウェストミンスター銀行［3次仮処分］事件・東京地決平12.1.21労判782号23頁)に分かれている。

従前の裁判例について「結論として大部分の事件ではその要件の具備を認めている」「必要性を否定する裁判例の典型は、財務状況の見積りが不正確と認められたり、人員削減計画の決定後間もなく、大幅な賃上げや多数の新規採用や高率の株式配当を行うなど矛盾した経営行動がとられたりした場合である」とする分析があり(菅野『労働法』747頁)、人員整理の必要性に関する主張立証がおざなりになりがちであるが、「使用者側には、使用者の経営危機状況や経営判断の合理性の内容に関する説明責任があるというべきであり、この点に関する主張立証をおろそかにしてはならないと思われる。むしろ、裁判例の要素説へのシフトに伴って、他の要素との総合判断がなされるようになってきていることから、人員削減の必要性についても、ある程度踏み込んだ審理が必要というべきであろう」とする指摘がある(『労働関係訴訟の実務』323頁)。

人員削減の必要性の判断にあたっては、使用者に財務諸表の提出を求め、流動性比率、支払能力比率、収益性比率、労務費の分析等、客観的資料に基づいた具体的な主張を行うことが有益である(『労働関係訴訟の実務』329〜330頁)。また、賃金の動向、新規採用・アルバイト募集などの人員動向、役員報酬・株式配当の動向、業務量なども基礎事実となる。これらの基礎事実は、使用者が労働者や組合に行った説明・開示した資料や、ウェブサイトで公開されている財務資料、当事者から入手した資料等を分析して、把握可能である。なお、非公開会社の経営状況は、帝国データバンク、東京商工リサーチ等の調査会社を利用して知ることができるほか(有料)、「リクナビ」などの就職情報サイトにもある程度の数値が記載されていることがある。

なお、ある時点で人員削減の必要性が認められても、希望退職者募集や配転等の解雇回避努力により人員削減が相当程度達成された場合、さらに整理解雇が必要か否かは再検討すべきであり、その後に行われたごく少数の労働者に対する解雇は、必要性が認められないとされる場合がある（宝林福祉会（調理員解雇）事件・鹿児島地判平17.1.25労判891号62頁、大阪造船所事件・大阪地決平元.6.27労判545号15頁 判タ711号215頁、千代田化工建設事件・東京高判平5.3.31労判629号19頁）。

⑵　解雇回避努力義務

解雇回避努力義務に関しては、役員報酬の削減、広告費・交通費・交際費等の経費削減、新規採用の停止・縮小、中途採用・再雇用の停止、労働時間短縮や昇給停止、一時金の支給停止、配転、出向、一時帰休、希望退職募集などのうち、複数の措置が検討されることが多い。有価証券報告書や事業報告書等を分析して、役員報酬や経費の動向を知ることができる。求人の有無はウェブサイトで検索できることが多い。その他、組合ニュース、社内ニュース等当事者から入手した資料から、会社の行った施策を知ることができる。

希望退職の募集は、判例上、労働者の意思を尊重しつつ人員整理を図るうえで極めて有用な手段と評価されており、希望退職の募集をせずにいきなり指名解雇した場合には、解雇回避努力を尽くしていないと判断されることが多い（あさひ保育園事件・最一小判昭58.10.27労判427号63頁、同事件・福岡高判昭54.10.24労判427号64頁）。

配転・出向によって解雇が回避できるにもかかわらず、これを行わずに解雇した場合も、解雇回避努力を尽くしていないと判断されることが多い。雇用契約上、勤務地や職務内容を限定した労働者についても、整理解雇の解雇回避努力の場面において配転を希望している場合には配転の可能性を検討すべきとした決定例もある（廣川書店事件・東京地決平12.2.29労判784号50頁：当該事案では使用者の経営状況、業務量、当該労働者の経歴を考慮すると配転は著しく困難であったとして解雇を有効と判断した。後記３で紹介するシンガポール・デベロップメント銀行（本訴）事件・大阪地判平12.6.23労判786号26頁等もあわせて参照されたい）。

職種限定の合意、勤務地限定の合意の成否については、第４章第１・３⑵（166頁～）参照。

⑶　人選の合理性

整理解雇対象者の選定にあたっては、客観的に合理的な選定基準を事前に設定し、公正に適用しなければならない。

選定基準の内容については、解雇理由証明書に記載されている場合があり、それがなければ、選定基準と選定の根拠となる具体的な事実を記載した解雇理由証明書を交付するよう要求することを検討する。

選定基準の内容は、事案によって様々であるが、大まかには、勤務態度の優劣（欠勤日数、遅刻回数、処分歴等）、労務の量的貢献度（勤続年数、休職日数等）、労務の質的貢献度（過去の実績、業務に有益な資格の有無等）、企業との結びつきの度合い（正規雇用者・臨時雇用者の別等）、労働者側の事情（年齢、家族構成等）が基準になる。

具体的な選定基準が合理的といえるか否かは、個別具体的な事情に応じて判断されることになるが、以下のような裁判例がある。

ア　勤務態度等を基準とした場合

勤務態度、協調性、作業能率及び品質作り込み状況を評価して解雇対象者を選定した事案において、「当該選定基準は一義的明確とはいい難く、恣意的な判断に流れやすい評価項目であるから、これを選定基準として採用するためには、日頃から人事考課を行っているとか、これがなされていない場合には選定までに十分な調査を行うなどの前提が整わない限り、合理性のある基準とはいうことができない」（安川電機八幡工場（パート解雇・本訴）事件・福岡地小倉支判平16. 5. 11労判879号71頁）。

イ　年齢を基準とした場合

「定年年齢まで７年間（就業規則の変更が無効であれば12年）もの期間が残存し…我が国の労働市場の実情からすれば再就職が事実上非常に困難な年齢であるといえるから、本件の事実関係の下においては、早期退職の代償となるべき経済的利益や再就職支援なしに上記年齢を解雇基準とすることは、解雇後の被用者及びその家族の生活に対する配慮を欠く結果になる…53歳以上の者という基準は必ずしも合理的とはいえない」（ヴァリグ日本支社事件・東京地判平13. 12. 19労判817号5頁）。

ウ　有期契約労働者全員の雇止め

円高不況で１年更新の定勤社員全員が雇止めされた事案で、解雇権濫用法理の類推適用を認め、経営内容の悪化により操業停止に追いやられるような特段の事情がある場合に限って雇止めが許されるとし、定勤社員を最初に人員整理の対象とすることも不合理とはいえないとしつつも、企業に人員整理の方法、程度につき慎重な考慮を求め、雇止めを回避すべき相当の努力を要求し、定勤社員内で希望退職者を募集する等の雇止めを最小限にする努力をせずに行われた定勤社員全員の雇止めは、十分な雇止め回避努力を欠くとし、雇止めを無効とした裁判例（三洋電機事件・大阪地判平

3. 10. 22労判595号9頁）。

エ　病欠・休職日数等

過去の病欠及び休職期間日数を選定基準とすることは、使用者の恣意性が入る余地がないほか、傷病等による休職・病欠がある者については、客観的な事実として、現実に一定期間就労していないのであるから、当該機関に休職・病欠することなく現実に勤務していた他の労働者と比較した場合に被告に対する貢献度が劣ると評価せざるを得ない等として、不合理な基準とは言えないとした事例（日本航空（客室乗務員）事件・大阪地判平27. 1. 28労判1126号58頁 判時2282号121頁）。

(4)　手続の妥当性

労働協約に協議・説明義務条項がある場合、協議・説明を欠く解雇は無効であるが、協約がなくても使用者は労働組合または労働者に対して人員整理を必要と判断するに至った事情の説明や整理すべき人員数、解雇回避努力の内容、選定基準などについて納得を得るため説明を行い、退職金の上積みや再就職のあっせんといった退職条件などについて誠意をもって協議すべき義務を負う（解雇の有効性判断にあたり労働組合との間で具体的な協議を尽くしておらず、解雇手続の妥当性の観点から不当、と判示した裁判例として九州日誠電気事件・熊本地判平16. 4. 15労判878号74頁）。

3　工場・支店等の閉鎖に伴う整理解雇

一部の工場や支店が閉鎖されるのに伴い、当該工場や支店に勤務していた労働者が閉鎖を理由に解雇される例が見られる。この場合も上記基準に沿って判断される。特に、解雇回避努力義務を尽くしたか、協議・説明を行ったかという点が重視されることになるであろう。

具体的には、複数の事業所をもつ使用者が１つの事業所を閉鎖する場合に、閉鎖する事業所の従業員について配置転換（転勤）をどの程度検討すべきか、他の事業所において希望退職の募集をする必要があるかが問題となる。なお、独立採算制の事業所閉鎖の場合であっても、人員削減の必要性は全社的な事情も考慮される（オクダソカベ事件・札幌地判平27. 1. 14労判1120号90頁）。

使用者側からは、他部署での希望退職募集により熟練した有能な労働者が退職することを避けられずこれに代えて廃止部門の経験に乏しい者を配置する合理性がなく、これにより少なくとも当分の間効率が低下することが懸念される。

整理解雇法理のリーディングケースと言われている前掲東洋酸素事件・東京高判昭54. 10. 29労判330号71頁 判時948号111頁は、川崎工場のアセチレン部門の閉鎖の事案であったが、使用者側から通常主張される上記のような懸念を理由に全社的な希望退職の募集を要しないとしていた。

しかし、整理解雇法理が定着した近年の裁判例では、そう簡単ではない。

国内に東京支店と大阪支店のみを持つ外資系金融機関が、大阪支店を閉鎖する際に大阪支店での希望退職に応じない従業員を東京支店に転勤させるために東京支店でも希望退職を募集すべきかが争点となった事案において、「支店を閉鎖したからといってその支店の従業員を直ちにすべて解雇できるものでないことは前述のとおりである。被告においては、その従業員を各支店において独自に雇用し、雇用した従業員については、就業場所が雇用した支店に限定されていると認められるものの、支店で雇用したといっても雇用契約は被告と交わされたものであるし、就業場所の限定は、労働者にとって同意なく転勤させられないという利益を与えるものではあるが、使用者に転勤させない利益を与えるものではないから、右事実があるからといって、人員整理の対象者が閉鎖される支店の従業員に自動的に決まるものではない」と判示した上で、東京支店の規模が21人と比較的小さくその業務には外国の金融機関という性格から専門的知識や高度の能力を必要とする部分があり誰にでもなし得るような業務の担当者はさらに少なかったと認められ、このように小規模な人員しかいない職場において希望退職を募ることは、これによって原告らを就労させることができる適当な部署が生じるとは必ずしもいえない上、代替不可能な従業員や有能な従業員が退職することになったりして業務に混乱を生ずる可能性を否定できず、希望退職によって、従業員に無用の不安を生じさせることもあるし、使用者の費用負担が増加するなどの事情を列挙して東京支店で希望退職の募集をしなかったことは不当とはいえないとし、大阪支店での希望退職募集に当たり通常退職金の５割増し並びに基本給及び職務手当の12か月分を追加支給するなどの提示をしていることから解雇回避努力を欠いたとはいえないとして、解雇権濫用には当たらないとした裁判例がある（シンガポール・デベロップメント銀行（本訴）事件・大阪地判平12.6.23労判786号16頁。なお、これに先立つ仮処分で大阪地決平11.9.29労経速1715号17頁は、労働者が東京支店への転勤を希望しており実際上大阪支店の業務が東京支店に移管されたのであるから大阪支店の労働者も東京支店でも業務に従事し得たなどの事情があるのに解雇に先立ち東京支店で希望退職を募集しなかったことから、「債務者が、本件解雇に際して、解雇回避のための真摯かつ合理的な努力を行ったとまでは認められない」として解雇権濫用を認めたが、異議審の大阪地決平12.5.22労判786号26頁で取り消された）。

この裁判例からは、事業所の閉鎖に伴う整理解雇の場合、地域を限定して採用した労働者についても本人が転勤を希望する場合には転勤を検討すべきこととなる。また、この裁判例では、存続事業所の規模が小さくかつ業務が専門的知識を要し存続事業所で希望退職を募集しても被解雇者を配置可能なポストが空くとは限らないこと、閉鎖事業所で相当な優遇条件を伴う希望退職の募集がなされたことが、解雇回避努力義務を尽くしたとする根拠となっている。したがって、存続事業所が大規模であり、また業務内容が一般的なものであるか閉鎖事業所と共通する場合には、存続事業所における希望退職の募集を要すると解する余地があり、また閉鎖事業所での希望退職の募集の優遇条件が十分でない場合には別の結論となる余地があることに注意すべきである。

北海道美唄、東京、川崎、石巻に大学を設置する学校法人が北海道の大学を閉校するに際し、北海道の教員対象の東京等での補充人事（配転）、北海道での希望退職募集（退職金＋退職加算金６～14か月分、早期退職は７か月分上積み）の上で教員を解雇した事案で、勤務地限定は使用者が労働者に対して行うべき雇用確保の努力の程度を軽減させる理由とならないとしつつ、被告（理事会）には各学校の採用決定権限がないなど被告特有の事情を考慮して解雇回避努力義務は尽くされているとし、人選の合理性に関し、石巻等の教員を解雇してもカリキュラムの関係上原告が当然に採用されるともいえないなどの事情から北海道の教員のみを解雇候補者としたことは合理的とした学校法人専修大学（専大北海道短大）事件・札幌地判平25. 12. 2労判1100号70頁も参照。

大学の一部学部の廃止に伴い、廃止学部に所属する教員で希望退職に応じない者を解雇した事案で、「被告が本件希望退職募集に当たり、存続する学部の教員は一切対象にすることなく、（略）所属部門（略）のみを理由に対象者を限定し、希望退職に応じなかった原告を解雇したこと（本件解雇）について、人選の合理性を肯定することは困難である。」などとして解雇を無効とした裁判例があり（学校法人金蘭会学園事件・大阪地判平26. 2. 25労判1093号14頁：大阪高判平26. 10. 7労判1106号88頁で維持、確定)、公社部門、産廃部門、局集部門の３つの部門を持つ会社が公社部門を廃止して公社部門に所属する「アルバイト」のうち希望退職に応じなかった者を解雇した事案で、「被告が、公社部門以外の部門について、希望退職の募集をしなかった措置の合理性も乏しいと言わざるを得ない。また、原告らの従前の業務遂行実績に照らせば、希望退職によって不足が生じた他の部門に原告らを配置換えすることに特段の不都合があったとも認められない。」として解雇回避努力義務を尽くしたと評価することはできないとした裁判例（高嶺清掃事件・東京地判平21. 9. 30労経速2058

号30頁）もある。

4　法人解散に伴う解雇

他方、使用者たる会社の法人格そのものが消滅する場合に行われる解雇については、事業そのものがなくなるので、法人が存続しつつ人員削減措置をとる整理解雇とは前提を異としており、いわゆる整理解雇の４要件は適用されない（一般財団法人厚生年金事業振興団事件・東京高判平28. 2. 17労判1139号37頁、帝産キャブ奈良（解雇）事件・奈良地判平26. 7. 17労判1102号18頁、石川タクシー富士宮ほか事件・東京高判平26. 6. 12労判1127号43頁 判時2294号102頁、御殿場自動車（解雇）事件・静岡地沼津支決平16. 8. 4労経速1882号22頁、大森陸運ほか２社事件・大阪高判平15. 11. 13労判886号75頁、東北造船事件・仙台地決昭63. 7. 1労判526号38頁）。

もっとも、解散に伴う解雇であるとしても、解雇権の行使が濫用とされる余地は残されており、例えば、手続的配慮を著しく欠くかどうかを判断する裁判例（前掲石川タクシー富士宮ほか事件・東京高判平26. 6. 12）、事業廃止の合理性と解雇手続の妥当性を総合的に考慮する裁判例（前掲帝産キャブ奈良（解雇）事件・奈良地判平26. 7. 17、三陸ハーネス事件・仙台地決平17. 12. 15労判915号152頁。いずれも解雇有効）、解雇回避努力の有無、程度と手続の相当性を考慮する裁判例（エコスタッフ（エムズワーカース）事件・東京地判平23. 5. 30労判1033号5頁。労働条件の変更については組合と協議し合意の上実施するという労働協約に違反し解雇に関して一度も説明・協議の場を設けなかったとして解雇無効）、整理基準及び適用の合理性（人選の合理性）と手続の相当性・合理性の要件を考慮する裁判例（グリン製薬事件・大阪地決平10. 7. 7労判747号50頁。使用者が組合や従業員との誠実な交渉を尽くす信義則上の義務を果たしていないとして、解雇を無効とした）がある。

また、解散会社が事業の廃止を装いつつ事実上事業を継続しているいわゆる偽装解散の事例では、解雇が無効とされる。例えば、ジップベイツ事件・名古屋高判平16. 10. 28労判886号38頁は、子会社が解散したが、親会社と子会社の経理関係は一体として処理され、解散後も子会社の事業は親会社の一部門として引き継がれ、原告以外の子会社の従業員は親会社にそのまま雇用された等の事情から、当該原告を解雇するための方策として子会社を解散したものと認め、当該解雇を無効とした。また、日進工機事件・奈良地決平11. 1. 11労判753号15頁は、企業廃止を行った会社が従業員を全員解雇しておきながら、本店住所地が同一の別会社に資産が譲渡されていた等の事情から、実質的には当該別会社に営業が継承されたものであって、企業廃止を仮装したものであるとして、当該解雇を無効とした。

第６　懲戒解雇

1　懲戒解雇とは

懲戒解雇とは、職務懈怠・勤怠不良・業務命令違反・職場規律違反などといった企業秩序違反行為に対する懲戒処分として行われる解雇であり、もっとも重い懲戒処分である。解雇予告もなしに即時に解雇となり、解雇予告手当及び退職金の全部または一部が支給されないこともある（解雇予告手当の不支給には、労基法20条により労働基準監督署長の除外認定が必要である）。

懲戒解雇と類似する処分として、諭旨退職（退職願、辞表等の提出を勧告し、所定期間内に勧告に応じない場合には懲戒解雇にするなどの扱いがされる）があるが、法的効果については懲戒解雇と同様に争いうると解されている。

懲戒解雇処分は解雇の性格も有しているので、個別法令上の解雇制限や労契法16条（解雇権濫用）の解雇制限にも服するが、解雇権濫用の判断は、懲戒権濫用（労契法15条）の判断に吸収される。懲戒解雇については、第５章第２（197頁～）参照。

2　懲戒解雇から普通解雇への転換

懲戒解雇がなされた事案で、使用者が訴訟では、あるいは訴訟の途中から、普通解雇を主張することができるかが問題となることがある。

労働契約の中途解約の意思表示である普通解雇と、懲戒権の行使とされる懲戒解雇の意思表示とは法的性質を全く異にすることから、懲戒解雇の意思表示に普通解雇の意思表示が含まれているとみることはできないと一般的には解されている。したがって、事実として懲戒解雇の意思表示がなされている事案においては、訴訟の場で、これを普通解雇の意思表示であると主張することはできない（『労働関係訴訟の実務』341頁）。一般に、懲戒解雇の意思表示に予告解雇の意思表示が当然含まれているものと解されず、これの転換を認めるときは、解雇の意思表示をうける者の地位を不当に不安定ならしめるからかかる意思表示の転換は許されないとした裁判例がある（理研精機事件・東京高判昭54.8.29労判326号26頁 判時938号110頁）。

もっとも使用者は、予備的に普通解雇の主張をすることができ、その場合にそのどちらと認定するかは事実認定の問題とされる。『労働関係訴訟の実務』は、「処分時に懲戒解雇であると明示しながら、普通解雇でもあると明示していない場合に懲戒解雇の意思表示に普通解雇の意思表示が包含されていると事実認定するのはごくごく例外的な場合に限られると思われる」としている（同書342頁）。なお、懲戒解雇が可能な場合でも、使用者があえて普通解雇とすることもある。この場合についての扱いは本章第４・６（346頁～）参照。

3　懲戒解雇と退職金

懲戒解雇の際には退職金が不支給とされることが多い。この問題については第７章第５・５（286頁～）を参照。

第７　変更解約告知

労働条件変更の手段として行われる解雇をいい、例えば、労働契約を解約し、同時に従前とは異なった労働条件で再雇用の申込をする場合や、労働者が変更提案を拒否する場合には労働契約を解約すると通告する場合などがこれにあたる。賃金減額を受け入れるなら雇用を継続するが、それに応じられないなら解雇するという二者択一を労働者に迫るような場合が典型である。労働者は賃金減額に合意してしまえば、労働条件変更を争えなくなる恐れがあるため、二者択一を避け、解雇を避けるために異議を留保して、いったんは変更された労働条件を受け入れ、後日、裁判などで労働条件変更の効力を争うという対抗策をとることがある。しかし、使用者側は、「異議を留めた承諾」を労働条件変更を拒否したものとして、解雇に及ぶことがある。変更解約告知制度が定められているドイツでは労働者の留保付き承諾が明文で認められているが、明文で留保付き承諾が認められていない日本では、変更解約告知の理論をそのまま導入すると労働者にきわめて酷なことになる。また、日本では労働条件の変更は就業規則の変更によってなされることが多いため、変更解約告知は個別に労働条件が定められている場合など、就業規則の変更によっては労働条件を変更できない場合にのみ許容しうる（菅野「労働法」・764頁）。

なお、変更解約告知により労働条件変更を迫られ、やむなく合意した場合には、労働者の自由な意思による合意（山梨県民信用組合事件・最二小判平28. 2. 19民集70巻2号123頁 労判1136号6頁参照）と言えるか否を争う余地があると考えられる。第３章第４・２（144頁）参照。

裁判例としては、「労働者は、新しい労働条件に応じない限り、解雇を余儀なくされ、厳しい選択を迫られることになるのであって、しかも、再雇用の申出が伴うということで解雇の要件が緩やかに判断されることになれば、解雇という手段に相当性を必要とするとしても、労働者は非常に不利な立場に置かれることになる」「明文のない我国においては、労働条件の変更ないし解雇に変更解約告知という独立の類型を設けることは相当でない」として整理解雇と同様の厳格な要件が必要とするもの（大阪労働衛生センター第一病院事件・大阪地判平10.8.31判タ1000号頁 281労判751号38頁）がある。

なお、労働者側が、変更解約告知に対し、その合理性を争うことを留保しつつ承諾して、暫定的に労働条件の変更を受け入れることで解雇を回避できるかについては、14年間反復更新された日々雇用の雇止め事案で、１審は使用者の申し入れた労働条件の変更が合理的なものであってもそのことが直ちに雇止めを正当化する合理的理由にはならないとして留保付き承諾をしたことを理由とする雇止めを無効としたものの（日本ヒルトン事件・東京地判平14.3.11・労判825号13頁)、控訴審は労働条件変更に合理的理由が認められる限り変更後の条件による使用者の雇用契約更新の申込は有効とし留保付き承諾は使用者の更新申込を拒絶したものとして雇止めを有効と判断したものがある（東京高判平14.11.26労判843号20頁 労経速1829号3頁)。

また、同じく雇止めの事案で、携帯電話の滞納料金回収業務を担当してきた「嘱託社員Ｃ」に区分される期間１年の有期契約労働者に対して使用者がインセンティブ制度の廃止に伴う社員区分の移行を提案し、移行を承諾するか、１年に限って契約更新をするか、期間満了による雇用契約終了かのいずれかを選択するよう提案し、労働者いずれも拒否したところ、雇止めされたという事案で、インセンティブ廃止は原告らに賃金減額という重大な不利益をもたらすものであるから、必要性が認められるとしてもその補償措置等には相当高度の合理性が要求され、本件では相当高度の合理性が認められないこと、被告は、原告らがインセンティブ廃止に合意しない場合であっても就業規則の変更等によって賃金減額の目的を実現することができるにもかかわらず、そのような方法を取らずに雇止めをするのは、雇用期間満了の機会をとらえて被告から排除したと認められ、雇止めの手段・経緯の合理性を欠く、等として雇止めを無効とした事例がある（ドコモ・サービス（雇止め）事件・東京地判平22.3.30労判1010号51頁 判タ1361号165頁)。

第8　労働者から解雇の相談を受けた場合の対応

1　解雇事案か否かの確認

(1)　解雇か退職か

まず、相談事案が解雇事案であるかどうかを確認する必要がある。解雇されたとして相談を受けた場合でも、相談者の話をよく聞いてみると、退職強要による合意解約であったというケースも少なくない。相談者が明確に区別して意識していないことも多い。使用者は労働者に対して「解雇する」等と解雇について明確に伝える場合もあるが、「辞めてくれないか」等とあいまいな伝え方をする場合もある。したがって、使用者からどのような伝え方をされたか、相談者がどのように対応したか等について、慎重に聞き取りを行う必要がある。

(2)　解雇されたのか否か

労働者は解雇されたと主張し、使用者は解雇していないと主張するケースもある。解雇の意思表示があったか否かは、解雇の有無が問題となる日の前後の使用者の客観的態度、すなわち言動の内容、出勤しない労働者に連絡し出勤を促したか否か、労働者が出勤を申し入れたり現に出勤した場合にはそれにどのように対応したか等を重視して判断される（どのような場合に解雇の意思表示があったとされるかについては本章第１・２（328頁～）も参照）。

もっとも、労働者側としては、解雇されていないにもかかわらず出勤しない状態が続けば、無断欠勤を理由に解雇されることもあり得る。解雇の有無を明らかにするには、出勤の通告をしたり実際に出勤したりして、使用者の反応を見るのが有効である。その際のやり取りは録音等証拠化しておくことが望ましい。

また、就労の意思を示しつつ解雇理由証明書を要求することも解雇か退職かを明らかにするために役立つ。

2　解雇理由の確認

解雇された労働者が解雇理由証明書の交付を受けていない場合は、解雇の成否が問題になるケースかどうかを問わず、交付を要求するよう助言する。通常は、本人名で要求、拒否された場合には労基署に指導してもらう（解雇理由証明書の交付拒否は労基法22条違反であるから、労基署は申告を受け付けるし、使用者に指導するのが通常である）。弁護士名で要求すると、使用者側もまず間違いなく弁護士が解雇理由を起案することになり、ガードが堅くなる上に回答も遅れがちである。

解雇理由証明書があるときは、同証明書に記載された事実関係に誤りがないか相談者によく確認する必要がある。

解雇理由証明書の記載が不十分である場合には、再度、解雇理由につき具体的な記載のある解雇理由証明書の交付を請求することをアドバイスする。退職時の証明を求める回数について制限はなく、使用者は何度でも請求に応じる義務がある（平11.3.31基発169号）。

3　有効か無効かの判断

(1)　労働契約法16条違反の有無

労契法16条違反にあたる場合か否か、すなわち、解雇が客観的に合理的理由を欠き、社会通念上相当であると認められないか否かを検討する（本章第４（339頁～）参照）。なお、整理解雇については、整理解雇の４つの判断基準に沿って検討する（本章第５（351頁～）参照）。

労契法16条違反にあたるか否かを判断するにあたっては、まず、解雇理由を特定する必要がある。懲戒解雇については、解雇の根拠となる就業規則および懲戒事由に該当するとされる具体的な事実について確認する。

(2)　個別法令、就業規則・労働協約違反の有無

個別法令による解雇制限（本章第３・２（335頁））や就業規則・労働協約の解雇についての手続条項に違反していないかをチェックする。

(3)　方針の決定

解雇の有効性を争いうる事案であれば、復職を目指すか（金銭解決含みの場合も含む）、金銭解決を目指すか、いずれかの方針を選択することになる。

方針の決定に際しては、相談者の経済状況、家族・労働組合・職場の仲間等の支援の有無、職場に復帰した場合の労働環境、転職の可能性等の諸点について確認したうえで、よく相談者の気持ちをくみ取ることが必要である。

4　解雇の有効性を争うに当たっての行動

使用者に対して解雇予告手当や退職金を請求するなど解雇を争わないことを前提とした行動をとらないように注意する。既に解雇予告手当や退職金を受け取っている場合や、一方的に退職金が振り込まれた場合は、これを解雇以後に発生する賃金に充当する旨を使用者に対して通知する。

また、解雇後の不就労期間中の賃金請求権を確保するために、使用者に対し

て、解雇の有効性を争う旨の内容証明郵便を送付するなどして、就労の意思を明らかにしておく（なお転職した際の就労意思と賃金請求権の関係について後記6⑸イ(イ)（370頁〜）参照）。既に振り込まれた解雇予告手当や退職金を解雇以後の賃金に充当する旨の通知に合わせて記載することが多い。

なお、離職票の受領や健康保険証の返還によって解雇の有効性を争う権利に変更を来すことはない（後記第9（378頁）・第10（380頁）参照）。

5　解雇後長期間経過している場合の相談

諸外国では解雇訴訟の出訴期間が定められている例が多いが、日本ではそのような規制がないため、解雇から長期間経過してから解雇無効を争うことができるか否かが問題となる。裁判例は、解雇から長期間経過した後は、信義則上、もはや無効の主張をしえなくなるとしているものが多いが、国鉄甲府赤穂車掌区事件・東京高判昭53.6.6労判301号32頁 判時900号108頁は、「解雇無効の主張が信義則違反として許されないものであるかどうかは、単に解雇と右無効主張の間の経過期間が長期にわたるかどうかのみからは決められない問題であり、解雇当時の事情、その後の推移、その間における労使双方の態度、現在の状況、労働者の訴提起にいたった動機、理由、その他諸般の事情に基づき、健全な法意識に照らして右解雇無効の主張が著しく信義に反するものとなるかどうかによって決せられる」として、解雇後8年経過後の解雇訴訟提起を信義則に反しないとしている。ただし、実務上は、解雇から相当期間経過してから提訴する場合には、裁判所からなぜ長期間経ってから提訴したのか疑問を呈されたり、解雇の承認や就労意思の喪失とみなされたりする可能性があるので、相談まで長期間を要した理由につき、丁寧に聞き取りすべきであろう。

解雇理由証明書の請求に関しては、退職時の証明の請求権も2年の消滅時効にかかる（平11.3.31基発169号）ことに注意。

なお、長期間経過してからの仮処分の申し立てについては後述6⑷365頁。

6　復職を目指す場合

⑴　方法

訴訟外の交渉と、裁判手続（労働審判、仮処分、本訴）を利用する方法がある。

⑵　訴訟外の交渉

弁護士が代理人として示談交渉を行う場合には、一般民事事件と同様、弁護士名義での内容証明郵便の送付に始まり、使用者と話し合いを行い、示談による解決を図ることになる。労働局や労働相談情報センターのあっせん手続を利用することも考えられる。

⑶　労働審判

原則として３期日以内で審理が終結するため、紛争の迅速な解決が期待できる。また、調停が不成立の場合でも、雇用の終了と引換に金銭の支払を命じる審判を出すことができるなど、紛争の弾力的な解決を図ることができるというメリットもある。もっとも、労働審判は金銭和解に至る可能性が高く、復職を強く希望している場合には馴染まないといわれている。

なお、労働審判で請求し得る内容については、後述の本訴の場合と基本的に同様である。労働審判については、第１部第３・４（13頁～）参照。

⑷　仮処分

労働者の生活維持の観点から、早期に労働者の収入を確保する必要性が高い場合等「保全の必要性」が認められる事案では、仮処分の申立を検討する。仮処分の手続の中で、裁判所の和解勧試により和解が成立する場合もあり、かかる観点からも有用な手段である。

仮処分の申立をする場合、労働契約上の権利を有する地位を仮に定める「地位保全の仮処分」と賃金の仮払いを求める「賃金仮払いの仮処分」の両方を同時に申し立てるのが通常である。

ア　地位保全の仮処分

東京地裁労働部は、地位確認を必要とする特段の事情を認めない限り、保全の必要性を認めない。地位保全の仮処分は債務者（使用者）の任意の履行を求める仮処分であり、債務者（使用者）が任意にこれを履行することが期待できる場合以外、許されないと解されているためである（『労働関係訴訟の実務』493頁、『労働事件審理ノート』189～190頁）。

特段の事情が認められた決定例として、雇用契約上の地位保全が国内滞在の要件となる外国人の事件がある（アサヒ三教事件・東京地決昭62. 1. 26労判497号138頁）。その他、就労による技術低下防止の利益、社会保険の加入の利益、寮や社宅、研究施設を利用できる利益、組合活動上の利益等の喪失が理由として主張され、保全の必要性が認められた例がある（『類型別労働関係訴訟の実務』264頁）。最近、特段の事情を認定することなく地位保全の仮処分を認めた事例として前掲ゴールドルチル（抗告）事件・名古屋高決平29. 1. 11労判1156号18頁がある。

イ　賃金仮払いの仮処分

解雇された労働者は通常収入の道を絶たれてしまうため、生活を維持するためにも、できる限り多くの金額が賃金の仮払いとして、かつ長い期間にわたって認められるのが望ましい。そこで、被保全権利（解雇が無効であること）だけではなく、保全の必要性を基礎づける事実として、具体的な家計の状況や預貯金等の資産状況、家族の生活状況などを、詳細に主張・疎明する必要がある。労働者自身が他に収入を十分得ているとか、家族に十分な収入があるとか、多額の預貯金がある事案では保全の必要性がないと判断される。

従来支給を受けていた賃金額の仮払いを求めた場合、保全の必要性が認められたとしても、当然にその満額が認容されるわけではない。東京地裁労働部では、保全の必要性が認められる限度、すなわち申立人である債権者及びその家族が人並みの生活を維持していくのに必要な限度でのみ認められている。

仮払い期間については、裁判所により運用が異なる。東京地裁労働部では、過去分は原則として認めず、将来分については原則として１年分に限定している（『労働関係訴訟の実務』492〜493頁）。過去分の保全の必要性を認めた例として、子どもたちの学費を自宅を担保に借金して支払っていること、すべての賃金が支払われなければ経済生活を維持できないことが疎明されたとして発令３か月前以降の賃金の仮払いを命じた前掲エース損害保険事件・東京地決平13.8.10労判820号74頁 判時1808号129頁、借入金の存在と弁済期を考慮して発令の１か月前以降の賃金仮払いを命じた丸林運輸事件・東京地決平18.5.17労判916号12頁 判時1937号157頁がある。

なお、解雇から２年以上経過してから申し立てた仮処分につき保全の必要性が否定された事例として、コンチネンタル・オートモーティブ（解雇・仮処分）事件・東京高決平28.7.7労判1151号60頁。

ウ　手続

申立書に疎明資料を添付して仮処分の申立をする。疎明資料としては、被保全権利に関して、事案によるが、解雇通知書ないし解雇理由証明書、就業規則（労働者が持っていれば）、給与明細書、債権者（労働者）の陳述書等によることが多い。また、保全の必要性の疎明のため通帳のコピーの提出が求められる（給与振込口座の通帳を提出しない場合、裁判所から質問される。給料が銀行振込でない場合は、その旨裁判所に予め伝えた方がよい）。生活に必要な金額の疎明のため、債権者の陳述書、光熱費その他銀行引き落としでない支出の領収書等を提出する。

借金がある場合は、その総額と月々の支払額を疎明すると必要生活費としてみてくれることが多い。これらの疎明書類は債務者（使用者）にも副本を送ることになるため、プライベートな情報が使用者に知られることになるなど労働者にとってデメリットもある。この点について申立前に労働者に説明しておく必要がある。

申立後、債務者に対して申立書の副本と疎明資料の写しを送達するが、送達を裁判所が行うか申立人である債権者が行うかは、裁判所によって取扱が異なるため、確認が必要である。

必要的双方審尋事件であり、申立後、裁判所から審尋期日の指定がなされる。急ぐ場合には債権者から早期の期日指定を促す。審尋は１回で終わらないことが多く、本訴の口頭弁論期日より短めの周期で数回の審尋を経て、和解による解決となるか、または決定が出されることになる。審尋期日に向けて、準備書面・疎明資料の追加・補充等、十分な準備をして臨む必要がある。東京地裁労働部では、審尋期日は概ね２週間に１回程度の頻度で行われ、和解に至らない場合は、申立から３か月をめどに決定を出している。

賃金仮払いの決定が出されたにもかかわらず、債務者が支払を拒否するような場合は、債権者は、決定正本の送達を受けてから２週間以内に、債権差押命令等の保全執行を申し立てる必要がある（民事保全法43条１項、２項）。仮処分の執行は、期日の余裕が少ないので、使用者側の不履行を受けておもむろに執行対象を調査するのでは期日を徒過しかねない。和解が決裂して決定に至るときは、予め執行対象を調査しておくべきである。

(5)　本訴

ア　地位確認の訴え

解雇が無効であるときは、労働者は解雇後も労働契約上の権利を有していることになるので、労働契約上の権利を有する地位の確認の訴えを提起することができる。訴状では、地位確認の訴えの請求原因として、①労働契約の終了、②使用者による解雇の意思表示を主張し、併せて解雇権濫用の評価障害事実を主張する必要があるが、労働者としては、何ら落ち度なく勤務してきた等の概括的主張を記載すれば、権利濫用の評価根拠事実の主張があったとするのが実務上の扱いである（『類型別労働関係訴訟の実務』242頁）。

イ　賃金請求の訴え

(ア)　賃金請求の範囲

解雇後未払となっている賃金については、労働者が就労していなくとも、就労不能につき無効な解雇を行った使用者に帰責事由があるから、労働者は賃金請求権を有している（民法536条２項）。したがって、通常、地位確認の訴えに併せて労働契約上支給されるべき賃金（解雇以降、提訴までの賃金及び提訴後判決確定までの将来分の賃金）の支払を求めて本訴提起することになる。

使用者が解雇を主張し、受領拒絶の意思を明確に表明している場合には、労働者は債務の本旨に従った履行の提供をすることは不要と解されるが、労働者には労務提供の意思及び能力が必要である。労働者が就労の意思または能力を失っている場合には、債権者の責に帰すべき事由による履行不能とはいえないからである。例えば、労働者が解雇後に転職して新たな職に専念する等して職場復帰の意思を失ったと認められる場合や、労働者が私傷病で就労できない場合には、債権者である使用者の責めに帰すべき事由による就労不能とはいえず、それ以降の賃金請求権は発生しないことになる。なお、単に、労働者が解雇後に他に職を得ているというだけでは就労の意思を失ったとまでは認められず、他職で得た賃金についての中間収入控除の問題となるに過ぎない。使用者が、ある時期以降の労働者の就労の意思または能力について、その理由を示して否認した場合には、労働者において、就労の意思及び能力があることを改めて立証すべきことになる（以上につき『類型別労働関係訴訟の実務』246頁）。これに関して「使用者が労働者の就労を事前に拒否する意思を明確にしているときも、労働者の労務を遂行すべき債務は履行不能になるというべきであるが、労働者は同項（民法536条２項）の適用を受けるためには、右の場合であっても、それが使用者の責めに帰すべき事由によるものであることを主張立証しなければならず、この要件事実を主張立証するには、その前提として、労働者が客観的に就労する意思と能力とを有していることを主張立証することを要するものと解するのが相当である」とした裁判例がある（ペンション経営研究所事件・東京地判平9.8.26労判734号75頁）。これについては、他社就労（特に正社員としての就労がこれにあたるか）について後記(イ)で論じる。

なお、『類型別労働関係訴訟の実務』は、労働者が解雇後に他に職を得ている場合には、就労の意思があることをあらかじめ訴状で主張しておくことが考えられるとしている（同書244頁）。

将来分の賃金については、民訴法135条で「あらかじめその請求をする必要がある場合に限り」請求できるとされていることから、近時の判決では「判決確定まで」の賃金に限定されることが多く（第1部第3・3(3)イ（13頁）参照）、東京地裁では訴訟（ないし労働審判）提起段階で、将来請求につき「判決確定まで」等と限定するように訂正を求められることが多い。この場合、訂正に応じる義務はないが、判決確定後まで請求する場合には、積極的にその必要性について主張しなければならないことになろう。

「労働契約上支給されるべき賃金」の範囲は、当該労働者が解雇されなければ確実に支給されたであろう賃金の合計額である。基本給、固定的に支払われていた諸手当はこれに含まれるが、通勤手当のように実費補償的なものは含まれない。労働契約で時給だけが定められ、労働時間は月ごとのシフト制による場合、「解雇されなければ確実に支給されたであろう賃金」は、解雇前3か月ないし6か月の平均賃金を基に1か月の賃金額を算出することになるであろう（『類型別労働関係訴訟の実務』247頁参照）。

時間外労働手当の支払いは否定する例が多いが、時間外労働をすることの蓋然性が高いケースにおいてこれを含めた賃金額を認めた裁判例もある（大成学園（大成高校）事件・東京地八王子支判平17. 9. 21労判912号36頁、東京高判平18. 1. 26労判912号32頁、勝英自動車学校（大船自動車興業）事件・東京高判平17. 5. 31労判898号16頁）。この場合、解雇前数か月間の時間外労働手当平均額に基づいて請求することになる。

賞与は労働協約や就業規則等で支給額が明確になっている場合には支払が認められる（『類型別労働関係訴訟の実務』29頁、年俸額の一部が賞与として支給されていることになっていた事例として学校法人福寿会事件・福島地郡山支判平23. 4. 4労判1036号86頁）。

企業の業績・出勤率・出来高・査定などに基づいて支給額が変動する場合には、未だ支給額が定まっておらず現実の請求権として発生してない、現実に就労しておらず査定もされていない等として、賞与については否定する例が少なくない。しかし、「賞与は、労務提供の反対給付たる賃金としての性格を有するものと認められるから、その責めに帰すべき事由によって労務提供を受けなかった控訴人としては、被控訴人が本件解雇後の事業労働に従事・貢献しなかったことを理由として被控訴人に対する賞与の支払いを免れることはできない」（サン石油（視力障害者解雇）事件・札幌高判平18. 5. 11労判938号68頁）等として、勤務を継続した場合に支給されたであろう蓋然性の高い基準を用いて算出する例もある。算出の方法としては、解雇期間中に従業員に一律に適用された支給基準に基づくもの（学校法人越原学園（名古屋女子大学）事件・名古屋高判平26. 7. 4労判1101号65頁、学校法人純真学園事件・福岡地判平21. 6. 18労判996号68頁）、解雇直近の金額に基づいて認めるもの（前掲サン石油事件・札幌高判平18. 5. 11労判938号68頁、宝林福祉会（調理員解雇）事件・鹿児島地判平17. 1. 25労判891号62頁、九州日誠電氣（本訴）事件・熊本地判平16. 4. 15労判878号74頁、北沢産業事件・東京地判平19. 9. 18労判947号23頁、骨髄移植推進財団事件・東京地判平21. 6. 12労判991号64頁 判タ1319号94頁、Ａ住宅福祉協会事件・東京高判平26. 7. 10労判1101号51頁・東京地判平26. 2. 25労判1101号62頁、やまばと会員光園事件・山口地下関支判平21. 12. 7労判1002号68頁）、過去の支給実績に基づくもの（福島県福祉事業協会事件・福島地判平22. 6. 29労判1013号54頁、東京自転車健康保険組合事件・東京地判平18. 11. 29労判935号35頁 判タ1249号87頁、Ｙ学園事件・大阪地判平22. 5. 14労判1015号70頁）、解雇直近かつ最も低い前年度の査定実績に基づくもの（東光パッケージ（退職勧奨）事件・大阪地判平18. 7. 27労判924号59頁）、従業員全体の平均値によるもの（富士科学器械事件・東京地判平18. 1. 27労判911号88頁）等がある。

賃金は通常、支払期日の翌日からの遅延損害金を付して請求する。過去分についてまとめて請求する際には、支払期日（遅延損害金の起算日）が異なるので、訴状に別紙として月々の賃金額と支払期日を記載した一覧表をつけると分かりやすい。遅延損害金の利率は、会社等の場合は商事利率年６％（商法514条）であるが、医療法人、学校法人等、商人に当たらない場合には年５％となる（民法404条）。ただし民法改正法施行後は商事利率が削除され、一律３％（ただし３年ごとに法定利率の見直しがなされる。施行日前に遅延損害金が発生した場合は改正前の利率となる。改正民法施行附則15条1項）となる。

(イ)　他社に就職した場合

解雇後、他社に再就職した場合の賃金請求権について、聖パウロ学園（懲戒・普通解雇）事件・大阪高判平12. 1. 25労判794号7頁（最一小決平12. 9. 28労判794号5頁で上告不受理）は、雇止めを受け係争中に労働者が喫茶店を営業したことを理由に、地位確認判決（労働者勝訴）確定後に使用者が兼業禁止の就業規則に違反するとして懲戒解雇した（労働者は賃金仮払い仮処分を受けたこともあり懲戒解雇の10か月後に喫茶店を廃業）事案において、「使用者の責に帰すべき事由により解雇されて就労を拒否され就労できなかったのであるから、労働者の使用者に対する労務給付義務は、使用者の責に帰すべき事由により履行不能となり消滅するというべきである」「労働者が喫茶店営業をしたとしても、兼業禁止等を定めた就業規則に違反するとはいえないというべきである」（被控訴人、控訴人を労働者、使用者に読み替えて引用）「実際上もこのように解さなければ、使用者の責に帰すべき事由により解雇された労働者は、収入を得る途が閉ざされることになり、不当であることは明らかである（解雇が無効であることが確定すれば、遡及賃金額から中間収入として控除されることになる。）」と判断して、使用者に懲戒解雇以後の賃金の支払を命じ（懲戒解雇前は別訴で解決済み）、解雇期間中に喫茶店を営業していた労働者の賃金請求権を認めている。また後述のバックペイからの中間収入控除に関する一連の判決は、解雇期間中に労働者が他社で就労して相当額の賃金を得ていた事案である（例えばあけぼのタクシー事件では解雇期間中の同業他社での就労により解雇前の平均賃金より高い収入を得ていることが認定されている）ところ、労働者に賃金請求権があることを前提として、その賃金請求権（バックペイ）からの中間収入控除を論じている。このように、単に労働者が解雇後に他に職を得ているというだけでは、就労の意思を失ったとまでは認められず、後述の他職で得た賃金の中間収入控除の問題となるに過ぎない。

労働者が就労の意思を失ったと認定されて賃金請求を否定された裁判例としては次のものがある。

前掲ペンション経営研究所事件・東京地判平9.8.26は、菅野「労働法」409頁が「履行の意思と能力は保持していなければ（転職して新たな使用者の職務に専念しているという場合は保持しているとはいえない）、後に解雇が正当な理由なく無効とされても、解雇期間中の賃金請求権を認められない」として引用しているため解雇後他社に正社員として就労した場合に関するものと誤解されがちであるが、解雇の事案でも他社就労の事案でもない。給与は出向元（被告）が支払う約束で出向中に、出向元の業績不振を理由に８月分と９月分の賃金未払の状態で、出向先から出向を解かれた労働者が出向元に賃金請求をしたのに対して、出向元が退職して代理店等の提携関係を持つことを提案し、労働者が賃金の支払が先決問題と主張し、従事すべき職務について指示を求めることもなく出向元での就労はせずに出向先の残務整理を続けていたという事実認定の下で「原告は前記未払賃金が支払われない限り、被告に出社して就労しない意思であったことがうかがわれる」としたものであり、代理人が内容証明郵便で出向元に就労できるように指示を求めた時点以降は就労意思が証明されたとして賃金請求が認められている。労働者のそれまでの労務提供の相手が被告ではなく、かつ被告（出向元）が労働者に就労して欲しくないため就労指示をせず、労働者も賃金不払い状態のため就労を希望していなかったという事案の特殊性がある。

ライトスタッフ事件・東京地判平24.8.23労判1061号28頁は、労働者が試用期間中に職場の受動喫煙で体調を崩した等と主張したことをきっかけに休職に合意させられ、本採用拒否となった事案で、原告が被告（保険代理店）とは全く異なる職種の税理士法人に再就職し、勤務時間や業務内容は被告における就労と両立し得ず、その給与は被告と比較して遜色なく、原告は再就職までの間に社会保険労務士の資格を取得しており、あえて受動喫煙について理解に乏しい使用者のもとで保険営業の仕事を続けなければならない理由は見当たらず、むしろ転職先で心機一転を図ろうとするのが通常と思われることから、再就職後は原告が就労意思及び能力を失った、として再就職後の賃金請求を否定した。

ニュース証券事件・東京地判平21.1.30労判980号18頁（東京高判平21.9.15労判991号153頁で該当判示維持）は試用期間中の解雇後に同業の他証券会社に転職した事例で、原告が解雇後の労働局のあっせんや労働審判において地位確認を求めず金銭解決を求めていたこと、証券外務員資格の登録を抹消しないとほかの証券会社で証券営業をすることは禁止されているところ、原告は新たな気持ちで証券営業に復帰する意思で、別会社に転職し証券外務員資格登録を行ったことから、再就職により被告で就労する意思を確定的に放棄し雇用契約を終了させる旨の本件解雇を承認したとして、再就職後の賃金請求のみならず地位確認請求も否定した。

これらのケースは、解雇ないし不就労に至る経緯の事情や解雇後の事情（資格取得、復職の障害となる登録等）、本訴前の手続では地位確認請求がなされなかったことなどから就労の意思がないことが認定されており、他社に正社員として勤務しただけで就労の意思がないとされたものではない。

次に解雇が無効と判断された場合、解雇された後に他社の就労で得た収入（中間収入）について、使用者が未払賃金から控除することができるかという問題がある（民法536条２項後段）。判例は、使用者の責めに帰すべき解雇期間中の賃金については、使用者は同期間中に労働者が他の職に就いて得た中間利益額を賃金から控除することができるが、当該賃金のうち、平均賃金の６割に達するまでの部分については利益控除の対象とすることは禁止されているとする（あけぼのタクシー（民事解雇）事件・最一小判昭62. 4. 2労判506号20頁 判時1244号126頁、いずみ福祉会事件・最三小判平18. 3. 28労判933号12頁 判時1950号167頁）。

解雇無効を争って訴訟等をする場合、相談者から、生活のために就労してもよいか相談を受けることが少なくない。その時には、上記のような他社に再就職した場合に再就職の態様や他の事情と相俟って地位確認・賃金請求権に影響を及ぼす場合もあること及びバックペイから中間控除がなされうることについて説明を行っておくべきである。

ウ　損害賠償請求

解雇されたことに伴う精神的苦痛について、違法な解雇が不法行為であるとして（民法709条）損害賠償請求（慰謝料）をすることが可能である。もっとも、解雇が無効であるからといって直ちに不法行為が成立するわけではなく、少なくとも使用者に故意・過失が必要である。不法行為該当性について、運転手のアルコール検出による諭旨解雇の事案で、通常の解雇手続きで行われるべき手続きを逸脱しており、記録の改変等の一連の経過を総合考慮すれば不法行為を構成するとした事例（京阪バス事件・京都地判平22. 12. 15労判1020号35頁：慰謝料50万円）、財団内部のセクハラ・パワハラを報告文書を理事長に提出したところ降格人事・諭旨解雇された事案で、一連の経緯から少なくとも被告に過失が認められるとした例（骨髄移植推進財団事件・東京地判平21. 6. 12労判991号64頁 判時2066号135頁：慰謝料50万円）、普通解雇事由が存在するとの会社担当者の認定は杜撰であって相当ではなく、担当者に過失があったとして不法行為の成立を認めた事例（ケイエム観光事件・東京高判平7. 2. 28労判678号69頁 判タ893号152頁：バスガイドとの情交という不名誉な事由で解雇されたことから再就職もままならず８年以上にわたり争わざるを得なかったこと等を考慮し、慰謝料700万円）等がある。一方で、同僚へのわいせつ・暴行行為により懲戒解雇され、暴行行為の一部が否定され懲戒解雇は無効とされたものの、使用者側の事実認定が合理性を著しく欠く恣意的な判断ということはできない等として不法行為成立を否定した事例（学校法人Ａ学院ほか事件・大阪地判平25. 11. 8労判1085号36頁）、労働者の一部の非違行為等が認定され、使用者が解雇事由にあたる具体的行為が存在しないことが明らかであるにもかかわらず、このことを承知し本件解雇に及んだとまで認めることはできないとして不法行為性を否定した事例（芝ソフト事件・東京地判平25.11.21労判1091号74頁）等、労働者側にも一定の非があると認められた場合には不法行為が否定されることがある。

また近時は、このように不法行為の成否について言及せず、「一般に、解雇された労働者が被る精神的苦痛は、解雇期間中の賃金が支払われることによって慰謝される」（カテリーナビルディング（日本ハウズイング）事件・東京地判平15.7.7労判862号78頁：慰謝料を否定）等として、賃金の支払いをもってしても慰謝できない精神的苦痛があったか否かのみを検討する事例が多い。

杜撰な懲戒解雇を行った場合（前掲京阪バス事件・京都地判平22.12.15、骨髄移植推進財団事件・東京地判平21.6.12、アサヒコーポレーション事件・大阪地判平11.3.31労判767号60頁等）や、労働組合を嫌悪したり労働組合壊滅を目的とした整理解雇のような場合には慰謝料が認められやすい（サカキ運輸ほか（法人格濫用）事件・長崎地判平27.6.16労判1121号20頁、福岡高判平28.2.9労判1143号67頁：原告４名に各30万円、恵和会宮森病院（雇止め・本訴）事件・札幌高判平17.11.30労判904号93頁：弁護士費用含め50万円）。また解雇に当たって使用者側に不当な目的がある場合、使用者が虚偽の事実を告げた場合等に悪質とされ、慰謝料が認められることがある。東京自転車健康保険組合事件・東京地判平18.11.29労判935号35頁 判時1967号154頁は、使用者が退職金規程の改定等の施策に反対する従業員が外部機関に相談することを快く思わず、整理解雇の要件がないにもかかわらずこれを強行したものであること、整理解雇当時当該労働者が妊娠していることを認識していたこと、原職復帰要求を拒否したことから、解雇期間中の賃金が支払われることでは償えない精神的苦痛を被ったと認め、慰謝料100万円を認めた。ジョナサン他１社事件・大阪地判平18.10.26労判932号39頁は、「新店舗の開店計画を秘したまま、旧店舗の閉店を理由に、原告らを含む全従業員を解雇したものであって、その方法は、長年就労してきた従業員に対し、虚偽の事実を告げて、一方的に解雇するという方法であり、解雇権の濫用の程度は悪質といわなければならない。後日、被告２社による新店舗の開店を知った原告らの驚きと憤懣は容易に想像でき、大きな精神的苦痛を被ったと認めることができる」として30万～50万円の慰謝料を認めた。医療法人光優会事件・奈良地判平25.10.

17労判1084号24頁、大阪高判平26．7．11労判1102号41頁では違法な業務に関与する恐れのある職場環境に置かれたり違法な業務命令を拒否したところ不当解雇されたという事案で、50万円の慰謝料が認められた。

使用者のみならず、使用者の役員等に対する損害賠償請求を検討することも考えられる。取締役に対し慰謝料の支払を認めた裁判例としては、不当労働行為の意図を十分了解して解雇処分を行った取締役に、共同不法行為に基づき、慰謝料30万円の支払を命じたが、賃金相当額の損害賠償は認めなかったもの（佐賀ゴルフガーデンほか事件・佐賀地判平22．3．26労判1005号31頁）、取締役個人に対する慰謝料20万円の請求を認めたもの（萬世閣（顧問契約解除）事件・札幌地判平23．4．25労判1032号52頁）がある。他方、Ａ式国語教育研究所代表取締役事件・東京高判平26．2．20労判1100号48頁は、取締役が、解雇に合理的な理由がなく社会通念上相当と認められないことを認識し又は認識できたとはいえず、取締役の故意過失を否定した。

⑹　手続の選択

労働審判は、裁判所による実質的な当事者尋問が行われたうえで、審判員らの心証が分かりやすく開示され、説得がなされる場合が多いなど、紛争の迅速な解決、事案に応じた弾力的な解決が期待できるという点で、大きなメリットがある。また、労働審判を経たうえで本訴を提起した場合、争点が絞られているため比較的迅速に訴訟が進行するケースも多く見られる。他方において、労働者側が労働審判を選択する場合は金銭解決を受け容れる余地があるものと受けとめる審判官も少なくない。したがって、労働者側で復職以外は受け容れる余地がない場合は本訴ないし仮処分が第１選択となるが、そうでない場合は、調停成立の見込が全くないという場合でなければ、まず労働審判の申立を検討すべきである。当事者の出席が不可欠であり、申立人と相手方が審判廷で顔を合わせることになる点は、事前に相談者に説明しておく必要がある。

仮処分は労働審判と比して審尋期日が多いことから、求釈明を要する案件や主張の複雑な案件でも利用しやすい、当事者の出席が必要不可欠ではなく代理人主導で話を進めやすいなどの特徴がある。

もっとも、労働審判で金銭的な解決を図る場合、請求額より減額した金額で決着する場合が多く、また、労働審判では付加金を請求することはできない（第２章第３・10（110頁）参照）等、本訴による方がより多くの経済的利益が得られる場合もあるので、これらの点について、相談者とよく協議しておく必要がある。

(7) 判決後について

地位確認請求訴訟で勝訴した場合であっても、判決で認められる「労働契約上の権利を有する地位」は就労請求権を含むものではないと解されており（第１部第３・３(3)ア(イ)（９頁～）参照）、またいずれにしても現実の就労を強制執行する方法がないため、復職の受入を使用者に強制することはできない。したがって、使用者側が任意に就労を受け入れない限り、現実の復職はできない。就労させなくても賃金支払を続けなければならない点や、コンプライアンスの観点から、裁判所の判決があれば復帰させることがあるというにとどまる。

また、将来分の賃金についても、裁判所は判決確定までの賃金の支払しか認めないことが多い（第１部第３・３(3)イ（13頁）参照）ので地位確認等請求訴訟では債務名義を得られないため、任意に支払を受けられない場合、改めて本訴を提起して債務名義（給付判決）を得て、それに基づいて強制執行するほかない。

7　復職を求めずに金銭解決を目指す場合

(1) 金銭請求の内容、方法

金銭請求の内容としては、解雇予告義務違反の場合の解雇予告手当・付加金の請求、未払となっている退職金の請求、損害賠償請求等が考えられる。

方法としては、訴訟外の交渉と裁判手続（本訴、労働審判）の利用がある。

(2) 訴訟外の交渉

基本的には、復職を求める場合と同様である。労働局によるあっせん手続等の利用も考えられるため、相談者の意向を確認したうえで、検討する（第１部第４（23頁～）参照）。

(3) 損害賠償請求

本訴の提起と労働審判の申立がある。

損害賠償請求としては、以下のようなものが考えられる。但し、損害賠償請求の本訴を提起した場合、相談者が期待するような金額が得られないことが多く、結果的に、解雇無効を主張して復職を求めつつ解雇期間中の未払賃金を請求するほうが得られる金額が多かったという場合も多々ある。もっとも、復職を求める方針を取った場合、使用者が解雇を撤回すれば復職しなければならないことになる。不当解雇を争いたいと考えつつも、酷い職場なので戻るのはいやだという相談者も少なくないし、訴訟等の過程で使用者側から提出された労働者を悪し様に罵る準備書面や陳述書を見るうちに復職意欲を失うことも多い。この点の見通しやリスクについて、相談者に十分説明しておく必要がある。

ア　逸失利益

違法な解雇、退職強要等により退職に追い込まれなければ、当該会社での勤務を継続することによって当然得られたであろう賃金相当額を、逸失利益として請求しうる。なお前述（6(5)ウ）の慰謝料請求と同様、違法な解雇等につき使用者に故意・過失があり不法行為が成立することが前提である。裁判例では、インフォーマテック事件・東京地判平19. 11. 29労判957号41頁（東京高判平20. 6. 26労判978号93頁で維持）は原告の年齢から再就職が困難な状況に置かれた等として賃金約６か月分、ダイクレ電業事件・東京地判平24. 11. 14労経速2166号27頁は賃金５か月分（逸失利益６か月分であるところ、労働者側の事情で解雇後に１か月ほど就労できない事情があったためその分を差し引いた）を認めた。また、学校法人村上学園（視能訓練士科教員・解雇）事件・東京地判平25. 7. 25労判1060号87頁は、原告が国家資格を有し、複数の転職経験があること及び原告の年齢等の事情から、再就職に要する期間は３か月程度であるとして、賃金３か月分の逸失利益を認めた。小野リース事件（仙台地判平20. 12. 24労判1018号12頁）は本件解雇をされなければ少なくとも６か月間は賃金を得られたとして賃金６か月分を認めた。

また、前述（6(5)ウ）のとおり、使用者のみならず、使用者の役員等に対する損害賠償請求を検討することも考えられる。役員に逸失利益の支払まで命じた裁判例としては、解雇を「著しい解雇権の濫用」にあたるとして、使用者の代表取締役及び事実上の取締役に対し、再就職に必要な期間の賃金相当額として解雇後３か月の逸失利益の損害賠償を命じたもの（甲総合研究所取締役事件・東京地判平27. 2. 27労経速2240号13頁）、やや変わった事例ではあるが、JT乳業株式会社の代表取締役の任務懈怠により食中毒事件が発生し、同社が解散し従業員を解雇したので、従業員らが代表取締役に対し旧商法266の３の責任を追及した事件で、①従業員の再就職のための求職活動相当期間中の賃金相当の逸失利益と、②再就職先における賃金等と解雇前の賃金額の差額に相当する逸失利益、③慰謝料（１人当たり）100万円をそれぞれ認容したもの（JT乳業事件・名古屋高金沢支判平17. 5. 18労判905号52頁）がある。

イ　慰謝料

違法な解雇、退職強要等により労働者に精神的損害が発生し、不法行為の要件をみたす場合は、慰謝料請求が可能である。ただし、地位確認・賃金請求をする場合と同様、逸失利益が支払われれば精神的苦痛は慰謝されるとして認めない事例も多い（前掲ダイクレ電業事件・東京地判平24.11.14、学校法人村上学園（視能訓練士科教員・解雇）事件・東京地判平25.5.25)。

慰謝料請求においては、解雇に至った経過や退職強要の事案における退職に追い込まれた経過の立証が、重要なポイントとなる。

慰謝料請求を行う場合には、前述（6(5)ウ）のとおり、使用者のみならず、使用者の役員等に対しても損害賠償請求を行うことも考えられる。

ウ　会社都合の退職金との差額

違法な解雇、退職強要等により退職した場合、自己都合退職の退職金のみが支払われるケースが多いが、そのような場合、会社都合退職の退職金との差額を請求することも検討の余地がある。

エ　弁護士費用

アないしウのような損害が認められた場合は、弁護士費用についても損害として認められる場合が多い。

第9　解雇を争う場合の雇用保険の取扱い

1　雇用保険の受給

雇用保険一般については第15章第１（627頁〜）で説明しているので、そちらを参照されたい。

解雇を争いながら失業給付を受ける場合には、便宜上の手続である「仮給付」として受けるべきである（仮給付については、雇用保険法15条２項の失業認定の運用として、雇用保険業務取扱要領雇用保険給付関係第18：53201〜に基づいて行われている)。この場合、求職の申込をしなくても基本手当を受けることができる。

仮給付を受けるにあたっては、解雇を争って係争中であることを示す文書（裁判所の事件係属証明書、裁判所の受領印のある訴状のコピー・仮処分申立書のコピー・労働審判申立書のコピー・不当労働行為救済申立書のコピーなど）を提出する。訴訟外で交渉中の場合には、仮給付の手続を利用することはできない。そして、もし勝訴して解雇時からの賃金の支払を受けた場合には保険給付を返還する旨の文書（確約書）を提出して給付を受けることになる。

復職を求めずに損害賠償だけを請求する場合は仮給付の手続はせず、通常の受給をすることになる。通常の受給手続の後に仮給付に切り替えることもできる。

なお、仮給付でも労働者が離職票をハローワークに提出しないと保険給付を受けられないから、解雇を争う場合でも事業主から離職票を受領することになる。これにより解雇を争うことに不利益を受けることはない。

自己の責めに帰すべき重大な理由により解雇された場合、支給制限期間（３か月）は仮給付も受給できない扱いがなされており、その判断は現実的には解雇理由書、離職票の記載によりなされることが多い（離職理由について事業主と離職者の主張が異なる場合の認定については第15章第１・７⑵（634頁）参照）ため、使用者が懲戒解雇等を主張している場合には仮給付もすぐには受けられないことに注意すべきである。

2　和解金の支払を受けた場合の取り扱い

失業給付を受ける前提として勝訴して解雇時からの賃金の支払を受けた場合には保険給付を返還する旨の文書（確約書）を提出している場合（仮給付の場合）に解雇より後の日付（例えば和解日）で合意退職することにした場合、解決金の支払を受けた旨をハローワークに報告して、受給した給付金を返還することになる。解決金には、解雇日から合意退職日までの賃金が含まれることになるからである。この場合、差し入れた文書の記載にしたがって給付された金員を返還すればよい。このように労働者が仮給付を受けている事案で和解をする際には、合意退職日を和解日等の解雇より後の日付にする場合には失業給付の返還義務が生ずることを事前に説明しておくべきである。

なお、通常の受給手続によって求職者給付を受給した後に解雇の無効が認められ和解日付の退職の合意をした場合は、「過誤払い」として一旦受給した給付金を返還して精算処理を行う必要がある。

他方で、合意退職日を解雇日付とした場合は、支払を受けた給付金（仮給付金・本給付金を含む）を返還する必要はない。この場合、和解金は賃金ではないと考えられるからである（但し、雇用保険業務取扱要領53302ルは「解雇の効力等についての争いが和解によって解決した場合に支払われる金員については、予告手当、退職金、慰謝料、組合に対する金一封等賃金でないこととされたものを除き、すべて賃金として扱う」としている）。

和解により離職理由が変更された場合には、受給可能期間が延びたり給付日数が増えることもあるので（例えば「重責解雇」→「退職勧奨による退職」）、ハローワークに申告する必要がある。

第10　解雇後の健康保険の扱い

解雇の有効性について争いがある場合にも、使用者が健康保険の資格喪失届を提出すれば自動的に健康保険の効力は失われる。解雇の有効性を争う場合であっても健康保険者被保険者証を返還しておくべきである。返還したことにより、解雇の効力を争う権利に影響はない。

雇用保険の特定受給資格者（倒産・解雇などによる離職）や特定理由離職者（雇止めなどによる離職）として失業等給付を受ける者で、2009（平成21）年３月31日以降に離職し、離職日時点で65歳未満の場合には、国民健康保険に加入するにあたり、国民健康保険料等の軽減制度の適用を受けることができる場合がある（健康保険法施行令29条の７の２）。市区町村役所の保険年金課に問い合わせをしてみるとよい。

なお、健康保険一般については第15章第２（642頁～）参照。

第11　使用者側の対処方法

1　就業規則の確認の重要性

解雇前の相談であるか、解雇後の相談であるかを問わず、まずは、詳細に事実関係を聴き取った上で、就業規則上の解雇規定を確認し、解雇事由への該当性を確認することが重要である。

就業規則に定めた解雇事由は限定列挙と解される場合があるから（限定列挙説と例示列挙説につき、本章第３・３、『労働事件審理ノート』17頁等を参照）、就業規則に列挙した解雇事由に該当しない限り、解雇はできないという方向で検討しておくべきである。また、解雇事由として、「その他前各号に準じる事由があるとき」というような包括条項が就業規則上定められている場合が多いが、包括条項のみに頼ることは避けるべきであり、包括条項を根拠とする場合であっても、明示的に定められたどの解雇事由に準じるのかを明らかにできるようにしなければならない。

2　解雇前に相談を受けた場合

事実関係の詳細な聴き取りを行い、また、その事実を裏付ける証拠の有無も確認した上で、依頼者が行おうとしている解雇に「客観的合理性」と「社会通念上の相当性」（労契法16条）があるか否かを第三者的な視点で検討し、もし、いずれかを欠くような場合には、依頼者の解雇判断を撤回させ、より厳格な教育指導を行い労働者に改善を促すか、もしくは、合意退職に向けた働きかけの実施を依頼者に提案することになる。

また、解雇の意思表示の実施方法・時期や解雇予告手当の支払い（労基法20条）等についても、必要に応じてアドバイスを行う。

解雇の効力を争う訴訟において、使用者が、解雇理由証明書に記載しなかった解雇理由を主張することの可否については、『労働事件審理ノート』26頁を参照。学説上は追加主張を認めない見解が優位のようであるが（荒木『労働法』303頁や土田『労働契約法』682頁）、渡辺弘『労働関係訴訟』11頁以下は、追加主張を制限する条文上の根拠がないため、主張自体は可能とした上で、解雇理由証明書に記載しなかったにもかかわらずそれを主張することを権利濫用という枠組みで検討すべきとする。また『類型別労働関係訴訟法』257頁は、「使用者が、当初主張していなかった事象を解雇事由として主張する場合、当初主張していなかったのは、その事象を使用者が重視していなかったためであると考えられる」として、その事由の審理に過大なエネルギーを注ぐ必要ないとしており、近年、解雇無効地位確認訴訟が提起された場合に使用者側に送付される事務連絡にも、「解雇理由は早期に一括して主張してください。訴訟継続後相当期間経過してから主張が追加されると、訴訟遅延を招くだけだはなく、重要な解雇事由となるものか疑義が生じる場合があります」と記載されている（同275頁）。このような裁判所からの示唆に鑑みても、使用者側としては、労働者から解雇理由証明書の発行を求められた場合には、発行後に解雇理由を追加することはできないという前提に立ち、適用した就業規則の解雇事由と、それに該当する事実を具体的に漏れなく記載し（ただし、労働者の請求しない事項を記入してはならない。労基法22条３項）、かつ、速やかに交付するようアドバイスを行う（労基法22条２項）。

3　解雇後に相談を受けた場合

事実関係の詳細な聴き取りを行い、また、その事実を裏付ける証拠の有無も確認した上で、依頼者が行った解雇に「客観的合理性」と「社会通念上の相当性」（労契法16条）があるか否かを第三者的な視点で検討し、もし、いずれかを欠く可能性がある場合には、その可能性の程度や解雇が無効である場合のリスク、裁判等になった場合の手続の流れ、解決水準等を依頼者に説明し、理解を得る。なお、解雇の意思表示は、労働者の真の同意を得ずに使用者が一方的に撤回することはできない（本章第１・３（330頁）参照）。

また、労働者から退職時証明書の発行を求められている場合には、労働者の請求する事項についてのみ記載して（労基法22条３項）、速やかに交付するようアドバイスを行う（同条１項）。

なお、地位確認請求訴訟においては、解雇事由の立証に注力がいきがちであるが、地位確認請求が認められた場合に備えて労働者が主張する賃金、賞与額が正しいかどうかについてもチェックすべきである。特に賞与等、査定によって異なる賃金については、その査定方法や額等について具体的に主張して争うべきである。

第9章

非正規雇用に関する問題

第1　非正規雇用の相談を受ける際の注意点

総務省の労働力調査では、過去30年余りの間、非正規雇用労働者の割合は一貫して増加してきており、2016年１年間の平均で、非正規の職員・従業員は2024万人であり、役員を除く雇用者に占める非正規の職員・従業員の割合は37.4%に達している。労働者側・使用者側を問わず、非正規雇用労働者に関する相談を受けることは、もはや日常茶飯事といってよい。

もっとも、「非正規雇用」は法律用語ではなく、契約社員、期間社員、臨時社員、嘱託社員、派遣社員、パートタイマー、アルバイト、フリーター、日雇い労働者など、様々な呼称で呼ばれ、その契約の法的性質や契約内容も様々である。よって、非正規雇用に関する法律相談においては、まず、その契約の形式や名称にとらわれず、以下の点に注意する必要がある。

第１に、契約の法的性質と契約内容を十分に確認することが重要である。具体的には、期間の定めの有無、労働時間及び休日ないし出勤日の定め、給与の支払方法（時給、日給、週給、月給）、社会保険の適用関係等が重要である。また、労働者派遣のように、契約上の使用者と実際の指揮命令権者が分離していることもあるので、誰と誰の間の労働関係が問題となっているかを把握することも重要である。より具体的には、非正規雇用においては、雇用契約書が存在しないばかりか、書面での労働条件の明示すらなく、口頭での約束しかないことも少なくない。そのような場合、求人チラシ、求人誌の募集要項や労働条件を記したメールの履歴（特に労働者派遣の場合）等を手掛かりに、合意された雇用契約上の労働条件を確認することになる。また、当事者間の合意と労働実態との間に乖離があることも少なくないので、労働実態及び実際に適用されている労働条件について、特に丁寧な聴き取りが求められる。この点については第1章第4（47頁〜）参照。

第2に、労働関係法規は原則としてすべての労働者に適用されるから、非正規雇用の労働者にも当然に適用がある。但し、正規雇用の労働者とは労働条件が異なる結果、労働関連法規及び社会保障関連法規の適用に相違が生じる場合がある。特に、多くの非正規雇用労働者に存在する契約期間の定めは、雇用の終了等が問題となった場合に、期間の定めのない労働者と大きな違いを生ずる。また、特定の非正規雇用労働者に関する特別法（派遣労働者について派遣法、パートタイム労働者についてパートタイム労働法など）が存在するので、該当法規の適用を検討する必要がある。

第3に、有期労働契約に関する労契法改正（2012（平成24）年）、派遣法改正（2012（平成24）年、2015（平成27）年）、パートタイム労働法改正（2014（平成26）年）など、非正規雇用に関する法改正が近時は頻繁になされていることから、問題となる雇用契約について、いつの時点の法律が適用されるのかを確認する必要がある。

第2 有期雇用

1 雇止め（労契法19条）

(1) 概要

ア　沿革

有期労働契約において、契約期間満了に際し、使用者から次期の契約更新を拒絶することを、一般に「雇止め」と呼ぶ。

民法の契約理論では、有期労働契約は、契約期間の満了により終了するのが原則である。しかし、有期労働契約の締結事由に制限のない我が国では、正規労働者と同様の業務、恒常的業務にも有期労働契約が広く利用されており、この原則を貫いて、雇止めを無制限に認めると、著しく労働者の地位が不安定となりかねない。また、有期契約の形を採りつつも、労使双方が、その期間を超えて労働関係を継続することを予定して就労していることが少なくない。このような実情を踏まえ、まず、①実質的に期間の定めのない契約と同視できる有期労働契約については、雇止めに対し解雇権濫用法理を類推適用すべきとする法理が確立され（東芝柳町工場事件最高裁判決・最一小判昭49. 7. 22民集28巻5号927頁 労判206号27頁）、その後、

①の場合のみならず、②雇用継続に対する合理的期待がある場合の雇止めにも解雇権濫用法理を類推適用すべきとする法理が確立された（日立メディコ事件最高裁判決・最一小判昭61. 12. 4労判486号6頁 判時1221号134頁）。この法理は、パナソニックプラズマディスプレイ（パスコ）事件・最二小判平21. 12. 18民集63巻10号2754頁 労判993号5頁において上記両判決を引用して「期間の定めのある雇用契約があたかも期間の定めのない契約と実質的に異ならない状態で存在している場合、又は、労働者においてその期間満了後も雇用関係が継続されるものと期待することに合理性が認められる場合には、当該雇用契約の雇止めは、客観的に合理的な理由を欠き社会通念上相当であると認められないときには許されない」ととりまとめられた。

労契法19条は、上記最高裁判決で確立している①及び②の法理の内容や適用範囲を変更することなく、実定法化したものとされている（平24. 8. 10基発0810第２号の第５の５⑵イ）。

イ　要件

労契法19条の定める要件は、以下のとおり分節化することができる。

要件１	要件１－１：無期契約の解雇との同視性（同条１号） 過去に反復更新された有期労働契約について雇止めすることが、無期労働契約の労働者を解雇することと社会通念上同視できると認められること
	要件１－２：契約更新の合理的期待（同条２号） 有期労働契約の期間満了時に労働者が契約更新を期待することについて合理的理由が認められること
要件２：契約更新の申込み（同条柱書） 労働者が有期労働契約の期間満了日までに契約更新の申込みをするか、又は、期間満了後遅滞なく有期労働契約の締結の申込みをすること	
要件３：客観的合理的理由・社会的相当性（同条柱書） 要件２の申込みを使用者が拒絶することが、客観的に合理的な理由を欠き、社会通念上相当であると認められないこと	

個別の要件の詳細は、以下の⑵ないし⑸（386～403頁）で詳述する。

ウ　効果

労契法19条の適用の効果は、使用者が、労働者からの契約更新の申込みを承諾したものとみなされることにより、従前と同一の労働契約が成立するというものである。条文上、「有期労働契約の更新の申込み」又は「有期労働契約の締結の申込み」を「承諾したものとみなす」とされていることから、成立する労働契約は、有期労働契約となる（平24.8.10基発0810第2号の第5の5(2)ア）。

更新後さらに期間満了したときの効果が、裁判上争われることがある。これについて、労契法19条施行前の裁判例ではあるが、E-グラフィックスコミュニケーションズ事件・東京地判平23.4.28労判1040号58頁は、「仮に本件雇止めが解雇権の濫用法理の類推適用により無効である場合、本件有期雇用契約は自動更新され、本件雇止め時から1年間（次の有期雇用期間）以上が経過した現時点においても、なお原告は雇用契約上の権利を有する地位にあるものと解される」とし、ノースアジア大学（本訴）事件・秋田地判平24.10.12労判1066号48頁も、不再任が合理的理由を欠く場合従前の契約が更新されたのと同様の法律関係にありその任期が満了する際の再任用の判断にも解雇権濫用の類推適用があると解するのが相当であり、同日後の不再任に合理的理由がない場合は同日後にも従前の労働契約が更新されたのと同様の法律関係が生じたものといえるとし、ドコモ・サービス（雇止め）事件・東京地判平22.3.30労判1010号51頁も同様の判示をしている。

エ　雇止めの不当労働行為該当性

なお、雇止めが労組法上の不当労働行為に該当すると主張される事例も存在するが（不当労働行為該当性否定例として、学校法人箕面自由学園事件・大阪府労委命令平26.10.7労判1101号174頁、国・中労委（JR西日本・動労西日本岡山）事件・東京地判平26.8.25労判1104号26頁、R社（雇止め）事件・大阪府労委命令平27.4.17労判1115号91頁、アイ介護サービス事件・中労委命令平28.4.20労判1141号93頁、不当労働行為該当性肯定例として、全日本海員組合（組合長再雇用更新拒絶）事件・石川県労委命令平28.7.13労判1139号91頁）、この判断にあっても、雇止めが労契法19条により有効となるかを判断することが多い。

(2) 無期契約の解雇との同視性（要件1－1）

ア　判断要素

雇止めが無期契約の解雇と同視できるかどうかという要件1－1の該当性は、①雇用の臨時性・常用性（仕事の内容が臨時的・補助的か、基幹的か）、②更新の回数、③雇用の通算期間、④契約期間管理の状況（契約書を毎回締結しているか、手続が形式的となっていないか）、⑤雇用継続の期待をもたせる使用者の言動の有無などを総合考慮して、個々の事案ごとに判断する（平24.8.10基発0810第2号の第5の5(2)ウ）。

イ　肯定例

前掲東芝柳町工場事件最高裁判決・最一小判昭49. 7. 22以来、雇止めが無期契約の解雇と同視できると認めた裁判例は多くはないが、近時の肯定例として以下の裁判例がある。いずれも、相当期間有期契約の更新が繰り返されたのみならず、契約更新の手続が形骸化していた事案である。

(ア)　契約書は作成されていた事例

ジャパンレンタカー事件・名古屋高判平29. 5. 18労判1160号5頁は、レンタカー及びカラオケに関する業務に従事していたアルバイト従業員が、営業所間を異動しながら22年以上も有期契約の更新を繰り返していたが、その業務内容は期限が決められた業務ではなく正社員とそれほど変わらない業務であり、雇止めされた従業員はおらず、雇用期間満了後に更新手続が行われることもあった等更新手続が形骸化していた事案で、雇止めの無期契約における解雇との同視性を認めた。

エヌ・ティ・ティ・ソルコ事件・横浜地判平27. 10. 15労判1126号5頁は、「パートタイム社員」として勤務していた有期契約社員の雇止めの事案で、その業務が恒常的基幹的業務であったこと、勤務は週５日で１日８時間であって常用労働者とほぼ変わらない勤務条件であったこと、約17回の更新を経て勤続年数が15年７月に及んでいたこと、更新手続はロッカーに配布される雇用契約書に署名押印し提出するという形式的なもので形骸していたことから、雇止めの無期契約における解雇との同視性を認めた。

(イ)　契約書の作成も怠っていた事例

高嶺清掃事件・東京地判平21. 9. 30労判994号85頁は、正社員とほぼ同様の業務を遂行するアルバイト職員が、入社時には契約書も作成せず、２年９か月後頃に期間１年の契約書を取り交わしたがその後３年あまり更新手続もなく入社６年経過時点で再度期間１年の契約書を作成したがその期限後も更新手続をせずさらに１年後に解雇通知を受けたという事案で、労働契約は１年間の期間の定めのある契約ではあるものの、実質的には期間の定めのない契約と異ならない状態に至っているものと認めるのが相当とした。

ウ　否定例

他方、有期契約の継続期間がいかに長期にわたっていても、契約更新の手続が形骸化していたとまではいえない事案では、雇止めが無期契約の解雇と同視できるとは認めない裁判例もある。

例えば、三洋電機（契約社員・雇止め）事件・鳥取地判平27.10.16労判1128号32頁は、約30年にわたり有期契約が更新されてきたものの、契約満了の都度雇用契約を締結しなおすことにより雇用契約を更新してきたことから、雇止めの無期契約における解雇との同視性を否定した。

(3) 契約更新の合理的期待（要件1－2）

ア 判断要素

契約更新の合理的期待という要件1－2の該当性も、①雇用の臨時性・常用性（仕事の内容が臨時的・補助的か、基幹的か）、②更新の回数、③雇用の通算期間、④契約期間管理の状況（契約書を毎回締結しているか、手続が形式的となっていないか）、⑤雇用継続の期待をもたせる使用者の言動の有無などを総合考慮して、個々の事案ごとに判断する（平24.8.10基発0810第2号の第5の5(2)ウ）。

契約更新の合理的期待の有無が問題となる裁判例は多岐にわたり、その類型化は困難であるが、以下では、①相当程度の反復更新の実態の有無から、契約更新への合理的期待が生じているか否かが問題となる「反復更新型」の裁判例、②相当程度の反復更新の実態があるとまではいえないが、格別の意思表示や特段の支障がない限り当然に更新されることを前提に契約を締結したことから、契約更新への合理的期待が生じているか否かが問題となる「継続前提型」の裁判例、③いわゆる不更新条項が存在する事案の裁判例に分けて、裁判例を紹介し、その後、合理的期待の有無に関連するがそれにとどまらない発展的な問題も検討する。

イ 反復更新型の裁判例

まず、相当程度の反復更新の実態の有無から、契約更新への合理的期待が生じているか否かが問題となる裁判例の類型（反復更新型）がある。

前掲日立メディコ事件最高裁判決・最一小判昭61.12.4は、この類型のリーディングケースといえる。この事件では、期間2カ月の労働契約が5回更新された「臨時員」について、臨時員は雇用量調整のために設けられたものではあるが、季節的労務等の臨時的作業のために雇用されるものではなく、その雇用関係はある程度の継続が期待されていたとして、解雇権濫用法理の類推を認めた原審の判断を是認した（ただし、雇止めは有効）。

(ア) 合理的期待肯定例

i 労働契約関係が連続している事案

ジーエル（仮処分）事件・津地決平28.3.14労判1152号33頁は、液晶パネルの生産工場において製造業務に従事していた有期社員について、１か月あるいは６か月の有期契約を多数回更新し、雇用期間が５～８年であり、有期契約の期間設定に合理的根拠はなく、業務も恒常的業務であり、労働契約の更新手続も給与明細書とともに契約書とボールペンが渡されサインをして担当者に渡すという形式的なものであったとして、契約更新の合理的期待を認めた。

ラボ国際交流センター事件・東京地判平28. 2. 19労経速2278号18頁は、契約期間が通算10年、更新回数が11回に及び、高い地位を占めていたとはいえないが従事する業務が基幹的・恒常的と一応いえ、不更新の話がこれまでなされず、継続して更新がなされてきた事案では、契約書の記載内容が都度従前の契約内容から変更されていたという事情があっても、契約更新の合理的期待があるとした。

前掲三洋電機（契約社員・雇止め）事件・鳥取地判平27. 10. 16は、約30年にわたり有期契約が更新されてきたこと、他に雇止めされた例はないこと、業務内容は特段臨時性や特殊性が認められるものではないことから、契約更新の合理的期待を肯定した。

日本レストランエンタプライズ事件・東京高判平27. 6. 24労経速2255号24頁は、雇用期間が約５年６か月にわたり多数回更新され、月に20日以上１日平均７時間以上勤務しており臨時的な勤務形態ではなかったとして、契約更新の合理的期待を肯定した（ただし、雇止めは有効）。

東豊商事事件・東京地判平26. 4. 16労経速2218号3頁は最短で５年以上にわたって３か月の有期契約を多数回更新してきた一方、更新ごとにその可否を審査し更新前に契約書を必ず作成するなどの更新手続を厳格に行ったことはうかがわれないとして、契約更新の合理的期待を認めた。

コンビニＡ社事件・大阪地堺支判平26. 3. 25労判1109号87頁は、コンビニの直営店の店長であった嘱託社員について、勤続年数が９年間、更新回数が９回であり、毎年契約期間が明記された契約書が送付され嘱託社員が署名押印して返送する手続を繰り返しており契約の更新手続が形骸化しているとみることも可能であるとして、契約更新の合理的期待を肯定した。

日本郵便（苫小牧支店・時給制契約社員Ｂ雇止め）事件・札幌地判平25. 7. 30労判1082号24頁は、正社員と同様の職務を行っていた郵便局の時給制契約社員が、８回契約更新を行い４年間勤続し、他の社員も10年以上勤務を継続していた事案で、契約更新の合理的期待を認めた。

日本ヒルトンホテル（本訴）事件・東京高判平14.11.26労判843号20頁は、約14年間にわたり、日々雇用の関係を継続していた「常用的日々雇用労働者」であった配膳人が、「常勤者」等に指定され、労使合意により他の配膳人より高い時給等の基準の合意をしてきており、これと同程度以上の条件で他のホテルに勤務することは困難であった等の事情から、契約更新の合理的期待を肯定した。

なお、更新回数と契約期間が比較的短期でも合理的期待を認めた裁判例も存在する。中外臨床研修センター事件・東京地判平27.9.11労経速2256号25頁は、更新回数１回、契約期間通算３年10か月であり、原告の業務は周辺的、定型的な性質を有する業務ではあるが、何らの訓練も要さずに入社して即時に処理可能なものとは認められないことから、高いものとはいえないものの契約更新の合理的期待を認めた（ただし、雇止めは有効）。エヌ・ティ・ティ・コムチェオ事件・大阪地判平23.9.29労判1038号27頁は、グループ会社に雇用され同じ勤務場所でも勤務していたという背景がある（ただし、それを理由に契約更新の合理的期待を有していたという労働者の主張に対し、従前の労働契約の延長ということはできないと退けている。）が、更新回数1回、契約期間通算1年の事案で、恒常的業務であること、使用者がグループ会社での経験を踏まえて採用していること、労働者も労働契約が更新されるという認識を持っていること、更新時取り交わした契約書のうち労働者保持分については作成日付も抜け労働者の記名押印もなく厳格になされたことが窺えないという事情の判示のみで、契約更新の合理的期待を認めた。東奥学園事件・仙台高判平22.3.19労判1009号61頁は、高校の常勤講師につき、新規学卒者であることから雇用継続を期待して然るべきであり面接で雇用の継続は保障されないという説明は一切なく契約期間が記載された辞令は交付されたが契約書は作成されず（その後も期間満了の度同様）、専任教員と同様の業務を行い特段の理由なく期間満了のみで一方的に雇止めされた事例があったとは窺われないことに加え、１年契約が３回更新されて勤務年数が４年に及んでいることから、契約更新の合理的期待を認めた。

ii　労働契約関係がなかった期間が存在している事案

上記ｉの裁判例は、労働契約関係が連続していた事例であるが、必ずしも労働契約関係になかった期間における勤務実態も考慮して合理的期待があると判断したものもある。

資生堂ほか１社事件・横浜地判平26.7.10労判1103号23頁は、派遣会社との間の有期契約を合計３回更新していた派遣労働者が、化粧品製造工場に派遣され業務に従事していた事案で、当該３回更新された有期契約のみならず、それ以前に同工場で請負労働者として勤務していた事実をも考慮して、契約更新の合理的期待を肯定した。

また、日産自動車ほか（派遣社員ら雇止め等）事件・東京高判平27.9.10労判1135号68頁、横浜地判平26.3.25労判1097号5頁は、自動車製造業者Ｙが、①期間工Ｘとの間で約３年間にわたって10回にわたり有期雇用契約を更新した後、②Ｙとは別会社である派遣元ＡにＸを雇用させ、ＸをＹに５か月間派遣労働者として派遣させ同一業務に従事させたうえ、③その後再度Ｘを約６か月直接雇用し、その上でＸを雇止めしたという事案で、直接雇用期間（①③）の間に直接雇用ではない期間（②）が存在したとしても、これはＹの方針に適合させるための空白期間に過ぎず、一貫して同一業務についていたことから、③のみならず①の期間と更新回数も考慮して、契約更新の合理的期待を肯定した。直接雇用期間に派遣等を用いて空白期間を設けるような場合にも、契約更新の合理的期待が否定されるとは限らない点をいうものとして注目される。

学校法人立教女学院事件・東京地判平20.12.25労判981号63頁は、嘱託社員として勤務する前に派遣労働者として約２年11カ月就業した事実をも考慮して、契約更新の合理的期待を肯定した。

他方、契約職員となる前に派遣職員として４年９か月勤務していた事実を契約更新の合理的期待の評価根拠として認めなかった裁判例として、Y1機構ほか事件・神戸地尼崎支判平25.7.16労経速2203号3頁がある。

⑴　合理的期待否定例

ｉ　更新回数が少ない裁判例

他方、更新が１度もされたことがないような事例では、契約更新の合理的期待は否定されるのが通常である（アウトソーシング（解雇）事件・東京地判平25.12.3労判1094号85頁）。

更新回数が少ない以下の事例では、合理的期待は否定されている。

前掲国・中労委（JR西日本・動労西日本岡山）事件・東京地判平

26.8.25は、契約社員が４回にわたり契約を更新してきたものの、更新は通じて５年を超えることができない旨の記載があり、更新に際しては面談が持たれ、新たな契約書も作成されており、過去に度重なる遅刻を理由に２名雇止めとした例が存在した事案で、契約更新の合理的期待があるかは疑問であるとした。

富士通関西システムズ事件・大阪地判平24.3.30労判1093号82頁は、人手不足解消のため臨時に縁故採用した社内で唯一の有期雇用従業員について、２回契約更新が行われていた事案で、契約更新の合理的期待を否定した。

北海道大学（契約職員雇止め）事件・札幌高判平26.2.20労判1099号78頁・札幌地判平25.8.23労判1099号83頁は、期間１年の有期契約を３回更新した大学の契約職員が、有期雇用は最長３年間であるとの大学の方針から契約更新は非常に難しいと認識しており、当該方針を認識する前に従事していた業務は不安定で雇用継続の合理的期待を持ちえないものであった事案で、契約更新の合理的期待を否定した。

学校法人錦城学園（高校非常勤講師）事件・東京地判平26.10.31労判1110号60頁は、３回の更新を経た高校の非常勤講師について、専任講師と同程度の授業負担を負っていたがあくまでも臨時的な地位であったこと、半数近い非常勤講師が３年以内に退職しており、５年以上在籍した非常勤講師は存在しなかったこと等から、契約更新の合理的期待を否定した。

マイスタッフ（一橋出版）事件・東京高判平18.6.29労判921号5頁判タ1243号88頁（最一小決平18.11.2で上告棄却・不受理）は、６か月の派遣労働契約を３回更新し通算２年間勤務した派遣労働者について、契約更新の合理的期待を否定した。

ii　更新回数が多い裁判例

他方、いかに更新回数自体は多数回に及んでいても、その雇用の臨時性に着目して、契約更新の合理的期待を否定する裁判例も存在する。

派遣労働者については、伊予銀行・いよぎんスタッフサービス事件・高松高判平18.5.18労判921号33頁（最二小決平21.3.27労判991号14頁で上告棄却・上告不受理。ただし、不受理決定に今井功裁判官の反対意見が付されている。）は、派遣法は常用代替防止（派遣先の常用労働者の雇用の安定）をも立法目的としているところ、同一労働者の同一事業所への派遣を長期間継続することによって派遣労働者の雇用の安定を図ることは、常用代替防止の観点から同法の予定するところではないとして、雇用期間６か月の有期労働契約を約13年、27回更新し続けた上でなされた雇止めについて、雇用継続の合理的期待を否定した。マイルストーン事件・東京地判平22.8.27労経速2085号25頁も、登録型の派遣労働契約が５回更新された事案で、登録型の派遣労働契約は派遣期間と労働契約期間が直結しているため労働者派遣が終了すれば労働契約も当然終了する、派遣労働者の派遣を長期間継続することは常用代替防止の観点から派遣法の予定するところではない等として、契約更新の合理的期待を否定した。

アルバイトの事例としては、シャノアール事件・東京地判平27.7.31労判1121号5頁は、合計８年半にわたって33回の契約更新を行ってきたアルバイト社員Ｘについて、時間帯責任者とはいえ店長の業務と同等の業務を行っていたとはいえないこと、店長が更新時にアルバイトと面接をする等契約更新手続も形骸化していなかったこと、よほど勤務態度に問題がなければアルバイトも契約更新がされてきた実態はあるものの、勤務頻度が低かったＸには当てはまらないことを認定して、契約更新の合理的期待を否定した。

高齢者の事例としては、警備会社Ａ事件・東京地立川支判平27.3.26労判1123号144頁は、採用時既に65歳であった警備員の事案で、更新回数が14回にもわたっているものの、雇用期間は通算３年９か月であり、次回の更新をすれば69歳に達するものであったこと、使用者に採用された高齢者はいずれも退職したか雇止めを受けていたこと、勤務場所である商業施設は複雑な構造をしている等判断力や俊敏さが求められていることから、契約更新の合理的期待を否定した。

ウ　継続前提型の裁判例

相当程度の反復更新の実態があるとまではいえないものの、格別の意思表示や特段の支障がない限り当然に更新されることを前提に契約を締結したことから、契約更新への合理的期待が生じているか否かが問題となる裁判例の類型（継続前提型）もある。

㈠　合理的期待肯定例

龍神タクシー事件・大阪高判平3.1.16（保全異議審）労判581号36頁は、最初の期間満了の際の雇止めであっても解雇権濫用法理の類推適用が認められた例である。この裁判例は、１年契約の臨時雇運転手が最初の期間満了の際に雇止めされた事例で、臨時雇運転手制度導入後は自己都合退職者を除き例外なく更新されていたこと、必ずしも契約期間満了の都度直ちに新契約締結手続を取っていたわけでもないこと、本雇運転手に欠員が生じたときは臨時雇運転手から採用して補充しており、制度導入後は直接本雇運転手として雇用された者がない等の事情から、その雇用期間についての実質は期間の定めのない雇用契約に類似するものであって、労働者が契約期間満了後も雇用を継続するものと期待することに合理性があるから、更新拒否が相当と認められるような特段の事情がない限り更新拒絶は信義則に反するとして雇止めを無効とした。

札幌交通事件・札幌地判平29.3.28労経速2315号7頁は、タクシー会社が労働組合について「嘱託社員の契約は、原則として、更新する」等と説明していたこと、更新を拒絶された嘱託社員は1名のみであったこと、嘱託乗務員雇用契約書上に「契約の更新はしない」の箇所に丸印が付されていたがこれは全嘱託社員に付されており、嘱託社員ごとに個別に判断して付けたものではない等の事情から、「その程度は強くないものの」契約更新の合理的期待を肯定した（ただし、雇止めは有効）。

X2学園事件・東京地判平28.11.30労経速2302号21頁は、専任教員の定年である65歳を迎えた後も特別専任教員として1年単位の労働契約の更新をしていた事案で、定年後70歳前に契約を更新しなかった例は少なく、そうした運用の変更についてその趣旨目的や必要性が事前に開示され協議が行われた形跡もなく、70歳までは特別専任教員として雇用を継続すると学長が発言していた等の事情から、契約更新の合理的期待を肯定した。なお、X1学園事件・東京地判平28.11.30労経速2302号11頁も参照。

国立大学法人東京医科歯科大学事件・東京地判平26.7.29労判1105号49頁は、大学の3年任期の助教Xについて、再任を希望した助教33名のうち30名が再任されていることや、Xも過去2回の再任を経ていることから、契約更新の合理的期待を肯定した。

福原学園（九州女子短期大学）事件・福岡高判平26.12.12判例秘書登載、福岡地裁小倉支判平26.2.27労判1094号45頁は、契約職員である大学講師の雇止めの事案で、雇止め前に更新の実績が一度もなかったにもかかわらず、採用面接時の大学の説明が、労働契約が少なくとも3年間は継続すると理解するのも無理からぬものであったこと、当該講師以外の契約職員は1年目及び2年目において全員契約更新されていた実態等から、1回目の1年間の契約期間が満了した時（第1回雇止め時）において、契約更新の合理的期待を肯定した（上告審である最一小判平28. 12. 1労判1156号5頁 判タ1435号89頁もこの判断は否定していない。）

パワーマーケティング（仮処分）事件・大阪地決平26. 8. 26労判1109号58頁は、３か月の有期契約が１年程度継続していた（更新回数３回）にとどまる事案であったものの、契約社員の業務であった営業活動は恒常的に存在し、かつ、現場責任者も含め契約社員のみが従事していたこと、３か月という契約期間は営業成績が振るわない場合に容易に雇用を打ち切るという不合理な目的によるものであったことから、契約更新の合理的期待を肯定した。

医療法人清恵会事件・大阪高判平25. 6. 21労判1089号56頁は、１年間のパートタイムの有期契約を締結し当該契約の期間満了で雇止めされた労働者について、当該労働者は30年以上にわたって従来雇用契約に基づいて基幹業務を担当してきたが、人件費の増加の抑制と労働者の母親の介護を理由として一旦当該契約を終了させ、１年間のパートタイムの有期契約を締結し直したという事情を認定して、契約更新の合理的期待を肯定した。

前掲ノースアジア大学（本訴）事件・秋田地判平24. 10. 12労判1066号48頁は、期間１年の有期契約の後２年契約を締結してその満期で雇止めされた事案で、「当初期間の定めのない雇用契約を締結しており、また、その職務内容も専任教員として被告の常用的な職務を行っていたことからすれば、原告と被告との間の雇用契約は、１年又は２年という極めて限定された期間ではなく、少なくとも数年程度の継続の可能性をその前提としていたものと認められる」として、任期制の導入がごく短期間で行われたこと、任期制は特段問題のある教員を排除するためと説明されていた等の事情も考慮して、契約更新の合理的期待を肯定した。

なお、以前無期契約でありそれが途中で有期契約に変更した経緯があるという事情が、契約更新の合理的期待を生じさせる要素とするとの見解がある（類型別労働関係訴訟の実務286頁）。前掲医療法人清恵会事件・大阪高判平25. 6. 21や前掲ノースアジア大学（本訴）事件・秋田地判平24. 10. 12はこの見解に沿う裁判例である。他方、前掲札幌交通事件・札幌地判平29. 3. 28は、労働者が無期契約を締結して５年以上勤務したが退職金を得るため一旦退職し、その後嘱託社員として有期契約を締結したという事情を認定しながら、契約更新の合理的期待を認める理由としては明示的には考慮していない。

(イ) 定年後再雇用の裁判例

定年後再雇用の事例では、契約更新の合理的期待の有無がしばしば問題となる。定年後再雇用における雇止めの裁判例等については、第7章第11（317頁～）を参照。

エ 不更新条項・更新上限条項の裁判例

(ア) 概要

不更新条項・更新上限条項が存在した裁判例においては、まず、そもそも合理的期待の有無を問うことなく、不更新条項それ自体の効力によって契約が終了すると考えるのか、それらの条項の有無を合理的期待の有無の要素としてとらえるのか、合理的期待は認めた上で、雇止めの客観的合理的理由・社会的相当性の一要素として斟酌するのか、判断枠組みが裁判例によって異なっている。

合理的期待の有無の問題ととらえる場合であっても、不更新条項・更新上限条項の存在により、その後の契約更新の合理的期待を否定する方向に斟酌することもあれば、逆に、更新上限条項における上限までは合理的期待を肯定する方向に斟酌することもある。

また、不更新条項･更新上限条項が当初の契約時から存在していたか、それとも契約締結後事後的に追加されたのかによっても、契約更新の合理的期待の有無の判断は異なり得る。

(イ) 不更新条項による当然契約終了を認める裁判例

まず、契約更新の合理的期待が存在するかどうかを問わず、不更新条項の効力として雇止めを有効とする裁判例がある。日本郵便（期間雇用社員ら・雇止め）事件・東京高判平28. 10. 5労判1153号25頁は、無期契約の解雇との同視性（要件１－１）及び客観的合理的理由・社会的相当性の不存在（要件３）を認めながら、満65歳に達した日以後の最初の雇用契約の満了日以後は雇用契約を更新しない旨の就業規則の定め（雇用契約締結日と同日に施行された）が労働条件の内容になると認め、かつ、当該定めのみに基づいて、雇止めが有効となる旨判示した。

(ウ) 合理的期待否定例

不更新に関する明確な合意を根拠に、契約更新に対する合理的期待が当初から存在しないか事後的に消滅したものとして、雇止め法理の適用を否定する判決が複数存在する（有期契約締結当初から不更新合意が存在した事案として、JALメンテナンスサービス事件・東京高判平23. 2. 15判時2119号135頁、国立がん研究センター事件・東京地判平26. 4. 11労経速2212号22頁、事後的に不更新条項が追加された事案として、近畿コカコーラ・ボトリング事件・大阪地判平17. 1. 13労判893号150頁、本田技研工業事件・東京高判平24. 9. 20労経速2162号3頁)。例えば、前掲本田技研工業事件・東京高判平24. 9. 20では、「不更新条項を含む経緯や契約締結後の言動等も併せ考慮して、労働者が次回は更新されないことを真に理解して契約を締結した場合には、雇用継続に対する合理的期待を放棄したもの」として、解雇権濫用法理の類推適用を否定すべきとしている。このような立場に立てば、不更新条項に関する合意の有無が合理的期待の有無を左右することになる。

もっとも、これらの不更新条項の効力を認めた裁判例においても、労働者が不更新条項に同意したかどうかを認定するに当たっては、説明会等で雇止めの経緯や理由等について十分な説明を受けたか、労働者の意思表示が明確であったか（異議を示したか、署名押印をしたかなど)、退職届を提出したかなどが重要な考慮要素となっている。使用者がこれらの手続を踏まずに、更新年数や更新回数の上限などを一方的に宣言しただけでは、いったん労働者に生じた継続雇用に対する合理的期待が消滅することはないものと解される（平24. 8. 10基発0810第２号の第５の５(2)ウ参照)。例えば、学校法人立教女学院事件・東京地判平20. 12. 25労判981号63頁は、使用者が嘱託職員の雇用継続期間の上限を３年とする方針を決めたことについて、「当該方針が採用された時点で既にこれを超える継続雇用に対する合理的な期待利益を有していた嘱託職員に対しては、当該方針を的確に認識させ、その納得を得る必要がある」とし、方針を形式的に適用して一方的に雇止めとすることは労働者の「継続雇用に対する期待利益をいたずらに侵害するものであって、許されない」と判示している（同趣旨の判断をしているものとして、報徳学園（雇止め）事件・神戸地判尼崎支判平20. 10. 14労判974号25頁)。

このように、不更新条項に対する労働者の同意の認定を慎重に行うことは、賃金や退職金に関する労働条件の不利益変更に対する労働者の同意を認定するに当たって、「当該変更を受け入れる旨の労働者の行為…が労働者の自由な意思に基づいてされたものと認めるに足りる合理的な理由が客観的に存在する」ことを要するとした山梨県民信用組合事件・最二小判平28. 2. 19民集70巻2号123頁とも軌を一にする。

最高裁が当初は既発生の賃金債権の放棄と相殺合意に限定して判示し、近年固定残業代（将来の割増賃金放棄）の同意、妊娠時の軽易業務への転換を契機とする降格への同意、そして上記山梨県民信用組合事件で賃金や退職金などに関する労働条件の変更への同意へと適用場面を拡大している労働者の同意の存否ないし有効性の判断にあたり「自由な意思に基づいてされたものと認めるに足りる合理的な理由が客観的に存在するか否か」を検討するという法理の射程には議論があるところである。従前から、この法理をめぐって、従属的地位から不本意な同意を迫られる労働者の保護を図るものと考え労働者に不利な同意一般に適用すべきとする見解（典型的には西谷『労働法』159～160頁）と、強行法規に違反し本来は労働者が同意しても無効なものを有効と扱うもの（労働者保護のための規制を緩和するもの）と指摘し適用範囲を限定しようとする見解がある。後者の見解は既発生の賃金債権の放棄や相殺合意は賃金全額払い原則（労基法24条１項）、固定残業代への同意は労基法37条、軽易業務への転換を契機とする降格同意は均等法９条３項及び均等法施行規則２条の２第６号という強行規定の例外と位置づけ、山梨県民信組事件最高裁判決は労契法９条の例外と位置づける。有期契約の更新を繰り返し、いったんは契約更新の合理的期待を生じるに至った労働者にとって、不更新条項は、賃金の切り下げ以上に重大な労働条件の変更といえるとともに労契法19条の例外といえるから、どちらの立場からもこの法理の適用に親しむ場面と考えることができる。

㈓　更新上限条項を理由として合理的期待を肯定した例

他方、契約更新の上限規定が定められる場合には、むしろ当該上限まで契約更新の合理的期待を認める裁判例が存在する（いすゞ自動車（雇止め）事件・東京高判平27.3.26労判1121号52頁）。

類似の事例として、地方自治体から図書館の管理運営業務を５年間だけ委託した使用者に雇用された司書について、同業務は５年間の時限的な業務であったことを認めつつ、他方、当該５年間においては常時一定数司書を配置する具体的必要があり、そのため従業員を継続雇用する方針をとっており、実際更新拒絶した従業員は他にいなかったという事情から、契約更新の合理的期待を認めた裁判例が存在する（トミテック事件・東京地判平27.3.12労判1131号87頁）。

㈔　合理的期待を肯定し、客観的合理的理由・社会的相当性の一要素として考慮した例

不更新条項によって当然に契約更新に対する合理的期待が消滅したものとはしないものの、雇止めの客観的合理的理由・社会的相当性（要件

３）の要素として考慮する裁判例として、東芝ライテック事件・横浜地判平25.4.25労判1075号14頁、明石書店事件・東京地決平22.7.30労判1014号83頁があるが、詳細は、⑸ウ㈦（402頁）で後述する。

オ　発展的問題

㈠　有期契約の間に空白期間があるケース

労契法19条２号を適用するためには、前後の有期契約が時期的に接続したものである必要がある。例えば、春期と秋期に３か月ずつ育苗業務や米の出荷業務等を従事する有期契約を都度締結し、相互の間には３か月の空白期間が存在するような場合には、このような空白期間は前後の契約が法定更新によって継続すると法律上評価できる程度にとどまるものではないため、同号の直接適用も類推適用の余地もない（Ａ農協事件・東京高判平27.6.24労判1132号51頁）。

しかし、使用者との間に労働契約関係がない期間があるにもかかわらず、契約更新の合理的期待が肯定されることもある。この例として、イ㈠ii（390頁）に前述した前掲日産自動車ほか（派遣社員ら雇止め等）事件・東京高判平27.9.10、横浜地判平26.3.25労判1097号5頁を参照。

㈡　有期契約と無期契約の間の転換への期待

ｉ　有期契約から無期契約への転換への期待

有期契約従業員が、無期契約へ転換するであろうという期待を持つことがあり、このような期待を保護して、無期契約への転換を認めるかどうか、問題となり得る。

しかし、無期契約への転換は、正社員採用の一種という性格を持つものであり、使用者側に一定範囲の裁量が留保されるべきであるから、有期契約が無期契約へ転換するであろうという期待は、有期契約が引き続き更新されるであろうという労契法19条２号が定める期待と同列に論じることはできない。前掲福原学園（九州女子短期大学）事件・福岡高判平26.12.12判例秘書登載は、契約職員である大学講師Ｘが雇用後３年経過時に雇止めを受けた事案で、大学教育職員の契約は３年とする旨の規定は試用期間であるとの認識が大学にあったことや、過半数を超える契約職員が期間の定めのない専任職員に移行していること等から、「上記３年は試用期間であり、特段の事情なき限り期限の定めのない雇用契約するとの期待に客観的な合理性」があるものと認め、当該講師Ｘの労働契約は無期雇用契約に移行したと判断した。しかし、その上告審である福原学園（九州女子短期大学）事件・最一小判平28.12.1労判1156号5頁 判タ1435号89頁は、契約期間の更新限度が３年であり、その満了時に労働契約を期間の定めのないものとすることができるのは大学が必要と認めた場合であることが明確に就業規則に規定されており、Ｘもそのことを十分に認識したうえで労働契約を締結したこと、３年の更新限度期間満了後に無期契約とならなかった契約職員が複数に上っていたこと、大学がＸとの労働契約を無期契約とする必要性を認めていなかったこと等から、有期契約が無期契約に転換したものとはいえないと判示し、原審の判断を是認しなかった。

ⅱ 無期契約から有期契約への転換への期待

他方、定年後再雇用の事案では、無期契約から有期契約へ転換されることへの期待が問題となる。すなわち、有期契約の期間満了による終了ではなく、定年により雇用契約が終了する際に再雇用を拒否する場合には、有期契約の更新があるとはいえず、労契法19条２号が直接適用されるものではないが、このような事案であっても、同号が類推適用されるかが問題となる。定年後再雇用については第７章第11（317頁〜）参照。

⑷ 契約更新の申込み（要件２）

労契法19条の「契約の更新の申込み」及び「契約の締結の申込み」は、要式行為ではなく、使用者による雇止めの意思表示に対して、労働者による何らかの反対の意思表示が使用者に伝わるものでよい。また、これらの更新や締結の申込みをしたことの主張立証については、労働者が雇止めに異議があることが、例えば、訴訟の提起、紛争調整機関への申立て、団体交渉等によって使用者に直接又は間接に伝えられたことを概括的に主張立証すればよいとされる（平24.8.10基発0810第２号の第５の５⑵エ）。

更新や締結の申込みについて、就業規則で、一定の様式の書面で行わなければならないとの条項を定めたり、契約期間満了後10日以内に申込をしなければならないとの条項を定めたりしても、その効力は認められないと考えられる（鼎談「2012年労働契約法改正－有期労働規制をめぐって」ジュリスト1448号30頁［岩村正彦・荒木尚志発言］）。

また、有期労働契約の締結申込みは期間満了後「遅滞なく」行うことが規定されているが、この「遅滞なく」は、有期労働契約の契約期間満了後であっても、正当又は合理的な理由による申込みの遅滞は許容されるものとされている（平24.8.10基発0810第２号の第５の５⑵オ）。例えば、労働者が雇止めに納得できず、遅滞なく弁護士等の専門家に相談し、その助言を受けて直ちに申込みをするに至った場合や、労働者が怪我の療養のために申込みができなかった場合が考えられる。

(5)　客観的合理的理由・社会的相当性（要件３）

ア　解雇との共通性

「客観的に合理的理由を欠き、社会通念上相当であると認められないとき」という要件３は、労契法16条（解雇権濫用法理）と同じ文言であり、解雇と同様、雇止めには客観的合理的理由と社会的相当性が求められる。

イ　無期契約の解雇との同視性（要件１－１）が認められる場合

無期契約の解雇との同視性（要件１－１）が認められるような事案では、雇止めが実質的には解雇と同視される以上、雇止めにおいて求められる客観的合理的理由と社会的相当性の程度は、解雇の場合とそれほど異ならないといい得る（整理解雇的な雇止めを無効と判示した近時の裁判例として、前掲エヌ・ティ・ティ・ソルコ事件・横浜地判平27.10.15）。

ウ　契約更新の合理的期待（要件１－２）が認められる場合

(ア)　客観的合理的理由・社会的相当性の程度

契約更新の合理的期待（要件１－２）が存在するにとどまるような事案においても、客観的合理的理由と社会的相当性について緩やかな基準により判断することを否定する裁判例が存在する（市進事件・東京高判平27.12.3労判1134号5頁）。

他方、雇止めにおいて求められる客観的合理的理由と社会的相当性は、解雇の場合に求められるほど強いものではないとする裁判例もある（前掲コンビニＡ社事件・大阪地堺支判平26.3.25、前掲いすゞ自動車（雇止め）事件・東京高判平27.3.26、前掲日本ヒルトンホテル（本訴）事件・東京高判平14.11.26、前掲ラボ国際交流センター事件・東京地判平28.2.19）。

また、契約更新の合理的期待が生じたとしても、その後そのような期待が減弱した場合には、減弱した後の当該期待に見合った程度の客観的合理的理由と社会的相当性しか必要とされない（前掲三洋電機（契約社員・雇止め）事件・鳥取地判平27.10.16）。

(イ)　整理解雇法理が問題となる場合

特に、整理解雇法理が類推適用される事案の場合には、最高裁判例は、その際に雇止めの効力を判断すべき基準は、いわゆる終身雇用の期待の下に無期契約を締結している無期契約従業員を解雇する場合とはおのずから合理的な差異があるべきであるとする（前掲日立メディコ事件・最一小判昭61.12.4）。

近時の裁判例を見ても、前掲日産自動車ほか（派遣社員ら雇止め等）事件・東京高判平27.9.10、横浜地判平26.3.25は、自動車製造の受注量が極端に落ち込んだ自動車製造業者Ｙが期間工Ｘを雇止めした事案で、Ｘの有する契約更新の合理的期待は、受注量の増減に対応して増減を行うことが当然予定されていた期間従業員としての合理的期待に過ぎないとしつつ、人員削減の必要性、人員削減回避措置の実施、人選の合理性、手続の相当性いずれも存在し、結論として、雇止めの客観的合理的理由・社会的相当性を肯定した。その他、整理解雇的な雇止めを有効と判示した近時の裁判例として、郵便局の契約社員の雇止めの事例である前掲日本郵便（苫小牧支店・時給制契約社員Ｂ雇止め）事件・札幌高判平26.3.13、日本郵便（苫小牧支店・時給制契約社員Ａ雇止め）事件・札幌高判平26.3.13労判1093号5頁、前掲三洋電機（契約社員・雇止め）事件・鳥取地判平27.10.16がある。

他方、前掲高嶺清掃事件・東京地判平21.9.30労判994号85頁は、赤字部門の廃止に伴う人員整理の事案で、従業員の非代替性が希薄であるのに他部門では希望退職を募集しないことの合理性に乏しく元々の部門配置は使用者が指定するのであるから廃止部門に所属しているというだけで雇止めすることは人選の合理性を欠くなどとして、雇止めを無効とした。前掲資生堂ほか１社事件・横浜地判平26.7.10は、早急に人員削減しないと会社全体の経営が破たんしかねないような危機的な状況ではなかったから人員削減の必要性の程度は高度であったとはいえず、時給を減額した再契約の提案や更新条件の話し合いの機会を持っただけでは人員削減回避の措置を十分に尽くしたとはいえず、人選の合理性も手続の妥当性も認められないとして、雇止めを無効とした。

(ウ)　不更新条項がある場合

不更新条項によって当然に契約更新に対する合理的期待が消滅したものとはせず、不更新条項の存在を、雇止めの客観的合理的理由・社会通念上の相当性の一判断要素とする裁判例が存在する。

例えば、労働契約書に「今回をもって最終契約とする」と記載されていた事案で、更新回数の多さや雇用継続期間、労働者が基幹的業務に従事してきたことから、雇用継続の合理的期待があるとして解雇権濫用法理の類推適用を肯定した上で、人員削減や事業所閉鎖の説明を受け、最終の雇用契約締結の際も最終契約である旨の説明を受けて契約書に上記文言が記載され署名・押印されたことから雇用継続の合理的期待は高くないとし、人員削減の必要性や雇止めまでの手続等から雇止めの客観的合理性と社会通念上の相当性を肯定し雇止めを有効と判断したものがある（前掲東芝ライテック事件・横浜地判平25.4.25)。

また、他の労働者が不更新条項のある労働契約を拒否して雇止めされ係争していた状況で不更新条項を留保できないかと聞いたが拒否されて不更新条項のある労働契約書に署名押印をした事案で、労働者が「不本意ながら…不更新条項による本件労働契約の締結をせざるを得ない状況にあったと認められることにかんがみると」当該不更新条項を付したことが、雇止め法理の適用にあたって、「評価障害事実として総合考慮の一内容として考慮の対象になる」として、不更新条項の効果を限定的に解釈し雇止めを無効とした仮処分決定もある（前掲明石書店事件・東京地決平22.7.30)。

㈜ その他

特殊な事案ではあるが、大学の助教の再任の可否がその業績審査にかかっている事案で、当該審査は大学の専門的裁量的判断にゆだねざるを得ず、判断過程に著しく不合理なものがない限り、雇止めの合理的理由が肯定されるとした裁判例がある（前掲国立大学法人東京医科歯科大学事件・東京地判平26.7.29。ただし、結論として雇止めは無効)。

(6) 雇止めの手続

ア　雇止め予告義務

労基法14条２項に基づく基準である「有期労働契約の締結、更新及び雇止めに関する基準」（平15.10.22厚生労働省告示357号）は、有期労働契約が３回以上更新された場合または１年を超えて継続勤務している場合、使用者が雇止めをしようとするときは少なくとも契約期間の満了日の30日前までに予告しなければならないと定めている（同告示１条)。

イ　雇止め理由明示義務

使用者が雇止めをしようとする場合には「更新しないこととする理由」について、雇止めがなされた場合には「更新しなかった理由」について、労働者が証明書を請求したときは、使用者は遅滞なくこれを交付しなければならない（同告示３条１項、２項)。使用者は、契約期間の満了とは別の理由を明示することを要する（平15.10.22基発1022001号)。

雇止めを受けた労働者側としては、使用者が雇止め理由を明らかにしない場合には、使用者に対し雇止め理由証明書の交付を要求し、使用者が拒否したときには、労働基準監督署に対し、行政指導（労基法14条３項）を求めることも検討されてよい。雇止め理由証明書の交付は告示に規定があるのみであり、使用者に交付の法的義務があるわけではないが、実務上使用者が交付に応じることも多いし、使用者が行政指導にも従わなかった事実があれば、事実上裁判所の心証に影響する可能性もある。

2　有期契約の無期転換制度（労契法18条）

(1)　要件

労契法18条は、有期労働契約が一定期間を超えて反復更新された場合には、有期契約労働者の申込みにより、無期労働契約に転換させる仕組みを定めている。

労契法18条１項の定める要件は、以下のとおり分節化することができる。

要件１：「通算契約期間」が５年を超えること
要件２：無期契約締結の申込み 労働者が、現に締結している有期契約の契約如何が満了する日までの間に、当該満了日の翌日から労務が提供される無期契約の締結の申込みをすること

ア　「通算契約期間」が５年を超えること（要件１）

(ア)　「通算契約期間」の意義

「通算契約期間」とは、「同一の使用者」との間で締結された２以上の有期契約の契約期間を通算したものである。

法文上、「二以上の有期労働契約」の通算契約期間が５年を超えることとされているので、単一の有期労働契約について、労働基準法14条１項本文にいう「一定の事業の完了に必要な期間を定めるもの」として５年を超える契約期間が定められ、一度も更新がない場合には、同条の適用はない（平24.8.10基発0810第２号の第５の４(2)ウ）。

(イ)　通算対象となる最初の有期契約

通算契約期間の計算の起点となる有期契約は、労契法18条が施行された2013（平成25）年４月１日以後の日を契約期間の初日とする有期契約である（平成24年８月10日法律56号附則２項、１項）。よって、2013（平成25）年４月１日より前の日を初日とする有期契約が2013（平成25）年４月１日以後も継続していたとしても、当該有期契約の契約期間は通算対象とはならず、当該契約の更新後の有期契約の初日から、通算契約期間が起算される。

(ウ)　クーリング（労契法18条２項）

通算契約期間を計算する際に、前の有期契約の満了日とその次の有期契約の初日との間に一定の「空白期間」があるときは、その空白期間よりも前の有期契約は通算契約期間に通算されず、後の有期契約の初日が通算契約期間の起点となる（労契法18条２項)。このように、契約期間の通算をしないことを、「クーリング」ということがある。

クーリングがなされる「空白期間」の長さは、原則として６か月以上である。しかし、「空白期間」の直前に満了した有期契約を含む通算契約期間が１年未満の場合には、当該期間の２分の１（１か月未満の端数が出た場合には切り上げ）の期間以上「空白期間」があれば、クーリングがなされる（労契法18条２項第２括弧書、労働契約法第18条第１項の通算契約期間に関する基準を定める省令２条)。

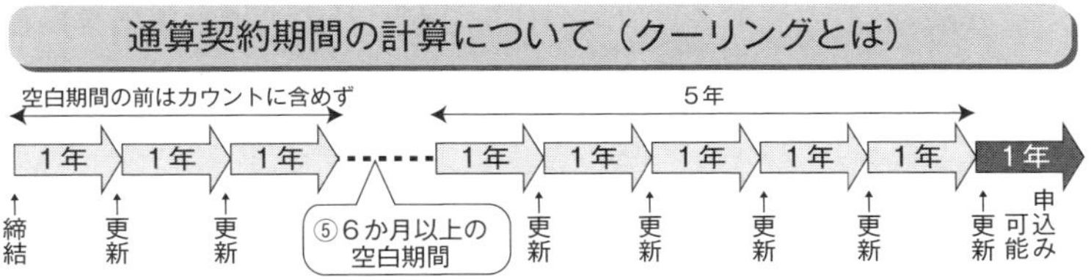

（厚生労働省のホームページより）

「空白期間」は、厳密にいうと、前の有期契約の満了日とその次の有期契約の初日との間の期間（無契約期間）と同一ではなく、無契約期間がある程度短い場合には「空白期間」とはならず、前後の有期契約の契約期間は連続したものとして通算される（労契法18条２項第１括弧書)。無契約期間がどの程度短い場合に「空白期間」でなくなるのかについては、労働契約法第18条第１項の通算契約期間に関する基準を定める省令１条が詳細に定めている。

(エ)　「同一の使用者」

ⅰ　基本的考え方

「同一の使用者」とは、労働契約を締結する法律上の主体（使用者）が同一であることを指す。

事業場が変更された場合であっても、使用者が同一であれば、上記の通算契約期間の算定に影響はない。

他方、就労実態に変更がないのに、同条の適用を免れる目的で派遣契約に切り替えて使用者を形式的に変更したり、請負形態を偽装したりすることは、同条の潜脱に当たり許されないとされる。この場合、通算契約期間の計算に当たっては、従前の使用者と同一の労働者との有期契約が継続しているものとされる（平24.8.10基発0810第2号の第5の4(2)イ）。

また、派遣労働者の場合は、労働者と派遣元事業主との間の労働契約について通算契約期間が算定され、無期転換労働契約も、労働者と派遣元事業主との間で成立する（平24.8.10基発0810第2号の第5の4(2)イ）。

ii 組織再編の場合

組織再編が生じた場合に「同一の使用者」をどのように考えるかは、問題である。

合併や会社分割により従前の使用者の地位が包括承継される場合には、従前の使用者（消滅会社、分割会社の承継対象事業）と新たな使用者（存続会社、承継会社）とは「同一の使用者」となる（菅野「労働法」315頁）。

事業譲渡の場合であっても、譲渡人と有期雇用者との間の労働契約をそのまま譲受人に承継させる場合には、実態を重視して、譲受人と譲渡人は「同一の使用者」と解すべきであるとの見解もある（菅野「労働法」315頁）。

もっとも問題なのは、会社分割や事業譲渡が行われる際に、労働契約をそのまま承継するのではなく、従業員を分割会社・譲渡人を一旦退職させ、承継会社・譲受人に再雇用させる方式（いわゆる転籍方式）がとられる場合である。労働契約上の使用者たる地位が承継対象となっていないことを重視して、転籍方式がとられる場合には分割会社・譲渡人と承継会社・譲受人とは「同一の使用者」とはならないとの考え方もあり得る。他方、労契法18条の適用を免れる目的で派遣形態や請負形態を偽装する場合に従前の使用者と同一の労働者との有期契約が継続しているものとする施行通達（平24.8.10基発0810第2号の第5の4(2)イ）の趣旨からすると、使用者の変更の実態や全体像を検討して、無期転換申込権の発生回避を目的とすると解される場合には、転籍方式がとられる場合であっても、分割会社・譲渡人と承継会社・譲受人とは「同一の使用者」と解するとの考え方もあり得る。

イ 無期契約締結の申込み（要件2）

(ア) 趣旨

無期労働契約への転換のためには、労働者が、現に締結している有期契約の契約期間が満了する日までの間に、当該満了日の翌日から労務が提供される無期契約の締結の申込みをすることも要件となる。無期労働契約への転換を望まない労働者に配慮したものであり、通算契約期間が５年を超えることとなる労働者は、無期労働契約締結の申込みをして無期労働契約に転換するか、従前どおりの有期労働契約とするか、契約形態を選択することとなる。

(イ)　申込みの方法

申込みの方法については規定されておらず、書面による申込みのほか、口頭での申込みも有効である。

(ウ)　申込権の行使期間

無期転換申込権は、通算契約期間が５年を超えることとなる有期契約期間の初日からその契約期間満了日までの間に行使することができる。すなわち、例えば、2014（平成26）年４月５日を初日とする３年間の有期契約を締結し、さらに、2017（平成29）年４月５日から３年間の期間を定めて労働契約を更新した場合には、無期労働契約への転換を希望する労働者は、2017（平成29）年４月５日から2020（平成32）年４月４日までの間に、使用者に対し、無期転換の申込みを行うことができる。

もっとも、労働者がこの期間に無期転換申込権を行使しなかった場合であっても、再度、有期労働契約が更新された場合には、新たに無期転換申込権が発生し、当該契約期間の満了日までの間に無期転換の申込みをすることができる（平24.8.10基発0810第２号の第５の４(2)エ)。

(エ)　申込権の放棄

無期転換申込権の発生前に労働者がこれを放棄したとしても、そのような意思表示は、公序良俗に反し無効であるとされる（平24.8.10基発0810第２号の第５の４(2)オ)。

他方、無期転換申込権の発生後にこれが放棄された場合には、放棄が労働者の真意に基づくものである限り、放棄は有効であると解される。

使用者としては、契約関係や人事関係の早期確定のため、一定期間内に申込権の行使を行うよう促すことは考えられる。もっとも、申込権の行使期間を一方的に制限することは許されないし、申込権の行使・不行使の促しが実質的に不行使への強要にわたることのないようにし、労働者の実質的選択権を確保することが求められる。

(2)　効果

ア　概要

無期転換ルールの要件を満たす労働者が、無期契約の締結の申込をした場合、使用者は、その申込を承諾したものとみなされる（労契法18条1項前段)。この場合、無期転換後の労働条件は、契約期間と別段の定めのある労働条件を除いて、従前の有期契約の労働条件と同一となる（同項後段)。

イ　「別段の定め」

「別段の定め」とは、労働者と使用者の間の個々の合意のみならず、労働協約、就業規則も含む。

無期労働者に適用される就業規則を下回る労働条件が個別の合意で定められた場合には、当該個別の合意は労契法12条により無効となり、就業規則で定める基準が適用される。使用者が無期労働者に適用される就業規則の適用を防ぎたいのであれば、無期転換労働者に適用される就業規則を別に定めることも検討されてよい。

「別段の定め」により従前の有期労働契約の労働条件を引き下げることも可能であるが、「無期労働契約への転換に当たり、職務の内容などが変更されていないにもかかわらず、無期転換後における労働条件を従前より低下させることは、無期転換を円滑に進める観点から望ましいものではない」とされている（平24.8.10基発0810第2号の第5の4(2)カ)。

無期転換後の労働者に適用される就業規則を新設し、これにより従前の有期労働契約の労働条件を引き下げることになる場合には、あくまで新たな就業規則の作成とみて労契法7条の適用の問題とするか、従前の労働契約の切り下げとみて労契法9条及び10条の適用の問題とするかについては、見解が分かれている。

ウ　無期転換労働者の解雇と解雇権濫用法理

無期転換申込権を行使した労働者には、当該有期労働契約の期間満了日の翌日から無期労働契約が成立している。よって、有期労働契約の期間満了日をもって更新を拒絶する意思表示を使用者が行ったとしても、雇止め法理は適用されず、解雇権濫用法理（労契法16条）が適用され、客観的合理的理由及び社会通念上の相当性が要求される（平24.8.10基発0810第2号の第5の4(2)キ)。

(3)　無期転換ルールの特例

ア　専門的知識等・定年後再雇用者である有期労働者の特例

専門的知識等を有する有期雇用労働者等に関する特別措置法では、①「専門的知識等」を有し、1075万円以上の年収を得る有期労働者で、特定有期業務（「専門的知識等」を必要とする業務で、５年を超える一定の期間内に完了することが予定されているもの）に就くもの、及び、②定年後引き続いて有期契約で雇用される高齢者については、労契法に基づく無期転換申込権発生までの期間を延長するものとされた。具体的には、①については10年を上限とし、②については、定年後引き続いて雇用されている期間を労契法18条の通算契約期間に算入しない（同特別措置法２条３項、８条、同法施行令１条）。但し、この特例が適用されるためには、事業主は対象労働者に応じた適切な雇用管理に関する事項を定めた計画を策定し、厚生労働大臣に申請を行って認定を受けなければならない（同法４、６条）。

上記の「専門的知識等」とは、具体的には厚生労働省の告示（専門的知識等を有する有期雇用労働者等に関する特別措置法第二条第一項の規定に基づき厚生労働大臣が定める基準（平成27年３月18日厚生労働省告示第67号））で定められており、博士の学位を有する者、医師や弁護士等士業の資格を有する者、プログラマーやデザイナー、システムエンジニア等が持つ専門的な知識、技術又は経験をいう。

イ　大学等及び研究開発法人の研究者、教員等の特例

研究開発能力の強化及び教育研究の活性化等の観点から、科学技術に関する研究者や技術者で大学等との間で有期契約を締結した者等や、大学等の任期付教員等については、無期転換申込権発生までの通算契約期間が５年から10年に伸張する特例が設けられている（研究開発システムの改革の推進等による研究開発能力の強化及び研究開発等の効率的推進等に関する法律15条の２、大学の教員等の任期等に関する法律７条）。

3　不合理な労働条件の禁止（労契法20条）

(1)　概要

労契法20条は、無期雇用者と有期雇用者の間の処遇格差の是正改善のため、有期雇用者の不合理な労働条件を禁止する規定である。

労契法20条の定める要件は、以下のとおり分節化することができる。

要件１：労働条件の相違の存在 有期労働者の労働条件が、同一の使用者の無期労働者の労働条件と相違していること
要件２：上記労働条件の相違が、「期間の定めがあることにより」存在すること

第9章 非正規雇用に関する問題

要件３：上記労働条件の相違の不合理性 上記労働条件の相違が、以下の事情を考慮して、「不合理と認められるもの」であること 　要素１：労働者の業務の内容及び当該業務に伴う責任の程度（職務の内容） 　要素２：職務の内容及び配置の変更の範囲 　要素３：その他の事情

なお、同じく正規雇用者と非正規雇用者の間の労働条件の差異を問題とする規定として、パートタイム労働法８条、９条があるが、これについては、第３の２（425頁～）参照。

また、「社会的身分」を理由とした労働条件の差別的取扱いを禁止する労基法３条を、正規雇用者と非正規雇用者の間の労働条件の差異にも適用できるかどうかも問題となる。労基法３条の適用肯定例として、中野運送店事件・京都地判平26.11.27労判1124号84頁（正社員に一律に支給される生活補助金、住宅手当、愛車手当及び無事故手当を有期雇用の契約社員に支給しないことを労基法３条違反とした）もあるが、非正規雇用者の地位は、正規雇用者との契約内容の差異から生じるものであり、自らの意思をもって離れることのできない身分ではないから、「社会的身分」に当たらないとする裁判例もある（丸子警報器事件・長野地上田支判平8.3.15労判690号32頁 判タ905号276頁、京都市女性協会事件・大阪高判平21.7.16労判1001号77頁）。

⑵　労働条件の相違の存在（要件１）

ア　「労働条件」の範囲

「労働条件」は、賃金や労働時間等の狭義の労働条件のみならず、労働契約の内容となっている災害補償、安全衛生、服務規律、教育訓練、付随義務、福利厚生等労働者に対する一切の待遇を包含する（平24.8.10基発0810第２号の第５の６⑵イ）。

イ　「同一の使用者」の意義

「同一の使用者」とは、労働契約を締結する法律上の主体が同一であることをいう。事業場単位で判断されるものではない（平24.8.10基発0810第２号の第５の６⑵ウ）。

ウ　比較対象となる無期労働者の範囲

有期労働者と無期労働者との間の労働条件の相違を比較する際には、どの範囲の無期労働者の労働条件を比較対象とすべきか、という問題がある。

メトロコマース事件・東京地判平29.3.23労判1154号5頁は、駅構内の売店の販売業務に従事していた契約社員と比較すべき無期労働者として、当該業務に専従している正社員のみを切り出すのではなく、正社員全体を比較対象とした。売店業務に専従している正社員は例外的であるばかりでなく、売店業務に専従しているかどうかで適用される就業規則に違いがなかったからである。

日本郵便（時給制契約社員ら）事件・東京地判平29.9.14労判1164号5頁は、郵便外務事務・郵便内務事務等に従事する時間制契約社員と労働条件を比較すべき無期労働者として、(i)新一般職（郵便内務・郵便外務等の標準的な業務に従事し、役職層への登用はなく、勤務地は原則として転居を伴う転勤がない範囲とするもの）及び(ii)旧一般職（郵便局に配属される職員で、１級：担当者、２級：主任、３級：課長代理、４級：総括課長／課長、の４等級を有するもの）であるとした。(i)の理由は、担当業務や異動等の範囲が時間制契約社員と類似することのほか、新一般職や地域基幹職等のコース別制度が採用され、当該コース間では昇格昇任や配置転換等において大きな差異があり、かつコース間の変更が原則として認められないため、異なるコースの職種を一体とすることは相当でないからである。(ii)は、旧一般職内部の４等級において、昇任昇格が事実上限定されていたり人事異動の範囲が限定されたりするようなグループは存在しないから、ある等級の従業員のみを取り出すのではなく、旧一般職を全体として比較対象としたものである。

以上の裁判例は、比較対象となる無期労働者の範囲を、単に、①有期労働者と職務内容や労働条件が類似していること（職務内容等の類似性）だけで切り分けているのではなく、②比較対象となる無期労働者のグループが、他の無期労働者のグループから独立していること（独立性）をも考慮しているものと解される。②の独立性は、コース（総合職、一般職等）の別や、適用される就業規則その他の同一性等のほか、例えば、ある１つのコース内部においても配置転換等で異なる慣行が確立している場合には当該慣行等をも考慮して、無期労働者の２以上のグループが相互に昇格昇任や配置転換等の点において相違し、かつ、相互の互換性が基本的には認められないといえるかという観点から判断しているものと解される。

エ　労働条件の相違の比較方法

労働条件の相違を比較する際には、個別の労働条件ごとに相違を比較するのか、労働条件を全体としてみて比較するのか、という問題がある。

(ア)　個別比較説

現時点における裁判例の大勢は、個別の労働条件ごとに不合理性を検討している（前掲日本郵便（時給制契約社員ら）事件・東京地判平29. 9. 14、日本郵便（佐賀）事件・佐賀地判平29. 6. 30労経速2323号30頁、前掲メトロコマース事件・東京地判平29. 3. 23、ハマキョウレックス（差戻審）事件控訴審判決・大阪高判平28. 7. 26労判1143号5頁）。行政通達も、不合理性の判断は「個々の労働条件ごとに判断される」としており（平24. 8. 10基発0810第２号の第５の６⑵オ）、裁判例の傾向と軌を一にする。

もっとも、個別の労働条件ごとに不合理性を判断するにしても、労使交渉においては賃金総額を見据えた交渉が行われるのが通例であるし、手当や待遇の中には共通の趣旨を含むものがあることもまま見られるから、個々の事案におけるそのような事情を「その他の事情」として考慮し、人事制度や賃金体系を踏まえて判断することになる（前掲日本郵便（時給制契約社員ら）事件・東京地判平29. 9. 14）。

⑴ 全体比較説

他方、定年後再雇用の事案で、労働条件（賃金）を全体として比較するかのような判示をし、結論として不合理性を認めなかった裁判例もある（長澤運輸事件控訴審判決・東京高判平28. 11. 2労判1144号16頁）。もっとも、同裁判例も、労働条件を個別に検討してもなお労働条件の相違が不合理とはいえないと述べている。

⑶ 労働条件の相違が「期間の定めがあることにより」生じたこと（要件２）

現時点における裁判例の大勢は、「期間の定めがあることにより」との文言の意義を、「あれなければこれなし」というような因果関係ととらえているわけではなく、労働条件の相違が期間の定めの有無に関連して生じたものであることを要する、と広く解釈している（前掲長澤運輸事件控訴審判決・東京高判平28. 11. 2、長澤運輸事件第一審判決・東京地判平28. 5. 13労判1135号11頁、前掲日本郵便（時給制契約社員ら）事件・東京地判平29. 9. 14等）。

期間の定めの有無に「関連して生じた」といえる場合とは、例えば、有期労働者と無期労働者の労働条件の相違が、それぞれに対し異なる就業規則等が一律に適用されることから生じたような場合が挙げられる（前掲長澤運輸事件第一審判決・東京地判平28. 5. 13、前掲日本郵便（時給制契約社員ら）事件・東京地判平29. 9. 14等）。

⑷ 労働条件の相違の不合理性（要件３）

ア 不合理性の主張立証責任

労契法20条の「不合理と認められる」ことという要件は規範的要件であ

るから、労働条件が期間の定めを理由とする不合理なものであることを基礎づける事実、すなわち不合理性を基礎づける評価根拠事実を有期労働者が主張立証し、使用者が不合理性の評価を妨げる評価障害事実を主張立証することとなる（前掲日本郵便（時給制契約社員ら）事件・東京地判平29.9.14、前掲ハマキョウレックス（差戻審）事件控訴審判決・大阪高判平28.7.26、前掲メトロコマース事件・東京地判平29.3.23、平24.8.10基発0810第２号の第５の６(2)キ）。

イ　不合理性判断の諸要素

労契法20条は、労働条件の相違の不合理性の判断要素として、「労働者の業務の内容及び当該業務に伴う責任の程度」（職務内容。要素１）、「当該職務の内容及び配置の変更の範囲」（要素２）、及び「その他の事情」（要素３）を明示している。

要素１の職務内容とは、労働者が従事している業務の内容及び当該業務に伴う責任の程度をいう（平24.8.10基発0810第２号の第５の６(2)エ）。

要素２の職務内容･配置の変更の範囲とは、今後の見込みも含め、転勤、昇進といった人事異動や本人の役割の変化等（配置の変更を伴わない職務の内容の変更を含む。）の有無や範囲を指す（平24.8.10基発0810第２号の第５の６(2)エ）。

要素３のその他の事情としては、行政通達は「合理的な労使の慣行」を想定しているが（平24.8.10基発0810第２号の第５の６(2)エ）、裁判例は、例えば、以下に挙げるような多様な事情を考慮している。

・労使協議の有無及び内容（前掲長澤運輸事件控訴審判決・東京高判平28.11.2、ヤマト運輸（賞与）事件･仙台地判平29.3.30労判1158号18頁、前掲日本郵便（時給制契約社員ら）事件・東京地判平29.9.14、前掲日本郵便（佐賀）事件・佐賀地判平29.6.30）
・無期労働者と有期労働者とで支給の有無又は額が相違する手当と代替性のある手当等の有期労働者への支給の有無及び額（前掲日本郵便（時給制契約社員ら）事件･東京地判平29.9.14、前掲ハマキョウレックス（差戻審）事件・大阪高判平28.7.26）
・有期労働者と無期労働者の間の賃金総額の差（前掲メトロコマース事件･東京地判平29.3.23）
・有期労働者のキャリアアップ制度の有無（前掲メトロコマース事件・東京地判平29.3.23）
・定年後再雇用制度が導入されている事実やその運用実態（前掲長澤運輸

事件控訴審判決・東京高判平28.11.2）

上記の３要素のいずれに含めるかはさておき、個々の労働条件の相違の不合理性を検討するのであるから、当該労働条件の種類と性質は、当然考慮する必要がある。

ウ　不合理性判断の具体例

(ア)　概要

以下では、①労働条件の種類と性質に照らして、要素１と要素２が強く作用し、長期雇用を前提とする正社員を厚遇することで有為な人材の獲得定着を図るという人事施策上の目的から、不合理性が否定されやすいものと、②こうした人事施策上の目的というよりは、当該労働条件の種類と性質そのものが不合理性の判断に大きく影響するもの、③上記①と②の中間的なもの、に大きく分類して、不合理性判断の具体例を説明する。もっとも、①～③の分類は相対的なものであり、あくまでも目安に過ぎないことに留意されたい。

(イ)　人事施策上の目的から不合理性が否定されやすいもの

職務内容（要素１）や職務内容・配置の変更の範囲（要素２）に相違がある裁判例を見ると、例えば以下の労働条件の相違は、長期雇用を前提とする正社員を厚遇することで有為な人材の獲得定着を図るという人事施策上の目的から、不合理性を否定されやすいものということができる。

i　基本給

基本給ないしその性質を有する手当は、無期労働者と有期労働者とで相違があっても、その額の差にもよるものの、基本的には、その不合理性は否定されやすいものといえる。例えば、本給（前掲メトロコマース事件・東京地判平29.3.23）、定期昇給の有無（ハマキョウレックス（差戻審）事件第１審判決・大津地彦根支判平27.9.16労判1135号59頁）がその例である。

正社員の基本給の一部を手当化した「外務業務手当」（前掲日本郵便（時給制契約社員ら）事件・東京地判平29.9.14）も、結論として労働条件の相違の不合理性が否定されているが、ここでは、労使協議の有無や有期労働者に対する代替的手当の支給という「その他の事情」も併せ検討されている。類似事例である前掲日本郵便（佐賀）事件・佐賀地判平29.6.30も、「外務業務手当」を時給制契約社員に付与しないことの不合理性を否定している。

ii　賞与

賞与（前掲メトロコマース事件・東京地判平29. 3. 23、前掲ヤマト運輸（賞与）事件・仙台地判平29. 3. 30）や、賞与の性質を有する夏期年末手当（前掲日本郵便（時給制契約社員ら）事件・東京地判平29. 9. 14、前掲日本郵便（佐賀）事件・佐賀地判平29. 6. 30）も、無期労働者と有期労働者との相違の不合理性が否定されているが、ここでは、労使協議の有無や無期労働者・有期労働者の年間賃金の差という「その他の事情」も併せ検討されている。

iii　退職金

退職金（前掲ハマキョウレックス（差戻審）事件第１審判決・大津地彦根支判平27. 9. 16、前掲メトロコマース事件・東京地判平29. 3. 23）についても、無期労働者と有期労働者との相違の不合理性が否定されている。

(ウ)　労働条件の種類や性質自体が不合理性の判断に影響するもの

i　割増賃金の性質を有する手当

割増賃金の性質を有する手当は、無期労働者と有期労働者とに相違がある場合には不合理性が肯定される傾向があり、不合理性が否定されるのは何らかの「その他の事情」が存在する場合といえる。

前掲メトロコマース事件・東京地判平29. 3. 23は、早出残業手当の割増率が正社員と契約社員とで異なった点について、割増賃金の趣旨は時間外労働等を抑制することにあり、正社員であるか有期社員であるかを問わず、等しく割増賃金を支払うべきであるとして、不合理性を肯定した。

他方、前掲日本郵便（時給制契約社員ら）事件・東京地判平29. 9. 14は、同じく割増賃金の性質を有すると考えられる「早出勤務等手当」「祝日給」「夜間特別勤務手当」における労働条件の相違の不合理性を否定した。これは、有期労働者に対し別途同趣旨の手当が支給されていることや、有期労働者の祝日や夜間における勤務実態の有無等の「その他の事情」をも考慮した結果と思われる。

類似事例である前掲日本郵便（佐賀）事件・佐賀地判平29. 6. 30も、非番日の割増率（時給制契約社員は125%、正社員は135%）、「早出勤務等手当」、「祝日給」における労働条件の相違の不合理性を否定した。非番日の性質の相違、有期労働者の祝日や夜間における勤務実態の有無、支給要件がむしろ有期労働者に有利であったこと等の「その他の事情」が考慮されている。

年末年始の労働の対価の性質を有する「年末年始勤務手当」は、正社員は定年までの長期間にわたり、年末年始の勤務によって家族等と一緒に過ごすことができないことから、当該手当の支給によって長期雇用への動機づけの意味合いがないとはいえないとしつつも、同じく年末年始に勤務する有期労働者に同手当が全く支払われないのは不合理として、無期労働者に対する支給額の8割相当額の損害が認められた（前掲日本郵便（時給制契約社員ら）事件・東京地判平29.9.14）。

ii　通勤手当

通勤手当は、通勤の交通費等を補てんする性質を有するものとして、労働条件の相違の不合理性が肯定された（前掲ハマキョウレックス（差戻審）事件・大阪高判平28.7.26）。

iii　福利厚生的手当

家族手当（前掲ハマキョウレックス（差戻審）事件第1審判決・大津地彦根支判平27.9.16）は、労働条件の相違の不合理性が否定された。

給食手当は、前掲ハマキョウレックス（差戻審）事件第1審判決・大津地彦根支判平27.9.16は労働条件の相違の不合理性を否定したが、同事件控訴審判決は、給食手当は従業員の給食の補助であり、正社員の職務内容や職務内容・配置の変更の範囲とは無関係であるとして、労働条件の相違の不合理性を肯定した。

他方、永年勤労に係る褒賞（前掲メトロコマース事件・東京地判平29.3.23）は、長期雇用を前提とする無期労働者のみを支給対象とし、短期雇用が想定される有期労働者に支給しないのは不合理ではないとして、無期労働者と有期労働者との相違の不合理性が否定されている。

iv　インセンティブの性質を有する手当

精勤に対するインセンティブを付与し精勤を奨励する「皆勤手当」（前掲ハマキョウレックス（差戻審）事件・大阪高判平28.7.26）、正社員の基本給の一部を原資として組み替えて正社員の能力向上の動機づけを図った「郵便外務・内務業務精通手当」（前掲日本郵便（時給制契約社員ら）事件・東京地判平29.9.14）は、労働条件の相違の不合理性が否定された。もっとも、いずれも、労使協議の有無や有期労働者に対する代替的な昇給という「その他の事情」も併せ考慮されている。

前掲日本郵便（佐賀）事件・佐賀地判平29.6.30も、「郵便物区分能

率向上手当」「郵便物配達能率手当」「郵便外業務精通手当」が時給制契約社員に支給されない点について、労働条件の相違の不合理性を否定した。

v　特定の業務に対する手当

優良ドライバーの育成と安全な輸送による顧客の獲得を目的とする「無事故手当」や、特殊業務に携わる者に支給する「作業手当」については、労働条件の相違の不合理性が肯定された（前掲ハマキョウレックス（差戻審）事件・大阪高判平28.7.26)。

vi　各種休暇

前掲日本郵便（時給制契約社員ら）事件・東京地判平29.9.14は、お盆と年末年始に帰省するという国民的習慣や意識等に根付いた「夏期冬期休暇」について、無期労働者と有期労働者の間に、最繁忙期が年末年始であることに差異はないとして、労働条件の相違の不合理性を肯定した。他方、類似事件である前掲日本郵便（佐賀）事件・佐賀地判平29.6.30は、夏期冬期に正社員に付与される「特別休暇」を期間雇用社員に付与しない点について、かかる休暇を付与する趣旨は長期雇用を前提とする正社員に対し定年までの長期にわたり会社へ貢献することへのインセンティブを付与することにより無期契約労働者としての長期的勤続を確保することにあるとして、不合理性を否定した。

また、前掲日本郵便（時給制契約社員ら）事件・東京地判平29.9.14は、労働者の健康保持のための「病気休暇」についても労働条件の相違の不合理性を肯定したが、同休暇については、長期雇用を前提とした正社員に対し、異なる必要勤続期間を設定したり取得可能日数に差異を設けることは、その差異等の程度にもよるが、不合理ではない場合もあると判示している。

㈤　中間的なもの

住宅手当は、裁判例によって判断が分かれている。

前掲ハマキョウレックス（差戻審）事件・大阪高判平28.7.26及び前掲メトロコマース事件・東京地判平29.3.23は、正社員には転居を伴う配転が予定されており、配転が予定されていない契約社員に比して住宅コストの増大が見込まれることのほか、住宅手当の福利厚生的性格をも考慮して、住宅手当の支給の有無における労働条件の相違の不合理性を否定した。

他方、前掲日本郵便（時給制契約社員ら）事件・東京地判平29.9.14は、

住居手当の福利厚生的性格と長期的な勤務に対する動機付けの側面を指摘し、長期雇用が予定されていない有期労働者に全く同額の住居手当を支払わなければ不合理とまではいえないとしつつも、比較対象となった無期労働者（新一般職）が転居を伴う人事異動が予定されていないという事情があったため、住宅手当が全く有期労働者に支給されないというのは不合理と評価し、正社員の支給要件を適用して認められるべき住居手当の６割相当額の損害賠償を認めた。

(5) 労契法20条違反の効果

ア　労契法20条に違反した労働条件の定めは無効

労契法20条は民事的効力のある規定であり、同条に違反した労働条件の定めは無効となる。

イ　補充的効力

もっとも、不合理と認められて無効となった有期労働者の労働条件が、無期労働者の労働条件に当然に代替されるのかという点は、争いがある。いわゆる補充的効力の有無の問題である。

行政通達は、無効とされた労働条件については基本的に無期労働者と同じ労働条件が認められるとし、補充的効力を肯定する（平24.8.10基発0810第２号の第５の６(2)カ）。

しかし、裁判例は、労契法20条には同法12条や労基法13条のような補充的効力を認める明文の定めがないこと、労働条件の不合理性の解消は労使間の個別的集団的交渉に委ねられるべきことといった理由から、補充的効力を否定するものが多数である（前掲日本郵便（時給制契約社員ら）事件・東京地判平29.9.14、前掲ハマキョウレックス（差戻審）事件・大阪高判平28.7.26等）。

補充的効力を否定する場合であっても、無期労働者の就業規則が原則として全従業員に適用され、有期労働者についてはその一部を適用しないにとどまるような事案では、有期労働者の労働条件の定めが無効となる結果、無期労働者の就業規則が適用され、結果として、無期労働者と同様の労働条件が適用されることになる（前掲長澤運輸事件第一審判決・東京地判平28.5.13）。他方、無期労働者と有期労働者とで適用される就業規則等が別個独立であり、前者に適用される就業規則等が全従業員に適用されつつ後者については特則となる就業規則等が適用されるという形式になっていない場合には、就業規則等の合理的解釈によっても、無期労働者の労働条件が有期労働者に適用されると解することはできない（前掲日本郵便（時給制契約社員ら）事件・東京地判平29.９.14、前掲ハマキョウレックス（差戻審）事件・大阪高判平28.７.26)。

ウ　不法行為責任

労働条件の定めが労契法20条に違反する場合には、同条違反自体が不法行為となるわけではなく、同条に違反する労働条件の定めに基づく取扱いが不法行為を構成するものと解される（前掲日本郵便（時給制契約社員ら）事件・東京地判平29.９.14、前掲ハマキョウレックス（差戻審）事件・大阪高判平28.７.26)。

損害論については、無期労働者と同一内容の労働条件でないことをもって直ちに不合理である労働条件の場合は、無期労働者に対する手当等との差額全額が損害となる。他方、有期労働者に労働条件が全く付与されていなかったり、無期労働者との間の給付の質や量の差異をもって不合理である場合には、①人事制度全体との整合性、②昇任昇格経路や配置転換等の範囲の違い、③労使間の個別的集団的交渉の経緯等を踏まえてあるべき労働条件を決定し、これとの差額を損害と認めるべきこととなるが、このような損害の認定は裁判所にはきわめて困難であるため、結局、裁判所は、民訴法248条に従って、相当な損害額を認定することになる（前掲日本郵便（時給制契約社員ら）事件・東京地判平29.９.14)。他方、当該損害の賠償が行われれば、労働条件の不合理な相違による精神的苦痛は慰藉されるのが通常であるから、これによってもなお償うことができない精神的苦痛を生ずる特段の事情がない限り、慰謝料は発生しない（前掲メトロコマース事件・東京地判平29.３.23)。

消滅時効については、「損害…を知った時」から３年の消滅時効期間に服し（民法724条前段)、賃金等に関する２年の短期消滅時効（労働基準法115条）が適用されるわけではない（前掲メトロコマース事件・東京地判平29.３.23)。

(6)　労契法20条の適用範囲

労契法18条に基づき無期労働者に転換した労働者の労働条件は、原則として、従前の有期契約の労働条件と同一の労働条件が維持される。今後の実務においては、ある有期労働者と無期労働者との間に期間の定めを理由とする不合理な労働条件の格差があった場合において、当該有期労働者が労契法18条に基づく無期労働者に転換した後に、労契法20条の適用ないし類推適用を主張して、当該労働条件の格差の是正を求める場面も想定されるが、その主張の是非については論点となろう。

4　契約期間中の解雇（労契法17条1項）

⑴　一般論

労契法17条1項は、「使用者は、期間の定めのある労働契約について、やむを得ない事由がある場合でなければ、その契約期間が満了するまでの間において、労働者を解雇することができない」と定めている。「やむを得ない事由」の存在については使用者側に立証責任がある（平24. 8. 10基発0810第2号の第5の2⑵エ参照）。

「やむを得ない事由」とは、期間満了を待たずに直ちに契約を終了させざるを得ないような重大な事由と解されており（ジーエル（仮処分）事件・津地決平28. 3. 14労判1152号33頁、資生堂ほか1社事件・横浜地判平26. 7. 10労判1103号23頁）、期間の定めのない労働契約の解雇における解雇権濫用法理の適用に比べ、より厳格に判断される（平24. 8. 10基発0810第2号の第5の2⑵イ参照）。

⑵　裁判例

ア　整理解雇

「やむを得ない事由」の否定例として、以下の整理解雇の裁判例がある。いずれも、人員削減の必要性として高度なものを要求している。

前掲ジーエル（仮処分）事件・津地決平28. 3. 14は、液晶パネルの生産工場において例のない大幅な減産を余儀なくされた事案でも、解雇が「機動的な企業再編」といった戦略的なものに過ぎず、倒産の危機に瀕していて解雇をしなければ倒産が避けられないといった高度の必要性までは認められないとして、結論として「やむを得ない事由」の存在を否定した。

前掲資生堂ほか1社事件・横浜地判平26. 7. 10は、派遣会社が、その最大の取引先で売上の11. 7%を占める化粧品製造会社からの受注が半減したことで、当該派遣会社がその雇用する有期契約の派遣労働者を期間途中で整理解雇した事案で、人員削減の必要性は生じているが、経営危機に陥り会社全体の経営が破たんしかねないような危機的な状況であったとまではいえない等として、「やむを得ない事由」の存在を否定した。

アウトソーシング事件・津地判平22. 11. 5労判1016号5頁は、登録型派遣労働者の整理解雇について、業界全体が不況に見舞われ派遣元は経営的に厳しい状況があったとしつつ、経営状態は健全であり、解雇は未だ余力を残した予防的措置と評価され、人員削減の必要性の程度は「やむを得ず」というものとはいえないとして、解雇を無効と判断した。

プレミアライン（仮処分）事件・宇都宮地栃木支決平21. 4. 28労判982号

5頁は、登録型派遣労働者の整理解雇について、派遣元の経営状況等は相当に厳しいものとしつつも、利益剰余金が約100億円あり、自己資本比率が約60.5％と健全であり、流動比率が約243％と健全であり、当座比率も約123.6％と健全であるとして、人員削減の必要性を否定し、解雇を無効と判断した。

ワークプライズ（仮処分）事件・福井地決平21. 7. 23労判984号88頁は、派遣労働者の期間途中の解雇について、派遣先の経営状態に起因する労働者派遣契約の中途解約をもって直ちに「やむを得ない事由」があるとはいえず、また、整理解雇の要件該当事実を何ら具体的状況を疎明していないとして、解雇を無効とした。

イ　普通解雇

レラ・六本木販売事件・東京地判平28. 4. 15労経速2290号14頁は、①与えられた職務をこなせないこと、②指導注意を受けても改善がないこと、③指導中に反抗する態度をとり続けたことが「やむを得ない事由」として主張された事案である。①の点は、使用者において労働契約の継続を困難とするほどの重大な支障であるとは判断していたとは認めがたいとし、②の点は、原因を検証し適切な改善策を検討し経過を見て、書面による警告や懲戒処分を実施して改善の機会を付与すべきであったのにこれがなかった等とし、③の点は、十分な事実確認を経ずに一方的な評価を下した等として、いずれの主張も認められなかった。

他方、大阪地判平29. 1. 26判例秘書登載は、単に協調性を欠くというにとどまらず、独自の価値観に基づいて執拗な要求や自己中心的攻撃的な言動を繰り返し、周囲との間で軋轢を生じさせており、使用者も職場環境配慮義務を履行することが容易ではなく、訓戒処分を受けながら改善が見られないだけではなく、欠勤が解雇通知時点で20日に及び、その後も出勤できるか不透明であった事案で、解雇の効力発生日から契約終了日まで３か月もあるものの、「やむを得ない事由」を認め、解雇を有効と判断した。

5　有期契約をめぐるその他の問題

(1)　有期契約の締結事由

現在のところ、有期雇用契約の締結事由を制限する法規制はなく、当事者の合意により、以下の規制に反しない限り雇用期間を定めることができる。

(2)　有期契約締結時の更新基準等明示義務

労働契約の期間に関する事項、有期労働契約を更新する場合の基準に関する事項及び退職に関する事項は、労働契約の締結に際し書面の交付により明示する義務がある（労基法15条1項、労基則5条1項1号、1号の2、4号、2項、3項）。

そして、書面の交付により明示を義務づけられた更新基準の内容は、有期労働契約を締結する労働者が、契約期間満了後の自らの雇用継続の可能性について一定程度予見可能なものであることを要し、その内容については、例えば、「更新の有無」として、「自動的に更新する」「更新する場合があり得る」「契約の更新はしない」等を、また、「契約更新の判断基準」として、「契約期間満了時の業務量により判断する」「労働者の勤務成績、態度により判断する」「労働者の能力により判断する」「会社の経営状況により判断する」「従事している業務の進捗状況により判断する」等を明示することが考えられるとされている。また、更新基準についても、他の労働条件と同様、労働契約の内容となっている労働条件を使用者が変更する場合には、労働者との合意その他の方法により、適法に変更される必要があるとされている（平24.10.26基発1026第2号）。

使用者がこれらの明示を怠った場合であっても、直ちに契約や更新拒絶が無効となるわけではないが、雇止めの有効性を判断するに当たり、更新の有無の明示やその内容は考慮要素のひとつとして影響することとなろう。

⑶　有期契約の契約期間の上限（労基法14条）

労基法14条は、有期契約については、労働者を長期間拘束することを防ぐ観点から、契約期間の上限を原則として3年としている。ただし、以下の例外も定めている。

① 一定の事業のための契約は、事業の完了に必要な期間を定めることができる。

② 平15.10.22厚生労働省告示356号で定める高度の専門的知識等を有する労働者（博士号取得者、一定の国家資格取得者、並びに1075万円以上の年収の技術者、システムエンジニア及びデザイナー等が含まれる）との契約は、5年を上限とする。

③ 高齢者の雇用継続促進の趣旨から、満60歳以上の労働者との契約は、5年を上限とする。

労基法14条の規定は強行法規であり、上限期間を超える契約期間が定められた場合には、労基法13条により、当該契約における契約期間は同法14条に定める上限期間に改められる（平15.10.22基発1022001号）。そして、その上限期間を超えて労働関係が継続した場合には、黙示の更新（民法629条1項）により期間の定めのない雇用契約になるとする裁判例がある（青山学院事件・東京高

判昭53. 2. 20労民29巻1号97頁 労判294号49頁、自警会東京警察病院事件・東京地判平15. 11. 10労判870号72頁）。

また、１年を超える有期契約の場合、労働者は１年経過後にいつでも辞職をすることができることになる点に留意する必要がある（労基法附則137条）。この点を含め、契約期間中の労働者側からの退職については第７章第４（278頁）参照。

⑷　有期契約の契約期間の下限（労契法17条２項）

有期契約の下限についての強行法規はないので、１日単位の日々雇用とすることも可能である。但し、「使用者は、有期労働契約について、その有期労働契約により労働者を使用する目的に照らして、必要以上に短い期間を定めることにより、その有期労働契約を反復して更新することのないよう配慮しなければならない」との配慮義務がある（労契法17条２項）。

⑸　有期契約と試用期間の区別

労働契約に定められた期間が、契約期間を定めたものか、試用期間を定めたものに過ぎず契約期間の定めはないものかが問題となる場合がある。この点については、第１章第５・６（56頁～）を参照。

⑹　契約の黙示の更新

契約期間満了後、契約更新の手続をしないまま引き続き労働関係が継続し、使用者の異議がないまま労働者が就労を続けた場合、その契約関係は黙示のまま更新されたことになるが、この契約が民法629条１項により無期契約に転化するのか、それとも黙示の更新前と同じ期間の有期契約になるのかは、裁判例、学説とも分かれている。無期契約に転化するとの説を採る裁判例として、学校法人矢谷学園ほか事件・広島高判松江支判平27. 5. 27労判1130号33頁、紀伊高原事件・大阪地判平９. 6. 20労判740号54頁等が、有期契約となるとの説を採る裁判例として、タイカン事件・東京地判平15. 12. 19労判873号73頁等がある。なお、有期契約更新の黙示の合意を認定し、民法629条の適用を排除した裁判例として、ソクハイ事件・東京地判平28. 11. 25労経速2306号22頁がある。

なお、労基法14条の上限期間を超えて労働関係が継続した場合には、黙示の更新（民法629条１項）により期間の定めのない雇用契約になるとする裁判例もある（前掲青山学院事件・東京高判昭53. 2. 20、前掲自警会東京警察病院事件・東京地判平15. 11. 10）（前述⑶）。

⑺　期間途中の賃金の減額

臨時従業員全員に対し、労働契約の合意解約を申し入れるとともに応じない場合は契約期間満了まで休業を命じて休業手当を支払うと通知した事案で、いすゞ自動車（雇止め）事件・東京高判平27.3.26労判1121号52頁は、休業が民法536条２項の「使用者の責めに帰すべき事由」によるものかについて、雇用期間内の賃金債権の維持についての期待は保護されなければならないとして、同事由があるものと認め、賃金と休業手当の差額の支払を命じた。

第３ パートタイム労働者

1 概要

(1) 「短時間労働者」の意義

所定労働時間（日数）が正規労働者（フルタイム労働者）よりも短い労働者は、一般に「パート」「アルバイト」「嘱託」等の様々な呼称で呼ばれているが、法的には、短時間労働者の雇用管理の改善等に関する法律（パートタイム労働法）に定める「短時間労働者」に該当する。以下では、短時間労働者を総称して「パートタイム労働者」ということがある。

「短時間労働者」とは、「１週間の所定労働時間が同一の事業所に雇用される通常の労働者…の１週間の所定労働時間に比し短い労働者」をいう（パートタイム労働法２条）。

「通常の労働者」とは、社会通念に従い、比較の時点で当該事業所において「通常」と判断される労働者をいい、この判断は業務の種類ごとに行うとされる。具体的には、いわゆる正規型の労働者（社会通念に従い、当該労働者の雇用形態、賃金体系等（例えば、労働契約の期間の定めがなく、長期雇用を前提とした待遇を受けるものであるか、賃金の主たる部分の支給形態、賞与、退職金、定期的な昇給又は昇格の有無）を総合的に勘案して判断）がいる場合は、当該正規型の労働者が「通常の労働者」に該当するが、当該業務に従事する者の中にいわゆる正規型の労働者がいない場合については、当該業務に基幹的に従事するフルタイム労働者が「通常の労働者」となる。（平24.8.10基発0724第２号第１の２(3)）

短時間労働者と有期労働者とは、必ずしも一致しない。有期労働者であっても、１週間の所定労働時間が通常の労働者と同様である場合（いわゆるフルタイム）には、短時間労働者には該当しないし、短時間労働者であっても、期間の定めのない労働契約を締結している場合があり得る。

(2) パートタイム労働者に対する労働関係法規の適用

パートタイム労働者も、正規労働者と同じく「労働者」（労契法２条１項、労基法９条、労組法３条）であるから、等しく労契法、労基法、労組法、均等法、最低賃金法、労安衛法、賃確法、労災保険法、育児介護休業法その他労働関係法規の適用を受ける。もっとも、パートタイム労働者は、パートタイム労働法の適用を受けるほか、例えば、年次有給休暇の発生日数の特則（労基法39条３項・労基則24条の３第３項）が適用されうるなど、各種労働関係法規上特則が設けられている場合もある。

以下では、パートタイム労働法の定めについて解説し、労働基準法その他の労働関係法規については、本書の他の該当箇所を参照されたい。

2　短時間労働者の待遇の改善（パートタイム労働法８条、９条）

(1)　非正規労働者に対する均等・均衡待遇ルールの沿革

1990年代半ば以降、金融・証券不況等により雇用失業情勢が急速に悪化する中、企業は、正規雇用を絞り込む傍ら、契約を打ち切りやすく人件費コストも安い非正規労働者を増加させていった。これにより、正社員と同様の職務に従事する非正規労働者が増加し、正社員に比して非正規労働者の賃金待遇が劣ることに対する不満や批判が高まっていた。

こうした中、丸子警報器事件・長野地上田支判平８.３.15労判690号32頁 判タ905号276頁は、女性臨時社員が正社員と同じ業務、勤務時間・日数であったにもかかわらず賃金差別を受けていた事案で、同一（価値）労働同一賃金の原則は法規範としては存在していないとしつつ、その基礎にある「均等待遇の理念」に反する賃金格差は、使用者の裁量の裁量を逸脱したものとして公序良俗に反するとして、同臨時社員の賃金が同じ勤務年数の女性正社員の８割以下となった場合その限度で公序良俗違反となる旨判示した。もっとも、その後の日本郵便逓送（臨時社員・損害賠償）事件・大阪地判平14.５.22労判830号22頁は、同一労働同一賃金の原則は法規範としては存在していない等として、期間臨時社員と正社員との間の賃金格差を違法とは認めなかった（その後の裁判例においても、同一労働同一賃金の原則の法規範性は認められていない。例えば、京都市女性協会事件・大阪高判平21.７.16労判1001号77頁、愛知ミタカ運輸事件・大阪高判平22.９.14労判1144号74頁、奈良地判平22.３.18労判1144号85頁（定年後再雇用）、Ｌ社事件・東京地判平28.８.25労判1144号25頁）。

このような状況の下で、2007（平成19）年、改正パートタイム労働法に、通常の労働者と同視すべき短時間労働者に対する差別的取扱いを禁止する規定が置かれ（現９条）、労働契約における均衡処遇の訓示規定が労契法に設けられた（３条２項）。

その後も、2012（平成24）年、労働者派遣法に派遣労働者の待遇について派遣先の同種労働者との均衡に配慮すべき旨の規定（現30条の３）を置く改正が、労契法に期間の定めによる不合理な労働条件を禁止する旨の規定（20条）を置く改正が行われ、2014（平成26）年、パートタイム労働法に通常の労働者と短時間労働者の不合理な待遇の相違を禁止する旨の規定（現８条）を置く改正が行われた。

以下では、通常の労働者と同視すべき短時間労働者に対する差別的取扱いを禁止するパートタイム労働法９条と、通常の労働者と短時間労働者の不合理な待遇の相違を禁止する同法８条を紹介する。

(2)　通常の労働者と同視すべき短時間労働者に対する差別的取扱いの禁止（９条）

ア　概要

パートタイム労働法９条は、通常の労働者と同視すべき短時間労働者に対する差別的取扱いを禁止する規定である。

パートタイム労働法９条の定める要件は、以下のとおり分節化することができる。

要件１：通常の労働者と同視すべき短時間労働者
要件１－１：職務内容同一短時間労働者（業務の内容及び当該業務に伴う責任の程度（職務の内容）が、当該事業所に雇用される通常の労働者と同一である短時間労働者）であること 要件１－２：事業所における慣行その他の事情からみて、雇用期間が終了するまでの全期間において、職務の内容及び配置が、当該通常の労働者の職務の内容及び配置の変更の範囲と同一の範囲で変更されると見込まれる者であること
要件２：差別的取扱い 「短時間労働者であることを理由とし」て、以下の待遇について、差別的取扱いを行うこと 待遇１：賃金の決定 待遇２：教育訓練の実施 待遇３：福利厚生施設の利用 待遇４：その他の待遇

パート有期法 9,11,12

イ　通常の労働者と同視すべき短時間労働者該当性（要件１）

まず、短時間労働者が「通常の労働者と同視すべき短時間労働者」に該当することが必要である。ここでは、通常の労働者に比して、「職務の内容」と「職務の内容及び配置の変更の範囲」の同一性が必要となる。

(ア)「職務の内容」の通常の労働者との「同一」性（要件１－１）

「職務の内容」とは、「業務の内容及び当該業務に伴う責任の程度」をいい(パートタイム労働法８条)、同様の要件は労契法20条にも存在する。

ここでいう「責任の程度」は、業務に伴って行使するものとして付与されている権限の範囲・程度等をいい、具体的には、授権されている権限の範囲（単独で契約締結可能な金額の範囲、管理する部下の数、決裁権限の範囲等)、業務の成果について求められる役割、トラブル発生時や臨時・緊急時に求められる対応の程度、ノルマ等の成果への期待の程度等を指す。所定外労働も「責任の程度」を判断する上で考慮すべき要素の一つであるが、通常の労働者には所定外労働を命ずる可能性があるが短時間労働者にはない、といった形式的な判断ではなく、例えば、トラブル発生時、臨時・緊急時の対応として、また、納期までに製品を完成させるなど成果を達成するために所定外労働が求められるのかどうか等、実態として業務に伴う所定外労働が必要となっているかどうかを見て判断する。(平24. 8. 10基発0724第２号第１の３(2)ロ(イ))

短時間労働者の職務の内容が、当該事業所に雇用される通常の労働者と「同一」であるか否かは、以下の手順で判断するものとされる。第１に、『厚生労働省編職業分類』の細分類を目安として比較し、業務の種類が同一であるかを確認する。業務の種類が同一である場合には、第２に、通常の労働者と短時間労働者の中核的業務を抽出し、実質的に同一といえるかを判断する。中核的業務が実質的に同一であれば、第３に、両者の責任の程度が著しく異なっていないかを確認する。(平24. 8. 10基発0724第２号第３の４(4)、第１の３(2)ロ(イ))

(イ)「職務の内容及び配置の変更の範囲」が通常の労働者と「同一の範囲で変更されると見込まれる」こと（要件１－２）

「職務の内容及び配置の変更の範囲」とは、人事異動等（転勤、昇進を含むいわゆる人事異動や本人の役割の変化等)の有無や範囲をいい(平24. 8. 10基発0724第２号第３の４(4)、第１の３(2)ハ(イ)①)、同様の要件は労契法20条にも存在する。

職務内容・配置の変更の範囲が、当該事業所に雇用される通常の労働者と「同一の範囲で変更されると見込まれる」であるか否かは、以下の手順で判断するものとされる。第１に、転勤の有無が同じかを確認する。転勤が双方ともある場合には、第２に、転勤により移動が予定されている範囲（全国転勤か、エリア限定か等）を比較する。転勤が双方ともな

第９章 非正規雇用に関する問題

いかあってもその範囲が実質的に同一であれば、第３に、事業所内における職務の内容の変更の態様を比較する。(平24.8.10基発0724第２号第３の４(4)、第１の３(2)ハ(ロ))

(ウ)　裁判例

ニヤクコーポレーション事件・大分地判平25.12.10労判1090号44頁判時2234号119頁は、タンクローリーの運転業務に従事し、１年間の期間の定めのある労働契約を計６回にわたり更新してきた短時間労働者について、職務内容が正社員ドライバーと同一であることについては当事者間に争いがなく、かつ、転勤・出向（転勤・出向は短時間労働者にはなかったが、正社員ドライバーでも転勤･出向の例が年間数名と少なく、九州管内では2002年以降例がなかった）や、チーフ等の重要な役職への任命（短時間労働者でもチーフ等に就く例があった)、職系転換（ドライバーから事務職へ）の有無（短時間労働者にはないが、正社員ドライバーで事務職へ職系転換した者は全国で年間数名でありその人数は正社員ドライバーの総数に比べて非常に少なく事務職への職系転換は正社員ドライバーにとってもごく例外的な扱いと認められ正社員の通常の配置とは認められない）等の点について、人材活用の仕組み・運用が正社員ドライバーと実質的に同一であるとして、当該事業主との雇用関係が終了するまでの全期間において、職務の内容及び配置が当該通常の労働者の職務の内容及び配置の変更の範囲と同一の範囲で変更されると見込まれるものに該当すると判断した。

京都市立浴場運営財団ほか事件・京都地判平29.9.20労判1167号34頁は、京都市立浴場の管理運営を目的とする一般社団法人に雇用され、１年間の期間の定めのある労働契約を５～13回にわたり更新してきた嘱託職員（短時間労働者）について、同法人の正規職員と業務内容及び責任の程度が同一であることについては当事者間に争いがなく、嘱託職員であっても主任になる者もおり、他浴場への異動が予定されていたかどうか等正規職員と嘱託職員との間で人材活用の仕組みや運用が異なっていたわけではなく、嘱託職員の職務の内容は恒常的なものであり、契約の更新手続も、契約内容の交渉もなく同法人が用意した文書に嘱託職員が押印して提出する等、形骸化していたと評価しうる程度に至っており、過去に雇止めをされた嘱託職員がいるといった事情もなく、同法人は経費削減を図るため正規職員を減らし嘱託職員との契約を繰り返し更新していた等の事情を認定して、当該事業主との雇用関係が終了するまでの全期間において、職務の内容及び配置が当該通常の労働者の職務の内容及び配置の変更の範囲と同一の範囲で変更されると見込まれるものに該当すると判断した。

ウ　差別的取扱い（要件２）

前掲ニヤクコーポレーション事件・大分地判平25.12.10は、タンクローリーの運転業務に従事してきた短時間労働者が、正社員ドライバーに比して、賞与の額（年額40万円を超える差があった）、週休日数、退職金の有無について差があるとして、これを、賃金の決定についての差別的取扱いに該当すると認めた。

前掲京都市立浴場運営財団ほか事件・京都地判平29.9.20は、正規職員には支給されていた退職金を嘱託職員には支給しなかったことを、賃金の決定についての差別的取扱いに該当すると認めた。

労契法20条においては、労働条件の相違が「不合理であると認められ」ない限りは同条の違反とならず、賞与や退職金については、長期雇用を前提とする正社員を厚遇することで有為な人材の獲得定着を図るという人事施策上の目的から、不合理性を否定されやすいものと考えられるが（第２の３(4)（412頁））、パートタイム労働法９条においては、こうした労働条件であっても、差別的取扱いとして無効となし得ることになる。—改正後は？

エ　パートタイム労働法９条違反の効果

パートタイム労働法９条は強行規定であり、これに違反する就業規則の差別的賃金規定等は無効となるものと解されており（川田知子『別冊法学セミナー新基本法コンメンタール『労働基準法・労働契約法』』498頁、日本評論社、2012年）、かつ、同条に違反する差別的取扱いは、不法行為を構成する（前掲ニヤクコーポレーション事件・大分地判平25.12.10、前掲京都市立浴場運営財団ほか事件・京都地判平29.9.20）。

もっとも、パートタイム労働法９条は、単に差別的取扱いを禁止するもので過ぎず、それ以上に、差別的取扱いとして無効となった短時間労働者の待遇が、通常の労働者の待遇に当然に代替されるわけではないから、通常の労働者と同一の待遇を受ける労働契約上の権利を有する地位にあることの確認請求は認められない（前掲ニヤクコーポレーション事件・大分地判平25.12.10）。

上記のような私法上の効力のほか、事業主がパートタイム労働法９条に違反した場合には、事業主の事業所の所在地を管轄する都道府県労働局長による報告の徴収、助言、指導、勧告、ひいては公表の対象になる（パートタイム労働法18条、同法施行規則８条）。

⑶ 通常の労働者と短時間労働者の不合理な待遇の相違の禁止（８条）

パートタイム労働法８条は、通常の労働者と短時間労働者の不合理な待遇の相違を禁止する規定である。

パートタイム労働法８条の定める要件は、以下のとおり分節化することができる。

要件１：待遇の相違の存在 短時間労働者の待遇が、当該事業所の通常の労働者の待遇と相違していること
要件２：上記待遇の相違の不合理性 上記待遇の相違が、以下の事情を考慮して、「不合理と認められるもの」であること 要素１：労働者の業務の内容及び当該業務に伴う責任の程度（職務の内容） 要素２：職務の内容及び配置の変更の範囲 要素３：その他の事情

上記のとおり、パートタイム労働法８条の要件は、適用対象が短時間労働者・通常の労働者であること、通常の労働者の範囲が「事業所」単位で定まること、労契法20条における「期間の定めがあることにより」の要件がないこと、といった点を除けば、労契法20条とほぼ同様であり、施行通達上もパートタイム労働法８条は労契法20条にならった規定であることが明記されているので（平24.8.10基発0724第２号第３の３⑺）、労契法20条の要件と効果に関する裁判例や解釈論は、パートタイム労働法８条にも同様に妥当するものと考えられる。

なお、労契法20条とパートタイム労働法８条とでは、「労働条件」と「待遇」という文言に相違があるが、施行通達を見る限り、両者に実質的差異はない（平24.8.10基発0810第２号の第５の６⑵ウ、平24.8.10基発0724第２号第３の３⑷）。

なお、上記のような私法上の効力のほか、事業主がパートタイム労働法８条に違反した場合には、事業主の事業所の所在地を管轄する都道府県労働局長による報告の徴収、助言、指導、勧告の対象になる（パートタイム労働法18条１項、３項、同法施行規則８条）。

3 短時間労働者の雇用管理

⑴ 労働条件明示・文書交付義務（６条）

事業主は、短時間労働者の雇入れ時に、労基法15条１項・労基則５条１項で明示が求められている労働条件に加えて、昇給の有無、退職手当の有無、賞与の有無、相談窓口の４点についても、文書の交付等により明示しなければならない（パートタイム労働法６条１項、同法施行規則２条１項）。また、それ以外の事項についても、文書の交付等による明示する努力義務がある（同法６条２項）

明示方法は、書面の交付によるものとされているが、短時間労働者の希望があれば、ファクシミリやメール（ただし、プリントアウト可能なもの）の送信の方法でも構わない（パートタイム労働法６条１項、同法施行規則２条２項）。

事業主がこの義務に違反した場合には、事業主の事業所の所在地を管轄する都道府県労働局長による報告の徴収、助言、指導、勧告、ひいては公表の対象になり（パートタイム労働法18条、同法施行規則８条）、10万円以下の過料に処せられる（同法31条）。

⑵　教育訓練の機会の確保義務（11条）

事業主は、通常の労働者に対して職務の遂行に必要な能力を付与するために実施している教育訓練を、短時間労働者のうち、業務の内容及び当該業務に伴う責任の程度が当該事業所に雇用される通常の労働者と同一の短時間労働者（職務内容同一短時間労働者）であって、パートタイム労働法９条により差別的取扱いが禁止される「通常の労働者と同視すべき短時間労働者」以外の者に対しても、実施しなければならない（同法11条１項）。

また、これ以外にも、通常の労働者との均衡を考慮しつつ、職務の内容等に応じた教育訓練を実施するよう努めなければならない（同法11条２項）。

事業主の事業所の所在地を管轄する都道府県労働局長は、報告の徴収、助言、指導、勧告を行うことができ、特に、同法11条１項の義務に違反する場合には、勧告を経て、公表の対象になりうる（パートタイム労働法18条、同法施行規則８条）。

⑶　福利厚生施設の利用への配慮義務（12条）

事業主は、通常の労働者に対して利用の機会を与えている福利厚生施設のうち、給食施設、休憩室及び更衣室については、すべての短時間労働者についても利用の機会を与えるよう配慮しなければならない（パートタイム労働法12条、同法施行規則５条）。給食施設、休憩室及び更衣室は、健康の保持や業務の円滑な遂行に資する施設であり、通常の労働者・短時間労働者間で利用の差を設けることに合理性がないからである。

事業主がこの義務に違反した場合には、事業主の事業所の所在地を管轄する都道府県労働局長による報告の徴収、助言、指導、勧告、ひいては公表の対象になる（パートタイム労働法18条、同法施行規則８条）。

⑷　通常の労働者への転換義務（13条）

事業主は、すべての短時間労働者に対し、通常の労働者への転換を推進するため、以下のいずれかの措置を講じなければならない（パートタイム労働法13条）。

①通常の労働者を募集する場合に、その募集内容を雇用する短時間労働者に周知する（1号）。

②通常の労働者の配置を新たに行う場合に、雇用する短時間労働者に当該配置の希望を申し出る機会を与える（2号）。

③短時間労働者が通常の労働者へ転換するための試験制度を設けるなど、通常の労働者への転換を推進するための措置を講じる（3号）。

事業主がこの義務に違反した場合には、事業主の事業所の所在地を管轄する都道府県労働局長による報告の徴収、助言、指導、勧告、ひいては公表の対象になる（パートタイム労働法18条、同法施行規則8条）。

⑸　事業主の措置内容の説明義務（14条）

事業主は、短時間労働者を雇い入れたときは、速やかに、パートタイム労働法9条から13条までの規定により措置を講ずべきこととされている事項に関し、その措置の内容を説明しなければならず（14条1項）、また、雇入れ後も、短時間労働者から説明を求められたときは、当該措置並びに同法6条及び7条の措置の内容を決定するにあたって考慮した事項を説明しなければならない（14条2項）。

事業主がこの義務に違反した場合には、事業主の事業所の所在地を管轄する都道府県労働局長による報告の徴収、助言、指導、勧告、ひいては公表の対象になる（パートタイム労働法18条、同法施行規則8条）。

⑹　相談体制の整備義務（16条）

事業主は、短時間労働者の雇用管理の改善等に関する事項に関し、その雇用する短時間労働者からの相談に応じ、適切に対応するために必要な体制を整備しなければならない（パートタイム労働法16条）。

事業主がこの義務に違反した場合には、事業主の事業所の所在地を管轄する都道府県労働局長による報告の徴収、助言、指導、勧告、ひいては公表の対象になる（パートタイム労働法18条、同法施行規則8条）。

⑺　その他努力義務

上記の他にも、努力義務にとどまるものであるが、短時間労働者の職務の内容、職務の成果、意欲、能力又は経験等を勘案して賃金を決定する努力義務（パートタイム労働法10条）、短時間雇用管理者を選任する努力義務（同法17条）

も定められており、事業主の事業所の所在地を管轄する都道府県労働局長による報告の徴収、助言、指導、勧告の対象になる（パートタイム労働法18条１項、３項、同法施行規則８条）。

第４　労働者派遣

1　労働者派遣とは

(1)　「労働者派遣」の意義

労働者派遣とは、派遣元Ｘが雇用する派遣労働者Ａを、当該雇用関係の下に、かつ、派遣先Ｙの指揮命令を受けて、Ｙのために労働に従事させることをいい、Ｙに対してＡを雇用させることを約してするもの（いわゆる出向）を含まない、とされている（派遣法２条１号）。労働者派遣は、派遣労働者（Ａ）の雇用契約上の使用者（Ｘ）と実際の業務における指揮命令者（Ｙ）とが異なる点に最大の特徴がある。

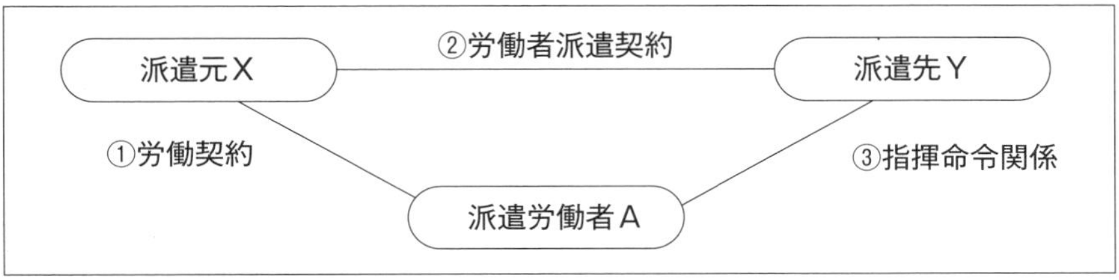

類似する概念として、職安法上の労働者供給がある。労働者供給とは、供給契約に基づいて、労働者を他人の指揮命令を受けて労働に従事させることをいうが、労働者派遣はこの労働者供給には含まれない（同法４条６項）。労働者供給に該当しうるのは、いわゆる出向の場合か、供給元Ｘと労働者Ａの間に雇用関係以外の従属関係があり、その下でＸがＡをして供給先Ｙの指揮命令を受けて労働に従事させる場合である（労働者派遣事業関係業務取扱要領（平成30年１月１日以降）11頁参照）。

労働者派遣の問題を考えるに当たっては、厚生労働省職業安定局の「労働者派遣事業関係業務取扱要領」（以下単に「要領」という。なお、以下に引用する要領は、「平成30年１月１日以降」のバージョンである。）を確認することが必須である。要領は頻繁に改正されるため、随時、厚生労働省のホームページ（http://www.mhlw.go.jp/general/seido/anteikyoku/jukyu/haken/youryou_h24/）をチェックされたい。

(2) 業務請負と労働者派遣の区別（偽装請負）

業務請負と労働者派遣とは、自己の雇用する労働者を他人のために労働させるという面において類似するが、業務請負においては、労働者派遣と異なり請負人が労働者を直接指揮命令しなければならないという点において、派遣先が派遣労働者を直接指揮命令する労働者派遣と区別される。

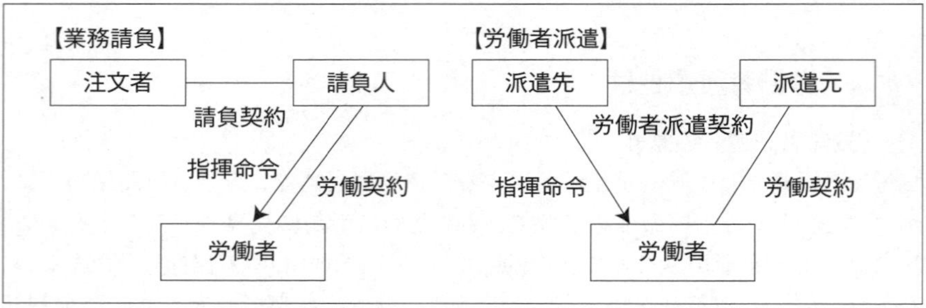

業務請負と労働者派遣の区分の基準については、「労働者派遣事業と請負により行われる事業との区分に関する基準」（昭61. 4. 17労働省告示37号）に示されている。そこでは、業務請負に該当するのは、①自己の雇用する労働者の労働力を自ら直接利用するものであること、②請負契約により請け負った業務を自己の業務として当該契約の相手方から独立して処理するものであること、のいずれをも満たした場合であり、いずれかを満たさない場合には、労働者派遣とされる（詳細は、同告示のほか、同告示に関する疑義応答集として、主に製造業務を想定した第１集・平21. 3. 31厚労省通達職発第0331007号と、主に製造業務以外の業務を想定した第２集・平25. 8. 29厚労省通達職発0829第１号参照）。実質は労働者派遣でありながら、注文者（派遣先）と請負人（派遣元）との間で業務請負契約を締結して、請負人の労働者を注文者の下で就労させることを、「偽装請負」ということがある。

近時、偽装請負といえるかについて第一審判決と控訴審判決とで判断が分かれた裁判例（DNPファインオプトロニクスほか事件・東京高判平27. 11. 11労判1129号5頁、さいたま地判平27. 3. 25労判1129号16頁）があり、偽装請負該当性判断の具体例として参考になる。

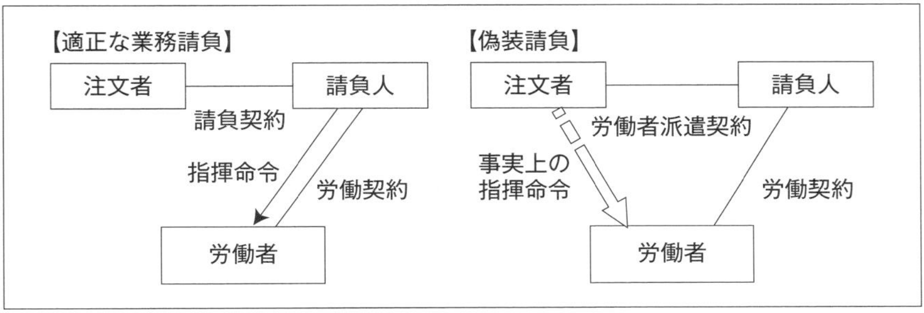

2　労働者派遣事業

(1)　許可制

労働者派遣を「業」として行うことを「労働者派遣事業」といい、厚生労働大臣の許可を受ける必要がある（派遣法５条１項）。

労働者派遣のうち、労働者派遣の期間終了前に、派遣元事業主による職業紹介によって、当該派遣労働者が派遣先との間で直接雇用契約を結ぶことを目指す形態を紹介予定派遣という（２条６号）。紹介予定派遣を行おうとする派遣元事業主は、労働者派遣事業の許可に加え、有料職業紹介事業の許可（職安法30条１項）をも受けておく必要がある。

なお、2015（平成27）年改正前の派遣法においては、常時雇用される労働者のみを派遣労働者とする労働者派遣事業を「特定労働者派遣事業」と定義し、厚生労働大臣への届出だけで同事業を行うことができた（派遣法旧２条５号、旧16条１項）。しかし、同年の派遣法改正により特定労働者派遣事業の届出制は廃止され、上記の許可制に一本化されたことに伴い、2015（平成27）年改正法の施行時点（2015（平成27）年９月30日）において届出により特定労働者派遣事業を行っている派遣元は、2018（平成30）年９月29日までの間は、許可を得ることなく引き続きその「特定労働者派遣事業」を営むことができるとする経過措置が設けられた（改正法附則６条）。

(2)　派遣禁止業務

①港湾運送業務、②建設業務、③警備業務、及び④病院等における医療関連業務については、労働者派遣事業を行うことができない（派遣法４条１項、施行令１条、２条）。

また、明示的に適用除外とされているものではないが、⑤人事労務に関する業務のうち、派遣先の団体交渉、労基法上の労使協定の締結などのための、労使協議の際に使用者側の直接当事者として行う業務、⑥弁護士、外国法事務弁護士、司法書士、土地家屋調査士、公認会計士、税理士、弁理士、社会保険労務士、行政書士の業務等の専門家の業務については、労働者派遣事業を行ってはならず、派遣先もこれらの業務に従事させてはならないとされている（要領第2の3・30頁～）。

このほか、⑦「公衆衛生又は公衆道徳上有害な業務」に就かせる目的で労働者派遣を行う行為には罰則（派遣法58条）の適用があるため、このような業務についても労働者派遣は行えない。例えば、ストリップ劇場において踊り子が陰部を露出させる等の卑猥なショーを演じる業務（横浜地判昭63. 5. 25判時1277号169頁）や、女性がアダルトビデオ映画に出演し、性交等の性戯の場面を演じ撮影される業務（東京地判平6. 3. 7判時1530号144頁、東京地判平20. 4. 11ウェストロー）はこれにあたるとされる。

(3)　日雇派遣の禁止

日雇派遣については、必要な雇用管理がなされず、労働者保護が果たされない等の課題が存在するため、派遣法は、「日々又は30日以内の期間を定めて雇用する労働者」を日雇労働者と定義し、日雇労働者についての労働者派遣を原則として禁止している（派遣法35条の4）。

ただし、業務の特性による例外として、情報処理システム開発関係業務（施行令4条1項1号）、通訳、翻訳、速記関係業務（同項4号）、研究開発関係業務（同項13号）、セールスエンジニアの営業、金融商品の営業関係業務（同項18号）等の18種類の業務については、「労働者派遣により日雇労働者を従事させても当該日雇労働者の適正な雇用管理に支障を及ぼすおそれがないと認められる業務」であるとして、例外的に日雇労働者の労働者派遣が認められる（派遣法35条の4、施行令4条1項。詳細は、要領第7の14(4)イ・197頁、200頁～）。

また、日雇労働者の特性による例外として、日雇労働者の安全衛生を確保するための必要な措置その他の雇用管理上必要な措置を講じている場合であって、60歳以上の者、雇用保険の適用を受けない昼間学生等一定の要件に該当する日雇労働者は、「雇用の機会の確保が特に困難であると認められる労働者の雇用の継続等を図るために必要であると認められる場合その他の場合」に該当するものとして、例外的に日雇労働者の労働者派遣が認められる（派遣法35条の4、施行令4条2項、施行規則28条の2、28条の3。詳細は、要領第7の14(4)ロ・197頁～）。

(4)　グループ内派遣の制限

グループ企業内での派遣は、グループ企業内の派遣会社がグループ企業内派遣ばかりを行うとすれば、派遣会社がグループ企業内の第二人事部的なものとして位置付けられていると評価され、労働力需給調整システムとして位置付けられた労働者派遣事業制度の趣旨に鑑みて適切ではない。そこで、「派遣元事業主の経営を実質的に支配することが可能となる関係にある者その他の派遣元事業主と特殊の関係にある者として厚生労働省令で定める者」を「関係派遣先」と定義し、派遣元事業主が雇用するすべての派遣労働者について、以下の式で算出した割合が100分の80（８割）以下となるようにしなければならない（派遣法23条の２）。

$$\frac{\text{１事業年度における関係派遣先での派遣就業に係る総労働時間}}{\text{１事業年度におけるすべての派遣先での派遣就業に係る総労働時間}}$$

(5)　離職した労働者についての労働者派遣の禁止

労働者派遣事業は、常用雇用の代替防止を前提として制度化されているものであり、ある企業を離職した労働者を当該企業において派遣労働者として受け入れ、当該企業の業務に従事させることは法の趣旨に鑑みて適当ではないことから、派遣先を離職した労働者について、離職の日から１年を経過するまでの間は、原則としてその者に係る労働者派遣を行ってはならない（派遣元の派遣禁止については派遣法35条の５、派遣先の受入禁止については同法40条の９第１項）。

(6)　派遣元の情報提供義務

派遣元事業主は、事業所ごとの派遣労働者の数、派遣先の数、派遣料金と派遣労働者の賃金の差額の派遣料金に占める割合（マージン率）、教育訓練に関する事項、派遣料金の平均額、派遣労働者の賃金の平均額等について、事業所への書類の備付け、インターネットの利用等の適切な方法で、情報公開しなければならない（派遣法23条５項、施行規則18条の２）。

3　労働者派遣契約

(1)　概要

派遣先は、労働者派遣を受け入れる場合には、派遣元（派遣会社）との間で、労働者派遣契約を締結することになる。一般に、派遣元と派遣先との間では、「労働者派遣基本契約」と、労働者派遣ごとの「労働者派遣個別派遣契約」とが締結されることが通常である。法26条にいう「労働者派遣契約」に該当するのは、後者である（要領第６の１(2)・135頁）。

以下では、労働者派遣契約の締結及び解除に関する規定を解説する。

(2)　労働者派遣契約の締結の際の規律

ア　労働者派遣契約における法定事項

派遣法は、労働者派遣契約において定めるべき事項を法定し（派遣法26条）、法定事項の書面化を義務付けている（同条、施行規則21条3項）。

(ア)　一般的法定事項

労働者派遣契約において必ず定めなければならない事項は、26条1項及び施行規則22条に列挙されている（詳細は、要領第6の2(1)イ・135頁～。労働者派遣契約書の定めの例は、要領142頁～に記載）。労働者派遣契約のレビューを行う際には、かかる法定事項を網羅しているか、念のため確認する必要がある。

これら法定事項のうち記載ぶりが悩ましいのは、労働者派遣契約の解除にあたって講ずる派遣労働者の雇用安定措置（26条1項8号）のうち、派遣先の責めに帰すべき事由による労働者派遣契約の解除の際の損害賠償の定め（派遣先指針第2の6(1)イ）である。要領においては、派遣先が派遣労働者の休業手当分以上の額か解雇予告手当相当額（平均賃金30日分）以上の額の損害賠償を行わなければならないものとする規定が例示されているが（要領第6の2(1)イ(ハ)⑧（iii）・138頁～）、派遣元に生じうる損害は事案により幅があり得るので、損害額をあらかじめ明示しない損害賠償の規定がなされている場合には、派遣先としては、損害賠償額を明示しかつ損害賠償額の予定としての趣旨を明確にし、それを超える損害賠償は行わない方向の規定の明確化を行うべきか検討することが考えられる。

また、派遣先が労働者派遣の終了後に派遣労働者を雇用する場合に派遣元に紹介手数料を支払うこと等の措置（派遣法26条1項10号、施行規則22条4号。措置の具体的内容は、派遣先指針第2の6(1)ロ参照）を法定事項としているのは、派遣事業運営の財産である派遣労働者がいたずらに派遣先に引き抜かれる派遣元の不利益に配慮したものである。もっとも、派遣先が派遣元に手数料を支払うのは、派遣元が職業紹介の許可を受けている場合に限られる（派遣元指針第2の2(2)ロ、要領第5の2(1)イ(ハ)⑬・140頁）。

(イ)　海外派遣における法定事項

海外派遣（派遣労働者を派遣法の施行地外の地域で就業させる労働者派遣。23条4項）に係る労働者派遣契約では、上記(ア)の事項に加えて、派遣先が講ずべき措置として、派遣法が定める派遣先の義務と同様の内容（派遣法26条4項、39条、40条1～3・5項、40条の4、40条の5、40条の9第2項等）を定めなければならない（26条2項、施行規則24条）。

海外派遣の場合には、派遣法が派遣先に適用されないことから、特に労働者派遣契約において派遣先の講ずべき措置を定めることにより、民事的にその履行を確保するものである（要領第６の２(3)ロ・148頁）。

イ　法定事項の書面記載義務

労働者派遣契約の当事者は、労働者派遣契約の法定事項を書面に記載する義務がある（派遣法26条１項、２項、施行規則21条３項、23条）。また、紹介予定派遣や、派遣可能期間である３年を超えて例外的に許される業務（有期プロジェクト業務、日数限定業務、産休・育休・介護休業を取得中の労働者の業務）の労働者派遣の場合にも、当該書面に一定事項を記載する必要がある（派遣法26条１項、施行規則22条の２）。

また、派遣元は、労働者派遣契約を締結する際、あらかじめ労働者派遣事業の許可を受けている旨を、上記書面に明示しなければならない（派遣法26条３項、施行規則21条４項）。

ウ　派遣労働者の雇用制限の禁止

派遣元と派遣先は、正当な理由なく、派遣労働者が派遣元との雇用関係の終了後雇用することを禁ずる旨の契約を締結することはできない（派遣法33条）。

エ　労働者派遣契約を締結する際の派遣先の抵触日通知義務

派遣元との間で、３年の派遣可能期間の制限にかかる労働者派遣契約を新たに締結しようとする派遣先は、締結に先立って、当該派遣元事業主に対し、「当該労働者派遣の役務の提供が開始される日以後当該労働者派遣の役務の提供を受けようとする者の事業所その他派遣就業の場所の業務」について、事業所単位の派遣可能期間制限（派遣法40条の２第１項）に抵触することとなる最初の日（これを「抵触日」という。）を、派遣元に対して、書面の交付、ファクシミリによる送信又は電子メールによる送信により通知しなければならない（同法26条４項、施行規則24条の２、要領第６の２(2)ハニ・146頁～、この通知を「抵触日通知」という。）。

派遣元は、派遣先からの抵触日通知がない場合には、労働者派遣契約を締結してはならない（26条５項）。

なお、抵触日は、派遣元事業主が派遣労働者に対して書面により明示しなければならない（法34条１項４号）。

オ　特定行為等の禁止

派遣先は、労働者派遣契約の締結にあたり、派遣労働者を特定する行為をしない努力義務を負う（派遣法26条６項、派遣先指針第２の３）。派遣先が派遣労働者の事前の選別を希望する場合には、紹介予定派遣の方法によることが望ましい。

派遣労働者を特定する行為には、派遣労働者の氏名の特定だけでなく、派遣に先立って面接をしたり、派遣先に履歴書を送付させたりすることや、若年者に限ることとすること（派遣先指針第２の３、要領第８の15⑵イ・265頁〜）なども含まれる。

派遣労働者自身の希望により、派遣先が適当なところかどうかを確認するため、就業開始前に派遣先の事務所を訪問すること自体は特定行為に該当しないが、派遣先が事前訪問を派遣元に要求することは特定行為の禁止に抵触する（派遣先指針第２の３、要領第８の18イ・272頁）。

カ　派遣料金の設定における留意点

派遣料金の設定に関して、派遣先は、①派遣労働者の就業の実態、労働市場の状況等を勘案し、当該派遣労働者の賃金水準が、同種の業務に従事している派遣先の労働者の賃金水準と均衡が図られたものとなるよう努め、②労働者派遣契約の更新の際の労働者派遣に関する料金の額の決定にあたり、派遣労働者の就業の実態、労働市場の状況等に加え、当該派遣労働者が従事する業務の内容及び当該業務に伴う責任の程度並びに当該派遣労働者に要求する技術水準の変化を勘案するよう努める必要がある（派遣先指針第２の９⑵）。

また、労働者派遣契約の締結にあたって、紹介予定派遣の場合の職業紹介にかかる手数料を支払うこと等を定めるべき旨の規定も存在する（派遣先指針第２の６⑴ロ）。

さらに、派遣元は、派遣料金が引き上げられた場合には、可能な限り当該派遣労働者の賃金を引き上げるよう努めなければならない（派遣元指針第２の８⑹ニ）。なお、派遣元は、派遣料金の額を派遣労働者に書面の交付等により明示しなければならない（派遣法34条の２、施行規則26条の３）。

また、派遣先は、派遣元から求めがあった場合には、派遣労働者と同種の業務に従事する派遣先の労働者の賃金水準（施行規則32条の４、要領第８の４⑷ロ・245頁）に関する情報等を提供するよう配慮しなければならない（派遣法40条５項）。これは、派遣元が派遣労働者との間の派遣労働契約（雇用契約）を締結するにあたっては、派遣元は、派遣労働者と同種の業務に従事する派遣先の労働者の待遇との均衡を確保するよう配慮しなければならず（30条の３）、派遣元がかかる配慮義務を滞りなく履行できるようにするためである。

(3)　労働者派遣契約の解除

派遣先は、派遣労働者の国籍、性別、正当な組合活動等を理由として、労働者派遣契約を解除してはならない（派遣法27条）。

派遣先は、自らの都合により労働者派遣契約を解除する場合には、派遣労働者の新たな就業の機会の確保や休業手当等の支払に要する費用の負担をする等、派遣労働者の雇用の安定を図るために必要な措置を講じなければならない（派遣法29条の２）。

4　派遣可能期間

(1)　概要

派遣労働者は、その雇用の安定やキャリア形成が図られにくい面があることから、派遣先の常用労働者との代替を生じないよう、派遣就業は臨時的・一時的な働き方として位置づけるのが原則である（派遣法25条）。そこで、派遣法は、派遣先事業所単位の期間制限（同法40条の２）と、派遣労働者個人単位の期間制限（同法40条の３）の２種類の期間制限を設けた（要領第８の５(2)・245頁、第８の６(2)・252頁）。

なお、事業所単位の期間制限、個人単位の期間制限ともに、平成27年改正法施行日である2015（平成27）年９月30日以降に締結した労働者派遣契約に基づき行われる労働者派遣にのみ適用される（平成27年改正派遣法の経過措置を定める平成27年法律73号附則９条１項、１条本文）。2015（平成27）年９月29日までに締結された労働者派遣契約に基づく労働者派遣に対しては、改正前の規律、すなわち、いわゆる「26業務」の場合は期間制限がなく、それ以外の業務（自由化業務）の場合は、派遣受入業務ごとに原則１年最長３年の期間制限に服することになる（派遣法旧40条の２）。

(2)　事業所単位の期間制限

ア　概要

労働者派遣は、派遣先の「事業所その他派遣就業の場所」ごとの業務について、３年の派遣可能期間が上限となるのが原則である（派遣法40条の２第１項本文）。

「事業所その他派遣就業の場所」は、工場、事務所、店舗等、場所的に他の事業所その他の場所から独立していること、経営の単位として人事、経理、指導監督、労働の態様等においてある程度の独立性を有すること、一定期間継続し、施設としての持続性を有すること等の観点から実態に即して判断する（要領第８の５(3)ロ・247頁）。このうち「事業所」とは、雇用保険法等雇用関係法令における概念と同様のものとされ、「その他派遣就業の場所」とは、事業を行っていない者が派遣先となる場合に当該労働者派遣の役務の提供を受ける場所を指し、例えば、個人宅が派遣先になる場合は当該家庭（居宅）を、大学の研究室が派遣先になる場合は、当該研究室を指す（要領第8の5(3)ハ・247頁）。

イ　派遣可能期間の延長

派遣可能期間は、派遣先の事業所の過半数労働組合又は過半数代表者（過半数労働組合等）からの意見聴取手続を経ることによって、派遣可能期間を３年を上限として延長することが可能であり、延長手続を繰り返せば、その後も同様に延長が可能である（派遣法40条の２第３、４項）。これにより、派遣先は、業務内容の如何にかかわらず、半永久的に派遣労働者を受け入れることが可能となる。

意見聴取手続の流れは、以下の図のとおりである（厚労省パンフレット「平成27年労働者派遣法改正法の概要」より引用）。

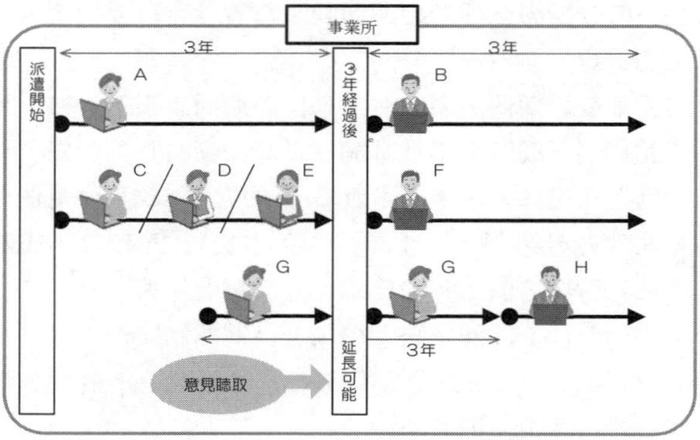

意見聴取手続は、派遣開始日（延長が既になされた場合は延長前の派遣可能期間経過日）から抵触日の１月前の日までの間に行う必要がある（派遣法40条の２第３項）。また、単に意見を聴取すればよいだけでなく、期間を延長する事業所等と延長期間を過半数労働組合等に対し書面で通知する必要があり（同条４項、施行規則33条の３第１項）、過半数労働組合等から異議があれば、派遣可能期間の延長の理由等法令上定められた事項を説明する必要があり（派遣法40条の２第５項、施行規則33条の４第１項）、説明内容等は労働者に周知した上、書面に記載し３年間保存する必要がある（派遣法40条の２第４項、施行規則33条の４第２、３項）など、すべて

の過程において、派遣法に則って行わなければならない（意見聴取手続の詳細は、要領第8の5⑷・247頁～参照）。

延長手続をしないで、派遣可能期間満了後に再び事業所等ごとの業務について労働者派遣を受ける場合には、従前の派遣が終了した日から次の派遣開始までの期間を3か月以上空けなければならない（派遣先指針第2の14⑶）。意見聴取手続を回避することを目的として3か月間経過後に派遣の受入れを再開する行為は、法の趣旨に反すると評価され、行政指導の対象となる（派遣先指針第2の14⑸、要領第8の5⑸ホ・252頁）。

仮に延長手続が適式に履践されていなければ、7⑴（452頁～）で後述する労働契約申込みみなし制度の適用等があり得る点に留意されたい。

⑶　個人単位の期間制限

事業所単位の期間制限が延長されたとしても、同一の派遣労働者を派遣先の事業所における同一の「組織単位」ごとの業務について派遣できる期間は、3年が上限であり、これについては、延長の手続はない（派遣法40条の3）。

「組織単位」とは、名称のいかんを問わず、業務の関連性に基づいて派遣先が設定した労働者の配置の区分であって、配置された労働者の業務の遂行を指揮命令する職務上の地位にある者が当該労働者の業務の配分及び当該業務に係る労務管理に関して直接の権限を有するものである（26条1項2号、施行規則21条の2）。具体的には、課、グループ等の業務としての類似性や関連性がある組織であり、かつ、その組織の長が業務の配分や労務管理上の指揮監督権限を有するものであって、派遣先における組織の最小単位よりも一般に大きな単位が想定されているが、小規模の事業所等においては、組織単位と組織の最小単位が一致する場合もある（派遣先指針第2の14⑵、要領第8の6⑶・252頁～）。

派遣可能期間は組織単位ごとに判断するものであるから、組織単位（「課」等）を変えれば、同一派遣労働者を引き続き受け入れることはできる。もっとも、派遣先は派遣労働者の特定行為を行わない努力義務を負うから（派遣法26条6項）、どの派遣労働者をどこに派遣するかは、専ら派遣元において判断すべきものである。

同一組織単位において、3年を超えて同一の派遣労働者を受け入れようとする場合には、派遣可能期間の満了時から3か月以上空けなければならない（派遣先指針第2の14⑷）。派遣可能期間の延長手続を回避することを目的として、3か月間空けて同一派遣労働者を受け入れるような行為は、趣旨に反すると評価され、行政指導の対象となる（要領第8の6⑷イ㈺・253頁）。

個人単位の期間制限が遵守されない場合には、7⑴（452頁～）で後述する労働契約申込みみなし制度の適用等があり得る点に留意されたい。

⑷　期間制限の適用除外

無期雇用派遣労働者（派遣法40条の２第１項１号）、60歳以上の派遣労働者（同条２号、施行規則32条の５）、１か月の業務日数が派遣先の正規従業員の半分以下でかつ10日以下の業務に係る労働者派遣（派遣法40条の２第１項３号ロ、平成15年12月25日厚生労働省告示第446号、要領第８の５⑶イ④（ⅱ）・246頁～）、産前産後休業、育児休業、介護休業等を取得する労働者の業務に係る労働者派遣（派遣法40条の２第１項４、５号、施行規則33条、33条の２）等、派遣法40条の２第１項各号に定める場合には、事業所単位・個人単位の期間期限はいずれも適用されない（派遣法40条の２第１項ただし書、40条の３括弧書）。

適用除外の詳細については、要領第８の５⑶・246頁～参照。

5　派遣労働者の雇用安定措置、キャリアアップ促進措置、均衡待遇措置

⑴　対象となる派遣労働者の範囲

ア　全体像

派遣法とそれに基づく指針、通達等は、派遣労働者（派遣労働者として雇用しようとする労働者（登録型で労働者派遣事業が行われる場合における登録状態にある労働者など）を含む。以下本５において同じ。）を、期間の定めの有無や勤務（見込み）期間に応じて、以下の図のとおり区別した上で、それぞれに対して行うべき雇用安定措置、キャリアアップ促進措置及び、派遣労働者の均衡待遇措置を定めている。

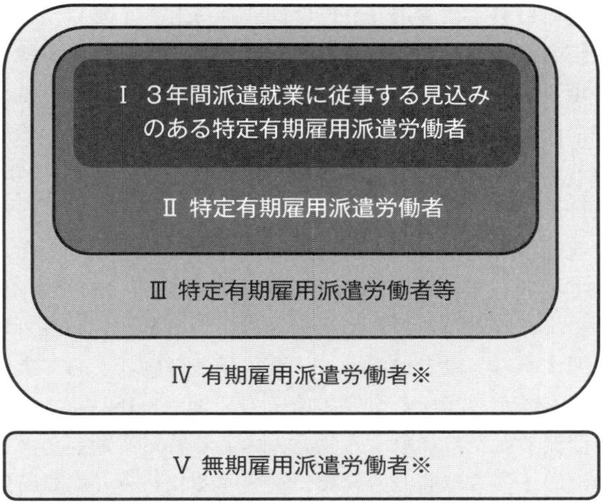

※この図では、派遣労働者として雇用しようとする労働者を含む。

イ　有期雇用派遣労働者、無期雇用派遣労働者

有期雇用派遣労働者（アの図のⅣ）とは、期間を定めて雇用される派遣労働者を指す（派遣法30条１項柱書）。他方、無期雇用派遣労働者（アの図のⅤ）とは、期間を定めないで雇用される派遣労働者をいう（30条の２）。

ウ　特定有期雇用派遣労働者

アの図のうちⅡの「特定有期雇用派遣労働者」とは、以下のいずれの要件も満たす有期雇用派遣労働者をいう（派遣法30条１項柱書、施行規則25条１項）。

①　派遣先の事業所等における同一の組織単位の業務について継続して１年以上の期間当該労働者派遣に係る労働に従事する見込みがあること

②　当該労働者派遣の終了後も継続して就業することを希望していること（派遣元事業主は、労働者派遣の終了日の前日までに当該希望を聴くものとされている。施行規則25条２項）

③　３年（派遣可能期間）を超える期間継続して派遣できる派遣労働者（派遣法40条の２第１項各号）ではないこと

エ　特定有期派遣労働者等

アの図のうちⅢの「特定有期雇用派遣労働者等」とは、上記ウの特定有期雇用派遣労働者と、以下の①又は②のいずれかに該当する労働者をいう（派遣法30条１項柱書）。

① 派遣元事業主に雇用された期間が通算して１年以上である有期雇用派遣労働者（特定有期雇用派遣労働者に該当するものを除く。施行規則25条３項）。主に、同一の派遣元事業主に雇用された期間が１年以上であるが、派遣先の同一の組織単位に継続して就業している期間が１年未満であるような有期雇用派遣労働者がこれに該当する（要領第７の２⑷ニ・162頁）。

② 派遣元事業主に雇用された期間が通算して１年以上である派遣労働者として期間を定めて雇用しようとする労働者（施行規則25条４項）。具体的には、いわゆる登録型で労働者派遣事業が行われる場合における登録状態にある労働者であって、今後派遣労働者として実際に雇用しようとするものが該当する（要領第７の２⑷ホ・162頁）。

オ ３年間派遣就業に従事する見込みのある特定有期雇用派遣労働者

アの図のⅠの３年間派遣就業に従事する見込みのある特定有期雇用派遣労働者とは、特定有期雇用派遣労働者（同図のⅡ）のうち、派遣先の事業所等における同一の組織単位の業務について継続して３年間当該労働者派遣に係る労働に従事する見込みがあるものをいう（30条２項）。

３年間従事する見込みがあるかどうかは、派遣元事業主の主観的意思ではなく、契約期間という客観的指標により判断する（要領第７の２⑷イ・161頁）。

⑵ 派遣元が行うべき措置

ア 雇用安定措置

派遣元は、３年間派遣就業に従事する見込みのある特定有期雇用派遣労働者（⑴アの図のⅠ）に対しては、以下の①～⑥の雇用安定措置のいずれかをとる義務を負う（派遣法30条１、２項、施行規則25条の２第１、２項）。下記①の措置をしても派遣労働者が派遣先に雇用されなかった場合は、当該措置だけでは足りず、下記②ないし⑥のいずれかの措置をとる義務を負う（派遣法30条１項、同２項、施行規則25条の２第２項）。派遣法30条２項の適用を避けるために、業務上の必要性等なく、同一の組織単位の業務について派遣期間を３年未満とすることは、同項の趣旨に反する脱法的な運用であって、義務違反と同視できるものであり、厳に避けるべきものであるとされている（派遣元指針第２の８⑵イ）。

① 派遣先への直接雇用の依頼（派遣法30条１項１号）

② 派遣労働者としての就業機会の確保・提供（同項２号）

③ 派遣でない無期雇用の機会の確保・提供（同項３号）

④　有給の教育訓練（同項４号、施行規則25条の４、同条の５第１号）
⑤　紹介予定派遣（派遣法30条１項４号、施行規則25条の５第２号）
⑥　その他の措置（派遣法30条１項４号、施行規則25条の５第３号）

派遣元は、Ⅰ以外の特定有期雇用派遣労働者等（⑴アの図のⅡ・Ⅲ）に対しても、上記①〜⑥の雇用安定措置のいずれかをとる努力義務を負う（派遣法30条１項、施行規則25条の２第１項）。上記Ⅰの労働者と異なり、努力義務にとどまる。なお、①の措置は、特定有期雇用派遣労働者（図のⅠ・Ⅱ）のみを対象としているが、②ないし⑥は、特定有期雇用派遣労働者等のすべて（図のⅠ・Ⅱ・Ⅲ）を対象としている。

この他、「特定有期雇用派遣労働者等」にあたらない派遣労働者（⑴アの図のⅣ及びⅤ）を含めて、⑴アの図のⅠ〜Ⅴの全ての派遣労働者に対して、雇用安定措置を講ずることにより福祉の増進を図る努力義務が、派遣元に対し課されている（派遣法30条の４）。また、派遣元指針上も、派遣元が行うべき措置が列挙されている（派遣元指針第２の２等）。

派遣法30条２項により義務となった雇用安定措置を講じない場合の私法上の効力は明らかではない。この場合には、不法行為責任（民法709条）が生じることはありうるものの、派遣法30条から直ちに、派遣労働者と派遣先の間に労働契約が成立したり、派遣元事業主との間に無期労働契約が成立するといった私法上の効果まで認めるのは難しいとの見解がある（小西康之「『期間』規制と労働者派遣のこれから」ジュリ1487号20頁）。

イ　キャリアアップ措置

派遣元は、⑴アの図Ⅰ〜Ⅴの派遣労働者全てに対し、①段階的かつ体系的な教育訓練（派遣法30条の２第１項。「キャリアアップ告示」（平成27年厚生労働省告示391号）４号参照）、②職業生活の設計に関する援助（派遣法30条の２第２項）のキャリアアップ措置を講じなければならない。また、①②以外にも、派遣元指針においては、派遣元事業主が留意すべき点が定められている（派遣元指針第２の８等）。

ウ　均衡待遇措置

派遣元は、同種の業務に従事する派遣先で雇用される労働者の賃金水準との均衡を考慮しつつ、派遣労働者の職務の内容や成果、意欲、能力、経験等を勘案して派遣労働者の賃金を決定する配慮義務と、教育訓練、福利厚生の実施等派遣就業の確保のため必要となる措置を講ずる配慮義務を負う（派遣法30条の３）。

派遣元は、派遣労働者として雇用しようとする労働者に対し、賃金の額の見込み等待遇に関する事項を説明する義務を負う（同法31条の２第１項）。また、その雇用する派遣労働者から求めがあったときは、派遣労働者の賃金を決定する際に考慮すべき事項（同法30条の３）について、当該派遣労働者に説明する義務を負う（同法31条の２第２項）。

上記以外にも、派遣元指針は、派遣元事業主が留意すべき点を規定している（派遣元指針第２の８等）。

⑶　派遣先が講ずべき措置

ア　雇用安定措置

派遣先は、組織単位ごとの同一の業務について、継続して１年以上の期間、特定有期雇用派遣労働者（⑴アの図のⅡ。ただし、派遣の期間制限の適用のない者を除く。）の派遣を受けた場合であって、引き続き当該同一の業務に従事させるため、派遣実施期間経過日以降に労働者を雇い入れようとするときには、派遣元事業主から直接雇用を促された特定有期雇用派遣労働者を、遅滞なく雇い入れる努力義務を負う（派遣法40条の４）。

また、派遣先は、ある事業所等において１年以上労働者派遣の役務の提供を受けている場合であって、当該事業所で「通常の労働者」（いわゆる正社員）の募集を行うときは、当該募集に係る事業所等に掲示すること等の措置により、募集に係る事項を派遣労働者に周知する義務を負う（40条の５第１項）。派遣元から直接雇用を促された、３年間派遣就業に従事する見込みのある特定有期雇用派遣労働者（⑴アの図のⅠ）については、「通常の労働者」の募集の際のみならず、あまねく労働者を募集する際に、募集事項を周知する義務がある（40条の５第２項、施行規則33条の８）。

この他にも、派遣先指針にも派遣先がとるべき措置について規定がある（派遣先指針第２の６等）。

イ　キャリアアップ措置

派遣先は、派遣労働者と同種の業務に従事する直接雇用の労働者に対して実施している教育訓練については、派遣元からの求めに応じ、派遣先が労働させる派遣労働者に対しても実施するよう配慮する義務を負う（派遣法40条２項）。ただし、派遣労働者が既に当該業務に必要な業務を有している場合や、派遣元事業主が同様の教育訓練を既に実施したり、実施することができる場合には、派遣先にかかる配慮義務はない（同項、施行規則32条の２）。

その他、派遣先が派遣元事業主の求めに応じ、派遣労働者の業務の遂行の情報その他の情報を提供する努力義務を負う（派遣法40条６項）。この他にも、派遣先指針にも派遣先がとるべき措置について規定がある（派遣先指針第２の９(3)等）。

ウ　均衡待遇措置

派遣法に定められた派遣先の派遣労働者に対する均衡待遇措置として、以下のものがある。

①　福利厚生施設の利用の機会を派遣労働者にも与えるよう配慮する義務（派遣法40条３項、施行規則32条の３）

②　上記①のほか、適切な就業環境の維持、派遣先の労働者が利用している施設の利用に関する便宜の供与等の措置を講ずる努力義務（派遣法40条４項）

③　派遣先は、派遣元から求めがあった場合には、派遣労働者と同種の業務に従事する派遣先の労働者の賃金水準（施行規則32条の４、要領第８の４(4)ロ・245頁参照）に関する情報等を提供するよう配慮する義務（派遣法40条５項、施行規則32条の４）

この他にも、派遣先指針にも派遣先がとるべき措置について規定がある（派遣先指針第２の９等）。

6　派遣労働関係における派遣先・派遣元の義務

(1)　労働基準法の特例

労働者派遣では、労働契約は派遣元と派遣労働者の間にあるため、派遣元が賃金の支払義務を負い、労基法、労契法、労安衛法等の労働関連法規に基づく雇用主の責任も、原則として派遣元が負う。

ただし、派遣先が派遣労働者に対して指揮命令を行うという労働実態に照らし、派遣先にも一定の限度で法律上の雇用者としての責任が課されている（派遣法44条～47条の３）。たとえば、労働時間管理や休日に関する事項（労基法32条～36条、40条、41条、67条、68条等)、現場における危険防止措置義務等（労基法62条、63条、64条の２等）等は、派遣先の責任である。また、労安衛法上の労働者の安全健康確保義務や、均等法上の妊娠・出産にかかる不利益取扱い禁止（均等法９条３項)、セクシュアル・ハラスメントに関する配慮措置義務（均等法11条)、育児介護休業法上の不利益取扱いの禁止等（同法16条等）等は、派遣元事業主・派遣先双方が責任を負う。

(2)　派遣労働者の労務管理

派遣労働者に対する休日の付与や労働時間管理としては、上記のとおり、派遣先が使用者として取り扱われるが、時間外労働や休日労働を実施する前提としての三六協定の締結届出は、派遣元が行うのであり、派遣先での三六協定が派遣労働者に適用されるわけではない。派遣先は、派遣元における三六協定の範囲内で、派遣労働者の時間外労働・休日労働を命じる必要がある。派遣元における三六協定の締結は、派遣元に雇用された派遣労働者も含めた労働者全体の過半数で組織する労働組合又は過半数を代表する者と締結する必要がある（昭61.6.6基発333号）。

派遣労働者の年次有給休暇は、派遣元が使用者となるから（派遣法44条に労基法39条が引用されていない）、年次有給休暇の申請は派遣元に対して行わなければならない。時季変更権も派遣元が行使し、たとえ年次有給休暇の取得により派遣先の事業の正常な運営が妨げられるような場合でも、代替労働者の派遣の可能性を含め、あくまで派遣元の事業の正常な運営を妨げるかどうかを判断する（昭61.6.6基発333号）。

労働保険（労災保険、雇用保険）及び社会保険（健康保険、厚生年金保険）の加入義務も、派遣元が負う。派遣元事業主は、派遣先に対し、派遣労働者の健康保険被保険者取得届、厚生年金保険被保険者資格取得届及び雇用保険被保険者資格取得届の提出の有無及び提出されていない場合はその具体的理由を通知する必要があり（派遣法35条１項４号、同施行規則27条の２）、派遣先も、当該通知を受け、当該書類が提出されていない理由が適正ではないと考えられる場合には、派遣元に対し、労働・社会保険に加入させてから派遣するよう求めることとされている（派遣先指針第２の８）。

⑶　安全配慮義務

派遣先・派遣元の派遣労働者に対する安全配慮義務違反を理由として、派遣労働者に対する損害賠償を命じる裁判例が存在する。

東レエンタープライズ事件・大阪高判平25.12.20労判1090号21頁 判時2229号101頁は、派遣先で発生した派遣労働者に対するセクシュアル・ハラスメント（派遣先に出向中の労働者によるつきまとい、身体接触等）について、派遣労働者が派遣元に対し不法行為または債務不履行に基づき慰謝料（300万円）を請求した事案につき、派遣元の義務について「派遣元事業主は、派遣先が派遣就業に関する法令を遵守するように、その他派遣就業が適正に行われるように、必要な措置を講ずる等適切な配慮をすべき義務を負う（労働者派遣事業法31条参照）」、（派遣労働者から被害申告があった場合には）「派遣元事業主の立場で事実関係を迅速かつ正確に調査し、派遣先に働きかけるなどして被害回復、再発防止のため、誠実かつ適正に対処する義務がある」とした上で、派遣先についても、「労働者派遣契約に基づき派遣就業をする者に対し、直接の雇用関係にある従業員と同様に、労務の提供に関して良好な職場環境の維持確保に配慮すべき義務（職場環境配慮義務）を負っており、セクシュアル・ハラスメントに関してもその予防や発生したときの適切な対処をすべき義務がある」との判断を示した（派遣元は被害申告に対し何らの調査･対応をしなかったとして、派遣元に対しても請求の一部（50万円）を認容した）。

アークレイファクトリー事件・大阪高判平25.10.9労判1083号24頁は、①派遣先従業員の派遣労働者に対する労務遂行上の指導・監督の場面における発言（作業を指示通り行わなかったことに対する「殺すぞ」等の発言、作業ミスにより機械に腐食を生じたことに対する「殺すぞ」「あほ」などの発言等）につき、監督者には労務遂行の適切さを期する目的において適切な言辞を選んでしなければならない注意義務があるのに、いかにも粗雑で、極端な表現を用い、配慮を欠く態度であったと評価し、②派遣先従業員の派遣労働者に対する指導に付随した軽口とも見える発言（「コペン〔派遣労働者の所有車両〕帰りしな覚えとけよ。剥がれてるぞ、あれぐにゃーとなっているぞ」等）について、１回だけといったものであれば違法とならないこともあり得るとしても、派遣労働者によって当惑や不快の念が示されているのに繰り返しを行う場合には違法性を帯びるとし、派遣先に対し使用者責任に基づき慰謝料30万円・弁護士費用３万円の賠償を命じた。

また、アテスト（ニコン熊谷製作所）事件・東京高判平21.7.28労判990号50頁（最二小決平23.9.30で上告棄却・不受理）では、アテスト社と雇用契約を締結し、ニコン社の熊谷製作所に派遣されていた（ただし、適法な労働者派遣ではなかった）労働者（死亡当時23歳）が過重労働の末に自殺した事案において、まず、アテスト社（派遣元）につき、「労働者派遣事業を行う者は、派遣労働者を派遣した場合、当該派遣労働者の就業の状況を常に把握し、過重な業務等が行われるおそれがあるときにはその差し止めあるいは是正を受役務者に求め、また、必要に応じて当該派遣労働者についての労働者派遣を停止するなどして、派遣労働者が過重な業務に従事することなどにより心身の健康を損なうことを予防する注意義務を負うと解するのが相当」として、その注意義務違反を認めた。そして、ニコン社（派遣先）についても、亡労働者が所属していた係のチーフを務めていた同社の従業員は、「使用者（雇用契約上の雇用主のほか、労働者をその指揮命令の下に使用する者を含む。以下同じ。）は、その雇用し又は指揮命令の下に置く労働者に従事させる業務を定めてこれを管理するに際し、その業務の実情を把握し、業務の遂行に伴う疲労や心理的負荷等が過度に蓄積して労働者の心身の健康を損なうことがないよう注意する義務を負うと解するのが相当であって、使用者に代わり労働者に対し業務上の指揮監督を行う権限を有する者は、使用者のこの注意義務の内容に沿ってその権限を行使すべきである」（電通事件最高裁判決・最二小判平12. 3. 24民集54巻3号1155頁 労判779号13頁を参照）として、使用者責任（民法715条）の構成で損害賠償を命じた。

⑷　懲戒

派遣労働者に対し懲戒処分を行うのは派遣元であるが、派遣労働者の場合、派遣先における非違行為が懲戒理由となることがあり、当該行為が派遣先ではなく派遣元の企業秩序を害するとはいえないのではないかとの疑問もあり得る。

もっとも、コンピューター・メンテナンス・サービス事件・東京地判平10. 12. 7労判751号18頁は、客先に派遣されてコンピュータの管理及び保守等を行っていた従業員が客先の女性従業員に対し執拗に身体接触をしたり抱きついたりして恐怖心を抱かせたことを理由とする懲戒解雇処分について、当該客先の職場内の風紀秩序を著しく乱したのみならず、ひいては派遣元の名誉や信用を著しく傷つけたとして、同処分を有効としている。なお、懲戒処分一般については、第５章（196頁～）を参照されたい。

7　派遣をめぐる私法上の法律関係

⑴　労働契約申込みみなし制度

ア　概要

労働契約申込みみなし制度とは、派遣先が一定の違法派遣を受け入れていた場合、派遣先が善意無過失の場合を除き、その時点で派遣先から当該派遣労働者に当該派遣労働者の雇用主との労働条件と同一内容の労働契約の申込みをしたものとみなす制度である（派遣法40条の６）。

⑵で後述するとおり、従来、違法派遣が行われても、そのこと自体を理由として派遣先と派遣労働者との間の労働契約を成立させることは難しかった（労働契約成立否定例として、パナソニックプラズマディスプレイ（パスコ）事件・最二小判平21. 12. 18民集63巻10号2754頁等）。労働契約申込みみなし制度は、違法派遣の是正措置として、派遣労働者の雇用確保の観点からの実効性のある措置が必要であると指摘され、一定の違法派遣があった場合に派遣労働者の雇用を確保するための民事的効力を有する規定として創設されたものである。

もっとも、労働契約申込みみなし制度には、行政上の措置も設けられている。行政は、派遣先又は労働者の求めに応じて、派遣先の行為が申込みみなしの対象となる違法派遣行為に該当するかどうかについて必要な助言をすることができ、申込みみなしに対して承諾の意思表示をしたにもかかわらず派遣先が承諾した労働者を就労させない場合には、派遣先に必要な助言、指導、勧告をすることができ、その勧告に派遣先が従わなかったときは、その旨を公表できる（派遣法40条の８）。

イ　労働契約の申込みみなしの要件

㈠　派遣先が一定の違法派遣を受け入れたこと

労働契約申込みみなし制度の適用を受けるためには、派遣先が、派遣法40条の６第１項の各号で定める下記の派遣法違反の行為のいずれかを行ったことが必要である。

①　派遣禁止業務の派遣受入（同項１号）
②　無許可派遣元事業主からの派遣受入（同項２号）
③　事業所単位の派遣期間制限違反の派遣受入（同項３号）
④　派遣労働者個人単位の派遣期間制限違反の派遣受入（同項４号）
⑤　脱法目的の偽装請負等（同項５号）

このうち、１号、２号及び５号は、平成27年改正派遣法が施行された2015（平成27）年９月30日以降の時点で違反が認められれば、みなし制度の適用があり得る。他方で、３号及び４号は、平成27年改正派遣法での新たな期間制限に違反する場合なので、この適用があり得るのは、平成27年改正派遣法の施行日から３年後の2018（平成30）年９月30日以降である。

ⅰ　派遣禁止業務の派遣受入（１号）

派遣法40条の６第１項１号は、上記２⑵（435頁）の派遣禁止業務のうち、同法４条３項に違反して派遣業務に従事させた場合（上記２⑵の①～④）のみを指す。その他の派遣禁止業務（上記２⑵の⑤～⑦）は含まれない。

ⅱ　無許可事業主からの派遣受入（２号）

派遣法40条の６第１項２号は、同法24条の２違反の派遣受入である。労働者派遣事業の許可を受けない事業主から労働者派遣を受けることを指すが、平成27年改正派遣法後においても３年内は行うことができる特定労働者派遣事業（２⑴（435頁）参照）からの派遣の受入は含まない。

事業主の労働者派遣事業の許可（経過措置の適用を受ける特定労働

者派遣事業にあっては届出）の有無については、厚労省職業安定局の「人材サービス総合サイト」で検索して確認するべきである。

iii　事業所単位の派遣期間制限違反の派遣受入（３号）

派遣法40条の６第１項３号は、同法40条の２第１項の事業所単位の派遣期間制限（４⑵（441頁～））違反の派遣受入である。

例えば、以下の場合が該当する。

①　派遣可能期間３年の抵触日の１か月前までに過半数労働組合等から派遣可能期間を延長するための意見聴取を行わずに、引き続き労働者派遣を受けた場合（派遣法40条の２第３項の意見聴取手続の不存在）

②　管理監督者以外の従業員も存在する事業所において、意見を聴取した過半数代表者が労基法41条２号の管理監督者であった場合（派遣法40条の２第４項、施行規則33条の３第２項１号違反）

③　派遣可能期間を延長するための代表者選出であることを明示せずに選出された者から意見聴取を行った場合

④　使用者の指名等の非民主的方法によって選出された者から意見聴取を行った場合（派遣法40条の２第４項、施行規則33条の３第２項２号違反）

他方で、派遣期間延長のための意見聴取手続のうち以下のものが行われないことにより派遣期間制限違反になった場合には、３号には該当しない（派遣法40条の６第１項３号括弧書、施行規則33条の９）。

①　施行規則33条の３第１項の規定による過半数労働組合等に対する書面の通知

②　施行規則33条の３第３項の規定による書面の記載及びその保存

③　施行規則33条の３第４項の規定による、上記②の書面の記載事項の労働者に対する周知

また、厚労省の説明によれば、意見聴取の際に異議を述べた過半数労働組合等に対する延長理由等の説明義務（派遣法40条の２第５項）違反も３号に該当せず、労働契約申込みみなし制度の対象とならないとされている。

iv　派遣労働者個人単位の派遣期間制限違反の派遣受入（４号）

派遣法40条の６第１項４号は、同法40条の３の派遣労働者個人単位の派遣期間制限（４⑶（443頁～））違反の派遣受入である。同一の派遣労働者を３年を超えて派遣先の同一の組織単位の業務に従事させた

場合に４号に該当する。

なお、平成27年改正派遣法の施行日前から専門26業務の形式で実際には自由化業務に長期間従事させていたような、改正前派遣法の期間制限違反の派遣先には、改正前派遣法40条の４の労働契約申込み義務の対象となるが、派遣法40条の６の労働契約の申込みみなし制度の対象とはならないとするのが厚労省の見解である。

v　脱法目的の偽装請負等（５号）

派遣法40条の６第１項５号は、派遣法等の規定の適用を免れる目的で、請負等の名目で契約を締結し、実際には労働者派遣を受け入れる場合である。いわゆる偽装請負を対象とした条文である。

偽装請負か適法な業務処理請負にあたるかの区分については、１(2)（434頁～）参照。

５号は１号から４号までと異なり、派遣法等の規定の適用を免れる「目的」という主観的要件が付されている。指揮命令等を行い偽装請負等の状態となったことのみをもってこの目的が推定されるものではないが、いわゆる偽装請負等に該当すると認識した時点以降初めて指揮命令を行う等により改めて「偽装請負等の状態となった」と認められる時点において、「偽装請負等の目的」で契約を締結し役務提供を受けたのと同視しうる状態だとして、この時点で労働契約の申込みをしたものとみなされるというのが、行政通達の立場である（平27.9.30職発0930第13号第２の１(4)イ）。

(イ)　派遣先が善意又は無過失でないこと

労働契約申込みみなし制度は、派遣先が行った行為が法の定める違法派遣行為に該当することについて、派遣先が善意・無過失である場合には適用されない（派遣法40条の６第１項但書）。

善意・無過失は派遣先の抗弁事由であり、立証責任は派遣先にある。

派遣禁止業務の派遣受入（１号）は、派遣先自身が派遣労働者に派遣禁止業務に従事させている以上、善意無過失といえる場合はほとんどないと考えられる。無許可事業主からの派遣受入（２号）についても、許可の有無はインターネット等で容易に検索して分かるので、少なくとも過失なしとされる判断されるケースはほとんどないと考えられる。また、派遣先は派遣先責任者を選任し、派遣法等の法律の内容を派遣先の関係者に周知することが義務づけられているから（派遣法41条）、期間制限違反の派遣受入（３号、４号）についても無過失まで認められるケースは限定されると考えられる。

善意・無過失が認められ得るのは、例えば、派遣元が十分な年齢確認手続をしたにもかかわらず労働者が年齢を偽って、派遣先が労働者を期間制限の例外である60歳以上の者と誤信していた場合などが考えられる。

(ウ)　派遣先が国又は地方公共団体ではないこと

労働契約申込みみなし制度は、派遣先が国（行政執行法人を含む）及び地方公共団体（特定地方独立行政法人を含む）である場合には適用されない（派遣法40条の6第1項括弧書）。

派遣先がこれらの国や地方公共団体の機関である場合で、労働契約申込みみなし制度の適用対象となる違法派遣行為を行った場合には、派遣先の善意・無過失の場合を除き、違法派遣の終了日から1年を経過するまでに、派遣労働者が求めるときは、関係法令の規定に基づく採用その他の適切な措置を講じなければならない（派遣法40条の7）。

ウ　労働契約の成立

(ア)　労働契約の申込みの意思表示の擬制

労働契約申込みみなし制度の要件を満たす場合、派遣先が派遣労働者に対し、労働契約の申込みの意思表示をしたものとみなされる。

申込みを行ったとみなされる時点は、派遣先が派遣法の定める違法派遣行為を行った時点である。

2暦日にわたって継続就業するような日単位の役務提供とならない場合を除き、違法行為が行われた日ごとに労働契約の申込みをしたとみなされる。つまり、一定期間にわたって違法派遣行為が継続して行われた場合には、その違法派遣行為が行われた日ごとに、日々労働契約の申込みの意思表示がなされているものとみなされる。

(イ)　労働者の承諾

派遣先が労働契約の申込みを行ったとみなされた場合でも、この申込みに承諾するかどうかは派遣労働者の自由である。労働者が承諾の意思表示をした時点で派遣先と労働者との間に労働契約が成立する。なお、この場合でも、労契法12条により、派遣先の就業規則で定める基準に達しない部分は当該就業規則により修正されることになる。

申込みの意思表示は違法行為が行われた日ごとになされたものとみなされ、複数の申込みがあり得る。この時、労働者が承諾できる申込みは、最新の申込みに限られず、承諾する申込みを自由に選択することができる。

みなし制度は派遣先等に対する制裁であることから、違法行為前に事前に派遣労働者が「承諾しない」ことを意思表示した場合であっても、当該意思表示に係る合意は公序良俗に反し無効であると解される。

他方で、違法行為が行われ労働契約の申込みがなされたものとみなされた後に、労働者が申込みを承諾しないとする意思表示をすることは自由であるが、その後、再度違法行為が行われた場合には、新たに労働契約の申込みをしたものとみなされ、この申込みに対して承諾するかどうかを労働者は改めて選択できるようになる。

㈦　申込みの意思表示の撤回と効力の喪失

労働契約の申込みをしたものとみなされた派遣先は、申込み後、申込みの原因となった違法派遣行為の終了日から１年を経過するまでの間は、当該申込みを撤回できない（派遣法40条の６第２項）。よって、この間は労働者は申込みを承諾するかしないかを自由に選択することができる。

もっとも、有期雇用の場合、申込みをしたものとみなされる労働条件は、契約の始期や終期もそのまま引き継ぐことから（下記エ）、違法派遣行為の終了日から１年を経過するまでの間に契約の終期が到来し、以後、承諾の意思表示をしても無意味となることが考えられる。

労働契約の申込みをしたものとみなされた派遣先が、申込み後、申込みの原因となった違法派遣行為の終了日から１年を経過するまでの間に、申込みに対する承諾又は承諾しない旨の意思表示を受けなかった時は、申込みは効力を失う（派遣法40条の６第３項）。

㈮　労働条件の内容の通知

労働契約の申込みをしたものとみなされた場合、その派遣元は派遣先からの要求により、速やかに労働契約の申込みをしたものとみなされた時点における当該派遣労働者に係る労働条件の内容を派遣先に通知しなければならない（派遣法40条の６第４項）。

エ　労働契約の内容

申込みの内容となる労働条件は、違法派遣行為が行われた時点での派遣元と労働者との間の労働条件（個別労働契約だけではなく就業規則等の労働条件も含まれる）と同一の労働条件である。労働契約の期間に関する事項（始期、終期、期間）も、みなし制度により申し込んだとみなされる労働契約に含まれる内容がそのまま適用される（始期と終期が定められている場合はその始期と終期となり、単に「1年間」としているなど始期と終期が定められていない場合には労働契約の始期等に係る黙示の合意等を踏まえて判断される）とするのが行政通達である（平27.9.30職発0930第13号第2の2(3))。よって、有期雇用の場合には、無期に転換するわけではなく、仮に労働契約申込みみなしの適否に関して争いが生じた場合には紛争中に1回目の更新期間が過ぎてしまうことが多いものと思われる。

オ　労契法との関係

(ア)　労契法18条との関係

労契法18条（有期契約労働者の無期転換権。第2の2（404頁～））に規定する通算契約期間は、同一の使用者について算定するものであるため、派遣先等で就業していた派遣労働者が違法行為に該当する派遣によりみなし制度の対象になった場合、原則として、承諾時点までの派遣元と派遣労働者との労働契約期間と、当該派遣労働者が承諾して派遣先等で直接雇用となった場合の派遣先等と労働者との労働契約期間は通算されない（平27.9.30職発0930第13号第2の2(4))。

(イ)　労契法19条との関係

みなし制度の適用により成立した労働契約の雇止めに関し、その効力が争われた場合、当該効力の有無についても、労契法19条に基づき個別具体的に司法判断される（平27.9.30職発0930第13号第2の2(5))。

カ　複数の事業主が関与する等の事案

(ア)　対象となる派遣先が複数ある場合

労働契約申込みみなし制度の対象となる派遣先が複数ある場合には、それらの派遣先全てから当該派遣労働者に労働契約の申込みをしたものとみなされることから、派遣労働者は承諾する相手方を選択することができる（平27.9.30職発0930第13号第2の4(1))。

(イ)　複数の違法行為の類型に該当する行為を行った場合

複数の違法行為の類型に該当する行為を行った場合には、各違法行為がそれぞれみなし制度の適用対象となることから、いずれの違法行為に基づいてみなし制度の適用を主張するかを労働者は選択することができる（平27.9.30職発0930第13号第2の4(2))。

(ウ)　複数の派遣労働者が同時に違法状態で就業している場合

違法行為は個々の派遣労働者に対しそれぞれ行われていると解されることから、複数の派遣労働者が同時に違法状態で就業している場合は、それら全ての派遣労働者に対してそれぞれ労働契約の申込みをしたものとみなされる。また、派遣労働者の交代があった場合も、派遣労働者は自己に対する違法行為が行われた最後の時点から１年を経過しない限りは、みなし制度の適用を主張できる（平27. 9. 30職発0930第13号第２の４(3)）。

㈤　多重請負の形態で偽装請負の状態となっている場合

注文主と元請人、元請人と下請人両方ともに偽装請負の関係にある多重請負の形態で偽装請負の状態となっている場合には、申込みの主体は「労働者派遣の役務の提供を受ける者」であるから、原則として、労働者を雇用する下請人と直接請負契約を締結している元請人が労働契約の申込みをしたものとみなされると解される。このため、注文主は下請人とは直接請負契約を締結していないため、注文主が下請人が雇用する労働者に直接指揮命令を行った場合は、原則として、元請人から労働者供給を受けているものと解され、この場合には労働契約申込みみなし制度の適用はないものと解される。

もっとも、みなし制度に基づき元請人が下請人の労働者に労働契約の申込みをしたものとみなされ、労働者が承諾の意思表示をした後、注文主が偽装請負等の目的をもって偽装請負等の状態で役務提供を受け入れた時は、みなし制度が注文主に適用され、注文主が労働者に労働契約の申込みをしたものとみなされると解される。

キ　派遣元との労働契約の帰趨

派遣労働者が派遣先に対し労働契約の承諾の意思表示をした場合、派遣労働者と派遣元の間の労働契約はどうなるか、という問題がある。

この点に関しては、派遣労働者と派遣元の労働契約は当然に終了するとの考え方もあり得ないではないが、他方、派遣労働者と派遣元の間の労働契約は当然には終了しないと考える見解が有力である（鎌田耕一ほか『労働者派遣法』（2017年、三省堂）306～307頁〔山川隆一〕、塩見卓也「2015年労働者派遣法40条の６をめぐる論点」労旬1887号21頁、第一東京弁護士会労働法制委員会編著『最新労働者派遣法の詳解』（2017年、労務行政）108頁等）。

派遣労働者と派遣元の契約関係が当然には終了しないと考える場合の帰結については、見解が分かれている。派遣労働者は、派遣元との間の契約に基づく派遣就業を行う義務と、派遣先との間の契約に基づく労務提供義務を二重に負うことになるが、前者と後者は同一内容のものであり、両者は両立しえないから、前者は性質上実現不可能となったものとして終了するとの見解（前掲鎌田ほか307頁〔山川隆一〕）、派遣元は派遣労働者としての労務提供がないことをもって派遣労働者を解雇できるとの見解（前掲第一東京弁護士会）がある。他方、派遣先が労働契約申込みなしの効力を争っている場合には、当該効力が確定するまでの間、派遣労働者は従前の労働契約に基づく労務提供をしていれば、派遣元にも派遣先にも債務不履行責任を負わないとする見解もある（前掲塩見）。

なお、派遣先が任意に派遣労働者を直接雇用した事案であるが、派遣元と派遣労働者の間の労働契約は当然に合意解約するものではなく、単に派遣先に在籍出向しているに過ぎないというのが当事者の合理的な意思であるとした裁判例がある（ラポール・サービス事件・名古屋高判平19.11.16労判978号87頁）。

(2)　派遣先と派遣労働者の間の黙示の労働契約

上記の労働契約申込みみなし制度以前から、派遣先と派遣労働者の間に、黙示の労働契約が成立したと主張されるケースが存在した。もっとも、裁判例は、黙示の労働契約の成立を容易には認めてこなかった。

ア　派遣形態がとられる場合

派遣形態がとられた事案においては、派遣元と派遣労働者の間で雇用契約が存在する以上は、派遣労働者と派遣先との間で雇用契約締結の意思表示が合致したと認められる特段の事情が存在する場合や、派遣元と派遣先との間に法人格否認の法理が適用・準用される場合を除き、派遣労働者と派遣先との間には、黙示的にも労働契約が成立する余地はないとされている（伊予銀行・いよぎんスタッフサービス事件・高松高判平18.5.18労判921号33頁、最二小決平21.3.27労判991号14頁で上告棄却・上告不受理）。

派遣形態がとられた事案における近時の裁判例としては、日産自動車ほか（派遣社員ら雇止め等）事件・東京高判平27.9.10労判1135号68頁、横浜地判平26.3.25労判1097号5頁は、派遣先が派遣労働者の採用行為、賃金決定、配遣・更新・雇止めの決定を行ったとは認められず、派遣元との労働契約も実体を伴ったものである等と認定して、派遣労働者と派遣先の間の黙示の労働契約の成立を否定した。関連事件として、日産自動車ほか１社事件・東京地判平27.7.15労判1131号52頁がある。

また、資生堂ほか１社事件・横浜地判平26.7.10労判1103号23頁も、派遣元との間の労働契約は実質を伴ったものであり、かつ、採用行為、賃金決定、人事への関与、解雇・雇止めの決定等を派遣先が行っていたともいえないと認定して、派遣労働者と派遣先の間の黙示の労働契約の成立を否定した。

イ　偽装請負の場合

偽装請負の場合にも、注文者（派遣先）と労働者との間に黙示の労働契約が成立するかどうかが問題となりうる。

最高裁判例（前掲パナソニックプラズマディスプレイ（パスコ）事件・最二小判平21. 12. 18民集63巻10号2754頁 労判993号5頁）は、請負人による労働者に対する指揮命令がなく、注文者がその場屋内において労働者に直接具体的な指揮命令をして作業を行わせている場合には、たとい請負人と注文者との間において請負契約という法形式が採られていたとしても、請負人、その労働者及び注文者の３者間の契約は労働者派遣に該当するとしたうえで、「労働者派遣法の趣旨及びその取締法規としての性質、さらには派遣労働者を保護する必要性等にかんがみれば、仮に労働者派遣法に違反する労働者派遣が行われた場合においても、特段の事情のない限り、そのことだけによっては派遣労働者と派遣元との雇用契約が無効になることはない」として、請負人（派遣元）と労働者との間の雇用契約の存在を認めた上で、注文者（派遣先）は労働者の採用に関与しておらず、支給賃金額を事実上決定していたといえる事情は窺われないこと、かえって、請負人（派遣元）が労働者の配置を含む具体的就業態様を一定の限度で決定し得る地位にあったこと等から、注文者（派遣先）と労働者との間の黙示の労働契約の成立を否定した（ただし、不法行為の成立を認め、慰謝料90万円の支払を命じた）。

黙示の労働契約の成立を否定した近時の裁判例として、DNPファインオプトロニクスほか事件・東京高判平27. 11. 11労判1129号5頁、Ｊ社事件・東京高判平26. 6. 4労経速2217号16頁、日本Ｓ社事件・東京地判平26. 4. 23労経速2219号3頁がある。

これに対し、同様の判断枠組みの下で、「特段の事情」を認め、派遣先と派遣労働者との間の黙示の労働契約の成立を肯定した裁判例もある（マツダ防府工場事件・山口地判平25. 3. 13労判1070号6頁、控訴審で和解成立）。同判決は、製造業務派遣において、派遣元と派遣先とがいわば一体となって、派遣受入可能期間（１年間、派遣法旧40条の２第２項２号）経過後のクーリング期間（３か月間、当時）に派遣先が「サポート社員」として直接雇用するという形で、同一の労働者につき、労働者派遣形態と直接雇用形態を繰り返すという法を潜脱する取扱いが行われていたことに着目し、「形式的には労働者派遣の体裁を整えているが、実質はもはや労働者派遣と評価することはできない」、派遣労働者と「派遣元との間の派遣労働契約は、その運用の結果として無効であると解すべき特段の事情がある」とした。そして、派遣先が、派遣労働者のランク付け・業績評価制度を導入し、そのランクと派遣料金及び派遣労働者の賃金とを連動させており、派遣先が就業条件の決定、賃金の決定等を実質的に行っていたことなどから、派遣先と派遣労働者との間に期間の定めのない労働契約が黙示的に成立していると結論付けた。

(3) 派遣法違反による派遣先・派遣元の不法行為責任

派遣法違反を理由として、派遣先や派遣元が派遣労働者に対し不法行為責任を負うかという問題もある。

派遣法は行政上の取締法規であるから、派遣法に違反する労働者派遣が行われた場合でも、直ちに派遣労働者に対する不法行為になるわけではない。偽装請負の事案であるが、ベアリング等の製造を行っていた工場において偽装請負や偽装出向が5年以上にわたり継続的になされたことにつき、派遣労働者が派遣先に対し慰謝料を請求した事案があるが、第一審判決は慰謝料請求を一部(50万円）認容したものの、控訴審判決は「労働者派遣法違反の事実があったからといって、直ちに不法行為上の違法があるとはいい難」いとして不法行為の成立を否定した(日本トムソン事件・神戸地姫路支判平成23. 2. 23労判1039号35頁、大阪高判平23. 9. 30労判1039号20頁、最二小決平24. 7. 13労判1050号97頁で上告不受理)。不法行為の成立を否定した他の裁判例として、前掲日産自動車ほか(派遣社員ら雇止め等）事件・東京高判平27. 9. 10、横浜地判平26. 3. 25、いすゞ自動車（雇止め）事件・東京高判平27. 3. 26労判1121号52頁がある。

これに対し、フッ素樹脂加工製品等の製造を行っていた工場において、派遣元が雇用責任の所在を意図的に不明確にした上（書類上の雇用主と実際の雇用管理者を意図的に別会社にする等）、5年9か月の長きにわたり偽装請負等の派遣法違反状態下で就労させたことは違法性が重大であるとして、派遣労働者の派遣元に対する慰謝料請求を一部（150万円）認容した裁判例もある（奈良・アドヴァンス違法派遣事件・奈良地判平23. 9. 29LLI/DB判例秘書登載。原告側代理人によると、同判決は確定したとのことである)。

なお、派遣労働者との関係での派遣先の労組法上の使用者性については、第19章第2の3（773頁～）参照。

(4) 派遣元と派遣労働者との間の労働契約の解消（派遣切り）

派遣元が、派遣労働者との間で締結している労働契約について、内定を取り消したり、試用期間中に解雇したり、期間満了時に雇止めしたり、期間途中で解雇したりする場合があるが、この場合には、労契法16条、17条に基づき判断がなされることになる。雇止めについては、第２の１（384頁〜）、期間途中の解雇については、第２の４（420頁〜）を参照。

ア　内定取消

パソナ（ヨドバシカメラ）事件・大阪地判平18.6.9労判878号20頁は、就業場所と職種が特定の派遣先における店舗と業務に限定する特約があった派遣労働者について、派遣先が就労を拒絶した事案で、留保解約権の行使を有効とした。

イ　試用期間中の解雇

フジスタッフ事件・東京地判平18.1.27労経速1933号15頁は、派遣先における２日間の研修において、待ち合わせや研修開始時刻にしばしば遅れ、他の研修参加者と大声を上げて口論をしたことで派遣先から交代の要請を受けた派遣労働者の試用期間中の解雇を有効とした。

ウ　雇止め

登録型の派遣労働者の雇止めの事案として、前掲伊予銀行・いよぎんスタッフサービス事件・高松高判平18.5.18（最二小決平21.3.27で上告棄却・上告不受理、雇用継続の合理的期待否定）、マイスタッフ（一橋出版）事件・東京高判平18.6.29労判1921号5頁（最一小決平18.11.2で上告棄却・不受理、契約更新の合理的期待否定）等がある。詳細は、第２の１⑶イ(イ)（391頁〜）を参照。

常用型の派遣労働者の雇止めの事案として、前掲資生堂ほか１社事件・横浜地判平26.7.10（契約更新の合理的期待肯定、雇止め無効）、前掲日産自動車ほか（派遣社員ら雇止め等）事件・東京高判平27.9.10、横浜地判平26.3.25（契約更新の合理的期待肯定、雇止め無効）等がある。詳細は、第２の１⑶イ(ア)（388頁〜）を参照。常用型の派遣労働者について、労働関係訴訟の実務は「登録型派遣の場合とは全く逆に、特段の事情のない限り、派遣労働者は派遣元との間の労働契約について雇用継続の合理的な期待を有していると評価できる場合が多いであろう」としている（同書407頁）。

エ　対象業務終了・派遣先の不存在を理由とする常用型派遣労働者の解雇

シーテック事件・横浜地判平24.3.29労判1056号81頁は、待機社員となっていた派遣労働者の整理解雇について、売上高・営業利益の減少や待機社員の増加、新規借入れの困難等により資金繰りに窮していた等から、人員削減の必要性は認めつつ、整理解雇の回避努力、人選の合理性を否定し、整理解雇を無効とした。

テクノプロ・エンジニアリング（派遣労働者解雇）事件・横浜地判平23. 1. 25判時2102号151頁は、労働者派遣契約が終了したため待機社員となった派遣労働者の整理解雇について、切迫した人員削減の必要性を認めず、その他解雇回避努力や人選の合理性を否定して、整理解雇を無効とした。

ジョブアクセスほか事件・東京高判平22. 12. 15労判1019号5頁は、派遣先から要員の減員の要請を受けていたからといって直ちに人員整理の必要性があるとはいえず、整理解雇の４要件の全てを満たさないとして、整理解雇を無効とした。

オ　期間途中の解雇

期間途中の解雇の事案として、前掲資生堂ほか１社事件・横浜地判平26. 7. 10（解雇無効）、アウトソーシング事件・津地判平22. 11. 5労判1016号5頁、ワークプライズ（仮処分）事件・福井地決平21. 7. 23労判984号88頁（解雇無効）、プレミアライン（仮処分）事件・宇都宮地栃木支決平21. 4. 28労判982号5頁（登録型派遣労働者の事案、解雇無効）がある。詳細は、第２の４（420頁～）を参照。

カ　派遣先の不法行為責任

国（神戸刑務所・管理栄養士）事件・大阪高判平25. 1. 16労判1080号73頁は、派遣先が派遣労働者からの苦情申出を放置し、派遣元に対し派遣労働者の交代要請を行ったことは、交代要請の権限の濫用として不法行為を構成するとして、派遣先に対し、経済的損害120万円、精神的損害30万円、弁護士費用15万円の計165万円の損害賠償を命じた。

三菱電機ほか（派遣労働者・解雇）事件・名古屋高判平25. 1. 25労判1084号63頁は、派遣先が労働者派遣契約の中途解約や更新拒絶を行ったことが不法行為となるかが争われた事案である。派遣先が派遣労働契約の維持安定について期待を抱かせるような積極的な言動をしていなかった派遣労働者については、当該中途解約等にはリーマンショックの影響による大幅な生産調整という合理的な理由があったという事情から、信義則上の配慮義務の違反の不法行為を構成しないとした。他方、当該人員調整を行う必要が生じた時期に労働者派遣契約が更新された派遣労働者については、更新後の派遣期間中は派遣労働が継続するとの合理的な期待があり、当該更新からわずか10日も満たない時期に派遣先が中途解約の通告を行うのは信義則上の配慮義務の違反の不法行為を構成するとし、派遣先に対し慰謝料50万円、弁護士費用５万円の損害賠償を命じた。

パナソニックエコシステムズ（派遣労働者）事件・名古屋高判平24.2.10労判1054号76頁は、派遣労働者が、ある専門的な業務に習熟し派遣先の正社員を含め他に代わる人材がいないほどの重要な人材となり、厚い信頼を得ており、当然派遣が継続すると考えていたところ、他の正社員に知識、経験、ノウハウの全てを伝授し、自己の代わりが務まる人材として育成するや、派遣先が派遣料金の高さを理由に突然派遣を打ち切り、派遣元も派遣労働者を解雇したという事案で、派遣先に信義則違反の不法行為を認め、派遣先に対し慰謝料100万円の支払を命じた。

第５　その他の類型等（日雇い、職業紹介）

1　日雇労働者

日雇労働者も労働者である以上、労働法規の適用がある。日雇労働者は、「日日雇い入れられる者」にあたるため、解雇予告義務の規定は原則適用されない（労基法21条１号）。但し、日日雇い入れる者が１か月を超えて引き続き使用されるにいたった場合には、解雇予告義務の規定が適用される（同条但書）。この１か月は「休日を含む暦日の１か月」の意であり、専ら同一の事業場の業務に従事していれば休日以外に業務に従事しない日が多少あっても継続勤務の事実を中断するものではない（昭24.2.5基収408号）。

このように日雇労働者であっても、その雇用が継続され、使用者との雇用の実態が、実質的に有期雇用あるいは期間の定めのない雇用になっていないか確認する必要がある。日々雇用される者及び30日以内の期間を定めて雇用される者には、雇用保険の日雇労働被保険者の求職者給付制度が適用される（雇用保険法42～56条の２）。

2　職業紹介

⑴　意義

職業紹介とは、求人及び求職の申込を受け、求人者と求職者との間における雇用関係の成立をあっせんすることをいう（職安法４条１項）。求人情報を掲載した雑誌を発行したりインターネット上のウェブサイトを運営したりすることは、「あっせん」ではないので、職業紹介には該当しない。職業紹介を業として行うには、有料であると無料であるとを問わず、厚生労働大臣の許可が必要である。

職業紹介事業者が、求職者から手数料を徴収することは禁止されている。但し、芸能家またはモデル、科学技術者、経営管理者、熟練技能者（但し、後3者については年収要件がある）の職業に紹介した求職者からは、6か月間以内に支払われた賃金額の10.8％以下の手数料を徴収することが例外的に認められている（職安法32条の3第2項、職安則20条2項）。

⑵ 裁判例

京王プラザホテルほか1社事件・東京地判平16.4.23労判878号63頁 判時1869号37頁は、有料職業紹介業者がホテルに対し、当該業者に登録している配膳人を日々紹介し、配膳人とホテルの間には日々雇用の関係が成立するという事案で、ホテルが配膳人らを当該業者以外の職業紹介業者に登録換えさせたことは、合理的理由があり、態様も背信的で社会的相当性を欠いていたということはできず、不法行為を構成しないと判断した。

安田病院事件・大阪高判平10.2.18労判744号63頁は、付添婦が職業紹介業者に雇用され同業者から病院に派遣されたという形式がとられていても、病院経営者が同業者を支配しており、病院経営者の指揮命令のもとに病院に対し労務を提供している等として、病院と付添婦の間の黙示の労働契約の成立を認めた。

福生ふれあいの友事件・東京地立川支判平25.2.13労判1074号62頁 判時2191号135頁は、有料職業紹介業者の紹介に基づき、労働者が介護施設で要介護者の身の回りの世話を行っていたという事案で、①労働者には当該業者の仕事の紹介等に対する諾否の自由がなく、紹介後も行儀作業や休暇取得等の点で当該業者の指示命令に服していたこと、②当該業者が労働者に対し賃金を支払っていたこと等から、労働者と当該紹介業者の間に労働契約の成立を認めた。

第10章

職場における両性の平等など

第1 女性保護モデルから雇用平等モデルへ

労働の場における性差別の禁止は、戦後大きな進展があった分野のうちの一つである。労基法制定当初、女性について手厚い保護規制が設けられ、賃金以外の労働条件に関する男女の差別的取扱いは規制されなかった（女性保護モデル）。しかし、1960年代の高度成長期における労働力不足の中で生じた女性労働者の増加・定着と労働者自身の権利意識の高まりを背景に、結婚退職制等の退職差別、昇進・昇格差別等に関し訴訟が相次いで提起され、裁判所において憲法14条や民法２条及び90条を根拠とする男女平等取扱いの公序法理が形成された。1985年には「雇用の分野における男女の均等な機会及び待遇の確保等女子労働者の福祉の増進に関する法律」（1997年に現在の名称である「雇用の分野における男女の均等な機会及び待遇の確保等に関する法律」に改正された。以下「均等法」という。）が制定された。1997年の労基法と均等法の改正により、母性保護を除き労基法の女性保護規制のほとんどが撤廃され、男女の雇用平等が推し進められた。さらに、2006年の均等法の抜本改正により、女性への差別のみならず、雇用の場における性差別一般が禁止されることになった。こうして、雇用平等モデルが今日の基本政策となった。

第2 賃金・昇格差別の態様と裁判例

1 賃金差別の禁止

⑴ 男女同一賃金原則

労基法4条は、女性であることを理由に賃金差別をすることを禁止している(男女同一賃金の原則)。これは、日本が1967年に批准したILO100号条約の「同一価値労働に対する男女同一賃金原則」を国内法として成文化したものであると解されている。男女同一価値同一賃金原則は、日本が1985年に批准した女子差別撤廃条約にも規定されている(第11条1項(d))。

「女性であることを理由として」とは、労働者が女性であることのみを理由としてあるいは社会通念としてまたは当該事業場において女性労働者が一般的にまたは平均的に能率が悪いこと、勤続年数が短いこと、主たる生計の維持者ではないことなどを理由とする場合をいうと解されている(昭22.9.13基発17号、平9.9.25基発648号)。同一価値労働への従事は「女性であることを理由とする」差別の要件事実ではないが、同一価値労働への従事の事実があれば、賃金格差が女性であることを理由とする差別であることを推認させる重要な間接事実となる。

労基法4条違反の場合、刑事罰の対象となるほか(労基法119条)、民事上、不法行為を構成し、損賠賠償の対象となる。後述の秋田相互銀行事件や三陽物産事件のように、労基法13条を類推適用し差額賃金請求を認めた裁判例もある。

⑵ 賃金差別の態様

男女間の賃金差別の典型例は、男女別賃金表を設定すること、女性のみ年齢給を頭打ちにすること、男性に対してのみ住宅手当や家族手当を支給すること、男性は月給制、女性は日給制とすることなどである。最近では、女性であることを理由とする旨を堂々と明示して不利益取扱いをするという事例は少なくなっているが、担当職務やコース別による賃金の差異を表向きの理由としたり、配置、昇進、昇格差別と合わせて男女に賃金・待遇の格差が出るようになっているなど、実態として、性別による賃金差別が温存されているケースも少なくない。

⑶ 賃金差別に関する裁判例

ア 秋田相互銀行事件・秋田地判昭50.4.10労判226号10頁 判時778号27頁

基本給の中心をなす「本人給」を扶養家族のある者、ない者の2本立てとし、男子労働者には扶養家族の有無に関係なく前者を適用し（または調整給により実質的に扶養家族がある者と同等の賃金を受け取れるものとし）、女子労働者には全部後者を適用することは労基法４条に違反し、女子の労働契約の賃金部分は無効であり、労基法13条の趣旨により男子の賃金との差額を請求できる、とされた。

イ　岩手銀行事件・盛岡地判昭60. 3. 28労判450号62頁 判時1149号79頁、仙台高判平4. 1. 10労判605号98頁 判時1410号36頁）

家族手当・世帯手当の受給対象者である「扶養家族を有する世帯主たる行員」を、その配偶者が所得税法上の扶養控除対象限度を超える所得を有する場合は夫たる行員とすると定め、男性行員に対しては妻の所得額の大小にかかわらず家族手当・世帯手当を支給し、女性行員に対しては夫の所得が扶養控除対象限度額以下である場合にのみ同手当を支給するものとしていたことは、男性従業員と比べて女性従業員を著しく不利に取り扱う規定であり、労基法４条、92条に違反し無効である、とされた。

ウ　三陽物産事件・東京地判平6. 6. 16労判651号15頁 判時1502号32頁（高裁で和解）

基本給のうちの本人給について、「世帯主・非世帯主や独身」「勤務地域限定・非限定」という支給基準を設け、「世帯主」または「非世帯主や独身」であっても「勤務地非限定」の社員には実年齢に応じた本人給を、「非世帯主や独身」でかつ「勤務地限定」の社員には一定年齢で据え置きの本人給を支給することとし、さらに実際には男子従業員のみ上記基準にかかわらず実年齢に応じた給与を支払う運用をしている事案で、前記基準はその適用の結果が女性従業員に一方的に不利益になるものであることを容認した制度であって労基法４条違反であるとし、差額賃金の請求を認めた。

⑷　同一価値労働・同一賃金に関する裁判例

ア　日ソ図書事件・東京地判平4. 8. 27労判611号10頁 判時1433号3頁

採用時の経緯、経験及び担当職務から、当初の男女間の初任給差は合理的であるものの、その後６年経過し、女性の職務内容、責任、技能などのいずれの点においても、勤続年数及び年齢が比較的近い男性社員４名の職務と比較して劣らないと評価でき、賃金格差は原告が女性であることまたは共稼ぎであって家計の主たる生計維持者ではないことを理由としたものといえ、労基法４条に違反し、適切な是正措置を講じなかったことは不法行為に当たるとして、男性４名の平均賃金との差額にあたる損害賠償を認めた。

イ　内山工業事件・岡山地判平13.5.23労判814号102頁 判タ1207号178頁、広島高岡山支判平16.10.28労判884号13頁

工場における男女の従業員の職務内容や職責において異なる点があると認定しつつ、「同一の労働とは、形式的に職務内容や職責を同じくする労働のみならず、職務内容、職責などに関して職務評価を通じて同価値と評価される職務をいう」として、本件では男女は同価値の労働と評価されるから男女間の賃金格差は労基法4条に違反し、不法行為になるとして賃金差額の損害賠償を認めた。

2 昇格差別の禁止

(1) 昇進・昇格差別の規制

昇進とは、企業組織における管理監督権限や指揮命令権限の上下系統（ライン）における役職（管理・監督職）の上昇、または、役職をも含めた企業内の職務遂行上の地位（職位）の上昇をいい、昇格とは、職能資格制度における資格の上昇をいう（菅野『労働法』678頁、680頁）。均等法は、労働者の性別を理由とした労働者の昇進（昇格を含む）、降格（昇進・昇格の反対措置）に関する差別的取扱いを禁止している（均等法6条1号）。また、労働者の昇進・降格に関し合理的理由なしに男女を差別的に取扱った場合は、公の秩序に反する行為として違法となり、不法行為が成立し、損害賠償の対象となる。損害賠償請求の他に、女性労働者が男性と同等の資格に昇格したことの確認請求ができるかどうか（昇格請求権の有無）については争いがあるが、後述の芝信用金庫事件のようにこれを認めた裁判例もある。

(2) 昇進・昇格差別に関する裁判例

ア　社会保険診療報酬支払基金事件・東京地判平2.7.4労判565号7頁 判時1353号28頁

男性職員については勤続年数による一律昇格措置をとりながら、同一業務に従事する女性について昇格措置をとらないことは、公の秩序に反する違法な行為であり、不法行為責任を免れないとして差額賃金・退職金相当の損害金、慰謝料などの請求を認めた。一方で、男性と同様の昇格をしたことの確認請求については斥けられた。

イ　芝信用金庫事件・東京高判平12.12.22労判796号5頁 判時1766号82頁（最高裁で和解）

男性は年功によって全員が課長職に昇格する慣行があるにもかかわらず、女性に対しこの慣行が適用されていないという事案において、性別に

よる差別であり労基法３条、４条、13条などに反するとし、差別がなかった場合に形成されるべきであった基準（賃金額）が労働契約の内容になる、とした。さらに資格付与が賃金額に連動しており、かつ職位（役職）に就けることと分離されている場合には、その差別は賃金差別と同一視でき、労基法13条の類推適用により、差別を受けた労働者は昇格したのと同様の法的効果を認める権利を有するとして、同期同給与同年齢の男性職員のほぼ全員が課長職に昇格した時期に、女性も課長職の資格にあることの地位確認を認めた上、差額賃金、退職金、慰謝料などの損害賠償請求を認めた。

ウ　昭和シェル石油事件・東京高判平19.6.28労判946号76頁 判時1981号101頁（最一小決平21.1.22で確定）

職能資格制度における資格差別の結果、賃金に著しい格差が生じている事案において、会社合併の1985年以前の賃金格差は、原告の職務内容や当時の我が国における一般的な賃金の状況などを総合すると不法行為とまではいえないとしつつ、合併後の職能資格の格付け及び昇格の扱いについて、昇進の男女差別を積極的に維持したり、さらに拡大することは昇進の均等取扱いが努力義務規定であった時代でも均等法旧８条の趣旨に反するとし、不法行為に基づく賃金・退職金・公的年金の差額相当額及び慰謝料などの請求を認めた。

3　コース別雇用管理

(1)　コース別雇用管理とは

コース別雇用管理とは、総合職、一般職、準総合職などのコース等を設定してコースごとに従業員の処遇を行う制度のことをいう。コース別雇用管理は、本来、性別によって雇用管理を行うものではないが、制度の運用のいかんによっては均等法６条、７条に違反することがありうる。

厚生労働省は「コース等で区分した雇用管理を行うに当たって事業主が留意すべき事項に関する指針」（平25厚生労働省告示384号）において、どのような場合にコース別雇用管理が均等法違反となり得るかの考え方を示している。たとえば、コース等の新設、変更または廃止に当たって、一方の性の労働者のみを一定のコース等に分けること、一方の性の労働者のみ特別な要件を課すこと、形式的には男女双方に開かれた制度になっているが、実際の運用上は男女異なる取扱いを行うことは、均等法に直ちに抵触するとしている（同第４）。

(2)　コース別雇用管理に関する裁判例

ア　野村證券事件・東京地判平14.2.20労判822号13頁 判時1781号34頁（高

裁で和解）

高卒社員をコース別で採用して男性を「総合職」（処理の困難度の高い業務・全国転勤あり）、女性を「一般職」（処理の困難度の低い業務・勤務地限定）として処遇し、男女の昇格・賃金に格差が生じた事案につき、改正均等法が施行された1999年４月以降は同法６条及び公序に反し違法であるとし、慰謝料の支払を命じた。（男女別コース管理につき、同様の判断をした裁判例として岡谷綱機事件・名古屋地判平16.12.22労判888号28頁）。

イ　住友金属工業事件・大阪地判平17.3.28労判898号40頁 判タ1189号98頁（高裁で和解）

高卒男女を採用区分で異なる取扱いをし、男女の賃金に著しい格差がある事案で、募集、採用時にコース別取扱いをすることが直ちに公序良俗違反とはいえないとしたうえで、高卒事務職のうち女性を不利に扱うことを内容とする人事資料に基づく評価、昇給、昇進における不合理な差別的取扱いは違法であるとし、差額賃金の一部と慰謝料の請求を認めた。

ウ　兼松事件・東京高判平20.1.31労判959号85頁 判時2005号92頁（最三小決平21.10.20で確定）

コース別人事制度のもとでの「一般職」の男性と「事務職」の女性労働者の賃金格差につき、勤務期間が近似し、職務内容や職務の困難度が截然と区別できず同質性がある男性労働者との賃金に相当な格差があることは合理的な理由がなく、性の違いにより生じたものと推認され、労基法４条違反であり不法行為が成立するとし、差額賃金、慰謝料などの損害賠償を認めた。

エ　東和工業事件・名古屋高金沢支判平28.4.27労経速2319号19頁（最一小決平29.5.17で確定）

コース別雇用制において「総合職」と「一般職」で異なる賃金表が適用されている事案で、本件訴訟提起後に総合職の女性従業員が採用されるまで、男性従業員は全員が総合職、女性従業員は全員が一般職とされていたことからすると、総合職と一般職の区別は性別の区別であることが強く推認され、その推認を覆す事情は認められず、労基法４条に違反し不法行為にあたるとして、賃金差額、慰謝料、退職金差額などの損害賠償を認めた。

4　男女賃金・昇格差別裁判を提起する際の留意点

男女賃金・昇格差別裁判においては、差別がなければ得られたはずの差額賃金相当額に関し、不法行為に基づく損害賠償請求をすることが考えられる。さらに、男性の賃金表など契約内容を補充する基準が存在する場合は、労基法13条が適用され、差額賃金請求（債務不履行構成）が認められる（前掲秋田相互銀行事件・秋田地判昭50. 4. 10労判226号10頁 判時778号27頁など）。これに対し、契約内容を補充する基準が存在しない場合は、不法行為に基づく損害賠償請求のみが可能であるとする裁判例がある（前掲日ソ図書事件・東京地判平4. 8. 27労判611号10頁 判時1433号3頁など）。

賃金・昇格差別は長期間に及ぶことが多いが、賃金請求権は２年、不法行為は３年の消滅時効にかかるため注意が必要である。不法行為構成の場合、差別がなされている期間を一体として継続的不法行為と構成することにより、消滅時効を免れるなどの工夫が考えられる。

賃金・昇格差別事案で請求しうる損害は、月例賃金の他、賞与、退職金、厚生年金差額、慰謝料、弁護士費用などがある。また、訴訟後も雇用が継続している場合には、過去分の賃金差額のみならず、昇格（賃金算定の資格）の確認請求もすべきである（前掲芝信用金庫事件・東京高判平12. 12. 22労判796号5頁 判時1766号82頁参照）。

賃金・昇格差別裁判でもっとも困難なのは、格差が生じた原因の立証である。学説上、同一価値労働への従事の事実があれば、差別を推認させる重要な間接事実となると解されているが（菅野『労働法』248頁）、さらに、職務内容に顕著な差がないにもかかわらず男女間に一定の賃金格差がある場合には、女性であることを理由とした差別であると推認され、使用者側が格差を正当化する合理的な理由を主張立証すべきであるという説も有力である（前掲兼松事件・東京高判平20. 1. 31、西谷『労働法』109頁参照）。しかし、実際の裁判進行に当たっては、職能資格制度やコース別人事が行われている場合には、一定程度、原告側が性による差別であることを主張立証することが要求される傾向にある。

立証の手段としては、労働者は同僚の賃金の資料を持っていないことがほとんどなので、賃金台帳などの資料を出させることが有用である。任意での提出を求めるほか、送付嘱託や文書提出命令等の方法も検討すべきである。従業員の賃金台帳、履歴台帳等につき、文書提出命令が認められた事例がある（賃金台帳について、住友生命保険事件・大阪地決平11. 1. 11労判760号33頁、京ガス事件・京都地決平11. 3. 1労判760号30頁、藤沢薬品工業事件・大阪地決平16. 11. 12労判887号70頁、石山事件・さいたま地決平17. 10. 21労判915号114頁ほか、履歴台帳（労働者名簿記載事項のほか、社内異動歴、昇進時期記載の台帳）について住友金属工業事件・大阪地決平11. 10. 14労判776号44頁）。

第10章 職場における両性の平等など

また、人事考課が昇給・昇格と密接に結びついている場合に、使用者側に対して労働者本人の人事考課表の提出を命じた例もある（商工中金事件・大阪地決平10.12.24労判760号35頁、大阪高決平11.3.31労判784号86頁）。

第3　均等法等による法規制の概要

1　雇用管理における性別を理由とする差別の禁止

均等法は、労働者が、性別にかかわらず雇用の分野において均等な機会を得、その意欲と能力に応じて均等な待遇を受けられるようにするため、①募集・採用、②配置（業務の配分及び権限の付与を含む）・昇進・降格・教育訓練、③福利厚生、④職種・雇用形態の変更、⑤退職の勧奨・定年・解雇・労働契約の更新という雇用管理の各ステージにおける性別を理由とする差別を禁止している（均等法5条、６条）。

厚生労働省は、「労働者に対する性別を理由とする差別の禁止等に関する規定に定める事項に関し、事業主が適切に対処するための指針」（平18厚生労働省告示614号）（以下、「均等法指針」）を定め、雇用管理の各ステージにおいて、男女のいずれかの性のみを対象としもう一方を排除することや、男女で異なる条件や基準を設けること等、具体的にどのような措置が禁止されるかを例示している。

たとえば、募集・採用については、募集または採用に当たって、その対象から男女のいずれかを排除すること、募集または採用に当たっての条件を男女で異なるものとすること、採用選考において、能力及び資質の有無等を判断する場合に、その方法や基準について男女で異なる取扱いをすること、募集または採用に当たって男女のいずれかを優先すること、求人の内容の説明等募集または採用に係る情報の提供について、男女で異なる取扱いをすること等が差別的取扱いとして禁止されている。

2　間接差別の禁止

間接差別とは、形式的には性別以外の事由を要件とするものの、一方の性に偏って不利益となり、実質的に性別を理由とする差別となるおそれがあるものを、合理的な理由もなく講じることである。均等法では、直接的な差別の禁止（均等法５条、６条）だけでなく、一定の間接差別も禁止されている。具体的には、均等法施行規則で定める次の３つの措置については、事業主において雇用管理上特に必要である場合その他の合理的な理由がなければ、これを講じてはならないとされている（均等法７条、同施行規則２条）。

① 労働者の募集または採用に当たって、労働者の身長、体重または体力を要件とすること
② 労働者の募集または採用、昇進または職種の変更に当たって、転居を伴う転勤に応じることができることを要件とすること
③ 労働者の昇進に当たり、転勤の経験があることを要件とすること

上記以外の間接差別は均等法７条違反とはならないが、司法判断において、民法等の適用に当たり間接差別禁止法理に照らして違法と判断される可能性がある（平18. 6. 14衆議院厚生労働委員会付帯決議、平18. 10. 11雇児発1011002号）。

3　均等法違反に対する救済

均等法５条、６条は強行規定であるから、これに違反する行為は違法、無効であるが、労働者の訴訟上の救済としては、差別の類型ごとに考える必要がある。募集・採用についての差別の場合は、性別により均等な機会を与えられなかったことに対する損害賠償（主として慰謝料）にとどまり、地位確認請求までは困難である。また、配置・昇進等における差別の場合は、損害賠償（慰謝料に加え、差額賃金等の経済的損害）請求をすることが考えられる。損害賠償請求の他に、女性労働者が男性と同等の資格に昇格したことの確認請求ができるかどうか（昇格請求権の有無）については争いがあるが、前述の芝信用金庫事件・東京高判平12. 12. 22労判796号5頁 判時1766号82頁のようにこれを認めた裁判例もある。解雇や労働契約の更新における差別の場合は、損害賠償のみならず、退職や解雇については地位確認請求、賃金請求をすることができる。

行政を利用した救済手続として、都道府県労働局長（相談窓口は各労働局に設置されている雇用環境・均等部（室））の助言、指導または勧告（同法17条１項）、紛争調停委員会による調停（同法18条以下）を利用する方法がある。また、厚生労働大臣は、事業主に対して報告を求め、助言、指導、勧告をすることができ（同法29条）、勧告に従わない場合には企業名公表（同法30条）の対象となり得る。厚生労働大臣が報告を求めたにもかかわらず、報告をしない場合または虚偽の報告をした場合は、20万円の過料に処せられる（同法33条）。

第４　女性活躍推進法の成立、施行

2015年「女性の職業生活における活躍の推進に関する法律」（「女性活躍推進

法」）が成立、施行された。同法により、国・地方公共団体及び一定規模（常時雇用する労働者が301人以上）の民間企業に対して、女性の活躍に関する状況（女性採用比率、勤続年数の男女差、労働時間状況、女性管理職比率）を把握し、女性の登用に関する計画を策定して公表すること等が義務づけられた。なお、同法は、2026年３月31日までの時限立法である。

第５　女性労働者の保護

1　婚姻、妊娠、出産等を理由とする不利益取扱いの禁止

均等法９条では、女性労働者の結婚・妊娠・出産退職制、女性労働者の結婚を理由とする解雇、女性労働者の妊娠・出産その他均等法施行規則で定める事由を理由とする解雇その他の不利益取扱いが禁止されている。また、女性労働者を妊娠中又は産後１年以内に解雇することは、事業主が妊娠等を理由とする解雇でないことを証明しない限り無効とされる。

後掲する広島中央保険生協事件の最高裁判決（本章第７、487頁）後、厚生労働省は、妊娠・出産等を契機として不利益取扱いが行われた場合は、原則として違法と解されるとし（平27.1.23雇児発0123第１号）、妊娠・出産・育児休業等の事由の終了から１年以内に行われた不利益取扱いは均等法又は育児介護休業法違反にあたるとした（本章第７、488頁参照）。

2　妊娠中及び産後１年を経過しない女性労働者に対する保護

(1)　産前産後休業等と不利益取扱いの禁止

ア　産前産後休業及び妊娠中の軽易業務への転換（労基法65条）

６週間（多胎妊娠の場合は14週間）以内に出産する予定の女性労働者が休業を請求した場合、その者を就業させてはならない。また、産後８週間を経過しない女性労働者を就業させてはならない。ただし、産後６週間を経過した女性が請求した場合において、その者について医師が支障がないと認めた業務に就かせることは、差し支えない。使用者は、妊娠中の女性労働者が請求した場合、他の軽易な業務に転換させなければならない。

イ　産前産後休業の取扱い

休業中は就業規則等に有給の定めがないかぎり無給となる。ただし、健康保険によって、産前42日、産後56日を限度として休業期間１日につき標準報酬日額の３分の２に相当する額が出産手当金として支給される（健康

保険法102条）。

産前産後の休業期間は、年次有給休暇の算定にあたっては出勤したものとみなされる（労基法39条８項）。

ウ　産前産後休業期間等の解雇制限

産前産後の休業期間及びその後の30日間は、使用者は当該女性労働者を解雇することを禁止される（労基法19条１項）。なお、妊娠中及び出産後１年を経過しない女性労働者の解雇は、事業主が妊娠・出産等を理由とする解雇でないことを証明しない限り無効とされる（均等法９条４項）。

エ　不利益取扱いの禁止

産前産後の休業をしたことそれ自体を昇給・昇格・賞与上の不利な資料とすることは、産前産後休業の保障の趣旨に反し、公序良俗違反となる場合がある。均等法上も、女性労働者の妊娠や出産、産前産後休業等の権利行使や妊娠・出産に起因する症状により労務の提供ができないこと、労働効率が低下したこと等を理由とする、解雇その他の不利益取扱いは禁止されている（均等法９条３項、均等法施行規則２条の２）。

賃金引上げ対象者とするかを決定する稼働率や、賞与支給要件の出勤率の算定に際し、産前産後休業等を不就労または欠勤扱いとしたことを無効とした判例について、第７・３（485頁）参照（日本シェーリング事件・最一小判平元.12.14、東朋学園事件・最一小判平15.12.4）。

⑵　危険有害業務の就業制限（労基法64条の３第１項）

妊娠中の女性及び産後１年を経過しない女性（以下「妊産婦」）を、重量物を取り扱う業務、有害ガスを発散する場所における業務その他妊産婦の妊娠、出産、哺育等に有害な業務に就かせることを禁止。

⑶　妊産婦に対する変形労働時間制の適用等の制限（労基法66条）

妊産婦が請求した場合、変形労働時間制が適用される場合でも法定労働時間を超える労働をさせることを禁止、災害等の事由または36協定による時間外・休日労働をさせること、深夜労働をさせることを禁止。

⑷　育児時間（労基法67条）

１歳未満の生児を育てる女性が請求した場合、法定の休憩時間のほか、１日２回各々少なくとも30分の育児時間を与えなければならない。労働協約や就業規則で有給と規定されない限りは無給。育児時間は、勤務時間の始めまたは終わりであってもよく（昭33.6.25基収4317号）、また１日１回60分という形でもよい。

(5) 均等法における母性健康管理措置（均等法12条、13条）

女性労働者が母子保健法による保健指導または健康診査を受けるために必要な時間を確保することができるようにしなければならない。上記の保健指導または健康診査に基づく指導事項を守ることができるようにするため、勤務時間の変更、勤務の軽減等必要な措置を講じなければならない。

3 その他の女性労働者保護

(1) 危険有害業務からの保護

妊産婦に対する危険有害業務の就業制限のうち、妊娠・出産機能に有害な業務への就業禁止は、省令で、妊産婦以外の女性にも準用されている（労基法64条の３第２項、女性労働基準規則3条、２条１項１号（重量物取扱業務）、18号（有害ガス等発散場所における業務））。

(2)生理休暇（労基法68条）

生理日の就業が著しく困難な女性が休暇を請求したときは、その者を生理日に就業させてはならない。現実に就業が著しく困難かについては、原則として特別の証明がなくても労働者の請求があった場合にはこれを与えることとされている（昭23.5.5基発682号、昭63.3.14基発150号、婦発47号）。生理休暇中の賃金については定めがなく、もっぱら労働協約・就業規則などによる労使の自主的な決定に委ねられている（昭23.6.11基収1898号、昭63.3.14基発150号、婦発47号）。

第6 育児休業・介護休業

1 育児介護休業法の概要

少子高齢化の時代において、労働者が仕事と育児・介護を両立できるよう、「育児休業、介護休業等育児又は家族介護を行う労働者の福祉に関する法律」(以下、「育児介護休業法」）に基づき、育児や介護のための休業、勤務時間短縮等の権利が保障されている。この法律は、女性だけではなく、男性にも適用される。

同法に関連して事業主が講ずべき措置については、厚生労働省から、「子の養育又は家族の介護を行い、又は行うこととなる労働者の職業生活と家庭生活との両立が図られるようにするために事業主が講ずべき措置に関する指針」(平21厚生労働省告示509号。以下「育児介護休業法指針」）が公表されており、各措置の具体的な内容や留意点等が示されている。

2　育児休業制度の概要

⑴　育児休業（育児介護休業法５条、９条の２）

ア　１歳未満の子を養育する労働者は、事業主への申出により、子が１歳に達するまでの一定期間、育児休業を取得できる。１人の子につき１回、休業期間は連続した１つの期間でなければならないが、配偶者の死亡、疾病等の特別な事情がある場合は複数回の取得が可能。

イ　父母の労働者がともに育児休業を取得する場合、子が１歳２か月に達するまでに延長可能、当該労働者が育児休業できる期間は１年間（パパ・ママ育休プラス）。

⑵　育児休業期間の延長（同法５条３項、４項、施行規則６条、６条の２）

ア　労働者または労働者の配偶者が原則として子の１歳の誕生日の前日に育児休業をしており、①保育所の入所を申し込んでいるが入所できない場合または②子を養育する予定の配偶者の死亡、疾病等の事情を有する場合には、事業主への申出により、子が１歳６か月に達する日までの間、育児休業を延長可能（配偶者が取得していた場合には交代して）。

イ　前記アにより育児休業を延長している場合において、子が１歳６か月に達する時点で、前記アの①または②の事情を有する場合には、子が２歳に達する日までの間、育児休業を更に延長することが可能。

⑶　有期雇用契約労働者の育児休業取得（同法５条１項但し書き）

有期雇用契約労働者であっても、申出時点で同一の事業主に引き続き一年以上雇用されている場合で、かつ子が１歳６か月到達日までに契約が満了することが明らかでない者であれば育児休業を取得できる。

育児介護休業法指針においては、有期雇用契約労働者が育児休業取得の要件を満たすかどうか判断する際の留意点や、形式上は有期雇用契約であっても、実質的には期間の定めのない契約と判断された場合は育児休業の対象となること等が具体的に示されている（同指針第２－1⑴⑵）。

⑷　育児休業中の賃金及び育児休業給付金

育児休業中の賃金は、育児介護休業法で特に定めがなく、就業規則等の定めがない場合は無給となる

育児休業を取得する労働者が雇用保険の一般被保険者で、育児休業開始日前２年間に賃金支払基礎日数が11日以上ある月が12か月以上ある場合、事業主を通じてハローワークに申請することにより、育児休業給付金が支給される。育児休業給付金の支給額は、支給対象期間（１か月）当たり、原則として休業開

始時賃金日額×支給日数×67%（育児休業の開始から6か月経過後は50%）相当額（雇用保険法61条の4）。

3 介護休業制度の概要

⑴ 介護休業（育児介護休業法11条1項、2項、15条1項、2項）

一定の要介護状態の家族のいる労働者は、事業主への申出により、対象家族1人につき、常時介護を必要とする状態に至るごとに、通算して93日を限度として3回まで介護休業を取得できる。育児休業と異なり、対象家族1人につき2人以上が同時に休業を取ること、上限日数に達するまで断続的に取ることもできる。

⑵ 有期雇用契約労働者の介護休業取得（同法11条1項但し書き）

有期雇用契約労働者であっても、申出時点で同一事業主に引き続き一年以上雇用されている場合で、かつ介護休業開始予定日から起算して93日が経過した日から6か月を経過する日までに契約が満了することが明らかでない者であれば介護休業を取得できる。

育児介護休業法指針には、有期雇用契約労働者が介護休業取得の要件を満たすかどうか判断する際の留意点等が具体的に示されている（同指針第2－1⑴⑵）。

⑶ 介護休業中の賃金及び介護休業給付金

介護休業中の賃金は、育児介護休業法で特に定めがなく、就業規則等の定めがない場合は無給となる

介護休業を取得する労働者が雇用保険の一般被保険者で、介護休業開始日前2年間に賃金支払基礎日数が11日以上ある月が12か月以上ある場合、事業主を通じてハローワークに申請することにより、介護休業給付金が支給される。介護休業給付金の支給額は、支給対象期間（1か月）当たり、原則として休業開始時賃金日額×支給日数×67%相当額（雇用保険法61条の6）。

4 育児・介護のための休暇、勤務時間の短縮等の措置

⑴ 子の看護休暇（育児介護休業法16条の2第1項、2項、施行規則29条の3）

小学校就学前の子を養育する労働者は、負傷しもしくは疾病にかかったその子の世話をするため、またはその子に予防接種や健康診断を受けさせるために、事業主への申出により、小学校就学前の子が1人の場合年5日まで、子が2人以上の場合年10日まで、看護休暇を取得できる。子の看護休暇は、1日単位又

は半日単位での取得が可能。

⑵　介護休暇制度（同法16条の5第1項、2項）

要介護状態にある対象家族の介護等を行う労働者は、事業主への申出により、対象家族が1人の場合年5日まで、2人以上の場合年10日まで、介護休暇を取得できる。介護休暇は、1日単位又は半日単位での取得が可能。

⑶　所定外労働の免除（同法16条の8、16条の9）

事業主は、3歳に満たない子を養育する労働者または要介護状態にある対象家族の介護を行う労働者が請求した場合には、事業の正常な運営を妨げる場合を除き、所定労働時間を超えて労働させてはならない。

⑷　時間外労働の制限（同法17条1項、18条1項）

事業主は、小学校就学前の子を養育する労働者または要介護状態にある対象家族の介護を行う労働者が請求した場合には、事業の正常な運営を妨げる場合を除き、制限時間（1か月24時間、1年150時間）を超えて時間外労働をさせてはならない。

⑸　深夜業の制限（同法19条1項、20条1項）

事業主は、小学校就学前の子を養育する労働者または要介護状態にある対象家族の介護を行う労働者が請求した場合には、事業の正常な運営を妨げる場合を除き、深夜（午後10時から午前5時まで）に労働させてはならない。

⑹　所定労働時間の短縮措置（短時間勤務）等（同法23条、施行規則74条1項、2項、3項）

ア　事業主は、3歳に満たない子を養育する労働者であって育児休業をしていない者が希望する場合は、所定労働時間を短縮する短時間勤務制度（1日の所定労働時間を原則6時間とする措置を含む。）を講じなければならない。業務の性質等により短時間勤務制度の適用が困難な労働者については、代替措置（育児休業に準ずる措置、フレックスタイム制度、始業・終業時間の繰上げ・繰下げ、保育施設設置又は保育サービス費用助成等の措置）を講じなければならない。

イ　事業主は、常時介護を必要とする状態にある対象家族の介護を行う労働者で介護休業をしないものについて、労働者の申出に基づき3年以上の期間における所定労働時間の短縮、その他の措置（フレックスタイム制度、始業・終業時間の繰上げ・繰下げ、介護サービス費用の助成）を講じなければならない。

⑺　小学校就学前の子を養育又は家族の介護を行う労働者に対する措置（努力義務）

本章２から４⑹の内容は、すべての事業主に義務づけられている最低基準であるが、育児介護休業法においては、同基準を上回る措置を設けるよう努めること事業主に求めている。

ア　事業主は、小学校就学前の子（各制度の対象とならない年齢の子）を養育する労働者について、育児休業、所定外労働の制限、所定労働時間の短縮措置、フレックスタイム制度等に準じた措置を講ずるよう努めなければならない。また、子の看護休暇（本章４⑴参照）以外に、育児に利用できる休暇（配偶者出産休暇、入園式、卒園式等の行事参加等）を設けるよう努めることとされている（同法24条１項、育児介護休業法指針第２－12）。

イ　家族を介護する労働者について、介護に必要な期間、回数等に配慮した措置を講ずるよう努めなければならない（同法24条２項）。

5　不利益取扱いの禁止・労働者の配置に関する配慮義務等

ア　事業主は、育児・介護に関する各制度の利用申出等を理由として、労働者に対して解雇その他不利益な取扱いをしてはならない（同法10条、16条、16条の４、16条の７、16条の10、18条の２、20条の２及び23条の２）。

育児介護休業法指針においては、禁止されている不利益取扱いに該当する場合として、解雇、雇止め、労働契約内容変更の強要、自宅待機、労働者の意に反した時間外労働等の制限、降格、減給や賞与の不利益算定、昇進・昇格の人事考課の不利益評価、不利益な配置転換、就業環境を害すること等の具体例が示されている（同指針第２－11⑴～⑶）。

イ　事業主は、労働者の就業場所の変更を伴う配置変更をする場合には、その育児または介護の状況に配慮しなければならない（同法26条）。

6　制度の周知、利用に関する努力義務

ア　事業主は、育児・介護休業中の待遇、休業後の賃金、配置等に関する事項をあらかじめ定めて周知し、妊娠、出産したり、家族の介護を行っている労働者がいる場合には、当該労働者に関連制度について個別に知らせるよう努めなければならない（同法21条）。

育児介護休業法指針においては、労働者のプライバシー保護等、周知するにあたっての留意点が示されている（同指針第２－６）。

イ　事業主は、育児・介護休業の申出や休業後の就業が円滑に行われるよう、

労働者の配置等の雇用管理や休業期間中の労働者の能力開発のための措置を講ずるよう努めなければならない（同法22条）。育児休業後、介護休業後においては、原則として原職又は原職相当職に復帰させるよう配慮することとされていることに注意が必要である（育児介護休業法指針第２－７⑴）。

第７　マタニティ・ハラスメント等

1　マタニティ・ハラスメントとは

近年、女性労働者が妊娠、出産、育児等に関連して職場で嫌がらせ（ハラスメント）行為を受けたり、妊娠、出産等を理由として事業主から不利益を被る等の不当な扱いを受けることをマタニティ・ハラスメント（マタハラ）と呼ぶようになり、広く一般に浸透する言葉となった。

マタニティとの表現から、妊娠、出産等にまつわる女性労働者の問題と考えられがちであるが、実際には、育児に関連するハラスメントが含まれる場合もあり、男性労働者の問題となるケースもある。また、後述するとおり（本項２⑵）、育児介護休業法において、育児・介護休業等の制度利用に関するハラスメント防止措置が事業主に義務づけられており、育児と介護にまつわるハラスメントもあわせて、家庭での役割や責任を担っている労働者に関する共通の問題として考える視点も必要である。

本項では、妊娠、出産、育児等に関連したハラスメント（マタニティ・ハラスメント）を中心としつつ、育児介護休業法に定める介護に関するハラスメントの防止措置についても説明する。

2　不利益取扱いの禁止及びハラスメント防止措置の義務付け

⑴　不利益取扱いの禁止

これまでみてきたとおり、妊娠、出産、育児及び介護等の制度利用等を理由とした事業主による不利益取扱いの禁止は、労基法、均等法及び育児介護休業法において定められている（本章第５及び第６参照）。

⑵　妊娠、出産、育児・介護休業等に関するハラスメントの防止

ア　事業主による不利益取扱いの禁止に加えて、2016年の均等法及び育児介護休業法の改正において、事業主に対し、職場の上司や同僚による妊娠、出産、育児・介護休業等に関連した嫌がらせ（ハラスメント）の防止措置

が義務付けられた（均等法11条の２、育児介護休業法25条）。

イ　厚生労働省は、「事業主が職場における妊娠、出産等に関する言動に起因する問題に関して雇用管理上講ずべき措置についての指針」（平28厚生労働省告示312号、以下「マタハラ防止指針」）及び前掲「育児介護休業法指針」（平21厚生労働省告示509号）において、妊娠、出産等に関するハラスメント、育児・介護関連の制度利用に関するハラスメントの典型的な例を示したうえで、ハラスメントを防止するために事業主が講ずべき措置の具体例を示している。

ウ　例えば、妊娠、出産、育児及び介護関連の制度の利用について相談したり、制度の利用を申請した場合に、上司や同僚が解雇その他の不利益な取扱いについて示唆したり、制度の利用をしないように言うなどして、制度の利用が阻害される場合等がハラスメントの典型例である（マタハラ防止指針２⑷、育児介護休業法指針第２－14⑴ニ）。

例：産前休業の取得を上司に相談したところ「休みをとるなら辞めてもらう」と言われた。／時間外労働の免除について上司に相談したところ「次の査定の際は昇進しないと思え」と言われた。

また、関連制度を利用していることや、妊娠、つわり、出産等によって労働能率が低下したり、就業制限等によって就業できないことについて、上司や同僚が、繰り返し嫌がらせ等を行う場合も典型的なハラスメントである（マタハラ防止指針２⑸）。

例：上司、同僚から「妊婦はいつ休むかわからないから仕事は任せられない」「妊娠するなら忙しい時期を避けるべきだった」等と繰り返し言われる。

エ　こうしたハラスメントを防止するために、事業主に義務づけられている措置は以下のとおりであり、各指針がそれぞれの事項について具体的な説明をしている。

①　事業主の方針の明確化及びその周知・啓発

ハラスメントに対する事業主の方針を明確にし、就業規則等の文書に規定、管理監督者を含む労働者に対する研修等による周知、啓発の実施（マタハラ防止指針３⑴、育児介護休業法指針第２－14⑵イ）。

②　相談（苦情を含む）に応じ適切に対応するために必要な体制整備

相談窓口を設け、相談担当者が適切に対応できるようマニュアル等を整備。相談窓口は、セクハラその他のハラスメントと一体とし一元的に相談を受け付ける体制の整備等（マタハラ防止指針３⑵、育児介護休業法指針第２－14⑵ロ）。

③　ハラスメントにかかる事後の迅速かつ適切な対応

事実関係を迅速かつ正確に把握、事実確認ができた場合には速やかに被害者に対する配慮措置、行為者に対する措置を実施し、再発防止措置を講ずる（マタハラ防止指針３⑶、育児介護休業法指針第２－14⑵ハ）。

④　ハラスメントの原因や背景となる要因を解消するための措置

周囲の労働者の業務負担への配慮等の業務体制の整備など（マタハラ防止指針３⑷、育児介護休業法指針第２－14⑵ニ）。

⑤　その他、関係者のプライバシー保護、ハラスメント相談や事実関係確認に協力したことを理由とする不利益取扱い禁止の周知等（マタハラ防止指針３⑸、育児介護休業法指針第２－14⑵ホ）。

3　関連裁判例

⑴　昇給、賞与算定等の評価、査定に関する不利益取扱いに関するもの

ア　日本シェーリング事件・最一小判平元.12.14民集43巻12号1895頁 労判553号16頁

賃金引上げの条件として、前年稼働率が80%以下の者を除外するという条項につき、産前産後休業、生理休暇、育児時間等の労基法上の権利または労組法上の権利に基づく不就労を稼働率算定の基礎としている点は権利行使に対する抑制力が強く、公序に反し無効であるとされた。

イ　東朋学園事件・最一小判平15.12.4労判862号14頁 判タ1143号233頁

賞与の算定にあたり、出勤率が90%未満の場合には賞与が一切支給されない場合において、産前産後休業及び育児のための勤務時間短縮を欠勤扱いとしたことが、同制度の権利行使を抑制し、労基法等が権利を保障した趣旨を実質的に失わせるものであり、公序に反し無効とされた。

ウ　コナミデジタルエンタテインメント事件・東京高判平23.12.27労判1042号15頁

育児休業から復帰した労働者につき、労働者の個別の同意なくして役割グレードの引き下げに基づいて役割報酬を減額することできないとしたほか、「控訴人が育休等を取得したことを合理的な限度を超えて不利益に取扱うことがないよう、前年度の評価を据え置いたり、あるいは控訴人と同様の役割グレードとされている者の成果報酬査定の平均値を使用したり、又は合理的な範囲で仮の評価を行うなど、適切な方法を採用することによって、育休等を取得した者の不利益を合理的な範囲及び方法等において可

能な限り回避するための措置をとるべき義務がある」として、成果報酬査定におけるゼロ査定を人事権の濫用として違法とした。

エ　医療法人稲門会（いわくら病院）事件・大阪高判平26.7.18労判1104号71頁 労経速2224号3頁

　３か月以上育児休業を取得した男性看護師について、翌年の職能給を昇給させないという不昇給規定は、育児休業のみを私傷病以外の他の欠勤、休暇、休業の取扱いよりも合理的理由なく不利益に取り扱うものであるから育児介護休業法10条や公序に反し無効であり、また、昇級試験の受験機会を与えなかった行為は違法であるとして、会社に対し、昇給していれば得られたはずの給与・賞与及び退職金額と実際の支給額との差額相当の損賠賠償、並びに昇格試験受験機会を与えなかったことについての慰謝料の支払いを命じた。

オ　社会福祉法人全国重症心身障害児を守る会事件・東京地判平27.10.2労判1138号57頁

　育児のための短時間勤務制度を利用したことを理由として昇給が抑制された事案について、育児・介護休業法23条の２（所定労働時間の短縮措置等を理由とする不利益取扱いの禁止）が強行法規であり、所定労働時間短縮措置を理由とする不利益取扱いは、特段の事情が存しない限り違法であり無効としたうえで、本件の昇給抑制は違法として、不法行為に基づき賃金差額相当額と慰謝料の支払いを命じた。

⑵　解雇の有効性、退職合意の成立等に関するもの

ア　日欧産業協力センター事件・東京地判平15.10.31労判862号24頁 労経速1866号3頁、東京高判平17.1.26労判890号18頁（確定）

　労働契約が６年間継続し、その間更新の手続きがなく、期間の定めのない契約と実質的に異ならない状況になっていることを認識しつつ、育児休業の付与を拒否した被告には故意または過失があるとし、慰謝料等の損賠賠償を認めた。

イ　TRUST事件・東京地立川支判平29.1.31労判1156号11頁

　妊娠が判明した労働者との間で退職の合意が成立していたかどうか争いとなった事案について、均等法の趣旨に照らし、妊娠中に退職の合意があったかどうかについては、労働者が自由な意思に基づいて合意したものと認めるに足る合理的な理由が客観的に存在するか慎重に判断すべきとしたうえで、本件では労働者の自由な意思に基づく退職合意は認められないとして、労働契約上の地位、未払賃金、慰謝料（20万円）が認められた。

ウ　ネギシ事件（控訴審）・東京高判平28. 11. 24労判1158号140頁（最三小決平29. 7. 4にて確定）

妊娠中の解雇の有効性が争点となった事案につき、原告の言動や態度が、職場環境を著しく悪化させ、業務に支障を及ぼすものであって就業規則上の解雇事由に該当し、客観的に合理的な理由がないとか、社会通念上是認できないとは言えないとして解雇を有効としたうえで、妊娠したこと理由とする解雇ではなく被告がそれを証明したといえるから、均等法９条３項違反ではなく、同条４項ただし書きにより、本件解雇が無効となるものではないと判示した。

エ　出水商事事件・東京地判平27. 3. 13労判1128号84頁 労経速2251号3頁

産休中の原告に対し、退職通知が送付されて退職金が支払われ、その後、退職扱いは撤回されたものの、原告が育児休業後に復職しようとしたところ「会社がこういう状況なので雇えない」「退職したほうがいいと思います」「新規に雇うことになります」等と言われ復職予定日以降も出社しなかった事案。原告の不就労について被告会社に帰責性を認め、あわせて産休中に退職扱いとする行為が不法行為にあたるとして、不就労期間中の賃金及び慰謝料（15万円）の支払を命じた。

(3)　軽易業務への転換に伴う降格に関するもの

広島中央保健生協（Ｃ生協病院）事件・最一小判平26. 10. 23民集68巻8号1270頁 労判1100号5頁、差戻審・広島高判平27. 11. 17労判1127号5頁 判時2284号120頁

ア　副主任の職位にあった理学療法士が、労基法65条３項に基づく妊娠中の軽易業務への転換に際して副主任を免ぜられ、育児休業終了後も副主任に任ぜられなかったことから、副主任を免じた措置は均等法９条３項に違反し無効などと主張して、雇用主に対し、管理職（副主任）手当の支払及び債務不履行又は不法行為に基づく損害賠償を求めた事案。

最高裁は、「均等法１条及び２条の規定する同法の目的及び基本的理念やこれらに基づいて同法９条３項の規制が設けられた趣旨及び目的に照らせば、女性労働者につき妊娠中の軽易業務への転換を契機として降格させる事業主の措置は、原則として同項の禁止する取扱いに当たる」が、①「当該労働者が軽易業務への転換及び上記措置により受ける有利な影響並びに上記措置により受ける不利な影響の内容や程度、上記措置に係る事業主による説明の内容その他の経緯や当該労働者の意向等に照らして、当該労働者につき自由な意思に基づいて降格を承諾したものと認めるに足りる合理

的な理由が客観的に存在するとき」、または、②「事業主において当該労働者につき降格の措置を執ることなく軽易業務への転換をさせることに円滑な業務運営や人員の適正配置の確保などの業務上の必要性から支障がある場合であって、その業務上の必要性の内容や程度及び上記の有利又は不利な影響の内容や程度に照らして、上記措置につき同項の趣旨及び目的に実質的に反しないものと認められる特段の事情が存在するときは、同項の禁止する取扱いに当たらない」と判断を示したうえで、①について自由な意思に基づいて降格を承諾したものとは認められないとし、②についてさらに審理を尽くさせるために原審に差し戻した。

差戻審（広島高判平27.11.17労判1127号5頁 判時2284号120頁）は、使用者に女性労働者の母性を尊重し職業生活の充実の確保を果たすべき義務に違反した過失（不法行為）、労働法上の配慮義務違反（債務不履行）があるとしたうえで、軽易な業務への転換に伴う降格に際し、事前に必要性や理由に関する説明や現場復帰後の地位に関し不安を払拭できる説明を受けられず、職業人としての誇りを傷つけられたこと、現場復帰後も副主任に戻れなかったことなどによる精神的苦痛を認め、本来支給されるべき手当相当額等の損害賠償及び慰謝料（100万円）等を認めた。

イ　この事件の最高裁判決を受け、厚生労働省は、均等法及び育児・介護休業法の解釈通達（平27.1.23雇児発0123第１号）を出し、妊娠、出産、育児・介護休業等を契機として不利益取扱いを行った場合は、原則として違法であり、例外として前記①②が認められるかどうかを検討すべきとの解釈を示した。ここでいう「契機として」は、時間的に近接しているか否かで判断され（同解釈通達）、原則として、妊娠、出産、育児・介護休業等の終了から１年以内の不利益取扱いは均等法又は育児・介護休業法に違反するとされた（平成27.3「妊娠・出産育児休業等を契機とする不利益取扱いに関するＱ＆Ａ」）。

(4)　配置転換の際の配慮義務違反に関するもの

ア　ネスレ日本（配転本訴）事件・大阪高判平18.4.14労判915号60頁 労経速1935号12頁

担当業務廃止に伴う姫路から霞ヶ浦への配転命令につき、「育児介護休業法26条の配慮の関係では、本件配転命令による被控訴人らの不利益を軽減するために採り得る代替策の検討として、工場内配転の可能性を探るのは当然のことである」と判示した上、家族の介護をしている労働者の家庭生活上の不利益の重大さを理由として配転命令を無効とした。

イ　NTT西日本（大阪・名古屋配転）事件・大阪高判平21.1.15労判977号5頁

配転命令が権利濫用にあたるかどうかを判断するに当たっては、育児介護休業法26条の趣旨を踏まえて検討する必要があると判示した上、大阪から名古屋への配転命令等につき、両親の介護等の事情から労働者に生じる不利益等を理由に、労働者らに対する慰謝料の支払を命じた。

(5)　上司や同僚等による職場におけるハラスメント

ア　ツクイほか事件・福岡地小倉支判平28.4.19労判1140号39頁 判時2311号130頁

デイサービスの営業所で介護職員として勤務していた労働者が、上司に対して妊娠を理由とする業務軽減に関する相談を行った際、上司が「特別扱いは特にするつもりはない」「万が一何かあっても働く覚悟はあるのか」「妊婦として扱うつもりはない」「制服も入らんような状態でどうやって働く」等の発言をしたこと、面談後1か月経っても業務軽減に対応しなかったことにつき、上司について不法行為責任、被告会社について使用者責任及び債務不履行責任（就業環境整備義務違反）を認め、慰謝料（35万円）の支払を命じた。

イ　医療法人社団恵和会ほか事件・札幌地判平27.4.17労判1134号82頁

老人保健施設の介護職員として勤務していた原告に対し、サクション瓶（吸入した痰が入っているガラス又はプラスチックの瓶）の洗浄等の労働を1人に集中して行わせ、また、原告から妊娠の報告があった際、上司らが想像妊娠だとか、中絶を示唆するような発言をしたこと、その後、肉体労働である入浴介助を原告1人に行うよう命じたこと等は、配慮に欠け、原告の人格的利益を侵害する違法な嫌がらせだったとし、上司らには不法行為に基づき、被告会社には使用者責任及び債務不履行（職場環境配慮義務違反）に基づき慰謝料（70万円）等の支払を命じた。

4　マタニティ・ハラスメント等に対する対応

(1)　職場の窓口への相談や交渉による解決

均等法及び育児介護休業法は、事業主に対して、妊娠、出産、育児及び介護に関するハラスメントを防止するための相談窓口を設け、相談があった場合には適切な対応をするよう義務付けている（マタハラ防止指針3(2)、育児介護休業法指針第2－14(2)ロ）。マタニティ・ハラスメント等を受けたときは、まず、こうした社内の窓口に相談することが考えられる。仮に、ハラスメント対応の窓口が無い場合でも、人事担当者、苦情処理窓口やコンプライアンスに関する通報窓口等にアクセスすることによって、事業主との交渉に繋がる場合もある。

特に、勤務の継続を希望している場合は、訴訟等の法的手続きより交渉によって解決を図るほうが望ましいことも多く、まずは、事業主に対して、ハラスメントの状態を止めさせ、就業環境の整備等（上司、同僚によるハラスメントの訴えがあった場合は、部署や席を離す等の対応を含む）を求めて交渉による解決を図ることを検討すべきである。

妊娠、出産、育児及び介護に関する制度や不利益取扱いに関する規定は、労基法、均等法、育児介護休業法等の法律にまたがっており、更に具体的内容が指針により定められているため、複雑でわかりにくい。事業主側が、これらの法制度や権利等を十分に把握していない場合もあるため、その点にも留意して交渉に臨む必要がある。

(2)　行政による紛争解決手続の利用

ア　労働局雇用環境・均等部（室）の利用

各都道府県労働局内には、雇用環境・均等部（室）が置かれており、均等法、育児介護休業法等に関する相談を受け付けている。相談を端緒として、都道府県労働局長の助言、指導または勧告（均等法17条１項、育児介護休業法52条の４）がなされることもある。

また、厚生労働大臣は、事業主に対して報告を求め、助言、指導、勧告をすることができ（同法29条）、勧告に従わない場合には企業名公表（均等法30条、育児・介護休業法56条の２）の対象となり得る。厚生労働大臣が報告を求めたにもかかわらず、報告をしない場合または虚偽の報告をした場合は、20万円の過料に処せられる（均等法33条、育児介護休業法68条）。

イ　調停

都道府県の労働局長は、均等法及び育児介護休業法による不利益取扱い禁止規定、事業主の講ずべき措置に関する紛争について、各都道府県労働局に置かれる紛争調整委員会に調停を行わせる旨、定められており（均等法18条、育児介護休業法52条の５）、マタニティ・ハラスメント等を受けた場合に、調停の申立てをすることもできる。

(3)　訴訟等の手続

ア　不利益取扱いに関する事業主への責任追及

妊娠、出産、育児及び介護等に関連した不利益取扱いの禁止規定（均等法９条３項、育児介護休業法10条、16条、16条の４、16条の７、16条の９、18条の２、20条の２、23条の２）は、強行法規であり、これらに違反する不利益取扱いは無効であり、これに基づいた法的請求を行うことが考えられる。例えば、不利益取扱いが解雇、雇止め等の場合は、地位確認請求及び未払賃金の請求が可能である。

また、不利益取扱いによって被害者に財産的、精神的な損害がある場合は、不法行為に基づく損害賠償請求を行うことも考えられる。

イ　上司・同僚等からのハラスメントに対する損害賠償請求

上司、同僚等の言動によるマタニティ・ハラスメント等に関しては、加害者本人に対し、不法行為に基づく損害賠償請求が可能である。

この場合、事業主に対しては、使用者責任又は職場環境の配慮義務違反による債務不履行責任に基づく損害賠償請求を行うことができる。

第11章 職場におけるハラスメント

第1 セクシュアル・ハラスメント

1 セクシュアル・ハラスメントとは

セクシュアル・ハラスメントは、一般的に「職場における相手方の意に反する性的な言動による嫌がらせ」などと定義される。しかし、どの場面で問題になっているかによっても内容が異なりうるので注意が必要である。

例えば、雇用の分野における男女の均等な機会及び待遇の確保等に関する法律（以下「均等法」）により、使用者が防止措置義務を負う「セクシュアル・ハラスメント」とは、①職場において行われる性的な言動に対する労働者の対応により、当該労働者が解雇、降格、減給等の不利益を受けること（対価型セクシュアル・ハラスメント）、および②職場において行われる労働者の意に反する性的な言動により労働者の就業環境が不快なものとなったため、能力の発揮に重大な悪影響が生じる等当該労働者が就業する上で看過できない程度の支障が生じること（環境型セクシュアル・ハラスメント）をいうと定義されている。

これに対し、加害者ないし使用者に対し損害賠償を請求しうる対象としての「セクシュアル・ハラスメント」は、必ずしも均等法上のセクシュアル・ハラスメントの定義に縛られるものではないが、権利侵害など不法行為上の違法性が必要である。

また、「性的な言動」に対する感じ方は労働者個々人によって異なるものである。例えば大多数の者が問題ないと思う行為でも被害者にとっては不快に感じることもある。さらに、客観的に同じ行為であっても、職場環境や加害者と被害者の関係（職場での上下関係や日頃の接触の度合い等）によって、ハラスメント（嫌がらせ）になりうる場合とそうでない場合がある。そのため、セクシュアル・ハラスメント事案を扱う場合は、まずセクシュアル・ハラスメントの定義を決めてそれに該当するかを検討するのではなく、個々の事案によって柔軟に考える必要がある。

セクシュアル・ハラスメントは、労働者の人格権（特に性的自由、性的自己決定権）を侵害するものとして捉えられるが、同時に、労働者の働く権利（働きやすい職場環境で働く権利）を侵害するという視点からのアプローチも必要である。セクシュアル・ハラスメントを受けた被害者が精神的症状を発症するケースや、退職を余儀なくされたり、職場復帰が困難になることもあり、このような深刻なセクシュアル・ハラスメント被害者の損害をどのように回復するかということも考えなければならない。

2　事業主のセクシュアル・ハラスメント防止措置義務

(1)　配慮義務から防止措置義務へ

均等法11条１項は、事業主に対し、職場におけるセクシュアル・ハラスメント防止のため雇用管理上必要な措置を講じることを義務付けている。2006年改正前の均等法では、事業主に対して職場における性的な言動に起因する問題に関して雇用管理上の配慮をする義務（配慮義務）を定めるに過ぎなかったが、2006年改正以降、セクシュアル・ハラスメントの防止措置義務にまで強化された。

「事業主が職場における性的な言動に起因する問題に関して雇用管理上講ずべき措置についての指針」（平18.10.11厚生労働省告示615号。以下「セクハラ防止指針」）では、職場におけるセクシュアルハラスメントの具体例及び事業主に義務付けられている防止措置の内容等が示されている。

(2)　「職場におけるセクシュアルハラスメント」の内容（セクハラ防止指針より）

ア　セクシュアルハラスメントの類型

防止措置の対象である「職場におけるセクシュアルハラスメント」には、以下の２類型がある。（セクハラ防止指針2(5)、(6)）。

①　対価型セクシュアルハラスメント

職場において行われる労働者の意に反する性的な言動に対する労働者の対応（例えば拒否や抵抗等）により、当該労働者が解雇、降格、減給等の不利益を受けること

典型例：事業所内において事業主が労働者に性的関係を要求したが、拒

否されたためその労働者を解雇することなど

② 環境型セクシュアルハラスメント

職場において行われる労働者の意に反する性的な言動により労働者の就業環境が不快なものとなったため、能力の発揮に重大な悪影響が生じる等当該労働者が就業する上で看過できない程度の支障が生じること

典型例：労働者が抗議しているにもかかわらず職場内にヌードポスターが貼られており労働者が苦痛に感じて業務に専念できないことなど

イ 「職場」とは

上記の定義で言及されている「職場」とは、労働者が業務を遂行する場所を広く意味し、取引先の事務所、取引先と打ち合わせをするための飲食店、顧客の自宅等であっても、業務を遂行する場所であればこれに該当する（セクハラ防止指針2(2)）。

ウ 「労働者」とは

「労働者」とは、パートタイム労働者、契約社員等のいわゆる非正規労働者を含む事業主が雇用するすべての者をいう。派遣労働者は、派遣元事業主及び派遣先事業主の双方に対して「労働者」に該当する（派遣法47条の２）。すなわち、派遣労働者については、派遣元事業主及び派遣先事業主の双方が、均等法上の措置義務を負う（セクハラ防止指針２(3)）。なお、派遣先で発生した派遣労働者に対するセクシュアル・ハラスメントについて、派遣元の義務違反を認めた裁判例として、東レエンタープライズ事件・大阪高判平25. 12. 20労判1090号21頁 判時2229号101頁がある（第９章第４・6(3)（450頁）参照）。

また、セクシュアル・ハラスメントには、異性に対するもの（男性から女性に対するもの、女性から男性に対するもの）のほか、同性に対する場合も含まれ、被害者の性的指向（恋愛感情又は性的感情の対象となる性別についての指向）、性自認（自己の性別についての認識）にかかわらず対象となることにも注意が必要である（セクハラ防止指針２(1)）。

エ 「性的な言動」とは

「性的な言動」とは、性的な内容の発言及び性的な行動を指し、この「性的な内容の発言」には、性的な事実関係を尋ねること、性的な内容の情報を意図的に流布すること等が含まれ、「性的な行動」には、性的な関係を強要すること、必要なく身体に触ること、わいせつな図画を配布すること等が含まれる（同2(4)）。

(3) セクシュアル・ハラスメント防止措置義務の具体的内容（セクハラ防止指

針より）

セクハラ防止指針で定められている事業主が講ずべき防止措置の内容は、以下のとおりである（同３）。同指針では具体例も掲載されているので合わせて参照されたい。

ア　事業主の方針の明確化及びその周知・啓発

①　職場におけるセクシュアルハラスメントの内容及び職場におけるセクシュアルハラスメントがあってはならない旨の方針を明確化し、管理・監督者を含む労働者に周知・啓発すること。

②　職場におけるセクシュアルハラスメントに係る性的な言動を行った者については、厳正に対処する旨の方針及び対処の内容を就業規則その他の職場における服務規律等を定めた文書に規定し、管理・監督者を含む労働者に周知・啓発すること。

イ　相談（苦情を含む）に応じ、適切に対応するために必要な体制の整備

①　相談窓口をあらかじめ定めること。

②　相談窓口の担当者が、相談に対し、その内容や状況に応じて適切に対応できるようにすること。また、相談窓口において、職場におけるセクシュアルハラスメントが現実に生じている場合だけでなく、その発生のおそれがある場合やそれに該当するか否か微妙な場合であっても、広く相談に対応し、適切な対応を行うようにすること。

ウ　職場におけるセクシュアルハラスメントに係る事後の迅速かつ適切な対応

①　事案に係る事実関係を迅速かつ正確に確認すること。

②　職場におけるセクシュアルハラスメントが生じたとの事実確認ができた場合においては、速やかに被害者に対する配慮のための措置を適正に行うこと

③　職場におけるセクシュアルハラスメントが生じたとの事実確認ができた場合においては、行為者に対する措置を適正に行うこと。

④　改めて職場におけるセクシュアルハラスメントに関する方針を周知・啓発する等の再発防止に向けた措置を講じること。

エ　アからウまでの措置と併せて講ずべき措置

①　相談への対応又は事後の対応に当たっては、相談者・行為者等のプライバシーを保護するために必要な措置を講ずるとともに、その旨を労働者に対して周知すること。

②　労働者が相談したこと、事実関係の確認に協力したこと等を理由とし

て、不利益な取扱いを行ってはならない旨を定め、労働者に周知・啓発すること。

3 セクシュアル・ハラスメントの被害者が取り得る手段

(1) 職場の窓口への相談、交渉等

セクシュアル・ハラスメントの被害があったとき、被害者は、均等法上、事業主に設置が義務づけられている職場の相談窓口に相談をすることができる。相談窓口が機能を発揮し適切な対応がとられ、迅速にハラスメント状態が解消される場合もあり、被害者にとっても時間的、経済的及び精神的負担も少ない解決が期待できる。仮に、相談窓口が設置されていない場合でも、人事担当者、苦情処理窓口やコンプライアンスに関する通報窓口等にアクセスすることによって、事業主との交渉に繋がる場合もある。

しかし、そもそも相談窓口が設置されていなかったり、また、設置されていても担当者の無配慮な相談対応等により二次被害が発生してしまうなど、相談窓口が適切に機能していない例も多く、その利用には注意が必要である。

(2) 行政機関への相談

事業主に防止措置義務違反があった場合、厚生労働大臣や同大臣が委任した各都道府県労働局雇用均等部（室）長は、必要がある場合において、事業主に対して、報告を求め、助言、指導、勧告をすることができる（均等法29条）。厚生労働大臣は、均等法に違反する事業主が、同法29条1項の勧告に従わなかったとき、その旨を公表することができる（同法30条）。したがって被害者は、雇用機会均等法に定める措置義務違反があった場合、各都道府県労働局雇用均等部（室）長に、かかる権限を行使するよう求めることが考えられる。

また、被害者は、セクシュアル・ハラスメントに関する紛争につき、均等法17条に基づき、労働局長に対し、事業主に対する助言、指導、勧告を求めるなどの援助の申立、同法18条以下に基づく調停の申立をすることもできる。

(3) 加害者・使用者の一般的民事責任の追及

ア　加害者の民事責任の追及

「相手方の意に反する性的言動」であるセクシュアル・ハラスメントにより、性的自由・性的自己決定権などの人格的利益、快適な職場・教育環境で就労する利益が侵害された場合には、加害者に対し不法行為責任（民法709条）の責任を追及することが考えられる。

(ア)　違法性の判断基準（裁判例）

セクシュアル・ハラスメントに不法行為が成立するためには、不法行

為上の違法性があることが要件となる。この違法性の存否については、たとえば「職場において、男性の上司が部下の女性に対し、その地位を利用して、女性の意に反する性的言動に出た場合、これがすべて違法とされるものではなく、その行為の態様、行為者である男性の職務上の地位、年齢、被害女性の年齢、婚姻歴の有無、両者のそれまでの関係、当該言動の行われた場所、その言動の反復・継続性、被害女性の対応等を総合的にみて、それが社会的見地から不相当とされる程度」であるか否か等を判断基準としている裁判例がある（金沢セクシュアル・ハラスメント事件・名古屋高金沢支判平8.10.30労判707号37頁 判タ950号193頁）。

また、「男性たる上司が部下の女性（相手方）に対してその望まない身体的な接触行為を行った場合において、当該行為により直ちに相手方の性的自由ないし人格権が侵害されるものとは即断し得ないが、接触行為の対象となった相手方の身体の部位、接触の態様、程度（反復性、継続性を含む。）等の接触行為の外形、接触行為の目的、相手方に与えた不快感の程度、行為の場所・時刻（他人のいないような場所・時刻かなど）、勤務中の行為か否か、行為者と相手方との職務上の地位・関係等の諸事情を総合的に考慮して、当該行為が相手方に対する性的意味を有する身体的な接触行為であって、社会通念上許容される限度を超えるものであると認められるときは、相手方の性的自由または人格権に対する侵害にあたり、違法性を有すると解すべきである」との裁判例もある（横浜セクシュアル・ハラスメント事件・東京高判平9.11.20労判728号12頁 判時1673号89頁）。

(イ)　セクシュアル・ハラスメント事案の特性（裁判例）

①　セクシュアル・ハラスメント行為の立証

セクシュアル・ハラスメントについては、後述するように（本章第1・4（508頁））、密室でなされることが多く立証が難しいという特性がある。この点に関連して、被害者自身が作成したメモの信用性が問題となることがあるが、裁判例の中では、これを肯定したもの（薬局経営者事件・福岡地判平17.3.31判タ1196号106頁）と否定したもの（同事件の控訴審、福岡高判平19.3.23判時1988号23頁 判タ1247号242頁）がある。原告の日記及びノートにつき、当該日付の日に当該出来事が存在したという限度で信用性が認められた例として、医療法人社団恵和会ほか事件・札幌地判平27.4.17労判1134号82頁。

強姦未遂の有無が争われた事案で、被害者の陳述が具体的、詳細かつ明確であることに加え、事件の数日後の被害者と加害者の会話（録音）で、加害者が、強姦されそうになったと述べる被害者に対して有効な反論をせず、かえって謝罪と見られる発言までしていることから強姦未遂の事実を認定した裁判例として、東京地判平12.3.10判時1734号140頁がある。

② 被害者の心理状態について

また、セクシュアル・ハラスメントは、職場の上下関係を利用して行われることが多いため、被害者が抵抗したり助けを求めたりしないなどの特有の心理状態に置かれるケースが多い。この点に着目・言及して、強姦の被害者が意に反した性交渉をもった惨めさ、恥ずかしさ、そして自らの非を逆に責められることを恐れ、告発しないことも決して少なくないのが実情であって、自分で悩み、誰にも相談できないなかで葛藤する症例もつとに指摘されるところであるから、性交渉直後や退職直後に加害者を告発しなかったことをもって性的関係が意に反したものではなかったということはできないと認定した裁判例もある（京都大学セクシュアル・ハラスメント事件・京都地判平9.3.27判時1634号110頁 判タ992号190頁。但し第三者が作成公表した手記が名誉毀損であるとして加害者が提訴し真実性が認められた事案である。その他、前掲横浜セクシュアル・ハラスメント事件・東京高判平9.11.20労判728号12頁 判時1673号89頁や秋田県立農業短大事件・仙台高秋田支判平10.12.10労判756号33頁 判時1681号112頁など）。

ワカオー事件・東京地判平24.6.13労経速2153号3頁は、代表取締役と親戚関係にある本部長職の加害者が入社間もない被害者と半年にわたって性交渉を持っていた事案において、職場における上司と部下などの上下関係、優劣関係を背景に圧倒的な力の差を利用し、隠微かつ狡猾な手段で脅迫・強制が行われること、被害者は職場の上司である加害者を怒らせないようにして自分を守ろうとする無意識の防衛本能が働くため、加害者に逆らうことができず、喜んで従って見えることがあるから、一見して性行為の強要があることがわかりにくい、としたうえで、合意のうえだったとの加害者の主張を斥けた。

被害者本人が心理的に抵抗できなかったのであり、同意したわけではない旨供述していること、被害者は翌年４月に会社に入社することが内定した大学４年生であり、会社の人事担当者から勧められ在学中でありながら、親元を離れて単身で生活し、翌年入社予定のアルバイトとして会社に勤務するようになったこと、加害者は被害者に対して人事権を有する会社の代表取締役であったことなどを根拠に、同意を否定した裁判例もある（M社（セクハラ）事件・東京高判平24.8.29労判1060号22頁）。

自衛隊内で上官が非常勤隊員と性的関係を持った事案においては、上官としての地位を利用し、被害者及び被害者の交際相手の自衛官への人事上の影響力をちらつかせ、当時母子家庭で雇用や収入の確保に敏感になっている被害者の弱みにつけ込み性的関係を強要したものとして、同意を否定した（航空自衛隊自衛官（セクハラ）事件・東京高判平29.4.12労判1162号9頁）。

最高裁は、セクシュアル・ハラスメントの加害者らに対して事業主が行った懲戒処分の有効性が争われた事案において、加害者側が行っていた性的な言動について被害者が明白な拒否の姿勢を示しておらず、被害者から許されていると誤信していたことを加害者側に有利な事情として斟酌した原審の認定に対して、「職場におけるセクハラ行為については、被害者が内心でこれに著しい不快感や嫌悪感等を抱きながらも、職場の人間関係の悪化等を懸念して、加害者に対する抗議や抵抗ないし会社に対する被害の申告を差し控えたりちゅうちょしたりすることが少なくないと考えられる」ことを指摘して、被害者が拒否の姿勢を示していないことを加害者に有利に斟酌することは相当でないとした（L館事件・最一小判平27.2.26労判1109号5頁 判時2253号107頁）。なお、加害者に対する懲戒処分の有効性が争われた事案については、第５章第２・３⑷ウ（225頁）を参照。

③　セクシュアル・ハラスメント行為と精神疾患

セクシュアル・ハラスメントの被害者が精神疾患を発症するケースも多いが、特に加害行為と受診時期、疾患の診断時期に時間があいた場合に、加害行為と精神疾患の因果関係が問題となる。

この点について、前掲航空自衛隊自衛官（セクハラ）事件・東京高判平29.4.12は、上官から性的関係を強要されていた時点から精神科に通院して治療を受け、適応障害の診断を受けていた被害者が、加害行為の終了から約２年半経過後（訴訟提起の数日前）、別の精神科の通院を開始し、約10か月後に心的外傷後ストレス障害（PTSD）の診断を受けたケースであるが、セクシュアル・ハラスメント行為とPTSDの因果関係を認めた。

一方で、セクシュアル・ハラスメント行為から1年近く経過した後に診断されたPTSDにつき、PTSDは心的外傷体験から6か月以内の発症が原則として、因果関係を否定した裁判例もある（熊本セクハラ（教会・幼稚園）事件・大阪高判平17. 4. 22労判892号90頁）。

イ　使用者に対する民事責任の追及

被用者により「事業の執行について」セクシュアル・ハラスメントが行われた場合に、その加害者個人への責任追及とは別途、使用者に対する使用者責任の追及（民法715条）、法人の代表者により「職務を行うについて」セクシュアル・ハラスメントが行われた場合には法人に対する責任追及（会社法350条、一般社団法人及び一般財団法人に関する法律78条・197条）を行うことが考えられる。使用者責任の場合、使用者の「事業の執行について」行われた行為であることが要件であるから、使用者と被害者の間に直接の雇用契約関係が存在することは必須の要件ではない。また、職場外や就業時間外の行為であっても「事業の執行について」行われた行為であると評価できれば使用者責任を追及できる（男性社員らが新人女性社員の歓迎会を開催し、二次会でセクシュアル・ハラスメントが行われた例で使用者責任を認めた大阪セクハラ（S運送会社）事件・大阪地判平10. 12. 21労判756号26頁 判時1687号104頁など）。

その他に、①使用者に対して、直接、不法行為責任（民法709条）を追及することを検討すべき場合もある。沼津セクハラ（F鉄道工業）事件・静岡地沼津支判平11. 2. 26労判760号38頁は、使用者には職場環境を調整すべき義務があったのに、適切な措置を執らず職場環境を調整する配慮を怠ったことが不法行為にあたるとした。また、前掲M社（セクハラ）事件・東京高判平24. 8. 29労判1060号22頁は、使用者が、セクシュアル・ハラスメントを防止する措置を講ずる義務（均等法11条）に違反していた結果、セクシュアル・ハラスメントが発生する事態に至ったとして、使用者の不法行為責任（民法709条）を認めた。

また、②使用者に対して、雇用契約に付随する職場環境配慮義務、安全配慮義務の債務不履行責任（民法415条）を追及することもできる。職場環境配慮義務または安全配慮義務違反による使用者の債務不履行責任を認めた例として、以下の事案がある。

京都セクシュアル・ハラスメント（呉服販売会社）事件・京都地判平9. 4. 17労判716号49頁 判タ951号214頁は、女子更衣室が盗撮された事案であるが、雇用契約に付随して労働者のプライバシーが侵害されることがないように職場環境を整える義務に違反したとして、使用者の債務不履行責任が認められた。

また、被害者からの被害申告や相談に対して、使用者が迅速、適切な対応をとらなかったことが職場環境配慮義務違反と認定される場合もある。三重セクシュアル・ハラスメント（厚生農協連合会）事件・津地判平9.11.5労判729号54頁 判時1648号125頁は、女性看護師らが男性上司から体を触られたり、卑猥なことを言われたりするセクシュアル・ハラスメントを受けていた事案であるが、男性上司の言動が個人的な行為であるとして使用者責任を否定しつつ、女性看護師らが被害を申告して善処を求めたのに適切な措置をとらなかったことが職場環境配慮義務を怠ったものと指摘し、使用者の債務不履行責任を認めた。

仙台セクハラ（自動車販売会社）事件・仙台地判平13.3.26労判808号13頁 判タ1118号143頁は、女性社員が、のぞき見目的で会社の女子トイレ内に侵入している男性社員を発見した事案において、会社には事実関係を迅速かつ正確に調査し、誠実かつ適切に対処する義務があったにもかかわらずその義務を怠ったとし、使用者に職場環境配慮義務違反による債務不履行責任を認めた。

Ａ市職員（セクハラ損害賠償）事件・横浜地判平16.7.8労判880号123頁 判時1865号106頁においては、市の女性職員に対する上司の男性職員のセクシュアル・ハラスメント行為と同行為に関する苦情申出に対して適切な対応をとらなかったことが違法として、国賠請求が認容された。

青森セクハラ（バス運送業）事件・青森地判平16.12.24労判889号19頁は、強制わいせつ行為や強姦未遂の類の悪質な行為を含むセクシュアル・ハラスメント行為を長期間にわたり継続的に行っていた事案であり、被害者からの被害申告に対し会社が適切な対応を行わず放置したことについて使用者の不法行為ないし債務不履行責任を認めた。

③直接の雇用契約関係がない場合において、雇用に類似する指揮命令関係における職場環境配慮義務または安全配慮義務に基づく責任を追及することも考えられる。この点については、セクシュアル・ハラスメント事案ではないが、造船所で働いていた下請労働者が騒音性難聴に罹患した事案において、元請企業は、下請労働者との間に特別な社会的接触の関係に入ったもので、信義則上、安全配慮義務を負うとした判例（三菱重工業神戸造船所事件・最一小判平3.4.11労判590号14頁 判時1391号3頁）、大工が屋根から転落した労災事故の例で原被告間の契約関係は請負契約の色彩の強

い契約関係であったが実質的な使用従属関係があったというべきとして建設会社に安全配慮義務を認めた藤島建設事件・浦和地判平8.3.22労判696号56頁 判タ914号162頁等が参考となる。これらの裁判例のように、直接の雇用契約関係になくても債務不履行構成の安全配慮義務が認められる場合があることに照らせば、セクシュアル・ハラスメントにおいてもこのような構成は可能であろう。

例えば、上下関係が希薄であったり、加害者が特定できない事案については①②の責任を、元請企業が下請企業の従業員に対しセクシュアル・ハラスメントに及んだ場合のように直接の雇用関係がない事案において③の責任を追及する実益があると考えられる。

債務不履行構成は、不法行為構成と比べ消滅時効期間が10年と長くなるという利点もある。なお、2017年に成立した改正民法（債権関係）において、債権の消滅時効は①権利行使することができることを知った時から5年間、又は②権利行使できる時から10年間（人の生命または身体の侵害による損害賠償請求権については20年間）とされ（改正民法166条1項、167条）、人の生命または身体を害する不法行為の損害賠償請求権の消滅時効は5年と延長された（同724条の2）。

東京地裁では、セクシュアル・ハラスメントの損害賠償請求訴訟は、使用者側の安全配慮義務違反をも問題にする場合には、通常部ではなく、労働部で審理される扱いが一般的である。

ウ　セクシュアル・ハラスメントによる損害

(ア) 不法行為が成立する場合、損害として、①積極損害としてセクシュアル・ハラスメントを原因として傷病を負った場合の治療費等、②消極損害としてセクシュアル・ハラスメントとの因果関係が認められる場合の休業損害、退職による逸失利益等、③慰謝料、④弁護士費用が問題となりうる。

(イ) セクシュアル・ハラスメントを受けたことによって退職した場合の逸失利益を認めた裁判例として以下のようなものがある。

社内で女子更衣室を盗撮するセクシュアル・ハラスメント行為が発覚した後も会社が適切な措置を取らず再度盗撮が行われたうえ、取締役が朝礼の席上、盗撮の加害者と原告が交際をしていたかのような発言をし、原告に退職を示唆した事案において、使用者には雇用契約に付随して従業員が意に反して退職することがないように職場環境を整備する義務があるとしたうえで、取締役の発言に対して会社が何の措置も取らなかったため、居づらくなって退職に至ったと判示し、失業給付支給期間（180日）の賃金相当額と失業給付の差額を逸失利益として認めた（前掲京都セクシュアル・ハラスメント（呉服販売会社）事件・京都地判平9.4.17労判716号49頁 判タ951号214頁）。

その他に、銀行の支店長から強制わいせつに類するセクシュアル・ハラスメント行為を受けた被害者がメニエール病類似疾患を発症して退職し、退職後も通院治療をしていた事案において、銀行側のセクシュアル・ハラスメント対策が不十分でセクシュアル・ハラスメント問題に対する意識が低くこれに対して組織的に支援する雰囲気が醸成されていない銀行の現場で被害者が孤立することも予想できる成り行きであったことを指摘してセクシュアル・ハラスメント行為と退職の相当因果関係を認め、退職後１年間の賃金相当額の逸失利益を認めた例（京都地判平13.3.22判時1754号125頁 判タ1086号211頁）、専務取締役による女性支店長２名に対するセクシュアル・ハラスメント行為（１名に対しては肉体関係を迫り、両名に対して虚偽の性的な風評流布等）により、両名が退職した事案において、退職後１年分の賃金相当額の逸失利益を認めた例（岡山セクハラ（労働者派遣会社）事件・岡山地判平14.5.15労判832号54頁）、加害者が強制わいせつ行為や強姦未遂の類の悪質な行為を含むセクシュアル・ハラスメント行為を執拗かつ継続的に行い、被害者からの被害申告に対し会社が不適切な対応を行っていた事案において、被害者が再就職が困難であることや住宅ローンがあることに配慮し退職後１年間の逸失利益を認めた例（前掲青森セクハラ（バス運送業）事件・青森地判平16.12.24労判889号19頁）、代表者である加害者が、秘書として採用した被害者に対して１年２か月にわたり継続的に職務として性交渉を要求し、応じなかった被害者に退職を迫った事案において、退職後３か月について月収全額、その後９か月について月収の３分の１の逸失利益を認めた例（京都地判平19.4.26判例秘書登載）がある。

セクシュアル・ハラスメント行為と退職との相当因果関係を認め、逸失利益を認めた事案の多くは、セクシュアル・ハラスメント行為の態様が悪質であるものや、加害者が役員や高位の役職者であるケース、被害者からの相談や被害申告に対して使用者が適切な措置をとらなかったと認定された事案、セクシュアル・ハラスメント行為により疾病を発症した等の事情が認められる。損害額の算定に際して、退職後も通院治療が必要、再就職が困難、住宅ローンを抱えている等の被害者側の事情を考慮するケースも多い。

(ウ) 慰謝料として認められる金額は、事案により千差万別であるが、行為の悪質性が高い事案、特に身体的な接触、強制わいせつ、強姦又は強姦未遂等の行為の態様が極めて悪質な事案や長期間、多数回に及ぶセクシュアル・ハラスメント行為があった事案等については、高額な慰謝料が認められる傾向にある。また、被害者に重大な結果が生じた場合として、被害者がPTSD等の精神疾患を発症した場合や、退職せざるを得なかった場合にも比較的高額な慰謝料が認められる傾向にある。

例えば、加害者個人に高額の慰謝料の支払を命じた裁判例として、強制わいせつにあたる行為により被害者がPTSDを発症した事案につき慰謝料100万円（岡山セクハラ（リサイクルショップＡ社）事件・岡山地判平14. 11. 6労判845号73頁）、十数回にわたる卑猥なメール送信、勤務時間中に抱きつき胸を触るなどしたうえで性交渉を持った事案について慰謝料130万円（下関セクハラ（食品会社営業所）事件・山口地下関支判平16. 2. 24労判881号34頁、広島高判平16. 9. 2労判881号29頁。ただし控訴審の控訴人は使用者であり、加害者個人については一審で確定）、直属上司から性行為の強要を含む継続的なセクシュアル・ハラスメント行為により被害者が退職した事案について慰謝料200万円（前掲東京地判平24. 6. 13労経速2153号3頁）の支払を命じた裁判例がある。

前掲航空自衛隊自衛官（セクハラ）事件・東京高判平29. 4. 12労判1162号9頁は、上官の地位を利用して被害者や被害者の交際相手への人事上の影響力を示唆し、母子家庭の被害者が雇用や収入の確保に敏感なことにつけ込んで性的関係を強要し、被害者が精神状態を悪化させて生活保護を受けざるを得ない状態になった後も性的関係の強要を継続したことが悪質であり、被害者がPTSDを発症するなど被害も深刻としたうえで、慰謝料800万円の支払を命じた。

使用者の不法行為責任（使用者責任、加害者が代表者の場合は会社法350条に基づく損害賠償責任）や債務不履行責任が認められる場合においては、加害者個人と使用者に対して連帯して慰謝料の支払が命じられる。こうしたケースにおいて比較的高額の慰謝料が認められたものとして、加害者が強制わいせつ行為や強姦未遂の類の悪質な行為を含むセクシュアル・ハラスメント行為を執拗かつ継続的に行い、被害者からの被害申告に対し会社が不適切な対応行っていた事案において慰謝料200万円の支払を命じた例（前掲青森セクハラ（バス運送業）事件・青森地判平16. 12. 24労判889号19頁)、上司３名が宴席で被害者らに抱きつく、足で体を挟む、首を絞める等のセクシュアル・ハラスメント行為をした事案につき、被害者１人あたり80万円〜250万円の慰謝料を命じた例（ただし被害者側の過失相殺20％。広島セクハラ（生命保険会社）事件・広島地判平19. 3. 13労判943号52頁）がある。

慰謝料の算定において、被害者からの被害申告に対して、使用者が適切な対応を取らなかったことを考慮したことがうかがわれる例として、一時は交際関係にあった男女間でセクシュアル・ハラスメントの有無が争われた事案につき、交際が途絶えた後のつきまとい等のハラスメント行為を認定したうえで、被害者からの申告に真摯に対応せず、被害者が最終的に退職を余儀なくされるに至ったとして、慰謝料200万円の支払を命じた例（イビケン（旧イビデン建装）元従業員ほか事件・名古屋高判平28. 7. 20労判1157号63頁）がある。

また、加害者が会社の代表者等の立場にある場合、高額の慰謝料が認められるケースが散見される。代表者である加害者が被害者が就職した直後から退職に至るまで１年２か月にわたり継続的に職務として性交渉を要求した事案について300万円の慰謝料を命じた例（前掲京都地判平19. 4. 26判例秘書登載)、代表取締役である加害者が、翌年入社が内定していたアルバイトの学生である被害者宅を深夜に訪ねて性行為を強要した事案において、加害者と会社に対し連帯して慰謝料300万円の支払いを命じた例（前掲M社（セクハラ）事件・東京高判平24. 8. 29労判1060号22頁)、代表取締役である加害者が、勤務時間中に身体的接触を繰り返し、性行為を強要した事案につき、加害者と会社に対し連帯して慰謝料350万円の支払いを命じた例（東京地判平27. 5. 27判例秘書登載）などがある。

⑷　仮処分

セクシュアル・ハラスメントが継続している場合には、人格権に基づき、セクシュアル・ハラスメントの停止、排除を求める仮処分の申立を行うことが考えられる。

⑸　労働法上の救済

性的要求を拒絶したり、セクシュアル・ハラスメントにつき抗議・相談したことによって、解雇、配置転換、減給等の報復･不利益措置を受けた場合には、地位確認請求や配置転換の無効確認請求、賃金請求、労働仮処分等の労働法上の救済を求めることが考えられる。

(6) 労災の申請

セクシュアル・ハラスメントにより精神障害等に罹患し、業務起因性が認められる場合には、労働災害補償を申請することも考えられる。

「心理的負荷による精神障害の認定基準」（平23.12.26基発1226第1号：第16章第11・1（712頁～）参照）では、「業務による心理的負荷評価表」で、「強姦や、本人の意思を抑圧して行われたわいせつ行為などのセクシュアルハラスメントを受けた」が「特別な出来事」と位置づけられた。また、「セクシュアルハラスメントを受けた」という独立の項目が設けられ（「業務による心理的負荷評価表」36（巻末資料814頁）、平均的な心理負荷強度は「中」とされるが、「強」になる例として「胸や腰等への身体接触を含むセクシュアルハラスメントであって、継続して行われた場合」、「胸や腰等への身体接触を含むセクシュアルハラスメントであって、行為は継続していないが、会社に相談しても適切な対応がなく、改善されなかった又は会社への相談等の後に職場の人間関係が悪化した場合」、「身体接触のない性的な発言のみのセクシュアルハラスメントであって、発言の中に人格を否定するようなものを含み、かつ継続してなされた場合」、「身体接触のない性的な発言のみのセクシュアルハラスメントであって、性的な発言が継続してなされ、かつ会社がセクシュアルハラスメントがあると把握していても適切な対応がなく、改善がなされなかった場合」が列挙されている。同認定基準では、発病前概ね6か月の間に「強」となる出来事があった場合は基本的に業務起因性が認められることになる。セクシュアル・ハラスメントについては、会社が適切な対応をしなかった場合に「強」になる点に注意を要する。

厚生労働省が2017（平成29）年6月30日に公表した2016（平成28）年度「過労死等の労災補償状況」によれば、精神障害の発症についてセクシュアル・ハラスメントを受けたとの申請理由による労災として認定された件数は、2015（平成27）年度は24件（不支給20件）、2016（平成28）年度は29件（うち1件は男性）（不支給21件）である。これと別に「特別な出来事」のうちの「強姦や、本人の意思を抑圧して行われたわいせつ行為などのセクシュアルハラスメントを受けた」との申請理由により労災と認定されたものが、2015（平成27）年10件、2016（平成28）年8件ある。

(7) 刑事責任の追及

セクシュアル・ハラスメントが、強姦罪、強制わいせつ罪、傷害罪、名誉毀損罪、信用毀損罪、侮辱罪、脅迫罪、強要罪、ストーカー行為等の規制に関する法律、軽犯罪法上ののぞき・つきまとい行為、条例上の迷惑行為に該当する場合には、加害者に対し、告訴等の方法で、刑事責任を追及することも考えられる。

4 セクシュアル・ハラスメント事件での留意点（労働者側）

(1) 二次被害の防止

セクシュアル・ハラスメント事案の取扱いに当たって、もっとも注意しなければならないのは、相談担当者による二次被害の防止である。そのためには、セクシュアル・ハラスメント被害者の特性を理解しておく必要がある。

セクシュアル・ハラスメント被害者に対しては、「嫌なら何故抵抗しないのか」という疑問が呈されることが少なくない。しかし、セクシュアル・ハラスメントは職場での地位や権力を利用して行われることが多い行為であるため、「嫌だと思っても、仕事を続けようと希望するなら拒否の態度を明らかにすることが難しい」ところに最大の特徴がある。セクシュアル・ハラスメント被害者が、非正規労働者や新入社員、家計を主に担っている者（シングルマザーなど）等、職場内や社会的に弱い立場にある者に多いのはそのためである。中には、職場の円滑な人間関係や、職そのものを失うことを避けるため、被害者が加害者に明確な拒否を示さなかったり、時には迎合的な態度をとったりすることもあるが、そのことから被害者の落ち度を責めたり、「合意があった」と安易に決めつけてはならない。また、被害者には「嫌なことを早く忘れたい」という心理が働くことから、核心部分について記憶が曖昧だったり、記憶の混乱があったりすることもあるため、あせらず時間をかけて事実を聞き取るべきである。

セクシュアル・ハラスメント被害者は、羞恥心や、自身に落ち度があると思われるのではないかという思い等から、なかなか周囲に相談できず、被害が潜在化、長期化することが多いことも知っておかなければならない。特に、上司や会社の窓口に対しては、被害者は上記に加え、社内の人間関係や自己の地位の悪化の恐れもあって相談できないことが多い。その場合でも、すぐに被害を申告していないから被害がなかった、などと決めつけないよう注意すべきである。

(2) 被害者の精神的負担への配慮

セクシュアル・ハラスメント被害者は、うつ症状やPTSDなどの深刻な精神疾患にかかっていることが少なくないため、相談や裁判を進めるにあたっては、医師やカウンセラーの理解や協力を得ることも必要である。

また、裁判は原則公開であるため、被害者の名誉やプライバシーを保護する配慮が必要である。訴状等における住所の記載をたとえば弁護士事務所にするなどの工夫（平17. 11. 8最高裁事務連絡：裁判所は被害者の住所記載を厳格に求めない運用をしている）や、訴訟記録の閲覧制限申立（民訴法92条１項）、証拠調べに当たっての付添いや遮蔽措置等（民訴法203条の２、203条の３、204条）の利用についても検討すべきである。

⑶ 立証活動について

セクシュアル・ハラスメント（特に身体的接触を伴うセクシュアル・ハラスメント）は、そのほとんどが加害者と被害者のみの現場で行われるため、被害者による立証は困難なことが多い。性的な言動については、本人のメモや日記、メールなどが残っている場合もあるのでそれらを活用する（ただし、メールが削除されていたり、また前述のように迎合的態度と取られるような本人のメールが残っている場合もあるので、前述のセクシュアル・ハラスメント被害者の心理を理解した上で利用すべきである）。

また、加害者が客観的事実の存在は認めても「合意の抗弁」を主張することも少なくない。

これらについては、セクシュアル・ハラスメント被害者の特殊な心理状況や行動パターンなどについての心理学的、社会学的な経験則を裁判所に理解してもらう努力も必要である（米国における強姦被害者の対処行動に関する研究をひいた例として前掲横浜セクシュアル・ハラスメント事件・東京高判平9. 11. 20労判728号12頁 判タ1011号195頁、前掲秋田県立農業短大事件・仙台高秋田支判平10. 12. 10労判756号33頁 判時1681号112頁、前掲M社（セクハラ）事件・東京高判平24. 8. 29など）。

5 セクシュアル・ハラスメント事件での留意点（使用者側）

⑴ セクシュアル・ハラスメント被害の申告があった場合の対応

セクシュアル・ハラスメント被害を受けたという申告が、ハラスメント相談窓口や人事部などに寄せられた場合の対応は、セクハラ防止指針で定められている「職場におけるセクシュアル・ハラスメントに係る事後の迅速かつ適切な対応」に拠ることになる（本章第１・２⑶ウ（495頁）参照）。したがって、セクシュアル・ハラスメントの被害申告がなされた場合には、当該申告内容について迅速かつ正確に事実の調査を行う必要がある。セクシュアル・ハラスメントの被害者からの聞き取りの際には、被害者が女性の場合には女性担当者を同席させるといった配慮を行うことが望ましい。また、セクシュアル・ハラスメントの被害調査をすると、被害者の言い分と加害者の言い分が全く異なっていることが少なからずある。このような場合には、使用者としては安易に「事実が確認できなかった」と結論づけるのではなく、それぞれの説明の具体性、一貫性などを吟味し、その信用性について判断することが求められるといえる。この観点からは、事実の認識に大きな齟齬があるようなケースでは、弁護士が調査担当者となり関係者から聞き取りを行うことも有益である。

加えて、セクシュアル・ハラスメントの二次被害防止のため、聞き取り調査を行う範囲については慎重に決定し、情報が不用意に拡散しないように留意しなければならない。

同時に、被害者と加害者の引離しを試みるべきである。確かに調査実施前においては、セクシュアル・ハラスメント被害の有無は不明であるが、少なくともセクシュアル・ハラスメント被害申告がされ、労働者から当該加害労働者の行為が不快である旨が表明されているのであるから、当面の措置としても座席を移動させる、一方を自宅勤務にする等の措置が行われることが望ましい。これを怠ったために、被害者からさらに使用者の職場環境配慮義務違反を問われることもある。

(2)　セクシュアル・ハラスメントが認められた場合の対応

調査の結果、セクシュアル・ハラスメントに該当し得る行為が認められた場合には、使用者としては当該行為を停止させ職場環境を改善することが必要となる。加害者に対しては懲戒処分を含めた処分を検討し実施し、職場において再度セクシュアル・ハラスメントに関する研修の機会を設けるなど啓発に努め、再発防止を図ることになる。また、職場における引離しが実施されていない場合には、被害者の意向も汲みつつ実施を検討する必要がある。この点、加害者ではなく被害者を別部署に配転することが検討される場合があるが、セクシュアル・ハラスメント被害の申告を契機とした不当な配転と判断されれば均等法違反ともなり得るので、被害者の希望がある場合や、明確な同意がない限り、業務上の必要性などについて慎重な判断を要するといえる。

なお、時として被害者が使用者の実施した加害者への処分について不満を持ち、さらに厳しい処分（解雇など）を求める場合もあるが、最終的な判断権限は使用者にあるので、このような不満が被害者から表明された場合には、使用者において認定したセクシュアル・ハラスメントの事実や当該事実に照らした処分の内容について丁寧に説明し、納得を得るよう努める必要がある。

(3)　セクシュアル・ハラスメントが認められなかった場合の対応

調査の結果、セクシュアル・ハラスメントに該当し得る行為が認められないこともある。この場合には、使用者としては調査の結果、申告された内容によるセクシュアル・ハラスメントの事実は認められなかったことを説明するとともに、(当該申告者は少なくとも加害者と指摘した労働者や職場に対して不満を持っている可能性が高いので）当該不満の原因と解決策について真摯に話し合いの機会を持つことが望ましい。

(4) 紛争対応

セクシュアル・ハラスメントが紛争化した場合においては、使用者側としては、①事実の有無、②法的評価（不法行為に該当する程度のものか)、③因果関係、④損害額について争うことになる。一般的には事前に被害申告があることが多いので、紛争対応の観点からも、上記(1)の調査の迅速かつ的確な実施、(2)のその後の対応は重要となる。

第2 パワー・ハラスメント

1 パワー・ハラスメントとは

(1) 定義

パワー・ハラスメントという言葉の意味については、従前より議論があったが、2012年1月30日に厚生労働省より公表された「職場のいじめ・嫌がらせ問題に関する円卓会議ワーキング・グループ報告（以下「円卓会議WG報告」という)」において、「職場のパワー・ハラスメントとは、同じ職場で働く者に対して、職務上の地位や人間関係などの職場内の優位性を背景に、業務の適正な範囲を超えて、精神的・身体的苦痛を与える又は職場環境を悪化させる行為」と定義づけされた。

厚生労働省は「職場のパワーハラスメント対策の推進について」(平24. 9. 10地発0910第5号/基発0910第3号：改正平26. 4. 3、平27. 6. 4）を発し，その中で円卓会議WG報告による定義と行為類型（2012年3月15日付「職場のパワーハラスメントの予防・解決に向けた提言」でも引用）を「企業内で予防・解決に取り組む際に、ある事案がパワーハラスメントに該当するかを企業が判断する際に非常に有効であるため、積極的かつ効果的な周知啓発を行うことが必要である。」と位置づけている。

職場内での優位性には、上司から部下に行われるものだけでなく、先輩・後輩間や、同僚間であってもキャリアや業務の習熟度、技能に差がある場合等、相手に対して実質的に影響力がある場合を含む。また、近年は、様々な雇用形態の者が混在している職場も多く、正社員と契約社員、派遣社員等の雇用形態の違いによる事実上の上下関係を背景とするハラスメント行為が問題となるケースも多い。更に、例えば、入社直後の正社員の店長と多数のパートタイム社員等、職場環境やマネジメントの形態によっては、部下から上司に対する優位性が背景になる場合もある。

なお、パワー・ハラスメントの概念は、民事上の違法行為の範囲を網羅的に記述するために形成された概念ではなく、その中には刑法の犯罪構成要件に該当しそうなものからマナー違反に近いものまでを含む幅広い概念である。

そのため、労働者の受けている具体的な問題行為が上記のパワー・ハラスメントの概念に該当するからといって、直ちに不法行為が成立するということはできない。個々の事案において不法行為の要件を充足するかの検討が必要となることには注意が必要である。

(2)　被侵害利益

保護されるべき労働者の権利ないし利益としては、生命、身体の安全、働きやすい就業環境で就業する権利（労契法５条）、名誉、プライバシー、行動の自由等の人格権、職場における自由な人間関係を形成する自由（関西電力事件・最三小判平7. 9. 5労判680号28頁 判時1546号115頁）などがある。

(3)　パワー・ハラスメントの行為類型

上記円卓会議WG報告であげられた職場のパワー・ハラスメントの行為類型は以下のとおりである。ただし、職場のパワー・ハラスメントのすべてを網羅するものではない。

①　身体的な攻撃（暴行・傷害）
②　精神的な攻撃（脅迫・暴言等）
③　人間関係からの切り離し（隔離・仲間外し・無視）
④　過大な要求（業務上明らかに不要なことや遂行不可能なことの強制、仕事の妨害）
⑤　過小な要求（業務上の合理性なく、能力や経験とかけ離れた程度の低い仕事を命じることや仕事を与えないこと）
⑥　個の侵害（私的なことに過度に立ち入ること）

このとおり、パワー・ハラスメントの行為類型には様々なものがあり、すべてを類型化することは困難であるが、(i)個別の上司や同僚等による具体的な行為（業務上の指揮監督権・業務命令権の濫用、人格権侵害たるいわゆる職場いじめなど）が想定できる場合と(ii)組織ぐるみなされる配置転換（いわゆる追出し部屋含む）や退職の強要など使用者自身の行為と評価できる場合とに大別できる。

2 被害者がとり得る手段と内容

(1) 職場の窓口への相談、交渉等

セクシュアル・ハラスメント、マタニティ・ハラスメント等と異なり、パワー・ハラスメントに関する相談窓口の設置は特に事業主に義務づけられてはいないが、最近は、職場における様々なハラスメントの相談に応じる窓口を設ける企業も増えている。また、コンプライアンスに関する相談窓口や、苦情処理窓口、人事担当者等に相談することも考えられる。社内での相談によって、調査、加害者との引き離し、加害者への指導や処分等、適切な対応に繋がる場合もある。

相談の際には、事実関係の調査に先立ち、まずは、加害者との引き離し（隔離）等の措置を求めることも重要である。

加害者との引き離しに関しては、うつ病の既往症がある職員からパワー・ハラスメントの相談があった場合に、ハラスメントの存在が直ちには認められない場合であっても、加害者とされている者と引き離す等の措置を講じ、相談した職員の心理的負荷等を過度に蓄積させ既往症を憎悪させることがないよう配慮すべき義務があったとした裁判例がある（さいたま市（環境局職員）事件・さいたま地判平成27. 11. 18労判1138号30頁）。また、同僚の問題行動による業務負担の増加及び同僚との関係悪化の対応として、会社に対し、再三にわたり体制の変更や異動等を願い出たが対応されなかった事案において、使用者は、強い心理的負荷を与えるようなトラブルの再発を防止し、労働者の心理的負荷等が過度に蓄積することがないよう注意する義務があるとしたうえで、同僚を他部署に配転して業務上完全に分離するか、少なくとも業務上の関わりを極力少なくし、業務の負担が偏ることのない体制をとる必要があったとした裁判例がある（アンシス・ジャパン事件・東京地判平27. 3. 27労判1136号125頁 労経速2251号12頁）。

(2) 加害者（具体的行為者）及び使用者に対する民事訴訟

ア 加害者に対する請求の法律構成と請求すべき損害

実際にパワー・ハラスメントを行い、労働者の権利ないし利益を侵害した者は、不法行為責任（民法709条）を負うことから、被害者は加害者個人に対し、慰謝料や治療費等について損害賠償請求をすることができる。

イ 加害者に対する民事訴訟における争点

被告がパワー・ハラスメントに当たる事実（暴言、暴力、いじめ、叱責等）の存否及び程度を争う場合が少なくない。パワー・ハラスメントは、

業務の適正な範囲を超えて、精神的・身体的苦痛を与えたり、職場環境を悪化させたりする行為であるが、適正な範囲内での業務上の指示、指導、教育、注意といえるかどうかや、業務命令や人事上の措置が問題となるような場合には、違法性（不法行為の成立）が争われることが多い。また、被害者がパワー・ハラスメントにより精神疾患や退職に至ったとしてその損害賠償を請求する場合、パワー・ハラスメントと損害の相当因果関係の有無、過失相殺・素因減額などについて争われることが予想される。

ウ　使用者に対する不法行為責任（民法709条、715条）の追及

パワー・ハラスメントが使用者自身の行為と評価できる場合には、民法709条に基づく使用者固有の不法行為責任を主張することができる（人事上の措置の事案で後述のバンク・オブ・アメリカ・イリノイ事件、指導・叱責の事案で後述のアークレイファクトリー事件一審判決など）。

パワー・ハラスメントが従業員によるものであり、使用者自身の行為と評価できない場合は、民法715条の使用者責任を主張することになる。

使用者が国・地方公共団体の場合は、国家賠償を請求することになる。不法行為による損害賠償請求の内容としては、慰謝料や治療費の他、パワー・ハラスメントによって重度の精神疾患を発症して労働できなくなった場合や退職に追い込まれた場合における逸失利益（休業・退職しなければ得られたであろう賃金）、自己都合退職した場合に支払われた退職金と会社都合退職金との差額、弁護士費用等が考えられる。

エ　使用者に対する安全配慮義務違反による責任の追及（民法415条、709条）

労働契約上の附随義務として安全配慮義務が認められることが判例上確立されている（陸上自衛隊八戸整備工場事件・最三小判昭50. 2. 25民集29巻2号143頁 労判222号13頁、航空自衛隊芦屋分遣隊事件・最二小判昭56. 2. 16民集35巻1号56頁 労判387号8頁、川義事件・最三小判昭59. 4. 10民集38巻6号557頁 労判429号12頁）。また、労契法5条は、「使用者は、労働契約に伴い、労働者がその生命身体等の安全を確保しつつ労働することができるよう、必要な配慮をする」と規定しており、使用者は良好な就業環境を整備する義務を負うとされている。

したがって、使用者がかかる安全配慮義務ないし就業環境整備義務を怠った場合には、(i)個別の上司らの行為（業務上の指揮監督権・業務命令権の濫用や職場いじめ）が想定される場合でも、(ii)使用者自身の行為があると評価される場合でも、使用者に対して債務不履行や不法行為に基づく損害賠償責任を追及できる（民法415条、709条、715条）。

債務不履行責任の主張の場合も、請求可能な損害賠償は、不法行為の場合と原則として同じである。

不法行為構成と債務不履行構成の差異（利害得失）については、第16章第８・１⑸（687頁）で説明している。

オ　使用者に対する民事訴訟における争点

使用者に対する民事訴訟においては、加害者に対する民事訴訟と同様に、加害事実の存否・程度、叱責・指導の行き過ぎや業務命令・人事上の措置が問題となる場合の加害行為の違法性、パワー・ハラスメントによって精神疾患の発病や退職に至ったと主張する場合の相当因果関係、過失相殺・素因減額などが争われることが多い上に、使用者の過失ないし安全配慮義務違反の内容として結果予見可能性や結果回避可能性が争われることが少なくない。

もっとも、パワー・ハラスメントの多くは業務上の上下関係を利用して行われるので、加害行為の存在が認められる場合には、事業の執行について行われたと認定されることが多い（例えば、酒席や休暇中の深夜などについて後述のザ・ウィンザーホテルズインターナショナル（自然退職）事件控訴審判決）。

カ　違法性の判断基準

パワー・ハラスメントに関する裁判では、パワー・ハラスメントについて法令上の規定がないこともあり、一般的な違法性の判断基準を示す裁判例はあまりない。

暴言、叱責のケースでは、人格を否定するような発言であるか、それが第三者の面前（知られる形）で行われたか、執拗なものであったかなど発言がされた状況や態様が考慮されることが多い。

裁判例ではザ・ウィンザーホテルズインターナショナル（自然退職）事件の一審判決（東京地判平24. 3. 9労判1050号68頁）は、「いわゆるパワー・ハラスメントといわれるものが不法行為を構成するためには、質的にも量的も一定の違法性を具備していることが必要である。したがって、パワー・ハラスメントをした者とされた者の人間関係、当該行為の動機・目的、時間・場所、態様等を考慮の上、『企業組織もしくは職務上の指揮命令関係にある上司等が、職務を遂行する過程において、部下に対して、職務上の地位・権限を逸脱・濫用し、社会通念に照らし客観的な見地からみて、通常人が許容しうる範囲を著しく超えるような有形・無形の圧力を加える行為』をしたと評価される場合に限り、被害者の人格権を侵害するものとして民法709条の不法行為を構成するものと解するのが相当である」と判示している（ただし、控訴審では、一審判決で不法行為性が否定された行為についても不法行為と認めたが、一般的な判断基準は示されなかった。東京高判平25. 2. 27労判1072号5頁）。

護衛艦「さわぎり」いじめ自殺事件・福岡高判平20. 8. 25判時2032号52頁 労経速2017号3頁は「一般に、人に疲労や心理的負荷等が過度に蓄積した場合には、心身の健康を損なう危険があると考えられるから、他人に心理的負荷を過度に蓄積させるような行為は、原則として違法であるというべきであり、国家公務員が、職務上、そのような行為を行った場合には、原則として国家賠償法上違法であり、例外的に、その行為が合理的理由に基づいて、一般的に妥当な方法と程度で行われた場合には、正当な職務行為として、違法性が阻却される場合があるものというべきである」と判示している。

(3)　違法性が認められた裁判例（行為類型別）

パワー・ハラスメントには様々な態様のものが含まれているが、ここでは、指導・叱責、いじめ・暴力、人事上の措置（降格、隔離・見せしめ、無意味作業への従事等）に分けて裁判例を紹介する。もっとも、これらの境界はあいまいであり、労働者側の主張ではいじめ・暴力が主張されたが、事実認定で指導・叱責のみが認められるということも少なくない。

ア　指導・叱責

指導・叱責のケースでは、特に加害者（上司等）には私的な怒りや怨みがないとされる場合には、違法性について激しく争われ、裁判所の認定も微妙なものが少なくない。

上司からの電子メールでの叱責の事案で「本件メール中には、『やる気がないなら、会社を辞めるべきだと思います。当SCにとっても、会社にとっても損失そのものです。』という、退職勧告とも、会社にとって不必要な人間であるとも受け取られるおそれのある表現が盛り込まれており、これが控訴人本人のみならず同じ職場の従業員十数名にも送信されている。この表現は、『あなたの給料で業務職が何人雇えると思いますか。あなたの仕事なら業務職でも数倍の実績を挙げますよ。……これ以上、当SCに迷惑をかけないで下さい。』という、それ自体は正鵠を射ている面がないではないにしても、人の気持ちを逆撫でする侮辱的言辞と受け取られても仕方のない記載などの他の部分ともあいまって、控訴人の名誉感情をいたずらに毀損するものであることは明らかであり、上記送信目的が正当であったとしても、その表現において許容限度を超え、著しく相当性を欠くものであって、控訴人に対する不法行為を構成するというべきである」とした裁判例（A保険会社上司（損害賠償）事件・東京高判平17. 4. 20労判914号82頁。慰謝料５万円を認容。一審の東京地判平16. 12. 1労判914号86頁は不法行為不成立としていた）がある。

派遣労働者が派遣先の監督者から「命令違反ちゃうの」と言われ、わざと生産効率を落とすように言われ、業務上の指示を守らなかった際に「殺すぞ」と言われ、ミスをした際に「殺すぞ」「アホ」と言われたことについて「そもそも労務遂行上の指導・監督の場面において監督者が監督を受ける者を叱責し、あるいは指示を行う際には、労務遂行の適切さを期する目的において適切な言辞を選んでしなければならないのは当然の注意義務と考えられる」として上記は「いかにも粗雑で、極端な表現を用い、配慮を欠く態様で指導されており」、被告が「軽口」と主張する労働者が体調不良で欠勤したことにつき「パチンコに行ってたんじゃないの」と述べ、労働者の車について「帰りしなコペン止まってるわ。むかつくコペン。かち割ったろか」などと述べたことについては「それが1回だけといったものであれば違法とならないこともあり得るとしても、被控訴人によって当惑や不快の念が示されているのにこれを繰り返し行う場合には、嫌がらせや時には侮辱といった意味を有するに至り、違法性を帯びるに至るというべき」として不法行為の成立を認めた上、労働者に対して「強い害意や嫌がらせの指向があるというわけでもなく、態様としても受け止めや個人的な感覚によっては、単なる軽口として聞き流すことも不可能ではない、多義的な部分も多く含まれていることも考慮すべき」として慰謝料30万円と弁護士費用3万円を認めた裁判例がある（アークレイファクトリー事件・大阪高判平25. 10. 9労判1083号24頁。一審の大津地判平24. 10. 30労判1073号82頁は使用者責任と使用者固有の責任と合わせて慰謝料80万円、弁護士費用８万円を認容）。

一審で、達成困難なノルマを課され、他の従業員が端から見て明らかに落ち込んだ様子を見せるに至るまで叱責され、業績検討会の際に「会社を辞めれば済むと思っているかも知れないが、辞めても楽にならない」と言われたことについて「社会通念上許される業務上の指導の範疇を超えるものと評価せざるを得ない」として不法行為の成立が認められ、労働者が医師の診察を受けることなく業績検討会の３日後に「怒られるのも、言い訳するのも、疲れました」との遺書を残して自殺した事案で、叱責とうつ病の発症及び自殺との因果関係が認められ、労働者が行った不正経理が叱責の原因となっていることから60%の過失相殺が認められた一審に対し、控訴審では、営業所長であった当該労働者が不正経理を行い長期にわたり是正されていなかったという事情の下、上司らが不正経理の解消や工事日報の作成についてある程度の厳しい改善指導をすることは、上司らのなすべき正当な業務の範囲内にあるものというべきであり、上司の叱責は社会通念上許容される業務上の指導を超えるものと評価することはできないとして不法行為の成立も安全配慮義務違反も認められないとした裁判例がある（前田道路事件・高松高判平21.4.23労判990号134頁 判時2067号52頁。一審松山地判平20.7.1労判968号37頁 判時2027号113頁）。

休職期間満了により自然退職とされた労働者が休職は上司のパワハラによる適応障害等発症のためと主張した事案で、①少量の酒を飲んだだけで嘔吐し飲めないと断る部下に飲酒を強要したこと、②翌日そのために体調を崩した部下に車の運転を強要したこと、③直帰せずに帰社するよう指示したのを無視されたことに憤激し労働者の携帯の留守電に「私、怒りました。明日、本部長のところへ、私、辞表を出しますんで。本当にこういうのはあり得ないですよ」などと録音し、④深夜、夏季休暇中の労働者の留守電に「お前。辞めていいよ。辞めろ。辞表を出せ。ぶっ殺すぞ。お前」などと録音したことは不法行為であり、「これらは本来の勤務時間外の行為も含め、会社の業務に関連してされたものであることは明らか」として会社の使用者責任を認め、慰謝料150万円の支払を命じた（パワハラと適応障害等の因果関係は否定）裁判例がある（前掲ザ・ウィンザーホテルズインターナショナル（自然退職）事件・東京高判平25.2.27労判1072号5頁。一審東京地判平24.3.9は、③のみ不法行為の成立を認め、慰謝料70万円を認容）。

保険会社のマネージャーに対し、他の社員がいる前で顧客への不告知教唆（保険契約締結時の顧客に対する告知義務違反の誘導）の有無を問い質したこと、収入に直結する担当班の分離を承諾なく行ったこと、「マネージャーが務まると思ってるの」「マネージャーをいつ降りてもらっても構わない」等の言葉を使って叱責したことについて不法行為の成立を認め、ストレス性うつ病の発症との相当因果関係も認めつつ、発症後の重篤化や休業、退職との因果関係は認められないとし、治療費も含め、「本件以外のストレスが寄与している可能性を否定できないことも考慮して」慰謝料300万円、弁護士費用30万円を認めた裁判例がある（富国生命保険ほか事件・

鳥取地米子支判平21. 10. 21労判996号28頁 労経速2053号3頁）。

上司が、作成資料の不備や業務上のミスが多い部下に対して注意指導を繰り返すなかで「新入社員以下だ。もう任せられない」「何でわからない。お前は馬鹿」等の発言をしたことにつき、注意又は指導のための言動として許容される限度を超え相当性を欠き不法行為にあたるとし、また、うつ病に罹患したとの医師の診断書を示して３か月の休職を申し出た際に有給休暇で消化してほしいこと等を述べ、休職を阻害する結果を生じさせたことも、当該部下の心身に対する配慮を欠く言動として不法行為を構成するとした裁判例がある（サントリーホールディングスほか事件・東京地判平26. 7. 31労判1107号55頁 判時2241号95頁、東京高判平27. 1. 28 労経速2284号７頁）。

高卒の新入社員に対し、上司が仕事上の失敗に対する注意指導を頻繁に行い、注意されたことを手帳にメモさせていた事案においては、「嘘を平気でつく。そんなやつ会社に要るか」「会社辞めたほうが皆のためになるんじゃないか。辞めてもどうせ再就職できないだろ」「死んでしまえばいい」「今日使った無駄な時間を返してくれ」等の上司の発言が、仕事上のミスに対する叱責の域を超えて人格を否定し威迫するものであり、新入社員に対してなされたことを考えると典型的なパワーハラスメントであり不法行為にあたるとした（暁産業ほか事件・福井地判平26. 11. 28労判1110号34頁）。

イ　いじめ・暴力

いじめ・暴力の事案では、違法性はあまり問題とならず、精神障害・自殺等との相当因果関係、使用者について予見可能性・結果回避可能性、過失相殺・素因減額等が問題となる。

病気休職した警察職員を退職に追い込むため上司と同僚が繰り返し、ネクタイを引っ張って転倒させる、シンナーを撒布する、火の付いたたばこをぶつける等の暴行を加え、「早く辞表を書いて、出てけ。この部屋から」「おまえがゴミだよ。死ね」などの暴言を繰り返した事案で、上司の職場環境配慮義務違反を指摘して、使用者である東京都に慰謝料270万円と弁護士費用30万円などの支払を命じた裁判例がある（東京都ほか（警視庁海技職員）事件・東京地判平20. 11. 26労判981号91頁 判タ1299号173頁）。

店長の業務上の不備を指摘したところ休憩室で店長から頭部等に暴行を受けて入通院し、会社から労災への切替を求められていた労働者がその手続のために別の従業員と電話で通話中に「いいかげんにせいよ、お前。おー、何考えてるんかこりゃ。ぶち殺そうかお前。調子に乗るなよ、お前」

等と声を荒げて申し向けられるなどの不当な対応を受けたという事案で、この暴行と暴言により妄想性障害に罹患したと認定し、当該疾病の特徴などから判決言い渡しの２年３か月後には治癒する見込みが高いとしてその時点までの休業損害と慰謝料500万円を認めた上で、原告の障害の発生及びその持続には原告の性格的傾向による影響が大きいとして損害額の６割を素因減額して従業員らの共同不法行為責任（民法709条、719条）を認め、使用者についても民法715条の使用者責任を認めた裁判例がある（ファーストリテイリングほか（ユニクロ店舗）事件・名古屋地判平18. 9. 29労判926号5頁 判タ1247号285頁）。なお、控訴審（名古屋高判平20. 1. 29労判967号62頁）も一審を支持した上で賠償額を増額した。

上官から「お前なんか仕事もできないのに、レンジャーになんか行けるか」「お前は三曹だろ。三曹らしい仕事をしろよ」「お前は覚えが悪いな」「バカかお前は。三曹失格だ」などと言われて落ち込み、医師に受診せず約２か月後に自殺した事案で、うつ病の発症及び暴言との因果関係を認め、遺族固有の慰謝料として実母に200万円、養父に150万円を認めた裁判例がある（前掲護衛艦「さわぎり」いじめ自殺事件・福岡高判平20. 8. 25判時2032号52頁 労経速2017号3頁）。

上司らから「何であんたが来たのか」「むくみ麻原」「ハルマゲドンが来た」などと執拗にからかわれ、旅行会の夜にナイフを振り回して「今日こそは刺してやる」などと言われて旅行会の４日後から休みがちになり心因反応と診断され旅行会の１年３か月あまり後に自殺した事案で、いじめと心因反応、自殺の因果関係を認め、両親の固有の慰謝料を各1200万円認めつついじめの終了から自殺までの期間が長い（約１年４か月）ことから本人の資質及び心因的要因も加わって自殺の動機になったとして7割の過失相殺をした裁判例がある（川崎市水道局（いじめ自殺）事件・横浜地川崎支判平14. 6. 27労判833号61頁 判時1805号105頁。東京高判平15. 3. 25労判849号87頁）。

また、使用者が、度重なる注意を受けても何十回以上も同じ仕事上の間違いを繰り返す従業員に対し、厳しい注意、叱責を繰り返すなかで、少なくとも２度にわたって顔面を平手で殴打する暴行を加え、暴行の約２週間後に当該従業員が自殺を図った（１か月後に死亡）事案において、使用者の行為が使用者の労働者に対する指導・対応の範囲を逸脱する不法行為としたうえで、自殺を図ったこととの因果関係も認めつつ、何十回以上も同じ間違いを繰り返す従業員に対して時として厳しい叱責に及ぶこともやむを得ず、従業員が自殺を図ったことが何らかの精神疾患に罹患した結果とは認められず、極めて短絡的な行為と評価せざるを得ない等として、５割の過失相殺をした裁判例もある（Ａ庵経営者事件・福岡高判平29. 1. 18労判1156号71頁）。

ウ　人事上の措置（降格、隔離・見せしめ、無意味作業への従事、追い出し部屋等）

人事上の措置について嫌がらせが問題となる事案では、違法性について争われることが多いが、違法性が認められる場合には、人事上の措置は使用者自身の行為とみられることが多く、使用者が民法709条の責任を負うとされる場合がある。

会社の新経営方針の推進に積極的に協力しなかった労働者（管理職・課長）を降格させたうえ、総務課（受付）へ配置転換したという事案で、会社の行為のうち、「総務課（受付）への配置転換は原告の人格権（名誉）を侵害し、職場内・外で孤立させ、勤労意欲を失わせ、やがて退職に追いやる意図をもってなされたものであり、被告に許された裁量権の範囲を逸脱した違法なものであって不法行為を構成する」として使用者自身の不法行為責任による慰謝料100万円が認められた裁判例がある（バンク・オブ・アメリカ・イリノイ事件・東京地判平7. 12. 4労判685号17頁 労経速1581号5頁）。

一審では、勤務地が契約上限定されている従業員らに対して転勤命令を発した上、あたかも転勤に応じる義務があるかのように申し向けてその旨誤信させ、自己都合退職に追い込んだと認定され、「使用者は労働者に対し、労働者がその意に反して退職することがないように職場環境を整備する義務を負い、また、労働者の人格権を侵害する等違法な・不当な目的・態様での人事権の行使を行わない義務を負っている」として使用者の債務不履行責任が認められたが、控訴審では、一審判決とは異なり、従業員らが勤務先を限定して採用されたとの事実は認められないとした上、従業員らを転勤させる業務上の必要性があり、会社としても、従業員らの同意が得られるまで転勤を延期し話合いの場を設け円滑な転勤ができるよう努力した等の事情が認められるとして債務不履行責任を否定した裁判例がある（エフピコ事件・東京高判平12. 5. 24労判785号22頁 労経速1735号3頁。一審は水戸地下妻支判平11. 6. 15労判763号7頁 労経速1702号19頁）。

私立学校の学校長が労働組合の中心人物であった教師に対し、10年以上の長期間にわたって何らの仕事も与えずに勤務時間中一人だけ隔離し（当初の４年６か月は「第三職員室」へ、さらに５年余は自宅研修)、隔離による見せしめ的な処遇をしたことについて使用者責任を認め、慰謝料として400万円の支払を命じた裁判例がある（松蔭学園事件・東京地判平4. 6. 11労判612号6頁 判時1430号125頁、東京高判平5. 11. 12判時1484号135頁 判タ849号206頁は同様の認定で慰謝料を600万円に増額)。批判者・組合員への隔離部屋での単純作業の配転命令を拒否した者に対する解雇を無効とした学校法人越原学園（名古屋女子大学）事件・名古屋地判平26. 2. 13労判1101号71頁、名古屋高判平26. 7. 4労判1101号65頁も参照。

上司が労働者に対して教育訓練と称して就業規則全文の書き写し、その感想文の提出、就業規則の読み上げを命じたことが見せしめを兼ねた懲罰的目的からなされたものであるとして使用者責任を認め、慰謝料20万円、弁護士費用５万円を認めた裁判例がある（JR東日本（本荘保線区）事件・仙台高秋田支判平4. 12. 25労判690号13頁 労経速1603号11頁、最二小判平8. 2. 23労判690号13頁 労経速1603号10頁により確定)。

希望退職への応募要請を拒否し、会社再建策実施時に「会社再建策は偽物だ」等の言辞を繰り返した労働者に上司らが暴力をふるい、暴言を浴びせ、隔離してレポート提出を命じ無用な統計作業に従事させたことについて使用者責任が認められ、暴行について慰謝料200万円、仕事差別について慰謝料100万円、弁護士費用30万円が認められた裁判例がある（エール・フランス事件・東京高判平8. 3. 27労判706号69頁)。

私立学校で生徒の登下校指導のための交通立ち番と行事の際の立ち番指示が、クラス担任から外された組合員教師に集中して長年命じられたことにつき、その必要性も乏しく合理性も認められず、教師としての誇り、名誉、情熱を大きく傷つけるとともに組合員である原告らを不利益に取り扱い、かつ原告らの団結権及び組合活動を侵害するものであって、労働契約に基づく指揮監督権の著しい濫用にあたるとして、立ち番回数に応じて、慰謝料25万円～150万円、弁護士費用２万円または10万円の損害賠償を認めた裁判例がある（学校法人明泉学園（Ｓ高校）事件・東京地立川支判平24. 10. 3労判1071号63頁、東京高判平25. 6. 27労判1077号81頁で控訴棄却)。

エ　個の侵害（私的なことへの過度な立ち入り）

地方公共団体の総務課長が、職場の同僚同士で交際している職員に対して、男性職員に対しては「入社して右も左も分からない若い子を捕まえて、だまして」などと叱責したり、その交際相手の女性職員に「あいつは危険人物だぞ。これまでたくさんの女性を泣かせてきた○市のドン・ファンだ」

などと発言し、これに抗議した男性職員に対して「お前は何様のつもりだ」「(当該男性職員の離婚歴について）お前が離婚したのは元嫁の妹に手を出したからだろうが。一度失敗した奴が幸せになれると思うな。親子ぐらいの年の差があるのに常識を考えろ」「お前俺をなめているのか。俺が野に下ったら、お前なんか仕事がまともにできると思うなよ」などと発言した事案において、いずれも成年に達している職員らの交際は自主的な判断に委ねるべきであり、総務課長には、職場への悪影響が生じて是正する必要がある場合を除き、交際に介入するような言動を避けるべき職務上の義務があるとしたうえで、総務課長の言動は、同義務に反して男性職員に対する誹謗中傷、名誉毀損あるいは私生活に対する不当な介入であって、故意による人格権侵害にあたるとし、国賠法に基づく損害賠償請求（慰謝料30万円等）を認めた裁判例がある（Y市事件・福岡高判平25.7.30判時2201号69頁 判タ1417号100頁)。

(4)　損害について（裁判例）

ア　違法性が認められ不法行為が成立する場合、損害として、パワー・ハラスメントを原因として傷病を負った場合の治療費等、休業損害、退職による逸失利益、自殺に至った場合の逸失利益、慰謝料、弁護士費用等が考えられる。

イ　パワー・ハラスメントを原因として退職した場合に、不就労期間に対する逸失利益が認められた裁判例は多くない。パワー・ハラスメント行為を原因として精神疾患を発症し、退職した事案についても同様であるが、原告が退職後の逸失利益について請求していない場合に、慰謝料の算定時に考慮されているケースもある（後述するU福祉会事件)。

専務や複数の上司からの人格を否定するような罵倒やいじめを受け、職種の転換を伴う降格等がされ、その後退職した事案について、専務らの行為が不法行為にあたるとしたうえで、うつ病及び腰部脊柱管狭窄症（会社退去の命令の際の荷物運搬時に受傷）発症との因果関係を認めたうえで、退職後１年間の基本給相当額の逸失利益を認めた裁判例がある(美研事件・東京地判平20.11.11労判982号81頁)。

ウ　慰謝料の金額は、事案により様々であるが、比較的高額な慰謝料が認められた裁判例は、主としてハラスメント行為の内容、態様、頻度、期間等から悪質性が高いと判断された場合や、結果として被った被害が重大な場合であり、次のような例がある。

准看護師が勤務先の先輩らに継続的かつ執拗ないじめ（残業や休日出勤

の強制、「死ねよ」「殺す」などの暴言、私生活上の使い走り等）を受け自殺した事案について、いじめと自殺の間に事実的因果関係はあるものの、自殺までは予見できなかったとして死亡慰謝料が否定され、使用者である医療法人とハラスメント行為をした先輩看護師らに対し精神的損害に対する慰謝料として1000万円が命じられた（誠昇会北本共済病院事件・さいたま地判平16.9.24労判883号38頁）。

労働組合の中心人物だった教師に対し約10年にわたる長期間の隔離、見せしめ的処遇が行われた前掲松蔭学園事件（控訴審）東京高判平5.11.12判時1484号135頁 判タ849号206頁では、600万円の慰謝料を認めた。

また、社会福祉法人の運営する施設に勤務する看護師が、職員会議の場で、他の職員らから、労働組合を脱退しユニオンに加入したことに関して非難、糾弾され、精神疾患を発症した事案において、原告が逸失利益について慰謝料とは別の損害として明示的に主張をしていない以上、慰謝料算定の上で逸失利益の点も考慮するのが相当であるとし、他の職場への復職についても直ちに可能と断ずることができないとして、慰謝料500万円の支払を命じた裁判例がある（U福祉会事件・名古屋地判平17.4.27労判895号24頁）。

保険会社のマネージャーに対し、他の社員の前で不告知教唆の有無を問い質したり、マネージャー失格であるかのような言葉で叱責するなどした上司の不法行為が認められた前掲富国生命保険ほか事件・鳥取地米子支判平21.10.21労判996号28頁 労経速2053号3頁では、ストレス性うつ病の発症との相当因果関係を認めたうえで、慰謝料300万円を認めた。

店長から暴行を受け受傷し、労災の手続きの件で他の従業員から不当な対応を受けた事案で、暴行と暴言により妄想性障害に罹患したと認められた前掲ファーストリテイリングほか（ユニクロ店舗）事件・名古屋高判平20.1.29労判967号62頁では、500万円の慰謝料が認められた（ただし、6割の素因減額）。

上司が、部下に対する注意指導を繰り返すなかで「新入社員以下だ。もう任せられない」「何でわからない。お前は馬鹿」等の発言をしたこと、うつ病に罹患したとの医師の診断書を示して3か月の休職を申し出た際に有給休暇で消化してほしい等と述べて休職取得を阻害したこと等が不法行為にあたるとされた前掲サントリーホールディングスほか事件・東京地判平26.7.31労判1107号55頁 判時2241号95頁においては、450万円の慰謝料が認められた（ただし、4割の素因減額。なお、控訴審・東京高判平27.1.

28労経速2284号7頁においては、慰謝料が150万円に変更される一方で素因減額が否定された)。

コンビニ店員が代表者及び店長から暴行、サービス残業強要等のいじめ・パワハラを受け続けた事案で、暴行による右手指骨折(加療約3か月)の治療費16万4951円、入通院慰謝料30万円と買取強要等による経済的損害343万9260円のほかに、各強要等につき慰謝料を算定した上で、1年数か月にわたりいじめ・パワハラが継続され身体に対する具体的な危険を伴うものがいくつもあり、商品を買い取らせるなどさまざまな方法で経済的負担を強要したりしており非常に悪質であるとして、「本件諸事情を総合考慮した慰謝料」400万円を認め、総額930万4211円(うちいじめ・パワハラによる慰謝料合計540万円)の支払を命じた裁判例がある(コンビニエースほか事件・東京地判平28.12.20労判1156号28頁)。

(5) 仮処分

作為によるいじめや、ある行為を労働者に強制するするいじめについては、労働者の人格権等を被保全権利として当該作為や行為の強制をやめるよう求める仮処分申立をすることができる。希望退職の募集の際に退職届の提出を拒んだところ、上司らからタバコの灰やコーヒーを投げつけられたり体当たりする等のいじめ、暴行を受けた被害者により仮処分申立がなされ、暴行・脅迫・名誉棄損等にわたる一切の行為の差止が認められた事例としてエール・フランス事件(千葉地決昭60.5.9労判457号92頁)が、否定例としては西谷商事事件(東京地決平11.11.12労判781号72頁)がある。

(6) 労災の申請

パワー・ハラスメントにより精神障害が発症した場合には、労働者災害補償の各種給付申請をすることが考えられる。厚生労働省は、従前の判断指針を改訂して、「心理的負荷による精神障害の認定基準」(平23.12.26基発1226第1号:巻末資料参照)を公表した。その認定基準は「ひどい嫌がらせ、いじめ、または暴行を受けた」の項目を設けて(「業務による心理的負荷評価表」29(巻末資料814頁))、これに該当する場合には原則として心理的負荷が「強」になるとしており、「強」となる例として「部下に対する上司の言動が、業務指導の範囲を逸脱しており、その中に人格や人間性を否定するような言動が含まれ、かつ、これが執拗に行われた」「同僚等による多人数が結託しての人格や人間性を否定するような言動が執拗に行われた」「治療を要する程度の暴行を受けた」を挙げている。

しかし、実際に業務起因性が認められることは容易でない。厚生労働省発表の2016（平成28）年度「過労死等の労災補償状況」によれば、ひどい嫌がらせ、いじめ又は暴行を受けたとの申請理由による労災の認定件数は、2015（平成27）年度が60件（不支給91件）、2016（平成28）年度が74件（不支給99件）である。

パワー・ハラスメントも含め、業務に関連して精神障害を生じ、さらには自殺した場合の労災認定基準の考え方と裁判例については、第16章第11（712頁～）を参照されたい。

以下、典型的なパワー・ハラスメントの事案で業務起因性を認めた裁判例を紹介する（いずれも現行認定基準以前のものである）。

上司から「存在が目障りだ、居るだけでみんなが迷惑してる。おまえのカミさんも気がしれん、お願いだから消えてくれ」「お前は会社を食いものにしている。給料泥棒」などと言われた労働者が自殺した事案で、上司の言葉自体の内容が過度に厳しいこと、上司の態度に嫌悪の感情があること、上司が直截な物言いをしていたことなどから認定基準が想定している「上司とのトラブル」を大きく超えているとして、適応障害、軽症うつ病エピソードの発症及び自殺の業務起因性を認めた裁判例がある（国・静岡労基署長（日研化学）事件・東京地判平19. 10. 15労判950号5頁 判タ1271号136頁）。

児童課長に異動した55歳の労働者が異動２か月後に自殺した事案で、異動先で２件の計画遅れの問題があり、異動後初めて知らされて対策を求められ相当な心理的負荷を受けたこと、所内でパワハラで知られていた健康福祉部長の下で仕事をすること自体の心理的負荷、計画遅れの問題などで目の前で部下が健康福祉部長から大きな声で厳しく非難されたことが、「仕事内容・仕事量の大きな変化があった」「配置転換があった」「上司とのトラブル」に該当しこれら該当事項が重なり合っていることによる複合的相乗的な効果を考慮すれば労働者の受けた心理的な負荷はうつ病を発症させあるいはそれを増悪させるに足りるものであったとして公務起因性を認めた裁判例がある（地公災基金愛知県支部長（Ａ市役所職員うつ病自殺）事件・名古屋高判平22. 5. 21労判1013号102頁、最二小決平24. 2. 22労判1041号97頁により確定。なお、一審判決・名古屋地判平20. 11. 27労判1013号116頁は公務起因性を否定）。この事件では、上司は「ばかもの」「お前らは給料が高すぎる」などと感情的に叱りつけるなどのパワハラで庁内に知れ渡っていたこと、自殺した課長の部下が目の前で大きな声で叱責されたこと、自殺後に机の引き出しから「人望のないＢ（上司の名前）、人格のないＢ、職員はヤル気をなくす」というメモ書きが見つかったことは認定されたが、自殺した労働者が直接叱責されたことは認定されておらず、そのことについて「自分の部下が上司から叱責を受けた場合には、それを自分に対するものと受け止め、責任を感じるというのは平均的な職員にとっても自然な姿であり、むしろそれが誠実な態度というべきである」としている。

従前（自殺の１年半～１年前）上司から指導の限度に止まらない厳しい叱責を受けており、異動後も同じ上司の下で厳しいノルマを課され毎月概ね80時間前後の残業を行いノルマ不達成について厳しく叱責され他の社員等のいる前で「必要ない。辞めてもいい」などと言われていたことから、心理的負荷の総合評価は「強」とされるべきでうつ病発症は業務起因性があるとした裁判例がある（国・諫早労基署長（ダイハツ長崎販売）事件・長崎地判平22. 10. 26労判1022号46頁）。

うつ病発症の１年近く前から、代表取締役からしばしば大声で、しかもヤクザ口調で理不尽な叱責を受けるなど、不適切な表現や業務指導に直接関連しない言動が繰り返されたことと、うつ病発症前６か月間は月80時間近く（それ以前は月100時間程度）の時間外労働による恒常的長時間労働とを総合評価すると、業務上の心理的負荷は「強」になると認定し、うつ病発症の業務起因性を肯定した裁判例がある。なお、本件は、旧認定基準に基づき行政処分庁が療養補償給付不支給とした事案であるが、判決においては現行認定基準を参考としている（国・京都下労基署長（セルバック）事件・京都地判平27. 9. 18労判1131号29頁 判時2302号125頁）。

なお、「過小な要求」の行為類型で、労働者に労務提供の意思があり客観的にも労務の提供が可能であるにもかかわらず、使用者が具体的な業務を担当させず、あるいは、その能力・地位と比べて著しく軽易な業務しか従事させないという状態を継続させることは、当該労働者に対し、自分が使用者から必要とされていないという無力感を与え、他の労働者との関係において劣等感や恥辱感を与えるなどの危険性が高いとし、平均的な労働者にとって、業務上の合理的な理由がなく、約３か月にわたり、仕事を与えられない状態に置かれることはそれによって受ける心理的な負荷は強度であり、そのストレスによってうつ病等の精神障害を発症させる程度の負荷であったとして業務起因性を認めた裁判例がある（国・広島中央労基署長（中国新聞システム開発）事件・広島高判平27. 10. 22労判1131号5頁（確定））。本件も、旧認定基準に基づき不支給決定がなされた事案であるが、判決においては、現行認定基準に照らして心理的負荷の強度が「強」に該当するとしている。

(7) 刑事責任の追及

パワー・ハラスメントの態様があまりにひどく、暴行罪、傷害罪、脅迫罪、強要罪、名誉棄損罪、侮辱罪等の犯罪が成立する場合には、加害者を刑事告訴することが考えられる。

3　パワー・ハラスメント事件での留意点（労働者側）

(1)　被害者の精神的負担への配慮

パワー・ハラスメントの被害者も、セクシュアル・ハラスメントの被害者と同様、うつ病等の精神疾患を発症している場合が少なくないので、医師やカウンセラーの理解や協力を得ることが必要となってこよう。また、事案の態様、程度、被害者の心理状態によっては、証拠調べの際の付添いや遮蔽措置等（民訴法203条の２、203条の３、204条）の利用等も検討するべきである。

(2)　立証活動の工夫

パワー・ハラスメントが言葉で行われる場合には、物証がなく同僚の協力も得られないことが多いため、その立証は困難なことが多い。相談に来た被害者が在職中であれば、日々の直筆のメモや会話録音等、できる限り客観的記録を取るよう指示し、立証に役立てる工夫が必要となろう。

実際の裁判においては、パワー・ハラスメントの現場での会話録音に、反訳書をつけて証拠として提出したり、労働者がパワー・ハラスメントを受けた直後からなるべく日のたたないうちに書き留めた日記メモやメールなどを証拠として提出することもよくある。職場の同僚などに協力を得られれば、陳述書などを依頼したり、証言を依頼することもあるが、その同僚も在職中の場合には困難なことが多い。

日記の記載が「紛争が発生する前に作成され、日記という継続的な記録の一環として作成されたものであるから、他に特段の事情なき限り、信用性が高いと認められる」とした裁判例（前掲Ｙ市事件・福岡高判平25.7.30判タ1417号100頁 判時2201号69頁（確定））、初診時及び２回目の診察（提訴の５年あまり前）の際に被害者が加害者から言われたことを話したという内容のカルテの記載は、医師が聞き取ったものであり提訴を前提としないものと考えられ信用性は高いとした裁判例（前掲サントリーホールディングスほか事件・東京地判平26.7.31労判1107号55頁 判時2241号95頁、東京高判平27.1.28労経速2284号7頁で維持）がある。

4　パワー・ハラスメント事件での留意点（使用者側）

⑴　パワー・ハラスメント被害の申告があった場合の対応

パワー・ハラスメント被害を受けたという申告が、人事部やハラスメント通報窓口などに寄せられた場合の対応は、基本的にはセクシュアル・ハラスメント被害の申告があった場合と同じである（第1・5⑶（509頁）参照）。したがって、申告内容が明らかに事実無根であるといった事情がない限りは、当該申告内容について事実の調査を行うのが通常である。但し、パワー・ハラスメントは、セクシュアル・ハラスメントと異なり、被害者の主観的な受け止め方（不快に感じたか否か）がその存否の判断の中心となるわけではなく、当該行為が「業務の適正な範囲を超えて」行われた違法な行為か否かが中心となることから、特に問題とされたパワー・ハラスメントに該当するという行為が、誰から、どのような事情下で、誰に対し、どの程度行われたのかという具体的な事情を確認していくことが特に重要である。一方で、パワー・ハラスメントは上司から部下など、職場内での上下関係などを背景して行われることが多いため、申告者は申告した事実が加害者に伝わること自体を非常に恐れていることも多い。このため、調査の際にも誰からどの様な順番で聞き取りを行うかなどに十分配慮する必要がある。

⑵　パワー・ハラスメントが認められた場合の対応

調査の結果、パワー・ハラスメントに該当し得る行為が認められた場合には、使用者としては当該行為を停止させ職場環境を改善することが必要となる。この点、申告者を別の部署に配転するということも選択肢としてはあり得るが、往々にしてパワー・ハラスメントの加害者は誰に対しても同じような態度を取る（結果として被害者がいなくならない）ことから、加害者に対する厳しい指導や場合によって懲戒処分の実施が検討される必要がある。また、再発防止のために当該加害者を別の部署に異動させることも検討される必要がある。

⑶　パワー・ハラスメントが認められなかった場合の対応

調査の結果、パワー・ハラスメントに該当し得る行為が認められないこともある。あまり評価の芳しくない労働者が、当該人事評価自体の低さをパワー・ハラスメントであると主張したが、実際に当該労働者の実績を検討しても当該人事評価に特段の問題はなかったというような事例である。この場合には、使用者としては調査の結果、申告された内容によるパワー・ハラスメントの事実は認められなかったことを説明するとともに、（当該申告者は少なくとも職場において不満を持っているわけであるから）当該不満の原因と解決策について真摯に話し合いの機会を持つことが望ましい。

⑷　紛争対応

パワー・ハラスメントが紛争化した場合においては、使用者側としては、①事実の有無、②法的評価（不法行為に該当する程度のものか）、③因果関係、④損害額について争うことになる。一般的には突然この種の訴訟を起こされることは少ない（事前に被害申告があることが多い）ので、紛争対応の観点からも、上記⑴の調査の迅速かつ的確な実施、⑵の適切な処分等の実施が重要となる。

第3　マタニティ・ハラスメント等

妊娠、出産、育児及び介護に関連するハラスメントについては、第10章第7（483頁）を参照。

第12章

障害者の労働問題

第1　はじめに

1　障害者に関わる法制度

2014年批准された障害者の権利に関する条約は、障害を理由とする差別を一般的に禁止するほか、雇用にかかる障害を理由とする差別を禁止している（27条）。同条約を批准するために国内においても障害者に関する法整備が進められ、①障害者基本法の改正（2015年）、②障害を理由とする差別の解消の推進に関する法律（障害者差別解消法）の制定（2016年施行）、③障害者の雇用の促進等に関する法律（障害者雇用促進法）の改正（2016年施行）がされている。障害者をとりまく状況は、雇用に関する場面も含み近年大きく変化しているといえる。

2　障害とは

障害者雇用促進法上の「障害者」の定義については後述するが、障害者権利条約や障害者基本法、障害者差別解消法においては、「障害者」を、心身の機能の障害（身体の生理学的、解剖学的構造や形態、機能の障害、脳や精神の器質あるいは機能の障害）から生じるのではなく、社会的障壁との関係で生じるものと捉えている（Q＆A障害者差別解消法・野村茂樹、池原毅和2016年）。

障害の捉え方については、障害を個人の心身の機能障害に求める医学モデルから、社会の構造に原因があると捉える社会モデルへと変わってきている。障害者の差別等の問題に関しては、単に障害者雇用促進法上の問題と捉えるだけでなく、他の障害者にかかる法制度との関係でも障害者差別等の問題が生じないかに配慮する必要がある。

3 障害者雇用と福祉的就労

福祉的就労とは、福祉サービスとして実施されてきた障害者の就労形態である。従前、授産施設や福祉工場、単に作業所などとも呼ばれていた。障害者総合福祉支援法では、障害者の就労に関し、「就労移行支援事業」「就労継続支援事業（A型作業所、B型作業所）」が規定されている。就労移行支援事業とは、通常の事業所に雇用されるのが可能と見込まれる者に対し、生産活動、職場体験などの機会の提供、その他必要な訓練、求職活動の支援、就職後の定着に必要な相談等の支援を行う事業である。また、就労継続支援事業とは、通常の事業所に雇用されるのが困難な者に対し、就労の機会の提供や生産活動の機会の提供、就労のために必要な訓練等を行う事業をいう。このうち、A型作業所は労働法の適用がある『雇用』であるが、B型作業所や就労移行支援事業は労働法が適用されない福祉的就労である。これらを実施する事業所に対しては、その事業所の規模や利用者数、事業の成果などに基づいて報酬単価が算出されている。

A型作業所を除く福祉的就労分野での障害者差別等には、差別解消法の適用がされる（元々、差別解消法では13条で雇用への適用除外が定められており、雇用でない場面での障害者差別に幅広く適用される）。

4 最低賃金法の減額特例

最低賃金制度とは、最低賃金法に基づき国が賃金の最低限度を定め、使用者は、その最低賃金額以上の賃金を支払わなければならないとする制度である（第２章第１・５（79頁））。最低賃金制度は、原則、全ての労働者及び１人でも労働者を雇用している使用者に適用される。もっとも、一般労働者に適用される最低賃金を適用すると、雇用の機会が失われるなどかえって労働者に不利な結果を招くおそれがあるという理由で、従前、都道府県労働局長の許可を条件として、最賃法の適用除外を認められていた（旧８条）。現在は適用は認めつつも、都道府県労働局長の許可を条件とした「減額措置制度」が設けられている（最賃法７条）。

最賃法７条１号では、上記減額特例の対象として、「精神又は身体の障害により著しく労働能力の低い者」が挙げられているが、障害があることのみを理由として許可を認めている訳ではない。許可にあたっては、著しく「労働能力の低い」労働者であること、具体的には、障害の程度が業務の遂行に直接支障を与えることが明白であり、かつ、その支障の程度が著しい場合に限って、厳格かつ慎重に判断するとされていることに注意するべきである（平20.6.1基発0601001号「最低賃金法第5条の現物給与等の適正評価基準及び同法第7条の最低賃金の減額の特例の許可基準について」）。

第2 改正障害者雇用促進法について

1 障害者雇用促進法上の「障害者」とは

障害者雇用促進法上の「障害者」については、2条1号で「身体障害、知的障害、精神障害（発達障害を含む。…）その他の心身の機能の障害があるため、長期にわたり、職業生活に相当の制限を受け、又は職業生活を営むことが著しく困難なものをいう」と定義している。

各障害の個別の定義が2条2号以下で定められている。「身体障害者」については別表で機能障害の程度が定められ（同条2号、3号）、「知的障害者」は同法施行規則で児童相談所等の判定機関での判定を受けた者とされ（同条4号、5号）、「精神障害者」については精神障害者保健福祉手帳の交付を受けた者とされる（ただし、統合失調症、そううつ病、てんかんについては、手帳の有無に関わらない。なお、発達障害も含む。同条6号）。「その他心身の機能の障害」には、特定疾患（難病）や高次脳機能障害も含まれる。対象となりうる特定疾患（難病）については、2017（平成29）年4月1日現在で330疾病ある（厚労省のHP、難病の患者に対する医療等に関する法律参照）。

上記のような障害を有することに加えて、職業生活について長期に相当の制限があるか、または、著しく困難なことなどとされており、短期的な疾病にあたりうるようなものなどが除かれている点については注意を要する。

2 差別禁止（雇用促進法34条、35条）

(1) 差別禁止とは

事業主は、募集や採用について、障害者と障害者でない者を均等に扱わねばならない（34条）。賃金の決定、教育訓練の実施、福利厚生施設の利用その他の待遇について、障害者であることを理由に、障害者に不当な差別的取扱いをしてはならない（35条）。事業主が適切に対処するための指針として、差別禁止指針が厚労省より公表されている（法36条、平成27年厚生労働省告示第116号、厚労省HP参照）。

⑵　差別禁止にあたる具体例（差別禁止指針）

差別禁止指針では、募集及び採用、賃金、配置、職種変更、解雇などのそれぞれの場面で差別禁止にあたる具体的な例が紹介されている。例えば、募集及び採用の場面では、障害であることを理由として募集の対象からはずす、障害者のみに不利な条件を課す、障害者でない者を優先的に採用する場合などが挙げられている。

⑶　異なる取扱いが差別禁止に当らない場合（差別禁止指針）

他方、障害者と障害者でない者とで異なる取扱いがある場合でも、それを正当化する合理的な理由があれば差別禁止に該当しない。その場合として、①積極的差別是正措置として、障害者を有利に取り扱うこと、②合理的配慮を提供して、労働能力などを適正に評価した結果、異なる取扱いを行うこと、③合理的配慮の措置を講ずることなどが挙げられている。

3　合理的配慮の提供義務（36条の２、３）

⑴　合理的配慮とは

事業主は、募集及び採用について、障害者である労働者と障害者でない労働者との均等な機会の確保の支障となっている事情を改善するため、その申出により、障害の特性に配慮した必要な措置を講じなければならない（36条の２）。事業主は、障害者である労働者について、障害者でない労働者との均等な待遇の確保又は障害者である労働者の有する能力の有効な発揮の支障となっている事情を改善するため、その障害の特性に配慮した職務の円滑な遂行に必要な施設の整備、援助を行う者の配置その他の必要な措置を講じなければならない（36条の３）。

これらの定めは諸外国の同趣旨の制度に照らし「合理的配慮」の提供義務を定めたものと言われている。

なお、障害者差別解消法の民間事業者への合理的配慮提供義務が努力義務とされたのに対し、障害者雇用促進法上の合理的配慮義務は、法的義務であるとされる。ただし、同法違反につき罰則までは設けられていない（厚労省「改正障害者雇用促進法に基づく障害者差別禁止・合理的配慮に関するＱ＆Ａ」）。

⑵　過重な負担と労働者からの申し出・連携

事業主は、合理的配慮を提供すべきと思える場面でも、事業主に対して過重な負担を及ぼすときは、合理的配慮の提供義務を負わない（36条の２、３）。

そして、事業主は、上記合理的配慮の実施に関して、障害者の意向を十分に尊重すること、雇用する労働者からの相談に応じ適切に対応するために必要な体制の整備その他の雇用管理上の必要な措置を講じることとされている（36条の４）。

(3)　合理的配慮指針について

事業主が適切にかつ有効な実施を図るための指針として、合理的配慮指針が厚労省より公表されている（法36条の５、平成27年厚生労働省告示第117号、厚労省HP）。

同指針は、基本的な考え方として、①すべての事業主が対象、②合理的配慮は個々の事情を有する障害者と事業主との相互理解の中で提供されるべき性質のものとしたうえで、多くの事業主が対応できると考えられる措置の例を「別表」として記載している。

もっとも、同指針で列挙されている事柄はいずれも基本的な事柄であり、具体的な雇用の場面で、どのような合理的配慮が必要かは個別に労働者と検討する必要がある。その手続きとして、基本的には、障害者から、支障となっている事情などの申し出を得て、事業主と障害者で話し合い、合理的配慮に関する措置を確定し、講ずることができるか検討する必要がある。この場合に、障害者の申し出による措置が「過重な負担」にあたる場合には、その旨及びその理由を障害者に説明することが必要である。

事業主は、過重な負担に当たるかにつき、各要素を総合的に勘案しながら個別に判断する。判断要素としては、①事業活動への影響の程度、②実現困難度、③費用・負担の程度、④企業の規模、⑤企業の財務状況、⑥公的支援の有無などが挙げられる。

ただし、この指針はあくまで運用の目安であり、実際に合理的配慮がどこまで必要かは、障害特性など個別の障害者の事情に応じて変わってくることに注意が必要である。

4　障害者雇用率制度、企業名の公表について

身体障害者及び知的障がい者（2018（平成30）年４月１日以降は精神障害者も）については、一般労働者と同じ水準で常用労働者となりうる機会を与えることを目的として、常用労働者に対して雇うべきである障害者数の割合を定める、障害者雇用率制度が設けられている（法43条）。

障害者雇用率の算出にあたっては、常用として雇用されている身体障害者、知的障害者の合計数を当該事業所の常用労働者数で除したものとされる。なお、週の労働時間が20時間以上30時間未満の者は短時間労働者として、0.5人分とカウントされる。逆に重度の知的障がいや身体障害を有する者たちについては、

１人を２人分とカウントすることとなっている（ダブルカウント）。

現在、この障害者雇用率制度の対象となる事業所は、常時雇用する労働者が100人以上いる事業所とされている。そして、この障害者雇用率を達成できない事業主には１人当たり月額５万円の雇用納付金が課され、他方、法定雇用率を越えて障害者を雇用する事業所には障害者雇用調整金や報酬金（１人当たり月額21000円～27000円）が与えられる。

障害者雇用義務の履行に関しては、行政指導で促すこととなっているが、十分な効果を上げられない場合には、最終的には企業名の公表などの制度も用意されている（法46条、47条）。企業の障害者雇用の状況把握から公表までの一連の流れは次の通り。

① 障害者雇用状況の報告（毎年６月１日現在の障害者の雇用状況をハローワークに提出）

② 障害者雇い入れ計画の作成（以下に該当する企業に対して命令）
- 実雇用率が全国平均未満、かつ雇用不足数が５名以上の企業
- 雇用法定数３～４人なのに、雇用数ゼロの企業
- 不足数10名以上の企業 、

③ 適正実施勧告（上記雇入れ計画の実施率50％未満などの場合、

④ 企業名公表を前提とした特別指導

⑤ 企業名公表（初回に限り,公表猶予の場合あり）

なお、過去に企業名を公表された企業数は、2008（平成20）年度４社、2009（平成21）年度７社、2010（平成22）年度６社、2011（平成23）年度３社、2012（平成24）年度、2013（平成25）年度とゼロだったところ、2014（平成26）年度には全国で８社が対象となり、2015（平成27）年度はゼロであったが、2016（平成28）年度は２社が公表されている。

5 苦情処理、紛争解決制度（74条の４～８）

事業主に対して、その雇用する障害者からの差別禁止や合理的配慮義務にかかる苦情を自主的に解決することよう求めた（ただし、努力義務。74条の４）。

差別禁止や合理的配慮義務にかかる紛争について、個別労働関係紛争の解決の促進に関する法律の特例（紛争調整委員会による調停や都道府県労働局長による勧告等）を整備することとなっている（74条の５～８）。

第3 障害者をめぐる実務上の問題点

1 募集及び採用の段階

募集及び採用に際しては、①障害者であることを理由として、障害者を募集又は採用の対象から排除する、②募集又は採用に当たり、障害者に対してのみ不利な条件を付する、③採用の基準を満たす者の中から障害者でない者を優先して採用するなどのことは、差別禁止にあたりできない。

障害者を募集するにあたっては、障害者雇用枠というものを設けて募集、採用することが多い。このような障害者枠制度を設けること自体の合理性について、一般採用者との賃金に差異があるとしても雇用形態の差異によるものといえるであれば合理性があると判断した裁判例がある（日本曹達（退職勧奨）事件・東京地判平18. 4. 25労判924号112頁）。

2 就労中の段階（労働条件、安全配慮義務等に関するもの）

障害者雇用促進法の改正前においては、事業主の安全配慮義務の問題として、就労中事業主の負うべき義務が問題とされてきたものがいくつかある。

知的障害者が就労中に事故で死亡した事案で、使用者は人的・物的労働環境の整備義務を負っており、労働者が知的障害者であること、機械操作に慣れていないことや予期せぬトラブルには臨機応変に対処することが困難だったことなどを上司らが認識していたことなども、使用者の安全配慮義務の懈怠について考慮すべきとし、その安全配慮義務違反を認めた裁判例がある（Aサプライ（知的障害者死亡事故）事件・東京地八王子支判平15. 12. 10労判870号50頁：なお、逸失利益について、判決は、本人が事故前、実際に受け取っていた給与額が労基法の定めなどより少なかったこと、職務内容、勤続年数など諸般事情を考慮して平均年収を基準として算出している）。

心臓に障害を有していた労働者の過労死事件で、業務起因性の判断基準において、憲法や雇用促進法等をふまえ、身体障害者であることを前提として業務に従事させた場合、その障害とされる基礎疾患が悪化して災害が発生したときには、当該労働者を基準にすべきとしたと判示した裁判例がある（国・豊橋労基所長（マツヤデンキ）事件・名古屋高判平22. 4. 16労判1006号5頁、最一小決平23. 7. 21労判1028号98頁で上告不受理）。

30年あまり正社員として勤務してきた従業員が平成20年に難病の１つである

「重症筋無力症」と診断されたため、使用者が就業規則に基づきパートタイマーの身分に変更しようとしたところ、労働契約は仕事と生活の調和に配慮しつつ締結し,変更すべきものとする労働契約法3条3項を根拠に、その労働条件の変更が無効と判断された例がある（ケントク（仮処分）事件・大阪地決平21.5.15労判989号70頁）。同決定では、労働契約が継続的法律関係であることから「労働者の責めに帰すべき事由によらない健康状態の変動により、使用者の期待する水準の労務の提供が行なわれない事態も当事者双方が想定しているはず」と述べ、労働者の健康状態の変化に応じた配慮を求めており、当該労働条件の変更は権利行使の濫用に当たり許されないと判示した。

身体障害を有し勤務シフトにおいて従前は配慮を受けていたバス運転手が、転籍にあたって配慮が打ち切られたため、上記配慮の打ち切りの適法性が争われた事案で、このような配慮の打ち切りについては、公序良俗ないし信義則に違反する判断した決定がある（阪神バス（勤務配慮）事件・神戸地尼崎支決平24.4.9労判1054号38頁 判タ1380号110頁）。なお、同事件の本訴（阪神バス（勤務配慮・本訴）事件・神戸地尼崎支判平26.4.22労判1096号44頁）では、当該転籍合意（従前の労働契約の合意解約と新たな労働契約の締結）は労働契約承継法の趣旨を潜脱し無効とされ、その結果、従前の労働条件（配慮）が承継されると判断された。

また、短期大学の視覚障害（網膜性色素変性症）ある准教授が授業から外され研究室の明渡しを請求された事件で、授業を無くした職務変更命令及び研究室の明渡し命令を無効とした裁判例がある。判決では、被告において視覚補助の在り方、学生の問題行動の防止等について正面から議論・検討した形跡が見当たらないとし、「むしろ望ましい視覚補助の在り方を学科全体で検討・模索することこそが障害者に対する合理的配慮の点からも望ましい」と述べ、本件職務変更命令は原告に著しく不利益を与えるもので、客観的に合理的と認められる理由を欠く、として権利濫用であり無効と判断した。また、研究室明渡命令については上記職務変更命令と密接不可分な業務命令として、同様に権利濫用で無効としている。本事件で原告の罹患していた網膜性色素変性症は時間をかけて悪化するもので、被告への入職当初は授業等を行うのに支障はなかったものの、近年その疾患が悪化し単独で授業等を行うには支障が出るようになったので原告が私費で補佐員をつけるなどして対応をしていた。原告の入職契約当時、被告が原告の疾患（障害）についてどの程度把握していたのか判決からは明らかでなく、いわゆる中途障害のように捉えているようにも読めるが、判決はむしろ本件業務命令の出た時点でどのような合理的配慮をとりうるか、そのための議論、検討を使用者がどの程度行ったのかを問題としており、本件では被告に合理的配慮への検討や模索がなされた形跡がほとんどないことから、本件職務変更命令が無効と判断されたものと思われる（学校法人原田学園事件・岡山地判平29. 3. 28労判1163号5頁）。

3 労働契約の終了の段階（解雇、休職満了による退職など）

精神的な不調のため約40日間の欠勤を続け「欠勤多くして、正当な理由なしに無断欠勤引き続き14日以上に及ぶとき」に該当するとして懲戒処分（諭旨解雇）をされたため、その欠勤が懲戒事由である正当な理由のない無断欠勤に当たるか争われた事案では、最高裁は、使用者は健康診断を実施しその診断結果等に応じて休職等の処分を検討しその後の経過を見るなどの対応を採るべきであり、そのような対応を採ることなく、直ちに諭旨退職の懲戒処分の措置をとることは、使用者の対応として適切なものとはいい難い、と論旨退職の懲戒処分を無効と判断した（日本ヒューレット・パッカード事件・最二小判平24. 4. 27労判1055号5頁）。

障害者雇用枠（身体）で採用された労働者についての解雇が争われた事案では、配属部署が営業で、障害とは関係ない部署であったたため、能力不足、勤務態度不良等の判断にあたって障害は考慮されず、当該事由を理由とする解雇は有効と判断された。なお、判決では、解雇のために会社が役場に本人の障害に関する情報をその同意なく問い合わせたことにつき、不法行為までは成立しないとしている（富士ゼロックス事件・東京地判平26. 3. 14労経速2211号3頁）。この事案では、障害者雇用で入社時に届けていた障害名とは別の障害を本人が申告（変更）しため、会社が確認を求めたものであった。もっとも、労働者が自己の障害を届けていない段階で、会社が障害の有無について把握するために質問などすることは、プライバシーの問題にも関わるので慎重な対応を要する（プライバシーに配慮した障害者の把握・確認ガイドライン（2005年厚労省）参照）。

また、公立大学法人の准教授の解雇の有効性が争われた事案で、裁判所は、一般的には問題があると認識しうる行為であっても、原告の有する障害（アスペルガー症候群）に由来して当然にその問題性を認識できないという特殊な前提が存在すると指摘したうえで、大学からの改善の機会が与えられず、ジョブコーチなどによる支援を含め障害者に関する具体的方策を検討した形跡すらないとして、本件解雇を無効とした（O公立大学法人（O大学・准教授）事件・京都地判平28. 3. 29労判1146号65頁）。なお、本判決は改正障害者雇用促進法適用前の事実が問題となっていたが、判決は「少なくとも（合理的配慮を定める障害者雇用促進法）の理念や趣旨は、同法施行の前後を問わず妥当するものと解され…、障害者を雇用する事業者においては、障害者の障害者の内容や程度に応じて一定の配慮をすべき場合も存することが予定されているというべきである」と指摘している。本件では、本人の障害特性を前提に、障害に由来する事由に基づく解雇について、合理的配慮の提供の有無などを検討して解雇の有効性を判断している。すなわち、障害そのものを理由として解雇する場合だけでなく、障害に由来する事由を理由とする解雇にも改正雇用促進法の趣旨が当たりうるとしている点で同法の適用範囲を広げておりその意義は大きいと言える。

第13章

公務員の労働問題

第1　公務員労働の特殊性

公務員労働の特殊性は、勤務関係が法令と行政行為によって成立している点にある。

公務員の労働条件は法定されており、私的自治の考え方は採られていない。具体的な労働条件を確認するにあたっては、雇用契約書や就業規則を検討する代わりに、勤務関係を定めている法令や規則を調査、参照することになる。

また、公務員は、採用、配転、懲戒、退職などの身分関係の変動が、全て行政行為に基づいている。そのため、不利益な取り扱いを争う場合、具体的な法律要件への該当性というよりも、当該法律要件への該当性を認定した行政庁の判断に行政裁量の濫用や逸脱が認められるかが問題となる。

公務員の労働問題を取り扱うにあたっては、勤務条件法定主義と、勤務関係の形成、変更、消滅等が行政行為に基づいていることを認識しておく必要がある。

第2　公務員の種別と法律関係、労基法の適用

1　公務員の種別と法律関係

国や地方公共団体を含む公的な法人や団体で勤務している者から労働相談を受けた場合、最初に確認するのは公務員の種別（国家公務員なのか、地方公務員なのか、独立行政法人の職員なのか、地方公営企業の職員なのか等）である。その趣旨は、適用される法令を確定し、勤務関係を正確に把握することにある。

公務員の勤務関係は法律や規則、条例などで法定されている。適用される法令は公務員の種別毎に異なっている。例えば、一般職の国家公務員には国家公務員法が適用され、一般職の地方公務員には地方公務員法が適用される。行政執行法人に勤務する者は国家公務員法の適用を受けながらも、それと矛盾しない限度で労働基準法の適用も受ける。地方公営企業で勤務している企業職員の勤務条件は地方公営企業法のほか、地方公営企業等の労働関係に関する法律、労働基準法、各自治体の条例などで規定されている。

また、公的な団体や法人の職員が関係する労働問題であったとしても、必ずしも公務員の労働問題として分類されるわけではない。例えば、国立大学の職員や、中間目標管理法人、国立研究開発法人、一般地方独立行政法人などの職員は公務員ではない。これら職員と勤務先との関係は私企業と同じように労働契約と就業規則によって成り立っており、労働基準法も全面的に適用される。

公務員の労働問題を扱うにあたっては、その者の種別を確定し、勤務関係に適用される法令を正確に理解することが出発点となる。

公務員性やその種別に関する判断の誤りは、適用される法令の誤りに繋がり、見通しの正確さを損なう原因になる。逆に、勤務関係に適用される法令さえ正確に把握できれば、個別法令に関するコンメンタールを参照するなどして、ある程度の確度を持った見通しを立てることができる。したがって、公務員の労働問題に取り組むにあたっては、初期段階で適用される法令を正確に把握することが重要である。

2　公務員の種別と労働基準法の適用範囲

公務員の種別と法律関係について、実務上特に重要なのが労働基準法の適用範囲である。

一般職の国家公務員には全面的に労働基準法の適用が除外されているが、独立行政法人や地方公務員には一律かつ全面的に適用が除外されているわけではない。また、公的な法人の職員であったとしても、私企業と同じように全面的に労働基準法の適用を受ける場合もある。

次頁の表は、労働基準法の適用範囲に関する平成22年５月18日基発0518第１号添付の表を参考にしながら、公務員の種別と勤務関係に適用される主な法令、労働基準法の適用の有無及び範囲の概要をまとめたものである。

また、第３項では表中で言及した公務員の種別について簡単な注釈を加えている。公務員からの労働相談を受けた時に、表と併せて適宜参考にされたい。

公務員の種別	勤務関係に適用される主な法令	労基法の適用の有無及び範囲	労基法との関係での参照条文等
一般職の国家公務員	国家公務員法 各種人事院規則	なし	国家公務員法附則16条
特別職の国家公務員	裁判所職員臨時措置法、国会職員法などの個別立法	個別立法の定めによる	個別立法の定めによる
中間目標管理法人の職員	労働基準法等	全面的に適用あり	独立行政法人通則法51条に対応する規定がないことから職員は公務員ではないとされている
国立研究開発法人の職員	労働基準法等	全面的に適用あり	独立行政法人通則法51条に対応する規定がないことから職員は公務員ではないとされている
行政執行法人の職員	国家公務員法 独立行政法人通則法 行政執行法人の労働関係に関する法律	国家公務員法の規定と抵触しない限りにおいて適用あり。 〔適用を受けない条文〕 14条(契約期間等)2項3項 22条(退職時等の証明)	行政執行法人の労働関係に関する法律37条1項1号(ここで国家公務員法附則16条の適用が除外されている)
一般職の地方公務員	地方公務員法	一部適用除外あり 〔適用を受けない条文〕 2条(労働条件の決定) 14条(契約期間等)2項3項 24条(賃金の支払)1項 32条の3(フレックスタイム制) 32条の4(1年単位の変形労働時間制) 32条の5(1週間単位の変形労働時間制) 38条の2(事業場外のみなし労働時間制)第2項3項 38条の3(専門業務型裁量労働制) 38条の4(企画業務型裁量労働制) 39条(年次有給休暇)6項 75条ないし88条(災害補償) 89条ないし93条(就業規則) 102条(労働基準監督官の権限)	地方公務員法58条3項
特別職の地方公務員	労働者に該当する場合には労働基準法等	労働者に該当する限り適用あり	地方公務員法4条2項により特別職の地方公務員は地方公務員法の適用を受けない
企業職員	地方公営企業法 地方公営企業等の労働関係に関する法律	一部適用除外あり 〔適用を受けない条文〕 14条(計画期間等)2項3項 75条ないし88条(災害補償)	地方公営企業法39条1項
単純労務職員	労働者に該当する場合には労働基準法等	一部適用除外あり 〔適用を受けない条文〕 14条(計画期間等)2項3項 75条ないし88条(災害補償)	地方公務員法57条 地方公営企業の労働関係に関する法律附則第5項
教職員	地方公務員法 教育公務員特例法 公立の義務教育諸学校等の教育職員の給与等に関する特別措置法 地方教育行政の組織及び運営に関する法律	一般職の地方公務員と同じ ただし、左記等の特別法に注意	地方公務員法57条 地方公務員法58条3項
警察職員	警視正以上は国家公務員法(警察法56条) それ以外は地方公務員法 両者に共通するものとして警察法	警視正以上は労基法の適用なし それ以外は一般職の地方公務員と同じ ただし、警察法等の特別法に注意	国家公務員法附則16条 地方公務員法57条(「特例」が警察法にあたる) 地方公務員法58条3項
消防職員	地方公務員法 消防組織法	一般職の地方公務員と同じ ただし、消防組織法等の特別法に注意	国家公務員法附則16条 地方公務員法57条(「特例」が消防組織法にあたる) 地方公務員法58条3項
特定地方独立行政法人の職員	地方公務員法	一部適用除外あり 〔適用を受けない条文〕 14条(計画期間等)2項3項 22条(退職時等の証明)2項 75条ないし88条(災害補償)	地方独立行政法人法53条1項1号 地方公務員法58条
一般地方独立行政法人の職員	労働基準法等	全面的に適用あり	地方独立行政法人法58条に対応する規定がないことから職員は公務員ではないとされている
公立病院の職員	地方公務員法 地方公営企業法 地方独立行政法人法	地方公共団体が自ら病院事業を行い、かつ、条例による特則がない場合・・・地方公務員と同じ。 地方公共団体が自ら病院事業を行い、かつ、条例で地方公営企業法の職員の身分取扱いに関する規定の適用が定められている場合・・・企業職員と同じ 特定地方独立行政法人に病院事業が委託されている場合・・・特定地方独立行政法人の職員と同じ 一般地方独立行政法人に病院事業が委託されている場合・・・全面的に適用あり	

3　表中で用いた公務員の種別について

(1)　一般職の国家公務員

一般職の国家公務員とは国家公務員のうち特別職に属する職以外の公務員をいう（国公法２条２項）。

(2)　特別職の国家公務員

特別職の国家公務員とは国家公務員法２条３項に列挙されているものをいう。内閣総理大臣（１号）、国務大臣（２号）、人事官及び検査官（３号）などが該当する。労働事件の当事者になる可能性のある特別職の国家公務員としては、裁判所職員（13号）、国会職員（14号）、国会議員の秘書（15号）、防衛省の職員（16号）、行政執行法人の役員（17号）などがある。

特別職の国家公務員の勤務関係は個別法の定めによる。例えば、国会職員には国会職員法が、裁判所職員には裁判所職員臨時措置法が適用される。

(3)　中間目標管理法人、国立研究開発法人、行政執行法人

中間目標管理法人、国立研究開発法人、行政執行法人はいずれも独立行政法人の分類である。独立行政法人はこれら三種類のいずれかに分類される（独立行政法人通則法２条１項）。中間目標管理法人は一読しただけでは実体を把握しづらいが、これは、公共上の事務等のうち、その特性に照らし、一定の自主性及び自律性を発揮しつつ、中期的な視点に立って執行することが求められるものを担う法人である（独立行政法人通則法２条２項）。国立美術館や日本学生支援機構、労働政策研究・研修機構などが該当する。

中間目標管理法人、国立研究開発法人は非公務員型の独立行政法人であり、行政執行法人は公務員型の独立行政法人である。

ある独立行政法人がいずれの類型にあたるかは個別法で定められている。例えば、独立行政法人国立美術館が中間目標管理法人にあたることは独立行政法人国立美術館法３条の２で定められている。

現存する独立行政法人の名称と分類は総務省のHPで公開されている。

なお、平成22年５月18日基発0518第１号にある特定独立行政法人は行政執行法人の法改正前の呼称である。

(4)　一般職の地方公務員

一般職は特別職に属する職以外の一切の職をいう（地公法３条２項）。

(5)　特別職の地方公務員

特別職の地方公務員には、地方公共団体の長や議会の議員などの政治職（地公法３条３項１号）、特定地方独立行政法人の役員などの自由任用職（地公法

３条３項６号）、非常勤の消防団員及び水防団員などの非専務職（地公法３条３項５号）などが該当する。

⑹ 企業職員

企業職員は地方公営企業で勤務している職員の総称である。

地方公営企業は地方公営企業法で定義されており、水道事業、工業用水道事業、軌道事業、自動車運送事業、鉄道事業、電気事業、ガス事業が該当する（地方公営企業法２条１項）。

⑺ 単純労務職員

単純労務職員の勤務条件は地方公営企業等の労働関係に関する法律附則第５項に規定がある。同項は単純労務職員の勤務条件について、地方公営企業法38条及び39条を準用すると定めている。

単純労務職員には明確な定義はない。守衛や清掃夫などがこれに該当するとされているが、これは昭和26年政令第25号「単純な労務に雇用される一般職に属する地方公務員の範囲を定める政令」に準拠した解釈である。しかし、同政令は昭和27年10月１日付けで失効しており、単純労務職員の範囲は解釈に委ねられている。

⑻ 教職員

公立小学校、中学校、高等学校の教職員である。

公立大学法人は一般地方独立行政法人の一種であり（地方独立行政法人法68条）、その職員はここでいう教職員には該当しない。

なお、公立学校の教職員には、公立の義務教育諸学校等の教育職員の給与等に関する特別措置法３条２項により、原則として時間外勤務手当及び休日勤務手当が支給されないことには注意を要する（詳細は第２章第３・11⑸（122頁）参照）。

⑼ 警察職員及び消防職員

表中で言及したほか、地方公務員法に労働基本権を認めないことを内容とする規定があることには注意を要する（地公法52条５項）。

⑽ 地方独立行政法人

地方独立行政法人には、公務員型の特定地方独立行政法人と非公務員型の一般地方独立行政法人がある（地方独立行政法人法47条参照）。取扱い事務の差異は適宜地方独立行政法人法を参照されたい。

⑾ 公立病院の職員

公立病院の運営形態には、

① 地方公共団体が自ら運営し、条例に特則を定めていない場合、

② 地方公共団体が自ら運営するにあたり、条例で地方公営企業法の職員の身分取扱いに関する規定を適用すると定めている場合、
③ 特定地方独立行政法人に病院事業を委託している場合、
④ 一般地方独立行政法人に病院事業を委託している場合、

の四つの類型がある。

いずれの類型かにより、職員に適用される法令は異なる。

第3　公務員の労働問題

1　本書での対象

公務員の労働問題も民間と同じく多岐にわたるが、ここでは、採用、配置転換、懲戒、分限、職務命令、退職、非正規公務員の七点を概説する。

なお、公務員にも民間と同じようにハラスメント等の労働問題も存在するが、公務員の職務行為を理由とする国家賠償請求に関しては国または公共団体が賠償の責に任ずるのであって公務員個人の責任を問うことができないとされていること（最三小判昭30. 4. 19民集9巻5号534頁 判時51号4頁）や、人事院等に相談窓口が設けられていることを除き、事件の見通しに関する基本的な事項は私企業におけるハラスメントと同様に考えられる。

2　採用

(1)　採用の法的性質

国家公務員も地方公務員も、任用行為と呼ばれる行政行為によって採用される。行政行為は一方性を要素とするため、通説的な行政行為の定義に鑑みると違和感はあるが、任用行為は相手方の同意を要する特殊な行政行為であると理解されている。

なお、司法修習生の判事補への任官拒否の国家賠償法上の違法性が問題になった事案として、大阪高判平15. 10. 10判タ1159号158頁がある。裁判官の任免には国家公務員法が準用されるところ（裁判所職員臨時措置法１号参照）同事案で裁判所は「最高裁判所が内閣に任命を求める判事補としていかなる者を指名するかは、最高裁判所の広範な裁量にゆだねられているものと解され、裁判所所定の欠格事由がない者について欠格事由があるとするなど、判断の基礎とされた重要な事実に誤認がある場合、思想・信条など憲法上許容し得ない理由に基づいて指名をしなかった場合など、その判断が明白に合理性を欠く場合に

限って、裁量権の逸脱又は濫用となり、違法となるものと考える」と判示している。

極めて限定的ではあるが、公務員への採用拒否が違法になる場合もないわけではない（国公法27条の平等取扱の原則等も参照）。

⑵　採用内定の取消

公務員の採用は行政行為であり、当然に契約法理の適用があるわけではない。このことが問題になるのは、主に採用内定との関係である。

民間の場合、採用内定の意思表示は解約権留保付労働契約の成立と解されている。しかし、公務員の場合、採用内定通知は、任用行為の準備段階で行われる事務手続にすぎず、勤務関係を成立させる効力を有しているわけではない。

地方公務員に関する採用内定通知について、東京都建設局事件・最一小判昭57.5.27労判388号11頁 判時1046号23頁は、採用発令の手続を支障なく行うための準備手続としてなされる事実上の行為に過ぎず、その時点では東京都の職員たる地位を取得するものではなく、また、東京都知事において職員として採用すべき法律上の義務を負うものでもないと判示している。

ただ、同判例も「内定通知を信頼し、東京都職員として採用されることを期待して他の就職の機会を放棄するなど、東京都に就職するための準備を行った者に対し損害賠償の責任を負うことがあるのは格別」と判示しており、損害賠償請求の余地まで否定しているわけではない。

⑶　黙示の労働契約

公務員の雇用関係は、任用という行政行為によって成立するものであり、任用行為がない以上雇用関係は成立しないというのが裁判所の立場である。地方自治体とその外郭団体の間で２か月未満の期限を定編めて交互に繰り返し雇用され通算６年半勤務した臨時職員が地方公共団体に継続して雇用されていたとして退職金の支払を求めた事件で、任命権者による任用がない以上雇用関係は成立せず、地方公共団体については法人格否認の法理を適用する基礎がないとされた裁判例に長崎県（臨時職員）事件・長崎地判平28.3.29労判1138号5頁がある。

3　配置転換

配置転換に関しては、私企業で配置転換を争うにあたり訴えの利益が特段問題にならないことと異なり、当然に行政不服申立や取消訴訟の対象となるわけではない。配置転換が紛争解決手続の軌道に乗るのは、不利益性を伴うものに限定される。これは「その他…いちじるしく不利益な処分」（国公89条１項、

90条１項)、「その他その意に反すると認める不利益な処分（地公49条１項、49条の２第１項）の文言にみられるとおり、審査請求の対象が不利益性を伴うものに限定されていることによる。

市立中学校教諭に対する同一市内中学校間の転任処分について、不利益を伴うものではないこと等を理由に訴えの利益を否定したものとして、大阪府教委事件・最一小判昭61. 10. 23労判484号7頁）がある。

訴えの利益を肯定した例としては、大阪高判平27. 6. 18労判1122号18頁 判時2321頁10号がある。この裁判例は、20年以上もの間バスの運転手の職務に一貫して従事していた者を市に対する訴訟提起を契機としてデスクワークに転任させたという事実関係のもと、これまでの業務とは相当の差異がありこれまで従事してきた職務により得られた経験や技能を活かすことが困難となる一方で、新たな知識や技術等の習得が一から必要となり、その職務内容の変更は異動に伴い当然に甘受すべきであるとか事実上の不利益にとどまるとは到底評価することができないとして、訴えの利益を認めている（転任処分取消請求も認容、最一小判平28. 11. 24LLI/DB判例秘書搭載上告棄却等により確定)。

日野市（病院副院長・降格）事件・東京地判平21. 11. 16労判998号47頁 判時2074号155頁は、病院の副院長であった原告に、参事・病院付属市民健康相談室勤務を命じる旨の処分について、給料表の等級が当該処分の前後で変わりないことを認めつつ、各種手当の支給停止により賃金減額になっていることや、医師として長年のキャリアを持つ原告をあえて配置する必要性が認められないことを指摘し、給与や職務内容において降格されたとして、当該処分の不利益処分性を認めている（裁量逸脱を認め、処分取消自体も認容)。

他方、尼崎市立尼崎東高校事件・神戸地判平14. 9. 10労判841号73頁は、上記大阪府教委事件を引用したうえ、「地方公務員法49条にいう『不利益な処分』に当たるか否かは、当該処分が公務員の身分、俸給等に異動を生ぜしめるものであるか否か、客観的または実際的見地からみて、勤務場所、勤務内容等においてなんらかの不利益を伴うものであるか否かによって判断するのが相当」との規範を示したうえ、定年退職した職員、同一市内での異動を命じられた職員について、転任処分の訴えの利益を否定している。ただし、この事案では、転任処分がセクハラ行為に関する抗議活動を封じ込めて事態を収拾する目的で行われたことが認定されており、国家賠償請求は認められている。裁量の逸脱・濫用の有無と訴えの利益とが直結しないことには留意が必要である。

また、教員の転任処分に関し、人事委員会への審査請求中に第２次転任（再転任）がなされた事案で､再転任を理由に訴えの利益を否定した裁判例として、東京高判平18.6.21判タ1274号138頁がある。異動が繰り返されることにより、前処分の訴えの利益が否定され得ることにも留意されなければならない。

4　懲戒

(1)　懲戒処分

公務員に対する懲戒処分は、当該公務員に職務上の義務違反、その他、単なる労使関係の見地においてではなく、国民全体の奉仕者として公共の利益のために勤務することをその本質的な内容とする勤務関係の見地において、公務員としてふさわしくない非行がある場合に、その責任を確認し、公務員関係の秩序を維持するため、科される制裁である（神戸税関事件・最三小判昭52.12.20民集31巻7号1101頁、労判282号22頁）。

懲戒には、免職、停職、減給、戒告の四種類がある（国公法82条、地公法29条）。いずれも不利益処分としての行政行為であり、行政不服審査や行政訴訟の対象となる。なお、訓告や厳重注意等の法令に根拠のない措置は事実上行われているものにすぎず、処分ではないため（訓告につき神戸地判昭39.7.15行集15巻7号1415頁）、取消訴訟等の対象にはならない。

(2)　懲戒処分の基準

ア　判例

(ア)　一般的基準

最高裁は、懲戒処分をすべきかどうか、また、懲戒する処分をする場合にいかなる処分を選択すべきかについて「懲戒権者は、懲戒事由に該当すると認められる行為の原因、動機、性質、態様、結果、影響等のほか、当該公務員の右行為の前後における態度、懲戒処分等の処分歴、選択する処分が他の公務員及び社会に与える影響等、諸般の事情を考慮して、懲戒処分をすべきかどうか、また、懲戒処分をする場合にいかなる処分を選択すべきか、を決定することができる」「懲戒権者が右の裁量権の行使としてした懲戒処分は、それが社会観念上著しく妥当を欠いて裁量権を付与した目的を逸脱し、これを濫用したと認められる場合でない限り、その裁量権の範囲内にあるものとして、違法とならない」「裁判所が右の処分の適否を審査するにあたつては、懲戒権者と同一の立場に立つて懲戒処分をすべきであつたかどうか又はいかなる処分を選択すべきであつたかについて判断し、その結果と懲戒処分とを比較してその軽重を論ずべきものではなく、懲戒権者の裁量権の行使に基づく処分が社会観念上著しく妥当を欠き、裁量権を濫用したと認められる場合に限り違法であると判断すべき」との規範を示している（前掲神戸税関事件・最三小判昭52. 12. 20）。

上記判例は国家公務員への懲戒処分が問題になった事案であるが、地方公務員の懲戒処分の違法性が問題になった事件（伝習館高校事件・最一小判平2. 1. 18民集44巻1号1頁、労判555号7頁）にも引用されており、懲戒処分の効力を議論する上での規範となっている。

(イ)　懲戒免職の特殊性

懲戒処分の中でも、免職に関しては他の処分と区別して特に慎重に検討する判例もある。例えば、公立学校の教員が保護者から集金したユニフォーム代９万円を私的に使用したことを理由に懲戒免職処分を受けた事案において、横浜地判平成28. 10. 18LLI/DB判例秘書登載は、懲戒免職が退職金の受給資格すら原則として喪失させるものであることを指摘し、「懲戒免職処分を選択するに当たっては、他の懲戒処分に比して特に慎重な配慮を要するものというべきであり、懲戒権者が裁量権の範囲を逸脱しこれを濫用したか否かを判断するに際しても、この点を考慮する必要がある。」と判示している（懲戒処分、退職金支給制限処分のいずれも取消請求認容）。

イ　行政内部での裁量基準

人事院は国家公務員法に基づく懲戒処分に関し「懲戒処分の指針について」（平成12年３月31日　職職－68）という通知を出している（以下「懲戒処分の指針」という）。

ここでは処分量定の決定にあたっての考慮要素が掲げられているほか、懲戒処分の標準例が定められている。

処分量定の考慮要素としては、「非違行為の動機、態様及び結果はどのようなものであったか」「故意又は過失の度合いはどの程度であったか」「非違行為を行った職責はどのようなものであったか、その職責は非違行為との関係でどのように評価すべきか」などの事情が示されている（第１　基本事項参照）。また、「職員が自らの非違行為が発覚する前に自主的に申し出たとき」が標準例に掲げる処分の種類よりも軽くすることが考えられる場合として示されている（第１　基本事項）。懲戒処分の発覚前に法律相談を受けた場合、自主的な申し出が処分を軽くする事情になり得ることを考慮して回答する必要がある。

懲戒処分の標準例としては、「正当な理由なく10日以内の間勤務を欠いた職員は、減給又は戒告とする。」などと非違行為と懲戒処分との関係が具体的に示されている（第2　標準例　1　一般服務関係⑴欠勤ア参照）。

懲戒処分の指針は国家公務員を対象にしているが、地方公共団体の設けている懲戒処分の指針やその運用にも事実上の影響を与えている。

裁量基準はあくまでも一応の目安であり、行政庁にせよ、裁判所にせよ、これに拘束されるわけではない。しかし、裁量基準から逸脱した処分に対しては、平等原則違反や比例原則違反が問題になり得る。また、京都市（北部クリーンセンター）事件・大阪高判平22.8.26労判1016号18頁のように「被控訴人が自らの懲戒権行使について懲戒処分指針を定めた以上は、被控訴人が懲戒処分を行うには同指針に定める要件に基づいて行う必要があるのであって、『準じる』とか『匹敵する』という理由で、処分原因を拡張解釈することはできないというべきである」と判示した事例もある。したがって、懲戒処分の量定の当否を検討するにあたっては、先ずは裁量基準からの逸脱の有無を確認することになる。

クラス担任を受け持っていた女生徒に対し「結婚してほしい」「抱かせてほしい」「体に触るのと触られるのはどちらが良いか」等の性的な内容を含む不適切なメールを送ったことを理由に都立高校教師が懲戒免職処分を受けた事案で、都教委が策定した「教職員の主な非行に対する標準的な処分量定」において「わいせつな内容のメール送信・電話等」を停職としており、「本件処分量定が非違行為の類型ごとに標準的な処分量定を示しているのは、懲戒権者の判断が恣意に流れることのないように判断基準を示しているものと解され、特に重い処分である免職が選択された場合、職員に与える不利益は著しいものがあるから、それが本件処分量定と異なる処分であるときは、あえて免職を選択した客観的・合理的な根拠の有無について慎重に吟味する必要があるというべきである」とし、懲戒免職を無効とした裁判例がある（東京都・都教委（都立高校教員・免職処分）事件・東京地判平27.10.26判時2297号22頁 判タ1422号153頁、なお同事件では懲戒免職処分の執行停止も認められた：東京都・都教委（免職処分執行停止・仮処分）事件・東京地決平27.1.27労判1123号153頁）。

⑶　懲戒処分と帰責事由

懲戒処分が有効であるためには、対象者に帰責事由が認められなければならない。

精神疾患と無断欠勤との関係性が問題になった事案において、懲戒処分が行政上の制裁であることを理由に「ある行為が懲戒事由に該当するというためには、当該行為について、当該職員に帰責事由があることが必要であると解される。」とした事例として、札幌市・市教委（市立中学校教諭）事件・札幌高判平28.9.29労判1148号17頁がある。この判例は結論として懲戒免職を有効としているが、無断欠勤が精神疾患に起因するかを具体的に検討している。

⑷　職務上の不正行為

職務上の不正行為は公務員関係の秩序を毀損する行為そのものであり、懲戒処分の原因の典型である（国公法82条１項２号、地公法29条１項２号）。

弁護士会の法律相談カード等を分析していると、職務上の不正行為を理由とする懲戒処分で不正な行為をしたこと自体に争いがない場合、非が明確であることからか、相談担当弁護士は相談者に対して懲戒処分の効力を争うことに消極的な見解を述べがちな傾向にある。

しかし、懲戒処分が重すぎるとして取り消された事例も決して少なくない。

例えば、11年10か月の間に合計300万円を超える手当の過支給を受けた事案において、当初過支給であることに気付いていなかったこと等に触れたうえ、「停職６か月という処分は重い処分ではあるものの、これが停職にとどまっている以上、なお、処分権者の裁量権の範囲を逸脱した違法な処分であるとまで認めることはできない。」と停職を限度としている（免職は許されない）ように読める判例がある（明石市・知公営企業管理者事件・大阪高判平26.12.5労判1113号5頁参照）。この裁判例は、主として考慮すべき事由が懲戒処分とほぼ重複しているとの判断のもと、懲戒処分後になされた分限免職処分を取り消している。

また、消防士が市消防署からの貸与品（編上げ靴）をインターネットオークションに出品して販売し、懲戒停職６か月の処分を受けた事案において、重すぎることを理由に処分を取り消した裁判例もある（東京高判平28.6.30判時2330号89頁）。

公立中学校で陸上競技部の顧問をしていた教諭が保護者から集金したユニフォーム代９万円を私的に使用するなどの行為が問題になった前掲横浜地判平28.10.18LLI/DB判例秘書搭登載でも、一時使用であること、補填が行われていること、類似事案との均衡を失していることなどを理由に、懲戒処分、退職手当支給制限処分のいずれも取り消されている。

この種の相談で安易に楽観的な見解を回答することは避けるべきである。しかし、職務上の不正行為であることを重視するあまり、過度に抑制的な見解を回答するのも適切ではない。不正の程度が軽微であるにもかかわらず裁量基準を形式的に適用して重い処分がなされている事案や、個別事案の特性を十分に検討することなく裁量基準から逸脱して重い処分がなされている事案などは特に注意が必要である。救済されるべき事案を看過しないよう、相談担当者には慎重な姿勢が求められる。

(5) 私生活上の非違行為についての懲戒の可否・量定

ア 私生活上の非違行為についての懲戒の可否・量定

私生活上の非違行為であったとしても、懲戒処分の対象になる。私生活上の非違行為であることが懲戒処分の量定にどのような影響を与えるかは次のとおり整理して考えられる。

イ 私企業の従業員における量定との比較

私企業の従業員との比較においては、懲戒対象となる行為は広いし、責任も重くなる可能性がある。最高裁（国鉄・中国支社事件・最一小判昭49.2.28民集28巻1号66頁、労判196号24頁）も国鉄職員への懲戒が問題になった事例において、極めて高度の公共性を有する公法上の法人であることを指摘したうえ、「その企業体の一員である上告人の職員の職場外における職務遂行に関係のない所為に対しても、一般私企業の従業員と比較して、より広い、かつ、より厳しい規制がなされうる合理的な理由があるものと考えられる」と公務員が私企業の従業員と比較して私生活上の非違行為につき広範かつ重い責任を負う余地を認めている。

その後に言い渡された国鉄岩国基地撤去闘争事件・広島高判昭54.9.4労判329号49頁 判時955号116頁（最二小判昭56.12.18判時1045号129頁で上告棄却）も、国鉄職員が岩国基地撤去を要求するデモ行進に際して警備の警察官に暴行を加え、公務執行妨害罪、傷害罪で有罪判決を受けたことについて「国鉄法三一条一項一号及びこれに基づく国鉄就業規則六六条一七号所定の懲戒事由である『その他著しく不都合な行いがあつたとき』に該当することが明らかである」と判示している。この判決では、「前記行為は私生活上のものであるから右懲戒事由に該当しない」との控訴人の主張に対し、「控訴人のように極めて高度の公共性を有し、公共の利益と密接な関係のある企業体においては、事業の円滑な運営の確保とともにその廉潔性の保持が社会から要請あるいは期待されているから右『著しく不都合な行いがあつたとき』には、控訴人の右社会的評価を低下、毀損するおそれがあると客観的に認められる限り、職場外の職務遂行に関係のない行為のうちで著しく不都合なものと評価されるものを含むと解するのが相当」であるとの判断を示している。

公務員の場合、私企業の場合よりも広範に私生活上の非違行為が懲戒対象行為になる可能性があることには留意する必要がある。

ウ　職務に関連する場合における量定との比較

同様の行為に及んだ場合において、私生活上の非違行為であることは、職務に関連する場合との比較において、処分を軽くする要素となる。

懲戒処分の指針も「公務外非行関係」という類型を設け、「一般服務関係」や「公金官物取扱い関係」とは標準例を区別している。例えば、「公金又は官物を横領した職員は、免職とする。」とされているのに対し、公務外非行関係で「自己の占有する他人の物を横領した職員には、免職又は停職とする。」と一段階軽い懲戒処分を科する余地が認められている。また、公立学校教師の音楽作成ソフトの違法複製・販売について、「職務外の行為」（私生活上の非行）であることを理由の一つとして掲げ、懲戒免職を取り消した判例もある（札幌高判平28. 11. 18判時1113号5頁）。

⑹　飲酒運転と免職

懲戒処分の指針は「酒酔い運転をした職員は、免職又は停職とする。この場合において人を死亡させ、又は人に傷害を負わせた職員は、免職とする。」などと、酒酔い運転、酒気帯び運転、飲酒運転をした職員の責任を重視する姿勢を示している。

これは地方公共団体の懲戒処分の指針にも事実上の影響を与えており、国家・地方を問わず、飲酒運転は厳しい処分がなされる傾向にある。

こうした傾向の中で、公務員が懲戒免職処分を受けるケースが増え、争いになる例は少なくない。

裁判例は懲戒免職処分を有効とするものと無効にするものとで割れているのが現状である。懲戒処分の効力が取り消される例も決して少なくないことには留意する必要がある。

懲戒処分の効力を維持したものの例としては、

高知県（酒酔い運転・懲戒免職）事件・高松高判平23. 5. 10労判1029号5頁 判タ1352号163頁：信号柱への衝突事故を起こし呼気１ℓ中0. 7mgが検出されて酒酔い運転で罰金80万円に処せられた土木事務所主任技師の事例、一審高知地判平22. 9. 21労判1029号13頁 判タ1352号168頁は懲戒免職取消、

三重県・県教委（県立Ａ高校職員・酒気帯び運転）事件・名古屋高判平25. 9. 5労判1082号15頁：呼気１ℓ中0. 54mgが検出され罰金30万円運転免許取消の処分を受けたがその事実を申告しなかった高校事務職員の事例

などがある。

懲戒処分の効力を否定したものの例としては、

加西市（職員・懲戒免職）事件・大阪高判平21. 4. 24労判983号88頁 最二小

決平21.9.18で確定：パトカーに止められ呼気1ℓ中0.15mgが検出された課長の事例、

姫路市（消防職員・酒気帯び運転）事件・神戸地判平25.1.29労判1070号58頁：原付で転倒し自損事故を起こして呼気1ℓ中0.3mgが検出された消防士の事例、

熊本県教委（教員・懲戒免職処分）事件・福岡高判平18.11.9労判956号69頁 判タ1251号192頁 最一小決平19.7.12で確定：運転代行業者に派遣を要請したが断られ車で移動中に検問で呼気1ℓ中0.25mg以上が検出されるということを一晩に2回繰り返した中学教師の事例、一審熊本地判平18.3.27労判956号78頁 判タ1251号198頁は懲戒免職適法、

佐賀県・県教委（懲戒免職）事件・福岡高判平21.8.5労判991号186頁 最一小決平22.2.18で確定：飲酒運転中に接触事故を起こして翌朝警察に出頭した際に呼気1ℓ中0.07mgが検出された高校教師の事例

大阪市教委（高校管理作業員・懲戒免職）事件・大阪地判平21.7.1労判992号23頁：友人と飲酒し午前3時ころ運転代行を依頼すると3、40分ないし50分待つことになると言われて仕事の関係で帰りを急いでいた友人を乗せて飲酒運転し検問で呼気1ℓ中0.24mgのアルコールが検出された高校管理作業員（用務員）の事例

秋田県・秋田県教委（酒気帯び運転・免職）事件・秋田地判平24.3.23判タ1379号109頁（確定）：前日午後10時ころから自宅で芋焼酎をロック3杯（450mℓ程度飲酒し、午後11時30分ころ就寝。翌日午前6時ころ自宅を出て通勤のため自家用車を運転。自宅を出て約2分後、検問中の警察官によりアルコール検査を受けたところ、呼気1ℓ中0.29mgのアルコールが検出された小学校教頭の事例

長野県・県教委（公立中学校教員・酒気帯び・懲戒免職処分）事件・東京高判平25.5.29判時2205号125頁：前日午後6時半ころから午後11時半過ぎまでの間、アルコール度数25度の焼酎を半々の水割りしたものを焼酎グラス（180mℓ～200mℓのもの）で7～8杯のみ徒歩で帰宅、就寝。翌日午前6時ころ起床し、財布が見当たらなかったことから自己所有車両で近所の交番に赴いたところ、紛失届の手続をする際に警察官から酒臭を指摘され、呼気検査により呼気1ℓ中0.3mgのアルコールが検出された中学校教諭の事例

秋田県（職員・酒気帯び運転）事件・秋田地判平26.10.31労判1119号88頁（確定）：飲酒の上自宅アパートの駐車場内に駐車した自家用車中で寝ていたところ盗難防止装置が作動して大音量のクラクションが鳴り続けたので慌てて迷惑を避けるために住宅街から出ようと約800m運転し、呼気1ℓ中0.45mgが検出

された技能主任（道路維持、除雪作業、連絡車運転用務を担当）の事例などがある。

弁護士実務においては国・地方公共団体の代理人になるよりも公務員側で懲戒処分の効力を争う場合が多数を占めると思われたため、本書では否定例を積極的に取り上げるようにしている。しかし、懲戒処分が有効とされる例も決して少なくないことを改めて強調しておく。

なお、非違行為が認められる場合に、懲戒免職ではなく諭旨免職という措置がとられることがある。これは本人の辞意に基づいて行われる退職発令（行政行為）であり、懲戒処分とは区別されている。

5　分限

(1)　分限処分

分限処分とは、公務の能率の維持およびその適正な運営の確保という目的から、一定の事由がある場合に行われる職員の意に反する不利益な身分上の変動をもたらす処分をいう。

なお、定年制のように一定の事由の発生により当然に離職するようなものは職員の身分保障の例外という意味での分限ではあっても、分限「処分」ではない。

分限処分には、降任、免職、休職、降級の四種類がある（国公法78条、人事院規則11－10（職員の降級）、地公法28条）。

(2)　分限処分の適法性の判断基準、分限免職処分の特殊性

分限処分の適法性の判断基準になっているのは、広島県教委事件・最二小判昭48.9.14民集27巻8号925頁、労判186号45頁である。これによると、分限処分の目的と関係のない目的や動機に基づいて行われた分限処分、考慮すべき事項を考慮していない分限処分、考慮すべきでない事項を考慮して判断された分限処分、その判断が合理性をもつものとして許容された限度を超えている分限処分などが、裁量権の行使を誤った違法な処分であるとされている。

上記最高裁判例は、上記の一般的基準を明らかにした後、分限免職処分の特殊性に触れ、他の処分とは適格性の検討対象が異なることや、行政裁量の余地が狭いことを明らかにしている

具体的に言えば、降任の場合には特定の職との関係での適格性のみが問題になるのに対し、免職の場合には、現在就いている職に限らず、転職の可能な他の即を含めて適格性を判断しなければならないとされている。

また、結果の重大性という観点から、「免職の場合における適格性の有無の

判断については、特に厳密、慎重であることが要求される」と降任の場合に比して裁量的判断の余地を狭めている。

下級審裁判例の中には、適格性を判断するにあたっての転職の可能な他の範囲について「分限処分権者である当該職員の任命権者の下にある職を指すものというべきであつて、およそ公務員一般とか地方公務員一般についての任命権者を異にする職全体を指すものではない」としたものがある（宮崎地判昭57. 11. 19判タ503号135頁）。

また、人格の未熟性を指摘しながらも、教員としての適格性を判断するにあたっては本来初任者研修による初任者への教育効果を踏まえて判断することが予定されているはずであるとして、十分な初任者研修が実施されていないことに留意することなくなされた総合評価が客観性を欠き、かつ不合理なものであったとして分限免職処分を取り消した裁判例に東京都・都教委（都立Ｅ中学）事件・東京地判平26. 12. 8労判1110号5頁 判時2259号25頁がある。

心身の故障との関係では、統合失調症に起因する勤務実績の低調さや問題行動が採り上げられた事案において、条例で３年までの分限休職を命じることが可能とされていたことや、分限休職を命じる場合に指定意思の診断が必要とされていることを指摘したうえ、「指定医師の診断を経ないまま、直ちに、…当該職員を分限免職することはできない」として分限免職処分を取り消した裁判例に武蔵村山市（職員分限免職処分）事件・東京地判平24. 9. 26労判1064号72頁 判時2200号136頁がある。

⑶　降任

懲戒処分は、免職、停職、減給、戒告の四種類しかない（国公法82条、地公法29条）。公務員の場合、私企業における降格に対応する措置は「降任」という分限処分として行われることになる（国公法75条、地公法28条）。

配置転換の処分性を論証するにあたっては、明文（国公法75条、地公法28条）で処分性が認められている降任処分との比較という視点が意味を持つこともある。例えば、前掲日野市（病院副院長・降格）事件・東京地判平21. 11. 16労判998号47頁 判時2074号155頁は、給与および職務内容において降格されていることを指摘したうえで不利益処分への該当性を認めている。

⑷　懲戒処分との関係

分限処分は、不利益処分ではあっても、公務の能率を維持するために行われる行政行為である。職員の責任追及や懲罰を目的としてはいない点において、懲戒処分とは趣旨を異にしている。したがって、分限処分は退職手当の不支給などの制裁的な効果と結びついているわけではない。

しかし、懲戒処分の対象と分限処分の対象とは重複することも多い。例えば、職務命令違反は非違行為として懲戒処分の対象になるだけではなく、公務に必要な適格性を欠いているという意味で分限処分の対象にもなる。

これに関連して懲戒免職を軽減する意味で分限免職にすることが可能かという問題がある。

収賄罪で逮捕された市職員を懲戒免職ではなく分限免職にして退職手当を支給したことについて、懲戒処分を行うかどうかが任命権者の裁量にゆだねられていること等を根拠として地方自治法242条１項にいう違法な公金の支出にあたらないとされた判例はある（川崎市長事件・最一小判昭60.9.12労判459号30頁）。

しかし、上記裁判例には批判も強く、制裁を軽減する趣旨で分限処分を選択できるかは安易に一般化できる問題ではない。実際、分限処分が懲戒処分に比して被処分者に有利なことのみを理由として懲戒処分が相当な場合に分限処分を選択することは許されないとした下級審裁判例もある（京都市交通局職員事件・京都地判昭55.3.21労判343号73頁 判時972号123頁）。

⑸　組織変更と分限

官制等の改廃により過員を生じた場合、職員を分限免職することができる（国公法78条４号、地公法28条１項４号）。

４号に基づく分限免職は被処分者に何ら帰責性がないこともあり、整理解雇における解雇回避努力義務に対応する何等かの義務（分限回避義務）の存否や内容が問題にされることがある。

分限回避義務を分限処分の効力との関係でどのように理解するかは、裁判例によって異なっている。

大阪地判平27.3.25LLI/DB判例秘書登載は、日本年金機構の設立に伴う旧社会保険庁職員への分限免職処分の適否が問題になった事案において、「任命権者において、同処分を回避することが現実に可能であるにもかかわらず、同処分を回避するために努力すべき義務（分限回避義務）を履行することなく同処分をした場合には、当該処分は、任命権者が有する裁量権の範囲を逸脱し又はこれを濫用したものとして、違法なものになる」と分限回避義務を履行することなく行われた分限処分は違法であると判示している。

他方、北九州市病院局長事件・福岡高判昭62.1.29労判499号64頁は、「分限免職処分を回避するための措置として、余剰人員の配置転換を命ずる義務があるとすることは、任免権者の人事権、経営権を制肘することを認めることになり妥当でなく、ただ、過員整理の必要性、目的に照らし、任免権者において被処分者の配置転換が比較的容易であるにもかかわらず、配置転換の努力を尽くさずに分限免職処分をした場合に、権利の濫用となるにすぎないものというべきである。」と容易性を配置転換義務ないし分限回避義務をとる前提条件として位置づけている。比較的近時の事案である北秋田市（米内沢病院職員）事件・仙台高秋田支判平27. 10. 28労判1139号49頁もこの系譜に属する。同裁判例は、地方自治法284条２項に基づいて設立された一部事務組合が運営する公立病院で勤務する一般地方公務員が一部事務組合の解散に伴い分限免職処分を受けた事案において、「現市長がそもそも本件処分に先立って分限免職回避義務を負うか否かはともかく、仮にその義務を負うとしても、後述のとおり分限免職回避措置を講ずることが容易であったものとは認められないから、本件処分を行ったことについて、被控訴人の現市長に裁量権の逸脱があったものとはいえない。」と分限回避義務の前提条件として容易性を要求している。なお、同裁判例は分限免職処分を有効としたが、市長の言動等を根拠に、病院組合解散後も市の職員として任用されるものと期待することも無理からぬところであり、その期待は法的保護に値するとして、国家賠償法に基づく慰謝料請求を認容することにより、一定の限度で被処分者の利益に配慮している。

組織変更に伴う分限免職処分が許容されること自体は法文上明らかであるが、分限回避義務の位置づけや理解の仕方は未だ流動的である。

6 職務命令

職務命令の処分性には議論がある。

国歌の起立斉唱、ピアノ伴奏を内容とする職務命令の効力が争われた事案において、最高裁は処分性を否定している（教職員国旗国歌訴訟（予防訴訟）・最一小判平24. 2. 9民集66巻2号183頁 判時2152号24頁）。この立場からは、職務命令の適法性は、職務命令違反を理由とする懲戒処分や分限処分に対する不服申立の中で判断されることになる。

ただ、職務命令としての性質を認めながらも、研修期間が１年間という長期間に及ぶこと、勤務場所が変更されること、勤務内容が変更されること等を根拠として、要綱に基づく長期特別研修命令に処分性を認めた判例もある（仙台地判平15. 2. 17判タ1148号204頁）。

職務命令の処分性は基本的には消極に理解されるのであろうが、その法的な位置づけや内容により、不服申立の利益が肯定される場合もあることには留意する必要がある。

なお、職務命令そのものを処分として争えない場合でも、職務命令違反を理由とする懲戒処分の差止訴訟や、行政処分以外の処遇上の不利益の予防を目的とする公法上の当事者訴訟として職務命令に基づく公的義務の存否の確認の訴えを提起できる可能性はある（前掲教職員国旗国歌訴訟（予防訴訟）最一小判平24. 2. 9民集66巻2号183頁 判時2152号24頁参照）。

7　退職に関係する諸問題

(1)　辞職の法的性質

公務員の場合、退職は、本人の退職同意を要件として任命権者が退職処分（免職処分）を発令することによって効力が発生する。本人の退職届はその「同意をたしかめるための一手続に過ぎない」とされている（高松高判昭35. 3. 31民集16巻8号1542頁、最二小判昭37. 7. 13民集16巻8号1523頁 判時310号25頁で上記判示は維持）。

任用と同じく退職も行政行為によって規律される。民法の意思表示理論が適用されないことには留意する必要がある。

(2)　退職の意思表示の撤回の可否

公務員の場合、上記(1)の通り、退職処分の発令によって退職の効力が発生する。よって退職の意思表示の撤回は、退職承認処分の効力発生前においては原則として自由であるが、退職承認処分の効力発生前であっても、退職の意思表示を撤回することが信義に反すると認められる特段の事情がある場合には、撤回は許されない（最二小判昭34. 6. 26民集13巻6号846頁 判時191号5頁、旭川地判平25. 9. 17判時2213号125頁、いずれも当該事例では撤回を認めている）。

(3)　公務員の退職と留学費用の返還

国家公務員については、国家公務員の留学費用の償還に関する法律　(2006（平成18）年制定）３条及び人事院規則10－12により、留学終了から５年以内に離職した場合在職期間に応じて一定の金額の償還が義務づけられている。

地方公務員の場合、各地方公共団体が留学費用の償還に関する条例を設けていることがあり、返還の要否を検討するには条例の有無・内容を調査する必要がある。

(4)　公務員と退職手当

ア　退職手当の支給対象

国家公務員の場合、退職金の支給要件は国家公務員退職手当法で規定されている。

国家公務員退職手当法は「常時勤務に服することを要する国家公務員」を支給対象にしているほか（国家公務員退職手当法２条１項）、一定の要件を満たした非常勤職員にも退職手当を支給することとしている（国家公務員退職手当法２条２項、国家公務員退職手当法施行令１条、昭和60. 4. 30総人260号）。

地方公務員の退職金の支給要件は、地方公共団体が独自に定める条例に規定されている。

イ　退職手当の不支給

国家公務員については、現在は、懲戒免職の場合に、当該退職をした者が占めていた職の職務及び責任、当該退職をした者の勤務の状況、当該退職をした者が行った非違の内容及び程度、当該非違に至つた経緯、当該非違後における当該退職をした者の言動、当該非違が公務の遂行に及ぼす支障の程度並びに当該非違が公務に対する国民の信頼に及ぼす影響を勘案して、当該一般の退職手当等の全部又は一部を支給しないこととする処分を行うことができるとされている（国家公務員退職手当法12条１項、国家公務員退職手当法施行令17条。2008（平成20）年改正前は一律全額不支給だった）。地方公務員については条例で同様の規定が定められているのが通例である。

被処分者が懲戒免職されている事案などで、国家公務員退職手当法や条例に基づく退職金の不支給処分の適否が争われることがある。

飲酒運転の事例で、車中にウイスキーを持ち込んで飲みながら運転し停止中の車両に追突する物損事故を起こして呼気１ℓ中0.7㎎が検出され罰金50万円に処せられた中学校教頭について、「そもそも懲戒免職処分は、非違行為をした者に職員としての身分を引き続き保有させるのが相当かという観点から判断されるのに対し、退職手当は、通常であれば退職時に支払われる一時金を支払うのが相当かという観点から判断されるものであって、懲戒免職処分と退職手当の不支給は論理必然的に結びつくものではない」とし、非違行為は危険かつ悪質で動機に酌量の余地は皆無であり中学校教頭という職務と管理職としての立場から本件非違行為が職務に与える悪影響は大きいが、27年間勤務し数回にわたり表彰を受けるなど学校教育に多大な貢献をしてきたといえること、処分歴がないこと、酒気帯び運転に止まり私生活上の行為であること、事故も物損に止まり被害者と示談していることから、本件非違行為が、上記のような原告の長年の勤続の功績を全て抹消するほどの重大な背信行為であるとまでは到底いえないとして全部不支給処分は裁量権濫用として取り消した裁判例がある（京都市教育委員会（酒気帯び運転）事件・京都地判平24. 2. 23労判1054号66頁 判タ

1374号148頁)。

なお､他に懲戒免職事案で退職金不支給処分を取り消した裁判例として、休暇中に呼気１ℓ中0.54㎎が検出され罰金30万円、運転免許取消の処分を受けたがその事実を校長に申告しなかった高校事務職員について、懲戒免職は有効としつつ退職金全額不支給は違法とした三重県・県教委（県立Ａ高校職員・酒気帯び運転）事件・津地判平25.3.28労判1074号5頁があるが、控訴審名古屋高判平25.9.5労判1082号15頁により破棄されている。また、金銭の着服等の不正行為を理由に懲戒免職・退職金不支給とされた地方公務員について被害額が18万5300円にとどまることなどから懲戒免職を有効としながらも退職金については８割程度減額して支給すべきとした裁判例として北海道市町村職員退職手当組合事件・札幌地判平27.4.8労判1129号54頁があるが、これも控訴審札幌高判平27.9.11労判1129号49頁により破棄されている。

(5)　定年後再任用

ア　裁判例の概観

再任用職員の採用選考の合否の判定及び採否の決定には処分性がないと解されているため、定年後、再任用されなかったことは、取消訴訟や義務付け訴訟の対象にならない（東京地判平25.7.8LLI/DB判例秘書登載）。

ただし､裁量を逸脱した再任用不合格の判断は国家賠償法上違法であり、逸失利益を請求することが認められている。

日々雇用職員についての事例であるが、最高裁は「任用予定期間の満了後に再び任用される権利若しくは任用を要求する権利又は再任用されることを期待する法的利益」の存在を否定しながらも、「任命権者が、日々雇用職員に対して、任用予定期間満了後も任用を続けることを確約ないし保障するなど、右期間満了後も任用が継続されると期待することが無理からぬものとみられる行為をしたというような特別の事情がある場合には、職員がそのような誤った期待を抱いたことによる損害につき、国家賠償法に基づく賠償を認める余地があり得る」と判示している（大阪大学（図書館事務補佐員）事件･最一小判平6.7.14労判655号14頁 ただし、結論は消極)。これを引用したうえ、東京地判平26.3.6判時2249号94頁は都立高校教員の再任用選考の不合格に国家賠償法上の違法性を認め、慰謝料及び再任用職員の任期一年分の報酬額から原告が非常勤職員として得ていた報酬の差額に相当する逸失利益の賠償請求を認容している。

その他、定年後再雇用と国家賠償の可否が問題になった事例として、東京都・都教委（教員・再雇用制度等）事件・東京地判平21.1.19労判979号5頁 判時2056号148頁（一年分の逸失利益につき賠償請求を認容）、福岡高判平25.9.27判時2207号39頁（一年分の逸失利益につき賠償請求を認容）、東京地判平22.2.25LLI/DB判例秘書搭載（棄却）、東京高判平25.2.7LLI/DB判例秘書登載（棄却）、東京地判平25.7.8LLI/DB判例秘書登載（棄却）などがある。

イ　今後の展望

国家公務員の再任用に関しては、2013（平成25）年３月26日閣議決定「国家公務員の雇用と年金の接続について」で「当面、下記のとおり、定年退職する職員（勤務延長後退職する職員を含む。以下同じ。）が公的年金の支給開始年齢（以下「年金支給開始年齢」という。）に達するまでの間、再任用を希望する職員については再任用するものとすることで、国家公務員の雇用と年金を確実に接続することとする。」とされている。

地方公務員の場合、定年退職者の再任用の基準に関する事項は、人事委員会ないし公平委員会と地方公共団体の長とで協議して定められることとされている（地方自治法180条の４、地方自治法施行令132条６号)。選考の適否を判断するにあたっては、先ずは上記基準を調査・参照することになる。地方公共団体に関しては前段で指摘した閣議決定のようなものはないが、再任用制度は「公務の能率的運営を確保するためというよりも、むしろ職員の生活を保障するための色彩の強いもの」（橋本勇『逐条　地方公務員法』〔学陽書房、新版　第４次改訂版、平28〕609頁参照）と位置付けられている。

現在の再任用制度の根拠となっている地方公務員法等の一部を改正する法律（法律第百七号（平一一・七・二二））は施行日から既に一定の期間が経過している（同法律附則１条　2001（平成13）年４月１日施行)。

しかし、2013（平成25）年３月26日の閣議決定は新たな事情の変更であり、地方公務員の再任用に関しても閣議決定の以前と以後とで判例の状況には変化が生じる可能性がある。

(6)　死亡

死亡によって公務員としての地位は当然に失われる。

公務員の死亡との関係では、取消訴訟の訴えの利益が問題になることがある。

懲戒免職された公務員が免職処分の取消訴訟の係属中に死亡した事案においては、死亡に至るまでの給料請求権その他権利の存否が問題になることから訴えの利益は失われず、相続人による訴訟承継が認められている（最三小判昭

49. 12. 10民集28巻10号1868頁 判時762号3頁）。

他方、国有林野事業の現場作業に従事する定員外職員が戒告処分の取消訴訟の提起後に死亡した事案においては、「仮に戒告により同人の名誉、信用などに対する精神的損害を被つたとしても、右の利益は一身専属的なもので、同原告が現に公務員の地位を有しているかぎり、仮にそうではないとしても生存しているかぎりにおいて法律上の利益と評価しうるものである」とし、取消訴訟は訴えの利益を失い終了するとされている（東京高判昭57. 11. 24労民集33巻6号1034頁）。

⑺　欠格による失職

欠格条項（国公法38条、地公法16条参照）に該当することになった場合、職員はその職を失うことになる（国公法76条、地公法28条４項）。

欠格条項による失職が争われる事案はそれほど多くはないが、禁錮以上の刑に処せられた場合との関係で争われた例がある。

最一小判平19. 12. 13労判962号5頁 判時1995号157頁は、郵政事務官として採用された者が禁錮以上の刑に処せられたという失職事由が発生した後も約26年11か月に渡り事実上勤務を継続した事案において、失職事由の発生を隠して事実上勤務を継続し給与の支給を受け続けていたにすぎないという事情のもとでは、国が失職を主張することが信義則に反し権利の濫用に当たるということはできないと判示している。

また、兵庫県立図書館事件・神戸地判昭59. 2. 1労判432号68頁 判時1114号104頁は、大学時代の犯罪（凶器準備集合罪、公務執行妨害罪）により在職中に懲役10月執行猶予２年の有罪判決を受けた地方公務員に対し、執行猶予期間満了後、判決確定日に自動失職したとの通知が出された事案において、「失職制度は、当該失職事由が発生したこと自体により、任命権者の何らの意思表示も要しないで当然に当該公務員を失職させるものであるから、失職の効力が生じたのちに失職事由が消滅するというようなことはあり得ず、執行猶予期間の満了等により当該失職事由が地公法一六条所定の欠格事由に該当しなくなつたとしても、そのことにより既に発生した失職の効力が左右されるものではない。」と判示した。この判断は、その後の上訴審でも維持されている（大阪高判昭62. 7. 8労判502号55頁、最三小判平元. 1. 17労判533号21頁 判時1303号139頁）。

8　非正規公務員

(1)　問題の所在

一般論として言うと、非正規職員の給与体系等の勤務条件は正規職員の勤務条件に比して著しく劣っている。そのため、正規職員と非正規職員をどのように定義するのかは重要な問題である。

しかし、正規職員、非正規職員に関しては、法律上明確な定義があるわけではなく、裁判例等によって一応の判断基準が示されているにすぎない。

大阪地判平20. 10. 31判タ1295号94頁 判時2050号27頁は、地方自治法204条1項の「地方公共団体の常勤の職員」について「常勤の職員の1週間当たりの勤務時間の4分の3を超えるような態様の勤務に従事する職員は，地自法204条1項にいう常勤の職員に該当するものと推定されるというべきである。そして，1週間当たりの勤務時間が常勤の職員の4分の3を超えるか否かについては，当該職員の任用に当たって勤務条件として提示された勤務時間のみではなく，当該職務の内容及び性質並びに職員の配置状況等にかんがみ当該職員の職務が客観的にみて当該普通地方公共団体における常勤の職員の所定の勤務時間の4分の3を超える勤務を要するものであるか否かという観点から社会通念に照らして判断すべきである」と判示している。

国家公務員に関しても、基本的には勤務時間を重要な要素として、正規職員と非正規職員とを区別していると思われる（前掲大阪地判平20. 10. 31人事院規則15-15（非常勤職員の勤務時間及び休暇）参照）。

しかし、勤務時間を主な考慮要素として、正規職員、非正規職員を区別すると、短時間労働者の雇用管理の改善等に関する法律が念頭に置いているのと同様の問題が生じることになる。

具体的には、責任や内容が正規職員と同程度であるにもかかわらず、労働時間が短いことのみを理由として給与その他の勤務条件が劣位に置かれる者が生じるという問題である。

このような格差を是正するため、条例による包括的な委任のもと規則を設け、非正規職員に特別報酬等の名目で期末手当や退職手当の実質を有する給与を支給していた自治体もあるようである。しかし、このような手法は、給与条例主義との関係で問題になりかねない（前掲大阪地判平20. 10. 31参照）。

非正規公務員の問題は、職務内容や責任に鑑みれば正規職員と同様の身分保障や勤務条件が付与されて然るべきであるにもかかわらず、勤務時間の設定等の技術的な手法により正規職員には該当しないとされた者について、その処遇の低さ（いわゆる官製ワーキングプア）や勤務関係の不安定さをどう考えるかという問題でもある。

⑵　処遇の低さ

非正規公務員の処遇は行政規則や自治体の要領、要綱によって定められていることも多い。しかし、このような取扱いは給与法律主義や給与条例主義をはじめとする法律による行政との関係で問題がある（前掲大阪地判平20. 10. 31判タ1295号94頁 判時2050号27頁参照）。

処遇の低さは、本質的には、議会を通じて非正規公務員の勤務条件を改善する法律や条例の整備を進めることで解決するよりほかない。

近時、更新を繰り返してきた有期雇用の非正規職員について、正規公務員と同様の退職手当を請求する訴訟が提起されているが、成果は得られていない（中津市（特別職職員）事件・最三小判平27. 11. 17労判1135号5頁等参照）。しかし、臨時職員制度の趣旨に反して短期での任用を繰り返してきた臨時職員について、正規職員と同様の退職金の請求は棄却しながらも、臨時職員制度の趣旨に反する処遇が行われていたこと等を理由に慰謝料請求を認めた事案もある（長崎県（臨時職員）事件・長崎地判平28. 3. 29労判1138号5頁）。制度の趣旨を逸脱する処遇に対しては、主に慰謝料の請求を検討することになると思われる。

⑶　勤務関係の不安定さ（雇止め）

国家公務員、地方公務員を問わず、正規職員は先ず条件附で採用され、6か月間の職務の成績が良好であるときに正式採用となる（国公法59条、地公法22条）。正式採用された後は、法定の懲戒事由ないし分限事由に該当しない限り免職されることはないという身分保障を受ける。

地方公務員に関して言えば、一旦正式採用されてしまえば、地方公共団体単位で身分保障を受けることも可能である。大阪市長から「願により本職を免ずる」との辞令を受けた後、大阪市教育委員会から「大阪市公立学校教員に任命する」との辞令を受けて事務職員から公立学校教員となった者が、地方公務員法22条1項所定の条件付き採用であることを理由に免職されたという事案で、同一地方公共団体内における任命権者を異にする異動は地方自治法22条1項所定の条件付採用ではないとして免職処分を取り消した裁判例に大阪市・市教委（教員・免職処分）事件・大阪高判平20. 8. 29労判978号41頁 判時2033号125頁がある。

これに対し、非正規公務員の勤務関係は極めて不安定である。その不安定さを象徴する問題が雇止めである。

有期の公務員にあっては、判例上、使用者である国・公共団体と公務員の関係は私法上の労働契約関係ではなく「公法上の任用関係」であり、解雇権濫用法理や雇止め法理を定める労契法も適用除外とされている（労契法22条1項）。唯一、信義則等を根拠に雇止めを無効として地位確認を認めた大学共同利用機関法人情報・システム研究機構（国情研）事件・東京地判平18.3.24労判915号76頁　判時1929号109頁も、上級審で取り消された（東京高判平18.12.13労判931号38頁　労経速1957号16頁）。現状では、有期任用公務員について雇止めの効力を争うことは極めて困難である。

他方で、最高裁は、任命権者が、任用予定期間満了後の任用継続を確約ないし保障するなど、期間満了後の任用継続を期待しても無理もない行為をしたといった特別の事情がある場合には、国賠法による賠償の余地を認めている（前掲大阪大学（図書館事務補佐員）事件・最一小判平6.7.14労判655号14頁　判時1519号118頁）。この「特別の事情」を認めた裁判例として中野区（非常勤保育士）事件・東京高判平19.11.28労判951号47頁　判時2002号149頁がある。同判決は、非常勤保育士の再任用拒否について、採用担当者の長期任用を期待させる言動や、職務内容の恒常性、9～11回と他数回に及ぶ再任用（通算勤続10年前後）、再任用手続の形式性等から、任用権者が再任用を期待させる行為を行ったとする特別の事情があるとして、報酬の１年間分に相当する慰謝料（100万円～200万円）を認めている。

行政執行法人（本章第２・3⑶（543頁）参照）及び特定地方独立行政法人の職員は公務員とされているので（独立行政法人通則法51条、地方独立行政法人法47条）、労契法の適用はない。雇止めの適否については、上記有期任用公務員の議論が妥当する。他方、行政執行法人以外の独立行政法人、若しくは、一般地方独立行政法人と職員の関係は私法上の労働契約関係であるため、これらの法人の有期の職員の雇止めには労契法19条の適否を検討することとなる。

第4　不服申立手続

1　国家公務員

不服・苦情の内容に応じて、人事院が公平審査制度及び相談制度（国公法３条２項、人事院規則13－5）を運営している。

公平審査制度は、不利益処分審査請求（国公法89条以下、人事院規則13－1）、行政措置要求（国家公務員法86条以下、人事院規則13－2）、災害補償審査申立（国家公務員災害補償法24条以下、人事院規則13－3）、給与決定審査申立（一

般職の職員の給与に関する法律21条、人事院規則13－4）の四つで構成されている。

懲戒処分や分限処分への不服申立は不利益処分審査請求である。訴訟提起にあたっては審査請求前置がとられており（国公法92条の２）、取消訴訟は審査請求を経た上で行うことになる。国家公務員法上の審査請求に行政不服審査法第２章（審査請求）の規定は適用されない（国公法90条３項）。審査請求の手続は、人事院規則13－１（不利益処分についての審査請求）に基づいて実施される。また、国家公務員法上の審査請求制度では行政不服審査法のような一般的概括主義は採用されておらず、審査請求の対象は不利益処分のみとされている。したがって、不作為は審査請求の対象にはならない（国公法90条２項）。

職員に対して意に反する降給等の処分を行う場合、処分権者は職員に処分の事由等を記載した説明書（人事院事務総長発　処分説明書の様式及び記載事項等について　昭和35年４月１日職職－354）を交付しなければならない（国公法89条１項）。説明書は職員から交付を請求することも可能である（国公法89条２項）。多くの場合には相談者が説明書を所持しているであろうが、不利益性に関する認識の相違があって説明書が交付されていない場合には、処分権者に対して説明書の交付を求めることが処分の効力を争う事件の出発点となる。

なお、各公平審査制度の概要や申立の手引きは、人事院のHPで公開されている（http://www.jinji.go.jp/kouheisinsa/）。実際に手続を行うにあたっては、手引きを参照されたい。

2　地方公務員

地方公務員の利益を保護するための法定の制度としては、勤務条件に関する措置の要求（地公法46条以下）と不利益処分に対する審査請求（地公法49条以下）がある。懲戒処分や分限処分への不服申立は審査請求によることになる。審査請求については行政不服審査法第２章（審査請求）の規定は適用されない（地公法49条の２）。

措置要求は団体交渉権や争議権が認められないことに対応する代償措置として機能している。

審査請求も措置要求も人事委員会ないし公平委員会が所管している。

紛争を所管するのが人事委員会になるのか公平委員会になるのかは自治体の規模と関係している。

都道府県及び人口50万人以上の政令指定都市には人事委員会が設置され（地公法７条１項）、上記の政令指定都市以外の人口15万人以上の市及び特別区では人事委員会又は公平委員会が設置される（地公法７条２項）。人口15万人未満の市、町、村及び地方公共団体の組合には公平委員会が置かれる（地公法７条３項）。不服申立に対する最決・決定機関という点では共通するが、人事機関及び職員に関する条例の制定又は改廃に関する議会や長に意見を申し出る権限があるなど、人事委員会には公平委員会よりも広範な権限が付与されている（地公法８条１項２項対照）。

公務員からの相談を受ける弁護士にとって最も重要なのは審査請求である。

地方公務員の場合にも、国家公務員と同様に、不利益処分に関する説明書の交付義務（地公法49条１項）、交付請求の権利（地公法49条２項）が定められている。不利益処分の効力が問題になる場合、先ずは説明書の記載を確認することになる。

審査請求書の様式は、東京都の場合、東京都人事委員会のHPで公表されている（http://www. saiyou. metro. tokyo. jp/furieki. html）。取消訴訟の提起にあたり審査請求前置がとられているのは国家公務員の場合と同様である（地公法51条の２）。地方公務員法の審査請求の対象も不利益処分に限定されており、不作為は審査請求の対象にはならない（地公法49条の２第２項）。

なお、地方公共団体毎に、人事委員会や公平委員会には、苦情相談の仕組みが置かれていることもある（地公法８条１項11号）。

3 訴訟（取消訴訟・公法上の法律関係に関する確認の訴え）

パワハラ等の国家賠償請求によるものを除き、公務員の個別的な労働紛争は審査請求とそれに続く取消訴訟で争われるのが基本である。

審査請求・取消訴訟の対象は「処分」を前提とした紛争に限られている。しかし、不利益処分に対する差止訴訟の活用まで視野に入れれば、紛争類型の多くは審査請求、取消訴訟のルートで処理されることになる。

ただ、それでも全ての紛争を処分性との関係で捉えられるわけではない。

処分性に疑義のある措置に関連する紛争について司法審査を受ける方法としては、平成16年の行政事件訴訟法の改正で明示された「公法上の法律関係に関する確認の訴え」（行政事件訴訟法４条）の活用が考えられる。前掲教職員国旗国歌訴訟（予防訴訟）最一小判平24. 2. 9民集66巻2号183頁 判時2152号24頁は、職務命令に基づく公的義務の不存在の確認を求める訴えについて、「行政処分以外の処遇上の不利益の予防を目的とする公法上の法律関係」として公法上の当事者訴訟としての確認の利益を肯定している。

もっとも、いかなる場合に、公法上の当事者訴訟としての確認の利益が認められるのかは不明確な部分が多い。「処分を受けてからこれに関する訴訟のなかで事後的に義務の存否を争つたのでは回復しがたい重大な損害を被るおそれがある等、事前の救済を認めないことを著しく不相当とする特段の事情がある場合は格別、そうでないかぎり、あらかじめ…義務の存否の確定を求める法律上の利益を認めることはできない」と判示した長野勤務評定事件・最一小判昭47.11.30民集26巻9号1746頁 判時689号14頁が公法上の当事者訴訟としての確認訴訟にも及ぶのかにも明確な判断は得られていない。

同じ国旗国歌訴訟でも、横浜地判平21.7.16LLI/DB判例秘書搭載は「長野勤評事件判決の射程は本件には及ばないと解するのが相当である」と確認の利益を認めているが、東京高判平22.3.17LLI/DB判例秘書搭載（最三小判平23.6.21LLI/DB判例秘書搭載で上告棄却、上告不受理）は長野勤務評定事件を引用したうえで確認の利益を否定している。

公法上の当事者訴訟としての確認訴訟の提起にあたっては、確認の利益について事前に文献・判例等を詳細に調査することが不可欠であるし、先行事案のない確認訴訟を提起するにあたりトラブルを防止するためには、依頼者に不適法却下される可能性まで含めて説明しておくことが望ましい。

4　免職処分の執行停止

免職処分を争う場合に、当面の生活費を確保する必要があるのは、当事者が公務員の場合も私企業の労働者である場合も同様である。

手厚い身分保障や退職手当によって保護される反面、公務員は失業給付の内容を超える諸給与が支給される場合には雇用保険法の適用を除外されている（雇用保険法６条６号参照）。したがって、公務員の場合、基本手当の仮給付を受給する方法は原則として採り得ない。

懲戒免職で退職手当を受給できないなどの局面では司法的手段によって生活費を確保するよりほかない。民間の紛争では仮処分によることになるが、公務員が関係する事案では、執行停止という手続をとることになる。

東京都・東京都教委（立川ろう学校）事件・東京高決平24.7.12判時2155号112頁 判タ1376号149頁は「東京都教育委員会が平成二四年三月三一日付けで相手方に対してした東京都公立学校教員を免ずるとの処分の効力を、次に掲げる限度で停止する。平成二四年七月一日から平成二五年三月三一日まで（ただし、平成二五年三月三〇日までに本案事件の第一審判決の言渡しがあったときは、その日まで）、相手方に対し、給料のうち一か月二五万円を支払うこと。」との主文を掲げ、免職処分のうち給与支払い部分の執行停止を認めている（なお、原審東京地決平24. 6. 20判時2155号115頁では免職処分の効力の停止まで認めている）。

この事案では、申立人が妻及び二人の子と生計を同一にしていること、申立人及びその家族の生計が専ら申立人の俸給により支えられていること、申立人及びその妻の預貯金残高が俸給一か月分にも満たない額に留まり他にみるべき流動資産がないこと、処分を認める趣旨ではない旨の留保を付した上で解雇予行手当を受領していることなどが「重大な損害を避けるため緊急の必要がある」（行政事件訴訟法25条２項）ことを基礎付ける事情として指摘されている。

第５　公務災害

1　国家公務員災害補償法、地方公務員災害補償法

公務員の公務遂行中の労働災害については、国家公務員は国家公務員災害補償法（以下「国公災法」という）に基づき、地方公務員は地方公務員災害補償法（以下「地公災法」という）に基づき保険給付を受けることができる。

公務災害については、共済組合による保険給付の対象とならないため（国家公務員共済組合法60条２項、63条４項、66条12項、87条の４、87条の６第３号、93条の３、地方公務員共済組合法55条の２、95条、97条３号、99条の８）、災害に遭遇したときは、医療機関において共済組合員証等を利用せず、公務災害の認定手続をとる旨告げ、公務災害の認定を得るまで治療費の支払いを保留する必要がある。治療費を個人負担したときは、公務災害の認定後、国家公務員の場合は、各府省の補償実施機関に対し、地方公務員の場合は、地方公務員災害補償基金（支部長）に任命権者を経由して対し、請求することになる。

地公災基金が行う補償の内容は労災保険給付とほぼ同じである（地公災法24条以下）（労災保険の保険給付については第16章第２・４（655頁～）参照）。

不支給決定があった場合の不服申立については後述４（571頁）を参照のこと。

2　公務員性

公務災害固有の論点として、公務員性が問題になることがある。

この点に関し、国家公務員に該当するといえるためには、①国の事務に従事していること、②国の任命権者によって任命されていること、③原則として国から給与を受けていることの三要件を充足する必要があるとし、外務省の専門調査員について、国家公務員に該当するとはいえず、国公災法上の補償を受け

る地位にないとした裁判例がある（東京地判平25. 9. 30判時2211号113頁）。

公務員性が否定された場合には、民間と同様、労働者災害補償保険法の適用が検討されることになる。

3 公務起因性

災害補償を受けるにあたっては、災害に公務起因性が認められる必要がある。公務起因性が認められるか否かの判断枠組みは、基本的には労働者災害補償保険法における業務起因性の判断枠組みと同じであるから、公務起因性をめぐる裁判例は、労災保険の業務起因性に関するものと合わせて第16章第３以下（660頁〜）で紹介している。

国家公務員の公務起因性の認定基準は、包括的な規定として、「災害補償制度の運用について」昭48. 11. 1職厚905、疾病別の基準として「腰痛に関する公務上の災害の認定について」昭52. 1. 25職補34、「放射線障害に関する公務上の災害の認定について」昭57. 9. 30職補609、「上肢作業に従事する職員に係る公務上の疾病の認定について」平9. 4. 10職補125、「心・血管疾患及び脳血管疾患の公務上災害の認定について」平13. 12. 12勤補323、「精神疾患等の公務上災害の認定について」平20. 4. 1職補114などがある。人事院のサイトの「国家公務員関係法令等一覧」で公開されている。

地方公務員の公務起因性の認定基準は、包括的な規定として「公務上の災害の認定基準について」平15. 9. 24地基補153、「腰痛の公務上外の認定について」昭52. 2. 14地基補67、「放射線障害の公務災害の認定について」昭57. 11. 26地基補328、「上肢業務に基づく疾病の取扱いについて」平9. 4. 1地基補103、「心・血管疾患及び脳血管疾患の公務上災害の認定について」平13. 12. 12地基補239、「精神疾患等の公務災害の認定について」平24. 3. 16地基補61などがある。地方公務員災害補償基金のサイトの「法令通達・様式集」で公開されている。

これらの認定基準は、上述したように、労災保険の認定基準と概ね同じであるが、異なる部分もあるので、災害補償の請求や不服申立の際には、直接に認定基準に当たるべきである。ただし、裁判上の公務起因性（相当因果関係）の判断では労災の業務起因性と実質的に同じ判断がなされていると考えられる。

4 公務災害の手続的特徴

(1) 国家公務員の場合

国公災制度は、補償実施の最終責任は人事院が負うが、第一次的には実施機関（各省庁）が負う（国公災法９条、人事院規則16－0　５条、別表２及び２

の２等）。実施機関の公務災害認定に不服のある者は、人事院規則に則り人事院に対し審査を求める（国公災法24条１項、人事院規則13－3）。公務上外の認定は行政処分ではないため、訴訟形態としては国公災法に基づく災害補償金請求の訴えを提起することとなる（災害補償制度研究会報告書（2007年５月）12頁）。実施機関の認定の行政処分性は否定されているが、人事院の認定の行政処分性は判例上判断が分かれている。職員が公務上の災害又は通勤による災害を受けた場合においては、実施機関は、補償を受けるべき者に対して、その者がこの法律によって権利を有する旨をすみやかに通知しなければならない（国公災法８条）。補償を受けるべき者が、時効期間経過後その補償を請求した場合でも、実施機関が、補償を受けるべき者に通知をしたことまたは自己の責めに帰すべき事由以外の事由によつて通知をすることができなかつたことを立証できない場合は時効の適用がない（国公災法28条）。

(2)　地方公務員の場合

地方公務員の公務災害の場合は、常勤の地方公務員について、給付内容の統一と迅速公正な補償実施のため地方公務員災害補償基金が設置されている（地公災法45条）。第一次的には基金の支部長が補償決定の判断をする。これに不服があれば公務外の認定があったことを知った日の翌日から起算して60日以内に（地公災法51条５項、行政事件訴訟法14条）地方公務員災害補償基金支部審査会に不服申立を行い（地公災法51条１項）、その決定に不服があれば、決定があったことを知った日の翌日から起算して30日以内に（地公災法51条５項、行政事件訴訟法53条）さらに地方公務員災害補償基金審査会に不服申立をする（地公災法51条２項）。基金の認定は行政処分性が認められている。したがって、不服のある者は、裁決があったことを知った日から６か月以内に行政訴訟を提起することとなる。

第14章

国際的労働関係

第1 はじめに

社会・経済の国際化に伴い、国籍の異なる者の間で雇用関係が成立したり、国境をまたいで労務が提供されたりすること（以下、「国際的労働関係」という。）が珍しくなくなっている。国際的労働関係には様々な態様・様相があるが、問題となりやすいのは、①外国の使用者に雇用された労働者が日本国内で就労し、あるいは、国境をまたいで就労するケース（本章第3）、②日本国内で日本の使用者に雇用された労働者が、外国で就労するケース（本章第4）、及び③外国人の労働者が日本の使用者に雇用され日本国内で就労するケース（本章第5）である。

国際的労働関係を対象とする民事紛争（以下、「国際労働紛争」という。）に関し、近年、「法の適用に関する通則法」（以下「通則法」という。）の制定（2007（平成19）年1月1日施行）、「外国等に対する我が国の民事裁判権に関する法律」（以下「民事裁判権法」という。）の制定（2010（平成22）年4月1日施行）、2011（平成23）年の民訴法改正（2012（平成24）年4月1日施行）、「外国人の技能実習の適正な実施及び技能実習生の保護に関する法律」（以下「技能実習法」という。）の制定（2017（平成29）年11月1日施行）等、重要な立法が行われている。立法から間がないため、新法ないし改正法に基づく裁判例の蓄積は乏しい。他方、旧法下での裁判例は、規範としての先例的価値が失われたものがあり、また、おそらく当事者の主張がなかったためか、そもそも事案の渉外的な要素を意識していないものが少なくない。事案としては参考になっても、援用には注意が必要である。

第2 行政取締法規及び罰則の適用

労働関係法規は、労契法を除き、その多くが基本的に行政取締法規の性格をもつ。公権力の行使は日本国内に限られるので、行政取締法規としての労働関係法規の適用は、原則として日本国内に限られる。例えば、労基法の適用範囲につき、旧8条（1998（平成10）年改正により削除）の解説として、国外にある日本の商社、銀行等の支店、出張所等にも適用されるか否かという問題に対し、「本法は、行政取締法規として、日本国内にある事業にのみ適用がある（属地主義）ので、右の商社、銀行等の支店、出張所等であって事業としての実態を備えるものについては、本法の適用はない。」とコメントされていた（労働省労働基準局編著『全訂新版労働基準法 上』（労務行政研究所、1994年）96頁）。また、労基法の適用範囲に関する旧労働省の解釈通達（昭25. 8. 24基発776号）は、「海外において日本の建設業者により土木建築工事が施工される場合に、派遣されて作業に従事する労働者に対して労働基準法は適用されるか。」という問いに対し、次のように回答していた。

「(イ) 日本国内の土木建築事業が国外で作業を行う場合で当該作業場が一の独立した事業と認められない場合には、現地における作業も含めて当該事業に労働基準法は適用される。

(ロ) 労働基準法違反行為が国外で行われた場合には、刑法総則の定めるところにより罰則は適用されない。ただし日本国内にある使用者に責任がある場合にはこの使用者は処罰される。

(ハ) 前記(ロ)に述べた如く使用者が国外において労働基準法違反行為をしても罰則の適用はないが、その場合でも労働者は使用者の民事上の責任を追及することを妨げない。」

なお、労働関係法規には、国際的な労働関係を念頭に置いた規定はほとんど存在しない。例外は、国内の労働者派遣事業者に海外派遣の報告と一定の措置を義務付ける派遣法23条4項及び26条2項、並びに後に詳述する技能実習法程度である。

労働関係法規には、労基法第13章（117条ないし121条）、育児介護休業法第13章（62条ないし66条）、最低賃金法第5章（39条ないし42条）、労安衛法第12章（115条の2ないし123条）、労組法第5章（28条ないし33条）、職安法第5章（63条ないし67条）、派遣法第5章（58条ないし62条）等の罰則がある。これらの罰則規定は、刑法8条により、同法1条の属地主義の制約を受ける（前掲の解釈通達も参照)。日本国内で実行行為が行われた場合、その結果が国外で生じたときでも適用の可能性はあるが（例えば、海外で勤務する労働者に対する賃金不払いや、業として行う外国への労働者供給等)、実際に罰則を適用した裁判例は見当たらない。

第3　外国の使用者に雇用された労働者

1　はじめに

外国の使用者に雇用されて、日本国内で就労する労働者（例えば、外国企業の日本支店に勤務する労働者）や複数の国で就労する労働者（例えば、航空会社の国際線乗務員）が、外国の使用者を相手方として、日本の裁判所に対し民事上の救済を求める場合には、国際裁判管轄（本節２)、準拠法（本節３）その他国際民事訴訟に固有の問題（本節４、５）がある。外国政府等が使用者である場合には、裁判権も問題となる（本節６)。さらに、国際的な集団的労働紛争が生じることもある（本節７)。

2　国際裁判管轄

(1)　はじめに

国内の通常の民事訴訟であれば、訴えを提起した裁判所に管轄がなかったとしても、管轄権を有する裁判所に事件が移送されるから、裁判が受けられないということはない（例えば、サンテレホン事件・大阪地決平27. 3. 25労判1124号67頁は、未払賃金請求について、原告の就労場所が東京であったこと等を理由に、東京地裁に事件を移送した。)。他方、国際的な民事訴訟の場合、外国の裁判所への移送という制度は存在しないため、日本の裁判所に裁判管轄権が認められなければ、訴えそのものが却下されることになる。国際裁判管轄権の有無の判断基準時は、訴え提起時である（民訴法３条の12)。

従前、民訴法には、国際的民事訴訟の裁判管轄に関する定めがなく、裁判実務は、民訴法の国内土地管轄に関する規定（現行民訴法では４条ないし７条）に依拠しつつ、各事件の個別の事情を考慮して、特段の事情がある場合には日本の裁判所の管轄権を否定するという枠組みにより、国際裁判管轄の有無を判断してきた（マレーシア航空事件・最二小判昭56. 10. 16民集35巻7号1224頁 判時1020号9頁（墜落事故遺族の損害賠償請求)、最二小判平8. 6. 24民集50巻7号1451頁 判時1578号56頁（離婚訴訟)、ファミリー事件・最三小判平9. 11. 11民集51巻10号4055頁 判時1626号74頁（バイヤーへの預託金の返還請求））。それらの判例に基づき、2011（平成23）年の民訴法改正（2012（平成24）年４月１日施行）により、第２章第１節「日本の裁判所の管轄権」として、国際裁判管轄が明文化されたものである。

労働関係訴訟等に関し、国際裁判管轄の根拠となる被告の普通裁判籍、独立裁判籍その他特別裁判籍、及び関連裁判籍は次のとおりである。

⑵ 普通裁判籍

自然人に対する訴えについては、①その住所が日本国内にあるとき、②住所がない場合又は住所が知れない場合にはその居所が日本国内にあるとき、③居所がない場合又は居所が知れない場合には訴えの提起前に日本国内に住所を有していたとき（日本国内に最後に住所を有していた後に外国に住所を有していたときを除く。）は、我が国の裁判所が管轄権を有する（民訴法３条の２第１項）。

法人その他の社団又は財団に対する訴えについて、①その主たる事務所又は営業所が日本国内にあるとき、②事務所若しくは営業所がない場合又はその所在地が知れない場合には代表者その他の主たる業務担当者の住所が日本国内にあるときは、我が国の裁判所が管轄権を有する（同条３項）。例えば、外国で設立された会社であっても、その主たる事務所又は営業所が、当該外国ではなく日本にあれば、その外国を被告として日本の裁判所に訴えを提起することが可能である。なお、外国法人の主たる事務所又は営業所が日本国内に存在しない場合や外国法人が日本国内に事業所又は営業所を有さない場合については、次項イ及びウを参照のこと。

⑶ 独立裁判籍

ア　義務履行地

契約上の債務の履行の請求を目的とする訴え又は契約上の債務に関して行われた事務管理若しくは生じた不当利得に係る請求、契約上の債務の不履行による損害賠償の請求その他契約上の債務に関する請求を目的とする訴えについては、契約において定められた当該債務の履行地が日本国内にあるとき、又は契約において選択された地の法によれば当該債務の履行地が日本国内にあるときには、日本の裁判所が管轄権を有する（民訴法３条の３第１号）。

イ　日本国内の事務所等の業務に関する訴え

外国法人の主たる事務所又は営業所は日本国内に存在しないが、従たる事務所又は営業所が日本国内にある場合には、その事務所又は営業所における業務に関する訴えについては、日本の裁判所が管轄権を有する（同条

4号)。

ウ　日本国内の業務に関する訴え

外国法人が日本国内に事業所又は営業所を有さない場合でも、日本国内における業務に関する訴えについては、日本の裁判所が管轄権を有する(同条5号)。

エ　財産権上の訴え

財産権上の訴えについては、請求の目的が日本国内にあるとき、又は当該訴えが金銭の支払いを請求するものである場合には差し押さえることができる被告の財産が日本国内にあるときは、日本の裁判所が管轄権を有する（同条3号)。

オ　不法行為

不法行為に関する訴えは、原因行為地及び結果発生地としての不法行為地が日本国内にあるときは、日本の裁判所が管轄権を有する（民訴法3条の3第8号)。この規定に依拠して我が国の国際裁判管轄を肯定するためには、原則として、被告が日本国内でした行為により原告の権利利益について損害が生じたか、被告がした行為により原告の権利利益について日本国内で損害が生じたとの客観的事実関係が証明されれば足りる（労働事件ではないが、最一小判平26. 4. 24民集68巻4号329頁 判時2221号35頁、最二小判平13. 6. 8民集55巻4号727頁 判時1756号55頁)。2011（平成23）年民訴法改正前の事案であるが、外資系の日本法人の閉鎖に伴う解雇が組合潰しを目的とするものであるとして、当該日本法人とアメリカ親会社に対する不法行為に基づく損賠賠償請求につき、その最も重要で基本的な加害行為地も損害発生地も日本であるから、日本の裁判所に国際裁判管轄権があるとした裁判例がある（リーダーズダイジェスト事件・東京地判（中間）平元. 3. 27労判536号7頁 判時1318号82頁)。

なお、不法行為に関する訴えとは、民法709条ないし724条に規定するものに限られず、広く違法行為に起因する救済を求める訴えを意味し、差止請求等も含まれる（前掲最一小判平26. 4. 24（差止請求に関する訴えの場合は、現実の損害が生じたことは必ずしも請求権発生の要件とされていないから、被告が原告の権利利益を侵害する行為を判決国内で行うおそれがあるか、原告の権利利益が判決国内で侵害されるおそれがあるとの客観的事実関係が証明されれば足りる。))。

(4)　個別労働関係民事紛争に係る独立裁判籍の特則

労働者の使用者に対する訴えについては、2011（平成23）年改正に際し、労働者保護の観点から、特則が定められた。すなわち、民訴法３条の４第２項は、労働契約の存否その他の労働関係に関する事項について個々の労働者と事業主との間に生じた民事に関する紛争（以下「個別労働関係民事紛争」という。これは、労働審判法１条が定義する「個別労働関係民事紛争」と同義である。）に関する労働者からの事業主に対する訴えについて、当該労働契約における労務の提供の地（その地が定まっていない場合にあっては、労働者を雇い入れた事業所の所在地）が日本国内にあるときは、日本の裁判所に提起することができると定めている。「労務の提供の地」とは、契約書上の形式的な労務提供地ではなく、労働契約に基づき現実に労務を提供している地又は提供していた地を意味し、複数の国にまたがって労務を提供していた場合には、各国が労務の提供の地となる。その結果、例えば、労働者が日本を含む複数の国を転々として労務の提供をした場合であっても、日本の裁判所に管轄が認められることになる。

他方、個別労働関係民事紛争に関する使用者からの労働者に対する訴えについては、民訴法３条の３は、適用されない（同法３条の４第３項）。すなわち、普通裁判籍と関連裁判籍は管轄原因となるが、独立裁判籍による管轄は認められない。

⑸ 併合管轄

国内の通常の民事訴訟であれば、１つの訴えで数個の請求をする場合、そのうち１つの請求につき管轄権を有する裁判所のいずれにも訴えを提起することができるが、国際民事訴訟では、１つの訴えで数個の請求をする場合において、日本の裁判所が１つの請求について管轄権を有するが、他の請求について管轄権を有しないとき、当該１つの請求と他の請求との間に密接な関連があるときに限り、他の請求との関係でも日本の裁判所に裁判管轄が認められる（民訴法３条の６本文）。

主観的併合については、民訴法38条前段の場合、すなわち、訴訟の目的である権利又は義務が数人について共通であるとき、又は同一の事実上及び法律上の原因に基づくときに限り、数人のうちの一部についてしか他の管轄原因が存在しない場合であっても、日本の裁判所は、その数人全員に対し、管轄権を有する（同法３条の６但書）。

⑹ 応訴管轄

被告が日本の裁判所は管轄権を有しない旨の抗弁を提出しないで本案について弁論をし、又は弁論準備手続において申述をしたときは、裁判所は、管轄権を有する（民訴法３条の８）。これは国内の訴訟の場合（同法12条）とほぼ同様である。

(7)　合意管轄及び労働契約に係る管轄合意の特則

他に管轄原因が存在しない場合であっても、当事者が、一定の法律関係に基づく訴えに関し、特定の国の裁判所の管轄を書面により合意をした場合には、当該合意に拘束力が認められる（民訴法３条の７第１項２項）。但し、国際的専属的裁判管轄の合意が、はなはだしく不合理で公序法に違反するときは無効となる余地がある（労働事件ではないが、最三小判昭50. 11. 28民集29巻10号1554頁 判時799号13頁。また、東京地判平28. 10. 6金商1515号42頁も参照）。

労働契約に関しては、労使の交渉力の差異により、使用者が自らに有利な国の裁判管轄を雇用契約に定めることがありうる。そこで、将来において生ずる個別労働関係民事紛争を対象とする管轄合意は、①労働契約の終了の時にされた合意であって、その時における労務の提供の地がある国の裁判所に訴えを提起することができる旨を定めたものであるとき、②労働者が当該合意に基づき合意された国の裁判所に自ら訴えを提起したとき、又は③事業主が日本若しくは外国の裁判所に訴えを提起した場合において、労働者が当該合意を援用したときのいずれかに該当する場合にのみ、有効とされる（民訴法３条の７第６項）。

なお、①の要件を満たす管轄合意が専属的な内容の合意（すなわち、合意された国の裁判所のみに訴えを提起することができる旨の合意）である場合については、②又は③の要件を満たす場合を除き、付加的な合意（すなわち、合意された国以外の国の裁判所にも訴えを提起することを妨げない旨の合意）とみなされる（同法３条の７第６項１号括弧書）。これは、同法３条の３、３条の４等の規定により日本の裁判所が管轄権を有すると認められるときは、労働者が日本の裁判所に訴えを提起することができるようにすることが、裁判所へのアクセス確保の観点から相当であると考えられるためである（佐藤達文、小林康彦編著『一問一答　平成23年民事訴訟等改正－国際裁判管轄法制の整備』（商事法務、2012）152頁）。

本規定により、使用者が、雇用契約締結に際し、あるいは雇用継続中に就業規則等で外国裁判所の専属的裁判管轄を定めても、労務提供地が日本である限り、労働者は、そのような定めに制約されずに日本の裁判所で使用者に対する訴えを提起することができることになった。

なお、民訴法３条の７の規定は、2011（平成23）年改正民訴法の施行（2012（平成24）年４年１日）前にされた管轄合意については適用されない（平成23年法律第36号附則２条２項）。つまり、2011（平成23）年改正民訴法の施行後であっても、使用者は施行前にされた管轄合意を援用することができる。2011

（平成23）年改正民訴法施行前の労働契約における合意管轄の効力に関する裁判例としては、ユナイテッド航空事件・東京地判平12. 4. 28労判788号39頁（東京高判平12. 11. 28労判815号77頁 判時1743号137頁で控訴棄却）（アメリカ企業とアメリカ国内の労働組合との間で締結された労働協約及びアメリカ法の適用を受ける雇用契約に基づき日本国内で就労する労働者が地位確認を請求した事件において、雇用契約上のアメリカ合衆国裁判所に専属的な国際裁判管轄を定める管轄の合意は、はなはだしく不合理で公序法に反するとはいえない。）、スカイマーク事件・東京地判平24. 11. 14労判1066号5頁（イギリスの特別領域であるマン島を設立準拠法とする会社（被告）とオーストラリア人パイロット（原告）との間で締結された雇用契約に定められたマン島の裁判所を専属合意管轄裁判所とする合意は、①雇用の目的が日本の航空会社への出向であり、②原告は日本に居住し、マン島には居住・勤務した経験がなく、③他方、被告は同一グループ企業の事務所を通じ日本国内で業務を行っていること等に照らせば、原告がマン島において被告に対する訴えを提起・遂行することは大きな負担となる一方、被告が日本で原告の訴えに応訴することは大きな負担とはならないから、甚だしく不合理で公序法に反する。）がある。

(8) 特別の事情による訴えの却下

民訴法第２章第１節に基づくいずれかの管轄原因により国際裁判管轄が認められても、裁判所は、日本の裁判所にのみ訴えを提起することができる旨の合意に基づき訴えが提起された場合を除き、事案の性質、応訴による被告の負担の程度、証拠の所在地その他の事情を考慮して、日本の裁判所が審理及び裁判をすることが当事者間の衡平を害し、又は適正かつ迅速な審理の実現を妨げることとなる特別の事情があると認めるときは、その訴えの全部又は一部を却下することができる（民訴法３条の９）。労働事件に関するものではないが、同条に基づき「特段の事情」を認めて訴えを却下した裁判例として、最一小判平28. 3. 10民集70巻3号846頁 判時2297号40頁がある（アメリカ法人がウェブサイトに掲載した記事による名誉等の毀損を理由とする不法行為に基づく損害賠償請求訴訟について、当該訴訟がその提起当時に既にアメリカの裁判所に訴訟が係属していた別の紛争から派生したものであり、本案の審理において想定される主な争点についての証拠方法が主にアメリカに所在する等の事情の下では、民事訴訟法３条の９にいう特別の事情がある。）。

(9) 仲裁合意

契約上、裁判所の管轄合意に代えて、紛争を仲裁により解決する旨の定めがなされることがある。このように「既に生じた民事上の紛争又は将来において生ずる一定の法律関係（契約に基づくものであるかどうかを問わない。）に関する民事上の紛争の全部又は一部の解決を一人又は二人以上の仲裁人にゆだね、かつ、その判断に服する旨の合意」を「仲裁合意」という（仲裁法２条１項）。

書面による仲裁合意は、法令に別段の定めがある場合を除き、当事者が和解をすることができる民事上の紛争（離婚又は離縁の紛争を除く。）を対象とする場合に限り、その効力を有する（仲裁法13条１項２項）。仲裁合意の対象となる民事上の紛争について訴えが提起されたときは、受訴裁判所は、①仲裁合意が無効、取消しその他の事由により効力を有しないとき、②仲裁合意に基づく仲裁手続を行うことができないとき、及び③当該申立てが、本案について、被告が弁論をし、又は弁論準備手続において申述をした後にされたものであるときを除き、被告の申立てにより、訴えを却下しなければならない（同法14条）。すなわち、仲裁合意の存在は、被告にとって、本案前の防訴抗弁となる。

労働契約に関しては、仲裁法附則４条が、「当分の間、この法律の施行後に成立した仲裁合意であって、将来において生ずる個別労働関係紛争（個別労働関係紛争の解決の促進に関する法律第１条に規定する個別労働関係紛争をいう。）を対象とするものは、無効とする。」と定めている。従って、同法が施行された2004（平成16）年３月１日から「当分の間」は、雇用契約や就業規則に仲裁合意が定められていても、労働者はこれに縛られずに、個別労働関係紛争に係る民事訴訟等を提起することができる。

但し、附則４条は仲裁法13条１項の特則であるところ、仲裁法13条は仲裁地が日本国内にある場合について適用する規定であること（同法３条１項）を踏まえると、附則４条の適用も日本を仲裁地とする合意に限られるのかどうか（換言すれば、外国を仲裁地とする雇用契約書等の定めは、なお有効かどうか）、争いがある。また、雇用契約に仲裁条項を定めるのは外国会社が多いと考えられるが、雇用契約の準拠法が外国法である場合には、仲裁合意の成立及び効力の準拠法も当該外国法となり、附則４条の適用は排除されるのかどうかという問題もある。

仲裁法附則４条の解釈に関し、アメリカ人によるアメリカ法人に対する解雇無効に基づく地位確認・賃金請求訴訟において、ジョージア州法を準拠法とする雇用契約書中のアトランタを仲裁地とする仲裁合意につき、「仲裁法附則４条の趣旨は、同法施行時における労働者と使用者との間の情報量や交渉力の格差及び仲裁が紛争解決手続として浸透していないわが国の現状を踏まえて、労働者保護のため、わが国において同法施行後に成立した仲裁合意について、当分の間無効としたもの」であり、「仲裁地や手続をすべて米国のものとする本件仲裁合意に、同条は適用されない」とした裁判例がある（ワイ・アジア・インク事件・東京地判平23. 2. 15判タ1350号189頁）。

⑽ 労働審判の国際審判管轄

労働審判法には、民訴法第２章１節に相当する規定はない。また、労働審判法は民訴法を準用しておらず、民訴訟の国際裁判管轄に関する規定の適用もない。そのため、労働審判の管轄は、国際的労働紛争についても、同法２条の土地管轄に関する規定により判断されることになる。なお、労働審判に対する異議の申立てによる訴訟移行に関し、労働審判法22条１項後段は、労働審判手続の申立てに係る請求につき、民訴法の規定により日本の裁判所が管轄権を有しないときは、提起があったものとみなされた訴えを却下することを定めている。

⑾ 労働局あっせんの国際管轄

個別労働紛争促進法には管轄の定めはないが、労働局のあっせんは、当事者の一方から申請があった場合において、都道府県労働局長が紛争の解決のために必要があると認めるときに、紛争調整委員会に行わせるものである（同法５条１項）。都道府県労働局は、厚生労働省設置法21条２項に基づき、厚生労働省組織令156条及び別表により、所在する都道府県をもって管轄区域と定められており、対象となる個別労働関係紛争が発生した時点において、紛争当事者たる労働者が使用されていた事業場の所在地を管轄する都道府県労働局が、当該紛争について管轄を有することになる。上記の要件を満たす限り、国際労働紛争についても、あっせんの対象となりうる。

3 労働関係の準拠法

⑴ 国際私法に基づく準拠法の選択

私人間の国際的な法律関係においては、いずれの国の法律が適用されるかという準拠法の問題がある。準拠法を選択するルールが国際私法であり、我が国では1890（明治23）年制定の旧「法例」がこれを定めていたが、2007（平成19）年１月１日、「法例」に代わる「法の適用に関する通則法」（平成18年法律第78号）が施行された。なお、国際私法に基づき選択された準拠法を実質法ということがある。実質法は、対象となる法律関係によって、実体法の場合もあれば、手続法の場合もある。

準拠法を決定するに際しては、まず対象となる単位法律関係の性質を決定する（「法性決定」という。）。国際私法のルール（通則法）は、法律関係の類型ごとに準拠法選択のルールを定めているからである。例えば、未払賃金を請求する場合、賃金債権は労働契約の効果として発生するものであるから、労働契約の効力、及びその前提となる契約の成立が、対象の単位法律関係ということになる。なお、法性決定は、それ自体一定の法的評価を伴うが、日本法の概念・観念に従って評価することで差し支えない。

念のためであるが、通則法に従い、ある単位法律関係について選択された準拠法は、①法律行為が存在する場合には、その解釈の基準及び効力発生の基礎となり、②当事者間の合意がない場合には補充規定として機能し、③当事者間の合意が民事的効力を伴う強行規定に反する場合には、合意を無効化して補充するという機能を果たすことになる。

(2)　労働契約の準拠法

ア　当事者の合意による選択

法律行為の成立及び効力は、当事者が当該法律行為の当時に選択した地に選択した法による（通則法７条。旧法例では７条１項に相当）。例えば、労働契約書に準拠法が定められていた場合、あるいは労働契約書が参照する就業規則中に準拠法が定められていた場合には、当該労働契約の成立（有効に成立したかどうか）及びその効力（各当事者の権利義務）について、労働契約書または就業規則で指定された国の法律が準拠法となる。当事者は、一旦選択した準拠法を合意により変更することができる（同９条）。また、単一の法律行為について、その一部を他とは別の準拠法によらせる旨の合意（いわゆる「分割指定」）も有効である（小出邦夫『逐条解説法の適用に関する通則法〔増補版〕』（商事法務、2014）83頁）。

労働契約の場合、契約の「成立」とは、意思表示の瑕疵、契約の成立時期、契約締結に関する制限（採用の自由・強制・差別禁止）などの問題である。労働契約の「効力」には、労働者及び使用者それぞれの義務の内容及び義務違反の効果、変更、終了（解雇、辞職、期間満了、合意退職、労働者の死亡、使用者の倒産・清算等）、移転（例えば合併、会社分割、事業譲渡等による承継）等の問題が含まれる。なお、当事者の行為能力は通則法４条、５条により、労働契約の「方式」は通則法10条による。

イ　準拠法選択に係る黙示の合意

(ア)　当事者による準拠法の選択は、黙示の合意によっても認められる。通則法施行前の事案であるが、ドイツの航空会社に雇用され、成田をホームベースとして勤務していた国際線の日本人客室乗務員が、当該外国会社に対し未払賃金の支払いを請求した事件において、①原被告間の雇用契約は、被告会社とドイツの労働組合との間の労働協約に依拠し、当該労働協約により基本的な労働条件全般が定められていたこと、②原告らの具体的労務管理及び指揮命令をドイツ本社人事部が行っていたこと、③原告らの給与はドイツマルク建てで合意・計算され、ドイツの社会保険料の使用者負担分を加算し所得税等を控除した後、残額がドイツマルクで東京営業所に一括して送金され、東京営業所において国外所得として所得税、住民税及び社会保険料が控除された後、手取額が日本円で原告らに送金されていること等の事情を踏まえ、日本においてミーティング、QC活動、健康診断、救難訓練、広報活動等に従事することがあり、給与も直接には被告の東京営業所から日本円で送金されていた等の事情があっても、雇用契約の締結時に、原被告間には準拠法をドイツ法とする黙示の合意の成立が推定されるとした裁判例がある（ドイッチェ・ルフトハンザ・アクチェンゲゼルシャフト事件・東京地判平9.10.1労判726号70頁 判タ979号144頁)。

(イ) 同様に黙示の合意による準拠法の選択を認定した裁判例として、①シンガー・ソーイング・メシーン（地位保全仮処分）事件・東京地判昭42.8.9判タ210号174頁（東京高判昭43.12.19判タ240号156頁で控訴棄却）及び②シンガー・ソーイング・メシーン（家屋明渡等請求）事件・東京地判昭44.5.14判時568号87頁 判タ240号215頁（アメリカ法人とアメリカ国籍者との間の雇用契約について、ニューヨークにおいて英語を使用して締結されたこと、日本支社ゼネラル・マネージャーという使用者の利益を代表する職員として雇傭されたこと、報酬の一部がドル建でニューヨークにおいて支払われていたこと等を考慮し、当該雇用契約の成立及び効力についてアメリカ連邦法及びニューヨーク州法を準拠法とする黙示の合意の存在を認定)、③サッスーン・リミテッド事件・東京地決昭63.12.5裁判所ウェブサイト（イギリス法人と同東京事務所代表者のイギリス人との間で締結された雇用契約の成立および効力に関する準拠法につき、イギリス法によれば１週間前の解雇予告又は１週間分の予告手当の支払いにより解雇しうるとされているが、同法人が30日分の予告手当を支払っていること等に鑑み、当事者は、右準拠法を日本法とする意思であったと推認)、④ノースウエスト航空事件・東京高判昭57.7.19労判390号36頁 判時1051号149頁（最二小判昭62.7.17民集41巻5号1283頁 労判499号6頁で原判決一部破棄）（雇用契約の成立及び効力について、使用者が日本における代表者及び営業所を定め、その登記をなしていることから、日本国内において日本人を雇用する場合においては日本法による意思があったものと推認。なお、最高裁での原判決一部破棄は、準拠法として適用された労基法26条の解釈適用の誤りを理由とするもの)、並びに⑤米国ジョージア州事件・東京地判平18.5.18労経速2058号24頁（現実に契約締結に関与した者、契約締結の経緯、契約締結地、労務提供地、職務の内容、社会保険の適用関係が日本である一方、雇用者が被告ジョージア州であることのほかにジョージア州に関係する要素はないことに照らし、雇用契約締結に際し日本法を準拠法とする黙示的な合意を認定）がある。

(ウ)　他方、黙示の合意による準拠法選択を否定した裁判例として、東京中華学校事件・東京地決昭58.3.15判時1075号158頁 判タ506号110頁（日本において中華民国人の子弟の教育を目的として同国政府の認可を受けて日本法により設立された財団法人と中華民国人との間に締結された雇用契約について、労働者の在日歴・住所、契約の締結地・履行地等の諸事情を考慮した上、準拠法を中華民国法とする旨の当事者の黙示の意思の存在を否定し、旧法例７条２項に基づき、雇用契約の行為地法である日本法を適用）がある。

(エ)　また、準拠法に触れず（争点とせず)、日本法を適用した裁判例は少なくない。トルコ航空ほか事件・東京地判平24.12.5労判1068号32頁（日本国内の派遣元事業者に雇用され、トルコの航空会社に国際線客室乗務員として派遣され勤務していた日本居住の労働者と、当該航空会社との間の直接の労働契約の成否が争点となった事案において、日本法を適用してこれを否定)、バンク・インドスエズ事件・東京地判平5.3.19労判636号70頁（フランスに本店を有する法人に雇用され日本国内の営業所で就労していたアメリカ国籍の従業員からの退職一時金の支払請求につき、準拠法を明らかにせずに、就業規則・退職年金規程の運用や原告の職務内容、労働条件を総合し、両者間の雇用契約の文言解釈として退職手当の支払義務を負わない旨の合意があると認定して請求を棄却）はその例である。なお、外国の航空会社の日本国内の事業所で雇用された日本人労働者と当該外国航空会社との間の紛争では、当然に日本法が適用されている（例えば、スカンジナビア航空（仮処分）事件・東京地判平7.4.13労判675号13頁 判時1526号35頁、カンタス航空事件・東京地判平12.3.30労判784号18頁、エア・インディア事件・東京地判平4.2.27労判608号15頁 判時1419号116頁、ノース・ウェスト航空事件・千葉地判平18.4.27労判921号57頁等)。

(オ) 黙示の合意を認定するに当たり、考慮すべき事実・事情の範囲・内容や評価について明確な基準が存在するとはいいがたいが、「労働条件の多くの部分は当事者間の個別的合意ではなく、労働協約や就業規則によって集団的に決定されるという労働契約の特性（集団性）に鑑みると、労働者が特定の組織への編入意識を明らかにしているときは、この組織に属する他の労働者と同一の労働条件で労務を提供する意思、ひいてはこの組織が服する法と同一の法に服する意思を有していたと評価」（村上愛「労働契約の準拠法」『別冊ジュリスト国際私法判例百選[第２版]』（有斐閣、2012）75頁）すべきであろう（なお、BGCキャピタルマーケッツジャパン事件・東京地判平28. 9. 26D1-Law.com判例体系は、後述の通則法12条２項について、同規定は「労務提供地の法を最密接関係地法と推定する旨定めているところ、その趣旨は、労働契約の継続性や集団性に鑑み、同一の職場で働く労働者と同等の保護を保障しようとするものと解され」ると述べている。）。

ウ 当事者による準拠法の選択がない場合－最密接関係地法

(ア) 契約一般に関し、当事者による選択がないときは、法律行為の成立及び効力は、当該法律行為の当時において当該法律行為に最も密接な関係がある地の法（「最密接関係地法」という。）による（通則法８条１項。なお、旧法例７条２項では「行為地法」とされていた。）。そして、法律行為において特徴的な給付を当事者の一方のみが行うものであるときは、その給付を行う当事者の常居所地法を当該法律行為の最密接関係地法と推定する（同条２項）。なお、「常居所」とは、国際私法固有の概念であるが、自然人の場合、ある程度の期間継続して現実に居住し生活している場所、又は現に所在していて、将来に向かって相当期間居住するであろうと客観的に認められる場所である。

(イ) 労働契約に関しては、「特徴的な給付」ないし「常居所」に代えて、労働者が「労働契約において労務を提供すべき地」の法が最密接関係地法と推定され、労働契約の成立及び効力に関する準拠法となる（通則法12条３項。同条２項も同様である。）。推定規定であるので、反証があれば、労務提供地法以外の法が最密接関係地法とされる可能性がある。

(ウ) なお、本節２(4)で述べたとおり、国際裁判管轄に係る民訴法３条の４第２項には「労働契約における労務の提供の地」という表現が用いられているが、同一の事件でも複数国が管轄権を有することがあるのに対し、準拠法は必ず１つに定められるものであるから、民訴法３条の４第２項と通則法12条とでは「労務提供地」の意義は異なる。前者では、現実に労務を提供している（た）地であるのに対し、後者では、現実にその地で労務が提供されている（た）地ではなく、あくまで契約で労務を提供すべき地と定められたその地を意味する。

(エ)　通則法12条の「労務提供地」を判定する基準時について、法律行為一般の成立及び効力に関する原則規定である同法８条１項は「法律行為の当時」としているが、労働契約は、しばしば長期間に及ぶ継続的な契約であり、契約期間中に内容や事情が変わることも少なくない。この点を考慮し、「労働契約継続途中に労務提供地が変わった場合には、新たな労務提供地の法を最密接関係地法と推定することが可能であると解される」とした上で、準拠法をイギリス法とする定めのある雇用契約に基づき雇用された労働者が、契約締結から約１年間は主としてイギリスで勤務した後に、出向先の日本で約３年間勤務したという事案において、通則法12条に基づき、当該雇用契約の成立及び効力に関する準拠法は日本法となると判断した裁判例がある（前掲BGCキャピタルマーケッツジャパン事件・東京地判平28. 9. 26）。

(オ)　通則法12条が定める最密接関係地法の「推定」に関し、前掲BGCキャピタルマーケッツジャパン事件・東京地判平28. 9. 26は、労務提供地は最密接関係地の最も重要な判断要素であり、①当初の雇用契約の締結地及び②当初の労務提供地だけでなく、③給与決定がイギリスに所在する使用者により行われていたこと、④賃金がポンド建てで、イギリスが支払地とされていたこと、⑤雇用終了がイギリス所在の使用者により決定されたこと、⑥当該労働者の売上げがイギリスで計上されていたこと、⑦イギリス所在の使用者における苦情申立制度が適用されていたこと、⑧当該労働者の雇用管理地がイギリスであったこと等の事情は、いずれも「労務提供の場所や内容、賃金額等のような労働契約関係の本質的な要素ではなく、最密接関係地の推定において、やはりそれほど大きな意味を持つものとはいい難い」から、推定を覆す事情には当たらないと判示している。

(カ)　通則法12条における「労働契約」は、個人である労働者が使用者との間で締結する契約であって、労働者が使用者の指揮監督に服して労務を提供し、その対価として報酬を受領することを内容とする契約をいう。国際私法上の概念であり、労契法６条に定めるような労働契約を含むことは当然であるが、上記のような実質を有する限り契約の類型名（雇用、

第14章　国際的労働関係

請負、委任等）に左右されない。他方、国際私法上、単位法律関係が委任や請負であると法性決定されれば、通則法12条は適用されない。イギリスで出生し日本に定住していた労働者（原告）が、香港法人との間で準拠法を香港法とする「Employment Agreement」という名称の契約を締結するとともに、準拠法を日本法とする出向契約書に基づき、同一企業グループ内のイギリス法人の東京支店に出向して同支店における営業部門の責任者として勤務し、後にはその代表者として登記されていたところ、Employment Agreementを解除されたたことから、当該解除の効力を争い、上記２つの外国法人それぞれに対して労働契約上の地位確認を求めたという事案において、経営管理という業務内容、広範な権限及び高額の報酬に照らせば委任契約であるという被告らの主張を退け、２つの契約の形式、内容及び原告の勤務実態等に照らし、単位法律関係は労働契約であると法性決定した裁判例がある（地位確認等（本訴）・不当利得返還（反訴）請求事件・東京地判平25. 12. 18ウェストロー・ジャパン。なお、通則法12条に関する判断ではないが、東急エアカーゴ事件・東京地判平16. 3. 29労判875号21頁は、海外子会社の代表取締役就任を内容とする「雇用契約書」に就業規則を援用する条項が含まれていたにもかかわらず、当該契約の法的性質は準委任であるとした。）。

(キ)　労働契約そのものではないが、社宅や社有車の使用、在職中の守秘義務や競業避止義務に関する個別の合意、退職後の守秘義務や競業避止義務の合意、職務発明や職務著作に関する合意等も、労働契約に付随する契約として本条が適用される余地がある（桜田嘉章・道垣内正人編『注釈国際私法第１巻』（有斐閣、2011）275頁以下（高杉直執筆部分））。但し、労働契約は、長期間にわたる社会的関係を包括的に対象とする契約であり、また、契約期間中に具体的な内容の変更や客観的な状況の変化が生じうることから、労働契約に関係する具体的な問題ごとに最密接関係地法は異なると捉えることもできよう。

なお、労働契約に含まれる裁判管轄合意や仲裁合意の効力が日本の裁判所や仲裁廷で争われる場合、それらの合意の成立及び効力は、民訴法や仲裁法に従って判断されるから、当該合意部分については、原則として、通則法12条の適用はないと考えられる。

(ク)　国際私法上の労働契約の範囲ないし最密接関係地法に関連する裁判例として、旧法例下の裁判例であるが、①労働契約の準拠法にかかわらず、所有権に基づく社宅及び社有車の返還請求については、物権の準拠法に関する旧法例10条（通則法13条に相当）により、所在地法が適用されるとした前掲シンガー・ソーイング・メシーン（家屋明渡等請求）事件・東京地判昭44. 5. 14判時568号87頁　判タ240号215頁）、②「work contract」と題する契約（業務委託契約とも受け取れる内容であるが、裁判所は労働契約とみなしたようである。）に含まれた競合避止義務の合意について、同契約の準拠法がオーストリア共和国民法であるとしたうえで、同国法を参照することなく、競合避止義務の合意の成立及び有効性を認定した営業行為差止請求事件・東京地判平19. 12. 26判タ1282号326頁（なお、日本の不正競争防止法に基づく差止請求については、準拠法を検討せずに同法をそのまま適用している。結論として、競業禁止合意及び不正競争防止法の違反がないとして、使用者からの差止請求を棄却）がある。また、同じく旧法例下の裁判例であるが、職務発明に関する特許法35条について、③日立製作所職務発明事件・東京高判平16. 1. 29労判869号15頁　判時1848号25頁（最三小判平18. 10. 17民集60巻8号2853頁　労判925号5頁で上告棄却）は、職務発明に係る特許を受ける権利の譲渡契約の準拠法について、当事者間の黙示の意思を認定し、旧法例７条（通則法７条に相当）により日本法となるとしつつ、仮に、同条が適用されないとしても、使用者と従業者との間の雇用関係に最も密接な関係を有する国の法律を準拠法とすることになり、雇用契約の締結地で、かつ、従業者の勤務地であった日本法がやはり準拠法となると判示している（味の素アスパルテーム職務発明事件・東京地判平16. 2. 24労判871号35頁　判時1853号38頁も同旨。但し、上記最高裁判決後のキヤノン職務発明事件・知財高判平21. 2. 26判時2053号74頁　判タ1315号198頁及びアステラス職務発明事件・東京地判平24. 4. 27裁判所ウェブサイト、東京高判平25. 1. 31判時2180号104頁　判タ1413号199頁（原判決一部変更）、最三小判平26. 9. 30D1－Law. com判例体系（上告棄却・不受理）では、労働契約の準拠法を参照せずに、法例７条により特許を受ける権利の譲渡契約の準拠法を決定している。）。

エ　労働者の援用による最密接関係地法の強行規定の適用

(ア)　労使間の交渉力の差を考慮し、労働関係における準拠法の決定についての実質的公平の実現を図るため、通則法の制定に際し、労働契約の成立及び効力に関する準拠法選択について、労働者の援用による強行規定の適用という特則が新たに設けられた。すなわち、労働契約の成立及び効力について、通則法７条又は９条に基づき、当事者が合意により選択した法が準拠法となる場合、選択された法が当該労働契約の最密接関係地法以外の法であり、かつ、労働者が当該労働契約の最密接関係地法の中の特定の強行規定を適用すべき旨の意思を使用者に対し表示したときは、その強行規定が重畳的に適用される（通則法12条１項)。この場合の「最密接関係地法」は、同条３項と同様、当該労働契約において労務を提供すべき地の法（その労務を提供すべき地を特定することができない場合にあっては、当該労働者を雇い入れた事業所の所在地の法）であると推定される（同条２項)。

(イ)　通則法12条１項にいう「強行規定」は、私人間の利益調整に関し、労働者の援用により適用されるものであるから、労働者の権利義務関係に関する規定が対象となる。典型的には、労働契約法の３条、５条、９条、10条、12条、14ないし20条が挙げられる（前掲地位確認等（本訴）不当利得返還（反訴）請求事件・東京地判平25. 12. 18は、通則法12条に基づき最密接関連地法が日本法であるという本訴原告の主張を踏まえ、労契法16条を適用している。但し、本訴原告は、通則法12条１項に基づく特定の強行規定として労契法16条を援用したわけではなく、また、裁判所の判断も通則12条１項に依拠していない。)。労働基準法は、基本的には公法的な行政取締法規であるが、３ないし７条や第２ないし８章の規定は、民事的な効果を併せもつ規定であり、通則法12条１項の強行規定に含まれる（後述するとおり、日本の裁判所で争訟となった場合には、労働者による援用いかんにかかわらず適用される「絶対的強行法規」ともなると考えられる。)。その他、最低賃金法、労働契約承継法、雇用機会均等法及び育児介護休業法にも、使用者と労働者との権利義務に関する強行規定があり、通則法12条１項の強行規定に含まれる。また、上記のとおり、労働関係法規ではないが、職務発明に係る特許法35条も通則法12条１項の強行規定に分類されよう。さらに、通則法12条１項の強行規定には、民法90条のような一般規定も含まれるし、また、「特定」されている限り、制定法だけでなく、例えば労契法制定前の解雇権濫用法理のように、判例により形成された強行的な法理も含まれる。なお、本条に基づく強行規定の援用は、裁判上だけでなく、裁判外でも主張することができる。

(ウ)　通則法12条１項により、例えば、未払賃金請求事件において、前提となる労働契約の準拠法が外国法と定めれられていたとしても、当該雇用契約に定められた労務提供地が日本であれば、労働者は、賃金に関する日本法の強行規定（労基法24条ないし28条、37条、最低賃金法４条等）を援用し、その適用を求めることができる。実際に同条項に基づき解雇に関する労契法16条を適用した裁判例として、前掲BGCキャピタルマーケッツジャパン事件・東京地判平28. 9. 26　D1－Law. com判例体系がある。

⑶　不法行為の準拠法

ア　不法行為によって生ずる債権の成立及び効力は、加害行為の結果が発生した地の法による。但し、その地における結果の発生が通常予見することのできないものであったときは、加害行為が行われた地の法による（通則法17条。旧法例の11条に相当）。さらなる例外として、他人の名誉又は信用を毀損する不法行為によって生ずる債権の成立及び効力は、被害者の常居所地法（被害者が法人その他の社団又は財団である場合にあっては、その主たる事業所の所在地の法）による（同18条）。なお、通則法17条但書の「予見可能性」とは、結果的に選択された準拠法中の不法行為に関する規定（例えば日本の民法709条）における「予見可能性」とは異なる概念で、国際私法である通則法独自の観点から決定されるものであり、主観的要素を排除しつつ、客観的事情のみに照らし、場所的要素である「その地」における結果発生の予見可能性を意味する。

イ　上記の規定にかかわらず、不法行為の当時において当事者が法を同じくする地に常居所を有していたこと、当事者間の契約に基づく義務に違反して不法行為が行われたことその他の事情に照らして、明らかに、より密接な関係がある他の地があるときは、当該他の地の法による（通則法20条）。すなわち、契約関連の不法行為については、本条に基づき、契約の準拠法が不法行為にも適用されることがありうる。なお、本条との関係では、通則法12条１項は考慮されない（労働契約の成立及び効力に関する特定の強行規定の援用は、不法行為における「より密接な関係」の評価には関係がない。）。

例えば、裁判例はないが、外国で雇用され就労する労働者が、日本に出張中に業務上の災害により負傷し、使用者に対して安全配慮義務違反を理由として損害賠償を請求する場合、これを不法行為と構成すれば、結果が発生した日本の法律が適用されるはずであるが、安全配慮義務の発生根拠は雇用契約であるから、通則法20条によれば、雇用関係が成立した当該外国の法が不法行為についても適用される可能性があるということになる。

外国会社の東京支店長であった原告が、会社による賞与減額につき、不法行為として損害賠償を請求した事件において、結果発生地が日本であり、不法行為の準拠法は日本法となるとしつつ、賞与減額の不法行為は雇用契約上の賞与請求権の有無・内容と表裏の関係にあるから、本条により、雇用契約の準拠法であるイギリス法が、不法行為についても準拠法となるとした裁判例がある（コメルツ・セキュリティーズ・ホンコン・リミテッド事件・東京地判平24.5.24　D1－Law.com判例体系 国友明彦・ジュリスト臨時増刊1453号295頁、東京高判平24.12.26　D1－Law.com判例体系で控訴棄却）。

ウ　不法行為について外国法によるべき場合において、当該外国法を適用すべき事実が日本法によれば不法とならないときは、当該外国法に基づく損害賠償その他の処分の請求は、することができない（通則法22条１項）。すなわち、不法行為については、準拠法となった外国法が定める成立要件だけでなく、日本法が定める成立要件をも充足してはじめて、その成立及び効力が認められるということになる。この場合の「日本法」の範囲について、民法の消滅時効や除斥期間といった損害賠償請求権の消滅に関する諸規定までが累積的に適用されるものではないとした裁判例がある（東京地判平25.10.28判タ1419号331頁）。

不法行為について外国法によるべき場合において、当該外国法を適用すべき事実が当該外国法及び日本法により不法となるときであっても、被害者は、日本法により認められる損害賠償その他の処分でなければ請求することができない（同条２項）。

なお、不法行為の準拠法も、当事者の合意により事後的に変更することが可能である（通則法21条）。

⑷　私法上の効力を有する日本法の強行法規の適用

ア　通則法に基づく準拠法の選択ルールは上記のとおりであるが、旧法例下の裁判例には、準拠法の検討をせずに、あるいは、外国法が準拠法であることを前提としつつ明確な根拠によらず、私法上の効力を有する日本法の強行法規を適用した裁判例が散見される。

例えば、①インターナショナル・エア・サービス事件・東京地決昭40.4.26判時408号14頁、判タ178号172頁（「労働契約関係を律する労働法はひとしく労使の契約関係を規律する一般私法法規と異り、抽象的普遍的性格に乏しく各国家がそれぞれ独自の要求からその国で現実に労務給付の行われる労使の契約関係に干渉介入し、独自の方法でその自由を制限し規整しているので、労働契約に基く現実の労務給付が本件の如く継続して日本国内で行われるようになった場合には、法例第7条の採用した準拠法選定自由の原則は属地的に限定された効力を有する公序としての労働法によって制約を受ける」として、アメリカ連邦法ないしカリフォルニア州法を準拠法とする雇用契約の終了について、労組法７条１号を適用し、同規定違反の解雇は公序に反して無効とした。)、②前掲ノースウエスト航空事件・東京高判昭57.7.19労判390号36頁、最二小判昭62.7.17労判499号6頁、判時1252号130頁 判タ652号109頁、労判499号15頁 判時1252号126頁 判タ652号105頁（休業手当請求権は労基法26条に基づく権利であり、外国法を適用する余地はなく、当然に認容される。）である。また、③前掲味の素アスパルテーム職務発明事件・東京地判平16.2.24労判871号35頁 判時1853号38頁は、在職中の発明に係る相当対価請求事件であるが、外国特許に対する特許法35条の適用の可否について、傍論ながら「いずれの準拠法選択をした場合であっても、絶対的強行法規の性質を有する労働法規は適用されるべきであるところ、特許法35条もまた、上記の性質を有する労働法規と解される」と判示している。

イ　このような裁判例について、講学上、私法上の効力を有する強行法規のうち、国家の強い法政策を反映する規定（「絶対的強行法規」、「強行的適用法規」又は「国際的強行法規」と呼称されることがある。）については、日本が法廷地である限り、国際私法（通則法）により指定される準拠法とは無関係に、裁判所の職権により適用されると説明されている（「強行法規の特別連結論」、「絶対的強行法規の直接適用」、「強行法規の属地的適用」などと整理されている。）。

通則法12条１項の「特定の強行法規」と、「絶対的強行法規」「強行的適用法規」ないし「国際的強行法規」との区分や相互関係については、十分な解明がなされているとはいいがたいが（その試みとして、桜田嘉章・道垣内正人編『注釈国際私法第１巻』（有斐閣、2011）289頁以下（高杉直執筆部分)、山川隆一『国際労働関係の法理』（信山社、1999）154頁以下、村上愛「法の適用に関する通則法12条と労働契約の準拠法」一橋法学７－2（2008.7）309頁等)、「労働者が人たるに値する生活を営むための必要を充たすべ」く、罰則をもって、労働条件の最低基準をあまねく実現することを目的とする労基法の規定は、概ね、絶対的強行法規に該当すると考えられる。他方、労使間の自主的な交渉による合意の原則を前提に、合理的な労働条件の決定又は変更の円滑な実現を目指そうとする労契法の規定は、絶対的強行法規といえるほど国家の強い政策的意思を反映したものではなく、むしろ通則法12条1項が対象とする強行規定であると位置付けられよう。

ウ 実務上は、当事者が事実主張の根拠としてもいないのに、裁判所が、突然、日本法の強行規定を適用することは考えがたい。従って、労働者側の当事者としては、労働契約の準拠法いかんにかかわらず、自らに有利な結果をもたらす強行法規が日本法にあれば、すべからくその適用を主張するという対応になろう。但し、そもそも労働者が使用者を相手に日本の裁判所で裁判を起こす場合、あえて準拠法の選択に触れることなく、あるいは、準拠法の問題を意識せず、日本法に基づき請求原因を主張することが通常であろう。その際、請求の根拠となる法令中に強行規定が含まれていれば、それが通則法12条1項に基づく援用であるか、あるいは、絶対的強行法規としての主張であるかにかかわらず、事実上、当該強行規定の適用が主張されていることになる。これに対し、使用者側が、答弁に際し、準拠法を争うことなく単純に日本法に基づく抗弁事実を主張すれば、当事者間に準拠法を日本法とする合意があるものと扱われてしまう可能性がある。使用者側としては、国際的な労働事件については、準拠法として日本法以外の外国法が指定される余地がないかどうか、労働者側が適用を主張する日本法の強行法規を排除する余地がないかどうかを必ず検討・確認すべきであろう。

(5) 公序による再修正

通則法が定める上記のようなルールにより準拠法として外国法が選択された場合であっても、当該外国法の規定の適用が我が国の公の秩序又は善良の風俗に反するときは、これを適用しない（通則法42条。旧法例33条に相当）。

本条の趣旨は、外国法適用の結果、我が国の私法的社会秩序が著しく害されるような場合において、一定の限度でその適用を排除しようというものである。当該外国法の内容自体が日本の法秩序と相容れないかどうかということではなく、当該外国法を適用して当該請求又は抗弁を認容し又は排斥することが日本国内の社会生活の秩序を害することになるかどうか（換言すれば、外国法適用結果の異常性と内国関連性の強弱）によって、判断される（東京地判平5.1.29判時1444号41頁 判タ818号56頁参照）。本条における「公序」は、あくまで国際私法上の観念であり、民法90条のような実質法上の「公序」とは異なる。

旧法例下の裁判例として、アメリカ連邦法及びニューヨーク州法を準拠法とするアメリカ法人とアメリカ人との間の雇用契約の終了（解雇）について、同法上、理由のない解雇が許されているから、労務供給地が日本であっても、解雇権濫用法理を適用しないことは公序に反しないとしたもの（前掲シンガー・ソーイング・メシーン（家屋明渡請求）事件・東京地判昭44. 5. 14判時568号87頁 判タ240号215頁)、弁護士報酬債権について、契約準拠法たる外国法が定める時効期間が日本より長期でも公の秩序に反しないとしたもの（徳島地判昭44. 12. 16判タ254号209頁）がある。

公序により外国法の適用が排除された場合に、いずれの国の法律を適用すべきかには争いがあるが、法廷地である日本法を適用した裁判例が多い（いずれも労働事件ではないが、最二小判昭59. 7. 20民集38巻8号1051頁 判時1132号117頁、横浜地判昭58. 1. 26判時1082号109頁、東京地判昭33. 7. 10判時158号19頁 判タ82号92頁等)。

4　外国法の適用

通則法のルールにより外国法が選択された場合、裁判所は、本案における審判対象となる法律関係に対し、当該外国法を適用することになる。なお、これはあくまで実体法についてであって、我が国の裁判所に係属する手続である以上、手続法については、民訴法その他我が国の法律が適用される。

外国法であっても、通則法に基づく準拠法としての指定を通じ、当該事件に関する限り、日本の法律としての性質を有することになる。その結果、当該外国法の解釈適用は裁判所の職責となり、裁判所がその内容につき職権調査義務を負う（その帰結として、外国法の解釈適用の誤りは、民訴法318条１項の法令解釈に関する重要な事項として、上告受理申立て理由となる。労働事件ではないが、最一小判昭56. 7. 2家裁月報49巻7号56頁（大韓民国法の解釈適用を誤ったとして、原判決一部破棄・自判)、最三小判平9. 2. 25家裁月報49巻7号56頁（原判決には大韓民国民法の解釈適用の誤りはないとして、上告棄却)）がある。なお、準拠法の指定を誤った場合には、通則法の解釈適用の誤りとして、上告受理申立て理由となる。

現実には、裁判所は、あらゆる外国の法令の内容精通しているわけではないし、新たに調査する能力にも限界がある。裁判所は、家族法分野では、特定国の法情報を相当に集積しているようであるが、労働法分野に関しては、必ずしもそうではない（前掲コメルツ・セキュリティーズ・ホンコン事件・東京地判平24. 5. 24　D1－Law. com判例体系、東京高判平24. 12. 26　D1－Law. com判例体系で控訴棄却は、賞与減額の不法行為に関するイギリス法の内容について、不明であるとした。)。また、そもそも弁論主義の下で、各当事者は、適用法規が定める要件に則り、請求原因事実や抗弁事実を主張しなければならないところ、適用法規の内容を特定することができなければ、的確な事実主張を組み立てることは不可能である。従って、実務上は、各当事者において、適用されるべき外国法を特定し、その内容を証拠により立証する必要がある（自由な証明で足りる。）。立証方法としては、当該外国法の専門家による鑑定意見書が用いられることが多い。

当事者の主張がなく、あるいは裁判所の職権調査によっても、適用すべき外国法の内容が明らかにならない場合にどうするか。学説上は、法廷地である日本の法律を適用する（法廷地法説）、当該外国法に近似した別の外国法を適用する（近似法説。例えば、イギリス法系の国であれば、母法たるイギリス法を適用する。）、条理による（条理説）等の見解がある。

労働関係の裁判例としては、前掲コメルツ・セキュリティーズ・ホンコン事件・東京地判平24.5.24、東京高判平24.12.26で控訴棄却が、明確に条理によると述べている。なお、旧法例下での裁判例は、渉外性のある労働事件であっても、準拠法の問題を取り上げないまま、日本法を直截に適用したものが少なくなく、法廷地法説に立つとまでは評価できない。

5 国際民事訴訟手続

国際民事訴訟には、国内で完結する民事訴訟とは異なる点がある（詳細は、最高裁事務総局民事局監修『国際民事事件手続ハンドブック』（法曹会、2013）、高桑昭・道垣内正人編『新・裁判実務体系　第3巻　国際民事訴訟法（財産法関係）』（青林書院、2002）等を参照されたい。）。実務上、重要な点は、資格証明書の入手、国際送達及び外国での証拠調べである。

(1) 資格証明書の入手

日本の裁判所において、外国の法人ないし団体の使用者を相手方として裁判を提起する場合、訴状や申立書には被告の資格証明書を添付する必要がある。被告が外国会社（会社法2条2号）であって、かつ、日本における代表者を定め（同法817条1項）、外国会社の登記（同法933条）をしている場合、登記された代表者は当該外国会社の日本における業務に関する一切の裁判上又は裁判外の行為をする権限を有するから（同法817条2項）、その登記事項証明書をもって資格証明書とすることができる。

他方、外国会社の登記がされていない場合には、被告の母国において被告の登記事項証明書に相当する文書を入手し、翻訳文を付して提出することになる。商業登記類似の制度を有する国であれば、登記官（Company Registrar）名義の設立証明書（Certificate of Incorporation）や会社存続証明書（Certificate of Good Standing、Certificate of Existence、Certificate of Authorization等）が、被告の当事者能力を疎明する資料となり、在位証明書（Certificate of Incumbency）が、代表者を特定し疎明する資料となる。入手方法としては、国により、登記関係文書の入手サービス業者を利用できる場合もあるが、そうでなければ、その国の法律事務所に依頼することが一般的である。

被告が商業登記制度のない国の法人ないし団体である、あるいは、当該制度の対象でない団体である場合には、団体の規約及び代表者選任に係る議事録等を添付すれば足りるが、現実には、そのような団体内部の文書を原告側で入手することは困難である。そこで、団体の住所、代表者の氏名等が記載された契約書等があればこれを添付した上、資格証明書を入手できない事情を記載した上申書を提出することが、実務上行われている。被告が応訴し、代表者の資格を争う場合には、被告側で適当な資料を提出させるという運用がなされている（元木紳・細川清編『裁判実務体系　第10巻　渉外訴訟法』（青林書院、1989）63頁（関根攻・徳岡卓樹執筆部分））。

外国の法人ないし団体が、日本の裁判所において裁判を提起する場合、上記のような資格証明書を自ら準備し提出することになる。日本において外国会社の登記をしておらず、かつ、母国に商業登記類似の制度がない、あるいは、当該制度の対象となる団体ではない場合には、代表者資格の証明について、実務上、公証（notarize）された宣誓供述書を提出する方法が使われている。代表者への授権の根拠やプロセスについては、上申書の形で、さらに追加的な説明を求められることもある。

⑵　国際送達

外国に所在する被告に対する送達は、裁判長がその国の管轄官庁又はその国に駐在する日本の大使、公使若しくは領事に嘱託してする（民訴法108条）。実際には、当該外国と我が国との間の条約や国際司法共助関係の内容に応じ、次のいずれかの方法が採られる（最高裁事務総局民事局監修『国際民事事件手続ハンドブック』（法曹会、2013）30頁以下）。

① 領事送達：「民事訴訟手続に関する条約」（昭和45年6月5日条約第6号、いわゆる「民訴条約」）、「民事又は商事に関する裁判上及び裁判外の文書の外国における送達及び告知に関する条約（昭和45年6月5日条約第7号、いわゆる「送達条約」）、二国間条約又は個別の応諾に基づき、外国に駐在する我が国の在外領事館等に嘱託して送達を行う方法

② 中央当局送達：送達条約に基づき、外国の中央当局に対して要請して送達を行う方法

③ 指定当局送達：民訴条約に基づき、外国の指定当局に要請して送達を行う方法

④ 民訴条約に基づく外交上の経路による送達：民訴条約に基づき、外交上の経路、すなわち、外国に駐在する我が国の大使から外国の外務省に要請して送達を行う方法

⑤ 管轄裁判所送達：二国間共助取決め又は個別の応諾に基づき、外国の裁判所に嘱託して送達を行う方法

国際送達は日本と外国の複数の官庁を経由するため（送達結果の報告は同じルートを遡る。)、完了までに数ヶ月以上の時間が掛かることが多い。

送達する文書については、相手国の公用語による翻訳文の添付が必要である（民事訴訟手続に関する条約等の実施に伴う民事訴訟手続の特例等に関する規則2条)。送達に要する費用として、相手国当局の送達実施費用、外国での翻訳費用及び翻訳証明の費用を予納しなければならない（民事訴訟手続に関する条約等の実施に伴う民事訴訟手続の特例等に関する法律30条、「民事訴訟手続に関する条約等による文書の送達、証拠調べ等及び執行認許の請求の嘱託並びに訴訟上の救助請求書の送付について（基本通達)」(平6. 12. 14最高裁民二第423号、平10. 6. 10最高裁民二第277号))。但し、領事送達の場合、外国での翻訳費用が生じない限り、実施費用は国の負担であり、予納も不要である。また、条約に基づく送達の場合、相互に償還免除の取決めがあれば、相手国における送達費用について予納が不要となることもある。

民訴法108条に基づく送達を実施しても、長期間、送達結果の報告がされないことがある。また、例えば北朝鮮や台湾のように、我が国と正式な外交関係がない国家ないし法域との関係では、そもそも民訴法108条による送達ができない。このような場合には、民訴法110条により公示送達を実施することが可能である。なお、同条1項4号は、公示送達をすることができる場合として、「第108条の規定により外国の管轄官庁に嘱託を発した後6月を経過してもその送達を証する書面の送付がない場合」と定めるが、前記のとおり、国際送達は数ヶ月以上掛かることがむしろ一般的なので、実際には、さらに相当期間の経過を待つことが通例である。

(3) 国際証拠調べ

裁判所は、外国在住の証人に対して呼出状を送達したり、あるいは、外国で自ら尋問を実施したりすることはできない。外国に所在する証人が自発的に来日しない場合、民訴法184条に基づき、①在外日本領事に嘱託する（但し、日本人又は日本語を解する者を対象とする場合に限る。)、②民訴条約の締結国に

ついて、その国の指定当局に委託する、③二国間共助取決め又は個別の応諾に基づき、相手国の管轄裁判所に嘱託する（②及び③については、現地の公用語での実施に限る。）といった方法により、外国で証人尋問又は当事者の本人尋問を行うことは可能である。具体的にいずれの方法によるかは、当該国との条約ないし国際司法共助関係の内容に応じ、裁判所が決定する（民訴規則103条、127条参照）。日本サイドだけでも担当裁判長→裁判所長→最高裁事務総局→外務省領事局というルートを経由するなど、嘱託経路が複雑なので、証拠調べの実現までには相当の時間が掛かる。領事証拠調べは比較的迅速であり、２～３ヶ月で完了した例も少なくないが、他の方法の場合と異なり、証人等に対し出頭を強制することはできない。嘱託に際しては、箇条書によりできるだけ詳細に記載した尋問事項書、事件の概要を記載した書面又は訴状、答弁書等の写し、及びそれらの翻訳文の提出を求められる（前掲の基本通達参照）。領事証拠調べには日本の民訴法が適用されるが、他の方法による証拠調べは、相手国の手続法に従って行われる。領事証拠調べの場合、当事者ないし代理人も希望すれば、立会いも可能であり、その実例もある。他の方法による証拠調べの場合の立会いは、相手国の手続法による。外国での証拠調べ実施費用、外国での翻訳費用及び翻訳証明の費用の予納が求められることが通例である。

その他の証拠調べについて、裁判所は、外国に所在する第三者に対し文書提出命令を発令することはできない。文書送付嘱託及び調査嘱託は可能であるが（調査嘱託について民訴法186条参照）、応答の保証はない。

6　外国等が使用者の場合

(1)　裁判権免除

国内の通常の民事訴訟であれば、自然人であれ法人であれ、これを被告として訴えを提起することに制約はない（当事者能力、訴訟能力や当事者適格の問題はある。）。他方、国際的な民事訴訟においては、主権国家たる外国や外国公務員等に対する訴えについて制約がある。裁判所の裁判権は、国家による主権行使の一態様であるから、国際公法上、外国国家ないし外国政府及びその一部（地方政府を含む。）や外国政府関係者には及ばないからである。被告となる外国等の側から見て、これを裁判権免除という。裁判権免除については、最高裁事務総局民事局監修『国際民事事件手続ハンドブック』（法曹会、2013）293頁以下に詳しい。

(2)　外国等

民事裁判権法は、外国等に対し、我が国の民事裁判権（裁判権のうち刑事に係るもの以外のものをいう。）が及ぶ範囲及び外国等に係る民事の裁判手続についての特例を定めている（同法１条)。「外国等」とは、①外国及びその政府の機関、②外国の連邦国家の州その他これに準ずる国の行政区画であって、主権的な権能を行使する権限を有するもの、③その他主権的な権能を行使する権限を付与された団体（当該権能の行使としての行為をする場合に限る。)、又は④それらの代表者であって、その資格に基づき行動する者である（同法２条)。

外国等は、原則として、我が国の民事裁判権から免除されるが（同法４条)、書面による契約、当該裁判手続における陳述又は裁判所若しくは相手方に対する書面による通知により、特定の事項又は事件に関して裁判権に服することについての同意を明示的にした場合には、当該特定の事項又は事件に関する訴訟手続その他の裁判所における手続について、裁判権から免除されない（同法５条１項)。また、外国等が訴えの提起その他の裁判手続の開始の申立てをしたとき、裁判手続に参加したとき（裁判権からの免除を主張することを目的とするものを除く。)、裁判手続において異議を述べないで本案についてした弁論又は申述をしたときは、同意が擬制される（同法６条１項)。

外国等の行為によって人の死亡若しくは傷害が生じたと主張される場合であって、当該行為の全部又は一部が日本国内で行われ、かつ、当該行為をした者が当該行為の時に日本国内に所在していたときは、これによって生じた損害又は損失の金銭によるてん補に関する裁判手続について、外国等は裁判権から免除されない（同法10条)。従って、業務上災害やハラスメント行為による生命･身体への侵害に係る損害賠償請求については、外国等に対しても、我が国の裁判所に裁判権が認められる場合がある。

なお、自然人としての外交官や領事官等については、外交関係に関するウィーン条約（昭和39年６月26日条約第14号）ないし領事関係に関するウィーン条約（昭和58年10月11日条約第14号）に裁判権免除の規定がある。

⑶ 労働契約に係る民事裁判権法の特則

民事裁判権法は、労働紛争について、特則を定めている。すなわち、外国等と個人との間の労働契約であって、日本国内において労務の全部又は一部が提供され、又は提供されるべきものに関する裁判手続について、外国等は、裁判権から免除されない（同法９条１項)。但し、当該個人が、①外交官、領事官、常駐の使節団若しくは特別使節団の外交職員又は国際会議において当該外国等を代表するために雇用されている者、外交上の免除を享有する者のいずれかに該当する場合、②当該外国等の安全、外交上の秘密その他の当該外国等の重大な利益に関する事項に係る任務を遂行するために雇用されている場合や、③訴えの提起その他の裁判手続の開始の申立てがあった時において、当該外国等の国民である場合であって、日本国に通常居住していないときは、裁判権が免除される（同法９条２項１号、２号、５号）。

また、損害の賠償を求めるものを除き、①採用又は再雇用の契約の成否に関する訴え又は申立てである場合や、②解雇その他の労働契約の終了の効力に関する訴え又は申立て（いずれも損害の賠償を求めるものを除く。）であって、当該外国等の元首、政府の長又は外務大臣によって当該訴え又は申立てに係る裁判手続が当該外国等の安全保障上の利益を害するおそれがあるとされた場合には、外国等は、裁判権から免除される（同法９条２項３号、４号）。これは、個人の採用や再雇用の契約の成否については、外国等に広い裁量が認められ、当該外国等に採用等を強制することは相当ではないとの考えに基づく。もっとも、既存の労働契約の終了の効力に関する訴え等については、既に存在する労働契約における労働者の保護の要請が強く働くことから、上記の通り安全保障上の利益を害するおそれがあるとされた場合に限り、外国等が裁判権から免除されることとされた（飛澤編著『逐条解説　対外国民事裁判権法　わが国の主権免除法制について』（商事法務、2009年）45頁、46頁）。

さらに、労働者との書面による別段の合意によって、外国等は、裁判権から免除されるが、労働者の保護の見地から、当該労働契約に関する訴え又は申立てについて日本国の裁判所が管轄権を有しないとするならば、公の秩序に反することとなるときは、この限りでない（同法９条６号）。この「公の秩序」の意義について、これを判断した裁判例は存在しないが、通則法42条における「公の秩序」と同様に、我が国の強行法規一般を意味するのではなく、管轄権を有しないとした場合の結果の異常性及び対象となる事件の我が国との関連性の強弱により、判断されるものと考えられる。

民事裁判権法制定の契機となったのは、2004（平成16）年12月２日に国際連合第59回総会において採択された「国家及び国家財産の裁判権免除に関する国際連合条約」であり、労働契約に関する同法９条２項３号、４号は、同条約の該当部分を取り込んだものである。民事裁判権法制定前の事件であるが、連邦国家の州政府機関が我が国に設置した事務所において雇用され就労していた労働者が、当該州政府による解雇は無効であると主張し、雇用契約上の権利を有する地位の確認及び解雇後の賃金の支払いを求めた事案において、米国ジョージア州事件・最二小判平21. 10. 16民集63巻8号1799頁 労判992号5頁（前掲東京地判平18. 5. 18労経速2058号24頁の上告審）は、上記国連条約を参照し、解雇が無効であることを理由に雇用契約上の権利を有する地位にあることの確認及び解雇後の賃金の支払いを求める請求は、「復職」を主題とする訴訟（民事裁判権法９条２項３号における「採用又は再雇用の契約の成否に関する訴え又は申立て」に相当）には含まれず、「裁判手続の対象となる事項が個人の解雇又は雇用契約の終了に係るもの」（同項４号に相当）に当たるところ、アメリカ等の安全保障上の利益を害するおそれその他特段の事情がない以上、裁判権免除は認められないと判示している。

(4) 在日米軍

在日米軍は、アメリカ政府の機関であるから、当然に「外国等」に含まれる。但し、在日米軍の構成員又は被用者は、公務の執行から生じる事項については、判決の執行手続に服さない点を除き、日本の裁判所の裁判権から免除されない（日本国とアメリカ合衆国との間の相互協力及び安全保障条約第６条に基づく施設及び区域並びに日本国における合衆国軍隊の地位に関する協定（いわゆる日米地位協定。昭和35年条約第７号）18条９項、５項(f)）。その上で、日本国とアメリカ合衆国との間の相互協力及び安全保障条約第六条に基づく施設及び区域並びに日本国における合衆国軍隊の地位に関する協定の実施に伴う民事特別法により、在日米軍の構成員又は被用者が、その職務を行うについて日本国内において違法に他人に損害を加えたときは、日本の公務員の場合と同様に、日本国がその損害を賠償する責に任ずる。国賠法の解釈上、公務執行中の公務員の個人責任は否定されていることから、在日米軍の構成員又は被用者個人に対する請求は棄却されることになる。

なお、在日米軍基地で勤務する日本人労働者は、防衛省に雇用され、在日米軍の指揮監督下で労務を提供しているものであり、使用者に対する請求の相手方は日本国となる。但し、国家公務員ではないので、原則として労基法、労組法、労安衛法等が適用される（国（在日米軍従業員・解雇）事件・東京地判平23.2.9判タ1366号177頁）。

7 国際的な集団的労働紛争

労組法は、基本的な性格として、労働者の団結を基礎とした団体交渉による労働条件の決定メカニズムを設定・確保することにより、交渉力の弱い労働者の地位向上を図るという社会政策的な目的を有する法律である。従って、その適用範囲は、我が国に存在する労使関係となる。使用者が外国にあり、外国からの指令による不当労働行為が行われたとしても、日本国内に労使関係が存在し、日本国内で団結権侵害が生じた場合には、労組法が適用される。

当事者である労働組合が労組法に基づく労働組合であり、他方、使用者が外国人・外国法人であっても日本国内に事業所・営業所を有し事業活動を行っていれば、「労使関係」が日本に存在するといえる。労使関係が日本国内に存在することを認めた例として、①ガルーダ・インドネシア事件・東京地労委平6.2.15労経速1524号14頁、中労委平10.3.25中労委データベースで再審査棄却（日本法人からインドネシアの航空会社に派遣されていた国際線の日本人機内通訳からなる労働組合が、直雇用化を求める団体交渉中に組合員に係る派遣契約が解除されたこと等をもって不当労働行為であると主張し救済を求めた事案において、就労場所がインドネシアの領土である航空機内であっても、団体交渉ないし紛争が日本国内で発生しているから、労働委員会には管轄がある。）、②チェース・マンハッタン・バンク救済命令無効確認事件・東京地判昭43.12.20判時563号54頁（日本に営業所ないし施設を有する外国会社に対し、日本の労働委員会が労組法に基づき発した不当労働行為の救済命令の取消訴訟について、日本の裁判所には当然に裁判権がある。）がある。また、③事業所ではなく子会社を日本国内に有していた外国の親会社について、当該子会社の解散・清算を決定した事実に照らし、子会社の従業員との関係で使用者性を認めた例がある（日本リーダーズダイジェスト事件・東京地労平1.9.5中労委データベース）。

但し、日本国内に労使関係が存在しても、団体交渉ないし団体行動が実質的に国外の労使関係を対象とする場合には、労組法に基づく救済の対象とならない（中労委（トヨタ自動車）事件・東京地判平19.8.6労経速2063号6頁、東京高判平19.12.26労経速2063号3頁で控訴棄却、最二小決平21.7.17中労委データベースで上告棄却・不受理（フィリピンの関係会社と同地の労働組合との間の労使紛争を対象とする団体交渉の拒否を理由とする救済申立てを、審査権限がないとして却下した労働委員会の決定は相当）。

なお、前記のとおり、不当労働行為としての不利益取扱いを定める労組法7条1号は、対象となった個々の労働者との関係で、日本の裁判所が強制的に適用する絶対的強行法規であると考えられる。

第4　海外出張・海外勤務

1　海外出張

日本の使用者に日本で雇用された労働者が、海外に出張し、あるいは、海外に派遣されて就労することがある。労災保険法の適用に関し、厚生労働省は、①労働の場が単に海外にあるにすぎず、国内の事業場に所属してその事業場の使用者の指揮にしたがって勤務する場合を「海外出張」、②海外の事業場に所属してその事業場の使用者の指揮にしたがって勤務する場合を「海外派遣」と整理している。なお、この「海外派遣」は、派遣法23条４項の「海外派遣」とは異なる概念である（混乱を避けるため、本章では「海外勤務」という。）。

海外出張者については、通常の労務提供地はなお日本国内にあるから、法律の適用に際し、国内で就労する労働者と変わるところはない。労基法をはじめ日本の労働法規が、国内で就労する労働者の場合と同様に適用される。

労基法は日本国内の「事業」に適用され、海外における労基法の適用が原則として否定されると解されていることとの関係が問題となるが、労働者が国内の「事業」に所属しつつ、一時的に海外で就労する場合は、海外における独立の「事業」と言えないため、労基法が域外適用されると整理することになろう（土田『労働契約法』852頁）。なお前掲阪急トラベルサポート事件（最二小判平26. 1. 24労判1088号5頁　判時2220号126頁　判タ1400号101頁、原審：東京高判平24. 3. 7労判1048号6頁、一審：東京地判平22. 7. 2労判1011号5頁）は、海外旅行の添乗業務に係る事業場外労働みなし制度が問題となった事案であるが、各審級を通じ、海外での添乗業務に労基法が適用されるかどうかは特に争点とならず、裁判所は当然に日本の労基法を適用している。

2　海外勤務－労働契約の準拠法

⑴　海外勤務を前提に新たに雇用された場合

日本企業の外国における事業所ないし営業所や子会社が、現地で労働者を雇用する場合（いわゆる現地雇用）、当事者間に明示的な別段の合意がない限り、当該労働者の国籍が日本であったとしても、労働契約の準拠法は労務提供地である当該外国の法である（通則法８条１項、同法12条３項）。

それでは、外国の事業所や子会社で勤務することを前提に、日本の本社と労働者とが直接新たに労働契約を結ぶ場合はどうか。当該労働契約に関し、当事者間に明示的な準拠法選択があればそれによるが、そうでなければ、前掲ドイッチェ・ルフトハンザ・アクチェンゲゼルシャフト事件・東京地判平9. 10. 1労判726号70頁　判タ979号144頁をはじめ本章第３節３⑵イで引用した裁判例に照らし、①労働契約が日本本社の就業規則や労働協約に依拠するものかどうか、②当該労働者の労務管理及び指揮命令を日本本社が行っているかどうか（外国での勤務先が日本本社からどの程度独立しているか）、③当該労働者の給与の支払通貨、支払主体及び支払方法、④当該労働者の業務内容・地位、⑤契約締結の経緯及び使用言語並びに締結地、⑥労務提供地、⑦社会保険の適用関係等の事情を総合的に考慮して、当事者間に黙示の準拠法選択があるかどうかが判断されることになろう。当事者間に明示又は黙示の準拠法選択が認められない場合には、通則法８条１項及び同法12条３条により、労務提供地である当該外国法が最密接関係地法と推定される。本章第３節３⑵ウ㈲で述べたとおり、この推定は容易に覆らないから（前掲BGCキャピタルマーケッツジャパン事件・東京地判平28.9.26 D1－Law.com判例体系参照）、結論として、当該外国法が当該労働契約の成立及び効力に関する準拠法となるはずである。

通則法に即して考えれば以上のとおりであるが、にもかかわらず、過去の裁判例は、外国法の適用可能性を検討せず、単純に日本法を適用している。すなわち、①日本の会社によりアメリカ国内における業務の統括責任者として初めて雇用されたアメリカ在住の日本人（日本から派遣されたわけではない。）につき、日本法を適用して、解雇を有効としたインターナショナルランゲージサービス事件・大阪地判昭57.7.26労判391号33頁、②海外の建設現場に長期間派遣された労働者（被告となった使用者は、請負契約であると主張）につき、労基法37条を適用して日本国内の派遣元事業主に海外における労働に係る時間外・休日労働手当の支払いを命じた三和プラント工業事件・東京地判平2.9.11労判569号33頁、③外国子会社での勤務を目的に雇用され出向していた労働者からの親会社に対する未払賃金・解雇予告手当請求について、準拠法を検討せずに日本法を適用し請求を一部認容したニシデン事件・東京地判平11.3.16労判766号53頁、④海外子会社の業務支援を主たる業務とする「雇用契約書」に基づき当該子会社の代表取締役に就任した者に対する、使用者からの外国所得税還付金等に係る不当利得返還請求事件において、日本法に則り準委任関係であるとしたうえで、請求を認容した前掲東急エアカーゴ事件・東京地判平16.3.29労判875号21頁である。これらの裁判例は、いずれも旧法例下の判決であり、また、準拠法の問題に触れていない（争点となっていない）ので、日本法が適用された根拠は必ずしも明らかでない。整合的な説明は困難であるが、上記②ないし④については、日本国内で契約が締結された事実に基づく当事者間の黙示の準拠法選択合意、①ないし③については絶対的強行法規の適用という説明が考えられる。また、より単純に、日本法に基づく原告の請求に対し、被告が準拠法を争わず、日本法の適用を前提に反論・主張した結果である可能性もあろう。

⑵　海外転勤の場合

ア　海外への配転・出向の根拠

日本の使用者に日本で雇用された労働者が、配転命令ないし出向命令により、外国に居住して、当該使用者の外国における事業所ないし営業所（支店や駐在員事務所）で勤務したり（海外駐在）、当該使用者の企業グループに属する外国の法人若しくはそれ以外の外国の法人等に出向し、そこで勤務したりすることがある（海外出向）。これらの場合、海外勤務に伴う労働条件や生活環境の変化の大きさに鑑み、原則として労働者本人の同意を要すると解される。但し、労働条件（賃金・海外赴任手当、労働時間・休日・職務内容等）、海外勤務の期間、海外転勤に伴う配慮措置（語学研修の機会、健康管理措置、危機管理・安全管理対策、家族帯同の配慮等）、復帰条件等が労働者の利益に配慮して整備されている場合には、労働者の個別的同意がなくとも海外派遣勤務を命じ得ると考えられる（土田「労働契約法」853〜854頁）。

イ　海外勤務に伴う実質的な労働条件の変更

海外勤務先の外国の事業所ないし法人が、労働条件について、独自のワーク・ルールを定めている場合、通常、海外勤務者は、当該ルールに従って就労することが予定されているであろう。特に、労働時間、休日、現地で支払われる賃金（支払方法・支払時期・控除等）等、通常の労務提供に直接関係する事項については、海外出向先のルールに従うことが多いであろう。すなわち、海外転勤に伴い、海外出向先のワーク・ルールを取り込む形で、日本の使用者との間で合意されていた労働条件が実質的に変更されることになる。海外への配転・出向に係る個別の同意書や就業規則の関連規定に、例えば「出向先のワーク・ルールに従って就労する」旨が記載されていれば、当該変更は有効なものとして労働契約の内容となるし、そのような明示的な合意ないし定めがなくとも、海外への配転・出向自体が有効である限り、実質的な労働条件を変更する黙示の合意の成立が認められると考えられる（出向一般に関し、出向に伴う就業規則の適用関係の変更について、第４章第２節６（185頁〜）参照）。海外への異動に際し、賃金・役職等の変更があれば、その事実も黙示の合意を基礎付ける要素と評価されよう。

ウ　労働契約の準拠法の変更

(ア)　日本で雇用され就労する場合、その労働契約の準拠法は通常は日本法である。日本法を準拠法とする労働契約に基づき雇用されていた労働者が、使用者の配転命令により外国に転勤する場合、配転命令の根拠となる労働契約の準拠法は日本法なのだから、当事者間に準拠法を変更する合意が認められない限り、海外転勤後も、日本の使用者との間の労働契約の準拠法は引き続き日本法となるのが原則であろう。

(イ) 但し、明示的な変更合意がない場合であっても、転勤先の外国の事業所ないし法人に、独自のワーク・ルールが存在し、海外勤務を命じられた労働者が、外国の使用者の指揮命令の下で、そのルールに従って、同じ職場の他の労働者と同様に勤務しているのであれば、その限りにおいて、日本の使用者との労働契約の準拠法を当該地の法律に変更する旨の黙示の合意がなされたと解釈できるであろう（前掲BGCキャピタルマーケッツジャパン事件・東京地判平28.9.26 D1－Law.com判例体系参照)。他方で、例えば、海外勤務者の労務管理や指揮命令を日本の本社が引き続き行っている、報酬の全部又は大部分が日本の本社から支払われている、あるいは、海外勤務者の職務内容が、派遣先の事業所ないし法人の業務に従事することではなく、もっぱら日本の本社のために当該派遣先の事業運営を監視し報告することである等の事情がある場合は、労働契約の準拠法を一部でも変更する旨の黙示の合意の成立を認定することは困難になろう。

(ウ) 明示又は黙示の合意により、準拠法の変更が認められる場合（通則法９条）であっても、変更後の準拠法（外国法）の適用が労働関係のあらゆる側面に及ぶと捉えるのは早計である。まず、労働時間、休日、現地で支払われる賃金等、通常の労務提供に直接関係する事項（概ね、海外転勤に伴い日本の使用者と当該労働者との間で合意された実質的な労働条件の変更部分）については、原則として、当該外国の法律が労働契約の効力に関する準拠法となると考えられる。例えば、海外勤務先の外国の事業所ないし法人が、ワーク・ルールにより、弾力的な就業時間制度（労基法32条の２、32条の４若しくは32条の５が定める変形労働時間制、同法32条の５が定めるフレックスタイム制、又は同法38条の３若しくは38条の４が定める裁量労働制に相当するような制度）を採用しており、それが海外勤務者にも適用される場合、当該制度の効力及び適用関係は当該外国の法律に照らし判断すべきであろう（海外勤務者についてだけ、日本の労基法の各規定に照らし、当該制度の効力や適用関係を判断するというのは不合理である。)。他方、通常の労務提供に直接関わりのない事項、具体的には、労働契約の終了（解雇)、休職・復職、業務上災害に係る損害賠償といった事項については、引き続き日本法を準拠法とすることが当事者の意思であろう（分割指定がなされたと捉えることが可能である。)。例えば、英米法系の国には、随意雇用（employment at will）の原則により、正当な理由がなくとも解雇が認められる法域があるが、日本で雇い入れられた労働者が外国に派遣された途端、日本の使用者の就業規則の解釈が変わり、当該労働者を容易に解雇できるようになるというのは、明らかに当事者の意思に反するであろう。

また、派遣先国の法体系に、労働契約に付随する義務としての安全配慮義務という概念が存在しなければ、業務上の災害による傷害や疾病に関する使用者の民事上の責任が否定・軽減される可能性があるが、就労の場所によって使用者の民事責任が変化するというのは、日本の使用者にとっても必ずしも意図するところではないと考えられよう。

㈤ 通則法に即して考えれば以上のとおりであるが、過去の裁判例は、日本の使用者に日本で雇用された労働者が配転命令ないし出向命令により海外で勤務する場合について、外国での勤務を前提に日本の使用者と労働者とが新たに雇用契約を締結した場合と同様に、準拠法の問題を検討せずに日本法を適用している。旧法例下の裁判例として、①外国子会社に出向し勤務中の労働者を日本の親会社が解雇した事案において、日本法を適用して当該解雇を一応無効と判断した日本工営（仮処分）事件・東京地判昭44. 4. 30判時556号37頁 判タ234号165頁、②出向先の外国子会社の未払賃金につき、出向元である日本の親会社に対して支払いが請求された事案において、日本法に則り親会社による連帯保証の黙示の合意を認定し、請求を認容した日本製麻事件・大阪高判昭55. 3. 28判時967号121頁、③海外子会社に出向中の従業員による退職の意思表示及び日本の親会社による懲戒解雇につき、日本法を適用して、それぞれの効力を判断したマップ・インターナショナル事件・東京地判平16. 7. 12労経速1884号13頁がある。通則法施行後の裁判例も同様の傾向にあり、④外務省の委嘱により在外日本国総領事館において領事シニアボランティアとして勤務していた者が、業務中の事故による傷害に関し、労基法75条１項に定める業務上の負傷の該当性及び国の療養費用負担義務の確認を求めた事案において、準拠法を検討せずに日本法を適用し、原告の労働者性を肯定した大阪高判平28. 6. 29　D1－Law. com判例体系 労判56号48頁（但し、結論は、確認の利益がないとして原判決取消、請求却下）、⑤外国子会社の駐在員が、現地でのセクハラ行為を理由とする日本の親会社における懲戒処分（降格）の無効確認と賃金等の支払いを親会社に対して請求した事案において、準拠法を検討せずに日本法を適用した上で、結論としては請求を棄却した地位確認等請求事件・静岡地浜松支判平29. 1. 17　D1－Law. com判例体系がある。

㈴　上記の裁判例についても明解な整理は困難であるが、(i)日本国内で雇用契約が締結された事実に基づく当事者間の黙示の準拠法選択合意、(ii)雇用の終了、懲戒又は業務上災害といった通常の労務提供には直接関係しない事項、あるいは、(iii)①及び③ないし⑤については絶対的強行法規の適用という説明が考えられる。なお、通則法12条１項は、労働契約の成立及び効力について準拠法の合意がある場合に、労働者がその選択により最密接関係地の強行規定を援用することを可能にしているが、最密接関係地は労務を提供すべき地であると推定されるから（同条２項)、推定を覆すような特段の事情がない限り、海外勤務の場合に、同条項に基づき日本法の強行規定を重畳的に適用することはできないと考えられる。

⑶　海外勤務者と海外勤務先との間の労働関係の準拠法

海外勤務者が、日本の使用者との間の労働契約とは別に、海外勤務先の外国の事業所又は法人との間で、二重に労働契約を締結することがある。また、当事者間に明示的な合意がなくとも、出向であれば、海外勤務者と出向先の外国法人との間には、部分的な労働関係が存在することになる。海外勤務先との間のこのような労働契約ないし労働関係は、日本の使用者との間の労働契約とは別の単位法律関係であるから、その準拠法についても各別に判断されることになる（例えば、前掲地位確認等（本訴)・不当利得返還（反訴）請求事件・東京地判平25. 12. 18ウェストロー・ジャパンは、労働者が締結した①香港法人との間の雇用契約並びに②同法人及び出向先の日本法人との間の出向契約について、それぞれの準拠法選択条項に基づき、各別の国の法律が準拠法となることを当然の前提にしている。)。当事者間に明示又は黙示の準拠選択があればそれによるが（通則法７条)、選択がなければ、労務を提供すべき地である当該外国の法が最密接関係地法と推定され、準拠法となろう（通則法８条１項、同法12条３項)。

3　外国の行政取締法規、罰則規定及び強行法規の適用

外国に所在して就労する場合、それが海外出張であれ、あるいは、海外勤務であれ、当該労働関係に対しては、当該外国の法令に基づき、その国の行政取締法規、罰則規定ないし私法上の効力を有する強行法規が適用される（本章第２節及び第３節３⑷で述べたことと裏腹の関係である。)。

4　海外出張者・海外勤務者の社会保険・労働保険

(1)　医療保険・年金等

ア　海外勤務者の健康保険・厚生年金は、日本の使用者との雇用関係が継続し（海外支店勤務や在籍出向）、かつ、給与の全部又は一部が日本の使用者により支払われている場合には、被保険者資格が継続する（健康保険法３条１項柱書及び厚生年金保険法９条は、それぞれ適用事業所に「使用される者」を被保険者と定めている。この使用関係については明確な定義はないが、海外勤務者については、適用事業所との間で雇用契約が存続し、かつ、給与の一部又は全部が支払われているときは、原則として、使用関係が存在するものとして取り扱われている。日本年金機構『海外勤務者の報酬の取扱い』（2014年３月20日発表）参照）。被保険者資格が継続する以上、使用者・労働者双方に保険料の負担が存続する（健康保険法161条、厚生年金保険法82条）。他方、それ以外のケース（日本の使用者から給与が全く支払われない場合や移籍出向の場合）では、被保険者資格は喪失したものとみなされる。

但し、健康保険については、資格喪失日から２年間は任意継続が可能である（健康保険法3条4項、同法38条2号）。厚生年金に任意継続制度はないが、日本国籍者であれば、国民年金に任意加入することができる（国民年金法5条3号）。なお、海外転勤に際して転出届を提出せず、居住地の市区町村に住民票を残したままにしておくことによって、国民健康保険・国民年金に（強制）加入することも可能である。

日本の健康保険ないし国民健康保険に加入したまま赴任した場合、外国においては、日本の健康保険証が使えないから、医療費は一旦自分で全額を支払い、後に、海外療養費を請求して還付を受けることになる（健康保険法87条１項、同法施行規則66条４項）。

イ　赴任先国において、その国の社会保障制度への加入が義務付けられている場合、海外勤務者が日本の社会保障制度に加入したままであると、保険料の二重払いが生じる。そこで、国家間で社会保障協定を結び、自国に居住する相手国民について社会保障制度への加入を免除し、あるいは、相手国で制度に加入した期間を自国の制度への加入期間にカウントすることが行われている。2017年８月現在、日本は、以下の20ヶ国と社会保障協定を署名済で、うち17ヶ国につき協定が発効している（協定の具体的内容は相手国によって異なる。）。

① 協定が発効済の国：ドイツ、イギリス、韓国、アメリカ、ベルギー、フランス、カナダ、オーストラリア、オランダ、チェコ、スペイン、アイルランド、ブラジル、スイス、ハンガリー、インド、ルクセンブルク

② 署名済未発効の国：イタリア、フィリピン、スロバキア

ウ　介護保険については、海外に転居すれば被保険者資格を喪失するので（介護保険法９条）、赴任時に「介護保険適用除外該当届」を、事業主経由、保険者である市区町村に提出すれば、保険料の支払いが不要となる。

⑵　雇用保険

雇用保険は、日本国内の使用者との雇用関係が継続している場合には引き続き被保険者となり、雇用関係が継続しない場合には資格喪失となる（雇用保険法４条１項）。在籍出向中の海外勤務者が、海外勤務中に離職したとき、海外勤務期間中に出向元の日本の使用者から支払われていた給与が著しく低額と認められる場合には、例外的に海外勤務開始前の給与を基準に失業給付の金額を算定できるという「受給要件の緩和」の特定措置がある（同法13条１項、同法施行規則18条３号）。

⑶　労災保険

労災保険法の適用については、法律の一般原則として属地主義がとられているため、国内の事業からの「出張」の場合には労災保険の対象となるが、海外の事業に「派遣」され、その事業に使用される場合には労災保険の対象とならない（昭52.3.30基発192の25（海外派遣者特別加入制度の創設））。

「海外派遣」とみなされる場合、「海外派遣者」として特別加入をすれば、海外での業務災害について労災保険給付を受けることができる。

特別加入の対象者の要件は、①日本国内の事業主（労災保険の保険関係が成立している事業主に限る。）から、②海外で行われる事業（海外支店、工場、現地法人、海外の提携先企業等）に③労働者として派遣される（留学は含まれない。）ことである（労災保険法33条７号、36条１項）。なお、海外で行わる事業が中小規模（業種によるが、当該国における労働者数が最大で300人以下）である場合には、当該事業に労働者ではなく経営者として派遣される者にも特別加入が認められる（同法33条１号２号、同法施行規則46条の16）。

労災保険の適用に関し、「海外出張」か「海外派遣」かをめぐり紛争が生じることがある。国・中央労働基準監督署長（日本運搬社）事件・東京高判平28.4.27労判1146号46頁は、「労災保険法の施行地内（国内）で行われる事業に使用される海外出張者か、それとも、同法施行地外（海外）で行われる事業に使用される海外派遣者であって、国内事業場の労働者とみなされるためには同

法36条に基づく特別加入手続が必要である者かについては、単に労働の提供の場が海外にあるだけで、国内の事業場に所属して当該事業場の使用者の指揮に従って勤務しているのか、それとも、海外の事業場に所属して当該事業場の使用者の指揮に従って勤務しているのかという観点から、当該労働者の従事する労働の内容やこれについての指揮命令関係等の当該労働者の国外での勤務実態を踏まえ、どのような労働関係にあるかによって、総合的に判断されるべきものである」と判示したうえで、中国の駐在員事務所を自ら立ち上げ代表者として４年以上勤務した後に、中国において急性心筋梗塞により死亡した被保険者について、①中国での駐在期間を通じ、所属が日本本社の東京営業所国際輸送課で変わらなかったこと、②日本本社では２回昇進したが、別の中国現法の総経理就任に伴い日本本社での所属及び地位の変更はなかったこと、③中国現法の業務について、受注の可否、見積書の内容及び契約内容を決定する権限を与えられておらず、それらの決定権限は日本本社の担当者にあったこと、④中国赴任に際し、日本本社は文書による辞令交付や諸手当の説明等を行わず、東京営業所における長期出張として内部処理していたこと、⑤駐在期間を通じ、日本本社が人件費を負担していたこと、⑥出勤簿の提出等、日本本社の労務管理等に服していたこと、⑦中国現法は、日本本社の100パーセント子会社であったこと、⑧日本本社は、海外出張者とし労災保険料の納付を継続していたこと等の事実認定に基づき、被保険者は、単に労働の提供の場が海外にあるにすぎず、国内の事業場に所属し、当該事業場の使用者の指揮命令に従い勤務する労働者である海外出張者に当たり、海外の事業場に所属して当該事業場の使用者の指揮に従って勤務する海外派遣者ではないとして、原判決（東京地判平27. 8. 28労判1146号52頁）を取消し、労基署長の不支給処分を取り消した。

この判決を受けて、厚生労働省は、海外派遣者について「特別加入していない者の請求事案については、海外派遣と海外出張のいずれに該当するか、指揮命令関係等の勤務実態を踏まえて総合的に判断すること」という通知を発している（平29. 2. 17労災発0217第１号）

なお、海外出張の事実は、労災認定において、一般的に、身体的・心理的負荷の加重要因と評価される傾向にある（例えば、神戸東労基署長（ゴールドリングジャパン）事件・最三小判平16. 9. 7労判880号44頁 判時1873号162頁（十二指腸かいよう）、松本労基署長（セイコーエプソン）事件・東京高判平20. 5. 22労判968号58頁 判時2021号116頁（くも膜下出血による死亡）、名古屋南労働基準監督署長事件・名古屋高判平8. 11. 26労判707号27頁 判タ938号122頁（脳出血による死亡）、国・八王子労基署長（パシフィック・コンサルタンツ）事件・

東京地判平19. 5. 24労判945号5頁 判時1976号131頁（うつ病による自殺）、中央労基署長（電通）事件・東京地判平13. 5. 30労判813号42頁（くも膜下出血による死亡）、加古川労働基準監督署長（神戸製鋼）事件・神戸地判平8. 4. 26労判695号31頁 判タ926条171頁（心因性精神障害による自殺））。

5 海外での労災事故に係る民事損害賠償請求

前記のとおり、不法行為については、原則として加害行為の結果が発生した地の法が適用されるが、その地における結果の発生が通常予見することのできないものであったときは、加害行為が行われた地の法による（通則法17条）。また、不法行為の当時において当事者が法を同じくする地に常居所を有していたこと、当事者間の契約に基づく義務に違反して不法行為が行われたことその他の事情に照らして、明らかに、より密接な関係がある他の地があるときは、当該他の地の法による（通則法20条）。

海外出張中に発生した事故等の被害について、日本国内の使用者の民事責任を追及する場合、不法行為の構成によるのであれば、海外に出張を命じたという客観的事実によって出張先の外国での結果発生は予見可能であると評価することが可能であろう（小出邦夫『逐条解説　法の適用に関する通則法〔増補版〕』（商事法務、2014）194～195頁参照）。但し、日本の使用者に日本国内で雇用された労働者が業務命令により海外に出張したのであれば、両者の所在地ないし常居所地は共通して日本であるといえる。また、海外出張中の労災事故は、労働契約に付随する安全配慮義務の違反によるものと評価できる場合もあろう。いずれにしても、準拠法として日本法を適用することが可能であると考えられる。

他方、海外勤務者が駐在先の外国で災害に遭った場合、不法行為の構成によるのであれば、原則どおり加害行為の結果発生地である当該国の法が適用されることになると考えられる。なお、債務不履行の構成によるのであれば、請求の相手方（日本の使用者又は海外勤務先）との間の労働契約の準拠法により、請求の可否が判断されることになる。

裁判例は乏しいが、①在中国日本国大使館に派遣されていた外務省の専門調査員が、中朝国境地域に出張した際に事故に遭って傷害を負い、国に対して雇用契約に付随する安全配慮義務の違反を理由に損害賠償を請求した事件において、準拠法の検討をせずに日本法を適用した東京地判平25. 5. 15判タ1395号179頁（安全配慮義務の存在は肯定しつつ、その違反を否定）、②旧法例下の事案として、市立大学の教授の外国調査旅行に際し、秘書兼通訳等として雇用された当該国居住の外国人女性が、旅行中にセクハラを受けたとして、同教授及び市に対し、不法行為及び国家賠償責任に基づき損害賠償を請求した事件において、準拠法の検討をせずに日本法を適用したＮ市（大学セクハラ）事件・名古屋地判平15. 1. 29労判860号74頁（公権力の行使として、市に対する国賠請求のみ認容）がある。

6　海外研修・留学

海外勤務の特殊な類型として研修や留学がある。使用者の指揮監督が及ぶ限り、名目が研修や留学であったとしても、通常の海外勤務者の労働関係と変わるところはないが、他方、業務命令によるものであったとしても、使用者の指揮監督を離れて、労働者が個人の利益のために研修や学問に従事する場合には、業務性が争われることがある。具体的には、研修・留学後一定期間内に退職したときには費用を返還する旨の就業規則の定めや合意書・誓約書等が、労働契約の不履行に関し違約金や損害賠償の予定を禁じる労基法16条に反しないかどうかという問題である。

海外研修に関し、国際的な人材育成を目的とする海外企業研修員派遣制度によりアメリカの関係会社に派遣された労働者が、帰国後、退職に際して使用者と合意した費用返還債務につき、当該研修は、原告の関連企業において業務に従事することを通じ語学力や海外での業務遂行能力を向上させるもので、その実態は社員教育の一態様であるともいえるうえ、研修期間中に使用者自身の業務にも従事していたのであるから、その派遣費用は業務遂行のための費用として使用者が負担すべきものであり、これを返還させる旨の合意は、労働者が約定期間前に退職した場合の違約金の定めに当たり、労基法16条に違反し無効であるとした裁判例がある（富士重工業事件・東京地判平10. 3. 17労判734号15頁　判時1653号150頁）。

他方、留学については、裁判所は、業務性が認められないとして、費用返還の合意や請求は労基法16条に違反しないと判断する傾向がある。その例として、野村證券事件・東京地判平14. 4. 16労判827号40頁、明治生命保険事件・東京地判平16. 1. 26労判872号46頁、京都地判平13. 12. 25裁判所ウェブサイト、長谷工コーポレーション事件・東京地判平9. 5. 26労判717号14頁　判時1611号147頁がある。

使用者からの返還請求を否定した裁判例としては、新日本証券事件・東京地判平10. 9. 25労判746号7頁　判時1664号145頁（海外留学を職場外研修の１つと位置付けていること、留学の応募自体は従業員の自発的な意思であるが、一旦留学が決まれば業務命令により留学を命じていること、専攻学科も会社の業務に関連のある学科を専攻するよう定めていること等の事情に照らし、業務性を認め、費用返還に係る留学規程の定めは、労基法16条に違反し無効）がある。留学費用等の返還請求に関しては第７章第４・4(5)（277頁）も参照。

第５　日本で就労する外国人労働者

1　在留資格

外国人からの労働相談を受ける場合には、その外国人の在留資格（いわゆる「ビザ」）と在留期間を確認する必要がある。外国人は、日本国内では、原則として、在留資格に対応する活動しかすることができず、在留資格の種類により、就労可能な範囲が異なるからである（入管法19条、別表第１）。入管法別表第１の「外交」、「公用」、「教授」、「芸術」、「宗教」、「報道」、「高度専門職」、「経営・管理」、「法律・会計業務」、「医療」、「研究」、「教育」、「技術・人文知識・国際業務」、「企業内転勤」、「興行」、「技能」及び「技能実習」は、各資格に対応して定められた特定の活動に該当する範囲で就労することができる。他方、「文化活動」、「短期滞在」、「留学」、「就学」、「研修」及び「家族滞在」については、原則として就労が許されない（但し、「留学」ビザで大学又は高等専門学校に在籍する場合、その学校での有償の教育・研究補助活動に従事することは可能である。）。「特定活動」は、法務大臣が個々に活動内容を指定するものであり、就労が可能かどうかは、指定の内容による。「特定活動」には様々なものあるが、いわゆる高度人材もこれに含まれ、最長５年の在留資格が認められることもある。在留資格のうち、入管法別表第２の「永住者」、「日本人の配偶者等」、「永住者の配偶者等」及び「定住者」は、職種や業務に制約なく就労が可能である。

就労に制限がある在留資格保持者でも、資格外活動の許可を得れば、その範囲で就労することができる（入管法19条2項、入管法施行規則19条）。資格外活動の許可には、①雇用主である企業等の名称、所在地及び業務内容等を個別に指定する場合と、②１週に28時間以内であること及び活動場所において風俗営業等が営まれていないことを条件として企業等の名称、所在地及び業務内容等を指定しない場合（「包括的許可」という。）がある。包括的許可が受けられるのは、概ね「留学」又は「家族滞在」のほか、本邦の大学又は専修学校専門課程を卒業した留学生であって、卒業前からの就職活動を継続するための「特定活動」ビザのある者に限られる。

在留資格は、在留カード、特別永住者証明書、パスポートの上陸許可証印、就労資格証明書、在留資格認定証明書、資格外活動許可書等により確認することができる。

就労資格が認められていないのに就労している場合、不法就労者として強制退去命令の対象となる（入管法24条4号イ）。在留期間を経過した後の残留（いわゆる「不法残留」）も退去強制の事由となる（入管法24条4号ロ）。他方、不法就労者を雇っていた使用者は、不法就労の事実を知らなかったとしても、無過失でない限り不法就労助長罪に該当して罰せられる（入管法73条の２）。

2　外国人労働者の労働契約

(1)　雇用契約の締結

外国人労働者の雇用関係においては、言葉の違いや、雇用習慣の違いにより、双方に誤解が生じる可能性がある。使用者には、労働契約締結に際し労働条件の明示義務があるが（労基法15条）、日本語を解しない外国人労働者に対しては、その者が理解できる他の言語や方法で明示する必要がある（労契法4条参照）。なお、事業主は外国人の雇入又は離職の時に、その氏名、在留資格、在留期間等をハローワークに届け出なければならない（雇用対策法28条）。

外国人労働者を雇用する事業主は、外国人が我が国の雇用慣行に関する知識及び求職活動に必要な雇用に関する情報を十分に有していないこと等にかんがみ、その雇用する外国人がその有する能力を有効に発揮できるよう、職場に適応することを容易にするための措置の実施その他の雇用管理改善を図るとともに、解雇等で離職する場合の再就職援助に努めるべきものとされている（雇用対策法第８条）。事業主が適切に対処するために必要とされる措置の具体的内容は、雇用対策法に基づき、「外国人労働者の雇用管理の改善等に関して事業主が適切に対処するための指針」（平成19年厚生労働省告示第276号）に定められている。

(2)　準拠法

日本で就労する外国人とその使用者との間の労働契約については、当事者による明示的な選択がなくとも、通常は、準拠法を日本法とする黙示の合意が認められるであろう（通則法７条）。仮に、黙示の合意による選択が認められない場合、通則法８条１項及び12条２項により、労務提供地である日本法が準拠法となる。日本法が準拠法となれば、民法はもちろんのこと、労契法、労基法、安衛法、最低賃金法等の私法上の効力を有する強行規定はすべて適用されることになる。

この点に関し、前掲ネギシ（マタハラ）事件・最三小判平29. 7. 4D1－Law. com判例体系の原審である東京高判平28. 11. 24労判1158号140頁は、日本の使用者と日本で就労する中国人労働者との間の労働契約について、「当事者による準拠法の選択はなく、法の適用に関する通則法８条１項により、最密接関連地法が適用されるところ、労務提供地は日本であるから、労務提供地法である日本法が最密接関連地法と推定され（同法12条）、日本法が適用され、不法行為についても、同法17条により、日本法が適用される。」と判示している。

⑶　国籍を理由とする差別の禁止

労基法３条は、労働者の国籍を理由として、賃金、労働時間その他の労働条件について差別的取扱をすることを禁じている。もっとも、その外国人の雇用形態（常用、臨時、日雇い、パート等）、従事する仕事の内容、言語能力等本人の能力等に応じて賃金に差を設けることは、その差異が合理的なものと認められる限り、許される。

同条に関する裁判例として、①日立製作所事件・横浜地判昭49. 6. 19判時744号29頁 判タ311号109頁（在日韓国人である労働者が採用申込の際に提出した履歴書、身上調書の本籍欄に日本における出生地、氏名欄に日本名を記載したことを理由として、留保解約権を行使して当該労働者を解雇ないし懲戒解雇することは、労基法３条及び民法90条に違反する。）、②東京国際学園事件・東京地判平13. 3. 15労判818号55頁（語学専修学校において、日本人語学教員を期間の定めのない雇用契約で雇用しつつ、終身雇用を前提とする賃金体系では高額の処遇が困難であるため、外国人語学教員を期間の定めのある雇用契約で雇用したことには合理的な理由があり、労基法３条に違反しない。）、③ジャパンタイムズ事件・東京地判平17. 3. 29労判897号81頁（英文で記事を書く記者という専門職としての雇用であることから賃金の面ではむしろ相当優遇されていることを考慮すれば、期間の定めが設けられていることが専ら原告の国籍や人種を理由とするものであるとはいえない。）等がある。また、公務員の任用に関するものであるが、外国人公務員東京都管理職選考受験訴訟上告審・最大判平17. 1. 26民集59巻1号128頁 労判887号5頁は、「普通地方公共団体が上記のような管理職の任用制度を構築した上で、日本国民である職員に限って管理職に昇任することができることとする措置を執ることは、合理的な理由に基づいて日本国民である職員と在留外国人である職員とを区別するものであり、上記の措置は、労働基準法３条にも、憲法14条１項にも違反するものではない」と判示している。なお、労基法３条には触れていないが、Ｔ工業事件・千葉地判平

12.6.12労判785号10頁は、定期健康診断の際にブラジル人従業員についてだけ無断で医療機関にHIV検査を依頼し、陽性の検査結果が出た者を解雇した事案において、プライバシー侵害の不法行為を認定するとともに、解雇を無効と判断している。

⑷　異動・配転

在留資格に活動範囲が定められている外国人労働者については、通常、在留資格に対応した職種限定が明示的に又は黙示的に合意されており、その結果、入管法上違法な資格外活動となるような業務への配転命令は無効となると考えられる。但し、能力不足を理由とする資格外活動への配転命令は有効であるとした上で、当該命令を拒否したことを理由とする解雇を有効とした裁判例がある（鳥井電器事件・東京地判平13.5.14労判806号18頁（翻訳・海外業務・貿易業務等を職務内容として雇用された「人文知識・国際業務」の在留資格者が、本社工場でプレス作業に従事し、その後地方工場のプレス作業への配転を命じられた事案））。

⑸　解雇・雇止め

外国人労働者の解雇・雇止めにも労契法16条ないし19条は適用されるが、在留資格により就労可能な業種が限定されている場合には、その事実が解雇理由の合理性や解雇回避可能性の判断に際して考慮されうると考えられる。

解雇・雇止めされた外国人は、就労状態にないことから、従前の在留資格では在留期間を更新できず、国外への退去を余儀なくされる可能性がある。また、金銭の支払いと引き換えに雇用の終了を合意する場合にも同様の問題がある。従って、解雇や雇止めの事案では、在留資格及び在留期間との関係に注意する必要がある。なお、外国人労働者が日本の在留資格を認められるためには一定の職業に就いていることが必要であるとして、雇用契約上の地位保全の仮処分申請を認容した裁判例がある（アサヒ三教事件・東京地決昭62.1.26労判497号138頁）。

不法就労者であっても、使用者と労働者との間に労働契約が有効に成立している場合、不法就労者であることは労働契約の効力に影響を与えない。もっとも、不法就労者が在留資格を偽る等していた場合、その経歴詐称が発覚したことを理由とする解雇・雇止めは、解雇権濫用法理のもとで判断しても、当然に有効であると考えられる。さらに、使用者が不法就労の事実を認識して雇用していた場合であっても、不法就労活動をさせること自体が不法就労助長罪に該当することから、金銭請求は可能であるとしても、地位確認請求は認められないと考えられる（山脇康嗣『詳説　入管法の実務』（新日本法規、2010）184～

185頁)。

3 外国人労働者の逸失利益、慰謝料の算定

外国人労働者の労災事故に係る民事損賠賠償請求について、使用者の安全配慮義務の内容・程度は、日本人労働者に対するものと変わりはない。これは不法就労者の場合であっても同様である。但し、逸失利益及び慰謝料の算定については、日本人労働者とは異なる取扱いがなされている。

すなわち、外国人の労災民事損害賠償請求において、当該外国人の母国と日本との間で所得格差がある場合、「一時的に我が国に滞在し将来出国が予定される外国人の逸失利益を算定するに当たっては、当該外国人がいつまで我が国に居住して就労するか、その後はどこの国に出国してどこに生活の本拠を置いて就労することになるか、などの点を証拠資料に基づき相当程度の蓋然性が認められる程度に予測し、将来のあり得べき収入状況を推定すべき」であり、「予測される我が国での就労可能期間ないし滞在可能期間内は我が国での収入等を基礎とし、その後は想定される出国先（多くは母国）での収入等を基礎として逸失利益を算定する」ことになる。そして、「我が国における就労可能期間は、来日目的、事故の時点における本人の意思、在留資格の有無、在留資格の内容、在留期間、在留期間更新の実績及び蓋然性、就労資格の有無、就労の態様等の事実的及び規範的な諸要素を考慮して、これを認定する」（前掲改進社事件・最三小判平9.1.28民集51巻1号78頁 労判708号23頁)。上記最高裁判例は不法就労者の事案であるが、不法就労ではないが在留期間が限定された外国人労働者についても、同様の基準が用いられている。例えば、東京地八王子支判平4.11.25判時1479号146頁（短期滞在)、名古屋高金沢支判平11.11.15判時1709号57頁 判タ1042号136頁（実務研修生ないし技能実習生)、ナルコ事件・名古屋地判平25.2.7労判1070号38頁（外国人研修生)、千葉地判平26.9.30判時2248号72頁（外国人技能実習生）等の裁判例がある。

また、慰謝料の算定に際しても、本国の賃金・所得水準や物価水準が考慮される（後遺障害慰謝料について、前掲名古屋高金沢支判平11.11.15、死亡慰謝料について、前掲千葉地裁平26.9.30)。

4 外国人労働者に関する公法的規制・社会保障の適用

(1) 行政取締役規定及び罰則

日本国内で就労している限り、労基法、労安衛法、最低賃金法、労組法、職安法、派遣法等の労働関係法規に含まれる行政取締規定や罰則は、外国人を雇

用する日本国内の使用者に対しても当然に適用される。不法就労者についても同様である（昭63. 1. 26基発50号、職発31号参照）。

(2)　労働保険・社会保険

労災保険は、労災保険法の適用事業所で業務に従事するすべての労働者に適用されるため、外国人労働者にも当然適用がある。不法就労者についても同様である。不法就労者が労働基準監督署に労災保険申請をした場合でも、労災保険支給のための調査の間は、入国管理局に通報されない扱いのようである（前掲昭和63. 1. 26基発50号職発31号は、一方で、外国人の就労に関する重大悪質な労働関係法令違反の事案においては、資格外活動、不法残留等入管法違反に当たると思われる事案が認められた場合には、出入国管理行政機関にその旨情報提供することとしつつ、他方で、その他の業務遂行に当たり、資格外活動、不法残留等入管法違反に当たると思われる事案を承知した場合には、本来の行政目的に十分留意しつつ、必要に応じ、出入国管理行政機関に情報提供するなど適切な対処に努めることと定めており、２つのケースで取扱いに濃淡を設けている。）。

雇用保険は、週の所定労働時間が20時間以上の労働者であれば、不法就労者を除き、外国人であっても原則として適用がある。但し、外国で雇用関係が成立した後、日本にある事業所に赴き勤務している者は、雇用が終了した場合、帰国するのが通常であることから、雇用保険の適用はない。

健康保険や厚生年金は、国籍を問わず、適用事業所において常用的使用関係（所定労働時間や日数が同種の業務に従事する他の通常労働者のそれの概ね４分の３以上。一定の条件を満たせば、週の所定労働時間が20時間以上）があれば、適用される（第15章第２（644頁～）参照）。但し不法就労者は常用的雇用とは認められないため適用されない。

外国人の短時間労働者の厚生年金保険及び健康保険の被保険者資格に関する裁判例として、東京地判平27. 3. 20裁判所ウェブサイト（労働時間の実態に照らせば資格が認められる。）、日本年金機構（ベルリッツ・ジャパン）事件・東京地判平28. 6. 17労判1142号5頁 判時2346号20頁（短時間就労者の被保険者資格の取扱いに係る厚生労働省の昭和55年６月６日付各都道府県保険課（部）長あて内かん及び社会保険庁運営部医療保険課長の平成17年５月19日付地方社会保険事務局長宛て通知は、厚生年金法及び健康保険法が定める被保険者資格の判断枠組みに反しないが、原告の労働時間の実態に照らせば資格が認められる。）がある。

厚生年金保険の被保険者であった外国人が帰国する場合には、厚生年金保険の加入期間が6ヵ月以上あり、老齢厚生年金の受給資格を満たしていないときは、帰国後2年以内に請求を行えば加入期間等に応じた脱退一時金を請求することができる（厚生年金保険法33条、附則29条、厚生年金保険法施行規則76条の2）。

なお、外国の親会社で雇用され、日本の子会社や支店に派遣されて就労している外国人労働者については、母国と日本との間に社会保障協定がある場合には、各国の社会保障制度間での調整の問題が生ずる（本章第4の3項(1)参照）。

生活保護については、行政見解により、入管法別表第2の在留資格（「永住者」、「定住者」、「永住者の配偶者等」、「日本人の配偶者等」）を有する外国人、特別永住者、入管法上認定された難民に対し、生活保護法が準用される。

5　外国人研修生・技能実習生

(1)　外国人研修・技能実習制度

外国人研修・技能実習制度とは、外国人を我が国に受け入れて技術研修を行うための入管法上の制度である。前記のとおり、入管法上、「研修」という在留資格は就労を予定しないものであるが、1993（平成5）年に「特定活動」の在留資格で就労を可能とする技能実習制度が創設され、その後、制度の拡充に伴い、2017（平成29）年6月時点の技能実習生は約25万人に達している（法務省「在留外国人統計」）。

2009（平成21）年の入管法改正（2010（平成22）年7月1日施行）に際し、技能実習生の安定的な法的地位を確立する観点から、従来、「特定活動」により在留が認められていた技能実習生に、雇用を前提とする独立の在留資格である「技能実習」が付与されることとなった（入管法別表第1の2）。従前は、1年目は「研修」、2・3年目は「特定活動」で在留していたが、改正法施行後の新たな技能実習制度では、1年目から「技能実習」による在留となった。実務研修を行う場合は、原則として、雇用契約に基づいて技能等の修得をする活動を行うことが義務付けられ、法律上、外国人技能実習生も労働者であることが明確にされた。

なお、改正法施行後に、在留資格「研修」で受け入れる研修については、実務作業を伴わない非実務のみの研修のほか、国、地方公共団体又は独立行政法人等の資金により主として運営される事業として行われる研修等、事業主体や資金面等から公的性格が認められる研修に限られることとなった。

技能実習には、受入れ機関の別により次の二つのタイプがある。

①　企業単独型　本邦の企業等（実習実施機関）が海外の現地法人、合弁企

業や取引先企業の職員を受け入れて技能実習を実施するもの

② 団体監理型　商工会や中小企業団体等営利を目的としない団体（監理団体）が技能実習生を受け入れ、傘下の企業等（実習実施機関）で技能実習を実施するもの

企業単独型の場合、入国当初に雇用契約に基づかない講習を実施する場合（最大２か月間）の当該期間を除き、技能実習生は、労働者となる。他方、団体監理型の場合、入国当初2か月間の講習終了から、技能実習生は、受入企業に雇用された労働者となる。労働者であるから、外国人技能実習生には労基法、労契法、最低賃金法、労安衛法、労災保険法等の労働関係法規が当然に適用される。また、健康保険、厚生年金、雇用保険の加入も認められる。

⑵ 外国人研修・技能実習制度に関する紛争

ア　外国人研修・技能実習制度の問題点

外国人研修・技能実習制度は、「研修」や「実習」という名目にかかわらず、実際には、受入れ団体にとっては安価な労働力を確保する目的で、研修生にとってはいわば「出稼ぎ」として賃金を持ち帰る目的で、利用されてきた側面がある。その結果、研修生・実習生について、賃金等の不払その他労働関係法令違反だけでなく、暴行・脅迫・監禁、旅券・在留カードの取上げ、その他の人権侵害の問題が生じていた（法務省入国管理局「技能実習生の入国・在留管理に関する指針（平成25年12月改訂）」）。

イ　外国人研修生・技能実習生の労働者性

前記のとおり、2009（平成21）年の入管法改正により、技能実習生の労働者性が明確化されたが、従前の制度下での研修生・技能実習生の労働者性を認めた裁判例として、デーバー加工サービス事件・東京地判平23.12.6労判1044号21頁 判タ1375号113頁（労基法９条及び最低賃金法２条１号に定める労働者に当たる。）、リズミック事件・長崎地判平25.3.4判時2207号98頁、福岡高判平25.10.25D1－Law.com判例体系で控訴棄却、広島経済技術協同組合事件・さいたま地判平24.10.24労判1079号84頁、三和サービス事件・名古屋高判平22.3.25労判1003号5頁、天草中国人研修・技能実習生事件・熊本地判平22.1.29労判1002号34頁 判時2083号43頁 福岡高判平22.9.13労判1013号6頁で控訴棄却、東栄衣料・県南繊維協同組合事件・福島地白河支判平24.2.14労判1049号37頁等がある。

「実務研修」は、現場での実際の作業従事を伴うから、外見上は「研修」か「労働」か判別し難い場合が多いが、「研修」の実態に照らし労働者性を否定した裁判例として、伊藤工業（外国人研修生）事件・東京高判平

24.2.28労判1051号86頁（所定時間外や休日に労働とみなされる活動がないこと、実施予定表どおりに実務研修及び非実務研修が実施されていること、日本語学習や座学等の非実務研修が実施されていること、研修生を宿舎内に閉じこめたり、旅券等を預かる等の不適切な対応がないこと等を考慮し、労働者性を否定)、労働者性を肯定した裁判例として、北日本電子事件・金沢地小松支判平26.3.7労判1094号32頁（受入れ機関が研修実施予定表に従った研修を実施せず、残業を命じていた期間について労働性を肯定）がある。

ウ　外国人研修生・技能実習生に対する不法行為

外国人研修生・技能実習生が実習実施機関ないし監理団体に対し不法行為に基づく損害賠償を請求した裁判例として、前掲リズミック事件・長崎地判平25.3.4、福岡高判平25.10.25で控訴棄却（賃金不払い等のほか、旅券及び預金通帳の管理並びにセクハラ行為について、監理団体及び代表取締役等の損害賠償責任を肯定)、前掲北日本電子事件・金沢地小松支判平26.3.7（強制帰国手続、パスポート取り上げ、預金通帳の管理につき、監理団体及び実習実施機関の損害賠償責任を肯定)、前掲天草中国人研修・技能実習生事件・熊本地判平22.1.29 福岡高判平22.9.13で控訴棄却（旅券預り管理、預金通帳・印鑑の管理と無断での預金払戻し、及び研修を実施せずに低賃金による長時間労働に従事させた行為は、人格権侵害として不法行為を構成する。)、前掲東栄衣料・県南織維協同組合事件・福島地白河支判平24.2.14（研修期間中の労働、支給すべき手当からの天引き、低賃金での労働、旅券の預り保管、長時間の時間外作業・休日作業は、全体として人格権を侵害する。)、オオシマニット事件・和歌山地田辺支判平21.7.17労判991号29頁（雇用契約の解除は不当労働行為によるものとして、管理費の徴収とともに不法行為を構成する。)、フルタフーズ事件・富山地判平25.7.17D1－Law.com判例体系（妊娠を理由に監禁され、強制的に帰国させられそうになったことにより流産したことにつき、監理団体の使用者責任を肯定）等がある。

エ　その他の裁判例

外国人の差別との関係で、外国人研修生・技能実習生制度の特質に由来するコストや受け入れのための支出、無料での寮の提供等を考慮し、原告の客観的な労働内容自体は日本人労働者のそれと遜色がないとしても、日本人労働者の74%という格差は合理的な範囲内であり、労基法３条違反ないし公序良俗違反には当たらないとした裁判例がある（前掲デーバー加工サービス事件・東京地判平23.12.6労判1044号21頁 判タ1375号113頁)。

刑事事件として、外国人研修・技能実習制度を利用して中国人研修生、技能実習生を受け入れて雇用し、三六協定違反の時間外労働をさせる等した労基法違反の罪につき、執行猶予付懲役6月の刑に処した裁判例がある(和歌山地判平20.6.3労判970号91頁)。

なお、技能実習生との関係で、監理団体には労組法上の使用者性が認められないとした労働委員会命令がある（大阪府労委平27.9.25中労委データベース)。

(3) 技能実習法

「外国人の技能実習の適正な実施及び技能実習生の保護に関する法律」(「技能実習法」）が2016（平成28）年11月に公布され、2017（平成29）年11月１日に施行された。技能実習法の目的は、技能実習の適正な実施及び技能実習生の保護を図り、もって人材育成を通じた開発途上地域等への技能、技術又は知識の移転による国際協力を推進することであり（１条)、基本理念として、技能実習は、①技能等の適正な修得、習熟又は熟達のために整備され、かつ、技能実習生が技能実習に専念できるようにその保護を図る体制が確立された環境で行われなければならないこと、②労働力の需給の調整の手段として行われてはならないことが定められた（３条)。

技能実習法は、従前の制度を引き継ぎ、技能実習を、①日本の企業等が海外の現地法人・合弁企業や取引先の職員を受け入れて、自身の事業所で実施する「企業単独型」と、②事業協同組合、商工会等の非営利の管理団体が技能実習生を受入れ、傘下の企業等の事業所において実施する「団体監理型」に分類している（２条２項４項)。また、各タイプの技能実習は３段階（１年目、２～３年目、４～５年目）に区分され、一定の水準を満たした優良な実習実施者及び監理団体に対し、最長５年の技能実習を可能としている。

技能実習を行わせようとする者は、技能実習生ごとに技能実習計画を作成し、新たに設置される外国人技能実習機構（「以下「機構」という。」）から当該技能実習計画が適当である旨の認定を受けなければならない（８条)。技能能実習計画については、以下の項目を含む認定基準（９条)、及び欠格事由（10条）が定められている。

① 修得等をさせる技能等が、技能実習生の本国において修得等が困難なものであること

② 技能実習の目標として、技能検定、技能実習評価試験等への合格等が設定されていること

③　技能実習の内容として、（ⅰ）同一の作業の反復のみによって修得できるものではないこと、(ⅱ) 技能実習を行う事業所で通常行う業務であること、(ⅲ) 技能実習生や家族等が保証金の徴収や違約金の定めをされていないこと等

④　受入事業所に適切な体制、設備、技能実習責任者・技能実習指導員・生活指導員の選任があること

⑤　認定申請者が過去5年以内に人権侵害行為や偽造・変造された文書の使用を行っていないこと

⑥　日本人と同等の報酬等、技能実習生に対する適切な待遇が確保されていること

⑦　適切な宿泊施設の確保、入国後講習に専念するための措置等が図られていること

⑧　食費、居住費等名目のいかんを問わず実習生が定期に負担する費用について、実習生との間で適正な額で合意がなされていること

監理団体は、団体監理型の技能実習において実習実施者と技能実習生の管理を行う団体であるが、監理事業を行うに際し、機構を通じて主務大臣（法務大臣・厚労大臣）の許可を受けることが定められた（23条)。実習実施者は、技能実習を開始したときに、機構経由、主務大臣への届け出が必要である（17条)。機構は、実習実施者及び監理団体に対し報告を求め、実地に検査を行う権限を付与されている（実習実施者につき14条、監理団体につき35条)。

主務大臣は、実習実施者が認定計画に従って技能実習を行わせていないとき、又は本法その他出入国若しくは労働に関する法令の違反があるときには、実習実施者に対し、改善に必要な措置をとるべきことを命ずることことができ（15条)、実習認定を取り消すことができる（16条)。監理団体に違反行為があった場合にも同様に、主務大臣は、改善命令、許可の取消し等の措置をとることができる（36条、37条)。

技能実習生の保護を図るため、以下の行為が禁止行為として定められ、違反した場合には罰則（108条、111条4ないし7号）の適用がある。

①　実習監理者等による暴行、脅迫、監禁その他精神又は身体の自由を不当に拘束する手段によって、技能実習生の意思に反して技能実習を強制すること（46条)

②　実習監理者等が技能実習生等との間で、技能実習に係る契約の不履行について違約金を定め、又は損害賠償額を予定する契約をすること（47条1項)

③ 実習監理者等が、技能実習生等に技能実習に係る契約に付随して貯蓄の契約をさせ又は貯蓄金を管理する契約をさせること（47条2項）。

④ 技能実習関係者が、技能実習生の旅券又は在留カードを保管すること（48条1項）

⑤ 技能実習関係者が、技能実習生の外出その他の私生活の自由を不当に制限すること（48条2項）

実習実施者や監理団体が技能実習法等の規定に違反する事実がある場合、技能実習生は、その事実を主務大臣に申告することができ、実習実施者等は、申告をしたことを理由として、技能実習生に対して技能実習の中止その他不利益な取扱いをすることが禁じられている（49条）。

第15章

雇用保険・医療保険（健康保険）

第1 雇用保険

1 はじめに——労働事件における雇用保険

解雇・雇止め等により退職した労働者から相談を受ける弁護士にとっては、労働者の当面の、また係争中の生活費確保の観点から、雇用保険に関する知識が重要である（使用者側では保険制度全般が相談対象となりうるが、その相談は多くは弁護士ではなく社会保険労務士になされるであろう。他方、紛争の場面においては、労働者側の雇用保険に関する利害を知っておくことは使用者側で対応をする場合にも重要である）。

そもそも雇用保険受給資格があるか（過去2年間に12か月間の被保険者期間（加入期間）を要するのが原則ではあるが、8（636頁～）で説明する「特定受給資格者」または「特定理由離職者」に該当すれば過去1年間に6か月の被保険者期間で足りる）、使用者が加入手続をとっていない場合も受給できるか（労働者側の手続だけで遡って加入して受給できる：後述9（640頁））、7日間の待機期間後すぐに受給できるか3か月の給付制限を受けるか（重責解雇の場合と正当な理由のない自己都合退職には給付制限あり：後述8(7)（639頁））、解雇等を争う場合の仮受給手続及び和解して使用者から金銭を受け取った場合の受給済の基本手当の返還の要否（後述10（641頁～））については、労働事件を扱う弁護士としては、是非とも正確に理解しておきたいところである。

上記の受給資格と受給可能期間、給付日数は、特定受給資格者または特定理由離職者に該当するか否かで大きく異なる。給付制限の有無は、重責解雇であるか否か、自己都合退職の場合に正当な理由があるか否かによるが、これも重責解雇か否かは特定受給資格の有無、自己都合退職の正当な理由か否かは特定理由離職者であるか否かの判断と同じ基準による。そのため、「特定受給資格者」「特定理由離職者」の判断基準を理解することが重要となる。一般にはこの判断が「会社都合」か否か、「懲戒解雇」か否かと同じと受け止められているが、正確にはそうではないので注意を要する。

2　制度の概要

(1)　雇用保険は、雇用保険法に基づき、政府が管掌（実施）する強制保険制度であり（雇用保険法２条１項）、その内容は「失業等給付」と「雇用保険二事業」とに大別される。

(2)　「失業等給付」は、事業主及び労働者から保険料を徴収し、労働者が失業した場合や職業訓練を受けた場合等に、公共職業安定所（以下「ハローワーク」という。）を通じ「求職者給付のうちの基本手当（いわゆる「失業給付」）」等を支給するものである。

(3)　これに対し、「雇用保険二事業」は、事業主のみから徴収する保険料を原資として、「雇用安定事業」及び「能力開発事業」を行うものである。

事業主に対し「雇用調整助成金」等を支給したり、就職支援セミナーを実施したりすることが行われている。

(4)　雇用保険は、労災保険と併せて「労働保険」と総称される。

雇用保険と労災保険とは、保険給付は別個に行われるが、保険料の納付等については、労働保険徴収法という一の法に基づき、一体として取り扱われている。雇用保険についての行政実務は、厚生労働省職業安定局雇用保険課の「雇用保険に関する業務取扱要領（以下「雇用保険業務取扱要領」という。）」に詳細が記載されている（厚労省のサイトで公開されている）。

3　雇用保険の適用事業

労働者を１人でも雇用している事業は、当然に雇用保険の適用事業となる（雇用保険法５条１項）。個人事業の場合においてもそれは変わらない。

ただし、例外的に、農林水産業又は畜産業のうち労働者が常時５人未満の個人経営の事業は、暫定任意適用事業とされている（雇用保険法附則２条１項、雇用保険法施行令附則２）。

4　被保険者となる労働者とならない労働者

(1)　雇用保険の適用事業における労働者は、当然に雇用保険の被保険者となる

（雇用保険法４条１項）。31日以上の雇用見込みがあり、かつ、１週間の所定労働時間が20時間以上である労働者は、ほとんどの場合、被保険者となる。

2017（平成29）年１月１日以降、65歳以上の労働者についても、「高年齢被保険者」として雇用保険の適用の対象とされた（雇用保険法37条の２第１項）。

ただし、以下の者は被保険者とならない。

① １週間の所定労働時間が20時間未満である者（ただし日雇労働被保険者は被保険者となる。雇用保険法６条１号）

② 継続して31日以上雇用されることが見込まれない者（ただし、前２月の各月において18日以上同一事業主の適用事業に雇用された日雇労働者及び日雇労働被保険者は被保険者となる。雇用保険法６条２号）なお、31日以上雇用が継続しないことが明確である場合を除き再雇用見込みがあると判断される。

③ 季節的に雇用される者で次のいずれかに当たる者(雇用保険法６条３号、38条１項)

・４か月以内の期間を定めて雇用される者

・１週間の所定労働時間が30時間未満である者（平成22年厚生労働省告示154号）

④ 学校、専修学校、各種学校の学生又は生徒のうち次のいずれかに該当しない者（雇用保険法６条４号、雇用保険施行規則３条の２）

・卒業見込証明書を有し、卒業後も引き続き当該事業に勤務する予定の者

・休学中の者

・社会人大学院生等

⑤ 船員であって漁船に乗り組むため雇用される者（ただし、１年を通じて船員として雇用される場合は被保険者となる。雇用保険法６条５号）

⑥ 国、都道府県、市町村その他これらに準ずるものの事業に雇用される者（国家公務員、地方公務員等）のうち、離職した場合に、他の法令、条例、規則等に基づいて支給を受けるべき諸給与の内容が、求職者給付及び就職促進給付の内容を超えると認められる者であって、厚生労働省令で定めるもの（雇用保険法６条６号、雇用保険施行規則４条１項）

(2) パートタイム労働者の場合も、要件は(1)と同じである。なお、雇入れの時においては31日以上雇用されることが見込まれない場合であっても、その後、当該労働者について31日以上雇用されることが見込まれることとなった場合には、その時から被保険者となる（雇用保険業務取扱要領20303）。

(3)　株式会社の取締役等の役員、個人事業の事業主と同居している親族は、原則として被保険者とならない。

ただし、役員のうち従業員から役員となった者等、法人の代表権を有しておらず「事実上、業務執行権を有する取締役、理事、代表社員等の指揮、監督を受けて労働に従事」し、役員報酬以外に賃金を支給されている者については、引き続き雇用保険の被保険者となることができる（昭和34. 1. 26基発48号）。

5　事業主（使用者）の行う手続

(1)　初めて労働者を雇用したとき

事業主は、労働保険の「保険関係成立届」を所管の労働基準監督署又はハローワークに提出する。

また、その後に、「保険関係成立届事業主控」及び確認書類等を添えて「雇用保険適用事業所設置届」と「雇用保険被保険者資格取得届」を所管のハローワークに提出する。

(2)　労働保険料の申告・納付

雇用保険と労災保険を併せた労働保険の保険料は、年度当初に概算で申告・納付し、翌年度の当初に確定申告の上、精算する。

事業主は、前年度の確定保険料と当年度の概算保険料を併せて申告・納付する。この手続を「年度更新」と呼ぶ。「年度更新」は、原則として例年６月１日から７月10日までの間に行う。この手続はハローワークでなく、労働基準監督署、都道府県労働局及び金融機関にて行う。

(3)　保険料の計算

労働保険の保険料は、賃金総額に保険料率（労災保険分と雇用保険分をそれぞれ加えたもの）を乗じて計算される（労働保険徴収法11条）。

労災保険分は、全額を事業主が負担するが、雇用保険分は、事業主負担分と労働者負担分がある（労働保険徴収法31条）。

2017（平成29）年４月１日現在の雇用保険率は次のとおりである（労働保険徴収法12条、同法附則11条、平29. 3. 31厚労省告示170号）。

事業の種類	雇用保険料率	事業主負担率	労働者負担率
一般の事業	9/1000	6/1000	3/1000
農林水産 清酒製造の事業	11/1000	7/1000	4/1000
建設の事業	12/1000	8/1000	4/1000

(4) 労働者を雇用した場合

事業主は、被保険者となる労働者の雇入れを行った場合「雇用保険被保険者資格取得届」を、当該労働者が被保険者となった日の属する月の翌月10日までにハローワークに提出する。

当該労働者が被保険者となったことについて確認がなされると、ハローワークから「雇用保険被保険者資格取得等確認通知書（被保険者通知用及び事業主通知用）」と「雇用保険被保険者証」が交付される。事業主は、このうち「確認通知書（被保険者通知用）」及び「被保険者証」を労働者に交付する。

(5) 労働者が離職した場合

労働者が離職又は死亡した場合、事業主は、当該労働者が被保険者でなくなった日の翌日から10日以内にハローワークに、「雇用保険被保険者資格喪失届」及び「雇用保険被保険者離職証明書」を提出する。離職証明書の用紙は離職証明書事業主控え、離職票－２の用紙が付され、３枚１組になっている。

事業主は、離職した労働者が離職票の交付を希望しない場合は、離職証明書の提出は要せず、資格喪失届だけを提出すればよい（雇用保険業務取扱要領21452）。

なお、離職票は、通常、事業主が資格喪失届に離職証明書を添付してハローワークに提出することにより交付されるが、労働者が離職の際にはすぐに再就職をする予定であったため離職票の交付を希望していなかったが、転職が不可能となったり再度離職したりしたこと等により、後日離職票の発行が必要になった場合、労働者は、事業主から離職証明書の交付を受け、労働者が直接ハローワークに離職票の発行を請求する。

(6) その他の異動の場合

事業主は、その他、労働者の企業内の事業所において転勤させた場合、氏名の変更があった場合、育児休業を開始した場合等について、それぞれ定められた届出を行う。

6 「自己都合」と「会社都合」

(1) 離職証明書等に記載される離職理由について「自己都合」と「会社都合」という用語が用いられることがある。ただし、正確には「会社都合」という用語は雇用保険においては用いられず資格喪失届においては「事業主の都合による離職」という用語が用いられている。

雇用保険業務取扱要領においては、雇用保険の被保険者資格の喪失のうち、次のような場合を「事業主の都合による離職」とするとしている（業務取扱要領21203)。

①　事業主の都合による解雇

②　事業主の勧奨等による任意退職

③　社会通念上著しく妥当性を欠く定年制等により離職した場合

高年齢者雇用確保措置が実施されなかった場合に、離職者の雇用継続の希望の有無にかかわらず、従来の定年制により離職した場合等がこれに該当する。

④　就業規則等に社会通念上著しく妥当性を欠く理由をもって解雇とし、又は当然に退職とする旨の規定があり、これに基づいて解雇され、又は退職した場合

資格喪失届の「喪失原因」欄（届出書式の「６」欄）の記載の「事業主の都合による離職」(記載としては「３」)か「３以外の離職」(記載としては「２」)かは、後述の特定受給資格者ないし特定理由離職者であるか否かと概ねパラレルではあるが、離職者（労働者）に大きな影響を及ぼす受給資格要件、受給可能期間、基本手当の給付日数は、離職理由により定まり、これが特定受給資格者または特定理由離職者に該当するか否かが、給付制限の有無も離職理由が重責解雇または正当な理由のない自己都合退職かが、離職者にとって重要である。

⑵　使用者が、離職証明書の記載において、事業主都合に該当する離職理由の記載を拒む例が見られる。

解雇や退職勧奨等、事業主都合による離職が生じた場合に、雇用に関する行政の助成金の受給において不利益に取り扱われること等が影響しているものと思われる。

雇用関係助成金については厚生労働書のウェブサイトにパンフレット『平成29年度雇用関係助成金のご案内～雇用の安定のために～（詳細版)』があり（2017（平成29）年11月現在)、要件等の詳細が掲載されている。

具体的には､事業主に対する雇用関係助成金のうち以下に挙げるもの(2017（平成29）年９月15日現在）は、一定の要件（「生産性要件」）を満たす場合に割増が行われる。

しかし、以下の助成金において、生産性要件は、支給申請を行った年度の直近年度及び当該会計年度から３年度前の期間に、雇用する雇用保険被保険者（短期雇用特例被保険者及び日雇労働被保険者を除く）を事業主都合によって解雇（退職勧奨による離職を含む。）していないことが要件となる。

①　労働移動支援助成金

② 地域雇用開発助成金
③ 職場定着支援助成金
④ 人事評価改善等助成金
⑤ 建設労働者確保育成助成金
⑥ 65歳超雇用推進助成金
⑦ 両立支援等助成金
⑧ キャリアアップ助成金
⑨ 人材開発支援助成金

(3) また、以下の助成金（2017（平成29）年９月15日現在）においては、対象となる労働者や関係する労働者（出向先の労働者等）を事業主都合により解雇した場合等に、助成金の受給要件を満たさない場合がある。

① 雇用調整助成金
② 労働移動支援助成金
③ 特定求職者雇用開発助成金
④ トライアル雇用助成金
⑤ 地域雇用開発助成金
⑥ 生涯現役起業支援助成金
⑦ 中小企業障害者多数雇用施設設置等助成金
⑧ 障害者雇用安定助成金
⑨ 障害者福祉施設設置等助成金
⑩ 通年雇用助成金
⑪ 両立支援等助成金
⑫ キャリアアップ助成金
⑬ 人材開発支援助成金

7 労働者の行う手続

(1) 確認手続

事業主が、労働者について雇用保険の手続を行うと、労働者は、事業主から「雇用保険資格取得等確認通知書（被保険者通知用）」及び「雇用保険被保険者証」の交付を受ける。これにより、労働者は雇用保険の手続が行われたことを知ることができる。

労働者が事業主に雇用されたにもかかわらず、事業主が雇用保険の手続を怠っている場合には、雇用保険の給付の基準となる「被保険者であった期間」について、労働者が不利益を受けるおそれがある。

労働者は、事業主の協力が得られない場合でも、雇用保険の手続状況を、自分で、ハローワークに確認することができる（雇用保険法８条）。

具体的には、労働者が、ハローワーク（正確には安定所長）に対し文書又は口頭で行う。資格の取得について確認された場合は、ハローワークからその旨の通知と併せて資格取得等確認通知書（被保険者通知用）及び被保険者証が交付され、資格取得の事実が認められない場合はその旨が通知される仕組みである（雇用保険業務取扱要領20751以下）。

なお、労働者が被保険者となったことの確認行為は行訴法上の行政処分に当たる（東京地判平5. 3. 8労民44巻2号300頁）。

なお、雇用保険法は「適用事業に雇用される労働者」を被保険者とする旨定めている（同法４条１項）が、「労働者」を定義していないところ、雇用保険における「労働者というためには、事業主に対し、労務を提供し、賃金、給料、手当、賞与その他名称のいかんを問わず、その対償の支払を受ける関係があることを必要とするということができるが、そのような関係が存するというためには、事業主と労働者の間に、民法623条による雇用契約が締結されている場合にとどまらず、仕事の依頼や業務に従事すべき旨の指示等に対する諾否の自由の有無、業務遂行上の指揮命令の有無、場所的・時間的拘束性の有無、代替性の有無、報酬の性格、当該労務提供者の事業者性の有無、専属性の程度、その他の事情をも総合考慮して、上記雇用保険法の趣旨に照らして、上記の同法上の保護を与えるに相当な関係が存すれば足りると解するのが相当である」として、保険事故の確認のために遺族、病院、事故現場、勤務先等を訪問して報告することを業務とする出社を要しない最低保障付き出来高払い制の「専門職スタッフ」について労働者性を認めた裁判例がある（国・大阪西公共職業安定所事件・福岡高判平25. 2. 28判タ1395号123頁：ただし、事例判断としては、同様の業務を行っているが労働者性に争いがない「業務職員」との比較に重点が置かれていることの影響もあると考えられる）。労働保険審査会のサイトで公開されている裁決例では、同種（記載内容からすれば同じ会社と疑われる）の専門職スタッフについて労働者性を否定したものがある（平成27年雇第19～47号）。他方、同様の判断枠組みで、会社から渡される往診リストに応じて往診し往診件数の見込みにより基本給が定められ（変更され）所得税が源泉徴収されていた獣医師について雇用保険法上の労働者と判断したもの（平成28年雇第４号）がある。）

⑵ 離職時の保険受給等の手続

労働者が退職又は解雇等により離職する場合、事業主は当該労働者についての「離職証明書」を事業所の所在地を管轄するハローワークに提出する。

「離職証明書」には、離職理由欄（書式に⑦と記載された欄。以下数字は書式中の番号。）の末尾に「具体的事情記載欄（離職者用）」が、また、離職者本人の異議の有無を記載する欄⑯及び労働者が記名押印又は自署をする欄⑰があり、事業主は、原則として、労働者の上記署名等を得て書式を提出することとされている。

したがって、事業主が「離職証明書」に記載する離職理由等の記載の内容については、署名等の際に確認することが可能であり、異議がある場合はその旨を記載することが可能である。この際、事業主が正確な離職理由を記載するよう求めることが重要である。

労働者は、離職後、事業主より「雇用保険被保険者離職票」を受領する。

離職した労働者は、雇用保険を受給する前提として、自身の住居を管轄するハローワークにおいて「求職の申込み」を行い、事業主から交付された「雇用保険被保険者離職票」を提出する。

給付の事務を取り扱う労働者の居住する地域のハローワークは、上記書類等の記載内容及び労働者との面談との内容から、労働者が受給要件を満たしているかどうかを確認した上で、受給資格の決定を行い、その際、離職理由についても判定する。

後述する「特定受給資格者」又は「特定理由離職者」に該当するか否か（これにより受給資格の要件、受給可能期間、基本手当の給付日数が異なる）及び給付制限の有無を分ける重責解雇または正当な理由のない自己都合退職に当たるかは、離職理由を基準として判断されるので、離職理由（特に重責解雇か否か、自己都合か否か）は労働者の雇用保険受給に大きな影響を及ぼす。

労働者側で、事業主が離職票に記載した離職理由等に異議がある場合（それにより後に述べる失業等給付の給付制限を受ける場合）は、労働者の住所地を所管する公共職業安定所長が事業所を所管するハローワークの判断及び労働者本人の申立てを十分に聴いた上で認定を行う（雇用保険業務取扱要領52201）。

⑶　処分性

ハローワークの行う「失業等給付に関する処分」は行訴法上の行政処分とされ、処分に不服がある場合、雇用保険審査官に対する審査請求、労働保険審査会に対する再審査請求の申立て及び処分の取消訴訟の提起ができる仕組みになっている（雇用保険法69条。審査請求のみ前置する仕組みである：雇用保険法71条）。労働保険審査会（雇用保険と労災保険に関する不服申立を取り扱う）に対する再審査請求については第16章第６・３（672頁～）参照。

労働保険審査会のサイトで公開されている裁決例では、正当な理由がない自己都合退職とされて不支給処分を受けた労働者が毎日のように事業主から「馬鹿」と罵倒される等のパワーハラスメントを受けていたことなどを主張して特定受給資格者と認められた事例（平成24年雇第39号）がある。

8　失業等給付の受給要件と金額

(1)　失業等給付と基本手当

「失業等給付」には、「求職者給付」「就職促進給付」「教育訓練給付」及び「雇用継続給付」がある（雇用保険法10条１項）。

「求職者給付」には「基本手当」「技能習得手当」「寄宿手当」及び「傷病手当」がある。このうち「基本手当」が通常「失業給付」と呼ばれるものである。（以下「基本手当」の受給を中心に説明する。）

「失業等給付」は、譲り渡し、担保に供し、又は差し押えることができず（雇用保険法11条）、また租税その他の公課は、失業等給付として支給を受けた金銭を標準として課することができないとされている（雇用保険法12条）。

(2)　基本手当の受給資格

基本手当の受給には、離職の日以前の２年間に、雇用保険の被保険者であった期間が通算して12か月以上あることが必要である（雇用保険法13条１項。被保険者期間の算定においては、雇用保険の被保険者であった期間のうち、離職日から１か月ごとに区切っていった期間に賃金支払の基礎となった日数が11日以上ある月を１か月として計算する：雇用保険法14条）。複数の雇用を通算したもので構わない。

ただし、「特定受給資格者」又は「特定理由離職者」については、離職の日以前の１年間に、被保険者であった期間が通算して６か月以上あることで要件を満たす。

労働者の行う手続としては、労働者が、ハローワークに赴いて「求職の申込み」を行い、就職しようとする積極的な意思があること、また、いつでも就職できる能力があることを示すことが必要である。

したがって、病気やけが、妊娠・出産・育児等のため、客観的にすぐに就職できる状態にないとき等は、労働の意思および能力が慎重に判定されることとなる（雇用保険業務取扱要領50102）。

(3)　「特定受給資格者」

「特定受給資格者」は次の者をいう（雇用保険法23条２項、同法施行規則35条、36条）。

①「倒産」等により離職した者

・倒産、大量雇用変動（人員削減等）、事業所の廃止・移転等により離職した者

②「解雇」等により離職した者

・解雇（重責解雇を除く。）により離職した者のほか、労働契約締結に際して明示された労働条件が事実と著しく相違した場合、賃金の不払があった場合、長時間残業があった場合、マタハラの場合、３年以上勤務した契約社員の雇止めの場合、パワハラ（事業主又は当該事業主に雇用される労働者から就業環境が著しく害されるような言動）を受けた場合、退職勧奨を受けた場合等により離職した者が含まれる。

特定受給資格者の要件は雇用保険法施行規則35条及び36条に、認定基準については雇用保険業務取扱要領50305に詳細な規定があるので、判断に迷う時は参照されたい。

重責解雇について、雇用保険業務取扱要領は、「刑法各本条の規定に違反し、又は職務に関連する法令に違反して処罰を受けたことによって解雇された場合」（犯罪または行政罰の有罪が確定した場合：控訴・上告中で未確定の場合を含まない）、「故意又は重過失により事業所の設備又は器具を破壊したことによって解雇された場合」、「故意又は重過失によって事業所の信用を失墜せしめ、又は損害を与えたことによって解雇された場合」、「労働協約又は労働基準法（船員については、船員法）に基づく就業規則に違反したことによって解雇された場合」（除外認定を受け、解雇予告及び解雇予告手当支払の義務を免れるとき）、「事業所の機密を漏らしたことによって解雇された場合」、「事業所の名をかたり、利益を得又は得ようとしたことによって解雇された場合」、「他人の名を詐称し、又は虚偽の陳述をして就職をしたために解雇された場合」と定めている（52202「自己の責めに帰すべき重大な理由による解雇」として給付制限を行う場合の認定基準）。

⑷「特定理由離職者」

「特定理由離職者」は雇止め、心身の障害・疾病、妊娠・出産・育児等、家庭の事情が急変したこと等により離職した者をいう（雇用保険法13条３項、同法施行規則19条の２、同法33条２項、雇用保険業務取扱要領50305-2)。（受給可能期間と基本手当の給付日数について、暫定措置として特定受給資格者と同じ扱いがなされているが、暫定措置の延長が繰り返されている。雇用保険法附則４条：現在は2022（平成34）年３月31日までの離職者が対象とされている）

特定理由離職者の要件は雇用保険法13条３項及び同法施行規則19条の２に定

められているが、実質的には雇用保険業務取扱要領50305-2に詳細な認定基準が定められている。

正当な理由がない自己の都合による退職の認定については、雇用保険業務取扱要領が詳細な基準を定めている（52203「正当な理由がない自己の都合による退職」として給付制限を行う場合の認定基準）。実質的には、「特定受給資格者」にも「特定理由離職者」にも該当しない場合が正当な理由がないとしているものと解される。

(5) 基本手当の日額

雇用保険の給付金額のうち１日当たりの金額を「基本手当日額」という。

「基本手当日額」は、離職した労働者の「賃金日額」（離職した日の直前の６か月に毎月決まって支払われた賃金を180で割った金額であり、「雇用保険受給資格者証」に記載されている。）のおおむね50～80％（60歳～65歳については45％～80％）として算定される。

「賃金日額」については、上限額と下限額が設定され、「毎月勤労統計」の平均定期給与額の増減により、毎年８月１日に改定される。

2017（平成29）年８月１日現在の「基本手当日額」等の上限、下限は次のとおり。

年齢	賃金日額上限	基本手当日額上限	基本手当日額下限
30歳未満	13,420円	6,710円	1,976円
30歳以上45歳未満	14,910円	7,455円	1,976円
45歳以上60歳未満	16,410円	8,205円	1,976円
60歳以上65歳未満	15,650円	7,042円	1,976円

(6) 給付日数と限度日数

「基本手当」は、一般の離職者（雇用保険法22条）と特定受給資格者（特定理由資格者を含む。同23条）について、それぞれ定められた「給付日数」まで支給される。特定受給資格者等の場合の方が支給期間が長い。

①　一般の離職者の場合

被保険者期間	10年未満	20年未満	20年以上
年齢を問わず	90日	120日	150日

②　特定受給資格者（特定理由資格者を含む。）の場合

被保険者期間／離職時年齢	1年未満	5年未満	10年未満	20年未満	20年以上
30歳未満	90日	90日	120日	180日	——
35歳未満	90日	120日	180日	210日	240日
45歳未満	90日	150日	180日	240日	270日
60歳未満	90日	180日	240日	270日	330日
65歳未満	90日	150日	180日	210日	240日

(7)　給付制限

特定理由離職者に該当しない自己都合の退職及び重責解雇の場合は、待機期間終了後、さらに３か月間の給付制限を受ける。また、ハローワークの職業紹介等を拒んだ場合は、１か月間、基本手当が支給されない。

なお、問題となるのは重責解雇の場合であるから、通常解雇の場合の解雇事由の存否は、問題とならない。

給付制限を受ける重責解雇ないし正当な理由がない自己都合退職に該当するか否かの判断基準は、雇用保険業務取扱要領（52202「自己の責めに帰すべき重大な理由による解雇」として給付制限を行う場合の認定基準、52203「正当な理由がない自己の都合による退職」として給付制限を行う場合の認定基準）に詳細に定められている。

(8)　受給スケジュールのイメージ

受給の実例（東京都内の事業所を退職し、神奈川県内のハローワークにて失業等給付を受給した労働者の例）は次のとおりである。

2017. 8. 31　退職勧奨による合意退職
9. 3　離職証明書等を受領
9. 4　ハローワークにて休職申込み、離職証明書等を提出
（9. 11まで待機期間（７日間））
10. 3　認定日①
10. 5　支給①（口座への送金）
10. 31　認定日②

11. 2　支給②
11.28　認定日③
11.30　支給③
12.19　認定日④
12.21　支給④
2018. 1.23　認定日⑤
2.20　認定日⑥

9 事業主の手続懈怠等に対する労働者側の対応

(1) 事業主が加入手続を行っていなかった場合

事業主が雇い入れた労働者について法定の被保険者としての届出等の手続を行っていない場合において、退職後に雇用保険に加入していなかったことが判明したときは、２年間（雇用保険法74条により２年間で時効となるため。）に限り遡及して加入手続を行うことができる。

ただし、賃金から雇用保険料が控除されていたことが確認された者については、２年間を超えた部分も遡及することができる。（雇用保険法14条２項２号、22条５項、雇用保険業務取扱要領25001）

この場合、雇用保険料のうち、労働者分についても保険料の納付は必要である。

なお、事業主が手続を懈怠したことについては、６か月以下の懲役又は30万円以下の罰金という刑事罰が設けられている（雇用保険法83条）。

(2) 事業主が離職証明書を発行しない場合

労働者が離職をしたのに、事業主が離職証明書を発行しない場合、労働者は、ハローワークにおいて確認請求を行い（雇用保険法８条、９条）、やむを得ない理由があるとして、離職証明書を添えずに離職票の交付を請求することができる（雇用保険法施行規則17条３項）。

したがって、雇用された時に被保険者となっていれば、離職票の交付を受けられなくても基本手当の受給が可能である。

(3) 事業主の債務不履行・不法行為責任

事業主が、法定の手続を怠ったため、労働者が失業等給付の受給を受けられなかった場合、事業主について債務不履行責任や不法行為責任が認められる場合がある。使用者は、労働契約上の付随義務として、信義則上、被保険者資格の取得を届け出て、労働者が失業等給付を受給できるよう配慮すべき義務を負うものと解するべきとして、使用者が加入手続をしていれば労働者が受給できたはずの高年齢求職者給付金（27万8310円）と同額の損害の賠償を命じた裁判例がある（医療法人一心会事件・大阪地判平27. 1. 29労判1116号5頁）（慰謝料を認めた例としてグローバルアイ事件・東京地判平18. 11. 1労判926号93頁：加入手続不履行のため教育訓練給付金の支給要件を満たさずこれを受給する機会を失ったと認定された。否定例として、山口（角兵衛寿し）事件・大阪地判平成元. 8. 22労判546号27頁：基本手当の受給は使用者が加入手続をとっていなくても確認請求の手続により可能だったので不加入による損害は生じていないとされた。）

10　解雇が争われている場合等の雇用保険の受給について

(1)　賃金仮払仮処分との関係

労働者が解雇された場合において、賃金仮払仮処分の申立てを行った場合の保全の必要性の判断においては、雇用保険の受給が保全の必要性を認めない事情となることはないのが東京地裁の判断の傾向であると思われる。

(2)　地位確認請求との関係

本案訴訟や仮処分等において地位確認請求を争う場合においても、実務上、雇用保険の受給を受けることが可能である（「仮受給」という。雇用保険業務取扱要領53201-53400）。この場合においては、訴訟等の手続により地位確認請求を行っている旨をハローワークに申告する。訴状等の写しを提出することが求められる。これにより、通常必要な求職活動が免除される。仮受給については第８章第９・１（378頁）も参照されたい。

地位確認が認められた場合等、過去の賃金（バックペイ）が使用者より支払われた場合には、いったん受給した雇用保険の給付をハローワークに返還する。なお、和解により合意退職とした上で解決金が支払われた場合、解雇日付けの合意退職の場合の解決金は返還不要であり、和解日付け（解雇日より後の日付）の合意退職の場合は賃金と扱われて返還が求められる。和解と雇用保険給付旧の返還に関しては第８章第９・２（379頁）も参照されたい。

和解により、離職理由が自己都合から退職勧奨による合意退職に変更された場合等は、受給期間が延長されることがありうるため、ハローワークに申告する。

第2　医療保険（健康保険）

1　はじめに——労働事件における健康保険

健康保険に関しては、労働者の相談を受ける弁護士にとっては、解雇、雇止めを受けた労働者からの使用者に健康保険証の返還を求められているが応じるべきか（応じなければならないか）という労働者からの質問への対応と、傷病手当金（近年は精神疾患によるケースが増えている）受給をめぐる相談のための知識が重要となる。

解雇ないし雇止めされた場合の健康保険証については、返還しても解雇等（の正当性）を認めたことにはならないし、持ち続けていても使用者は労働者が返還しない旨の申告を付して資格喪失手続ができるので無駄な抵抗に過ぎない。解雇等を争う場合でも医療保険は国民健康保険等に切り替えた上で、和解または勝訴判決により復職することになった段階で遡って資格回復と保険料等の精算をすることになる（後述7（644頁））。

傷病手当金については、弁護士実務上は、退職時点で受給要件（過去1年間の被保険者資格と私傷病による就労不能）を具備していれば、被保険者資格喪失後にも受給手続ができ受給できること（退職日に挨拶のためであれ出社すると就労可能と評価されて受給できない危険があり、また退職後は一度でも就労可能となるとその後再度就労不能となっても受給できなくなること）の知識が重要である（後述11⑵オ（648頁））。

2　制度の概要

医療保険の制度は、民間企業の労働者及び家族等については健康保険法に基づく健康保険、公務員等については国家公務員共済組合法及び地方公務員等共済組合法に基づく共済組合保険、自営業者又は無職の者については国民健康保険法に基づく国民健康保険がある。

これらのうち健康保険の保険者は、全国健康保険協会（「協会けんぽ」と略称される。）と各健康保険組合とがある（健康保険法4条）。

協会けんぽの健康保険の給付についての手続は、協会けんぽの各都道府県支部で行い、適用に関する事務及び保険料徴収についての事務は、日本年金機構が行い、年金事務所等が窓口となっている。

3　適用事業所

(1)　健康保険については、強制適用事業所と任意適用事業所がある。健康保険の適用関係と被保険者資格は原則として厚生年金保険と共通で同時加入となる。

(2)　次のいずれかに該当する場合強制適用事業所となる。

①　健康保険法３条３項１号に列挙された製造業、土木建築業、鉱業、電気ガス業、運送業、貨物荷役業、焼却・清掃・とさつ業、物品販売業、金融保険業、保管賃貸業、媒介周旋業、集金・案内・広告業、教育・研究・調査業、医療・保健事業、通信・報道事業、社会福祉事業・更生保護事業を行う常時５人以上の従業員を使用する事業所。　士業も追加（2022.10～）

②　上記以外の、国、地方公共団体又は法人の事業所であって、常時従業員を使用する事業所。

以上のとおり、法人である事業所においては、従業員が１人でもいれば強制適用の対象になる。逆に、個人事業のうち、健康保険法３条３項に列挙されていない事業（個人経営の法律事務所、税理士事務所、農林水産業、飲食店等）は、常時５人以上の従業員がいたとしても、強制適用事業所とならない。

(3)　強制適用事業所に該当しない事業所においては、その事業所の従業員等の２分の１以上の同意を得て、事業者が申請し、厚生労働大臣の認可を受けることにより任意適用事業所となることが可能である。ただし、いったん任意適用事業所になった場合、その事業所における労働者は全員が健康保険に加入する。

4　被保険者

適用事業所に使用されている者については、原則として、すべての者が被保険者となる（健康保険法３条１項）。

この場合の使用関係は、雇用契約に限られず、事実上の使用関係があれば足りるとされている。

したがって、法人の役員等、労組法上又は労契法上の労働者でない者についても、法人から労務の対象として報酬を受けている者は、被保険者となる。（昭24.7.28保発第74号）（なお、役員等も被保険者となるが以下の説明では被保険者について「労働者」という記載をする。）

5 パートタイム労働者

2012（平成24）年８月、パートタイム労働者への社会保険（健康保険・厚生年金保険）の適用拡大に関する法律（正式名称は「公的年金制度の財政基盤及び最低保障機能の強化等のための国民年金法等の一部を改正する法律」）が成立し、適用労働者の基準が一部変更された上で法律上明確化され、2016（平成28）年10月１日から適用されている。

① 適用労働者

・労働時間…週20時間以上

・収入…月収8.8万円以上（年収106万円以上）

・雇用期間…１年以上

（以上につき、2016（平成28）年10月１日施行後の、健康保険法３条１項９号、厚生年金保険法12条５号）

② 適用事業

被保険者数が501人以上の企業（厚生年金制度の財政基盤及び最低保障機能の強化等のための国民年金法等の一部を改正する法律の附則17条１項）

6 日雇特例被保険者

次のいずれかに該当する日雇労働者については「日雇特例被保険者」として、一般の被保険者とは異なる特例の取扱いを定めている。

① １か月を超えない範囲で日々雇い入れられる者

② ２か月以内の期間を定めて使用される者

③ ４か月を超えない期間を定めて季節的業務に使用される者

④ ６か月を超えない範囲で臨時的事業の事業所に使用される者

7 被保険者の資格喪失

被保険者の資格は、死亡、適用事業所に使用されなくなったことなど一定の事由が発生した日の翌日から消滅する（健康保険法36条）。したがって、労働契約が終了した場合、事業主は健康保険被保険者証を添付して被保険者資格喪失届を保険者に提出する。労働者は事業主を経由して健康保険被保険者証を保険者に返還し、被保険者資格喪失証明書を受領した上で、新しい健康保険等（国民健康保険または転職先の会社の社会保険）加入の手続きをすることになる。なお、解雇や退職の効力について争いがある場合にも、使用者が資格喪失届を提出すれば自動的に健康保険の効力は失われてしまうので（解雇の効力につき係争中である場合も保険資格喪失手続ができることについて、昭和20年代の行政解釈であるが、「解雇行為が労働法規又は労働協約に違反することが明らかな場合を除いて」、事業主より資格喪失の届出があったときは、労働委員会又は裁判所において係争中であっても、一応被保険者の資格を喪失したものとして届出を受理し、手続をすることとし、その上で、後に、解雇無効の判断がなされたときは、上記の判断に従って遡及して資格喪失の処理を取り消すとしたものがある（昭和25.10.9保発68号「解雇の効力につき係争中の場合における健康保険の取扱について」)）。

労働者には従来の健康保険証は使用できないこと、保険証の返還には応ぜざるを得ないことを説明することになる。

資格喪失後に健康保険被保険者証を使用した場合には、医療費のうち保険負担分について、後日、返還しなければならない。

8　任意継続被保険者

労働者が、適用事業所を離職する場合において、被保険者の資格を喪失する者のうち

①　資格喪失日の前日までに継続して２か月以上の被保険者期間があること
②　資格喪失日から20日以内に申請すること

という要件を満たした場合は、任意継続被保険者として、原則として２年間、従前の健康保険の被保険者となることができる。

任意継続被保険者となった場合は、他の事業所に就職し当該事業所において健康保険又は共済組合等の被保険者資格を取得した場合等を除いて、従前の健康保険の被保険者でなくなることはできない（国民健康保険に加入するという理由では脱退できない。)。

なお、任意継続の期間の保険料は後述の事業所負担部分も含め、全額が自己負担である。（したがって、任意継続被保険者となることが選択されるのは、国民健康保険に比べて保険料負担が小さくなる場合があることと国民健康保険では扶養家族分の保険料も納める必要があること等の場合である。）

9　休職等の場合

労働者は、事業所に使用されるに至った日から被保険者の資格を得、その事業所に使用されなくなったときに被保険者資格を喪失する（健康保険法35条、36条２号）。

休職期間は、無給であっても、使用関係は継続することから被保険者資格は

失われない。育児休業等も同様である。なお、育介法に伴う育児休業等の期間及び産前産後休業における保険料は免除される（次述）。

10 保険料の算定方法等

保険料を定める保険料率は、労働者の報酬を一定の範囲で区分した「標準報酬月額」及び「標準賞与額」によって定められる。

算定された保険料は、事業主と被保険者が各２分の１を負担する。

保険料の納付義務は、事業主にあり、事業主は賃金から労働者の支払う健康保険料を控除することが認められており（健康保険法167条１項）、事業主が事業主負担分と労働者負担分を合計した金額を納付する。任意継続被保険者は、事業主負担分と労働者負担分の合計を自ら納付する。

産前産後休業、育介法に基づく育児休業の期間中は、労働者負担分と事業主負担分の双方について保険料が免除されるが、事業主の申請が必要である。（健康保険法159条の３、同法159条）

11 保険給付

(1) 給付の種類

健康保険の給付には、療養の給付、入院時食事療養費、入院時生活療養費、保険外併用療養費、療養費、訪問看護療養費、移送費、高額療養費・高額介護合算療養費、傷病手当金、埋葬料、出産に関する給付、被扶養者に関する給付等がある。

健康保険法は、「労働者又はその被扶養者の業務災害（労働者災害補償保険法（昭和22年法律第50号）第７条第１項第１号に規定する業務災害をいう。）以外の疾病、負傷若しくは死亡又は出産に関して保険給付を行」うものとされ（健康保険法１条：2013年改正）、健康保険の給付は、同一の疾病、負傷または死亡について労災保険法、国家公務員災害補償法、地方公務員災害補償法及び同法に基づく条例によりこれらに相当する給付を受けることができる場合には行わない（健康保険法55条１項）。

以上のうち、私傷病等により労務に服さなかった期間に給付を受けることがある傷病手当金及び出産に関する給付を説明する。

(2) 傷病手当金

ア　要件

被保険者が、業務外の疾病等を理由として、労務に服さなかった場合において、労務に服さなかった期間のうち賃金の支給を受けなかった期間について支給される（健康保険法99条、108条１項）。

支給要件は、労災保険法上の業務災害以外の疾病等による療養のため、労務に服することができず、その分の賃金が得られないことである。賃金が一部控除された場合において、支払額が傷病手当金額より少ないときにも支給される（健康保険法108条１項但し書き）。

傷病手当金は、業務外の事由による疾病等に関する保険給付として支給されるものであるから（健康保険法１条、55条１項）、疾病等が業務上のものである場合（労災保険給付受給または使用者の損害賠償義務が認められた場合）、不当利得として健康保険組合に返還されるべきであり、使用者の損害賠償（休業損害分）から控除することは許されない（東芝（うつ病・解雇）事件・最二小判平26. 3. 24労判1094号22頁）。

社会保険審査会のサイトで公開されている裁決例では、傷病手当金の請求がなされた場合の傷病の業務上外の判断に当たっては「健康保険と労働者災害補償保険の双方から給付がなされないという事態を回避するために、双方の保険者において調整が図られるべきであるとされている趣旨をも考慮し」請求傷病が「業務上の事由であると断定するまでには至らない」場合は傷病手当金が支給されるべきであるとしたものがある（平26. 5. 30裁決平成25年（健）1246号）。

イ　支給期間

傷病手当金は、３日間の待機期間を置き、４日目の休業分から支給される（健康保険法99条１項）。

支給期間は、支給開始日から最長で１年６か月である（健康保険法99条４項）。

したがって、途中で労務に就くことができた期間については支給がされない期間があったとしても最初の支給日から１年６か月の経過後は支給されない。

ウ　支給額

支給開始日以前の継続した12か月間の各月の標準報酬月額を平均した額÷30の３分の２相当額である（健康保険法99条２項）。

賃金や障害厚生年金･障害手当金（厚生年金法）、老齢退職年金給付（国民年金法、厚生年金法）労災保険法等により傷病手当金相当額の給付（休業補償給付等）を受けている場合等は傷病手当金が支給されず、または支給額が調整される（健康保険法108条１項、３～５項）。労災保険から休業補償給付の支給を受けている間に別途労務不能になり得る疾病にかかった場合も、休業補償給付の額が、傷病手当金の額に達しないときにその部分について支給を受けるものを除いて、基本的に同時には支給されない。

また、傷病手当金と労災保険とを併せて支給される場合とは、労災による休業中に、併せて他の労災とは無関係な私傷病が生じたような場合である。

出産手当金が支給される期間は傷病手当金は支給されない（健康保険法103条）。

エ　受給手続

支給申請書に事業主の証明（勤務状況、賃金等）、医師の証明を付して申請する。１か月を超えて療養する場合には、通常１か月ごとに申請を行うことが多い（健康保険法56条２項）。

オ　離職後の支給

離職した日の前日まで引き続き１年以上被保険者であり、離職の際に傷病手当金の支給を受けているものは、離職後についても継続して傷病手当金が支給される（健康保険法104条。任意継続被保険者である必要はない。）。在職中に要件を満たせば、離職後であっても申請が可能である。

しかし、離職後に支給されるものについては一度労務に服することが可能になった後には再開されない。また、資格を喪失した際に傷病手当金の支給を受けていることが継続要件であるため、退職日に挨拶等のために出勤すると、それにより退職日において労務に服することができないという要件を欠いていたとされて以後受給できなくなることがあるため、注意が必要である。

なお、健康保険法の規定上は退職時において「支給を受けている」必要があるが（健康保険法104条）、実務上は、退職時において要件を満たしていれば、退職後に手続を行って受給することも認められている（昭32.1.31保発2-2厚生省保険局長通知は「『保険給付ヲ受クル者』とは、療養の給付を受給中の者のように現に給付を受けているか、又は労務不能期間中であつても、報酬の全部が支給されているため法第58条の規定によつて傷病手当金の支給を一時停止されている者のように、現に給付を受けてはいないが、給付を受けうる状態にあるものをいうものと解されている」としている。全国健康保険協会のサイトの傷病手当金についてよくあるご質問で、資格喪失後の継続給付の要件は「被保険者の資格喪失をした日の前日（退職日）までに継続して１年以上の被保険者期間（健康保険任意継続の被保険者期間を除く）があること。」、「資格喪失時に傷病手当金を受けているか、または受ける条件を満たしていること。(なお、退職日に出勤したときは、継続給付を受ける条件を満たさないために資格喪失後（退職日の翌日）以降の傷病手当金はお支払いできません。)」と説明されている)。

上記の場合を除いて任意継続被保険者には給付されず、また、国民健康保険では実施が義務付けられていない。

カ　不支給決定に対する審査請求・再審査請求

傷病手当金の支給の申請について不支給決定を受けた場合、社会保険審査官に対する審査請求の仕組みが設けられている。審査請求を前置した上で取消訴訟の出訴も可能である。

審査請求に対する決定に対して、社会保険審査会に再審査請求をすることも可能である（かつては再審査申立をしなければ取消訴訟ができなかったが、現在は再審査申立をすることなく取消訴訟が可能である)。

社会保険審査会においては、公開審理が行われ、原処分者（健康保険組合）との対審構造となる（相手方は社会保険審査官ではない)。平均審理期間は８か月程度である（申請書の受理通知にそのように記載されている)。公開審理の日程が決まると、審査請求で収集された資料及び再審査請求人側が提出した資料等を製本した「審理資料」が送られてくる。公開審理は厚労省中央合同庁舎第５号館18階で行われ、時間は１件あたり30分程度と予定され、当事者の意見陳述（原処分者側からも意見書が提出されることを想定しておく必要がある）のみではなく、審査委員や参与からの質問がなされる。

キ　消滅時効

傷病手当金請求の消滅時効は、労務不能であった日ごとにその翌日から２年間である（健康保険法193条１項)。

業務上の傷病であると主張して労災申請を行ったが不支給となり（その判断が確定して）その後に業務外の傷病であることを前提に傷病手当金を請求する場合、あるいは休職から治癒を主張して復職請求したが使用者に拒否されて地位確認請求等を行ったが治癒していないと判断されて敗訴し（その判断が確定して）その後に治癒していないことを前提に傷病手当金請求をする場合、時効の起算点はどうなるであろうか。労災申請中あるいは地位確認請求中であっても法的には傷病手当金の請求をすることは可能であるが、矛盾する請求をすることが労災や地位確認の判断に影響を及ぼすことも危惧されるため、実務上問題となり得る。

労災申請との関係では、不支給決定時点ではまだ時効消滅しておらず労災申請の再審査請求の裁決前に時効中断のために傷病手当金の請求も行ったという事案で、東京高判平17.11.16及びその原審の東京地判平17.6.24（いずれも裁判所HP）は労災申請中も傷病手当金の消滅時効が進行するとしている。しかし、これらの判決後に出された社会保険審査会平23.3.31裁決（平成21年（健）第143号：社会保険審査会のサイトの「主な裁決例」掲載）は、「請求傷病が業務上外若しくは通勤によるものかどうかにより労災保険法又は健康保険法のいずれか一方の保険給付が支給される現行制度に照らすと、両給付は別の給付ではあるが、その設計上は表裏一体のものというべきであり」「本件のような場合における健保療養費支給請求権の消滅時効に関しては、請求人が、請求傷病について、労災療養給付の支給請求及び審査請求、・再審査請求を行っていた間は、同時に健保療養費の支給請求をも行っていたものとみなして考えるのが相当とうべきである」として、消滅時効の起算点は再審査請求棄却後であるとした。

地位確認との関係では、労働者が賃金仮払い仮処分を受けたがその後本訴で敗訴し控訴棄却・上告棄却不受理となった事案において、社会保険審査会平28.11.30裁決（平成27年（健）第1113号）は、賃金請求と傷病手当金請求は両立しないものであり、請求人に対し２つの請求権を同時に行使することを要求することには無理がある、復職の可否の判断は容易ではなく、しかも仮処分が認容されたのであるから、仮処分認容後においては請求人に傷病手当金請求権を行使することを期待するのは困難を強いるものである、訴訟において上告制度が用意されており上告審係属中も仮処分決定の効力が維持されていたことなどを考慮すると上告審の決定が示されるまでは傷病手当金の支給請求を期待することは困難であるとして、傷病手当金支給請求権の消滅時効は敗訴確定の翌日から進行するとした。

(3)　出産手当金

出産手当金は、産前産後休業中に労務に服さなかった期間について支給される。

支給期間は、出産の日以前42日（多胎妊娠の場合は98日）から出産の日後56日までの間において労務に服さなかった日であり、支給額は、支給開始日以前の継続した12か月間の各月の標準報酬月額を平均した額÷30の３分の２である（健康保険法102条、99条２項）。

事業主から賃金の支給を受けた場合は差額が支給される（健康保険法108条２項）。在職中に受給要件を満たしていれば離職後に手続を行った場合も受給できる（健康保険法101条）。任意継続被保険者には給付されず、国民健康保険では実施が義務付けられていない。

⑷　出産育児一時金

被保険者が出産したときに支給される（健康保険法101条）。被保険者資格を喪失する前日までに継続して１年以上被保険者であった者が資格喪失した日から６か月以内に出産をしたときは、資格喪失後でも、最後の保険者から出産育児一時金が支給される（健康保険法106条）。支給額は原則として１児あたり42万円である（健康保険法施行令36条：同条本文で定める40万4000円に、同条１号２号の公益財団法人日本医療機能評価機構が運営する産科医療補償制度（脳性麻痺児を出産した場合に保険金支払）の掛け金分１万6000円が加算される）。

12　事業主が手続等を懈怠した場合の労働者の対応

事業主が労働者の雇入れの時に定められた加入等の手続を行わない場合において、労働者が本来受けられる給付を受けられなかった場合等については、債務不履行・不法行為に基づく損害賠償が認められる場合がありうる。

なお、健康保険及び厚生年金の適用対象労働者について加入手続（被保険者資格の届出）を怠たることは労働契約上の債務不履行であるとして、労働者が支払った国民健康保険料及び国民年金保険料並びに加入手続をしていれば受給できたはずの年金現価額の合計と加入手続をしていれば支払うべきであった健康保険料及び厚生年金保険料の労働者負担分の差額に加えて慰謝料20万円の支払を使用者に命じた裁判例がある（豊国工業事件・奈良地判平18.9.5労判925-53）。

第16章

労災に関する問題

第1　労災補償制度と労災保険制度

労基法上、労働者が業務上負傷し若しくは疾病にかかり又は死亡した場合、使用者の過失の有無にかかわらず、使用者が定率の補償（療養補償、休業補償、障害補償、遺族補償、葬祭料）を行うことが義務付けられている（労災補償制度・労基法75条～88条）。

しかし、使用者に支払能力が欠ける場合には補償責任が果たされないことになる。そこで、補償の実効性を補い、業務災害のみならず、労基法上補償責任の課されていない通勤災害をも補償するものとして、労災保険制度が設けられている。その実質につき、最高裁は、「業務災害に関する労災保険制度は、労働基準法により使用者が負う災害補償義務の存在を前提として、その補償負担の緩和を図りつつ被災した労働者の迅速かつ公正な保護を確保するため、使用者による災害補償に代わる保険給付を行う制度であるということができ、このような労災保険法に基づく保険給付の実質は、使用者の労働基準法上の災害補償義務を政府が保険給付の形式で行うものであると解するのが相当である」とする（学校法人専修大学事件・最二判小平27. 6. 8民集69巻4号1047頁　労判1118号18頁）。

労災保険制度では労災補償制度上の補償より有利な給付が定められており、被災労働者が労災保険給付を受けた場合、使用者は労災補償義務を負わないこととなることから（労基法84条１項）、現在、労基法上の労災補償制度の実務上の意義は、暫定任意適用事業で加入していないものを除けば、労災保険制度で補償されない、業務災害による休業に対する最初の３日間の休業補償給付義務（労災保険法14条、労基法76条）程度となっている。

第2　労災保険制度の概要

1　目的

労災保険制度は、使用者を国が運営する保険に予め加入させ、国が、被災労働者又は遺族に対し、業務上の事由による又は通勤の際の労働者の負傷・疾病・障害・死亡等に対する保険給付を行い、被災労働者の社会復帰の促進及び遺族の援護等を図ることを目的とする制度である（労災保険法１条）。

民事上の債務不履行（安全配慮義務違反、労契法５条）や不法行為に基づく損害賠償制度においては、損害賠償実現のために使用者の過失行為、過失行為と災害との間の相当因果関係、損害の立証が要件となる上、被災労働者に過失がある場合は、過失相殺により損害賠償額が減額されてしまう。しかし、労災保険制度では、使用者の過失の有無を問わず定率の給付を行なうことによって労働者の保護を図っている。労災保険制度は使用者に過失がある場合の使用者の損害賠償責任全般をカバーするものではなく、労災保険給付の対象となるのは、一定の給付項目（その内容は４で説明する）に限られ、慰謝料等は対象となっていない。

2　管掌者、適用範囲

(1)　管掌者

労災保険制度の管掌者は、政府である（労災保険法２条）。

(2)　適用事業

非適用事業（国の直営事業や官公署等）及び暫定任意適用事業（農林水産の事業のうち、常時使用する労働者数が５人未満の個人経営の事業等）を除き、労働者を使用する全事業が適用事業となる（労災保険法３条１項、２項、昭和44年労災保険法改正法附則12条２項、関係政令整備政令17条）。

(3)　適用労働者、特別加入

ア　適用労働者

労災保険法の適用事業に従事する労働者に適用される。ここにいう「労働者」とは、労基法上の労働者（労基法９条）と同義と解されている。労働者性については第１章第６（59頁～）を参照。

イ　特別加入

中小事業主、個人タクシー、一人親方等の労災保険則46条の17に定める自営業者及びその事業に従事する者、内職、職業訓練等の労災保険則46条の18に定める特定作業従事者は、「労働者」ではないが、任意的な特別加入が認められている（労災保険法33条１号ないし５号）。

また、海外で行なわれる事業に従事するために派遣されている者にも特別加入が認められる場合がある（労災保険法33条６、７号、36条）。国内事業従事者が海外出張する場合には、特別加入の必要はない。かかる特別加入手続の要否については、「単に労働の提供の場が海外にあるだけで、国内の事業場に所属して当該事業場の使用者の指揮に従って勤務しているのか、それとも、海外の事業場に所属して当該事業場の使用者の指揮に従って勤務しているのかという観点から、当該労働者の従事する労働の内容やこれについての指揮命令関係等の当該労働者の国外での勤務実態を踏まえ、どのような労働関係にあるかによって、総合的に判断されるべきもの」とする裁判例がある（国・中央労働基準監督署長（日本運搬社）事件・東京高判平28.4.27労判1146号46頁）。（第14章第４・１（603頁）参照）

3　労災保険関係の成立、届出及び保険料

⑴　原則的な取扱い

当該事業が開始された日に保険関係が自動的に成立する（労働保険の保険料の徴収などに関する法律（以下「労働保険徴収法」という）３条）。事業主は、保険関係が成立した日から10日以内に所定の事項を政府に届け出なければならず（労働保険徴収法４条の２第１項）、当該保険関係が成立した日から労働保険料の納入義務を負う。

⑵　事業主が保険関係成立の届出や保険料納付を怠っていた場合の取扱い

たとえ事業主が保険関係成立の届出や保険料納付を怠っていた場合でも、被災労働者に対し労災保険に基づく給付は行われる。その場合、政府が事業主から保険料を遡及的に徴収する（労働保険徴収法19条３項ないし５項）。

⑶　保険料

労災保険料は、事業主が支払う賃金総額に労働保険徴収法12条の規定による労災保険料率を乗じて算出する（労働保険徴収法11条）。労災保険率は事業の種類ごとに定められ、現在は88/1000～2.5/1000となっており、例えば林業は60/1000、採石業は52/1000、既設建築物設備工事業は15/1000、それ以外の建築事業は11/1000、船舶製造・修理業は23/1000、木材・木製品製造業は14/1000、食料品製造業は６/1000、交通運輸事業は4.5/1000などとされている（労働保険徴収法12条2項、同法施行規則16条１項、別表第一）。

一般の継続事業では、連続する３保険年度中の各保険年度において、①100人以上の労働者を使用する事業、または②20人以上100人未満の労働者を使用する事業で労働者数に労災保険率から非業務災害率（＝通勤災害の保険率：0.6/1000）を引いたものを掛けた数字が0.4以上のいずれかであるものについては、災害の発生状況によって保険料率が増減される（連続する３保険年度の支給額/保険料が85％超の場合は増、75％以下の場合は減）、いわゆるメリット制が適用される（労働保険徴収法12条３項、同法施行規則16条２項、17条）。②の例を挙げると、食品製造業（労災保険率６/1000）では連続する３保険年度において75人以上の労働者を使用し続けているとメリット制が適用される（75×（6－0.6）/1000＝0.405＞0.4）ことになる。

4　保険給付

(1)　保険給付等の全体像

労災保険給付には、①業務災害に関する保険給付、②通勤災害に関する保険給付、③二次健康診断等給付がある（労災保険法７条１項、２項、26条）。また、受給権者は、上記のほか社会復帰促進等事業（労災保険法29条）の一環として、労働者災害補償保険特別支給金支給規則（以下「特支給則」という）所定の特別支給金等の給付を受けることができる。

通勤災害保護制度における給付の内容は業務災害の場合と同じである。

保険事故	労災保険給付（業務災害）	労災保険給付（通勤災害）	特別支給金
負傷疾病	療養補償給付	療養給付	—
	休業補償給付	休業給付	休業特別支給金
	傷病補償年金	傷病年金	傷病特別支給金、傷病特別年金
障害	障害補償給付（障害等級１～７級は年金、障害等級８～14級は一時金）	障害給付（障害等級１～７級は年金、障害等級８～14級は一時金）	障害等級１～７級は障害特別支給金及び障害特別年金
			障害等級８～14級は障害特別支給金及び障害特別一時金
	介護補償給付	介護給付	—
死亡	遺族補償給付（年金、一時金）	遺族給付	遺族特別支給金、遺族特別年金
	葬祭料	葬祭給付	—

(2) 業務災害に関する保険給付等（労災保険法12条の8）

ア　療養補償給付

業務上の負傷又は疾病に関し、療養給付、すなわち労災病院等において無料で必要な治療を受けられる。療養給付が困難な場合、療養費の現金支給が受けられる（労災保険法13条1項、3項、労災保険則11条の2、12条の2）。療養給付及び療養費用の支給範囲は、労災保険法13条2項に掲げるもののうち療養上必要と認められるものである（労災保険法13条2項）。

イ　休業補償給付、休業特別支給金

業務上の負傷又は疾病の療養のため労働することができず賃金を受けられない場合に、休業の4日目から、1日につき給付基礎日額（労災保険法8条、特支給則3条1項、労基法12条：平均賃金。平均賃金によることが適当でないと認められるときは労災保険法施行規則9条）の60％相当額が支給される（労災保険法12条の8第1項2号、14条）。さらに、休業特別支給金として、休業4日目から給付基礎日額の20％相当額が上乗せされる（特支給則2条1号、3条1項）。なお、平均賃金の計算については第8章第2・1(1)イ（331頁）を参照。

休業補償給付等は、療養していることが要件のため、傷病が治癒（症状固定）して後述ウの障害補償給付等を受けることになると、受けられなくなる。後述カの傷病補償年金等は休業補償給付に代わるものなので、傷病補償年金等を受けるようになると、休業補償給付等は打ち切られる。他方、療養開始後1年6か月を経過してなお治癒せず（症状固定せず）かつ傷病補償年金の等級（1～3級）に達しない場合は、その後も休業補償給付等を受けることになる。

ウ　障害補償給付、障害特別支給金等

業務上の負傷又は傷病が治癒（症状固定）したが、身体に障害が残った場合に、障害補償給付として、障害（労働能力喪失）の程度に応じ、障害等級1級～7級の場合、給付基礎日額の313日分～131日分の障害補償年金が支給され、8級～14級の場合、給付基礎日額の503日分～56日分の一時金が支給される（労災保険法12条の8第1　項3号、15条、別表第1又は別表第2、労基法及び労基則各別表第2）。さらに、障害等級に応じ、算定基礎日数（特支給則6条：過去1年間の賞与支給額、給付基礎年額（給付基礎日額の365倍）の20％、150万円の最も低い額の365分の1。1円未満の端数切上）の障害補償年金及び一時金と同日数分の障害特別年金、障害特別一時金が支給され、それに加えて障害等級に応じ342万円～8万円の障害特別支給金が支給される（特支給則２条２号、４号、５号、４条、別表第１、７条、別表第２、８条、別表第３）。

障害等級	障害(補償)年金 (給付基礎日額の)	特別支給金	
		障害特別年金 （算定基礎日額の）	障害特別支給金
１級	313日分	313日分	342万円
２級	277日分	277日分	320万円
３級	245日分	245日分	300万円
４級	213日分	213日分	264万円
５級	184日分	184日分	225万円
６級	156日分	156日分	192万円
７級	131日分	131日分	159万円
—	障害(補償)一時金 (給付基礎日額の)	障害特別一時金 （算定基礎日額の）	—
８級	503日分	503日分	65万円
９級	391日分	391日分	50万円
10級	302日分	302日分	39万円
11級	223日分	223日分	29万円
12級	156日分	156日分	20万円
13級	101日分	101日分	14万円
14級	56日分	56日分	８万円

エ　遺族補償給付、遺族特別支給金等

労働者が業務上死亡した場合には、遺族数に応じ給付基礎日額の153日分～245日分の遺族補償年金が、遺族補償年金の受給権者である遺族がいない場合等はその他の遺族に対し給付基礎日額の1000日分等の遺族補償一時金が、それぞれ支給される（労災保険法12条の８第１項４号、16条の３・別表第１、16の８・別表第２）。さらに、遺族数に応じ算定基礎日額の遺族補償年金と同日数分の遺族特別年金が、遺族補償年金の受給権者である遺族がいない場合は、その他の遺族に対し算定基礎日額の1000日分等の遺族特別一時金がそれぞれ支給され、それに加えて遺族特別支給金一律300万円が支給される（特支給則２条６号、７号、５条、９条、10条）。

遺族補償年金及び遺族特別年金の受給権者は、労働者の死亡当時その収入により生計を維持していた配偶者（事実上婚姻と同様の事情にあった者を含む。以下同じ）等である（労災保険法16条の２、同法施行規則15条、特支給則9条)。

遺族年金の受給権者は、妻以外はすべて一定の年齢(60歳以上、18歳に達する日以後の最初の3月31日まで等)または一定の障害があることが要件となっている(これに関し、妻については年齢要件を定めず夫については年齢要件を定めて遺族補償年金の受給要件に差を付けている規定が憲法14条違反で無効とした地公災基金大阪府支部長(私立中学校教諭)事件・大阪地判平25.11.25労判1088号32頁 判時2216号122頁が出て注目されたが、控訴審・大阪高判平27.6.19労判1125号27頁 判時2280号21頁で破棄され最三小判平29.3.21労判1162号5頁 判時2341号65頁で上告棄却された)。

受給権者には順位が定められており、最上位の者のみが受給できる。

上記の配偶者に関し、法律上の妻と事実上の妻との重婚的内縁関係が発生している場合、原則として、婚姻の届出をした者を意味するが、婚姻関係が実体を失って形骸化し、かつ、その状態が固定化して近い将来解消される見込のないとき、すなわち、事実上の離婚状態にある場合には、婚姻の届出をした者であってももはや同条にいう配偶者には当たらず、重婚的内縁関係にある者が同条にいう「婚姻の届出をしていないが、事実上婚姻関係と同様の事情にあつた者」に該当し得るものと解するのが相当であるとされる(中央労基署長(松原工業所)事件・東京地判平10.5.27労判739号65頁、共済年金の事案であるが最一小判平17.4.21判時1895号50頁 判タ1180号171頁)。

オ　葬祭料

労働者が業務上死亡した場合、遺族又はその葬祭を行なう者に対して、葬祭料として31万5000円に給付基礎日額の30日分を加えた金額(その額が給付基礎日額の60日分に満たない場合は給付基礎日額の60日分の金額)が支給される(労災保険法12条の8第1項5号、17条、労災保険則17条)。

カ　傷病補償年金、傷病特別支給金等

業務上負傷し又は疾病にかかった労働者が、療養開始後1年6か月を経過しても治癒せず、かつその負傷もしくは疾病の程度が労災保険則別表第2で定める傷病等級(1級から3級まで)に該当するとき、又は後日同様の条件に該当するようになったとき、その状態の継続中、傷病等級に応じて給付基礎日額の313日〜245日分が支給される(労災保険法12条の8第1項6号、同3項、18条1項、労災保険則別表第1)。なお、療養開始後3年を経過した日において傷病補償年金を受給している場合は療養開始後3年を経過した日、3年を経過した日には受給していなかったがその後に傷病補償年金を受けることとなった場合は傷病補償年金を受けることとなった日に、打切補償（労基法81条）が支払われたとみなされ、解雇制限がなくなる（労災保険法19条、労基法19条１項但書）。療養開始後３年を経過しても治癒せずかつ傷病補償年金が支給されない（傷病等級が３級に達しない）場合に、使用者が労災保険により療養給付等を受けてきた（使用者が自らの負担で「労災補償」をしたのではない：本章第１参照）労働者に対して、平均賃金の1200日分の打切補償を行うことによって解雇制限を免れるかについては解釈が分かれていたが、学校法人専修大学事件・最二小判平27.6.8民集69巻4号1047頁 労判1118号18頁は、このような場合も解雇制限の除外事由に当たると判断した。解雇制限と打切補償については第８章第３・３(1)（338頁）参照。

さらに、傷病等級に応じて算定基礎日額の傷病補償年金と同日数分の傷病特別年金が支給され、それに加えて114万円～100万円の傷病特別支給金が支払われる（特支給則２条３号の２、８号、５条の２、別表第１の２、11条、別表第２）。

キ　介護補償給付

障害補償年金又は傷病補償年金の受給権を有する労働者が、支給事由となる障害により、労災保険則18条の３の２、同別表第３の区分に応じた常時又は随時介護を要する状態にあり、かつ常時又は随時介護を受けている場合に、支出費用相当額等（上限あり）が支給される（病院に入院している間等の除外事由あり。労災保険法12条の８第１項７号、第４項、労災保険法19条の２、労災保険則18条の３の４）。

(3)　通勤災害に関する保険給付（労災保険法21条）

療養給付、休業給付、障害給付、遺族給付、葬祭給付、傷病年金、介護給付がある。業務災害に関する各給付（労災保険法12条の８以下）と類似の規定が置かれ、多くが準用される結果、業務災害の場合と同じ内容の給付がなされ、特別支給金も同様に支給される。

(4)　二次健康診断等給付（労災保険法26条）

直近の健康診断等（第一次健康診断）において、一定の異常所見が認められた場合に、二次健康診断や特定保健指導を無料で受けられる。現物給付型の保険給付である。

(5)　その他の保険給付（社会復帰促進等事業）

被災労働者の社会復帰を促進するための社会復帰促進等事業（①社会復帰促進事業、②被災労働者等援護事業、③安全衛生確保等事業）が行われている（労災保険法29条1項)。具体的には、義肢等補装具費支給制度（一定の欠損障害又は機能障害等の残った者に、補装具の購入・修理費を支給する制度)、アフターケア制度（後遺障害に付随する疾病を発症させるおそれのある一定の傷病について、治癒後に、診察、保健指導及び検査等の措置を実施する制度)、労災就学等援護費制度（被災者援護のための費用を支給する制度)、メンタルヘルス対策支援センターによる支援の実施など様々な事業が運営されている。

(6) 保険給付等に対する課税

労災の保険給付は非課税である（労災保険法12条の６)。特別支給金も非課税扱いとされている（昭50. 2. 28直審３－25「労災法の保険施設として支給されている特別支給金に対する所得税及び相続税の取扱いについて」)。

第3　業務災害の認定

業務災害に関する保険給付等を受給するためには、「業務災害」であること、すなわち、労働者に、「業務上」、負傷、疾病、障害又は死亡（同条１項１号）が発生したことが必要である（労災保険法７条１項１号)。

業務上の認定については、認定実務上、業務遂行性が存することを前提に、業務起因性が認められる必要があるとされ（労務行政研究所編『業務災害及び通勤災害認定の理論と実際上巻〔改訂４版〕』(労務行政、2014年）105～107頁)、裁判例もこの二段の判断を行うものが多い（『労働事件審理ノート』159頁、渡辺『労働関係訴訟』228頁)。

1　業務遂行性

業務遂行性が認められるためには、労働者の負傷等が事業主の業務を遂行している時に発生したことが必要である。但し、具体的な業務の遂行中であることまでは必要なく、災害時に労働者が労働関係上において現に事業主の支配下にある中で発生すれば足りるとされている。出張中の宿泊施設内で飲食後、同施設内の階段で転倒し死亡した場合も業務遂行性が認められた例がある（大分労基署長（大分放送）事件・福岡高判平5. 4. 28労判648号82頁 判タ832号110頁、大分地判平4. 3. 2労判613号63頁)。

ここでいう「業務」には、本来の担当業務のほか、担当業務に付随する行為も含まれる（前掲『業務災害及び通勤災害認定の理論と実際上巻〔改訂４版〕』183～184頁)。

(1)　業務上の負傷の場合

業務上の負傷（あるいは事故性の傷病・死亡）については業務遂行性を①事業主の支配下にあり、かつその管理下にあって業務に従事している際に生じた災害（第１類型）、②事業主の支配下にあり、かつその管理下にあるが、業務には従事していないときに生じた災害（第２類型）、③事業主の支配下にあるが、その管理を離れて、業務に従事している際の災害（第３類型）の３つの類型に分類し、その類型ごとに業務起因性を論じるのが通例である（前掲『業務災害及び通勤災害認定の理論と実際上巻〔改訂４版〕』105～107頁、渡辺『労働関係訴訟』228頁）。

ア　第１類型（事業主の支配下にあり、かつその管理下にあって業務に従事している際に生じた災害）

事業場内で作業に従事中に発生した災害が第１類型に該当する。就業中の用便や飲水等の行為で一時的に業務行為から離れた際に生じた災害であっても、当該行為が生理的必要によるものや当該労働者として避けられないもの、通常ありがちなものである限りは業務行為に付随する行為とみることができる。また、事業主による指示がない場合であっても、当該業務を担当する労働者として合理的な行為又は担当業務を遂行するうえで必要な行為の際に生じた災害については業務遂行性が認められる場合がある。

イ　第２類型（事業主の支配下にあり、かつその管理下にあるが、業務には従事していないときに生じた災害）

事業場内での休憩中や始業前、終業後に発生した災害が第２類型に該当する。但し、事業場の施設の状況に起因しない積極的な私的行為を行っている際に生じた災害、例えば、事業場内でキャッチボール中にボールが顔面に当たって負傷した場合などには、業務遂行性は認められないとされる。

作業中断中について、行政解釈例では、夕食のために外出し会社寮で飲食して１時間あまりして工事現場に戻る途中や、事業所内で手待ち時間に昼食の調理中について、業務外とされている（前掲「業務災害及び通勤災害認定の理論と実際 上巻〔改訂４版〕」204～205頁）。国・岐阜労基署長（山口精機工業）事件・岐阜地判平20.2.14労判968号196頁 判タ1272号169頁は、使用者が通常手配している夜食が手配されておらず一人で宿直を命じられていた同僚のためにコンビニで弁当を購入して事業所に戻る途中について業務遂行性を認めた。

ウ　第３類型（事業主の支配下にあるが、管理下を離れて、業務に従事している際の災害）

事業場外労働中や出張中に生じた災害が第３類型に該当する。通常は事業場を出て事業場へ戻る場合にはその間をすべて出張とみることができるとされており、この間の行為は、積極的な私的行為等にわたるものを除き、出張に当然又は通常伴う行為とみて、業務遂行性が認められる（前掲大分放送事件参照)。

運動会については「運動競技に伴う災害の業務上外の認定について」平12.5.18基発第366号が「対外的な運動会」の場合は「運動競技会出場が、出張又は出勤として取り扱われるものであること」「運動競技会出場に関して、必要な旅行費用等の負担が事業主により行われ（競技団体等が全部又は一部を負担する場合を含む)、労働者が負担するものでないこと」、「事業場内の運動会」の場合は「運動競技会は、同一事業場又は同一企業に所属する労働者全員の出場を意図して行われるものであること」「運動競技会当日は、勤務を要する日とされ、出場しない場合には欠勤したものとして取り扱われること」を満たす場合にのみ業務遂行性を認めている。

宴会、懇親会、慰安旅行等については、催しの世話役等（営業課員、庶務課員等）が自己の職務の一環として参加する場合には、一般に業務遂行性が認められるが、それ以外の労働者の場合は、その催しの主催者、目的、内容（経過)、参加方法、運営方法、費用負担等について総合的に判断しなければならないとしても、特別の事情がない限り、業務遂行性がないのがむしろ通例である（前掲「業務災害及び通勤災害認定の理論と実際 上巻〔改訂４版〕」308頁)。また、この種の催しに参加すること自体に業務遂行性があっても、参加している間の個々の行為がすべて業務行為となるわけではないとされる（同書同頁)。歓送迎会後に事業所に戻る際に研修生を自宅まで送る途中について業務遂行性が認められたケースにつき、後述第６・４(3)イ（676頁）参照。

(2) 業務上の疾病の場合

業務遂行性とは、労働者が事業主の支配管理下にある状態において疾病が発症することを意味するものではなく、事業主の支配管理下にある状態において有害因子を受け、疾病が発症することを意味する。「当該業務に相当期間従事していること又は従事していたこと」が、その場合の業務遂行性の内容となる（前掲業務災害及び通勤災害認定の理論と実際、上巻〔改訂４版〕」107頁)。

2 業務起因性

業務起因性を認めるためには業務と傷病等との間に条件関係だけではなく、

相当因果関係があることが必要とされている。傷病等の原因として考えられる事象は一つに留まらないのが通常であるから、相当因果関係が認められるためには、傷病等の原因のうち、業務が相対的に有力な原因であることを要するとされている（民法の損害賠償上の「相当因果関係」とは異なる概念であることに注意）。

実務上、業務起因性は、業務又は業務行為を含めて労働者が労働契約に基づき事業主の支配管理下にあることに伴う危険が現実化したものと経験則上認められるか否かにより判断されている。

(1)　業務上の負傷の場合

第１類型（事業主の支配下にあり、かつその管理下にあって業務に従事している際に生じた災害）で業務遂行性が認められる災害については、原則として業務起因性が認められる。業務に通常付随する行為（用便等）の際の負傷等も業務起因性が認められている。しかし、地震、落雷等の自然現象や第三者の暴力等の外部の力、本人の私的逸脱行為等の事情が認められる場合は業務起因性が否定される。但し、自然現象や外部の力（例えば、隣接の工場が爆発する等）も、当該職場に定型的に伴う危険であれば業務起因性が認められうる。

第三者の暴力に関して、新潟労基署長（中野建設工業）事件・新潟地判平15.7.25労判858号170頁は、「労働者（被災者）が業務遂行中に同僚あるいは部下からの暴行という災害により負傷した場合には、当該暴行が職場での業務遂行中に生じたものである限り、当該暴行は労働者（被災者）の業務に内在または随伴する危険が現実化したものと評価できるのが通常であるから、当該暴行が、労働者（被災者）との私的怨恨または労働者（被災者）による職務上の限度を超えた挑発的行為若しくは侮辱的行為等によって生じたものであるなど、もはや労働者（被災者）の業務とは関連しない事由によって発生したものであると認められる場合を除いては、当該暴行は業務に内在または随伴する危険が現実化したものであるとして、業務起因性を認めるのが相当である。」としている。国・尼崎労基署長（園田競馬場）事件・大阪高判平24.12.25労判1079号98頁（確定）は、ほぼ同文の判示をして競馬場のマークレディがストーカー的行動を取った男性警備員に刺殺された事案で業務起因性を認めた（なお、１審の神戸地判平24.3.23労判1079号117頁は個人的な恋愛感情とその憎悪への変化は業務に内在する危険ではないとして業務起因性を否定している）。

「他人の故意に基づく暴行による負傷の取扱いについて」平21.7.23基発0723第12号は、近時の判例の動向や認定事例の蓄積等を踏まえ、「業務に従事している場合又は通勤途上である場合において被った負傷であって、他人の故意に基づく暴行によるものについては、当該故意が私的怨恨に基づくもの、自招行為によるものその他明らかに業務に起因しないものを除き、業務に起因する又は通勤によるものと推定する。」としている。

第２類型（事業主の支配下にあり、かつその管理下にあるが、業務には従事していないときに生じた災害）で業務遂行性が認められる災害については、労働時間中であれば業務起因性が認められる災害が休憩中に発生した場合において、事業場施設の不備・欠陥によって災害が発生したときに限って業務起因性が認められている。なお、行政解釈上は、用便等の生理的行為や作業に伴う必要行為・合理的行為など、就業中であれば業務行為に含まれたであろう行為については、事業主の支配下にあることに伴う行為として就業中の業務付随行為と同様に取り扱う（前掲『労災保険　業務災害及び通勤災害の理論と実際上巻〔改訂４版〕』183頁以下）。

第３類型（事業主の支配下にあるが、その管理を離れて、業務に従事している際の災害）で業務遂行性が認められる災害については、危険にさらされる範囲が広いため業務起因性が広く認められている。

中国出張中に大連市内のホテルで強盗に遭い殺害された事案で、鳴門労基署長事件・徳島地判平14. 1. 25労判821号81頁 判タ1111号146頁（確定）は、宿泊施設内で行動していたから業務遂行性が認められ、当時中国で日本人が被害者となる事件が複数発生していたことから、業務に内在する危険が現実化したものと解されるとして業務起因性を認めた。

⑵　業務上の疾病の場合

ア　対象となる疾病

労基則別表第１の２に、以下の対象疾病が列挙されている（労基法75条２項、労基則35条）。

① 業務上の負傷に起因する疾病
② 物理的因子（紫外線、赤外線、レーザー光線、マイクロ波、電離放射線、気圧、熱、騒音、超音波など）による一定の疾病
③ 身体に過度の負担のかかる作業態様に起因する一定の疾病
④ 化学物質等による一定の疾病
⑤ 粉じんを飛散する場所における業務による、じん肺またはじん肺合併症
⑥ 細菌、ウィルス等の病原体による一定の疾病
⑦ がん原性物質・因子またはがん原性工程における業務による一定の疾病

⑧　長期間にわたる長時間の業務その他血管病変等を著しく増悪させる業務による脳出血、くも膜下出血、脳梗塞、高血圧性脳症、心筋梗塞、狭心症、心停止（心臓性突然死を含む。）もしくは解離性大動脈瘤またはこれらの疾病に付随する疾病

⑨　人の生命にかかわる事故への遭遇その他心理的に過度の負担を与える事象を伴う業務による精神及び行動の障害またはこれに付随する疾病

⑩　前各号に掲げるもののほか厚生労働大臣の指定する疾病

⑪　その他業務に起因することの明らかな疾病

イ　業務上の疾病の認定基準

上記①から⑩に列挙する疾病・発症の条件等については、行政通達の形で認定基準が示されており、この認定基準を満たす場合には、特段の反証のない限り「業務上の疾病」と認められる。

⑪のそれ以外の疾病については、業務との間に相当因果関係が認められる場合には「業務上の疾病」と認められる。たとえば、判例には、海外出張中に発症したせん孔性十二指腸かいようは、既往症の慢性十二指腸かいようが過重な業務の遂行により急激に悪化したものであるとして、業務の遂行と発症との間に相当因果関係を肯定し、「業務上の疾病」に該当するとしたものがある（神戸東労基署長（ゴールドリングジャパン）事件・最三小判平16. 9. 7労判880号42頁 判時1873号162頁）。

認定基準は無数にあるが、過労死との関係では「脳血管疾患及び虚血性心疾患等（負傷に起因するものを除く。）の認定基準について」（平13. 12. 12基発1063号）が、精神障害との関係では「心理的負荷による精神障害の認定基準」（平23. 12. 26基発1226第１号：巻末資料参照）が、公表されている。前者については本章第10（701頁～）で、後者については本章第11（712頁～）で説明する。また、腰痛について本章第12・１（727頁～）、上肢障害について本章第12・２（731頁～）、石綿による疾病について本章第12・３（733頁～）で説明する。

第4　通勤災害の認定

労災保険法上は、業務上の災害に限らず、「通勤」中の災害についても保険給付の対象とされている（同法７条１項２号）。

1　「通勤」の意義

「通勤」とは、就業に関する、①住居と就業場所との間の往復、②就業場所から他の就業の場所への移動、③住居と就業場所間の往復に先行又は後続する住居間の移動であって、これを合理的な経路及び方法で行うもの（但し、業務の性質を有するものを除く）をいう（労災保険法７条２項）。

2　就業関連性

上記①ないし③の移動に該当する場合であっても、「就業に関し」移動する場合でなければ保険給付は受けられない。

「就業に関し」移動しているといえるためには、移動行為が業務と密接な関連性をもって行われることを要する（昭48. 11. 22基発644号）。例えば、午後遅番の者が運動部の練習参加のためにする早朝移動は就業に関する移動に該当しないが、退勤後の事業場施設内でのサークル活動等に参加して後の移動は、社会通念上就業と帰宅の直接的関連性を失わせると認められるほど長時間の活動でなければ就業との関連性が認められる（昭48. 11. 22基発644号）。業務終了後の活動が就業関連性を否定されるほどの長時間であるか否かの境界線は、２時間が目処と考えられる（昭49. 9. 26基収2023号、平18. 3. 31基労管発0331001号）。

3　合理的な経路及び方法

合理的な経路及び方法とは、上記①ないし③の移動を行う場合に、一般に労働者が用いるものと認められる経路及び手段をいうと解されている。

労働者が、上記①ないし③の移動の経路を逸脱し、又は移動を中断した場合においては、当該逸脱又は中断の間及びその後の上記①ないし③の移動は、「通勤」には該当しない（労災保険法７条３項本文）。

しかし、日用品の購入、職業訓練、選挙権の行使、診療・治療、一定の親族の介護で、当該行為をやむを得ない事由により行うための最小限度のものである場合は、当該逸脱又は中断の間を除き、当該行為に続く上記①ないし③の移動は「通勤」に該当する（労災保険法７条３項但書、労災保険則８条）。

第5　労災申請

1　保険給付請求

労災保険法に基づく保険給付請求は、被災労働者本人もしくはその遺族または葬祭を行う者（労災保険法12条の８第２項）が、事業場の所在地を管轄する労働基準監督署長に対し、所定の保険給付請求書を必要書類とともに提出して行う。なお、労災病院及び労災保険指定病院で治療中の療養補償給付請求は病院窓口経由で提出する（労災保険則12条、同12条の2等）。

保険給付請求書の書式は、求める保険給付の種類により異なる。労働基準監督署に備え付けてあるほか、厚生労働省のホームページからもダウンロードできる。

2　事業主の証明と意見申出

災害の原因及び発生状況や平均賃金等の一定の事項については事業主の証明が求められる（労災保険則13条２項等）。事業主は、被災労働者またはその遺族が保険給付請求のために必要な証明を求めたときは速やかに証明しなければならない（労災保険則23条２項）。

労働者側としては、責任追及を危惧するなどして証明を渋る事業主に対しては、証明が義務であること、証明が責任に直結しないことを説明して証明を促すべきである。なお、事業主が証明を拒むなどやむを得ない事情がある場合、事業主証明欄が空欄のままでも実務的には不受理とならず、請求は可能である（労災保険給付事務取扱手引、厚生労働省ホームページ「労災保険に関するＱ＆Ａ」）。

事業主は、業務災害に関する保険金請求に意見がある場合は、労働基準監督署長に対し意見申出ができる（労災保険則23条の２）。

3　調査と労災認定

保険請求書が受理されると、請求書記載事項及び添付資料をもとに審査が開始され、労働者性等の基本的事柄のほか、支給要件の具備が確認される。

請求書の審査において疑義が生じた場合は、労働基準監督署の調査官が、実際に事業場等に出張して、災害発生状況、原因等の調査や関係帳簿書類等の検査、請求人本人及び事業主等の関係人からの聴取等の実地調査が行われる。必要に応じ、主治医や専門医に対する意見照会などが行われる。実地調査後、調査事項について実地調査復命書が作成される。

調査の最終段階において、調査官により、その結果を取りまとめた調査結果復命書が作成される。調査結果復命書には、調査結果はもとより、それを踏まえた事実認定及びその根拠のほか、結論としての処理方針案等が記載される。調査官からの調査結果復命書による報告を踏まえて、労働基準監督署長により、保険給付（支給・不支給）の決定が行われる（以上につき、労災保険給付事務取扱手引）。

保険給付請求に対する決定までの標準処理期間は、次のとおり、保険給付の種類ごと１～８か月の範囲で定められている（行政手続法６条、労災保険給付事務取扱手引）。

保険給付の種類	標準処理期間
療養（補償）給付の決定、休業（補償）給付の決定、障害（補償）年金の改定・支給停止の解除、遺族（補償）年金の改定・転給・支給停止の解除、障害（補償）年金差額一時金の決定、未支給の保険給付（支給決定はあったが支払われていないもの。）の決定、二次健康診断等給付の決定	１か月
介護（補償）給付の決定	1.5か月
障害（補償）給付の決定、障害（補償）年金前払一時金の決定	３か月
遺族（補償）給付の決定、遺族（補償）年金前払一時金の決定、葬祭料及び葬祭給付の決定	４か月
疾病に係る療養（補償）給付の決定、休業（補償）給付の決定、遺族（補償）給付の決定、遺族（補償）年金前払一時金の決定、葬祭料及び葬祭給付の決定、特別遺族給付金の決定	６か月（精神障害は８か月）

4　消滅時効による制限

労災保険給付を受ける権利は、その種類ごと、次のとおり２年又は５年が経過したときに、時効により消滅する（労災保険法42条、平成23年８月17日基発0817第１号）。

種類	消滅時効期間	起算日
療養（補償）給付を受ける権利	２年	療養の費用の支出が具体的に確定した日の翌日
休業（補償）給付を受ける権利	２年	療養のため労働することができず賃金を受けられない日ごとにその翌日
葬祭料（葬祭給付）を受ける権利	２年	労働者が死亡した日の翌日
遺族（補償）給付を受ける権利	５年	
介護（補償）給付を受ける権利	２年	支給事由が生じた月の翌月の初日
障害（補償）給付を受ける権利	５年	傷病の治った日（症状固定日）の翌日
二次健康診断等給付を受ける権利	２年	一次健康診断結果を了知し得る日

なお､傷病補償年金については､職権で支給決定がなされるので､時効はない。

ただし、これらの時効の起算点は、保険給付の種類ごとに「権利を行使することができる時」を念頭に置いたものであるところ（民法166条1項）、石綿荷役作業を行い肺がんに罹患した原告が、労災保険法に基づく障害補償給付の不支給処分の取消しを国に求めた事案に関し、「障害補償給付請求権の権利行使が現実に期待できるのは、業務起因性について認識可能性が発生した時点であり、その時から消滅時効は進行する」とした裁判例がある（大阪高判平26. 9. 25D1－Law. com判例体系、最一小決平成28. 2. 4上告不受理により確定）。ここでいう「認識可能性」は、「労働者個々人の認識の有無を基準にすることは相当でなく、当時の客観的状況に照らし通常一般人の立場で認識可能であれば足りる」とされる（前掲大阪高判平26. 9. 25)。

なお、石綿にさらされる作業に従事することにより指定疾病等に罹患し平成28年３月26日までに死亡した労働者等の遺族のうち、労災保険による遺族補償給付を受ける権利が時効によって消滅した一定範囲の者に対しては、石綿による健康被害の救済に関する法律（平成18年法律第４号。以下「石綿健康被害救済法」という）に基づく特別遺族給付金（特別遺族年金又は特別遺族一時金）が支払われる（石綿健康被害救済法59条１項)。

第6 不支給決定に対する不服申立てと行政訴訟

1 全体の流れ

労働基準監督署長による不支給決定に対する不服申立は、審査請求、再審査請求及び取消訴訟の３つによる。それら手続全体の流れをまとめると次のとおりである。各手続の内容については、次項以下で解説する。

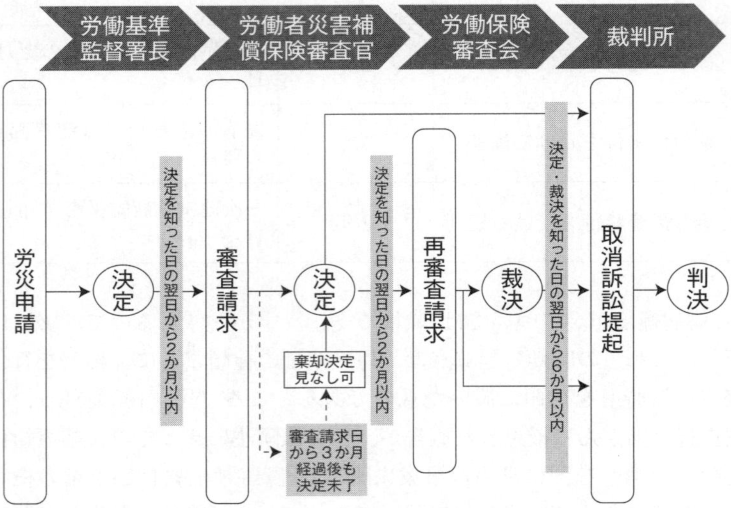

2 審査請求

(1) 手続の概要

労働基準監督署長の保険給付に関する決定に不服がある者は、原処分行政庁所在地を管轄する都道府県労働局の労働者災害補償保険審査官（以下「審査官」という）に対して審査請求の申立てができる（労災保険法38条１項、労働保険審査官及び労働保険審査会法（以下「審査会法」という）７条）。審査請求人の住所を管轄する労基署長または原処分をした労基署長を経由してすることもできる（審査会法施行令3条）。また、審査請求は、代理人によってすることができる（審査会法９条の２第１項）。

審査請求は処分を知った日の翌日から起算して３か月以内に行わねばならな

いが、正当な理由でこの期間を遵守できなかったことを疎明したときはこの限りでない（審査会法８条１項）。

審査請求があったときは、却下された場合を除き、審査官より、原処分をした行政庁、結果について利害関係のある行政庁その他の第三者（以下「利害関係者」という）等に通知される（審査会法13条１項）。

⑵　審理

現在では、審理にあたり、審査請求人（代理人）に処分庁の意見書の写しが事前に交付されそれに対する意見（反論）を提出ないし陳述する機会が付与される扱いがなされている（労災保険審査請求事務取扱手引第２部８⑴イ㈠a、９⑵ア。ただし９⑵イにあるように、交付されるのは原処分庁意見書の写しのみでその添付書類は交付されない）。

審査請求人及び利害関係者は、審査官が指定した期日及び場所において、申立てにより口頭で意見を述べることができるし、その際、審査官の許可を得て、審査請求に係る事件に関し、原処分をした行政庁に対して、質問を発することができる（審査会法13条の３第１項、２項、４項）。また、審査請求人及び利害関係者は、提出された文書その他の物件の閲覧又は当該文書の写しの交付を求めることもできる（審査会法16条の３第１項）。

一方、審査官は、審理を行うため必要な限度において、審査請求人等の申立てにより又は職権で、次に掲げる処分をすることができる（審査会法15条１項）。

①　審査請求人又は参考人の出頭を求めて審問し、又はこれらの者から意見若しくは報告を徴すること

②　文書その他の物件の所有者、所持者若しくは保管者に対し、相当の期間を定めて、当該物件の提出を命じ、又は提出物件を留め置くこと

③　鑑定人に鑑定させること

④　事件に関係のある事業所その他の場所に立ち入って、事業主、従業者その他の関係者に質問し、又は帳簿、書類その他の物件を検査すること

⑤　保険給付を受け、又は受けようとする者に対して審査官の指定する医師の診断を受けるべきことを命ずること

⑶　決定

審査官は、審理を終えたときに、遅滞なく、決定書により、原処分の全部若しくは一部を取り消す決定又は審査請求の全部若しくは一部を棄却する決定を行う（審査会法18条１項、19条１項）。当該決定は、審査請求人に決定書謄本が送達された時に、その効力を生ずる（審査会法20条１項）。

3 再審査請求

(1) 手続の概要

審査請求に対する審査官の決定に不服がある者は、労働保険審査会（以下「審査会」という）に対して再審査請求の申立てができる（労災保険法38条１項）。審査請求した日から３か月を経過しても決定がない場合、審査請求が棄却されたものとみなすことができることから、審査請求者は、決定を待たず再審査請求を行うことができる（労災保険法38条２項）。なお、審査請求者は、再審査請求によらず、取消訴訟を提起することもできる（後記４(2)参照）。

再審査請求は決定書謄本が送付された日の翌日から起算して２か月以内に行わねばならないが、正当な理由でこの期間を遵守できなかったことを疎明したときはこの限りでない（審査会法38条１項、２項、８条１項但書）。

審査請求があったときは、却下された場合を除き、審査会より、利害関係者等に通知される（審査会法40条）。また、審査会は、必要があると認めるときは、あらかじめ当事者及び当該利害関係者の意見を聞いた上で、申立てにより又は職権で、利害関係者を当事者として再審査請求の手続に参加させることができる（審査会法41条１項、２項）。この参加は、代理人によってすることができる（審査会法41条３項）。

(2) 審理

再審査請求は、９名いる審査会委員のうち、３名で構成する合議体で審理される（審査会法33条１項）。合議体を構成する委員（審査員）のうち、１名が審査長となり、審査を指揮する（審査会法33条の２第１項、44条）。

審理は、原則として公開されるが、当事者の申立てにより非公開にできる（審査会法43条）。当事者及びその代理人は、審理期日に出頭して意見を述べることができる（審査会法45条１項）。

審査会は、審理を行うため必要な限度において、当事者等の申立てにより又は職権で、審査請求において審査官がなせる処分（前記第６・１①～⑤）のほか、必要な調査を官公署、学校その他の団体に嘱託することができる（審査会法46条１項）。

審理期日の前に、再審査請求人、原処分庁、審査官が提出した資料（調査復命書も通常提出される）が「審査資料集（事件プリント）」として交付される。ただし、これらの資料は現在では個人情報開示請求で大部分が事前に入手できる。

審理期日は、労働保険審査会審理室（労働委員会館８階）で行われる。１件約30分とされ、請求人側の意見陳述は15分程度とするよう求められる。請求人と代理人以外の発言は厳しく拒否される。審理期日においては、審査員や参与からの質問もなされることが多いので、その前提で準備することを要する。

⑶　裁決

審査会は、審理を終えたときに、遅滞なく、裁決書により、原処分の全部若しくは一部を取り消す決定又は再審査請求の全部若しくは一部を棄却する裁決を行う（審査会50条）。当該裁決は、再審査請求人に裁決書謄本が送達された時に、その効力を生ずる（審査会法50条）。

4　取消訴訟等（労災行訴）

⑴　手続

不支給処分の取消訴訟は、地方裁判所に対し、決定または裁決があったことを知った日から6か月以内に提起しなければならない（行政事件訴訟法14条１項）。除斥期間は当該裁決の日から１年である（同法14条３項）。

被告は、国となる（行政事件訴訟法11条１項）。

なお、訴状には、処分取消の訴えでは当該処分をした行政庁（処分庁）、裁決取消の訴えでは当該裁決をした行政庁を記載することを要する（行政事件訴訟法11条４項）。

不支給処分の取消訴訟の管轄裁判所は、次のとおりである（行政事件訴訟法12条１項、４項、裁判所法24条１号前段）。

①　東京地方裁判所（被告の普通裁判籍の所在地を管轄する裁判所）
②　処分若しくは裁決をした行政庁の所在地を管轄する地方裁判所
③　原告の普通裁判籍の所在地を管轄する高等裁判所の所在地を管轄する地方裁判所

東京地裁では、労災行訴は労働部に係属する。

⑵　不服申立前置主義

保険給付に関する処分については不服申立前置主義が採用されており、従来は再審査請求に対する審査会の裁決を得た後でなければ取消訴訟は提起できないとされていた。

その後、行政不服審査法（平成26年法律第68号）の施行に伴う労災保険法の改正により審査請求に対する審査官の決定を経た後でなければ提起できないと変更されたことから、2016（平成28）年４月１日以降にされた処分（処分の通知が到達した時点が基準）については、再審査請求を経ることなく取消訴訟の提起が可能となった（労災保険法40条、改正法附則５条））。また、審査請求した日から３か月を経過しても決定がない場合は、審査請求が棄却されたものとみなすことができることから（労災保険法38条２項）、この場合、審査請求者は決定を待たず、取消訴訟を提起することもできる。

(3) 取消訴訟での裁判所の判断基準

ア　概要

事実認定及び法の解釈・適用は裁判所の専権であり、裁判所は、行政の労災認定に拘束されることはない。

本章で紹介しているように労基署の事実認定や労災認定基準への当てはめを不当として労災不支給決定を取り消した裁判例は多数ある。労災支給決定に対しては、使用者側の不服申立の途はないが、労災認定後の労働者からの使用者に対する損害賠償請求や地位確認請求の訴訟で労基署の判断が否定されることもある。近時の裁判例を見ても、私傷病（腰痛）による休職期間満了を理由として退職扱いとなった従業員が、重量物（コンテナ容器）を持ち上げる作業が原因で発症したと主張して、労基法19条に違反する無効な措置であるとして雇用契約上の地位の確認の確認等を求めた事案において、従業員の主張する作業態様によれば「コンテナ容器を傾けるためには少なくとも115kgを持ち上げる力を必要とすることが認められ、…第１審被告会社の製造部門の従業員はもとより、小柄で細身の第１審原告（略）においても、200kg前後のコンテナ容器を上記方法により傾けることは物理的に不可能であったと言わざるを得ない」などとして、従業員主張の作業態様を前提とする労災認定に沿った第１審判決を取り消したものがある（ケー・アイ・エス事件・東京高判平28. 11. 30労経速2310号3頁）。同判決では、「船橋労働基準監督署長による、第１審原告の腰痛が第１審被告会社の業務上の負傷に起因する疾病に該当するとの認定は、本件作業が第１審原告の主張する態様のものであったとの誤った事実を前提とするものであったから、上記判断を左右する事情であるとはいえない」としている。

一方で、裁判所は、労災認定基準にも拘束されないが、労災認定基準は合理的なものと評価するのが通例である。例えば国・中央労基署長（リクルート）事件・東京高判平22. 10. 13労判1018号42頁 判時2101号144頁は「新認定基準は、行政機関が、迅速に統一的・画一的処理を行うための行政機関内部の準則という性質を有するものに過ぎないから、裁判所を拘束するものではないが、最新の医学的知見と業務起因性に関する上記見解に基づき評価要因を検討し、策定されたものであり、判断基準として合理性を有するものであるから、これに従うのが相当である。」と判示している。近時の裁判例でも、「腰痛認定基準は、行政内部の通達であり、法的拘束力を有するものではないが、医学的知見を踏まえた専門家の継続的な検討を経て作成されたものであるから、その内容には合理性が認められるというべきである」とした上で、「本件傷病のうち腰痛の業務起因性を判断するに当たっては、原則として腰痛認定基準に沿って、…原告が腰痛認定基準にいう「腰部に過度の負担のかかる業務」に従事したということができるかという観点から検討するのが相当である」と判示され、労災認定基準に沿った判断枠組みのもと原処分が維持されている（品川労基署長事件・東京地判平28.10.27労経速2310号12頁）。したがって、原処分を覆すために多大な労力と工夫が必要である。

もっとも、裁判所はこれまで何度も労災認定基準の不合理な点や発症の機序が十分解明されていないことを指摘し、認定基準の枠を超えた判断を行い、それに伴って認定基準が変更されてきたということも事実である。例えば、横浜南労基署長（東京海上横浜支店）事件・最一小判平12.7.17労判785号6頁が「上告人の業務は、支店長の乗車する自動車の運転という業務の性質からして精神的緊張を伴うものであった上、支店長の業務の都合に合わせて行われる不規則なものであり、その時間は早朝から深夜に及ぶ場合があって拘束時間が極めて長く、また、上告人の業務の性質及び勤務態様に照らすと、待機時間の存在を考慮しても、その労働密度は決して低くはないというべきである。上告人は、遅くとも昭和五八年一月以降本件くも膜下出血の発症に至るまで相当長期間にわたり右のような業務に従事してきたのであり、とりわけ、右発症の約半年前の同年一二月以降は、一日平均の時間外労働時間が七時間を上回る非常に長いもので、一日平均の走行距離も長く、所定の休日が全部確保されていたとはいえ、右のような勤務の継続が上告人にとって精神的、身体的にかなりの負荷となり慢性的な疲労をもたらしたことは否定し難い。」と判示して業務の過重性の評価に当たり、脳・心臓疾患の認定基準では具体的に明示していなかった慢性の疲労や就労態様に応じた諸要因を考慮する考えを示したことから、脳・心臓疾患の認定基準が2001（平成13）年12月12日付で改正され、発症前6か月間の時間外労働時間や不規則な勤務、交替制勤務・深夜勤務、作業環境、精神的緊張を伴う業務等を考慮すべきことが加えられた。

労災不支給決定に対する取消訴訟（労災行訴）での争点は、業務外認定の是非、つまり業務遂行性及び業務起因性にある。特に、職業性（非災害性）の傷病が問題となる事案では、その大部分において業務起因性（相当因果関係）が中心的争点となる（『労働事件審理ノート』159頁）。

イ　業務遂行性

最高裁は、「業務遂行性」という用語自体は使用しないものの、十和田労基署長事件（最三小判昭59. 5. 29労判431号52頁）以降、業務上の事由によるものであるための「要件の一つとして、労働者が労働契約に基づき事業主の支配下にある状態において当該災害が発生したことが必要であると解するのが相当である」という表現のもと業務遂行性の有無を判断している。

業務遂行性に関し、裁判例は、出欠勤に関する取扱い、参加費用の負担、参加に対する強制の有無等に着目して総合的に判断をする傾向にあるとされるが（菅野和夫他編『論点体系判例労働法３』（第一法規、2014）218頁）、懇親会、宴会、慰安旅行等の催しに参加中の災害の業務遂行性につき消極に解する例が多い。

もっとも、近時の最高裁判例には、業務を一時中断して事業場外で行われた研修生の歓送迎会に途中参加した後、当該業務を再開するため自動車を運転して事業場に戻る際に研修生をその住居まで送る途上で発生した交通事故に関し、社長業務を代行していた部長から、歓送迎会への参加を個別に打診された際に、資料の提出期限が翌日に迫っていることを理由に断ったにもかかわらず、「今日が最後だから」などとして本件歓送迎会に参加してほしい旨の強い意向を示される一方で、資料の提出期限を延期するなどの措置は執られず、むしろ本件歓送迎会の終了後には資料の作成業務に当該部長も加わる旨を伝えられたためであったことから、同部長の上記意向等により当該歓送迎会に参加しないわけにはいかない状況に置かれたこと、当該歓送迎会が海外子会社から受け入れる中国人研修生と従業員との親睦を図る目的で定期的に開催され、その費用が会社の経費から支払われたこと等の事情から会社において企画された行事の一環であると評価することができること、当該歓送迎会が、従業員との親睦を図ることにより、会社及び親会社と上記子会社との関係の強化等に寄与するものであり、会社の事業活動に密接に関連して行われたものといえることなどから、歓送迎会が事業場外で開催され、アルコール飲料も供されたものであり、研修生らを本件アパートまで送ることが上記部長らの明示的な指示を受けてされたものとはうかがわれないこと等を考慮しても、「本件事故の際、なお本件会社の支配下にあったというべきである」（国・行橋労働基準監督署長（テイクロ九州）事件・最二小判平28. 7. 8労判1145号6頁 判時2321号127頁）と判示して、業務遂行性を否定した原審の判断を取り消したものがある。

ウ　業務起因性（相当因果関係）

業務起因性については、業務と災害との間に「条件関係」があることが大前提となる。

「条件関係」とは、疾病発症機序の事実関係であるが、その立証の程度は「一点の疑義も許されない自然科学的証明ではなく、経験則に照らして全証拠を総合検討し、特定の事実が特定の結果発生を招来した関係を是認しうる高度の蓋然性を証明すること」とされている（横浜市立保育園保母事件・最三小判平9. 11. 28労判727号14頁：医療過誤事件の東大ルンバール事件・最二小判昭50. 10. 24民集29巻9号1417頁 判時792号3頁で示された法理を最高裁は労災（頸肩腕症候事案）にも適用した）。

労基法上の災害補償は「労働者が業務上負傷し、又は疾病にかかった場合」（労基法75条）に行われ、労災保険給付は「労働者の業務上の負傷、疾病、障害又は死亡」（労災保険法７条１項１号）に関して行われるところ、そのような場合にあたるというためには、当該傷病と業務との間に「相当因果関係」が認められなければならないとするのが判例であり、裁判例の趨勢である（「職員が公務上死亡した場合」とは、職員が公務に基づく負傷又は疾病に起因して死亡した場合をいい、右負傷又は疾病と公務との間には相当因果関係があることが必要であり、その負傷又は疾病が原因となって死亡事故が発生した場合でなければならない、と解すべきであるとした熊本地裁八代支部廷吏事件・最二小判昭51. 11. 12判時837号34頁が引用されるのが通例である。この判決は、公務中に脳出血のために倒れ死亡した公務員の妻が、公務中の災害であれば公務に起因することを要しない、仮にこれが必要としても公務と災害の間に単なる因果関係があれば足りると主張したのに対する判断である）。

労災保険制度が労基法上の危険責任の法理に基づく使用者の災害補償責任を担保する制度であることからすれば、上記相当因果関係を認めるためには、当該死亡等の結果が、当該業務に内在する危険が現実化したものであると評価し得ることが必要であるとするのが裁判例の趨勢である（この際に地公災基金東京支部長（町田高校）事件・最三小判平8. 1. 23労判687

号16頁 判時1557号58頁及び地公災基金愛知県支部長（瑞鳳小学校教員）事件・最三小判平8.3.5労判689号16頁 判時1564号137頁が引用されるのが通例であるが、この最高裁判決はいずれも公務上災害を認定する際に当該事案の死亡が「公務に内在する危険が現実化したことによるものとみるのが相当である」と判示した上で公務起因性を認めたものである）。

エ　疾病と業務の相当因果関係

疾病と業務との間の相当因果関係の判断の枠組みについては、業務が過重であり、当該業務により基礎疾患がその自然の経過を超えて増悪して疾病が発症したといえる場合は（労働者の基礎疾患が当該業務に従事する以前に自然的経過により確たる発症因子がなくても発症する寸前まで増悪していたと認められるのでなければ）相当因果関係を認めるというパターンが多い。

この点についても、一般的な規範を判示した最高裁判例は見当たらないが、事例判断として海外出張中に穿孔性十二指腸潰瘍を発症した事案で、「本件各出張は、客観的にみて、特に過重な業務であったということができるところ、本件疾病について、他に確たる発症因子があったことはうかがわれない。そうすると、本件疾病は、上告人の有していた基礎疾患等が本件各出張という特に過重な業務の遂行によりその自然の経過を超えて急激に悪化したことによって発症したものとみるのが相当であり、上告人の業務の遂行と本件疾病の発症との間に相当因果関係の存在を肯定することができる」としたものがある（神戸東労基署長（ゴールドリングジャパン）事件・最三小判平16.9.7労判880号42頁 判時1873号162頁。急性心筋梗塞の事案につき地公災基金鹿児島県支部長（内之浦町教委職員）事件・最二小判平18.3.3労判919号5頁 判時1928号149頁、くも膜下出血の事案につき横浜南労基署長（東京海上横浜支店）事件・最一小判平12.7.17労判785号6頁 判時1723号132頁も同旨）。（これらの最高裁判例を挙示した地公災基金の控訴理由に対して「控訴人の引用する最高裁判決はいずれも業務起因性の判断基準についての一般論に触れるものではなく、あくまでも個別具体的な事案における判断を示したにすぎない」と判示する裁判例もある：地公災基金東京支部長（警視庁巡査脳内出血）事件・東京高判平22.5.20判タ1330号101頁確定）

上記判断の基準となる労働者については、当該労働者と同程度の年齢・経験を有し、基礎疾患を有していても通常の業務を支障なく遂行することができる程度の健康状態にある者（平均的労働者）を基準とすべきとする裁判例が多数であるが、「平均的労働者として通常想定される範囲内にある同種の労働者集団の中の最も脆弱である者を基準とすべき」とする裁判例（東芝（うつ病・解雇）事件・東京高判平23. 2. 23労判1022号5頁 判時2129号121頁。豊田労基署長（トヨタ自動車）事件・名古屋地判平13. 6. 18労判814号64頁 判時1769号117頁も同旨）もある。また、憲法27条と身体障害者雇用促進法に鑑み、「少なくとも、身体障害者であることを前提として業務に従事させた場合に、その障害とされている基礎疾患が悪化して災害が発生した場合には、その業務起因性の判断基準は、当該労働者が基準となるというべきである。何故なら、もしそうでないとすれば、そのような障害者は最初から労災保険の適用から除外されたと同じことになるからである」とする裁判例もある（国・豊橋労基署長（マツヤデンキ）事件・名古屋高判平22. 4. 16労判1006号5頁 判タ1329号121頁）。

5　労基署の調査資料の入手

労災不支給決定を争う際（さらには使用者に対して民事訴訟を提起する際）には、労基署が調査を行った際に作成した資料が有用である。

現在では、行政機関の保有する個人情報の保護に関する法律12条以下（及び行政機関の保有する情報の公開に関する法律３条以下）の規定に基づき、都道府県労働局に対し、労働者（ないし遺族）が自己情報の開示請求を行うことにより、労基署が労災の調査のために作成した文書の開示を受けることができる。労働者側で必要でありかつ現実に開示を受けられる文書は調査復命書（災害調査復命書、実地調査復命書など呼称は様々である）とその添付書類であることから、例えば福岡労働局のサイトでは請求文書の特定例として「平成○○年○○月○○日付けで○○労働基準監督署長が私の障害補償給付支給請求に係る決定を行った際に○○労働基準監督署で作成された『補償給付実地調査復命書』（添付資料すべて含む）」という記載を勧めているが、文書の特定方法については各労働局で差異があり、担当部署に相談してみた方がいい。

情報開示請求に対し、労働局側では使用者側（被聴取者）に意見を求めた上で開示範囲を決定するが、調査復命書の特定部分以外はほぼ全部墨塗り状態で開示される場合が多い。

調査復命書の文書提出命令が争われた事件で最三小決平17. 10. 14民集59巻8号2265頁 労判903号5頁は、災害調査復命書には、①調査担当者が職務上知ることができた当該事業場の安全管理体制、当該労災事故の発生状況、発生原因等の被告会社にとっての私的な情報と、②再発防止策、行政上の措置についての調査担当者の意見、署長判決及び意見等の行政内部の意思形成過程に関する情報が記載されているところ、①、②の情報に係る部分は、いずれも、民訴法220条４号ロにいう「公務員の職務上の秘密に関する文書」に当たるものと認められるが、①の情報については、聴取内容がそのまま引用されているわけではないこと及び労基署には強制的な調査権限があることから、「提出されることによって公務の遂行に著しい支障が生ずるおそれが具体的に存在するということはできない」として、提出義務を認めた。現在の労働局の情報開示請求に対する対応は、概ねこの決定に沿って行われているとみられる。

現在では、審査請求を行うと、原処分庁の意見書が請求人に交付され（ただし、添付資料は交付されず、個人情報開示請求等によることとなる）、再審査請求の段階で調査復命書や原処分庁意見書の添付書類を含めた審査資料が交付される扱いがなされている。現在ではこれらの手続で一定程度の労基署の調査資料が入手できるが、なお不足するものについては訴訟段階で文書送付嘱託、文書提出命令を試みることになる。

第７　労災申請での使用者側の対応

1　労災申請前の対応

(1)　労働者死傷病報告の提出

使用者は、業務災害により労働者が死亡した場合、もしくは負傷により休業が必要となる場合には、所轄の労基署へ労働者死傷病報告書を提出しなければならない（労安衛規則97条）。この不提出が俗に「労災隠し」と呼ばれるものであり、50万円以下の罰金刑が科されている（労安衛法120条５号・100条３項）。

(2)　労災申請への協力

労災申請は被災労働者が行うものであるが、申請時に、労働保険番号や平均賃金等、使用者の手元にある情報が必要となるので、被災労働者から情報提供依頼があった場合には協力することが望ましい。これに加え、被災労働者より、申請書中に「事業主証明印」の押捺を求められることがあるが、それは、まさに事業主として申請書の記載内容が正しいことを「証明」するものであるので、申請書の記載内容につき異論がある場合には（例えば、被災労働者の罹患した精神疾患の業務起因性について、使用者としては否定的な見解である場合等）、捺印すべきでない。事業主証明印の押捺がなくても、労災申請は受理される。

2 労災申請後の対応

労災申請後は、所轄労基署より、業務起因性を判断するための各種証拠書類の提出を求められるので、設定された提出期限までに対応する必要がある（就業規則、パソコンのログ等を含め、かなり広範囲でボリュームの多い書類提出を求められる）。この提出指示は、労働基準監督官の権限（労基法101条１項）に基づくものであり、従わない場合には30万円以下の罰金刑に処せられうる（労基法120条４号）。

また、労基署より、事実関係の詳細を知る上司・同僚等への聴き取りも行われる。聴き取った結果は「聴取書」として書面化され、認定を裏付ける資料となる。

さらに、業務起因性の有無等について、使用者として意見がある場合には、意見を申し出ることもできる（労災保険則23条の２）。なお、労災保険の支給決定に対して、使用者側は不服申立をすることができない。

労災不支給決定に対して労働者が提起した取消訴訟に使用者が補助参加できるかについて、最高裁は、使用者は労災不支給決定が取り消された場合には労基法上の労災補償の支払義務を免れることになり、業務起因性についての判断は理由中の判断であって労災保険給付の不支給決定取消訴訟と安全配慮義務違反に基づく損害賠償請求訴訟とでは審判の対象及び内容を異にするから訴訟の結果について法律上の利害関係を有するとはいえないとしつつ、労災保険料についてメリット制が適用される一定規模以上の事業場については労災不支給決定が取り消されて確定すると次々年度以降の保険料が増額される可能性があるから、使用者は労災不支給決定の取消訴訟に参加をすることが許されるとしている（レンゴー事件・最一小決平13.2.22労判806号12頁 判時1745号144頁）。

なお、メリット制の適用対象は本章第２・３⑶（655頁）参照

第8 使用者に対する民事訴訟（労災民訴）

1 使用者に対する民事訴訟（労働者側の対応）

労災の被災者である労働者またはその遺族は、労災申請とは別に、使用者に対して、使用者（またはその従業員である上司等）の過失や安全配慮義務違反があることを主張して損害賠償請求を行うことができる。

労災認定（支給決定）を受けた上で、後述の⑴で述べるように労災保険給付

ではカバーされない損害の支払を求めることもできるし、労災認定（あるいは申請）前に使用者に対して民事訴訟を提起することもできる。

なお、東京地裁では、労災民訴は、必ずしも労働専門部には係属せず、一般民事部に係属することが多い。

⑴ 労災保険給付と使用者の民法上の損害賠償義務

被災労働者又はその遺族に保険給付が支払われた場合、使用者は、その支払のあった限度で民法上の損害賠償責任を免れる（労基法84条類推適用）。

しかし、労災の休業補償は給付基礎日額（平均賃金相当。したがって時間外手当も含まれる）の60％にとどまるし、精神的苦痛に対する慰謝料の給付はないから、労災給付を受けてもなお被災労働者の損害全部が填補されるわけではなく、使用者の賠償義務が尽くされているとはいえない。

したがって、使用者に労安衛法違反等の過失があり、使用者と労働者の労働契約に根拠を持つ安全配慮義務違反（労契法５条等）や不法行為責任が問える場合、労災保険給付で補填されない慰謝料等の損害賠償を請求できる。

⑵ 民事訴訟で請求する内容

一般の損害賠償請求の際の損害項目立てと同じで、積極損害（治療費、付添看護費等）、消極損害（休業損害、逸失利益等）、慰謝料、弁護士費用である。

ただし、使用者の責に帰すべき履行不能の場合、労働者は賃金債権を失わない（民法536条２項）から、休業損害の請求に代えて賃金を請求することもできる（後述の本項⑹及び２⑸参照）。

⑶ 相当因果関係

使用者に対して過失ないし安全配慮義務違反を主張して損害賠償請求をする場合にも、使用者の過失行為ないし安全配慮義務違反と損害（傷病等）の間に相当因果関係があることが必要である。

これについては、実質的には、労災行訴における業務と傷病等の間の相当因果関係と同じと考えてよい。これについての裁判所の判断基準等は第６・４⑶（674頁）参照。

そのため労災の支給決定があった場合には、労災民訴における相当因果関係も認められるのが通例である。逆に労災の不支給決定があったときには、行政上、傷病と業務の条件関係・相当因果関係がないと認定されているのであるから、これを覆すことは極めて困難である。

⑷ 安全配慮義務違反の内容

ア　安全配慮義務は、業務遂行のために設置すべき場所、施設若しくは器具等の設置管理又は労働者が使用者若しくは上司の指示のもとに遂行する業務の管理にあたって、労働者の生命及び健康等を危険から保護するよう配慮すべき義務として判例上確立され（自衛隊車両整備工場事件・最三小判昭50.2.25民集29巻2号143頁 労判222号13頁、川義事件・最三小判昭59.4.10民集38巻6号557頁 労判429号12頁等）、今日、「使用者は、労働契約に伴い、労働者がその生命、身体等の安全を確保しつつ労働することができるよう、必要な配慮をする」（労働契約法５条）義務として立法化されている。しかし、安全配慮義務の具体的内容は、労働者の職種、地位、労務内容、労務提供場所等安全配慮義務が問題となる当該具体的状況等によって異なるから（前掲自衛隊車両整備工場事件、川義事件等）、事案ごとその特定を行う必要がある。

最高裁は、安全配慮義務の内容を特定し、かつ、義務違反に該当する事実を主張・立証する責任は、労働者側にあると判示している（航空自衛隊芦屋分遣隊事件・最二小判昭56.2.16民集35巻1号56頁 判時996号47頁。ただし、情報格差を考慮すれば、立証すべき具体的安全配慮義務の内容もある程度抽象的なもので足りるとする見解として、菅野『労働法』633頁等）。

イ　最高裁は、以下のような安全配慮義務を認めてきた。

自衛官が車両整備工場において車両整備中に他の自衛官運転の大型自動車の後輪で頭部を轢かれて死亡した事案で「国は、公務員に対し、国が公務遂行のために設置すべき場所、施設もしくは器具等の設置管理又は公務員が国もしくは上司の指示のもとに遂行する公務の管理にあたって、公務員の生命及び健康等を危険から保護するよう配慮すべき義務（以下「安全配慮義務」という。）を負っているものと解すべきである。もとより、右の安全配慮義務の具体的内容は、公務員の職種、地位及び安全配慮義務が問題となる当該具体的状況等によって異なるべきものであ」ると判示した（前掲自衛隊車両整備工場事件・最三小判昭50.2.25）。

航空自衛隊のヘリコプターが飛行中に回転翼の故障で墜落し自衛官が死亡した事案で「ヘリコプターに搭乗して人員及び物資輸送の任務に従事する自衛隊員に対してヘリコプターの飛行の安全を保持し危険を防止するためにとるべき措置として、ヘリコプターの各部部品の性能を保持し機体の整備を完全にする義務」を認めた（前掲航空自衛隊芦屋分遣隊事件・最二小判昭56.2.16：義務違反証明なし）。

自衛官が上官運転のジープ同乗中に交通事故死した事案で「国は、自衛隊員を自衛隊車両に公務の遂行として乗車させる場合には、右自衛隊員に対する安全配慮義務として、車両の整備を十全ならしめて車両自体から生ずべき危険を防止し、車両の運転者としてその任に適する技能を有する者を選任し、かつ、当該車両を運転する上で特に必要な安全上の注意を与えて車両の運行から生ずる危険を防止すべき義務を負うが、運転者において道路交通法その他の法令に基づいて当然に負うべきものとされる通常の注意義務は、右安全配慮義務の内容に含まれるものではなく」とした（陸上自衛隊第331会計隊事件・最二小判昭58.5.27民集37巻4号477頁　労判414号71頁：義務違反認めず）。

毛皮卸売業を営む会社の従業員が宿直中に窃盗目的で侵入した元従業員に殺害された事案で、一般論として「雇傭契約は、労働者の労務提供と使用者の報酬支払をその基本内容とする双務有償契約であるが、通常の場合、労働者は、使用者の指定した場所に配置され、使用者の供給する設備、器具等を用いて労務の提供を行うものであるから、使用者は、右の報酬支払義務にとどまらず、労働者が労務提供のため設置する場所、設備もしくは器具等を使用し又は使用者の指示のもとに労務を提供する過程において、労働者の生命及び身体等を危険から保護するよう配慮すべき義務（以下「安全配慮義務」という。）を負っているものと解するのが相当である。もとより、使用者の右の安全配慮義務の具体的内容は、労働者の職種、労務内容、労務提供場所等安全配慮義務が問題となる当該具体的状況等によって異なるべきものであることはいうまでもない」と判示した上、「宿直勤務の場所である本件社屋内に、宿直勤務中に盗賊等が容易に侵入できないような物的設備を施し、かつ、万一盗賊が侵入した場合は盗賊から加えられるかも知れない危害を免れることができるような物的施設を設けるとともに、これら物的施設等を十分に整備することが困難であるときは、宿直員を増員するとか宿直員に対する安全教育を十分に行うなどし、もって右物的施設等と相まって労働者（名前略）の生命、身体等に危険が及ばないように配慮する義務があつた」とした（前掲川義事件・最三小判昭59.4.10：義務違反あり）。

自衛隊員が自衛隊員を装った過激派活動家によって駐とん地内で刺殺された事案で「国は、自衛隊員を駐とん地内の動哨勤務に就かせる場合であっても、公務の遂行に当たる当該具体的状況のもとにおいて、制服等の着用により幹部自衛官を装った部外者が営門から不法侵入し、かつ、動哨勤務者の生命、身体に危害を及ぼす可能性を客観的に予測しうるときは、営門出入の管理を十全にしてその侵入を防止し、もつて、同人にかかる危険が及ぶことのないよう配慮すべき義務」があるとした（自衛隊朝霞駐屯地

事件・最二小判昭61.12.19労判457号7頁 判時1224号13頁：義務違反あり）。

ウ　判例により形成されてきた安全配慮義務の内容については様々な整理が試みられている。

(ア)　例えば、①物的･環境的危険防止義務、②作業内容上の危険防止義務、③作業行動上の危険防止義務、④寮・宿泊施設の管理義務、⑤健康管理義務に分類する見解がある（菅野和夫・安西愈・野川忍編『論点体系判例労働法３』284頁～、第一法規、2014年）。

物的・環境的危険防止義務とは、物理的な意味での作業場の危険を防止する義務で、典型的な安全配慮義務である。作業施設や機械等の不備欠陥による事故の発生を防ぎ（安全装置、カバー等）、粉塵や有毒ガスが充満した作業環境の下で作業させる場合には換気等による作業環境の改善や保護具（マスク等）の支給を行う等による結果回避義務である。

作業内容上の危険防止義務とは、危険な作業時の事前の安全教育や安全確保のための監視監督・注意の実施、傷病のある労働者には担当作業内容を制限するなどのソフトウエア面の注意義務である。

作業行動上の危険防止義務とは、作業員間の連絡・調整をとらせて作業の安全を確保する義務である。被災現場の管理等の関係で、使用者責任（民法715条１項）として会社に対する責任追及が行われることが多い。

寮・宿泊施設の管理義務とは、寮生活等の際に使用者が適切な対応を取るべき義務である。独身寮で高熱を出している労働者を医者を呼ばずに放置して死亡させた事例や寮の風呂の換気が悪く労働者が一酸化炭素中毒死した事例、深夜の宿直勤務時に強盗が入った際の管理体制の不備により殺害された場合の企業の安全配慮義務違反が認められた前掲川義事件・最三小判昭59.4.10がこれにあたるとされる。

健康管理義務は、使用者が労働者の健康管理も配慮すべきとする義務である。通常は労働者の自己健康管理義務の範疇だが、典型的な職業病のほか、私傷病増悪型の疾病の増加により問題にされるようになった。詳細は本章第10・３（709頁～）及び第11・３(3)(4)（719頁～）を参照。

(イ)　また、事故・災害型のケースや職業性疾病のケース等の場合分けをした上で、ケースごとに分類を試みる見解がある（土田『労働契約法』522～537頁）。

この見解は、例えば、事故･災害型のケースでは、次の類型化を行う。

①　物的環境を整備する義務（安全施設の整備・点検義務、道具・機器等の安全装置義務、労働者に保安上の整備をさせる義務等）

② 人的配備を適切に行う義務（安全監視員の配置義務、適任者に機器を使用させる義務）

③ 安全教育・適切な業務指示の義務（安全教育等の義務、適切な業務指示の義務、事故の予防・予後措置義務）

④ 履行補助者によって適切な整備・運転・操縦等をさせる義務

⑤ 安全衛生法令を遵守する義務等

職業性疾病のケースでは、次の類型化がされているとする。

① 疾病・死亡の防止段階における措置義務（有害な化学物質排出の抑制等安全な環境の整備、衛生設備の設置、保護具の装着、安全衛生教育の実施、健康診断の実施、作業環境の測定、メンタルヘルスケア等）

② 疾病増悪の回避段階における措置義務（健康診断結果の労働者への告知義務、医師の意見の聴取義務、軽作業転換義務、労働時間の軽減等の過重負荷抑制義務、メンタルヘルスケア等）

エ 安全配慮義務と労安衛法の措置義務の関係について、労安衛法、労安衛規則等の規定は「行政的な取締規定であって、そこに定める義務は、使用者の国に対する公法上の義務と解されるが、これらの規定の究極目的は労働者の安全と健康の確保にあるというべきであるから、その規定する内容は、私法上の安全配慮義務の内容ともなり、その最低限の基準となると解するのが相当である。」とする裁判例があり（喜楽鉱業（有機溶剤中毒死）事件・大阪地判平16.3.22労判883号58頁）、また事故後に労基署の調査で何ら法違反がないと言われたという使用者の主張に対し「労働基準監督署が法令違反の点はないとしている（略）ことも、前記安全配慮義務の存在を否定する理由にはならない。けだし、労働基準監督署は労安衛法、同規則等の法令に照らし法違反の有無を検するものであるところ、右法律等は使用者が労働者に対する危険防止のためにとるべき一般的な措置を定めその実施を行政的監督に服させる趣旨のものであり、その規定するところは使用者の労働者に対する私法上の安全配慮義務の内容を定める基準となり得るものではあるが、具体的状況に応じて定められるべき右安全配慮義務の内容のすべてを規定するものではないと考えられるからである。」とした裁判例（松村組事件・大阪地判昭56.5.25判タ449号153頁）がある。

なお、労安衛法上の措置義務違反と安全配慮義務の関係については、本章第13・3（739頁～）も参照されたい。

オ 安全配慮義務の履行請求の可否に関して、「安全配慮義務は、もともとは係る義務違反によって損害を受けた者の国に対する損害賠償請求の場面で認められてきたものではある。しかし、生命、健康等に対する現実的な危険が生じているにもかかわらず、国が公務員の生命、健康等を危険から保護するための措置を執らず、それが違法と評価される場合であっても、安全配慮義務を理由に危険を排除するための措置を執ることを求め得ないのであれば、公務員の生命、健康等の保護に十分ではないことを考慮すると、このような場合には、安全配慮義務を根拠に、上記の措置を執ることを求め得ると解する余地はある。」とした裁判例がある（京都簡易保険事務センター（嫌煙権）事件・京都地判平15. 1. 21労判852号38頁：庁舎内の一部を禁煙にせよという請求に対して結論として安全配慮義務違反を否定。大阪高判平15. 9. 24労判872号88頁で該当判示維持、最二小決平16. 3. 12で棄却・不受理）。

⑸　安全配慮義務違反と不法行為責任

一般的に債務不履行責任である安全配慮義務違反が認められる場合は、同時に不法行為も成立するが、不法行為責任を主張することが有利な場合もある。

不法行為構成によれば、直接の契約関係がない者に対する請求や危険責任の考え方による事実上の無過失責任（民法717条）の追及も可能である。

注文者責任（民法716条但書）について、町発注の小学校の敷地造成工事の際に地山崩壊がおきて労働者が生き埋めになった際に町が配置した監督者の指図の過失を認め被告町の責任を認めた裁判例がある（山田町南小学校事件・仙台高判昭60. 4. 24判タ567号184頁、原審盛岡地判昭59. 1. 26判タ567号190頁）。

土地工作物に関連して労災が生じることも多く、その際には工作物の設置・管理の瑕疵を根拠に土地工作物責任（民法717条）を主張することもできる。旋盤機械での作業中に機械の部品が外れて怪我をした事案で、村井工業所事件・奈良地葛城支判昭43. 3. 29判時539号58頁は、旋盤機械を建物と一体となって土地の工作物となると構成した。

なお、債務不履行責任と不法行為責任は請求権競合関係にあるが、その主張の際の差異は、①立証責任（不法行為は被災者が違法行為、損害発生の因果関係、加害者の故意過失を主張立証するが、債務不履行では結果の立証で足り、加害者が帰責事由の不存在を証明する。但し、最高裁判例は、安全配慮義務違反について被災者側が主張立証責任を負うとする（航空自衛隊芦屋分遣隊事件・最二小判昭56. 2. 16民集35巻1号56頁））、②遅延損害金起算点（不法行為は行為時から、債務不履行は履行請求時に遅滞に陥り履行請求日の翌日から遅延損害金が発生する：大石塗装・鹿島建設事件・最一小判昭55. 12. 18民集34巻7号888頁 労判359号58頁）（なお遅延損害金の適用利率については、会社が被告で債務不履行構成の場合でも年５％と解されている：前掲大石塗装・鹿島建設事件・最一小判昭55. 12. 18))、③消滅時効（不法行為は３年（平成29年民法改正法の施行後は生命・身体侵害の損害賠償請求権の場合５年)、債務不履行は10年（平成29年民法改正法の施行後は債権者が権利を行使できることを知った時から５年)、④遺族固有の慰謝料（不法行為では認められ、債務不履行では認められない：前掲大石塗装・鹿島建設事件・最一小判昭55. 12. 18)、⑤相殺禁止（加害者側の反対債権による相殺は不法行為では民法509条で禁止、債務不履行には規定なし。なお、両構成が同時にできるときは相殺不可との尼崎港運事件・神戸地尼崎支判昭54. 2. 16判時941号84頁（確定）がある）の５点がある。

なお、弁護士費用について、最高裁は、不法行為の場合に弁護士費用を損害と認めた最一小判昭44. 2. 27民集23巻2号441頁を引用して「労働者が、使用者の安全配慮義務違反を理由とする債務不履行に基づく損害賠償を請求するため訴えを提起することを余儀なくされ、訴訟追行を弁護士に委任した場合には、その弁護士費用は、事案の難易、請求額、認容された額その他諸般の事情を斟酌して相当と認められる額の範囲内のものに限り、上記安全配慮義務違反と相当因果関係に立つ損害というべきである。」と判示し、安全配慮義務違反による損害賠償請求の事案では不法行為の場合と同様弁護士費用を損害と認めた（Ｙ社（安全配慮義務違反・弁護士費用請求）事件・最二小判平24. 2. 24判時2144号89頁)。

⑹ 取締役の責任

安全配慮義務違反と取締役の責任に関し、大庄ほか事件では、従業員数2828名の一部上場の居酒屋チェーン店での長時間労働による急性左心機能不全の事案で、一審判決（京都地判平22. 5. 25労判1011号35頁 判時2081号144頁）が会社の規模や体制等からして直接当該労働者の労働時間を管理把握する立場でないことから民法709条による責任を負うとはいえないとしつつ、１か月100時間の時間外労働を６か月にわたって許容する三六協定や基本給に時間外労働80時間分が組み込まれていることを基礎に取締役の悪意重過失（会社法429条１項の責任）を認めたのに対し、控訴審判決（大阪高判平23. 5. 25労判1033号24頁）は、給与体系や三六協定のみの問題ではなく「現実に従業員の多数が長時間労働に従事していることを認識していたかあるいは極めて容易に認識し得たにもかかわらず、控訴人会社にこれを放置させ是正させるための措置を取らせていなかったことをもって善管注意義務違反があると判断する」とし、「人件費が営業費用の大きな部分を占める外食産業においては、会社で稼働する労働者をいかに有効に活用し、その持てる力を最大限に引き出していくかという点が経営における最大の関心事の一つになっていると考えられるところ、自社の労働者の勤務実態について控訴人取締役らが極めて深い関心を寄せるであろうことは当然のことであって、責任感のある誠実な経営者であれば自社の労働者の至高の法益である生命・健康を損なうことがないような体制を構築し、長時間勤務による過重労働を抑制する措置を採る義務があることは自明であり、この点の義務懈怠によって不幸にも労働者が死に至った場合においては悪意又は重過失が認められるのはやむを得ないところである」と判示した（最三小決平25. 9. 24で上告不受理）。

また、近時の裁判例を見ても、754名の従業員を雇用し、取締役４名のうち３名が代表権を有し、店長が各店舗を運営しているファーストフード店経営会社においては、会社の安全配慮義務は代表取締役の業務執行を通じて実現されるべきであり、過重労働により死亡した店長の労働時間を会社が把握し、代表取締役もその労働時間と労務の過重性を認識しえたことから、重過失による任務懈怠を認め、代表取締役らに会社法429条に基づき総額約4500万円の損害賠償を命じた裁判例（竹屋事件・津地判平29. 1. 30労判1160号72頁）、複数のチェーンの飲食店を経営する使用者において勤務していた飲食店店長が、長時間労働やパワハラ行為によりうつ病自殺した事案で、業績向上を目指すあまり、従業員の長時間労働やパワハラ等を防止するための適切な労務管理ができる体制を何とっておらず、代表取締役は長時間労働やパワハラ行為等を認識し又は容易に認識できたにもかかわらず何ら有効な対策をとらなかったことから、故意重過失による任務懈怠を認め、代表取締役に会社法429条に基づき総額約6000万円の損害賠償を命じた裁判例（サン・チャレンジほか事件・東京地判平26. 11. 4労判1109号34頁 判時2249号54頁確定）、出向先の関連企業において、自殺直前の約２か月で、月172時間及び月186時間の時間外労働に従事していたのに、その労働時間を把握しておらず、従業員に対して被災労働者の労働時間を把握してその内容を報告するように指示したことはなく、義務を果たさなかった結果、長時間労働により消耗させ、気分障害等の精神障害を発症させ、死に至らしめたとして、出向元及び出向先双方の代表取締役を兼職していた者について、安全配慮義務の違反による不法行為責任（民法709条）及び会社法429条１項に基づく責任を認めた裁判例がある（ネットワークインフォメーションセンターほか事件・東京地判平28. 3. 16労判1141号37頁 判時2314号129頁確定）。この裁判例では、出向元及び出向先の事業及び組織は区別されており、指揮命令系統が別であって、出向先の事業に対し指揮命令できる部門はなく、人員配置について何らの権限もなかったから、安全配慮義務を認めることは不可能を強いるものである旨の使用者側の主張に対し、「労働者に対し他の企業への出向を命じて他の企業の事業に従事させている場合であっても、出向先・労働者との出向に関する合意で定められた出向元の権限・責任、及び、労務提供・指揮監督関係の具体的実態等に照らし、出向元において予見可能性及び回避可能性が肯定できる範囲で、出向労働者が業務の遂行に伴う疲労や心理的負荷等が過度に蓄積して心身の健康を損なうことがないように注意する義務があるというべきである」とした上で、代表取締役を兼職しているという事実関係の下では、出向先の人事部に対し出向労働者の労働時間について定期的に報告を求めたり、出向労働者の労働時間が長時間に及ぶときは知らせるよう指示したりすることは、十分可能であって、何ら不可能を強いるものとはいえないとしている。

そのほかにも、従業員数40名の会社について、代表取締役は産業医による保健指導前に健康診断個人票に目を通していたため労働者が心電図につき要治療との診断を受けていることを認識し得たし、就労状況についても知悉していたことから当該労働者の就労を適宜軽減し基礎疾患の悪化を防止して心身の健康を損なうことがないようにする注意義務があったのに漫然と過重な業務を課していたとして旧商法266条の３による責任を認めた裁判例（南大阪マイホームサービス事件・大阪地堺支判平15. 4. 4労判854号64頁 判時1835号138頁確定）、従業員３名の会社で、会社の規模・陣容、労働者の職務内容に照らせば、安全配慮義務は、代表取締役の業務執行を通じて実現されるべきであり、代表取締役は労働者の勤務状況、休日の取得状況、出張の実態について十分認識し、労務の過重性についても認識し得たから「会社が適宜適切に安全配慮義務を履行できるように業務執行すべき注意義務を負担しながら、重大な過失によりこれを放置した任務懈怠があり」として旧商法266条の３に基づく責任を認めた裁判例（おかざき事件・大阪高判平19. 1. 18 労判940号58頁 判時1980号74頁）がある。

⑺　元請業者等の責任

最高裁は、下請会社従業員に対する元請業者の安全配慮義務について「上告人の下請企業の労働者が上告人の神戸造船所で労務の提供をするに当たっては、いわゆる社外工として、上告人の管理する設備、工具等を用い、事実上上告人の指揮、監督を受けて稼働し、その作業内容も上告人の従業員であるいわゆる本工とほとんど同じであったというのであり、このような事実関係の下においては、上告人は、下請企業の労働者との間に特別な社会的接触の関係に入ったもので、信義則上、右労働者に対し安全配慮義務を負うものであるとした原審の判断は、正当として是認することができる。」と判示した（三菱重工造

船所難聴事件・最一小判平3.4.11労判590号14頁 判時1391号3頁）。

上記最高裁判決は、下請・孫請業者の労働者が①元請業者の管理する設備、工具等を使用すること、②元請業者の指揮監督を受けて稼働すること、③その作業内容が元請業者の労働者とほぼ同じであることの３点を基準として元請業者の安全配慮義務（特別な社会的接触の関係）を判断している。

概ね同様の枠組みで元請業者の下請業者従業員に対する安全配慮義務を認めた裁判例として有限会社乙山塗装工業所事件・前橋地沼田支判平17.11.28労判935号67頁 判タ1241号123頁：控訴審東京高判平18.5.17労判935号59頁 判タ1241号119頁で維持、O技術（労災損害賠償）事件・福岡高那覇支判平19.5.17労判945号24頁がある。同様の枠組みで、注文者の工場内で作業していた請負業者の従業員の死亡について注文者の安全配慮義務違反を認めたテクノアシスト相模（大和製罐）事件・東京地判平20.2.13労判955号13頁 判時2004号110頁がある。

なお、孫請け業者に２重派遣されていた労働者の転落事故で上記の枠組みによらず、元請業者が労安衛法上「特定元方事業者」として労災防止のため作業所を巡視し仕事の工程に関する計画を作成するなどの必要な措置を講じる義務を負っていることから元請業者の安全配慮義務違反を認めた裁判例もある（エム・テックほか事件・高松高判平21.9.15労判993号36頁 判タ1329号129頁）。

出向労働者に対する出向元及び出向先の安全配慮義務については第４章第２・6⑵オ（188頁）、派遣労働者に対する派遣元及び派遣先の安全配慮義務については第９章第４・6⑶（450頁）参照

⑻　労務不提供期間の賃金請求

労働者が被災したことにより労務を提供できない期間について、労働者は、民法536条２項に基づき、使用者に対して100％の賃金を請求できるか。

これについて、東芝（うつ病・解雇）事件控訴審判決（東京高判平23.2.23労判1022号5頁 判時2129号121頁）は、会社側が「労働者が労務提供の能力及び意思を有していない場合には、民法536条２項の適用により賃金の支払を請求することができない」と主張したのに対し、「債権者である使用者の責めに帰すべき事由により債務者である労働者が債務の履行として労務の提供をすることができなくなる場合には、同条項の適用があるものと解すべきである。そして、労務の提供をすることができなくなる事態には、労働者の労務提供の意思を形成し得なくする場合も、労務提供の能力を奪う場合もあり得るのであるから、労働者において労務提供の意思を有していなくとも、それが労務提供の意思形成の可能性がありながら、当該労務者（原文ママ）の判断により労務の

不提供を判断したなどの特段の場合であればともかく、使用者の責めに帰すべき事由により労働者が労務提供の意思を形成し得なくなった場合には、当然に同条項の適用があるものと解すべきであって、業務上の疾病として本件鬱病を罹患した第1審原告の状況は、使用者の責めに帰すべき事由により労働者が労務提供の意思を形成し得なくなった場合に当たる」として、民法536条2項に基づく賃金請求を認めた。

ただし、「賃金」のうち、時間外労働賃金については、「労働者が時間外労働を行った対価として給付されるものであり、給与規則25条1項でも『期間外勤務』をしたときに支給される旨規定されており、しかも、時間外労働は、使用者がこれを命ずることを不可欠の前提とするのであるところ、本件においては、第1審原告が賃金の支払請求をする期間に、第1審被告がこのような時間外労働を命じたことはなく、第1審原告において時間外勤務をしたこともない」との理由により請求を認めず、また、賞与についても、「第1審被告による賞与の支給は、給与規則41条2項により、『事業年度の当該半期間の実勤務』が要件として定められており、同規則に従って、第1審被告が査定することにより具体的な権利として賞与の支払請求権が成立する」ことを理由に請求を認めなかった。なお、賃金請求に関するこれらの判示部分は、上告審判決（最二小判平26. 3. 24労判1094号22頁 判時2297号107頁）の判断対象に含まれていない。

このほか、アイフル（旧ライフ）事件・大阪高判平24. 12. 13労判1072号55頁も、前掲東芝（うつ病・解雇）事件控訴審判決と同様に、民法536条2項に基づく賃金請求を認めつつ、時間外労働賃金については、時間外労働命令も実際の時間外労働もないことを理由に、賞与については、就業規則において「明確かつ具体的な支給額があらかじめ確定していて、賞与をいくら受給するかが明確に具体的権利として定められているとはいえない」ことを理由に、請求を否定した。

この点については第8章第8・6(5)イ(ア)（367頁）も参照。

(9) 証拠収集

過労自殺の事案で、遺族が死亡した労働者の長時間労働を立証するため証拠保全の申立を行い、裁判所が死亡した労働者の同僚のタイムカードの検証物提示命令を発したのに対し、使用者側の自己負罪拒否特権（民訴法220条4号イ）、同僚のプライバシー（同号ホ）、関連性なしの主張をいずれも退け検証物提示命令を維持した決定例がある（乙社（検証物提示命令）事件・大阪高決平25. 7. 18判時2224号52頁）。

2 労災民訴での使用者側の対応

労働者からの安全配慮義務違反を理由とする損害賠償請求訴訟の提起を受けた場合の使用者側の対応は、基本的には他の一般民事紛争と異なるところはないが、主として①安全配慮義務の内容、過失の有無、②損害との相当因果関係の有無、③損害の減額要素（素因減額、過失相殺）が問題となる。

⑴　安全配慮義務の内容の確定とその違反の否定

安全配慮義務の内容について、当該事案において労働者側から主張される使用者の安全配慮義務の内容が、当該労働者との契約関係、職場の規模・環境、当該労働者の職責、職務、経験等に照らして妥当なものであるかを吟味し、不合理に広範となっていたり抽象的であったりする場合には、使用者が負うべき安全配慮義務の具体的内容について積極的に主張・反論することが考えられる。

また、当該安全配慮義務に違反しているという過失があったか否かについて、会社が実際に行っていた安全配慮の内容（例えば、過重労働が主張された事案において、時間外労働が多くなった労働者に対する産業医による面談の実施、業務量軽減の措置、人員の補充など）を主張するなどして反論する必要がある。

⑵　相当因果関係の存在の否定

死傷病その他の損害の発生を前提とした請求に対しては、安全配慮義務の内容に照らし、主張されている損害が相当因果関係のあるものといえるか検討することになる。特に、発生の機序がはっきりしない損害（ガンなど原因が不明であることが多い病気や、死亡後に解剖がされておらず死因が判然としない場合など）や拡大した損害（合併症、後遺症、病状の増悪、他の病気の発症など身体の状態にかかわる損害の拡大や、退職によるキャリアの毀損、賃金の減少等の財産的損害の拡大）が主張された場合に、どこまでが相当因果関係の範囲内かが争われることになる。

例えば、死因が不明な事案では、死亡直前の状況に照らして考え得る死因について専門家の意見書や鑑定書を証拠として提出するなど、医学的見地からもアプローチを試みる必要がある。

また、精神疾患の事案については、発症の主たる原因が業務外の事由にあると使用者が考えており、これを把握しているのであれば、当該事由に該当する事実を主張していくことになる（例えば、離婚協議が長引いて見通しがつかないと上司にこぼしていた、家族に重い病気があり悩んでいた、多額の借金がありその返済に非常に困っていた等）。

(3) 損害の減額要素

ア 過失相殺について

労災発生について、使用者に損害賠償責任が認められる場合でも、被災者に過失がある場合には損害の公平な分担として過失相殺が行われる（民法418条、722条２項）。

過失相殺については、賠償義務者から過失相殺の主張がなくとも、裁判所は訴訟にあらわれた資料に基づき被害者に過失があると認めるべき場合には、損害賠償の額を定めるに当たり、職権をもってこれを斟酌することができる（最三小判昭41.6.21民集20巻5号1084頁：約束手形金請求の事案）。

使用者側としては、特に精神疾患については、肉体的疾患と比べ、外部から見て罹患の有無や病状を把握しにくいため、労働者本人からの申告がなければ、具体的な配慮の措置を講じにくい。しかし、前掲東芝（うつ病・解雇）事件では、労働者が神経科の医院への通院、その診断に係る病名、神経症に適応のある薬剤の処方等の情報を上司や産業医等に申告しなかったことについて、前掲控訴審判決（東京高判平23.2.23労判1022号5頁 判時2129号121頁）では、それにより使用者が労働者のうつ病の発症を回避したり発症後の増悪を防止する措置を執る機会を失わせる一因となったとして過失相殺の対象としたのに対し、最高裁判決（最二小判平26.3.24労判1094号22頁 判時2297号107頁）は、この部分を破棄し、「自らの精神的健康（いわゆるメンタルヘルス）に関する情報は、神経科の医院への通院、その診断に係る病名、神経症に適応のある薬剤の処方等を内容とするもので、労働者にとって、自己のプライバシーに属する情報であり、人事考課等に影響し得る事柄として通常は職場において知られることなく就労を継続しようとすることが想定される性質の情報であった」として、「使用者は、必ずしも労働者からの申告がなくても、その健康に関わる労働環境等に十分な注意を払うべき安全配慮義務を負っているところ、上記のように労働者にとって過重な業務が続く中でその体調の悪化が看取される場合には、上記のような情報については労働者本人からの積極的な申告が期待し難いことを前提とした上で、必要に応じてその業務を軽減するなど労働者の心身の健康への配慮に努める必要があるものというべきである」として、労働者が自身の通院や病状等を申告しなかったとしてもそれを理由に過失相殺することはできないとの判断を明らかにしているので注意が必要である。

イ 素因減額について

最高裁は、交通事故の損害賠償請求事件で、被害者の心因的要因や疾患（既往症）が損害発生に寄与している場合に民法722条２項を類推適用してこれを斟酌できる、他方、疾患ではない身体的特徴については特段の事情がない限り斟酌できないとの判断を示している（最一小判昭63. 4. 21民集42巻4号243頁、いわゆる首長（くびなが）事件・最三小判平8. 10. 29民集50巻9号2474頁）。実務上これを「素因減額」と呼んでいる。

このことは、労災事故による損害賠償請求の場合においても、基本的に同様であると解される（NTT東日本北海道支店事件・最一小判平20. 3. 27労判958号5頁 判時2003号155頁）。素因減額についても、賠償義務者から主張がなくても職権で斟酌できる（同判決）。

業務に起因する精神疾患や自殺が問題となる事案では、主に入社前等の時点で精神疾患の既往歴がある場合などに使用者側から主張していくことになる。ただし、「生真面目」など労働者の性格傾向については、「ある業務に従事する特定の労働者の性格が同種の業務に従事する労働者の個性の多様さとして通常想定される範囲…を外れるものでない場合には、裁判所は、業務の負担が過重であることを原因とする損害賠償請求において使用者の賠償すべき額を決定するに当たり、その性格及びこれに基づく業務遂行の態様等を、心因的要因としてしんしゃくすることはできない」（電通事件・最二小判平12. 3. 24労判779号13頁 判時1707号87頁）とされている（前掲東芝（うつ病・解雇）事件最高裁判決・最二小判平26. 3. 24労判1094号22頁 判時2297号107頁も、電通事件の当該判示部分を参照して、素因減額を否定）。

過重な業務による脳・心臓疾患の発症等が問題となる事案では、使用者側において明確に把握している生活習慣上の問題（過度の喫煙、飲酒、夜更し、その他の依存症）があれば、これを素因減額あるいは過失相殺の事情として主張することが考えられる。

ウ　損益相殺との先後関係

過失相殺と労災保険給付の損益相殺の先後については、これにより損害額が大きく違ってくるが、判例においては、損害賠償請求権はあくまで過失相殺による減額後に確定するとしているため、過失相殺後に労災保険金の損益相殺を行うこととなる（前掲大石塗装・鹿島建設事件・最一小判昭55. 12. 18民集34巻7号888頁 労判359号58頁）。

⑷　損益相殺

ア　労災保険給付

(ア) 控除の範囲

前記1(1)で述べたように、使用者は、労災保険法に基づく保険給付が支払われた限度で損害賠償責任を免れる（労基法84条類推適用）。

損害賠償額から控除される範囲に関し、最高裁は、「保険給付の対象となる損害と民事上の損害賠償の対象となる損害とが同性質であり、保険給付と損害賠償とが相互補完性を有する関係にある場合」と判示し、同一の損害費目からのみ控除できるとの考え方を示した上で、労災保険法による休業補償給付及び傷病補償年金の支給によって控除されるのは、「財産的損害のうちの消極損害（いわゆる逸失利益）のみであって、財産的損害のうちの積極損害（入院雑費、付添看護費はこれに含まれる。）及び精神的損害（慰藉料）は右の保険給付が対象とする損害とは同性質であるとはいえないものというべき」として、入院雑費、付添看護費を含む積極損害及び慰謝料からの控除は認められないとする（青木鉛鉄事件・最二小判昭62.7.10民集41巻5号1202頁 労判507号6頁）。

また、特別支給金については、「特別支給金の支給は、労働福祉事業の一環として、被災労働者の療養生活の援護等によりその福祉の増進を図るために行われるものであり（略）、使用者又は第三者の損害賠償義務の履行と特別支給金の支給との関係について、保険給付の場合における前記各規定と同趣旨の定めはない。このような保険給付と特別支給金との差異を考慮すると、特別支給金が被災労働者の損害をてん補する性質を有するということはできず、したがって、被災労働者が労災保険から受領した特別支給金をその損害額から控除することはできないというべきである」とされている（コック食品事件・最二小判平8.2.23民集50巻2号249頁 労判695号13頁）。したがって、休業補償に関しては60％相当の休業補償のみが損益相殺の対象となり、20％相当の特別支給金は損益相殺の対象とならない。

(イ) 控除の時的限界と履行猶予の抗弁

最高裁は「政府が保険給付をしたことによって、受給権者の使用者に対する損害賠償請求権が失われるのは、右保険給付が損害の填補の性質をも有する以上、政府が現実に保険金を給付して損害を填補したときに限られ、いまだ現実の給付がない以上、たとえ将来にわたり継続して給付されることが確定していても、受給権者は使用者に対し損害賠償の請求をするにあたり、このような将来の給付額を損害賠償債権額から控除することを要しないと解するのが、相当である」として、労働者からの損害賠償請求に対して使用者が損益相殺を主張できるのは口頭弁論終結時に給付済みの労災保険に限られ未支給の労災保険金を控除することはできないとしている（三共自動車事件・最三小判昭52.10.25民集31巻6号836頁）。

これを受けて、労災保険法附則64条に履行猶予の抗弁が規定され、労働者またはその遺族が障害補償年金または遺族補償年金、障害年金、遺族年金を受けることができる場合には、使用者は前払一時金の最高限度額（遺族補償年金、遺族年金については1000日分：労災保険法附則60条２項、63条２項、障害補償年金、障害年金については障害等級による：同59条２項、62条２項）から中間利息を控除した現在額の限度で損害賠償の履行をしないことができ、労働者または遺族が年金または前払一時金の支給を受けたときにそれに応じて使用者が賠償義務を免れることとなった。履行猶予額の計算方法はやや複雑であるが、ハヤシ（くも膜下出血死）事件・福岡地判平19.10.24労判956号44頁 判時1998号58頁の中で計算式を含め詳細な認定がなされており、大変参考になる。

(ウ)　損害賠償債務への充当関係

支給された労災保険給付を控除するとして、損害賠償債務の元本と遅延損害金のどちらに充当すべきかについて、最高裁は、「損害の元本に対する遅延損害金に係る債権は、飽くまでも債務者の履行遅滞を理由とする損害賠償債権であるから…遺族補償年金による填補の対象となる損害が、遅延損害金と同性質であるということも、相互補完性があるということもできない」とした上で、「被害者が不法行為によって死亡した場合において、その損害賠償請求権を取得した相続人が遺族補償年金の支給を受け、又は支給を受けることが確定したときは、制度の予定するところと異なってその支給が著しく遅滞するなどの特段の事情のない限り、その填補の対象となる損害は不法行為の時に填補されたものと法的に評価して損益相殺的な調整をすることが公平の見地からみて相当であるというべきである」（フォーカスシステムズ事件・最大判27.3.4民集69巻2号178頁 労判1114号6頁）と判示し、元本から充当するものとする（最一小判平22.9.13民集64巻6号1626頁も同旨）。

イ　傷病手当金

健康保険に基づく傷病手当金（労災給付ではない）の損害額からの控除の可否については、「傷病手当金等は、業務外の事由による疾病等に関する保険給付として支給されるものであるから（健康保険法１条、55条１項）、上記の上告人保有分は、不当利得として本件健康保険組合に返還されるべきものであって、これを上記損害賠償の額から控除することはできないというべきである」とされている（東芝（うつ病・解雇）事件・最二小判平26. 3. 24労判1094号22頁 判時2297号107頁)。

ウ　公的年金

被害者が死亡した場合、被害者の死亡により遺族が受給する国民年金法に基づく遺族基礎年金、厚生年金保険法に基づく遺族厚生年金は、当該遺族年金受給者が加害者に請求する損害額から控除される（最二小判平11. 10. 22民集53巻7号1211頁、最二小判平16. 12. 20判タ1173号154頁：前者は医療過誤、後者は交通事故の事案)。もっとも、支給未確定の将来の年金は控除されないし、遺族年金をもって損益相殺的な調整を図ることのできる損害は、財産的損害のうちの逸失利益に限られる（前掲最二小判平11. 10. 22)。

エ　使用者の遺族年金

過労自殺事案での遺族からの損害賠償請求に対し、前掲最二小判平16. 12. 20との均衡を理由に、使用者の遺族年金規定に基づく遺族年金を逸失利益分の損害から控除するのが相当とした裁判例がある（肥後銀行事件・熊本地判平26. 10. 17労判1108号5頁 判時2249号81頁（確定))。

(5) 労働者の賃金請求と過失相殺・損益相殺

前掲東芝（うつ病・解雇）事件控訴審判決（東京高判平23. 2. 23労判1022号5頁 判時2129号121頁）は、「労基法24条1項本文が賃金の全額支払を使用者に対し義務付けていることにかんがみると、賃金の支払請求につき、過失相殺ないしその類推適用を認めることはできないと解される」とし、賃金と労災の休業補償給付の損益相殺の主張について、休業補償給付は「賃金を補填する関係にない」として否定した。

第9 労災保険と他の制度の調整関係

1 使用者の民事賠償と労災保険給付の関係

民事損害賠償が先行した場合に、労災保険受給の地位を加害者が代位取得できるかについて、最高裁判所は、両制度の目的が異なり、制度的手当てもないため否定している（三共自動車事件・最一小判平元. 4. 27民集43巻4号278頁 労判542号6頁)。

民事損害賠償事件で使用者と労働者が和解した場合は、労災保険法64条２項の適用が考えられるが、「民事損害賠償が行われた際の労災保険給付の支給調整に関する基準」（昭和56. 6. 12基発60号）によれば、「労災保険給付が将来にわたり支給されることを前提としてこれに上積みして支払われる示談金及び和解金については、労災保険給付の支給調整を行わない。」とされた。

2　第三者の行為による災害の場合

⑴　第三者の民法上の責任

災害が使用者以外の第三者の行為により、又は第三者所有若しくは占有の土地工作物の瑕疵により生じた場合は、被災労働者又はその遺族は、第三者に対し不法行為責任（民法709条）、又は工作物責任（民法717条）を追及し得る。

⑵　労災補償と第三者の損害賠償責任との関係

弁済者の法定代位（民法500条）の類推適用によって、使用者は労災補償を行った限度で被災労働者の第三者に対する損害賠償請求権を代位取得する。

⑶　労災保険と第三者の損害賠償責任との関係

政府は、保険給付をした限度で受給者が第三者に対して有する損害賠償請求権を取得し、又は第三者からの損害賠償が保険給付より先になされた場合にはその限度で保険給付をしないことができる（労災保険法12条の４）。

被災労働者が加害第三者と示談を行い損害賠償債務の一部又は全部を免除し損害賠償請求権を失った場合、政府はその限度で保険給付をする義務を免れる（小野運送事件・最三小判昭38. 6. 4判時338号5頁）。このように解すると被災労働者の不用意な又は必ずしも真意に沿わない示談等により不当な結果が生じうるが、厚生労働省は「当該示談が真正に成立していること、当該示談の内容が受給権者の第三者に対して有する損害賠償請求権（保険給付と同一の事由に基づくものに限る）の全部の塡補を目的としていること」を満たしている場合に限り保険給付を行わないとし、全損害の塡補を目的とするものか否かの認定基準を策定している（昭38. 6. 17基発687号）。

また、年金については、損害賠償との調整は３年間が限度とされており（昭41. 6. 17基発610号、昭52. 3. 30基発192号）、全額の賠償を受けた場合でも３年経過すると年金の支給が再開される。

3　労災保険等と他の公的制度との関係

⑴　労災保険等と公的年金との関係

休業（補償）給付、障害（補償）年金（障害等級１級～7級）、傷病（補償）

年金（傷病等級１級～３級）の受給者が、同一の事由により障害厚生年金（厚生年金保険法）、障害基礎年金（国民年金法）を受給する場合には、併給調整がなされ、障害厚生年金、障害基礎年金は満額支給され、労災給付が一定の調整率（例えば、障害厚生年金及び障害基礎年金を受給する場合の障害補償年金は0.73、障害厚生年金を受給する場合の障害補償年金は0.83、障害基礎年金を受給する場合の障害補償年金は0.88）を乗じた額に減額される（なお、最低保障額の定めがある）（労災保険法14条２項、別表第一１～３号、労災保険法施行令）。遺族補償年金（通勤災害については遺族年金）の受給者が、同一の事由により遺族厚生年金（厚生年金保険法）、遺族基礎年金または寡婦年金（国民年金法）を受給する場合も同様である（労災保険法別表第一１～３号、労災保険法施行令２条、４条、６条等）。

年金同士でも上記の組み合わせ以外、例えば障害補償年金と遺族厚生年金というような場合には併給調整の規定はない。

障害補償一時金（通勤災害では障害一時金）（障害等級８級～14級）、遺族補償一時金（通勤災害では遺族一時金）、特別支給金については併給調整規定がない。

⑵　労災保険と健康保険との関係

ア　健康保険給付について、健康保険の被保険者本人又はその被扶養者が労働者の場合であって、労災保険給付を受けることができるときには、支給されない（健康保険法55条１項）。国民健康保険給付についても、労災保険給付を受けることができる場合には、支給されない（国民健康保険法56条１項）。

　したがって、労災認定を受けた傷病等を原因として既に健康保険や国民健康保険を利用していた場合は、当該傷病等の発生当初に遡って労災保険に切り替える必要がある。

　切替手続の流れは、おおむね次のとおりである。

イ　まずは、受診した医療機関に労働保険への切替えができるかを確認する。

　切替えができる場合は、当該医療機関の窓口で支払った金額（自己負担分）が返金されるので、あらためて、当該医療機関に対し、労災保険の様式第５号（業務上の災害の場合）または様式第16号の３（通勤災害の場合）の請求書を提出する。

ウ　医療機関での切替えができなかった場合は、原則として、医療費の全額をいったん自己負担した（いわば立て替えた）上で、労災保険を請求することになる。

具体的には、全国健康保険協会や加入する組合管掌健康保険（国民健康保険の場合は被災労働者が在住する地区町村の国民健康保険の担当窓口。以下、これらを総称して「健康保険協会等」という）へ労災認定があったことを申し出る。その際、負傷原因報告書の作成を求められるので、記入の上、提出する。そうすると、健康保険協会等から、自己負担分を除いた医療費について返納の通知と納付書が送られてくるので、これを返納する。その後、労災保険の様式第７号（業務上の災害の場合）または様式第６号の５（通勤災害の場合）を記入の上、労働基準監督署に対し、医療費の全額を請求する。

また、2017（平成29）年２月から、労働基準監督署への申出等一定の手続（次の①～③）のもと、被災労働者が本来健康保険協会等に返納する必要のある金額相当分について、健康保険と労災保険の各保険者間で調整してもらえるようになった（「労災認定された傷病等に対して労災保険以外から給付等を受けていた場合における保険者等との調整について」（平成29年２月１日基補発0201第１号））。これによれば、労働基準監督署が返納金相当額の労災保険給付を健康保険協会等に支払うことにより調整が行われるので、被災労働者が医療費全額をいったん立替払いする必要がなくなる。

①　被災労働者が、労災認定をした労働基準監督署に対し、返納金相当額の労災保険給付の受領について健康保険協会等に委任する旨を申し出るとともに、その支払先として、健康保険協会等の口座を指定（受領を保険者に委任）する。

②　労働基準監督署において、①の口座への振込みが可能であることを確認の上、被災労働者の同意のもとレセプトの確認等が行われ、調整に係る金額が決定される。

③　労災保険と健康保険の各保険者間で返納金相当額につき調整が行われる。

第10　脳・心臓疾患と過労死

1　脳・心臓疾患の業務上外の認定

(1)　脳・心臓疾患と過労死

脳・心臓疾患とは、脳出血、くも膜下出血、脳梗塞等の脳血管疾患及び狭心症、心筋梗塞等の虚血性心疾患をいう。

過重な業務、特に長時間労働によりこれらの疾患を発症して死亡した場合が、いわゆる過労死の典型例である。

(2) 脳・心臓疾患の労災認定基準

労働者に発生した脳・心臓疾患についての行政の労災認定基準は、平成13年12月12日付基発1063号通達によっている。同認定基準は、脳・心臓疾患発症の基礎となる血管病変等が長期間の生活の中で形成され、徐々に進行し、増悪するという自然経過の中で、業務による明らかな過重負荷が加わることで血管病変等が自然経過を超えて著しく増悪した場合に業務による疾病として取り扱うとする。その際の過重負荷として、発症に近接した時期における負荷のほかに、長期間にわたる疲労の蓄積も考慮し、過重性の評価に当たっては労働時間、勤務形態、作業環境、精神的緊張の状態等を具体的かつ客観的に把握検討し、総合的に判断する必要があるとされている。

認定基準は対象疾病を、脳血管疾患（脳内出血（脳出血）、くも膜下出血、脳梗塞、高血圧性脳症）及び虚血性心疾患等（心筋梗塞、狭心症、心停止（心臓性突然死を含む。）、解離性大動脈瘤）として、①発症直前から前日までの間において、発生状態を時間的及び場所的に明確にし得る異常な出来事に遭遇したこと（異常な出来事）、②発症に近接した時期において、特に過重な業務に就労したこと（短期間の過重業務）、③発症前の長期間にわたって、著しい疲労の蓄積をもたらす特に過重な業務に就労したこと（長期間の過重業務）のいずれかに当たることを認定要件としている。

①の異常な出来事としては、a極度の緊張、興奮、恐怖、驚がく等の強度の精神的負荷を引き起こす突発的又は予測困難な異常な事態、b緊急に強度の身体的負荷を強いられる突発的又は予測困難な異常な事態、c急激で著しい作業環境の変化が挙げられている。②の短期間の過重業務については、「特に過重な業務に就労したと認められるか否かについては業務量、業務内容、作業環境等を考慮し、同僚等にとっても、特に過重な身体的、精神的負荷と認められるか否かという観点から、客観的かつ総合的に判断すること」「発症に最も密接な関連性を有する業務は、発症直前から前日までの業務であるので、まず、この間の業務が特に過重であるか否かを判断すること。発症直前から前日までの間の業務が特に過重であると認められない場合であっても、発症前おおむね1週間以内に過重な業務が継続している場合には、業務と発症との関連性があると考えられるので、この間の業務が特に過重であるか否かを判断すること」とした上で、具体的な負荷要因として労働時間、不規則な勤務、拘束時間の長い

勤務、出張の多い業務、交替制勤務・深夜勤務、作業環境（温度環境・騒音・時差）、精神的緊張を伴う業務を挙げている。

そして、③の長期間の過重業務については、発症日を起点とした１か月単位の連続した期間をみて、ａ発症前１か月間ないし６か月間にわたって、１か月当たりおおむね45時間を超える時間外労働が認められない場合は、業務と発症との関連性が弱いが、おおむね45時間を超えて時間外労働時間が長くなるほど、業務と発症との関連性が徐々に強まると評価できること、ｂ発症前１か月間におおむね100時間又は発症前２か月間ないし６か月間にわたって、１か月当たりおおむね80時間を超える時間外労働が認められる場合は、業務と発症との関連性が強いと評価できることを踏まえて判断することを基準としている。「発症前２か月間ないし６か月間にわたって、１か月当たりおおむね80時間」は、発症前２か月間、発症前３か月間、発症前４か月間、発症前５か月間、発症前６か月間のいずれかで１か月当たり80時間を超えればよいという趣旨である。

長期間の過重業務の基準は、長時間労働が脳・心臓疾患に影響することは医学的研究においても指摘されており、その原因は主として長時間労働によって睡眠が十分取れなくなることにあるということから定められている。

⑶　労災認定の現状

厚労省の2016（平成28）年度「過労死等の労災補償状況」（平成29年６月30日発表）によれば、脳・心臓疾患による労災認定件数及び認定率は、2015（平成27）年度が251件、37.4％、2016（平成28）年度が260件、38.2％となっており、１か月当たりの平均時間外労働時間80時間未満の支給決定が2015（平成27）年度で12件、2016（平成28）年度で14件ある。

2　不支給決定に対する取消訴訟（労災行訴）

⑴　裁判所の判断基準（総論）

裁判所は、行政上の労災認定基準に必ずしも拘束されるわけではないが、ほとんどの裁判例は認定基準を合理的と評価し、この長時間労働を量的基準とし、勤務の質（質的要素）を加えて過重性を検討している。

業務上の認定における条件関係の必要性とその立証の程度、相当因果関係の必要性とその一般的な判断基準等については、労災行訴での裁判所の判断基準として本章第６・４⑶（674頁～）で説明している。

⑵　業務起因性判断上の問題点

この場合に問題となるのは、①医学的知見の問題、②当該脳・心臓疾患事案における事実関係の確定の問題、③業務起因性の判断枠組みの問題である。

このうち①については、脳・心臓疾患発症の医学的機序がまだ未解明な部分が多く、確実な知見に乏しいことである。基礎疾患が悪化して発症するものであるから、業務中に発症したとしても業務が原因とは必ずしも言えず、業務を離れた時間や場所で発症しても業務と無関係とは必ずしも言えない。

また、②については、脳・心臓疾患は、一般に基礎疾患が存在することを前提に発症すると考えられているが、被災労働者の発症前の健康状態等の医学的資料が乏しい場合が多い。

最後に③については、過重業務により血管病変が自然経過を超えて著しく悪化し、脳・心臓疾患を発症させることは医学的に認知されている。しかし、要因が複数あるため、業務と発症の間にどの程度のつながりがあれば条件関係、相当因果関係があるのかはきわめて微妙な問題である。

(3)　異常な出来事に関する裁判例

消防署の査察の連絡を受けて体裁を整えるために取り急いで危険物の搬出作業をした製造一課長が作業終了直後に急性心筋梗塞で死亡した事案で、当日に査察の連絡を受けて２時間で体裁を整えねばならずしかも前回の査察での指摘事項が改善されていないことを知ったことが危険物保安監督者として責任を負う立場にある労働者にとって強い動揺を受ける「異常な出来事」と評価でき、搬出作業も日常業務とは異なる重負荷の作業であるとして、業務起因性を認めた裁判例がある（立川労基署長（日本光研工業）事件・東京地判平18. 7. 10労判922号42頁 判時1946号157頁）。

労働者が自宅で就寝中に心肺停止に陥り蘇生後低酸素性脳症を発症した事案で、発症の５日前に上司である総務部長から「２人きりで数十分にわたり一方的に怒鳴られ、その様子は、室外でその様子を聞いた女性職員ですらショックで忘れられず恐怖感を感じたというほどのものであった」こと、業務の集中期に「見積書等の決裁を拒否され繰り返し総務部長に対して決裁してくれるように求めざるを得ない状況に置かれ」たことが、「組織において勤務する通常の労働者にとって、その態様に照らし、相当に強い緊張をもたらす突発的で異常な事態」として、業務起因性を認めた（発症直前から前日までのみならず５日前の出来事を考慮した）裁判例がある（国・島田労基署長（生科検）事件・東京高判平26. 8. 29労判1111号31頁 判時2252号17頁（確定）

(4)　短期間の過重業務に関する裁判例

警察官の脳内出血の事案で、発症前６か月間の就労状況は量的に過重な業務とはいえないが性質上精神的緊張を伴うものであり三部交替制による勤務であることもあり労働密度は低くはないとした上で、発症前１週間の業務は拘束時間が長く休憩時間が少なく深夜も継続して勤務しこの間の残業時間が47時間に達していることから特に過重な業務であるとして公務起因性を認めた裁判例がある（地公災基金東京支部長（警視庁巡査脳内出血）事件・東京地判平21.10.1判タ1330号105頁。東京高判平22.5.20判タ1330号101頁で控訴棄却）。

競馬担当記者の突発性心室細動による致死性不整脈の事案で、競馬担当記者の業務について一般的に著しく出張業務が多く時間が変則的であることなどから精神的、肉体的に相当負担のある業務と認定した上で、死亡直前１週間の業務について、出退勤時刻からの実労働時間は平均１日７時間20分強にとどまるがこの間の記事の執筆量やホテルの部屋で記事を執筆していたとの同僚の証言からすればこれを相当上回る時間記事の執筆等の業務に従事していたものと推認できる、死亡5日前の夕食でほとんど食べ物を口にせず、死亡2日前の夕食でも食が進まず疲れを訴えて先にホテルに帰り、死亡１週間前頃からしきりに「疲れた」と口にしていたことから死亡直前に疲労していたことが推認できるとして業務起因性を認めた裁判例がある（中央労基署長（スポーツニッポン新聞社）事件・東京地判平14.2.27労判825号32頁）。

なお、民事訴訟の事案であるが、小脳出血及び水頭症（植物状態）の事案で、異動後間もない時期で慣れない業務を担当していたこと、発症前１か月間の残業が88時間30分、発症前12日間（異動後）の残業時間が61時間で休日が１日も取れなかったことから過重な業務であるとして相当因果関係を認めた裁判例がある（天辻鋼球製作所事件・大阪地判平20.4.28労判970号66頁 判タ1293号214頁）。

(5)　長期間の過重業務に関する裁判例

ア　残業月平均80時間超または直前１か月100時間超のケース

通信業務等に従事する自衛官が宿直勤務中にくも膜下出血または脳内出血で死亡した事案で、発症前１か月の時間外労働時間が123.5時間と認定し、公務に起因すると認めた裁判例（陸上自衛隊自衛官遺族補償等請求事件・仙台高判平22.10.28判時2099号150頁）、警備業務に従事する警備員が夜間勤務前の自宅で脳内出血を発症し半身麻痺、言語障害等の後遺症を負った事案で、発症前１か月の時間外労働時間が148時間、発症前２～６か月のいずれの期間においても、時間外労働時間数の１か月当たり139時間以上と認定し、業務起因性を認めた裁判例（国・池袋労働基準監督署長（ライジングサンセキュリティーサービス）事件・東京地判平28.7.14労判1148号38頁）などがある。

イ　残業時間の認定方法ないし労働時間性の評価により業務起因性を認めた

裁判例

労基署が雑談等をしていたに過ぎず在社時間を基準とすべきでないと主張したのに対して、QCサークル活動も業務であるなどとして死亡前1か月の残業時間を106時間45分として心停止の業務起因性を認めた豊田労基署長（トヨタ自動車）事件・名古屋地判平19.11.30労判951号11頁 判時1996号143頁、店舗での労働時間は発症前2か月間～6か月間の平均残業時間64時間40分～73時間45分だが、持ち帰り残業を考慮すれば月当たり概ね80時間を超える範囲に達していた月が相当程度あった蓋然性が高いとして急性心機能不全の業務起因性を認めた川崎南労基署長（日本マクドナルド）事件・東京地判平22.1.18判時2093号152頁、雑誌・インターネットサイトの編集者について認定された残業時間による発症前2か月間～6か月間の平均残業時間が53～63時間となる事案で、認定された残業時間に加えて1か月に1、2回程度休日労働をしていたこと、平日の深夜ないし未明に自宅で業務を行っていたことが推認できるとしてくも膜下出血による死亡の業務起因性を認めた国・中央労基署長（リクルート）事件・東京地判平21.3.25労判990号139頁 判時2061号118頁などがある。

民事訴訟の事案であるが、不払い残業が構造的に行われ、早出してタイムカードは始業時刻付近で打刻する、終業時刻付近でタイムカードを打刻して仕事を続けるなどされていたことから、始業時刻を原則として出勤打刻時刻と労働者が署名した鍵受け渡し表記載時刻の早い方とし出勤打刻時刻が午前9時以降の日は出勤打刻時刻の1時間前、退勤時刻を退勤打刻時刻が午後10時30分以前となっている日は午後10時30分として発症前2か月の時間外労働時間が80時間を超えていることから心臓性突然死と過重労働の相当因果関係を認めた裁判例がある（O社事件・神戸地判平25.3.13労判1076号72頁 判時2199号126頁控訴後和解）。

ウ　残業月平均80時間未満に他の要因を考慮して業務起因性を認めた裁判例

くも膜下出血とみられる死亡につき、発症前1か月が72時間15分、2か月間ないし4か月間が65時間以上と認定しつつ、PC操作履歴（ログオフ時刻ではなくワード等の操作時刻）による認定のため現実にはさらに残業していたとみられること、新会計システム導入プロジェクトを担当することによる精神的緊張と死亡2～3日前の出張で長距離（片道約170km）の夜間運転に従事したことから量的にも質的にも業務による過重な負荷があったとされた裁判例がある（国・常総労基署長（旧和光電気）事件・東京地判平25.2.28判時2186号103頁 労判1074号34頁）。

出張中の橋出血（脳内出血の１つ）による死亡につき、発症前６か月間の平均残業時間56時間33分の他に宿日直業務があり休日も緊急の呼出に備えて常に携帯電話を持参していたことからすると量的にも相当な負担を伴い、発症前１か月の残業時間が75時間30分に及び、死亡当日早朝から休憩なく14時間以上連続して勤務したことから公務に起因すると認めた裁判例がある（地公災基金和歌山県支部長（白浜町民生課職員）事件・大阪高判平20.12.18判タ1334号91頁）

致死性不整脈による心停止の事案で、発症前２か月の時間外労働時間数が５時間38分であって過重とはいえない程度のものであったとしたが、発症前１か月の時間外労働時間数が少なくとも85時間48分以上であることに加えて、時間外労働の時間帯において休憩時間が確保できていなかった時間があること、終業時刻後に時間外労働をしていた時間が存すること、別工場の業務に従事した時間が存する可能性があること、さらには、うつ病による早期覚醒の症状が加わって、更に睡眠時間が減少したものと認められることから、「発症前１か月間において、うつ病にり患していない労働者が100時間を超える時間外労働をしたのに匹敵する過重な労働負荷を受けたものと認められる」として、業務起因性を認めた裁判例がある（国・半田労働基準監督署長（テー・エス・シー）事件・名古屋高判平29.2.23労判1160号45頁）

エ　発症６か月以上前の過重労働を考慮して業務起因性を認めた裁判例

虚血性心不全による死亡の事案で、長期間の加重業務に該当するか否かを判断するに当たっては、「本件発症前６か月の業務の過重性を判断し、その上で、本件発症前６か月より前の業務の過重性を付加的に検討することが相当である」とした上で、発症前６か月間の業務については発症との関連性が強いとまでは評価することができないとしたが、発症６か月より前の業務の過重性について、発症前36か月ないし７か月の30か月間において、時間外労働時間が１か月当たり100時間を超える月が15か月、同80時間を超える月が６か月あることなどから、「長時間労働を余儀なくされるような業務量が存在したものであって、その身体的・精神的負荷が特に軽いものであったとは認められない」などとして、業務起因性を認めた裁判例がある（国・池袋労基署長（光通信グループ）事件・大阪地判平27.2.4労判1119号49頁、大阪高判平27.9.25労判1126号33頁で維持（確定））。

オ　残業月平均45時間未満で業務起因性を認めた裁判例

くも膜下出血を発症して死亡した技術職者につき、発症前１か月間ないし６か月間の残業が月30時間未満でも、発症６日前までの10か月あまりの間に合計10回183日間の海外出張業務を行わせたため、環境の大幅な変化の連続により精神的緊張が避けられず、疲労が蓄積し過重な精神的・身体的な負荷を与えられたと認定して業務起因性を認めた裁判例がある（松本労基署長（セイコーエプソン）事件・東京高判平20. 5. 22労判968号58頁 判時2021号116頁）。

陳旧性心筋梗塞の既往症のある労働者が平日午前９時から午後５時30分までの研修の期間中の休日に急性心筋虚血により死亡した件について、雇用形態の選択（退職し子会社雇用＋定年後再雇用、退職金割増＋子会社雇用、雇用継続で60歳定年のいずれか）を迫られたこと及び新たな配属先が決まっていなかったことによるストレス並びに研修期間中の旭川・札幌・東京間の頻繁な移動の負担等が、心臓疾患を、自然的経過を超えて増悪させたと判断した裁判例がある（国・旭川労基署長（NTT東日本北海道支店）事件・札幌地判平21. 11. 12労判994号5頁 判タ1316号154頁。札幌高判平22. 8. 10労判1012号5頁で控訴棄却）。

(6) 認定基準の対象疾病以外の疾病について業務起因性を認めた裁判例

持病の気管支喘息が悪化して喘息発作による心停止に至った事案で、死亡前６か月間の平均残業時間が87時間58分であり、夜勤交替制業務であること、死亡１週間前に大きなトラブルが生じトラブル処理の責任者として精神的緊張を強いられたことなどから、業務起因性を認めた裁判例がある（国・川口労基署長（神戸屋）事件・東京地判平22. 3. 15労経速2137号14頁 判時2088号144頁、東京高判平24. 1. 31労経速2137号5頁で維持）。

左下肢動脈急性閉塞、Ｓ字結腸壊死から呼吸不全に至り死亡した事案で、発症前１年４か月にわたり月130時間前後の残業を行っていたことによる疲労の蓄積により血管病変等が自然的経過を超えて著しく増悪したものとして業務起因性を認めた裁判例がある（国・池袋労基署長（フクダコーポレーション）事件・東京高判平20. 2. 28判時2076号153頁）。

情報システム会社のプロジェクトマネージャーが腹痛を訴えて病院に搬送され、小腸の摘出手術を受けたが翌日死亡した事案で、発症前５か月以上にわたり、月平均100時間以上の残業を要し、多忙かつストレスが多く精神的緊張を伴う著しい疲労の蓄積をもたらす業務に継続従事したことによって心房細動等の不整脈を発症し、心房内の血流が滞ったことによって形成された塞栓子が大動脈弁を通過して上腸間膜動脈内に移動し、その下部の血管を閉塞したことで、小腸部分を広範囲に壊死させた結果（塞栓症）死亡するに至ったと推認されるとして業務起因性を認めた裁判例がある（国・中央労基署長（三井情報）事件・東京地判平25. 3. 29労判1077号68頁）。

⑺　立証上の問題点

脳・心臓疾患の場合問題になるのは、死亡原因すら特定されないことがある点である。事前の健康診断の不受診、死亡の際の剖検の不実施など、医学的証拠が十分確保できないことは少なくない。発症前後の身体状況や臨床所見等をもとに医師の意見書を得られなければ条件関係すら認められないことがある。立場上同僚労働者の協力が得にくく、労働実態がわかりにくい場合もある。労災の再審査請求で認定時の資料は入手できるが、必ずしも全てが揃っているわけでもなく、行政訴訟を提起して行政側から開示される資料もある。

また、長時間労働や業務の過重性についても、出勤簿やタイムカード、被災者のパソコンの利用履歴、携帯電話の通話履歴なども資料となりうるので早期に入手するように心がけねばならない。タイムカードについては、現実にはタイムカード打刻時間を超えてサービス残業が行われていたのではないかなどの注意を要する。

3　使用者に対する損害賠償請求（労災民訴）

使用者に対する損害賠償請求では、相当因果関係、安全配慮義務違反ないし過失、素因減額・過失相殺が主として問題となる。なお、近時は取締役に対する請求が認められるケースが出て来ている。

相当因果関係については、労災行訴と基本的に同じ判断となるので、ここでは安全配慮義務違反ないし過失と素因減額・過失相殺、取締役の責任についての裁判例を紹介する。

なお、損益相殺、労災給付等との調整については本章第８・２⑷（695頁）で説明している。

⑴　過失ないし安全配慮義務違反

最高裁は「労働者が労働日に長時間にわたり業務に従事する状況が継続するなどして、疲労や心理的負荷等が過度に蓄積すると、労働者の心身の健康を損なう危険のあることは、周知のところである。労基法は、労働時間に関する制限を定め、労安衛法六五条の三は、作業の内容等を特に限定することなく、同法所定の事業者は労働者の健康に配慮して労働者の従事する作業を適切に管理するように努めるべき旨を定めているが、それは、右のような危険が発生するのを防止することをも目的とするものと解される。これらのことからすれば、使用者は、その雇用する労働者に従事させる業務を定めてこれを管理するに際し、業務の遂行に伴う疲労や心理的負荷等が過度に蓄積して労働者の心身の健康を損なうことがないよう注意する義務を負うと解するのが相当であり、使用者に代わって労働者に対し業務上の指揮監督を行う権限を有する者は、使用者の右注意義務の内容に従って、その権限を行使すべきである」と判示している(電通事件・最二小判平12.3.24民集54巻3号1155頁 労判779号13頁)。過労自殺の事案であるが、判示内容は長時間労働による疲労・心理的負荷等の蓄積によって心身の健康を損なう危険というものであるから、長時間労働による脳・心臓疾患、過労死事案一般に当てはまると考えられる。

さらに最高裁は、労働者が神経科の医院への通院、その診断に係る病名、神経症に適応のある薬剤の処方等の情報を上司や産業医等に申告しなかったことがうつ病発症・増悪について使用者側の対策の機会を奪ったと原審が判断した事案で「使用者は、必ずしも労働者からの申告がなくても、その健康に関わる労働環境等に十分な注意を払うべき安全配慮義務を負っているところ、上記のように労働者にとって過重な業務が続く中でその体調の悪化が看取される場合には、上記のような情報については労働者本人からの積極的な申告が期待し難いことを前提とした上で、必要に応じてその業務を軽減するなど労働者の心身の健康への配慮に努める必要があるものというべきである」と判示している(東芝(うつ病・解雇)事件・最二小判平26.3.24労判1094号22頁 判時2297号107頁)。

(2) 過失相殺、素因減額

労働者本人の健康管理の懈怠の主張について、「私生活における健康管理は別論として、労務提供過程での従業員の心身の健康に対する配慮をするのは、先ずは使用者である」として過失相殺を否定した裁判例がある(おかざき事件・大阪高判平19.1.18労判940号58頁 判時1980号74頁)。また、労働者の性格・心因的要素、医師に対する不告知、労働者からの多数回にわたる積極的復職希望等を理由とする使用者側の過失相殺の主張をいずれも退けた裁判例としてニューメディア総研事件・福岡地判平24.10.11労判1065号51頁 判時2181号97頁がある。なお、家族の健康管理上の過失について、最高裁は家族(遺族)が労働者の「勤務状況を改善する措置を採り得る立場にあったとは、容易にいうことはできない」として過失相殺を否定している(前掲・電通事件・最二小判平12.3.24)。

一方で、上司から残業を命じられたとかその日のうちに仕上げなければならない業務を与えられていたなどの事情を認めることができないとした上で勤務及び生活における労働時間を減じる工夫の余地や休養の取り方を理由に30%の過失相殺を認めた裁判例(オーク建設(ホームテック)事件・広島高松江支判平21.6.5労判990号100頁 判時2068号85頁）がある。アルバイト従業員の被災事案に関しては、作業ノルマの設定はなく、従事する作業についてある程度主体的に選択し得る立場にあったとした上で、作業に伴う疲労や心理的負荷等が過度に蓄積して心身の健康を損なう事態を避けるためには、自らにおいても業務量を適正なものとし、休息や休日を十分に取ることにより疲労の回復に努めるべきであったことは否定できないとして、30％の過失相殺を認めた裁判例がある（山元事件・大阪地判平28.11.25労働判例1156号50頁）。

喫煙に関しては、くも膜下出血の事案で高血圧と診断され疲労蓄積を自覚しながらなお１日20～30本の喫煙を続けたことを理由に20％の過失相殺を認めた裁判例（ハヤシ事件・福岡地判平19.10.24労判956号44頁 判時1998号58頁）、心室細動による低酸素脳症（植物状態）の事案で１日20本程度の喫煙を続けたことも含めて「健康管理上の不備が本件発症に寄与している可能性もあった」として20％の過失相殺を認めた裁判例（康正産業事件・鹿児島地判平22.2.16労判1004号77頁 判時2078号89頁）などがある。

最高裁は、素因減額について、労働者の性格が同種の業務に従事する労働者の個性の多様さとして通常想定される範囲を外れるものでない場合には、裁判所は、業務の負担が過重であることを原因とする損害賠償請求において使用者の賠償すべき額を決定するに当たり、その性格及びこれに基づく業務遂行の態様等を、心因的要因として斟酌することはできないとしている（前掲・電通事件最二小判平12.3.24、前掲東芝（うつ病・解雇）事件・最二小判平26.3.24)。基礎疾患による素因減額については、小脳出血の事案で、先天的な小脳の脳動静脈奇形による20％の素因減額を認めた裁判例（前掲天辻鋼球製作所事件・大阪地判平20.4.28労判970号66頁 判タ1293号214頁）、急性循環不全の事案で、高血圧症による30％の素因減額を認めた裁判例（前掲おかざき事件・大阪高判平19.1.18)、急性心筋虚血の事案で、「家族性高コレステロール血症（ヘテロ型）を合併した陳旧性心筋梗塞という基礎疾患は、50歳台の男性を死亡に至らせる確率が高い疾患であるから」当該労働者の死亡については、基礎疾患の存在が原因の大半を占めるとして70％の素因減額を認めた裁判例（NTT東日本北海道支店事件差戻審・札幌高判平21.1.30労判976号5頁）などがある。

過失相殺と素因減額を併せ考慮した裁判例として、拡張型心筋症の持病のある労働者の急性心臓死の事案で、喫煙を続け医師から心筋生検を勧められながらこれを行わず疲労蓄積を自覚しながら業務軽減を求めたり身体の状況を報告しなかったことが「拡張型心筋症の増悪をいわば放置したもの」としてこれによる過失相殺と拡張型心筋症の心不全への寄与（素因減額）を合わせて50％の減額を認めた裁判例（南大阪マイホームサービス事件・大阪地堺支判平15. 4. 4労判854号64頁 判時1835号138頁）、兼務の解消により死亡１か月前の業務時間は軽減されていたこと、業務関連性のない複数の冠危険因子（心臓へ酸素を供給する冠動脈に、動脈硬化を起こす要因となるもの）を有していたこと、喫煙をやめるように指摘されていたのに喫煙を続けていたこと、運動をするように指摘されていたのに運動もせず肥満を解消することもなかったこと、食事制限もせずに脂っこい食事や甘い飲料を日常的に摂取していたことを理由に30％の過失相殺を認めた裁判例（津地判平29. 1. 30労判1160号72頁）などがある。

第11　うつ等の精神障害と過労自殺

1　労災認定：「心理的負荷による精神障害の認定基準」について

(1)　心理的負荷による精神障害の認定基準

心理的負荷によるうつ等の精神障害の発症が「業務災害」に当たるためには、労基則別表１の２第９号に該当する必要があるが、これは「心理的負荷による精神障害の認定基準」（平23. 12. 26基発1226第１号）により判断される。

ア　対象疾病

原則として、死因や疾病の国際的な統計基準として世界保健機関（WHO）によって公表されている「国際疾病分類第10回修正（以下「ICD−10」という）」の第Ｖ章「精神および行動の障害」に分類される精神障害で、器質性のものおよび有害物質に起因するものを除いたものが対象となる。具体的には、ICD−10のうちでも、F2～F4に分類される精神障害、主として、うつ病等の気分（感情）障害（F3）、重度ストレス反応等のストレス関連障害及び身体表現性障害（F4）、神経症性障害（F4）である。

イ　認定の要件

以下の要件を全て満たす場合には労基則別表１の２第９号に該当する疾病（すなわち、業務起因性が認められる疾病）として取り扱うとされている。

①　対象疾病を発病していること

②　対象疾病の発病前おおむね６か月の間に、業務による強い心理的負荷が認められること

③　業務以外の心理的負荷及び個体側要因により対象疾病を発病したとは認められないこと

上記のうち、業務による心理的負荷の強度の評価に当たっては、「業務による心理的負荷評価表（以下「心理的負荷評価表」という）」が指標として用いられている（巻末資料参照）。

⑵　認定に関する基本的な考え方―ストレス脆弱性理論

対象疾病の発症に至る原因については、現在では（環境要因と個体要因の二者択一ではなく）環境由来の心理的負荷（業務によるストレスや業務以外の心理的負荷）と個体側の反応性、脆弱性（ストレスへの反応しやすさ）との関係で精神的破綻が生じる（発病する）か否か決まると考えられている。すなわち、環境由来の心理的負荷が非常に強ければ、個体側の脆弱性の大小にかかわらず精神的破綻が生じると捉えられている。

⑶　認定の具体的判断

ア　発病の有無等の判断

対象疾病の発病の有無、発病時期、疾患名については、主治医の意見書やカルテなど関係資料、関係者の聴取内容等の様々な事情を総合的に考慮して判断される。

主として、医学的意見を尊重して判断がなされるが、診療を受けていない場合など関係者らからの聞き取りに基づくうつ病エピソードなどの事情を考慮して発症時期等の判断がなされることもある。

イ　業務による心理的負荷の強度の判断（上記の認定の要件②）

認定要件②のうちの「業務による強い心理的負荷が認められること」とは、業務による具体的出来事があり、その出来事とその後の状況が、労働者に強い心理的負荷を与えたことを言う。

この「強い心理的負荷」とは、精神障害を発病した当該労働者がその出来事を主観的にどう受け止めたかではなく、同種の労働者が一般的にどう受け止めるかという観点から評価される。

「同種の労働者」とは、職種、職場における立場、職責、年齢、経験等が類似する者をいう。

認定基準では、長時間労働については、発病直前の１か月間に概ね160時間を超えるような、またはこれに満たない期間これと同程度の（例えば３週間に概ね120時間程度の）時間外労働を行った（休憩時間は少ないが手待ち時間が多い等、労働密度が特に低い場合を除く）ことが「特別な出来事」とされ、心理的負荷が「強」とされる。発病直前の連続した２か月間に、１月当たり概ね120時間以上の時間外労働を行い、その業務内容が通常その程度の労働時間を要するものであった、発病直前の連続した３か月間に1月当たり概ね100時間以上の時間外労働を行い、その業務内容が通常その程度の労働時間を要するものであったということが、長時間労働の心理的負荷が「強」になる例とされている。脳・心臓疾患の認定基準より要件が相当程度厳しくなっていることに注意を要する。

ウ　複数の出来事の評価など

業務による具体的出来事については、単独では心理的負荷が「強」と判断できない出来事がいくつも生じていることも多い。このような場合には、原則として、①最初に生じた出来事を心理的負荷評価表にあてはめ、関連して生じた各出来事は出来事後の状況とみなして全体を評価する。②関連しない出来事が複数生じている場合には、各出来事の数や内容、時間的な近接性などを考慮して全体を評価する。

例えば、大きな仕事上のミスをした直後から上司とのトラブルがよく起こるようになり、上司からのパワハラが原因で精神疾患となったとして労災申請がされた場合について考える。いずれも心理的負荷が「強」でないことを確認したら（この場合、それぞれ「中」だったとする)、仕事上のミスと上司とのトラブルの間に関連性があるかを判断し、①関連性があるとされれば、一つの出来事（仕事上のミスが最初の出来事、上司とのトラブルが行為後の状況）として評価し、全体として「強」と判断されるか「中」に留まるか判断する。②2つの出来事に関連性がないとされれば、2つの出来事としてそれぞれ評価し、近接した時期に連続して起こっているか否かを検討する。2つの出来事が心理的負荷「中」と「中」の場合で、近接した時期に連続して起こっていた場合には、全体評価として「強」と判断される例もある。

⑷　自殺と業務災害（労災保険法12条の2の2第1項との関係）

労災保険法は、「労働者が、故意に負傷、疾病、障害もしくは死亡またはその直接の原因となった事故を生じさせたときは、政府は、保険給付を行わない。」（同法12条の2の2第1項）と規定しており、自殺の場合は保険給付の対象外とされてきた。

しかし、上記「心理的負荷による精神障害の認定基準」では、業務による心理的負荷によってICD－10のF0からF4に分類される精神障害が発症した者が自殺した場合は、「精神障害によって、正常な認識、行為選択能力が著しく阻害され、または自殺を思いとどまる精神的な抑制力が著しく阻害されている状態」に陥ったものと推定し、原則として業務起因性を認めている（つまり、同条の「故意」には該当しないという取扱いをしている）（同基準第8．1自殺について参照）。

(5) 精神障害の悪化（症状増悪）の業務起因性

業務以外の原因や業務上の弱い心理的負荷による発病をして、「治療の必要な状態にある精神障害が悪化した場合」、悪化以前に強い心理的負荷による業務上の出来事があっても、直ちにそれが当該悪化の原因とは判断できず、原則としてその悪化についての業務起因性は認められない。

ただし、「特別な出来事」（巻末資料参照）に該当する出来事があり、自然的経過を超えて著しく悪化したと医学的に認められる場合に限り、当該悪化した部分に限り、業務起因性があるとされている（平成23年11月８日付　精神障害の労災認定の基準に関する専門検討会報告書）。

(6) 労災認定の現状

厚労省の2016（平成28）年度「過労死等の労災補償状況」（2017（平成29）年6月30日発表）によれば、精神障害の労災認定件数及び認定率は、2015（平成27）年度が472件、36.1％（うち自殺・自殺未遂は93件、45.4％）、2016（平成28）年度が498件36.8％（うち自殺･自殺未遂は84件､47.7％）となっている。

2　不支給決定に対する取消訴訟（労災行訴）

(1) 裁判所の判断基準（総論）

業務起因性の判断に当たり、条件関係を要すること、条件関係の意味、相当因果関係についての考え方等は労災行訴の総論として第６で述べたところと同じであるから、第６・４(3)（674頁～）を参照されたい

精神障害の業務起因性（相当因果関係）の判断基準については、「精神障害の病因には、個体側の要因としての脆弱性と環境因としてのストレスがあり得るところ、上記の危険責任の法理にかんがみれば、業務の危険性の判断は、当該労働者と同種の平均的な労働者、すなわち、何らかの個体側の脆弱性を有しながらも、当該労働者と職種、職場における立場、経験等の点で同種の者であって、特段の勤務軽減まで必要とせずに通常業務を遂行することができる者を基準とすべきであり、このような意味での平均的労働者にとって、当該労働者の置かれた具体的状況における心理的負荷が一般に精神障害を発症させる危険性を有しているといえ、特段の業務以外の心理的負荷及び個体側の要因のない場合には、業務と精神障害発症及び死亡との間に相当因果関係が認められると解するのが相当である」（国･渋谷労基署長（小田急レストランシステム）事件･東京地判平21.5.20労判990号119頁 判タ1316号165頁）という判断が近時の主流である（ただし、第６・4(3)でも紹介したように「平均的労働者として通常

想定される範囲内にある同種の労働者集団の中の最も脆弱である者を基準とすべき」とする裁判例（東芝（うつ病・解雇）事件・東京高判平23. 2. 23労判1022号5頁 判時2129号121頁。豊田労基署長（トヨタ自動車）事件・名古屋地判平13. 6. 18労判814号64頁 判時1769号117頁も同旨）もある）。

(2) 業務起因性に関する裁判例

ア　主に長時間労働を考慮して業務起因性を認めた裁判例

保健師にメールで相談しただけで医師に受診することなく自殺した事案で、自殺前の２か月間の残業が月100時間を優に超え、自殺前３か月～６か月の残業時間が月80時間程度であり、深夜や休日にも海外からのメールに対応する必要があったこと、業務内容がODA関連の新規開拓業務という難易度が高くトラブルに備える精神的な緊張を強いられるものであることから量的にも質的にも過重なものであったとして業務起因性を認めた裁判例がある（国・中央労基署長（日本トランスシティ）事件・名古屋地判平21. 5. 28労判1003号74頁 判タ1310号140頁）。また、うつ病の発病について、発病前６か月間の時間外労働が１月当たり40時間30分～85時間05分とされた事案で、「原告は、新規性のある、心理的負荷の大きい業務に従事し、厳しいスケジュールが課され、精神的に追い詰められた状況の中で、多くのトラブルが発生し、さらに作業量が増え、上司から厳しい叱責に晒され、その間に本件会社の支援が得られないという過程の中で、その間、長時間労働を余儀なくされていた。以上の原告に対する心理的負荷を生じさせる事情は、それぞれが関連して重層的に発生し、原告の心理的負荷を一貫して亢進させていったものと認められるのであり、上記のような原告の業務による心理的負荷は、社会通念上、客観的にみて、精神障害を発症させる程度に過重であったといえる」として業務起因性を認めた裁判例がある（国・熊谷労基署長（東芝深谷工場）事件・東京地判平21. 5. 18判時2046号150頁）。この他にも、ハイヤー乗務員がうつ病に罹患した事案で、時間外労働について、発症前６か月では１か月当たり74時間42分であるが、発症前４か月では１か月当たり80時間を超え、発症直前１か月では100時間を超えていたと認定した上で、「そのほかに手待ち時間も発生している可能性があること、一般に月80時間を超える時間外労働が発生しているときは、労働者が生活を営む上で必要とされている１日６時間の睡眠時間も確保できなくなると考えられていることなどを考慮すると、…認定基準のいう「発症前おおむね６か月の間」における「月100時間程度となる時間外労働」と同等の負荷を発生させたもの」と評価して「恒常的長時間労働」の該当性を認め、さらに、取材車両の臨時的な受注による代替車両の手配及び謝罪訪問等の出来事を合わせた総合評価を「強」として、業務起因性を認めた裁判例などがある（国・太田労基署長（羽田交通）事件・東京地判平27.5.28労判1120号5頁（確定））。

自宅における実労働を考慮したものとしては、百貨店販売課長の自殺について、タイムカード上の残業時間は月10時間足らずであるが、１億円前後に及ぶ品減りの調査を求められ自宅に伝票類を持ち帰り調査をしていたことを「具体的な残業命令がないことや、伝票類を自宅に持ち帰ることが禁止されていた行為であることが、自宅での調査が業務に含まれることを否定するものとは解されない」とした上で、「毎日々調べましたが全容が解明出来ず寝不足・心配で頭の中が混乱し思考能力がなくなり仕事が手につかない状態になりました」という遺書の記載及び午前６時頃起きると伝票の調査をしていたという妻の証言等から自殺前１か月に少なくとも80時間程度品減り調査をしていたと推定できる、自己が係長であった部署での品減りの発覚と調査を担当したことは「会社にとっての重大な仕事上のミスをした」に該当し、心理的負荷の総合評価は「強」となるとして業務起因性を認めた裁判例がある（国・中央労基署長（大丸東京店）事件・東京地判平20.1.17労判961号68頁）。

また、発症前６か月より前の事情を考慮したものとして、次のような裁判例がある。

GRC（ガラス繊維強化セメント形成板）製品の設計、製造等を行う会社の設計業務従事者が、約１年にわたる海外（香港）出張から帰国後、約７か月後に自殺した事案で、帰国後に専従した案件については大型案件であったとはいえ強い心理的負荷を及ぼすべき出来事があったとみることは困難というべきとしたが、「海外転勤を伴う困難な新規プロジェクトの担当者として、月100時間を優に超え、月200時間を超える月も複数あるという極めて長時間の時間外労働を含む業務に１年ほどの長期間に亘り従事し続け、その間、上記クレーム（筆者注：注文者からの工期の遅れ等を原因とするクレーム）の対応も余儀なくされた」などの事情に照らして、総合評価として「強」の心理的負荷があったとして、業務起因性を認めた裁判例がある（国・中央労基署長（旧旭硝子ビルウォール）事件・東京地判平27.3.23労判1120号22頁（確定））。同裁判例は、心理的負荷の基礎事実は発症前概ね６か月のものに限られるべきであるとの被告の主張に対し、「認定基準も概ね６か月としているにとどまり、その前後の出来事を何ら顧慮すべきでないとするものではない」、「発症前6か月の事実に形式的に割り切って業務起因性の判断を行うのは、少なくとも本件においては相当ではないというべきである」と判示し、採用できないとした。この他にも、医師に受診することなく自殺した事案で、発病時期から遡っておおむね4～6か月前の時間外労働時間が3か月続けて80時間超、発病時期から遡って6～12か月前の時間外労働時間が毎月おおむね120時間超、起算日によっては1か月160時間超であった事案において、発病時期前3か月間の時間外労働時間が平均70時間程度に軽減されていたといえども、発症時期前1年間の長時間労働は「相当に過酷なものであった」などと複数の出来事を認定して、各出来事単体で「中」ないし「強」、全体評価は「強」に当たるとして業務起因性を認めた裁判例がある（国・三田労働基準監督署（シー・ヴイ・エス・ベイエリア）事件・東京高判平28.9.1労判1151号27頁判タ1433号119頁）などがある。

イ　主に労働時間以外の事情を考慮して業務起因性を認めた裁判例

私立小学校の新任教諭が自殺した事案で、うつ病罹患前3か月の時間外労働時間が38時間から66時間程度であるなど、「うつ病発症前に発生した業務上の出来事については、それぞれの出来事を個別に評価すると、強度の精神的・肉体的負荷を与える事象に当たると直ちには認められない」した上で、被災労働者に対し学校等において十分な支援が行われておらず、かえって、その負荷を倍加させかねない発言（指導担当教諭による「病休・欠勤は給料泥棒」「いつでもクビにできる」との趣旨の発言）もあったことなどを考慮すると「これらの出来事は、全体として業務による強い精神的・肉体的負荷を与える事象であったと認めるのが相当である」として、公務起因性を認めた裁判例（地公災基金東京都支部長（市立A小学校教諭）事件・東京地判平28.2.29労判1140号49頁、東京高判平29.2.23労判1158号59頁）。

また、市営バス運転手が精神疾患（抗うつ状態と認定）で自殺した事案において、本部運転課長による添乗指導、利用客からの苦情メール受信、乗客の転倒事故という相当程度の精神的負荷のある3つの出来事が僅か4か月という短期間に発生していること、殊に転倒事故に関与していないと認識していた被災者にとって警察官の取調べを受け、実況見分に立ち会うことは、その認識と矛盾する対応をせざるを得なかったという意味で、大きな精神的負荷となったと考えられること等を考慮すれば、「平均的労働者にとっても強い精神的負荷であったと考えられる」として、公務起因性を認めた裁判例がある（地方公務員災害補償基金名古屋市支部長（市営バス運転士）事件・名古屋高判平28.4.21労判1140号5頁 判時2308号133頁）。同じくバス乗務員が乗車前のアルコール検査に複数回引っかかった後に自殺した事案で、自殺当時、適応障害を発症していたと認定した上で、上司である営業所長の「お前はアルコール検査に３回ひっかかったから首だ」との発言もあって、「首になるかもしれない。」との認識を抱かせたことや、会社では明確な処分の量刑基準が明定されていることなどに照らして、心理的負荷の程度を「強」と評価し、また、身に覚えのないアルコール検知結果が出た事案及びこれに端を発する一連の出来事が、認定基準でいう「退職を強要された」に準じるものというべきであり、その心理的負荷の強度を「強」と評価して、業務起因性を認めた裁判例がある（国・八王子労基署長（京王電鉄バス）事件・東京地判平27.2.25労判1117号23頁（確定））。

この他、臨床検査技師が精神疾患（診断名は心因反応）に罹患した事案において、職場の人間関係が悪化した中で、日々精神的負担を感じながら業務に従事せざるを得なかったこと（狭い検査室内において「会話が成立しないほどに人間関係が険悪なもの」となっていた年上の上司である技師長と毎日２人体制での勤務実態）や、退職の強要と評価できる４者面談という「客観的にみて相当程度過重」な心理的負荷があった一方で、「精神障害を発症する原因となるべき業務外の心理的負荷や精神障害の既往症はなく、本件疾病の発症につながるほどの個体的要因も見当たらない」などとして業務起因性を認め、休業補償給付の不支給処分及びこれを是認した一審判決をいずれも取り消した裁判例として国・半田労基署長（医療法人Ｂ会Ｄ病院）事件・名古屋高判平29.3.16労判1162号28頁）、医師に受診することなく自殺した事案で、部下が中傷ビラを得意先の労働組合に持ち込みこのことで上司から長時間の事情聴取を受けたことを「会社で起きた事件について責任を問われた」に該当し「部下とのトラブル」「顧客とのトラブル」にも該当しこれらが一体となって心理的負荷を与えたから心理的負荷の総合評価は「強」とすべきであるとして業務起因性を認めた裁判例として国・渋谷労基署長（小田急レストランシステム）事件・東京地判平21.5.20労判990号119頁 判タ1316号165頁などがある。

(3)　症状悪化の事例

労災認定基準（１(5)参照）で、業務上と認定するためには「特別な出来事」が必要とされる「業務以外の原因により発病して治療の必要な状態にある精神障害が悪化した場合」の「治療が必要な場合」には「精神障害で長期間にわたり通院を継続しているものの、症状が安定していた状態で勤務を継続していた者」は含まれないと解すべきであり、就職前にうつ病に罹患し就職後も１、２か月に１度程度通院していたが投薬に大きな変化がなく診察も調子や睡眠を尋ねる程度で就職後も精神障害の症状が現れるのを認識されることなく勤務していた労働者は治療が必要な状態ではなかったとして、大学卒業後１年程度で店長とされたことが「過去に経験したことのない仕事についた」に当たりアルバイト店員のシフト調整に常時困難を来し店員の確保に懸念を示し続けていたことから心理的負荷強度は「強」、慢性的な人手不足の店舗でアルバイト店員が大量に退職の申し出をしてその対処に苦慮したことが「会社の経営に影響するなどの重大な仕事上のミスをし、事後対応にも当たった」に準ずるもので心理的負荷強度は「強」として自殺の業務起因性を認めるとともに、仮に「治療が必要な状態」だとしても、心理的負荷強度「強」の出来事が２つ、「中」の出来事が２つ競合しており、その出来事の内容に鑑みると心理的負荷強度は「特別な出来事」に準ずる程度と解して然るべきとして業務起因性を認めた裁判例がある（国・八王子労基署長（東和フードサービス）事件・東京地判平26. 9. 17労判1105号21頁）。なお、国・厚木労基署長（ソニー）事件・東京地判平28. 12. 21労判1158号91頁も、当該事案は「安定した状態」にあったとは言い難いとして棄却したが、同様の判断枠組みを採用している。

また、「業務起因性の判断においては、基本的には認定基準を参考としつつ、当該労働者に関する精神障害発症及び死亡に至るまでの具体的事情を総合的に斟酌し、必要に応じてこれを修正する手法により、業務と精神障害発症及び死亡との間の相当因果関係を判断するのが相当である」とした上で、自殺の前に業務起因性が認められないうつ病を発症し、その後自殺するまでの間に「特別な出来事」がないということのみをもって、一律に業務起因性を否定することになる基準に基づいて相当因果関係を判断するのは相当でないと判示し、うつ病発症から死亡前までの間に生じた出来事を総合考慮して、うつ病の増悪により自殺を図り死亡したこととの業務起因性を認めた裁判例がある（国・岐阜労基署長（アピコ関連会社）事件・名古屋地判平27. 11. 18労判1133号16頁、名古屋高判平28. 12. 1労判1161号78頁で維持・確定）。

3 使用者に対する損害賠償請求（労災民訴）

使用者に対する損害賠償請求では、相当因果関係、安全配慮義務違反ないし過失、素因減額・過失相殺が主として問題となる。

相当因果関係については、労災行訴と基本的に同じ判断となるが、精神障害に関しては既往症のある被災者の悪化について労災認定実務が厳しい立場をとっており、労災行訴の判決でもこの基準をスタートとするために業務起因性を容易には認めない傾向にあるが、労災民訴では裁判所は悪化に関する認定基準に拘泥しない傾向にあるのでその点に関する裁判例を紹介する。また、相当因果関係の立証責任について注目すべき判示をした裁判例があるので紹介する。

安全配慮義務違反ないし過失に関しては、長時間労働が主要な原因とされるケースについては第10で紹介した電通事件・最高裁判決（及び東芝（うつ病・解雇）事件・最高裁判決）が先例となる（いずれも精神障害の事案である）ので、この点については本章第10・3⑴（709頁）を参照されたい。ここでは長時間労働以外のケースと、相当因果関係を認めつつ使用者の安全配慮義務違反を否定した若干の裁判例を紹介する。

なお、損益相殺、労災給付等との調整については本章第８・2⑷（695頁）で説明している。

⑴　相当因果関係認定に際しての症状悪化についての考え方

裁判所は、民事訴訟では労災認定基準における精神障害の悪化についての考え方にとらわれず、つまり認定基準にいう「特別な出来事」の有無にとらわれず、事案ごとに問題行為と症状増悪との因果関係について検討している。症状増悪について相当因果関係を認めたごく最近の裁判例として次のようなものがある。

うつ病で約６か月間休職し３か月のリハビリ勤務の後休職前と同様の業務量を与えられて業務量の軽減を求めたことから５回にわたる面談で退職勧奨を受けて体調が悪化しうつ病で休職し休職期間満了で退職扱いされた労働者の地位確認請求で、「精神障害を発症している労働者について、その後の業務の具体的状況において、平均的労働者であっても精神障害を発症させる危険性を有するほどに強い心理的負荷となるような出来事があり、おおむね６か月以内に精神障害が自然経過を超えて悪化した場合には、精神障害の悪化について業務起因性を認めるのが相当であると解する」という一般的判示をした上で、執拗な退職勧奨によって労働者のうつ病が自然経過を超えて悪化したとして業務起因性を認め退職を無効とした裁判例がある（エム・シー・アンド・ピー事件・京都地判平26. 2. 27労判1092号6頁）。

自殺直前まで７年間心療内科に通院し、その間３度にわたり２～３か月の病気休職をしていた教師に対し、校長が休職明けにそれまで経験したことがない国語科を担当させて業務量を増やし、指導力不足教員の申請をして教育委員会が研修命令を出しその研修中に自殺したという事案で、これらの各行為が心理的な負荷の大きい影響を与えておりこれが労働者の精神疾患を増悪させる危険性の高い行為であったと認めることができるとして、校長や教育委員会らの行為と精神疾患の増悪、自殺の相当因果関係を認めた裁判例がある（鹿児島県・U市（市立中学校教諭）事件・鹿児島地判平26. 3. 12労判1095号29頁　判時2227号77頁）。

⑵　相当因果関係の立証責任

アテスト（ニコン熊谷製作所）事件・東京高判平21. 7. 28労判990号50頁（最二小決平23. 9. 30で上告棄却・不受理）は、偽装請負（違法派遣）について「派遣労働者は不安定な立場に置かれやすく、他方、派遣先が労働者を自ら雇用する場合と比べて、就労環境等に意を用いないなどのため、中間さく取と劣悪な労働条件の下に過酷な労働が強制されるなど労働者に不当な圧迫が加えられるおそれが類型的に高いものと考えられる」とした上で、「このことに加え、交替制勤務によりクリーンルーム作業（引用者注：一般の作業環境から隔絶された物理的な閉所）に従事する労働者が使用者が用意した寮に単身で居住している場合、当該労働者の生活の大部分はそのような形で労働者を使用する者によっていわば抱え込まれているのであって、その健康状態を含めた生活の状況等の全般を外部者が把握することはその外部者が当該労働者の近親者である場合を含めて容易ではないのが通常であり、他方、その生活の大部分を抱え込んだ使用者はこれを把握することが比較的容易である」「中でも、交替制勤務の下閉所内のクリーンルーム作業において当該労働者がどのような労働環境の下でいついかなる業務をどのように遂行したか等を個別具体的に外部者自らが明らかにすることはほとんど不可能に等しい一方、その業務を管理監督する使用者がこれをするのに特段の困難はないというべきである。そうだとすると、そうした労働者に関する労働災害に関する損害賠償請求訴訟において、当該労働者のうつ病の発症がその業務に起因するか否かが問題となった場合、主張立証責任の分配上は外部者たる原告がこれを主張立証すべきであると解されるものの、上記のような場合においては、原告側は、その業務に起因してうつ病が発症したことについて相当な疑いがあることを合理的根拠をもって提示すれば足り、その場合、うつ病の発症は就業前のことであるとか、他に有力な原因があるとか、業務が発症の有力な原因とはなり得ないことであるとかといったことを示して、うつ病発症がその業務に起因するものとはいえないことを使用者たる被告の側で明らかにしない限り、そのうつ病の発症が業務に起因するものであることが推認されるとするのが訴訟上の信義則にかない、公平であるというべきである」とした。

(3)　過失ないし安全配慮義務違反

特注ソース等の製造の作業環境が夏場は40℃にも達し脱水症状を起こす労働者が出る（被災者も含む）という劣悪な環境にあること、異動によりリーダー的存在の者がいなくなり、代わりに年長だが初心者の者が配置されたために、被災労働者が自らリーダーとしての役割を果たさねばならなくなり、相当な精神的負担があったことから、うつ病発症・自殺の業務起因性が認められた事案で、会社は作業環境については十分理解していた、被災労働者が「(部下に対する）教え方がわからない」、「会社を辞めたい」、(会社を辞める理由についても)「教え方が分からない」とどのように困っているのか具体的な説明がないなど一般的には理解しがたい内容のことを述べていたことから、会社には安全配慮義務を怠った過失があるとした裁判例がある（オタフクソース事件・広島地判平12.5.18労判783号15頁 判タ1035号285頁)。

偽装請負（違法派遣）の労働者が、自殺の２か月前ころに未経験者には本来こなせないとされている動作確認や安定性確認の業務を含んだソフト検査を担当するよう命じられたことが「仕事の内容・仕事量の大きな変化があった」に当たり、業務の困難度、能力・経験と仕事内容のギャップの程度と連続15日間の勤務をしその間深夜時間帯に及ぶような長時間の時間外労働を度々行ったことから心理的負荷の総合評価は「強」であるとして、うつ病発症、自殺と業務の相当因果関係を認めた事案で、派遣先については、指揮監督者が「過重な労働等が行われることを認識していたか、少なくともこれを認識し得たにもかかわらず、結果として過重な労働等が行われたのであるから」自らそうした過重な労働を命じ、リーダーが労働者に対しそうした過重な労働等を指示することについてその内容を認識しつつ承認するなどしたか、少なくともリーダーの指示内容を正確に把握しないまま漫然とこれを承認するなどして、そうした過重な労働等が行われることを放置したものと推認でき、注意義務に違反した過失を認めることができるとし、派遣元については「労働者派遣事業を行う者は、派遣労働者を派遣した場合、当該派遣労働者の就業の状況を常に把握し、過重な業務等が行われるおそれがあるときにはその差し止めあるいは是正を受役務者に求め、また、必要に応じて当該派遣労働者についての労働者派遣を停止するなどして、派遣労働者が過重な業務に従事することなどにより心身の健康を損なうことを予防する注意義務を負うと解するのが相当である」として、業務内容、仕事量、作業環境などの就業状況を把握していなかった派遣元には注意義務違反があり、就業状況を常に把握していれば過重な労働等を察知できうつ病発症を未然に防ぐことができたはずであるとして派遣元の注意義務違反の過失を認めた裁判例がある（アテスト（ニコン熊谷製作所）事件・東京高判平21.7.28労判990号50頁）。

課長昇進の内示後度々欠勤し、課長職が負担であると述べて退職の意思を示していた労働者が自殺未遂を起こした後も上司が勤務継続を求めた後に労働者が自殺した事案で、「使用者は、日ごろから従業員の業務遂行に伴う疲労や心理的負荷等が過度に蓄積して従業員の心身の健康を損なうことがないように注意する義務を負う」とし、一連の経緯から自殺の予見可能性もあったとした裁判例がある（三洋電機サービス事件・浦和地判平13.2.2労判800号5頁 判時1774号154頁）。

精神障害・自殺と業務の相当因果関係を認めつつ、使用者の安全配慮義務違反を否定した裁判例として立正校成会事件・東京高判平20.10.22労経速2023号7頁 労旬1695号52頁（最高裁で和解）がある。この事件では医師の飛び降り自殺について、自殺５か月前（残業83時間、当直８回）及び４か月前から２か月前（残業60時間以上、当直５～６回）の業務の過重と、部長代行就任直後に常勤医２名が予定外の退職をするなどして問題解決に腐心せざるを得なかった心理的負荷があったことから相当因果関係を肯定したが、過重労働が一過性のものであり、労働者の地位からある程度労働者の裁量で解消可能であったこと、担当医減少問題について労働者が病院側に相談しておらず、病院側は専門職であり部長代行である労働者の立場に配慮して介入しなかったこと、周囲も発症当時異変に気がつかなかったことを理由に、病院側は疲労や心理的負荷を過度に蓄積させて心身の健康を損なうことを具体的客観的に予見することはできなかったとして安全配慮義務違反を否定した。

うつ病に罹患し服薬により日常生活を支障なく送れる部分寛解状態の労働者が意に沿わない配転を強いられ、配転５日後に自殺した事案で、配転の説得状況とうつ病の増悪・自殺の間に相当因果関係があるとしつつ、配転の説得が通常の精神状態にある者に対してであれば当該労働者の精神状態を著しく害して自殺等の結果に至ることを予見できる程度のものではなかったとして、労働者がうつ病の罹患や通院を報告しておらず職場で異常な言動、服薬、異常なしぐさを示すこともなく、その頃診察した主治医も投薬内容の変更や入院を勧める等の措置をしていないことから、使用者にうつ罹患の認識及び認識可能性がなかったとして安全配慮義務違反を否定した裁判例もある（ボーダフォン（ジェイフォン）事件・名古屋地判平19.1.24労判939号61頁 判時1990号68頁）。

(4) 過失相殺、素因減額

労働者が精神疾患の病状や医師への受診を使用者に告知しないことについて

は、第８・２(3)ア（694頁）第10・３(1)（709頁）でも紹介したように、最高裁は「神経科の医院への通院、その診断に係る病名、神経症に適応のある薬剤の処方等を内容とするもので、労働者にとって、自己のプライバシーに属する情報であり、人事考課等に影響し得る事柄として通常は職場において知られることなく就労を継続しようとすることが想定される性質の情報であったといえる。使用者は、必ずしも労働者からの申告がなくても、その健康に関わる労働環境等に十分な注意を払うべき安全配慮義務を負っているところ、上記のように労働者にとって過重な業務が続く中でその体調の悪化が看取される場合には、上記のような情報については労働者本人からの積極的な申告が期待し難いことを前提とした上で、必要に応じてその業務を軽減するなど労働者の心身の健康への配慮に努める必要があるものというべきである」と判示して、これらの情報を使用者に告知しないことによる過失相殺は許されないとしている（東芝（うつ病・解雇）事件・最二小判平26. 3. 24労判1094号22頁 判時2297号107頁）。

使用者側からの過失相殺の主張に対して、労働者の過失がないとした裁判例に、前掲オタフクソース事件・広島地判平12. 5. 18労判783号15頁 判タ1035号285頁、エージーフーズ事件・京都地判平17. 3. 25労判893号18頁 判時1895号99頁、社会保険庁（うつ病自殺）事件・甲府地判平17. 9. 27労判904号41頁 判時1915号108頁、スズキ（うつ病自殺）事件・静岡地浜松支判平18. 10. 30労判927号5頁 判時1970号82頁、山田製作所（うつ病自殺）事件・福岡高判平19. 10. 25労判955号59頁 判タ1273号189頁、前掲アテスト（ニコン熊谷製作所）事件・東京高判平21. 7. 28労判990号50頁、日本赤十字社（山梨赤十字病院）事件・甲府地判平24. 10. 2労判1064号52頁 判時2180号89頁、前掲ネットワークインフォメーションセンターほか事件・東京地判平28. 3. 16労判1141号37頁 判時2314号129頁等がある。

他方、過失相殺を認めた裁判例としては、幻覚妄想に支配された亜昏迷状態にあると診断され医療保護入院した労働者が焦燥感から復職を求め復職後に自殺し、職場復帰とその後の配置転換が自殺に少なからず影響したとされる事案で、職場復帰が労働者の希望によること並びに職場復帰時及びその後の面接で医療保護入院に至るまでの事情や職場復帰後も仕事に慣れず不安感がある等の事情を告知せず、業務に不満はなく体調は回復傾向にある旨を伝えていたことを理由として30%の過失相殺を認めたJFEスチール（JFEシステムズ）事件・東京地判平20. 12. 8労判981号76頁 判タ1319号120頁、使用者が病気休職の延長を勧めたのにこれを断りその後も病気休暇を取得するなど自らの健康保持のための行動をとらなかったことを理由として20%の過失相殺を認めた前掲鹿児島県・U市（市立中学校教諭）事件・鹿児島地判平26. 3. 12労判1095号29頁 判時2227号77頁、和食・懐石料理店の経営者による叱責及び暴行が長時間労働（自殺前半年間に恒常的に月100時間前後）と相まって労働者が焼身自殺をした事案で、度重なる注意を受けても数回どころか何十回以上も同じ仕事上の間違いを繰り返す被災労働者に対し使用者が注意することは当然であるし、その態様が単なる注意にとどまらず、時として激しい叱責に及ぶこともやむを得ない側面もあること、焼身自殺行為に及んだことが何らかの精神疾患に罹患した結果であると認めるに足りる証拠はなく（なお、第一審は突発的に精神疾患を発症したと認定していた）、それ自体極めて短絡的な行為であると評価せざるを得ず、法的には予見可能性があるとはいえても、通常は想定し難い事態であることから、50％の過失相殺を認めたA庵経営者事件・福岡高判平29. 1. 18労判1156号71頁などがある。

過労自殺の事案で大幅な過失相殺を認めた裁判例として、三洋電機サービス事件・東京高判平14. 7. 23労判852号73頁、東加古川幼児園事件・大阪高判平10. 8. 27労判744号17頁 判時1685号41頁、みくまの農協（新宮農協）事件・和歌山地判平14. 2. 19労判826号67頁 判タ1098号189頁が挙げられることが多い（菅野『労働法』642頁等）。しかし、三洋電機サービス事件は一審判決（浦和地判平13. 2. 2労判800号5頁 判時1774号154頁）が因果関係について割合的認定を行って被告らの寄与度は30％とした上でさらに過失相殺で50％減額していたのを、高裁では割合的認定は採らずに過失相殺を80％としたもので、しかも過失相殺事由として労働者自身の精神的負荷に対する弱さに加えて家族（妻）である原告が上司に会社の前で躊躇する被災者を社屋に連れ込むよう依頼したり自殺未遂に用いられた自動車をそのまま使用させるなどが挙げられており、因果関係の評価や原告（遺族）の行動の点でやや特殊な事案であることに注意すべきである。東加古川幼児園事件は、「自殺は、通常は本人の自由意思に基づいてなされるものであり」過重な業務の下でも誰もがうつ病となり自殺するわけでもないということから被災者が「うつ状態に陥って自殺するに至ったのは多分に被災者の性格や心因的要素によるところが大きいものと考えられる」として80％の過失相殺を認めたものであるが、この判決は電通事件・最高裁判決前のものであり、同最高裁判決の立場からは認めがたいように思われる（ただし、使用者の上告・上告受理申立、労働者の附帯上告受理申立に最三小決平12. 6. 27労判795号13頁で上告棄却・不受理）。みくまの農協（新宮農協）事件は、自殺が精神疾患によること自体（既往症としての精神疾患の存在ではない）を素因減額の主たる理由とし、家族が病状を使用者に連絡しなかったことを過失相殺事由として70％の減額を認めたもので、病状を告知しないことを過失相殺事由とすることは東芝（うつ病・解雇）事件・最高裁判決で否定されていることからして、先例として引用する際には注意すべきであろう。

そして、素因減額に関しては、第10・3⑵（710頁〜）でも紹介したように、最高裁は労働者の性格が同種の業務に従事する労働者の個性の多様さとして通常想定される範囲を外れるものでない場合には、裁判所は、業務の負担が過重であることを原因とする損害賠償請求において使用者の賠償すべき額を決定するに当たり、その性格及びこれに基づく業務遂行の態様等を、心因的要因として斟酌することはできないとしている（前掲電通事件・最二小判平12. 3. 24、前掲東芝（うつ病・解雇）事件・最二小判平26. 3. 24）。

自殺の７年前に精神疾患に罹患したことや対人関係にストレスをためやすい傾向が労働者の個性の多様さとして想定される範囲を逸脱する部分もあることを理由に30％の素因減額を認めた裁判例がある（鹿児島県・U市（市立中学校教諭）事件・鹿児島地判平26. 3. 12労判1095号29頁 判時2227号77頁）。

過失相殺や素因減額に当たる対象はないとしつつ、公平の観点からの減額を判示する裁判例として、原告の勤務態度はそれ自体過失とまで評価することはできないが全てを被告の負担とすることは公平を失するとして３分の１を減額した富士通四国システムズ（FTSE）事件・大阪地判平20. 5. 26労判973号76頁 判時2032号90頁、てんかんの既往症と精神科の受診を勧められたが受診しなかったことについて過失があると評価することはできないものの全面的に被告の負担に帰することは公平を失するとして30％減額した財団法人積善会（十全総合病院）事件・大阪地判平19. 5. 28労判942号25頁 判時1988号47頁（てんかんの既往症については素因減額の趣旨と考えられるが）等がある。

第12　その他の職業病等の認定基準

労基則別表第１の２において列挙される「業務上の疾病」の認定基準のうち、過労死との関係では「脳血管疾患及び虚血性心疾患等（負傷に起因するものを除く。）の認定基準について」（平13. 12. 12基発1063号）が、精神障害との関係では「心理的負荷による精神障害の認定基準」（平23. 12. 26基発1226第１号）が代表的なものであるが、これら以外の代表的な認定基準について紹介する。

1　腰痛

「業務上腰痛の認定基準等について」（昭51. 10. 16基発第750号）では、腰痛を災害性の原因による腰痛と災害性の原因によらない腰痛の２種類に区分して労災補償の対象と認定するための要件を定めている。

(1)　災害性の原因による腰痛（労基則別表1の2第１号）

ア　災害性の原因

通常一般にいう負傷のほか、突発的なできごとで急激な力の作用により内部組織（特に筋、筋膜、靱帯等の軟部組織）の損傷を引き起こすに足りる程度のものが認められることをいう。

イ　認定の要件

業務上の負傷に起因して労働者に腰痛が発症した場合で、次の二つの要件をいずれも満たし、かつ、医学上療養を必要とするときは、当該腰痛は労基則別表１の２第１号に該当する疾病として取り扱われる。

(ア)　腰部の負傷又は腰部の負傷を生ぜしめたと考えられる通常の動作と異なる動作による腰部に対する急激な力の作用が業務遂行中に突発的なできごととして生じたと明らかに認められるものであること。

(イ)　腰部に作用した力が腰痛を発症させ、又は腰痛の既往症若しくは基礎疾患を著しく増悪させたと医学的に認めるに足りるものであること。

ウ　留意点

ア及びイに該当しない腰痛については、たとえ業務遂行中に発症したものであっても労基則別表１の２第１号に掲げる疾病には該当しない。もっとも、この場合、同別表第３号２に該当するか否かは別途検討を要するので留意する必要がある。

(2)　災害性の原因によらない腰痛（労基則別表別表１の２第３号２）

ア「災害性の原因によらない腰痛」

日々の業務による腰部への負荷が徐々に作用して発症した腰痛をいう。

イ　認定の要件

重量物を取り扱う業務等腰部に過度の負担のかかる業務に従事する労働者に腰痛が発症した場合で当該労働者の作業態様、従事期間及び身体的条件からみて、当該腰痛が業務に起因して発症したものと認められ、かつ、医学上療養を必要とするものについては、労基則別表１の２第３号２に該当する疾病として取り扱われる。「重量物を取り扱う業務等腰部に過度の負担のかかる業務に従事する労働者に腰痛が発症」については、腰痛の発症原因により、次の２種類に区分して判断される。

(ア)　筋肉等の疲労を原因とした腰痛

腰部に過度の負担のかかる業務に比較的短期間（約３ヶ月以上）従事

したことによる筋肉等の疲労を原因として発症した腰痛。

ここにいう腰部に負担のかかる業務とは、次のような業務をいう。

①おおむね20kg程度以上の重量物又は軽重不同の物を繰り返し中腰で取り扱う業務

②腰部にとって極めて不自然ないしは非生理的な姿勢で毎日数時間程度行う業務

③長時間にわたって腰部の伸展を行うことのできない同一作業姿勢を持続して行う業務

④腰部に著しく粗大な振動を受ける作業を継続して行う業務

(イ)　骨の変化を原因とした腰痛

重量物を取り扱う業務又は腰部に過度の負担のかかる作業態様の業務に相当長期間（約10年以上）にわたり継続して従事したことによる骨の変化を原因として発症した腰痛。

ここにいう「重量物を取り扱う業務」とは、おおむね30kg以上の重量物を労働時間の３分の１程度以上取り扱う業務及びおおむね20kg以上の重量物を労働時間の半分程度以上取り扱う業務をいう。

ここにいう「腰部に過度の負担のかかる作業態様の業務」とは、前記(ア)に示した業務と同程度以上腰部に負担のかかる業務をいう。

腰痛は、加齢による骨の変化により発症することが多いため、骨の変化を原因とした腰痛が労災補償の対象と認められるには、その変化が「通常の加齢による骨の変化の程度を明らかに超える場合」に限られる。

(3)　裁判例

9.5～20kg程度の鉄製の工具を持ち上げて行う鍛造作業に従事していた労働者について「概ね20kg以上の重量物及び軽重不同の物を繰り返し中腰で取り扱う業務」を行っていたなどとして比較的短期間の腰痛要件に該当するとして腰痛の業務起因性を認めた裁判例がある（国・川崎南労基署長（第一鉄工）事件・東京地判平25. 1. 26労判1070号126頁 判時2208号126頁）

航空会社の客室乗務員の腰痛について「平均的な乗務に従事した程度では頸肩腕症候群や腰痛が発症しないとの根拠はないし、頸肩腕症候群や腰痛については同様の負荷があっても発症に至る者とそうでない者がいるという個体差、感受性の差違があることは否定できないのであり、他の同僚には同様の症状が生じていないというのであれば、控訴人の生じた症状をもって、その身体的ないし心的素因その他の個人的な要因によるところが大きいと判断するのが相当である場合もあろうが、既に認定したとおり、客室乗務員に対する過去１年間に罹患した疾病を質問したところ頸肩腕症候群を挙げたものが相当数おり、また、その前段階の症状と認められる肩のこり、痛み、腕のだるさ、手指のしびれ等を訴える者は相当割合に及んでいるのであって、この点は腰痛についても同様の事情が認められるところである。これらの調査はアンケート調査によるものであり、症状の把握も正確でないといった問題点があり、その評価については慎重である必要があるとはいえ、このような背景事情の存することは一概に否定できないところと認められる。したがって、控訴人に発現した頸肩腕症候群や腰痛については、単にその乗務時間その他の勤務状況が同僚と同程度であるとのことだけで、それが業務に起因するとの前記認定を左右し得るものとは認められない」などとして業務起因性を認め不支給決定を取り消した裁判例がある（大田労基署長事件・東京高判平13.9.25労判817号35頁 判時1771号147頁）。

一方で、業務用スパイスの製造販売会社の従業員の腰痛について、「第１審原告よりも多数回にわたって本件作業に従事していた第１審被告会社の従業員において、本件作業（筆者注：スパイス原料を殺菌するための投入作業）に従事していた第１審被告会社の従業員において、本件作業を原因とする腰痛等の発症を訴えた者がいなかったこと」を裏付け事情の一つにあげて、当該作業の程度が「第１審原告の体格を基準としても加重なものであったとはいえない」などとして業務起因性を否定した裁判例がある（前掲ケー・アイ・エス事件・東京高判平28.11.30労経速2310号3頁）。

その他、業務上腰痛の認定基準の枠組みに沿って事実のあてはめを行い、業務起因性を否定した裁判例として、前掲品川労基署長事件・東京地判平28.10.27労経速2310号12頁）がある。

⑷ 安全配慮義務違反

トラック運転手について、集荷作業に関して昭45.7.10基発503号「重量物取扱い作業における腰痛の予防について」が男子労働者が人力のみにより取り扱う重量を55kg以下とするよう努めることとしているのに反して55kgを超え時には80kgに及ぶ重量物を一人で取り扱わせていたことなどから労働者が椎間板ヘルニア・腰椎症等に罹患したことについて使用者に安全配慮義務違反があったとした佐川急便事件・大阪地判平10.4.30労741号26頁 判時1685号68頁、通達・大臣告示について「その違反が直ちに雇用契約上の安全配慮義務違反となるものではないが、その趣旨、目的からいって、違反の程度が著しかったり多項目にわたったりするような場合には、雇用契約上の安全配慮義務違反となると考えられる。」として、荷積み・荷下ろし作業に台車さえ導入しなかったこと、１運行あたりの拘束時間が大臣告示の最大16時間を超え勤務と勤務の間の休息時間が大臣告示の８時間に満たないことが相当多かったこと一度に20kgの袋を約500袋、30kgの袋を約330袋等常識的にいっても肉体的負担が大きい作業であったにもかかわらず腰痛予防のための配慮がなかったことから、労働者が椎間板ヘルニア、腰部脊柱管狭窄に罹患したことにつき使用者に安全配慮義務違反を認め後遺症との相当因果関係も認めて3971万5151円の損害賠償を命じた信濃輸送事件・長野地判平19.12.4労判967号79頁 判時1999号147頁がある。

2　上肢障害

「上肢作業に基づく疾病の業務上外の認定基準について」（平9.2.3基発第65号）では、上肢障害（上肢等に過度の負担のかかる業務によって、後頭部、頸部、肩甲帯、上腕、前腕、手及び指に発生した運動器の障害）を労災補償の対象と認定するための要件を定めている。

⑴　認定要件

次のいずれの要件も満たし、医学上療養が必要であると認められる上肢障害は、労基則別表１の２第３号４又は５に該当する疾病として取り扱われる。

ア　上肢等に負担のかかる作業を主とする業務に相当期間従事した後に発症したものであること。なお、「相当期間従事した」とは、原則として６か月程度以上従事した場合をいうとされる。

イ　発症前に過重な業務に就労したこと。

ウ　過重な業務への就労と発症までの経過が、医学上妥当なものと認められること。

なお、「過重な業務」とは、発症直前３か月間に、上肢等に負担のかかる作業を次のような状況で行った場合をいう。

(ｱ)　業務量がほぼ一定している場合

同種の労働者よりも10％以上業務量が多い日が３か月程度続いた。

(ｲ)　業務量にばらつきがある場合

a　１日の業務量が通常より20％多い日が、１か月に10日程度あり、それが３か月程度続いた（１か月間の業務量の総量が通常と同じでもよい）。

b　１日の労働時間の３分の１程度の時間に行う業務量が通常より20％以上多い日が、１か月に10日程度あり、それが３か月程度続いた（１日の平均では通常と同じでもよい）。

⑵　留意点

過重な業務に就労したか否かを判断するに当たっては、業務量だけでなく、長時間作業・連続作業、過度の緊張、他律的かつ過度な作業ペース、不適切な作業環境、過大な重量負荷・力の発揮等の状況も考慮する。

⑶　上肢障害の代表的疾病

上肢障害の代表的な診断名として、上腕骨外（内）上顆炎、手関節炎、書痙、肘部管症候群、腱鞘炎、回外（内）筋症候群、手根管症候群等がある。

⑷　裁判例

ア　上肢障害の業務起因性を肯定した裁判例

保母に生じた頚肩腕症候群について、前掲横浜市立保育園保母事件最三小判平9.11.28労判727号14頁は「保母の保育業務は、長時間にわたり同一の動作を反復したり、同一の姿勢を保持することを強いられるものではなく、作業ごとに態様は異なるものの、間断なく行われるそれぞれの作業が、精神的緊張を伴い、肉体的にも疲労度の高いものであり、乳幼児の抱き上げなどで上肢を使用することが多く、不自然な姿勢で他律的に上肢、頚肩腕部等の瞬発的な筋力を要する作業も多いといった態様のものであるから、上肢、頚肩腕部等にかなりの負担のかかる状態で行う作業に当たることは明らかというべきである。」「上告人の症状は、長津田保育園で勤務し始めて３年目で、長女を出産するよりも前である昭和45年９月に、肩や背中の痛みといった前駆的症状が現われ、その後、長女を出産した約10か月後である昭和47年４月ころから、慢性的肩凝り、右腕、右肘の筋肉の痛みという形で顕在化した。上告人は、その状態のまま、新設の山手保育園に主任保母として着任し、同僚のほとんどは新任保母であるという状況の中で入園式や保育開始準備に集中的に当たり、その間、10日程度の短期間とはいえ、精神的、身体的に負担が大きかった上、１、２歳児６名を一人で担当することとなり、このころも肩凝り、腕のだるさ等の自覚症状があったところ、夏季合同保育期間中であった同年８月に調理員が休暇を取った７日間は、１日平均約12.4名分の調理を担当するなどしており、その調理作業中に右背中に激痛を感じたというのである。そして、その後、同年９月４日に汐田病院で診察を受けて頚肩腕症候群と診断され、通院を開始した。上告人は、この間、必ずしも十分な休憩、休暇を取得することができなかったこともうかがわれる。その後も、同僚保母の長期欠勤のため合同保育に当たるなど、上告人の業務負担が重くなったことはあっても軽減されることはなく、上告人の症状も若干の起伏を伴いながら続いた。こうした上告人の症状の推移と業務との対応関係、業務の性質・内容等に照らして考えると、上告人の保母としての業務と頸肩腕症候群の発症ないし増悪との間に因果関係を是認し得る高度の蓋然性を認めるに足りる事情があるものということができ、他に明らかにその原因となった要因が認められない以上、経験則上、この間に因果関係を肯定するのが相当であると解される。」と判示して公務起因性を認めた。

エステティシャンとして業務に従事していた者に生じた上肢障害について、その者が行っていた業務の業務量や業務実態等を踏まえて業務起因性を認めることができるとして、処分行政庁がした休業補償給付不支給処分を取り消した裁判例（国・新宿労基署長（気エステティックイブ事件・東京地判平26. 1. 27労判1092号31頁 判時2221号107頁）のほか、航空会社の客室乗務員の上肢障害（頸肩腕症候群）、鍛造作業に従事していた作業員の上肢障害（頸椎症性脊髄症）の業務起因性を肯定した裁判例がある（前者につき太田労基署長（日本航空）事件・東京高判平13. 9. 25労判817号35頁 判時1771号147頁、後者につき前掲国・川崎南労基署長（第一鉄工）事件・東京地判平25. 1. 26労判1070号126頁 判時2208号126頁）。

イ　上肢障害の業務起因性を否定した裁判例

臨時職員として手話通訳業等に従事していた者の上肢障害（頸肩腕症候群）、交通管理システム機器の保守管理業務に従事する者の上肢障害（頸肩腕症候群）について業務起因性を否定した裁判例がある（前者につき東京地判平23. 1. 20労経速2104号15頁、後者につき東京地判平23. 11. 16判例秘書ウエストロー・ジャパン）。

3　石綿による疾病

「石綿による疾病の認定基準について」（平24. 3. 29基発0329第２号）では、石綿の吹付け作業や石綿製品の製造・加工作業など石綿に直接又は間接にさらされる一定の作業（同認定基準第１の２の⑴から⑾までに掲げる作業。以下「石綿ばく露作業」という）に従事し又は従事したことのある労働者（以下「石綿ばく露労働者」という）が罹患した石綿による疾病を労災補償の対象と認定するための要件を定めている。なお、石綿による疾病のうち、労災補償等による救済の対象とならないもの（労災以外のケースや労災保険に基づく遺族補償給付を受ける権利が時効により消滅した遺族について）は、独立行政法人環境再生保全機構の認定を受けることにより、石綿健康被害救済法による救済給付が得られる。

(1) 認定要件

ア　石綿肺（石綿肺合併症を含む。）

石綿ばく露労働者に発生した疾病であって、石綿肺又は石綿肺に合併した次の疾病（じん肺管理区分が管理４の者に合併した場合も含む。）は、労基則別表第１の２第５号に該当する疾病として取り扱われる。

①肺結核
②結核性胸膜炎
③続発性気管支炎
④続発性気管支拡張症
⑤続発性気胸

イ　肺がん

石綿ばく露労働者に発症した原発性肺がんであって、石綿肺の所見が得られていることなど一定の所見があり、又はそれらに加えて一定の石綿ばく露作業への従事期間があるものは、最初の石綿ばく露作業（労働者として従事したものに限らない。）を開始したときから10年未満で発症したものを除き、労基則別表第１の２第７号７に該当する疾病として取り扱われる。

ウ　中皮腫

石綿ばく露労働者に発症した胸膜、腹膜、心膜又は精巣鞘膜の中皮腫であって、次の(ア)又は(イ)に該当するものは、最初の石綿ばく露作業（労働者として従事したものに限らない。）を開始したときから10年未満で発症したものを除き、別表第１の２第７号７に該当する疾病として取り扱われる。

(ア)　石綿肺の所見が得られていること
(イ)　石綿ばく露作業の従事期間が１年以上あること

エ　びまん性胸膜肥厚

石綿ばく露労働者に発症したびまん性胸膜肥厚であって、次のいずれの要件にも該当する場合には、別表第１の２第４号７に該当する疾病として取り扱われる。

(ア)　胸部CT画像上、肥厚の広がりが、片側にのみ肥厚がある場合は側胸壁の１/２以上、両側に肥厚がある場合は側胸壁の１／４以上あるものであること。
(イ)　著しい呼吸機能障害（パーセント肺活量（%VC）が60%未満である場合等）を伴うこと
(ウ)　石綿ばく露作業への従事期間が３年以上あること。

⑵　留意点

中皮腫の業務上外の判断に当たっては、病理組織検査記録等も収集の上、確定診断がなされているかを必ず確認するものとされる。また、びまん性胸膜肥厚の診断は、特定の診断方法（同基準別添２「びまん性胸膜肥厚」の診断方法」）の内容に則して行われるべきものとされる。そのほか、疾病ごと認定要件とされる所見の診断・確認方法や計測方法等について詳細な定めがある。

なお、石綿健康被害救済法に基づく特別遺族給付金に係る対象疾病の認定における疾病の特定及び死亡の原因の判断（石綿肺（石綿肺合併症を含む。)、中皮腫、肺がん及びびまん性胸膜肥厚に限る。）については、特別遺族給付金の支給請求書に添付された死亡診断書等の記載事項証明書等の記載内容により判断すれば足りるものとされる。

⑶　石綿との関連が明らかな疾病

石綿肺、肺がん、中皮腫、良性石綿胸水、びまん性胸膜肥厚が例示されている。そのうち、良性石綿胸水については、その診断が石綿以外の胸水の原因（結核性胸膜炎、リウマチ性胸膜炎など）を全て除外することにより行われ、その診断が非常に困難であることから、特定の認定要件を定めず、全ての事案につき本省協議事項とされている。

⑷　裁判例

船体組立職等として、約26年間、船内の溶接や溶断等の業務に従事した労働者が肺がんにより死亡した事案において、労災認定基準に即した判断枠組みにより、石綿ばく露作業に従事した期間が10年以上あることは認められるものの、胸膜プラーク等の医学的所見は認められないことなどから原審が業務起因性を否定したのに対し、同じ工場の敷地内で就労していた多くの従業員らが石綿に起因する疾患を発症し、労災認定を受けるなどしていること、原発性肺がんの極めて有力な発症原因とされている喫煙歴は全くなく、がんについての遺伝的素因があったともいえないことなどの事情に照らせば、受けた石綿ばく露は、太郎の肺内に胸膜プラークを形成するに十分な程度に至っていたものと認めるのが相当として、業務起因性を認め原審の判断を取り消した裁判例がある（国・神戸東労基署長（造船会社）事件・大阪高判平28. 1. 28判時2304号110頁)。

また、航空機のエンジン部品の修理に係る溶接作業等に約38年間従事（うち、石綿ばく露作業への従事期間は約14年と認定）した労働者が肺がんにより死亡した事案において、「平成18年認定基準が適用されるべき事例であって、平成18年認定基準によれば業務起因性が肯定されるようなものについては、その後の医学的知見を踏まえて策定された平成24年認定基準に合致しないとしても、そのことの故に業務起因性が否定されるべきものではないというべきである」とした上で、「肺内には、ヘルシンキ基準において職業上の石綿ばく露を受けた可能性が高いとされる基準を超える石綿繊維数（角閃石族石綿）が認められる一方、他に、肺がん発症の原因となり得る要因が存したことは窺われない」などとして業務起因性を認めた裁判例がある（国・大田労働基準監督署長（日航インターナショナル羽田）事件・東京地判平26．1．22労判1092号83頁）。

その他、港湾において約20年にわたって輸入貨物の検数作業に従事した経歴のある元検数作業員が肺腺がんを罹患し死亡した事案について業務起因性を認めた裁判例として大阪高判平25．2．12判時2188号143頁、石綿繊維を吹き付ける業務に従事し、在職中に石綿肺と診断された元労働者がうつ病に罹患し自殺した事案について、次第に悪化していく症状は「心理的負荷を与え続け、かつその心理的負荷は次第に大きくなっていったものということができる」などとして自殺の業務起因性を認めた裁判例として岡山地判平24．9．26労経速2160号3頁、大工（約43年間大工作業に従事）が肺がんで死亡した事案について、形式的には認定基準を充たすものではないとしても、胸膜プラークが存在する可能性を示す有力な間接的な事情が存在するといえるとして、認定基準を充たすのに準じる評価を行い業務起因性を認めた裁判例として国・足立労基署長（甲野工務店・石綿）事件・東京地判平24．6．28労判1057号54頁、製鉄会社に約24年間勤務（うち約11年５か月間石綿取扱業務に従事）した元従業員が肺がんに罹患した事案について業務起因性を認めた裁判例として国・木更津労基署長（新日鐵君津製鐵所）事件・東京地判平24．2．23労判1048号85頁、建物の電気配線工事に昭和30年から従事していた電気工が肺がんに罹患した事案について業務起因性を認めた裁判例として国・相模原労基署長（電気工・石綿暴露）事件・横浜地判平21．7．30労判992号11頁 判時2075号149頁などがある。

一方で、国語科の教師が肺がん及び胸膜中皮腫で死亡した事案において、その遺族が、建物内に露出していた石綿や、建物改修工事によって飛散した石綿にばく露したと主張したのに対して、「学園においては被災者の在勤中に複数の工事や建物においてアスベスト（クリソタイル及びクロシドライト）を含む吹付材や石綿含有建材が使用されてきたこと、そして、被災者がこの工事の際や設備を利用する際に、さらには長期間にわたって学園で勤務してきた過程においてアスベストに何らかの形態や程度でばく露した可能性があることを最大限に斟酌したとしても」、被災者に発症した中皮腫につき、労災認定基準の定める認定要件である「石綿ばく露作業の従事期間が１年以上あること」に該当するものとは認め難いというほかはないとして業務起因性を否定した裁判例がある（名古屋地判平28. 11. 16ウエストロー・ジャパン）。そのほか、船舶製造会社に勤務し約26年にわたって船体組立職等として船内の溶接や溶断等の業務に従事した労働者が肺がんで死亡した事案において、認定基準における「10年ばく露要件を満たすものの、胸膜プラーク、肺内の石綿小体又は石綿繊維等の医学的所見がいずれも認められず、このような医学的所見が認められなくても本件疾病の業務起因性を肯定すべき特段の事情も認められない」から、「原発性肺がんの主要な発症原因のひとつである喫煙の習慣がないことを考慮しても、業務起因性を認めることはできないというほかはない」とした裁判例として神戸地判平25. 11. 5ウエストロー・ジャパンなどがある。

第13　労安衛法と使用者側の注意

1　労安衛法の概要

事業主は、労安衛法で定める労働災害防止のための措置を徹底するとともに、快適な職場環境の実現と労働条件の改善を通じて職場における労働者の安全と健康を確保しなければならない。以下に、使用者にとって重要な規定の概要等について述べる。

2　事業主が講ずべき措置

(1)　安全衛生管理体制

一定規模以上の事業場では、安全衛生業務全般を統括管理する責任者として「総括安全衛生管理者」を選任し、その下に「安全管理者」「衛生管理者」（小規模事業場では「安全衛生推進者」）を選任しなければならない（労安衛法10条～12条の２）。

一定の業種・規模の事業場では「安全委員会」を、一定規模の事業場では「衛生委員会」を設置しなければならない（同法17、18条）。安全委員会及び衛生委員会を設けなければならないときは、それぞれの委員会の設置に代えて、安全衛生委員会を設置することができる（同法19条）。

また、常時50人以上の労働者を使用する事業場では、産業医（労安衛法13条、同施行令５条）の選任が義務付けられている。

(2)　労働者の危険又は健康障害を防止するための措置

事業者は、機械等の設備の危険、爆発性の物等や電気等のエネルギーによる危険、掘削等の業務における作業方法から生ずる危険、労働者が墜落するおそれのある場所等に係る危険を防止するため必要な措置を講じなければならない。また、原材料等、放射線等、計器監視等の作業、排気等による健康障害を防止するための必要な措置を講じなければならない。更に、作業場について労働者の健康、風紀及び生命の保持のため必要な措置や労働者の作業行動から生ずる労働災害を防止するため必要な措置を講ずる必要がある（労安衛法20〜24条）。

労働者の危険又は健康障害を防止するための措置については、厚生労働省令に具体的かつ詳細な規定がある。

(3) 機械等並びに危険物及び有害物に関する規制

一定の機械等、並びに危険物及び有害物等について種々の規制がある（労安衛法５章）。

(4) 労働者の就業に当っての措置

事業者には、労働者の雇入れ又は作業内容の変更の際に、機械等の危険性等、安全装置・有害物抑制装置・保護具の性能、これらの取扱い方法、作業手順、当該業務に関して発生するおそれのある疾病の原因および予防、整理・整頓および清潔の保持、事故時等における応急措置および退避などの点について、労働者が従事する業務に関して必要な安全衛生教育を行うことが義務付けられている（労安衛法59条、労安衛則35条）。特に、一定の危険又は有害な業務に労働者をつかせるときは、当該業務に関する安全又は衛生のための特別の教育を行うとともに、記録の作成・保存を要する（労安衛法59条３項、労安衛則36〜39条）

また、事業者は、中高年齢者等労働災害の防止上特に配慮を必要とする者に対して、これらの者の心身の条件に応じて適正な配置を行うように努めなければならない（同法62条）。

(5) 健康の保持増進のための措置

事業者は、労働者に対する医師による健康診断を実施し、その結果を記録しなければならない（労安衛法66条１項）。

異常所見者について、医師の意見を聴取し、必要があるときは、労働者の就業場所の変更、作業の転換、労働時間の短縮、深夜業の回数の減少等の措置を講じるほか、作業環境の測定その他の措置を講じなければならない（労安衛法66条〜66条の５）。

また、週40時間を越える労働が１月あたり100時間を超え、かつ疲労の蓄積が見られる労働者に対して医師による面接指導を実施し（同法66条の８、労安衛則52条の２）、医師の意見を勘案して就業場所の変更等の措置を講じなければならない。その他、長時間の労働により疲労の蓄積が見られる者や、健康上の不安を有している労働者などについて、事業者は医師による面接指導またはこれに準ずる措置を取らなければならない（同法66条の９）。

労働者数50人以上の事業場においては、事業者は、常時使用する労働者に対して、医師、保健師等による心理的な負担の程度を把握するための検査（ストレスチェック）を実施し、一定の要件に該当する労働者から申し出があった場合、医師による面接指導を実施し、医師の意見を聴き、必要に応じ就業上の措置を講ずる必要がある（労安衛法66条の10）。なお、室内又はこれに準ずる環境下で労働者の受動喫煙を防止するため、事業者及び事業場の実情に応じ適切な措置を講じることが事業者の努力義務とされている（労安衛法68条の２）。

3　安全配慮義務違反と労安衛法に定める義務違反

労安衛法に定める使用者の義務にかかる規定は、いわゆる行政的な取締規定であって、これらの義務は使用者の国に対する公法上の義務であると解されるが、その規定する内容は、使用者の労働者に対する私法上の安全配慮義務の内容ともなり、その規準になるものと解される（神戸市（中山商事）事件・大阪高判平18. 11. 17判時1981号18頁：掘削用の機械であるバックホウを流用して水道管を吊り上げ水道管に跨がって作業していた労働者が水道管と梁に挟まれて死亡した事件で、車両系建設機械の主たる用途以外の用途への使用を禁じた労安衛規則164条の規定は荷の落下や建設機械の転倒防止が目的であり安全配慮義務違反の根拠とならないという使用者側の主張を退けて、「労働安全衛生規則に違反することは、労働者に危険を及ぼすこととなるのであるから、本件死亡事故の発生については、相当因果関係の有無を検討する必要はあるとしても、労働安全衛生規則の違反は、本件事故についての安全配慮義務の違反に結びつくものとみるのが相当である。」とした。内外ゴム事件・神戸地判平2. 12. 27労判596号69頁 判タ764号165頁：有機溶剤中毒の事案で局所換気装置不設置、防護マスク・保護手袋等の保護具不備等の有機溶剤中毒予防規則違反が私法上の安全配慮義務内容ともなりその基準となるとされた。ジャムコ立川工場事件・東京地八王子支判平17. 3. 16労判893号65頁：慢性気管支炎、中枢神経機能障害等を発症した事案で労働者が従事した燃焼試験の試験室の排気装置の整備不良、送気マスク等の保護具の不支給などの安全配慮義務違反を認定し、この安全配慮義務の内容が労安衛法、労安衛則、特定化学物質障害予防規則により課せられる義務と同内容であるからその点でも安全配慮義務違反とされた）。

したがって、使用者としては、労安衛法及び同法に根拠を有する規則に定める規定の内容が使用者の具体的な安全配慮義務の内容になっていることに留意する必要がある。

他方で、安全配慮義務の具体的内容は、安全配慮義務が問題となる具体的状況によって異なるものであり、使用者においては労安衛法所定の措置さえ講じていれば全ての安全配慮義務を尽くしているということはできないことにも留意が必要である。

労安衛法の措置義務と安全配慮義務の関係については本章第8・1⑷エ（686頁）も合わせて参照されたい。

第17章

企業再編と労働契約の承継

第1 合併

1 合併とは

合併とは、二以上の会社が契約により一の会社に合同することを言い、存続会社が消滅会社の権利義務を承継する吸収合併と双方の企業が合併して新設会社を設立する新設合併とがある（会社法２条27号、28号）。消滅会社の権利義務の全てが存続会社・新設会社（「存続会社等」）に包括承継される（同法750条１項、754条１項）。

2 承継排除の不利益・承継強制の不利益

包括承継であるため、労働者と消滅会社との間の労働契約の全てが、労働者の同意なくして、存続会社等に承継される。存続会社等が特定の労働者の労働契約の承継を拒否することもできない。そのため、合併には、労働者にとって承継排除の不利益は存在しない。

他方、合併に反対する労働者には承継強制の不利益が一応観念されうる。この場合、労働者には辞職という選択肢がある。

3 承継される労働条件等

包括承継であるため、合併の効力発生直前の消滅会社における労働条件が同じ条件で存続会社等に承継される。「事業譲渡又は合併を行うに当たって会社等が留意すべき事項に関する指針」（厚生労働省告示第318号）（「事業譲渡等指針」）でも、この点が留意すべき事項の一つとされている。

実務では合併後の労働条件をいかにして統一するかがしばしば問題となる。合併に際しての労働条件の変更について最高裁まで争われた著名事件も少なくない（例えば、大曲市農協事件・最三小判昭63. 2. 16民集42巻2号60頁 労判512号7頁、朝日火災海上保険（石堂）事件・最一小判平9. 3. 27労判713号27頁 判時1607号131頁、山梨県民信用組合事件・最二小判平28. 2. 19民集70巻2号123頁 労判1136号6頁）。労働条件の変更の問題については、第３章（128頁～）を参照されたい。また、合併に伴う人員削減（整理解雇）については、第８章第５（351頁～）を参照されたい。

第2　事業譲渡

1　事業譲渡とは

事業譲渡とは、「一定の事業目的のために組織化され、有機的一体として機能する財産」（最大判昭和40. 9. 22 民集19巻6号1600頁 判時421号20頁）である事業の全部又は一部を取引行為として第三者に譲渡する行為をいう。事業譲渡は特定承継であり（東京日新学園事件・東京高判平17. 7. 13労判899号19頁）、譲渡会社と譲受会社の合意のほか、労働者の合意が必要である（民法625条）。

なお、会社分割と異なり、事業譲渡について労働者保護のためにとるべき法的な手続き等は定められていないが、事業譲渡等指針では労働組合等との事前協議や承継予定労働者との事前の協議を行うことなど留意事項が定められている。

2　承継排除の不利益

譲渡会社、譲受会社、労働者三者の合意が必要だということは、逆にいえば、譲渡会社と譲受会社のいずれかが合意しない場合には特定の労働者が譲渡対象から排除されることを意味する。つまり、譲渡会社と譲受会社が合意した労働者だけが承継されることとなる。

事業の全部が譲渡され、譲渡会社の解散に伴って譲渡会社に残った労働者が解雇される事業譲渡解散の事例では、解散する譲渡会社との関係で地位確認を求めても意味がないため、承継を排除された労働者の不利益が特に顕在化することになる。

(1)　労働者側の対抗措置（その１）：民事訴訟

事業譲渡解散の事例における労働者側の法的な対抗措置として、譲受会社に対して地位確認と賃金の支払いを求めて民事訴訟を提起することが考えられる。事業譲渡が特定承継であることを前提とすると、その理論構成は必ずしも容易ではないが、以下の通り、請求が認められた裁判例も複数存在する。

ア　譲渡会社と譲受会社の実質的同一性や法人格否認の法理を根拠とする裁判例

まず、第一の類型として、譲渡会社と譲受会社の実質的同一性や法人格否認の法理を根拠に労働契約の承継を認める裁判例がある。

譲渡会社と譲受会社の実質的同一性を理由に雇用契約の承継を認めた裁判例としては、日進工機事件・奈良地決平11.1.11労判753号15頁がある。

法人格否認の法理を根拠とする裁判例としては、例えば、新関西通信システムズ事件・大阪地決平6.8.5労判668号48頁がある。この事案で、裁判所は、譲渡会社の解散は、差押、信用失墜、廃業といった事態や解雇法理の適用を回避するために行われたものであり、法人格の濫用であると評価せざるをえず、譲渡会社における解雇及び債権者の不採用は譲渡会社から譲受会社である債務者への営業等の承継の中でされた実質において整理解雇に相当するものであり、整理解雇に関する法理を類推すべきとした。そのうえで、結論として整理解雇の要件が満たされていないことを理由に解雇は無効であるとし、譲受会社に対する地位保全と賃金仮払いの仮処分の申立てを認めた。その他に法人格否認の法理を根拠に雇用の承継を認めたものとして、第一交通産業ほか（佐野第一交通）事件・大阪高判平19.10.26労判975号50頁、日本言語研究所ほか事件・東京地判平21.12.10労判1000号35頁やサカキ運輸ほか（法人格濫用）事件・福岡高判平28.2.9労判1143号67頁等がある。

イ　譲渡会社と譲受会社との間に労働契約の承継に関する合意を認定する裁判例

第二の類型として、譲渡会社と譲受会社との間に労働契約の承継に関する合意を認定し、当該合意に基づき労働契約の承継を認める裁判例がある。

この類型に属するものとして、まず、譲渡会社と譲受会社との間に事業譲渡に関する明確な合意が存在しない場合に、譲受会社が事実上営業の包括承継をしていることを根拠に労働契約の承継について黙示の合意があるとして労働契約の承継を認める裁判例がある。例えば、タジマヤ事件・大阪地判平11.12.8労判777号25頁では、譲受会社が譲渡会社から主要な資産を譲り受け、事業所の所在地や社屋も同じで、原告以外の全労働者が雇用されているといった事情からすれば両社が全労働者の労働契約を含めて事業譲渡したと推認することができるとして、譲受会社への労働契約の承継が認められた。同様の判断をした裁判例として、Aラーメン事件・仙台高判平20. 7. 25労判968号29頁がある。

上記のほか、第二の類型に属するものとして、譲渡会社と譲受会社との間に労働契約を承継しない旨の明確な合意があるにもかかわらず、その合意を規範的に読み替え、譲渡会社と譲受会社との間に承継の合意があるとして労働契約の承継を認めた裁判例がある。例えば、勝英自動車学校（大船自動車興業）事件・東京高判平17. 5. 31労判898号16頁では、営業譲渡契約で「譲受会社は、営業譲渡日以降は、譲渡会社の従業員の雇用を引き継がない。ただし、譲受会社は、譲渡会社の従業員のうち○年○月○日までに譲受会社に再就職を希望した者で、かつ同日までに譲渡会社が譲受会社に通知した者については、新たに雇用する。」と規定されていたにもかかわらず、裁判所は、譲受会社と譲渡会社間で、①譲渡会社の労働者の労働契約を譲受会社へ移行するが、②労働条件引下げのために労働者全員に退職届を提出させて労働条件に異議のない者のみを雇用するとの合意がなされたと事実認定したうえで、②の労働条件引下げに異議のない者のみを雇用するとの部分及び上記営業譲渡契約中の労働契約不承継条項は民法90条違反し無効と判断し、上記①の合意に基づき労働契約の承継を認めた。

ウ　その他

上記の二つの類型のいずれにも属さないものとして、魚沼中央自動車学校（湘南ドライビングスクール）事件・東京高判平20. 12. 25労判975号5頁がある。当該事案では、訴外会社が経営していた自動車教習所湘南校の教習指導員であったXらが、訴外会社が湘南校を閉校し、Yが新たな教習所を開校するに当たり、訴外会社・Y間でYが訴外会社の労働契約を承継する旨の合意が、X・Y間ではYが同一労働条件でXらを雇用する旨の合意があったとして、Yに対し労働契約上の地位確認及び未払賃金の支払を求めた。これに対し、裁判所は、訴外会社からYへ営業譲渡がされたとは認めがたく、これに伴い労働契約を承継する旨の合意があったとも認められないとした。他方で、Yの取締役でもある訴外会社代表者の組合との団体交渉の場における訴外会社の従業員は原則として全員Yの経営する新設校に移ってもらう旨の発言は、Yの代理又は使者として、湘南校従業員を新設校で将来採用するとの労働契約の申込みをしたと評価できるから、X・Y間で訴外会社との労働契約及び勤務の終了時点で当該従業員を雇用する始期付労働契約の成立が認められるとした。

⑵　労働者側の対抗措置（その２）：不当労働行為に対する救済命令の申立て

事業譲渡解散の事例において不当労働行為が問題になりうる場合には、労働者側からの法的な措置として、労働委員会に対する救済命令の申立てを行うことが考えられる。実際、譲受会社が労働組合員であることを理由に従業員を採用しなかったことが労組法７条１号本文前段の不利益取扱いに該当するとして、労働委員会が譲受会社に採用を命じる救済命令を発した事例がそれなりの数存在する（中労委（青山会）事件・東京高判平14. 2. 27労判824号17頁（最三小決平16. 2. 10で棄却・不受理）、吾妻自動車交通不当労働行為再審査事件・中労委命令平21. 9. 16労働委員会命令データベース等）。

ア　偽装解散の法理

労働委員会が救済命令を命じた類型の一つとして、いわゆる偽装解散の法理が適用される類型がある。この類型では、譲渡会社の解散とその従業員の解雇、その事業の譲受会社への承継が、譲渡会社の労働組合を排除する意図に出ていること、解散した譲渡会社と譲受会社の実質的同一性・一体性という二つの要件が満たされるならば、解散・解雇・事業承継・組合員の不採用の全体が「偽装解散」と称される一連の不当労働行為となる（緑運送ほか１社事件・中労委平17. 10. 19命令集133号1576頁、吾妻自動車事件・福島県労委平20. 5. 30命令集未搭載）（菅野和夫「会社解散をめぐる不当労働行為事件と使用者――４つの類型とその判断基準」安西愈先生古稀記念『経営と労働法務の理論と実務』（中央経済社、2009年）518頁から519頁）。

イ　事業承継における採用拒否＝実質的解雇の法理

別の類型として、いわゆる事業承継における採用拒否＝実質的解雇の法理が適用される類型がある。偽装解散の法理の場合と異なり、解散した譲渡会社と譲受会社の実質的同一性・一体性が要件とされない。前掲中労委（青山会）事件がその例である（菅野・前掲論文522頁以下）。同事件で、東京高裁は、ＹによるＫ病院の職員のＭ病院の職員への採用の実態は、新規採用というよりも、雇用関係の承継に等しいものであり、労働組合法７条１号本文前段が雇入れについて適用があるか否かについて論ずるまでもなく、Ａらの不採用については同規定の適用があると解すべきであるとした。そのうえで、本件契約においては、ＹはＫ病院の職員の雇用契約上の地位を承継せず、同病院の職員をＹが雇用するか否かはＹの専権事項とする旨が合意されているが、採用の実態にかんがみれば、この合意は、ＮとＹとがＢ組合並びにこれに属するＡらを嫌悪した結果これを排除することを主たる目的としていたと推認され、かかる目的をもってされた合意は、上記労働組合法の規定の適用を免れるための脱法の手段としてされたものとみるのが相当であり、Ｙは、上記のような合意があることをもって同法７条１号本文前段の適用を免れることはできない、Ａらの不採用に及んだのは、前記認定のようなＭ病院の職員の採用の実態に照らすと、同人らをその従来からの組合活動を嫌悪して解雇したに等しいものというべきであり、Ａらの不採用は、労働組合法７条１号本文前段の不利益取扱いに該当するものといわざるを得ないと判断した。そして、Ａらの採用等を命じた初審命令は違法ではないと判示した。

ウ　救済命令の内容

不当労働行為が認められる場合には、労働委員会は、救済命令として、譲受会社に対し組合員である従業員の原職相当職への復帰とバックペイの支払いを命じることができ、譲渡会社が清算手続中で存続している場合にはバックペイの支払いについて譲受会社と連帯して支払うよう命じることができる。また、不当労働行為を構成する一連の行為の全体について今後同じような支配介入を行なわないことを文書にして掲示させる「ポスト・ノーティス」を命じることができる。ただし、譲渡会社の解散と譲受会社による事業承継の撤回、譲渡会社による事業の再開などは、両社の営業の自由に照らして命じることができない（菅野・前掲論文518頁から519頁）。

3 承継強制の不利益

上記の通り、労働契約の承継には労働者本人の同意が必要であり（民法625条）、譲渡会社と譲受会社との間で労働契約承継の合意があったとしても、労働者は譲受会社への転籍を拒否することができる。

4 労働契約承継の方法と承継される労働条件等

労働契約の承継の方法としては、①譲渡会社から譲受会社への「使用者の地位の譲渡」と、②転籍合意（譲渡会社からの「退職」＋譲受会社での「新規採用」）の二つの方法が考えられる。①の場合は、労働契約上の地位が譲渡会社から譲受会社に引き継がれるため、特段の合意がない限り譲渡会社での労働条件が引継がれるのが原則であるが、譲受会社と労働者の間の合意により労働条件を変更することも可能である（エーシーニールセン・コーポレーション事件・東京高判平16.11.16労判909号77頁）。これに対し、②の場合は、譲受会社で「新規採用」されるため、採用に際し譲受会社と労働者が合意した労働条件（実務的には譲受会社が提示した労働条件となることが多い。）に従うこととなる。

なお、事業譲渡後の労働条件の変更は、就業規則や労働協約による労働条件の変更の問題である（広島第一交通事件・広島地判平10.5.22労判751号79頁）。詳しくは第３章（128頁～）を参照されたい。

また、会社分割と転籍合意が併用された場合については、本章第３・５（751頁～）を参照のこと。

事業譲渡に伴う人員削減（整理解雇）については、第８章第５（351頁～）を参照されたい。

第3　会社分割

1　会社分割とは

分割会社は、その事業に関して有する権利義務の全部又は一部を、分割後、吸収分割の場合には他の会社に、新設分割の場合には分割により設立する会社に承継させる行為である（会社法２条29号、30号）。権利義務のどの部分が承継されるかは、吸収分割契約や新設分割計画の定めにより決まる（同法758条、759条１項、763条１項、764条１項）。部分的な包括承継と解されている。

2　労働契約の承継に関する手続き

事業譲渡の場合と異なり、会社分割による労働契約の承継については、会社分割に伴う労働契約の承継等に関する法律（「承継法」）や商法等の一部を改正する法律（平成12年法律90号。平成17年法律第87号による改正前のもの）（「商法等改正法附則」）により取るべき手続が規定されている。これらに基づき、労働者の理解と協力を得る努力（いわゆる７条措置）（承継法７条）、労働者との協議（いわゆる５条協議）（商法等改正法附則５条）、通知義務（承継法２条）といった手続きを行わなければならない。各手続きの詳細については、「分割会社及び承継会社等が講ずべき当該分割会社が締結している労働契約及び労働協約の承継に関する措置の適切な実施を図るための指針」（平12労働省告示127号）（「承継法指針」）を参照のこと。

株式会社で株主総会の承認を要する場合の会社分割手続の流れ・概要については、次ページの図を参照のこと。

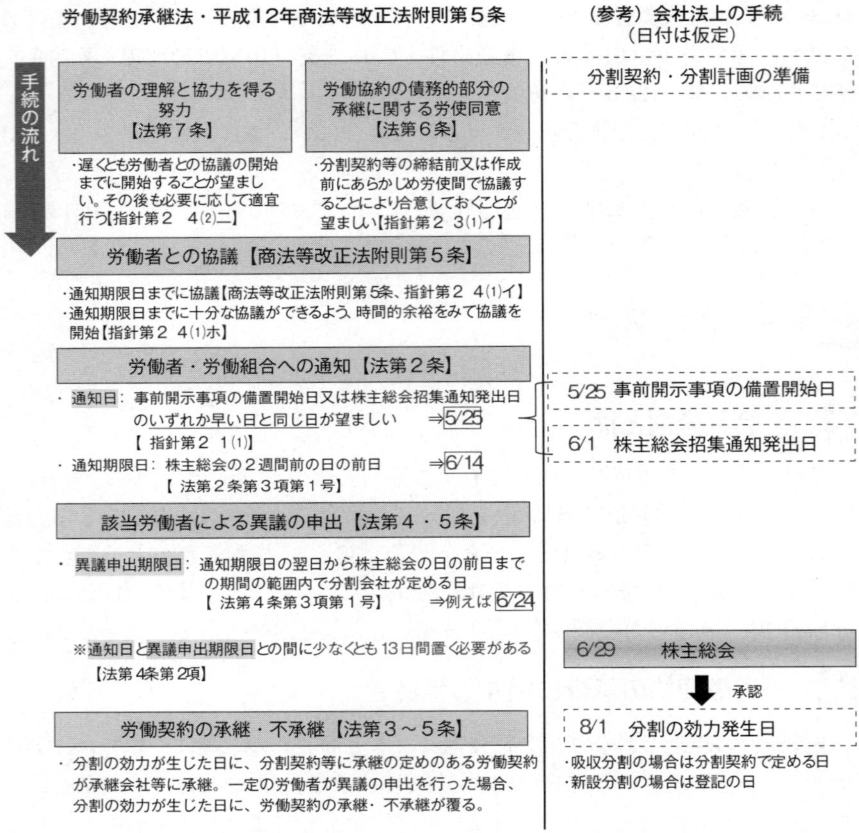

労働契約承継法・平成12年商法等改正法附則第5条
（参考）会社法上の手続
（日付は仮定）
手続の流れ
労働者の理解と協力を得る努力【法第7条】
労働協約の債務的部分の承継に関する労使同意【法第6条】
分割契約・分割計画の準備
・遅くとも労働者との協議の開始までに開始することが望ましい。その後も必要に応じて適宜行う【指針第2　4(2)ニ】
・分割契約等の締結前又は作成前にあらかじめ労使間で協議することにより合意しておくことが望ましい【指針第2　3(1)イ】
労働者との協議【商法等改正法附則第5条】
・通知期限日までに協議【商法等改正法附則第5条、指針第2　4(1)イ】
・通知期限日までに十分な協議ができるよう、時間的余裕をみて協議を開始【指針第2　4(1)ホ】
労働者・労働組合への通知【法第2条】
・通知日：事前開示事項の備置開始日又は株主総会招集通知発出日のいずれか早い日と同じ日が望ましい　⇒5/25
【指針第2　1(1)】
・通知期限日：株主総会の2週間前の日の前日　⇒6/14
【法第2条第3項第1号】
5/25 事前開示事項の備置開始日
6/1　株主総会招集通知発出日
該当労働者による異議の申出【法第4・5条】
・異議申出期限日：通知期限日の翌日から株主総会の日の前日までの期間の範囲内で分割会社が定める日
【法第4条第3項第1号】　⇒例えば6/24
※通知日と異議申出期限日との間に少なくとも13日間置く必要がある
【法第4条第2項】
6/29　株主総会
承認
8/1　分割の効力発生日
労働契約の承継・不承継【法第3～5条】
・分割の効力が生じた日に、分割契約等に承継の定めのある労働契約が承継会社等に承継。一定の労働者が異議の申出を行った場合、分割の効力が生じた日に、労働契約の承継・不承継が覆る。
・吸収分割の場合は分割契約で定める日
・新設分割の場合は登記の日

出典：厚生労働省・都道府県労働局『会社分割に伴う労働契約の承継等に関する法律（労働契約承継法）の概要』（平28.8）1頁

なお、EMIミュージック・ジャパン事件・静岡地判平22.1.15労判999号5頁において、裁判所は、労働条件の変更が分割後に行われるかどうかは5条協議の対象とならず、分割後に勤務することとなる会社の概要の一内容としても分割会社にこれを説明する義務がないのが原則であるが、例外的に、承継会社等が速やかに労働条件の変更の交渉を行うことを具体的に予定し、そのことを承継予定の労働者に周知させるよう希望しており、かつ、分割会社も周知させることに合意している場合には、労働契約に基づく法的義務として、分割会社に説明義務があるとして、分割会社に原告ら各人につき15万円の慰謝料の支払いを命じた。

3　承継排除の不利益・承継強制の不利益

(1)　主従事労働者

ア　分割契約書等に承継する旨の定めが「ある」場合

承継される事業に主として従事する労働者（「主従事労働者」）で、その労働契約を承継会社等が承継する旨の定めが分割契約書等に記載された労働者の労働契約は、会社分割の効力発生日に、当該労働者の合意なくして、承継会社等に承継される（承継法３条）。当該労働者には異議申出権がなく、承継を拒否することができない。

ただし、商法等改正附則５条１項に定める協議（「５条協議」）が全く行われなかったときには、当該労働者は承継法３条の定める労働契約承継の効力を争うことができ、また、５条協議が行われた場合であっても、その際の分割会社からの説明や協議の内容が著しく不十分であるため法が５条協議を求めた趣旨に反することが明らかな場合には、分割会社に５条協議義務の違反があったと評価してよく、当該労働者は承継法３条の定める労働契約承継の効力を争うことができる（日本アイ・ビー・エム（会社分割）事件・最二小判平22. 7. 12民集64巻5号1333頁 労判1010号5頁）。このIBM判決は、５条協議が法の求める趣旨を満たすか否かを判断するに当たっては、それが平18厚生労働省告示343号による改正前の承継法指針に沿って行われたものであるか否かも十分に考慮されるべきであるとしているが、上記改正後も本判決と同様のことがいえよう。

また、上記IBM判決の基準を前提に、原告と工場長との間の個別の話合いでは労働組合を脱退することと引替えに労働契約の承継会社への承継の選択を迫られたにすぎず、法が５条協議を求めた趣旨に反することが明らかとして、原告の労働契約の承継会社への承継の効力を否定し、分割会社である被告に対する地位確認請求を認めたものがある（エイボン・プロダクツ事件・東京地判平29. 3. 28労判1164号71頁）。

イ　分割契約書等に承継する旨の定めが「ない」場合

他方、主従事労働者と分割会社との間の労働契約を承継会社等が承継する旨の定めが分割契約書等に記載されなかった場合でも、該当する主従事労働者が承継会社等への承継を希望するときは、当該主従事労働者は異議申出期限日までに異議申出をすることができ、当該異議申出により、当該主従事労働者の労働契約は、会社分割の効力発生日に当然に承継会社等へ承継される（承継法４条１項、４項）。なお、異議申出期限日と通知日との間には少なくとも13日間置く必要がある（同２項）。

主従事労働者の場合の異議申出権の有無等

承継する旨の定め有り	５条協議の対象 通知の送付必要 異議申出権無し
承継する旨の定め無し	５条協議の対象 通知の送付必要 異議申出権有り 異議申出期限日までに異議申出をした場合には、承継会社等に承継される。

(2)　主従事労働者以外の労働者

ア　分割契約書等に承継する旨の定めが「ない」場合

一方、主従事労働者以外の労働者（すなわち、承継される事業に従としてしか従事していない労働者（「従従事労働者」）、一切従事していない労働者（「不従事労働者」）と分割会社との間の労働契約は、分割契約書等に承継する旨の記載がなされない限り、承継会社等に承継されない。分割契約書等に承継する旨の記載がない場合には異議申出権もない。

イ　分割契約書等に承継する旨の定めが「ある」場合

分割会社と承継会社等が主従事労働者以外の労働者の労働契約を承継することを望む場合には、これを承継する旨の定めが分割契約書等に記載される。該当する労働者が承継を望まない場合には、当該労働者は異議申出期限日までに異議を申出ることができ、その場合、当該労働者の労働契約は承継会社等に承継されず、労働者は分割会社に残ることができる。他方、異議が述べられなかった場合には、会社分割の効力発生日に承継会社等に労働契約が承継される（承継法５条）。

主従事労働者以外の労働者の場合の異議申出権の有無

承継する旨の定め有り	５条協議の対象 通知の送付必要 異議申出権有り 異議申出期限日期間内まで異議申出をした場合には、承継会社等に承継される。
承継する旨の定め無し	従従事労働者は５条協議の対象、不従事労働者は５条協議の対象外 通知の送付不要 異議申出権無し

⑶　主従事労働者に該当するかどうかについて見解の相違がある場合

このように主従事労働者に該当するかどうかで承継法上の取扱いが大きく異なるので、主従事労働者に該当するかどうかは労働者にとっても大きな関心事となる。

主従事労働者に該当するかどうかの判断基準については承継法指針が詳しく定めている。詳細は割愛するが、主従事労働者に該当する労働者の典型例は、分割契約等を締結し、又は作成する日において、承継される事業に専ら従事する労働者である（承継法指針第２　２⑶ロ(ｲ)）。

分割会社と労働者との間で主従事労働者に該当するか否かについて見解の相違があるときには、承継法７条の労働者の理解と協力を求める努力や商法等改正法附則５条の労働者との協議により見解の相違の解消に努める必要があり、それでもなお解決しない場合には、最終的には裁判によって解決を図ることができるとされている（承継法指針第２　２⑶ニ）。また、都道府県労働局で実施をしている「個別労働紛争解決制度」により解決に向けた話合いをすることも可能である。

4　承継される労働条件

承継法に基づく労働条件の承継は部分的な包括承継と解されており、会社分割の効力発生直前の分割会社における労働条件が同じ条件で承継会社等に承継されるのが原則である。実務において分割後の労働条件の統一がしばしば問題になることは合併の場合と同じである。労働条件の変更の問題については、第３章（128頁～）を参照されたい。また、会社分割に伴う人員削減（整理解雇）については第８章第５（351頁～）を参照されたい。

5　転籍合意の併用

実務上、しばしば、労働契約以外は会社分割を利用するものの、労働契約については転籍合意（つまり、退職合意＋新規採用）の手法により別途移転させることがある。承継指針でもこのような手法を用いること自体は否定されていない。しかし、会社分割と転籍合意が併用された阪神バス事件・神戸地尼崎支判平26. 4. 22労判1096号44頁 判時2237号127頁の事案では、従前の労働契約を承継法に従いそのままＹに承継させるという選択肢を示さず、そのような選択が可能であるとの説明もなかったこと、承継法２条１項所定の通知を行わず、異議申出の機会があることを知らせなかったこと等を踏まえると、転籍合意（退職合意＋新規採用）は承継法によって保障された、排尿・排便障害を有するＸ

に対する勤務シフト上の配慮を行うことを一内容とする原労働契約がそのままＹに承継されるというＸの利益を奪うものであり、同法の趣旨を潜脱するものといわざるを得ず、転籍合意はいずれも公序良俗に反して無効であると判断された。さらに、承継法２条１項所定の通知がなされず、その結果、適法な異議申出を行う機会が失われた場合には、当該労働者は、適法な異議申出が行われた場合と同様の効果を主張することができるとして、本件では原労働契約は原告が適法に承継法所定の異議申出を行った場合と同様にそのまま承継会社に承継されると判示された。

承継法指針の2016（平成28）年改正において、上記裁判例を踏まえた改正がなされ、転籍合意により承継会社等に主従事労働者を転籍させる場合であっても承継法等に基づく手続を省略することはできないことが明記された。さらに、主従事労働者に対して、分割契約等に主従事労働者の労働契約を承継する旨の定めがある場合には分割会社との間で締結している労働契約の内容である労働条件はそのまま承継されることや、当該主従事労働者の労働契約を承継させる旨の定めが分割契約等にない場合には労働契約の不承継について異議の申出をすることができることを説明する必要がある。さらに、労働契約を承継させる旨の定めが分割契約等にない主従事労働者から異議の申出がなされた場合には、分割会社との間で締結している労働契約の内容である労働条件がそのまま承継されることになり、これに反する転籍合意部分はその効力が否定される（承継法指針第２　２(5)参照）。

第18章

企業倒産と労働債権の回収

第1 総論

労働者から未払給料等の回収に関する相談を受けたが、使用者に支払能力がないなどの理由でその回収が危ぶまれる場合には、使用者である当該企業の財務状況、当該企業が法的整理手続を申し立てるのか、申し立てる場合にはその時期や、いずれの手続を選択するのかなどを把握する必要がある。すなわち、後述するとおり、一般先取特権（民法306条2号、308条）に基づく差押（民事執行法181条、193条）によって迅速に労働債権が回収できる場合もある一方で、回収前に破産手続の開始決定を受けた場合には差押は効力を失うなどするため、かかる差押が奏功するかどうかは使用者の状況によって異なるし、また使用者が法的倒産手続に入った場合には、当該倒産手続により労働債権の取扱いが決定されることになる。

また、使用者から回収できない場合には、使用者の関係会社や役員から未払給料等相当額を回収できないかも、検討に値する。

以下に、労働債権の回収のための強力な手段である一般先取特権、使用者が法的倒産手続に入った場合における労働債権の取扱い、労働債権確保の最後の砦ともいうべき賃金の支払いの確保等に関する法律（以下「賃確法」という。）に基づく未払賃金の立替制度について述べた上、使用者の関係会社や役員に対する責任追及についても述べる。

第2　一般先取特権に基づく差押

1　一般先取特権のメリット

裁判手続を活用して労働債権を確保する方法として、仮差押、一般先取特権に基づく差押によることが考えられる。

仮差押による場合には、仮差押後に債務名義を取得して本執行手続を行うことが必要になるが、被保全債権である労働債権の存在については疎明で足り、また発令までの期間も短い。

他方、一般先取特権に基づく差押では、債務名義を得ることなく、直接売掛金、預金及び動産など使用者の財産に対する差押を裁判所に申し立てることができ、また、仮差押のように保証金を積む必要がない。東京地裁では、先取特権による強制執行の申立ては、東京都目黒区にある民事執行センター（東京地裁民事21部）に行う。申立ては、申立書とともに担保権（先取特権）の存在を証する文書を提出する。審理は書面審理が基本であり、提出した証明文書で担保権を証するに不十分である場合には、裁判所から不足証拠の追完を求められることがある。審理期間は事案にもよるが、早ければ申立てから数日で決定が出される。

以上によれば、通常は、一般先取特権による差押の活用を検討し、数日の猶予も許されないというような場合には仮差押の申立てを行いつつ、併せて一般先取特権による差押の申立てをなすべきである。

2　一般先取特権としての労働債権

「使用人との間の雇用関係に基づいて生じた債権」を有する者は、使用者の総財産の上に先取特権を有する（民法306条２号、308条）。民法308条にいう「使用人」とは、およそ他人に継続的に使用され、その労働の対価を得ている者を広く含むと解され、家事使用人、アルバイトまたはパートタイマーも含まれる。「雇用関係に基づいて生じた債権」には、給料、賞与、退職手当、交通費等の立替金等が含まれる。

3　担保権の存在を証明する文書

(1)　証明文書

一般先取特権に基づく差押の申立に際しては、一般先取特権「の存在を証する文書」を裁判所に提出する必要がある（民事執行法181条1項4号、189条、190条2項本文、193条1項前段）。一般先取特権は、法律によって当然に生じる法定担保物権であるから、被担保債権の発生を証明する文書が、そのまま一般の先取特権の存在を証明する文書となる。代理人たる弁護士は、限られた時間の中で、被担保債権の存在を証明するのに十分な文書をできるだけ多く収集することに努め、不足する場合には陳述書の作成等で補充すべきである。また、必ずしも全てがそろわなくても、ある程度の資料が収集できれば申立をすべきであろう。

(2)　給料の証明文書

給料については、①労働契約の成立、②給料額の定め、③請求に対応する期間の労務の提供を証明する必要がある。①の証明文書としては、労働契約書、労働条件通知書、辞令、労働者名簿などがある。②の証明文書としては、給与辞令、給与規程、賃金に関する労働協約、過去の給与明細書、賃金台帳の写し、源泉徴収票及び銀行振込がされていた振込口座についての預金通帳の写しなどがある。③の証明文書としては、タイムカード・出勤簿の写し、離職票、健康保険・厚生年金被保険者資格喪失確認通知書及び未払労働債権確認書などがある。

(3)　退職手当の証明文書

退職手当については、①労働契約の成立、②退職金支払の合意ないし慣行、③退職金算定の基準に関する合意ないし慣行、④退職の事実、⑤退職金額算定の根拠となる事実を証明する必要がある。②、③及び⑤の証明文書としては、退職金規程、退職金協定書、退職金に関する労働協約及び退職金上積み協定などがある。④の証明文書としては、退職証明書及び解雇通知書などがある。

(4)　解雇予告手当の証明文書

解雇予告手当については、①労働契約の成立、②解雇の意思表示がなされたこと及びその時期、③一日当たりの平均賃金額を証明する必要がある。②の証明文書としては解雇通知等があり、③の証明文書としては、過去の給与明細書、賃金台帳の写しなどがある。

(5)　近時の裁判例

T社（債権差押命令抗告）事件・東京高決平19.10.9労判959号173頁 判タ1315号312頁（事例紹介、決定内容は判旨のみ）は、就業規則の規定上は退職金の額が一義的に明らかではない事案において、就業規則と使用者が労働者に配布した退職金に関する説明書面（「退職金は勤続3年以上が全て対象者とし、非課税枠（年40万円×勤続年数）が基本＋総合評価となります」と記載）とをもって、債権者の債務者に対する退職金支払請求権（勤続年数×40万円を下回る金額で主張）を被担保債権とする一般先取特権の存在が高度の蓋然性をもって証明されたと認められた事例である。

東京高決平21.11.16判タ1323号267頁は、使用者が申し立てた民事再生手続開始申立書において、退職金債務の総額等の記載があったことを、労働者の退職金支払請求権の発生の一資料とした。

東京高決平22.4.21判タ1330号272頁は、労働者の提出したタイムカード、給料明細書、離職票、関連する訴訟の準備書面等の資料について詳細に検討したものの、各書面の作成者やその内容の信用性等について疑問が生じる（給料明細書を使用者が作成したか疑問があり、タイムカードも一部しかなく、使用者が確認した形跡が全くない）などとして、当該資料では「担保権の存在を証する文書」であることが合理的な疑いを容れない程度まで証明されていると認めることは困難であるとして執行抗告を棄却した。

4　差押対象についての情報収集と転付命令の検討

預金債権や売掛金等を差押の対象とすることが一般的であるが、債権を差し押えるには、差し押えるべき債権の特定が必要になる（民事執行規則133条２項）。預金債権については預金の所在場所（金融機関名及び支店名）（最三小決平23.9.20判時2129号41頁は三大銀行及びゆうちょ銀行に対する一括順位付方式による債権差押申立を差押債権の特定を欠くとした）、売掛金債権については得意先や取引の内容についての情報を得る必要があり、労働者からの事情聴取やホームページ等により当該情報を収集する。

差押の対象となる債権について、早期に確実に回収できると見込まれる場合には、転付命令の申立てを検討する必要がある。

第3　破産における留意点

1　各債権の破産法上の性質

(1)　給料

破産法上は、労基法11条に規定する「賃金」のうち「退職手当」を除くものを「給料の請求権」（破産法149条１項・２項）とし、退職手当とそれ以外の賃金を区別している。以下、破産法の文言に従い、退職手当を除く賃金を「給料」という。

給料の請求権のうち、破産手続開始前３か月間の給料請求権は、財団債権となる（破産法149条１項）。この「破産手続開始前３か月間の給料」とは、破産手続開始日の３か月前の応当日から開始決定日までの期間（開始決定日は含まない）における労働の対価に相当する部分をいうと解されている（中山孝雄・金澤秀樹『破産管財の手引〔第２版〕』（きんざい、2015年）208頁）。

破産手続開始前３か月間より前に生じた給料請求権は、優先的破産債権となる（破産法98条１項、民法306条２号、308条）。

したがって、破産手続開始前３か月間に発生した労働に対する給料請求権については、財団債権として随時弁済を受けることができる（破産法２条７項、151条）が、それ以前に発生した労働に対する給料請求権については、優先的破産債権として、他の破産債権に優先して配当を受けられるにとどまる（破産法98条１項、民法306条２号、308条）。

ただし、財団債権であっても、弁済可能な破産財団が形成できない場合には弁済はなされない。また、東京地方裁判所では、異時廃止事案の場合には、財団債権の弁済前に財団債権者と考えられる先に照会等を行って財団債権の申出を待ち、できるだけ破産手続廃止に関する意見聴取のための集会近くまで待って財団の形成状況を確定させ、その後に破産管財人報酬等を除いて財団債権の弁済を行う扱いとしているため（東京地裁破産再生実務研究会編著『破産・民事再生の実務　第３版　破産編』（きんざい、2014年）404頁）、財団債権について弁済可能な破産財団が形成できる場合であっても実際に弁済されるまでには一定の期間を要することがある。

⑵　退職手当

労働者の退職手当請求権のうち、退職前３か月間の給料総額又は破産手続開始前３か月間の給料総額に相当する額のいずれか多い方の金額までが財団債権とされ（破産法149条２項）、随時弁済を受けることができる。

それを超える退職手当は、優先的破産債権となる（破産法98条１項）。

給料の場合と異なり、期間制限ではなく金額の制限であり、また退職の時期にかかわらず、当該部分は財団債権とされる。

破産手続開始前に、退職手当の一部が支給されていた場合に、受取額を財団債権部分から控除されるかが問題となるが、実務上は、非控除説によっており、退職手当の一部が支給されていたとしても財団債権とされる額に影響はないものとして扱う運用が定着しつつある。

⑶　賞与

賞与は、破産法149条１項にいう「給料」に含まれると解され、破産手続開始前３か月間に生じた賞与については、財団債権となり、それより前に生じた賞与請求権は優先的破産債権となる。

⑷　出張費等の立替費用

赴任・出張旅費、転勤時の引越費用等について労働者が立替えていたとしても、労働の対価としての「給料」（破産法149条１項）に当たらないため、財団債権とはならないが、雇用関係に基づいて生じた債権ではあるので、優先的破産債権には該当する（前掲『破産・民事再生の実務　第３版　破産編』400頁）。

⑸　社内預金

社内預金は、原則的に、労働者が企業に対して任意に預け入れるものであり、雇用関係との結び付きが希薄であれば、優先的破産債権にあたらないと解されている（東京高判昭62. 10. 27判時1256号100頁、札幌高判平10. 12. 17判時1682号130頁）。

但し、例外的に、雇用関係の維持・継続を図るために企業へ預け入れることを余儀なくされた社内預金については、優先的破産債権となると判示した裁判例がある（浦和地判平5. 8. 16判時1482号159頁 判タ839号257頁）。

このように、社内預金については、特段の事情のない限り、労働債権とはいい難いが、その経緯・趣旨に照らして雇用関係によって生じた債権にあたると解される場合もある。

⑹　解雇予告手当

労働者を解雇する場合、30日の予告期間をおくか、予告手当を支払わなければならない（労基法20条１項）が、破産手続開始前３か月間に、使用者が労働者に対して上記予告期間を置かず、かつ、上記予告手当を支払わずに解雇の意思表示をした場合に、解雇予告手当が財団債権となるか、優先的破産債権に留まるかどうかについては見解が分かれている。

この点について、東京地方裁判所においては、破産管財人から解雇予告手当が「給料」に当たるので財団債権として承認したいとして許可申立がされれば、これを適法なものとして許可しているという取り扱いがなされている（前掲『破産・民事再生の実務　第３版　破産編』400頁）。

2　債権届出の必要性

労働者も優先的破産債権者として破産手続に参加するためには定められた期間内に債権届出をする必要がある（破産法111条１項）。所定期間内に届出をしない場合には、原則として、失権する。

但し、債権者がその責めに帰することができない事由によって破産債権の一般調査期間または一般調査期日の経過または終了までに債権の届出をすることができなかった場合には、その事由が消滅した後１か月以内に限り、その届出をすることができる（同法112条１項、破産規則34条）。

なお、労働債権に関する資料の多くは使用者側にあることから、破産管財人には、債権届出をしなければ失権するおそれのある労働者に対して、債権届出をするのに必要な情報を提供するよう努める義務がある（同法86条）。もっとも、管財人自身も労働債権に関する資料を収集することに苦労する場合もあるため、労働者としても積極的に協力する必要がある。

3　破産管財人に対する要請

(1)　未払賃金の立替払制度の利用への協力要請

破産手続において労働債権を弁済できるだけの破産財団が形成できない場合や、優先的破産債権の配当時期が相当程度先になる場合には、後述する独立行政法人労働者健康福祉機構の行う未払賃金の立替払制度の利用を考える必要がある。

上記のような場合、通常は、管財人からその利用を勧められることになるが、管財人からその旨の連絡がなければ、労働者側において立替払請求を利用する旨を管財人に連絡し、証明書の交付について協力を求めることが考えられる。

(2)　破産債権の弁済の許可

破産法上、給料等が労働者の生活に直結するものであることに鑑み、①優先的破産債権である給料請求権または退職手当請求権について届出をした労働者がこれらの弁済を受けなければその生活の維持を図るのに困難を生ずるおそれがある場合、②その弁済により財団債権または他の先順位、もしくは、同順位の優先的破産債権者の利益を害するおそれがないとき、裁判所の許可により、配当を待たずして、一部または全部の弁済を得ることができる（破産法101条１項）。

労働者が生活に困窮している場合、相談を受けた代理人としては、破産管財人に対して、破産法101条１項に基づく弁済の許可を得るよう申し入れ、かかる弁済がなされることに尽力すべきであろう。

第4 民事再生手続における留意点

1 各債権の性質

(1) 再生手続開始決定前に生じた給料・退職手当等

民事再生手続においては、開始決定前に生じた給料、交通費等の立替金及び退職手当は、一般の先取特権のある債権として、租税債権等と同様に一般優先債権とされ（民事再生法122条１項）、再生手続によらずに随時弁済される（同条２項）。

(2) 再生手続開始決定後に生じた給料・退職手当等

再生手続開始後に生じた給料、交通費等の立替金及び退職手当は、再生債務者の業務に関する費用の請求権として共益債権となり（民事再生法119条２号）、一般優先債権と同様に随時弁済される（同法121条１項、２項）。ただし、再生手続開始後に退職した者の退職手当請求権の全てが共益債権になるか否かは争いがあり、民事再生法119条２号により全額共益債権となるという見解と退職手当請求権のうち再生手続開始前の労働の対価に相当する部分を一般優先債権として扱い、再生手続開始後退職までの労働の対価に相当する部分を共益債権として扱う見解がある。再生手続上はこれを区別する実益は乏しいが、再生手続が破産に移行した場合には、前者の見解による場合には全額財団債権となるが、後者の見解による場合には再生手続開始前の労働の対価に相当する部分は優先的破産債権となるという大きな違いが生ずる（ただし、破産法上、退職前３か月間の給料の総額に相当する額の部分は財団債権となるため、後者の見解による場合であっても再生手続開始前の労働の対価に相当する部分の一部は財団債権となる場合がある。）（東京地裁破産再生実務研究会編著『破産・民事再生の実務　第３版　民事再生・個人再生編』（きんざい、2014年）331頁）。

(3) 社内預金

社内預金は、特段の事情のない限り、雇用関係によって生じた債権にあたらず、したがって、一般先取特権を与えられていないので、再生債権である（民事再生法84条）。その弁済は禁止され、再生計画に従うことになる（同法85条１項）。但し、社内預金に至る経緯や趣旨に照らして雇用関係によって生じた債権にあたる場合には、例外的に一般優先債権となると解される。

2 債権届出の要否及び先取特権に基づく差押

給料・退職手当等は上記のとおり一般優先債権又は共益債権として随時弁済されるため、債権届出をする必要はない。再生債務者は、事業継続の観点から、従業員に対して約定どおり給料等を支払うことが通例であるが、資金繰りがつかない場合には、遅配となることもないとはいえない。この場合、一般先取特権に基づく差押の申立てを行うことは可能であるが、これが再生に著しい支障を及ぼし、かつ、再生債務者が他に換価の容易な財産を十分に有するときは、強制執行は中止または取り消されうる（民事再生法122条４項、121条３項）。

実際に差押がなされれば、再生手続は破産に移行する可能性が高まるため、差押の申立をなすに当たっては、労働者としては雇用継続に対する期待が失われる可能性を考慮にいれる必要がある。

第５ 会社更生手続における留意点

1 各債権の性質

(1) 給料

開始前６か月間に生じた給料及び開始後に生じた給料は共益債権とされ、更生手続によらずに随時弁済される（会社更生法130条１項、127条2号、132条１項）。

共益債権とされるもの以外の給料は優先的更生債権とされ、更生手続に服する。

(2) 退職手当

更生計画認可前の退職者（自主退職の場合）に係る退職手当は、退職前６か月間の給料の総額に相当する額または退職金額の３分の１に相当する額のうちいずれか多い額が共益債権とされている（会社更生法130条２項）。退職者の退職年金は、各期における金額のうち３分の１が共益債権とされている（同条３項）。更生計画認可前の退職者の上記以外の退職手当は、優先的更生債権とされる。

認可後に自主退職した場合の退職手当の取扱については、会社更生法上の法文の定めはない。全額優先的更生債権であることを前提としつつ、認可決定後は更生債権等の弁済禁止の効果も消滅することから管財人は随時全額弁済できるとの見解、更生手続開始前の労務の対価に相当する部分と開始後の労務の対価に相当する部分とを区別し、前者を優先的更生債権、後者を共益債権とすべきとする見解がある（伊藤眞『会社更生法』481頁、有斐閣、2012年）。

更生手続開始後の会社都合による退職の場合、退職手当は更生手続開始後の更生会社の事業の経営に関する費用の請求権（同法127条２号）にあたるので、全額が共益債権とされる（同法130条４項）。

(3)　社内預金

社内預金の返還請求権は、その３分の１の額または開始前６か月間の給料に相当する額のいずれか多い額が共益債権とされている（会社更生法130条５項）。その余は更生債権と解されている。

2　債権届出の必要性

労働者も優先的更生債権者として更生手続に参加するためには定められた期間内に債権届出をする必要がある（会社更生法138条１項）。所定期間内に届出をしない場合には、原則として、失権する。但し、債権者がその責めに帰することができない事由によって債権届出期間内に債権の届出をすることができなかった場合には、その事由が消滅した後１か月以内に限り、その届出をすることができる（同法139条１項、会社更生規則39条１項）。

退職手当については、債権届出の特例があり、労働者が債権届出期間経過後更生計画認可の決定以前に退職したときは、退職後１か月以内に限り、その届出をすることができる（同法140条２項）。

なお、労働債権に関する資料の多くは使用者側にあることから、更生管財人には、債権届出をしなければ失権するおそれのある労働者に対して、債権届出をするのに必要な情報を提供するよう努める義務がある（同法80条の２）。

第６　未払賃金の立替払制度

1　制度概要

未払賃金の立替払制度とは、企業が倒産した際、同企業を退職した労働者が賃金の支払を受けていない場合に、独立行政法人労働者健康福祉機構（以下「機構」という。）が、事業主に代わり、労働者に対して未払賃金を支払う制度である（賃確法７条）。

立替払の対象となる未払賃金は、退職日の６か月前の日から機構に対する立替払請求日の前日までの間に支払期日が到来している定期賃金（毎月１回以上一定の期日を定めて支払われる賃金。労基法24条２項本文）及び「退職手当」である（賃確法施行令４条２項）。したがって、賞与、解雇予告手当、賃金にかかる遅延利息、慰労金や福利厚生上の給付及び実費（旅費等）は立替払の対象にならない。また、事業活動の停止後であっても、退職又は解雇の効力が発生する前に、労働者が年次有給休暇の取得の申出を行い、かつ、使用者による時季変更権が行使されずに有給休暇を取得した場合には、定期賃金として立替払いの対象となる一方、未消化の年次有給休暇を使用者が買い取る旨労働契約や就業規則で規定されている場合であっても、当該買取りは、立替払いの対象とならない（吉田清弘・野村剛司『未払賃金立替払実務ハンドブック』78頁）。

立替払の対象となる賃金額は、未払賃金総額の８割とされているが、未払賃金総額には、次のとおり、退職日の年齢に応じて限度額が設定されている（賃確法施行令４条１項）。

〔退職日における年齢〕	〔未払賃金総額の限度額〕	〔立替払の上限額〕
①　30歳未満	110万円	88万円
②　30歳以上45歳未満	220万円	176万円
③　45歳以上	370万円	296万円

2　立替払を受けるための要件

⑴　企業が倒産したこと（法律上の倒産及び事実上の倒産）

ア　法律上の倒産

法律上の倒産とは、破産手続の開始、特別清算手続の開始、再生手続の開始、更生手続の開始の決定または命令があった場合をいう（賃確法７条、賃確法施行令２条１項１号ないし３号）。

イ　事実上の倒産

事実上の倒産とは、事業活動に著しい支障を生じたことにより、労働者に賃金を支払えない状態になったことについて労働基準監督署長の認定があった場合をいう（賃確法７条、賃確法施行令２条１項４号）。具体的には、事業活動が停止し、再開する見込みがなく、かつ、賃金支払能力がない状態をいう（賃確法施行規則８条）。ただし、事実上の倒産の認定が受けられるのは、中小企業事業主のみである（賃確法施行令２条１項柱書）。

⑵　労災保険の適用事業性、事業活動期間

企業（使用者）が、労働者災害補償保険（労災保険）の適用事業（労災保険法３条は、「労働者を使用する事業」を労働者災害補償保険の適用事業である

と規定する）で、１年以上事業活動を行ってきたこと（賃確法７条、賃確法施行規則7条）も要件となる。

⑶　退職日

労働者が、法律上の倒産の場合は裁判所への破産手続開始等の申立てがあった日、事実上の倒産の場合は労働基準監督署長に対する認定申請があった日の６か月前から２年の間に退職したことも必要である（賃確法７条、賃確法施行令３条）。

⑷　未払賃金額

未払賃金が２万円以上あることも必要となる（賃確法７条、賃確法施行令４条２項）。

⑸　立替払請求の期間

法律上の倒産の場合は破産手続開始の決定等があった日の翌日から２年以内に、事実上の倒産の場合は労働基準監督署長より事実上の倒産の認定があった日の翌日から２年以内に、機構に対し、立替払請求をすることも必要である（賃確法15条、賃確則17条３項）。

3　手続

⑴　法律上の倒産の場合

実務上、労働者が立替払請求書に必要事項を記入し（破産の場合には、破産手続開始申立代理人が準備することも多い)、破産及び会社更生の場合は管財人、民事再生の場合は再生債務者等が当該立替払請求書、未払賃金総額を証明する証明書及び証拠書類を機構に送付する。立替払請求をしてから約１か月後(通常)、請求者指定の銀行口座に立替払金が振り込まれる。詳細は、下記HPの記載内容を参照されたい。

⑵　事実上の倒産の場合

事実上の倒産の場合、労働基準監督署長の認定を得る必要がある。事業活動が停止し、再開する見込がなく、賃金支払能力がない状況にあることなどを認定申請書に記載するが、これらに関する写真など事業活動が停止していることを裏付ける資料があると労働基準監督署の調査が円滑に進む。また、未払賃金総額についても労働基準監督署長の認定対象である。一般に、給与明細や給与が振り込まれていた通帳などに基づき未払賃金総額を認定するが、これらの資料がない場合にはヒアリング等の調査によって認定することもある。

4 詳細な情報

独立行政法人労働者健康福祉機構のホームページからは、各種申請書及び立替払請求書の書式をダウンロードでき、また更に詳細な説明がある（「未払賃金の立替払事業」ページ）。

また、不明な点は、独立行政法人労働者健康福祉機構産業保健・賃金援護部審査課内の立替払相談コーナー（神奈川県川崎市中原区木月住吉町１番１号TEL044－431－8663）又は最寄りの労働基準監督署に問い合わせをされたい。

第７ 関連会社、役員等に対する責任追及

1 関連会社に対する責任追及

会社が倒産したり解散したりする事例では、それと並行して、当該会社の事業を他の主体に承継させることがある。この場合には、譲渡会社・譲受会社の実質的同一性や法人格否認の法理、譲渡会社から譲受会社への黙示の労働契約の承継等を主張して、民事訴訟により譲受会社に対し責任を追及する手段のほか（第17章第２の２⑴（742頁～））、不当労働行為に対する救済命令（第17章第２の２⑵（745頁～））が検討されてよい。

なお、公務員の場合は、法人格否認の法理が適用されず（長崎県（臨時職員）事件・長崎地判平28. 3. 29労判1138号5頁）、地方自治体への事業の承継が行われたとしても、法令の根拠なく、新たに当該地方自治体との間に任用関係が生じるわけではない（北秋田市（米内沢病院職員）事件・仙台高秋田支判平27. 10. 28労判1139号49頁）。

2 役員等に対する責任追及

⑴ 不当な目的による会社の倒産・解散の事例

企業廃止の自由は、職業選択の自由（憲法22条１項）の一環として保障されている。そのため、たとえ労働組合を排除するというような不当な目的動機があった場合でも、企業を有効に解散することができる（大森陸運ほか２社事件・大阪高判平15. 11. 13労判886号75頁）。また、破産原因が存在する場合に営業者が自己破産の申立をすることは、特段の事情がない限り、労働者や労働組合に対する不法行為を構成することはないし（誠光社事件・大阪地判平10. 4. 20労判741号44頁）、ましてや、事業を継続する義務があるわけでもない（浅井運送

（損害賠償請求）事件・大阪地判平11.11.17労判786号56頁）。

もっとも、役員等が不当な目的で会社の倒産・解散させた場合には、以下のとおり、役員等への責任追及を認めた裁判例もある。

メルファインほか事件・京都地判平28.4.15労判1143号52頁は、解決金の支払いを命じる労働審判が下された子会社を当該解決金債務の支払いを免れるために倒産させ、他事業主名義で事業を継続させたことは、法人格の濫用であり、画策者たる親会社代表者・協力者たる子会社、当該子会社の取締役の共同不法行為による損害賠償責任を認めた。

生コン製販会社経営者ら（会社分割）事件・大阪高判平27.12.11労判1135号29頁は、組合員を排除するために、分割会社が会社分割により製造部門を新設会社に承継させ、その後分割会社の事業を閉鎖した事案で、このような一連の会社分割と事業閉鎖を共謀して行った分割会社の代表取締役、新設された会社の代表取締役及び司法書士に、共同不法行為責任を認めた。

ベストマンほか事件・名古屋地一宮支判平26.4.11労判1101号85頁は、不当労働行為の意思及び残業手当債務免脱の目的で会社を解散した事例で、会社とその代表取締役に共同不法行為責任を認めた。

三郡福祉会（虹ヶ丘学園・損害賠償）事件・福岡地飯塚支判平25.3.27労判1074号18頁は、使用者（三郡福祉会）の理事らが、労働者を退職させないし組合から脱退させる目的に基づき解雇を行ったという事案であり、かつ、使用者の唯一の事業であった学園が廃園となっており、使用者に対し未払賃金の支払を命ずる判決が存在していたにもかかわらず使用者から未払賃金が支払われる蓋然性がないという事案で、賃金相当額の逸失利益として、１年分の賃金相当額の損害賠償請求を認めた。

日本言語研究所ほか事件・東京高判平23.10.26労判1049号71頁は、多額の未払賃金等の債務を免れる目的で、共謀の上会社を倒産させその営業を別会社に承継させた取締役らに対し、共同不法行為に基づき未払賃金相当額の損害賠償を命じた。

⑵　賃金不払の事例

倒産・解散事例とまではいえないか、倒産・解散自体に不当な目的があるとはいえないものの、裁判所の命令に反した賃金不払いや、給与を支払う意思なく働かせたうえでの賃金不払いといった悪質性の特に強い事案においては、使用者に対する未払賃金請求が奏功していないことから損害の発生を認定して、取締役個人に対する請求を認容する裁判例が存在する。

例えば、ブライダル関連会社元経営者ら事件・鳥取地判平28.2.19労判1147

号83頁（給与の未払を使用者が意図的に発生させていた事案）、Ａ式国語教育研究所代表取締役事件・東京高判平26. 2. 20労判1100号48頁（仮処分決定に基づく賃金仮払いの不履行の事案）、東京地判平25. 5. 9ウェストロー（平23㈣41709号）（勤務実態を把握し、労働者性を基礎づける事情を認識していながら、労働契約を業務委託契約と軽信し賃金等を支払わなかったことをもって、任務懈怠に重過失が認められ、会社法429条に基づく責任が認められた事案。会社には賃金等を支払う資力がなかった）、東京地判平22. 11. 12ウェストロー（平21㈣35230号）（取締役が他人に会社の業務執行の一切を任せきりにし、未払賃金の発生を看過したことをもって、任務懈怠に重過失が認められ、会社法429条の責任が認められた事案。使用者からの未払賃金回収が事実上不可能になっていた）、舞台美術乙山組ほか事件・東京地判平21. 11. 13労判997号44頁（銀行振込手数料を労働者が負担する根拠がないことを認識しながら又は労働者が負担すべきと安易に誤信して、主導的かつ確信的、継続的に労働者の給与の振込の際に当該手数料を控除していた事案で、当該手数料分の賠償を認めた事案）、昭和観光（代表取締役ら・割増賃金支払義務）事件・大阪地判平21. 1. 15労判979号16頁（倒産の危機にある会社が確定判決で割増賃金の支払を命じられたのになお支払わない事案で、旧商法266条の３に基づき取締役に割増賃金相当額の損害賠償義務を認めた）、東京地判平15. 7. 31ウェストロー（平12㈣19533号、平12㈣790号）（使用者が破産宣告を受けた事案で、退職金を支払うと約して、退職金を担保するための抵当権設定登記手続を断念させつつ、労働者に対する退職金債務を故意に不履行にした取締役に、商法266条の３の責任を認めた）、横浜地判平12. 3. 22判時1731号33頁（給与を支払う意思なく働かせた事案）がある。

他方、プロミックスほか事件・福岡地判平26. 8. 8労判1105号78頁は、使用者たる会社に割増賃金を支払わせなかったとする具体的事情が明らかでないことを理由に、取締役としての悪意重過失に基づく任務懈怠を否定し、取締役に対する会社法429条１項に基づく責任を否定した。

第19章

集団的労使関係

第1　集団的労使関係法制の概要

憲法28条は、使用者と労働者とが団体交渉を通じて労働関係の内容を自主的に決定、形成することを期待し、団体交渉の場における当事者の交渉力の対等化を図るために、一般に使用者に対して社会的・経済的に劣位にあると認められる労働者に対し、団結権、団体交渉権及び団体行動権（いわゆる労働基本権）を保障している（三井美唄労組公職選挙法違反被告事件・最大判昭43. 12. 4判時537号18頁 判タ230号115頁）。

労組法は、労働基本権の保障を具体化するために、正当な団体行動に係る刑事免責・民事免責を定める（1条2項、8条）とともに、労働者の団結及び団体行動並びに団体交渉を阻害する使用者の行為を不当労働行為として禁止し（7条）、他方、団体交渉の結果、締結された労働協約に規範的効力を付与している（16条～18条）。そして、同法は、労使間の紛争解決や集団的労使関係の安定・正常化を目的とする独立の行政委員会として、労働委員会を設置し（19条～26条）、不当労働行為を受けた労働組合や組合員の救済に係る準司法的な行政処分の権限を付与している（27条～27条の18）。

第2　不当労働行為

1　不当労働行為の類型

労組法7条は、労働組合や労働者に対する使用者の次の行為を「不当労働行為」として禁止している。

⑴　組合員であること等を理由とする解雇その他の不利益取扱い（１号）

ア　労働者が、①労働組合の組合員であること、②労働組合に加入しようとしたこと、③労働組合を結成しようとしたこと、又は④労働組合の正当な行為をしたことを理由に、労働者を解雇したり、その他の不利益な取扱いをすること。

イ　労働者が労働組合に加入せず、又は労働組合から脱退することを雇用条件とすること（いわゆる黄犬契約）。

⑵　正当な理由のない団体交渉の拒否（２号）

使用者が、雇用する労働者の代表者と団体交渉をすることを、正当な理由なく拒むこと（形式的には団体交渉に応じても、実質的に誠実な交渉を行わないことを含む）。

⑶　労働組合の運営等に対する支配介入及び経費援助（３号）

ア　労働者が労働組合を結成し若しくは運営することを支配し、又はこれに介入すること。

イ　労働組合の運営のための経費の支払いにつき経理上の援助を与えること。

⑷　労働委員会への申立て等を理由とする不利益取扱い（４号）

2　労組法上の「労働者」

不当労働行為制度の保護を受けるためには、労組法上の「労働者」であることが前提となる。なお、労基法上の労働者性については、第１章第６（59頁～）を参照されたい。

⑴　労組法上の労働者性

労組法上、「労働者」とは「職業の種類を問わず、賃金、給料その他これに準ずる収入によって生活する者」であり（労組法３条）、労契法上・労基法上の「労働者」概念に比し、やや広い概念であると解されている。それは、一つには、労組法上の「労働者」の定義には「使用され」という要素が含まれないため、失業者であっても、「賃金、給料その他これに準ずる収入によって生活する者」であれば労働者性が肯定されるという定義（要件）の違いによるものといえる。そして、より重要なのは、労働条件の最低基準を実体法上強行的に、罰則の担保を伴って設定する労基法や、労働契約における権利義務関係を実体法上設定し、かつ一部に強行法規を含んだ労契法とは異なり、労組法は団体交渉の助成を中核としていることから、団体交渉の機会を保障すべき者は誰かという観点から労働者性が検討されるという根拠法の趣旨・効果の差異である。

労組法上の労働者性については、CBC管弦楽団労組事件・最一小判昭51. 5. 6民集30巻4号437頁 労判252号27頁、国・中労委（新国立劇場運営財団）事件・最三小判平23. 4. 12民集65巻3号943頁 労判1026号6頁、国・中労委（INAXメンテナンス）事件・最三小判平23. 4. 12労判1026号27頁 判タ1350号165頁の各最高裁判決があり、これらを元にその判断基準を詳細に分析・検討した厚労省労使関係法研究会報告書「労働組合法上の労働者性の判断基準について」（平23. 7、労判1027号98頁に概要が掲載されている）の整理によれば、以下の要素をふまえて判断されることになる。

ア　基本的判断要素

①　事業組織への組入れ（業務遂行に不可欠ないし枢要な労働力として組織内に確保されており、労働力の利用をめぐり団体交渉によって問題を解決すべき関係があること）

②　契約内容の一方的・定型的決定（労務供給者側に団体交渉法制による保護を保障すべき交渉力格差があること）

③　報酬の労務対価性（労組法３条より）

イ　補充的判断要素

④　業務の依頼に応ずべき関係（労働力の処分権を契約の相手方に委ねているかどうか、①の補強）

⑤　広い意味での指揮監督下の労務提供、一定の時間的・場所的拘束（人的従属性を推認させ、労働者性を肯定する方向に働く）

ウ　消極的な判断要素

⑥　顕著な事業者性（事業組織からの独立性や契約内容等の交渉可能性等を推認させる事情）

(2)　労組法上の労働者性に関する重要判例（いずれも労働者性肯定）

ア　CBC管弦楽団労組事件・最一小判昭51. 5. 6労判252号27頁 民集30巻4号437頁

自由出演契約に基づき放送会社の番組等に出演していた楽団員について、会社の事業組織のなかに組み入れられている点で、事実上専属出演契約及び優先出演契約と異なるところがなく、当事者の認識としても原則として発注に応じた出演義務があることが前提であること、会社が必要とするときは楽団員に出演を求めることができ、楽団員が原則としてこれに従うべき基本的関係にあったこと、演出についてなんら裁量を有さず、出演報酬は演奏の芸術的価値に対する評価というよりは演奏という労務の提供それ自体の対価であること等に鑑み、労組法上の労働者性を肯定。

イ　国・中労委（新国立劇場運営財団）事件・最三小判平23.4.12民集65巻3号943頁 労判1026号6頁

出演基本契約に基づきオペラ公演に出演していた合唱団員について、各公演の実施に不可欠な歌唱労働力として事実上使用者の組織に組み入れられていたこと、当事者の認識や契約の実際の運用においては基本的に個別公演出演の申込に応ずべき関係にあったこと、いかなる態様で歌唱の労務を提供するかについて、専ら使用者が年間の公演件数、演目、日程及び上演回数、稽古の日程、各演目の合唱団の構成等を一方的に決定していたこと、歌唱技能の提供の方法や提供すべき歌唱の内容について、使用者が選定する合唱指揮者等の指揮を受け、稽古への参加にも監督を受けていたこと、公演や稽古の参加のため時間的・場所的に一定の拘束を受けていたこと、超過稽古手当を含め出演基本契約書に掲げる単価及び計算方法に基づいて算定された報酬の支払いを受けており、歌唱の労務の提供それ自体の対価であること等を総合考慮し、労組法上の労働者性を肯定（但し、関連事件である新国立劇場運営財団事件・東京高判平19.5.16労判944号52頁では、労基法上の労働者性が否定された）。

ウ　国・中労委（INAXメンテナンス）事件・最三小判平23.4.12労判1026号27頁 判タ1350号165頁

業務委託契約に基づき住宅設備機器の修理補修等に従事するカスタマーエンジニア（CE）について、委託会社の業務に不可欠な労働力として組織に組み入れられていたこと、具体的な業務内容はすべて会社が一方的に決定していたこと、修理内容等に従って予め決定した金額に各人の等級に応じた一定率を乗じ時間外手当等を加算した報酬が支給されており、労務の提供の対価としての性質を有すること、CEは基本的に会社の個別の修理補修の依頼に応ずべき関係にあったこと、会社の制服を着用し、その名刺を携行して作業し、会社のマニュアルを支給され会社所定の様式で業務結果を報告する等、指揮監督下での労務の提供を行っていたこと、その業務について時間的・場所的に一定の拘束を受けていたこと等を総合考慮し、労組法上の労働者性を肯定。

エ　ビクター事件・最三小判平24.2.21民集66巻3号955頁 労判1043号5頁

音響製品等の設置、修理等を業とする会社と業務委託契約を締結して顧客宅等での出張修理業務に従事する受託者（個人代行店）につき、会社の事業遂行に必要な労働力として、基本的にその恒常的な確保のために会社組織に組み入れられているものとみることができること、会社が受託者との契約内容を一方的に決定しているものといえること、受託者に支払われる委託料は実質的には労務の提供の対価としての性質を有するものとして支払われていること、受託者は会社の指定する業務遂行方法に従い、その指揮監督の下に労務の提供を行っており、かつ、その業務について場所的にも時間的にも相応の拘束を受けているものということができること等を総合考慮し、労組法上の労働者性を肯定。なお、同判決は、他社製品の修理業務の受注割合、修理業務における従業員の関与の態様、法人等代行店の業務やその契約内容との等質性などにおいて、なお独立の事業者としての実態を備えていると認めるべき「特段の事情」がある場合は労組法上の労働者性が否定されるとしている。

オ　国・中労委（ソクハイ）事件・東京地判平24. 11. 15労判1079号128頁 判タ1404号126頁

「運送請負契約」と題する契約を順次締結して配送業務に稼動していたバイシクルメッセンジャーについて、会社の配送サービスを支える重要な業務の遂行を担う不可欠の労働力として事業組織に組み込まれていたこと、契約内容は一方的に会社が決定していたといえること、出来高が労働量（時間）に依存する側面があったこと、メッセンジャーは稼働予定を予め営業所長に申告する必要があり、また、営業所への立寄りも必要とされていたことから一定程度の時間的・場所的拘束があったこと等を総合考慮し、労組法上の労働者性を肯定（但し、同社のバイシクルメッセンジャーについて、労契法・労基法上の労働者性はソクハイ事件（契約更新拒絶）・東京高判平26. 5. 21労判1123号83頁：最三小決平27. 7. 21で上告不受理で否定されている）。

カ　セブン－イレブン・ジャパン事件・岡山県労委命令平26. 3. 13労判1090号93頁

会社（フランチャイザー）との間でフランチャイズ契約を締結しているコンビニエンスストアの店長（フランチャイジー）につき、フランチャイジーは事業者であるとはいえ、フランチャイザーが運用・統括するフランチャイズ・チェーンに密接不可分に組み込まれていることなどから、フランチャイジーの独立性は希薄であるとし、上記(1)の判断要素に従い労組法上の労働者性を肯定。

キ　ファミリーマート事件・都労委命令平27. 3. 17労判1117号94頁

会社（フランチャイザー）との間でフランチャイズ契約を締結しているコンビニエンスストアの店長（フランチャイジー）につき、フランチャイズ契約という形式であっても、その実態においてフランチャイジーがフランチャイザーに対して労務を提供していると評価できる場合もあり得るとし、上記(1)の判断要素に従い労組法上の労働者性を肯定。

3 不当労働行為の要件としての「使用者」

(1) 発注者、業務委託者、その他労働条件を現実的かつ具体的に支配する者

労働契約上の雇用主は、当然に「使用者」となるが、請負、業務委託その他の契約関係における発注者や委託者にも、請負人・受託者たる労働者との関係で「使用者」性が認められる場合がある（上記２で述べた「労働者」該当性と表裏の関係に立つ）。直接的な契約関係が存在しない場合であっても、直接の雇用主と同視できる程度に、労働者の基本的な労働条件等に対する現実的かつ具体的な支配があれば、「使用者」に当たる（朝日放送事件・最三小判平7. 2. 28民集49巻2号559頁 労判668号11頁（テレビ番組制作に関する業務を請け負った事業会社の従業員との関係で、発注者たるテレビ放送事業者の使用者性を肯定））。

また、現時点では契約関係はないが、近い将来において労働契約関係が成立する現実的かつ具体的な可能性がある場合にも、「使用者」性を認め得る（クボタ事件・東京地判平23. 3. 17労判1034号87頁（派遣労働者を契約社員として直雇用化する直前において、契約社員の就業規則その他の労働条件等を対象とする団体交渉に関し、派遣先事業者に使用者性を肯定））。

さらに、登録型派遣の派遣元事業者について、登録型派遣労働者との関係で「使用者」性が認められる場合がある（阪急トラベルサポート事件・中労委命令平23. 11. 16中労委データベース：中労委命令の取消訴訟等が提起されたものの、東京地判平25. 3. 27労経速2180号14頁で請求棄却（派遣の都度、派遣元事業者と雇用関係が生じる登録型派遣労働者について、派遣ごとの短期労働契約が長期間にわたり専属的かつ継続的に繰り返されてきたものであり、かつ就業規則も各労働契約の期間とその間の登録期間を一体的な期間として適用対象としてきたものであるから、常用型派遣に近似した関係があり、派遣元事業者の「使用者」性を認めた））。

(2) 派遣先事業者

派遣労働者については、労働者派遣の仕組み自体が、労働契約の相手方を派遣元事業者とし、当該派遣元事業者との間で基本的な労働条件等を合意するとしているのであるから、派遣元事業者が当然に「使用者」となり、それに加えて、派遣先事業者をも「使用者」とする余地はないように見える。しかしなが

ら、下級審裁判例には、①派遣労働者の業務遂行における派遣先事業者の指揮命令及び勤怠管理に基づき、雇用主である派遣元事業者と部分的とはいえ同視できる程度に現実的かつ具体的に支配、決定することができる地位にあったことを理由として、当該労働者の交代要請を対象とする団体交渉につき、派遣先事業者の「使用者」性を肯定したもの（国（神戸刑務所・管理栄養士）事件・神戸地判平24. 1. 18労判1048号140頁：大阪高判平25. 1. 16労判1080号73頁で原判決一部変更（但し、パナソニックプラズマディスプレイ（パスコ）事件最高裁判決（第９章第４・７⑵イ（461頁）参照）に基づき、偽装請負を労働者派遣とみなした上での判断である））、②派遣元事業主は雇用主として派遣労働者の労働条件について派遣先事業主と労働者派遣契約で定め、派遣就業条件を派遣労働者に明示し、他方派遣先事業主は派遣労働契約を遵守する義務を負うのでこの原則的な枠組みによる限り派遣労働者の労働条件は基本的には派遣元事業主と派遣労働者の間で決定されるものであるから派遣先事業主は原則として労組法７条の使用者には当たらないとしつつ、労働者派遣がこの原則的な枠組みによらない場合、例えば労働者派遣が派遣法の原則的な枠組みを超えて遂行され、派遣先事業主が派遣労働者の基本的労働条件を現実かつ具体的に支配・決定している場合のほか、派遣先事業主が派遣法の規定（44条～47条の２）により使用者と見なされ労基法上の責任を負うとされる労働時間、休憩、休日等の規定に違反し、かつ部分的とはいえ雇用主と同視できる程度に派遣労働者の基本的な労働条件等を現実的かつ具体的に支配、決定していると認められる場合には、当該決定されている労働条件等に限り労組法７条の使用者に該当するとした上で、派遣先事業主が派遣労働者に対して、労基法上、労働時間管理の責務を負っていることを理由として、労働時間管理を議題とする団体交渉につき、派遣先事業者の「使用者」性を肯定したもの（阪急交通社事件・東京地判平25. 12. 5労判1091号14頁）、③派遣法制定前の事案であるが、派遣先事業者による派遣契約の解除について、派遣先における反組合的意図の存在及び派遣先と派遣元との間の人的関係を前提に、派遣先事業者に使用者性を認めた上で、違法な不利益取扱い及び支配介入に当たるとしたもの（中央生コンクリート事件・高知地判昭58. 5. 23労判422号62頁）がある。

⑶　親子会社における親会社

資本関係及び役員派遣を通じて親会社が子会社の従業員の人事権を実質的に行使している場合には、親会社も子会社の従業員との関係で「使用者」となり得る。

親会社の使用者性を肯定した例として、シマダヤ事件・中労委命令平16. 12.

15中労委データベース（親会社が子会社である運輸会社の全株式を保有し、子会社の歴代の代表取締役は親会社の役員等から就任していること、子会社が親会社の一部門として位置づけられていること、親会社の提示した運賃が引き下げられれば、子会社の従業員の賃金が減少する仕組みとなっており、子会社の賃金及び労働条件が、親会社によって実質的に決定される関係にあったこと等から、親会社の使用者性を肯定）、大仁事件・北海道労委命令平21. 1. 9中労委データベース（親会社が子会社の全株式を保有していること、子会社の代表者が事業活動の指揮命令に関与していないこと、親会社と子会社は同じ社屋に事務所を構え、親会社の代表者が、子会社の営業活動に関して幹部会議等で具体的な指示を出していること、子会社の就業に関する事項が親会社と共通の就業規則で規定されていること、親会社の代表者が子会社の営業職員の歩合給率の変更等にかかる指示を出し、さらには、子会社の人事配置の発令を行っていると認められること等から、親会社の使用者性を肯定）等がある。

一方、親会社の使用者性を否定した例として、ブライト証券事件・東京地判平17. 12. 7労経速1929号3頁（親会社（持株会社）は、子会社従業員の基本的な労働条件の一部に対してある程度重大な影響力を有していることは認められるものの、その態様及び程度をみると、持株会社がグループの経営戦略的観点から子会社に対して行う管理・監督の域を超えるものとはいい難いとして、親会社の使用者性を否定）、高見澤電機製作所事件・東京地判平23. 5. 12判時2139号108頁（資本関係及び役員を通じ、親会社として子会社の経営について一定の支配力を有していた一方、親会社がグループ経営戦略的観点から行う管理・監督の域をこえたものであると認めるだけの証拠や、親会社が、子会社の労働者の賃金、労働時間等の基本的な労働条件等に対して、雇用主と同視できる程度に現実的かつ具体的な支配力を有していたと認めるだけの証拠はないこと等から、親会社の使用者性を否定）、京都新聞社事件・中労委命令平23. 4. 6別冊中労時1413号19頁（資本関係及び役員を通じ、親会社として子会社の経営について一定の支配力を有しており、子会社の業務の売上の９割が親会社からの委託業務であり経済的にも親会社に依存している一方、子会社従業員の契約の更新、勤務時間管理、人事管理等の基本的労働条件の決定について親会社は現実的・具体的な関与をしていなかったこと等から、親会社の使用者性を否定）、ジャレコほか１社事件・中労委命令平27. 3. 31中労委データベース（資本関係及び役員を通じ、親会社として子会社の経営について一定の支配力を有しており、また、子会社の意思決定に対する事前承認制度に基づいて親会社が子会社の経営に関与していたものの、親会社が株主の権限を越えて、子会社の経営に関与していたとはいえないこと、子会社従業員の労働条件の決定について、親会社の事前承認は必要とされてはおらず、子会社自らが決定すべきものとされていたこと等から、親会社の使用者性を否定）等がある。

このように、親会社の使用者性の判断に当たっては、親会社が株式保有・役員派遣・取引関係などを通じ子会社の経営方針・経営管理・労務管理・労働条件に対してどの程度の支配力を発揮しているかが検討されるところ、子会社が親会社とは別個の経営体として自主的な管理運営をしており、労働条件についても親会社の介入なく独自に決しているという場合には、親会社の使用者性が否定される傾向にある。他方で、子会社が実質上親会社の一部門として経営上全面的に親会社の支配を受け、子会社の労働条件も親会社が決しているという場合には、親会社の使用者性が肯定される傾向にある。

なお、純粋持株会社の「使用者」性が推定される可能性が高い典型的な例として、①純粋持株会社が実際に子会社との団体交渉に反復して参加してきた実績がある場合、又は、②労働条件の決定につき、反復して純粋持株会社の同意を要することとされている場合、が挙げられる（厚生労働省「『持株会社解禁に伴う労使関係懇談会』中間とりまとめ」（平成11年12月24日）２参照）。

(4)　代表者以外の者による行為

「使用者」の行為には、代表者による行為だけでなく、代表者に近接する職制上の地位にある者の行為や、代表者の具体的指示や権限委任に基づかない行為も含まれる（例えば、所長を補佐し各科に所属する助役の業務をとりまとめ指示を与える科長の支配介入的言動につき、JR東海事件・最二小判平18.12.8労判929号5頁 判タ1233号162頁）。

4　不利益取扱い（1号、4号）

(1)　「労働組合の正当な行為」

ア　「労働組合の行為」の態様

不利益取扱いに関して、実務上、特に問題となるのは、労働者が、労働組合の活動として、争議活動やピケッティングへの参加、演説・シュプレヒコール・ビラ配り・ビラ貼り等の情報宣伝活動、リボンやバッジの着用等の活動を行い、それを理由として、使用者が、当該労働者に対し懲戒処分その他の不利益取扱いを課した場合に、そもそも前提となる労働者の活動に「正当性」が認められるかどうかである。

イ　争議行為の性質と正当性

争議行為について、労働組合内部での承認（労組法５条２項８号参照）

を経ずに、組合員の一部集団が独自に行うストライキ（いわゆる「山猫スト」）は、正当性が認められない（山田漁業部事件・長崎地判昭40. 6. 18労民16巻3号490頁、明治乳業事件・東京地判昭44. 10. 28判タ242号225頁）。また、労働者の経済的地位の向上とは直接関係のない政治的目的の争議行為（いわゆる「政治スト」）は、憲法28条の保障とは無関係であり、やはり正当性が認められない（三菱重工長崎造船所事件・最二小判平4. 9. 25労判618号14頁）。他方、争議権の行使は、使用者による団体交渉の拒否又は要求の拒絶に対する最終的な対抗手段であるから、団体交渉を経ない抜き打ちストは労使関係における信義則に反するが、それだけでは必ずしも正当性は否定されない（日本航空事件・東京地決昭41. 2. 26判時440号11頁。但し、国鉄千葉動労事件・東京高判平13. 9. 11判時1764号131頁は、公共交通機関の前倒しスト実施につき、労働組合に対する使用者の損害賠償請求を一部認容した）。また、労働協約中の平和条項（争議行為を行わない旨の誓約）に違反する争議行為も、それだけでは正当性を否定されない（弘南バス事件・最三小判昭43. 12. 24民集22巻13号3194頁 判タ232号292頁）。

ウ　争議行為の態様と正当性

争議行為の態様について、争議行為「の本質は労働者が労働契約上負担する労務供給義務の不履行にあり、その手段方法は労働者が団結してその持つ労働力を使用者に利用させないことにある」から、「不法に使用者側の自由意思を抑圧しあるいはその財産に対する支配を阻止するような行為をすることは許されず」、その限りにおいて正当性を否定される（御國ハイヤー事件・最二小判平4. 10. 2労判619号8頁 判タ813号191頁（タクシー会社の組合員が、ストライキ中、会社の退去要求に応じず、車輌の傍らに座り込み又は寝転ぶ等して車輌の搬出を妨げた行為につき、正当性を否定）。また、出向先の門前で早朝50分間にわたり相当の音量でシュプレヒコールや演説を行うことは、労働組合の正当な行為とはいえず、当該行為を理由とする出勤停止処分は不当労働行為に当たらないとした裁判例として、国労高崎地本事件・東京高判平5. 2. 10労判628号54頁：最二小判平11. 6. 11労判762号16頁で上告棄却）。

「籠城スト」について、組合「によるストライキ権の行使に付随した本件不動産における職場滞留は、抗告人代表者甲野と連絡がとれない状況下において、抗告人に対し、それまでの間行われてきた労働条件を含む退職金等についての話し合いを目的とする団体交渉を引き続き求めるためのやむを得ない手段であると評価することができ」争議行為として直ちに正当性を欠くということはできないとした裁判例がある（きょうとユニオン（iWAi分会・仮処分）事件・大阪高決平28.2.8労判1137号5頁）。

エ　争議行為以外の活動の正当性

争議行為以外の活動について、「ある組合に属する労働者が行う活動が、労働者の生活利益を守るための労働条件の維持改善その他の経済的地位の向上を目指して行うものであり、かつ、それが所属組合の自主的、民主的運営を志向する意思表明行為であると評価することができることが必要であり、かつこれをもって足りる」から、その限りで、労働組合の決定、指示や授権に基づかない行為も、正当性は否定されない（千代田化工建設事件・東京高判平7.6.22労判688号15頁：最二小判平8.1.26労判688号14頁で上告棄却（会社の一連の合理化政策に反対する立場から組合内の少数派グループが行ったビラ配布等の活動は、組合が会社との間で子会社転籍に関する協定を締結するまでは労働組合の正当な行為であり、また、当該協定成立後も、協定の対象外の職務開発休職制度に関し、休職命令に従う義務を負わない地位にあることを仮に定める旨の仮処分申請等を行うことは労働組合の正当な行為といえるから、会社が、当該少数派グループへの嫌悪から、移籍を拒否した少数派グループの組合員を整理解雇したことは、違法な不利益取扱いに当たる）。また、東日本旅客鉄道事件・東京地判平24.11.7労判1067号18頁：東京高判平25.3.27別冊中労時1445号50頁で控訴棄却：最一小決平27.1.22別冊中労時1478号75頁で上告棄却も同旨（労働組合の組織としての方針に反するバッジ着用について、組合内少数派としての執行部批判行動であった場合でも、組合の統制違反となるような場合を除き、組合の民主的運営に役立つものとして、多数派の活動と同様に組合活動としての保護を受ける））。但し、組合員の組合活動が正当となるためには組合の明示若しくは黙示の承認があることを要するとした裁判例として、関西電力事件・大阪高判昭53.6.29労判302号58頁：最一小判昭58.9.8労判415号29頁 判タ510号97頁で上告棄却（組合が承認せず関知しない内容のビラを社宅で配布したことは労働組合の正当な活動には当たらず、これを理由とする譴責処分は有効）がある。

オ　職務専念義務違反と正当性

労務の提供に際し職務に専念すること（職務専念義務）は労働契約の重要な要素であるので、就業時間中に労働組合の活動を行うことは、労働契約に違反し、原則として正当な行為とは認められない（東海旅客鉄道事件・東京高判平9.10.30労判728号49頁：最二小判平10.7.17労判744号15頁で上告棄却（就業規則違反の組合バッジ着用は労働組合の正当な行為に当たらず、これを理由とする訓戒又は厳重注意処分及び夏季手当の減額支給は有効））。但し、その活動への使用者の対応が、組合に対する嫌悪や弱体化の意図を決定的動機としてなされたものであるときには、後述の「支配介入」として不当労働行為に当たる（東日本旅客鉄道事件・東京高判平11. 2. 24労判763号34頁：最一小決平11. 11. 11労判770号32頁で不受理（上記東海旅客鉄道事件とほぼ同様の事実関係の下で、組合バッジ着用を理由とする不利益取扱いの撤回及び支配介入の禁止を命じた救済命令を肯認））。

(2)　不利益取扱いの態様

不利益取扱いの具体的な態様には、解雇、退職の強要、雇止め、休職、不利益な配転、出向、転籍、降格、減給、懲戒処分など、労働者に不利益を与える使用者のあらゆる行為が含まれる。経済的待遇に関するものだけでなく、精神的待遇等に関する不利な差別的取扱いをも含む（経済的不利益を伴わない出勤停止処分について、大浜炭鉱事件・最二小判昭24. 4. 23刑集3巻5号592頁）。さらに、昇格や栄転等、利益を伴う行為であっても、組合員個人の組合活動に不利益を伴う場合には、不利益取扱いとなり得る（昇格の前提たる本社転勤が不利益取扱いに当たるとした裁判例として、関東醸造事件・東京高判昭34. 4. 28判時193号30頁。他方、大卒者全員を管理職に昇進させている場合に、組合活動家をも管理職に昇進させることは不利益取扱いに当たらないとした裁判例として、津田電線事件・大阪高判昭53. 3. 10労経速997号15頁）。一般的に、不利益性の有無は、「当該職場における職員制度上の建前や経済的側面のみからこれを判断すべきものではなく、当該職場における従業員の一般的認識に照らしてそれが通常不利益なものと受け止められ、それによって当該職場における組合員らの組合活動意思が萎縮し、組合活動一般に対して制約的効果が及ぶようなものであるか否かという観点から判断されるべきもの」（西神テトラパック事件・東京高判平11. 12. 22労判779号47頁（工務部門に勤務する有資格の技術者を、専門技術を要しない製造部門の単純作業へ配転することは、そのような前例がないときには、従業員の一般的認識に照らして不利益であり、不当労働行為に当たる））と考えられよう。

なお、国鉄の分割・民営化に伴うやや特殊な事例であるが、最高裁は、JR各社による旧国鉄職員の雇入れの拒否が不利益取扱いには当たらないとした（いずれも最一小判平15. 12. 22判時1847号8頁（JR北海道）、労判864号5頁（JR東日本・JR貨物・JR東海））。

(3)　「故をもって」及び「理由として」

使用者が、反組合的な意思ないし動機（「不当労働行為意思」）をもって、不利益取扱いをしたことである。取引先（第三者）から強要されたことを契機とする場合でも、使用者自身にも正当な組合活動に対する嫌忌が形成されたと評価できれば、不当労働行為意思が認められる（山恵木材事件・最三小判昭46.6.15民集25巻4号516頁 判時640号90頁（ストライキを主導した組合員の解雇について、取引先からの強要による経営続行の不可能と正当な組合活動に対する嫌忌とは表裏一体の関係にあり、両者を別個独立の動機と見ることはできない））。業務上の必要性と組合活動への嫌悪とが競合的に存在する場合には、反組合活動の意思が業務上の必要性よりも優越していることを要する（東京焼結金属事件・東京高判平4.12.22労判622号6頁：最三小判平10.4.28労判740号22頁で上告棄却（労使協調的でない組合員の配転には、業務上の必要性及び人選の合理性があり、同組合員に対する会社の嫌悪及び排除の意思がこれに優越するとは認められない以上、違法な不利益取扱いには当たらない）。また、品川白煉瓦事件・最二小判昭35.6.24集民42号517頁（「使用者側に反組合的意思がありその徴憑と認むべき事実がある場合でも、被解雇者側に別に懲戒解雇に値する事由とくに顕著な懲戒事由がある場合には、使用者側の反組合的意思の実現ということとは無関連に懲戒解雇を断行することはあり得ないことではない。」））。

なお、「故をもって」について、使用者の不当労働行為意思と不利益取扱いとの間に相当因果関係が必要であるとする裁判例もある（芝信用金庫従組事件・東京高判平12.4.19労判783号36頁（少数組合の組合員を昇格させないことにつき、人事考課における低査定は当該組合への嫌悪に基づく差別的取扱いの結果であるとしても、学科試験及び論文試験の結果に照らし、仮に査定結果を最高点に置き換えたとしても昇格試験が不合格となる以上、両者の間に相当因果関係はなく、違法な不利益取扱いに当たらない））。

5　団体交渉拒否（2号）

(1)　「雇用する労働者の代表者」

ア　いわゆる「自主性不備組合」

労組法2条は、労働組合の要件として、①労働者が主体となること（主体）、②自主的であること（自主性）、すなわち、使用者の利益代表者の加入する組合でないこと（1号）、及び②使用者からの経理上の援助（福利その他の基金に対する寄附及び最小限の広さの事務所供与を除く）を受けていないこと（2号）、③労働条件の維持改善その他経済的地位の向上を図ることを主たる目的とすること（目的）、④組織する団体またはその連合団体であること（団体性）を定めている。また、労働組合の民主的運営を確保するために定められる組合規約を作成すること（民主性）も求められている(労組法５条２項)。これらの要件を満たす労働組合(法適合組合)が、「雇用する労働者の代表者」に当たることは当然である。

他方、上記②の要件を欠くもの（いわゆる「自主性不備組合」）や、争議団のような一時的な労働者の集団については、これが「雇用する労働者の代表者」に該当するかどうか説が分かれている（労働協約の締結当事者となりうる労働組合、すなわち上記要件を全て満たす労働組合に限るとするものとして、菅野『労働法』841頁。労働者が自主的に結成する団体であればよいとするものとして、西谷敏『労働組合法』有斐閣（2012）286頁）。裁判例には、「利益代表者の参加を許す労働組合もまた、労働組合法七条二号の『労働者の代表者』に含まれ」、「利益代表者が参加していたとしても、また参加していないことを使用者に対して明らかにしていないとしても、そのこと自体は、当然には団体交渉拒否の正当な理由にはならない」としたものがある（セメダイン事件・東京地判平11. 6. 9労判763号12頁：東京高判平12. 2. 29労判807号7頁で控訴棄却、最一小決平13. 6. 14労判807号5頁で上告棄却）。

なお、「団体」交渉であるから、個人の資格としての労働者は「雇用する労働者の代表者」とはなりえない。

イ　「混合組合」

労組法の適用がない地方公務員と労組法の適用がある一般労働者から構成される、いわゆる「混合組合」は、地方公務員法上の職員団体及び労組法上の労働組合としての複合的な法的性格を有し、労組法適用組合員に関する問題に関し、労働組合として、労組法上の権利を行使することができ、その結果、不当労働行為の救済命令の申立人適格を有する（大阪府教育委員会事件・東京地判平25. 10. 21労判1083号5頁：東京高判平26. 3. 18別冊中労時1460号37頁、最三小決平27. 3. 31別冊中労時1479号46頁で上告棄却）。また、混合組合が組合事務所に関して申し入れた団体交渉を、地方公共団体が拒否したことが団交拒否に当たるか争われた事例において、地公労法が適用又は準用される地方公務員も労組法３条の「労働者」に当たること、地公労法７条では管理運営事項は団体交渉の対象とすることができない旨定められているものの、労働条件等の団体交渉が円滑に行われるためには、その基盤をなす労使関係の運営に関する事項について団体交渉が行われることが不可欠であること等を理由に、組合事務所に関する事項も地方公共団体の義務的団交事項に当たり、団体交渉に応じなかった地方公共団体の対応は、労組法７条２号の団交拒否に当たるとされた（大阪市（組合事務所団交）事件・中労委命令平27. 2. 18別冊中労時1479号26頁）。

ウ　労働組合の下部組織等

労働組合の下部組織にすぎない支部や分会は、権限の委譲を受けない限り、原則として、固有の団体交渉権を有しない（三井鉱山事件・福岡高判昭48. 12. 7判時742号103頁）。但し、それ自体が１つの労働組合としての組織を備えている下部組織は、下部組織限りの問題について団体交渉権を認められる（オリエンタルモーター事件・東京高判昭62. 5. 26労判503号89頁（上部組織と会社との交渉経緯に照らし、分会独自の組合事務所貸与に関する分会からの団体交渉申入れを拒否することは不当労働行為に当たる））。労働組合は交渉権限を他の団体を含む第三者に委任することができ、それを理由として使用者が団体交渉を拒否することは許されない（姫路赤十字病院事件・大阪高判昭57. 3. 17労民33巻2号321頁）。複数の労働組合による共同交渉も認められるが、両組合間に統一意思と統制力を欠く場合には、使用者が共同交渉を拒否しても不当労働行為には当たらない（旭ダイヤモンド工業事件・東京地判昭54. 12. 20労判334号32頁：東京高判昭57. 10. 13労民33巻5号891頁で控訴棄却、最二小判昭60. 12. 13労判465号6頁で上告棄却）。

エ　「雇用する労働者」の範囲

「雇用する労働者」とは、通常は現実に雇用関係にある労働者を指すが、解雇された労働者であっても、解雇の効力に関して紛争が継続しているときは、なお「雇用する労働者」に当たる（日本鋼管鶴見造船所事件・最三小判昭61. 7. 15労判484号21頁（解雇後、従業員の地位について裁判で係争し、係争中に解雇から６年10か月を経過して組合に加入しその分会を結成した者について、分会結成４日後になされた当該解雇問題に関する団体交渉の申入れは時機に後れたものとは言えない）、三菱電機事件・東京地判昭63. 12. 22労判532号7頁（結論としては、解雇当時所属していた組合により相当程度の団体交渉が行われていた事実等に照らし、解雇の８年10か月後に新規に加入した別の労働組合からの団交申入れを使用者が拒否することには正当な理由があるとした））。また、解雇以外の理由で雇用関係が終了した労働者について、「＜１＞団体交渉の主題が雇用関係と密接に関連して発生した紛争に関するものであり、＜２＞使用者において、当該紛争を処理することが可能かつ適当であり、<3>団体交渉の申入れが、雇用関係終了後、社会通念上合理的といえる期間内にされた場合」には、「雇用する労働者」と認められ得る（ニチアス事件・東京地判平24.5.16労経速2149号3頁（退職後約25～50年を経過した元従業員のアスベスト被害に係る団交申入れにつき、当該元従業員も「雇用する労働者」に当たる））。

(2)　「正当な理由がなくて」－団体交渉の対象事項

ア　いわゆる「経営権」事項

使用者に団体交渉義務があるのは、労働者の労働条件その他の待遇や当該団体的労使関係の運営に関する事項であって、かつ、使用者が処分可能なものである（エス・ウント・エー事件・東京地判平9.10.29労判725号15頁）。他方、経営・販売戦略、生産方法、役員・管理職の人事等の事項は、いわゆる「経営権」（「業務命令権」、「人事権」及び「施設管理権」をもって「経営三権」などと称することがある）に属する事項として、団体交渉を強制されない。但し、その境界はあいまいであり、労働条件等に影響がある限り、その範囲で「経営権」事項も団体交渉の対象となりうる。

例えば、指揮命令系統や職務の範囲等使用者の専権に属する業務命令権や人事権に関する事項であっても、労働組合が団体交渉を求める趣旨が、それらの権限の行使の結果もたらされる組合員の労働条件に関する事柄について改善を求めるものである場合には、その限りで義務的団体交渉事項に含まれる（前掲エス・ウント・エー事件・東京地判平9.10.29）。また、いかなる製品をいかなる作業組織で生産するかという生産計画、作業計画等の職場再編成問題は、従業員の待遇ないし労働条件と密接な関連を有する事項であるから、当然に団体交渉の対象となり得る（栃木化成事件・東京高判昭34.12.23判時217号33頁：最三小判昭37.10.9判時322号6頁で上告棄却）。さらに、特定の業務を下請化することは、企業経営の必要上使用者が一方的になし得るものであり団体交渉の対象となす必要はないものであるが、請負化の実施によって組合員の職場変更が行われ、これによりその労働条件が変更される場合には、組合員の職場変更だけでなく、その前提となる請負制度の実施そのものについても、職場変更に関する交渉に必要な限度において、使用者に団体交渉義務が生ずる（明治屋事件・名古屋地判昭38.5.6判時352号73頁）。やや特殊な事案であるが、球団間の営業譲渡及びこれに伴う業界団体への参加統合に関する件についても、組合員の労働条件に係る部分は、義務的団体交渉事項となるとした裁判例がある（日本プロ野球事件・東京高決平16.9.8労判879号90頁（結論としては、保全の必要性の疎明がないとして団体交渉を求める地位にあることの仮処分申請却下に対する抗告を棄却))。

イ　組合員個人の権利に係る事項と「合同労組」

個々の組合員の人事や権利に関する問題も、義務的団体交渉事項である(日本鋼管事件・東京高判昭57.10.7労判406号69頁（解雇は、労働協約等に基づき設置された苦情処理の方法によって解決されることがあるが、団体交渉は苦情処理とは目的・機能が異なるから、労働組合が団体交渉の対象事項として申し入れた場合には、団体交渉により解決される必要がある))。

いわゆる「合同労組」(「コミュニティ・ユニオン」、「ローカルユニオン」又は「地域ユニオン」と呼称されることが多い）は、企業の枠を超えて、主に中小企業の労働者を一定の地域単位で組織する特定企業への所属を条件としない個人加入可能な労働組合であるが、個別的労使紛争が発生した後に労働者が合同労組に加入し、合同労組が、当該労働者の個別的労使紛争について、使用者と団体交渉を行い、あるいは労働委員会に対する労働争議の調整の申請や不当労働行為の救済申立てを行う例が多く見られる(いわゆる「駆け込み訴え事件」)。労働委員会の2015年の全国における調整事件342件のうち、261件が合同労組の申請によるものであり、さらにその約半数（134件）が「駆け込み訴え事件」である（中労委「調整事件取扱状況」)。また、2015年の全国における不当労働行為新規申立（初審）事件347件のうち、259件が合同労組の申立てによるものであり、さらにその約４割（108件）が「駆け込み訴え事件」となっている（中労委「平成27年年報概要」)。

合同労組が法適合組合に当たるか否か、使用者にとっては直ちに確認できないことがある。合同労組が労働組合法11条に基づく適合証明を受けている場合は、都道府県労働委員会から交付された資格決定書の写し又は資格証明書の提示を求めることにより、法適合組合に当たることを確認できるが、当該証明を受けていない合同労組については、組合規約の提出を求め、また、労働組合としての活動実績の説明を求めることにより、法適合組合に当たるかを確認することとなる。もっとも、法適合組合であることは、不当労働行為の救済申立て適格が認められるために必要な要件であっても、労働組合が団体交渉を申し入れるために必要な要件ではなく、労働組合からの団体交渉申入れに対して、法適合組合であると確認した後に団体交渉に応じるとの使用者の対応は、原則として、団交拒否の不当労働行為に当たることに留意する必要がある（山本製作所事件・神奈川県労委命令平25. 6. 21労判1077号95頁）。なお、法適合組合に当たるか否かについて確認するために、使用者が、労働組合の実態を認識し得る組合規約等の資料の提出を求め、その提出がなされて労働組合としての実態の確認ができるまでは団体交渉に応じないとの態度を短期間とったことについて、団交拒否の正当な理由があるとした裁判例がある（日本工業新聞社事件・東京地判平22. 9. 30労経速2088号3頁：東京高判平24. 10. 25労経速2164号3頁で控訴棄却：最三小決平25. 10. 15で上告棄却（最初に団体交渉申入れがなされてから１週間以内に４回の団体交渉申入れがなされ、その間、使用者が組合規約等の資料の提出を求めていた事案において「使用者にとっては、団体交渉を申し入れをしたものが労組法上の労働組合かどうかの確認は、労組法11条所定の適合証明を受けていない労働組合については、組合規約等の書類や当該労働組合の活動実績の認識によって行うことになると考えられるところ、特に設立したばかりの労働組合については、その活動実績自体がなかったり、仮にあったとしてもそれを把握する機会がなかったりして、その確認は一般的に困難な場合があると考えられる。」と判示している))。

また、使用者としては、労働者が合同労組に加入したか否か、外形上は確認することができないため、団体交渉を行う前提として、組合員名簿の提出を求め、合同労組がこれを拒否したことを理由として団交を拒否するといったことが可能か問題となる。この点について、労働組合は団交申入れに際して、当該組合員が労働組合の組合員であることを明らかにすれば足り、当該組合員以外の組合員の氏名、人数などを明らかにする必要はないとされているため、組合員名簿の不提出を理由として団体交渉を拒否することはできない（合同労組の事例ではないが、新星タクシー事件・東京地判昭44. 2. 28労民20巻1号213頁）。

ウ　非組合員の労働条件に関する事項

非組合員である労働者の労働条件に関する問題は、当然には団交事項にならないが、例えば初任給のように、それが将来にわたり組合員の労働条件、権利等に影響を及ぼす可能性が大きく、組合員の労働条件との関わりが強い事項は、義務的団交事項となる（根岸病院事件・東京高判平19. 7. 31労判946号58頁）。

(3)　「正当な理由がなくて」－誠実交渉義務

使用者は、団体交渉に際し、何らかの合意をする義務はないが、他方、「自己の主張を相手方が理解し、納得することを目指して、誠意をもって団体交渉に当たらなければならず、労働組合の要求や主張に対する回答や自己の主張の根拠を具体的に説明したり、必要な資料を提示するなどし、また、結局において労働組合の要求に対し譲歩することができないとしても、その論拠を示して反論するなどの努力をすべき義務があるのであって、合意を求める労働組合の努力に対しては、右のような誠実な対応を通じて合意達成の可能性を模索する義務」（カール・ツアイス事件・東京地判平元. 9. 22労判548号64頁）があり、この「誠実交渉義務」の違反は、違法な団体交渉拒否となる。資料の提示が団体交渉に不可欠である場合には、資料を提示しないこと自体、あるいは提示できない理由を説明しないことも誠実交渉義務違反となる（日本IBM事件・東京地判平14. 2. 27労判830号66頁：東京高判平14. 9. 10労働委員会関係裁判例集37号697頁で控訴棄却、東北測量事件・青森地判平元. 12. 19労判557号60頁：仙台高判平4. 12. 28労判637号43頁で控訴棄却、最二小判平6. 6. 13労判656号15頁で上告棄却）。

なお、使用者側の担当者に交渉権限がある以上、労働協約の締結権限までは付与されていないことは、交渉を拒否する正当な理由とはならない（都城郵便局事件・最一小判昭51. 6. 3判時817号39頁）。

⑷　「正当な理由がなくて」－団体交渉の終了

「団体交渉事項に関し労使双方の主張が対立してそれ以上相互に譲歩の意思がないことが明確になった段階においては、もはや交渉の余地がなくなったのであるから、事情の変更が生じない限り更に団体交渉を申入れることは無意味であるし、その申入れを拒否することも正当な理由がないことにはならない」（寿建築研究所事件・東京地判昭50. 9. 30判時799号21頁：東京高判昭52. 6. 29労判281号64頁で控訴棄却、最二小判昭53. 11. 24労判312号54頁で上告棄却（組合員の解雇を対象とする団体交渉において、解雇事由として使用者が示した具体的事実の評価をめぐって労使の見解が対立し、交渉が行詰り打ち切られたが、その約１年半後になされた労働組合による再交渉申入れについて、時間の経過以外の事情の変更がない以上、再交渉を拒否したとしても不当労働行為には当たらない））。「相互に譲歩の意思がないことが明確」となり、「交渉の余地がなくなった」といえるかは、労使の交渉の全過程を通じて判断されることとなる。労使双方がそれぞれの主張・説明等を出し尽くし、これ以上交渉を続けても、進展する見込みがない段階に至ったといえるか、すなわち、使用者として誠実交渉義務を尽くしたといえるかが重要である。一般的には、交渉に費やした時間が長いほど、交渉回数が多いほど、また、交渉間隔が短いほど、誠実交渉義務を尽くしたと評価され得る。

破産手続が開始された会社において、労働組合からの会社再建、解雇撤回の要求につき、労使の主張対立により、交渉が進展する見込みがない状況では、会社が団体交渉の継続を拒否することには正当な理由が認められる（池田電器事件・最二小判平4. 2. 14労判614号6頁）。さらに、不当労働行為は企業の存在を前提としてはじめて問題となし得るものであり、また、企業の廃止は憲法22条の職業選択の自由の対象であるから、会社の解散が、仮装ではなく、真実なものである場合、その動機が労働組合に対する嫌忌から発したものであっても、もはや不当労働行為の問題を生ずる余地はなくなる（三協紙器事件・東京高決昭37. 12. 4判時331号33頁 判タ141号54頁）。

なお、団体交渉は、話し合いによる取引・合意形成の手続であるので、その過程で交渉事項の一部につき相手方の主張に合致するような見解が暫定的に表明されたとしても、それだけでは労使間に合意が成立したことにはならず、使用者が当該見解に係る労働協約の締結を拒否しても、それは団交拒否には当たらない（文祥堂事件・最三小判平7. 1. 24労判675号6頁）。

6　支配介入（3号）

(1)　支配介入行為の態様

支配介入行為とは、労働組合の結成・運営に対する干渉・妨害行為一般であり、多様な事実行為を含む。組合員個人に対する不利益取扱いは、それが組合活動に対する抑止的効果をもつ場合には、同時に支配介入にも該当する（例えば、ストライキに参加した組合員の賃金カットにつき、前掲旭ダイヤモンド工業事件・最二小判昭60. 12. 13労判465号6頁。労働組合の結成・加入を理由とする役職解任及び配転、並びに当該処分を拒否した労働者の解雇につき、京都福田事件・東京地判平2. 9. 28労判570号14頁：東京高判平3. 5. 23労判594号114頁で控訴棄却、最三小判平4. 3. 3労判615号15頁で上告棄却）。また、前記のとおり、「使用者の利益代表者に近接する職制上の地位にある者が使用者の意を体して労働組合に対する支配介入を行った場合には、使用者との間で具体的な意思の連絡がなくとも、当該支配介入をもって使用者の不当労働行為」となる（前掲JR東海事件・最二小判平18. 12. 8労判929号5頁 判タ1233号162頁）。

組合の運営に対し結果として影響を及ぼした事実があれば、その事実について、たとえ行為者に主観的認識ないし目的がなかったとしても、支配介入性は否定されない（ヤンマーディーゼル事件・最二小判昭29. 5. 28民集8巻5号990頁 判時29号21頁（会社代表者が工場の従業員及びその家族等に対する演説中で、同工場の労働組合が自分の意に反して連合会へ加入したことを非難した上、これによって、人員整理に関し同組合員が従前享有していた利益を失うべきことを暗示し、その結果組合員をして連合会より脱退するに至らしめたことは、たとえ発言者にその主観的認識ないし目的がなかったとしても、支配介入に当たる))。

東京都・都労委（日本航空乗員組合等）事件・東京地判平26. 8. 28労判1106号5頁 判時2283号117頁は「支配介入は、使用者が労働組合の結成・運営に対して影響力を行使する行為をすることで成立し、現実に労働組合の結成・運営に影響を及ぼすことは必要でない。」と判示している（当該事案では、現実に労働組合の運営に影響があったと認定して不当労働行為の成立を認めている）。

なお、同事件・東京高判平27. 6. 18労判1131号72頁は「日本国憲法や労働組合法は、労働組合を組織して従業員が争議権を確立して争議行為を行おうとしていることによって、雇用されている会社の存立事態を危うくする可能性がある場合であっても会社を存続させることを優先しているわけではなく、会社が労働組合の運営を支配しようとしたり、その運営に介入しようとすることは認めていないのである。」と判示している。

⑵　反組合的言論

使用者の代表者の言論は、「言論の内容、発表の手段、方法、発表の時期、発表者の地位、身分、言論発表の与える影響などを総合して判断し、当該言論が組合員に対し威嚇的効果を与え、組合の組織、運営に影響を及ぼすような場合は支配介入となる」（プリマハム事件・東京地判昭51. 5. 21判時832号103頁：東京高判昭56. 9. 28で控訴棄却、最二小判昭57. 9. 10で上告棄却いずれも労経速1134号5頁所収（賃上げに関する団体交渉が決裂し、ストライキの可能性がある状況において、「会社も現在以上の回答を出すことは絶対不可能でありますので、重大な決意をせざるを得ません。」という表現を含む社長名の声明文を全事業所に一斉に掲示することをもって、支配介入と認定）。また、前掲ヤンマーディーゼル事件・最二小判昭29. 5. 28も参照）。他方、労使間対立がある時期に、使用者又はその利益代表者が労働者と個別的に接触し労使関係上の具体的問題について発言をすることは一般的に公正さを欠くが、言論の自由に照らし、支配介入とまではいえない（新宿郵便局事件・最三小判昭58. 12. 20労判421号20頁 判タ516号95頁（郵便局長が従業員を自宅に招き、酒宴の場において、併存組合のうち一方について「郵政省の正規の組合だ。」と発言したことは、支配介入とまでは言えない))。

なお、官民ファンドが管財人に就任するとともに、スポンサーとして出資を検討しているというやや特殊な事情の事案であるが、会社更生手続中の会社において、労働組合が争議権確立に向けた組合員の投票を行っている最中に、管財人代理及び同機関の担当者が、当該組合との事務折衝において、争議権が確立された場合には出資が行われず、その結果、更生計画が認可されずに事業停止となる旨を述べたことが、支配介入に当たるとした裁判例がある（前掲日本航空乗員組合等事件・東京地判平26. 8. 28労判1106号5頁 判時2283号117頁：東京高判平27. 6. 18労判1131号72頁で控訴棄却、最二小決平28. 9. 23別冊中労時1511号78頁で上告棄却）。

⑶　施設の利用の制限

ア　使用者の許可のない施設利用

労働組合又はその組合員が、許諾を得ずに使用者が所有し管理する物的施設を利用して組合活動を行うことは、利用を許さないことが権利濫用となる特段の事情がある場合を除き、使用者の権利を侵し企業秩序を乱すものとして正当な組合活動には当たらず、使用者がその中止や原状回復等必要な指示、命令を発し、又は就業規則に基づき制裁として懲戒処分を行ったとしても、支配介入には当たらない（ロッカーへのビラ貼りの中止命令を無視した組合員に対する戒告処分につき、国労札幌運転区事件・最三小判昭54. 10. 30民集33巻6号647頁 労判329号12頁。休憩室での集会に対する解散命令につき、前掲新宿郵便局事件・最三小判決昭58. 12. 20。元空腹時血糖室及びテニス・コートでの職場集会に対する警告書交付につき、済生会中央病院事件・最二小判平元. 12. 11民集43巻12号1786頁 労判552号10頁。病院の屋上に掲揚された組合旗の撤去申入れ及び撤去行為につき、鳴和総合病院事件・東京地判平8. 3. 6労判693号81頁）。

イ　使用者の許可のないビラ配布

ビラ配布については、これを使用者の施設管理権との抵触の問題と捉える裁判例もあるが（例えば、日本ナショナル金銭登録機事件・横浜地判昭48. 2. 9判タ294号375頁：東京高判昭52. 7. 14判時868号3頁（警告を無視して朝の出勤時刻前に工場敷地内の建物通用口内通路でビラを配布したことを理由とする就業規則に基づく１～２日の出勤停止処分は、会社の施設管理権に照らし有効））、最高裁は、「使用者の企業施設に対する管理権の合理的な行使として是認される範囲内の適法な規制による制約」だけでなく、「企業秩序維持の要請に基づく規律による制約」をも根拠として、それが企業施設内において行われる限り、休憩時間中であっても演説、集会、貼紙、掲示、ビラ配布等の行為を禁止する就業規則上の定めは合理的であり、当該定めに基づく懲戒処分は、行為との対比において甚しく均衡を失する等社会通念に照らし合理性を欠くものでないかぎり、懲戒権者の裁量の範囲内として有効であるとしている（目黒電報電話局事件・最三小判昭52.12.13民集31巻7号974頁 労判287号26頁（就業規則違反のプレート着用及び休憩時間中のビラ配りを理由とする戒告処分は有効））。

ウ　使用者の禁止行為・制裁処分と権利濫用

使用者による禁止行為や制裁処分について「権利濫用となる特段の事情」が認められた例としては、組合の集会等に必要不可欠な食堂の一切の使用拒否（オリエンタルモーター事件・東京高判平2.11.21労判583号27頁：最二小判平7.9.8労判679号11頁で上告棄却）、始業時刻の15分以上前に学校の職員室内でビラを机に置いて配布した組合員に対する戒告処分（倉田学園事件・最三小判平6.12.20民集48巻8号1496頁 労判669号13頁）、昼の休憩時間中に平穏に手渡し又は机上に置いてビラを配布した組合員に対する戒告処分（明治乳業事件・最三小判昭58.11.1労判417号21頁 判タ515号118頁）などがある。

なお、行為を行った特定の組合員に対する懲戒処分等が権利濫用となる場合には、支配介入に該当するだけでなく、当該組合員との関係で不利益取扱いにも該当しうる。

(4)　大量査定差別（組合員に対する集団的差別）

特定の労働組合の組合員らの昇給・昇格等を一般的に差別することも、支配介入に当たる。その場合には、労働組合側において、①勤怠の成績、勤務態度や能力の面では差違がないにもかかわらず、組合員の昇給・昇格等に関する査定が他の組合の組合員又は非組合員に比して全体的に低位にあることを立証すれば（いわゆる「大量観察方式」）、②使用者の反組合的な意思が一応推認され、③使用者側で当該差異が合理的理由に基づく等の特段の事情を立証しないかぎり、当該差違は支配介入に該当することが推認される（紅屋商事事件・最二小判昭61.1.24労判467号6頁 判タ612号40頁。不利益取扱いと支配介入に分けて査定差別の主張立証責任を述べたものとして、北辰電機製作所事件・東京地判昭56.10.22労判374号55頁）。

(5)　併存する労働組合間の差別的取扱い

ア　原則としての団体交渉の結果に基づく差別的取扱いの許容

同一企業内に複数の労働組合が併存する場合、各組合は独自に使用者と団体交渉を行う権利を有するので、各組合との団体交渉により、使用者が一方の組合とは合意に達したが、他方組合とは同一条件で合意に至らず、結果として両組合員間の取扱上の差異を生じたとしても、原則として、不当労働行為の問題は生じない（日本チバガイギー事件・東京地判昭60. 4. 25労判452号27頁：東京高判昭60. 12. 24労判467号96頁 労経速1377号14頁で控訴棄却、最一小判平元. 1. 19労判533号7頁で上告棄却（一時金等の交渉につき一方組合との妥結が遅れた結果、同組合員に対する一時金支給が遅れたが、会社側に交渉過程において不適切な面があり、同組合に好意的でなかったとしても、交渉を意図的に遅らせた事情がない以上、不当労働行為には当らない））。また、「使用者が、多数派組合との間で合意に達した労働条件で少数組合とも妥結しようとするのは自然の動きというべきであって、少数派組合に対し、右条件を受諾するよう求め、これをもって譲歩の限度とする強い態度を示したとしても、そのことだけで使用者の交渉態度に非難すべきものがあるとすることはできない」から、使用者が多数派組合と合意した新賃金体系を承認せず、従前の賃金体系による賃金に時間外割増賃金及び深夜割増賃金を加算して支払うことを要求し続けていた少数組合の組合員に対し、使用者が残業を禁止したことは、過大な賃金支払いを回避するという合理的な理由があり、支配介入には当たらない（高知県観光事件・最二小判平7. 4. 14労判679号21頁 判タ878号127頁）。

イ　使用者の嫌悪の意図がある場合の例外－団体交渉における使用者の中立保持義務

しかしながら、使用者は、団体交渉の場面に限らず、すべての場面で、各組合に対し、中立的態度を保持し、その団結権を平等に承認、尊重すべき義務があり、各組合の性格、傾向や従来の運動路線のいかんによって差別的な取扱いをすることは許されない（「中立保持義務」）。実際の団体交渉に際しては、使用者は、多数派組合との交渉を優先するなど、各組合の組織力、交渉力に応じた合理的、合目的的な対応をすることが許されるが、特定の組合に対する団結権の否認ないし同組合に対する嫌悪の意図を決定的動機として、形式的に交渉を行っていると認められる特段の事情がある場合には、当該組合とだけ協定がされないことによる当該組合員への差別的取扱いは、違法な支配介入となる（日産自動車事件・最三小判昭60. 4. 23民集39巻3号730頁 労判450号23頁（併存する労働組合の一つが深夜残業に反対していることを理由に、当該組合に対しては交替制及び計画残業に関する団体交渉の申入れをせず、その組合員に対しては残業を一切命じないとする既成事実の上で、その後の当該組合との団体交渉でも誠意をもって交渉せず、その結果、残業に関する協定が成立しないことを理由として、当該組合員には依然として残業を命じないという事情においては、残業を命じないこと自体が、支配介入に当たる))。また、団体交渉の過程において、使用者が一方の労働組合との経営協議会において提示した資料や説明内容を、経営協議会を行っていない他の労働組合との間の同一の交渉事項に関する団体交渉では提示せず又は遅れて提示したことは、当該他の労働組合に対する誠実交渉義務に違反する(NTT西日本事件・東京高判平22.9.28労判1017号37頁)。

ウ　団体交渉における差し違え条件への固執

一時金の支給に係る団体交渉に際し、使用者が「生産性向上に協力すること」という抽象的な条件に固執することは、たとえ当該条件が多数派組合との合意の条件であったとしても、少数派組合の組合員を差別し、ひいては当該組合を弱体化させる意図の下に行われたものとして、違法な支配介入となる(日本メール・オーダー事件・最三小判昭59.5.29民集38巻7号802頁 労判430号15頁)。但し、スライド制賃金制度の導入の取引条件としての一時金について、両者の組み合せには経営上の合理性があり、かつ、団体交渉の過程では併存する労働組合に等しく提案がなされたという事情の下では、合意に至った一方労働組合の組合員に対してだけ一時金を支給し、合意を拒否した他方労働組合の組合員に対しては一時金を支給しなかったとしても、この差違は、労働組合側の自由な意思決定に基づく選択の結果であって支配介入には当たらない(広島・ときわタクシー事件・広島高判平3.7.17:最三小判平6.10.25で上告棄却いずれも労判665号11頁所収)。

エ　労働条件等に関する使用者の中立保持義務

前掲日産自動車事件・最三小判昭60.4.23のとおり、同一企業内に複数の労働組合が併存している場合の使用者の中立保持義務は、「すべての場面」で要求されるから、労働条件等についても、一方の組合を優遇したり、他方の組合の弱体化を図るような行為をしたりすることは許されない(JR東海事件・大阪地判平17.5.11労判900号75頁(労働組合の構成比率に照らし、有意な差違をもって、一方の労働組合の組合員を、専門技術を要しないサービス班に多く配転させたことは、業務上の合理的な理由がない以上、当該組合員に対する不利益取扱い及び支配介入に当たる))。

オ　施設の利用に関する使用者の中立保持義務

使用者が、労働組合に対し企業施設の一部を組合事務所等として貸与するかどうかは原則として自由であるが、複数の労働組合が併存している場合には、使用者の中立保持義務は、企業施設の貸与等の便宜供与の場面にも及び、使用者が、一方の組合に組合事務所等を貸与しておきながら、他方の組合に対して一切貸与を拒否することは、取扱いを異にする合理的な理由が存在しない限り、他方の組合の活動力を低下させその弱体化を図ろうとする意図を推認させるものとして、支配介入に当たる（日産自動車事件・最二小判昭62. 5. 8労判496号6頁 判タ645号147頁）。３つの労働組合が併存する場合に、２つの組合に対しては組合事務所や組合掲示板を貸与する一方、３番目の組合に対しては、組合員数が少ないこと（救済命令発令当時の組合員数２名）及び適当な場所や資金がないことを理由として、組合事務所等の貸与を拒否したことは、仮に当該組合を差別する意思はなかったとしても、組合事務所の貸与の有無という客観的差異があった事実に照らせば、支配介入に当たるとした裁判例がある（灰孝小野田レミコン事件・東京地判平5. 2. 4労判636号73頁：東京高判平5. 9. 29労判650号71頁で控訴棄却、最三小判平7. 10. 3労判694号26頁で上告棄却）。

第3　不当労働行為の行政救済及び行政訴訟

1　労働委員会の概要及び機能

労働委員会には、国の機関としての中央労働委員会（中労委）と都道府県の機関としての都道府県労働委員会（都道府県労委）がある（労組法19条２項）。各労働委員会は、各同数の公益を代表する委員（公益委員）、労働者を代表する委員（労働者委員）及び使用者を代表する委員（使用者委員）によって組織される（同19条１項、19条の３第１項、19条の12第１項）。

労働委員会は、①不当労働行為事件の審査（労組法20条、27条～27条の18）、②労働争議の調整（あっせん、調停及び仲裁）（同法20条、労調法10条～35条）、及び③労働組合の資格審査（労組法５条、労組令１条）等を行う。中労委は、①不当労働行為事件の審査に関し、都道府県労委が行った初審命令に不服がある場合に、申立て又は職権に基づき再審査を行うほか（労組法25条２項、27条の15第１項）、②労働争議の調整のうち、特定独立行政法人の職員の労働関係に係る事件を専属的に管轄し、また、２以上の都道府県にわたる事件と全国的に重要な問題に係る事件について、都道府県労委に優先して管轄する（同法25条１項、労調令２条の２）。都道府県労委は、①不当労働行為事件の初審（労組令27条１項）、及び②当該都道府県内の労働争議の調整を管轄する（労調令

２条の２）。なお、東京都、兵庫県及び福岡県を除く各都道府県労委は、地方自治法180条の２に基づく都道府県知事の委任により、個別労働関係紛争解決促進法20条に定める地方公共団体の施策として、個別労働紛争解決のあっせんも行っている。

2 労働委員会による不当労働行為の審査

⑴ 救済の申立て

不当労働行為の審査手続は、労働組合又は組合員たる労働者個人による救済申立てによって開始される。不利益取扱い事件はもちろん、支配介入事件についても、組合員個人に申立適格が認められる（京都市交通局事件・最二小判平16.7.12労判875号5頁 判タ1163号162頁）。他方、団交拒否事件については、労働組合だけが申立てをすることができる。労働組合が申立人となる場合には、労働組合の定義（労組法２条）及び規約要件（同５条２項）に適合する旨の資格審査を受けなければならない（資格審査は不当労働行為の審査と並行して行うことが可能である）。

申立ては行為の日（継続する行為にあってはその終了した日）から１年以内に行わなければならない（労組法27条２項）。「継続する行為」に関し、昇給査定における差別については、査定又は賃上額決定とこれに基づく賃金支払とは一体として一個の不当労働行為を構成するので、不利な査定に基づく賃金上の差別的取扱いの是正を求める救済の申立てが、当該査定に基づく賃金の最後の支払いの時から１年以内にされたときは、当該救済申立は適法となる（紅屋商事事件・青森地判昭61.2.25労判475号119頁：仙台高判昭63.8.29労判532号99頁で控訴棄却、最三小判平3.6.4労判595号6頁で上告棄却。なお、最高裁が是認した原審判決の該当部分は、原々審判決を引用したものであるが、原々審判決では査定に基づく賃金の最後の支払いがされた月の末日を起算点とするようにも読める）。

⑵ 「審査」

申立後は、労働委による「審査」が行われる。審査の対象は、不当労働行為を構成するとして申し立てられた具体的事実そのものである。まず「調査」（労組法27条１項、労働委規則41条の２）を通じて、当事者による主張や立証方法の提出（提出書面の名称は、民事訴訟と同じく、「答弁書」「準備書面」「証拠説明書」「甲号証」「乙号証」等であり、書面の体裁も、基本的に民事訴訟と同じである）及び争点整理が行われ、策定された「審査の計画」（労組法27条の６、労働委規則41条の５）に基づき、公開の審問廷で証人尋問等（「審問」という。

労組法27条１項、労働委規則41条の６）が行われる。

調査期日では、公益委員が進行役となり、両当事者対席の下で主張立証の整理が行われるほか、当事者双方から個別に（一方当事者を退室させる。退室した当事者は、労使個別に設けられた控室にて待機する）、主張内容をより詳しく聴取したり、和解に関する意見を求めたりすることが行われる。特に、労働委員会は、審査の途中において、いつでも当事者に和解を勧めることができることから（労組法27条の14第１項）、調査期日では、和解に向けた協議が粘り強く行われることが多く、その際には、紛争解決経験の豊かな使用者委員・労働者委員が調整役として積極的に関与する（控室にてそれぞれが使用者/労働者委員と協議したり、場合によっては、期日間にも使用者/労働者委員と連絡を取り合って、和解に向けた調整をしたりすることもある）。このように、調査期日は、民事訴訟でいうところの弁論準備期日に似ているが、基本的に毎回、労使双方から個別に聴取する時間を設けるため、１回あたりの所要時間は１時間を優に超えることが少なくない。

そして調査期日にて和解が成立しない場合、概ね主張立証が尽きて争点が明確になった段階で、審査の計画に基づき審問期日が開かれる。審問では、原則として証人尋問が行われ、その手続は、基本的に民事訴訟と同じである。そして、審問終了後は、再び調査期日に戻り、さらに和解の見込みがあれば和解を試み、和解困難であれば、双方が最終主張をし、命令交付を待つことになる（判決と異なり、命令交付日は事前に指定されず、最終の調査又は審問期日にて、命令交付の見込み時期が知らされるだけである）。

不当労働行為の審査を行うのは公益委員のみからなる合議体であり（労組法24条１項、労働委規則42条）、事実認定に基づき不当労働行為該当性を判断した上で、命令を発し、当事者に命令書を交付する（労組法27条の12条第１項３項、労働委規則43条、44条）。使用者委員及び労働者委員は、調査（公益委員の求めがあつた場合に限る）及び審問を行う手続並びに和解を勧める手続に参与し（労組法27条の12第２項、27条の14第１項、27条の17、労働委規則41条の２第５項）、また、労働委員会が証拠調べに関する決定若しくは救済命令等を発令しようとする際に意見を述べることができる（労組法27条の７第４項、27条の12第２項、27条の17）。

⑶　手続の終了と再審査

労働委員会の命令は、その全部又は一部を救済する命令（救済命令）及び申立人の申立てを棄却する命令（棄却命令）のいずれかである。事実認定及びその法的評価（不当労働行為該当性の判断）に基づき、不当労働行為が認められた場合には、申立人が請求した救済の内容を踏まえ、具体的な是正措置を命ずる（労組法27条の12第１項）。手続中での申立ての取り下げや和解も認められており（同27条の14、労働委規則34条、45条の２）、実際には、ほぼ３分の２の事件が和解で終結している（中労委「平成27年年報概要」）。この和解は民法上の和解であるが、和解調書が作成された場合には債務名義となる（労組法27条の14第５項）。なお、2015年の初審事件の平均審理期間は、申立てから第１回審問期日までが375日、第１回審問期日から結審までが158日、結審から命令書交付までが145日の合計678日であった（中労委「平成27年年報概要」）。

都道府県労委の発した命令に不服がある当事者は、中労委に再審査の申立てをし（労組法27条の15）、又は地方裁判所に命令の取消しを求める行政訴訟（取消訴訟）を提起することができる（同27条の19）。中労委に対する再審査申立ての期間は、労使双方とも、都道府県労委の命令書を受領した日の翌日〜15日以内である（同27条の15第１項）。再審査の手続は、上記の都道府県労委における審査手続とほぼ同様である（同27条の17）。再審査の範囲は、「申し立てられた不服の範囲」（労働委規則54条１項）で、救済命令等の変更については不利益変更が禁止されている（同55条１項）。再審査は、中労委による再審査申立棄却若しくは初審命令変更の命令、取り下げ、又は和解により終了する。

3 労働委員会の救済命令

(1) 救済命令等に関する労働委員会の裁量

労働委員会の命令は、救済命令であると棄却命令であるとを問わず、具体的事実の認定及び当該事実認定に基づく不当労働行為該当性の判断を伴う。この部分の判断については、労働委員会に裁量は認められない（前掲寿建築研究所事件・最二小判昭53. 11. 24労判312号54頁）。他方、救済命令の内容として、具体的な是正措置を定める部分については、労使関係について専門的知識経験を有する労働委員会の命令により、使用者による組合活動侵害行為によって生じた状態を直接是正し、正常な集団的労使関係秩序の迅速な回復、確保を図るという不当労働行為の行政救済制度の趣旨に照らし、労働委員会に広範な裁量が認められている（第二鳩タクシー事件・最大判昭52. 2. 23民集31巻1号93頁 労判269号14頁）。

(2) 救済命令の主文例

救済命令の是正措置部分の主文例としては、①不当労働行為と認定された具体的事実や同様の行為を行わない旨の誓約を記した文書の交付ないし掲示（いわゆる「ポスト・ノーティス」）、②解雇、雇止めないし契約解除の撤回及び継続雇用みなし、③欠勤や自宅待機扱い期間の出勤みなし、④解雇ないし欠勤扱い期間中の賃金相当額の支払い、⑤賃金引下げの撤回と差額賃金の支払い、⑥降格人事の撤回と差額賃金の支払い、⑦配転命令の撤回及び原職への復帰、⑧特定の業務や職場への配転、⑨未払賃金精算分の支払い、⑩未払賃金の支払計画の提示、⑪特定の差別的取扱いの禁止、⑫特定の議題に係る団体交渉に応じること、⑬特定の理由による団交拒否の禁止、⑭団体交渉への社長出席、⑮特定の団交事項につき回答の根拠となる資料の提示及び具体的説明、⑯貸借対照表及び損益計算書等の財務資料の提示及び内容の説明、⑰自社及び関連企業における労働者のアスベスト被害実態の開示と資料提供、⑱併存組合への同内容の提案義務付け、⑲組合活動を威嚇し又は萎縮させる文書の組合員への配布禁止、⑳組合の内部運営や組織形態を問題視する記事の社内報等への掲載禁止、㉑組合が集会するための食堂の利用許可、㉒合意済みチェックオフの一方的な中止の禁止、㉓組合宛の郵便物等の引渡し、㉔監視カメラの運用に関し組合員の不利益を回避するための対策、などがある（中労委及び東京都労委の各ウェブサイト）。

⑶　救済命令の内容的限界

救済命令の是正措置部分についての労働委員会の裁量は、その行使が制度の趣旨、目的に照らして是認される範囲を超え、又は著しく不合理であって濫用にわたると認められる場合には、違法となる。例えば、消滅した労働組合の組合員の給与から組合費を控除し、残存組合への支払いを命ずることは、チェックオフ協定や組合員による委任といった法律行為を命令により創設するものとして、裁量権の合理的行使の限界を超える（ネスレ日本事件・最一小判平7.2.23民集49巻2号281頁 労判686号15頁）。また、前掲第二鳩タクシー事件・最大判昭52.2.23は、被解雇者の原職復帰とバックペイを命ずるに際し、当該労働者が解雇期間中他の職に就いて得た収入（中間収入）を控除しなかったことについて、「個人的な経済的被害の救済の観点からする限りは、実害の回復以上のものを使用者に要求するものとして救済の範囲を逸脱する」と判示した（但し、同判決は、不当労働行為としての解雇には、被解雇者個人が受ける経済的被害の側面だけでなく、労働組合の組合活動一般に対する侵害的効果の側面もあることに照らし、中間収入を控除しない余地を残しており、具体的事案の判断で「当時のタクシー業界における運転手の雇用状況、特に同業他社への転職が比較的頻繁かつ容易であつたこと等に照らせば、（略）解雇による被解雇者の打撃は比較的軽少であり、したがつてまた、被上告会社における労働者らの組合活動意思に対する制約的効果にも、通常の場合とかなり異なるものがあるとみるのが当然であるから、特段の理由のない限り、バツクペイの金額を決定するにあたつて上記のような中間収入の控除を全く不問に付することは、合理性を欠くものといわなければならない」と判示している)。他方、休業手当（労基法26条）は、「労働者の労務給付が使用者の責に帰すべき事由によって不能となった場合に使用者の負担において労働者の最低生活を平均賃金の６割の限度で保障しようとする趣旨の制度」（米軍山田部隊事件・最二小判昭37. 7. 20民集16巻8号1656頁 判時309号2頁）であるから、バックペイの救済命令に際しても、平均賃金の６割に達するまでの部分については中間収入を控除することは逆に許されない（あけぼのタクシー事件・最一小判昭62. 4. 2労判506号20頁 判タ644号94頁)。より具体的には、使用者に対して解雇期間中の賃金支払いを命ずるに当たり、①労基法12条１項所定の平均賃金に基づき計算された金額（＝平均賃金×解雇期間）の６割に相当する部分については、中間収入の控除対象とすることは禁止される（換言すれば、使用者は当該部分の支払義務を負う)。一方、②残り４割の部分から中間収入を控除することは許されるし、また、③中間収入の額が４割の部分の額を超える場合（＝②で中間収入の全額を控除しきれず、残額が生じた場合）には、超過する金額（控除しきれない残額）を、さらに平均賃金算定の基礎に算入されない賃金（労基法12条４項所定の賃金）の全額を対象として控除することが許される。但し、④上記②及び③で賃金から控除し得る中間収入は、常に、解雇期間中に発生したものであることを要し、時期的に異なる期間内に得た収入を控除することは許されない。

条件付の救済命令については、「不当労働行為制度の趣旨は労使間にあるべき正常な関係がゆがめられた場合にそれを除去して正常な関係にもどし将来の安定した労使関係を確立するところにあるから労働者側にも非のある場合救済の条件として、労働者側にも謝罪等不利益な行為を要求することは右の制度の趣旨に合する」ので、「使用者側の非だけを非難するに止まらず労働者の側の非もとがめることによってバランスをとり適切妥当な解決を図ることは救済命令の方法として許される」とした裁判例がある（全逓延岡郵便局事件・東京高判昭53. 4. 27労判298号32頁（労働組合が「組合側の行動に行きすぎた点があったことを認め、遺憾の意を表わす」という内容の文書を提出することを条件として、使用者に対し、「支配介入を行った事実を認め、遺憾の意を表わすとともに、今後このような行為を繰り返さないことを約する」旨の文書を、当該労働組合に対して交付することを命ずる救済命令は適法))。

将来の不当労働行為の禁止命令について、栃木化成事件・最三小判昭37. 10. 9民集16巻10号2084頁 判時322号6頁は「さきになされた不当労働行為が単なる一回性のものでなく、審問終結当時には、何らかの事情ですでに解消されていても、再び繰り返えされる虞れが多分にあると認められる場合においては、不当労働行為制度の目的に照らし、その予想される将来の不当労働行為が過去の不当労働行為と同種若しくは類似のものである限り、労働委員会は予めこれを禁止する不作為命令を発するを妨げない、と解するのが相当である」としている。

なお、救済命令制度の趣旨に照らし、不当労働行為の類型を一般的に禁止するような抽象的不作為命令は許されないと解される（菅野『労働法』1070頁）。

(4) 救済命令の効力

労働委員会の命令は、行政処分（「公権力の主体たる国または公共団体が行う行為のうち、その行為によって、直接国民の権利義務を形成しまたはその範囲を確定することが法律上認められているものをいう」。最一小判昭39. 10. 29民集18巻8号1809頁 判時395号20頁）の一種であり、①公定力（「たとえ違法であっても、その違法が重大かつ明白で当該処分を当然無効ならしめるものと認むべき場合を除いては、適法に取り消されない限り完全にその効力を有する」という意義。最三小判昭30. 12. 26判タ54号26頁）、及び②不可変更力（処分庁自身も処分を事後的に取消し又は変更できないという効力。最一小判昭29. 1. 21判タ38号48頁参照）がある。

他方、救済命令（具体的な是正措置・方法を定める部分）には私法上の効力はない。従って、例えば解雇を撤回しバックペイの支払いを命ずる救済命令は、解雇を私法上無効とするものではなく、また債務名義となるものでもない。

救済命令が確定した後に、使用者がこれに違反した場合には、罰則の適用がある（判決による確定の場合は労組法28条、期間経過による確定した場合及び緊急命令の違反については同32条）。

4 救済命令等の取消訴訟

労働委員会が発する救済命令、棄却命令等は行政処分であるので、不服がある当事者は、地方裁判所に対し、命令の取消しを求める行政訴訟（取消訴訟）を提起することができる（労組法29条の19）。再審査申立てに応じて中労委が命令を発した場合には、都道府県労委の初審命令に対しては取消訴訟を提起できず、中労委の命令に対してのみ取消訴訟を提起することができる（同29条の19第２項３項）。この取消訴訟の出訴期間は、使用者側については命令書の交付から30日以内であるが（同29条の19第１項）、労働者側については同６か月以内である（行政事件訴訟法14条１項）。被告は国（中労委の命令を対象とする場合）又は都道府県（都道府県労委命令の場合）となり、行政事件訴訟法22条に基づき、審査手続における相手方が被告側に参加することが通例である。審査手続での当事者以外の者（例えば、申立人労働組合の組合員）も民事訴訟法42条の要件を満たす限り、補助参加が可能である（行政事件訴訟法７条）。取消訴訟の手続は行政事件訴訟法によるが、労組法独自の制度として、訴訟係属中の救済命令の暫定的強制を図る「緊急命令」の制度がある（労組法27条の20）。

5　労働争議の調整

前記のとおり、労働委員会は、労働争議の調整を目的として「あっせん」「調停」「仲裁」を行う。「労働争議」とは、「労働関係の当事者間において、労働関係に関する主張が一致しないで、そのために争議行為が発生してゐる状態又は発生する虞がある状態」（労調法６条）であり、「争議行為」とは、「同盟罷業、怠業、作業所閉鎖その他労働関係の当事者が、その主張を貫徹することを目的として行ふ行為及びこれに対抗する行為であって、業務の正常な運営を阻害するもの」（同法７条）であるので、調整の対象は、ストライキが生じた場合に限られず、労使間での自主的な協議・問題解決が機能しない状態一般である。各手続の異同及び手続の流れについては、中労委及び東京都労委の各ウェブサイトを参照されたい。

第4　集団的労使紛争に関する民事裁判

1　不当労働行為の司法救済（無効確認及び損害賠償請求）

労組法の「不当労働行為禁止の規定は、憲法28条に由来し、労働者の団結権・団体行動権を保障するための規定であるから、右法条の趣旨からいつて、これに違反する法律行為は、旧法・現行法を通じて当然に無効」（新光会事件・最三小判昭43. 4. 9民集22巻4号845頁 判時515号29頁（労働組合委員長の解雇について、使用者が解雇事由として「やむを得ない業務上の都合」は認められず、逆に団体交渉等委員長としての行動を嫌悪したことが真の理由であると認定して、解雇を無効とした原審判決を肯認））である。

従って、不当労働行為に該当する解雇、配転、懲戒等の取扱いを受けた労働者は、裁判所に対し、当該取扱いの無効確認や関連の給付（バックペイや債務不履行に基づく損害賠償等）を請求する民事訴訟を提起することができる。また、不当労働行為は、労働組合及び組合員たる労働者個人に対する違法な権利侵害として、不法行為に基づく損害賠償請求の理由となる。労働組合には、組合員等からの信頼に応えられなかったなど、信用、社会的評価の低下による無形の損害につき、独自の賠償請求権が認められる（例えば、神谷商事事件・東京高判平15. 10. 29労判865号34頁（団交拒否による無形損害について100万円の賠償額を認容）。また、前掲国（神戸刑務所・管理栄養士）事件・神戸地判平24. 1. 18労判1048号140頁（団交拒否による無形損害について30万円の賠償額を認容））。

具体的な不利益取扱いの内容が解雇や懲戒処分である場合には、解雇権濫用法理（労契法16条）や懲戒権濫用法理（同15条）に則り、その効力が判断される。前記のとおり、正当性を欠く組合活動を理由とする不利益取扱いは必ずしも不当労働行為とはならないが、不利益の程度により相当性を欠き、私法上、無効となる場合がある（例えば、前掲弘南バス事件・最三小判決昭43. 12. 24民集22巻13号3194頁 判タ232号292頁（無許可集会、組合ビラ、支部旗の掲示、労働歌の合唱等の活動を理由とする懲戒解雇について、会社業務の運営が現実に阻害されなかった等の事情に照らし、それらの行為は懲戒解雇に処することが社会通念上肯認される程度に重大かつ悪質のものとはいえず、就業規則中の情状による処分軽減条項を適用してより軽い懲戒に付することこそが妥当な処置であるから、懲戒解雇は、上記条項の適用を誤り、解雇権を濫用したもので無効）、九州電力佐賀支店事件・福岡地判昭33. 9. 18労民9巻5号691頁（暴行、脅迫及び告示書の破棄は、組合活動の正当な範囲を逸脱した行為であるが、争議中、会社側の不誠実な態度に憤激のあまりなされた偶発的かつ瞬間的行為であるから、懲戒解雇に値する程悪質重大な非行とはいえない））。

2　団交を求める地位の確認請求

使用者に対して団体交渉を求める請求（団交義務の履行請求）ないし団交に応諾すべき地位を仮に定める仮処分（団交応諾仮処分）の申請は認められない（例えば、新聞之新聞社事件・東京高決昭50. 9. 25判時797号143頁）。他方、特定の事項について団体交渉を求める地位の確認請求は可能であり（国鉄事件・東京地判昭61. 2. 27労判469号10頁：東京高判昭62. 1. 27労判489号13頁で控訴棄却、最三小判平3. 4. 23労判589号6頁で上告棄却（労働組合法１条１項等が示す団体交渉の性質、同法７条に違反する法律行為の効力、同法６条及び27条等の関連規定や審問手続の当事者主義的構造、労働組合法と憲法28条との密接な関係を総合的に考慮すれば、労働組合法７条の規定は、単に労働委員会における不当労働行為救済命令を発するための要件を定めたにとどまらず、労働組合と使用者との間でも私法上の効力、すなわち労働組合が使用者に対して団体交渉を求める法律上の地位を有し、使用者はこれに応ずべき法律上の地位にあることを意味するものと解すべきであるとして、労働組合からの団体交渉を求める地位にあることの確認請求を認容))、この団体交渉を求める地位にあることの確認請求権を被保全権利として、労働組合が、特定の団体交渉事項に関し、使用者に対して団体交渉を求める地位にあることを仮に定める仮処分の申立てをすることは可能である（本四海峡バス事件・神戸地決平12. 3. 14労判781号31頁。また、結論は消極であるが、前掲日本プロ野球事件・東京地決平16. 9. 3判例集未掲載：東京高決平16. 9. 8労判879号90頁）。

3　団結権に基づく妨害排除請求

不当労働行為について、団結権に基づき、妨害排除を請求しあるいは妨害排除仮処分を申し立てることは、通常、認められていないが（東洋プライウッド事件・名古屋地決昭44. 3. 18判時558号90頁（会社が構内への立入りを阻止し組合事務所の周囲に板塀を設置したことに対する妨害排除仮処分申請について、特段の実定法規ないし当事者の合意がない以上、具体的な被保全権利が生ずるとは解されない)、国鉄事件・東京地決昭46. 9. 8判時647号85頁（「更衣用ロッカーに別紙手ぬぐいをつり下げることを妨害し、あるいはつり下げられた右手ぬぐいを撤去してはならない」旨の妨害禁止仮処分申請について、団結権から具体的な妨害排除の請求権が発生するものとは解し難い))、これを認めた裁判例もある（大日通運事件・神戸地判昭51. 4. 7判タ346号287頁（ビラ配布を理由とする懲戒処分を禁止する仮処分決定に係る異議事件において、「使用者の団結権侵害行為が継続し除去されない場合、団結権侵害行為がなされることが明確に予測される場合には、その侵害行為の排除、停止、予防の請求を認めて初めて団結権が保障されているといいうる」ことを理由として、原決定を認可))。

4　争議行為期間中の賃金請求

労働者が、争議行為への参加により労務を提供しなかった期間は、賃金の請求は認められない（水道機工事件・最一小判昭60. 3. 7労判449号49頁）。

事業場の労働者の一部によるストライキが原因で、ストライキに参加しなかった労働者も就労が不可能となった場合、不参加労働者が賃金請求権を有するか否かは労働契約上の危険負担（民法536条２項）の問題となり、使用者が不当労働行為の意思その他不当な目的をもってことさらにストライキを行わせたなどの特別の事情がない限り、ストライキは「債権者の責めに帰すべき事由」には当たらず、不参加労働者は賃金請求権を失う（ノース･ウエスト航空事件･最二小判昭62. 7. 17民集41巻5号1350頁 労判499号15頁（但し、休業手当の支払いを命じた原審の判断部分は維持））。また、労働組合の争議行為に対抗して使用者がロックアウト（事業場を閉鎖し労務の受領を集団的に拒否すること）を行った場合、衡平の原則に照らし、労使間の勢力の均衡を回復するための対抗防衛手段として相当性を認められるかぎり、使用者は、ロックアウト期間中の賃金支払義務を免れる（丸島水門製作所事件・最三小判昭50. 4. 25民集29巻4号481頁 労判227号12頁）。

5　使用者側からの民事訴訟（損害賠償及び差止め請求）

(1)　労働組合の正当な行為と民事免責

労働組合の争議行為その他の行為は、それが使用者との団体交渉を通じた労働条件の自主的な決定・形成及び団体交渉の場における当事者の交渉力の対等化という目的に照らし正当と認められる場合、民事責任を免除される（労組法８条）。直接には労使関係に立たない第三者との関係でも、憲法28条の保障の対象となり、社会通念上相当と認められる限り、民事免責を享受する（東海商船事件・東京地判平10. 2. 25労判743号49頁：東京高判平11. 6. 23労判767号27頁で控訴棄却（結論としては、港湾労働者組合に対する傭船会社からの不法行為に基づく損害賠償請求を一部認容））。

(2)　正当と認められない行為に関する責任

他方、労働組合の争議行為その他の行為が正当とは認められない場合、その参加者に刑事責任が問われる可能性があるし（羽幌炭鉱事件・最大判昭33. 5. 28刑集12巻8号1694頁 判時150号4頁（会社の出炭業務を不能ならしめる目的で、ピケットラインにより、３日間にわたり、100余名の者と共に電車軌道上に座り込み又は立塞り或はスクラムを組みかつ労働歌を高唱する等して、電車の運行を阻止し威力を用いて出炭業務を妨害した行為には威力業務妨害罪が成立する））、また、使用者による損害賠償請求や行為差止め請求の理由となりうる（前掲御國ハイヤー事件・最二小判平4. 10. 2労判619号8頁 判タ813号191頁（ストライキ中の組合員がタクシー会社の車庫を占拠し運行を妨害したことにつき、会社の損害賠償を認容））。

例えば、少数派組合が、使用者に損失を与えて交渉を有利に進めようとの意図の下、書店に入ろうとする顧客に対する不買の呼びかけやビラ配布に止まらず、店舗の出入口ドアやショウウインドウ等にスローガン等を記載した横断幕、ステッカー、ビラを張りめぐらし、出入口前に組合員が座り込んで将棋やトランプに興じる等、顧客が自由に出入りし買い物をできないような状況を作出した上、あえて店内に入ろうとする顧客に対して罵声を浴びせたり取り囲んで押し戻したりするというピケストの態様は、平和的説得の範囲を超えて違法となり、労働組合及び参加した組合員個人につき共同不法行為責任が成立するとした裁判例がある（書泉事件・東京地判平4.5.6労判625号44頁）。

(3)　業務妨害の差止め請求／妨害禁止の仮処分

使用者には平穏に営業活動を営む権利があるから、正当性のない労働者の団体行動によって、この権利が違法に侵害され又は侵害される相当の蓋然性がある場合には、現に行われている侵害行為を排除し又は将来生ずべき侵害を防止するため、侵害行為の差止めを求め、あるいは妨害禁止の仮処分を申立てることができる（旭ダイヤモンド工業事件・東京地判平16.11.29労判887号52頁：東京高判平17.6.29労判927号67頁、最三小決平18.3.28労経速1943号10頁（組合員の解雇や会社の対応の不当性等を訴える、労働組合による街頭宣伝活動及びビラ配布は、その回数、態様、及びビラの記載内容が真実と認められない事情の下では、会社の名誉・信用を毀損し、平穏に営業活動を営む権利を侵害するものであり、不法行為を構成する））。

裁判例としては、例えば、産別組合に対し、①使用者の取引先の周辺において、使用者を非難する内容の演説、シュプレヒコール又は車両を用いた街頭宣伝を行ったり、多人数で滞留したり、使用者を非難する内容のビラを配布したりすることを差し止め（全日本建設運輸連帯労組関西地区生コン支部事件・大阪地判平25.10.30労判1086号67頁（仮処分：大阪地決平23.3.14））、②雇用関係にない会社を業界団体に加入させることを目的として、当該会社の商品納入先に対し、契約解除等を要請し、あるいはシュプレヒコール等の街宣活動を行うことは、違法な業務妨害行為となるとして、それが将来も行われる蓋然性を前提に、当該活動を差し止め（全日本建設運輸連帯労組関西地区生コン支部（大谷生コン）事件・大阪地判平25.3.13労判1078号73頁（仮処分：大阪地決平22.8.9））、③業界団体の有力企業（雇用関係あり）に対し、上記②と同様の目的で行った同種の行為を差し止め（関西宇部事件・大阪地判平25.11.27労判1087号5頁）、各本案請求を認容したものがある。

(4)　自宅付近での団体行動の差止め／面会強要禁止等の仮処分

街宣活動等の方法により、経営者、役員等の私宅周辺で使用者批判の言論活動を行うことは、団体交渉の外で、事実上圧力を加えることを通じ、使用者の自由な意思決定を阻害し組合の要求を容れさせようとするもので、労使交渉における均衡を不当に破るものとして正当性を認められないから、当該行為の差止めが認められる（前掲全日本建設運輸連帯労組関西地区生コン支部事件・大阪地判平25.10.30。また、前掲旭ダイヤモンド工業事件・最三小決平18.3.28)。また、特定の地域内において、つきまとい、接触し、取り囲み、行手を阻むなどして、面会、面談を要請する行為について、保全の必要性が認められる限り、私生活の平穏ないし人格権に基づく面会強要禁止等の仮処分が認められる（大阪相互タクシー／相互不動産事件・大阪地決平6.4.15労経速1543号21頁)。

但し、経営者の私生活の領域でなされる労働組合活動がすべて違法で許されないというわけではなく、それが表現の自由の行使として相当性の範囲内にあり、人格権の侵害の程度が受忍限度を超えるといえないときは、表現の自由の行使として容認される（全日本建設運輸連帯労組事件・大阪地決平3.12.6労経速1455号8頁（経営者の自宅前で、日曜日毎に合計４～５時間程度、組合員３～４人が横断幕を掲げて佇立するだけで、気勢を挙げたり演説したりせず、横断幕の記載は経営者を非難しその名誉を侵害する内容ではなく、人や車の通行を困難にするものではない場合には、経営者の人格権等の侵害の程度は受忍限度を超えておらず、被保全権利がないか、少なくとも急迫の危険を避けるための保全の必要性がない。))。

(5)　組合事務所の退去明渡し請求等

使用者の経理上の援助を受けないことは、労組法上の労働組合の要件の１つであるが（労組法２条２号本文)、使用者から最小限の広さの事務所の供与を受けることは認められる（同号但書)。

組合事務所の貸与関係は民法上の使用貸借契約であると解されるが、その終了については、貸与契約（労働協約）自体に終了に関する定めがあれば、それにより、定めがなければ、民法597条による。貸与の根拠となる労働協約が使用者から適法に解約された場合に、使用貸借契約に定めた目的に従った組合事務所に係る使用も終了したとみるべきであるとして、使用者からの明渡し請求を認容したものとして、ラジオ関東事件・東京地判昭50.7.15判時788号101頁：東京高判昭54.1.29労判315号55頁で控訴棄却があり、他方、労働協約の一部解除（事務所貸与条項の解約）自体は有効としつつも、使用者が労働組合による同事務所の使用を妨げてきた等の経緯に照らし、解除権の行使は権利濫用となるとしたものとして、黒川乳業事件・大阪高判平18.2.10労判924号124頁がある。また、大阪市事件・大阪高判平27.6.26判時2278号32頁：最二小決平29.2.1判例集未掲載で上告棄却は、庁舎内での政治活動問題を契機に、長年使用されてきた組合事務所の使用許可申請を不許可とした事例において、使用許可に係る裁量権の行使が逸脱・濫用に当たるか否かの司法審査においては、団結権の侵害や不当労働行為が認められれば、それだけで裁量権の逸脱・濫用に当たり違法となるわけではなく、職員の団結権等に及ぼす支障の有無・程度や行政財産管理者の団結権等を侵害する意図の有無等をも含めて、その判断要素の選択や判断過程に合理性を欠くところがないかを検討し、その判断が、重要な事実の基礎を欠くか、又は社会通念に照らし著しく妥当性を欠くものと認められる場合に限って、裁量権の逸脱・濫用として違法となるとしている。

第5　団体交渉の実際と労働協約

1　団体交渉の実際

団体交渉は、通常、労働組合からの書面による申入れによって開始される（既存の労働組合でない場合には、労働組合加入通知書や労働組合結成通知書が同時に送付されることもある）。前記のとおり、使用者には、義務的団交事項について団交に応じる義務があるから、まずは団体交渉の目的・議題・場所・時間・出席者等について労働組合と事前調整に入ることになるが、その際、回答の猶予を求めたり、労働組合の資格の確認（利益代表者の存否）や組合員名簿の提出を求めたりすることもある。団体交渉の場所・時間・出席者等の事前調整がまとまらない場合に団体交渉を拒否することが団交拒否の不当労働行為に当たるかについては、使用者や労働組合の提示した条件が合理的なものであるかどうか、社会通念から判断されることとなる。例えば、労働組合が一方的に指定した場所・日時に都合がつかない場合に、場所の変更や期日の延期を合理的な理由に基づき求めることは団交拒否には当たらないが、使用者がこれらの条件に固執したと評価される場合には、団交拒否に当たる（商大自動車教習所事件・東京高判昭62. 9. 8労判508号59頁、最三小判平元. 3. 28労判543号76頁で上告棄却は、使用者が団体交渉の日時及び人員について柔軟に対応することが可能であったにもかかわらず、団体交渉の場所、時間及び人員についての三条件の全てに関する団体交渉のルールが設定されなければ団体交渉に応じないとの態度を崩さず団体交渉に応じなかったことにつき、団交拒否の不当労働行為に当たるとした）。

団体交渉は交渉であるから、労使ともに合意をする義務はないが、前記のとおり、使用者には誠実交渉義務があるので、具体的な条件を提示する等して、合意の可能性を模索するとともに、自らの見解の理由を説明し、その根拠となる資料を示し、また、資料を示さない場合にはその理由を説明することが求められる。使用者が指名した者が交渉担当者として適切か、誠実交渉義務に違反しないかが問題となることがある。当該交渉担当者が、使用者の立場・見解を十分に説明することができ、また、協約締結権限を有していれば、基本的には誠実交渉義務違反とはならない（弁護士を使用者側の担当者としたことが争われた最近の例として、ニチアス事件・東京地判平24.5.16労経速2149号3頁。なお、社会保険労務士については、労働争議時において、当事者の一方の行う争議行為の対策の検討、決定等に参与するような相談・指導の業務については行うことができるものの、労働争議時の団体交渉において、当事者の一方の代理人となって相手方との折衝に当たることはできないとされている（平成28年３月11日付け厚生労働省基監発0311第１号））。

団体交渉の結果、労使が合意に達し、合意内容が書面化されて両当事者が署名又は記名・押印すれば、労働協約としての法的効力を生ずる（労組法14条）。なお、義務的団交事項には、団体交渉自体のやり方やルールも含まれるので、団体交渉のルールが文書化されることもある（例えば、特定の労働組合のみを団体交渉の相手方とする「唯一交渉団体約款」や第三者への交渉委任を禁じる「第三者交渉委任禁止約款」など）。

2　労働協約の効力

労組法14条の要件（様式行為性）を充足する労働協約は、規範的効力を有する（署名又は記名・押印を欠く合意には、労働協約としての規範的効力は認められない。都南自動車教習所事件・最三小判平13.3.13民集55巻2号395頁 労判805号23頁）。すなわち、労働協約に定める労働条件その他の労働者の待遇に関する基準に違反する個々の労働契約の部分は無効となり、無効となった部分及び労働契約に定めがない部分は、当該基準の定めるところによる（同法16条）。また、１つの工場事業場に常時使用される同種の労働者の４分の３以上の労働者が１つの労働協約の適用を受けるに至ったときは、当該工場事業場の他の同種の労働者に関しても、当該労働協約が適用される（同法17条）。なお、労働協約のうち、労働者の待遇に関する基準以外の部分には、債権的効力はあるが、規範的効力はない。

労働協約の規範的効力は将来に向かってのみ発生し、すでに発生した個々の労働者の具体的権利を遡及的に変更するものではない（退職金請求権について、香港上海銀行事件・最一小判平元.9.7労判546号6頁 判タ757号122頁）。組合員にとって不利な条項にも、原則として規範的効力が認められるが、個々の労働者に任されるべき権利の処分に係る条項や、一部の労働者に対してだけ著しい労働条件の低下をもたらす条項は、労働組合内部における民主的な手続を通じ、不利益を受ける個々の労働者の意思が団体交渉過程に反映されたと評価できない場合には、当該労働者との関係で規範的効力を有しない（神姫バス事件・神戸地姫路支判昭63. 7. 18労判523号46頁（結論としては、組合内部の集会や使用者との団対交渉経緯等に照らし、経営合理化のための職種廃止、希望退職募集、配転等に係る労働協約に規範的効力を認めた。))。

上記のとおり、１つの工場事業場に常時使用される同種の労働者の４分の３以上の数の労働者に適用されるに至った労働協約は、残りの未組織労働者に対しては不利益となる場合であっても規範的効力を有する。但し、未組織労働者は労働組合の意思決定に関与する立場になく、逆に、労働組合は未組織労働者の利益擁護のために活動する立場にないから、「労働協約によって特定の未組織労働者にもたらされる不利益の程度・内容、労働協約が締結されるに至った経緯、右労働者が労働組合の組合員資格を認められているかどうか等に照らし、労働協約を右労働者に適用することが著しく不合理であると認められる特段の事情があるときは、その効力を右労働者に及ぼすことはできない」（朝日火災海上保険事件・最三小判平8. 3. 26民集50巻4号1008頁 労判691号16頁（退職手当規程の変更による著しい不利益に照らし、規範的効力を否定))。

労働協約については第３章第３（141頁〜）でも説明している。

第3部

資料編

業務による心理的負荷評価表

特別な出来事

特別な出来事の類型	心理的負荷の総合評価を「強」とするもの	
心理的負荷が極度のもの	・ 生死にかかわる、極度の苦痛を伴う、又は永久労働不能となる後遺障害を残す業務上の病気やケガをした （業務上の傷病により6か月を超えて療養中に症状が急変し極度の苦痛を伴った場合を含む） ・ 業務に関連し、他人を死亡させ、又は生死にかかわる重大なケガを負わせた（故意によるものを除く） ・ 強姦や、本人の意思を抑圧して行われたわいせつ行為などのセクシュアルハラスメントを受けた ・ その他、上記に準ずる程度の心理的負荷が極度と認められるもの	…項目1関連 …項目3関連 …項目36関連
極度の長時間労働	・ 発病直前の1か月におおむね160時間を超えるような、又はこれに満たない期間にこれと同程度の（例えば3週間におおむね120時間以上の）時間外労働を行った（休憩時間は少ないが手待時間が多い場合等、労働密度が特に低い場合を除く）	…項目16関連

※ 「特別な出来事」に該当しない場合には、それぞれの関連項目により評価する。

特別な出来事以外

（総合評価における共通事項）

1 出来事後の状況の評価に共通の視点

出来事後の状況として、表に示す「心理的負荷の総合評価の視点」のほか、以下に該当する状況のうち、著しいものは総合評価を強める要素として考慮する。

① 仕事の裁量性の欠如（他律性、強制性の存在）。具体的には、仕事が孤独で単調となった、自分で仕事の順番・やり方を決めることができなくなった、自分の技能や知識を仕事で使うことが要求されなくなった等。

② 職場環境の悪化。具体的には、騒音、照明、温度（暑熱・寒冷）、湿度（多湿）、換気、臭気の悪化等。

③ 職場の支援・協力等（問題への対処等を含む）の欠如。具体的には、仕事のやり方の見直し改善、応援体制の確立、責任の分散等、支援・協力がなされていない等。

④ 上記以外の状況であって、出来事に伴って発生したと認められるもの（他の出来事と評価できるものを除く。）

2 恒常的長時間労働が認められる場合の総合評価

① 具体的出来事の心理的負荷の強度が労働時間を加味せずに「中」程度と評価される場合であって、出来事の後に恒常的な長時間労働（月100時間程度となる時間外労働）が認められる場合には、総合評価は「強」とする。

② 具体的出来事の心理的負荷の強度が労働時間を加味せずに「中」程度と評価される場合であって、出来事の前に恒常的な長時間労働（月100時間程度となる時間外労働）が認められ、出来事後すぐに（出来事後おおむね10日以内に）発病に至っている場合、又は、出来事後すぐに発病には至っていないが事後対応に多大な労力を費しその後発病した場合、総合評価は「強」とする。

③ 具体的出来事の心理的負荷の強度が、労働時間を加味せずに「弱」程度と評価される場合であって、出来事の前及び後にそれぞれ恒常的な長時間労働（月100時間程度となる時間外労働）が認められる場合には、総合評価は「強」とする。

（具体的出来事）

	出来事の類型	平均的な心理的負荷の強度 具体的出来事	心理的負荷の強度 Ⅰ	Ⅱ	Ⅲ	心理的負荷の総合評価の視点	心理的負荷の強度を「弱」「中」「強」と判断する具体例 弱	中	強
1	①事故や災害の体験	（重度の）病気やケガをした			☆	・ 病気やケガの程度 ・ 後遺障害の程度、社会復帰の困難性等	【解説】 右の程度に至らない病気やケガについて、その程度等から「弱」又は「中」と評価		○ 重度の病気やケガをした 【「強」である例】 ・ 長期間（おおむね2か月以上）の入院を要する、又は労災の障害年金に該当する若しくは原職への復帰ができなくなる後遺障害を残すような業務上の病気やケガをした ・ 業務上の傷病により6か月を超えて療養中の者について、当該傷病により社会復帰が困難な状況にあった、死の恐怖や強い苦痛が生じた
2		悲惨な事故や災害の体験、目撃をした		☆		・ 本人が体験した場合、予感させる被害の程度 ・ 他人の事故を目撃した場合、被害の程度や被害者との関係等	【「弱」になる例】 ・ 業務に関連し、本人の負傷は軽症・無傷で、悲惨とまではいえない事故等の体験、目撃をした	○ 悲惨な事故や災害の体験、目撃をした 【「中」である例】 ・ 業務に関連し、本人の負傷は軽症・無傷で、右の程度に至らない悲惨な事故等の体験、目撃をした	【「強」になる例】 ・ 業務に関連し、本人の負傷は軽度・無傷であったが、自らの死を予感させる程度の事故等を体験した ・ 業務に関連し、被害者が死亡する事故、多量の出血を伴うような事故等特に悲惨な事故であって、本人が巻き込まれる可能性がある状況や、本人が被害者を救助することができたかもしれない状況を伴う事故を目撃した（傍観者的な立場での目撃は、「強」になることはまれ）
3	②仕事の失敗、過重な責任の発生等	業務に関連し、重大な人身事故、重大事故を起こした			☆	・ 事故の大きさ、内容及び加害の程度 ・ ペナルティ・責任追及の有無及び程度、事後対応の困難性等	【解説】 負わせたケガの程度、事後対応の内容等から「弱」又は「中」と評価		○ 業務に関連し、重大な人身事故、重大事故を起こした 【「強」である例】 ・ 業務に関連し、他人に重度の病気やケガ（長期間（おおむね2か月以上）の入院を要する、又は労災の障害年金に該当する若しくは原職への復帰ができなくなる後遺障害を残すような病気やケガ）を負わせ、事後対応にも当たった ・ 他人に負わせたケガの程度は重度ではないが、事後対応に多大な労力を費した（減給、降格等の重いペナルティを課された、職場の人間関係が著しく悪化した等を含む）

	出来事の類型	平均的な心理的負荷の強度 具体的出来事	心理的負荷の強度 I	II	III	心理的負荷の総合評価の視点	心理的負荷の強度を「弱」「中」「強」と判断する具体例 弱	中	強
4	②仕事の失敗、過重な責任の発生等（続き）	会社の経営に影響するなどの重大な仕事上のミスをした			☆	・ 失敗の大きさ・重大性、社会的反響の大きさ、損害等の程度 ・ ペナルティ・責任追及の有無及び程度、事後対応の困難性等	【解説】 ミスの程度、事後対応の内容等から「弱」又は「中」と評価		**○ 会社の経営に影響するなどの重大な仕事上のミスをし、事後対応にも当たった** 【「強」である例】 ・ 会社の経営に影響するなどの重大な仕事上のミス（倒産を招きかねないミス、大幅な業績悪化に繋がるミス、会社の信用を著しく傷つけるミス等）をし、事後対応にも当たった ・ 「会社の経営に影響するなどの重大な仕事上のミス」とまでは言えないが、その事後対応に多大な労力を費した（懲戒処分、降格、月給額を超える賠償責任の追及等重いペナルティを課された、職場の人間関係が著しく悪化した等を含む）
5		会社で起きた事故、事件について、責任を問われた		☆		・ 事故、事件の内容、関与・責任の程度、社会的反響の大きさ等 ・ ペナルティの有無及び程度、責任追及の程度、事後対応の困難性等 （注） この項目は、部下が起こした事故等、本人が直接引き起こしたものではない事故、事件について、監督責任等を問われた場合の心理的負荷を評価する。本人が直接引き起こした事故等については、項目4で評価する。	【「弱」になる例】 ・ 軽微な事故、事件（損害等の生じない事態、その後の業務で容易に損害等を回復できる事態、社内でたびたび生じる事態等）の責任（監督責任等）を一応問われたが、特段の事後対応はなかった	**○ 会社で起きた事故、事件について、責任を問われた** 【「中」である例】 ・ 立場や職責に応じて事故、事件の責任（監督責任等）を問われ、何らかの事後対応を行った	【「強」になる例】 ・ 重大な事故、事件（倒産を招きかねない事態や大幅な業績悪化に繋がる事態、会社の信用を著しく傷つける事態、他人を死亡させ、又は生死に関わるケガを負わせる事態等）の責任（監督責任等）を問われ、事後対応に多大な労力を費した ・ 重大とまではいえない事故、事件ではあるが、その責任（監督責任等）を問われ、立場や職責を大きく上回る事後対応を行った（減給、降格等の重いペナルティが課された等を含む）
6		自分の関係する仕事で多額の損失等が生じた		☆		・ 損失等の程度、社会的反響の大きさ等 ・ 事後対応の困難性等 （注） この項目は、取引先の倒産など、多額の損失等が生じた原因に本人が関与していないものの、それに伴う対応等による心理的負荷を評価する。本人のミスによる多額の損失等については、項目4で評価する。	【「弱」になる例】 ・ 多額とはいえない損失（その後の業務で容易に回復できる損失、社内でたびたび生じる損失等）等が生じ、何らかの事後対応を行った	**○ 自分の関係する仕事で多額の損失等が生じた** 【「中」である例】 ・ 多額の損失等が生じ、何らかの事後対応を行った	【「強」になる例】 ・ 会社の経営に影響するなどの特に多額の損失（倒産を招きかねない損失、大幅な業績悪化に繋がる損失等）が生じ、倒産を回避するための金融機関や取引先への対応等の事後対応に多大な労力を費した
7		業務に関連し、違法行為を強要された		☆		・ 違法性の程度、強要の程度（頻度、方法）等 ・ 事後のペナルティの程度、事後対応の困難性等	【「弱」になる例】 ・ 業務に関連し、商慣習としてはまれに行われるような違法行為を求められたが、拒むことにより終了した	**○ 業務に関連し、違法行為を強要された** 【「中」である例】 ・ 業務に関連し、商慣習としてはまれに行われるような違法行為を命じられ、これに従った	【「強」になる例】 ・ 業務に関連し、重大な違法行為（人の生命に関わる違法行為、発覚した場合に会社の信用を著しく傷つける違法行為）を命じられた ・ 業務に関連し、反対したにもかかわらず、違法行為を執拗に命じられ、やむなくそれに従った ・ 業務に関連し、重大な違法行為を命じられ、何度もそれに従った ・ 業務に関連し、強要された違法行為が発覚し、事後対応に多大な労力を費した（重いペナルティを課された等を含む）
8		達成困難なノルマが課された		☆		・ ノルマの内容、困難性、強制の程度、達成できなかった場合の影響、ペナルティの有無等 ・ その後の業務内容・業務量の程度、職場の人間関係等	【「弱」になる例】 ・ 同種の経験等を有する労働者であれば達成可能なノルマを課された ・ ノルマではない業績目標が示された（当該目標が、達成を強く求められるものではなかった）	**○ 達成困難なノルマが課された** 【「中」である例】 ・ 達成は容易ではないものの、客観的にみて、努力すれば達成も可能であるノルマが課され、この達成に向けた業務を行った	【「強」になる例】 ・ 客観的に、相当な努力があっても達成困難なノルマが課され、達成できない場合には重いペナルティがあると予告された
9		ノルマが達成できなかった		☆		・ 達成できなかったことによる経営上の影響度、ペナルティの程度等 ・ 事後対応の困難性等 （注）期限に至っていない場合でも、達成できない状況が明らかになった場合にはこの項目で評価する。	【「弱」になる例】 ・ ノルマが達成できなかったが、何ら事後対応は必要なく、会社から責任を問われること等もなかった ・ 業績目標が達成できなかったものの、当該目標の達成は、強く求められていたものではなかった	**○ ノルマが達成できなかった** 【「中」である例】 ・ ノルマが達成できなかったことによりペナルティ（昇進の遅れ等を含む。）があった	【「強」になる例】 ・ 経営に影響するようなノルマ（達成できなかったことにより倒産を招きかねないもの、大幅な業績悪化につながるもの、会社の信用を著しく傷つけるもの等）が達成できず、そのため、事後対応に多大な労力を費した（懲戒処分、降格、左遷、賠償責任の追及等重いペナルティを課された等を含む）
10		新規事業の担当になった、会社の建て直しの担当になった		☆		・ 新規業務の内容、本人の職責、困難性の程度、能力と業務内容のギャップの程度等 ・ その後の業務内容、業務量の程度、職場の人間関係等	【「弱」になる例】 ・ 軽微な新規事業等（新規事業であるが、責任が大きいとはいえないもの）の担当になった	**○ 新規事業の担当になった、会社の建て直しの担当になった** 【「中」である例】 ・ 新規事業等（新規プロジェクト、新規の研究開発、会社全体や不採算部門の建て直し等、成功に対する高い評価が期待されやりがいも大きいが責任も大きい業務）の担当になった。	【「強」になる例】 ・ 経営に重大な影響のある新規事業等（失敗した場合に倒産を招きかねないもの、大幅な業績悪化につながるもの、会社の信用を著しく傷つけるもの、成功した場合に会社の新たな主要事業になるもの等）の担当であって、事業の成否に重大な責任のある立場に就き、当該業務に当たった

	出来事の類型	平均的な心理的負荷の強度 具体的出来事	心理的負荷の強度 I	II	III	心理的負荷の総合評価の視点	心理的負荷の強度を「弱」「中」「強」と判断する具体例 弱	中	強
11		顧客や取引先から無理な注文を受けた		☆		・ 顧客・取引先の重要性、要求の内容等 ・ 事後対応の困難性等	【「弱」になる例】 ・ 同種の経験等を有する労働者であれば達成可能な注文を出され、業務内容・業務量に一定の変化があった ・ 要望が示されたが、達成を強く求められるものではなく、業務内容・業務量に大きな変化もなかった	○ 顧客や取引先から無理な注文を受けた 【「中」である例】 ・ 業務に関連して、顧客や取引先から無理な注文（大幅な値下げや納期の繰上げ、度重なる設計変更等）を受け、何らかの事後対応を行った	【「強」になる例】 ・ 通常なら拒むことが明らかな注文（業績の著しい悪化が予想される注文、違法行為を内包する注文等）ではあるが、重要な顧客や取引先からのものであるためこれを受け、他部門や別の取引先と困難な調整に当たった
12		顧客や取引先からクレームを受けた		☆		・ 顧客・取引先の重要性、会社に与えた損害の内容、程度等 ・ 事後対応の困難性等 （注）この項目は、本人に過失のないクレームについて評価する。本人のミスによるものは、項目4で評価する。	【「弱」になる例】 ・ 顧客等からクレームを受けたが、特に対応を求められるものではなく、取引関係や、業務内容・業務量に大きな変化もなかった	○ 顧客や取引先からクレームを受けた 【「中」である例】 ・ 業務に関連して、顧客等からクレーム（納品物の不適合の指摘等その内容が妥当なもの）を受けた	【「強」になる例】 ・ 顧客や取引先から重大なクレーム（大口の顧客等の喪失を招きかねないもの、会社の信用を著しく傷つけるもの等）を受け、その解消のために他部門や別の取引先と困難な調整に当たった
13		大きな説明会や公式の場での発表を強いられた	☆			・ 説明会等の規模、業務内容と発表内容のギャップ、強要、責任、事前準備の程度等	○ 大きな説明会や公式の場での発表を強いられた	【解説】 説明会等の内容や事前準備の程度、本人の経験等から評価するが、「強」になることはまれ	
14		上司が不在になることにより、その代行を任された	☆			・ 代行した業務の内容、責任の程度、本来業務との関係、能力・経験とのギャップ、職場の人間関係等 ・ 代行期間等	○ 上司が不在になることにより、その代行を任された	【解説】 代行により課せられた責任の程度、その期間や代行した業務内容、本人の過去の経験等とのギャップ等から評価するが、「強」になることはまれ	
15	③仕事の量・質	仕事内容・仕事量の（大きな）変化を生じさせる出来事があった		☆		・ 業務の困難性、能力・経験と業務内容のギャップ等 ・ 時間外労働、休日労働、業務の密度の変化の程度、仕事内容、責任の変化の程度等 （注）発病前おおむね6か月において、時間外労働時間数に変化がみられる場合には、他の項目で評価される場合でも、この項目でも評価する。	【「弱」になる例】 ・ 仕事内容の変化が容易に対応できるもの（※）であり、変化後の業務の負荷が大きくなかった ※ 会議・研修等の参加の強制、職場のOA化の進展、部下の増加、同一事業場内の所属部署の統廃合、担当外業務としての非正規職員の教育等 ・ 仕事量（時間外労働時間数等）に、「中」に至らない程度の変化があった	○仕事内容・仕事量の大きな変化を生じさせる出来事があった 【「中」である例】 ・ 担当業務内容の変更、取引量の急増等により、仕事内容、仕事量の大きな変化（時間外労働時間数としてはおおむね20時間以上増加し1月当たりおおむね45時間以上となるなど）が生じた	【「強」になる例】 ・ 仕事量が著しく増加して時間外労働も大幅に増える（倍以上に増加し、1月当たりおおむね100時間以上となる）などの状況になり、その後の業務に多大な労力を費した（休憩・休日を確保するのが困難なほどの状態となった等を含む） ・ 過去に経験したことがない仕事内容に変更となり、常時緊張を強いられる状態となった
16		1か月に80時間以上の時間外労働を行った		☆		・ 業務の困難性 ・ 長時間労働の継続期間 （注）この項目の「時間外労働」は、すべて休日労働時間を含む。	【「弱」になる例】 ・ 1か月に80時間未満の時間外労働を行った （注）他の項目で評価されない場合のみ評価する。	○ 1か月に80時間以上の時間外労働を行った （注）他の項目で評価されない場合のみ評価する。	【「強」になる例】 ・ 発病直前の連続した2か月間に、1月当たりおおむね120時間以上の時間外労働を行い、その業務内容が通常その程度の労働時間を要するものであった ・ 発病直前の連続した3か月間に、1月当たりおおむね100時間以上の時間外労働を行い、その業務内容が通常その程度の労働時間を要するものであった
17		2週間以上にわたって連続勤務を行った		☆		・ 業務の困難性、能力・経験と業務内容のギャップ等 ・ 時間外労働、休日労働、業務密度の変化の程度、業務の内容、責任の変化の程度等	【「弱」になる例】 ・ 休日労働を行った	○ 2週間（12日）以上にわたって連続勤務を行った 【「中」である例】 ・ 平日の時間外労働だけではこなせない業務量がある、休日に対応しなければならない業務が生じた等の事情により、2週間（12日）以上にわたって連続勤務を行った（1日あたりの労働時間が特に短い場合、手待時間が多い等の労働密度が特に低い場合を除く）	【「強」になる例】 ・ 1か月以上にわたって連続勤務を行った ・ 2週間（12日）以上にわたって連続勤務を行い、その間、連日、深夜時間帯に及ぶ時間外労働を行った （いずれも、1日あたりの労働時間が特に短い場合、手待時間が多い等の労働密度が特に低い場合を除く）
18		勤務形態に変化があった	☆			・ 交替制勤務、深夜勤務等変化の程度、変化後の状況等	○ 勤務形態に変化があった	【解説】 変更後の勤務形態の内容、一般的な日常生活とのギャップ等から評価するが、「強」になることはまれ	
19		仕事のペース、活動の変化があった	☆			・ 変化の程度、強制性、変化後の状況等	○ 仕事のペース、活動の変化があった	【解説】 仕事のペースの変化の程度、労働者の過去の経験等とのギャップ等から評価するが、「強」になることはまれ	

	出来事の類型	平均的な心理的負荷の強度				心理的負荷の総合評価の視点	心理的負荷の強度を「弱」「中」「強」と判断する具体例		
		具体的出来事	心理的負荷の強度						
			Ⅰ	Ⅱ	Ⅲ		弱	中	強
20	④役割・地位の変化等	退職を強要された			☆	・ 解雇又は退職強要の経過、強要の程度、職場の人間関係等 (注)ここでいう「解雇又は退職強要」には、労働契約の形式上期間を定めて雇用されている者であっても、当該契約が期間の定めのない契約と実質的に異ならない状態となっている場合の雇止めの通知を含む。	【解説】 退職勧奨が行われたが、その方法、頻度等からして強要とはいえない場合には、その方法等から「弱」又は「中」と評価		**○退職を強要された** 【「強」である例】 ・ 退職の意思のないことを表明しているにもかかわらず、執拗に退職を求められた ・ 恐怖感を抱かせる方法を用いて退職勧奨された ・ 突然解雇の通告を受け、何ら理由が説明されることなく、説明を求めても応じられず、撤回されることもなかった
21		配置転換があった		☆		・ 職種、職務の変化の程度、配置転換の理由・経過等 ・ 業務の困難性、能力・経験と業務内容のギャップ等 ・ その後の業務内容、業務量の程度、職場の人間関係等 (注)出向を含む。	【「弱」になる例】 ・ 以前に経験した業務等、配置転換後の業務が容易に対応できるものであり、変化後の業務の負荷が軽微であった	**○ 配置転換があった** (注) ここでの「配置転換」は、所属部署(担当係等)、勤務場所の変更を指し、転居を伴うものを除く。	【「強」になる例】 ・ 過去に経験した業務と全く異なる質の業務に従事することとなったため、配置転換後の業務に対応するのに多大な労力を費した ・ 配置転換後の地位が、過去の経験からみて異例なほど重い責任が課されるものであった ・ 左遷された(明らかな降格であって配置転換としては異例なものであり、職場内で孤立した状況になった)
22		転勤をした		☆		・ 職種、職務の変化の程度、転勤の理由・経過、単身赴任の有無、海外の治安の状況等 ・ 業務の困難性、能力・経験と業務内容のギャップ等 ・ その後の業務内容、業務量の程度、職場の人間関係等	【「弱」になる例】 ・ 以前に経験した場所である等、転勤後の業務が容易に対応できるものであり、変化後の業務の負荷が軽微であった	**○転勤をした** (注) ここでの「転勤」は、勤務場所の変更であって転居を伴うものを指す。 なお、業務内容の変化についての評価は、項目21に準じて判断する。	【「強」になる例】 ・ 転勤先は初めて赴任する外国であって現地の職員との会話が不能、治安状況が不安といったような事情から、転勤後の業務遂行に著しい困難を伴った
23		複数名で担当していた業務を1人で担当するようになった		☆		・ 業務の変化の程度等 ・ その後の業務内容、業務量の程度、職場の人間関係等	【「弱」になる例】 ・ 複数名で担当していた業務を一人で担当するようになったが、業務内容・業務量はほとんど変化がなかった	**○ 複数名で担当していた業務を一人で担当するようになった** 【「中」である例】 ・ 複数名で担当していた業務を一人で担当するようになり、業務内容・業務量に何らかの変化があった。	【「強」になる例】 ・ 業務を一人で担当するようになったため、業務量が著しく増加し時間外労働が大幅に増えるなどの状況になり、かつ、必要な休憩・休日も取れない等常時緊張を強いられるような状態となった
24		非正規社員であるとの理由等により、仕事上の差別、不利益取扱いを受けた		☆		・ 差別・不利益取扱いの理由・経過、内容、程度、職場の人間関係等 ・ その継続する状況	【「弱」になる例】 ・ 社員間に処遇の差異があるが、その差は小さいものであった	**○ 非正規社員であるとの理由等により、仕事上の差別、不利益取扱いを受けた** 【「中」である例】 ・ 非正規社員であるとの理由、又はその他の理由により、仕事上の差別、不利益取扱いを受けた ・ 業務の遂行から疎外・排除される取扱いを受けた	【「強」になる例】 ・ 仕事上の差別、不利益取扱いの程度が著しく大きく、人格を否定するようなものであって、かつこれが継続した
25		自分の昇格・昇進があった	☆			・ 職務・責任の変化の程度等 ・ その後の業務内容、職場の人間関係等	**○ 自分の昇格・昇進があった**	【解説】 本人の経験等と著しく乖離した責任が課せられる等の場合に、昇進後の職責、業務内容等から評価するが、「強」になることはまれ	
26		部下が減った	☆			・ 職場における役割・位置付けの変化、業務の変化の内容・程度等 ・ その後の業務内容、職場の人間関係等	**○ 部下が減った**	【解説】 部下の減少がペナルティの意味を持つものである等の場合に、減少の程度(人数等)等から評価するが、「強」になることはまれ	
27		早期退職制度の対象となった	☆			・ 対象者選定の合理性、代償措置の内容、制度の事前周知の状況、その後の状況、職場の人間関係等	**○ 早期退職制度の対象となった**	【解説】 制度の創設が突然であり退職までの期間が短い等の場合に、対象者選定の基準等から評価するが、「強」になることはまれ	
28		非正規社員である自分の契約満了が迫った	☆			・ 契約締結時、期間満了前の説明の有無、その内容、その後の状況、職場の人間関係等	**○ 非正規社員である自分の契約満了が迫った**	【解説】 事前の説明に反した突然の契約終了(雇止め)通告であり契約終了までの期間が短かった等の場合に、その経過等から評価するが、「強」になることはまれ	

	出来事の類型	平均的な心理的負荷の強度 具体的出来事	心理的負荷の強度 I	II	III	心理的負荷の総合評価の視点	心理的負荷の強度を「弱」「中」「強」と判断する具体例 弱	中	強
29	⑤対人関係	（ひどい）嫌がらせ、いじめ、又は暴行を受けた			☆	・　嫌がらせ、いじめ、暴行の内容、程度等 ・　その継続する状況 (注)上司から業務指導の範囲内の叱責等を受けた場合、上司と業務をめぐる方針等において対立が生じた場合等は、項目30等で評価する。	【解説】 部下に対する上司の言動が業務指導の範囲を逸脱し、又は同僚等による多人数が結託しての言動が、それぞれ右の程度に至らない場合について、その内容、程度、経過と業務指導からの逸脱の程度により「弱」又は「中」と評価 【「弱」になる例】 ・　複数の同僚等の発言により不快感を覚えた（客観的には嫌がらせ、いじめとはいえないものも含む）	【「中」になる例】 ・　上司の叱責の過程で業務指導の範囲を逸脱した発言があったが、これが継続していない ・　同僚等が結託して嫌がらせを行ったが、これが継続していない	○　ひどい嫌がらせ、いじめ、又は暴行を受けた 【「強」である例】 ・　部下に対する上司の言動が、業務指導の範囲を逸脱しており、その中に人格や人間性を否定するような言動が含まれ、かつ、これが執拗に行われた ・　同僚等による多人数が結託しての人格や人間性を否定するような言動が執拗に行われた ・　治療を要する程度の暴行を受けた
30		上司とのトラブルがあった		☆		・トラブルの内容、程度等 ・その後の業務への支障等	【「弱」になる例】 ・　上司から、業務指導の範囲内である指導・叱責を受けた ・　業務をめぐる方針等において、上司との考え方の相違が生じた（客観的にはトラブルとはいえないものも含む）	○　上司とのトラブルがあった 【「中」である例】 ・　上司から、業務指導の範囲内である強い指導・叱責を受けた ・　業務をめぐる方針等において、周囲からも客観的に認識されるような対立が上司との間に生じた	【「強」になる例】 ・　業務をめぐる方針等において、周囲からも客観的に認識されるような大きな対立が上司との間に生じ、その後の業務に大きな支障を来した
31		同僚とのトラブルがあった		☆		・トラブルの内容、程度、同僚との職務上の関係等 ・その後の業務への支障等	【「弱」になる例】 ・　業務をめぐる方針等において、同僚との考え方の相違が生じた（客観的にはトラブルとはいえないものも含む）	○　同僚とのトラブルがあった 【「中」である例】 ・　業務をめぐる方針等において、周囲からも客観的に認識されるような対立が同僚との間に生じた	【「強」になる例】 ・　業務をめぐる方針等において、周囲からも客観的に認識されるような大きな対立が多数の同僚との間に生じ、その後の業務に大きな支障を来した
32		部下とのトラブルがあった		☆		・トラブルの内容、程度等 ・その後の業務への支障等	【「弱」になる例】 ・　業務をめぐる方針等において、部下との考え方の相違が生じた（客観的にはトラブルとはいえないものも含む）	○　部下とのトラブルがあった 【「中」である例】 ・　業務をめぐる方針等において、周囲からも客観的に認識されるような対立が部下との間に生じた	【「強」になる例】 ・　業務をめぐる方針等において、周囲からも客観的に認識されるような大きな対立が多数の部下との間に生じ、その後の業務に大きな支障を来した
33		理解してくれていた人の異動があった	☆				○　理解してくれていた人の異動があった		
34		上司が替わった	☆			(注)上司が替わったことにより、当該上司との関係に問題が生じた場合には、項目30で評価する。	○　上司が替わった		
35		同僚等の昇進・昇格があり、昇進で先を越された	☆				○　同僚等の昇進・昇格があり、昇進で先を越された		
36	⑥セクシュアルハラスメント	セクシュアルハラスメントを受けた		☆		・　セクシュアルハラスメントの内容、程度等 ・　その継続する状況 ・　会社の対応の有無及び内容、改善の状況、職場の人間関係等	【「弱」になる例】 ・　「○○ちゃん」等のセクシュアルハラスメントに当たる発言をされた場合 ・　職場内に水着姿の女性のポスター等を掲示された場合	○　セクシュアルハラスメントを受けた 【「中」である例】 ・　胸や腰等への身体接触を含むセクシュアルハラスメントであっても、行為が継続しておらず、会社が適切かつ迅速に対応し発病前に解決した場合 ・　身体接触のない性的な発言のみのセクシュアルハラスメントであって、発言が継続していない場合 ・　身体接触のない性的な発言のみのセクシュアルハラスメントであって、複数回行われたものの、会社が適切かつ迅速に対応し発病前にそれが終了した場合	【「強」になる例】 ・　胸や腰等への身体接触を含むセクシュアルハラスメントであって、継続して行われた場合 ・　胸や腰等への身体接触を含むセクシュアルハラスメントであって、行為は継続していないが、会社に相談しても適切な対応がなく、改善されなかった又は会社への相談等の後に職場の人間関係が悪化した場合 ・　身体接触のない性的な発言のみのセクシュアルハラスメントであって、発言の中に人格を否定するようなものを含み、かつ継続してなされた場合 ・　身体接触のない性的な発言のみのセクシュアルハラスメントであって、性的な発言が継続してなされ、かつ会社がセクシュアルハラスメントがあると把握していても適切な対応がなく、改善がなされなかった場合

業務以外の心理的負荷評価表

出来事の類型	具体的出来事	心理的負荷の強度		
		Ⅰ	Ⅱ	Ⅲ
① 自分の出来事	離婚又は夫婦が別居した			☆
	自分が重い病気やケガをした又は流産した			☆
	自分が病気やケガをした		☆	
	夫婦のトラブル、不和があった	☆		
	自分が妊娠した	☆		
	定年退職した	☆		
② 自分以外の家族・親族の出来事	配偶者や子供、親又は兄弟が死亡した			☆
	配偶者や子供が重い病気やケガをした			☆
	親類の誰かで世間的にまずいことをした人が出た			☆
	親族とのつきあいで困ったり、辛い思いをしたことがあった		☆	
	親が重い病気やケガをした		☆	
	家族が婚約した又はその話が具体化した	☆		
	子供の入試・進学があった又は子供が受験勉強を始めた	☆		
	親子の不和、子供の問題行動、非行があった	☆		
	家族が増えた（子供が産まれた）又は減った（子供が独立して家を離れた）	☆		
	配偶者が仕事を始めた又は辞めた	☆		
③ 金銭関係	多額の財産を損失した又は突然大きな支出があった			☆
	収入が減少した		☆	
	借金返済の遅れ、困難があった		☆	
	住宅ローン又は消費者ローンを借りた	☆		
④ 事件、事故、災害の体験	天災や火災などにあった又は犯罪に巻き込まれた			☆
	自宅に泥棒が入った		☆	
	交通事故を起こした		☆	
	軽度の法律違反をした	☆		
⑤ 住環境の変化	騒音等、家の周囲の環境（人間環境を含む）が悪化した		☆	
	引越した		☆	
	家屋や土地を売買した又はその具体的な計画が持ち上がった	☆		
	家族以外の人（知人、下宿人など）が一緒に住むようになった	☆		
⑥ 他人との人間関係	友人、先輩に裏切られショックを受けた		☆	
	親しい友人、先輩が死亡した		☆	
	失恋、異性関係のもつれがあった		☆	
	隣近所とのトラブルがあった		☆	

（注）心理的負荷の強度ⅠからⅢは、別表１と同程度である。

判例索引

事項索引

あ

い

う

え

お

き

く

け

こ

さ

し

す

せ

そ

た

ち

つ

て

と

な

に

ね

の

は

ひ

ふ

へ

ほ

ま

み

む

め

も

や

ゆ

わ

執筆者一覧

伊東　良徳（編集代表）
京都大学卒業、1985年弁護士登録（37期）。大手町共同法律事務所所属。当委員会委員長（2013年４月～2015年３月）、当委員会副委員長（2011年４月～2013年３月、2015年４月～現在）。

髙谷　知佐子（編集）
東京大学卒業、1995年弁護士登録（47期）。森・濱田松本法律事務所所属。当委員会副委員長（2012年４月～現在）。

澤崎　敦一（編集／第２部第７章第５「８」・第６・第17章改訂主担当）
東京大学卒業、2001年弁護士登録（54期）。アンダーソン・毛利・友常法律事務所所属。当委員会副委員長（2012年４月～現在）。経営法曹会議会員。

栗宇　一樹（編集）
東北大学卒業、1981年弁護士登録（33期）。はる法律事務所所属。

澤田　雄高（第１部改訂主担当）
東京大学卒業、一橋大学法科大学院修了、2009年弁護士登録（62期）。
九段坂総合法律事務所所属。

亀田　康次（第２部第１章改訂主担当）
東京大学卒業、東京大学法科大学院修了、2009年弁護士登録（62期）。
森・濱田松本法律事務所所属。

梅田　和尊（第２部第２章改訂主担当）
一橋大学卒業、2004年弁護士登録（57期）。旬報法律事務所所属。
日本労働弁護団常任幹事・事務局次長。

石田　拡時（第２部第３章改訂主担当）
早稲田大学卒業、首都大学東京法科大学院修了、2007年弁護士登録（60期）。
曙橋共同法律事務所所属。

井砂　貴雄（第２部第４章改訂主担当）
法政大学卒業、早稲田大学法科大学院修了、2011年弁護士登録（64期）。
安達法律事務所所属。

町田　悠生子（第２部第５章改訂主担当）
慶應義塾大学卒業、慶應義塾大学法科大学院修了、2009年弁護士登録（62期）。
五三・町田法律事務所所属。当委員会副委員長（2017年４月～現在）。経営法曹会議会員。

早田　賢史（第２部第６章・第12章改訂主担当）
法政大学卒業、山梨学院大学法科大学院修了、2010年弁護士登録（63期）。
銀座通り法律事務所所属。日本労働弁護団所属。

安藤　　亮（第２部第７章（第５「８」・第６以外）改訂主担当）
慶應義塾大学卒業、明治大学法科大学院修了、2010年弁護士登録（63期）。
山崎哲法律事務所所属。

雪竹　奈緒（第２部第８章改訂主担当）
中央大学卒業、2002年弁護士登録（55期）。旬報法律事務所所属。日本労働弁護団常任幹事。

宇賀神　崇（第２部第９章・第18章改訂主担当）
東京大学卒業、東京大学法科大学院修了、2013年弁護士登録（66期）。
森・濱田松本法律事務所所属。

友野　直子（第２部第10章・第11章改訂主担当）
早稲田大学卒業、立教大学法科大学院修了、2008年弁護士登録（61期）。
Ｔ＆Ｔパートナーズ法律事務所所属。

師子角　允彬（第２部第13章改訂主担当）
一橋大学卒業、一橋大学法科大学院修了、2007年弁護士登録（60期）。
桜丘法律事務所所属。

遠山　　秀（第２部第14章改訂主担当）
東京大学卒業、早稲田大学法科大学院修了、2007年弁護士登録（60期）。
柏木総合法律事務所所属。当委員会副委員長（2011年４月～現在）。

竹内　　亮（第２部第15章改訂主担当）
東京大学卒業、東京大学法科大学院修了、2008年弁護士登録（61期）。
鳥飼総合法律事務所所属。

岡本　大毅（第２部第16章改訂主担当）
関西学院大学卒業、2008年弁護士登録（61期）。弁護士法人ほくと総合法律事務所所属。

塚本　健夫（第２部第19章改訂主担当）
慶應義塾大学卒業、東京大学法科大学院修了、2012年弁護士登録（65期）。
西村あさひ法律事務所所属。

清水　紘武（執筆協力）
慶應義塾大学卒業、慶應義塾大学法科大学院修了、2013年弁護士登録（66期）。
はる総合法律事務所所属。

濵田　浩司（執筆協力）
國學院大學卒業、國學院大學法科大学院修了、2016年弁護士登録（69期）。
はる法律事務所所属。

労働事件ハンドブック

2018年３月１日　第１版１刷発行

編　著　第二東京弁護士会 労働問題検討委員会

発行者　江曽政英

発行所　株式会社労働開発研究会

〒162-0812　東京都新宿区西五軒町8-10
電話　03-3235-1861　FAX　03-3235-1865
http://www.roudou-kk.co.jp
info@roudou-kk.co.jp

ISBN978-4-903613-21-5

2018　Printed in Japan

印刷・製本　第一資料印刷株式会社